KROATISCHE INSELN
UND KÜSTENSTÄDTE

LORE MARR-BIEGER

Kroatische Inseln – Die Vorschau 10

Landeskunde & Reisepraktisches 19

Steckbrief Kroatien	20	Flora	23
Klima und Reisezeit	21	Fauna	26
Winde	21	Geschichte	29

Anreise 37

Unterwegs in Kroatien 45

Übernachten 56

Essen und Trinken 60

Sport 67

Wellness und Kurorte 73

Wissenswertes von A bis Z 74

Ärztliche Versorgung	74	Nachrichten/Medien	80
Diplomatische Vertretungen	75	Öffnungszeiten	80
Elektrizität und Trinkwasser	75	Organisierte Aktivreisen	80
Feiertage	75	Papiere	81
Feste und Veranstaltungen	75	Post	81
Geld	77	Rauchen	82
Informationen	77	Souvenirs	82
Internet	78	Telefon/Notrufe	82
Karten	78	Trinkgeld	83
Kleidung	78	Trinkwasser	83
Literatur	78	Zoll	83
Minenfelder	79		

Region Kvarner 85

Insel Cres 92

Von Porozina nach Beli	95	Richtung Martinšćica	106
Beli	96	Martinšćica	106
Von Beli nach Cres	97	Inselstraße Richtung Osor	107
Cres	98	Ustrine	107
Valun	103	Punta Križa	108
Lubenice	105	Osor	109
Vraner See	106		

Insel Lošinj 112

Nerezine	114	Mali Lošinj	118
Nach Mali Lošinj	117	Veli Lošinj	128

Ausflugsinseln um Lošinj _____ 132

Insel Ilovik	133	Insel Unije	135
Insel Sv. Petar	134	Insel Susak	137

Opatija _____ 139

Rijeka _____ 150

Crikvenica _____ 163

Insel Krk _____ 168

Omišalj	170	Punat	184
Njivice	173	Vrbnik	188
Malinska	174	Dobrinj	190
Über Glavotok nach Krk	176	Nach Baška	192
Krk	178	Baška	192

Insel Rab _____ 199

Lopar	202	Suha Punta	214
Supetarska Draga	204	Banjol	215
Rab	205	Barbat	216
Kampor	213	Zum Fährhafen Mišnjak	217
Franziskanerkloster Sveta Eufemija	214		

Senj _____ 218

Ausflug zum Nationalpark Plitvicer Seen	222	Jablanac	225

Region Norddalmatien _____ 227

Dalmatinische Inseln und Küstenstädte – Einleitung _____ 228

Starigrad Paklenica	232	Nationalpark Paklenica	237

Halbinsel Pag _____ 239

Nach Novalja	243	Šimuni	253
Novalja	244	Pag	255
Halbinsel Lun	248	Košljun	258
Pager Bucht	250	Povljana	259
Kolan	252	Nach Vlašići und Smokvica u. von Dinjiška bis Inselende	260
Mandre	253		

Nin _____ 262

Insel Vir _____ 268

Vir	268	Weitere Inselorte	270

Zadar _____ 271

Archipel vor Zadar — 284

Insel Olib	285	Insel Zverinac	295
Insel Silba	287	Inseln Sestrunj und Rivanj	296
Insel Premuda	291	Insel Iž	297
Insel Ist	291	Insel Rava	301
Insel Molat	293		

Insel Ugljan — 302

Ugljan	304	Kali	309
Von Ugljan nach Preko	306	Kukljica	309
Preko	307		

Insel Pašman — 311

Ždrelac	312	Kraj	314
Banj	313	Tkon	315
Dobropoljana u. Neviđane	313	Insel Gnalić	317
Pašman	313	Insel Vrgada	317

Biograd na moru — 318

Insel Dugi Otok — 323

Božava	324	Zaglav	329
Zur Nordwestseite Dugi Otoks	326	Sali	330
Von Božava nach Savar	327	Telašćica-Naturpark	333
Luka	328	Vorgelagerte Inselchen	335
Žman	329		

Nationalpark Kornaten — 337

Die Inseln des Archipels	344	Kornat	345
Žut	345	Kornat vorgelagerte Inseln	346

Insel Murter — 348

Tisno	350	Slanica-Bucht	354
Jezera	352	Murter	355
Richtung Murter	353	Betina	358

Vodice — 360

Šibenik — 367

Šibenik/Umgebung	375	Skradin	380
Nationalpark Krka	375		

Archipel vor Šibenik — 382

Insel Privić	382	Insel Kaprije	388
Šepurine	383	Inseln Zmajan, Obonjan	
Privić luka	384	und Kakan	390
Insel Zlarin	385	Insel Žirje	390
Insel Krapanj	387		

Primošten	393

Region Mitteldalmatien — 399

Trogir	400
Insel Čiovo	410

Von Čiovo nach Gornji Okrug	411	Von Čiovo nach Slatine	414
Von Gornji nach Donji Okrug	413		

Inseln Drvenik	415

Insel Veli Drvenik	416	Insel Mali Drvenik	417

Split	418
Omiš	437
Insel Šolta	443

Rogač	444	Nečujam	447
Grohote	445	Nach Stomorska	447
Maslinica	446	Stomorska	448

Insel Brač	449

Supetar	451	Von Pražnice nach Bol	465
Mirca	456	Bol	466
Sutivan	456	Selca	474
Bobovišća na moru	457	Sumartin	475
Ložišća	458	Novo Selo	475
Bobovišća	459	Povlja	476
Milna	459	Pučišća	477
Von Ložišća nach Nerežišća	461	Postira	480
Nerežišća	462	Abstecher nach Dol	481
Vidova Gora	463	Splitska	481
Eremitenkloster Blaca	463	Abstecher nach Škrip	483

Makarska	484

Umgebung von Makarska	490

Insel Hvar	491

Hvar	493	Kleine Siedlungen um Vrbanj	516
Umgebung von Hvar und alte Inselstraße nach Stari Grad	505	Die Südküste zwischen Zavala und Sv. Nedjelja	517
Von Hvar nach Stari Grad	506	Jelsa	520
Stari Grad	507	Ausflüge von Jelsa	524
Umgebung von Stari Grad	511	Von Jelsa nach Sućuraj	526
Vrboska	512	Sućuraj	528
Vrbanj	515		

Insel Vis — 530

Vis	532	Komiža	539
Von Vis nach Komiža	538		

Inseln westlich von Vis — 543

Insel Biševo	543	Die Inseln Brusnik und Jabuka	544
Insel Sveti Andrija (Svetac)	544	Naturreservat Palagruža	545

Von Drvenik nach Ploče — 546

Drvenik	546	Ploče	547

Region Süddalmatien — 549

Halbinsel Pelješac — 550

Trpanj	553	Lovište	568
Von Trpanj nach Duba	555	Potomje	569
Von Trpanj nach Orebić	556	Nach Kuna	571
Abstecher nach Postup und Podubuče	556	Trstenik	572
		Von Trstenik nach Žuljana	573
Mokalo	557	Žuljana	576
Orebić	558	Inselstraße Richtung Ston	577
Wanderung zum Sv. Ilija	563	Ston	578
Kućište – Perna	565	Umgebung von Ston	582
Viganj	566		

Insel Korčula — 583

Korčula	586	Smokvica	601
Lumbarda	596	Brna	601
Von Korčula nach Račišće	597	Prižba	602
Von Korčula nach Žrnovo	599	Blato	603
Čara	600	Vela Luka	606

Naturpark Lastovo-Archipel — 610

Ubli	612	Von Ubli nach Lastovo	613
Pasadur	613	Lastovo	614

Insel Mljet — 616

Pomena	619	Polače	624
Goveđari	620	Von Polače nach Babino Polje	625
Nationalpark Mljet – Veliko und Mali jezero	622	Babino Polje	626
		Von Babino Polje bis Saplunara	628

Die Elaphiten — 631

Insel Šipan	633	Insel Jakljan	636
Šipanska luka	634	Insel Ruda	636
Suđurađ	635	Insel Lopud	636

Lopud	638	Donje Čelo	644
Kliff St. Andreas	642	Gornje Čelo	646
Insel Koločep	643	Insel Daksa	646

Dubrovnik ___ 647

Cavtat ___ 668

Etwas Kroatisch ___ 674

Register ___ 678

Kartenverzeichnis

Kroatische Inseln – Übersicht	vorderer Umschlag
Split – Übersicht	hinterer Umschlag

Archipel Elaphiten	632	Inseln Čiovo und Drvenik	413
Archipel vor Šibenik	384/385	Korčula (Stadt)	589
Archipel vor Zadar	286/287	Krk (Stadt)	180/181
Biograd (Stadt)	320/321	Kvarner-Bucht (Übersicht)	88/89
Crikvenica (Stadt)	164/165	Makarska (Stadt)	486/487
Dubrovnik (Altstadt)	654/655	Mali Lošinj (Stadt)	121
Dubrovnik (Übersicht)	652/653	Mitteldalmatien (Übersicht)	409
Halbinsel Pelješac und Neretva-Delta	554/555	Nationalpark Kornaten	341/342
Hvar (Stadt)	496/497	Nationalpark Krka	377
Insel Brač	450/451	Nationalpark Paklenica	238
Insel Cres	93	Nationalpark Plitvicer Seen	223
Insel Dugi Otok	325	Naturpark Lastovo-Archipel	611
Insel Hvar	494/495	Norddalmatien (Übersicht)	233
Insel Korčula	586/587	Opatija (Stadt)	140/141
Insel Krk	172/173	Opatija – Volosko (Stadt)	145
Insel Lošinj	115	Primošten (Stadt)	396/397
Insel Mljet	618/619	Rab (Stadt)	206/207
Insel Murter	349	Rijeka (Stadt)	154/155
Insel Pag	240/241	Šibenik (Stadt)	370/371
Insel Pašman	312	Split (Altstadt)	422/423
Insel Rab	201	Süddalmatien (Übersicht)	552
Insel Šolta	444	Trogir (Stadt)	402/403
Insel Ugljan	303	Vis (Stadt)	534/535
Insel Vir	269	Vodice (Stadt)	364/365
Insel Vis	533	Zadar (Übersicht)	274/275

Wohin auf den Kroatischen Inseln

① Kvarner-Bucht → S. 85

Bei Camping- und Naturfreunden beliebt sind die Inseln Cres, Lošinj und Krk mit schönen Kies- und Felsbuchten, hübschen Städten, zudem mit interessanten Gänsegeier- und Delfin-Projekten und vielen Kilometern zum Wandern oder Mountainbiken. Rundum liegen noch die autofreien Inselchen Ilovik, Unije und Susak. Die Insel Rab besticht durch den malerischen, mittelalterlichen Hauptort sowie durch Sandstrände. An der Küste prunken die K.-u.-k.-Seebäder Opatija und Crikvenica sowie die große Fährstadt Rijeka mit Museen. Lohnende Ausflüge führen u. a. zum N. P. Plitvicer Seen oder zu den Grotten von Postojna (SLO).

② Norddalmatien → S. 227

Unterschiedliche Natur- und Nationalparks locken hier: im Meer die unzähligen, sagenumwobenen Inselchen des N. P. Kornaten; Dugi Otok mit imposanter Bucht und Klippen im Naturpark Telašćica; an der Küste die Schluchten des N. P. Paklenica – bestens zum Wandern und Klettern geeignet. Beim Städtchen Biograd liegt der vogelreiche Naturpark Vransko Jezero. Sehenswert sind das mittelalterliche Šibenik mit Kathedrale und der nahe, kaskadenreiche N. P. Krka. Der Šibeniker Archipel bietet ruhige Badetage, das malerische Primošten nette Stadtbummel. Die Regionsmetropole Zadar zeigt Altertum und Moderne und ist Sprungbrett zu vielen Inseln.

und an der Küste?

③ Mitteldalmatien → S. 399

Sehenswert ist die Metropole Split mit Diokletianspalast und Museen – von hier erreicht man auch alle Inseln: Nahe liegen das kleine, ruhige Šolta und die Insel Brač mit ihrem „Goldenen Horn", beliebt bei Kitern und Surfern. Dahinter erstreckt sich die lange, buchtenreiche Lavendelinsel Hvar mit dem gleichnamigen Museumsstädtchen – bestens zum Baden, Wandern und Mountainbiken geeignet. Entfernter liegt die sonnenverwöhnte Insel Vis. An der Küste locken das mittelalterliche Trogir mit meisterlicher Kathedrale, das trutzige Omiš für Raftingtouren sowie Makarska an seiner gleichnamigen Riviera und dem hoch aufragenden Naturpark Biokovo.

④ Süddalmatien → S. 549

Dubrovnik, die Metropole des Südens und „Perle der Adria", besticht durch seine einzigartige Altstadt. Vorgelagert und bestens zum Baden geeignet ist der malerische autofreie Elaphiten-Archipel. Dahinter erstreckt sich das grüne Mljet, das mit seinem Nationalpark und den Salzseen beeindruckt. Gegenüber liegt die Seefahrerhalbinsel Pelješac mit dem Berg Sv. Ilija und dem geschichtsträchtigen Ston. In Sichtweite lockt das Museumsstädtchen Korčula auf der gleichnamigen Insel. Weit draußen schimmert Lastovo, ein zum Naturpark erklärter Archipel – das beste Tauchgebiet. Das Schlusslicht setzt an dieser langen Küste Cavtat auf seiner Halbinsel.

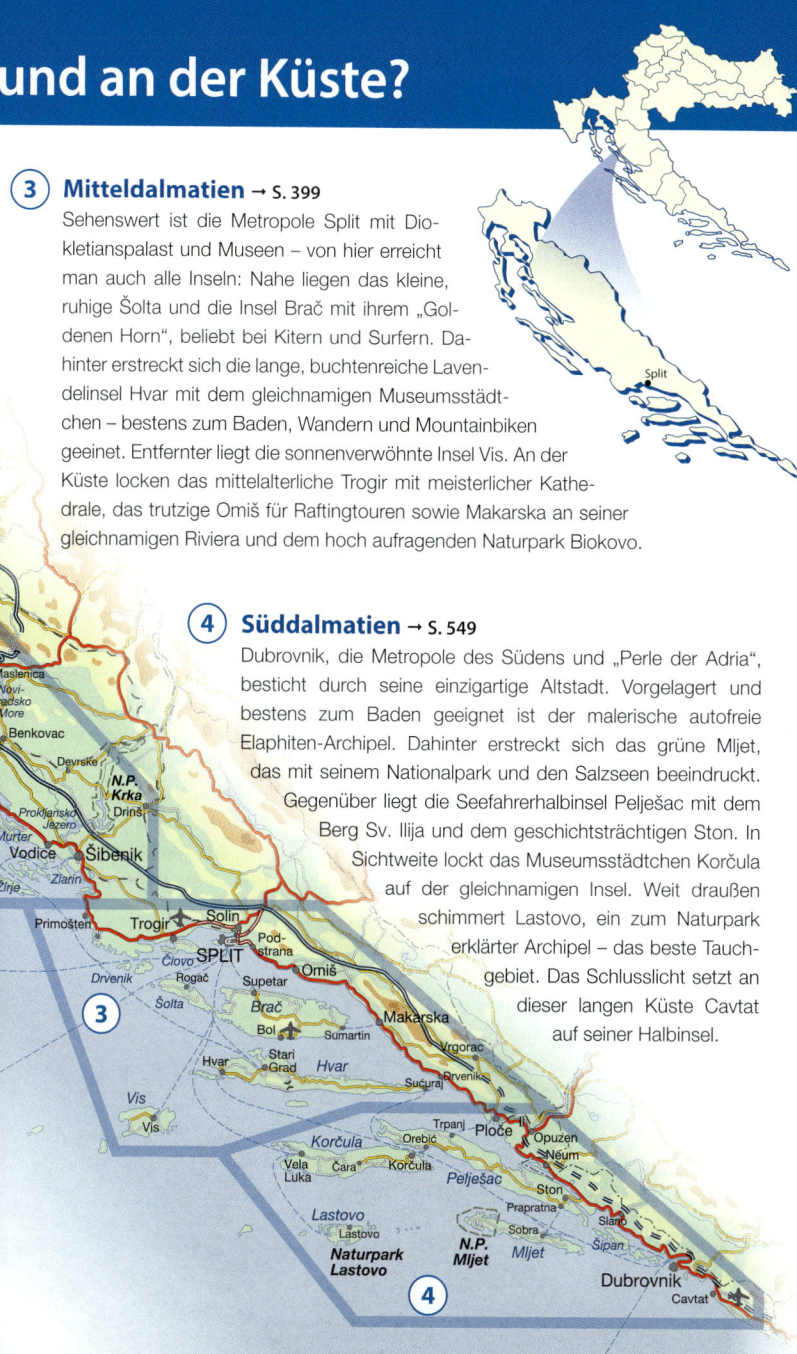

Kroatische Inseln: Die Vorschau

Inseln, Städte, Landschaften

Wie Perlen ziehen sich die 1185 Inseln, Inselchen und Riffe entlang der Kroatischen Küste. Von fern wirken sie karstig-kahl wie Mondlandschaften, im Innern sind sie oft üppig grün von würzig duftender Macchia, samtgrünen Kiefernwäldern und Feldern bedeckt. Kontrastreich zeigen sie sich zum blauen Meer durch ihren meist weißen Kalkstein. Fels und Kiesel dominieren an den Buchten, aber es gibt auch Sandstrände. Fast alle der 64 bewohnten Inseln an der 1778 km langen Küste (mit Istrien) werden in diesem Reisebuch ab der Kvarner-Region vorgestellt.

Die Inseln blieben von den europäischen Bausünden der 1960er- und 70er-Jahre größtenteils verschont, zudem verhinderten ökonomische Gründe radikale Neuerungen im einstigen sozialistischen Kroatien. Und so haben sich die meisten Inselorte ihren traditionellen Baustil, Charakter und Charme bewahrt und der heutige Zeitgeist setzt auch in Kroatien auf Denkmal- und Umweltschutz. Die meisten Küsten- und Inselstädte sind architektonische Leckerbissen mit reicher, oft über 2000-jähriger Geschichte: Römer, Karolinger, Byzantiner, Venezianer und Habsburger hinterließen ihre Spuren. Die heutigen Stadtplaner setzten bei Neugestaltungen und Sanierungen von historischen Stadtkernen meist auf eine gelungene Symbiose aus Moderne und Altertum.

Im Reich der „Tausend Inseln"

Den Inselreigen eröffnet im Norden das **Kvarner-Quartett** Krk, Rab, Cres und Lošinj – Campingfreunde finden hier große und gut ausgestattete Plätze direkt am Meer. Die Insel Krk bietet guten Wein und hübsche Inselorte. Grün und sonnenreich zeigt sich die Insel Rab mit gleichnamigem Museumsstädtchen, steinig und würzig duftend die Heimat der Gänsegeier, die provinziellere Insel Cres. Die üppig be-

„Inseln, Eilande, Riffs – üppig oder kahl"

wachsene Insel Lošinj ist Sitz von Delfin-Projekten, hat mildes Klima und prunkt mit Seefahrer-Villen in üppiger Vegetation. Lošinj ist Ausgangspunkt für die vorgelagerten autofreien kleinen Inseln Unije, Susak und Ilovik.

In **Norddalmatien** schwingt sich die buchtenreiche Insel Pag gen Norden; von hier kommt der würzige Paški sir (Käse), zudem ist die Pager Bucht Kroatiens Sommerpartymeile. Zwischen Zadar und Lošinj erstreckt sich der malerische autofreie Archipel von Zadar mit den ruhigen Eilanden Olib, Molat und dem bekannteren Silba. Bei Bootsbesitzern wie Tauchern sind die Inseln Premuda und Ist beliebt. Die Insel Iž bietet Keramiktradition, kleine Hafenorte und eine hübsche Marina. Die Inseln Žverinac, Sestrunj und Rivanj sind noch Geheimtipps. Zadar vorgelagert ist die hügelige, grüne Insel Ugljan – hier gibt es Minicamps und Robinsonhäuschen. Die lange Insel Dugi Otok beeindruckt durch die Naturpark-Bucht Telašćica. Der Nationalpark Kornaten, ein Archipel von 89 Inseln und Riffs mit glasklarem Meer, ist beliebtes Ziel von Bootsbesitzern und Ausflugsagenturen. Die Insel Murter, über eine Brücke erreichbar, bietet Marinas, gute Restaurants und Campingplätze mit Kornaten-Blick. Südlich folgt der Šibeniker-Archipel mit den malerischen Inselchen Žirje, Prvić und Zlarin.

Einladend liegt auch die bizarre **Mitteldalmatinische Inselwelt** vor der Küste, die u. a. von Split per Trajekt angefahren wird: das ruhige Šolta mit Inselwein und Honig, die Insel Brač mit dem „Goldenen Horn" und dem 779 m hohen Vidova Gora, das nach Lavendel und Rosmarin duftende Hvar mit dem gleichnamigen hübschen mittelalterlichen Städtchen, die für ihre guten Wiene bekannte Insel Vis und das Inselchen Biševo mit Blauer Grotte gegenüber, weit draußen im Meer die fantastischen und nur für Bootsbesitzer zugänglichen Inseln Sv. Andrija, Jabuka und Palagruža.

Kroatische Inseln: Die Vorschau

Die großen **Süddalmatinischen Inseln** bieten von Frühjahr bis Herbst mildes Klima und damit bestes Urlaubsvergnügen. Vom Festland schwingt sich die weinreiche Halbinsel Pelješac buchtenreich mit dem Wanderparadies, dem 971 m hohen Sv. Ilija, ins Meer. Gegenüber liegt Marco Polos Insel Korčula mit gleichnamigem Museumsstädtchen, an dem heute fast jedes Kreuzfahrtschiff anlegt; südlich davon die üppig-grüne Insel Mljet mit waldreichem Nationalpark und den Salzseen, vor Dubrovnik die subtropische Pracht des Archipels der Elaphiten. Am weitesten von der Festlandsküste entfernt ist der buchtenreiche Naturpark-Archipel Lastovo mit intakter Unterwasserwelt.

Küstenstädte und Ausflugsziele

Das quirlige Rijeka mit der Architektur des italienischen „Novecento" und sehenswerten Museen ist Handels- und Kulturmetropole der **Kvarner-Region**. In der Nähe bietet der waldreiche Nationalpark Risnjak von seinen 1500 m hohen Gipfeln beste Fernsicht. K.-u.-k.-Glanz versprüht das Seebad Opatija mit prachtvollen Villen in subtropischer Vegetation. Sportler zieht es hinauf in den 1400 m hohen Naturpark Učka. Crikvenica liegt mit prachtvollen Villen im Schutze des Vinodol-Küstengebirges und ist ebenfalls seit dem 19. Jh. Kur- und Badeort. Weiter südlich folgt das mittelalterliche Senj mit der Festung Nehaj. Ein sicherlich unvergessliches Naturerlebnis führt ins Hinterland zum weltbekannten Nationalpark Plitvicer Seen.

Zadar, die Metropole **Norddalmatiens**, zieht Touristen mit großem Kulturprogramm, Museen, Kulturdenkmälern und modernen Installationen in ihren Bann. Nördlich von Zadar liegt das beschauliche Städtchen Nin mit der kleinsten Kathedrale der Christenheit, Salzgärten und Heilschlamm. Interessantes Ausflugsziel ist auch der Nationalpark Paklenica mit seinen imposanten Schluchten im 2000 m aufragenden

„Inselsprungbretter, Berge, Wasserlandschaften"

Küstengebirge und Naturpark Velebit. Südwärts folgt die alte Königsstadt Biograd - sie glänzt mit hübscher Altstadt und Marinas und dient als Sprungbrett zum Kornaten-Archipel. Ein nahes Ausflugsziel ist der Naturpark Vransko Jezero. Das lebhafte Städtchen Vodice bietet attraktives Nachtleben und eine große Marina. An der Krka-Mündung liegt das mittelalterliche Juwel Šibenik mit einzigartiger Kathedrale, verschlungenen Altstadtgassen und Burgen. Flussaufwärts beeindruckt der Nationalpark Krka mit Wasserfällen, Kaskaden und Klosterinsel. Die letzte Küstenstadt dieser Region, das mittelalterliche Primošten, liegt malerisch auf seiner Altstadthalbinsel.

Mitteldalmatiens Metropole Split, Handels-, Kultur- und Fährstadt, präsentiert sich modern in Galerien und Museen, aber auch als Freilichtmuseum mit antiken kaiserlichen Palastmauern. Westlich liegt das mittelalterliche Trogir mit meisterlicher Kathedrale. Zwischen Cetina-Mündung, Meer und Fels, zwängt sich die einstige Piratenstadt Omiš - hier bucht man erlebnisreiche Kajak- oder Raftingtouren. Makarska ist beliebter Badeort an der gleichnamigen goldsandfarbenen Riviera und liegt mit hübscher Altstadt zu Füßen der über 1700 m hohen Bergwelt des Biokovo-Naturparks. Vom kleinen Drvenik schließlich gelangt man zur Ostspitze der langen Insel Hvar wie auch nach Korčula (Süddalmatien). **Süddalmatien** startet mit der Hafen- und Fährstadt Ploče. Die Metropole Süddalmatiens, Dubrovnik, prunkt tief im Süden - ein mittelalterliches Juwel, eingefasst von gewaltigen, begehbaren Stadtmauern und bestückt mit Baudenkmälern und schönen Museen. Cavtat versteckt seine Altstadt malerisch auf grüner Landzunge – Schiffe pendeln nach Dubrovnik, auch der wichtige Flughafen verbindet das hübsche südlichste Schlusslicht der Küstenstädte.

Kroatische Inseln: Die Vorschau

Sport zu Lande …

Anspruchsvolle Wander- und Mountainbiketouren können in den bis über 1700 m ansteigenden Küstengebirgen des Učka, Velebit und Biokovo unternommen werden. Auch Kletterfans finden ihr Revier an diesen Steilhängen sowie Paraglider beste Abflugrampen. Die malerischen Inseln eignen sich ebenfalls hervorragend für schöne Wander- und Mountainbiketouren, vor allem im zeitigen Frühjahr und im Herbst – auf einem breit angelegten Wegenetz kann man gemütliche, aber auch konditionsstarke Touren unternehmen, meist mit bester Weitsicht als Belohnung. Wandertouren führen zu den höchsten Inselbergen wie dem Vidova Gora (Insel Brač) und Sv. Ilija (Halbinsel Pelješac), zudem zum Hum (Insel Vis) oder zu den flacheren Inselbergen wie dem Televrin (Insel Lošinj). Auch der bergige Süden der Insel Krk und die Insel Rab verfügen über attraktive Wanderwege.

Wassersport …

Die meisten Urlauber zieht es im Sommer natürlich ans Meer. Zum Baden locken schöne Fels- und Kiesbuchten, gesäumt von Schatten spendenden Aleppokiefern, zur Entspannung hört man Grillenkonzerte. An Touristenorten warten meist gepflegte Feinkies-, teils auch Sandstrände, mit Liegestuhl-, Sonnenschirm- und Wassersportgeräteverleih und einladenden Cafés, Eisdielen und Konobas im Hintergrund – die „Blauen Flaggen", die beste Wasserqualität garantieren, wehen fast überall. Bekannte Badestrände sind u. a. die flach abfallende Sandbucht bei Lopar (Insel Rab), die gepflegten Stadtstrände von Crikvenica oder Baška (Insel Krk); die Insel Pag verwöhnt mit kinderfreundlichen Feinkies- und Sandbadeplätzen. Bei Nin kann man nicht nur am Sandstrand baden, sondern auch im Schlamm kuren. Um das Goldene Horn (Insel Brač) sowie rund um Makarska finden sich herrliche Feinkiesstrände,

„Türkis oder smaragd, weiß oder goldfarben"

ebenso auf der Halbinsel Pelješac, oder man badet in den smaragdfarbenen Salzseen auf der Insel Mljet.

Die klare Adria mit Sichtweiten bis zu 50 m Tiefe, alte Schiffswracks und bizarre Unterwasserhöhlen machen das Tauchen zum Genuss. Beliebte Gebiete sind die Inseln Premuda, Ist und Dugi Otok, der Kornaten-Archipel (nur mit Tauchschule) und der Šibeniker-Archipel. Im Süden lockt neben der Insel Vis vor allem der Archipel des Naturparks Lastovo. Surfer und Kiter werden die Winde bei Preluk (Rijeka), um Baška (Insel Krk), bei Nin und v. a. im Kanal von Pelješac und rund ums Goldene Horn begeistern.

Segel- und Motorbootfreunde können all die fantastischen Inseln mit ihren Buchten erkunden und finden neben lauschigen Ankerbuchten ein dichtes Netz an gut ausgestatteten Jachthäfen an der gesamten kroatischen Küste. Kanu-, Kajak- und Raftingfreunde zieht es u. a. auf den Fluss Cetina bei Omiš.

Kulinarik

Gesunde und umweltbewusste Kost – das bietet die saisonale kroatische Küche mit regionalen, frischen Produkten aus dem Meer und vom Land, die auch ohne Schnickschnack mundet. Verwendet wird neben viel Knoblauch auch Olivenöl. So speist man bestens fangfrischen Fisch, Langusten, Hummer sowie Austern und Muscheln, zudem feinste Lammgerichte, serviert mit Gemüse oder Salat. Naschkatzen werden mit leckeren Palatschinken-Varianten, Apfelstrudel, Sahne- und Karamellcremes, Feigen-, Kirschen- oder Aprikosentörtchen verführt. Zu den Gaumenfreuden gehören süffige oder ausdrucksstarke regionale Weine, auch ein hochprozentiges Kräut- oder Früchtchen wird zum Abschluss nie fehlen. Den Kindern wird es ebenso schmecken, denn leckere Pizzen, Reis- und Nudelgerichte finden sich in allen Variationen landesweit.

Die Seele baumeln lassen…

Landeskunde & Reisepraktisches

Steckbrief Kroatien	→ S. 20	Unterwegs in Kroatien	→ S. 45
Klima und Reisezeit	→ S. 21	Übernachten	→ S. 56
Winde	→ S. 21	Essen und Trinken	→ S. 60
Flora	→ S. 23	Sport	→ S. 67
Fauna	→ S. 26	Wellness und Kurorte	→ S. 73
Geschichte	→ S. 29	Wissenswertes	
Anreise	→ S. 37	von A bis Z	→ S. 74

Steckbrief Kroatien

Fläche: Festlandsfläche 56.594 km², territoriale Gewässer 31.067 km².

Inseln und Riffe: 1185 Inseln, die größten Inseln sind Krk und Cres; bewohnte Inseln gibt es 67.

Küstenlänge: 5835 km, davon 4058 km Insel- und Riffküste.

Hauptstadt: Zagreb, ca. 780.000 Einwohner.

Bevölkerung: ca. 4,4 Mio. Einwohner.

Religion: Die Mehrheit der Bevölkerung ist römisch-katholisch.

Sprache: Landessprache ist Kroatisch; in den Touristenzentren wird deutsch, englisch und italienisch gesprochen.

Politisches System: Parlamentarische Demokratie.

Klima: Drei Klimazonen prägen Kroatien – kontinental, alpin und mediterran.

National- und Naturparks: Insg. 36.000 ha; *Nationalparks:* im Norden der Brijuni-Archipel, Risnjak, Nord-Velebit, Plitvicer Seen und Paklenica-Schlucht; im Süden der Archipel Kornati, Krka-Wasserfälle, Mljet. *Naturparks:* im Norden Učka und Velebit; im Süden Vransko jezero, Telašćica, Biokovo und Lastovo; im Landesinneren Medvednica, Žumberak-Samoborsko gorje, Papuk und die Sumpfgebiete Kopački rit, Lonjsko polje.

Zeitzone: Mitteleuropäische Zeit.

Währung: Kuna (KN), 1 € beträgt ca. 7,3 KN, 1 KN beträgt ca. 0,13 €.

Telefonvorwahl Kroatien: 00385

Rauchverbot: seit 2009 (→ „Wissenswertes von A bis Z").

Landeskunde & Reisepraktisches

Klima und Reisezeit

Die kroatischen Inseln und die Küste haben *mediterranes Klima,* das sich durch warme Sommer mit kaum Niederschlag auszeichnet. Der Regen kommt im Herbst, die Winter sind mild. Im Jahresdurchschnitt steigen die Temperaturen weder besonders an, noch fallen sie extrem ab – exzellente Bedingungen also für den Tourismus. Beeinflussungen können windbedingt auftreten, wenn die *Bora* vom Gebirge in den Küstenraum hinunterbläst. Kurzzeitige Temperaturstürze sind die Folge. Weht im Sommer vom Meer her ein angenehm erfrischender Wind – der Maestral –, ist mit klarem, schönem Wetter zu rechnen. Im Frühjahr und im Herbst bringt der warme *Jugo* Wolken und Regen.

Die Badesaison beginnt im Juni, dann steigen die durchschnittlichen Wassertemperaturen auf 20 °C und bleiben bis Ende September an der ganzen Küste konstant zwischen 20 und 24 °C. Das mediterrane Klima sorgt auch in den heißesten Monaten Juli und August für erträgliche Temperaturen: Nachts wird es nicht zu kalt, zwischen 18 und 20 °C, und tagsüber steigt das Quecksilber bis auf 30 °C.

Die beste *Reisezeit* für die kroatischen Inseln sind die Monate Mai, Juni und September bis Mitte Oktober. Im Juli und August herrscht Hochbetrieb, einerseits durch die vielen ausländischen Touristen, andererseits durch die Einheimischen, die hier ihren Urlaub verbringen.

Wetterberichte, -prognosen und nautische Warnmeldungen siehe Kapitel „Wissenswertes A bis Z, Nachrichten/Wetter".

Klimatabelle von Rijeka (Durchschnittswerte)

	Ø Lufttemperatur (Min./Max. in °C)		Ø Wassertemperatur (in °C)	Ø Tage mit Niederschlag	Ø Stunden mit Sonnenschein
April	10	17	13	4	6
Mai	14	23	17	6	8
Juni	18	26	20	4	8
Juli	20	28	22	5	11
Aug.	19	28	24	3	9
Sept.	16	25	22	7	8
Okt.	12	19	19	8	5

Winde

An der kroatischen Adria blasen die Winde aus allen Himmelsrichtungen. Die wichtigsten sind *Bora (bura, grego), Jugo* und *Maestral.*

Bora: Sie kann das ganze Jahr auftreten, kommt aus nordnordöstlicher und ostnordöstlicher Richtung und weht vom Land zum Meer, im Winter ist sie häufiger und stärker. Der trockene, kalte Wind tritt plötzlich auf, schwillt zum Sturm an und bläst in unregelmäßigen Windstößen. Mit Geschwindigkeiten von bis zu 180

Stundenkilometern fegen dann eiskalte Böen vom Gebirge herab und höchste Vorsicht ist geboten. Besonders stark tritt die Bora im Bereich der Nord-Adria auf. Achtung bei Segeltörns, aber auch beim Auto- und Motorradfahren!

Unterarten der Bora sind die **Tramontana**, die ebenfalls aus Norden, häufiger aber im südlichen Adria-Raum weht, sowie der **Levant**, *istočnjak;* er bläst schwächer und regelmäßiger als die Bora und ist eine Art Mischung aus Bora und Jugo.

Jugo: Ein feucht-warmer Wind von gleich bleibender Stärke aus südsüdöstlicher und ostsüdöstlicher Richtung. Innerhalb von 36 bis 48 Stunden wird er etappenweise stärker, bringt Wolken, unruhige See und Regen.

Der **Lebić** bläst aus südwestlicher, der **Punenat** aus westlicher Richtung. Beide halten nur kurze Zeit an.

Maestral: Der Maestral ist ein „Schönwetterwind". Er bläst aus nordwestlicher Richtung und im Sommer vom Meer zum Land. Seine Stärke hängt vom Temperaturunterschied zwischen Meer und Land ab, doch weht er regelmäßig. Er beginnt gegen 9 Uhr, ist gegen 14 Uhr am stärksten und endet vor Sonnenuntergang.

Der **Burin** kommt aus nordöstlicher Richtung, ist schwächer als der Maestral und weht nachts vom Land her.

Neverin: Diese fast schon launische Winddame, deren Auftritt sich im Wesentlichen auf den nordadriatischen Raum beschränkt, ist ebenfalls nicht zu unterschätzen und vor allem nicht auf den Tag vorhersehbar. Die Newera bringt örtlich begrenzte unwetterartige Stürme, auch Hagel oder extreme Regengüsse. Warnende Vorzeichen sind extreme Hitze und Schwüle, Sturmwolken, Luftdruckabfall, Temperaturanstieg und ein Sinken der relativen Luftfeuchtigkeit. Besonders gefährdet sind dann vor allem kleine Boote, die nicht schnell genug den sicheren Hafen erreichen. Daher die Wetterprognosen unbedingt beachten!

Gleich bläht der Wind die Segel

Windhose: Eine lebensgefährliche Angelegenheit, besonders für Bootsbesitzer, kommt an der gesamten Adria vor. Die Windhose entsteht, wenn kalte und heiße Luftmassen aufeinander prallen, oft ist es vorab windstill und rundum hat es viele Gewitterwolken. Die Windhose bildet einen Trichter von einer Wolke hinab zum Meer mit einem Durchmesser von ca. 100–300 m, die darin rotierende Luft reißt mit hoher Geschwindigkeit (bis zu 200 km/h) die Wasseroberfläche nach oben. Auf ihrem Weg nimmt die Windhose mit sich, was nicht niet- und nagelfest ist, Gegenstände können Hunderte Meter weit durch die Luft gewirbelt werden.

Flora

Zum besonderen Reiz des Mittelmeerraums trägt sicherlich die üppige Welt der Pflanzen bei, die in Kroatien um einiges vielfältiger und artenreicher ist als bei uns in Mitteleuropa.

Die Adriaküste ist von Karst, Macchia und von subtropischer Vegetation geprägt. Die Inseln bestehen hauptsächlich aus *Kalkstein*. Kalkstein ist wasserlöslich; seine horizontalen Schichten wurden in geologischer Vorzeit aus dem Erdinnern hochgeschoben und gebrochen – *Karst* entstand. Aber auch der Mensch hat zur Verkarstung der Landschaft beigetragen: durch Rodung der Wälder. Die nunmehr haltlose Erde wurde vom Regen weggespült und von starken Winden abgetragen, so dass der Kalkstein zu seiner heutigen, typischen Form verwitterte – Karren, Schratten, Rillen, Wannen, Löcher blieben übrig. Durch die Spalten drang Wasser in die unterirdischen Schichten und spülte all die Höhlen aus, in denen sich später Tropfsteine entwickelten.

Von den einst riesigen Flaumeichenwäldern sind nur noch Waldflecken übrig geblieben, die den steinigen Boden bedecken. Den größten Baumbestand bildet heute die wieder aufgeforstete Aleppokiefer oder Seestrandföhre.

Die vom mediterranen Klima begünstigte Flora hat für Pflanzenliebhaber aus unseren Regionen eine besondere Anziehungskraft. Das Klima – lange Regenzeit im Winter, kaum Fröste, mehrmonatige heiße Trockenperiode im Sommer – bewirkt spezielle Wachstumszyklen: Im Herbst, mit dem Einsetzen der Regenfälle, beginnen die Pflanzen zu wachsen. Bis auf wenige Arten, die auch im Winter blühen, setzt die Blüte im April und Mai mit dem Ende der Regenperiode ein. Die Sommerhitze lässt die Blütenpracht schnell wieder verschwinden – es sei denn, die Pflanzen bekommen durch Küstennähe oder künstliche Wasserzugabe mehr Feuchtigkeit. Bäume und Sträucher überleben die Trockenzeit dank ihres tief reichenden Wurzelwerks. An krautigen Pflanzen überleben nur die einjährigen, die sich noch schnell durch Samenabwurf fortpflanzen, sowie die Knollenpflanzen, die sich, wie bei uns, zurückziehen und nach dem so genannten Winterschlaf mit der Regenperiode wieder austreiben. Im Spätsommer schließlich präsentiert sich die Pflanzenwelt mit Früchten und Blättern wieder in ihrer ganzen Farbenpracht.

Zistrosen blühen überall

Die Pflanzenwelt der Inseln

Wälder: Durch den Raubbau des Menschen gibt es hier keine dichten, urwüchsigen Wälder mehr. Den größten Waldbestand auf den Inseln und an der Küste bildet die Aleppokiefer oder Seestrandföhre, oft begleitet von Macchia-Unterwuchs. Vereinzelt treten immergrüne Steineiche, Flaumeiche, orientalische Hainbuche, Rotbuche, Zedernwacholder, Pinie, Schwarzkiefer, Lorbeerbaum und Johannisbrotbaum auf.

Macchia: Die Macchia ist eine Landschaftsform, die durch menschliches Einwirken entstand – vor allem durch Rodung der immergrünen Wälder seit der Antike und später durch ständige Holzentnahme: Die Pflanzen lieferten nützliche Produkte wie Brennholz, Holzkohle, Harz, Gummi, Farben und Fasern. Aber auch Ziegen- und Schafverbiss richtete viel Schaden an.

Meist ist die Macchia dicht und undurchdringlich. Zwei Meter und höher sind die Sträucher, die oft ledrige Blätter haben und deren Schönheit man eigentlich nur im Frühling betrachten kann. In dieser Jahreszeit verwandelt sich die Landschaft in ein duftendes Blütenmeer – weiß und rosafarben blüht die Zistrose, weiß bis zartrosa die Baumheide, dazwischen leuchten die Gelbtöne verschiedener Ginsterarten und all die Blüten der Knollengewächse. Im Verlauf des Jahres wird die Macchia farbloser und zeigt sich nur in ihrer Gesamtheit als graugrüner Kontrast zu den Felsen. Allerdings duftet sie dann, denn durch die brennende Sonne werden all die ätherischen Öle aus den Blättern freigegeben. Oft atmen wir sie tief ein und genießen ihr „würziges" Aroma. Im Spätherbst lebt die Macchia noch einmal kurz auf: Die orangeroten Früchte des Erdbeerbaums, das kräftige Rot des Mastixstrauches, das Blau des Wacholders und der Ölbaumgewächse leuchten in ganzer Pracht.

Hohe Macchia: Sie ist geprägt von den 4–5 m hohen Bäumen der Kermeseiche, Aleppokiefer, des Judasbaums, Erdbeerbaums und phönizischen Wacholders, den stattlichen Sträuchern der Baumheide, Myrte, Steinlinde und des Pfriemenginsters.

Niedrige Macchia zeigt sich in den 1,5–2 m hohen Sträuchern des Rosmarins, des lorbeerähnlichen Schneeballs, Herbstseidelbasts, Mastix, Mäusedorns, der Zistrosen und Erika-Arten. An offenen Stellen wachsen vor allem Zwiebel- und Knollengewächse.

Gemischte Macchia: Sie besteht aus Johannisbrotbaum, Dornenginster, immergrüner Kreuzdorn, Stechwinde.

Garigue: Diese Vegetationsart tritt in heißen, trockenen Gebieten mit felsigem und flachgründigem Boden auf. Hier halten sich nur kleine Sträucher bis 0,5 m Höhe. Die meisten Pflanzen sind aromatisch, einige haben Dornen: Es sind vor allem unsere Gewürzkräuter wie Thymian, Bohnenkraut, Rosmarin, Salbei und Lavendel, aber auch Knollenpflanzen wie Krokus, Schwertlilie, Hyazinthe, Schachblume, Affodill, Immortelle, Wolfsmilchgewächse und viele Orchideenarten. Besonders im Frühling, nach der Regenzeit, kann man ihnen fast beim Wachsen und Erblühen zuschauen. In der Garigue gedeiht auch das blau blühende, Magen stärkende Heilkraut *Pelin*, aus dem der Kräuterschnaps Pelinkovac gemacht wird.

Ein häufiges Pflänzchen in der Garigue ist das der Kamille oder Chrysantheme ähnlich sehende sog. *Flohkraut* (kroat. Buha oder Buhac), das als natürliches Insektizid eingesetzt wurde. Hr. Leopold Ružička (1887–1976) erhielt 1939 dafür den Nobelpreis in Chemie (→. Šibenik).

Felsentrift: Hier wurde durch Mensch und Tier jede Vegetation fast vollständig zerstört – der kahle Fels tritt zutage. Trotzdem halten sich in den Felsritzen noch kleine, aber farbenprächtige Pflanzen wie Anemone, Alpenveilchen, Schwertlilie, spanische Winde, Gamander, Backenklee, Thymian, Affodillenarten und dornige Wolfsmilch.

Flora

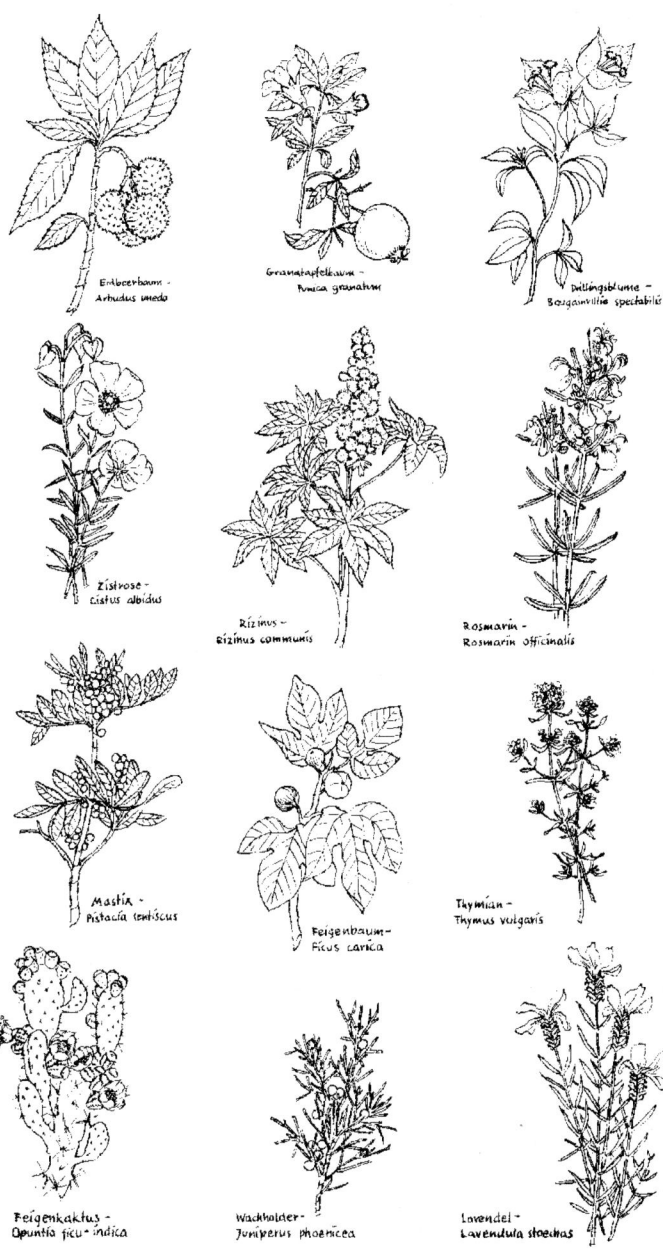

Das Pflänzchen Buhać

Vor allem an der mittel- und süddalmatinischen Küste und an den Felsen trifft man auf Buhać, das sog. Flohkraut (Pyrethrum cineratiaefolium), ähnlich kleinen Margaritenbüschen, aber eine Chrysanthemenart. Populär wurde das genügsame Pflänzchen durch Hr. Šupuk (→ Šibenik/Nationalpark Krka), einen Tüftler aus dem Raum Šibenik. Er entdeckte, dass Flohkraut gut zur Schädlingsbekämpfung eingesetzt werden kann, da es natürliches Pestizid enthält, das für Insekten giftig, für Menschen, Vögel und Säugetiere harmlos ist. Lange ließ er im größeren Stil die Pflanzen in den Mühlen entlang der Krka-Wasserfälle pulverisieren. Auch die Bauern in diesen Regionen wussten um den Nutzen dieses „Unkrauts" und ließen es einfach unter ihren Olivenbäumen, Wein und Gemüse wachsen – auch heute besinnt man sich wieder dieser nützlichen Pflanze.

Kultur- und Zierpflanzen: Durch Handelsbeziehungen mit teils sehr weit entfernten Ländern gelangten auch exotische Pflanzen nach Kroatien und wurden hier heimisch – so z. B. Oliven, Feigen und Granatäpfel aus dem Orient. Die Araber brachten Zitrusgewächse wie die Apfelsine aus China mit. Eukalyptusarten und Akazien stammen aus Australien und die unechte Dattelpalme von den Kanarischen Inseln.

Agave, Bougainvillea, Rizinus, der Feigenkaktus, Oleander und die Tamariske wurden aus den tropischen Zonen Amerikas eingeführt. Auf einigen Inseln mit sandigem Untergrund pflanzte man Bambusrohr als Windschutz und zur Verhinderung der Bodenerosion an.

All diese Pflanzen, die Städte und Dörfer verschönern, sind heute aus Kroatien kaum mehr wegzudenken.

Fauna

Wegen der spärlichen Besiedelung der Inseln und des fast menschenleeren Küstengebirges leben hier zahlreiche Tierarten weitgehend ungestört.

An der Küste und auf den Inseln begegnet man auf Schritt und Tritt Eidechsen, die sich in der Sonne aalen und durchs Gebüsch rascheln. Sie haben sich von Insel zu Insel ganz unterschiedlich und unabhängig voneinander entwickelt. Die prächtigste ist die bis zu einem halben Meter lange *Smaragdeidechse* mit ihrem leuchtenden Grün. Der *Mauergecko*, eine kleine Echse, ist harmlos, obwohl man ihn Tarantula nennt – er klettert lediglich die Wände hoch.

Viele der hier lebenden *Schlangen* wie Wasserschlangen, Blindschleichen, Eidechsennattern, Katzennattern, Zornnattern und Leopardnattern sind, obwohl sie der Volksmund als Giftschlangen bezeichnet, völlig ungefährlich. Oft, vor allem in Süddalmatien zu entdecken ist die bräunliche bis ca. 1 m lange *Scheltopusik* (Pseudopus serpentinus Merr.), im kroatischen *Glavor* oder auch *Blavor* genannt, die neben Mäusen und Schnecken auch Vipern auf dem Speiseplan hat und daher bei vielen Einheimischen gern gesehen ist, leider aus Unwissenheit aber auch erschlagen wird. Vor der Hornviper (→ S. 28) und – seltener – der Kreuzotter sollte man auf der Hut sein – sie sind in der Tat giftig.

Geht man auf schmalen Pfaden durch die Macchia spazieren, verheddert man sich oft in prachtvollen Spinnennetzen, doch die meisten *Spinnen* sind harmlos. Vorsicht ist aber vor der selten anzutreffenden *Schwarzen Witwe* geboten.

Fauna 27

Nationalpark Nord-Velebit: Nicht ganz Jugendfrei – Jungbären beim Üben ...

Augenfällig ist die Vielfalt der *Käfer* und *Schmetterlinge*. Vom Nachtpfauenauge über den Schwalbenschwanz und Apollo bis zum gemeinen Blutströpfchen – überall flattert, hüpft, surrt und leuchtet es in allen Farben.

Zahlreich sind auch die *ganzjährig heimischen Vogelarten:* Es gibt Meisen, Lerchen, Stieglitze, Wachteln, Zaunkönige, Amseln, Krähen. *Zugvögel,* die im Sommer an der Küste und auf den Inseln nisten, sind Nachtigall, Schwalbe, Wiedehopf, Kuckuck und Turteltaube.

An *Greifvögeln* gibt es den Habicht und den Sperber. In entlegenen Gebieten findet man Wanderfalken, Eulen, Uhus und Steinkäuze. Manchmal bekommen die Inseln auch Besuch von Adlern und Königsgeiern, die im Küstengebirge leben. Die sehr seltenen Gänsegeier gibt es vor allem auf der Insel Cres (s. Beli) und im Biokovo. Der Schlangenadler gehört zu den Greifvögeln und ernährt sich von Schlangen und Eidechsen. Der Steinadler lebt auch im Biokovo. Beliebte Jagdobjekte sind *Hühnervögel,* wie die reichlich vorhandenen Fasane und Rebhühner. An Sümpfen und Gewässern findet man *Wildgänse* und *Wildenten,* natürlich die Möwe und viele andere *Wasservögel.*

Schildkröten, die einem früher oft begegneten, sind heute leider nur noch selten zu sehen.

Fast nie sind dagegen Braunbären, Wölfe, Wildkatzen und Luchse zu sehen, die in den entlegenen Winkeln der Gebirge des Nationalpark Risnjak, der Naturparks Velebit und Biokovo und im Dinarischen Gebirge leben. Nicht ganz so scheu sind die Mufflons, die man auf dem Berg Sv. Ilija auf der Halbinsel Pelješac und auch im Biokovo-Gebirge antreffen kann. Wenn es nachts gruselig heult, ist dies ein Schakal, der vor allem auch auf der Insel Pelješac anzutreffen ist.

Rar sind die vor der Küste der Insel Mljet und Brusnik gesichteten *Mittelmeer-Mönchsrobben* – sie gehören zu den seltensten und bedrohtesten Tierarten in Europa.

Hornotter oder Hornviper (vipera ammodytes) – eine gefährliche Sonnenanbeterin

Auf den Inseln und im Küstengebirge ist diese Giftschlange keine Seltenheit. Wer die Gepflogenheiten dieses Tieres kennt, kann sich schützen. Eines vorweg: Schlangen sind äußerst scheue Tiere, fühlen sie sich allerdings bedroht oder in die Enge getrieben, können sie angreifen. Im Zweifelsfalle also zurücktreten und der Hornviper den Vortritt lassen! Fühlt sich die Schlange bedroht und in die Enge getrieben, kann sie sich blitzschnell zusammenrollen und ca. einen halben Meter hochspringen – und auch zubeißen! Bei Temperaturen unter 25 °C, d. h. meist im Frühjahr und Herbst, sucht die Schlange die Sonne, um sich zu wärmen. Sie kann dann mitten im Weg oder auf Steinmäuerchen liegen. Ihrer Vipernatur entsprechend weicht sie bei Geräuschen normalerweise aus, außer es ist kalt, dann nur sehr langsam oder auch gar nicht, d. h. dann immer darauf achten, wohin man steigt! Bei hohen Tagestemperaturen versteckt sich die Viper in den Steinmäuerchen (Achtung beim Rasten!) und kommt dann nur morgens oder abends aus ihrem Plattenbau. Im Spätsommer wird sie zum Climber, um der Sonne näher zu kommen oder auch um Nahrung zu suchen. Sie hält sich auf Gebüsch oder niederem Baumgeäst auf, nun heißt es wirklich achtsam sein, denn ein Biss in Hals oder Kopf kann tödliche Folgen haben. Wichtig ist es deshalb, behutsam durch die Natur zu laufen, zudem lange Kleidung, evtl. Hut und gutes Schuhwerk zu tragen.

Delfine springen im Kvanerić

Ebenso selten geworden sind die Meeresschildkröten. Weniger selten, dafür sehr gefräßig, ist der einst zur Schlangenbekämpfung eingesetzte *Mungo*; sein einstiges Hauptrevier war Mljet, inzwischen lebt er auf vielen Inseln.

Sehr häufig findet man *Hasen* und *Kaninchen*, *Erdhörnchen*, *Steinmarder*, *Damhirsche* und *Wildschweine*.

Im Meer tummelt sich verschiedenartigstes *Wassergetier*: u. a. Seebarsch, Steinbutt, Seezunge, Makrele, Thunfisch, Aal, Zander, Sardelle, Tintenfisch, Drachenkopf, Scholle, Languste und Hummer. Austern und Muscheln werden vor allem um Ston auf der Halbinsel Pelješac gezüchtet, ebenso inzwischen beliebte Speisefische wie Goldbrassen. In tieferen Gewässern gibt es kleine *Haie* und man sieht munter springende *Delfine*, vor allem in den Gebieten Kvanerić (s. Veli Lošinj) und um die Elaphiten, Vis und Lastovo.

Beeindruckend und zeitlos, das Franziskanerkloster in Dubrovnik

Geschichte

Seit Jahrtausenden ist die Balkanhalbinsel Nahtstelle zweier Kulturen, klassisches Durchzugsgebiet, das den Orient mit dem Okzident verbindet. Hier, zwischen südöstlichem Alpenrand, Adriaküste und Pannonischer Ebene kreuzten sich seit jeher bedeutende Verkehrswege und unterschiedlichste Einflüsse. Etwa seit 10.000 v. Chr. gelangen über den Balkan die Errungenschaften der so genannten neolithischen Revolution nach Europa – neue Techniken der Bearbeitung von Ton und Kupfer, der Pflanzenkultivierung und Tierzucht.

Jungsteinzeit: Seit dem 6. Jahrtausend v. Chr. leben in den Küstengebieten der östlichen Adria Ackerbauern und Viehzüchter. Bekannt geworden ist die *Danilo-Kultur*, die zur Gruppe der Bandkeramiker gehört. Ein berühmtes Gefäß aus der Umgebung von *Šibenik* zeigt das erste Segelschiff, das jemals dargestellt wurde.

Illyrien: Seit dem 2. Jahrtausend v. Chr. werden die östliche Adriaküste und weite Teile des Hinterlands von den indogermanischen *Illyrern* bewohnt. Im 8. Jh. v. Chr. dringen die Griechen zur Küste vor und gründen dort Handelsniederlassungen. Die Illyrer werden ins Hinterland abgedrängt, die Griechen aber müssen sich gegen Angriffe und Seeräuberei der illyrischen Stämme zur Wehr setzen. Römische Truppen kommen zu Hilfe und schlagen 229 v. Chr. im ersten illyrischen Krieg die Truppen der Königin *Teuta*. Rom ist dabei, das gesamte Mittelmeer zum „mare nostrum" zu machen und führt noch sechs weitere Kriege, bis Illyrien 33 v. Chr. als *Provinz Illyricum* endgültig dem Reich einverleibt wird. Das effiziente römische Verwaltungssystem und die Romanisierung von Sprache und Kultur tragen bald Früchte: Illyrische Soldaten stellen im 3. und 4. Jh. den Hauptteil des Heeres und sind ein bedeutender Machtfaktor. Allein sechs römische Kaiser gehen aus Illyrien hervor.

Kroatien entsteht: Im Zuge der „Völkerwanderung" lassen sich im 6. Jh. n. Chr. *Kroaten*, ein südslawischer Großstamm, in Dalmatien und Istrien nieder. Das Oströmische Reich (Byzanz) ist gegen die Landnahme machtlos, und Fürst *Trpimir* gründet einen ersten, über den Stammesverband hinausgehenden kroatischen Staat. 788 besetzt *Karl der Große* Istrien, 806 gerät ganz Kroatien vorübergehend unter fränkischen Einfluss. Die Kroaten wehren sich mit Erfolg. Fürst *Branimir* begründet die Unabhängigkeit Kroatiens. Er festigt seine Herrschaft durch enge Kontakte mit der katholischen Kirche in Rom. Die frühe *Christianisierung* des Landes dokumentieren die Bischofssitze in Trogir und Zadar. Erster König wird 925 Fürst *Tomislav*, der die kroatischen Gebiete – Istrien, Kroatien, Bosnien, Montenegro, bis in den Norden Albaniens – vereint. Deren Grenze entspricht etwa der heutigen Landesgrenze. Der Papst erkennt Fürst *Tomislav* 925 als König der Kroaten an.

Die dalmatinischen Piraten

Ihr Unwesen trieben sie seit dem 7. Jh. und gefürchtet waren sie im ganzen Adriaraum. Die dalmatinischen Piraten stammen aus der Region zwischen den Flüssen Cetina und Neretva, und das Städtchen Omiš wählten sie zu ihrem Hauptstützpunkt (s. a. Omiš). Mit wachsendem Erfolg und Reichtum stiegen die geächteten Räuber allmählich zu einflussreichen Feudalherren auf. Bei einem Versuch Venedigs, die neretvanischen Seepiraten zu unterwerfen, wurde 887 der Doge Pietro Candiano bei Makarska getötet.

Besonders gewieft und gefürchtet war der Familienclan der Kačić. Die Kačićs beschränkten sich nicht auf Beutezüge auf See, sie griffen auch dalmatinische Städte, die Stadtrepublik Venedig und sogar Gebiete in Süditalien an. Die Kačićs trotzten Venezianern, Bosniern, Ungarn und widersetzten sich den großen Städten Split und Dubrovnik (Ragusa) – die Nichtangriffsverträge mit Kotor (1167) und Dubrovnik (1180) waren Zeichen ihrer wachsenden Macht. Sogar Venedig gab schließlich klein bei und bezahlte für seine Handelsflotte Tribut, um endlich Ruhe zu haben – doch die Seeräuberei fand damit kein Ende. Den im 13. Jh. amtierenden Papst erzürnte das derart, dass er eine kostspielige Strafexpedition nach Dalmatien schickte, die für Ruhe und Ordnung sorgen sollte. Die Piraten von Omiš beeindruckte das wenig – im Gegenteil. Sie verbündeten sich mit ihren norddalmatinischen Berufskollegen aus Senj, wo sie immer wieder Unterschlupf fanden und für weitere 200 Jahre in den adriatischen Meeren Angst und Schrecken verbreiteten.

Im 10. Jh. wird Kroatien um Dalmatien erweitert. Mit der Eroberung einiger dalmatinischer Küstenstädte und Inseln im Jahr 1000 festigt jedoch die aufstrebende *Handelsmacht Venedig* ihren Einfluss im Mittelmeerraum. Noch gelingt es König *Krešimir*, Kroatiens Macht zu erhalten, doch nach der Ermordung des letzten Königs *Zvonimir*, dem Schwager des ungarischen Königs *Koloman*, geht Kroatiens Unabhängigkeit verloren. Streitigkeiten unter den Adelsgeschlechtern verhindern die Wahl eines Nachfolgers. 1102 lässt sich Koloman zum kroatischen König krönen.

Kroatien vergeht: Der schwindende Einfluss von Byzanz begünstigt den Aufstieg einer neuen Großmacht: Venedig. Die Kaufleute der Lagunenstadt sichern sich das Monopol für den Salz- und Getreidehandel, eine mächtige Flotte schützt die Handelsschiffe vor Seeräubern und kriegerischen Küstenstämmen – seit dem 11. Jh.

steigt Venedig zur Ordnungsmacht im östlichen Mittelmeerraum auf und beeinflusst zusehends auch die kroatischen Küstenregionen.

Ende des 13. Jh. geraten die ersten Küstenstädte Istriens unter venezianische Herrschaft. Als 1330 auch noch Pula erobert wird, kommt der größte Teil Istriens für rund 500 Jahre zu Venedig. Konkurrent um die dalmatinischen Städte ist Ungarn. Die Rivalität zwischen Ungarn und Italien zieht sich über Jahrhunderte, und die Küstenstädte wechseln immer wieder den Besitzer – Zadar allein achtmal. Anfang des 15. Jh. gibt sich das durch Türkenangriffe geschwächte Ungarn geschlagen. 1409 kauft Venedig dem ungarischen König *Ladislaus* für 100.000 Dukaten Zadar und ganz Dalmatien ab. Ab 1421 beherrschen die Venezianer Dalmatien mit Ausnahme der Stadtrepublik *Ragusa*, dem heutigen Dubrovnik.

Relief mit Figur eines kroatischen Königs, 11. Jh.

Kroatien als Vorposten der Christenheit: Seit dem 14. Jh. verbreitet die Expansion der Osmanen Angst und Schrecken. Als Konstantinopel (das frühere Byzanz) 1453 in türkische Hände fällt, hat das christliche Abendland einen gemeinsamen Feind. 1529 steht Sultan *Süleyman der Prächtige* mit seinem Heer vor den Toren Wiens. Kroatien wird zum „Vorposten der Christenheit", und eine groß angelegte Grenzsicherung unter Führung Österreichs wird in Angriff genommen. Die Kroaten bewähren sich als tapfere Kämpfer und tragen die Hauptlast im Kampf gegen die Türken. Trotz der oft unbesiegbar erscheinenden türkischen Heeresmacht fällt Zagreb nie in türkische Hand, wohl aber Budapest – und das für 150 Jahre.

Kroatien aber bleibt auch in dieser Zeit der Türkenabwehr größerer Eigenständigkeit verwehrt. Als „Kronland" Ungarns verliert es Ende des 18. Jh. seine letzte Souveränität – u. a. wird an den kroatischen Schulen Ungarisch zum Pflichtfach. Von Österreich ist keine Hilfe zu erwarten, die Habsburger haben Kroatien sogar um seinen istrischen und dalmatinischen Besitz erleichtert und diesen unter ihre Verwaltung gestellt. Der Status quo wird festgeschrieben, als 1867 Österreich Doppelmonarchie wird, die Auseinandersetzung mit den Wünschen Kroatiens aber den Ungarn überlässt. Der im folgenden Jahr beschlossene ungarisch-kroatische Ausgleich erweist sich dabei als gänzlich unbefriedigend. Die Hoffnungen, die manche Kroaten auf eine von Erzherzog *Franz Ferdinand* vielleicht gewünschte Dreiteilung setzen, müssen nach dessen Ermordung am Vorabend des Ersten Weltkrieges begraben werden.

Der Erste Weltkrieg: Am 28. Juni 1914 ermordet *Gavrilo Princip* im Auftrag der serbischen Geheimorganisation „Schwarze Hand" den österreichischen Thronfolger *Franz Ferdinand* und seine Frau. Trotz fehlender Beweise für eine Mitwisserschaft der serbischen Regierung stellt Österreich am 23. Juli ein auf 48 Stunden befristetes

Die Basilika an der Lovrečina-Bucht (Insel Brač) – Zeitzeuge aus dem 5.-6. Jh.

Ultimatum, dessen Anerkennung die Aufgabe der serbischen Souveränität bedeutet hätte und das die Serben trotzdem nur in einem Punkt ablehnen. Am 28. Juli, dem Tag der Kriegserklärung Österreich-Ungarns an Serbien, beschießen Truppen der Donaumonarchie die serbische Hauptstadt Belgrad. Binnen weniger Tage wird durch das europäische Bündnissystem aus dem begrenzten Konflikt ein Flächenbrand unvorstellbaren Ausmaßes: Der Erste Weltkrieg hat begonnen.

Der Weltkrieg verändert die Staatenkarte Südosteuropas. Die österreichisch-ungarische Doppelmonarchie zerfällt, das Osmanische Reich verliert den größten Teil seines Territorialbesitzes und wird nach der Reform *Kemal Atatürks* zur türkischen Republik. Der erste jugoslawische Staat entsteht – das *Königreich der Serben, Kroaten und Slowenen* (SHS). Bei seiner Gründung 1918 sind künftige Konflikte schon vorprogrammiert. Nach außen sorgt die im *Vertrag von Rapallo* (1920) festgelegte Grenzziehung zu Italien für Spannungen – Istrien bleibt italienisch, ebenso Zadar, die Inseln Cres und Lošinj. Nach innen machen die Serben von Anfang an deutlich, dass sie in dem neuen Staat das Sagen haben wollen.

Die Kommunistische Partei wird 1921 wieder verboten. Der Bauernparteiführer und Anti-Zentralist Radić, dessen Partei nach dem Verbot der KP zweitstärkste Kraft geworden ist, gibt 1925 seinen Widerstand gegenüber dem Parlament auf, und seine Anhänger nehmen ihre Sitze ein. 1928 wird Radić im Parlament von einem Anhänger Groß-Serbiens und Mitglied der Radikalen Partei erschossen. Damit erreicht der Konflikt seinen Höhepunkt. Kroaten und Serben stehen sich unversöhnlich gegenüber, die konstitutionelle Monarchie ist schwer erschüttert.

Per Dekret löst König *Alexander I.* im Januar 1929 das Parlament auf und setzt die Verfassung außer Kraft. Die Parteien werden aufgelöst, strenge Staatsschutz- und Pressegesetze eingeführt. Es gibt nur noch Verwaltungsbezirke, in denen aber noch immer die Serben bevorzugt werden. Der königliche Diktator Alexander gibt seinem Reich auch einen neuen Namen: *Jugoslawien*.

Bereits 1928 gründet der Führer der kroatischen Rechtspartei, *Ante Pavelić*, eine faschistische Geheimorganisation, die *Ustaša*. Pavelić leitet sie aus dem Exil und

Jugoslawien unter Tito

hat die Abtrennung Kroatiens zum Ziel. 1934 gelingt es der *Ustaša*, in Zusammenarbeit mit der Geheimorganisation IMRO, König Alexander bei einem Besuch in Marseille zu ermorden. Es war eine Schreckenskunde und erinnerte an die Ermordung des Thronfolgers Franz Ferdinand und den Beginn des Ersten Weltkrieges. *König Alexander I.* stand für die Einheit auf dem Balkan und gab Europa Sicherheit. Bis 1939 leitet der Finanzfachmann *Stojadinović* die Regierungsgeschäfte.

Der Zweite Weltkrieg: Nach dem Sturz von Stojadinović Anfang 1939 wird ein Ausgleich mit Kroatien versucht. Die Kroaten sollen sich selbst verwalten dürfen und erhalten fünf Ministerposten. Der Beginn des Zweiten Weltkriegs mit dem Überfall *Hitlers* auf Polen 1939 zerstört die neue Politik im Keim. Um sich abzusichern, tritt die jugoslawische Regierung im März 1941 dem Dreimächtebund Deutschland, Italien, Japan bei; Tage später, am 6. April 1941, besetzen Hitlers Truppen das Land – Jugoslawien kapituliert am 17. April bedingungslos, König und Regierung flüchten nach London ins Exil. Das Königreich Jugoslawien wird zwischen Deutschland, Italien und Ungarn aufgeteilt.

Nur für Kroatien gelingt es Ante Pavelić, am 10. April einen „Unabhängigen Staat" ausrufen zu lassen, der von *Hitler* und *Mussolini* geduldet wird. Die Ustaša-Führung bedankt sich mit einem Staat, in dem Mord und Terror herrschen. Gezielt werden Juden verfolgt und wird Jagd auf orthodoxe Serben gemacht, die fast ein Drittel der Bevölkerung stellen. Der Übertritt zum katholischen Glauben rettet vielen das Leben und manchmal sogar das Eigentum. Nur vereinzelt protestiert die katholische Kirche gegen die Verfolgung der Serben, die erzwungenen Kirchenübertritte und die Einrichtung von Konzentrationslagern. Die Deutschen setzten in dem von ihnen besetzten Rest-Serbien (um Belgrad) eine Marionettenregierung ein, deren Hauptaufgabe die Bekämpfung der Partisanenbewegung ist.

Jugoslawien unter Tito: Der Widerstand gegen die Besatzer organisiert sich schnell. Die großserbisch-königlich gesinnten Soldaten der SHS (četniks) sammeln sich um den Oberst und späteren General *Mihailović*. Die linksorientierten Widerstandskämpfer scharen sich um den Kroaten *Josip Broz*, Generalsekretär der 1921 verbotenen Kommunistischen Partei Jugoslawiens (KPJ), der im Untergrund den Namen *Tito* annimmt. Seine Partisanen genießen in der Bevölkerung hohes Ansehen. Unter der Parole „Befreiung der Völker Jugoslawiens" gelingt es Tito und den Partisanen schon 1941, größere Gebiete unter ihre Kontrolle zu bringen. Ende 1942 führt Tito etwa 150.000 Mann, bei Kriegsende sind es 700.000. Mit Unterstützung der Roten Armee erobert er im Oktober 1944 Belgrad, die letzten Kämpfe dauern bis ins Frühjahr 1945. Die außenpolitischen Erfolge Titos zeigen sich in Waffenlieferungen der Alliierten und in der Anerkennung als alliierter Befehlshaber. So liefern die Alliierten auch die besiegten Ustaša-Verbände an Tito aus. Die Partisanen rächen sich teilweise blutig an den Faschisten. Der Führung und Ante Pavelić gelingt die Flucht.

In den Wahlen zur Nationalversammlung erringt die gemeinsame Volksfront-Liste 90 % der Stimmen. Die verfassungsgebende Versammlung ruft im November 1945 die *Föderative Volksrepublik Jugoslawien* aus, die 1963 in *Sozialistische Föderative Republik Jugoslawien* umbenannt wurde. So entstehen die Volksrepubliken *Serbien, Kroatien, Slowenien, Bosnien-Herzegowina, Makedonien* und *Montenegro.* Sie erhalten eigene Verfassungen und Parlamente; die Regionen *Kosovo* und *Wojwodina* bekommen autonomen Status. Dem Bund fällt neben Außenpolitik, Verteidigung und Verkehrswesen auch die Wirtschaftsplanung zu.

Zu ersten Verstaatlichungen von Banken, Bergwerken und Grundbesitz über 45 Hektar kommt es noch 1945, alle anderen für den Staat wichtigen Unternehmen werden im Dezember 1946 in Staatsbesitz überführt. Die Kollektivierung der Landwirtschaft erweist sich als wirtschaftlicher Fehlschlag – bereits 1956 sind 91 % der landwirtschaftlich genutzten Flächen wieder in bäuerlichem Privatbesitz.

Die KPJ ist die einzige kommunistische Partei Osteuropas, die ohne direkte Mithilfe der Sowjetunion an die Macht gelangt und großes Ansehen in der Bevölkerung genießt. Im Juni 1948 wird Jugoslawien aus der *Kominform* (Nachfolgerin der Kommunistischen Internationale) ausgeschlossen, weil der Nationalismus Titos Stalins Führungsanspruch im Wege steht. Die Folge ist eine Wirtschaftsblockade durch die kommunistischen Staaten und der vorübergehende Abbruch der Beziehungen zur UdSSR. Stattdessen wird Jugoslawien nun von den USA und den Westmächten durch großzügige finanzielle und wirtschaftliche Hilfe unterstützt.

Jugoslawiens eigenständiger, „dritter" Weg zwischen Ost und West weckt in der Zeit des Kalten Kriegs vor allem in Dritte-Welt-Ländern Hoffnung; außenpolitisch betreibt Jugoslawien die Annäherung an die NATO-Staaten Griechenland und Türkei (*Balkanpakt* 1953) – und nähert sich zugleich nach Stalins Tod wieder der UdSSR an. Die Innenpolitik prägen Dezentralisierungsmaßnahmen und die Einführung der Arbeiterselbstverwaltung, die 1953 Eingang in die Verfassung finden. Durch die Abkehr von zentralistischen Prinzipien und die Stärkung der Eigenverantwortung in Planung, Investition, Produktion und Marktteilnahme sollen die Betriebe marktwirtschaftlich konkurrieren können. Nach dem Tod der Integrationsfigur *Tito* am 4. Mai 1980 treten die Eigeninteressen der Teilrepubliken wieder in den Vordergrund.

Politischer Aufbau „Ex-Jugoslawiens"

Die **Föderative Volksrepublik Jugoslawien** war ein Staat mit sechs Teilrepubliken, in dem fünf Völker lebten, die vier Sprachen sprachen, drei Religionen angehörten, zwei Alphabete schrieben und *eine* Partei hatten. Die Strukturen dieses Vielvölkerstaates verdeutlichen die immensen Schwierigkeiten der politischen Führung insbesondere nach dem Tod Titos, der für viele die Einheit Jugoslawiens verkörperte und den sie respektvoll *Stari*, den Alten, nannten.

Die Betonung föderalistischer Strukturen wies dem Bund neben der Außen- und Verteidigungspolitik nur mehr die Wahrung der politischen und wirtschaftlichen Einheit durch Interessenausgleich zu.

Das jugoslawische Parlament bestand aus zwei Kammern: Dem *Bundesrat* gehörten 30 Delegierte aus jeder Republik und 20 aus jedem autonomen Gebiet an, insgesamt zählte er also 220 Mitglieder. Der *Rat der Republik* setzte sich aus je 12 Mitgliedern der sechs Republiken und je acht Vertretern der autonomen Gebiete zusammen. Die Leitung der Republik als oberstes Exekutivorgan oblag dem neunköpfigen Staatspräsidium, in dem neben den Vertretern der Republiken und autonomen Provinzen der Vorsitzende des *Bundes der Kommunisten Jugoslawiens* einen Sitz hatte. Der Vorsitz im Staatspräsidium wechselte jährlich im Rotationsverfahren.

Die schwache Bundeskompetenz war verantwortlich für erhebliche Reibungsverluste – der Wechsel im Vorsitz wirkte sich eher destabilisierend aus, und bis ein Gesetz das Bundesparlament und die Parlamente der Republiken durchlaufen hatte, verging viel Zeit.

Kroatien macht sich selbstständig

Jugoslawien zerfällt: In den 1980er Jahren geraten die wirtschaftlichen Probleme – galoppierende Inflation, hohe Arbeitslosigkeit, Korruption – außer Kontrolle. Zwei Lager stehen sich gegenüber: Auf der einen Seite der hoch entwickelte slowenische Norden, der mit seinem Anteil von nur acht Prozent an der Gesamtbevölkerung ein Fünftel des Exports erwirtschaftet. Er ist, unterstützt von Kroatien, nicht mehr bereit, den bankrotten Selbstverwaltungssozialismus weiterhin zu finanzieren. Auf der anderen Seite stehen die serbischen Zentralisten in Partei und Armee, die den Kurs der Reformer auf mehr Marktwirtschaft, Mitbestimmung und ein Mehrparteiensystem ablehnen und stattdessen auf Dirigismus und vermehrte politische Repression setzen.

Kroatien macht sich selbstständig: Anfang 1989 bilden sich aus den Kreisen verfolgter Wissenschaftler und Schriftsteller die Parteien *Kroatischer Sozialliberaler Bund* und *Kroatische Demokratische Union*. Anfang 1990 wird das Mehrparteiensystem legalisiert, nach den Wahlen wird *Dr. Franjo Tuđman* Präsident, sein Ziel war, die Kroaten zur Unabhängigkeit zu führen. Im Mai des gleichen Jahres wird die souveräne *Republik Kroatien* gegründet.

In der Verwaltung werden Serben durch Kroaten und wird die kyrillische Schrift durch die lateinische ersetzt. Im Polizeiamt von Knin bricht am 17. August 1990 der Serbenaufstand gegen die neue Rechtsordnung aus. Die nationalistisch orientierten und bisher autonom lebenden Serben aus der *Krajina,* einem Landstrich Kroatiens, fordern die Wiederherstellung der Autonomie und den Anschluss an Serbien, obwohl es keine gemeinsame Grenze gibt. Der Balkankrieg nimmt seinen Anfang. Die Jugoslawische Volksarmee rückt an, um die Krajina-Serben zu verteidigen. Die Kroaten werden entwaffnet. Die Entwicklung zerstört jeden Gedanken an ein weiteres gemeinsames Wirtschaften und Zusammenleben.

Am 25. Mai 1991 erklärt Kroatien seine Unabhängigkeit (heutiger Nationalfeiertag) und am 8. Oktober werden alle staatsrechtlichen Beziehungen mit Jugoslawien beendet. Im Dezember 1991 wird die Verfassung der jungen Demokratie verabschiedet. Im Januar 1992 wird die Republik Kroatien völkerrechtlich anerkannt, im Mai 1992 Mitglied der Vereinten Nationen.

In sämtlichen Regionen wird gekämpft, und Kroatien muss Gebiete abgeben. Die Serben dringen im Norden bis Slawonien und im Süden bis Zadar vor und blockieren die Landverbindung zwischen Nord- und Südkroatien. Dalmatinische Städte werden bombardiert; es trifft Zadar, Šibenik, Split und Dubrovnik. Die Krajina und drei weitere vorwiegend serbische Gebiete werden zu UNO-Schutzzonen erklärt. Doch die UNO-Truppen müssen tatenlos mit ansehen, wie das Morden weitergeht. Die Entwaffnung der serbischen Milizen misslingt ebenso wie die Wiedereingliederung kroatischer Flüchtlinge in ihre Heimatorte.

Im Januar 1993 durchqueren kroatische Panzer und schwere Artillerie die Waffenstillstandslinie und dringen in die Krajina ein. Die serbische Regierung kündigt sofortige Mobilmachung an, da der Schutz der Serben durch die UN nicht mehr gewährleistet ist. Die Friedenstruppen retten sich in sicheres Gebiet. Es entbrennen neue Kämpfe, in deren Verlauf Kroatien fast alle von den Serben eroberten Gebiete zurückgewinnt.

Der Preis des erbarmungslosen 4-jährigen Kriegs, von der Bevölkerung Heimatkrieg genannt: Hunderttausende von Toten, Verletzten und Traumatisierten, ebenso viele Vertriebene und Flüchtlinge, zerstörte historische Bauwerke, Fabriken, Dörfer, Städte.

36 Geschichte im Überblick

Am 12. November 1995 wird das *Abkommen von Erdut* unterzeichnet, im Dezember 1995 wird der *Friedensvertrag von Dayton*, der sich vor allem auf Bosnien-Herzegowina bezog, geschlossen. In Kroatien kehrt wieder Ruhe ein. Der Tourismus, der dringend benötigtes Geld bringt, ist im nördlichen Adriaraum seit 1995 wieder in vollem Gang.

Politisch vollzieht sich ebenfalls eine Umstrukturierung. Der Tod des langjährigen Staatspräsidenten Tuđman im Dezember 1999 bringt die politische Neuorientierung: Die Präsidentschaftswahl gewinnt 2000 *Stipe Mesić* (*SDP*, Kroatische Volkspartei) mit 56 % bei der Stichwahl gegen den Sozialliberalen *Drazen Budisa* (44 %). Mesić war Mitglied der Tuđman-Partei HDZ, 1990 Premier in Zagreb, 1991 letzter Staatschef des alten Konföderativen Verbundes Jugoslawien, ehe er sich 1994 von der HDZ-Partei wegen Meinungsverschiedenheiten trennte. Mesić ist einer der größten Kritiker des Balkankrieges und dessen Kriegsherren. Er tritt für die Minderheiten ein, ist um eine Aussöhnung mit Serbien bemüht und verspricht rasche Verfassungsreformen. 2003 wird Ivo Sanader (HDZ) als Premierminister gewählt, 2005 gewinnt erneut *Stipe Mesić* die Präsidentschaftswahlen. 2009 tritt Sanader wegen Korruptionsverdacht zurück, seinen Posten übernimmt *Jadranka Kosor* (HDZ). Auch ein neuer Staatspräsident, *Ivo Josipović* (SDP), ist seit 2010 im Amt. Die Ministerwahl im Dezember 2011 gewinnt *Zoran Milanović* (SDP), er gilt als Erfolg versprechend im Umgang mit Korruption, Reformierung des Steuer-, Gesundheits- und Rentensystems, auch soll verbliebenes Staatseigentum privatisiert und der Monopolherrschaft entgegengewirkt werden.

Ein großes Thema sind die seit 2003 gestarteten EU-Beitrittsverhandlungen, die nun nach zähem Ringen ein Ende finden. Im Juli 2013 soll Kroatien nach bisherigem Stand EU-Land sein.

Kroatien konnte im Jahr 2011 ca. 11 Mio. Touristen und 57 Mio. Übernachtungen verbuchen und zählt zu den beliebtesten Urlaubsländern.

Der Friedensvertrag von Dayton

Die Autobahn A1 führt nahe Šibenik über den imposanten Krka-Canyon

Anreise

Mit dem eigenen Fahrzeug

Kroatien liegt vor unserer Haustür! Wer den Urlaub flexibel gestalten und nicht nur an einem Ort bleiben möchte, für den bringt das eigene Fahrzeug natürlich größtmögliche Beweglichkeit. Mit dem Auto benötigt man von München bis Rijeka 6:30 Stunden, ohne mit dem Bleifuß fahren zu müssen. Vorausgesetzt, die Straßen sind frei. Doch damit ist zu Beginn der Schulferien an Ostern, Pfingsten, im Sommer und an langen Wochenenden nicht zu rechnen – man muss sich auf Wartezeiten an den Tunnels und Grenzen gefasst machen. Die neu erbauten Autobahnen innerhalb Kroatiens verkürzen die Fahrtzeiten deutlich (→ „Unterwegs in Kroatien/Mit dem eigenen Fahrzeug").

> **Entfernungen ca.:** München–Salzburg 140 km, Salzburg–Villach 180 km, Villach–Ljubljana 120 km, Ljubljana–Rijeka 130 km, Ljubljana–Zagreb 136 km, Maribor–Zagreb 120 km, Zagreb–Rijeka 190 km.

Papiere: Autofahrer benötigen die üblichen Papiere (Personalausweis oder Reisepass, nationalen Führerschein, Fahrzeugschein) und das Nationalitätenschild. Die *Grüne Versicherungskarte* ist nicht mehr vorgeschrieben, vereinfacht das Verfahren aber im Schadensfall wesentlich.

Warnwesten: Das Mitführen sowie das Tragen derselben bei einem Unfall ist überall vorgeschrieben.

Autobahnen: Die Autobahnen in der Schweiz, Italien, Österreich, Slowenien und Kroatien sind mautpflichtig.

Abblendlicht: Auch tagsüber ist das Fahren mit Abblendlicht in Slowenien, in Kroatien nur im Winterhalbjahr, vorgeschrieben.

Nützliche Infos für unterwegs

Schweiz: Vignette (Plakette) auf Autobahnen und autobahnähnlichen Straßen. Pro Kalenderjahr (1. Dez. des Vorjahres bis 31. Jan. des folgenden Jahres, d. h. 14 Monate) pauschal 27,50 € (Anhänger extra).

Österreich: Vignette (www.asfinag.at) auf Autobahnen und Schnellstraßen, Preis abhängig vom Gültigkeitszeitraum. Pkw (Motorrad) z. B. 10 Tage 8 € (4,60 €), 2 Monate 23,40 € (11,70 €), 1 Jahr 77,80 € (31 €).

Italien: Autobahngebühren (www.autostrade.it) abhängig von der Kilometerlänge, z. B. Pkw Brenner (vor Grenze) – Verona – Triest (ca. 520 km) 38,10 €.

Slowenien: Vignettenpflicht auf Autobahnen/Schnellstraßen (erhältlich z. B. Karawankentunnel), Preis abhängig vom Gültigkeitszeitraum: Pkw (Motorrad) 7 Tage 15 € (7,50 €), 1 Monat 30 € (Motorrad nur 6-Monats-Vignette zu 25 €), 1 Kalenderjahr (wie Schweiz) 95 € (47,50 €).

Durchgehende Autobahn (A1) auf der Ost-West-Achse von Spielfeld nach Koper. Zudem die Nord-Süd/Ostachse (A2) Jesenice–Ljubljana–Brežice (nach Zagreb). Was fehlt, sind Autobahnen von Postojna bzw. Kozina nach Rupa (kroat. Grenzübergang). Wer die Vignettenpflicht auf Landstraßen umgehen möchte, braucht mehr Zeit. Achtung, wer keine Vignette vorweist, zahlt 300 € Strafe.

Slowenische Autobahnumgehung (→ „Routen").

Achtung Radar! Saftige Geldbußen bei Übertretung im Ort von 10 km/h 80 €, 20 km/h 250 €!

Kroatien: Autobahnen sind gebührenpflichtig, abhängig von der Kilometerlänge. Zagreb–Split (Dugopolje) 22 €.

Notrufnummern

Schweiz: Polizei ✆ **17** oder **117**, Unfallrettung ✆ **144** oder über Polizei.
Österreich: Polizei ✆ **133**, Unfallrettung ✆ **144**, Feuerwehr ✆ **122**.
Italien: Polizei/Unfallrettung ✆ **113**.
Slowenien: Polizei ✆ **113**, Feuerwehr/Rettungsdienst ✆ **112**.
Kroatien: Polizei ✆ **192**, Unfallrettung ✆ **194**, Feuerwehr ✆ **193**, Kroatische Engel ✆ **(+385)062/999-999** (Touristinfo von April–Mitte Okt., 24-Std.-Service).

Die schnellste Anreiseroute führt über die Tauernautobahn (A 10) und die mautpflichtigen Tunnels (Tauern u. Katschberg) der Radstätter Tauern (10 €) und dann durch den ebenfalls mautpflichtigen Karawankentunnel (6,50 €) nach Slowenien. Auch für Gespannfahrer kein Problem.

Route Autobahn München – Salzburg – Villach – Karawankentunnel (slow. Grenze); Autobahn Bled – Ljubljana – Postojna – Landstraße Rupa (kroat. Grenze). Autobahn nach Rijeka.

Tipp Wer Mautgebühren sparen oder, zur Reisezeit, nicht in einem Tunnel im Stau stecken will, kann auf die parallel zur Tauernautobahn verlaufende Bundesstraße über den Tauernpass (1738 m, 17 %) und weiter über den Katschbergpass (17 %) ausweichen (ohne Anhänger).

Tauernschleuse Gute Alternative für Gespannfahrer. Bahnverladung Böckstein – Mallnitz; ganzjähriger Betrieb, nach Süden Mo–Fr 6.20–22.20 Uhr, nach Norden 5.50–21.50 Uhr alle 60 Min., in der Hauptsaison Sa und So alle 30 Min., Fahrzeit 12 Min., Fahrpreis einfach für Pkw/Motorrad 17/15 €, retour 30/26 € (Vorverkaufspreis retour nur 23/21 € – lohnt also!).

Eine gute Alternative zur stauanfälligen Tauernautobahn ist die 300 km lange Pyhrn-Autobahn mit gebührenpflichtigen Tunnels (12 €). Sie verbindet Suben (dt.-

Mit dem eigenen Fahrzeug 39

österr. Grenze) und Spielfeld/Šentilj (Grenzübergang Slowenien). Wer über Zagreb nach Kroatien reist, dem sei untenstehende Alternativ-Route empfohlen, zudem kann man die slowenische Vignette sparen.

Autobahn Nürnberg – Passau – Regensburg – Wels – Bosruck-Tunnel; Gleinalm-Tunnel – Spielfeld – Maribor – Ljubljana (weiter nach Rijeka wie oben) oder in Richtung Zagreb.	**Oder** (ohne slow. Maut): Ab slow. Grenzübergang Landstraße Maribor – Landstraße Ptuj – Donji Macelj (kroat. Grenzübergang) – Autobahn Zagreb – weiter nach Rijeka oder Zadar.

Eine ebenfalls gute, aber stauanfällige Route, welche die Einsparung der Vignette in Slowenien ermöglicht, führt durch Österreich und Italien auf der Autobahn bis Triest:

Autobahn München – Innsbruck – Brennerpass/Brennerautobahn – Trient – Vicenza (oder Verona) – Venedig – Triest – Koper und weiter nach Rijeka. *Ohne Vignette durch Slowenien:* Am Auto-	bahnende Triest nicht auf die slowenische Autobahn A1, **sondern** auf die Landstraße SS 202 und weiter auf der SS 14 nach Kozina, weiter nach Rupa (kroat. Grenzübergang) – Autobahn Rijeka.

Mit der Fähre von Italien nach Kroatien

Wer über den Brenner oder gar über Mailand kommt, wird sich überlegen, ob er nicht lieber, anstelle in Richtung Triest und Rijeka zu fahren, von Venedig, Ancona, Pescara oder Bari nach Kroatien übersetzen soll. Die Fähre (Jadrolinija, SNAV, Blue Line Ferries und Venezia Lines) verbindet diese Städte mit u. a. mit Pula, Mali Lošinj, Zadar, Split, Hvar und Dubrovnik. Tatsächlich wird die Fähre rentabler, je weiter man in den Süden will, vor allem von der italienischen Hafenstadt Ancona aus. Zudem gibt es für den, der ohne Auto anreist, etliche Katamaran-Verbindungen nach Kroatien.

Dubrovnik – internationale Cruiser stehen im beliebten Hafen Schlange

Anreise

Achtung: Jedes Jahr verkehren neue Linien, alte Routen fallen weg – ein Info-Dschungel! Vor Buchung sollte man sich unbedingt eingehend informieren.

> **Entfernungen zu den Fährhäfen:**
> München – Venedig 470 km, München – Ancona 850 km.
> Basel – Venedig 620 km, Basel – Ancona 800 km.

Buchungen

Die Fähren sind besonders im August schnell ausgebucht, da Kroatien für Italiener ein beliebtes Feriendomizil ist. Zudem gilt es, die unterschiedlichen Preisrabatte (z. B. bei gleichzeitiger Rückfahrtbuchung) zu beachten. Gebucht werden kann u. a. bei:

Deutschland DERTOUR, 60439 Frankfurt, Emil-von-Behring-Str. 6, ✆ 0180/4999-203, www.ocean24.de.

Österreich Adria Reisen, Burggasse 23, 1070 Wien, ✆ 01/5263-630, www.adriareisen.at.

Schweiz Cosulich AG, 8042 Zürich, Stampfenbachstr. 151, ✆ 44/3635-255, www.cosulich.ch.

Kroatien (Jadrolinija-Zentrale) Jadrolinija, 51000 Rijeka, Hafenterminal, ✆ 051/666-111, www.jadrolinija.hr. Übersichtlich gestaltete Website auch in deutscher Sprache für Onlinebuchung und Information; auch Italienfähren.

Italien (Blue Line Ferries) über Split Tours, ✆ 021/352-533, www.splittours.hr; oder direkt über www.blueline-ferries.com.

Onlinebuchungen Für die Onlinebuchung von Italienfähren der Schifffahrtsgesellschaften SNAV und Blue Line empfiehlt sich zur Vorabinformation die übersichtlich gestaltete Website www.aferry.de oder www.viamare.com (nur Englisch).

Split – große Hafenstadt und Sprungbrett für viele Inseln

Verbindungen

Preiskonditionen Für alle unten aufgeführten Linien gelten Ermäßigungen bei Buchung für Hin- u. Rückfahrt, teils gibt es u. a. Familienrabatte. **Wochenendaufpreise** (Fr, Sa, So) von ca. 25 € beachten, z. T. unten in Klammern angegeben.

SNAV (www.snav.it) Der *Croazia-Jet* zwischen **Ancona und Split** benötigt nur 4:45 Std.! Riesiges Schiff (676 Personen, 180 Autos!), es gibt verschiedenste Rabatte. Tägl. Mitte Juni–Mitte Sept. Abfahrt Ancona 11 Uhr (Ankunft Split 15.45 Uhr). Abfahrt Split 17 Uhr. Preis (retour): Pers. 68 € (96 €), Auto 55 € (88 €).

Jadrolinija (www.jadrolinija.hr) Ancona–Zadar, ganzjährig 3-mal wöchentl. Verbindung; ab Juni–Anf. Sept. 4-mal wöchentl. (Mitte Juli–Aug. tägl.). 8 bzw. 9 Std. Fahrtzeit. Pkw bis 1,80 m Höhe 60 € (Fr–So 69 €); Motorrad 38 € (43,50 €); Wohnwagen bis 5 m 99 € (114 €), über 5 m 117,50 € (135 €); Deckpassage 45 € (52 €); Schlafsessel 52 € (60,50 €); Kabinen (pro Pers.) z. B. 2-Bett-Außenkabine mit Du/WC ab 108,50 € (125 €). Fahrrad gratis.

Ancona–Split, ganzjährig 4- bis 5-mal wöchentl., im Juli/Aug. stoppt diese Linie auch 4-mal wöchentl. in Stari Grad (Insel Hvar). Fahrtzeit je nach Linie 7,5–9 Std. Preise nach Split u. Stari Grad (Wochenende): Deckpassage Pers. 48 € (55 €), 2-Bett-Außenkabine 119 €/Pers. (136,50 €), Auto 63,50 € (73 €), Motorrad 41 € (47 €).

Bari–Dubrovnik, ganzjährig 4-mal wöchentl. (Juli/Aug. 6-mal). Preise wie Verbindung Ancona–Split.

Für Fahrräder, Surfbretter, Hunde und Katzen freie Beförderung.

Blue Line Ferries (www.blueline-ferries.com) Ancona–Split, ganzjährig, 10 Std.; Mitte Juli–Anfang Sept. tägl., sonst 3-mal wöchentl. Viele Sondertarife, u. a. 2 Pers., inkl. Kabine und Auto für 140 €.

Venezia Lines (www.venezialines. com) Katamaran Venedig–Mali Lošinj, April–Mitte Okt. jeden Sa, Abfahrt 15 Uhr, Ankunft M. Lošinj 19 Uhr. Pro Pers. 64 € (zzgl. 14 € Taxen u. Hafengebühren), retour 117 € (zzgl. 16 €); Fahrrad 10 €. Kein Fahrzeugtransport!

Schnellboot Emilia Romagna Lines (www.emiliaromagnalines.it) – hier nur Personenbeförderung! Im Aug. gibt es 1-mal wöchentl. Verbindungen von **Ravenna**, **Cesenatico**, **Rimini** und **Pesaro** mit Zadar.

Ab Rimini (über Pesaro) auch nach **Mali Lošinj**.

Fähragenturen vor Ort

Rijeka: Jadrolinija, Hafenterminal, ✆ (+385) 051/211-444, www.jadrolinija.hr.

Split: SNAV, Gat Sv Duje b. b., ✆ (+385)021/322-252, -322-254, www.snav.it.

Ancona: Capt. P. Amatori (für Jadrolinija), Hafen, ✆ (+39)071/2072-497, infoamatori@amatori.com.

Ancona: SNAV, Box No 7, Stazione Marittima (Fährhafen), ✆ (+39)071/207-6116, www.snavali.com.

Bari: P. Lorusso & Co (für Jadrolinija), Molo San Vito, ✆ (+39)080/527-5439, -5440.

Cesenatico: Emilia Romagna Lines, Via Dino Ricci 28, ✆ (+39)0547/675-157, Hotline 899/656-501 (nur innerhalb von Italien).

Venedig: G. Radonicich & Co., Riva Schiavoni 4150, ✆ (+39)041/706-765.

Mit der Eisenbahn

Von Deutschland bzw. von München fährt der Eurocity derzeit 3-mal täglich, zusätzlich verkehren ein Inter-City und ein Nacht-D-Zug über Salzburg, Villach, Ljubljana (meist umsteigen) und weiter nach Rijeka oder Zagreb (ab ca. 9 Std. Fahrzeit). Die Deutsche Bahn bietet unterschiedliche Spartarife an. Ein sehr interessantes Angebot ist derzeit das Europa-Spezial-Ticket, das den Urlauber für 39 € nach Zagreb bringt. Erkundigen Sie sich auf jeden Fall nach Frühbucher- und Spartarifen (bis zu 50 % Ermäßigung), die die Deutsche Bahn jedes Jahr für alle Altersgruppen bereithält.

Anreise

> Deutsche Bahn AG (DB), Reiseservice, ☎ 11861 www.bahn.de.
> Österreichische Bundesbahnen (ÖBB), www.oebb.at.
> Schweizer Bundesbahnen (SBB), www.sbb.ch.
> Italienische Staatsbahnen (FS), www.ferroviedellostato.it.
> Slowenische Eisenbahnen (SZ), www.slo-zeleznice.si.
> Kroatische Eisenbahnen, www.hznet.hr.

Möglich sind auch eine Eisenbahnfahrt bis Venedig, Triest oder Ancona und die bequeme Weiterreise mit dem Schiff.

Ab Rijeka/Split bietet sich dann die Weiterreise mit der Fähre an (→ „Unterwegs in Kroatien"). Möglich sind auch eine Eisenbahnfahrt bis Triest oder Ancona und dann per Schiff weiter nach Kroatien.

Preisbeispiele/Person München–Ljubljana–Rijeka (1-mal umsteigen): einfach ca. 90 € (Normaltarif); u. a. Abfahrt München 8.27 Uhr, Ankunft Rijeka 17.25 Uhr. Kein Fahrradtransport!

Eurospezial München–Zagreb, 39 €, 2-mal tägl. in 9.06 Std.

Spartarif für Österreicher: Sparschiene für 19 € Wien–Maribor–Ljubljana; für 29 € Wien (Meidling)–Bruck a. d. Mur–Graz–Zagreb (www.oebb.at).

Preisbeispiele/Person inkl. Fahrradmitnahme München–Salzburg–Villach–Zagreb (2-mal umsteigen): einfach ca. 90 € (Normaltarif); Eurocity Abfahrt München 10.21 Uhr, Ankunft Zagreb 18.56 Uhr.

München–Venedig–Triest (1-mal umsteigen): einfach ca. 115 € (Normaltarif); Abfahrt München 21.03 Uhr, Ankunft Triest 9.42 Uhr.

München–Bologna–Ancona (1-mal umsteigen): einfach ca. 118 € (Normaltarif); Abfahrt München 21.03 Uhr, Ankunft Ancona 9.19 Uhr.

> **Reservierung/Buchung**: Zu Hauptreisezeiten und um Spartarife zu ergattern, sollte man frühzeitig buchen! Platzkarte 4 €. Bei Nachtzügen empfiehlt sich der Liegewagen: im 6er-, 4er- oder 2er-Abteil, pro Pers. zu 20, 30 oder 60 €; das 2er-Abteil (mit Schlafutensilien) kann man preisgleich auch mit WC/Dusche buchen, Frühstück inkl. Infos: www.bahn.de oder telefonisch unter ☎ 0180/5996-63311861.

Fahrradversand: Leider gibt es bisher nur wenige Züge mit Fahrradtransport mit akzeptablen Fahrzeiten und mit nur einmaligem Umstieg. Nach Kroatien nur 1-mal täglich nach Zagreb, über Italien ebenfalls nur 1-mal täglich nach Triest oder Ancona. Ab dort dann per Schiff (Jadrolinija → „Fährverbindungen") u. a. nach Zadar. Ab Venedig keine Schiffsverbindung mit Fahrrad möglich (Katamaran!). Möglich ist auch die Zuganfahrt bis Ljubljana (Slowenien), ab dort dann radeln oder den Zug bis Rijeka nehmen. Es besteht eine Reservierungspflicht für Fahrräder, die max. 3 Monate im Voraus getätigt werden kann (auch für den Rücktransport!). Man benötigt dazu lediglich die internationale Fahrradkarte zum Preis von 10 €. Für Kroatien kann die Fahrradkarte für den Rücktransport von zuhause gebucht werden, für Italien nur im Land. **Radfahrer-Hotline und Buchung** ☎ 01805-996633 (dann Stichwort Fahrrad).

Mit dem Autoreisezug: Der DB-Autozug übernimmt diesen umweltschonenden Transport von Mai bis Oktober von den Terminals Hamburg/Altona und Frankfurt/Neuisenburg direkt nach Villach oder Triest. **Info-Hotline und Buchung** ☎ 01805/996633 (dann Stichwort Autoreisezug) oder unter www.dbautozug.de.

Per Fahrrad die Inseln erkunden – hier, der kleine Fährhafen Sepurine (Insel Prvić)

Mit dem Bus

Der Europabus der Deutschen Touring GmbH bietet zahlreiche Fahrten nach Kroatien an, darunter Linien nach Rijeka (von München 8 Std.), nach Split (ca. 15 Std.) oder bis Dubrovnik (ca. 22 Std.!). Die Streckenlänge von Süddeutschland bis Rijeka ist gut machbar, ab dann ist eine Weiterfahrt per Schiff ratsam. Die Ausstattung der Busse entspricht internationalem Standard. Buchen sollte man mindestens eine Woche vor Reiseantritt. Die Busse verkehren in der Hauptreisezeit je nach Abfahrtsort 2- bis 7-mal wöchentlich. Die Fahrkarten für Hin- und Rückfahrt gelten 6 Monate. Die Fahrtroute führt über München und die Tauernautobahn. Abfahrtsorte sind z. B. Köln, Berlin, Hamburg, Nürnberg, Stuttgart, München. Reservierungen an jedem Abfahrtsort (Auskunft über die Zentrale), in DER-Reisebüros oder in den Reisezentren der Deutschen Bahn.

Preisbeispiele/Person (Linie 409 Deutschland–Split–Dubrovnik) Abfahrt tägl. 19 Uhr in München (Fröttmaning P+R), Haltestellen in allen größeren Orten in Kroatien. **München–Rijeka**, einfach 59 €, retour 92 €. **München–Split**, einfach 69 €, retour 108 €.

Für Kinder, Jugendliche u. Studenten 10– 80 % Nachlass.

Gepäckgebühren Reisegepäck ist auf maximal 2 Gepäckstücke (in Koffermaßen) und 1 Handgepäck/Pers. begrenzt. Pro Gepäckstück sind 3 € beim Fahrer zu zahlen. Falls es die Kapazität zulässt, wird ein 3. Gepäckstück gegen 5 € Gebühr mitgenommen.

Zentrale Reservierungsstelle Deutsche **Touring GmbH**, Servicehotline ✆ 069/7903-501, www.touring.de.

Ticketverkauf/Reservierung In den DTG-Ticketcentern, Touring-Agenturen, DER-Reisebüros oder in den Reisezentren der Deutschen Bahn.

Reservierungsstellen in Kroatien In jedem größeren Ort, meist am Busbahnhof oder bei Autotrans (→ Reiseteil). Am Zielort muss eine Rückreservierung mindestens 24 Std. vor Abfahrt getätigt werden (Gebühr von 20 KN (ca. 2,80 €). Eine **telefonische Rückreservierung** ist nur von Ende Juni bis Mitte Sept. möglich unter ✆ 091/4009-600 (mobil).

Mit dem Flugzeug

Ein Kurztrip in den Süden ist sehr populär, vor allem, wenn es kaum noch Anstrengung und Stress bedeutet – Fliegen ist „in" und so gibt es inzwischen ein breites Angebot. Zudem ist eine Anreise per PKW von Norddeutschland aus langwierig und durch hohe Benzinpreise, Maut, etc. sehr kostspielig. Von Berlin, Frankfurt, Düsseldorf, Stuttgart, München, Zürich, Wien gehen in der Regel mindestens 1-mal täglich Direktflüge nach Zagreb und dann weiter zu den Küstenstädten (von Deutschland aus manchmal auch mit Wartezeit auf den Weiterflug verbunden). Der Direktflug Berlin–Split dauert 1:45 Std., in weiteren 10 Min. ist Dubrovnik erreicht. Dauerhaft günstige Preise bietet Croatia Airlines (www.croatiaairlines.com), die von vielen Flughäfen in Deutschland, Schweiz und Österreich abhebt. Günstig fliegen auch Air Dolomiti oder Helvetic Airlines.

Ganzjährige Direktflüge nach Rijeka, Zadar, Split und Dubrovnik gibt es auch mit dem Low-Coast-Carrier, dem sog. „Flug zum Taxitarif" von vielen deutschen Städten (je nach Abflugstadt unterschiedlich teuer). Vor allem in der Nebensaison kann man Schnäppchen (Hin- und Rückflug inkl. Steuern 120 €) machen. U. a. fliegt Germanwings (www.germanwings.com) nach Split und Dubrovnik, Easyjet (www.easyjet.com) von Berlin und Genf nach Dubrovnik, Air Berlin (www.airberlin.com) bedient Rijeka und Split ab vielen deutschen Flughäfen. Zu Ferienzeiten bezahlt man auch hier hohe Preise. Preisvergleiche lohnen sich.

> Flugreisende können mit einer **freiwilligen Emissionsabgabe** Klimaschutzprojekte unterstützen, u. a. bei *Atmosfair*. Der Emissionsausstoß eines Hin- und Rückflugs von Köln/Bonn nach Split beträgt 620 kg CO^2, die Abgabe liegt bei 15 €. Informationen unter www.atmosfair.de.

Fluggesellschaften U. a. **Croatia Airlines** (www.croatiaairlines.hr), mehrmals tägl. Linienflüge von vielen deutschen, österreichischen und Schweizer Flughäfen nach Zagreb; zudem auch in der Saison Direktflüge u. a. Rijeka, Zadar, Split oder Dubrovnik. Viele günstige und gute Angebote: u. a. Frankfurt–Zagreb–Frankfurt ab 135 €.

Berlin-Schönefeld–Split (1:45 Std.) oder Dubrovnik (1:50 Std.) für 124 € bzw. 187 € zur Hauptsaison.

München–Brač–München und München–Split–München (1-mal wöchentl.): beides Nonstop-Flüge für 250 €, inkl. Steuern.

Germanwings (www.germanwings.com), Billigfluglinie, preiswert von vielen deutschen Flughäfen nach Zagreb, Pula und Zadar.

Tuifly (www.tuifly.com), von etlichen deutschen Flughäfen nach Venedig, Pula, Zagreb und Zadar.

Intersky (www.intersky.biz), von Friedrichshafen nach Zadar.

Ryanair (www.ryanair.com), von Düsseldorf/Weeze, Frankfurt/Hahn und Karlsruhe nach Zadar.

Air Dolomiti (www.airdolomiti.it), von München preiswert und schnell nach Triest.

Skyeurope (www.skyeurope.com), von Wien nach Zagreb und Zadar.

Helvetic Airline (www.star-alliance.com), von Zürich nach Rijeka und Pula.

Die Brücke Maslenica – Verbindung zwischen Kvarner-Region und Dalmatien

Unterwegs in Kroatien

Mit dem eigenen Fahrzeug

Kroatien verfügt mittlerweile über eine dichtes Autobahnnetz, das in den letzten Jahren in großer Geschwindigkeit fertig gestellt wurde: von Rupa (kroat.-slow. Grenzübergang) nach Rijeka (A7), von Rijeka nach Zagreb (A6/A1) und von Zagreb über Karlovac, Split (A1) durchgehend nach Vrgorac. An der Fertigstellung bis Ploče wird gearbeitet, sie ist bis spätestens 2013 geplant. Das Hinterland Slawonien ist von Zagreb über die A3 ebenfalls bis hinter Slavonski Brod erschlossen.

Viele weitere Autobahnausbauten und Projekte sind in Planung auch die Brückenverbindung vom Festland (bei Klek) nach Pelješac (bei Brijesta).

Die Anfahrtswege innerhalb Kroatiens haben sich für diejenigen, die Richtung Zadar und Split möchten, sehr vereinfacht und beschleunigt. Auch bietet die im Hinterland verlaufende Autobahntrasse für viele Reisende sicherlich bisher unentdeckte Weiten und eine grandiose Bergwelt, die man bei fast schnurgerader Autobahnführung genießen kann.

Ein Blick auf die Straßenkarte genügt, um sich eine Reiseroute zusammenzustellen. Immer wieder ein Highlight ist jedoch die malerische Küstenstraße.

Entfernungen: Rijeka–Zadar 226 km, Zadar–Šibenik 74 km, Šibenik–Split 97 km, Split–Makarska 63 km, Makarska–Dubrovnik 157 km.
Zagreb–Rijeka 186 km, Zagreb–Split 365 km, Zagreb–Dubrovnik 572 km.

Unterwegs in Kroatien

Wer von der A1 an die **Kvarner-** und **norddalmatinische Küste** möchte, kann von Karlovac nach Rijeka fahren, von der Ausfahrt Žuta Lokva nach Senj, von der Ausfahrt Gospić nach Karlobag, von der Ausfahrt Maslenica nach Starigrad Paklenica, zur Insel Pag oder weiter bis Zadar.

Zum **Nationalpark Plitvicer Seen**: von Rijeka kommend über Senj nach Otočac und weiter nach Plitvička jezera. Von Zagreb über A1 nach Karlovac, dann Bundesstraße E59/E71 über Slunj zu den Plitvička jezera.

Nach **Zadar**: am schnellsten über die Autobahn A1, Ausfahrt Zadar 1.

Nach **Šibenik**: am schnellsten über die Autobahn A1, Ausfahrt Vrpolje. Unbedingt an der Rastanlage Krka-Wasserfälle anhalten und einen Blick auf den Canyon der Krka werfen.

Nach **Trogir**: Ausfahrt Prgomet.

Nach **Split**: Ausfahrt Dugopolje.

Nach **Makarska** und **Dubrovnik**: Ab Split die malerische Küstenstraße nach Süden oder Autobahn A1, Ausfahrt Šestanovac oder Zagvozd (für Makarska), Ausbau bis Ploče spätestens 2010 fertig gestellt. Ab Ploče auf Küstenstraße nach Dubrovnik.

Entlang der Küstenstraße (E 65) – ein Highlight!

Die Jadranska-Magistrale verläuft entlang der Küste von Rijeka nach Dubrovnik (608 km) und ist teilweise als Panoramastraße, d.h. mit Parkflächen an schönen Aussichtspunkten, ausgebaut. Sie zählt zu den schönsten Küstenstraßen Europas, und das mit Recht: hoch aufragend das Küstengebirge, tiefblau und meist tief unterhalb der Straße das Meer mit der nahen Inselkette, an der Strecke mittelalterliche Hafenstädte und Dörfer.

Der schönste, zum Teil aber auch kurvenreichste Streckenabschnitt liegt zwischen *Rijeka* und *Zadar* (226 km). Hoch über dem Meer verläuft die Straße am Velebit-Gebirge entlang und überwindet etliche Schluchten, besonders bizarr die Strecke zwischen Senj und Karlobag (→ Kasten „Achtung Bora!").

Die Strecke zwischen *Zadar* und *Split* (162 km) verläuft zum Großteil ohne Kurven in Meeresnähe. Einen Besuch lohnen die mittelalterlichen Städte Šibenik, Primošten und Trogir sowie die Krka-Wasserfälle.

Zwischen *Split* und *Dubrovnik* (220 km) ist der Streckenabschnitt an der reizvollen Makarska-Riviera nochmals sehr kurvenreich. Wer Zeit hat, sollte sich die Stadt Makarska ansehen oder einen Abstecher ins Biokovo-Gebirge unternehmen.

Fährverbindungen zu den Inseln (→ „Unterwegs in Kroatien/Mit der Fähre" sowie im Reiseteil „Verbindungen").

Informationen für Kraftfahrer in Kroatien

Kroatisches Autobahnnetz: Von Rupa (kroat.-slow. Grenzübergang) nach Rijeka (A 7); von Rijeka nach Zagreb (A 6/A 1); von Macelj (slow. Grenze) über Krapina nach Zagreb (A 2); von Goričan (ung. Grenze) über Varaždin nach Zagreb (A 4); von Zagreb über Karlovac (A 6) und dann auf der A 1 über Split bis Vrgorac (Mitteldalmatien). Das Hinterland Slawonien ist von Zagreb über die A 3 ebenfalls bis hinter Slavonski Brod (Grenze Bosnien-Herzegowina) erschlossen.

Straßenzustand- und Hindernisse: Über fertige Autobahnbauabschnitte informieren im Internet www.kroatien.hr, www.autoweb.hr oder auch www.hak.hr.

Der einst gefährliche Belag der Küstenstraße, der bei Regen eine rutschige Unterlage aus Staub, Wasser und Öl aus der Teerschicht bildete, wurde durchgehend erneuert – Vorsicht ist immer noch auf Nebenstrecken geboten.

Nicht zu unterschätzen und für Autolenker und v. a. für Motorradfahrer und Radler ist die *Bora*, ein Fallwind (→ Kasten „Achtung Bora!"), zudem muss mit Umleitungen (A 1) gerechnet werden.

Zur Zeit der Weinernte fahren viele Traktoren – v. a. auf den Inseln darauf achten.

Mit dem eigenen Fahrzeug 47

Autobahngebühren (für PKW): Auf der Strecke Zagreb–Rijeka fallen 8,40 € an; Zagreb–Split/Dugopolje 21 €. Učka-Tunnel Pkw 3,80 €.

Abweichende Verkehrsregeln: Unfälle mit Personen- oder erheblichem Sachschaden müssen der Polizei gemeldet werden. Während des gesamten Überholvorgangs muss geblinkt werden. Kolonnenspringen ist verboten. Schul- und Kinderbusse dürfen nicht überholt werden, wenn sie anhalten. Beim Abschleppen muss an der Frontseite des Schleppfahrzeugs und am Heck des geschleppten Fahrzeugs ein Warndreieck angebracht sein.

Abblendlicht ist am Tag nur noch im Winter vorgeschrieben. Nebelleuchten sind nur bei Sicht unter 50 m erlaubt.

Promillegrenze: für Fahrzeuge (auch Boote) gilt 0,5 (ab 24 J.). *Aber:* bei Verkehrsdelikten muss man sich sowohl für das Vergehen als auch für das Fahren unter Alkoholeinfluss verantworten!

Höchstgeschwindigkeit: Pkw und Motorräder innerhalb von Ortschaften 50 km/h, außerhalb 90 km/h; auf Schnellstraßen 110 km/h, auf Autobahnen 130 km/h; Wohnmobile bis 3,5 t auf Autobahnen 80 km/h, Wohnmobile über 3,5 t und Pkw mit Anhänger außerhalb von Ortschaften überall 80 km/h. Achtung: viele *Radarkontrollen!*

Kraftfahrzeugdokumente: Führerschein, Fahrzeugschein und Grüne Versicherungskarte. Nach Unfällen mit sichtbaren Karosserieschäden sollte man sich von der Polizei eine Schadensbestätigung *(Potvrda)* ausstellen lassen.

Kraftstoff: Bleifreies Benzin ist überall erhältlich. Tankstellen sind an den wichtigsten Straßen nonstop geöffnet, Zahlung mit EC-Karte ist problemlos möglich. Infos unter www.ina.hr, www.hak.hr oder www.omivistrabenz.hr.

Kraftstoffpreise pro Liter: Bleifrei Eurosuper plus (98 Oktan) 1,55 €; Bleifrei Eurosuper (95 Okt.) 1,50 €; Eurodiesel 1,35 €. Auch Autogas (Autoplin und Proplin) 0,78 € wird flächendeckend verkauft (Stand: Feb. 2012).

Kroatischer Automobilclub (ADAC-Partnerclub): Hrvatski autoklub (HAK), 10010 Zagreb, Av. Dubrovnik 44, ✆ 01/6611-999, 062/777-777 (24-Std.-Info, auch in deutsch), (+385) 0800/9987 (Kundendienst), www.hak.hr; zudem www.autoweb.hr.

Notrufnummern: Polizei ✆ 192, Rettungsdienst ✆ 194, Feuerwehr ✆ 193.

Pannenhilfe: Die Straßenwacht des Automobilclubs HAK ist rund um die Uhr unter ✆ 1987 erreichbar. Für **Verkehrsinfos** etc. ✆ 01/4640-800.

ADAC-Notruf (deutsch) über Zagreb: ganzjährig unter ✆ (+385)1/3440-666. **ADAC-Hilfe** (über

---

Achtung Bora!

Wenn der Fallwind Bora bläst, geht teilweise nichts mehr auf den Straßen. Darauf sollten sich Autofahrer und Reisende einstellen, sich rechtzeitig informieren und ihre Reiserouten ändern oder eine Pause einlegen und den Wind abklingen lassen. Bei diesem kräftigen Nordostwind, der vor allem in der Vor- und Nachsaison auftritt, wird die Autobahn um das Tunnel Sv. Rok, d. h. der Streckenabschnitt ab Ausfahrt Sv. Rok und Maslenica, gesperrt (über Autobahnleuchtschriften wird ebenfalls hingewiesen) und es muss über die Nationalstraße bis Gračac (E 50) und weiter bis Obravac (E 27) umfahren werden – für Gespannfahrer kein Vergnügen. Auch kann die Brücke zur Insel Krk gesperrt werden! Der Küstenabschnitt zwischen Senj und Karlobag ist ebenfalls stark gefährdet, das Auto wird hin und her gedrückt, auch kann Gestein dann die Straßen behindern.

Auch der Schiffsverkehr wird eingestellt oder die Routen werden verändert, denn auch die großen Schiffe können bei meterhohem Wellengang nicht in den Häfen anlegen! Flüge können ebenfalls gestrichen werden!

Es ist daher notwendig, sich rechtzeitig bei den jeweiligen Stellen, d. h. den Fluggesellschaften, Fähragenturen wie Jadrolinija und bei den Touristinformationen zu informieren.

Deutschland) ✆ (+49)089/222-222 (Pannen etc.) oder 089/76-7676 (medizinische Hilfe).

Touristische Informationen: Rund um die Uhr unter ✆ 062/999-999 (Kroatische Engel). Die Haupttourismusverbände sind mit dieser Info-Nr. verbunden und geben in der Saison Auskunft. An Autobahnen, z. B. bei Rupa (Grenze), bei Maslenica und Šibenik, gibt es die Infostellen; geöffnet Mai–Mitte Okt. tägl. 8–22 Uhr.

Wettervorhersage und **Verkehrsservice:** ✆ 060/520-520. Zudem werden jede volle Stunde im Zweiten Programm des kroatischen Rundfunks Nachrichten und Informationen zum Straßenzustand (aus den Studios von Ö 3) gesendet (→ „Wissenswertes von A bis Z: Nachrichten/Medien").

Mit der Fähre

Für viele Kroaten ein wichtiges Verkehrsmittel. Um auf die Inseln zu kommen, muss man mit dem Auto die so genannten Trajekts benutzen. Zwischen den autofreien Inseln verkehren Personenfähren und Katamarane. Wer tiefer in den Süden will und dabei Nerven und Auto schonen möchte, nimmt die Küstenlinie. Achtung! – Fahrplanwechsel zum kroatischen Schulbeginn. Infos vorab einholen, auch bei Sturm (→ Kasten „Achtung Bora!") gibt es Fahrplanänderungen oder Schiffsausfall! Fahrradmitnahme (geringer Betrag) auf Fähren problemlos möglich, ausgenommen Katamarane (keine Beförderung!).

Die aktuellen Pläne sowie Fährtickets sind in den jeweiligen Fähragenturen (u. a. Jadrolinija, LNP) erhältlich, zudem im Internet ersichtlich (s. u. „Buchung"). Die im Buch angegeben Preise sind Hochsaisonpreise, in der Nebensaison kosten die Tickets rund 20 % weniger.

Küstenlinie

Die Seeschifffahrtsgesellschaft Jadrolinija hat ihre jahrzehntealte Route entlang der Küste drastisch gekürzt. Momentan bedient 2-mal wöchentlich von Ende Mai bis Ende Sept. (Mo/Fr, Abfahrt 19 Uhr) das Fährschiff „Liburnija" die Route *Rijeka–Split–Stari Grad (Insel Hvar)–Korčula–Sobra (Insel Mljet)–Dubrovnik*. Bis Dubrovnik ca. 23,5 Std. Fahrtzeit (zurück 22,5 Std.) – gemütlich lässt man somit die Inselwelt an sich vorbeiziehen.

Sobra (Insel Mljet) wird vom Trajekt und von der Küstenlinie angefahren

Buchung Für die Hochsaison sollten Platzreservierungen für Autos langfristig gebucht werden. Buchung/Auskünfte (→ „Anreise/Mit Auto und Fähre von Italien nach Kroatien").

Deutschland: DERTOUR, 60439 Frankfurt, Emil-von-Behring-Str. 6, ℡ 0180/4999-203, www.ocean24.de.

Kroatien (Jadrolinija-Zentrale): Jadrolinija, 51000 Rijeka, Hafenterminal, ℡ 051/666-111, www.jadrolinija.hr. Übersichtlich gestaltete deutschsprachige Website für Onlinebuchung u. Information; auch Italienfähren.

Preise Rijeka–Split (Rijeka–Dubrovnik): Pkw bis 1,80 m Höhe 67 € (92 €); Motorrad bis 1,70 m/Fahrrad 29 € (37 €). 2-Bett-Außenkabine (Waschbecken) 63,50 € (82 €) pro Pers.; 2-Bett-Außenkabine (Du/WC) 76,50 € (97,50 €) pro Pers.; Deckpassage 27,50 € (34 €). Für Surfbretter, Hunde und Katzen freie Beförderung. Im Kabinenpreis ist Frühstück enthalten.

Ermäßigungen: Verschiedene Rabatte für Kinder und Jugendliche, zudem 20 % bei gleichzeitigem Kauf von Hin- u. Rückfahrkarte.

Autofähren (Trajekts)

Zwischen dem Festland und den Inseln gibt es regelmäßige Schiffsverbindungen (→ Reiseteil), z. T. in der Hauptsaison stündlich: Während der Hauptreisezeit

Fährverbindungen (Trajekt)	
Insel Cres und Lošinj:	Brestova–Porozina, Lošinj–Zadar, Lošinj–Pula, Merag–Valbiska
Insel Krk:	Valbiska–Baška, Valbiska–Merag
Insel Rab:	Valbiska–Lopar, Jablanac–Mišnjak
Insel Pag:	Prizna–Žigljen
Insel Ugljan:	Zadar–Preko
Insel Pašman:	Biograd na moru–Tkon
Insel Iž:	Zadar–Bršanj
Insel Dugi Otok:	Zadar–Brbinj
Insel Brač:	Split–Supetar, Makarska–Sumartin
Insel Hvar:	Split–Stari Grad, Drvenik–Sućuraj, Split–Vela Luka–Ubli
Insel Vis:	Split–Vis, Hvar–Vis
Halbinsel Pelješac:	Ploče–Trpanj, Sobra–Prapratno, Orebić–Dominče
Insel Korčula :	Orebić–Dominče, Drvenik–Korčula, Vela Luka–Hvar, Vela Luka–Ubli
Insel Lastovo:	Split–Ubli, Vela Luka–Ubli
Insel Mljet:	Prapratno–Sobra

sollte man mindestens eine Stunde vor Abfahrtstermin (mit Auto) am Hafen sein, um noch ein Ticket zu bekommen.

Bei schlechten Wetterverhältnissen kann es vorkommen, dass überhaupt keine Fähre geht und man geduldig warten muss. Ebenso kann es bei alten Schiffen passieren, dass sie wegen Motorschadens ausfallen. Diese Vorkommnisse sind nicht die Regel, aber es ist besser, sich darauf einzustellen und die Reiseroute mit etwas zeitlichem Spielraum zu planen.

Tipp fürs Kraftfahrzeug: Fahren Sie möglichst in den Schiffsbug, um das Fahrzeug vor der spritzenden Salzwassergischt zu schützen.

Die Inseln Krk, Pag, Vir, Murter und Čiovo sind über eine Brücke vom Festland aus zu erreichen – trotzdem kann sich die Fähre lohnen, wenn man Umwege vermeiden will. Durch eine Brücke untereinander verbunden sind die Inseln Cres und Lošinj.

Personenfähren/Katamarane

Um auch die Inselbewohner zu ihren Arbeitsplätzen, Schulen und Hochschulen zu bringen, verkehren inzwischen wieder zahlreiche Schiffe, zunehmend werden die

Personenfähren/Katamarane u. a.	
Rijeka	Inseln Cres, Susak, Unije, Ilovik, Mali Lošinj, Premuda, Novalja (Insel Pag), Rab
Mali Lošinj (Insel Lošinj)	Inseln Unije, Susak, Ilovik, Silba und nach Rijeka
Rab	Insel Pag (Novalja) und nach Rijeka
Novalja (Insel Pag)	Insel Rab und Rijeka
Zadar	Inseln Olib, Silba, Premuda, Ilovik, Lošinj, Rivanj, Molat, Ist, Sestrunj, Rava, Iž, Dugi Otok (Sali, Zaglav, Božava)
Biograd	zur Insel Vrgada
Vodice	Inseln Privić, Zlarin und nach Šibenik
Šibenik	Inseln Zlarin, Privić, Kaprije, Žirje und nach Vodice
Trogir	Inseln Veli und Mali Drvenik und nach Split
Split	Inseln Veli und Mali Drvenik, nach Trogir, nach Hvar–Milna, nach Bol–Jelsa
Dubrovnik	Inseln Lopud, Koločep und Šipan, zudem nach Cavtat
Cavtat	Dubrovnik
Korčula	Orebić, Lovište und Viganj (Pelješac)

schnelleren Katamarane eingesetzt. Leider kann man aber hier nicht an Deck gehen und die herrliche Inselwelt betrachten. Eine Fahrradmitnahme ist nur auf Personenfähren möglich.

Mit dem Bus

Das kroatische Busnetz ist sehr gut ausgebaut und für die Weiterreise empfehlenswert. Auf längeren Strecken verkehren **Expressbusse** (alle mit Aircondition ausgestattet), z. B. nach Zagreb, Rijeka, Zadar, Šibenik, Split und Dubrovnik; nach Krk und auch über die Fähre zu den Inseln Cres, Lošinj und nach Rab. Die Busse sind relativ preiswert und dementsprechend ausgelastet. In der Hauptreisezeit ist bei längeren Strecken eine Reservierung notwendig. Die überregionalen Busse halten zum Einstieg nur in großen, bzw. nach Reservierung auch in kleineren Orten. Aussteigen kann man allerdings überall, man gibt dem Busfahrer Bescheid. Zwischen den Städten gibt es zusätzlich den regionalen, oftmals stündlichen Busverkehr, in abgelegenen oder kleinen Orten seltener, an Sonn- und Feiertagen oft gar nicht. Es empfiehlt sich also, sich vorab nach dem Fahrplan, am besten bei TIC, zu erkundigen. Mehr zu Busverbindungen (→ Reiseteil).

Busbahnhöfe liegen meist zentral in der Stadtmitte, am Hafen oder bei den Zugbahnhöfen. Fahrkarten kauft man am Busterminal, die Abfahrtszeiten sind auf Tafeln angeschrieben: Abfahrt heißt auf kroatisch *Polazak*, Ankunft *Dolazak* (auch *Odlazak*).

Informationen Der aktuelle Fahrplan ist an den Busterminals oder bei TIC erhältlich; Infos in Kroatien zudem unter ☏ 060/313-333, (+385)01/6112-789 (vom Ausland) oder auch über Autrans (www.autotrans.hr).

Preise Zagreb–Rijeka, 190 km, ca. 2 Std. Fahrzeit, ca. 17 €. Zagreb–Zadar, 2:30–3 Std., ab 18 €. Zagreb–Split, 470 km, 6 Std. Fahrzeit, ca. 25 €. (Fahrpreise variieren je nach Busunternehmen).

Mit der Eisenbahn

Die Eisenbahn ist in Kroatien das billigste Transportmittel (je nach Zug). Da es aber keine Direktverbindungen zwischen den Küstenstädten gibt, kommt die Schiene nur für die Anreise in Frage. An den Bahnschaltern gibt es für ein paar Euro das Kursbuch *Red Vožnje*. Für die Kvarner-Region und den Norddalmatinischen Raum ist der Zug, im Gegensatz zum Bus viel zu langsam (s. u.). Nur auf der Strecke Zagreb–Split verkehren auch 2-mal täglich die schnelleren und neuen Neigezüge (5:47 Std., 24 €). Die Bahnstrecke Zagreb–Rijeka für Hochgeschwindigkeitszüge ist im Ausbau (soll bis 2015 beendet sein).

Hauptstrecke: Österreichische Grenze (Jesenice) – Ljubljana – Zidani most und weiter nach Kroatien (Zagreb – Karlovac – Rijeka) oder von Zagreb durch das Hinterland an die Küste (Zagreb – Karlovac – Gospić – Knin – Split).

Die **Nebenstrecken** verlaufen auf eingleisiger Linie nach Istrien (Postojna–Pivka–Ilirska Bistrica–Matulji–Rijeka sowie u. a. auf der Linie nach Norddalmatien von Knin nach Zadar.

Preisbeispiel (einfach, 2. Kl.): Zagreb–Rijeka: für die schnellste Verbindung (4 Std.) knapp 13 €.
Fahrradversand Nur in Zügen mit Gepäckwagen möglich. Das Fahrradticket erhält man direkt am Bahnsteig beim Schaffner (beim Gepäckwagen). Preis für Zagreb–Split: 30 KN (4,50 €).
Informationen in Kroatien unter ☏ 060/333-444, www.hznet.hr.

Mit dem Flugzeug

Bei den kurzen Entfernungen lohnt es sich kaum, das Flugzeug zu besteigen. Es sei denn, man ist nach Zagreb geflogen und möchte auf schnellstem Wege an die Küste. Wer frühzeitig plant, fliegt sehr preiswert.

Der an das internationale Liniennetz angeschlossene Hauptflughafen ist in Zagreb. Weitere kleine Flughäfen, die im Linienverkehr über Zagreb und im Charterverkehr (von Deutschland aus) direkt angeflogen werden, sind für Nordkroatien u. a. Pula, Rijeka, Zadar, Split. Vom Flughafen *(Zračna luka)* gibt es Busse und Taxis in die Städte.

Flughäfen (Zračna luka) Flughafen Zagreb, 10150 Zagreb, Pleso b. b., ✆ 01/4562-170 (Info-Tel.), 060/320-320 (Info-Tel. innerhalb Kroatiens), www.zagreb-airport.hr.

Flughafen Rijeka, 51513 Omišalj, Krk, ✆ 051/842-132 (Info-Tel.), 842-040 (Zentrale), www.rijeka-airport.hr.

Flughafen Pula, 52100 Pula, ✆ 052/530-105, www.airport-pula.com.

Flughafen Zadar, 23000 Zadar (Zemunik Donji), ✆ 023/205-800, www.zadar-airport.hr.

Flughafen Split, 21120 Split, Kastelanska cesta 96, ✆ 021/203-506, -507, www.split-airport.hr.

Flughafen Brač, 21400 Supetar Terminal b. b., ✆ 021/559-711, www.airport-brac.hr.

Flughafen Dubrovnik, 20117 Čilipi-Konavle, ✆ 020/773-100, -333 (Info-Tel.), www.airport-dubrovnik.hr.

Reservierungen Inlandsflüge über **Croatia Airlines**, zentrale Reservierungs- u. Buchungsstelle in Zagreb: ✆ 01/6676-555, 062/500-505 (Hotline innerhalb Kroatiens), www.croatiaairlines.com.

In **Deutschland**: Croatia Airlines Verkaufsbüro, Schillerstr. 42–44, 60313 Frankfurt, ✆ 069/9200-520, www.croatiaairlines.com.

Preisbeispiele Zagreb–Zadar (0:50 Std.) ab 40 € inkl. aller Steuern. Split–Zagreb (0:45 Std.) ab 42 € einfach, nach Dubrovnik (0:55 Std.) ab 51,50 €.

Mit dem Fahrrad

Die Inseln eignen sich gut für Fahrradtouren. Kleine Asphaltstraßen und Makadam (unbefestigte Wege) führen durch abwechslungsreiche Landschaft, die man in würziger Luft gemütlich erkunden und genießen kann. Kondition ist jedoch erforderlich, denn die Inseln sind hügelig bis bergig. *Wichtig:* Wer hauptsächlich auf Makadam durch die Natur fahren möchte, sollte unbedingt ein Mountainbike (mit gutem Profil!) mitnehmen, bzw. sich dieses vor Ort mieten.

Fahrradverleih (für Mountainbikes) gibt es in allen größeren Touristenorten, das Material ist aber nicht immer für längere Touren geeignet. Besser man benützt dafür dann sein eigenes Bike, mit dem man unabhängig und problemlos verschiedene Inseln abfahren kann.

Achtung: Möglichst die Küstenstraße meiden! Sie ist voller Autos, die wenig Rücksicht auf Fahrradfahrer nehmen.

Preise: Wer vor Ort für kleinere Touren Mountainbikes mieten möchte, zahlt ca. 12–14 €/Tag.

Tourenvorschläge

Nordtour: Von *Rijeka* mit der Fähre (diese Personenfähre verkehrt nur Juli und August!) nach *Cres* (Insel Cres); ab hier mit dem Fahrrad bis **Mali Lošinj** und weiter mit der Fähre nach *Zadar*. Von Zadar aus entweder mit der Fähre zurück nach Rijeka oder mit dem Fahrrad weiter Richtung **Pag** fahren. Von *Žigljen* (Pag) mit der Fähre nach *Prizna* (Festland), ca. 35 km auf der stark befahrenen Küstenstraße (sehr anstrengend) und von *Jablanac* (Fährhafen) nach **Rab** *(Mišnjak)*. Durch Rab bis *Lopar* radeln und mit der Fähre nach **Krk** *(Valbiska)* übersetzen. Durch Krk radeln und über die Brücke Richtung *Rijeka* zurück.

Gerade dieses letzte, bergige Stück (ca. 25 km) ist nicht empfehlenswert, da man in Auspuffhöhe an Kolonnen von Autos und Lastwagen vorbeifährt. Zudem führt die Straße hier durch die landschaftlich hässlichste Gegend an der gesamten Adria. Besser wieder von der Insel Krk (Fährhafen Valbiška) mit der Fähre zur Insel Cres

Inselprofile	
Cres	Der Norden ist bergig, gen Süden geringe Steigungen
Lošinj	Leichte Steigungen
Krk	Im Süden relativ anstrengend; Fahrradwege
Rab	Sehr wenig Steigungen; Fahrradwege
Pag	Empfehlenswert, geringe Steigungen; Fahrradwege
Vir	Flach, kein Problem, aber man muss auf gleichem Weg wieder zurück
Ugljan & Pašman	empfehlenswert, nur geringe Steigungen, aber fast keine Nebenstrecken
Dugi Otok	empfehlenswert, wenig Verkehr
Šolta & Čiovo	empfehlenswert, relativ flach und wenig Verkehr
Brač	sehr gut geeignet; gute Kondition erforderlich, sehr bergig; Fahrradwege
Hvar	gut geeignet im Westen, teils sehr bergig; jedoch aufpassen – Straßen sind im Osten sehr schmal!
Vis	empfehlenswert, bergig, aber dünnes Straßennetz
Pelješac	sehr gut geeignet, aber bergig
Korčula	sehr gut geeignet, aber bergig
Lastovo	sehr gut geeignet, aber bergig
Mljet	sehr empfehlenswert (Nationalpark!), teilweise sehr bergig

Blick auf Tulove grede (Velebit) – einsame Makadamstraßen warten

(Fährhafen Merag), dann nach Brestova (Festland) radeln und über Opatija nach Rijeka. Dieser Abschnitt der Küstenstraße ist zwar landschaftlich sehr reizvoll, jedoch auch kurvenreich, schmal, bergig und voller Autos (wenig Lastwagen). Leider transportieren Katamarane keine Fahrräder, sonst könnte man von Cres aus nach Rijeka schippern.

Südtour I: Bis **Split** (Anreise über Zagreb mit dem Zug) mit dem Flugzeug von Deutschland. Oder von Italien direkt mit der Fähre nach Split (→ „Fährverbindungen von Italien nach Kroatien").

Von **Split** mit der Fähre nach **Brač** *(Supetar);* durch Brač bis *Sumartin* radeln, dann mit der Fähre nach *Makarska* (Festland). Ab hier allerdings 30 km Küstenstraße bis *Drvenik!* Von dort mit der Fähre nach **Hvar** *(Sućuraj),* mit dem Fahrrad durch Hvar bis Stadt Hvar oder Stari Grad fahren und mit der Fähre zurück nach *Split* (Achtung – auf Hvar schmale Straßen!). Falls noch Zeit vorhanden, mit der Fähre von Hvar nach **Korčula**, durch Korčula bis *Vela Luka* radeln, dann mit der Fähre zurück nach *Split*.

Südtour II: Von **Split** mit der Fähre nach **Hvar** *(Stari Grad* oder *Hvar).* Mit dem Fahrrad bis *Sućuraj* und weiter mit der Fähre nach *Drvenik* (Festland). Von da nach **Pelješac** *(Trpanj)* und weiter Richtung *Orebić.* Von Orebić mit der Fähre nach **Korčula** und mit dem Fahrrad bis *Vela Luka*. Entweder mit der Fähre nach *Split* zurück oder von *Korčula* aus nach *Dubrovnik* und mit der Küstenlinie zurück bis *Rijeka*.

Man kann von *Dubrovnik* oder auch von *Pelješac (Prapratno)* auch mit der Fähre nach **Mljet** *(Sobra)* übersetzen und durch Mljet radeln. Anschließend mit der Küstenlinie über Korčula zurück nach Rijeka.

Mit dem Mietwagen

Mietautos sind in Kroatien sehr teuer. Wer trotzdem einen Wagen möchte, sollte Preise vergleichen und Sondertarife nutzen; der Mietpreis beginnt ab ca. 35 € für einen Kleinwagen. Mieten kann man Pkws an Flughäfen, in vielen Touristagenturen, bei internationalen Autovermietern, aber auch bei kroatischen Anbietern, die etwas billiger sind (→ Reiseteil).

Der Mietvertrag sollte genau studiert werden, die Verträge unterscheiden sich von Anbieter zu Anbieter. Man kann den Wagen 1–3, 4–6 oder 7 Tage mieten. Zudem gibt es, wie bei uns, Sondertarife und Wochenendvergünstigungen, die man vor Ort erfragen muss. Auch können Reservierungen von zu Hause aus manchmal günstiger sein, z. B. auch im Fly & Drive-Tarif.

Auch **Motorräder, Mofas** und **Fahrräder** sind über die Agenturen in fast jedem Touristenort zu mieten (übrigens gilt auch in Kroatien Helmpflicht!). Ein Scooter kostet ca. 10 €/Std. und ca. 30 €/Tag, Fahrradmiete ab 12 €/Tag.

Mit dem Taxi

Taxistände befinden sich in größeren Orten im Zentrum, an Omnibusbahnhöfen, am Hafen und an Flughäfen (→ Reiseteil). Taxiservice u. a. unter ✆ 970, zudem gibt es fast in jeder Stadt preiswerte Taxianbieter, am besten immer bei TIC anfragen. Innerhalb der Stadt ca. 20 KN (2,70 €) Startgebühr und ca. 7 KN/km (Nacht-, Sonn- u. Feiertagszuschlag von 20 %); von Zagreb-Stadt zum Flughafen ca. 30 €. Für Überlandfahrten ist es sinnvoll, den Preis vorher auszuhandeln.

Insel Obonjan (Archipel Šibenik) – das Taxiboot ist überall unterwegs

Marinas (hier Korčula) bieten auch Bootsbesitzern erholsamen Schlaf

Übernachten

Das Übernachtungsangebot in Kroatien ist groß und vielfältig – man hat die Wahl zwischen Privatunterkünften, Hotels, Appartements, einigen Jugendherbergen und zahlreichen schön gelegenen Campingplätzen.

In den Hochsaison-Wochen von Anfang bis Mitte August, wenn auch die Italiener Ferien machen, wird es vor allem in der Kvarner-Region und in Norddalmatien schwierig, eine hübsche Unterkunft ohne Voranmeldung zu ergattern – sicherer ist es, für diese Zeit vorher rechtzeitig zu reservieren. In den anderen Wochen und Monaten dürfte es aber kein Problem sein, kurzfristig eine passable Unterkunft zu finden. Die Campingplätze sind in der Hochsaison zwar meist voll, wer aber kein riesiges Hauszelt aufstellen möchte, findet sicher noch ein schattiges Plätzchen.

> Alle Preise im Buch sind Hochsaisonpreise (HS), zudem gibt es Topsaisonpreise (TS). Zimmerpreise gelten ab 3 Tagen Aufenthalt (sonst 30 % Aufschlag). Hinzu kommt die Kurtaxe – je nach Gebiet 4–7 KN, in der Nebensaison 2–4,50 KN.
> Jährlich erscheinen vom kroatischen Tourismusverband Gratisbroschüren zu Hotels, Privatunterkünften, touristischen Bauernhöfen und Campingplätzen. Hotels und Privatunterkünfte sind meist auch auf den Websites der Tourismusverbände ersichtlich (→ Reiseteil).

Haupt- und Nebensaisonpreise sind auf den Inseln und an der Küste üblich, in den Touristenhochburgen gibt es von Anfang bis Mitte August sogar Topsaisonpreise; dagegen vermieten die Pensionen und kleinen Hotels im Landesinneren meist ganzjährig zum gleichen Preis. Einen Aufschlag von 20 % muss man auch zu Messezeiten in Zagreb bezahlen.

Online-Buchungen sind auch in Kroatien sehr beliebt, gerade bei Hotels gibt es erstaunliche Pauschalen, Rabatte und Schnäppchen. Hotelpauschalen über Reiseveranstalter sind inzwischen nur manchmal billiger (jeder kann seinen eigenen Preisvergleich anstellen). Das Hotelessen entspricht bei preisgünstigen Pauschalen, also mit Halbpension (zur Hochsaison) aber oft nicht der üblichen guten landestypischen Küche. Wer sparen muss, sollte daher in der Hochsaison lieber die preisgünstigeren, aber auch netten und vor allem oft ruhigeren Privatunterkünfte buchen, zudem kann man bei längerem Aufenthalt sicherlich einen günstigeren Preis aushandeln.

Wer mit dem Fahrrad unterwegs ist, findet auch in Kroatien **Bike- & Bed-Unterkünfte:** Landesweit gibt es v. a. in Zentralkroatien, d. h. in der Region um *Zagreb* und *Karlovac* etliche Anbieter, zudem auch in Istrien, im Kvarner-Bereich und Norddalmatien. Hier sind v. a. die Insel Pag und Starigrad Paklenica mit vielen Radlerunterkünften erwähnenswert. Jährlich werden es regional mehr (www.mojbicikl.hr/bed-bike).

> **Anmeldepflicht:** In Kroatien muss man innerhalb von 24 Stunden polizeilich angemeldet sein. Normalerweise wird dies von Hotels, Campingplätzen und Zimmeranbietern automatisch geregelt. Wer allerdings Freunde besucht, muss die Anmeldung eigenständig bei der Polizei gegen eine Gebühr von 2 € tätigen; Bootsbesitzer müssen dies innerhalb von 12 Std. am Hafenamt oder bei der Polizei vornehmen.

Privatzimmer

In allen Touristenorten weisen an den Häusern *sobe*-Schilder auf Zimmer hin. Privatzimmer werden von den Agenturen vermittelt, man kann sich aber auch direkt an den Vermieter wenden. Die meisten Zimmervermieter sind registriert und bezahlen für die Vermietung eine Gebühr. Manche Vermieter versuchen, dies zu umgehen und sprechen Touristen deshalb bereits am (Bus-)Bahnhof oder am Auto an. Privatzimmer sind in verschiedene Kategorien unterteilt, üblich sind ** bis ***. Die Preise liegen zwischen 20 und 40 € pro Doppelzimmer (DZ). Einzelzimmer (EZ) kosten 30 % mehr als ein Bett im Doppelzimmer. Die Preise verstehen sich ohne Frühstück – dieses kostet zusätzlich ca. 5 bis 8 € pro Person. In manchen Gegenden, vor allem dort, wo Restaurants rarer sind, wird Halb- oder Vollpension (HP/VP) für 12 bis 24 € pro Person angeboten.

Appartements

In jedem Touristenort werden Appartements *(apartmani)* vermietet – in Privathäusern oder in Feriensiedlungen. In den Siedlungen befinden sich dann meist auch Restaurants, Bars, Einkaufsmöglichkeiten und Sportangebote. Es gibt Appartements für 2 bis 10 Personen. Üblich sind für 4 Personen 2 Räume, Kochnische, Bad/Dusche/WC, evtl. noch ein kleiner Aufenthaltsraum und Terrasse. Es gibt auch sehr komfortable, mit allem Erdenklichen ausgestattete Appartements. Auch die Appartements sind in Kategorien unterteilt (** bis *****) und kosten für 2 Personen 35 bis 100 €.

Urlaub auf dem Bauernhof

Der sog. *Agroturizam* wird auch an der kroatischen Küste und auf den Inseln angeboten. Oft werden nette Zimmer/Appartements in Natursteinhäusern angeboten, zudem kommt alles, was erzeugt wird (Käse, Fleisch, Wurst, Gemüse, Oliven, Obst und Wein), frisch auf den Tisch. Für Familien mit Kindern eine tolle Sache, da es meist auch ein paar Tiere wie Katzen, Hunde, Hühner und vielleicht auch noch einen Esel gibt. Zudem ist meist in den umgebenden Gärten Platz zum Umhertollen.

Hotels

Die Hotels sind in verschiedene Kategorien von ** bis ***** eingeteilt. Wie üblich sind Lage, Komfort des Hauses, Animation, Sportplätze und Fitnessprogramme, Ausstattung der Räume, Balkon und Meeresblick ausschlaggebend. Viele Hotels verfügen auch in Kroatien mittlerweile über einen Wellness- und Beautybereich und natürlich WiFi-Zugang. Auch ein paar All-inclusive-Hotels kamen hinzu, was aber bei der guten Infrastruktur kaum lohnt. Die Preise bewegen sich zwischen 70 und 200 € (und weitaus mehr!) für ein Doppelzimmer (DZ). Die Preise schließen meist Frühstück ein (DZ/F). Der größte Teil der Hotels in Kroatien gehört zur Kategorie der Drei- bis Viersternehotels. Im Frühjahr und Herbst lohnen exklusive Hotels durchaus, denn sie bieten zu einem guten Preis sehr guten Service – bei wechselhafter Witterung ist ein kuscheliges Zimmer und ein nettes Spa nicht zu verachten.

Jugendherbergen

In Kroatien gibt es einige Jugendherbergen und Hostels, die preiswerte Übernachtungsmöglichkeiten bieten. Erforderlich ist zum Teil (oder gegen einmalige Gebühr) ein internationaler Jugendherbergsausweis mit Passbild. Die meisten Jugendherbergen liegen zentral, sind mit 2- bis 8-Bett-Zimmern ausgestattet (teils auch Dusche/WC im Zimmer), haben Aufenthaltsraum und Restaurant, Internet, manchmal auch Garten, Vorplatz oder Sportplatz. Je nach Ausstattung und Lage kostet die Übernachtung ca. 13–20 €/Person. Es werden meist auch preiswertes Frühstück und Halbpension angeboten. Zu Ferienzeiten sind Jugendherbergen in der Regel oft ausgebucht, daher ist eine Voranmeldung sinnvoll. Jugendherbergen gibt es vor allem in Städten, u. a. in Zagreb (zahlreich!), Rijeka, Zadar, Split, Makarska und Dubrovnik; auf den Inseln u. a. auf der Insel Lošinj (Veli Lošinj) und der Insel Krk (Punat).
Im Internet unter www.hfhs.hr, www.nazor.hr oder auch über den **Internationalen Jugendherbergsverband**, www.jugendherbergen.de.

Camping

An der Küste reihen sich die Campingplätze * bis *** aneinander und auch die Inseln, v. a. die Kvarner-Inseln, sind diesbezüglich gut versorgt. Die großen Campingplätze an der Küste liegen meist in einer eigenen Meeresbucht unter Olivenbäumen oder Strandkiefern, haben Restaurant und Supermarkt, moderne Sanitäranlagen, Kühlboxen, Grillplätze und Internetzugang, auch Hotspots. Je nach Größe des Platzes gibt es Animation für Groß und Klein, Sportanlagen, Boots- und Wassersportgeräteverleih sowie Molen und Slipanlagen für Boote. Auch im Landesinneren, vor allem an touristischen Plätzen wie den Plitvicer Seen und Krka-Wasserfällen, gibt es Campingareas. Spitzenkategorie-Campingplätze sind selten.

Stattdessen findet man vielerorts Naturcamps ohne jeglichen Komfort, die angesteuert werden, weil **wildes Campen in Kroatien verboten** ist. Dasselbe gilt für kleine Privatcamps, die oft mitten in den Siedlungen auf einer Wiese vor dem Haus des Inhabers platziert sind und manchmal nur über einen Wasserhahn verfügen. Aber es gibt auch nette Camps mit Meerzugang, Warmwasserduschen und quasi Familienanschluss. Freikörperkultur-Freunde können sich auf eigene FKK-Campingplätze freuen, die v. a. zahlreich über die Kvarner-Inseln verteilt sind. Manche Camping-Areale gliedern sich in textile und textillose Zonen.

Auf vielen großen Campingplätzen gibt es sog. *Mobilheime*, das sind kleine Holzbungalows, meist für 4 bis 6 Pers., mit Balkon/Terrasse und eingerichteter Küche

Leuchtturminsel Prišnjak – ungestört schlafen, zum „Shoppen" schnell nach Murter...

und Bad – auf jeden Fall eine tolle Sache für Familien mit Kindern. Auch *Wohnwagenvermietungen* werden auf vielen Campingplätzen angeboten. Die Lage, also direkt in vorderster Reihe am Meer oder eher weiter hinten, ist immer für den Preis entscheidend (→Reiseteil).

Die meisten Campingplätze sind vom 1. Mai bis 30. September/Mitte Oktober geöffnet, einige große vom 1. April bis Ende Oktober oder teils ganzjährig. In der Hauptsaison wird es ganz schön eng, denn auch viele Einheimische verbringen ihre Ferien gern auf den Autocamps.

Leuchttürme

Wer außer Meeresrauschen absolute Ruhe sucht, mietet sich in einem der Leuchttürme ein – entweder stehen sie direkt am Meer oder auf einer kleinen Felseninsel. Die zu mietenden Türme bieten Ferienwohnungen unterschiedlicher Größe, allerdings in meist einfachem Standard. Das Hinbringen wird organisiert, ebenso – nach Absprache – die Lebensmittelversorgung. Meist gibt es auch eine kleine Slipanlage oder einen Anlegeplatz für Boote. Wer seinen Urlaub einmal in ganz ungewohnter Umgebung verbringen möchte, gelegentlich mit Blick auf die tobende See, ist hier genau richtig – für Familien mit kleinen Kindern allerdings nicht zu empfehlen und teils auch untersagt. Die Preise für ein 4-Personen-Appartement betragen ab ca. 80–120 €/Tag.

Folgende Leuchttürme (*Plovput*) stehen an der gesamten Küste zur Wahl:

Istrien: an Land die Leuchttürme Savudrija (bei Umag) und Rt Zub (bei Novigrad); auf den kleinen Felsinseln Sv. Ivan na Pučini (bei Rovinj) und Porer (südlich der Halbinsel Kamenjak).

Dalmatien: Unter anderem Insel Murter (Insel Prišnjak), Insel Dugi Otok (Veli Rat), Makarska (Sv. Petar), zwischen Insel Korčula und Halbinsel Pelješac (Insel Pločica), Insel Lastovo (Struga) und ganz entfernt auf der Felsinsel Palagruža.

Agentur Plovput, Obala Lazareta 1, 21000 Split, 021/390-600, www.plovput. Deutschsprachige Informationen: Hr. Hrvoje Mandekić, 021/390-609, www.lighthouses-croatia.com.

Ethnodorf (Solaris-Resort) – Schmackhaftes aus der Region und gemütliches Ambiente

Essen und Trinken

Die kroatische Küche ist von der österreichisch-ungarischen, italienischen und natürlich regionalen Kochkunst beeinflusst, ebenso die Binnenlandküche. Nach Omas Rezepten garen aber auch heute noch die unterschiedlichsten Gerichte in den Töpfen und am kroatischen Meer wird frischer Fisch köstlich zubereitet. Serviert wird dazu weißer oder roter Landwein, der bei keinem Essen fehlen darf.

An der Küste und auf den Inseln ist die Küche in der Regel von *Fisch, Krusten-* und *Schalentieren* geprägt, die in guten Lokalen fangfrisch auf den Teller kommen: neben verschiedensten Fischsorten finden vor allem die leckeren, saftigen Scampis aus der Kvarner-Region großen Anklang, ebenso die um Ston (Halbinsel Pelješac) gezüchteten Muscheln und Austern. Ein besonderer kulinarischer Genuss ist Hummer, sehr beliebt in Mittel- und Süddalmatien, der auf jede erdenkliche Art zubereitet wird.

Vor allem im Landesinneren sind Spanferkel, Wildschwein vom Grill und im Herbst Wildgerichte wie Fasan und Hase beliebte Spezialitäten. Die Kvarner- und Mitteldalmatinischen Inseln locken mit zartem Lamm oder Zicklein. Eine typische und wichtige Zutat, mit der von der Vor- bis zur Nachspeise gern verfeinert oder gewürzt wird, sind die im nahen Istrien beheimateten weißen und schwarzen *Trüffel (tartuf)* – sie stehen landesweit auf der Speisekarte guter Restaurants. Der Wildspargel *(šparoge)*, der als Salat, Gemüse oder in Omeletts serviert wird, sprießt im Frühjahr überall. Sehr beliebt sind auch Pilzgerichte, z. B. mit *Gnocchi, Fuži* oder *Surliće* oder zu Fleischspeisen. Generell werden seit Jahrhunderten die Speisen, ob kalt oder warm, mit *Olivenöl* zubereitet – gut für den Cholesterinspiegel!

Und auch Naschkatzen kommen auf ihre Kosten – sie haben die Wahl zwischen Pfannkuchen *(palačinke)*, Strudel, Krapfen *(fritule)* oder Eiercreme *(rošata)*, inzwischen gibt es aber auch die beliebten italienischen oder französischen Desserts.

Essen und Trinken

Die Lokale

Restoran (Restaurant): Ein gehobeneres Speiselokal mit großer Auswahl an Vor- und Nachspeisen, Fisch- und Fleischgerichten.

Riblji restoran (Fischrestaurant): Hier gibt es Meeresspezialitäten, vorwiegend Adriafische. Wer gerne Fisch isst, darf sich hier bestens aufgehoben fühlen, da die Zutaten immer frisch sind und man die Art der Zubereitung bei uns zu Hause nicht findet.

Gostiona (Gasthaus): Gasthäuser sind meist Familienbetriebe. Oft kochen Wirt oder Wirtin selbst, das Essen wird aus frischen Zutaten nach Art des Hauses zubereitet. Das Ambiente reicht von einfacher ländlicher bis zur gehobenen modernen Ausstattung. In kleineren Gasthäusern beschränkt sich die Auswahl auf wenige preiswerte Fleisch- und Fischgerichte.

Konoba: Ursprünglich ein Weinkeller oder ein winziges Lokal, das Wein und ein paar Vorspeisen wie Oliven, Schinken und Käse, gelegentlich auch kleine Fischgerichte anbietet. Heute bezeichnen sich auch kleine Gostionas als Konobas und haben eine deutlich größere Essensauswahl, z. B. oft die leckeren Peka-Gerichte.

Kavana (Café) und **Bife** (Buffet): Im Café gibt es Kaffee, Tee, türkischen Kaffee, Torten, Gebäck, Eis, Getränke und manchmal kleine Snacks. Bifes sind mehr eine Art Bar und Treff.

Pizzeria: Auch in Kroatien ein preiswertes, schnelles Essen und eine willkommene Abwechslung zu den Fleischgerichten. Jedoch wird in den Pizzerias, im Gegensatz zu ihren deutschen Schwestern, meist tatsächlich nur Pizza angeboten (außer es heißt Restaurant/Pizzeria), dafür meist in großer Auswahl und oft auch die wohlschmeckende Holzofen-Pizza.

Vinoteka (Weingeschäft): Hier kann man vor allem Weine, Grappa und Hochprozentiges verkosten und kaufen.

Samoposlužni restaurant: Selbstbedienungsrestaurant, meist in Städten und größeren Feriensiedlungen an der Küste zu finden – ein preiswertes Esslokal.

Slastičarna: Eisdiele/Café – hier werden Espresso, Cappuccino, Kuchen, Torten und Eis serviert.

Vorspeisen und Snacks

Als Vorspeise kennt man luftgetrockneten Schinken *(pršut)* und Käse *(sir)*, meist vom Schaf oder von der Ziege. Berühmt ist der Schafskäse von der Insel Pag *(paški sir)* mit seinem würzigen Aroma, aber überall gibt es regional zubereiteten Käse. Im kühleren Landesinneren, z. B. in der Lika (Plitvicer Seen), isst man gerne auch milden Quark oder Frischkäse als Vorspeise, aber auch der Hartkäse aus dem Velebit schmeckt vorzüglich. Dazu werden Oliven oder eingelegte Zwiebeln *(kapulica)* und Weißbrot gereicht.

Eingesalzener Fisch *(usoljena riba)* ist eine ebenso beliebte Vorspeise wie Zwischenmahlzeit. Vor allem die kleinen Sardellen und Anchovis in gutem Öl eingelegt, sind beste Sushi-Gerichte! Gerne werden auch rohe Sardinen verwendet, die, in Öl und Essig mit Lorbeerblättern eingelegt, ein paar Wochen durchziehen. Auch Tintenfischsalat, *Bakalar* (gekochter Stockfisch) oder Scampi-Cocktail sind als Appetizer beliebt.

Marinierter Fisch *(marinirana riba)* wird in einem anderen Verfahren zubereitet: Makrelen oder Sardinen werden gebraten, dann in Essig, Öl und Zwiebeln für ein paar Tage eingelegt.

Eine bosnische Spezialität, aber auch in Kroatien eine beliebte Zwischenmahlzeit, an Kiosken und in Bäckereien zu finden, ist *burek*, Blätterteigpasteten mit Fleischfüllung oder auch mit Apfel oder Quark. *Omelettes* mit Pilzen, Käse oder Schinken serviert jedes Restaurant.

Beliebte Vorspeisen sind auch Suppen u. a. die Minestrone *(maneštra)*, mit je nach Jahreszeit wechselnden Gemüsesorten, Gulaschsuppe *(gulaš juha)*, Fischsuppe *(brodet* oder *riblja juha)* sowie Lammsuppe *(jagjeća čorba)*. Im Herbst lockt an der Opatija Riviera die leckere *Maronensuppe*.

> **Essenspreise**: Kalte und warme Vorspeisen wie Schinken (pršut), Salat aus Meeresfrüchten, Reis- und Nudelgerichte gibt es ab ca. 5–10 €, Fleischgerichte kosten rund 6–12 €, Gerichte von Meeresfrüchten ab 8 €. Fische sind eingeteilt in Klasse I (z. B. Goldbrasse, ca. 25–50 €/kg) und Klasse II (z. B. Makrelen, ca. 10–17 €/kg), zudem werden auch immer mehr Fische, u. a. Goldbrassen gezüchtet, d. h. fangfrischer Fisch hat dann nochmals einen Aufpreis – schmeckt aber dafür auch viel saftiger.
> **Getränke**: Espresso ab 0,70 €, Cappuccino ab 1,20 €, Tafelwein ab ca. 6,70 €/Liter, Barriqueweine ab 16 € für die 0,75-Liter-Flasche, Grappa ab ca. 1,30 €. Einheimische Biere ab 1,60 € für die 0,33-Liter-Flasche.

Gerichte von Fisch und Meeresfrüchten

Charakteristisch für die Küste und die Inseln sind die Fisch- und Krustentiergerichte, die auf vielfältigste Art zubereitet werden. Gängig sind Drachenkopf, Gold- und Zahnbrasse, Petersfisch, Seezunge, Meeresspinne, Scampi, Langusten, Hummer, Tintenfisch, Muscheln und Austern.

Frische Fische vom Boot

Na žaru heißen die gegrillten Fische, und der Holzofen, geschürt mit Olivenholz oder dem Reisig der Weinstöcke, verleiht Fischen und Schalentieren besondere Würze. Mit Knoblauch gespickte Gold- und Zahnbrassen, Seebarsche, Meeräschen, aber auch Makrelen und Sardinen werden mit Kräutern und Lorbeerblättern gewürzt und gegrillt.

Für den gekochten Fisch *(na lešo)* müssen Drachenkopf, Zahnbrasse oder Hechtdorsch in den Topf und werden dann in Wasser, Öl, Weinessig und mit Lorbeerblättern, Zwiebeln und Pfefferkörnern gegart.

Besonders lecker schmeckt die Fischsuppe *(brodet)*, für die verschiedenste kleine Fische verwendet werden, die mit Wein, Öl, Lorbeerblättern, Zwiebeln, Petersilie und Tomatenmark lange Zeit im Topf garen. Dazu wird Maisgrieß *(pura)* gereicht. *Fischpaprikasch* heißt der leckere Binnenlandfischeintopf (siehe dazu „Eintöpfe und Aufläufe).

Eine Delikatesse sind die gedünsteten Fische, z. B. Langusten *(scampi na bu-*

zaru) oder gefüllte Tintenfische *(punjene lignje);* sie schmoren mit Knoblauch und Zwiebeln gespickt in einem mit Knoblauch ausgeriebenen und mit Öl und Wein gefüllten Topf. Auf ähnliche Weise dünstet man Muscheln in Wein und viel Knoblauch. Dazu wird Weißbrot gereicht, mit dem man die leckere Soße aufsaugt. Auch im Ofen gebackener Fisch mit Kartoffeln wird gern serviert.

Schalentiere sind ein etwas teurer Genuss: Hummer *(jastog)* wird gekocht und überbacken in Weißwein und Kräutern mit Hausnudeln oder Mayonnaise oder nach individuellem Wunsch serviert. Fast immer stehen auch Muscheln, manchmal Austern auf der Karte.

Gebackene und panierte Fische sind eine Variation der österreichischen Küche. Dazu nimmt man Sardinen oder Thunfisch *(pečena tuna).*

Fisch- und Fleischgerichte aus der „Tonglocke"
Immer beliebter und inzwischen in vielen Lokalen erhältlich sind die am Holzofengrill unter der *Peka* gegarten Fisch- und Fleischgerichte. Die Peka, auch *Cripnja* genannt, ist eine Ton- oder Stahlglocke, die über eine Ton- bzw. Edelstahlkasserolle gestülpt und dann mit Glut und Asche bedeckt wird. Dieses langsame und schonende Garen garantiert ein saftiges und zartes Fleisch. Zubereitet werden mit dieser Garmethode *(meso pod pekom)* u. a. Lamm, Kalb, Huhn, Wildschwein, Oktopus oder gefüllte Tintenfische. Auch Kartoffeln oder Gemüse werden manchmal noch hinzugefügt. Da das Garen je nach Fleischart und -größe dauert (Wildschwein ca. 3 Std.), ist bei speziellen Wünschen eine Voranmeldung nötig.

Fleischgerichte

Fleischgerichte sind für die Küste eigentlich nicht typisch – eine Ausnahme sind *Lammgerichte.* Inzwischen ist Lamm eine Spezialität und findet sich auf den Speisekarten vieler Inseln, vor allem auf Cres, Pag, Brač und Hvar. Die Variationen reichen von Suppen, Braten, gegrillt, gebacken (unter der Peka/Cripnja), am Spieß bis zum klassischen Kotelett.

Gerichte aus der *Peka* gibt es nach Vorbestellung in vielen Restaurants (siehe Kasten).

Eine Spezialität aus dem Süden Dalmatiens ist *pašticada,* Rindfleisch gespickt mit Lorbeerblättern, Speck und Pflaumen, gekocht in Weißwein; dazu werden Gnocchi (Kartoffelklößchen) serviert.

Fleischspeisen vom Holzkohlengrill stehen überall auf der Karte und gelten als Nationalgerichte Ex-Jugoslawiens und des Balkans. Die bekanntesten und verbreitetsten sind *čevapčići,* Fleischröllchen aus gehacktem Schweine-, Hammel- oder Kalbfleisch, *ražnjiči,* gemischte Fleischspieße, und *pljeskavica,* eine Art Hamburger. *Mixed Grill* ist eine Grillplatte mit verschiedenen Fleischarten – čevapčići, ražnjiči, Lamm- und Schweinekotelett sowie Leber.

Wildgerichte bieten vor allem die binnenländischen Restaurants, doch ab und zu gibt es sie auch an der Küste und auf den Inseln. Meist werden Hase und Wildschwein, manchmal auch Fasan serviert.

Auch **Frösche** an den Plitvicer Seen oder um Omiš beliebt, gegrillt oder gekocht mit verschiedenen Saucen oder zu Polenta oder Pilzen.

Eintöpfe und Aufläufe

Eintöpfe werden hauptsächlich in einfachen Gostionas im Binnenland serviert; beliebt ist u. a. *Maneštra* – Minestrone, mit je nach Jahreszeit wechselnden Gemüsezutaten und auch der Lika-Eintopf *(Lički lonac)*, der mit Lammfleisch, Gemüse und Kartoffeln zubereitet wird. Auch gefüllte Paprika stehen häufig auf der Speisekarte. Ein besonderes Schmankerl ist der *Fischpaprikasch*, ein Eintopf aus Süßwasserfischen (u. a. Karpfen, Forellen, Wels, Hecht) mit viel süßem und scharfem Paprika gewürzt und in einem Kessel über offenem Feuer gegart. Aus der Balkan-Küche kommt *mućkalica*, zubereitet in vielfältigen Variationen: z. B. Schweinefleischstückchen mit Paprika, Tomaten und Zwiebeln oder Lammfleischstückchen mit Weißkohl und Knoblauch. Bekannt ist der Eintopf *bosanski lonac* (Bosnischer Topf), eine Mischung verschiedener Gemüse- und Fleischsorten. Serviert wird in einem Keramiktopf. Der *djuveč* ist ein Eintopf mit Lamm, Hammel, Schwein oder Rind, Reis und Gemüse wie Zwiebeln, Tomaten, Paprika.

Reis-, Nudel- und Gemüsegerichte

Die Venezianer hinterließen Reis- und Nudelgerichte in zahlreichen Variationen mit Meeresfrüchten, Fleisch, mit Gemüse, Pilzen oder Hackfleischsoße.

Reisgerichte *(rižoto)* werden an der Küste mit Tintenfischen (schwarz oder weiß), Muscheln oder Langusten zubereitet. Spaghetti gibt es ebenfalls in allen Varianten: mit Tomatensoße, Hackfleischsoße oder, besonders wohlschmeckend, mit Hummer, Muscheln oder Trüffeln; auch *gnocchi* (zarte Kartoffelmehlklößchen) mit Gorgonzola oder Trüffeln stehen oft auf der Karte. Überhaupt spielen istrische Trüffeln v. a. in der Kvarner-Küche eine große Rolle. Eine Nudelspezialität aus dem nahen Istrien sind *fuži* (bestimmter Nudelteig) oder *surliće* von der Insel Krk, die zu Fleisch oder Wild gereicht werden. Eine beliebte Gemüsesorte ist Mangold *(blitva)*, der gekocht und mit Olivenöl abgeschmeckt, vor allem zu Fisch gereicht wird. Im Frühjahr sehr beliebt, der grüne Wildspargel *(šparoge)*.

Beilagen

Eine Spezialität in der Kvarner-Region, aber auch überall zu finden, ist Maisbrei *(pura* oder *polenta)*, der zu Fischsud oder frischem Tintenfischfleisch und Makrelen gegessen wird. Die zarten *gnocchi*, *fuži* oder *surliće* sind auch eine leckere Beilage zu Fleisch- oder Pilzgerichten. Die Nudelfladen *mlinci* und auch die *štrukli*, mit Frischkäse gefüllter Ölteig in Salzwasser gekocht, werden gerne zu Fleisch oder Pilzen gereicht, vor allem im Inland. Neben den auch bei uns üblichen Beilagen findet man *djuveč*, Reis mit Gemüse, oder *ajvar*, ein rötliches Mus aus Tomaten, Paprika und Auberginen, das zu Grillfleisch oder *pljeskavica* gegessen wird. Gehackte Zwiebeln dürfen ebenfalls nicht fehlen. An Salaten gibt es u.a. Tomaten-, Gurken-, Kraut-, und Rucolasalat.

Nachspeisen

Die Auswahl an Nachspeisen hat sich in den letzten Jahren stark erweitert, gab es doch früher nur Pfannkuchen oder Eis, evtl. noch Rošata. Heute muss man in guten Lokalen auf Tiramisú, Halbgefrorenes mit Früchten, Zabaione und saftige Kuchen aus Feigen oder Schokolade, mit Zitronen oder Orangen, nicht mehr verzichten. Einige Spezialitäten:

Palačinke – Pfannkuchen mit Marmelade, Schokolade, Walnüssen oder auch mit Eis und flambiert.

Štruklji – die gängigste Variante ist Apfel- oder Topfenstrudel. Es gibt die Strudelfüllung aber auch mit Mohn, Walnüssen, Heidelbeeren oder Pflaumen, vor allem im Landesinneren.

Sirovi štruklji – Ölteig wird mit Topfen gefüllt und in Salzwasser gekocht. Man kann die *štruklji* als Snack oder salzige Vorspeise essen, oder süß – mit in Butter gerösteten Semmelbröseln und Zimt-Zucker bestreut.

Režanči smakom oder **sorasima** – Mohn- oder Nussrollen aus Hefeteig.

Sladoled – Eiscreme.

Sadna kupa – Obstbecher in verschiedenen Variationen mit Sahne oder Eis.

Kremšnite – eine beliebte Nascherei: ein mit Creme oder Vanillepudding gefüllter Blätterteig, manchmal unter einem Schokoladenüberzug versteckt.

Fritule und kruštule (in Zagreb **Uštipak**) – diese Süßspeisen-Spezialitäten werden aus Hefeteig zubereitet, in Öl (wie Krapfen) ausgebacken und mit Zucker bestreut.

Rošata – eine Art Eierstich, besteht aus Eiern, Zucker und Milch und wird mit Sirup übergossen.

Getränke

Wein: Ist das kroatische Nationalgetränk. Wir empfehlen die offenen Weine der Region, in der man sich gerade aufhält. Angeboten werden Weiß-, Rot- und Roséweine. Nordkroatien hat eine Reihe sehr guter Weine anzubieten: den roten *Teran* und den weißen *Malvazija* aus Istrien; die Insel Krk ist bekannt für den goldgelben *Žlahtina*, von der Insel Pag kommt der ebenfalls goldgelbe *Žutica*. Daneben werden die Weißweine *Silvanec, Pinot, Traminec, Chardonnay* und *Šipon* oder an Rotwienen *Refošk* und *Merlot* angebaut.

In Dalmatien stammt aus der Region Šibenik der Roséwein *Opol;* von der Insel der autochthone Rotwein Dobričić, von der Insel Hvar der wieße *Bogdanuša* und rote *Faros*. Von der Insel Korčula kommen die Weißwiene *Grk,*

Pošip, Maraština und ein aus der *Plavac*-Traube gekelterter Rotwein. Die Insel Pelješac ist berühmt für ihren roten, schweren *Dingač*, gut mundet auch der *Postup*. Die Insel Vis ist bekannt für ihren goldgelben *Vugava* mit dem Honigaroma.

Aus Slawonien kommen übrigens die besten Weißweine des Landes, die im ganzen Land auf der Weinkarte stehen; an den Südlagen des hügeligen Papuk Naturparks gedeihen *Graševina, Traminer* und *Raijnski Rizling*.

Gegen Durst hilft gut Gespritzter (halb Wein, halb Wasser), *bevanda* (mit stillem Wasser), *gemišt* (mit Mineralwasser) oder *Mussolini* (Rotwein mit Fanta).

Mini-Weinlexikon

Crno vino	Rotwein	Cuveno vino	Auslese
Bijelo vino	Weißwein	Desertno vino	Dessertwein
Hrvatica	Roséwein	suho	trocken
Pjenusavo vino	Sekt	polusuho	halbtrocken
Stolno vino	Tafelwein	slatko	süß
Kvalitetno vino	Qualitätswein	poluslatko	halbsüß

Spirituosen: Der Dessertwein *prošek* ist als „vinum sanctum" (heiliger Wein) seit römischer Zeit bekannt. Eine Spezialität aus Zadar ist der *maraskino*, ein klarer süßer Likör aus den Kernen der Weichselkirsche Maraska. *Istra-Bitter* nennt sich ein Aperitif, der ähnlich wie Campari schmeckt. Lecker sind auch die Likör-Raritäten aus Mirabellen und Heidelbeeren, Feigen, Honig und auch vom Johannisbrot. Aus Vodice kommt der Dessertwein Maraština. An härteren Sachen findet man Spezialitäten wie den Kräuterschnaps *(travarica)* und Grappa *(lozovača, kurz loza)*, und überall gibt es natürlich *šljivovica*, den Slibowitz-Pflaumenschnaps. Fast jede Gostiona hat zudem ihren eigenen Hausschnaps, der dem Gast meist auch vor oder nach dem Essen angeboten wird.

Auch Kroatien hat nun seinen Cocktail, genannt *Crocktail* (www.crocktail.hr) und wurde von Marin Nekić kreiert. Sehr erfrischend und fruchtig – auf zerstoßenes Eis kommt Maraskinolikör, frischgepresster Zitronensaft, Maraskino-Kirschensaft, etwas geriebene Orangenschale, der Glasrand wird mit einer Arancini (gezuckerte Orangenschale) und Maraska-Kirsche verziert (zur Not nimmt man eine Sauerkirsche) – Živjeli (Prost)!

Biere *(pivo)*: Es gibt viele einheimische Biere, z. B. aus Karlovac, aber auch gute slowenische, bayerische und eine bekannte Marke aus dem hohen deutschen Norden.

Kaffee: Traditionell wird er als süßer türkischer *kava* serviert und in einem langstieligen Kupferkännchen zubereitet. Aber in den Cafés und Café-Bars gibt es überall echten italienischen Espresso, Cappuccino und Latte Macchiato, daneben auch Kakao und Tee. Der Kaffee der in preiswerteren Hotels ausgeboten wird (falls es keine Espressoautomaten gibt), entspricht nicht unserem Geschmack, was viele Gäste dazu bringt, ihren mitgebrachten Schnellkaffee aufzubrühen.

Punat (Insel Krk) – beliebter „Treff" der internationalen Wakeboarderszene

Sport

> Zu allen hier erwähnten Sportarten finden Sie im Reiseteil unter den jeweiligen Orten detaillierte Angebote und Adressen.

Baden: An der Küste und auf den Inseln gibt es zahlreiche zum Baden geeignete Strände. Ob mit Badekleidung oder textilfrei – möglich ist in Kroatien beides.

Kroatien ist neben Südfrankreich das Paradies der Nudisten. Es gibt zahlreiche Campinganlagen, die ausschließlich oder zumindest zum Teil FKK-Anhängern offen stehen. Als einer der Ersten ließ 1936 König Eduard VIII. von England auf der Insel Rab die Hüllen fallen. Heute gibt es kaum eine Insel, auf der man nicht nackt baden kann. Auffallend ist jedoch der aktuelle Trend, sich wieder einzuhüllen. Selbst an Buchten, die jahrelang als Nacktbadezonen galten und wo es nie Probleme gab, kommen mehr und mehr Menschen, die in ihrer Badekleidung bleiben und damit Nudisten oft veranlassen, es ihnen gleich zu tun.

Der größte Teil der Küste besteht aus Fels, es gibt jedoch auch einige Buchten mit Feinkies und Kies, manchmal sogar mit Sand. In der Nähe von Touristenorten begann man, mit Sand oder Beton künstliche Liegeflächen zu schaffen.

Die kroatische Adriaküste gehört zu den saubersten Gewässern des Mittelmeerraums und bietet Sichtweiten bis zu 50 m Tiefe. In Touristenorten wehen an 125 Stränden und 21 Marinas die für gute Wasserqualität stehenden „Blauen Flaggen" (www.blueflag.org); in unberührter Natur erübrigt sich die Blaue Flagge sowieso. Die Wassertemperaturen liegen zwischen 20 und 25 Grad.

> Über die Badewasserqualität an der kroatischen Küste informiert der ADAC von Mai bis September unter www.adac.de.

Canyoning: Wird vor allem im *Učka*-Gebirge (→*Opatija*) und auf der *Zrmanja* (bei Zadar) angeboten – eine Kombination aus Klettern, Erkunden von Schluchten sowie Überspringen und Hinabrutschen von Wasserfällen.

Fahrradfahren: Vor allem die Inseln sind bestes Mountainbikerevier – überall wurden ausgewiesene Fahrradwege angelegt. Da viele Radwege, v. a. auf den Inseln, auch auf teils steinigem Makadam verlaufen, sollte man am besten ein gutes Mountainbike von zu Hause mitnehmen. Mountainbikes kann man in allen größeren Orten über Touristinformationen, Hotels und Verleihgeschäfte mieten – pro Tag ab ca. 12 € (→ Reiseteil/Fahrradfahren). City-Bikes sind nur entlang der Uferpromenaden empfehlenswert.
  Information und Fahrradkarten: In Agenturen und bei Tourismusverbänden.

Fischfang: Fischfang: Das im Norden bis auf 50 m Tiefe und im Süden bis auf 200 m Tiefe klare adriatische Meer lädt zum Fischfang ein – 365 verschiedene Fischarten soll es hier geben. Die *Fangmittel* sind gesetzlich festgelegt.

Für das Meer gilt: Mit Ausnahme des Angelns vom Ufer aus braucht man eine Genehmigung der zuständigen Gemeinde. Am Ufer ist ein Fang von bis zu 5 kg täglich erlaubt. In Häfen und Naturschutzparks ist der Fischfang verboten – auch Muscheln und Krebse sind geschützt.

Fischfanggebiete sind die Gewässer rund um die Küste und die Inseln. Gefangen werden von Nord nach Süd hauptsächlich Tintenfisch, Makrele, Goldbrasse, Brauner Serran, Thunfisch, Drachenkopf, Meeräsche, Aal, Zahnbrasse, Gelbstriemen, große Geisbrasse, schwarzer Schattenfisch, Muräne, Sackbrasse, Seebarbe und Rotbrasse.

Informationen Die Broschüre *Sportfischerei* liegt in den Touristinformationen kostenlos aus.

Sportfischereiverband Verband für Sportfischerei auf See von Kroatien, ☎ 01/6106-208, www.hssrm.hr (kroat. Sprache*)*.

Free-Climbing und Klettern: Tolle Klettergebiete sind u. a. das *Učka*-Gebirge und die *Paklenica*-Schlucht im gleichnamigen Nationalpark bei *Starigrad-Paklenica*. Hier, in der imposanten Bergwelt des Velebit, gibt es alle Schwierigkeitsgrade. Anspruchsvolle Felsen zum Klettern erheben sich auch um

Anspruchsvolle Klettergärten in der Paklenica-Schlucht

Sportschifffahrt 69

Omiš bei *Makarska* im *Biokovo*-Gebirge. Kleinere Gebiete sind u. a. bei *Pag (Sv. Vid)* und auch auf *Hvar* bei *Sv. Nedjelja*.

Joggen: Läufer finden sicherlich überall beste Bedingungen in aromatischer Luft und auf schönen Wegen ihre Runden zu drehen. Wer mag, kann sich natürlich auch für Marathon-Wettbewerbe anmelden, z. B. in Zagreb oder Plitvicer Seen.

Kanu, Kajak, Rafting: Canoe-Safari-, Kajaking- und Rafting-Angebote gibt es auf den Flüssen Zrmanja, Krupa und Cetina. Sehr beliebt ist auch Meerkajaking, d. h. per Kajak entlang der Küste u. a. bei Cres (→ Cres), Rab, Krk (→ Glavotok) und auch den Elaphiten (→ Dubrovnik). Infos über die Agenturen, die Tourismusverbände und Touristeninformationen in Rab, Krk, Split, Brač (→ Bol) und Dubrovnik.

Paragliden: Eine wunderschöne Art, das Land buchstäblich aus der Vogelperspektive kennen zu lernen. Agenturen bieten Paragliding im Učka-Gebirge an (→ Opatija) oder auch auf der Insel Vis (→ Komiža).

Reiten: Pferdeliebhaber finden u. a. auf der Insel Cres und bei Zaton (Nin) und bei Cavtat Möglichkeiten zum Reiten.

Schnorcheln: Die Felsküsten sind ein Paradies für Schnorchelfreunde, krebsartiges Getier und zahlreiche Fischarten tummeln sich in den klaren Tiefen. Schnorchelausrüstung am besten von zu Hause mitnehmen!

Sportschifffahrt: Für Segelfreunde und Motorbootfahrer ist die Küste ein ideales Revier – die kroatische Küste misst insgesamt 6116 km! Für den nautischen Tourismus gibt es an der Küste und auf den Inseln 98 Häfen, davon sind 61 Marinas (10 davon Trockenmarinas). 21 Marinas gehören zum ACI-Club, sind modern mit Restaurants und Geschäften ausgestattet und für fast alle Dienstleistungen und Reparaturen ausgerüstet. Weil der Nautiksport boomt, werden Jahr für Jahr die Marinas ausgebaut – die Zahl der ganzjährig aufgenommenen Segelschiffe und Motorboote steigt ständig, und die schönsten und am besten ausgestatteten Marinas sind schnell ausgebucht – über 16.400 Liegeplätze gibt es im Meer und fast 5200 an Land.

Sehr beliebt sind Bootcharter oder Segeltörns in der Adria. Auf fast jeder Insel kann man für 40–60 € pro Tag ein 4-PS-Motorboot mieten, aber ebenfalls, laut Gesetz, nur gegen Bootsführerscheinvorlage! Auch Bootsbesitzer müssen sich im nächsten Hafen anmelden (→ „Übernachten"), benötigen eine Vignette und auch die Crew auch die Crew muss festgelegt sein. Wer keinen Segel- oder Bootsführerschein besitzt, kann ihn an der Küste erwerben.

Die Entwicklung des Bootstourismus geht weiter voran. Laut Seeminister Božidar Kalmeta fließen viele Millionen Kunas in Hafen- und Marinasanierungen.

Informationen Udruženje nautičkog turizma (Verband des nautischen Tourismus und der Marinas), ✆ 051/209-147, www.hgk.hr.
ACI-Club (Kroatischer Jachthafenclub; Zentrale), ✆ 051/271-288, www.aci-club.hr.

Bootcharter Ist von vielen Marinas aus möglich (→ Reiseteil). Zudem kann man fast alle in Kroatien ansässigen Vercharterer von Deutschland aus buchen, was das gleiche kostet. Von Vorteil ist dabei, dass die Buchung über eine deutsche Agentur läuft und bei Schadensfall somit auch nach deutschem Recht verfahren wird! Wer sich einen Überblick verschaffen möchte, sucht im Web unter www.yachtcharterfinder.com. Tipps rund ums Segeln etc. unter www.skippertipps.de.

Literatur Gute Vorschläge für Törns in Kroatien liefert das Magazin More, www.more.hr, zudem unser langjähriger Spezialist Karl-Heinz Beständig mit seinem Standardwerk **888 Häfen- und Ankerbuchten** (→ „Wissenswertes von A bis Z/Literatur").

Surfspaß bei Murter …

Surfen und Kiten: Die Adriaküste bietet Anfängern wie Profis sehr gute Bedingungen zum Surfen und zum Kite-Surfen. In der Kvarner-Region sehr beliebt sind Preluk bei Rijeka/Opatija (frühmorgens thermischer Wind), die Inseln Krk (Punat und Baška), Pag (Novalja). In Norddalmatien wehen gute Winde am Strand Kraljičina bei Nin und auch auf der Halbinsel Murter sieht man die Surfsegel am Horizont. In der Mittel- und Süddalmatinischen Region surft und kitet man gerne auf der Insel Brač, vor allem um das Goldene Horn bei Bol. Besonders beliebt ist die Halbinsel Pelješac (Viganj und Kučiste). Im Kanal von Pelješac weht immer eine optimale Brise, so dass in diesem Gebiet auch internationale Regatten ausgetragen werden. Das schon oben erwähnte *Kiteboarden* (Surfen mit Gleitschirm), bei dem der Surfer hohe Geschwindigkeiten erreicht, hat auch in Kroatien sehr viele Anhänger gefunden. Anfänger haben die Möglichkeit, sich in windgeschützten Buchten mit dem Brett vertraut zu machen. Wo gute Surf- und Kitebedingungen herrschen, gibt es auch Schulen und Verleih, so in den meisten Hotels und auf Campingplätzen. Spezielle Geschäfte für Surfausrüstung gibt es meist nur in größeren Städten. Mehr dazu (→ Reiseteil).

Tauchen: Die kroatische Adria ist wegen ihrer extrem tiefen Sichtweite und des sauberen Wassers ein Tauch-Eldorado. Getaucht wird zu Wracks alter Handels- und Passagierschiffe (hierzu wird eine Extra-Gebühr von 25–40 € berechnet) – 15.000 soll es geben, in Grotten und Höhlen, zu Amphorenfeldern und an Steilwänden. Zu sehen gibt es eine bizarre Meeresflora und -fauna.

> Das Tauchen mit Pressluftflaschen muss angemeldet werden. Taucher benötigen einen **Tauchausweis**; dieser ist 1 Jahr ab Ausstellung gültig, kostet 18 € und ist beim Tauchverband/Tauchclubs erhältlich. Tauchen kann organisiert oder individuell ausgeführt werden. Individuelle Taucher, d. h. Taucher, die ohne lizenzierten Tauchclub tauchen möchten, benötigen neben dem Tauchausweis noch eine **Tauchgenehmigung**. Die Tauchgenehmigung (beim Hafenamt erhältlich), ist ebenfalls 1 Jahr ab Ausstellung gültig und kostet 325 €. Die Hafenämter informieren auch über Sperrgebiete. Für Unterwasserfotografie gelten dieselben Vorschriften. Unterwasserjagd mit der Harpune ist verboten.

Auf vielen Inseln und an der Küste gibt es Tauchschulen (→ Reiseteil/Sport/Tauchen), die Schnuppertauchen oder auch einwöchige Lehrgänge anbieten. Nicht vergessen: Gesundheitszeugnis (Tauchtauglichkeit) von zu Hause mitbringen – manchmal wird dieses auch von Tauchclubs ausgestellt.

Die schönsten Tauchgebiete finden sich natürlich in entlegenen Gegenden. Schöne Tauchbasen und damit auch kurze Anfahrten gibt es im nördlichen Bereich auf den Inseln *Cres, Lošinj,* Insel *Krk* und *Rab;* in Norddalmatien auf den Inseln *Premuda* (keine Tauchbasis, aber Tauchgebiet), *Ist* und *Dugi Otok,* bei *Biograd* und auf der Insel *Murter;* das Tauchgebiet auf der *Kornaten*-Inselgruppe und vor *Vodice;* in Mitteldalmatien sind die Inseln *Hvar, Brač* und vor allem *Vis* zu empfehlen; in Süddalmatien steht die Insel *Lastovo* an erster Stelle, dann die Inseln *Korčula* und *Pelješac.*

Informationsstelle des Kroatischen Tauchclubs Sektion Tauchtourismus **(HGK),** ✆ +385/1/4848-765, www.diving-hrs.hr, www.croprodive.info (in Englisch).

Information Gratis-Broschüre Tauchen in Kroatien über Tourismusämter erhältlich.

.... oder beim Tauchen (Insel Ist)

Seerettung u. Tauchernotruf: Notrufnummer ✆ **122** und **9155** (Zentrale des Such- und Seenotrettungsdienstes Rijeka).

Poliklinik für Baromedizin (Fa. Oxy), Pula, Kochova 1 (Verudela), ✆ (+385)052/215-663, zudem im Notfall über Mobil: (+385)098/219-225 (Ltg. Dr. Mario Franolić), www.oxy.hr.

Mobile Dekompressionskammer in Zadar, Obala kneza Trpimira b. b., (+385)023/332-954, 098/254-207 (mobil, Hr. Damir Velimir).

Poliklinik für Baromedizin, Fa. Oxy, Zweigstelle Dubrovnik, Ul. Dr. Roka Mišetića 2, ✆ 020/431-687; ✆ 098/381-685 (Dr. Davor Romaović, 24-Std.-Notdienst), www.oxy.hr.

Dekompressionskammer Split – IPM HRM: Šoltanska 1, ✆ 021/354-511, Dr. Nadan Petri.

Tennis: Alle komfortablen Hotels sowie Sportcenter in manchen Touristenorten verfügen über Tennisplätze. Auch einige große Campingplätze haben eigene Courts, die sich aber nicht immer im besten Zustand befinden. Tennisschläger kann man in den Hotels ausleihen, besser jedoch ist es, die eigene Ausrüstung mitzubringen. Tenniskurse werden in fast allen Touristenorten angeboten. Bedeutende Tennisturniere finden u. a auf der Insel Brač in Bol statt, das „Bol Ladies Open", zudem in Mali Lošinj, Split und Dubrovnik (→ Reiseteil).

Insel Mljet: Aussichtsreiche Wege warten im Nationalpark

Bergtouren und Berge mit herrlicher Aussicht

Opatija	Berg Učka
Insel Cres	Berge Sis und Gorice
Insel Lošinj	Berg Televrin und weiter im Osoršćica-Gebirgszug
Risnjak-Nationalpark	Berg V. Risnjak und Risnjak-Gebirge
Insel Krk	Berge um Baška und Punat
Insel Rab	Berg Kamenjak
Insel Pag	Berg Sv. Vid
Insel Vir	Berg Sv. Juraj
Insel Ist	Berg Straža
Insel Komat	Berg Metlina
Velebit-Naturpark	Bergzug, zudem Berge Vučjak, V. Kozjak, V. Zavižan, V. Alan
Insel Dugi Otok	Berg Grpašćac oberhalb der Telešćica-Bucht
Insel Hvar	Berg Hum
Makarska	Berg Sv. Jure und weiter im Biokovo-Gebirge
Halbinsel Pelješac	Berg Sv. Ilija
Insel Mljet	Berg Velij Grad und im Seengebiet
Dubrovnik	Berg Srđ
Cavtat	Berg Stražišće

Wakeboarden: Der neueste Kick! Per Wasserlift mit dem Board über *pipes* jumpen kann man u. a. in der *Pager Bucht*, Halbinsel Pag und in *Punat*, Insel Krk, hier werden auch internationale Meisterschaften ausgetragen. **Wandern:** Schöne und gut markierte Wanderungen sind im Nationalpark *Risnjak*, Naturpark *Učka*, im Nationalpark *Nord-Velebit*, im Naturpark *Velebit* mit *Paklenica*-Nationalpark, im Nationalpark *Plitvicer Seen* und Naturpark *Biokovo*-Gebirge möglich. Überall auf den Inseln kann man auf Pfaden wandern, jährlich werden auch dort immer mehr Wanderwege gekennzeichnet und mit Schildern versehen; auch das Kartenmaterial wird jährlich verbessert. **Wanderinfos vorab:** Man sollte seine Kondition nie überschätzen! Hitze und schattenloses Gelände erschweren das Wandern erheblich. Für sehr viel Flüssigkeit und Proviant sorgen, Kopfbedeckung tragen. In dieser Bergwelt gibt es keine Unterkunfts- und Versorgungshütten. Wegmarkierungen sind zwar angebracht, aber durch Unwetter vielleicht auch unkenntlich, d. h. immer genügend Zeit einkalkulieren. Gute Wanderschuhe, also Schuhe mit rutschfestem Profil tragen! Schwierige Touren nur für Geübte! Nie alleine, am besten in der Gruppe gehen oder geführte Wanderungen buchen. Bei schlechten Wetterverhältnissen Wanderungen schon vorab unterlassen. Bei plötzlich aufkommenden Nebelfeldern am besten stehen bleiben und abwarten. Mobiltelefonmitnahme von Vorteil (**Bergrettung 112**). Bei längeren Touren im Hotel oder in der Pension Bescheid geben und Weg- und Streckenbeschreibungen zu Beginn erst einmal aufmerksam durchlesen. *Achtung:* Ebenfalls auf die giftige Hornotter (vipera ammodytes) achten (→ „Fauna").

Wasserski: In allen größeren Touristenorten an der Küste kann man Wasserskifahren, es ist aber nicht mehr „trendy", d. . Fans dieser Sportart sollten besser ihre eigene Ausrüstung mitbringen, Bootsverleih hingegen ist kein Problem (allerdings nur mit Bootsführerschein!). *Bitte beachten*: Erst ab einem Mindestabstand von 300 m zum Strand kann der Bootsmotor auf vollen Touren laufen, dann ist der Spaß für den Läufer gesichert. Es muss neben dem Fahrer ein Beifahrer anwesend sein, der den Wasserskiläufer beobachten kann, und das Boot muss über einen Rückspiegel verfügen.

Wellness und Kurorte

Wellness hat auch in Kroatien eine lange Tradition – besonders die Kvarner-Region war schon zu k.-u.-k.-Zeiten mit ihren Kurorten und Seebädern begehrtes Ziel des reichen Adels, v. a. das durch seine prächtigen Villen herausragende *Opatija*. Auch heute noch setzt man u. a. in Opatija auf die altbewährte Thalasso-Therapie (Meerwassertherapie), mit der man hier zahlreichen Leiden zu Leibe rückt. Auf der *Insel Lošinj* kurt man seit Ende des 19. Jh. im bekannten Luftkurort Mali Lošinj und v. a. in Veli Lošinj. Salzsole, Aerosole zur Inhalation sowie Heilerde und mineralische Peliode setzt man auch in *Nin* zur Therapie ein. Wer sich ohne ärztliche Aufsicht einfach nur den heilsamen Schlamm z. B. auf die schmerzenden Knie schmieren möchte, kann dies in *Pag*, auf *Krk* und *Rab* tun.

Im gesamten Küstenbereich wie auch auf den Inseln haben sich die meisten Vier- bis Fünfsterne-Hotels auf ihre gesundheitsbewusste Klientel eingestellt und luxuriöse Wellness- und Beauty-Oasen geschaffen – neben den traditionellen Therapien kann man sich u. a. auch mit Ayurveda-, Thai- und Akupressurmassagen, Bädern mit Ölen und Algenpackungen, Aroma-Therapie, Anti-Stress- und Fitness-Programmen und vielem mehr verwöhnen lassen (→ Reiseteil „Hotels" oder „Wellness").

Mala Proversa (Kornaten) – vor Untiefen warnen Leuchtfeuer

Wissenswertes von A bis Z

Ärztliche Versorgung

Die ärztliche Versorgung in Kroatien entspricht europäischen Standards. Auch in Kroatien gilt die *Europäische Krankenversicherungskarte (EHIC)*, mit der Sie ärztliche und zahnärztliche Behandlung, Heilmittel oder Krankenhausbehandlung in Anspruch nehmen können. Wer sich umfangreicher absichern möchte, wählt eine zusätzliche Auslandskrankenversicherung.

Im Reiseteil sind unter **Gesundheit** alle wichtigen Adressen ersichtlich.

> **Polizeinotruf** ✆ 192
> **Unfallrettung** ✆ 194
> In dringenden Fällen:
> **ADAC-Notruf** in Zagreb (dtsch.): ✆ (+385/1)3440-666,
> medizinische Hilfe auch über München ✆ (+49)89/76-7676
> **Seerettung u. Tauchernotruf:** ✆ 122 und ✆ 9155
> (→ „Telefon/Notrufe")

Ein **Krankenhaus** *(Bolnica)*, Krankenstation *(Dom zdravlja)* oder eine Ambulanz *(Ambulanta)* gibt es in fast allen Städten. Im Sommer sind in Touristenorten separate Ambulanzen für Urlauber eingerichtet, auch größere Hotels und Campingplätze bieten medizinische Erstversorgung (in Englisch, Deutsch oder Italienisch).

Im Notfall wenden Sie sich an den ADAC-Telefondienst (s. u.), der Adresse und Telefonnummer eines deutschsprachigen Arztes vermittelt oder einen Krankentransport veranlasst. Bei Tauchunfällen wenden Sie sich an eine **Poliklinik für Baromedizin** (→ „Sport/Tauchen").

Wissenswertes von A bis Z

Apotheken *(Ljekarna)* gibt es in jedem größeren Ort; geöffnet ist meist von 8 bis 19 Uhr, samstags bis 14 Uhr (teils auch sonntags). Zudem gibt es einen Apotheken-Notdienst.

Tierarzt *(Veterinar):* in jedem größeren Ort; Infos unter www.veterinarstro.hr.

Diplomatische Vertretungen

Botschaft der Republik Kroatien in Deutschland, Ahornstr. 4, 10787 Berlin, ✆ 030/21915-514, www.zagreb.diplo.de.

In Österreich, Haubergasse 10, 1170 Wien, ✆ 01/4802-083.

In der Schweiz, Gurtenweg 39, P. O. Box 231 Muri/Bern, ✆ 031/9256-659.

Deutsche Botschaft in Kroatien, 10000 Zagreb, Ul. grada Vukovara 64, ✆ 01/6300-100.

Österreichische Botschaft, 10000 Zagreb, Jabukovac 39, ✆ 01/4881-050, -052.

Schweizer Botschaft, 10000 Zagreb, Bogovićeva 3, ✆ 01/4878-800.

Weitere Infos unter www.mvp.hr.

Elektrizität und Trinkwasser

Die Spannung beträgt 220 V, 50 Hz. Das Trinkwasser ist im ganzen Land einwandfrei und trinkbar. Wer dennoch unsicher ist, sollte auf Wasser in Flaschen zurückgreifen.

Feiertage

An Feiertagen bleiben Geschäfte, Banken, meist auch Museen geschlossen:

1. Januar: Neujahrstag

6. Januar: Hl. Drei Könige

März/April: Ostersonntag/-montag

1. Mai: Tag der Arbeit

Mai/Juni: Fronleichnam

22. Juni: Tag des antifaschistischen Widerstands

25. Juni: Staatsfeiertag

5. August: Dankfeiertag

15. August: Mariä Himmelfahrt

8. Oktober: Tag der Unabhängigkeit

1. November: Allerheiligen

25./26. Dezember: Weihnachten

Feste und Veranstaltungen

Größere Städte bieten ein breites Spektrum an *Musik-, Theater-* und *Folkloreveranstaltungen*. Aber auch touristische Zentren und kleinere Orte warten in den Sommermonaten mit einem Unterhaltungsprogramm auf (→ Reiseteil/Veranstaltungen). Die kroatischen Tourismusverbände geben jährlich einen detaillierten Veranstaltungskalender heraus, der auch im Internet abrufbar ist. Eine Auswahl an Highlights:

Insel Cres In der Kathedrale von Osor finden im Sommer allwöchentlich **Abende mit klassischer Musik** statt.

Insel Krk Das **Sommerfestival** mit Musik- und Theateraufführungen wird im Juli/Aug. v. a in der Stadt Krk und auf der Klosterinsel Košljun veranstaltet.

Insel Pag **Pilgerfest** von der Stadt Pag nach Stari Grad am 15. Aug.

Insel Rab U. a. Rab-Stadt; **Ritterspiele**-Armbrustschützen, am 9. Mai, 30. Mai, 27. Juli, 15. Aug. Riesiges Spektakel mit historischen Kostümen.

Raber Festtage, vom 25.–27. Juli werden die Stadtheiligen Sv. Jakov, Sv. Ana und Sv. Kristofor gefeiert.

Nin Am 1. Mo im Mai **Sv. Marija-Prozession**; per Boot zur vorgelagerten Insel Zečevo (zudem am 5. Mai und 5. Aug.).

Opatija Festspiele im Juli/Aug. mit Oper, Ballett und Konzerten.

Karneval, Mitte Jan.–Mitte Febr. mit traditionellen Masken aus Schaffell und Hammelhörnern.

Liburnia-Jazzfestival, 1. Juliwochenende.

In Lovran und Dobreć (bei Opatija) gibt es jedes Jahr Mitte–Ende Okt. das **Maronenfest** *(marunada)*.

Rijeka Pilgerfest zur Festung am 15. Aug. Beliebt ist auch der **Karneval**.

Starigrad Paklenica 1. Maiwoche Big Wall Speed Climbing, intern. Freeclimber-Wettbewerb.

Zadar U. a. Klassische Konzerte in der Kirche Sv. Donat, Juli–Mitte Aug. **Theatersommer** Mitte Juli–Mitte Aug. oder z. B. romantisches **Vollmondfest**.

Insel Murter Fest Sv. Mihovil, 29. Sept. in Murter-Stadt (das Wochenende), u. a. Regatta mit den alten Segelschiffen.

Šibenik Kinderfestival, vom vorletzten Sa im Juni bis Anfang Juli findet das 2-wöchige Festival mit Theater- und Ballettaufführungen am Domplatz statt. **Chansons of Dalmatia** – Chansonabende in der 3. Augustwoche. **Mittelalterfest** zu Ehren des Schutzpatrons Sv. Mihovil, 3. Septemberwoche.

Trogir Sommerevents von Trogir, Juni bis Anfang Sept.; großes Musikprogramm und Segelregatten.

Split Nautikmesse – Croatia Boat Show, 1. Aprilwoche. **Splitter Sommer**, jedes Jahr von Mitte Juli bis Mitte Aug. mit großem Kulturprogramm, u. a. Theateraufführungen, Ballett, zum Teil im Peristyl. Fest zu Ehren **Sv. Duje**, 7. Mai. **Blumenfest**, 3.–7. Mai, mit Blumenkorso. **Internationale Segelwoche**, 1. Oktoberwoche. **Internationales Filmfestival**, letzte Septemberwoche, Kurzfilme.

Omiš Marathon-Schwimmen, letzter Sa im Juli. **Cro Challenge**, Extremsportveranstaltung, erstes Aprilwochenende, www.stampedoadventure.hr.

Insel Korčula Volkstanz Moreška, von Ostern bis Ende Okt. 1- bis 2-mal wöchentl. **Sommerkarneval**, 30. Juni, großer Umzug am Abend etc. „Assisisches Vergeben", 2. Aug., Prozession auf dem Meer zur Insel Badija. **Segelregatta** am 1. Wochenende im Aug. **Marko-Polo-Fest**, jährlich letzte Woche im Mai; zur Erinnerung an Marco Polo und die große Seeschlacht um Korčula findet vor der Altstadt ein großes Schiffs-Spektakel statt.

Dubrovnik Dubrovniker Sommerfestspiele im Juli/Aug.; tägl. mehrere Veranstaltungen, wie klassische Konzerte, Theater, Folklore mit sehr guten nationalen und internationalen Interpreten. Infos unter www.dubrovnik-festival.hr. **Julian Rachlin & Friends**, Festival of Chamber Music, 10 Tage im Sept., www.agevent.hr oder www.rachlinandfriends.com. **Internationales Filmfestival** (DIFF), Ende Mai, u. a. Dokumentar- und Kurzfilme. **Mittelalterliches Fest**, Ende Juni, allabendlich mit mittelalterlichen Kostü-

Veranstaltungen werden in den Touristenorten fast ganzjährig geboten

Informationen 77

men, Tanz und Gesang am Stradun. **Musikfestival** (Mittelalter bis Klassik), Anfang Juni, mit europäischen Musikern. **Segelregatta**, 1. Wochenende im Aug.

Zudem gibt es Menge Sonderveranstaltungen. In den Touristeninformationen und Agenturen gibt es kostenlose Veranstaltungskalender.

Cavtat Karneval, 2-mal jährlich, Febr. und letztes Juliwochenende.

Ephidaurus-Festival, Ende Aug. bis Ende Sept. mit klassischer Musik, Ausstellungen und Klappa-Auftritten.

Sonstiges In allen Städten auf den Inseln und an der Küste gibt es im Juli und Aug. **Sonderveranstaltungen** (Theater- u. Musikaufführungen). In Touristeninformationen erkundigen oder unter www.kroatien.hr/events.

Geld

Währung: 1 Kuna = 100 Lipa. 1 KN = 0,135 €; 1 € = ca. 7,3 KN (Stand April. 2012). Ein-/Ausfuhr von Kunas (→ „Zoll").

Bargeld/Geldwechsel: Bargeld sollte man auf jeden Fall zumindest teilweise mitnehmen (*Achtung*: ab 10.000 € am Zoll deklarieren); der Bargeldumtausch ist in Kroatien günstiger als z. B. in Deutschland. Geldwechsel ist in Banken, Wechselstuben, Post und an Rezeptionen von Hotels und Campingplätzen möglich; zudem gibt es zahlreiche Bankomaten.

Bankkarte: In jedem Ort gibt es an Banken Geldautomaten (Bankomat), die per EC-Karte (mit Geheimzahl) bedient werden können. In Kroatien die einfachste und bequemste Art, sich Bargeld zu besorgen! Höchstbetrag pro Abhebung sind ca. 150 €. Die Gebühr beträgt mit EC-Karte ca. 4,50 € (je nach Bank), mit Kreditkarte ca. 10 € (z. B. bei Mastercard!). Eine gute Alternative ist hier die Postbank-Sparcard 3000, pro Jahr hat man 10 Auslandsabhebungen an Visa-Plus-Automaten gratis. *Achtung:* Die neuen V-Pay-Karten (www.vpay.com) von Banken und Post funktionierten 2011 teilweise in Kroatien nicht (unbedingt Infos einholen).

Kreditkarte: Alle gängigen Kreditkarten werden u. a. von Hotels, Autovermietungen, Restaurants, Tankstellen und größeren Geschäften akzeptiert. Geldabhebungen (s. o.) nicht sinnvoll!

Reiseschecks können an Banken gegen Gebühr eingelöst werden, Wartezeiten dafür sind einzukalkulieren. Vorteil: bei Scheckverlust gibt es gegen Vorlage der Kaufbescheinigung Ersatz.

Banken sind in der Regel Mo–Fr 7–19, Sa 7–13 Uhr geöffnet; in kleineren Orten ist manchmal mittags geschlossen. Banken gibt es in Kroatiens Städten und Touristenorten an fast jeder Ecke, **Bankomaten** auch in kleinen Orten.

> **Zentrale Kartensperre** – ✆ +49/116-116: Sperrnummer für Karten (u. a. Bank- u. Kreditkarten, Mobiltelefon), die bei Verlust oder Missbrauch die Sperrung umfasst. Der Verein Sperr e. V. leitet die Anrufe an die zuständigen Firmen weiter (im Ausland kostenpflichtig). Natürlich muss man seine Geheimzahl bzw. PIN-Nummer wissen!

Informationen

Kostenloses Informationsmaterial und Auskünfte über Kroatien erhält man in Reisebüros oder bei den unten stehenden Tourismusverbänden. Es gibt Karten, Hotel- und Campingverzeichnisse, Informationen über Nautik etc. Auch das Angebot an

Wissenswertes von A bis Z

Internet-Seiten über Kroatien ist sehr groß. Fast jede Stadt präsentiert sich informativ und mit nützlichen Adressen.

Tourismusverbände in Kroatien Kroatische Zentrale für Tourismus, 10000 Zagreb, Iblerov trg 10/IV, ✆ +385/1/4699-333, www.kroatien.hr.

Für Region Kvarner: Tourismusverband, 51410 Opatija, Nikole Tesle 2, ✆ +385/51/272-988, www.kvarner.hr.

Für Region Zadar: Tourismusverband, 23000 Zadar, Sv. Leopolda Bogdana Mandica 1, ✆ +385/23/315-107, www.zadar.hr.

In Deutschland Kroatische Zentrale für Tourismus, Hochstr. 43, 60313 Frankfurt, ✆ 069/2385-350, www.kroatien.hr.

Rumfordstr. 7, 80469 München, ✆ 089/223-344.

In Österreich Kroatische Zentrale für Tourismus, Am Hof 13, 1010 Wien, ✆ +43/1/5853-884.

In der Schweiz Kroatische Zentrale für Tourismus, Badener Str. 332, 8004 Zürich, ✆ +41/43/3362-030.

Internet

Auch in Kroatien präsentieren sich Firmen, Hotels, Tourismusverbände auf Internetseiten (in den Ortskapiteln angegeben). Gute Hotels verfügen meist über Internetanschlüsse oder WLAN, ebenfalls gut ausgestattete Campingplätze, Marinas und Cafés. Zudem gibt es flächendeckend Cybercafés und Hotspot-Plätze – kein Problem also, Urlaubsimpressionen zu übermitteln. PC- und Telefonshops gibt es ebenfalls flächendeckend.

Karten

Euro-Cart (RV-Verlag): *Dalmatinische Adriaküste*, 1:300 000. Karte für die Grobplanung der Reiseroute.

freytag & berndt, *Autokarte Kroatien, Istrien & Dalmatien*, 1:250 000. Übersichtliche Straßenkarte für unterwegs.

Auto karte Trsat, Hrvatska, 1:500 000. Gute Kroatien-Gesamtkarte für Übersicht und Anreise (mit Slowenien u. Bosnien-Herzegowina) inkl. Stadtplänen der wichtigsten Großstädte. Nur in Kroatien erhältlich (Tankstellen, Buchhandlungen, etc.).

Zudem gibt es vor Ort meist sehr gute Gebiets- und Inselkarten, ebenso Fahrrad- und Wanderkarten, u. a. zum Naturpark Biokovo, N.P. Mljet.

Kleidung

Die Tourismuswerbung verspricht viel Sonne. Doch sollte man die Stürme nicht außer Acht lassen, die je nach Jahreszeit die Küste heimsuchen. Obwohl sich die Adriaküste gerade im Frühjahr und Spätherbst für verfrorene Mitteleuropäer anbietet, sollte man nicht aus Übermut *warme und regenfeste Bekleidung* vergessen. Für die Berge auf jeden Fall funktionale Kleidung einpacken. Unentbehrlich sind v. a. rutschfeste gute Wanderschuhe!

Literatur

Weithmann, Michael W., *2000 Jahre zwischen Orient und Okzident*, Verlag Weithman von Pustet, 2000. Zusammenfassung der Spannungen zwischen Orient und Okzident.

Hösch, Edgar, *Geschichte der Balkanländer*, C. H. Beck Verlag, München 2002. Umfassendes Werk zum Verständnis der Entwicklung auf dem Balkan.

Schönfelder, Ingrid u. Peter, *Was blüht am Mittelmeer?* Mittelmeerpflanzen nach Farbe bestimmen, 320 Seiten, 460 Abbildungen, Kosmos-Verlag.

Marčić, R. und Karlić, B., *Schlemmen an Kroatiens Küste*. Traumziele für Gourmets, Bibliothek More.

Maša Ljuština und Boria Vitas, *Naturpark Telašćica*, Verlag Bius, Zagreb 2002. Endemische Pflanzen und Tiere im Naturpark *Telašćica*, in englischer und kroatischer Sprache. Für Botaniker interessant.

Die tierische Literatenszene von Dubrovnik ist bestens informiert

Ferič, Stanco, *Das Murterinische Inselbrevier*, 1999 publiziert vom Nationalpark Kornati. Sehr gute Beschreibung aller Kornaten-Inseln sowie der Insel Murter.

Ferič, Stanco, *Krka*, 2000 publiziert vom Nationalpark Krka. Ausführliche Beschreibung zum Fluss Krka und zum Nationalpark Kra.

Čujić, Boris, *Paklenica*, Verlag Karolina, 2000, ISBN 953-6571-04-8; ein guter Kletterführer zum Paklenica-Nationalpark.

Nautik-Literatur **Beständig, Karl-Heinz**, *Kroatische Küste, Slowenien, Montenegro – 888 Häfen u. Buchten*, Eigenverlag Beständig, Pressig, Marienstraße 7, 96332 Pressig, ✆ 09265/913240, karl-heinz.bestaendig@t-online.de. Erscheint jährlich aktualisiert u. jetzt in der 24. Auflage auch in Farbe. Standardwerk für jeden Skipper!

Beständig, Karl-Heinz, *1000 GPS Wegepunkte. Kroatien, Slowenien, Montenegro*, Eigenverlag Beständig.

Müller, Bodo, *Kroatische Küste – Die Kornaten*, Edition Maritim, Hamburg 2006. Landgänge zu den besten Restaurants; Liegeplätze, Hafenbeschreibungen und wunderbare Fotos zur Einstimmung.

Minenfelder

Immer wieder werde ich von Lesern auf Landminen hingewiesen, daher nun ein paar Infos. In den bis 1995 umkämpften Gebieten Kroatiens und v. a. an der damaligen Frontlinie besteht in einsamen Gegenden immer noch Gefahr durch Landminen. D. h. im Gebiet Ostslawoniens, zudem im Raum Sisak und Karlovac, östlich von Ogulin, Otocac, Gospic, nordöstlich von Zadar (Gebiet in Richtung Novigradska more), im südlichen Velebit, im Hinterland der Küste zwischen Senj und Split und in der Bergwelt südöstlich von Dubrovnik. Die Minenfelder, die oft dicht am Straßenrand verlegt wurden, sind normalerweise durch Schilder und gelbe Plastikstreifen gekennzeichnet. In diesen Gebieten also die Straßen und Wege nicht verlassen; ebenfalls sollte man leer stehende Gebäude, besonders auch beschossene und Trümmergrundstücke nicht betreten. Nähere Informationen erteilt die Minenräumanstalt *Hrvatski centar za Rasminiranje*, www.hcr.hr (in Englisch). Die Minengebiete wurden auf der Website-Karte eingezeichnet.

Minenfelderhinweis-Schild!

Nachrichten/Medien

Nachrichten/Medien: Wer wissen möchte, was zu Hause oder in aller Welt passiert, geht am besten in den Touristenorten ins nächste *Internetcafé* (→ Reiseteil) oder zum *Kiosk*, der meist auch eine gute Auswahl an deutschsprachigen Zeitungen und Zeitschriften bietet. Ebenso sind in Hotels die *Sat.-TVs* mit einer Auswahl an deutschsprachigen Sendern gängig, die ebenfalls Nachrichten ausstrahlen.

Nachrichten, Wetter, Verkehrslage: Im Sommer jede volle Stunde im 2. Programm des Kroatischen Rundfunks sowie aus den Studios des Bayerischen Rundfunks, Ö 3, RAI Uno sowie Virgin Radio (englisch).

Wetter: Die meist zuverlässigen Wetterprognosen liegen in den Hotels, an Campingplätzen, Tourismusinformationen und v. a. in den Marinas aus.

Im Internet ist der Adria-Seewetterbericht in deutscher Sprache unter www.meteo.hr ersichtlich, zudem auf das WAP-Mobiltelefon ladbar: www.meteo.hr/mobil/jadran_n.wml.

Nur über UKW-Seefunkgeräte zu empfangen:

Radio Rijeka, UKW-Kanal 04, 20, 24 u. 81.

Radio Split, UKW-Kanal 07, 21, 23, 28 u. 81.

Radio Dubrovnik, UKW-Kanal 07, 04 u. 85.

Sendezeiten des kroatischen Wetterberichtes um: 7.45, 14.45, 21.45 Uhr.

Öffnungszeiten

Es gibt keine gesetzlich geregelten Öffnungszeiten. In der Saison sind Post, Bank, Touristeninformationen und Geschäfte meist durchgehend von 7 bis 21 oder 22 Uhr geöffnet. In der Nebensaison reduzierte Öffnungszeiten. Auch an Sonntagen haben viele Geschäfte zumindest bis Mittag geöffnet. Nähere Infos dazu in den entsprechenden Rubriken in den Ortskapiteln.

Organisierte Aktivreisen

Bootstourismus: Sehr beliebt sind 1- oder 2-wöchige Segeltörns mit nachgebauten, alten Motorseglern. Sie verkehren in der Kvarner-Bucht und in Dalmatien. Eine tolle Sache für all diejenigen, deren Geldbeutel nicht prall gefüllt sind, die aber trotzdem Seeluft schnuppern wollen. Die Schiffe schippern entlang der Küste, halten zum Baden an schönen abgelegenen Buchten und ankern direkt in den Häfen der Küstengroßstädte. Ein großes Angebot haben *Riva Tours* (www.idriva.de).

Inselhopping & Fahrradtouren: der Motorsegler, Fahrradtransport inklusive. Auch hier verfügt *Riva Tours* (www.idriva.de) über ein breites Angebot. Weitere ausgefeilte Angebote, entlang der Küste, aber auch zu den Nationalparks, sowie gute individuelle Reisebegleiter hat die Agentur *Zeit-Reisen* (Konstanz, ☎ 0753/8199-390, www.inselhuepfen.de).

Radtouren: Eine super Sache, gerade auf den Inseln. Hinzu kommt, dass das Gepäck transportiert wird, man/frau tagsüber nur Kleingepäck wie Badesachen am Rücken halftern muss. Agenturen sind *Zeit-Reisen* (s. o.), *Wikinger*, *Rückenwind*, *Radissimo*, *Natours*, *Pedalo*, *DRF Rad & Aktiv*, sowie auch *Dertour*.

Meer-Kajaktouren: Diese Touren werden ebenfalls immer beliebter. Gepäck etc. wird transportiert, der Gast paddelt um Küsten und zu Inseln, z. B. um die Insel Rab (→ Banjol) und Cres (→ Cres), um die Insel Brač (→ Bol), die Elaphiten (→ Dubrovnik). Infos: www.adventuredalmatia.com oder www.seakayak.hr.

Herrliche Segeltörns kann man unternehmen, u. a. zu den Kornaten ...

Papiere

Für die Einreise nach Kroatien und einen Aufenthalt von bis zu drei Monaten benötigen Deutsche, Österreicher und Schweizer einen gültigen *Reisepass* oder einen *Personalausweis* Ab dem 26. Juni 2012 müssen auch Kinder über einen eigenen *Kinderreisepass* verfügen, d. h. der bisherige Eintrag in den Reisepässen der Eltern wird ungültig, lediglich ein noch gültiger Kinderausweis wird akzeptiert (diese neue Regelung gilt auch für die EU-Länder); ein Photo ist im Kinderreisedokument nicht Vorschrift (erst ab 12 Jahren obligatorisch), lt. Deutscher Botschaft allerdings zu empfehlen. Für einen Aufenthalt von mehr als drei Monaten ist ein *Visum* erforderlich.

Auto- bzw Motorradfahrer benötigen *Führerschein* und *Fahrzeugschein*, bei einer Fahrzeuganmietung evtl. auch den internationalen Führerschein.

Für Haustiere ist der *EU-Heimtierausweis* mit den vorgeschriebenen Impfungen (u. a. Primär-Tollwutimpfung) obligatorisch. Die Tiere müssen über einen implantierten Chip verfügen.

Post

Die kroatischen Postämter *(pošta)* sind mit einem blau-gelben Schild und der Aufschrift „HPT" gekennzeichnet. Hier kann man auch telefonieren, telegrafieren, faxen, Geld wechseln und erhält Telefonkarten *(telefonska karta)*.

> **Achtung**: Wer auf ein Päckchen aus Deutschland wartet, sollte sich danach auch am Zoll, *Carina* (meist im oder neben dem Postgebäude), erkundigen – hier werden die meisten ausländischen Pakete bis zur Abholung aufbewahrt.

Briefe (7,20 KN) und Postkarten (3,50 KN) benötigen ca. 2 bis 3 Tage nach Deutschland. Briefmarken gibt es außer am Postschalter auch an jedem Kiosk. Einschreiben oder Päckchen werden am Schalter abgegeben. Pakete für den Auslandsverkehr sind bis 10 kg zugelassen – internationale Paketkarte und Zollerklärung (dreifach) sind am Schalter erhältlich. Geöffnet meist Mo–Fr 7–19, Sa bis 14 Uhr. In kleinen Orten immer nur bis 14 Uhr.

Rauchen

Auch in Kroatien gilt das **Rauchverbot**; u. a. in allen öffentlichen Gebäuden, Restaurants und Diskotheken, außer es gibt Nebenräume.

Souvenirs

Lohnende Mitbringsel aus Kroatien sind die hochwertigen, kalt gepressten Olivenöle, Honig, Liköre (u. a. aus Feigen, Maraska-Kirsche, Aprikosen), regionale Rot- und Weißweine und Grappas oder die leckeren Käsesorten, ob aus der Lika oder von der Insel Pag, nicht zu vergessen natürlich der luftgetrocknete Schinken, *Pršut* (s. u. „Zoll"). Hübsch sind auch Feigen- und Knoblauchkränze oder Süßes wie die *Rabska torta* oder *Muštaćoni* (s. Insel Rab) oder die dalmatinischen *Arancini*, gezuckerte Orangenschalen (zuerst gekocht, dann getrocknet und gezuckert) oder die mit Grappa getränkten Feigen; fast Pralinen sind *Kuglice ob smokava* (aus Feigen, Walnüssen, Mandeln und Grappa). Auch ätherische Öle aus Rosmarin oder Lavendel werden überall angeboten. In Städten kann man sich mit Krawatten eindecken, die von Kroatien ihren Weg in die Geschäftswelt und feine Gesellschaft fanden. Um 1630 hatten bereits Kroatiens Soldaten eine Art Schlips um den Hals, die Franzosen fanden Gefallen und diesem Halstextil „à la Croate" und nannten es „Cravate". Die Krawattenläden *Croata* bieten ein Sortiment mit über 2000 verschiedenen Modellen, natürlich alle von Hand gemacht und aus Seide.

Telefon/Notrufe

Auslandsgespräche vermitteln die Postämter oder (mit Aufschlag) alle größeren Hotels, Touristeninformationen und Campingplätze. *Telefonkarten* (telefonska karta) sind mit verschieden hohen Guthaben an Zeitungskiosken, in Postämtern und Hotels erhältlich. Zudem gibt es eine Vielzahl von Mobiltelefonläden für Telefonkarten, SIM-Karten etc. Das Telefonnetz ist gut ausgebaut. Gespräche nach Deutschland kosten pro Min. ca. 0,95 €, in die Schweiz ca. 1 €, nach Österreich und Italien ca. 0,50 €.

Wichtige Telefonnummern

Polizei	192	Auskunft Ortsgespräch	11880
Feuerwehr	193	Auskunft Ferngespräch	(+385/1) 11888
Erste Hilfe	194	Verkehrsservice	(+385) 060/520520
Rettungsdienst	112	Kroat. Engel (Touristeninfos)	(+385) 062/999-999
Suche/Rettung auf Meer	9155	ADAC-Notruf (in Kroatien)	(+385/1) 3440-666
Tauchernotruf	9155		
Pannenhilfe	(+385/1) 1987		
Auskunft allgemein	(+385/1) 18981		

(Alle Nummern ohne Vorwahl gelten für die Wahl aus deutschen Fest- und Mobilfunknetzen.)

Innerhalb Kroatiens kostet in der Zone I die Min. 0,19 KN; derselbe Preis gilt in Zone II für 0,36 Gesprächsminuten. Auch das Mobilfunknetz ist bestens ausgebaut. Verbilligte Tarife gelten wochentags ab 21 Uhr sowie an Sonn- und Feiertagen.

Hinweis: Telefonnummern und Internetadressen unterliegen in Kroatien ständigen Änderungen – für die im Reiseteil angegebenen Nummern können wir deshalb nicht garantieren!

Vorwahlnummern

Von Kroatien nach:			
Deutschland	+49	Schweiz	+41
Österreich	+43	**Nach Kroatien:**	+385

Trinkgeld

Ein Bedienungszuschlag ist im Preis oft nicht inbegriffen. Es bleibt dem Gast überlassen, ob er einen guten Service anerkennen möchte; üblich sind 10 % der Restaurantrechnung.

Trinkwasser

Das Trinkwasser ist im ganzen Land einwandfrei und trinkbar. Dennoch bevorzuge ich immer Wasser aus Flaschen.

Zoll

In Kroatien gelten die Zollbestimmungen der EU-Länder. Aufgrund des baldigen EU-Beitritts sowie der EU-Außengrenze ist mit aktuell verschärften Grenzkontrollen zu rechnen!

Ein-/Ausfuhr: Alle wertvollen Gegenstände (u. a. Laptop, Foto-, Tauchausrüstung), die den Rahmen eines normalen Reisegepäcks übersteigen, sollten an der Grenze mündlich deklariert werden. Ebenfalls am Zoll zu deklarieren ist ein Bargeldbetrag von über 10.000 € (lt. EU-Bankengesetz, dies gilt bereits in Österreich!). Betriebsgenehmigungen für Funksprechgeräte sind im Voraus beim kroatischen Konsulat oder bei der Botschaft zu beantragen. Die Ein-/Ausfuhr der Landeswährung Kuna ist auf 15.000 KN pro Pers. beschränkt.

Die Einfuhr von Lebensmitteln (u. a. auch Käse und Pršut) nach Deutschland sind im privaten Reiseverkehr erlaubt, beträgt aber eine Höchstmenge von 10 kg bzw. einem Wert von 300 € (im Flugverkehr 430 €). Lebensmittelversendungen auf dem Postweg sind verboten!

Mehrwertsteuer-Rückerstattung mit PDV-Formular

Beim Einkauf (mit Ausnahme von Treibstoff) ab einem Mindestbetrag von 500 KN (ca. 67 €) haben Sie ein Recht auf Rückerstattung der 25-prozentigen kroatischen Mehrwertsteuer. Beim Kauf das PDV-P-Formular (Poreski ček) verlangen, das vom Verkäufer ausgefüllt und quittiert werden muss. Bei der Ausreise erfolgt am Zoll nach Beglaubigung die Auszahlung. Info: Zollverwaltung der Republik Kroatien, ✆ 01/6102-333, www.carina.hr.

Insel Rab – Blick vom Berg Kamenjak auf das mittelalterliche Rab

Region Kvarner

Insel Cres	→ S. 92	Crikvenica	→ S. 163
Insel Lošinj	→ S. 112	Insel Krk	→ S. 168
Ausflugsinseln um Lošinj	→ S. 132	Insel Rab	→ S. 199
Opatija	→ S. 139	Senj	→ S. 218
Rijeka	→ S. 150		

Insel Cres – Blick auf Predośćica und die Insel Plavnik

Kvarner-Inseln und Küstenstädte

Die Inselgruppe liegt in einer riesigen Meereseinbuchtung, der „Kvarner-Bucht", begrenzt durch die Halbinsel Istrien im Nordwesten und das Kroatische Küstenland im Osten.

Die Hauptinseln sind Cres, Lošinj, Krk, Rab und Pag, und obwohl sie touristisch gut erschlossen sind, findet man noch viele ruhige Plätzchen zum Entspannen. Sie sind ein Paradies für Nudisten, für die immer mehr Strände und Campingplätze, ja sogar Hotels, geschaffen werden. Für Bootsbesitzer gibt es gut ausgebaute Marinas und viele kleine Inselchen für ihre Touren.

Der Name *„Kvarner"* bezieht sich eigentlich nur auf das Meeresstück zwischen der Istrischen Küste und den Inseln Cres und Lošinj, jedoch wird der ganze Golf zwischen Velebit und Istrien danach benannt.

Die eigenwillige Namensgebung „Kvarner-Inseln" ist nicht ganz geklärt. Wahrscheinlich aber leitet sich der Name „Quarner" vom lateinischen *„mare quaternarium"* ab (= *„vierteiliges Meer"*).

Blickt man auf eine Karte, sieht man, dass die Inselgruppe in zwei Reihen gegliedert ist: Parallel zur Vinodol- und Velebit-Küste verlaufen die Inseln Krk, Rab und Pag und säumen den Vinodol- und Velebit-Kanal; die Inseln Cres und Lošinj, südwestlich angereiht, trennen den Kvarner vom Kvarnerić und begrenzen den Golf von Rijeka. Da die Inseln Cres und Lošinj einst durch einen Kanal voneinander getrennt wurden, kämen wir damit auf *vier Hauptinseln*.

Region Kvarner

Aus der Ferne wirken die Kvarner-Inseln wie Mondlandschaften: bleicher Karst im Adriablau. In Wirklichkeit jedoch sind sie von würzig riechender Macchia bewachsen und teilweise auch mit Wald und Feldern bedeckt. Obwohl in der Kvarner-Bucht die viel besuchten Inselriesen liegen, beschränkt sich der Tourismus auf wenige Orte, sodass die Landschaft weitgehend unberührt geblieben ist.

Mit einer Fläche von 410 km^2 und 16.500 Bewohnern ist die *Insel Krk* die größte der Kvarner-Inseln sowie gleichzeitig die größte des Adriatischen Meeres. Eine Brücke im Norden verbindet sie mit dem Festland. Hier befindet sich der Flughafen von Rijeka. Touristisch ist sie mit einem reich verzweigten Straßennetz, Hotels, vielen Campingplätzen, großem Sportangebot und Jachthäfen gut erschlossen. All diese Annehmlichkeiten ziehen natürlich in der Hauptsaison große Besucherschwärme an. Zentren des Getümmels sind Krk, Punat, Baška, Njivice und Malinska.

Die würzig duftende, steinige *Insel Cres* erstreckt sich als zweitgrößte Insel der Kvarner-Gruppe und des Adriatischen Meeres über 407 km^2. Nur 3300 Menschen leben auf dieser eher provinziellen Insel mit den Zentren Cres, Osor, Martinšćica und Punta Križa. Eine gut ausgebaute Straße verbindet die kleinen Orte und die schön gelegenen Campingplätze. Hotels gibt es wenige, dafür viele Pensionen und Appartements.

Die bleiche, karstige Schönheit *Pag* ist mit 285 km^2 und 7500 Bewohnern flächenmäßig die drittgrößte der Kvarner- und die fünftgrößte der Adriainseln. Wegen ihrer Nähe zu Zadar wird sie schon zu den Dalmatinischen Inseln gezählt, da ihre Nordwestspitze administrativ zu Lika-Senj gehört, lassen wir sie im Kvarner Verbund. Die stark zergliederte Insel bietet unendliche Badebuchten, gut gelegene Campingplätze, Hotels und Pensionen, und es wird fleißig gebaut, um den touristischen Ansprüchen noch mehr zu genügen. Aber es gibt noch genug stille Winkel, wo man genüsslich Pager Schafskäse oder gedörrte Feigen verspeisen kann. Zentren sind die Orte Pag und Novalja.

88 Die Kvarner-Inseln

120 Jahre Tourismus feiert 2009 die grüne, dicht besiedelte *Insel Rab*. 8500 Menschen leben hier auf nur 94 km². Gut ausgestattete Hotels, Pensionen aller Kategorien, Campingplätze, Jachthäfen, ein großes kulturelles Angebot und das Museumsstädtchen Rab sind Grund genug, um die Insel in der Hochsaison aus ihren Fugen geraten zu lassen. Das Klima ist sehr mild, und so kann man hier auch noch gut in der Nachsaison oder im Winter Urlaub machen; etliche Pensionen und Hotels sind ganzjährig geöffnet.

Die üppig bewachsene *Insel Lošinj* hat 8000 Bewohner auf einer Fläche von 75 km². Mildes Klima ließ schon Anfang dieses Jahrhunderts die Insel zu einem Kurort werden. So fand man seinen „Schatten" vielleicht in einer der prachtvollen Villen, die an den einstigen Reichtum in der Blütezeit der Segelschifffahrt erinnern. Hotels, Pensionen und Campingplätze gibt es überall. Bootsbesitzer finden hier eine gute Ausgangsposition für eine Fahrt zu den vorgelagerten Inseln.

Die kleinen *autofreien* Kvarner-Inseln laden mit Pensionen und Restaurants zum Verweilen ein:

Unije mit 17 km² Fläche bietet sich für Wanderungen zu entlegenen Badebuchten an. Das 3,8 km² große *Susak* lockt mit seinem Sandstrand und kräftigem Inselwein zahlreiche Tagesausflügler. Lebhaft ist es ebenso auf der 5,8 km² großen Blumeninsel *Ilovik* mit ihren Stränden, die gerne von Bootsbesitzern angelaufen wird.
Weiter südlich folgen die bereits zu Dalmatien gehörenden fast autofreien Inseln wie *Olib, Silba, Premuda, Ist, Molat* und *Iž*.

An der Festlandsküste lohnt auf jeden Fall einen Besuch *Opatija*, an der gleichnamigen Riviera, mit prachtvollen Villen und üppiger Vegetation. Die Großstadt und Handelsmetropole *Rijeka* zeigt meisterhaft renovierte Fassaden

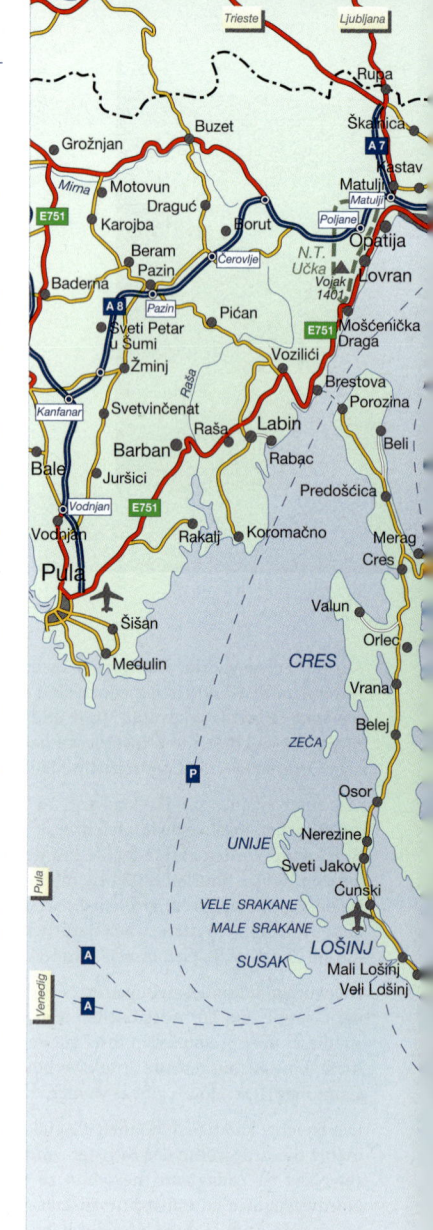

Kvarner-Bucht
10 km
SLOWENIEN
Ljubljana
Novo Mesto
Zagreb
Štalcerji
Gradac
Črnomelj
Goljak
Mali Lug
Jelenec 1124
Gorski Kotar
Banjaloka
Kolpa
Karlovac
Rečica
Risnjak N.P.
Risnjak 1528
Brod na Kupi
Vinica
Netretić
Novigrad
Delnice
Skrad
Diračje
Kikovica
Gornje Jelenje
Lokve
E65
Bosiljevo II
Bosiljevo I
Turanj
Duga Resa
Rijeka
Ostrovica
Vrata
Ravna Gora
A 6
Vrbovsko
A 1
Mrežnica
Korana
Fužine
Mrkopalj
Generalski Stol
Sisak
E61
Bakar
Kraljevica
Križišće
Krnjak
Voz
Vinodol
Omišalj
Banska vrata 1083
Jasenak
Ogulin
Tounj
Veljun
Njivice
Crikvenica
Selce
Josipdol
Šilo
Novi Vinodolski
Malinska
Drežnica
E71
Vrbnik
Vrh Kapele 887
32
Valbiska
Krk
KRK
Plaški
Slunj
Punat
Jezerane
PLAVNIK
Brinje
Baška
Senj
Vratnik-pass
Stara Baška
23
Žuta Lokva
PRVIĆ
Sveti Juraj
50
Rakovica
Saborsko
Drežnik Grad
SVETI GRGUR
Oltare
Plitvička N.P.
Bot. Garten Velebit
Krasno Polje
Poljanak
Plitvica
BOSN.-HERZEG.
Lopar
GOLI
Otočac
Supetarska Draga
San Marino
Klada
N.P. Nord-Velebit
Zalužnica
Vaganac
Plitvička Jezera
Rab
V. Zavizan 1676
M. Rajinac 1699
Vrhovine
52
Babin Potok
Ljeskovac
Prijeboj
RAB
Barbat
Gromovača
Covići
Klanac
Lun
Mišnjak
Jablanac
Veliki Alan 1406
Vučjak 1218
Vrelo Koreniča
Studenci
Šatorina 1624
Bjelopolje
Perušić
Žigljen
Prizna
Ličko
Ljubovo
Novalja
Cesarica
Gospić
Siroka Kula
Pećane
PAG
Baške Oštarije
ŠKRADA
Kolan
Karlobag
Oštarijska Vrata 928
25
Bilaj
Lički Novi
Jošan
Šimuni
Brušane
Udbina
MAUN
Pag
Lukovo Šugarje
Polje
Ondić
SILBA
OLIB
Visočica 1619
Medak
Gornja Ploča
Gorica
Barić Draga
Kukljić
PREMUDA
Povljana
Tribanj
Raduč
IST
Dinjiška
Vaganski Vrh 1758
Paklenica N.P.
Sveti Rok
ŠKARDA
VIR
Vir
Starigrad-Paklenica
M. Alan 1045
Ričice
MOLAT
Ražanac
Sv. Rok Tunnel
Štikada
TRAMERKA
Seline
Maslenica
Knin
Nin
Rovanjska
ZVERNJAC
SESTRUNJ
Petrčane
RIVANJ
Poličnik
Zadar 1
UGLJAN
Zadar
Ancona
DUGI OTOK

und sehenswerte Museen. Sie ist Ausgangspunkt für die Reise per Schiff oder Auto nach Süden. Zu Füßen des Velebit liegt die mittelalterliche Stadt *Senj* mit der Burg Nehaj, die zu einem Stopp einlädt.

Zusammenfassend für Gourmetfreunde kann man sagen – in der Kvarner-Region gibt es die besten Šcampi von ganz Kroatien, den berühmten Pager Käse und Pršut, sehr gute Feigen und leckeren Wein von der Insel Krk – guten Appetit!

Klima, Flora und Fauna

Klima: Die Kvarner-Inseln haben ein mediterranes Klima. Der Sommer ist sonnig und meist trocken und der Winter mild und regnerisch.

Die scheue Smaragdeidechse

Die wichtigsten Winde an der Adria sind: Die *Bora,* die im Winter mit ihren eiskalten Böen vom dinarischen Gebirge herabfegt und bis zu 180 Stundenkilometer erreicht. Der warme, regnerische *Jugo,* ein Südwind, trübt den Himmel und beunruhigt das Meer. Ein kühles Sommerlüftchen und beständiges Wetter bringt der *Maestral,* bläst die Segelboote über das Meer und weht vom Vormittag bis zum Spätnachmittag.

Flora: Von den einstigen riesigen Flaumeichenwäldern sind nur noch kleine Waldflecken übrig geblieben. Den größten Waldbestand bildet heute die wieder aufgeforstete Aleppokiefer oder Seestrandföhre. *Macchia* ist die am meisten verbreitete Vegetationsform der Inseln: ein immergrünes, kratziges, undurchdringliches Gebüsch aus stechendem Goldginster, Wacholder, Steinlinde, Myrte, lorbeerähnlichem Schneeball, Baumerika, Schlingpflanzen, Klettergewächsen und Zistrosen, gesäumt von Olivenbäumen und Steineichen. Büschelweise wachsen zwischen Weiden und Gestein Sträucher und Halbsträucher, *Garigue* genannt: die wirtelige Erika, der Rosmarinstrauch, Salbei, Thymian und viele andere Kräuter. Auch wo nur noch Fels ist, wachsen oft noch Pflanzen, *Felstrift* genannt, wie z. B. die Immortelle.

Fauna: Unter den Tieren, die auf den Inseln leben, fallen zuallererst die vielen *Eidechsen* ins Auge. Sie haben sich je nach Insel unterschiedlich und isoliert voneinander entwickelt. Die prächtigste unter ihnen ist die bis zu einem halben Meter lange Smaragd-Eidechse mit ihrem leuchtenden Grün. Der *Mauergecko,* eine kleine Echse, läuft die Wände hoch und ist harmlos, obwohl er Tarantula heißt. Die Scheltopusik sieht wie eine Schlange aus, ist aber auch eine Echse. Viele *Schlangen* werden vom Volk als giftig bezeichnet, obwohl sie es nicht sind: Eidechsennatter, Katzennatter, Zornnatter usw. Auf der Inselgruppe Cres-Lošinj gibt es keine Giftschlangen. Anders u. a. auf der Insel Krk, hier sollte man auf die Hornotter (vipera ammodytes) achten (siehe dazu „Allgemein/Fauna"). Die *Fische* sind ein beliebtes Nahrungsmittel der Inselbewohner: Seebarsch, Steinbutt, Seezunge, Makrele, Thunfisch, Aal, Sardelle, Tintenfisch, Languste, Austern und Muscheln. Der Blau- und Menschenhai verspeist seinerseits bisweilen noch, wie schon sein Name sagt – Menschen! Eine Freude, vor allem für Kinder, die sofort an Flipper denken, sind *Delfine,* die manchmal neben den Fährschiffen und um die Inseln Cres und Lošinj schwimmen. Wer möchte, kann das Delfinprojekt „Blue World" aktiv oder passiv

Hoch oben thront Brseč vor der Kulisse Rijekas

unterstützen (→ Insel Lošinj/Veli Lošinj)! Früher konnte man viele Schildkröten sehen – die meisten hat man jedoch den Touristen verkauft. Viele Vögel gibt es auf den Inseln. Eine Besonderheit auf der Insel Cres sind die *Weißkopfgeier.* Seit 1993 forscht ein Team des Eco-Zentrums Beli (℡ 051/840-525) mit ca. 120 Tieren. Eine weitere Rarität auf der Insel Cres sind die *Meeresschildkröten,* die sich bei Merag aufhalten. Augenfällig ist die Vielzahl von bunten Schmetterlingen und Käfern in leuchtenden Farben, die manchmal, einem Propeller gleich, beängstigend durch die Luft schwirren – aber sie sind harmlos und tollpatschig. In der Macchia tummeln sich Hasen, Rehe, Rebhühner und Wildschweine.

Geschichte

Die Kvarner-Küste war schon in der jüngeren Steinzeit besiedelt, die *Bernsteinstraße,* die an der Ostsee begann und in Griechenland endete, lief hier entlang. (Bernstein war begehrt als Schmuck, und dem Stein wurden auch Zauberkräfte zugeschrieben). Ohne die Häfen und Inseln dieses Küstenstrichs war kein Handel möglich. So hatten die dort ansässigen Illyrier niemals Ruhe. Weil sie manchmal auch seeräuberten, war dies ein guter Vorwand für die Römer, sie zu unterwerfen. Als bei uns die Schlacht im Teutoburger Wald geschlagen wurde, war das Land im Besitz der Römer. Nach der Teilung des Römischen Reichs fielen Istrien und die Kvarner-Inseln an Byzanz. Im Hinterland entstand Kroatien. Unter Karl dem Großen herrschten die Franken über Kroatien bis zum Ende des 9. Jh. Man begann in den Kirchen die *glagolitische Schrift* (→ Krk „Glagoliza") einzuführen. Auch als die Venezianer auftauchten, erstarb die glagolitische Tradition nicht, obwohl die Kvarner-Inseln bis zum Untergang der Republik Venedig als Venezianisches Dalmatien von der Küste abgetrennt waren. Zwischen 1805 und 1814 hatte Napoleon einen kurzen, aber wirkungsvollen Auftritt, und unter den Österreichern wurden 1822 die Inseln Krk, Cres und Lošinj an Istrien angegliedert, Rab und Pag blieben bei Dalmatien. Nach dem Ersten Weltkrieg gingen Istrien, Rijeka und Cres-Lošinj an Italien über; Krk, Rab und Pag wurden Kroatien zugesprochen, erst nach dem Zweiten Weltkrieg auch Istrien, Rijeka und Cres und Lošinj. Heute wird Pag mehr zu Dalmatien gerechnet, wegen der Nähe zu Zadar.

Blick auf Valun und die gleichnamige große Meeresbucht

Insel Cres

Eine zerklüftete Hügelkette, kahl, karg, durch Steinmäuerchen unterteilt und kaum besiedelt – so erscheint die Insel von weitem. Für viele ist Cres häufig nur Transitstrecke zur Touristeninsel Lošinj. Mit 3300 Bewohnern und 406 km^2 Fläche ist sie nach Krk die zweitgrößte der kroatischen Inseln.

Das 66 km lange, bis zu 12 km breite Cres liegt im nordwestlichen Teil der Kvarner-Bucht. Während die anderen Inseln des Kroatischen Küstenlands parallel zum Festland liegen und mit ihrer Bergseite die Bora abhalten, verläuft Cres in Nord-Süd-Richtung und lässt den Sturm ungehindert vom Küstengebirge hinuntertoben.

Wichtiges auf einen Blick

Telefonvorwahl: 051

Fährverbindungen: *Trajekt Brestova–Porozina* (Cres): In der HS 14-mal 0.30–22.30 Uhr; in der NS 11-mal 6.45–21 Uhr; Fahrzeit 25 Min., Pkw 15,35 €, 2,40 €/Pers.

Trajekt Merag–Valbiska (Krk): ganzjährig; in der HS bis zu 13-mal 0.30–23 Uhr, in der NS 0.30–22.30 Uhr; im Winter 8- bis 10-mal. Fahrzeit 30 Min. Pkw 15,35 €, 2,40 €/Pers.

Katamaran: *Linie Rijeka–Cres–Martinšćica–Unije–Susak–Ilovik–Mali Lošinj:* Ganzjährig und tägl. von Cres nach Rijeka (Mo 9, Di 7.55, Mi 8, Do u. Sa 8.25, Fr u. So 8.35 Uhr); von Cres nach Martinšćica (nur Mo, Do, Sa um 18.20 Uhr); von Cres nach Unije und Susak (beide Inseln nicht Di, Do); Cres–Ilovik nur Mo, Do, Fr, u. So; von Cres nach Mali Lošinj tägl. Abfahrt 18.20 Uhr. Achtung: ab Anfang Sept. Abfahrt in Rijeka nicht um 17 Uhr, sondern bereits um 14.30 Uhr (So 15 Uhr).

Busverbindungen: Gute Verbindung zu allen Inselorten und zur Insel Lošinj. Mit der Fähre über Brestova nach Rijeka, Ljubljana, Triest und Zagreb.

Tankstellen: Nur im Hauptort Cres, in der ACI-Marina Cres und auf Lošinj.

Geldwechsel/Banken: Bank u. a. in Cres; zudem in jedem größeren Ort Bankomaten.

Post: in jedem größeren Ort.

Brückenverbindung zur Insel Lošinj: Um 9 und um 17 Uhr jeweils für eine halbe Stunde geschlossen.

Kaum ein Baum im Westteil der Insel überlebt diese Gewalten und Macchia macht sich breit. Nur im Osten gedeihen Laubbaumgrüppchen neben mediterranem Gestrüpp – hier begünstigen der Schirokko, der regnerisch-warme Südwind, und der Maestral, der Gutwetterwind mit seinen leichten, kühlen Brisen, die Vegetation.

Verwaltungsmäßig gehört das Gebiet südlich des Vraner Sees, also Ustrine, Osor und Punta Križa, zur Insel Lošinj.

Die Inselstraße, die bis auf wenige Kilometer zur breiten Schnellstraße (Achtung Radar!) ausgebaut wurde, führt von Nord nach Süd über eine Drehbrücke auf die Insel Lošinj. Cres und Lošinj waren früher durch einen 11 m breiten Kanal getrennt – ob von Illyrern oder Römern gebaut, ist ungeklärt. Auf halber Strecke Richtung Lošinj liegt nahe der Straße der 5,7 km² große *Vraner See*, der als Süßwasserspeicher dient. Die Ausflugsagenturen preisen das Fischerdörfchen *Valun* an, das durch die Fernsehserie „Der Sonne entgegen" bekannt wurde, sowie das geschichtsträchtige Musikstädtchen *Osor* und die Badebucht *Punta Križa;* manchmal auch die Städte *Cres* und *Martinšćica*. Eine Besonderheit auf der Insel sind die Gänsegeier, für deren Wohlergehen und Erforschung das Team des *Eco-Zentrums* in Beli sorgt. Giftschlangen sind auf der Insel Cres wie auch auf Lošinj ein Fremdwort: Einer Legende zufolge hat der Osorer Bischof, der hl. Gaudentius, die Inseln gesegnet und sie dadurch von Giftschlangen befreit.

Ansonsten bedecken Karstweiden rund die Hälfte der Inselfläche, Wald nimmt ein Drittel ein, ein Zehntel wird landwirtschaftlich genutzt, vor allem für den Wein- und Olivenanbau. Ende des 19. Jh. begann die Zahl der Inselbewohner zu schrumpfen. Damals fraß die Reblaus den Wein, das Dampfschiff verdrängte die Segler, und die Handelsstraßen verliefen nicht mehr längs der adriatischen Ostküste: Der Überseehandel war in den Brennpunkt des Interesses gerückt.

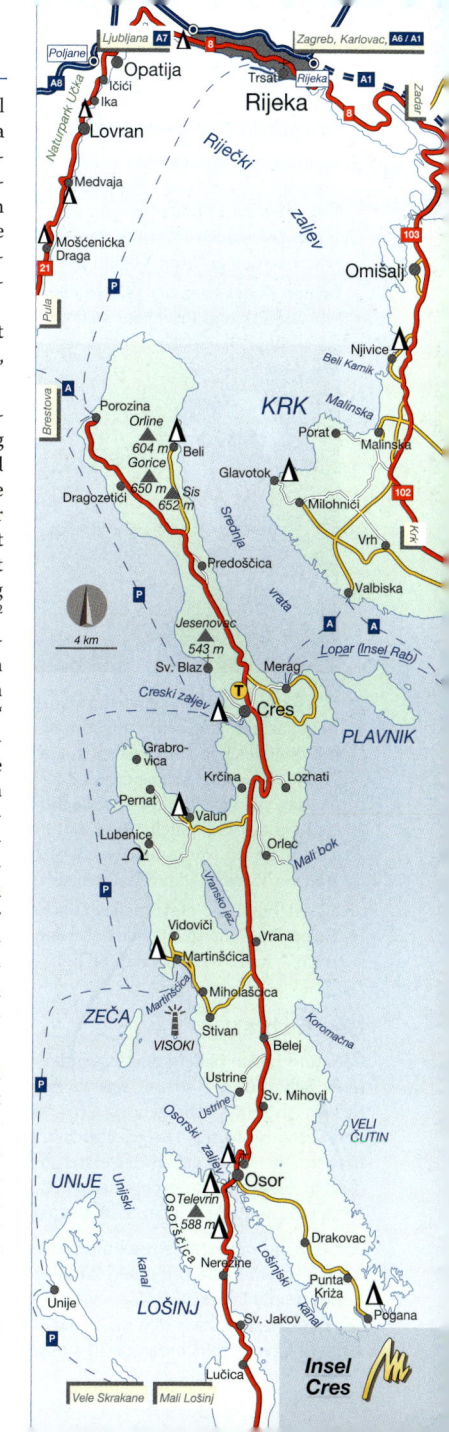

Marathonflieger mit Adlerblick: der Gänsegeier

Er hat eine Spannweite bis 2,80 m, fliegt bis zu 120 km/h schnell und kann täglich Hunderte von Kilometern zurücklegen. Geradeaus erspäht er seine Beute bis zu 12 km weit, von oben sieht er bis zu 6 km tief. Der Gänsegeier *(Gyps fulvus)* wird etwa 60 Jahre alt und zählt mit maximal 15 kg Körpergewicht zu den größten Vögeln der Erde.

Seinen Horst baut der Gänsegeier im nördlichen Bereich der Insel Cres sowie auf Krk und Privić auf steil abfallenden Klippen, teils nur 10 m über dem Meer. Das Weibchen legt pro Jahr, meist im Dezember, nur ein Ei, das geschlüpfte Vögelchen bleibt danach noch vier Monate im sicheren Horst und lässt sich füttern. Erst dann wird ihm in weiteren 1–2 Monaten von den Eltern das Fliegen und die Nahrungssuche beigebracht.

So durchtrainiert fliegen die Teenager-Geier dann gleich ganz allein nach Norden in den Alpenraum und dort anschließend Richtung Süden bis nach Afrika. Wird der Vogel nach etwa fünf Jahren geschlechtsreif, sucht er sich seinen Lebenspartner und kehrt mit ihm in die alte Heimat zurück, manchmal sogar auf den gleichen Felsvorsprung, auf dem er geschlüpft ist, um seinen eigenen Horst zu bauen. Gänsegeier sind streng geschützt und leisten einen wertvollen Beitrag zur Beseitigung von Tierkadavern, wie Schafe, Füchse, Hasen, von denen sie ausschließlich leben. Auf Cres sind es hauptsächlich die Schafe, mit denen sie im Verbund leben. Die toten Tiere beseitigen sie fein säuberlich und verhindern dadurch die Ausbreitung von Infektionskrankheiten.

Es ist herrlich, diese majestätischen Vögel am Himmel kreisen zu sehen. Rund 70 Gänsegeier-Paare werden z. Zt. vom Eco-centar Beli auf Cres betreut – mehr dazu im Kapitel Beli.

Geschichte

Cres und Lošinj bildeten in der Antike eine einzige Insel, die so genannte *Apsirtides-Insel*. Schon in der Vorzeit war sie bewohnt, davon zeugen Überreste der Gradina-Kultur. Ab 1600 v. Chr. gehörte Cres dem illyrischen Stamm der Liburnen, die Krieger und Seefahrer waren. Die griechischen Händler siedelten damals überall an der adriatischen Küste und gaben der ersten bedeutenden Inselstadt den Namen – *Apsorus* (Osor). Als Apsorus durch einen 11 m breiten Kanal geteilt wurde, nannte man den größeren Inselteil nach der Stadt Crepsa, Cres, der kleinere Teil hieß lange Zeit Osor.

Am Anfang unserer Zeitrechnung wurde der Inselraum der *Osors*, wie damals die beiden Inseln hießen, von den Römern besetzt und besiedelt. Als im Laufe der Jahrhunderte die Herrschaft Roms verfiel und die Mongolen das Hinterland eroberten, sah man es gern, dass sich die Kroaten auf der kleineren Insel Osor ansiedelten, da sich auf Cres bereits mehrere Siedlungen und die befestigte Stadt Osor befanden, in der sich die römischen Einwohner in Sicherheit bringen konnten. Die Insel Osor hingegen war mittlerweile nur noch ein Weideplatz der reichen Bauern, von Wald und Gestrüpp bedeckt, weglos, die einstigen römischen Villen überwuchert und verwahrlost. Dieser Zustand brachte ihr den Namen Lošinj (loš = schlecht) ein. Bis ins 11. Jh. unterstanden Cres und Lošinj der Oberherrschaft von Byzanz und damit kirchlich dem Patriarchen von Konstantinopel. Verwaltungsmäßig wurden sie seit dem Jahr 1000 von Venedig kontrolliert. In dieser Zeit errichtete man zu Ehren des Hl. Nikolaus, des Schutzpatrons der Seefahrer, die Kapelle auf dem gleichnamigen Berg bei Veli Lošinj.

Mittlerweile wurden die ersten kroatischen Fürsten zu Königen gekrönt und erkämpften die Unabhängigkeit von Byzanz. Allerdings wuchs Venedigs Einfluss, und die Inseln wie auch das byzantinische Dalmatien gerieten unter die Hoheit der venezianischen Republik. Auf Osor war man in jener Zeit sehr geschickt und kaufte sich von Venedig 1018 mit Marderfellen frei (→ Osor/Geschichte). Unter dem ersten kroatisch-ungarischen König *Koloman* fielen Cres und Lošinj 1102 bis 1409 nochmals an Kroatien und erst dann an Venedig. Da Cres die Venedig nächstgelegene Insel war, stand sie von allen Adriainseln am längsten unter scher Herrschaft. Die Amtssprache war Latein. Lediglich in der Schrift widersetzte man sich dem fremden Einfluss. Auf Cres und vielen anderen Inseln im Norden verfasste man Messbücher, Urkunden, Kirchenbücher, Bekanntmachungen und private Briefe in glagolitischer Schrift (→ Insel Krk/Kasten „Glagoliza"). Und in den Kirchen wurde altkirchenslawisch gesungen, eine Tradition, die sich auf manchen Inseln bis heute gehalten hat.

Erst zu Beginn des 20. Jh. erwachte das Nationalbewusstsein der kroatischen Bevölkerung wieder, die unter der langen Fremdherrschaft litt. Aber schon 1918 brachte ein italienisches Kriegsschiff neue Besatzer an Land, und alles, was die venezianische, französische und österreichische Fremdherrschaft überdauert hatte, wurde hinweggefegt: Die Franziskaner und die altkirchenslawisch predigenden Priester wurden des Landes verwiesen, die kroatischen Schulen geschlossen, ihre Sprache verboten. Der Zweite Weltkrieg entfachte den Volksbefreiungskampf gegen die Besatzer neu. Dann kamen die Nazis und neue Gräueltaten. Die Denkmäler der kroatischen Widerstandskämpfer in Cres, Mali und Veli Lošinj und auf Ilovik erinnern an diese Zeit.

Von Porozina nach Beli

Porozina ist der Fährort von Cres mit Restaurant, Pension und einigen Ständen an der Anlegestelle. Man sitzt unter Markisen und kann die schaukelnden Boote im türkisblauen Wasser betrachten. Oberhalb der Anlegestelle liegen die Ruinen des Franziskanerklosters Sv. Nikola und die Reste einer Kirche aus dem 15. Jh.

Die Inselstraße Richtung Cres verläuft durch Macchialand, von Felsbrocken übersät, von Steinmäuerchen durchzogen und würzig duftend. Bald tauchen einzelne knorrige, efeuumrankte Laubbäume auf, bald stehen sie in kleinen Wäldchen zusammen. Die Natursteinhäuser von **Dragozetići** ziehen vorüber. Die Abzweigung führt auf die Ostseite der Insel nach **Beli**. Hier, in der *Tramuntana*, erheben sich landeinwärts die höchsten Berge der Insel (Sis 639 m, Gorice 648 m). Und hier gibt es unzählige Dolinen, Grotten, Höhlen, Karsttäler und an die 40 Kapellen – angesichts der dünnen Besiedlung eine große Zahl. Die schmale Asphaltstraße schlängelt sich durch mit Schlingpflanzen bewachsene Eichenwälder hinab, Grillen zirpen, es duftet nach Salbei, Thymian und Immortelle. Eine alte Römerbrücke (rimski most) führt über eine Schlucht nach Beli, das auf einer Bergkuppe über dem Meer thront, mit weitem Blick nach Glavotok auf der Insel Krk.

Caput insulae – Blick auf den malerischen Strand der Fluchtburgsiedlung Beli

Beli

130 m hoch über dem Meer türmt sich kegelförmig die Fluchtburgsiedlung aus antiker Zeit. Zwischen den Häusern ragt der Kirchturm empor, in den Lüften kreisen die Gänsegeier, die von den Umweltaktivisten des Ecocentar betreut werden.

Caput insulae, wie man Beli in der Antike nannte, war als zentraler Ort der Insel durch seine strategisch günstige Lage an der Bernsteinstraße einst einer der bedeutendsten Orte von Cres, heute leben hier nur knapp 40 Menschen.

Über die gut erhaltene römische Brücke, die sich über einen 12 m breiten Taleinschnitt spannt, gelangt man in den Ort. Vor dem kleinen Friedhof am Ortseingang mit gotischer Kirche aus dem 15. Jh. stehen Granatapfelbäume. Sentimentale Musik dringt aus einer nahen Kneipe, vor der Männer sitzen und die Urlauber mustern. Ruhig wirkt der Ort: enge Gassen, Treppchen, Stufen, ein kleiner Platz, rotschwarz gefleckt von den überreifen Beeren des großen Maulbeerbaums. An der höchsten Stelle die Pfarrkirche aus dem 18. Jh., erbaut auf den Fundamenten einer romanischen Kirche. In ihrem Inneren finden sich Fragmente einer Flechtwerkskulptur und glagolitische Inschriften.

Mühevoll werden die steinigen Gärtchen bearbeitet, die sich terrassenförmig den Hang hinabziehen – Gemüse, Wein, Feigen, Oliven- und Obstbäume gedeihen. Von der Ostseite des Ortes führt eine schmale Straße steil zum Hafenbecken und zum Strand hinab, gesäumt von Bootshütten aus Naturstein. Kunterbunte Sonnenschirme stecken im Kies, dazwischen toben Kinder.

Wer gerne wandert, unternimmt Touren zu den umliegenden Bergen oder entlang der Küste, und wer Glück hat, sieht die Gänsegeier am Himmel kreisen, die hier überall an den Felswänden nisten.

Eco-centar Caput Insulae: Das Umweltschutzzentrum ist in der hübschen Villa am oberen Ortseingang, einer ehemaligen Schule, untergebracht. Das Team, ein nichtstaatlicher Verein, betreut und registriert die Gänsegeier oder Weißkopfgeier *(Gyps fulvus)* seit 1993. Im Rehabilitationsgehege werden verletzte Tiere, vor allem Jungtiere, die bei ihren ersten Flugversuchen ins Meer abstürzten, wieder aufgepäppelt. Im Gebäude ist ein kleines Museum eingerichtet, das über Cres und Lošinj sowie über die Geschichte Belis und der *Tramuntana* informiert und eine Einführung in die Pflanzen- und Tierwelt gibt.

Für Wanderer und Kunstbegeisterte gleichermaßen interessant: Vom Umweltzentrum führen wundervoll angelegte *Wander-Lehrwege* verschiedener Längen rund um Beli und hoch in die Berge; den Weg zieren moderne Skulpturen u. a. des renommierten Bildhauers *Ljubo de Karina*, die in Glagoliza eingravierten Verse schuf der in Beli geborene Literat *Andro Vid Mihičić*. Das Eco-Team wird von kroatischen und ausländischen Helfern unterstützt; das Büchlein „Tramuntana – Geschichte und Kunst in der Natur" dokumentiert die Arbeit des Zentrums, informiert über Pflanzen und Geschichte der Region und gibt Hinweise zu den Skulpturen (mehr zum Thema Gänsegeier im Kapitel Fauna). Die vielleicht zu hoch erscheinenden Eintrittspreise fließen in das Projekt.

Informationen/Öffnungszeiten Wer mehr über Gänsegeier wissen möchte oder vielleicht auch aktiv helfen (Volontärprogramme) oder eine Patenschaft übernehmen möchte, wende sich an das Eco-Team; die Eintrittspreise finanzieren das Projekt. Auch Volontärplätze im Angebot. Juni–Aug. 9–20 Uhr, Mai u. Sept. bis 19 Uhr, April u. Okt. bis 18 Uhr. Eintritt 7 €, Kinder 7–14 J. 3,50 €. Beli 4, 51559 Beli, ✆ 051/840-525, www.supovi.hr.

Übernachten Pension-Restaurant Tramontana, der inzwischen ökologisch ausgerichtete Familienbetrieb von Nina und Robi Malatestinić liegt am nördlichen Ortseingang, oberhalb des Eco-centar. Das alte Haus wurde mit biologischen Materialien aufwändig modernisiert, zudem wurde in eine Regenwasseraufbereitungsanlage und in Solarenergie inverstiert, auch in WLAN und Wifi. Es stehen nun 7 DZ, drei 3-Bett- und ein 4-Bettzimmer zur Verfügung, versehen mit eigenen Bädern, also auch ein guter Platz für Familien. Die Restaurantterrasse bietet schönen Blick aufs Meer, den Gaumen verwöhnen u. a. fangfrischer Fisch oder Pekagerichte, für Vegetarier gibt es Gemüse. Angeschlossen ist eine Tauchschule, zudem werden Transfer und Bootstouren geboten. Die netten Wirtsleute sind bei allen Fragen behilflich. Geöffnet April–Anf. Nov. DZ/F 70 € (TS 80 €). ✆ 051/840-519, 099/216-5011 (mobil), www.beli-tramontana.com.

Camping Autocamp Brajdi na Moru, ca. 300 Plätze unter Laubbäumen in dem Taleinschnitt hinterm Strand. Viele Kroaten und Slowenen verbringen hier ihren Urlaub. Die Sanitäranlagen sind in der Hauptsaison nicht ausreichend. Die Zufahrt vom Ort herab ist sehr steil und schmal. In der Saison gibt es vor dem Camp einen kleinen Supermarkt, ansonsten muss nach Cres gefahren werden. Pro Pers. inkl. Auto/Zelt etc. 10 €. Mai–Sept. ✆ 051/840-522, 051/571-161.

Essen & Trinken Empfehlenswert das Restaurant Tramontana (s. o.). Zudem Gostionica Beli, hier gibt es hauseigenes Lammfleich und fangfrischen Fisch. Mitte April–Sept. ab 8 Uhr. Beli 6, ✆ 051/840-515. Ansonsten eine Snackbar am Hafen.

Tauchen Tauchbasis Beli mit PADI-Ausbildung, www.diving-beli.com oder www.beli-tramontana.com (s. o.).

Baden: Am Hauptstrand mit feinem Kies. Die Bucht ist mit Agaven, Wolfsmilchgewächsen und Kräutern bewachsen. Ein Pfad führt zu den südlich gelegenen kleinen Kiesbuchten.

Von Beli nach Cres

Weiter geht es auf der Inselstraße durch kahle Landstriche. Auf beiden Seiten sieht man tief unten das Meer, weit in der Ferne im Westen Istrien und im Osten Krk. Umgeben von Weinbergen und Feldern, eingerahmt von Steinmäuerchen, erreichen wir **Predošćica** mit seiner weiß getünchten Kirche – im Hintergrund leuchten die Inseln im Meeresblau. Ein paar Kilometer vor Cres lehrt uns eine Tafel, dass wir uns in der Mitte der nördlichen Erdhalbkugel, am 45. Breitengrad befinden.

An der Straßenkreuzung oberhalb von Cres führt links die Abzweigung zu einem Landvorsprung und dem **Fährhafen Merag** (4 km von Cres entfernt) mit Café. Die Fährlinie verbindet die Insel Cres mit Krk (Valbiska). Die breite Asphaltstraße verläuft durch Kiefernwald, abgelöst von meterhoher Macchia. Der Blick wird frei auf die U-förmige Bucht von *Draga Krušćica* und das weiß gesäumte **Kap Tarej**. Vorgelagert sieht man die Insel *Plavnik* – baumlos –, dahinter die Insel Krk mit ihren weißen, kahlen Bergen, Krk-Stadt und Punat.

Cres

Der Hauptort der Insel (2300 Einwohner) liegt in einer Flaschenhalsbucht und wie alle wichtigen Orte der Kvarner Inselgruppe an der Westküste. Der autofreie Altstadtkern lädt zum Bummeln und Verweilen ein. Bootsbesitzer können in der großen und modernen Marina anlegen. Per Mountainbike oder zu Fuß lassen sich die herrliche Landschaft oder schöne Strände erkunden.

Von der Werft abgesehen, wo auch mal ein größerer Pott im Hafenbecken ankert, wirkt das Städtchen eher ruhig und in sich gekehrt. Ohne Hektik kann man seinen Kaffee schlürfen und durch die marmorgepflasterten Gassen bummeln. Von der venezianischen Stadtbefestigung sind nur noch zwei Tore und ein Wehrturm erhalten. Bis auf einen kurzen Mauerabschnitt wurde im 19. Jh. alles eingerissen. Das eine reliefverzierte **Stadttor** steht an der schattigen Promenade vor dem Altstadtkern. Es empfiehlt sich, dort zu parken.

Um das Hafenbecken selbst, *Mandrač* genannt, herrscht gemächliches Treiben: Ausflugsboote, Fischer und überall viele Einheimische, die auf den Bänkchen sitzen und palavern. Stattliche, pastellfarbene Bürgerhäuser, ein alter Palast, das Stadthotel Cres und ein paar nette Cafés komplettieren das Bild - nur der Lärm der gelegentlich ein- oder abfahrenden Motorboote stört das Idyll. Ansonsten kann man versonnen unter Markisen sitzen und beobachten, wie die Kaimauern die Wellen brechen.

Verwinkelte Gässchen gehen vom Hafenplatz aus, eines führt zur Pfarrkirche **Sv. Marija** (15. Jh.), mit frei stehendem Turm, einem dreischiffigen Bau mit Mosaikfenstern in der Apsis und halbrund verlaufendem Chorgestühl im Innern; die Kunstwerke der Kirche wurden ins Pfarrhaus ausgelagert.

Unweit davon die älteste Kirche der Stadt, die romanisch-gotische **Isidor-Kirche** aus dem 14. Jh. Geht man weiter, erreicht man durch ein Tor den Hauptplatz von Cres mit Stadttor, Uhrturm, Rathaus, Loggia mit Souvenirständen und vielen bunten Booten im Hafenbecken.

Das **Stadtmuseum** befindet sich im hübschen Geburtshaus des Philosophen und Schriftstellers *Franciscus Petris* (1529–1597). Das Gebäude, im Gotik- und Renaissancestil erbaut, ist besser bekannt unter *Palais Arsan,* da früher hier das Arsenal stand. Zu besichtigen sind archäologische, kulturhistorische und ethnografische Exponate, u. a. Amphoren aus dem 2. Jh. v. Chr., die beim Kap Pernat, in der Nähe von Valun, gefunden wurden, und Skulpturen mit Flechtwerkornamentik (geöffnet in der Saison tägl. außer Mo 9–12/19–22 Uhr). Auf dem Platz vor dem Stadtmuseum prunkt die Statue von Franjo Petrić (→ Kasten).

Südlich der Altstadt, am Beginn der Jadranska obala, abseits des Meeres, steht das **Franziskanerkloster,** gegründet im 13. Jh., mit der Kirche **Sv. Franjo** (14. Jh.). Die Kirche ziert ein holzgeschnitztes Chorgestühl, im Kloster findet man u. a. eine Sammlung von gotischen Plastiken und ein Messbuch in glagolitischer Schrift. Etwas weiter südlich steht an der Uferpromenade (Jadranska obala) das fenstervergitterte **Benediktinerkloster Sv. Petra,** dessen Gründung man mindestens auf das 15. Jh. datiert. Die Klosterkirche zieren Altargemälde aus dem 17. Jh., zudem werden Ikonen aus dem 15. Jh. aufbewahrt.

Entlang der Uferpromenade in westlicher Richtung erreicht man den Stadtteil Melin und das Hotel Kiemen und anschließend den auf der Landzunge liegenden Campingplatz Kovačine – wer ein Fahrrad besitzt, tut sich leichter.

Geschichte

Die Geschichte des kroatischen Cres reicht bis ins frühe Mittelalter zurück. Davon zeugen am Berg über der Stadt die Ruinen einer frühchristlichen Kirche. Hier stand jedoch schon unter Liburnen, Griechen und Römern eine Siedlung namens *Crepsa*, die auf vorgeschichtlichen Fundamenten ruht. Stadtrecht erhielt Cres unter den römischen Kaisern Tiberius oder Augustus. Die lange Herrschaft Venedigs von 1000 bis 1797, die nur 1102 bis 1409 durch die kroatisch-ungarischen Könige kurz unterbrochen wurde, prägte die Stadt. Bedeutung gewann Cres aber erst, als es im 15. Jh. zum Zentrum von Osor aufstieg (→ Inselgeschichte). Die meisten historischen Gebäude stammen aus dieser Zeit. Seit 1845 beherbergt das Städtchen Touristen.

Franjo Petrić

Franjo Petrić, einer der bedeutendsten Philosophen seiner Zeit, wurde 1529 im Palais Arsan geboren. Das blaue bosnische Blut seiner Eltern nährte auch Franjos Abneigung gegen die Venezianer. Seine Sympathie für den Protestantismus erboste die Stadtoberen, die ihn der Stadt verwiesen. Franjo Petrić ging nach Wien, studierte von 1520–1575 in Ingolstadt bei Matthias Flavius Illyricus, einem Mitarbeiter Luthers, und beendete sein Studium in Padua. Er schrieb Bücher über Geschichte und Geometrie, übersetzte aus dem Griechischen ins Lateinische (Hermes Trismegist und die Prophezeiungen des Zarathustra) und besaß eine wertvolle Sammlung griechischer Texte (heute teils im Escorial in Madrid). Er starb 1597 in Rom.

Franjo Petrić und sein Geburtshaus

Der Hauptort Cres schmiegt sich entlang der geschützten Bucht.

Information/Verbindungen

Information 51557 Cres. Tourismusverband Cres (TZG), Cons 10 (hinter dem Hafenbecken), ℡ 051/571-535, www.tzg-cres.hr. Geöffnet Mitte Juni bis Mitte Sept. Mo–Fr 8–14, Sa/So 9–13 Uhr; Juli/Aug. Mo–Sa 8–21, So 9–13 Uhr; sonst Mo–Fr 8–14 Uhr. Gute Infos und Kartenmaterial.

Agentur Cresanka, Cons 11 (Hafen), ℡ 051/571-161, www.cresanka.hr. Zimmer.

Agentur Crepsa, Gavza b.b. (hinter Autocamp), ℡ 051/572-013, www.crepsa.com. Zimmer u. Bungalows.

Autotrans, Zasid (östl. vom Hafen), ℡ 051/571-050, www.autotrans-turizam.hr. Fahrkarten, Fahrräder, Scooter, Zimmer.

Im selben Gebäude auch **Agentur Cres**, Zimmervermittlung u. gute Beratung.

Agentur Croatia, neben TZG; Fahrrad- u. Motorradverleih.

Verbindungen Busbahnhof vor dem Hafen, neben der Tankstelle. **Busse** über die Insel, nach Lošinj und über Brestova nach Rijeka (5- bis 7-mal tägl.), Ljubljana (1-mal tägl.) um 6 Uhr, Zagreb (3-mal tägl.) und Triest (über Rijeka). Info-℡ 051/571-810 (Autotrans).

Katamaran Rijeka–Cres–Martinšćica–Unije–Susak–Ilovik–Mali Lošinj (ganzjährig und tägl.): Weitere Infos (→ „Wichtiges auf einen Blick").

Adressen/Diverses

Post Am Hafen, Mo–Sa 7–21 Uhr.

Gesundheit Apotheke, ℡ 051/571-243. Ambulanz, ℡ 051/571-247.

Veranstaltungen Das Sommerfestival von Cres findet im Juli/Aug. statt; geboten werden Konzerte auf dem Stadtplatz.
Stadtfest Cres, 5.–7. Aug. mit Konzerten und **Semenj** (Bauernmesse) mit Produkten von der Insel Cres.

Nachtleben Diskothek Štala mit Cafébar und Terrasse, tägl. 22–4 Uhr (Juli/Aug.), Juni u. Sept. nur Fr/Sa; Seitenstr. von Turion (Stadtwesten).

Einkaufen Beste Infrastruktur mit Obst- u. Gemüsemarkt und Supermärkten. Gasflaschenabfüllung nördlich der Stadtmauern u. Autocamp Kovačine.

Übernachten/Camping

Übernachten Privatzimmer ab 16 € (TS 19 €)/Pers. **Appartements** ab 42 € (TS 50 €)/2 Pers., ab 65 € (TS 75 €)/4 Pers. Nett wohnt es sich westlich vom Altstadtzentrum im Viertel Melin (Richtung Autocamp), zudem im Süden, oberhalb der Uferpromenade Jadranska obala, kurz vor dem Jachthafen.

*** **Hotel Kimen**, sehr einfache Anlage im Pinienwald mit Restaurant, hinter der Uferpromenade. Sportanlagen. DZ/F 78 € (TS 84 €). Fährpreisreduzierung wie Campingplatz (s. u.). Melin I/16, ✆ 051/571-161, www.hotel-kimen.com.

》》》 Mein Tipp: *** **Bungalows Stara Gavza**, 2 km vom Zentrum im gleichnamigen Stadtteil (nördlich vom Campingplatz); ruhige, schöne Lage inmitten von Olivenbäumen am Hang, unterhalb Kiesbuchten. Ältere und nagelneue nette Bungalows für 2–5 Pers. Z. B. 2-Pers.-Bungalow mit AC 50–60 € (TS 55–65 €). Agentur Crepsa (s. o.). 《《

Haus Tamaris, auf dem Gelände des Campingplatzes beim Restaurant (in der Saison laut). Gut ausgestattete Zimmer mit AC, Minibar und Sat-TV. DZ/F 86 € (TS 96 €).

Pension Anić, die legendäre Pension im Zentrum nahe Hafen sollte schon lange aus Altersgründen geschlossen werden, arbeitet aber immer noch. DZ ca. 20 €/Pers. Zazid 5, ✆ 051/571-113.

Camping *** Autocamp **Kovačine**, ca. 1,4 km nordwestl. von Cres, rund um die Halbinsel. Sehr gut ausgestatteter 18 ha großer Platz unter schattigen Aleppokiefern und Olivenbäumen. Restaurant und Café an der Landspitze beim Leuchtturm, gebadet wird an der Uferpromenade mit Kiesbuchten (hier weht die „Blaue Flagge"), im FKK-Bereich, ebenfalls mit Kiesbuchten, oder an der Felsküste. Ordentliche Sanitäranlagen, Kühlboxen, Waschmaschinen, WLAN, Laden, Tennisplätze, Wassersportgeräteverleih, Bojen für kleine Boote, Tauchschule. Stellplatz 9,80 € (TS 11,20 €), pro Pers. 10,90 € (TS 11,60 €). Es werden auch hübsche moderne Mobilhäuser (2 und 6 Pers.) mit kleiner Terrasse vermietet; 2-Pers.-Mobilhaus 75 € (TS 82 €). Fährpreiserstattung hin und zurück bei 18-täg. Aufenthalt, bei 10 Tagen nur einfach. Geöffnet 15.3.–15.10. ✆ 051/571-423, www.camp-kovacine.com.

Essen & Trinken

Rund um das Hafenbecken und an der Strandpromenade Richtung Hotel Kimen laden Gostionas und Cafébars zur Einkehr ein.

Restaurant Riva, liegt schön an der Hafenpromenade. Hier isst man bestens frischen Fisch, Muscheln und Schalentiere. April–Okt. ab 12 Uhr. Creskih Velikana 13, ✆ 051/521-107.

Restaurant Feral, ebenfalls an der Hafenpromenade, beliebt und gut für Fischgerichte. Riva Creskih Velikana 9, ✆ 051/572-206.

Restaurant Caruso, gutes und beliebtes Lokal mit Terrasse; Fleisch- wie Fischgerichte werden gelobt. Šet. 20. travnja (östl. des Altstadtringes, nahe Feuerwehr), ✆ 051/572-089.

Konoba Pizzeria Al buon Gusto, alte Nähmaschinen dienen in dem kleinen Lokal als Tische, urig und gut. Hier gibt's die besten Pizzen der Stadt. Sv. Sidar 14 (nahe gleichnamiger Kirche), ✆ 051/571-878.

Malerische Badebuchten rund um Cres

102   Insel Cres

»› Mein Tipp: Restaurant **Sv. Lucia**, an der westlichen Uferpromenade Richtung Hotel Kimen (letzte Häuser), mit Anleger für Boote. Stilvoll und sehr guter Service, Fisch- und Fleischgerichte (nach Vorbestellung unter der Peka), Lammsuppe, Fuži und hauseigener Honigschnaps. ✆ 051/573-222. ‹‹‹

Restaurant **Dalmacija**, an der Strandpromenade stadtauswärts (nach Sv. Lucia). Lauschige, eingewachsene Terrasse, Fischgerichte, freundlicher Service. In der Nebensaison geschlossen. ✆ 051/425-406.

Restaurant/Pizzeria im Autocamp Kovačine. Terrasse an der Uferpromenade. Die Camper waren vom Essen begeistert.

Konoba Bukaleta (→ Loznati).

Baden/Sport

Baden   Rund um die Landzunge in Richtung Hotel Kiemen und Campingplatz finden sich neben dem betonierten Uferweg Kiesbuchten. Weiter gen Norden führt ein Pfad zu stilleren Buchten. Gegenüber von Cres liegt die Bucht **Dražica** mit Bootsanlegestelle. Etwas weiter entfernt, z. B. zu Fuß, per Boot oder auch mit dem Fahrrad zu erreichen, sind die folgenden schönen Badebuchten: FKK-Strand **Nedomišlje** (2,2 km in Richtung Valun, ca. 2 Std. zu Fuß), der Kiesstrand **Sv. Blaž** (5 km nördlich, ca. 3 Std. zu Fuß), oder die **Blaue Grotte** unterhalb von Lubenice (siehe dort), mit Kiesstrand.

Tauchen   Tauchschule Diving Cres, auf dem Autocamp Kovačine (dtsch. Ltg. Nicole Kiefhaber & Mirko Obermann): Schule, Basis, Shop und Verleih. Hier ist man bestens aufgehoben. Geöffnet Ende April bis Anf. Okt. ✆ 051/571-706, www.divingcres.de.

Jachthafen   ACI-Marina Cres, schöne Marina in der Bucht von Cres gegenüber der Altstadt; eigene Zufahrt etwas südlich von Cres. Großzügige Anlage mit im klassizistischen Stil erbauten Hafengebäuden, schöne Cafés und Restaurant, Supermarkt, Nautic-Shop und Vermietung von Appartements. 455 Liegeplätze für Boote bis 25 m, 250 Stellplätze an Land, 10-t-Kran, 30-t-Travellift, Slipanlage, Boot- und Motorenservice; Wasser und Strom an den Stegen, Sanitäranlagen, Tankstelle. Verleih von Fahrrädern und Booten. Jadranska obala 22, ✆ 051/571-622, www.aci-club.hr.

Bootsvermietung   Motorbootverleih im Hafen und am Jachthafen.

Seekajak   Sea Kayak Adventure, ✆ 095/901-0109 (mobil), www.seakayak.hr. Das Team hat Sitz in Banjol, Insel Rab. Ab Cres startet z. B. die Delphin-Tour.

Wandern   Von Cres aus gibt es schöne Touren durch Olivenhaine und entlang der Küste z. B. in Richtung **Sv. Blaž**. Infos und Karten über die Touristeninformation.

Radfahren   Cres bietet sich als Ausgangspunkt für Fahrradtouren in die Umgebung an. Auch hier hilft die Touristeninformation mit nützlichen Infos und Kartenmaterial. Fahrradverleih am Autocamp im Jachthafen, zudem bei Agenturen (s. o.).

Die Bucht Mali bok bei Orlec

Cres/Umgebung

Südlich von Cres, in Richtung Valun, liegen einige schöne Weiler, ob zum Baden, Essen gehen oder in Verbindung mit einer Mountainbiketour. Ca. 5 km entfernt liegt **Loznati** mit der beliebten Landkneipe Bukaleta. In weiteren 3 km folgt der Abzweig nach **Orlec**, das auf einem Felsplateau dominiert. Hier ist die *Ornithologische Station* ansässig, die sich ebenfalls um die Weißkopfgeier kümmert, die am Steilabhang ihr Zuhause haben. Läuft man das Serpentinensträßchen hinab (für Autos gesperrt!), blickt man auf eine türkis umspülte Kiesbucht, die sich bestens zum Schwimmen eignet. Auf dem Fußweg (auch per Mountainbike) erreicht man von Cres in ca. 7 km (rund 2 Std. zu Fuß) den Weiler **Krčina** westlich der Inselstraße (kurz nach östlichem Abzweig nach Loznati).

Essen & Trinken Konoba Bukaleta, im Weiler Loznati. Das Restaurant im bayerischen Stil mit überdachter Terrasse hat sich auf Lammgerichte spezialisiert: Lamm am Rost, gebacken, gebraten oder paniert und als Vorspeise Lammsuppe. Es gibt aber auch leckeren Schafskäse, dalmatinischen Schinken und Fischgerichte. Die nette Wirtin spricht deutsch. Geöffnet April–Okt. ab 12 Uhr. 051/571-606.

Gostionica Trs, in Krčina. Auch hier gibt es traditionell zubereitete Lammgerichte. April–Sept. 12–16/18–23 Uhr. Krčina 101, 051/571-291.

Valun

Die Fernsehserie „Der Sonne entgegen" machte den idyllischen Fischerort mit seinen alten Gebäuden an der weiten, türkisfarbenen Bucht bekannt.

Trotz der vielen Ausflugsfahrten nach Valun scheint die Zeit in dem autofreien Fischerstädtchen stillzustehen, zumindest in der Nebensaion – nur am Ortsrand vergrößert sich Valun mit kleinen Neubauten. Im ockerfarbenen Kirchlein im Zentrum ist die *Tafel von Valun* sehenswert. Um die Kirche herum ziehen sich winklige Gässchen und blumengeschmückte Gärten, eine Uferpromenade mit gemütlichen Konobas mit Blick auf das Hafenbecken säumt die Bucht. Tobende Kinder und tuckernde Schiffe sind die einzigen Geräuschquellen in der Idylle, die kein Autolärm stört.

Valun – kein Auto stört das Hafenidyll

Die Konoba Toš Juna mit ihrem mächtigen, Schatten spendenden Baum lädt nicht nur zur Stärkung ein. Sehenswert ist das *Lapidarium* an der Terrassenwand mit guten Kopien der wichtigsten glagolitischen Denkmäler: neben der Tafel von Valun sind auch die von Baška und Senj zu sehen sowie die Inschriften von Plomin, Krk und Osor, das Sakramentshaus aus Vrh, das Relief des Hl. Martin aus Senj und etliche Fragmente.

Oberhalb Valuns liegen an der Abzweigung nach Lubenice der Ortsfriedhof und die *Kirche Sv. Markos*. Hier war einst der alte Ort Bućev, dessen Einwohner sich im heutigen Valun niederließen.

Information 51557 Valun. Tourismusverband (über Cres).

Agentur Cresanka, kurz vor Hafenbecken, nur in der Saison 8–21 Uhr geöffnet. ✆ 051/571-161, 525-050, www.cresanka.hr.

Parken Autos müssen oberhalb des Ortes auf dem groß angelegten, gebührenpflichtigen Parkplatz abgestellt werden. Nur zum Ein- und Ausladen kann bis zum Hafenbecken gefahren werden, dort stehen Gepäckwagen zur Verfügung.

Einkaufen Kleiner Obst- und Gemüsemarkt, Laden, Zeitungskiosk beim Parkplatz.

Übernachten Privatzimmer ab ca. 42 € (TS 50 €)/DZ. Im Ort vor allem Richtung Norden nette Unterkünfte.

Camping * Camp Zdovice, ein beliebter Campingplatz für Familien mit Kleinkindern, allerdings nicht für Wohnmobile, da das Auto oberhalb des Ortes geparkt werden muss (→ „Parken"). Der 1-ha-Platz zieht sich, von Steinmäuerchen unterteilt, terrassenförmig vom Strand den Hang hinauf. Oliven- und Feigenbäume spenden Schatten. Saubere Sanitäranlagen und Stehduschen im Freien. Im Hochsommer sehr voll. Ca. 11 €/Pers. Geöffnet 1.5.–1.10. ✆ 051/571-161, www.cresanka.hr.

Essen & Trinken Konoba Toš Juna (Alte Mühle), in der Ortsmitte am Hafenbecken mit schattigem Baum und Lapidarium auf der Terrasse. Sehenswert sind auch die 200-jährigen Mahlsteine im Inneren der Konoba. Es gibt Käse, Schinken, alle Fischsorten, Krebse, Muscheln, Fleischgerichte und Wein von den umliegenden Weinbergen. April–Nov. ab 8 Uhr. ✆ 051/525-084.

» Mein Tipp: Restaurant Na moru, Richtung Camp, mit Sitzgelegenheiten direkt am Meer. Spezialitäten sind fangfrischer Fisch und Lamm vom Grill, schmackhaft zubereitet, dazu ein süffiger Wein und freundlicher, guter Service. Mitte April–Mitte Okt. ab 11 Uhr. ✆ 051/525-056. **«**

Baden: Am Kiesstrand mit Dusche. Ein Schleichweg führt die Bucht entlang zu weiteren Badeplätzen mit Fels und Kies für FKK-Freunde. Man kann sich auch mit Fischerbooten zu umliegenden Buchten, z. B. nach Nedomišlje (zu Fuß 1:30 Std.), bringen lassen, Preis und Abholung vorab aushandeln.

Wassersport: Paddel- und Tretbootverleih. Im Hafen Anlegeplätze für Boote, Strom, Wasser und ein 2-t-Hebekran.

Die Tafel von Valun

Die kulturgeschichtlich bedeutsame Tafel enthält eine lateinische und glagolitische (altkirchenslawische) Inschrift aus dem 11.–12. Jh. Nur die erste Zeile ist in der Glagoliza geschrieben, der weitere Text ist in lateinischer Schrift. Die in die Sakristeiwand eingemauerte Tafel gilt als das älteste kroatische Sprachdenkmal.

Nicht geklärt ist, ob die Tafel von Valun eine Grabplatte oder eine Erinnerungstafel darstellt, in der die Namen der Kirchenspender verewigt wurden. Gefunden wurde sie Anfang des 20. Jh. in der Vorhalle der Kapelle St. Markus, der Pfarrkirche des heute verlassenen Ortes Bućev.

Lubenice – hoch erbaut auf einem Felsplateau

Lubenice

An der Westküste, etwa 6 km südlich von Valun, thront auf einem Felsplateau hoch über dem Meer das einstige Piratennest, eine 3500 Jahre alte Fluchtburgsiedlung.

Ein Asphaltsträßchen zwängt sich zwischen Steinmauern, durch meterhohe Macchia und Kiefernwald via Podul nach Lubenice.

Die Natursteinhäuser schmiegen sich aneinander, und aus den Ritzen des Kopfsteinpflasters sprießen Blumen. Beim Spaziergang durch den Ort gelangt man durch ein frei stehendes Tor zur Friedhofskapelle. Dahinter, in einer Senke, liegen die Getreidefelder der wenigen noch gebliebenen Bewohner. Der Weg führt über Felsen ein Stückchen weiter nördlich, und es kann einem schwindlig werden, wenn man in die Tiefe blickt.

Vor dem alten Ortskern am Parkplatz steht die mit ihrer nüchternen Architektur so gar nicht ins Bild passende Kirche. Gegenüber am Platz der frei stehende Kirchturm, daneben eine Snackbar und Sitzbänke im Freien – hier finden die Musikveranstaltungen statt. Von hier bietet sich ein weiter Blick auf das Meer und die tief unten in Türkisfarben leuchtende Bucht. Auf Serpentinen geht es steil bergab zum kleinen Hafen.

Übernachten/Essen Es gibt drei kleine Lokale mit Hausmannskost und Pensionen, z. B. **Konoba Lubenička Hibernicia** mit herrlichem Weitblick über das Meer. Guter Wein, Lammgerichte (auch aus der Peka), Oliven, Pršut und Käse, dazu hausgemachtes Brot und süffiger Wein. Mitte April–Okt. ab 10.30 Uhr. Lubenice 17, ✆ 051/840-422. ∎

Parken Der Parkplatz ist gebührenpflichtig.

Baden Tief unten am Feinkiesstrand; man läuft ca. 0:45 Std. hinunter (hoch wird es beschwerlich); leider schwemmt es mitunter Teer an. In der Nähe des Strandes die von vielen Ausflugsbooten angefahrene **Blaue Grotte**: Bei mittäglicher Sonne leuchtet sie durch das Meer in strahlendem Blau.

Vraner See

An der Inselstraße unterhalb des kleinen Ortes Vrana, inmitten von macchiaüberwucherten Hängen, erstreckt sich der Vransko jezero, ein tiefblauer Süßwassersee.

Das Hinabsteigen und auch das Angeln ist verboten, da der See der Wasserversorgung dient. Seit 1953 beziehen die Stadt Cres und die Städte der benachbarten Insel Lošinj ihr Trinkwasser aus dem Vraner See.

Früher vermutete man, dass der 5,7 km^2 große Süßwassersee unterirdisch vom Festland her gespeist wird. Inzwischen weiß man, dass er ein „Kryptodepressions"-See ist: Die Wasseroberfläche des Vransko jezero liegt ca. 13 m über dem Meeresspiegel, sein Grund hingegen 75 m tiefer – ein Tummelplatz für verschiedenste Fischarten.

Richtung Martinšćica

Wir verlassen die Inselstraße bei der Kapelle Sv. Petar und fahren rechts ab über eine macchiabedeckte Hochebene.

Im Bergdorf **Štivan** rührt sich wenig; es gibt lediglichPrivathäuser, die auch Zimmer vermieten. Die Badebuchten unterhalb des Orts sind über Fußwege erreichbar.
*** Nino-Appartements, netter Familienbetrieb in der Ortsmitte, mit einigen Appartements und pflanzenumwuchertem Garten. ✆ 051/524-327.

Fahren wir weiter hinunter zum Meer, folgt die Neubausiedlung **Miholašćica** mit vielen Privatzimmern, einigen Restaurants, Supermarkt und schönen Badebuchten aus Fels und Kies. Von hier aus sind die vorgelagerte Insel *Zeča* und Istrien zu sehen.
Villa Goga, nettes familiengeführtes Appartementhaus mit Garten; es gibt 6 verschieden große Appartements und Grill. Miholašćica 1, ✆ 051/574-225, 098/9638-187 (mobil), www.villa-goga.hr.

Vor Martinšćica zweigt ein Sträßchen rechts ab nach **Vidocići** – ein Bergdorf mit alten Häusern und alten Menschen. Hier kann man sich eine Flasche Selbstgekelterten kaufen und beim Genuss weit über das Meer bis zu den Inseln Lošinj und Unije blicken.
🌿 Konoba Malj Raj, hier isst man bestens Lammkoteletts, Ziegen- und Schafskäse, dazu guter Hauswein. Mitte Juni–Mitte Sept. ab 19 Uhr. Vidovići 11, ✆ 051/574-303. ■

Martinšćica

Die guten Bademöglichkeiten rundum, der nahe gelegene Campingplatz Slatina und der Jachthafen locken Scharen von Touristen an.

Ein paar Lokale gruppieren sich um den kleinen Dorfplatz und entlang der Uferpromenade. Es riecht nach Fisch, der Blick schweift über die Bucht und die vielen kleinen Schiffe.

Information 51556 Martinšćica. Tourismusverband, über Cres (s. o.).

Agentur Martinšćica, ✆ 051/574-107; Zimmervermietung.

Verbindungen Mehrmals tägl. Busse nach Cres und Mali Lošinj und per Fähre nach Rijeka.

Katamaran über Unije–Susak (Mo, Do, Sa 19.05 Uhr; ab Mitte Sept. 16.35 Uhr) – Ilovik (nur Do 19.05 bzw. 16.35 Uhr) nach Mali Lošinj. Nach Cres–Rijeka Mo 8.15, Do und Sa 7.40 Uhr. Information unter ✆ 051/666-100 (Jadrolinija Rijeka). Weitere Infos → „Wissenswertes auf einen Blick".

Einkaufen Bäckerei, Laden, Zeitungskiosk und Obstmarkt am Parkplatz.

Übernachten Privatzimmer je nach Kategorie ab 15 €/Pers.

*** **Hotel-Restaurant Zlatni Lav**, mit großer Terrasse und Blick auf die Bucht, kurz vor dem Autocamp. 25 komfortable Zimmer und 5 Familiensuiten. Gutes Restaurant. DZ/F ca. 48 €. ☏ 051/574-020, www.hotel-zlatni-lav.com.

》》》 Mein Tipp: Camping *** Autocamp Slatina, 1 km von Martinšćica entfernt, einer der bestgelegenen Plätze. Der sehr gepflegte 15-ha-Platz erstreckt sich über zwei Buchten mit Kiesstrand und kristallklarem Wasser; terrassenförmig, durch Sträßchen unterteilt, Parzellen unter kleinen Bäumen mit eigenem Stromanschluss am Hang. An der vorderen Bucht Wohnwagenvermietung, hübsch, mit Platz zum Nachbarn, auch schöne Mobilhäuser (Fa. Gebertsreuther). Es gibt einige Cafébars, Pizzeria, Restaurants, Supermarkt, WLAN; am Strand Verleih von Booten und Wassersportgeräten; Billardtische. Eigener kleiner FKK-Strandabschnitt. Ausreichend Waschhäuser mit Solarzellen, Kühlboxen, Bootsanlegestellen, Tauchclub. Im Hochsommer sehr voll. 8 €/Pers., Parzelle 5,50 €, Stellplatz je Lage 6–12 € (mit/ohne Strom, Wasser). Geöffnet 1.4.–31.10. ☏ 051/574-127, www.camps-cres-losinj.com. **《《《**

Essen & Trinken Einige Konobas und eine Pizzeria am Hafenbecken sowie an der Uferpromenade.

Konoba Kastel, ein 1600 Jahre alter Bau. Unter der Weinlaube auf der Terrasse kann man gut sitzen – die Weintrauben hängen dem Gast fast schon in den Mund. Es gibt Fischgerichte, z. B. Scampi, aber auch Grilltes. ☏ 051/574-104.

Gostionica Feral, an der Uferpromenade unter schattigen Pinien und mit Blick aufs Meer.

Lounge-Bar, neben Hotel-Restaurant Zlatni Lav, nur Juli/Aug.

Tauchen Diving Center Triton, am Autocamp Slatina, www.triton-diving.hr. Momentan geschlossen!

Inselstraße Richtung Osor

Ab dem Straßenort Belej gehört der Südzipfel von Cres verwaltungsmäßig zur Insel Lošinj. Der Ort **Belej** bietet ein Restaurant mit preiswertem, gutem Essen, und es werden private Appartements und Zimmer vermietet. Das Umland ist karg und mit kleinen Büschen übersät. Ein schmales Sträßlein führt von Belej zur Westküste mit der **Bucht Korovačna** und zwei großen Felshöhlen, Kiesstrand und Anlegeplätzen für Boote.

Kurz nach Belej zweigt die Straße westlich nach **Ustrine** ab.

Ustrine

Kleiner Ort oberhalb der gleichnamigen Bucht an der Westküste der Insel. Ein asphaltiertes, aber gesperrtes Sträßchen schlängelt sich steil hinab zum Meer mit vielen Badebuchten.

Die Bucht mit ihrem Naturhafen war früher ringsum besiedelt. Noch heute stößt man auf halb verfallene Häuser. Wie auch in anderen Inselorten wanderten viele der Einwohner nach Italien oder Amerika aus, und abgesehen von den Sommermonaten leben nur noch wenige alte Menschen in Ustrine.

Der Weitblick und das Farbenspektrum der Sonnenuntergänge von Ustrine sind faszinierend. Apokalyptische Stimmung kommt auf, wenn sich dazu drohend die Bora ankündigt: schwarz-blaue Wolkenfronten, darunter grell hervorstehend das Gelbrot der Sonne. Der Küste vorgelagert die Insel Zeča, der Landzipfel von Lošinj mit dem Berg Televrin und weiter meerauswärts die Insel Unije. Das Sträßchen zur

Bucht ist sehr schmal und sehr steil und daher für den öffentlichen Verkehr gesperrt. Ein Rangieren auf halbem Wege wäre kaum möglich. Das Auto oben im Ort parken und hinablaufen.

Übernachten Im Ort werden **Privatzimmer** und **Appartements** vermietet, z. B.

*** Pansion Sofija, 7 Zimmer und 4 Appartements, je nach Größe 45–70 €; von der Terrasse toller Blick über die große Bucht. Gekocht wird leider nicht mehr. Wer mag, kann im Garten grillen. Mai–Sept. geöffnet. Ustrine 10, 051/524-015 u. 01/2340-034.

Essen & Trinken **Bufet Panorama**, in diesem Gebäude war bis nach dem Zweiten Weltkrieg die Schule des Ortes untergebracht. Schöner Blick auf Ustrine und das Meer. Vom Grill gibt es Lammspieße und Fisch. Geöffnet nur während der Saison.

Baden: Rings um die Bucht Kies- und Felsbadebuchten, umgeben von üppiger Macchia, und etliche Bootsanlegeplätze. In der östlichen Buchthälfte tummeln sich die bunten Segel der Surfer vor der Bergkulisse. Von hier aus sieht man Osor mit der Kirche.

Ustrine – tief unten leuchtet die buchtenreiche Küste

Punta Križa

Kurz vor Osor zweigt die Straße an die Ostküste nach Punta Križa ab – ein ruhiger Einkaufsort für den nahen Campingplatz.

Information 51554 Punta Križa. Touristinformation am Campingplatz.

Übernachten **Privatzimmer** (10–14 €/Pers.) und **Appartements** über die Touristinformation.

Camping *** FKK Autocamp Baldarin**, ca. 3 km von Punta Križa, auf einer Landzunge von zwei tiefen Buchten begrenzt, im Kiefernwald. Im Hochsommer verwandelt sich die Anlage in eine Stadt der Nudisten. Supermarkt, Restaurant, Sportanlagen, Kinderspielplatz, mobiler Masseur, Paddelboote, Bootsvermietung und Anlegestelle. Wohnwagen- und Bungalowvermietung, Strom und Kühlschränke sind ebenso vorhanden wie idyllische Fels- und Kiesbuchten. Mit dem Boot kann man die vielen kleinen, bizarren Höhlen im Umkreis der Bucht entdecken. Schiffsverbindung 3-mal tägl. nach Mali Lošsinj. 8 €/Pers., Platz 4 €, Parzelle mit/ohne Strom oder Wasser 7–12 €. Geöffnet 15.4.–1.10. 051/235-680, www.camps-cres-losinj.com.

Essen & Trinken In Punta Križa, Ortsmitte, isst man gut in der gemütlichen **Konoba** unter schattigen Bäumen.

》》 Mein Tipp: **Konoba Pogana** direkt am Meer im Weiler **Pogana** in Alleinlage mit Bootsanleger. Hier gibt es fangfrischen Fisch, aber auch Fleisch, dazu leckeren Wein. Uvala Poganan (300 m westlich vom Campingplatz), 051/235-617. 《《

Baden: Ca. 15 Min. Fußweg vom Ortskern bis zur Nordküste. Überall Bademöglichkeiten an der zerklüfteten Bucht. Pfade führen rundum.

Osor – wenn sich die Drehbrücke öffnet, gibt´s immer was zu sehen

Osor

In das uralte Städtchen, in dem heute nur noch knapp hundert Einwohner leben, führt eine kopfsteingepflasterte Gasse, gesäumt von blühenden Oleandersträuchern. Ein Auto hätte hier keinen Platz mehr. Ein Hauch von Kunst, Kultur und Geschichte sowie die nahen Campingplätze locken die Urlauber an.

Am kleinen *Hauptplatz,* vom Grün alter Bäume umgeben, sitzt man gemütlich vor dem einzigen Café des Ortes. Man blickt auf Fassade und Portal der 1497 erbauten prächtigen *Marienkathedrale,* die auch im Innern reich ausgestattet ist, und auf den mächtigen, frei stehenden Glockenturm. Dahinter die *Gaudentiuskirche* aus dem 15. Jh. mit Resten von Wandmalereien und einer gotischen Holzskulptur. Im ehemaligen *Rathaus* mit *Uhrturm* befindet sich heute ein *archäologisches Museum* (geöffnet 15. Juli–15. Sept. 10–13 und 19–22 Uhr, danach nur noch 10–12 und 18–20 Uhr; Mo Ruhetag). Es zeigt antike Kostbarkeiten aus der Stadt: Münzen, römisches Glas und Skulpturen, u. a. den Kopf des römischen Kaisers Augustus. Im *Bischofspalast,* der im 15. Jh. anstelle eines älteren Baus errichtet wurde, sind Messgewänder, eine Schatzkammer und im Hof eine Zisterne mit Flechtwerkornamenten zu bewundern. Die Überreste der altchristlichen Kathedrale und der Taufkapelle auf dem heutigen Friedhof stammen aus dem 6. Jh.

Bronzestatuen der Bildhauer Kršinić, Rosadrić und Ivan Meštrović sind überall im Ort zu entdecken: musizierende Frauen und Männer, die wohl an die Festspiele für klassische Musik erinnern sollen, welche hier in der Saison zweimal wöchentlich stattfinden. Läuft man den von Mauern gerahmten Kopfsteinweg nordwärts, vorbei an Hausfassaden mit alten Patrizierwappen und historischen Steinfragmenten, gelangt man durch das ehemalige *Stadttor* mit dem geflügelten Markuslöwen. Etwas weiter entfernt die Ruinen des *Benediktinerklosters* und der dreischiffigen Basilika des Hl. Peter aus dem 11. Jh. Im 15. Jh. wurde die Abtei aufgegeben. Weiter nordwärts wird der Blick frei auf eine Ebene, die Küste und Teile der bis zu 4000-jährigen Stadtmauer. An der kleinen Bucht Bijar stehen malerisch die Ruinen des glagolitischen *Franziskanerklosters* und seiner Kirche Hl. Maria der Engel aus dem 15. Jh. 1841 verließen die Mönche das Kloster, seitdem verfällt das Bauwerk.

Die Musikerin spielt vor der Kathedrale

Der Verkehr rollt über die Drehbrücke bei Osor auf die Nachbarinsel Lošinj. Das Meer dazwischen hat Flussbreite. Die Brücke wird um 9 und um 17 Uhr für eine halbe Stunde geöffnet, um kleinere Schiffe passieren zu lassen.

Geschichte

Osor, in altgriechischen Quellen *Apsorus* genannt, ist die älteste Siedlung und die erste bedeutende Stadt von Cres und Lošinj. Pate stand sie auch bei der Namensgebung für beide Inseln: *Apsoros* – die Inseln von Osor. Unter dem illyrischen Stamm der Liburnen galt Osor als wichtige Station an der *Bernsteinstraße* (→ Geschichte der Kvarner-Inseln). Die Liburner bauten die Kyklopenmauer, Fluchtburgen und Hügelgräber, und wahrscheinlich gruben sie (spätestens aber die Römer) auch den 11 m breiten Kanal zwischen Cres und Lošinj.

Der Ort am Fuß eines mächtigen Berges erlebte seine Blütezeit unter den Römern, als der Seeweg von Aquileia nach Salonae durch den Osorer Kanal führte.

Damals war Osor eine Großstadt mit dem Status eines Munizipiums und soll 20.000 Einwohner gezählt haben. Geschützt von starken Stadtmauern gab es mehrere Tempel, ein Forum, Theater, Paläste. Osor hatte einen wichtigen Hafen, war Sitz der Marine von Ravenna und wurde 530 Bistum. Im 8. Jh. war Osor zusammen mit Krk, Rab und den großen dalmatinischen Städten den kroatischen Fürsten tributpflichtig. Dann wurde es unter den Sarazenen verwüstet.

Osor – Geburtsstadt der Kuna

Die kroatische Währung Kuna fand hier im Jahr 1018 ihren Ursprung. Die Stadt, die verwaltungsmäßig nach einem Siegeszug des Dogen Pietro Orseolo II. Venedig unterstellt werden sollte, erhandelte sich durch ihre begehrten Marderfelle den Status einer freien Stadt: Laut Vertrag kostete Osor die Freiheit 40 Marderfelle (Marder = kroat. Kuna) pro Jahr. Im Ort steht eine Plastik mit dem niedlichen Tierchen, die an den Marder-Tribut erinnert.

… beschaulich war es auch im 18. Jh. – alter Stich von Osor

1498 bekam Osor eine neue Kathedrale und den Bischofspalast. Im 15. und 16. Jh., nach schlimmen Pest- und Malaria-Epidemien und nachdem der Hafen für große Schiffe zu klein geworden war, übersiedelte die Inselverwaltung wie auch die bischöfliche Residenz nach Cres – Osor verlor allmählich seine frühere Bedeutung. Erst 1822 wurde das Osorer Bistum aufgelöst und dem Bistum Krk unterstellt.

Information Touristagentur Jazon, am Campingplatz Preko Mosta, 51542 Osor, ✆ 051/237-350, www.jazon.hr.

Post/Einkaufen Am Hauptplatz.

Veranstaltungen In der Kathedrale finden von Mitte Juli bis Mitte Aug. 2-mal wöchentl. Musikabende mit klassischer Musik statt.

Übernachten Privatzimmer je nach Kategorie ab 13 €/Pers. Appartements für 2 Pers. ab 38 €, 4 Pers. ab 61 €. Z. B.

*** **Pension Osor**, Osor 28, Zimmer und Appartements, mit gleichnamigem Restaurant in Altstadtmitte. DZ/F 60 €. ✆ 051/237-135, www.ossero.com.

Camping ** **Autocamp Bijar**, an der Bucht Bijar im Kiefernwald, mit Nadelboden und felsigem Untergrund, der sich zur kleinen Kiesbucht in Furchen hinabschwingt. Bootsstege, Surfschule, Wasserski, Strom, Wohnwagenvermietung (4 Pers. 68 €), Laden. Zudem eine Eco-Ecke mit Bio-Abwasseraufbereitungsanlage. Über der Bucht der nachts beleuchtete Kirchturm von Osor. 8 €/Pers., Platz 4 €, Parzelle mit/ohne Strom oder Wasser 8–12 €. Geöffnet 1.5.–1.10. ✆ 051/237-027, www.camps-cres-losinj.com.

* **Autocamp Preko Mosta**, an der Brücke von Osor, bereits auf Losinj gelegen. Kleine Badebuchten mit klarem Wasser, gut zum Angeln. Blick auf Osor und den Meeresarm. Wohnwagenvermietung; insgesamt einfache Ausstattung und wenig Schatten. 6,50 €/Pers., Platz 6 €. Geöffnet 15.4.–1.10. ✆ 051/237-350, www.jazon.hr.

Essen & Trinken Buffet-Pension Osor, in der Hauptgasse nördlich der Kathedrale, mit schattiger, pflanzenumrankter Laube. Es gibt Lamm, Fisch, Risotto. ✆ 051/237-221.

🌿 **Konoba Bonifačić**, oberhalb von Parkplatz und Anlegestelle. Sehr gut geführtes Lokal mit Terrasse. Die Fisch- und Lammgerichte sind empfehlenswert, zudem gute Vorspeisen und gute Weine. ✆ 051/237-413.

Restaurant Adria, an der Brücke, Terrasse mit wildem Wein berankt – hübscher Platz zum Speisen. Neben wechselnder Tageskarte gibt es gute Fischspezialitäten, auch Fischgulasch (Brodetto), verschiedene Risottos und Grillgerichte. Freundlicher deutschsprechender Wirt. ✆ 091/5954-374 (mobil).

Planinarski dom Sv. Gavdent, die Berghütte auf dem Mažova gora (274 m), am Osoršćica-Bergrücken, ist von Osor in ca. 3 Std. Fußmarsch zu erreichen. (→ Nerezine).

Weiter Blick vom Televrin auf den Süden von Lošinj und seine Inseln

Insel Lošinj

Auf Lošinj wehen die kalten Winde vom Festland nicht mehr so stark wie auf Cres – Lošinj ist milder, grüner und von ebenso grünen Inseln umgeben. Dank der Seefahrer, die exotische Setzlinge auf ihrer Heimatinsel anpflanzten, und des Tourismus, der bis ins 19. Jh. zurückreicht, entstanden Parks mit Palmen, Agaven, Oleander, Orangenhaine und viele Pinienwälder.

Das vielbuchtige Lošinj mit seinen rund 8000 Bewohnern auf nur 75 km² Fläche ist ein Touristenzentrum, das im Sommer überzuquellen droht. Und noch in der Nachsaison tummeln sich vor allem in Mali Lošinj und Veli Lošinj noch viele Gäste. Wer dem ein wenig entgehen will, kann von Mali Lošinj auf die autofreien Inseln *Ilovik*, *Susak* und *Unije* übersetzen.

Verwaltungsmäßig gehört neben den umgebenden Inseln Ilovik, Susak, Unije, Male und Vele Sakrane noch das südliche Gebiet der Insel Cres bis zum Vraner See zur Insel Lošinj, für die Statistik nochmals 1000 Einwohner mehr. Die neue, breit ausgebaute Inselstraße lässt den Verkehr rollen und schont die kleinen Inselorte. Wer gerne wandert, findet u. a. auf dem *Höhenzug Osorščica* mit dem 588 m hohen *Televrin* einen aussichtsreichen Gipfel, des weiteren stehen rund 220 km präparierte Wander- und Mountainbikewege zur Verfügung.

Geschichte

Lošinj stand bis zum 14. Jh. unter der Herrschaft von Cres. Erst durch einen Vertrag mit Osor erhielten die Siedler auf Lošinj ihre Autonomie. Ansonsten ist die

Geschichte Lošinjs mit der von Cres eng verknüpft. Mit dem Niedergang von Osor seit dem 16. Jh. (→ Insel Cres) gewann Lošinj an Bedeutung. Die Bevölkerung, die vorher von Landwirtschaft und Viehzucht gelebt hatte, orientierte sich zum Meer hin: Fischfang, Seefahrt und Schiffsbau wurden neue Erwerbszweige, und die Blütezeit der Seefahrt in der zweiten Hälfte des 19. Jh. war auch für Lošinj eine gute Zeit; 1870 besaß die Insel 131 hochseetaugliche Segelschiffe und sechs Werften, nur in der nördlichen Adria machte ihr Triest den ersten Rang streitig. Bald aber konnte Lošinjs Seefahrertradition mit der modernen Dampfschifffahrt nicht mehr Schritt halten, und so setzte man seit Ende des 19. Jh. auf den Fremdenverkehr: 2580 Sonnenstunden im Jahresschnitt, mildes Klima und eine reizvolle Landschaft zogen eine wohlbetuchte Kundschaft an.

Wichtiges auf einen Blick

Telefonvorwahl: 051

Fährverbindungen: Wo nicht anders angegeben Jadrolinija, zudem LNP (über Splittours), Venezian Lines und Emilia Romagna Lines. Die Fahrpläne sind sehr kompliziert, deshalb unbedingt vorher Infos einholen, da auch Änderungen möglich:

LNP-Katamaran Pula–Unije–Mali Lošinj–Ilovik–Zadar (www.lnp.hr): Juni–Sept. Mi u. Sa Mali Lošinj um 18.45 Uhr, nach Zadar um 9.35 Uhr (Juli/Aug. zusätzlich Mo, Fr u. So um 18.25 Uhr nach Pula, um 9.40 Uhr nach Zadar). Bis Pula bzw. Zadar 6,70 €/Pers.

Personenfähre Mali Lošinj–Susak–Ilovik–Unije–Srakane V.–Mali Lošinj:

- *Mali Lošinj–Susak*: Mo/Di, Do, Sa 5 u. 14.30 Uhr (ab Anf. Sept. 6 bzw. 13.30 Uhr), Mi 7.20 u. 14.30, Fr 14.30, So 13 Uhr.

- *Mali Lošinj–Ilovik*: Mo u. Fr 8.30 u. 14.30 Uhr (Anf. Sept. 13.30 Uhr); Di, Do u. Sa 8.40, Mi 5 (Anf. Sept. 6 Uhr), So 18 Uhr.

- *Mali Lošinj–Unije*: Di, Do–Sa 5 u. 14.30 Uhr (Anf. Sept. 6 u. 13.30 Uhr); So 13 Uhr.

- *Mali Lošinj–Srakane V.*: Di, Do u. Sa 5 u. 14.30 Uhr (Anf. Sept. 6 u. 13.30 Uhr), So 13 Uhr.

Katamaran Mali Lošinj–Ilovik–Susak–Unije–Martinšćica–Cres–Rijeka, ganzjährig tägl. 6 Uhr. Nur Mo alle Orte, ansonsten nach Ilovik Mo, Do/Fr, So; nach Susak tägl. außer Do; nach Unije tägl. außer Di u. Do; nach Martinšćica Mo, Do u. Sa.

Trajekt Mali Lošinj–Premuda–Silba–Olib–Ist–Zadar: Juni–Ende Sept.; Abfahrt nur Di, Fr 16 Uhr (Juli/Aug. tägl., dann Abfahrt 16.30 Uhr). Nach Ist nur Mo/Di, Fr/Sa.

Mit Venezia Lines (www.venezialines.com) *Katamaran Mali Lošinj–Venedig*: Juli u. Aug. jeden Sa, meist 12.30 Uhr. Infos in Mali Lošinj.

Ausflugsboote nach Susak, Ilovik, Silba und Unije, tägl. ca. 8–10 Uhr.

Busverbindungen: Regelmäßige Verbindung nach Veli Lošinj, Nerezine, 5- bis 8-mal tägl. zur Insel Cres und per Fähre nach Rijeka, Ljubljana und Zagreb.

Flugverbindungen: Der Flughafen Lošinj liegt auf der Halbinsel Kuril. Information und Kartenverkauf 1.5.–30.9., zudem in Mali Lošinj. Adresse: Aerodrom Mali Lošinj, ✆ 051/231-666, 098/136-5193 (mobil), www.airportmalilosinj.hr. Taxiflüge zu vielen kroat. Städten, auch u. a. München, Wien. Zudem Panoramaflüge (15 Min./85 €/3 Pers.), Avio-Taxi.

Öffnungszeiten der beweglichen Brücken: Privlaka (Mali Lošinj), 9 und 18 Uhr; Osor (zur Insel Cres) 9 und 17 Uhr für jeweils ca. eine halbe Stunde, dann kein Autoverkehr!

Tankstellen: Mali Lošinj, Nerezine.

Bank: Banken nur in Nerezine und Mali Lošinj; überall Bankomaten.

Post: in jedem Ort.

Nerezine – Hafenidyll mit Bergkulisse Televrin

Nerezine

Der 400-Einwohner-Ort liegt der Ostküste zugewandt am Fuß des Bergzuges Osorščica mit dem Televrin, der zum Wandern einlädt. Er hat ein kleines idyllisches Zentrum und zieht sich entlang der zergliederten Küste mit drei schönen Hafenbuchten, Marinas und einer auf Holzboote spezialisierten Werft.

Von der breiten Inselhauptstraße, die jetzt den Autoverkehr oberhalb des Ortes vorbei leitet, sind nur ein paar alte Häuser zu sehen, die ein abgeschiedenes Idyll vermuten lassen. Doch der langgestreckte Ort hat durch rasante Bautätigkeit sein Gesicht stark verändert – kein Wunder bei den herrlichen Badebuchten und Anlegeplätze rundum. Am Nordende liegt das Franziskanerkloster an der *Uvala Ufratar*, dann folgt die *Uvala Rapoća* mit dem Campingplatz, danach gelangt man zum Zentrum von Nerezine, wo sich ein kleiner Jachthafen im Hafen *Luka Magazini*, die Werft und der landeinwärts liegende alte Ort befinden. Südlich folgen die *Uvala Lučica*, die zur modernen Marina ausgebaut wird, die *Bucht Artac* und eine weitere gut geschützte Hafenbucht, die umgeben ist von vielen Neubauten, die *Lučica Biskupija*. Die Gäste sind mit allem Wichtigen gut versorgt, Cafés und Lokale laden rund um die Hafenpromenade ein, ebenso auf der italienisch anmutenden Piazza Studenac im Ortskern unter ausladenden Laubbäumen. Zum 588 m hohen Hausberg und höchsten Inselberg, dem *Televrin* (→ „Wandern"), führt ein schöner Weg, der eigens 1887 vom österreichischen Fremdenverkehrsklub für die bequeme Besteigung durch den Thronfolger Erzherzog Rudolf von Habsburg angelegt wurde, dem Begründer des hiesigen Wandertourismus.

Nerezine wurde von kroatischen Siedlern im 14. Jh. gegründet und entwickelte sich mit den Jahren vom Hirten- zum Fischer und Seefahrerort, daneben wurde die Werft gebaut, die auch heute noch auf Holzboote spezialisiert ist; aktuell wird gerade ein 115 Jahre alter Zweimastschoner wieder seetauglich gemacht. Das *Franziskanerkloster* mit Kirche und Kreuzgang aus dem 16. Jh. birgt Sehenswertes: z. B. das Altarbild aus dem *Cinquecento* mit dem hl. Franziskus im Gebet oder die Ikone „Muttergottes mit Kind", das Werk eines venezianischen Meisters aus dem späten

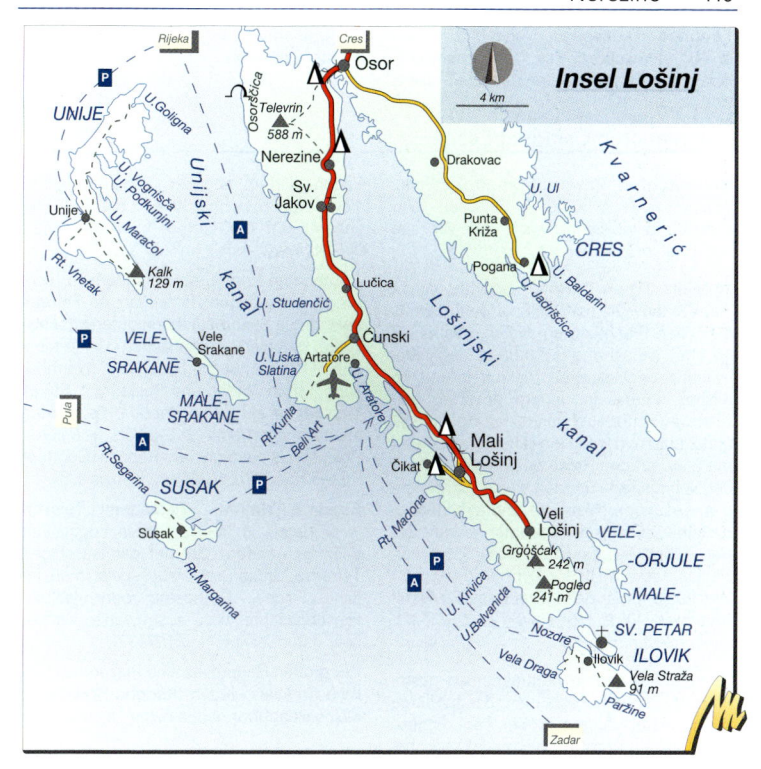

15. Jh. Die *Pfarrkirche Gospa od zdravlja* am Hauptplatz, Ende des 19. Jh. erbaut, birgt das Altarbild mit hl. Maria, hl. Nikolaus und dem hl. Gaudentius, das angeblich Palma d. Jüngere fertigte. Im *Nereziner Feld* südwestlich des Ortes steht das gut erhaltene Kastell der Osorer Patrizierfamilie (16. Jh.), in dessen Umgebung Sie Spuren von Villen aus der Römerzeit entdecken können.

Information/Diverses

Tourismusverband (→ Mali Lošinj), 51554 Nerezine.

Touristagentur Marina, am Hafenbecken (Luka Magazini), ℡ 051/237-038, www.marina-nerezine.hr. Juni–Aug. tägl. 8–21 Uhr, sonst 8–14/16–20 Uhr; Infos und Zimmervermittlung.

Verbindungen Busverbindung nach Mali Lošinj und zur Insel Cres.

Gesundheit Apotheke, Trg Studenac 3, ℡ 051/237-226.

Einkaufen Am Hafen Einkaufszentrum, Obst- und Gemüsemarkt, Zeitungskiosk.

Morgens gibt es am Hafen fangfrische Fische direkt vom Kutter.

Veranstaltungen Kirchenfest Sv. Marija Magdalena am 22. Juli. Das **Nereziner Fest** wird Anfang Mai gefeiert, dann bekommt man auch die Spezialität des Ortes – „Škanjate" (süßer Kuchen).

Jachthafen Marina Nezerine, 60 Liegeplätze mit Strom, Wasser, Slipanlage und Schiffswerft. Biskupija b. b., ℡ 051/237-038, www.marina-nerezine.hr. **Hafenkapitän**, ℡ 051/237-380 (Juli/Aug.).

Tauchen Tauchbasis, Dolac b. b., ✆ 051/237-362, www.nerezine.cz. Das tschechisch-kroatische Team arbeitet nach SSI; ganzjährig geöffnet. Hier werden auch Appartements vermittelt.

Übernachten/Camping/Essen

Übernachten Privatzimmer ab 15 €/Pers., Appartements z. B. für 2 Pers. ab 38 €. Unterkunftsverzeichnis auch über Website des Tourismusverbandes.

>>> Mein Tipp: *** **Hotel Televrin**, schon von Weitem fällt der Blick auf den überaus hübschen Prachtbau am Hafen, das einstige über 100 Jahre alte Rathaus, das liebevoll und originalgetreu restauriert und erweitert wurde. Im Innern erwarten den Gast 13 komfortabel ausgestattete Zimmer und 2 Suiten, mit Balkon oder Terrasse und mit Blick auf den Hafen oder in den Park. In der Nebensaison werden einige Aktivitäten, u. a. Lesungen, Malkurse und Wandertouren über die Insel angeboten. Auch das Restaurant (→ „Essen & Trinken") ist vorzüglich, leckere HP für 13 €. Ein Platz zum Wohlfühlen! Ganzjährig geöffnet. DZ/F mit Meerblick 106 € (TS 116 €). ✆ 051/237-121, www.televrin.com. <<<

*** **Hotel Manora**, in Kontrastfarben gestrichenes Hotel mit Restaurant, das moderne Küche bietet. Zudem großer Pool, Fitness mit Sauna, Fahrradverleih und schöner Blick auf das Meer und Bergzug Osoršića im Hintergrund. Das Hotel liegt ortsauswärts an der alten Durchgangsstraße. 22 komfortable Zimmer, DZ/F 90 € (TS 150 €). Geöffnet Ostern–Mitte Okt. Mandalenska b.b., ✆ 051/237-460, www.manora-losinj.hr.

Camping ** **Autocamp Rapoća**, 5-ha-Platz direkt beim Ort und am Meer gelegen, mit Laden. Kiefern spenden Schatten. 8,25 €/Pers., Platz mit/ohne Strom 2,80/5,50 €; Parzelle ab 6,15 €. Geöffnet 1.5.–15.10. ✆ 051/237-145, www.losinia.hr.

* **Autocamp Lopari**, etwas außerhalb Richtung Osor gelegen, 15-ha-Platz im Föhrenhain, durch Steinmäuerchen unterteilt. Felsküste, betonierte Liegeflächen, kleine Kiesbucht. Neues Sanitärhäuschen, Warmdusche, Strom, Laden und Restaurant. Etwas preiswerter als Camp Rapoća. Es werden auch Appartements für 2–6 Pers. vermietet. Preis etwas niedriger wie Rapoća. Geöffnet 1.5.–15.10. ✆ 051/237-127, www.losinia.hr.

Essen & Trinken Restaurant Televrin (s. o. Hotel), in der verglasten Loggia mit Blick zum Hafen oder auf der lauschigen Terrasse hinter dem Haus speist man frische Fische, Langusten oder leckere Fleischgerichte, dazu ausgewählte Weine; sehr guter Service. ✆ 051/273-121.

Am großen Hauptplatz eine **Pizzeria** und etliche Cafébars; zudem gibt es **Konoba Bonaparte**. Kleine **Beachbar** neben neuer Tankstelle.

>>> Mein Tipp: Planinarski dom Sv. Gavdent, in ca. 2:30-3 Std. wird die Berghütte am Nordrand des Osoršćica-Bergzuges, am Mažova gora (274 m) erreicht. Es gibt Getränke, Schinken, Käse und Gulasch, nach Anfrage (mind. 1 Tag vorab) auch Peka-Gerichte; zudem gibt es Schlaflager. (→ „Wandern"). Geöffnet 1.4.–1.10., danach nur an Wochenenden. ✆ 098/403-469 (mobil). <<<

Wandern: Zum Televrin (588 m)

Wanderinfos: Gut 5 Std. Wegzeit (mit Kondition weniger!) bis zum Gipfel, die Hälfte der Strecke schön schattig; rutschfeste Schuhe sinnvoll, Getränke und Essen ebenso! Verpflegung gibt es nur auf der Hütte Sv. Gavdent (→ „Essen & Trinken"). Auch mit Kindern machbar, dann wesentlich mehr Zeit, v. a. auch für Pausen, einkalkulieren.

Der gut markierte Fußweg (roter Kreis mit weißem Punkt) beginnt in Nerezine an der alten Durchgangsstraße am Südende des Ortes. Er führt zum *Höhenzug Osorščica* mit dem höchsten Berg Televrin. Der gut präparierte Weg zieht sich in Serpentinen schön schattig durch Kieferwald bergan; nach jedem Höhenmeter wird das unten liegende Nerzine kleiner und der Blick weiter. Bis zur Kapelle *Sv. Nikola* auf dem Gipfel Sv. Mikul (557 m), braucht man rund 2 Std. Weitere gut 0:30 Std.

dauert der Aufstieg bis zum Gipfel Televrin. Vor allem vom Gipfel Sv. Mikul bietet sich ein herrlicher Blick auf Lošinj, die umliegenden Inseln, die schroff abfallende Felsküste im Westen und in östlicher Richtung auf das Festland mit dem Velebit-Massiv in der Ferne. Auf dem markierten Weg kann man südlich bis Čunski in Richtung Mali Lošinj und nördlich weiter nach Osor laufen. Geht man vom Gipfel aus auf dem *Bergrücken des Osoršćica* nordwärts und leicht talwärts, stößt man am Bergrand, am *Mažova gora* (274 m) auf die *Berghütte Sv. Gavdent* (→ „Essen & Trinken"). Läuft man nun steil nördlich den Wanderpfad, der ab und an den Makadam kreuzt, talwärts, gelangt man in ca. 2–3 Std. nach Osor. Meerwärts zweigt von der Hütte ein Weg hinab zur *Höhle des hl. Gaudentius (Sv. Gavdent)* ab. Dem hl. Gaudentius, einem Osorer Bischof, ist es angeblich zu verdanken, dass die Inselgruppe Cres-Lošinj frei von Giftschlangen ist, da er die Inseln segnete ...

Nach Mali Lošinj

Weiter geht es auf der Inselhauptstraße Richtung Süden. Lošinj wirkt wie eine sehr schmale, ins Meer hinausragende Landzunge.

Sveti Jakov: 2 km südlich von Nerezine liegt am Berg der alte Ort mit bunten, einfachen Häusern und Gärtchen davor. Palmen, Feigen- und Obstbäume gedeihen prächtig. Es gibt eine Touristagentur mit Zimmervermittlung und die Gostiona „4 Asa" mit Holztischen und Bänken unter Feigenbäumen. Daneben die Kirche mit glagolitischen Inschriften aus dem Jahr 1624. Ein Fußweg führt hinunter zum ungeschützten Hafen, unweit davon wurden römische Sarkophage gefunden. Die nahe gelegenen, teilweise sandigen Buchten eignen sich gut für Kinder. Am 25. Juli findet das *Kirchenfest von Sv. Jakov* statt, das groß gefeiert wird.

Bucht Lučica hinter Sv. Jakov: einige Fischer- und Wochenendhäuser, in der Nähe die Bärengrotte mit prähistorischen Knochenfunden.

Čunski liegt weiter südlich abseits an der Inselstraße. In der Umgebung finden sich Spuren der prähistorischen Gradina-Kultur und römische Überreste. Čunski wurde von einer kroatischen Bruderschaft im 16. Jh. gegründet. Die Ortschaft schmiegt sich pyramidenförmig an den Berg, oben thront der Turm der Pfarrkirche von 1784, dahinter ein paar Bergterrassen. Von dort aus weiter Blick auf die Küstenseite der Insel, auf Cres und bei klarem Wetter bis nach Rab und Pag. In der Saison kann man die alte *Olivenmühle* (Torać) besichtigen.

Halbinsel Kuril: Sie ist macchiabewachsen, mitunter findet man auch kleine Föhrenwäldchen. Abgesehen vom *Flughafen* im Norden und der Feriensiedlung *Artatore* an der gleichnamigen Bucht im Süden ist die zerklüftete Halbinsel unbebaut und bietet vielfältige Bademöglichkeiten an Felsplatten und kleinen Kiesbuchten – wer sucht, der findet! Wer Lust hat, kann die Halbinsel auf den Makadamwegen mit dem Mountainbike erkunden oder vielleicht auch per Pferd (es gibt hier ein kleines Gestüt).

Eine Asphaltstraße führt von Čunski aus zum Flugplatz (→ Insel Lošinj/„Wichtiges auf einen Blick"); danach beginnt Piste, und viele Pfade führen an die Küste, einer davon in südwestlicher Richtung zum Leuchtturm. Der Weg endet an einer großen Bucht mit weißen Felsplatten und Kieselsteinen; eine beliebte Anlegestelle für Motorboote. Südlich davon eine föhrenumstandene Bucht: Besonders sonntags herrscht hier reges Treiben, scharenweise kommen bepackte Familien den Waldweg entlang gefahren oder gleich direkt per Boot in die Bucht.

Zur Feriensiedlung **Artatore** an der gleichnamigen Bucht gelangt man von der Inselstraße aus: inmitten des Föhrenwalds Wochenend- und Ferienhäuser, die seichte Bucht ist gut für Kinder geeignet.

Information/Übernachten/Essen Informationsstand am Ortseingang (℅ 051/2311-417) mit Zimmer- und Appartementvermietung.

Agentur Ana, Artatore 75, ℅ 051/235-003, www.pansion-ana.com. Neben Infos hier auch eigene Zimmer/Appartements (DZ/F ca. 80 €) und Unterkunftsvermittlung.

》》Mein Tipp: Restaurant-Appartements Artatore, beste Küche wird serviert im gemütlichen Innern oder auf der Terrasse (mit Flachbildschirm für Fussballspiele an der Wand!) – das Lokal zählt zu den besten Kroatiens und seit 1972 steht die Chefin Janja Zabavnik selbst am Kochtopf. Spezialitäten sind Lamm aus der Peka, fangfrischer Fisch, Hummer auf Spaghetti und Jakobsmuscheln. Im Nebenhaus kann man in netten DZ für 42 € nächtigen. Geöffnet fast ganzjährig ab 10 Uhr. ℅ 051/232-932, www.restaurant-artatore.hr. 《《

H. J. Kuril – malerische Badebuchten warten

Nach Artatore ist Lošinj wieder zerklüftet, kleinere Eilande sind vorgelagert. Nur ein schmaler Streifen Land ragt noch aus dem Wasser. Hier liegt *Camping Poljana* (→ Mali Lošinj). Danach geht es über die Brücke von Privlaka (geöffnet für Schiffe um 9 und 18 Uhr) nach Mali Lošinj.

Mali Lošinj

Das alte Seefahrer- und Kurstädtchen liegt am Ende einer geschützten, 5 km langen fjordähnlichen Bucht mit Fährhafen. Hier ist zum ersten Mal subtropisches Klima zu spüren – Palmen allerorten. Herrschaftliche Villen mit bougainvilleaumrankten Fassaden erinnern an den Glanz alter Zeiten.

Das ehemalige „Klein-Lošinj" ist heute eine stattliche 6500-Einwohner-Stadt sowie Touristenzentrum und Gemeindesitz von Cres-Lošinj. Cafés und Restaurants locken, doch es gibt auch stille Winkel in den verwinkelten Altstadtgassen. Und zum Baden verführt – seit über 100 Jahren – die kieferbestandene Halbinsel Čikat.

Valle d' Augusto heißt die große, tiefe Bucht, die einst der Flotte von Kaiser *Augustus* Schutz bot, als er im Jahre 31 v. Chr. zur Seeschlacht bei Aktium segelte. Stattliche Villen und buntbemalte Bürgerhäuser ziehen sich mit palmenbestückter Promenade und einladenden Cafés rund um das Hafenbecken. Die Braće Ivana i Stjepana Vidulića (Einbahnstraße!) bildet die Hauptachse von Ost nach West und ist Einkaufsstraße des Ortes – tütenbepackte Käufer quellen aus Geschäften und Markthalle. Die Straße führt hinab zum Hafenplatz (Trg republike hrvatske). Wasser speiende Fische, Palmen, Blumeninseln und Cafés sorgen für nettes Ambiente – ein Standort mit wunderbarem Blick auf die Bucht mit den zahlreichen Schiffen.

Weitblick vom Berg Kalvarija - auf Mali Lošinj und den Berg Televrin in der Ferne

Geschichte

Mali Lošinj wurde im 14. Jh. von Einwanderern als *Malo Selo,* kleine Ortschaft, gegründet. Die Siedlung befand sich östlich an einer Bucht, wo um 1450 die Kirche Sv. Martin und der Friedhof entstanden. Malo Selo verlagerte sich südwestwärts und wuchs rasch um den Meerbusen herum, ein geräumiger, geschützter Hafen entwickelte sich. Später kam der Ort, inzwischen Mali Lošinj genannt, unter die Herrschaft der *Venezianer.* Sie bauten am Berg über der Bucht einen Beobachtungsturm und in der Nähe eine Marienkapelle, der Vorgängerbau der späteren Pfarrkirche.

Die Lošinjer, die zunächst von Viehzucht, Landwirtschaft (Weinbau, Olivenölgewinnung) und Fischfang lebten, setzten seit dem 17. Jh. verstärkt auf die Seefahrt; in der zweiten Hälfte des 17. Jh. gab es vier Küstenschiffe, Mitte des 18. Jh. besaß man das erste hochseetaugliche Segelschiff, Schiffsbau und Werft kamen dazu. 1794 wurde die erste Volksschule eröffnet, die Lehrsprache war – trotz der kroatischen Mehrheit – Italienisch. Anfang des 19. Jh. bekam Mali Lošinj eine Marineschule, in der bis heute unterrichtet wird; weitere Schiffswerften wurden errichtet, immer größere Schiffe liefen vom Stapel. Aus dieser Zeit stammen die prunkvollen Häuser der Seefahrer.

Doch die moderne Dampfschifffahrt drängte die Segler zurück; es war der Tourismus, der Mali Lošinj aus dieser Krise heraushelfen sollte und bis heute ein zentraler Erwerbszweig der Stadt geblieben ist. 1886 wurde der touristische Verein gegründet, der die Umgebung der Stadt bewaldete. Seit 1892 ist Mali Lošinj offizieller *Kurort* und in der Čikat-Bucht entstanden die ersten Hotels, in denen vor allem Gäste aus dem kaiserlichen Wien abstiegen.

120   Insel Lošinj

Information/Verbindungen

Tourismusverband (TZG), Riva lošinjskih kapetana 29, 51550 Mali Lošinj, ℅ 051/231-884, 231-547, www.tz-malilosinj.hr. Geöffnet Mai–Sept. 8–20, So 8–13 Uhr; sonst Mo–Fr 8–17, Sa 8–13 Uhr. Gute Infos und Kartenmaterial.

Jadranka d.d, Dražica 1, ℅ 051/661-101, www.losinj-hotels.com. Hotelbuchung.

Agentur Lošinjska plovidba, Riva lošinjskih kapetana 8, ℅ 051/231-077, www.losinia.hr. Zimmer, Camping, Ausflüge, Schiffstickets, Exkursionen.

Agentur Cappelli, Kadin b.b. (vor der Stadt, Abfahrt Richtung Trajekthafen), ℅ 051/231-582, www.cappelli-tourist.hr. Zimmervermittlung, Ausflüge, Flüge, Autovermietung.

Agentur Manora, Priko 29, ℅ 051/520-100, www.manora-losinj.hr. Infos, Zimmervermittlung, Scooter und Fahrräder.

Autotrans, Riva lošinjskih kapetana (am Trajekthafen/Parkplatz), ℅ 051/231-110. Bustickets und Information.

Jadrolinija, Riva lošinjskih kapetana, ℅ 051/231-765. Schiffstickets.

Verbindungen Busse: Hauptbusstation am Trajekthafen. Stadtbusverbindungen nach Čikat, Sunčana uvala und Veli Lošinj. Hotelbus: mit kurzem Nachmittagsstopp fast stündl. (M.Lošinj–Aurora–Bellvue–Punta). Inselbusse nach Nerezine, zur Insel Cres und per Fähre nach Rijeka 5- bis 8-mal tägl.; 1- bis 2-mal tägl. Expressbusse nach Ljubljana und Zagreb. Auskunft Autotrans.

Schiffsverbindungen (→ Insel Lošinj/ „Wichtiges auf einen Blick") nach Rijeka, Cres, Ilovik, Susak, Unije, Silba, Molat, Ist, Premuda, Zadar, Pula und Venedig. Information bei Jadrolinija oder Agencia Lošinjska plovidba.

Flüge (→ Insel Lošinj/„Wichtiges auf einen Blick"): Panoramaflüge, regelmäßige Linie nach Zagreb, auch Charterflüge. ℅ 051/231-666, www.airportmalilosinj.hr.

Diverses/Veranstaltungen

Post Riva Lošinjskih kapetana und Braće Ivana i Stjepana Vidulića. Geöffnet 7–21 Uhr.

Auto Tankstelle: oberhalb des Ortes, an der Hauptstraße nach Veli Lošinj und kurz vor der Brücke gegenüber Autocamp Poljana. **Parken**: Am Trajekthafen (bei Cappelli abbiegen) großer gebührenpflichtiger Parkplatz. Ein weiterer großer gebührenpflichtiger Parkplatz bei der östlichen Abfahrt in das Zentrum.

Autovermietung Cappelli, ℅ 051/231-582.

Taxi Haltestelle z. B. Trg Republike Hrvatske, ℅ 051/231-102.

Einkaufen Großer Supermarkt (auch So geöffnet) und Markthalle in der Braće Ivana i Stjepana Vidulića.

Fischmarkt gegenüber dem Hafenplatz, täg. 6–12 Uhr.

Gesundheit Apotheke (ljekarna), Riva lošinjskih kapetana, ℅ 051/231-661; Hospital, Ul.D. Kozulića (oberhalb und südlich der Hafenbucht), ℅ 051/231-824; Tierambulanz, Del Conte Giovanni 9, ℅ 051/231-973.

Nachtleben Nachtclub Marina **8**, im ausrangierten Schiff an der südl. Hafenpromenade (hinter Hotel Ana), mit großer Cocktailbar, Disktothek und Showprogrammen. Geöffnet Mai–Okt. 10–2 Uhr. Velopin b.b.

》》 Mein Tipp: Jazzclub/Bar **Catacomb 27**, bei den Einheimischen nur „Konoba" genannt. Tägl. 21–1 Uhr Livebands, u. a. mit dem Besitzer Stravko und seinem Sohn Danko und Sessions mit vielen internationalen Gästen; gute Stimmung. Del Conte Giovanni 1. **《《**

Diskothek Anabella 12, bei Hotel Ana.

Beach- und Latinobar 14, am Sandstrand unterhalb des Hotels Bellvue; es gibt auch Livemusik, zudem Liegestühle – da kann man seine Cocktails bestens genießen.

Veranstaltungen Das Programm ist riesig, ersichtlich über Website oder TZG; u. a. **Sommer in Mali Lošinj**, Konzerte am Hafenplatz. **Musiktag** am 21. Juni. **Jazzfestival** (www.jazzlosinj.com), Ende Juli, 3 Tage. **Patronatsfest Sv. Martin**, 11. Nov. **Tennismeisterschaften** Juni/Juli und 3. Woche im Sept. **Segelregatta** von Lošinj, 1. Wochenende im Aug. **Neujahrs-Cup** der Unterwasserjagdwettbewerbe.

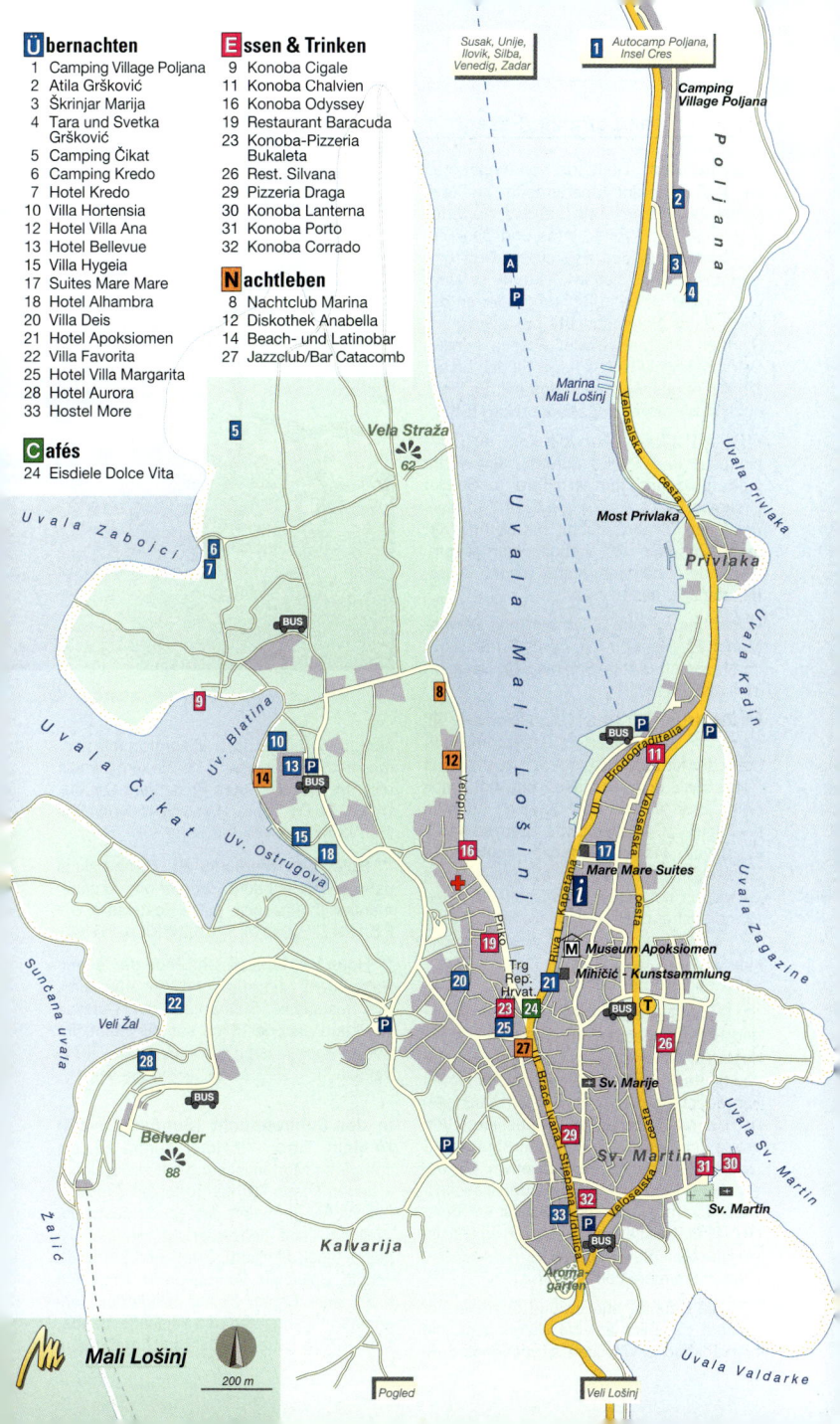

Übernachten
1. Camping Village Poljana
2. Atila Gršković
3. Škrinjar Marija
4. Tara und Svetka Gršković
5. Camping Čikat
6. Camping Kredo
7. Hotel Kredo
10. Villa Hortensia
12. Hotel Villa Ana
13. Hotel Bellevue
15. Villa Hygeia
17. Suites Mare Mare
18. Hotel Alhambra
20. Villa Deis
21. Hotel Apoksiomen
22. Villa Favorita
25. Hotel Villa Margarita
28. Hotel Aurora
33. Hostel More

Essen & Trinken
9. Konoba Cigale
11. Konoba Chalvien
16. Konoba Odyssey
19. Restaurant Baracuda
23. Konoba-Pizzeria Bukaleta
26. Rest. Silvana
29. Pizzeria Draga
30. Konoba Lanterna
31. Konoba Porto
32. Konoba Corrado

Nachtleben
8. Nachtclub Marina
12. Diskothek Anabella
14. Beach- und Latinobar
27. Jazzclub/Bar Catacomb

Cafés
24. Eisdiele Dolce Vita

Mali Lošinj

200 m

1 Susak, Unije, Ilovik, Silba, Venedig, Zadar
1 Autocamp Poljana, Insel Cres

Camping Village Poljana
Poljana
Vela Straža 62
Marina Mali Lošinj
Most Privlaka
Privlaka
Uvala Privlaka
Uvala Kadin
Uvala Mali Lošinj
Uvala Zabojci
Uvala Čikat
Uv. Blatina
Uv. Ostrugova
Veliopin
Mare Mare Suites
Museum Apoksiomen
Mihičić - Kunstsammlung
Trg Rep. Hrvat.
Uvala Zagazine
Sv. Marije
Sunčana uvala
Veli Žal
Sv. Martin
Uvala Sv. Martin
Belveder 88
Kalvarija
Aromagarten
Žalić
Pogled
Veli Lošinj
Uvala Valdarke

Übernachten/Camping/Essen

Übernachten Hunderte von Angeboten an Privatzimmern/Appartements in Mali Lošinj. Privatzimmer ab 15 €/Pers. Appartements ab 38 €/2 Pers., Infos und Buchung am besten bei den Agenturen. Nett und zentral wohnt es sich im Zentrum, schöner und ruhiger ist es in Richtung oder an der Čikat- oder Sonnenbucht; preiswerter im Stadtteil Sv. Martin oder Poljana I (nahe Camping). Viele Hotels haben in den ersten 2 bis 3 Augustwochen – den ital. Ferien – nochmals erhöhte Topsaisonpreise (TS)!

Z. B. in Poljana I: Abzweig kurz vor Campingplatz und Straße bergan, hier wohnt man ruhig und familiär: Tara u. Svetka Grškovič **4**, ℡ 051/508, 098/536-473 (mobil), Haus Nr. 73 (ganz oben); nettes Appartementhaus; hier wird auch Deutsch gesprochen, der Ehemann Mario macht Bootstransfer u. a. nach Susak.

Etwas bergab gibt es Zimmer bei: Škrinjar Marija **3**, Haus-Nr. 69, ℡ 051/231-701 oder im Neubau bei Atila Grškovič **2**, Haus Nr. 31, ℡ 051/234-059.

Im Zentrum **** Hotel Apoksiomen **21**, mitten im Zentrum an der Uferpromenade steht der 100 Jahre alte gelbe Prachtbau mit Restaurant und Terrasse, benannt nach dem Bronzefund des jungen Athleten (→ Kasten „Der athletische Bronzemann"). 25 stilvoll und komfortabel eingerichtete Zimmer/Suiten mit WLAN, ausgestattet mit Gemälden namhafter kroatischer Künstler. Wunderschöner Blick über die Bucht. DZ/F 138 €. Geöffnet April–Sept. Riva lošinjskih kapetana 1, ℡ 051/520-820, www.apoksiomen.com.

**** Suites Mare Mare **17**, direkt am Hafen und Promenadenbeginn. Im 19. Jh. war es das erste Hotel von Mali Lošinj und strahlte wie heute, in seiner für hier typischen roten Fassadenbemalung mit weißen Fensterläden. Alles unterschiedlich gestaltete und große Zimmer, gutes Frühstücksbuffet, PC und Internetzugang, Fahrradverleih. Ein besonderer Komfort ist die Kopfkissenauswahl! Zimmer und Suiten ab 106 €/2 Pers. (TS 146 €). Ganzjährig geöffnet. Riva lošinjskih kapetana 36, ℡ 051/232-010, www.mare-mare.com.

**** Villa Deis **20**, südlich und oberhalb der Altstadt mit Blick auf die Hafenbucht; die herrschaftliche Villa ziert ein schönes Fuß-

Valle d'Augusto – ...

bodenmosaik von 1867. 10 komfortable Zimmer mit Internetzugang im Biedermeierstil, teils mit Balkon. Gutes Restaurant Claudia. DZ/F 110 € (TS 130 €). Haračića 13, ℡ 051/520-950, www.hotelvilladeis.com.

*** Hotel Villa Margarita **25**, kleines Hotel nahe der Hafenbucht. Zimmer und Appartements mit Terrassen, gutes Restaurant. DZ/F 80–104 €. Bočac 64, ℡ 051/233-837 u. 233-838.

*** Hotel Villa Ana **12**, am Ende der langen Hafenbucht. Zimmer- und Appartements, mit Restaurant, Sauna; auf der Terrasse Pool und schöner Blick auf die Stadt. Im Sommer nebenan Diskothek! DZ/F 100 €. Velopin 31, ℡ 051/233-223, www.vila-ana.hr.

In der Sonnenbucht (Sunčana uvala)
»» **Mein Tipp:** **** Hotel Aurora **28**, die komplette Modernisierung hat sich gelohnt – neben knapp 400 komfortablen Zimmern mit WLAN dominiert das schön gestaltete Wellness- und Spacenter. Es gibt Tennisplätze (auch Flutlicht), Boot- und Surfbrettverleih, Spielplatz; Animation für Groß und Klein. Zum Baden kleiner Sandstrand, ansonsten Kiesbuchten und Felsbadestrände; sehr ruhige Lage. Etwas östlich gebühren-

Mali Lošinj

... Mali Lošinjs tiefer und gut geschützter Hafen

pflichtiger FKK-Abschnitt am Felsstrand. Ganzjährig geöffnet, daher bestens für die preiswerte NS! DZ/F mit Balkon und Meeresblick ca. 170 € (TS 166 €). ☏ 051/231-324, www.losinj-hotels.com. «

**** **Villa Favorita** 22 und Dep. ** **Villa Jelena**, wunderschöne denkmalgeschützte Villa im Kiefernwald, 20 m vom Meer entfernt. Gefrühstückt wird auf der hübschen Terrasse mit Blick auf den umgebenden Park oder aufs Meer; zudem gibt's einen kleinen Pool. Gegenüber die preiswertere Villa Jelena, ebenfalls von einem großen Garten umgeben. Komfortable DZ/F 148 € (Villa Favorita), einfachere DZ/F 116 € (Villa Jelena). ☏ 051/520-640, www.villafavorita.hr.

An der Čikat-Bucht ** **Hotel Alhambra** 18 und Dep. **Villa Augusta**, zwei Villen in bester Lage an der Schiffsanlegestelle, umringt von Palmen, Agaven und Oleander, ihr Bauherr hieß Franz Joseph I. Nette Restaurantterrasse zum Meer und Strandbad. Im Inneren leider inzwischen wenig Prunk, eher sehr einfache Zimmer (meerseitige nehmen!). DZ/F ab 75 € (TS ab 80 €). Nur Mitte Juni–Sept. geöffnet. ☏ 051/232-022, www.losinj-hotels.com.

**** **Villa Hygeia** 15, das um 1903 am Meer erbaute Gebäude (wenige Meter neben Alhambra) – heute der Gesundheitsgöttin gewidmet – beherbergt nach Modernisierung wieder Gäste. Eingebettet in üppige Flora werden 5 verschieden große Appartements (4–10 Pers.) mit Balkon oder Gartenterrasse vermietet. Ab 179 €/2+2 Pers. (TS 199 €), Frühstück 7 €/Pers. im Hotel Alhambra. ☏ 051/232-022, www.hygeia.com.hr.

*** **Hotel Bellevue** 13, 226 Zimmer, teils meerseitig; ganzjährig geöffnet, daher gut für die ruhige, preiswertere Nebensaison. Hallenschwimmbad mit Meerwasser, Massage- und Bestrahlungsraum, Fitnessraum, vollautom. Kegelbahn, Wassersportausrüstung; in der Saison Animation und Unterhaltungsprogramm ... DZ/F mit Balkon, Meeresblick 88 € (TS 106 €). ☏ 051/231-222, www.losinj-hotels.com.

** **Villa Hortensia** 10, Anfang des 20. Jh. erbaut, Dependance von Hotel Bellevue (Frühstück dort), 20 m vom Meer entfernt im Kiefernwald. Geöffnet April–Mitte Okt. Einfache Zimmer und Familienzimmer 84 €/ 2 Pers. (TS 100 €). ☏ 051/231-222, www.losinj-hotels.com.

Insel Lošinj

**** **Hotel Kredo** 7, schöne Lage direkt am Meer, modern mit nettem Restaurant und am gleichnamigen kleinen Campingplatz. Ganzjährig geöffnet. Sehr gut ausgestattete DZ/F (120–190 €), Appartements (163–220 €). Srebrna uvala, ✆ 051/233-595, www.kre-do.hr.

* **Hostel More** 33, einfache Zimmer, zentrale Lage am Busbahnhof. I. i S. Vidulića 56, ✆ 051 /231-230, www.bluepoint.hr.

Camping ** **Camping Čikat** 5, sehr großer, weitläufiger Platz an der Čikat-Bucht, Terrassen mit Steinmäuerchen im Pinienwald bis hinab zur Silberbucht. Fels und betonierte Liegeflächen, kleine Kiesbuchtabschnitte. Supermarkt, Restaurant. Für Kinder gibt es ganz neu den großen *Family-Fun-Park*. Wohnwagen- und Mobilheimvermietung. 8 €/Pers., Platz mit/ohne Strom 3,50/6,50 €, Parzelle 8–14 €, Wohnwagenvermietung für 92 €/4–5 Pers.; hübsch sind die Mobilheime (4–6 Pers.) nahe dem Meer mit 2 Schlafzimmern, Küche, Terrasse, Liegestühlen etc. für 134 €. Geöffnet 1.4.–ca. 20.10. ✆ 051/232-125, www.camps-cres-losinj.com.

»› **Mein Tipp:** *** **Camping Village Poljana** 1, ca. 3 km nördl. von Mali Lošinj Richtung Osor, nach der Brücke. 18-ha-Platz unter hohen Pinien, oberhalb der Inselstraße; Bootsanlegeplätze und Slipanlage an separatem Platz an der Inselstraße. Schöne Mobilwohnheime und Bungalows, auch de Luxe, und Wohnwagenverleih, Restaurants, Supermarkt; Surfbrettverleih und sonstige Sportarten, Animation. Modernisierte Sanitäranlagen, Wifi-Internet. Schöne Badebuchten im Osten mit FKK-Abschnitt. Der Platz erhielt 2011 den ADAC-Award. Pro Pers. 10,80 € (TS 11,90 €), Parzelle für 2 Pers. inkl. Auto, Zelt etc. ab 15,40 € (TS 18,40 €). Geöffnet Ende März–Ende Okt. ✆ 051/231-726, www.baiaholiday.com. «‹

**** **Camping Kredo** 6, kleinerer Platz am Meer mit Hotel und gutem Restaurant (neben Camp Čikat). Ca. 10 €/Pers., Platz 11 €. Auch Mobilhausvermietung. Srebrna uvala, ✆ 051/233-595, www.kre-do.hr.

Essen & Trinken **Restaurant Baracuda** 19, mit Blick auf den Jachthafen; das Toplokal ist Treffpunkt der Skipper. Im Schaukasten tummelt sich Meeresgetier; es gibt frische Fische wie Seehecht, Drachenwels, Zahnbrasse, Hummer und Scampi. Gut geführt und immer gut besucht, hohes Preisniveau. März–Okt. ab 9 Uhr. Priko 31, ✆ 051/233-309.

»› **Mein Tipp:** **Konoba Corrado** 32, oben in der Altstadt nahe der Kirche, bietet traditionelle einheimische Gerichte. Der Besitzer Korado Morin und seine Frau Marica organisieren jährlich den Neujahrs-Cup im Unterwasser-Fischfang – er ist sozusagen Profi-Fischer, was sich in der Speisekarte niederschlägt: Auf den Tisch kommt, was gerade gefangen wurde, z. B. Tintenfische oder auch Hummer à la buzarra; auch die Pizzen finden Lob. Gegessen wird im netten Natursteinbau oder auf der überdachten Terrasse. Geöffnet Juni–Ende Sept. Sv. Marije 1, ✆ 051/232-487. «‹

Konoba-Pizzeria Bukaleta 23, hübsches Natursteingemäuer in der Altstadtgasse mit kleiner Terrasse, guter Service. Neben Pizzen sind die Spezialitäten frischer Fisch und Pekagerichte.

Konoba Odyssey 16, von der Terrasse direkt am Meer genießt man das gesamte Stadtpanorama und die Bucht, dazu gibt es leckere Fischgerichte und freundlichen Service. Velopin 14, ✆ 051/231-893.

Restaurant Silvana 26, hier isst man sehr gute Hausmannskost. Spezialitäten sind Scampi buzzara oder Fisch oder Lamm aus der Peka. Mitte März–Mitte Nov. Lošinjskih pomoraca 2, ✆ 051/232-591.

Konoba Chalvien 11, gute preiswerte Küche in Hafennähe und Busbahnhof mit Blick aufs Meer. Spezialitäten sind Scampi buzzara oder Lamm. Lošinjskih brodograditelja 84, ✆ 051/233-101.

Konoba Cigale 9, schöne Lage an der Čikat-Bucht neben dem Tauchcenter. Spezialitäten sind Fisch und Pekagerichte nach Vorbestellung. ✆ 051/238-583.

Pizzeria Draga 29, die Pizzen werden gelobt. Braće Vidulića 77.

Konoba Porto 31, an der Bucht Sv. Martin, nahe dem Friedhof. Hier isst man sehr gut Fisch, eine Spezialität sind Seeigel. Sv. Martin 35, ✆ 051/231-956.

Konoba Lanterna 30, gegenüber von Porto an der Bucht Sv. Martin im ehemaligen Leuchtturm. Man sitzt gemütlich an langen Bänken und Tischen. Spezialitäten sind Fischgerichte und Muscheln. ✆ 051/233-625.

Eisdielen (Slastičarna): Enormes Angebot – das leckerste soll es laut Lesern im **Dolce Vita** 24 am Hauptplatz geben.

Mali Lošinj 125

Sport

Baden Rund um die Čikat-Halbinsel beste Möglichkeiten, u. a. an der Sunčana-Bucht (hinter Hotel Aurora) mit Feinkies und Fels; ruhiger wird es gen Osten. Zudem entlang des Fußwegs Richtung Veli Lošinj (Nordseite) an der Felsküste mit kleinen Kieselbuchtabschnitten.

Wassersport Sportfischerei, Segelschule, Tauchschule, Bootsverleih und Surfschule auf der Halbinsel Čikat. Infos auch über die Hotels und Touristagenturen.

Tauchen Sanjin Dive Center, in der Čikat-Bucht, neben Konoba Cigale (südl. von Hotel Diana). Geöffnet 1.4.–15.11. ✆ 051/233-900, www.diver.hr.

Tauchclub Sumartin, Sv. Martin 41, ✆ 098/798-995 (mobil), www. sumartin.com. Geöffnet 1.4.–1.11.

Surfen Surfschule Sunbird, an der Čikat-Bucht (unterhalb von Hotel Bellevue), ✆ 095/8377-142 (mobil), www.sunbird.de. Neben Surfbrettern kann man auch Fahrräder und Kanus leihen.

Bootsverleih/Taxiboote u. a. bei Nadir Yacht Service, Hafenplatz (kurz vor Schranke), ✆ 098/328-354, 098/216-725, www.nadir.hr.

Jachtcharter Jadranka Yachting, Privlaka b.b., ✆ 051/233-086, www.jadranka-yachting.com.

Jachthafen Marina Mali Lošinj, vor der Stadt, bewacht, 200 Liege- und 150 Stellplätze. Wird hauptsächlich von Transitreisenden besucht; großes Ersatzteillager, guter Motorenservice. 12-t-Travellift, 4-t-Kran. Wasser- und Stromanschluss, Tankstelle (vor der Brücke), sanitäre Anlagen, Wäscherei, Restaurant, Einkaufsläden. Zur Saison oft hoffnungslos überfüllt. Geöffnet in der Saison 7–22 Uhr. Privlaka b.b., ✆ 051/231-626.

Anlegestellen ebenfalls im Stadthafen.

Hafenamt, Priko 60, ✆ 051/231-438.

Bootsführerschein, kann während der Saison in Kursen über das Hafenamt erworben werden.

Wandern/Mountainbike Entlang der Küste auf pinien bestandenem, schattigen Uferweg nach Veli Lošinj – wer Glück hat, sieht im Meer die Delphine springen.

Schön ist auch die Wanderung (oder besser noch eine Mountainbiketour) über den Bergzug Kalvarija (201 m) weiter Richtung Pogled (242 m) oder hinab zu schönen Buchten (→ Veli Lošinj). Auch entlang der Südküste mit ihen vielen Badebuchten führt ein markierter Wanderweg; zudem kann man die Insel im Osten zu Fuß umrunden und so gen Veli Lošinj laufen. Insgesamt wurden hier 140 km Wanderwege angelegt, genug um sich auszutoben.

Fahrräder, Scooter u. a. bei Agentur Manora. Fahrradverleih bei Sunbird an der Čikat-Bucht unterhalb Hotel Bellevue.

Sehenswertes

Eine mit dickbauchigen Palmen und Blumenrabatten angelegte Uferpromenade führt vom Zentrum den Kai entlang Richtung Trajekthafen und Parkplatz. Babylonisches Sprachgewirr schiebt sich an den Terrassen der Lokale vorbei, am Kai liegen Ausflugsboote, Segelschiffe und Fähren. Im renovierten Palast Kvarner, um 1900 erbaut, wird ab 2012 die Dauerausstellung des Bronzemanns „Apoksiomen" (→ Kasten „Der athletische Bronzemann") eröffnet. Das Original, momentan in Zagreb aufbewahrt, wird hier sicherlich ein adäquates Zuhause finden.

Ruhiger wird es in den Seitengassen; einige führen steil hinauf zur *Pfarrkirche Sv. Marije* mit Spitzhaubenturm und zur *Bastei* – beide ragen aus der Dachlandschaft empor. Vom Kirchplatz bietet sich ein schöner Blick über die Stadt hinab zum Meer.

In der ehemaligen Volkshochschule ist heute die städtische *Kunstsammlung* untergebracht. Einen Teilbereich bildet die *Mihičić-Sammlung*, eine Ausstellung zeitgenössischer kroatischer Künstler, die benannt ist nach dem Stifter und Gründer Andro Vid Mihičić, einen anderen die *Piperata-Sammlung* mit 27 Werken italienischer Maler aus dem 17. und 18. Jh., die den Namen ihres Gründers Giuseppe Piperata trägt. (V. Gortana 35, ✆ 051/231-173; geöffnet 15. Juli–15. Sept. 10–13/19–22 Uhr, sonst 10–12/18–20 Uhr, Mo Ruhetag.)

Ortsteil Sv. Martin: Der einstige Ortskern von Mali Lošinj liegt an der Nordostküste und wie eine Insel mitten im Neubaugebiet der Appartementhäuser. Kurz vor der idyllischen Hafenbucht liegt auch der schöne alte *Friedhof* von Mali Lošinj, mit prunkvollen Gräbern, in denen die sterblichen Reste der Schiffskapitäne ruhen. Die Friedhofskirche *Sv. Martin* aus dem Jahr 1450 ist das älteste Bauwerk von Mali Lošinj.

Von hier aus, aber auch mit Zugängen von der Inselstraße, führt ein schöner Fußweg entlang der kieferngesäumten Küste nach Veli Lošinj (→ Veli Lošinj) und zu kleinen türkisblauen *Badebuchten*. Die vorgelagerten Inseln *Vele* und *Mali Orjule* sind unbewohnt. Vor Veli Lošinj erreichen wir die Hotelstadt *Punta* – und wer Glück hat, sieht auf seinem Weg Delphine springen!

Aromagarten: Die kleine Anlage mit Kräutershop liegt an der Straßenkreuzung Veli Lošinj/Halbinsel Čikat; hier kann man an den Heilpflanzen der Insel schnuppern – vor allem im Frühjahr lohnend (geöffnet Mo-Fr Juli/Aug. 18–21 Uhr, Juni u. Sept. 10–12 Uhr).

Halbinsel Čikat: Die dicht bewaldete Landzunge erstreckt sich rund 2,5 km von Mali Lošinj gen Westen, ist im Süden zerlappt, von Wanderwegen durchzogen und fast rundum von einem asphaltierten Uferweg gesäumt. Die höchste Erhebung, der *Vela Straža* (62 m, auch Monte Bastion genannt), war ein beliebter Militärstützpunkt. Sie bietet einen schönen Weitblick über die tief einschneidende Hafenbucht von Mali Lošinj und die vorgelagerte Inselwelt. Die bis auf ein paar Hotels und zwei Campingplätze fast unbewohnte Landzunge weist rundum beschauliche Badeplätze an Fels- und Kiesbuchten auf – stattliche Villen erinnern an vergangene Zeiten. Der Kiefernwald, der sich bis Veli Lošinj und weiter gen Süden über die gesamte Halbinsel erstreckt, wurde Ende des 19. Jh. auf Initiative von *Ambroz Haračić*, Lošinjer Botaniker und Professor an der Seefahrtschule, zu Forschungszwecken und zur „Klimaverbesserung" angepflanzt. Als Dank erhielt er für sein Engagement in der Čikat-Bucht ein Denkmal. An der Spitze der Halbinsel Čikat bzw. an der Hafeneinfahrt steht die *Votivkirche Mariä Verkündung* (Annunziata), 1534 erbaut und im Jahr 1858 erweitert. Entlang der Uferpromenade spazierten die Kapitänsfrauen, um hier nach ihren Männern Ausschau zu halten oder für sie zu beten.

Friedhof Sv. Martin

Mali Lošinj

Höhenzug Kalvarija und Inselosten: Der Höhenzug erhebt sich östlich von Mali Lošinj und bietet sich bestens für eine schöne Wander- oder Mountainbiketour mit herrlichen Ausblicken an. Vom Altstadtzentrum gelangt man über den alten Prozessionsweg mit seinen 14 Stationen zum Kalvarienberg, aber auch über das schmale Asphaltsträßchen, das steil bergan führt. Das Sträßchen windet sich gen Südosten über die Höhenzüge von *Kalvarija*, vorbei an der alten Kreuzwegkapelle *Sv. Ivan* von 1755, mit herrlichem Weitblick auf Veli Lošinj und übers Meer und weiter gen *Grogoščak* und *Pogled* (242 m) und endet an der Bucht *Mrtvaška*. Hier gibt es einen Parkplatz und es besteht Taxibootverbindung zur Insel Ilovik (→ Ilovik). Das Südostende von Lošinj ist unbewohnt und ebenfalls zerlappt, was Bootsfreunde und Badende freut (→ Veli Lošinj). Beidseitig des Asphaltsträßchen zweigen Wanderweg hinab: nach Norden in Richtung Veli Lošinj, nach Süden zu vielen herrlichen Badebuchten.

Der athletische Bronzemann (Apoxyòmenos)

Ein kostbarer Schatz aus der Tiefe des Meeres wurde unweit von Veli Lošinj, zwischen den Inseln *Vele Orjule* und *Kozjak*, am 27. April 1999 gehoben: die Bronzestatue eines antiken, 192 cm großen Athleten, der ca. im 1. Jh. v. Chr. durch Schiffbruch, Ballastabwerfung im Sturm oder vielleicht auch um die Götter zu besänftigen, ins Meer gelangte.

Bei herrlichem Wetter und flacher See sichtete der belgische Tourist René Wouters bei einem Tauchgang in 45 m Tiefe das jahrtausendealte Kunstwerk. Die Statue, eingeklemmt zwischen Felsen, wurde geborgen und von einem 20-köpfigen internationalen Archäologenteam in 7 Jahren erforscht und restauriert. Nach langwierigen Materialuntersuchungen datierte man den Athleten auf das 2.–1. Jh. v. Chr., den zur Herstellung benötigten Prototyp auf das 4. Jh. v. Chr. Seine Schönheit in der Ausarbeitung deutet auf einen leider unbekannten Meister seines Faches hin. Sieben weitere Varianten eines „Apoxyòmenos" sind bis heute bekannt, die bisher bedeutendste Statue entdeckte man 1896 in Ephesus, ausgestellt im Kunsthistorischen Museum in Wien. Der Bronzemann von Lošinj gilt allerdings in Fachkreisen als am besten und fast vollständig erhalten. Seine letzte Ruhestätte erhält er ab 2012 im prachtvollen, zum Museum umgestalteten Palace Kvarner in Mali Lošinj. Kopien des Bronzemanns sind in Veli Lošinj im Uskokenturm und im Archäologischen Museum in Zagreb zu bewundern.

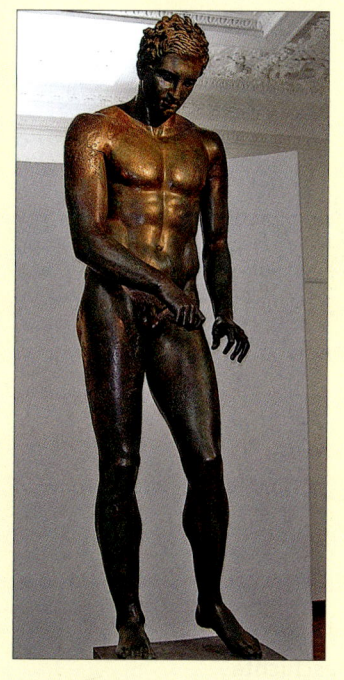

Veli Lošinj

Die älteste und ehemals größte Stadt der Insel Lošinj zieht sich, umgeben von üppigem Grün und durch einen Weinberg geteilt, an zwei Hafenbuchten entlang. Das Zentrum zum Schutz der Delphine ist hier aktiv.

Heute leben nur noch 900 Einwohner in dem Städtchen, in dem allergische und chronische Krankheiten behandelt werden. Seit 1885 ist Veli Lošinj (wie auch Mali Lošinj) aufgrund seines günstigen Klimas Luftkurort. Der renovierte Uskokenturm *Kula* beherbergt heute ein Museums- und Galeriezentrum, und es gibt ein *Delphin-Informationszentrum*.

Die alten Häuser Veli Lošinjs schmiegen sich in eine Senke, dazwischen Pinien, ein Kirchturm, Palmen und Zypressen, ein paar Agaven. Das Ortszentrum befindet sich an der autofreien *Riva-Bucht*, umgeben von der Promenade *Obala Maršala Tita*, in einem anheimelnden Kai-Geviert, an das sich Cafés und Gostionas mit ihren Terrassen reihen. Die Häuserzeilen erstrecken sich bis hinüber zur ruhigeren *Rovenska-Bucht*. Von hier aus führt ein Uferweg zu vielen Badeplätzen.

> ### Delphin-Projekt – Adriatic Dolphin Project Blue World
> Seit 1987 kümmert sich in Veli Lošinj ein zum Teil international besetztes Team zusammen mit dem Naturhistorischen Museum in Zagreb um die Erforschung und den Schutz der hier beheimateten Delphine. Im Gewässer rund um Cres und Lošinj leben rund 100–150 Große Tümmler *(Tursiops truncatus)*. Die Mitarbeiter des Blue World Teams würden dieses Gewässer um Lošinj gerne schützen, d. h. fischfang- und bootfrei machen, was allerdings auf massiven Widerstand stößt.
>
> Westlich vom Uskokenturm sind Sitz und Ausstellungsraum von Blue World; ein 20-minütiges Video (auch in deutscher Sprache) gewährt einen kleinen Einblick in die Delphinwelt. Eintritt 10 KN/1,30 €, Jugendliche 7 KN/0,90 €, bis 6 Jahre gratis. Geöffnet Juli/Aug. tägl. 9–13/18–22 Uhr, Juni u. Sept. nur bis 20 Uhr; Mai u. Okt. Mo–Fr 9–16 Uhr, Sa 9–14 Uhr; im Winter (Nov.–April) Mo–Fr 10–14 Uhr.
>
> Wer das Projekt unterstützen möchte, kann gegen eine Gebühr von 20, 35 oder 70 € *Pate* eines Delphins bzw. Mitglied werden. Sponsoren erhalten neben einer Urkunde ein T-Shirt sowie ein Foto „ihres" Delphins.
> **Blue World (Plavi svijet)**, Kaštel 24, 51551 Veli Lošinj, ✆ 051/604-666, www.blue-world.org.

Geschichte

Veli Lošinj entwickelte sich aus mehreren Siedlungen. Die erste, *Velo Selo*, entstand im 13. Jh. Die Überreste des von den Mongolen verwüsteten alten Dorfes befinden sich auf dem Berg Sv. Nikola inmitten von Weingärten. Die Ruinen des Pfarrhauses heißen heute noch *Hramina*, Tempel. Hier wohnte der Priester und erledigte die kirchlichen, später auch die notariellen Geschäfte. Wie Mali Lošinj

Veli Lošinj 129

wurde Velo Selo später umbenannt – der Name „Veli Lošinj" wird erstmals 1398 in einem Vertrag erwähnt.

1455 befestigten die Venezianer die Stadt gegen die Uskoken. Gegenüber an der Hafeneinfahrt und an den Fels baute man 1480 die Pfarrkirche *Sv. Antun,* die 1774 im Stil des Barock umgestaltet wurde und wertvolle Gemälde birgt. 1510 wurde im Podjavori-Gebiet, dem fruchtbarsten von Veli Lošinj, die *Kirche der Engelhaften Madonna* errichtet. Zu dieser Zeit entstand auch ein kleiner Hafen in der *Rovenska-Bucht.* Die Bewohner der Siedlung lebten vom Fischfang, Ende des 16. Jh. gab es die ersten Lošinjer Seefahrer, 1650 den ersten Hochseekapitän. 1799 lief das erste große Schiff auf den Kvarner-Inseln, die damals zu Österreich gehörten, im Rovenska-Hafen vom Stapel. Im 19. Jh. wurde der Hafen ausgebaut und eine Werft gegründet. Doch schließlich musste sich Veli Lošinj seinem Konkurrenten Mali Lošinj geschlagen geben – die große Hafenbucht bot Mali Lošinj die besseren Expansionsmöglichkeiten. Nach dem Niedergang der Segelschifffahrt seit Mitte des 19. Jh. entwickelte sich Veli Lošinj, wie Mali Lošinj, zu einem Urlauberort. Aus dieser Zeit stammt der subtropische Park mit dem Palais des österreichischen *Erzherzogs Karl Stephan von Habsburg,* in dem heute eine Klinik für allergische Krankheiten residiert.

Information/Diverses

Tourismusverband, über Mali Lošinj, 51551 Veli Lošinj.

Touristagentur Turist, Obala Maršala Tita (Hafen), ✆ 051/236-256, www.island-losinj.com. 9–12 und 17–21 Uhr.

Touristagentur Val, Obala Maršala Tita (Hafen), ✆ 051/236-352, www.losinj-val.com. Ganzjährig geöffnet, Saison 9–21 Uhr. Gute Infos, Zimmervermittlung.

Verbindungen Regelmäßige **Stadtbus**verbindung mit Mali Lošinj, zudem **Hotelbus** ab Punta.

Parken Am Straßenende großer gebührenpflichtiger Parkplatz.

Ausflüge Zur Blumeninsel Ilovik, zur Liebesinsel Orjule.

Delphinbesichtigung mit Taxiboot (Fran oder Happyboat) in der Saison tägl. ca. 11–17 Uhr, inkl. 3 Inseln, ca. 25 €. Abfahrt Riva-Bucht.

Seekajak Sea Kayak Adventure, ✆ 095/901-0109 (mobil), www.seakayak.hr. Das Team hat Sitz in Banjol, Insel Rab. Ab Cres startet z. B. die Delphin-Tour.

Gesundheit/Wellness Im Kurhaus Behandlung von chronischen Entzündungen der Atmungsorgane, von allergischen Krankheiten, Schuppenflechte und Erschöpfungszuständen. ✆ 051/236-111.

Wellness- und Beautyzentrum im Hotel Punta, ✆ 051/662-019.

Veranstaltungen Am 26. Juli findet jedes Jahr das **Stadtfest** statt: Konzerte, Schwimmwettbewerbe, Wettbewerbe für die Kinder und gutes Essen sind geboten.

Delphin-Tag in Veli Lošinj am 1. Sa im Aug.

Übernachten/Essen & Trinken

Übernachten Privatzimmer ab 14 €/Pers. Appartements für 2 Pers. ab 40–45 €. U. a. **Villa San,** Pension mit netten Zimmern, DZ ca. 40 €, Garina b.b., ✆ 051/236-219.

*** **Pension Saturn,** im Zentrum am Hafenbecken, mit Restaurant und Dachterrasse. Je nach Ausstattung, AC oder Meerblick, DZ/F 48–60 € (TS 64–72 €). ✆ 051/236-102, www.val-losinj.hr.

*** **Hotel Mozart,** gleich daneben, ebenfalls sehr nett zu wohnen. DZ/F ca. 60 €. Kaciol 3, ✆ 051/520-041.

Pension Pjacal, hinter dem Kastell und in ruhiger Lage liegt der freundliche Familienbetrieb von Robert & Karin Belaj mit netten Zimmern, herrlicher pflanzenumwucherter Terrasse und Minigalerie. Nette DZ/F 56 €. Kastel 3, ✆ 051/236-244, www.pjacal.

Pension Veli Lošinj, in Seitengasse; hier wohnt man ruhig und gut und wer möchte, kann täglich Hausmannskost genießen. DZ/F 60 €; Halbpension 40 €/Pers. Slavojna b.b., ℡ 051/236-166, www.volantis.hr/pansion.

»» Mein Tipp: **** Villa Tamaris, das stilvoll restaurierte Haus mit Cafébar und Atmosphäre liegt direkt am Hafenbecken. Internetzugang. Hübsche Zimmer. DZ/F 100 € (TS 110 €). Obala Maršala Tita 35, ℡ 051/867-900, www.vila-tamaris.com. «««

*** **Hotel-Restaurant Grbica**, an der Südostseite, oberhalb vom Parkplatz mit schönem Meeresblick. 25 Zimmer, Pool und Tennisplatz. Gute neapolitanische Küche. DZ/F ca. 80 €. Grbica b.b., ℡ 051/236-186, www.grbica.hr.

–* **Hotel Punta**, Alleinlage an der Landzunge nördlich der Altstadt. Wellness- und Beautycenter, Trimm-Kabinett, ärztl. Betreuung, Sportangebote und Vermietung von Ausrüstung, gute Bademöglichkeiten; Fahrradvermietung. Vor allem in der Nebensaison ein guter Standort. Wer sich hier einquartiert, sollte die neuen großzügigen **** Studios und *** Appartements am Meer buchen. Appartement (3–6 Pers.) ca. 108 € (TS 127 €); Studios DZ/F 147 € (TS 170 €). ℡ 051/662-000, www.losinj-hotels.com.

Jugendherberge »» Mein Tipp: Hostel Zlatokrila, hübsche alte Villa, umgeben von einem Palmenpark, oberhalb des Ortes zwischen den beiden Buchten. 60 Betten und kleines Restaurant. Geöffnet Mai–Sept. Kaciol 26, ℡ 051/236-258, www.nazor.hr. «««

Jugendherberge Veli Lošinj, direkt am Hafen. Insg. 50 Betten für 2, 3 oder 5 Pers. Frühstück möglich, Bar, Terrasse, Internet, TV-Raum. Geöffnet Mai–Okt. Pro Pers. mit FR 18,50 €. Kaciol 4, ℡ 051/236-234, www.hfhs.hr.

Essen & Trinken Restaurant **Marina**, die Einheimischen loben die Grill- und Fischgerichte. Riva-Bucht, ℡ 051/236-008.

In der Rovenska-Bucht sitzt man sehr schön bei Candlelight in den **Restaurants Mol** (℡ 051/236-008) und **Sirius** (℡ 051/236-399). Beide bieten schmackhafte Fisch- und Grillgerichte.

»» Mein Tipp: Zwischen beiden obigen liegt das nette **Restaurant/Bar Bora Bora**, hier kann man Internetsurfen und gut essen; ℡ 051/867-544. «««

Etwas oberhalb der Rovenska-Bucht liegt das **Restaurant Rovenska** mit schönem Blick und guter Küche. Rovenska 42, ℡ 051/236-220.

Kleiner Rundgang

Die Hauptstraße endet an einem schattigen Parkplatz, in der Nähe die Kirche der *Engelhaften Madonna* mit Zwiebelturm. Die verwinkelten Gassen mit dem in Jahrhunderten glatt polierten Kopfsteinpflaster führen zum Hafenbecken der Riva-Bucht. Überall stehen Palmen hinter efeuumrankten Steinmauern und verbergen die vornehmen Häuser der Lošinjer Seekapitäne. Der blühende Jasmin duftet betörend. Der *Uskokenturm*, Kula genannt, ist ein gutes Stück von der heutigen Hafenbucht entfernt, früher brach sich das Meer an seinen Grundfesten. Der Turm wurde renoviert und zeigt eine historische Sammlung, u. a. eine Kopie des 1999 geborgenen griechischen Bronzemanns (s. o.) und wechselnde Kunstausstellungen (geöffnet 15. Juli–15. Sept. 10–13/19–22 Uhr, sonst 10–12/18–20 Uhr; Mo Ruhetag).

Weiter nördlich und etwas westlich vom Hafenbecken hat das *Delphin-Projekt Blue World* (s. o.) seinen Sitz.

Veli Lošinj – die beschauliche Bucht

Gegenüber am Hafenbecken erhebt sich mächtig die *Basilika Sv. Antun*, 1480 erbaut und 1774 im Barock umgestaltet; ihr Turm versteckt sich abseits im Pinienwald. In der Basilika eine Skulpturen- und Gemäldesammlung, darunter das Bild „Madonna und die Heiligen" von Bartolomeo Vivarini (1455), ein großes Werk der venezianischen Schule. Östlich davon der Chorraum der alten Pfarrkirche. Oberhalb der Basilika, inmitten üppiger Vegetation und historischer Bauten, ein Park, der sich bei Mondlicht wie verzaubert präsentiert. Eine Promenade führt, vorbei an Weinbergen und Ruinen, hoch über dem Meer zur Rovenska-Bucht oder nördlich in Richtung Hotel Punta.

Baden: Im feinkiesigen *Strandbad*, südöstlich der Rovenska-Bucht, gedeihen Agaven an der Strandpromenade. Entlang der *Felsküste* kann man getrost die Hüllen fallen lassen, ins Wasser springen und schnorcheln. Üppiges Grün zwischen den Felsen und Föhrenhaine spenden Schatten. Bei klarem Wetter Sicht auf Rab, Pag und das Küstengebirge. Nach 0:30 Std. Wegzeit erreicht man vom Strandbad aus die *Krška-Bucht* mit Bootsanlegeplatz und die grobkiesige *Javorna-Bucht* mit Bootsanlegeplatz und Ruine. Das Wasser ist hier sauberer, und der Zugang zum Wasser ist leichter als vorne an der Felsküste. In weiteren 0:30 Std. ist die *Jamna-Bucht* erreicht, nach nochmals 0:20 Std. *Bočina*.

Gut 1:30 Std. läuft man über den Berg – vorbei an der *Kapelle Sv. Ivan* von 1755 und mit herrlichem Ausblick über Veli Lošinj – auf einem schmalen Pfad hinab zu den südlichen Buchten *Balvanida* und *Krivica*. Krivica, ein tiefer, türkis leuchtender Buchteinschnitt mit Anlegeplätzen, ist föhrenbestanden; die Krivica wird aufgrund der zahlreich ankernden Jachten auch „Millionenbucht" genannt. In 0:15 Std. Fußweg erreicht man die *Balvanida-Bucht* mit einer Konoba. Hier kann man unter berankter Laube essen und trinken. Die Bucht selbst ist zum Baden nicht so schön, hat allerdings einen Anlegeplatz.

Gute Bademöglichkeiten bietet auch die Felsküste hinter dem Hotel Punta Richtung Mali Lošinj. Auf dem betonierten Fußweg entlang schattiger Pinien kann man schön spazieren und sich seinen Badefelsen suchen; teils Einstiegshilfen durch Leitern ins Meer.

Krivica-Bucht – auch „Millionenbucht" genannt

Ausflugsinseln um Lošinj

Die Inseln Ilovik und Sv. Petar sind Lošinj vorgelagert. Touristisch erschlossen ist nur das blumenübersäte Ilovik. Trotz der täglich anlegenden Ausflugsboote kann man hier in üppiger Natur geruhsame Ferien verbringen. Bootsbesitzern bietet die Insel einen gut geschützten natürlichen Hafen.

Die beiden autofreien Inseln liegen wenige Seemeilen südlich der Insel Lošinj, von der sie das „Iloviker Tor" trennt. Die üppig bewachsene 5,8 km² große *Insel Ilovik* mit 80 Bewohnern bietet Unterkunft und viele Badebuchten an der zerklüfteten Küste – einige sogar mit Sandstrand. Die höchste Erhebung Iloviks ist der *Berg Dida* mit 92 m. Der 300 m breite Kanal, der die Insel von Sv. Petar trennt, gewährt – außer bei Südwind – den Jachten Schutz.

Fast unbewohnt ist die 1,5 km² große Klosterinsel *Sv. Petar*, die sich nördlich von Ilovik erstreckt. Hier ist auch der Friedhof von Ilovik, der sich innerhalb der Mauern des einstigen Benediktinerklosters befindet (s. u.).

Geschichte

Ilovik und Sv. Petar waren schon von den Römern bewohnt, die hier prachtvolle Villen errichteten – Mauerreste, Gräber, Münzen und ein Sarkophag zeugen von dieser Zeit. Spuren prähistorischer Bauten, die man auf Ilovik fand, deuten sogar auf eine noch frühere Besiedlung durch die Illyrer hin. Mauerreste der altchristlichen Andreaskirche aus dem 6. Jh. fand man in der Bucht Sićadrija.

Die Bauern aus Veli Lošinj bestellten auf Ilovik das in bischöflichem Besitz befindliche Land und gründeten Ende des 18. Jh. eine Siedlung. 1876 eröffnete man auf Ilovik die erste kroatische Schule des Lošinjer Inselraums. Die Inselbewohner sind auch heute noch Bauern und zudem erfahrene Fischer.

Sv. Petar – venezianische Ruinen in Grün verpackt

Auf Sv. Petar stand seit dem 11. Jh. ein Benediktinerkloster. Um 1600 bauten die Venezianer zur Verteidigung gegen die Uskoken eine Festung. Sie wurde 200 Jahre später von den Engländern bis auf Turm und Mauern zerstört, ebenso das Kloster, das man um 1900 ganz niederriss. Die Franziskaner errichteten weiter westlich ein neues, kleineres Kloster.

Insel Ilovik

An einer Bucht liegt der gleichnamige Inselort mit seinen winkligen, blütenduftenden Gassen, der *Bastei* und den Hügeln im Hintergrund. Bunte alte Häuschen verstecken sich hinter Gärten; lieblich anmutend die Blumenpracht der Stockmalven, Mimosen und Hortensien, Oleander leuchtet in allen Farben, rosafarben der blühende Puderquastenstrauch. Auf dem fruchtbaren Boden gedeihen Orangen, Zitronen und Gemüse, über die Steinmäuerchen rankt Wein.

Eine kleine Gasse, parallel zum Hafenbecken verlaufend, ist die Hauptachse des Ortes, die sich vormittags mit den Touristen der Ausflugsboote füllt, beliebter Platz ist die Eisdiele. Doch abends verbreitet sich am Hafen von Ilovik verträumte Beschaulichkeit. Jachten schaukeln im Wasser, und die wenigen Touristen, die geblieben sind, blicken auf die romantische Kulisse von Sv. Petar, die Reste der einstigen Festung und die Hügelkette von Lošinj.

Information/Verbindungen/Diverses

Tourismusverband (→ Mali Lošinj), 51552 Ilovik. Zudem www.ilovik.hr.

Verbindungen (→ „Wichtiges auf einen Blick"). **Schiffsverbindungen:** Personenfähre Mali Lošinj–Ilovik–Mali Lošinj, von Ilovik nur 1- bis 2-mal tägl. (nicht So).

Katamaran Rijeka–Cres–Ilovik–Mali Lošinj, Mo, Do/Fr und So. Nur Mo u. So auch Susak und Unije.

Katamaran (LNP, Splittours) Pula–Unije–Mali Lošinj–Ilovik–Zadar.

Taxiboot, von der Uvala Mrtvaška (Insel Lošinj) nach Ilovik; 100 KN. ✆ 099/5162-349 (mobil), VHF 17.

Kein Bootstransfer zwischen Ilovik und Sv. Petar, nur per Taxiboot, 10 KN.

Post Beim Hafen, Geldwechsel möglich.

Einkaufen Minishop Lipa, Hauptgasse, ✆ 051/235-925. Internet, Geldwechsel und Souvenirs. Zudem kleiner Supermarkt Kiosk, Bäckerei (östliche Hafenbucht).

Veranstaltungen Ortsfest am 29. Juni. Beginnt morgens mit einer Prozession und Musikkapelle, abends Tanz und gutes Essen.

Wassersport Der Hafenkanal von Ilovik bietet ca. 150 Bojen zum Festmachen und guten Schutz, außer bei Südwind. Zudem 60 Anleger mit Strom. Die Marina in Lošinj ist in der Saison oft überlastet, denn die Häfen der Inseln Silba, Olib und Unije sind, je nach Wind, nicht unbedingt sicher.

Übernachten/Essen & Trinken

Übernachten Privatzimmer ab 16 € und Appartements ab 20 €/Pers., z. B. Restaurant-Pension Dalmatinka, ✆ 051/235-954.

》》 Mein Tipp: *** **Appartements Sabina,** sehr schön und ruhig wohnt man in den neu erbauten Appartementhäuschen von Sabina Simičić (Sabina ist auch für das Taxiboot/Hafen zuständig). Die Wohnungen sind zweigeschossig, verfügen über Balkon und Terrasse, Garten und Grill und sind bestens ausgestattet. Ganzjährig geöffnet. Appartements für 5 bzw. 8 Pers. 100 und 120 €. Ilovik 81, ✆ 051/235-904, 098/1826-120 (mobil), www.apartmani-ilovik.hr. **《《**

Essen & Trinken Für Bootsbesitzer: wer in einigen Restaurants (u. a. Amico, Porto) für 70 KN konsumiert, hat ein gratis Shuttletaxiboot.

Restaurant Amico, nahe der Anlegestelle. Freundlicher Familienbetrieb, die Terrasse ist direkt am Meer. Es gibt leckere Fisch- und Fleischgerichte, kalte Platten mit dalmatinischem Schinken, Käse, Oliven und Peperoni. ✆ 051/235-912.

Restaurant Porto, am östlichen Hafenbecken mit großer Terrasse. Neben Rindfleischeintopf und „Sarma", den gefüllten Paprikaschoten, gibt es auch Fisch, Muscheln und Hummer. ✆ 051/235-929.

Restaurant-Pension Dalmatinka, gegenüber von Porto, hier erhält man frisch gefangenen Fisch. ✆ 051/235-954.

》》 Mein Tipp: Pekara, Konoba Panino, Seitengasse bei Dalmatinka. Neben Brot, Kuchen und Pfannkuchen kann man auf der überdachten Terrasse nach Voranmeldung speisen, u. a. Pekagerichte (Lamm, Oktopus, Kalb). Geöffnet Mitte April–Ende Sept. ✆ 051/235-978. 《《

Baden/Wandern: Ein Fußweg führt von Ilovik zur *Bucht Nozdre* im Westen – Kies und Fels mit klarem Wasser. Ein Stück südlich (ca. 0:45 Std. Gehzeit) die *Bucht Vela Draga* mit Schatten spendenden Bäumen und weißem Sand im Meer; sie erreicht man, indem man am Ortsende links Richtung Schule abzweigt und bis zur Kapellenruine Sv. Andrija (5. Jh.) läuft, dann rechts abzweigt Weitere Kies- und Felsbadebuchten an der Westseite.

Bucht Pržine: Ein anfangs malvengesäumter Weg führt in ca. 0:30 Std. Gehzeit vom östlichen Hafenbecken zur Sandbucht an der Südküste. An der kleinen Kapelle muss man sich links halten. Steinmäuerchen unterteilen die Olivengärten, die kaum mehr bewirtschaftet werden. Zikadengeräusche, erschreckt von dannen züngelnde Salamander und überall Spinnennetze, deren Fäden gleich wieder gezogen werden, zerreißt man sie.

Pržine ist eine große, sehr flach ins Meer abfallende Sandbucht, in der oft Jachten ankern. Kein Schatten, Seegras und Kieselsteine dienen als Liegefläche, dazu schöner Blick auf die Inseln Premuda und Silba. Leider wird durch die Strömung oft Plastikmüll angeschwemmt.

Berg Dida ist mit 92 m die höchste Erhebung der Insel. Kleine Pfade führen vom Ort hinauf, an Steinmäuerchen entlang, hinter denen alte, verholzte Olivenbäume stehen. Von oben weiter Rundblick auf Ilovik mit dem Kanal und Sv. Petar, auf Lošinj mit den vorgelagerten Inseln Orjule und im Süden Premuda, Silba und Olib.

Zum *Vela Straža* (91 m) führen ebenfalls Pfade, die sich schließlich an Steinmäuerchen und im Dickicht verlieren. Von hier oben überblickt man den Kanalverlauf mit Sv. Peter und sieht bis zu den Inseln Orjule und Lošinj.

Insel Sv. Petar

Die Klosterinsel liegt in Schwimmnähe von Ilovik und ist überwuchert mit Macchia und knorrigen Olivenbäumen, um die sich kaum jemand kümmert. In der Inselmitte der Turm und die Mauerruinen der ehemaligen venezianischen Festung aus dem frühen 17. Jh., üppig bewachsen mit Palmen, Oleander, Mispel- und Zitronenbäumen. Das angebaute Haus stammt aus der Habsburgerzeit. Heute ist das ganze Areal in Privatbesitz, der Eigentümer hat all die Blütenpracht vor rund 25 Jahren angepflanzt.

Weiter westlich steht das Franziskanerkloster, das nur noch im Sommer von Mönchen bewirtschaftet wird. Ein zypressen- und rosmaringesäumter Weg führt zum Privathaus und weiter zur neuen Friedhofskapelle – hier endet für die Iloviker ihre letzte Reise. Dahinter Bootsanlege- und Badestelle mit einer lächelnden Sonnenuhr. An der Nordostseite der Insel weitere Felsbadeplätze und eine Grotte.

Keine Bootsverbindung zwischen Ilovik und Sv. Petar!

Mit dem Schiff nach Unije

Etwas Glück gehört schon dazu, an einem bestimmten Tag zu einer bestimmten Insel zu kommen – erst recht zu einer bestimmten Zeit, angesichts der vielen Routen- und häufigen Fahrplanänderungen. Da ist es am besten, auf dem Weg einfach zu genießen, was gerade kommt – z. B. sich frühmorgens wie auf einem Schaukelpferd zu fühlen, weil die Bora wieder mal bläst. Die Sonne geht auf, die Inseln ziehen vorbei. Eine ist mal eben so groß, dass noch ein Fleckchen Land um den Leuchtturm herum zu sehen ist: **Male Srakane**. 1,5 km lang ist sie, flach, mit Sandsteinsockel, schilfrohrbewachsenen Ufern und ein paar Häuschen obenauf. Schlauchförmig, fast zusammenhängend, folgt **Vele Srakane**. Die 4 km lange, knapp 1 km breite Insel zeigt sich auf der einen Hälfte schilfrohrbewachsen, in der Mitte ein paar Häuser, eine Kapelle, dann folgt karges, steiniges Weideland mit der höchsten Erhebung, dem *Vela Straža* mit 60 m. In den Senken wächst überall Schilfrohr, das sich enorm verbreitet – es sieht ganz danach aus, als ob Veli Srakane, ebenso wie die Nachbarinsel Susak, zu einem Schilfrohrhügel wird.

Insel Unije

Die mit kleinen Büschen bewachsene Insel ist autofrei, dafür gibt es einen Mini-Flugplatz. Auf einem flachen Ausläufer im Inselsüden ragt ein Leuchtturm in die Höhe, das Dorf Unije schmiegt sich in eine Bucht, vor der ein winziges Eiland liegt.

Knapp 17 km^2 ist Unije klein, an der Westseite der gleichnamige Ort mit 90 Einwohnern, von dem sich eine Landzunge nach Süden erstreckt, am Kap der einer Moschee gleichende Leuchtturm. Südostwärts bildet die Küste Badebuchten, der Nordosten der Insel ist zerklüftet. Steppenähnlich und sandig wirkt das flache Land, ganz im Gegensatz zu den Macchiahügeln.

Außer dem Dorf Unije gibt es auf der Insel wenig. Kaum Häuser, nur Weinstöcke in geschützten Lagen und Pfade, die zu den Feinkiesstränden im Osten der Insel führen. Vom kleinen Flugplatz außerhalb des Ortes werden die Schulkinder täglich, gegen einen Obolus mit einer subventionierten Cessna nach Mali Lošinj geflogen.

Unije ist eine Insel für Leute, die sich Zeit nehmen, sie zu entdecken, die Einsamkeit suchen und denen es genügt, wenn aus dem scheinbar eintönigen Grau Blumen zu leuchten beginnen – kleine Farbtupfer, die dem auffallen, der genau hinsieht. Aber auch Spuren aus frühgeschichtlicher und römischer Zeit wie illyrische Ringwälle und Villae rusticae sind bei Wanderungen über die Insel zu entdecken.

Die Kroaten, die die heutige Siedlung gründeten, lebten von Fischfang, Weinbau, Olivenöl und Gemüseanbau. Aus dem Jahr 1654 ist ein *Steintrog* mit glagolitischer Inschrift (→ Insel Krk, Kasten „Glagoliza") erhalten. Wer sich dafür interessiert, kann bei Familie Nikolić-Agatić nachfragen, die den Trog in ihrem Weinkeller aufbewahrt.

Die *Pfarrkirche* aus dem 15. Jh. ist umringt von einfachen Häusern, manche bunt wie die Holzklötze einer Spielzeugstadt, dazwischen lugen zwei gedrungene Palmen hervor. Fast vor jedem Haus ein Gärtchen mit Terrasse, an der Wein,

Ausflugsinseln um Lošinj

Kürbisse und Blumen ranken. Am Kai ein paar Boote und Jachten.

Doch der Tourismus hat auch in Unije Einzug gehalten. Geschäftiges Treiben herrscht, wenn die Fähre anlegt. Hinweisschilder zeigen dem Fremden, wo er Post, Touristeninformation, Flughafen, Zimmer findet. Gegen Abend füllt sich die kleine Hafenpromenade: Kinder, die durch die Gegend rennen, Alte, die auf den Holzbänken sitzen und sich die neuesten Neuigkeiten erzählen – es passiert jeden Tag genug, das es wert ist, ausgiebig besprochen zu werden.

Information Tourismusverband (→ Mali Lošinj), 51562 Unije.

Touristagentur NIA, Unije 96, ℡ 051/235-835. Geöffnet Juni–Sept. 8–12/17–19 Uhr.

Verbindungen Schiffsverbindungen (→ „Wichtiges auf einen Blick").

Katamaran (LNP, Splittours) Pula–Unije–Mali Lošinj–Ilovik–Zadar.

Katamaran Rijeka–Cres–Martinšćica–Unije–Susak–Ilovik–Mali Lošinj: Mo, Mi, Fr–So (Stopps in Martinšćica, Susak, Ilovik nur 1- bis 2-mal wöchentl.).

Flugfeld Unije: Panoramaflüge, Flüge nach Mali Lošinj (ca. 50 € für max. 3 Pers.), aber auch nach Pula bzw. Medulin-Flugplatz. Infos über ℡ 098/280-290 (mobil, Hr. Drago).

Post Mo–Fr 8–14 Uhr.

Einkaufen Laden, Bäcker, Obststand.

Veranstaltungen Kirchenfest Sv. Ana, 26. Juli. **Sommer in Unije**, Juli/Aug. mit Konzerten u. a. in der Kirche. **Emigrantentag** am 3. Julisonntag. **Violinen-Sommerschule**, letzte Juliwoche mit Abschlusskonzert „Sonnenuntergangssonaten". Für die Ju-

Der Leuchtturm von Unije

gendlichen gibt es viele Wassersport- und Beachvolleyballturniere.

Übernachten Viele Einheimische vermieten **Privatzimmer**, teils aber ohne eigene Dusche/WC. Ca. 14 €/Pers. ohne Frühstück (in der NS kein Problem!), oder man erkundigt sich vorab bei der Touristinformation.

Essen & Trinken Restaurant Unije, am Kai, Terrasse im rustikalen Stil mit Holzbänken und Tischen. Blick auf Meer und Hafen (Sonnenuntergang!). Fisch- oder Fleischgerichte. Ganzjährig geöffnet.

Konoba Palmira, ebenfalls in Strandlage; hier gibt es deftige Hausmannskost von fangfrischen Fischen, ebenfalls lecker die Lammgerichte aus eigener Haltung. ℡ 051/235-719.

Konoba Kod Joze, an der östlichen Bucht, mit überdachter Terrasse. Fisch- und Fleischgerichte.

Baden/Wandern: Bademöglichkeit beim Ort am Hauptstrand mit Sand-Feinkies-Kies. Weiter südlich findet man Schatten unter selbst gebastelten Schilfrohrdächern mit Blick auf die Kulisse von Unije.

Westlich des Ortes führt ein Pfad zum FKK-Revier mit Fels- und Kiesbuchten.

Wanderwege wurden über die gesamte Insel angelegt. Eine Tafel vor der Pension-Restaurant Uniana gibt einen Überblick.

Fußmarsch nach Süden: Ein Weg führt südwärts aus dem Ort, vorbei an einem kleinen sumpfigen Teich mit Enten. Links und rechts die Gemüsegärten der Bewohner. Ein Magazin mit landwirtschaftlichen Maschinen und prallen Getreidesäcken, danach trockenes Weideland mit Stechgras und Disteln, Getreidefelder und

Susak – Badespaß am seichten Sandstrand

die macchiaüberzogenen Hügel im Hintergrund. Ziegen meckern und warten auf Wasser. Tiefblau leuchtet das Meer. Der Weg führt zum Kap mit dem Leuchtturm, bei dem sich ein Gärtchen mit Unterstellplatz für Esel und Ziegen befindet. Die Küste läuft hier flach aus, ab und zu wächst Schilfgras. Läuft man den Strand südostwärts weiter, folgen Feinkiesbuchen.

Fußmarsch nach Nordosten: Ein Weg führt zur Kapelle oberhalb des Ortes. Von hier weiter Blick rundum und auf die Nordostseite der Insel mit vielen Meereseinbuchtungen. Kleine, aus Steinen aufgeschichtete Gemäuer mit Schießscharten zeigen auf Lošinj und die Bucht von Ustrine, deren Häuser im Dunst liegen. Die Luft ist würzig, die karge Hochebene duftet von Salbei, Zistrose und Thymian. Nach unten Blick auf eine Bucht, in der Jachten ankern.

Insel Susak

Die Insel wirkt wie ein großer, schilfrohrbewachsener Sandhaufen, der jedoch nur selten die Steilhänge bis ans Meer hinabrutscht. Einen einzigen Sandstrand gibt es, und der lockt viele Besucher, meist Tagesausflügler, auf die autofreie Insel. Doch wer länger bleiben möchte, findet hier Ruhe und Stille.

Aus der Ferne vom Schiff betrachtet erscheint die 3,8 km² große Insel Susak wie ein Klotz, der allmählich aus dem Dunst auftaucht, während Unije und die Kulisse von Lošinj langsam darin versinken. Aus der Nähe sind über den Steilabhängen aus Sandstein weingrüne Hochflächen zu erkennen, auf denen verstreut ein paar Natursteinhäuser stehen.

Vom Kirchturm überragt, zieht sich das Dorf vom Berg über den Hauptplatz zum Anlegeplatz hinab. Es ist unterteilt in Gornje Selo, das alte, obere Dorf, und in Donje Selo, das neue, untere Dorf – dazwischen ein steinstufiger Hohlweg, der beide Ortsteile verbindet. Ein Labyrinth aus verwinkelten Gassen mit uralten Häusern, abblätternden Fassaden und oft verschlossenen Fensterläden empfängt im alten Dorf den Besucher. Aber auch hier beginnt man zu sanieren. Der Kirchplatz mit weitem Blick über das Meer und auf Lošinj wurde erneuert und lädt zur Rast ein. Die Ruinen am Dorfrand sind vom Grün überwuchert, das sich von allen Seiten ins Dorf hineindrängt.

Auf der Inselhochebene eine Kapelle und ein Friedhof mit glänzend-weißen Grabsteinen, die fast alle denselben Familiennamen tragen. Pfade führen an Mauerresten vorbei durch Weinplantagen und enden oft im Schilf. Vor der großen Auswanderungswelle 1964 wurden hier zwei Millionen Weinstöcke bearbeitet, heute gibt es noch 60.000 alte Weinstöcke (Sujcan, Troišćina). 30.000 neue (Cabernet Sauvignon und Muscat) ließ ein italienischer Unternehmer anpflanzen.

Trotz der kurzen Entfernung zum Festland und zu den Nachbarinseln hatte Susak schon immer eine Außenseiterrolle, wie die Inseltracht und der mittelalterliche kroatische Dialekt belegen. Viele der früheren Bewohner sind nach Amerika ausgewandert, nur 150 sind geblieben. Die alten Männer sitzen in den Bars, die Jungen langweilen sich. Doch wenn im Hochsommer Jachten und Ausflugsboote die Urlauber an Land bringen, die Emigranten wieder auf ihrer Insel eintrudeln und die verschlossenen Türen und Fensterläden öffnen, wird es lebendig. Dann tanzen die Dorfschönen in der Volkstracht, zeigen die stämmigen, rotbestrumpften Beine, als wollten sie daran erinnern, dass der Minirock keine Erfindung der 1960er Jahre ist.

Information Tourismusverband (→ Mali Lošinj), 51561 Susak.

Verbindungen Personenfähre Mali Lošinj–Susak–Mali Lošinj (→ Unije; Ilovik), tägl. (Stopps nur 1- bis 2-mal wöchentl. auf Ilovik u. Unije).

Katamaran Rijeka–Cres–Susak–Mali Lošinj, 1- bis 2-mal tägl.

Ausflugsschiffe zur **Insel Susak** in der Hauptsaison tägl. von Mali Lošinj aus.

Post Am Hauptplatz, 8–12/19–21 Uhr.

Einkaufen Gut ausgestatteter **Supermarkt** am Anlegeplatz.

》》》 Mein Tipp: Im alten Ortsteil gibt es die **Weinkellerei Cosulich**, Haus Nr. 660, geöffnet tägl. 10–22 Uhr. Hier wird der gute Inselwein in Flaschen abgefüllt, nummeriert und etikettiert. Es gibt ihn weiß, rot und als Rosé. 《《《

Die Bewohner verkaufen roten Inselwein, Weintrauben oder was sie gerade anbieten können. Am Hauptplatz gibt es Stände mit Obst, Gemüse und Fisch.

Veranstaltungen Dani Križeva (Tag des Kreuzes) in Sv. Nikola Kirche, 3. So im Juli; Emigrantentag, am letzten So im Juli, mit Konzert und Folkloretanz.

Übernachten Privatzimmer und Appartements, direkt über die Vermieter.

Essen & Trinken Konoba No 13, am Jachthafen mit überdachter Terrasse und immer gut besucht. Hier gibt es frische Fische, Meeresfrüchte, Scampi und die Hausspezialität Hummer mit Spaghetti. Der Salat und die Kräuter kommen aus dem eigenen Garten. Ganzjährig geöffnet. ✆ 051/239-011.

》》》 Mein Tipp: Konoba-Appartements Barbara, im alten Ortskern hinter dem Kirchplatz. Kleines Lokal mit Gemälden an den Wänden und Biertischgarnituren vor der Tür. Leise tönt Jazzmusik. Fisch- und Fleischgerichte. Die Besitzerin Barbara Bušić gibt gute Infos, ist Dorflehrerin und hat 10 Kinder in den Klassen 1 bis 8. Susak 603, ✆ 051/239-128, 098/9035-479 (mobil). 《《《

Baden/Wandern: Der flache Strand beim Ort ist in der Saison oft mit Tagesausflüglern überfüllt und teils auch verschmutzt. Im Grunde gibt es nur einen *Sandstrand* auf der Insel; er ist vom Hafen aus Richtung Osten am Meer entlang in ca. 0:25 Std. zu Fuß zu erreichen. Die Bucht ist ins Grüne eingebettet und von ein paar Ruinen umgeben. Gegenüber sind Unije, Male und Vele Srakane, Lošinj und – abends – das rot leuchtende Küstengebirge zu sehen. Wer auf der Insel länger verweilt, kann über Pfade zu den stilleren Felsbadebuchten an der Südwestküste wandern. Vorsicht: auf im Gras verborgene Schlangen achten. Es soll auch Skorpione geben!

Opatija – prachtvolle Villen säumen den Lungomare

Opatija (Abbazia)

Kroatiens ältestes Seebad strotzt vor subtropischer Üppigkeit – herrschaftliche Prachtbauten versinken im Grün von Palmen und Akazien, im Blütenmeer der Kamelien und Magnolien. Opatijas extravagante Traditionsherbergen und Villen zeugen von einer Epoche, in der das Wort „Tourismus" noch ohne den Zusatz „Massen" auskam. Das Flair dieser Zeiten kann man bis heute genießen, allerdings nur in der Nebensaison.

Dass es sich hier besser leben lässt als in Rijeka, ist kein Geheimnis – Opatija mit seinen nun 15.000 Einwohnern ist schon seit 1889 Kurort. Die Učka-Bergkette schützt den Küstenabschnitt vor kalten Nordwinden, der Jugo sorgt für ein laues Lüftchen aus Afrika. Hier überwinterten, angezogen vom milden Klima, die Reichen und Schönen Europas, auf Opatijas rauschenden Silvesterbällen trafen sich die Wiener Hofkreise. Die prachtvollen Villen aus dieser Zeit mit ihren reich verzierten Fassaden und viele Parks mit hübschen Blumenrabatten prägen das Stadtbild bis heute, ebenso der zu allen Jahreszeiten beschauliche *Lungomare*, die herrliche, vor über 100 Jahren von Kaiser Franz Josef I. angelegte, 12 km lange Uferpromenade, die zwischen Opatija-Volosko und Lovran am Meer verläuft.

Weniger beschaulich ist im Hochsommer die Parkplatzsuche, Opatijas Problem Nummer eins, das aber Zug um Zug gelöst wird. Opatija versucht seine Gäste immer noch zu verwöhnen wie einst – sei es mit einem großen Kulturangebot, den Wellnessprogrammen in vielen Komforthotels oder mit guten Restaurants und gemütlichen Cafés, die leckerste Tortenkreationen anbieten. Und in den Erinnerungen schwelgen kann man in den vielen Ausstellungen zum Thema k.-u.-k.-Zeit. Wer es sportlich liebt, findet im Učka-Gebirge sein Betätigungsfeld.

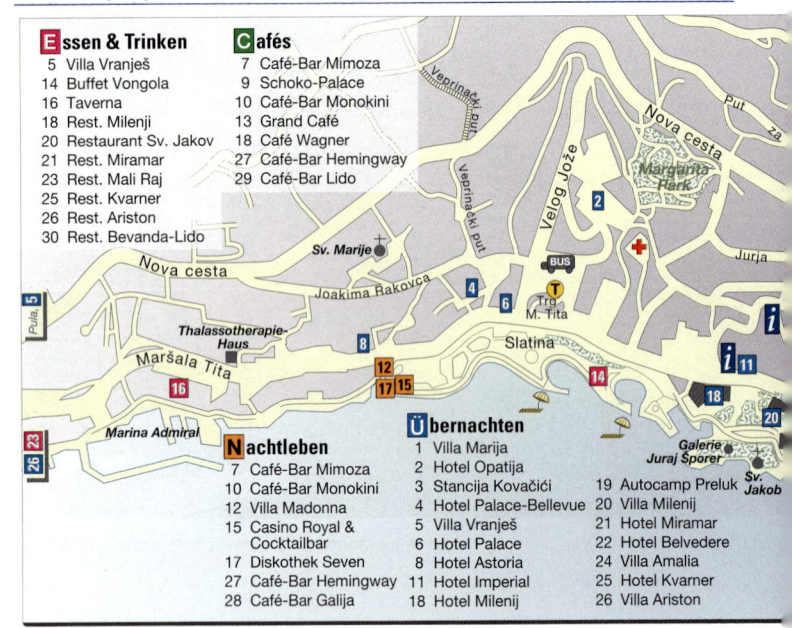

Essen & Trinken
- 5 Villa Vranješ
- 14 Buffet Vongola
- 16 Taverna
- 18 Rest. Milenji
- 20 Restaurant Sv. Jakov
- 21 Rest. Miramar
- 23 Rest. Mali Raj
- 25 Rest. Kvarner
- 26 Rest. Ariston
- 30 Rest. Bevanda-Lido

Cafés
- 7 Café-Bar Mimoza
- 9 Schoko-Palace
- 10 Café-Bar Monokini
- 13 Grand Café
- 18 Café Wagner
- 27 Café-Bar Hemingway
- 29 Café-Bar Lido

Nachtleben
- 7 Café-Bar Mimoza
- 10 Café-Bar Monokini
- 12 Villa Madonna
- 15 Casino Royal & Cocktailbar
- 17 Diskothek Seven
- 27 Café-Bar Hemingway
- 28 Café-Bar Galija

Übernachten
- 1 Villa Marija
- 2 Hotel Opatija
- 3 Stancija Kovačići
- 4 Hotel Palace-Bellevue
- 5 Villa Vranješ
- 6 Hotel Palace
- 8 Hotel Astoria
- 11 Hotel Imperial
- 18 Hotel Milenij
- 19 Autocamp Preluk
- 20 Villa Milenij
- 21 Hotel Miramar
- 22 Hotel Belvedere
- 24 Villa Amalia
- 25 Hotel Kvarner
- 26 Villa Ariston

Geschichte

1453 wird Opatija erstmals schriftlich erwähnt; ihren Namen erhielt die Stadt von der früheren Abtei Jacobus ad Palum (Abtei = *opatija*). Eine Besiedlung um die Abtei begann erst nach Ende der französischen Besetzung 1813. Bis nach dem Ersten Weltkrieg gehörte Opatija zu Österreich-Ungarn, im „Frieden von Rapallo" fiel die Stadt 1920 an die Italiener, die sie *Abbazia* nannten.

Bekannt wurde das gerade mal 30 Häuser zählende Fischerdorf mit dem Bau der *Villa Angiolina,* die sich der reiche Kaufmann Iginio Scarpa aus Rijeka 1844 als Feriendomizil erbauen ließ. Großzügig gewährte er namhaften Freunden Gratisurlaube, darunter waren auch das Kronprinzenpaar Rudolf und Stephanie oder Ban Josip Jelačić. Er veranstaltete große Feste mit legendären Feuerwerken zu Silvester – das gefiel und sprach sich herum. Dem touristischen Ausbau von Abbazia, wie Opatija damals hieß, verhalf die österreichische Südbahngesellschaft, die nicht nur die Eisenbahnlinie von Wien bis Rijeka-Matulije, sondern auch die ersten großen Luxusherbergen, wie 1884 das Quarnero (Hotel Kvarner) und 1885 das Imperial erbauen ließ. Der Kurtourismus wurde 1889 per Dekret höchstpersönlich von Kaiser Franz Joseph I. veranlasst - Thalassotherapien mit angesagten Medizinern fanden Gefallen und für das Amusement wurde ebenfalls gesorgt. Gekrönte Häupter, Adelige, Schriftsteller, Musiker und schillernde Persönlichkeiten fanden sich ein – sie alle kamen, um sich in Opatija den Winter zu verkürzen und in den Ballsälen der Stadt ihre Feste zu feiern; besonders beliebt in Wiener Hofkreisen waren die Silvesterbälle im „Kristallsaal" des Hotel Kvarner und im „Goldenen Saal" des Imperial. Anton Tschechow fand sich hier ebenso ein wie James Joyce, der seinen Kaffee bevorzugt im Café Imperial einzunehmen pflegte, die Ballerina Isadora Duncan, der österreichische Kaiser Franz Joseph, der mit der Wiener Schauspielerin Katharina Schratt flirtete, der deutsche Kaiser Wilhelm II., der italienische König Umberto von Savoyen, der Komponist Gustav Mahler, Giacomo Puccini, Franz Lehár ... Abbazia begann zu boomen – prächtige Villen, je nach Geschmack und Geldbeutel, wurden erbaut: Villen in alpenländischer Architektur, barocke Paläste, Residenzen im venezianisch-gotischen und im österreichischen Jugendstil – die meisten davon stehen noch heute, zudem wieder hübsch herausgeputzt.

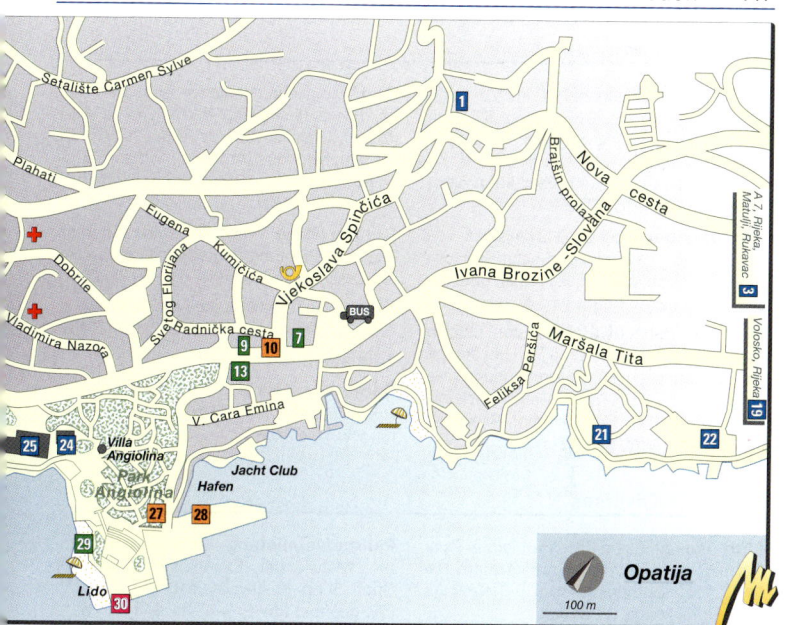

Information

Rijeka Card (in Opatija und Rijeka gültig): 55 KN/7,35 € (für 48 Std. ab Stempelung). Gewährt werden 50–66 % Ermäßigung u. a. in Museen, Galerien; 10–20 % in Restaurants u. Shops, zudem Gratisbenutzung aller öffentl. Verkehrsmittel. Erhältlich bei TIC in Rijeka, Opatija u. einigen Hotels.

Touristinformation (TIC), Ulica Maršala Tita 128, 51410 Opatija, ✆ 051/271-310, www.opatija-tourism.hr. Geöffnet Mo–Sa 8–20 Uhr (Juli/Aug. bis 22, So 12–20 Uhr), nur ab Ostern bis Ende Sept. Infos zur gesamten Riviera: www.kvarner.hr.

Touristinformation Volosko, I. M. Ronjgova 1, ✆ 051/703-145, www.opatija-apartments.com.hr.

Agentur GIT, M. Tita 65, ✆ 051/273-030, www.tourgit.hr. Privatzimmer.

Agentur Katarina Line, M. Tita 75/1, ✆ 051/603-400, www.katarina-line.hr. Zimmer, Bootscharter, Kreuzfahrttickets etc.

Agentur Kompas, M. Tita 110/2, ✆ 051/271-912, www.kompas-travel.com. Ausflüge.

Agentur Autotrans, Trg V. Gortana 4/1, ✆ 051/271-617, www.autotrans.hr. Bustickets etc.

Verbindungen

Bus Lokaler Busbahnhof im Zentrum, Richtung Lovran alle 20 Min. (Linie 32), nach Veprinac stündl. (Linie 34), zum Poklon-Sattel nur am So 9.30 u. 14 Uhr (Nr. 33, 34, 37) und nach Rijeka. Auskunft über Autotrolley, Ul. M. Tita 200, ☏ 051/333-010.

Regionaler Busbahnhof ca. 2 km nördl. von Opatija. Tägl. Verbindungen nach Brestova und Pula, Ljubljana, Rijeka, Split und Zagreb. Infos bei Autotrans (s. o.).

Zug Der Bahnhof (Postaje) von Opatija liegt 4 km nördl. in Matulji an der Hauptlinie Ljubljana–Rijeka (Busverbindung alle 30. Min. von Opatija nach Matulji mit Linie 33); ☏ 051/274-102. Der Bahnhof Rijeka ist nur 15 km entfernt; ☏ 051/213-333.

Flug Die nächstgelegenen Flughäfen sind bei Rijeka (Insel Krk, 44 km) und in Pula (85 km). Croatian Airlines Rijeka, ☏ 051/330-207. Flughafenbus (Autorolej), Abfahrt Slatina über Jelačić trg (Rijeka) zum Flughafen-Terminal für 50 KN.

Panoramaflüge vom Flughafen Grobnik (20 km in Richtung Zagreb); geflogen wird mit Cessnas. ☏ 051/259-107 und 051/481-695.

Taxi u. a. Taxistand vor Agentur Kvarner, ☏ 051/711-618; vor Hotel Palace, ☏ 051/711-366.

Touristenbus (→ Rijeka)

Boot Vom kleinen Hafen unterhalb des Hotels Atlantik fahren **Taxiboote** nach Lovran und Volosko.

Adressen/Diverses (→ Karten S. 140/141 und 145)

Auto Parken, das größte Problem in Opatija: u. a. gebührenpflichtige Plätze am Hafen, Thalassotherapie-Haus, Tiefgarage beim Hotel Milenij (12 €/Tag).

Autovermietung z. B. **Budget**, im Hotel Milenij, ☏ 051/711-978, www.budget.hr.

Bo Mo, im Hotel Palace, M. Tita 144, ☏ 051/273-020, www.renta.hr.

Fahrradvermietung Nur im 5 km entfernten Matulji bei **Experience Adventure Sport Shop**, Kastavska cesta 23, ☏ 051/277-094; geöffnet Mo–Fr 9–20, Sa 9–13 Uhr. Gute Auswahl, auch Reparatur.

Gesundheit Erste Hilfe, Vladimira Nazora 2, ☏ 051/271-266. **Apotheke**, M. Tita 175, ☏ 051/271-856.

Opatija – im Angiolina Park mit prachtvoller Villa …

Adressen/Diverses 143

Thalassotherapie-Haus, die Meerwassertherapie ist heilsam bei Lungenschäden, Herz- und Gefäßkrankheiten, Erkrankungen des Bewegungsapparates. Gegenüber Hotel Kristall, M. Tita 188, ℅ 051/271-322.

Jachthafen Marina Admiral, im gut geschützten Hafen, zum Hotel Admiral gehörend. 160 Liegeplätze zu Wasser, 40 an Land, alle mit Strom-, Wasseranschluss und allem Erforderlichen ausgestattet, guter Reparaturservice, 5-t-Kran. Alle Angebote des Hotels Admiral, wie Sauna, Pools, Restaurant etc., können mitbenutzt werden. Tankstelle im Stadthafen, 0,5 sm entfernt. ℅ 051/271-882, www.liburnia.hr.

Hafenkapitän: ℅ 051/711-249.

Nachtleben Tanzterrassen: z. B. Hotel Kvarner, Hotel Opatija, Hotel Palace und **Villa Madonna** 12. Geöffnet meist 20.30–24 Uhr.

》》 Mein Tipp: Nightlife-Cafébars: Hemingway 27, am Hafen. Gutes mediterranes Restaurant, riesige Bar im Wintergarten, offener Lounge-Bar-Bereich und Disco mit Tanzterrasse. Hier tanzt man zu Latino-Musik, Hip-Hop etc. bis in die Morgenstunden. 《《

Gegenüber direkt am Hafen das beliebte Szene-Lokal **Café-Bar Galija** 28.

… oder am Lungomare

Disco Seven 17, M. Tita 125 (beim Hotel Savoy). Im Sommer tägl., sonst nur am Wochenende.

Casinos: im Hotel Adriatic, tägl. 21–3 Uhr, ℅ 051/719-000. Zudem Casino Admiral, in Villa Madonna und Casino Royal 15 mit Cocktailbar am Lungomare (neben Hotel Savoy).

Als weiteres „In-Lokal" gilt die Cafébar **Monokini** 10 mit Internet und Galerie, M. Tita (gegenüber Hotel Agava). Nett ist für tagsüber und abends **Café Mimoza** 7, Ecke M. Tita/Eugena Kumićića.

Post Ulica V. Spinčića, mit Poste restante. Geöffnet Mo–Sa 7.30–21 Uhr.

Veranstaltungen Stadtfest Sv. Jakov, 25. Juli (Feier am Wochenende), mit Konzerten, Ausstellungen etc.

》》 Mein Tipp: Opatija-Karneval: Bei den bunten Straßenumzügen im Febr. marschieren neben den großen Teilnehmern auf Stelzen auch die Kleinen aus dem Kindergarten mit. Die traditionellen Masken sind aus Schaffell und Hammelhörnern gefertigt, die Masken mit großen Glocken heißen Zvončari. Am letzten Tag des Karnevals wird die Pust-Maske (eine Puppe aus Stroh und Lumpen) verbrannt – und damit alles Böse aus dem vergangenen Jahr. Eine Regatta mit geschmückten Segelbooten begleitet das Treiben zur See. 《《

Promenadenkonzerte, Mai bis Sept., auf der Terrasse des Hotels Imperial: einheimische Blasorchester, Folkloreauftritte und kleine Nachtkonzerte im Park.

In den Sommermonaten breites **Veranstaltungsprogramm**, wie das „Festival der Lieder", Misswahlen in der Kristallhalle (Festivalhalle) im Hotel Kvarner sowie Konzerte in der Villa Angiolina.

Liburnia-Jazzfestival, 1. Juliwochenende auf den Plätzen der Stadt sowie in der Villa Angiolina.

Intern. Malwettbewerb Mandrač, letztes Juliwochenende, am Hafen Manrač in Volosko.

Kaiser-Nacht, 3. Juliwochenende, u. a. mit Tanz, Ausstellungen, Kostümen, Opern.

Segelregatten, 3. So im Sept. (Galijola) u. 3. Nov.-Wochenende (Cup Opatija); organ. vom Jachtclub Opatija.

Nacht-Autoralley (Učka Night Trek), von Opatija ins Učka-Gebirge; letztes Okt.-Wochenende.

Region Kvarner → Karte S. 88/89

Opatija

Učka-Fest, 2. So im Sept.

Anglerwettkampf, am 2. Juliwochenende; die erfolgreichsten Petrijünger werden mit einem Preis belohnt.

Wander-/Mountainbike-Touren Agentur Olinfos (→ Lovran), auch von Opatija aus.

Wellness Wellnessangebote mit Pools bieten die Hotels Milenij, Admiral, Miramar, Villa Marija, Grand Hotel Belvedere (℡ 051/271-315). Das größte Angebot hat das Thalasso-Wellness-Center, auf 2000 qm erstreckt sich der Beauty-, Wellness- und Fitnessbereich und Pool. Groß ist auch das Wellnesscenter des Hotels Ambassador.

Übernachten/Camping (→ Karten S. 140/141 und 145)

Die Vielfalt und Kapazität an Übernachtungsmöglichkeiten in Opatija ist groß, vom Pensionszimmer bis zur Luxussuite ist alles zu haben. An der Opatija Riviera gibt es zur Hauptsaison noch die Topsaison (Ende Juli–Mitte Aug.), unten aufgeführte Preise sind TS-Preise. Eine Auswahl:

Übernachten Privatzimmer ab 25 €/Pers.; Appartements ab 40 €/2 Pers. Luxuriöse Übernachtungen gibt es in den Villen am Lungomare; Infos über die Agenturen.

》》 Mein Tipp: ***** **Hotel Milenij 18 & Villa 20**, der rosafarbene Prachtbau mit großer Arkadenterrasse von 1886 liegt am Lungomare bei den Meerwasserpools. Das Innere ist stilvoll und komfortabel mit neuester Technik ausgestattet; zudem verwöhnen ein schöner Spabereich (Massagen, u. a. Schoko, Hot Stone u. Lomi-Lomi-Nui; Mesotherapie, verschiedene Saunas) sowie ein Pool im Wintergarten; durch die Öffnung des Dachs wird er zum Außenpool. Sehr gutes Restaurant und exzellentes Frühstücksbüffet im prachtvollen Saal; das gute Café Wagner (s. u.) hat u. a. eigene Schoko-Pralinenherstellung. Tiefgarage (12 €/Tag). DZ/F ab 182 €. Ulica M. Tita 109, ℡ 051/202-000, www.milenijhoteli.hr. 《《

**** **Hotel Miramar 21**, am östl. Ortsende von Opatija am Lungomare. Insg. 102 Zimmer in der aufwändig renovierten Villa Neptun (Haupthaus) aus k.-u.-k.-Zeiten sowie stilvollen, von einem Park umgebenen Nebengebäuden. Schöner, großzügig gestalteter Spa- u. Wellness-Bereich mit Innen- u. Außenpool, komfortablen Zimmern, Suiten und einer Gourmetküche. Eigener Felsbadestrand. Kurz: ein Haus zum Wohlfühlen. Ganzjährig geöffnet. DZ/F ab 185 €. Ive Kaline 11, ℡ 051/280-000, www.hotel-miramar.info.

**** **Villa Ariston 26**, nostalgischer Bau am Ortsbeginn von Opatija am Lungomare. Schön und ruhig, eingebettet in üppiges Grün. Sehr gutes Restaurant mit lauschiger Terrasse (→ „Essen & Trinken"). DZ/F ab 110 €. M. Tita 179, ℡ 051/271-379, www.villa-ariston.com.

*** **Hotel Astoria 8**, erbaut 1904 von Franz Eduard. Modernes, komfortables helles Interieur mit neuester Technologie; ca. alle 5 Jahre neues Innendesign. Suiten ab 190 €, Zimmer ab 94 €. M. Tita 145, ℡ 051/706-350, www.hotel-astoria.hr.

*** **Hotel Kvarner 25**, ruhig, direkt an der Uferpromenade. Das Hotel aus dem Jahr 1884 wurde durch seinen „Kristallsaal" berühmt – hier logierte schon Kaiser Franz Josef. Modernisierte Zimmer. DZ/F ab 96 € (115 € Meerseite). Park 1. Maja 4, ℡ 051/271-233, www.liburnia.hr.

** **Villa Amalia 24**, neben Hotel Kvarner an der Uferpromenade. Stilvoller Bau hinter üppig wuchernder Pflanzenwelt. DZ/F 83 € (Meerblick 102 €). ℡ 051/271-944, www.liburnia.hr.

*** **Hotel Imperial 11**, der gelbe Prachtbau mitten im Zentrum an der Durchgangsstraße (nahe den Badestränden) schmückt sich mit einer langen Liste berühmter Gäste, von Kaiser Wilhelm, Anton Tschechow bis Josip Broz Tito. Stilvolles Inventar und die herrliche „Goldene Saal", der u. a. für Modeschauen und Edelevents genutzt wird; schönes Café. DZ/F 80–136 €. M. Tita 124/3, ℡ 051/271-677, www.liburnia.hr.

*** **Hotel Palace-Bellevue 4/6**, alter Prachtbau mit neuerer Dependance nebenan, im Zentrum (an der Durchgangsstraße) gegenüber der Meerwasserpools. Sehr geräumige Zimmer mit schönen Balkonen. DZ/F 96–110 €. M. Tita 144–146, ℡ 051/271-811, www.liburnia.hr.

** **Hotel Opatija 2**, schöne Traditionsherberge in zentraler Lage (oberhalb vom Busbahnhof) mit großer Terrasse. Die Zimmer mit Balkon zum Meer sind herrlich. Nettes Hallenbad und gutes Frühstück, insg. gutes

Essen & Trinken 145

E ssen & Trinken
31 Restaurant Laurus
32 Rest. Amfora
33 Rest. Plavi Podrum
34 Rest. Mandrač

Ü bernachten
31 Pension Villa Kapetanović

Opatija-Volosko

Preis-Leistungs-Verhältnis. DZ/F 89–97 €. Gortanov trg 2/1, ✆ 051/271-388, www.hotel-opatija.hr.

** Hotel Belvedere 22, am Ortsende von Opatija, kurz vor Volosko am Lungomare. Schön und ruhig in einem Park gelegen. Meerwasserhallenbad, Sauna, Fitnesscenter, Tennisplätze. Schön sitzt man oberhalb des Meeres auf der Restaurantterrasse. Nebenan in der herrschaftlichen Villa Rosalia das alte Casino. DZ/F 85 € (Meerblick 106 €). J. Kaline 7, ✆ 051/271-044, www.liburnia.hr.

**** Villa Marija 1, oberhalb der Umgehungsstraße am Berg mit Pool, eingebettet in Palmen. Verschieden große Appartements ab 80 €. Nova Cesta 80, ✆ 051/703-955, www.villa-marija-opatija.com.

*** Villa Vranješ 5, oberhalb von Opatija, mit gutem Restaurant, schöner Terrasse und mit Blick aufs Meer. DZ/F 65–79 €. A. Mihića 24 (Abzweig an der Hauptstraße, Höhe Hotel Admiral), ✆ 051/711-907, www.villavranjes.com.

**** Pension Villa Kapetanović 31, (→ Karte S. 145) Stadtauswärts Richtung Matulji. Preiswerte Zimmer bis hin zu Suiten, kleine Wellnessoase, Terrasse mit schönem Blick und sehr gutes Restaurant. DZ/F 80–160 €. Nova cesta 12a, ✆ 051/741-355, www.villa-kapetanovic.hr.

》》 Mein Tipp: **** Stancija Kovačići 3 (→ Karte S. 140/141)), am Ostrand des Učka-Gebirges, im Ort Rukavac, liegt das renovierte, schmucke Landhaus mit 5 bestens ausgestatteten Zimmern im Nebentrakt; auch das Restaurant, geführt vom Inhaber und Koch (einst im Rest. Kukuriku, Kastav) mit hübscher Terrasse ist lobenswert – gekocht wird verfeinerte Kvarner-Küche. Ostern–Okt. (evtl. auch länger). DZ/F 68 € (TS 83 €). Rukavac 51, Matulji (Anfahrt: Ortsmitte Matulji Richtung Veprinac, nach ca. 1 km rechts nach Rukavac), ✆ 051/272-106, 099/2165-009 (mobil), www.stancija-kovacici.hr. 《《

Autocamp Preluk 19, einfacher Platz kurz vor Rijeka (→ Rijeka).

Essen & Trinken (→ Karten S. 140/141 und 145)

Die Hotelrestaurants bieten eine große und gute Auswahl an Gerichten. Ruhige Terrassen am Meer und gute Küche haben z. B. die Hotels **Milenij** 18, **Miramar** 21 und **Kvarner** 25.

Taverna 16, schöne Meereslage, zudem gibt es gute Steaks, außerdem selbst gebackenes Brot und leckere Pizza. Beim Hotel Admiral, ✆ 051/271-882

Restaurant Sv. Jakov 20, in der Villa Milenij. Sehr gute Kvarner Küche und Fischgerichte, zudem gut zur Vorbestellung alte Menüs von 1860 nach Rezepten von Julius Glax. M. Tita 105, ✆ 051/202-000.

Die Skulptur „Gruß ans Meer" (o.)
Opatija – Blick auf das Kvarner-Hotel

Restaurant Bevanda-Lido 30, große, überdachte Terrasse direkt am Meer mit Blick auf Rijeka. Schöne Lage und große, vielfältige Speisekarte. Zert 8, ℅ 051/701-412.

》》 Mein Tipp: Restaurant Ariston 26, hier sitzt man sehr schön auf der lauschigen Terrasse oberhalb des Lungomare und blickt zwischen den Bäumen hindurch aufs Meer. Moderne mediterrane Küche. M. Tita 179, ℅ 051/271-379. 《《

Restaurant Mali Raj 23, das „kleine Paradies" ist kurz vor Ičići. Die Terrasse liegt oberhalb vom Meer und bietet einen wunderschönen Blick. Hier isst man sehr gut ital.-mediterrane Gerichte, vor allem Fischspezialitäten. M. Tita 253, ℅ 051/704-074.

Restaurant Villa Vranješ 5, oberhalb von Opatija, mit schöner Terrasse und Blick aufs Meer. Grillspezialitäten, zudem Fischgerichte. A. Mikića 9 (Abzweig an der Hauptstraße in Höhe Hotel Admiral), ℅ 051/711-907.

》》 Mein Tipp: Restaurant Laurus 31, in Villa Kapetanović (stadtauswärts Richtung Matulji). Terrasse mit schönem Blick, traditionelle gute Küche. Nova cesta 12a, ℅ 051/741-355. 《《

Buffet Vongola 14, Sitzmöglichkeiten direkt an den Meerwasserpools, dazu Discomusik. Es gibt preiswerte Snacks, Fleisch- und Fischgerichte und für Kinder viel Platz zum Herumtollen.

Weitere Restaurants (→ „Übernachten" oder „Umgebung").

In Opatija-Volosko (→ Karte S. 145) Empfehlenswert am Hafen sind die drei traditionellen Fischrestaurants mit Terrassen:

Mandrač 34, Obala Frana Supila 10, ℅ 051/701-357; kurz danach Plavi Podrum 33, Obala Frana Supila 12, ℅ 051/701-223; sowie das edlere Amfora 32, gegenüber am Hafenende mit großer, baumumstandener Terrasse, Panoramafenstern, Pianomusik und gutem Service; Črnikovica 4, ℅ 051/701-222.

Restaurants in umliegenden Dörfern z. B. in Richtung Učka oder Mošćenice (siehe dort). Auch hier kann man lecker speisen – und natürlich preiswerter als in Opatija.

Cafés in Opatija Café Wagner 18, Hotel Milenij. Hier gibt es köstliche Kuchen und Torten aus eigener Konditorei und die leckeren Schokoriegel und Pralinen, ebenfalls aus eigener Herstellung nach Schweizer Rezeptur. Die schöne Terrasse mit Blick aufs Meer lässt jegliches Kalorienzählen vergessen. M. Tita 109.

Grand Café **13**, zum gleichnamigen stilvollen Hotel gehörend (gleiche Konditorei wie Café Wagner). Hier gibt's das große Schoko- u. Pralinensortiment. Schön sitzt man unter prachtvoller Glyzinie auf dem blumengeschmückten balkonartigen Freisitz entlang des Hauses. M. Tita/V. Cara Emina.

》》 **Mein Tipp:** Schoko-Palace **9**, gegenüber Grand Café. Hier gibt es alles, was aus Schokolade machbar ist: Getränke, Eis, Kuchen, Cocktails, Pralinés und Schokoriegel. Gemütlich versinkt man in den Sesseln unter der Veranda und genießt die Schokoträume. M.Tita. 《《

Café-Bar am Lido **29**, am Strandbad Lido, nette Atmosphäre und Liegestühle im Sand.

Weitere Cafés, die auch tagsüber geöffnet haben u. a. Galija **28**, Hemingway **27** (→ „Nachtleben").

Sehenswertes

Bei den ersten Feriengästen Opatijas gehörte es bald zur guten Sitte, dem Kaufmann Scarpa von Fernreisen Pflänzchen mitzubringen. Noch heute findet man im **Angiolina-Park,** dem heutigen *Botanischen Garten,* die Auswüchse dieser exotischen Geschenke: einen riesigen Mammutbaum, Zedern, Eukalyptusbäume, Bambussträucher, Zitronen, die großblütige Magnolie, Kokos- und Dattelpalmen, Mispelbäume, Akazien, Agaven und die japanische Kamelie, heute das Markenzeichen des Luftkurorts. Mitten im Park die hübsche *Villa Angiolina,* heute beliebter Veranstaltungsort für Ausstellungen und Konzerte. Ein zweiter Park, der **Margarita-Park,** liegt zwischen der Uferstraße und der neuen Umgehungsstraße beim Hotel Opatija. Ebenfalls schön, nur ein wenig kleiner.

Dem Chirurgen *Dr. Theodor Bilroth,* einem der Initiatoren des Kurtourismus in Opatija, ist die Tafel am Uferweg unterhalb der *St.-Jakob-Kirche* (Sveti Jakov) gewidmet. Die Kirche entstand 1937 durch Umbau eines älteren Vorgängerbaus aus dem Jahr 1793.

Etwas westlich davon steht der **Juraj-Šporer-Kunstpavillon,** in dem heute eine Gemäldegalerie untergebracht ist. Der 1900 gebaute Pavillon, benannt nach dem Gründer der „Gesellschaft zum Ausbau Opatijas als Bade- und Kurort", war damals eine Zuckerbäckerei. Erst 2003 wurde das Bauwerk gründlich renoviert und den Künsten geöffnet.

Unweit des Pavillons auf einem Felsen am Meer hält ein Mädchen eine Möwe in der Hand – die von *Zvonko Car* geschaffene Bronzeskulptur „Gruß an das Meer" (1956). An ihrer Stelle stand bis 1951 die „Madonnina", eine trauernde goldene Madonna, 1891 geschaffen von dem Grazer Künstler Rathausky. Nach seiner Beinahe-Zerstörung wurde das Original restauriert und in Verwahrung genommen, eine Kopie steht heute vor der St.-Jakob-Kirche.

In **Erinnerung an die k. u. k.-Monarchie** wurden in Opatija verschiedene Veranstaltungen und auch Ausstellungen ins Leben gerufen. Am zweiten Juniwochenende gibt es u. a. in der Villa Angelina und in der Villa Amalia Musik und Kostüme aus jener Zeit zu bewundern. *Ausstellungen* zum Thema Habsburger Zeit gibt es im Hotel Miramar, in der Villa Jeanette mit Musik von Gustav Mahler (M. Tita 166) und im Rathaus (M. Tita 3, Mo–Fr 8–16 Uhr). Im Thalassotherapie-Haus wird die Geschichte des Gesundheitstourismus aufgezeigt.

Baden: Opatija ist kein Seebad – Bademöglichkeiten gibt es nur an den angelegten Badestränden und in den Meerwasser-Swimmingpools. Wer trotzdem ins kühle

Nass möchte: das „Strandbad" mit betonierter Liegefläche, Liegestuhl- und Sonnenschirmverleih ist eine Alternative. Am künstlich angelegten großen *Slatina-Strand* gibt's auch einen Surfbrettverleih, zudem am *Lungomare* (Richtung Lovran) immer wieder hübsche kleine Badebuchten. Die Hotels in Meeresnähe haben eigene Badebuchten und meist auch Pools.

Surfen: Die Bucht zwischen Opatija und Rijeka ist bestes Surfrevier, besonders frühmorgens herrschen gute Windverhältnisse, zudem ist es hier wellengeschützt.

Wandern: Sehr erholsam und wunderschön romantisch ist ein Spaziergang entlang der Uferpromenade, dem nach Lovran führenden 12 km langen *Lungomare*. Der betonierte Fußweg schlängelt sich oberhalb des Meeres entlang der Prachtvillen mit ihren Parks; zum Ausruhen laden Bänkchen ein, Pinien- und Lorbeerbäume spenden mitunter Schatten. Badesachen kann man durchaus einpacken, überall bieten sich Gelegenheiten für einen Sprung ins kühle Nass. Wer nicht mehr zurücklaufen möchte, nimmt den Bus oberhalb an der Hauptstraße (alle 20 Min.). Übrigens: Wer gerne joggt – der *Lungomare* ist eine herrliche Laufstrecke ...

Nach Veprinac: Schön ist auch die ca. anderthalbstündige Wanderung zum mittelalterlichen Örtchen Vebrinac (s. u.) mit einigen sehenswerten Gebäuden. Hinter dem Hotel Palace biegt man in den Veprinački put ein, der die stark befahrene Umgehungsstraße Nova cesta kreuzt und gegenüber weiter bergan führt. Bald erreicht man die letzten Häuser, der Weg führt nun weiter durch Wald nach Veprinac (Wegmarkierung: X-Zeichen). Weiter hoch ins Učka-Gebirge führen ebenfalls Wanderwege (mehr dazu → Učka-Gebirge).

Opatija Riviera –
bietet hübsche Villen und Badeplätze

Opatija/Umgebung

Veprinac steht an der Stelle einer einstigen Fluchtburg. Im 14. Jh. war der Ort in den Händen der Familie *Duino*, später fiel er an die Habsburger. Die alte *Stadtmauer* ist teilweise erhalten, ebenso das *Stadttor* mit *Rathaus* (Komuna). Das *Kastell*, die barocke *Kapelle heilige Anna* und die *Stadtloggia* gegenüber sind sehenswert. Auf einem breiten Stufenweg erreicht man die *Pfarrkirche St. Markus* (Sv. Marko), ihr Inneres ziert ein schön geschnitztes Chorgestühl. Opatija ist von Veprinac aus zu Fuß in eineinhalb Stunden zu erreichen (Bus Nr. 34, fast stündlich ab Station Slatina in Opatija).

Die „Orgel" in den Grotten von Postojna

Ausflug ins slowenische Höhlenlabyrinth

Von Opatija ist es nur ein Katzensprung ins slowenische Postojna, wo den Besucher ein gigantisches Höhlensystem erwartet. Die **Grotten von Postojna** (Adelsberger Grotten) schuf der Fluss Pivka, der neben dem Höhleneingang in der Unterwelt verschwindet. Das heute bekannte Höhlensystem umfasst zwischen dem Eingang bei Postojna und der Höhle von Planina auf zwei Ebenen mehr als 21 km unterirdischer Gänge. In einem Teil der oberen, trockenen Ebene finden Führungen statt (Teile davon in rauschender Fahrt mit der Höhlenbahn), die untere Ebene mit der sprudelnden Pivka ist nur für Höhlenforscher zugänglich. Die höhleneigene Tierwelt wird im Vivarium Proteus anschaulich gemacht. In der Umgebung finden sich noch viele weitere attraktive Höhlensysteme und -schlösser, u. a. *Pivka jama, Črna jama, Otoška jama, Planinska jama* und das beeindruckende **Höhlenschloss Grad Predjama.**

Etwas weiter entfernt (40 km westlich von Opatija), aber ebenfalls einen Besuch wert ist das auf der UNESCO-Welterbeliste stehende gigantische Höhlensystem **Škocjanske jame** (St.-Kanzian-Höhlen), das vom Canyon des Reka-Flusses durchströmt wird. Hier herrscht weniger Touristentrubel.

Grotten von Postojna (www.postojnska-jama.si): Ganzjährig tägl. Führungen (ca. 1:30 Std.), Mai–Sept. 9–18 Uhr (Mai nur bis 17 Uhr) stündl.; April u. Okt. 10, 12, 14, 16 Uhr; Nov.–März 10, 12, 15 Uhr. Erwachsene 22,80 €, Studenten 18,30 €, Kinder (6–15 J.) 13,70 €, Kinder (bis 5 J.) 1 €. Auch Kombitickets für den Besuch mehrerer Höhlen.

TIC, innerhalb des Vivariums, Öffnungszeiten wie Postojna-Höhlen. Infos, Karten, Unterkunft etc. ✆ (+386)05/7282-511.

Besucherzentrum, gegenüber Vivarium, Mai–Sept. 9–18 Uhr. ✆ (+386)05/7000-163. Infos, Karten, Internet.

Postojnska jama, Information und Reservierung, auch Unterkünfte, Jamskacesta 30, ✆ (+386)05/7000-100, -103, -178, www.turizem-kras.si.

St.-Kanzian-Höhlen: Ganzjährig tägl. Führungen (ca. 90 Min.), Juni–Sept. 10–17 Uhr stündl.; April/Mai, Okt. 10, 13, 15.30 Uhr. Sonst 10 und 13 Uhr, So und Feiertage auch 15 Uhr. Erwachsene 15 €, Studenten (bis 26 J.) 11 €, Kinder (6 bis 14 J.) 7 €, Kinder (bis 6 J.) gratis, Senioren (ab 65 J.) 11 €. Gutes Schuhwerk und warme Kleidung erforderlich! Die Höhlentemperatur beträgt 12°C.

Škocjanske jame, Škocjan 2, 6215 Divača, ✆ (+386)05/7082-110, www.park-skocjanske-jame.si.

Mehr zu Slowenien finden Sie in unserem Reisebuch **„Slowenien"**, 3. Auflage 2011, Lore Marr-Bieger.

Rijeka – die Einkaufsmeile Korzo

Rijeka

Die Handelsgroßstadt mit rund 154.000 Einwohnern ist Kroatiens drittgrößte Stadt, bedeutendster Hafen, Verkehrsknotenpunkt und wichtigstes Transitzentrum für Touristen. Zudem ist Rijeka Kunst- und Kulturzentrum des Nordens. Das italienische „Novecento" prägt heute die Architektur von vielen Prachtbauten. Zahlreiche Museen lohnen eine Besichtigung, ebenso ein Spaziergang hinauf zum Stadtberg Trsat mit seiner Wallfahrtskirche und Festung – ein Weitblick über die Metropole der Kvarner-Region und die Inseln ist garantiert.

Wegen der oberhalb Rijekas verlaufenden Umgehungsautobahn zwängt sich etwas weniger Verkehr durch die Stadt, die oft in einer Dunstglocke verschwindet. Die Altstadt birgt wunderschöne, aber zum Teil leider sehr marode Gebäude – Zeugen einer langen Geschichte, in deren Verlauf zahlreiche Nationalitäten mit ihrem unterschiedlichen Kunstverständnis das Stadtbild prägten. Die Altstadt wird nun langsam saniert und zahlreiche prachtvolle Fassaden präsentieren sich in neuem Anstrich, die Fußgängerzone *Korzo* lädt zum Flanieren und Surfen (Wireless) ein, entlang der breiten Uferpromenade Riva gibt es einige nette Restaurants und Trend-Lokale. Das Altstadtzentrum ist klein und alles befindet sich in Laufweite. Kulturfreunde finden eine Reihe interessanter Museen oder können das alte Theater besuchen. Berühmt ist Rijeka für seinen Karneval. Die Lage des Fährhafens mitten im Zentrum an der Uferpromenade Riva ist für Schiffsreisende günstig – so können auch sie der Stadt problemlos zumindest einen Kurzbesuch abstatten.

Geschichte

In der wechselvollen Geschichte Rijekas hinterließen bereits die Kelten und Römer ihre Spuren, vom 9. bis 12. Jh. gehörte die Ansiedlung zum kroatischen Königreich. Im 13. Jh. wurde das damalige *Trsat* vom kroatisch-dalmatinischen Adelsgeschlecht Frankopan beherrscht, das für den Ausbau der Siedlung sorgte.

Nachdem die Stadt mit kurzen Unterbrechungen seit dem 15. Jh. als „St. Veit am Flaum" vom Hause Habsburg regiert worden war, erfuhr sie unter Karl VI. und Maria Theresia im 18. Jh. einen großen wirtschaftlichen Aufschwung. Unter der Herrschaft der Ungarn im 19. Jh. erlebte Rijeka seinen wirtschaftlichen Höhepunkt, der Hafen entwickelte sich zum achtgrößten Europas, die unterschiedlichsten Industriezweige entfalteten sich, und 1871 eröffneten die ersten Banken. Kapitalkräftige Kaufleute aus ganz Europa ließen sich nieder, investierten, und monumentale Bauten entstanden. Bedeutend für die Entwicklung der Stadt war die Gründung einer der ersten Ölraffinerien im Jahr 1882. Seinen wirtschaftlichen Niedergang erlitt Rijeka zwischen 1915 und 1918 mit der Seeblockade von Otranto.

Unmittelbar nach dem Krieg wurde Rijeka von italienischen Freischärlern unter der Führung des nationalistischen Schriftstellers *Gabriele d'Annunzio* besetzt, dann zwischenzeitlich zur Freistadt erklärt, um 1924 schließlich unter dem Namen *Fiume* doch dem italienischen Staat zugeschlagen zu werden. Die Wirtschaft stagnierte, und die Bevölkerung wurde zwangsweise „italienisiert". 1947 schließlich ging Rijeka durch eine Volksabstimmung an das damalige Jugoslawien zurück, nachdem es 1945 von der deutschen Besatzung befreit worden war.

Das Stadttor mit Uhrturm, 15. Jh.

1991 erklärte Kroatien seine Unabhängigkeit von Jugoslawien, Rijeka blieb vom Unabhängigkeitskrieg verschont. Inzwischen blüht die Wirtschaft der Stadt langsam wieder auf, unterstützt durch die Gründung von Freihäfen für Österreich und Ungarn. Neben Geschäftsleuten finden sich aber auch mehr und mehr Touristen in der Stadt ein, nicht zuletzt, da sie Sprungbrett für den Süden ist.

Karolina Riječka – die Heldin Rijekas

Karolina ist der Name einer mutigen Stadtbewohnerin des 19. Jh. Ihre „Frau" stand die Kaufmannsgemahlin während der Napoleonischen Kriege, als die Engländer versuchten, den Franzosen Rijeka abspenstig zu machen. Tapfer trat die hübsche junge Frau dem englischen Oberbefehlshaber gegenüber und bat ihn, wahrscheinlich mit einem tiefen Augenaufschlag, Rijekas Einwohner vor einem Bombardement zu verschonen. Tatsächlich fiel nur ein Kanonenschuss, die Kugel steckt noch heute in der St.-Veit-Kathedrale: Die Heldin von Rijeka war geboren. Heute noch erinnert man sich dankbar an Karolina, nach der u. a. Straßen, Kuchen und Cafés benannt sind.

Rijeka

Information

Information 51000 Rijeka. **Tourismusverband (TIC)**, Korzo 14, ✆ 051/335-882, tic@ri.tcom.hr, www.tz-rijeka.hr, www.kvarner.hr (gesamte Region). Geöffnet Mitte Juni–Mitte Sept. Mo–Sa 8–20, So 8/9–14 Uhr, sonst Mo–Fr 8–19.30, Sa 8–13.30 Uhr. Infos auch für Privatunterkünfte.

Info-Touchscreens: Ecke Riva/Trg Republike Hrvatske und am Schiffsterminal.

Infopunkt Burg Trsat (TIC), Petra Zrinskog b. b., ✆ 051/217-714. Juni–Sept. tägl. 9–20 Uhr, sonst tägl. 9–17 Uhr.

Generalturist, Trg 128. brigade Hrvatske vojske (HV) 8a, ✆ 051/212-900, www.generalturist.com. Unterkünfte, Informationen, Exkursionen, Flüge.

Jadrolinija, Riječki lukobran b. b., Fahrkartenverkauf ✆ 051/211-444, Verwaltung ✆ 051/666-111, Infos ✆ 060/321-321 (Bandansage der Abfahrtszeiten), www.jadrolinija.hr. Geöffnet 7–18 Uhr, auch später (je nach Abfahrt der Schiffe), Sa 8–14.30, So 11.30–15 Uhr.

Croatia-Airlines, Jelačićev trg 5, ✆ 051/330-207, www.croatiaairlines.com. Mo–Fr 8–16, Sa 9–12 Uhr.

Autotrans, Riva 22, ✆ 051/212-228, www.autotrans.hr. Fahrkartenverkauf für Bus und Flug, Informationen, Privatunterkünfte.

> **Rijeka Card** (auch in Opatija gültig): 55 KN/7,35 € (für 48 Std. ab Stempelung). Gewährt wird 50–66 % Ermäßigung u. a. in Museen, Galerien; 10–20 % in Restaurants u. Shops, zudem Gratisbenutzung aller öffentl. Verkehrsmittel. Erhältlich bei TIC in Rijeka, Opatija u. einigen Hotels.

Verbindungen/Diverses (→ Karte S. 154/155)

Verbindungen Fähren: *Katamaran (Jadrolinija), Rijeka–Cres–Martinšćica–Unije–Susak–Ilovik-Mali Lošinj*; Abfahrt Rijeka 17 Uhr, ab Anfang Sept. 14.30 Uhr (zu Schulbeginn!), So 15 Uhr, hält bis auf Cres nicht tägl. überall. Nach Mali Lošinj je nach Stopps ca. 3:30–4:30 Std. Fahrtzeit. *Katamaran (Jadrolinija) Rijeka–Rab (Stadt)–Insel Pag (Novalja)*; tägl. ganzjährig. Abfahrt Rijeka 17 Uhr, ab Anfang Sept. Abfahrt 14.30 u. So 15 Uhr. Nach Rab 1:45 Std., nach Novalija 2:30 Std. Fahrtzeit.

Küstenlinie: *Rijeka–Split–Stari Grad (Hvar)–Korčula–Sobra (Mljet)–Dubrovnik*: 2-mal wöchentl. (Mo u. Fr, Abfahrt 19 Uhr) Ende Mai–Ende Sept. Fahrtzeit bis Dubrovnik 11:30 Std. (Preise → „Unterwegs in Kroatien"). Tickets über Jadrolinija am Fährhafen (s. o.).

Busse: Busbahnhof für **Überlandbusse**, Žabica 1, Info und Reservierung ✆ 060/302-010. Tickets und Gepäckaufbewahrung 5.30–21.30 Uhr. Busse zu den Inseln Krk, Rab, Cres-Lošinj, Zadar; ebenfalls stündl. Busse nach Zagreb, Fahrtzeit 1:30 Std., ca. 17 €; zudem Busse zum Flughafen Triest, ca. 2:30 Std. Touring-Busse nach Deutschland. In der Saison Reservierung erforderlich! Achtung, am Busterminal teils unübersichtliches Ein- und Abfahren der vielen Busse, d. h. aufpassen, dass man seinen Bus nicht verpasst!

Busbahnhof für **Regionalbusse**: Jelačić trg, (östl. des Fährhafens beim Toten Kanal); Verbindungen innerhalb der Stadt, zudem mit Opatija (Nr. 32), Ticket 26 KN (3. Zone) und Richtung Crikvenica. Preiswertes Tagesticket 34 KN (1.–4. Zone).

Flughafenbus (s. u. Flüge), Abfahrt am Jelačić trg (Regionalbusbahnhof).

Bahnhof (Željeznički kolodvor): Trg kralja Tomislava 1 (westl. v. Busbahnhof), ✆ 051/213-333, Information ✆ 060/333-444. Züge u. a. nach Ljubljana, Zagreb (3- bis 4-mal tägl., ca. 10 €, 3:30 Std.). Anfang Juni–Ende Sept. Gepäckaufbewahrung (4.20–22.30 Uhr, 15 KN/24 Std.). Bankomat, Shops und Café (5–1 Uhr); gegenüber dem Bahnhof Bistro Voyager (5.30–23 Uhr). Bushaltestelle vor dem Bahnhofsgebäude: ins Zentrum (2 Haltestellen) mit den Linien 1, 1a, 2, 6, 7, 7a, 32. Richtung Opatija auf der gegenüberliegenden Seite mit Bus Nr. 32.

Flüge: *Flughafen Rijeka* (Zračna luka Rijeka), Hamec 1, Omišalj (Insel Krk, ca. 30 km südl.), ✆ 051/842-040, Flug-Info ✆ 051/842-132, www.rijeka-airport.hr. Am Flughafen (geöff-

Verbindungen/Diverses 153

net 8–18 Uhr) gibt es Café, Infobüro, Duty-Free-Shop, Gepäckaufbewahrung. Bus Autorolej (Fahrplan beachten!) ab Jelačić trg bis Flughafen-Terminal 40 KN (5,40 €) oder Taxen ab 56 €.

Taxi: Terminals Riva (nähe Busbahnhof), ☎ 051/335-138; Matije Gupca (Nähe Theater), ☎ 051/335-417; beim Bahnhof, ☎ 051/332-893; hier kosten 5 km 30 KN, jeder weitere Kilometer 7 KN. Fahrt nach Opatija ca. 9 €, zum Flughafen ca. 56 €. Zudem gibt es billigere Taxen (nur über tel. Anfrage), u. a. Cammeo, ☎ 051/313-313, hier kosten die Fahrten bis 5 km 20 KN, jeder weiter 5 KN.

Touristenbus: Großer offener Doppeldeckerbus fährt von Rijeka (Jadranska trg, hoch nach Trsat) nach Opatija, in der Saison 7-mal tägl., per Kopfhörer auch in deutscher Sprache Erklärungen zu Sehenswertem. 50 KN, 48 Std. Gültigkeit.

Geldwechsel Überall in der Stadt gibt es Banken, zudem Geldautomaten. Z. B. **Hypo-AlpeAdria**, Jadranski trg 3a, Mo–Fr 8–19, Sa 8–13 Uhr; nebenan die **Erste Banka**. **OTP**, Riva 1, Mo–Fr 8–19, Sa 8–12 Uhr.

Post Hauptpostamt, Korzo 13 (Fußgängerzone), ☎ 051/525-400, Mo–Sa 7–21 Uhr.

Autovermietung U. a. **Avis**, Riječki lukobran (Fährterminal), ☎ 051/311-135, www.avis.hr; am Fährterminal auch **Oryx** ☎ 051/338-800, www.amcrentacar.hr. **ITR**, Trg Žabica, ☎ 051/211-058; Mo–Fr 8–19, Sa 9–13 Uhr.

Einkaufen Tower Center Rijeka, riesiges Shopping Center stadtauswärts im Stadtteil Pećine (Süden). Auf 5 Stockwerken und großer Parkarea werden alle Kaufwünsche abgedeckt: 150 Läden (u. a. zahlreiche Label-Marken), 8 Megashops, riesiger Supermarkt, Restaurants, Kino und Dutyfree-Shops. Wer also zu Hause etwas vergessen hat, wir hier fündig. 1.–4. Stock: Di–Sa 9–21 (Mo ab 13 Uhr), So 10–19 Uhr; 5. Stock (hier nur Cafés/Rest./Kino): Di–Sa 9–23, Mo u. So 10–23 Uhr.

Hinter dem Theater großer Obst- und Gemüsemarkt; in der zweistöckigen Markthalle sämtliche Lebensmittel. In der Fußgängerzone das große Einkaufszentrum Robna Kuća; schräg gegenüber dem Café Slavica riesiger Süßwarenladen.

Spezialgeschäfte: Express usluge (Schuhreparatur), Janeza Trdine 19, ☎ 051/331-189. Foto Kurti (Fotogeschäft), Užarska 20, ☎ 051/333-013. Kolokvijum (Übersetzer), Matje Gupca 5, ☎ 051/338-056. Sprint (Fahrrad-Reparatur), Školjić 7a, ☎ 051/211-629. Öffnungszeiten Geschäfte: ca. 8–20, Sa 8–13 Uhr.

Krawattenladen Croata, Adamićeva 17.

Gesundheit Apotheken (Ljekarna): U. a. Centar, Jadranski trg 1, ☎ 051/213-101; tägl. 0–24 Uhr. Ljekarna Korzo, Korzo 22b, ☎ 051/211-036; Mo–Fr 7.30–20, Sa 7.30–13 Uhr. **Stadtkrankenhaus (Klinički bolnički centar)**, Krešimirova 42 (westl. der Altstadt in Richtung Opatija), ☎ 051/658-111. **Privatklinik Medico**, Meštrovićeva 2 (westlich der Altstadt in Richtung Opatija), ☎ 051/263-109 und 263-991; Mo–Fr 7.30–21, Sa 7.30–13 Uhr. Zahnärztlicher Notdienst, Cambierieva 7, ☎ 051/335-588. **Private Zahnklinik Dental**, Lošinjska 16 (stadtauswärts Richtung Opatija), ☎ 051/634-313.

Tierklinik, Stube Marka Remsa 1 (westl. des Zentrums), ☎ 051/345-033; Mo–Fr 7–20, Sa 9–17, So 9–12 Uhr. Außerhalb dieser Zeiten im Notfall ☎ 091/2148-822 (mobil).

Nachtleben Momentan „in" sind: **Champagne-Bar Pommery** 15, hier trifft sich die gestylte Szene bei guter Musik und einem Gläschen. Korzo 33.

Capitano-Bar 18, Sitzgelegenheiten vor der Tür; beliebt bei den Einheimischen. 7–4 Uhr. Riva 10.

Cukarikafe Bar 14, westlich des spätantiken Castrums. Nettes Café für tagsüber und abends. Trg Jurja Klovića 4.

»› Mein Tipp: Club Jazz Tunel 5, im alten Tunnel unter der Eisenbahn; bestens für Jazzliebhaber – tägl. ab 21 Uhr geöffnet, Livemusik mehrmals im Monat mit guten Jazzmusikern. Školjić 12, ☎ 051/327-116, www.jazztunel.com. **‹‹**

Club Boa 22, auf zwei Ebenen mit zwei Terrassen in modernem schwarzen Ambiente. Weine, Cocktails, Zigarren etc. Am Wochenende heizen DJs ein. Geöffnet 7–23, Do–Sa bis 3 Uhr. Ante Starčevića 8, ☎ 091/3399-339, www.clubboa.com.

»› Mein Tipp: Club Individia und Restaurant 20, beim römischen Triumphbogen. Modernes Ambiente. Ab 23 Uhr wechselt die Restaurant- in die Nachtszene. DJs (Fr u. Sa) locken mit House-Music vor allem das junge Publikum. Do–Sa 8–4 Uhr, sonst nur bis 24 Uhr, So Ruhetag. Stara vrata 3 (beim Koblerov trg). **‹‹**

Übernachten

1. Pension Marija Sučić
2. Pension Pernjak
3. Autocamp Preluk
8. Hotel Bonavia
9. Lounge Hostel Carnevale
13. Apartmani Juna
16. Hotel Continental
19. Hotel Neboder
21. Appartements Korzo
27. Hostel Rijeka
29. Best Western Hotel Jadran
31. Apartmani Center

Essen & Trinken

4. Bistro Cres
10. Restaurant Zlatna Školjika
11. Konoba Nebuloza
12. Rest. Municipium
17. Restaurant Brasserie-Pub AS
20. Rest. Individia
25. Rest. Spagho
26. Restaurant Feral
28. Taverna Brun
30. Konoba Rijeka
32. Konoba Na Kantunu

Cafés

23. Café-Bar Karolina
24. Phaners-Pub

Nachtleben

- 5 Club Jazz Tunel
- 6 River Pub
- 7 Café-Bar Gradina
- 14 Cukarikafe-Bar
- 15 Champagne-Bar Pommery
- 18 Capitano-Bar
- 20 Lounge-Bar Individia
- 22 Club Boa
- 23 Café-Bar Karolina
- 24 Phaners-Pub

Rijeka

Rijeka

Café-Bar Karolina 23, gegenüber am Kai im Glaspalast. Gute Musik und große Terrasse mit Blick auf den Hafen und die Fähren. Weine, Cocktails. 6–24 Uhr, Fr bis 2, Sa bis 4 Uhr. Gat Karoline Riječke.

Phaners-Pub 24, im exquisiten Schiffsstil, mit großer Bar ausgestattet, immer gut besucht. Internationaler Musikmix. Drinks und Snacks. 7–1 Uhr, Fr/Sa bis 3 Uhr. Ivana Zajca 9.

River Pub 6, Jazz, Rock und Karaoke in gemütlicher Atmosphäre. 7–2 Uhr, Do–Sa 10–4, So 18–2 Uhr. Frana supila 12.

Veranstaltungen Das große **Pilgerfest** zur Festung findet jährlich am 15. Aug. zu Mariä Himmelfahrt statt. Am 8. Sept. ist das kleinere Fest Mariä Geburt.

Sv. Vid-Fest, zu Ehren des Beschützers der Stadt, wird am 15. Juni gefeiert.

Feiertag der Muttergottes und Seefahrertag, 10. Mai.

Jährliches **Sommerfestival** mit Konzerten, Opern und Theateraufführungen von Ende Juni–Mitte Juli.

Auto- und Moto-Racing in Grobnik, ständig große Events wie „Motoracing Alpe Adria Champ" oder „Oldtimer-Racing" oder „Racing Sidecar" (Weltmeisterschaft). Automotodrom Grobnik, Soboli 55, Čavle, ☏ 051/259-222, www.grobnik.com.hr.

》》 Mein Tipp: **Karneval**: Findet von Mitte Jan. bis Faschingsdienstag statt. Höhepunkt ist der Faschingssonntag mit großem Umzug. Am Faschingssamstag ist großer Kinderfasching. Es gibt Umzüge, „maskierte" Autos und jede Menge Faschingsbälle. Manche behaupten, der Karneval von Rijeka könne sogar mit dem von Venedig konkurrieren. Infos: www.ri.karneval.com.hr. **《《**

Sport/Surfen Sehr gute thermische Winde frühmorgens bei Preluk (Station Campingplatz), zudem wellengeschützt.

Baden U. a. im **Stadtteil Pećine**: beim Hotel Best Western Jadran oder südl. der Jugendherberge. Zudem im **Stadtteil Kantrida**: u. a. östl. vom Stadion und etwas weiter westl. beim Strandbad und Schwimmbecken (Bazenji Kantrida), hier auch das gute Restaurant Sovriso.

Übernachten/Camping (→ Karte S. 154/155)

Privatzimmer Privatzimmer ab 25 €/Pers., Appartements ab 50/60 €, meist auch groß, d. h. gut für Familien.

In Hafennähe u. a. **Appartments Korzo** 21, Korzo 2, ☏ 098/205-063 (mobil), www.apartmanirijeka.com. **Apartmani Center** 31, Demetrova 6/III, ☏ 091/894-8884 (mobil). **Apartmani Juna** 13, Trg 128. brigade Hrvatske vojske, ☏ 098/982-9495 (mobil).

Etwas außerhalb vom Stadtzentrum: **Pension Pernjak** 2, Pionirska 64 (Stadtteil Kantrida; nördl. vom Stadion und der Istarska cesta), ☏ 051/622-069. **Marija Sučić** 1, nette Zimmer mit Weitblick. Jurja Dobrile 17, Stadtteil Martinkovac (ca. 2 km nordwestl. der Altstadt), ☏ 051/624-714; Anfahrt von Westen: kurz nach Kreuzung Ljubljanska/Opatijska heißt diese Straße nun Istarska cesta. Nach wenigen Metern linken Abzweig in Turjanski put nehmen und nordwärts fahren, Autobahn kreuzen, dann kurz links und wieder rechts.

Hotels **** **Grand Hotel Bonavia** 8, komfortables, ruhiges 120-Betten-Altstadthotel im 125 Jahre alten Gebäude. Stilsichere Modernisierung, kein Wunder – der Inhaber ist der bekannte Designer Štrok. Es gibt Zimmer und Suiten. DZ/F ab 118 €. Dolac 4, ☏ 051/357-100, www.bonavia.hr.

**** **Best Western Hotel Jadran** 29, komplett modernisierter Prachtbau von 1914 in ruhiger Lage direkt am Meer südöstlich im Stadtteil Pećine (Richtung Zadar). 66 Zimmer und 3 Appartements, Restaurant, Bar, Café und Parkplätze. DZ/F ab 115 €. Šetalište 13 divizije 46, ☏ 051/494-000, www.jadran-hoteli.hr.

*** **Hotel Neboder** 19, modernisierter Prachtbau von 1920, mit 54 Zimmern und – wie der Name besagt – eigentlich mehr Wolkenkratzer. Kleine Zimmer, aber teils herrlicher Blick auf die Stadt und das Meer. Es gibt Parkplätze u. Garage. DZ/F 85 €. Strossmayerova 1, ☏ 051/373-538, www.jadran-hoteli.hr.

Hostel Rijeka 27, im Stadtteil Pećine (Richtung Zadar), in einer schönen Villa von 1898. 14 Zimmer (2–8 Betten), gut ausgestattet mit Küche und Restaurant. Mit Bus-Nr. 1, Haltestelle Oš-Pećine. Ganzjährig geöffnet.

Mit Frühstück 17,60 €/Pers. Šetalište 13 divizije 23, ✆ 051/406-420, www.hfhs.hr.

*** **Hotel Continental** 16, prachtvoller Altbau im Zentrum am Riječina-Fluss, mit Café unter 100-jährigen Kastanien. Die Zimmer wurden modernisiert DZ 90 €. Šetalište Andrije Kačića Miošića 1, ✆ 051/372-008, www.jadran-hoteli.hr.

Lounge Hostel Carnevale 9, mitten im Zentrum das mehrstöckige Jugendhotel mit 2- bis 6-Bett-Zimmern und Etagenduschen. Im 2-Bett-Zimmer 18 €/Pers., das 2-Bett-Zimmer 46 €. Jadranski trg 1, ✆ 051/410-555, www.hostelcarnevale.com.

Camping ** Autocamp Preluk 3, ca. 10 km in Richtung Opatija. 10 ha großes Gelände direkt am Meer, mit schönem Blick auf die Opatija-Riviera – leider an verkehrsreicher Straße. Minimarkt und Snackbar, Kiesstrand, kleiner Bootshafen, Slipanlage; allerlei Wassersportaktivitäten, vor allem Surfen – beste Winde. Gegenüber Cafébar und Treff der Jugendlichen. Hunde erlaubt. Ein guter Stopp für Urlauber, die Rijeka/Opatija besichtigen möchten, Bus-Nr. 32. Geöffnet April–Okt. Weiterer Platz in Richtung Crikvenica, in Kraljevica. Ca. 6 €/Pers., Auto 4 €, Zelt 4 €. Preluk 1, ✆ 051/623-500, 622-185.

Essen/Cafés (→ Karte S. 154/155)

Essen/Altstadt *Achtung*, am Sonntag haben viele gute Lokale geschlossen!

》》 Mein Tipp: Zlatna Školjka 10, zentral bei der Fußgängerzone, mit modernem und antikem Mobiliar. Hier isst man bestens Fischspezialitäten, u. a. auch das „Tuna tartare", ein leckeres Thunfischcarpaccio mit Kapern. Tägl. außer So 11–23 Uhr. Kružna ulica 12, ✆ 051/213-782. 《《

Restaurant Municipium 12, im stilvollen Palast mit ebenso stilvollem Interieur. Rijekas feinste Adresse. Die Küche bietet beste traditionelle Küche, Fleisch und Fischgerichte, verfeinert angerichtet. Tägl. außer So 10–23 Uhr. Trg Riječke rezolucije 5, ✆ 051/213-000.

Taverna Brun 28, leckere Fisch- und Grillgerichte. Der Inhaber wird sowohl für seine Koch- als auch seine Gesangskünste geschätzt. Tägl. außer So 10–22, Sa 10.30–15.30 Uhr. Ivana Zajca 2, ✆ 051/212-544.

Restaurant Spagho 25, zentral am Ende der Riva. Hier speist man bestens Nudel- und Reisgerichte. Tägl. geöffnet! Ivana Zajca 24 a, ✆ 051/311-122.

Konoba Rijeka 30, gegenüber Fährterminal. Hier isst man gute, preiswerte Fischgerichte und verpasst sein Schiff garantiert nicht. Tägl. ab 11 Uhr, So Ruhetag. Riva Boduli 7c, ✆ 051/312-084.

Konoba Na Kantunu 32, ruhig und gemütlich sitzt man entlang dem „Toten Kanal" oder im kleinen Innern im Bistro-Stil. Verschiedenste Vorspeisen, zudem Nudelgerichte, Fisch und Fleisch. So Ruhetag.

Demetrova 2, ✆ 051/313-271.

Restaurant Feral 26, einfaches, aber sehr gutes Lokal, von den Einheimischen gerne zum Fischessen besucht, u. a. gibt es auch Schwarzes Risotto mit Tintenfisch. Tägl. außer So 9–23 Uhr. Matije Gupca 5a, ✆ 051/212-274.

Konoba Nebuloza 11, gutes Lokal für Fisch- und Fleischgerichte. So Ruhetag. Titov trg 2b, ✆ 051/372-294.

Brasserie-Pub As 17, rustikaler Speiseraum, vor dem Haus große Fläche zum Sitzen, mit Blick über den großen Platz und die Fußgängerzone. Kuchen, Eis, Pizza, Fleisch- und Fischgerichte. Tägl. geöffnet! Trg Republike 2, ✆ 051/212-148.

Bistro Cres 4, freundliches und sehr gutes, preiswertes Esslokal im Bahnhofsgebäude. Es lohnt sich, hier vor der Zugabfahrt einzukehren. Trg kralja Tomislava 1, ✆ 051/221-951.

Essen/Außerhalb Konoba Tarsa, kleines, gemütliches traditionelles Lokal in Trsat. Tägl. 11–24 Uhr. Josipa Kulfaneka 10, ✆ 051/452-089.

Slow-Food-Restaurant-Hotel Kukuriku (→ Rijeka/Umgebung/Kastav).

Cafés Eine Vielzahl in der Stadt, u. a.:

》》 Mein Tipp: Café-Bar Gradina 7 (→ „Nachtleben"), in der Festung Trsat. Wundervoller Blick, gemütliches, modernes Ambiente, leckere Kuchen und Eis. Zudem Konzerte und Veranstaltungen. 9–24 Uhr. 《《

Stadtbummel

Verlässt man die Uferstraße Riva mit ihren Prachtbauten und überquert die folgende Durchgangsstraße, gelangt man in die **Fußgängerzone**, den Korzo, mit vielen Geschäften und Kaufhäusern. Durch das **Stadttor** (Uhrturm aus dem 15. Jh.) über einen modernen Platz mit Brunnen und Café geht es hoch zur *Altstadt*. Bis 1780 war sie von Stadtmauern umgeben, die bis auf wenige Teilstücke abgerissen wurden, da sie der Erweiterung der Stadt im Weg waren.

Beim Trg Grivica steht das älteste Bauwerk, ein **römischer Triumphbogen**, angeblich aus dem 4. Jh. Unklar ist bis heute, ob es sich dabei um ein Stadttor handelt oder um das Tor des Prätoriums. Letzteres würde bedeuten, dass hier einst die Festung Tarsatica stand, von der aus der liburnische Limes verlief – eine römische Befestigungsanlage aus der Zeit vom 2. Jh. v. Chr. bis zum 4. Jh. n. Chr. Überreste sieht man bei den Treppen zum Hügel Buonarroti nördlich der Altstadt.

Rijekas altes Volkstheater

Nördlich des Platzes die Kirche **Sv. Vid,** ein Rundbau nach venezianischem Vorbild mit riesiger Kuppel, rund angeordneten Altären und in Rosa und Lila gehaltenen Farbtönen im Innern.

Wir überqueren weiter nördlich die Ul. Žrtava fašizma und gehen westwärts hoch zum *Park*, einer Oase der Ruhe. Im ehemaligen Gouverneurspalast und Sitz Gabriele d'Annunzios (→ „Geschichte") sind das **Marine-** und das **Historische Museum** untergebracht. In der Nähe befindet sich das **Stadtmuseum** und etwas östlich davon, über der Ul. Laginjina, das **Naturwissenschaftliche Museum** mit kleinem Aquarium und Zoo.

Gehen wir zurück zur Kirche Sv. Vid und halten uns südostwärts, stoßen wir auf den **Dom Sv. Marija** mit seinem von außen schlichten, abseits stehenden Turm am Ende einer Grünanlage. Er wurde im 12. Jh. erbaut und ist innen prächtig ausgestattet: reich verzierte Decken, viele Altäre, grüne und rosa Farbtöne und viel Gold.

Am **Toten Kanal** (Mrtivi kanal), einem früheren Flussarm der Riječina, hinter dem Dom entlang, schaukeln bunte Boote am Kai.

Vom regionalen *Busbahnhof* aus bietet sich ein guter Blick zum 138 m steil aufragenden **Berg Trsat** mit der *Festung*, der *Wallfahrtskirche der Muttergottes* und dem *Franziskanerkloster*. Wer hinaufsteigen möchte: Nordöstlich der Stadt am Ufer der Riječina beginnt der Wallfahrtsweg mit seinen 559 Stufen (Trsat ist auch mit Auto oder Bus zu erreichen), oben kann man einen Kaffee trinken und die Aussicht auf Rijeka und die Kvarner-Bucht genießen.

Festung Trsat – ein lauschiger Platz mit Weitblick

Die **Festung Trsat** liegt strategisch günstig über dem Taleinschnitt der Rječina und kurz vor dem Meer – schon in illyrischer Zeit befand sich hier eine Fluchtburg. Die Römer bauten das Kastell *Tarsatica*, später wurde die Burg Sitz der Grafen Frankopan. Anfang des 16. Jh. wurde sie im Wechsel kurzzeitig Sitz der Venezianer und der Türken. Ende des 16. Jh. schließlich befestigte und modernisierte der Statthalter Gašpar Raab die Burg, nach der Zerstörung durch die Erdbeben von 1750 wurde sie allerdings verlassen. Ihr heutiges Aussehen mit Vormauern, Aussichtstürmen und Terrassen – eine Idylle aus altem Gestein und üppigen Pflanzen – schuf der letzte Burgbesitzer, der österreichische Feldmarschall *Graf Laval Nugent* von Westmeath (Irland), der sie im 19. Jh. erwarb und renovieren ließ. Zudem richtete er das erste Museum Kroatiens ein, das die verschiedensten Kunstwerke, Ausgrabungsgegenstände aus Süditalien und Skulpturen beherbergt. Leider wurden zahlreiche Exponate von seinen Erben verhökert, der kleine Rest wanderte ins Archäologische Museum in Zagreb. Gleich am Eingangstor prunkt ein venezianischer Löwe, der einst ein öffentliches Gebäude in Koper zierte. Von der unteren Terrasse aus gelangt man in ein Gewölbe, einst Gefängnis, heute kleine Galerie, von dem aus ein nicht zugänglicher Geheimgang bis zur Rječina hinabführt. Auf der oberen Terrasse befindet sich das im griechischen Tempelstil erbaute Mausoleum der Familie Nugent, das von einem steinernen Drachen bewacht wird. Im nordöstlichen Gebäudetrakt sind die Galerie Laval und ein Café mit Terrasse untergebracht – der für mich lauschigste Platz von Rijeka. Hier finden auch Konzerte und andere Veranstaltungen statt.

Die **Wallfahrtskirche der Muttergottes** mit Schatzkammer zählt zu den bedeutendsten Pilgerstätten Kroatiens. Im beschaulichen Kreuzgang des Franziskanerklosters erinnern Fotos an den Besuch von Papst Johannes Paul II., der Anfang Juni 2003 einige Tage hier verweilte. In Gedenken an ihn stellte man im Park vor der Kirche 2005 seine Büste auf.

Der Wallfahrtsort Trsat

Die Entstehung des Wallfahrtsortes geht der Legende zufolge auf den Transport des angeblichen Wohnhauses (casa sancta) der Heiligen Familie von Nazareth mit Hilfe von Engeln nach Trsat am 10. Mai 1291 zurück. Am 10. Dezember 1294 sollen es dann die Engel weiter nach Loreto (bei Ancona/Italien) gebracht haben. Die Kirche wurde Ende des 13. Jh. von den Frankopanen errichtet, die heute noch erhaltenen ältesten Gebäudeteile datiert man auf die erste Hälfte des 15. Jh. Das heutige Aussehen der zweischiffigen Votivkirche ist geprägt durch ein Stilgemisch aus verschiedenen Epochen, die letzte bauliche Veränderung erfolgte im 19. Jh. Das Kircheninnere besticht durch wunderschöne barocke Altäre, das Franziskanerkloster mit seinem hübschen barocken Kreuzgang und dem zentralen Brunnen birgt zahlreiche Votivtafeln. In der kostbaren Schatzkammer (nicht öffentlich zugänglich) wird das als wundertätig bekannte gotische Triptychon der Heiligen Jungfrau von Trsat aufbewahrt, das einer Überlieferung nach den Kroaten im Jahr 1367 von Papst Urban V. gestiftet wurde – angeblich soll der Heilige Lukas die Ikone geschaffen haben. Viele gekrönte Häupter sowie bekannte Persönlichkeiten stifteten das kostbare Inventar der Kirche, so stammen u. a. die Leuchten von Kronprinz Leopold von Österreich, der vergoldete und mit Edelsteinen verzierte Doppeladler wurde von Karl V. gestiftet, das Messgewand von Maria Theresia und eine silberne Muttergottesfigur mit Kind aus der Hochrenaissance vom kroatischen Banus Tome Bakač Erdödy. Es gibt etliche Wallfahrten, die bedeutendste ist die zu Mariä Himmelfahrt am 15. August mit einer großen Prozession über den Wallfahrtsweg von der Altstadt aus.

Papst Johannes Paul II.

Gehen wir weiter südwärts, über die Ul. Ivana Zajca, erreichen wir das im Stil der Renaissance und des Barock gehaltene **Volkstheater** der Wiener Architekten Helmer und Fellner. Das Theater trägt den Namen des kroatischen Komponisten *Ivan von Zajc* und erlebte 1885 seine erste Aufführung. Westlich des schön gestalteten Theaterplatzes die **Markthalle** mit verschiedensten Lebensmittel-, Fisch- und Fleischständen, davor Obst- und Gemüsestände.

Gegenüber der Straße die prunkvolle Fassade des **Palais Modello** (ebenfalls von Helmer und Fellner) mit Stilelementen der Hochrenaissance und des späten Barock. Heute ist der Prachtbau Sitz der Stadtbücherei und des Kulturzentrums der italienischen Minderheit. Ein paar Meter weiter westlich sieht man die riesigen Kräne und Schiffe vom Hafen.

Gegenüber vom Busbahnhofsplatz Trg Žabice steht die **Kapuzinerkirche Gospe Lurdske** (1904–1929 erbaut) mit prächtiger, fast modern anmutender Fassade und weiß-braun-roten Mosaiken. Der untere Teil wurde vom Architekten *Giovanni Maria Cureto* kreiert und ist Maria der Seelentrösterin geweiht, den oberen, etwas späteren Bau schuf *Cornelius Budinis* zu Ehren der Madonna von Lourdes.

Weiter westlich in Richtung Bahnhof stehen die Backsteinbauten der einstigen Manufakturen. Östlich der Kapuzinerkirche steht der **Prachtbau Ploech**, der 1880 vom Architekten G. *Zammattio* geplant wurde. Ploech war maßgeblich an der Torpedo-Entwicklung beteiligt.

Museen

Schifffahrts- und Historisches Museum (im ehemaligen Gouverneurspalast): Das Museum dokumentiert die Geschichte der kroatischen Schifffahrt und zeigt Segelschiffsmodelle. Eine Rettungsweste der Karpathia erinnert an das Titanic-Schiffsunglück vom 14./15. April 1912. Die Karpathia, ein Schiff der Cunard Line, konnte als Erste zu Hilfe eilen. Weitere Exponate in prachtvollen Palast sind Bilder, Möbel und Waffen des 17. bis 19. Jh., eine Gedenksammlung des Geigenbauers Franje Kresnik (1869–1943) sowie Trachten aus der Umgebung. Im Außengelände stehen zwei Abschusskanonen für Torpedos, die Ivan Lupis 1878 erfand und hier testete.

Kapuzinerkirche Gospe Lurdske

Muzejski trg 1 (im Park), ✆ 051/213-578, www.ppmhp.hr. Di, Do/Fr 9–16, Mi 9–19, Sa 9–13 Uhr. Eintritt 10 KN, Schüler/Stud. 5 KN.

Stadtmuseum: Gezeigt werden Dokumente aus der Geschichte der Arbeiterbewegung, über den Volksbefreiungskampf und die Revolution sowie eine Sammlung zur älteren und neueren Geschichte Rijekas.
Muzejski trg 1/1, ✆ 051/336-771, www.muzej-rijeka.hr. Mo–Fr 10–13/16–19, Sa 10–13 Uhr. Eintritt 20 KN, Schüler/Stud. 10 KN; Mo gratis.

Naturwissenschaftliches Museum und botanischer Garten: Meeres- und Landesfauna sowie Heilpflanzen aus der Umgebung sind zentrale Themen des Museums. Dazu geologische Funde, eine Sammlung von Schnecken und Muscheln und im Aquarium Haie und Rochen. Um das Museum wurde ein kleiner botanischer Garten mit Gewächsen aus dem Adriaraum angelegt.
Lorenzov prolaz 1 (nordöstlich im Park), ✆ 051/334-988, www.prirodnoslovi.hr. Mo–Sa 9–19, So 9–15 Uhr. Eintritt 10 KN, Schüler/Stud. 5 KN.

Museum für Moderne und Zeitgenössiche Kunst: Jährlich wechselnde Kunstausstellungen im 2. Stock des Gebäudes: in den Jahren mit geraden Jahreszahlen die Internationale Ausstellung von Originalgrafik, in den ungeraden die Biennale der Jugend.
Dolac 1/II, ✆ 051/334-280, www.mmsu.hr. Di–Fr 10–13/17–20 Uhr. Eintritt 15 KN, Schüler/Stud. 5 KN

Wissenschaftliche Bibliothek: Die Bibliothek präsentiert wichtige Dokumente der *glagolitischen Tradition,* darunter früheste glagolitische Inschriften, handgeschriebene Messbücher und die ersten Buchpublikationen aus der ersten glagolitischen Druckerei unter *Šimun Kožičić.*
Dolac 1, ✆ 051/336-129. Mo–Fr 10–19, Sa 9–13 Uhr. Eintritt 10 KN.

> Mit der **Rijeka Card** erhalten Sie 50 % Eintrittspreis-Ermäßigungen in Museen und Galerien (→ „Information").

Blick auf das idyllische Bakar und das Risnjak-Gebirge

Rijeka/Umgebung

Nordöstlich, etwa 15 km Luftlinie von Rijeka entfernt, beginnt der **Nationalpark Risnjak,** ein Bergmassiv im Gorski kotar, das zum dinarischen Gebirgssystem gehört. Der Nationalpark umfasst eine Fläche von 63,5 km^2 – seine höchste Erhebung ist mit 1528 m der Berg *Veliki Risnjak* mit seinen zahlreichen Felsspitzen, von dem aus sich ein unvergesslicher Weitblick bietet. Man kann hier wunderbare Wanderungen oder Mountainbiketouren unternehmen.

Die Bucht von Bakar mit den Ortschaften **Bakar, Bakarac** und **Kraljevica,** 20 km südlich von Rijeka gelegen, ist ein fjordähnlicher, tiefer Einschnitt – ein riesiger natürlicher Hafen. Schon von Weitem ist die Bucht durch qualmende Schlote und Rauchschwaden zu erkennen, die über dem Hinterland der Bucht hängen. Schiffswerften, Raffinerien und die Funktion als Nebenhafen von Rijeka haben die einst schöne Bucht, an der die Thunfischschwärme vorüberzogen, verändert. Nur wenige Touristen verirren sich noch hierher, um historische Sehenswürdigkeiten zu besichtigen.

Die großen Leitern, die in die Bucht von Bakar ragen, sind übrigens Beobachtungsposten für „Thunfischwächter". Zwischen Oktober und März sitzen sie auf ihren schwindelerregenden, luftigen Posten. Sobald ein Schwarm gesichtet wird, ertönt eine Sirene, die Netze werden geschlossen, und das Abschlachten beginnt.

Nach dem Ort **Kraljevica** endet die Bucht, und man gelangt auf die *Krički most,* die *Krker-Brücke* (Gebühr ca. 2 €). Bis 1990 trug sie den Namen Titos, der 1925/26 als Werftarbeiter hier arbeitete. Die Brücke scheint Erde und Mond zu verbinden, so kahl und leer wirkt die Insel Krk – doch nur von weitem.

> Mehr zum **Nationalpark Risnjak** und auch zum Kroatischen Küstenland finden Sie in unserem Reisehandbuch **Nordkroatien** von Lore Marr-Bieger (5. Auflage, 2012).

Crikvenica

Das Städtchen ist der touristische Mittelpunkt der „Riviera" und liegt an der Mündung der Dubračina. Wie Opatija hat es eine lange Tradition als Kurort, die bis ins Jahr 1888 zurückreicht. Prachtvolle Villen, eine schattige breite Uferpromenade und ein langer gepflegter Strand prägen das Stadtbild.

Hauptanziehungspunkt von Crikvenica (7000 Einwohner) ist der 2 km lange Sand-Kies-Strand, an dem die „Blaue Flagge" weht, der seicht ins Meer abfällt und für Kinder optimal zum Planschen ist. Die lange, gepflegte Uferpromenade mit stattlichen Palästen und Villen, Schatten spendenden Palmen, Pinien und Blumenrabatten sowie einer Marina, ist die Meile Crikvenicas. Hier kann man bummeln oder sich in einem der Cafés und Restaurants niederlassen und sich am Abend in den zahlreichen Cocktailbars und Diskoclubs vergnügen – wer im Urlaub Unterhaltung und Stadtleben sucht, ist in Crikvenica richtig.

Familien zieht es sicherlich ins **Aquarium**, das auf 200 m² und in 24 Becken einheimische und Korallenriff-Fische zeigt (Vinodolska ul. 8; ganzjährig tägl. 10–19 Uhr, Juli/Aug. 9–21 Uhr; Eintritt ca. 3 €, Kinder 4–10 J. 2 €).

Das **Archäologische Feld Ad Turres** liegt neben dem Fußballstadion, nördlich der Magistrale. Bisher wurden 2000 m² erforscht, man fand Amphoren, Ziegel, Teller aus dem 1. Jh. v. Chr. bis 2. Jh. n. Chr. – das restliche Altertum schlummert noch. Es kann nur im Sommer gegraben werden, wenn das Flussbett ausgetrocknet ist. Das **Stadtmuseum** (Juni–Sept. 9–11/18–22 Uhr, Ul. Preradovićeva 1) zeigt u. a. Ausgrabungsexponate; im 1. Stock residiert eine kleine Kunstgalerie.

Fast nahtlos ist Crikvenica mit den nördlich liegenden Ortschaften *Kačjak* und *Dramalj* und im Süden mit *Selce* zusammengewachsen, die ebenfalls Übernachtungsmöglichkeiten bieten. Den Küstenstreifen erreicht man über eine kleine Straße, die parallel zur Magistrale verläuft.

Zum Wandern und Mountainbiken lockt im Hintergrund der Vinodol.

Crikvenica – das einstige Paulinerkloster ist heute ein Hotel

Übernachten
- 2 Hotel Omorika
- 4 Falkensteiner Hotel Therapia
- 5 Pension Burin
- 7 Pension Tamaris
- 10 Hostel Stoimena
- 11 Hotel Villa Ružica
- 12 Hotel Kaštel
- 13 Hotel Esplanade
- 16 Hotel International

Essen & Trinken
- 1 Rest. Bego
- 3 Rest. Moslavina
- 5 Rest.-Pension Burin
- 6 Rest. Mendula
- 7 Rest. Tamaris
- 15 Rest.-Pizzeria Sabbia
- 17 Rest. Trabakul

Nachtleben
- 2 Retro Club
- 8 Café-Bar Sax
- 9 Café-Bar Pub
- 14 Diskoclub Phoenix
- 15 Lounge-Bar Sabbia

Geschichte

Die Erweiterung des Hafens und der Bau der Eisenbahnlinie 1873, die Einrichtung einer regelmäßigen Dampfschifflinie nach Rijeka 1874, der Bau des ersten öffentlichen Strandbades 1888 und des ersten großen Hotels 1895 (das noch heute bestehende *Hotel Therapia*), dazu das anerkannt gute Klima und die gesundheitsfördernde Wirkung des Meerwassers: All dies lockte immer mehr Gäste vor allem aus dem nahen Österreich an. Der Bau weiterer Hotels – des *Crikvenica, Bellevue* und *Miramare* – Anfang des 20. Jh. zeugt von einem wachsenden Besucherstrom, der die Landwirtschaft als wichtigste Erwerbsquelle mehr und mehr verdrängte.

Lange führte Crikvenica ein beschauliches Dasein als wenig bedeutender Hafen für die Siedlungen auf den Höhen des Hinterlands. Die Römer hatten im Flussdelta die Militärsiedlung *Ad Turres* (Bei den Türmen) errichtet. Ende des 14. Jh. wurde ein Kirchlein an der Flussmündung der Dubračina erbaut, nach dem Crikvenika benannt ist (Kirche = crkva, im Dialekt „crikva"). Die Frankopanen ließen an die Kirche ein Kloster anbauen, das mit einem Rundturm befestigt war (daher der Name Kaštel), und schenkten es 1412 dem Mönchsorden der Pauliner. Viele Jahre war das Kloster eine Kultur- und Bildungsstätte, der bekannte Maler *Julio Klović* erhielt hier seine erste Ausbildung. 1786 wurde das Kloster aufgelöst, diente als militärische Heilanstalt, danach, unter der Verwaltung von *Vladimir Nazor*, einem kroatischen Dichter und Kämpfer, als Kinderheim. Auch dieses historische Bauwerk wurde restauriert und beherbergt heute ein Hotel.

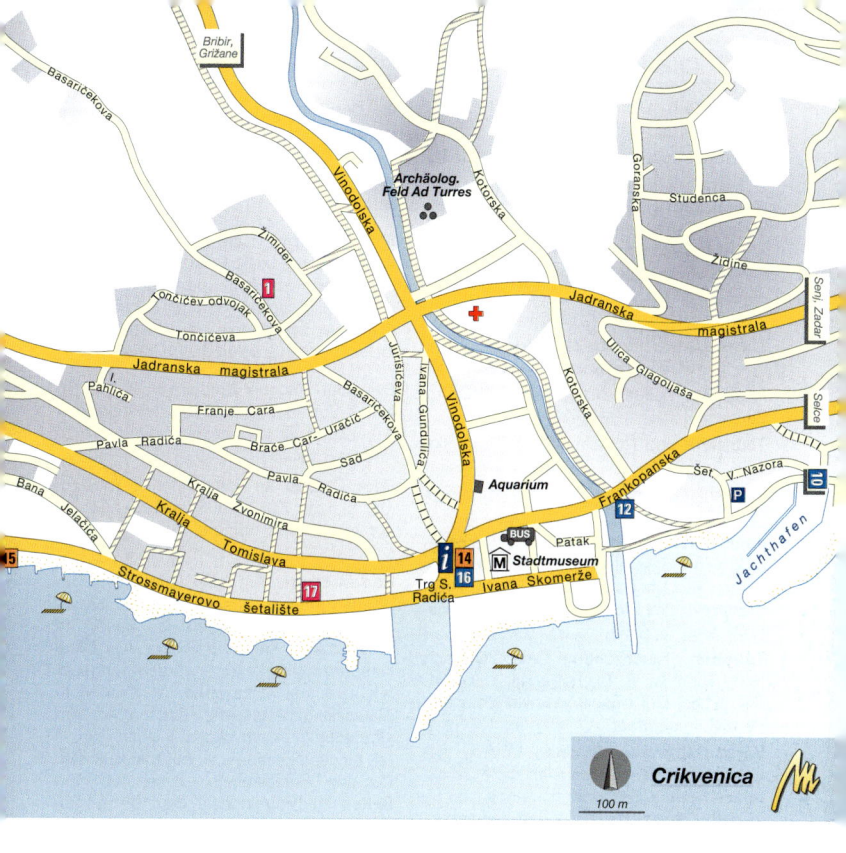

Crikvenica mit den zugehörigen Orten Dramalj, Jadranovo und Selce ist mit 25.000 Übernachtungsmöglichkeiten ganz auf den Tourismus eingestellt, selbst der große Parkplatz am Hafen reicht nicht mehr. Dem Verkehrsgedränge und der Parkplatzsuche kann man mit dem Touristenzug entgehen, der einen problemlos bis Kačjak im Norden und Selce im Süden chauffiert. Zur Nebensaison wird es gemütlich.

Basis-Infos

Information Tourismusverband und TIC, Trg Stjepana Radića 1 (Hafen), 51260 Crikvenica, ✆ 051/241-051, 241-867, www.tzg-crikvenice.hr. Juli/Aug. tägl. 8–22 Uhr, später Mo–Sa 8–20 Uhr, Winter Mo–Sa 8–15 Uhr. Gute Informationen.

Crikvenica Tourist, im selben Gebäude wie TIC, ✆ 051/241-516, www.crikvenica-tourist.net. Info, Zimmer, Fahrräder.

Adria Tours, Braće Dr. Sobol 16, ✆ 051/785-305, www.tibor-tours.hr. Gute Auswahl an Privatunterkünften.

Ulli-Tours, I Kostrencica 2, ✆ 051/784-130, www.ullitours.com. Guter Service bei der Zimmersuche.

Verbindungen Busstation zentral in der Ortsmitte. Verbindungen zu allen umliegenden Orten sowie zu den größeren Städten an der Küste und im Inland. **Schnellboot** (✆ 098/369-846, mobil) nach Šilo/Insel Krk (Juli/Aug. 7, 9, 11, 13, 16 u. 19 Uhr; NS nur 7.30, 9, 11 u. 16 Uhr), ca. 3 €. **Taxiboote** mehrmals tägl. nach Vribnik/Insel Krk und Novi Vinodolski. **Touristenzug** im Juli/Aug. 8–24 Uhr von Crikvenica nach Norden entlang der Strandpromenade über Dramalj nach Kačjak und südlich bis nach Selce; Fahrpreis 20 KN.

Crikvenica

Autoverleih z. B. Europcar, über Crikvenica Tourist.

Fahrradverleih u. a. neben Sportplatz Jeličić.

Gesundheit Kurhaus Thelassotherapia, Meerwassertherapie für die Heilung von Atemorganen und Rheumatismus. Auch die Schwimmbäder können genutzt werden. Gajevo šet. 21, ℡ 051/407-666, www.thalasso-ck.hr.

Therme Selce mit Spa-Bereich, I. L. Ribara 8, ℡ 051/764-076, www.terme-selce.com.

Apotheke, Fudurić-Žužić, neben TIC, Trg Stjepana Radića 1, ℡ 051/241-101.

Touristen- und Notfallambulanz, Kotorska b. b., ℡ 051/241-111 (℡ 94).

Polyklinik Katunar, Dr. Ivana Kostrenčića 10, ℡ 051/785-132.

Jachthafen Information und Reservierung von Liegeplätzen im Hotel International von 7–21 Uhr (℡ 051/241-867, 241-051). Anlegeplätze in Crni Mol, Stadthafen und Lučica.

Hafenamt, Trg S. Radića 1, ℡ 051/242-321.

Tauchen Tauchzentrum Dive City, nach Hotel Therapia, B. Buchoffer 18, ℡ 051/784-174, 091/572-4776 (mobil), www.divecity.net. Ganzjährig geöffnet.

Veranstaltungen Stadttag, 14. Aug. (gefeiert wird 1 Woche lang, ab ca. 8. Aug.), mit Feuerwerk, Schwimmmarathon (von Šilo nach Crikvenica), Musik und Segelregatta. **Fischerfest**, letzte Woche im Aug.

Nachtleben An der nördlichen Strandpromenade beim Jachthafen Crni Mol die **Cafébar Sax 8** und **Pub 9**, alle mit offenen Terrassen.

》》》 Mein Tipp: Café- und Lounge-Bar **Sabbia 15**, der beste Platz zum Chillen und Essen, mit Restaurant und Pizzeria. Großer moderner Komplex in luftiger Konstruktion, direkt am Sandstrand, gemütlicher Open-Air-Betrieb, großzügige Bar im Innern. **《《《**

Discoclub Phoenix 14 (beim Hotel International), Juni–Sept. ab 23 Uhr (NS nur noch Sa), Eintritt 30 KN; gespielt werden u. a. RnB Beat, Hip-Hop.

Retro Club 2, im Hotel Omorika, im Sommer tägl. ab 23 Uhr, außerhalb der Saison nur noch Fr/Sa. Eintritt Juli/Aug. 30 KN, sonst 20 KN.

Baden/Sport Am 2 km langen, mit der „Blauen Flagge" ausgezeichneten Sand-/Kiesstrand. Liegeflächen im Sand, im Wasser auch Kies und Steine. Alle Wassersportmöglichkeiten werden angeboten, u. a. bei Kirica nahe der Crni Molo (Parasailing, Wasserski, Banana), zudem strandmittig Beachvolleyball (auch Turniere), Kinderanimation u. a. mit Malwerkstatt. Klettern, Freeclimbing, Paragliden und Reiten im Hinterland in den Gemeinden von Vinodol möglich. Info in Agenturen.

Übernachten/Camping/Essen (→ Karte S. 164/165)

Übernachten In Crikvenica und Dramalj ausreichend **Privatzimmer**, DZ ab 20–30 €, **Appartements** ab 35 €/2 Pers.

Pension-Restaurant Tamaris 7, am nördlichen Strandende beim Jachthafen Crni Mol. Einfache Zimmer, gute Lage, nettes Restaurant mit lauschiger Terrasse und Blick aufs Meer. Gajevo šet. 6, ℡ 051/785-449, 275-831.

Hostel Stoimena 10, ca. 5 Min. Fußweg gen Osten, nahe dem Meer, umgeben von einem großen Park. Ein- und Mehrbettzimmer. Šet. V. Nazora 75, ℡ 051/241-045, www.nazor.hr.

**** Falkensteiner Hotel Therapia 4, erstes und ältestes Hotel am Ort (seit 1895), mit prachtvoller klassizistischer Fassade und Swimmingpool, umgeben vom üppigen Grün des Parks. Nach Modernisierung nun mit großzügigem Wellnessbereich. DZ/HP 200 €. B. Buchoffer 12, ℡ 051/209-700, www.therapia.falkensteiner.hr.

*** Hotel Villa Ružica 11, stilvolle Villa (24 Zimmer, 12 Appartements) mit Dependance Villa Coltelli, umgeben von mächtigen Laubbäumen, oberhalb des Hotels Esplanade und des Strands. DZ/F ab 110 €. Bana Jelačića 1, ℡ 051/241-959, www.vila-ruzica.hr.

*** Hotel Esplanade 13, schnuckeliger Bau mit schöner Fassade am Ortsrand, vom Meer durch die Uferpromenade getrennt. DZ/F, teils mit Balkon zum Meer, ab 94 €. Strosmajerovo šetaliste 52, ℡ 051/785-006, www.jadran-crikvenica.hr.

** Hotel International 16, preiswert und zentral am Hafen, Zimmer renoviert, trotzdem sehr klein und einfach. DZ/F 70–82 €. Ivana Skomerže 1, ℡ 051/241-880, www.jadran-crikvenica.hr.

*** Hotel Kaštel 12, schön restauriertes ehemaliges Paulinerkloster direkt am Meer und Strand. Einfach ausgestattete DZ/F 111 €. Frankopanska 22, ✆ 051/241-044, www.jadran-crikvenica.hr.

*** **Hotel Omorika** **2**, mit Dependancen, am Hang inmitten von Grün oberhalb des Meeres an der Uferpromenade kurz vor Dramalj gelegen. Tennis, Disco, Wassersportgeräteverleih. DZ/F mit Balkon ca. 100 €. Milovana Muževica b. b., ✆ 051/785-023, www.jadran-crikvenica.hr.

Außerhalb in Dramalj (4 km nördlich)

**** **Grand Hotel Dramalj**, schönes komfortables 58-Betten-Haus am Hang mit Swimmingpool, Restaurant und Internet. DZ/F 130 € (TS 160 €). April–Okt. Braće Car 6, ✆ 051/787-160, www.grand-hotel.hr.

**** **Hotel Vali**, an der Uferpromenade, modern und komfortabel, mit kleinem Strandabschnitt, Wellnessbereich und gutem Restaurant. DZ/F mit Balkon 130 € (mit Meerblick etwas mehr). Gajevo šet. 35, ✆ 051/788-110, www.hotelvali.hr.

Camping * Camping Kačjak, kleiner Platz, für Zeltbesitzer geeignet. Geöffnet 15.5.–30.9. ca. 6 €/Pers., Zelt 3 €, Auto 3 €. ✆ 051/786-250.

Essen & Trinken 18 Restaurants haben sich in einem Club zusammengeschlossen (alle unten aufgeführten), die auf ihrer Speisekarte mind. 6 saisonale, traditionelle Gerichte der Crikvenicer Küche von Suppe bis Dessert anbieten.

Restaurant-Pizzeria-Loungebar Sabbia **15**, moderne gute Küche, lauschige Terrasse oberhalb vom Meer am Sandstrand. Nach dem guten Dinner kann man eine Etage tiefer einen Cocktail trinken (→ „Nachtleben"). Strossmayerovo šet. 50 b, ✆ 051/781-301.

»» Mein Tipp: Restaurant Moslavina **3**, stilvolles Fischlokal mit überdachter Terrasse rund ums Haus; oberhalb des Jachthafens Crni Mol und der Uferstraße. Frische Fische, Brodet-tos, Buzara, Risottos, Salate, große Weinkarte. Braće Dr. Sobol 13, ✆ 051/783-456. **«**

Restaurant Bego **1**, schönes gemütliches Restaurant mit überdachter Terrasse oberhalb der Magistrale, in 10 Min. Fußweg zu erreichen. Spezialitäten sind Fischgerichte, u. a. Seeteufel in Kapernsauce. Basaričekova 50, ✆ 051/781-154.

Restaurant-Pension Burin **5**, gutes Fischlokal, mit kleiner Terrasse, guter Service; Übernachtung. Ul. Dr. Ivana Kostrenčica 10a (bei Polyklinik), ✆ 051/785-209.

Restaurant Mendula **6**, nördlich des Jachthafens Crni Mol an der Uferpromenade. Hier speist man gut Fisch- und Fleischgerichte. Gajevo šet 23.

Restaurant Trabakul **17**, an der Strandpromenade, in Form eines Schiffes. Ebenfalls trad. Küche, aber nicht im obigen Club, u. a. Batuda (Eintopf aus Mais u. Bohnen) oder Gerste mit Brodetto, Šurlice mit Scampi oder das gute Maisdessert Hrmentunjača. Strossmayerovo šet. 10, ✆ 051/243-695.

Crikvenica/Umgebung

Die Umgebung, vor allem das Hinterland *Vinodol,* lockt zum Mountainbiken. Hier gibt es unzählige kleine malerische Orte mit Wallburgen und Kastellen, u. a. **Grižane**, der Geburtsort des bekannten kroatischen Malers *Juraj Julije Klović* (1498–1578 Rom). Seine Werke zieren die namhaftesten Galerien weltweit. Im Ort **Bribir** steht die Kirche St. Peter und Paul mit dem wertvollen Gemälde „Fußwaschung" von Giacomo Palma d. Jüngeren.

Knapp 10 km südlich liegt das Kleinstädtchen **Novi Vinodolski** an der gleichnamigen Riviera, auch hier herrscht schon lange Tourismus, es gibt Bademöglichkeiten, aber meist an Felsküste mit betonierten Liegeflächen. Bedeutsam ist hier ein Papier: das um 1288 verfasste *Vinodoler Gesetzbuch,* das zu den bedeutendsten kroatischen Rechtsurkunden zählt und in altkroatischer Schrift verfasst ist.

Zwischen Crikvenica und Novi Vinodolski gibt es etliche Ferienorte mit Übernachtungsmöglichkeiten in Pensionen, Hotels und auf vielen kleinen Campingplätzen. Wer einen Zwischenstopp einlegen möchte, ehe er auf die Inseln fährt, findet hier eine große Auswahl.

Die 1300 m lange Krički most ist Krks wichtigste Verbindung zum Festland

Insel Krk

Nähert man sich der Insel über das gewaltige Brückenbauwerk der Krički most, zeigt sich Krk von der karstigsten Seite. Doch die Insel hat viele Gesichter – von kahl und karg bis üppig und grün. Durch Brücke, Flugplatz und ein enges Straßennetz ist die Insula Aurea, die Goldene Insel, die verkehrstechnisch am besten erschlossene Insel Kroatiens.

Krk ist ein bisschen größer als Cres und mit 410 km² die größte der kroatischen Inseln; rund 16.500 Einwohner leben hier. Erreichen kann man sie nicht nur per Fähre, sondern auch über die *Krički most*, eine beeindruckende Brücke, die sich 60 m über dem Meer in zwei Bögen und einer Gesamtlänge von 1310 m über den Meeresarm spannt. Wegen der guten Verkehrsanbindungen ist die Insel zur Hauptsaison vor allem in den Touristenzentren *Njivice, Malinska, Krk, Punat* und *Baška* oft überfüllt – trotz zahlreicher Badestrände und großer Campingplätze. Zudem ist Krk ein beliebtes Wochenendziel der Städter vom Festland, die hier auch viele Ferienwohnungen besitzen. Wer gerne wandert findet vor allem im Süden der Insel ein gut präpariertes und markiertes Wegenetz. Auch konditionierte Mountainbiker sind hier zuhause.

Bleiche Steinwüsten und eine schwer zugängliche Küste findet man im Nordosten und Osten. Grün wird die Insel im Westen, gegen Südwesten wächst Mittelmeerwald. Im bergigen Süden liegt die mit 569 m höchste Erhebung von Krk, der *Obzova*. Flach wird es im Norden. Dort liegt der *Omišalji-See*, ein sehr wichtiges Süßwasserreservoir der Insel, trotz seiner nur 0,25 km² Fläche. Auch Bäche gibt es auf Krk. Sie fließen im Mitteltal, das sich von der *Bucht von Omišalj* bis zur *Bucht von Baška* erstreckt, einer fruchtbaren Landschaft mit Wiesen, Weinbergen, Kornfeldern, Olivenhainen, Obst- und Gemüsegärten. Allerdings wird nur knapp ein

Zehntel der Inselfläche landwirtschaftlich genutzt. Neben Viehzucht und Fischerei bilden die petrochemische Industrie im Nordwesten und vor allem der Tourismus wichtige Erwerbszweige.

In den Wäldern hat man Damwild und Wildschweine ausgesetzt, außerdem Fasane, die oft in Scharen auftreten. Im südlichen Inselgebirge horsten die riesigen Gänsegeier. Das Wappentier von Krk ist allerdings die Eule. Bei Bergwanderungen auf die meist sehr träge, aber giftige *Hornotter* (vipera ammodytes) achten (→ „Fauna" S. 28).

An lukullischen Spezialitäten gibt es den süffigen, goldgelben Wein *Žlahtina*, der in der Gegend um Vrbnik wächst, und *Šurlice*, eine gedrehte Nudel, die meist auch hausgemacht auf den Tisch kommt, und gerne zu Gulasch oder Škampi gegessen wird.

Wichtiges auf einen Blick

Telefonvorwahl: 051

Fährverbindungen: *Trajekt* (LNP, www.lnp.hr) *Valbiska–Lopar (Insel Rab)*, ganzjährig; Juni–Sept. 4-mal tägl. um 7.45, 11.45, 16, 20.30 Uhr (Mo um 21 Uhr), sonst nur 2-mal tägl. (7.40 u. 17.45 Uhr, So 14.45, 19.15). 5 €/Pers., Auto 30 €.

Trajekt Valbiska–Merag (Insel Cres), ganzjährig 0.01–22 Uhr (12- bis 13-mal); im Winter 8- bis 10-mal. 2,40 €/Pers., Auto 15,35 €. Zwischen Crikvenica und Šilo verkehren nur Taxiboote.

Brückenverbindung: Die Verbindung zum Festland über die Krički most ist mautpflichtig und kostet ca. 4 €.

Busverbindungen: Regelmäßige Verbindung nach Rijeka (ca. 6 €), Zagreb (ca. 15 €), zum Hauptort Krk und nach Punat, Baška und Vrbnik.

Flugverbindungen: *Flughafen Rijeka* (Zračna luka Rijeka), Hamec 1, Omišalj (Insel Krk, ca. 30 km südl.), ✆ 051/842-040, Flug-Info ✆ 051/842-132, www.rijeka-airport.hr. Am Flughafen (geöffnet 8–18 Uhr) gibt es Café, Infobüro, Duty-Free-Shop, Mietwagen, Gepäckaufbewahrung. Bus Autorolej (Fahrplan beachten!) ab Jelačić trg bis Flughafen-Terminal 40 KN (5,40 €) oder Taxen ab 56 €.

Tankstellen: Omišalj, Malinska, Krk, Valbiska.

Geldwechsel/Post: in allen großen Orten Banken, zumindest aber Bankomaten. Postämter in jedem Ort.

Autoverkehr: Achtung, am Fr Nachmittag gen Brücke und So Abend zurück gen Rijeka, herrscht starker Ausflugsbzw. Rückfahrtverkehr. Viel Zeit und kilometerlange Staus einkalkulieren oder zu anderen Zeiten fahren!

Campingzubehör: Gasflaschen bei Fam. Hržic, Karinovo b.b., Malinska, ✆ 051/850-572.

Geschichte

Krk war schon in früher Vorzeit besiedelt – man findet Überreste aus der jüngeren Steinzeit sowie Wallburgen und Hügelgräber der Liburner. Bei den alten Griechen und Römern wird Krk als *Curicum* erwähnt – ein eigenständiges, städtisches Gemeinwesen, dessen Bewohner das Privileg des römischen Bürgerrechts besaßen. Viele Funde stammen aus dieser Zeit.

Im Verlauf der slawischen Völkerwanderung besiedelten die Kroaten die Insel vom Festland her, das byzantinische Dalmatien schrumpfte auf ein paar befestigte Städte wie Krk, Osor, Rab, Zadar, Trogir, Split, Dubrovnik und Kotor. Aus der Zeit des ersten kroatischen Staats, um 1100, stammt die *Tafel von Baška*, eine Schenkungsurkunde. In der Zeit, als Ungarn-Kroatien mit Venedig um Dalmatien stritt, erstarkten die Herren von Krk als lachende Dritte. Die *Frankopan*-Fürsten, wie sie sich später nannten, waren Beschützer der glagolitischen Volkstradition. 1288 wurde das alte kroatische Gewohnheitsrecht in einem Gesetzbuch zusammengefasst, das auf Kroatisch und in der *Glagoliza* niedergeschrieben wurde(→. S. 263). Bis 1480 konnten sich die Frankopanen-Fürsten gegen Venedig behaupten, dann gerieten sie untereinander in Streit, und diesmal durfte sich der venezianische Doge freuen. Krks wechselvolle Geschichte bis zum Ersten Weltkrieg teilen auch die anderen Kvarner-Inseln.

> **Glagoliza – die glagolitische Schrift**
>
> Die Glagoliza ist eine altslawische Schrift mit eigenen, aus dem Griechischen, Orientalischen und Slawischen abgeleiteten Formgebungselementen. Wahrscheinlich wurde sie im 9. Jh. von dem „Slawenapostel" Kyrillos aus Saloniki im Zuge seiner Bibelübersetzung zum besseren Verständnis des Inhalts geschaffen. Auf Krk ist die „Glagoliza" heute noch in vielen Steininschriften, Handschriften und Drucken zu sehen.
>
> Grundlage der glagolitischen Schrift sind die griechischen Kleinbuchstaben, die Lettern sind orientalischen Alphabeten entlehnt und wurden an die Lautbesonderheiten der slawischen Sprache angepasst und umgestaltet. Die Schrift fand Eingang in die slawische kirchliche Literatur und ist trotz des Widerstandes der lateinisch orientierten Papstkirche in ihrem westlichsten Verbreitungsgebiet (Istrien, nordadriatischer Raum mit Zentrum Insel Krk) bis in die Gegenwart erhalten geblieben.
>
> Die „Tafel von Baška" (→ Jurandvor, S. 192)

Omišalj

In der Hauptsaison bevölkern Hotelgäste, Camper und Wochenendausflügler aus Rijeka die historische Stadt mit ihren 2000 Einwohnern – Omišalj ist neben Krk der älteste Ort der Insel. Unweit von Flughafen und Industrieanlagen thront er trutzig auf einem 82 m hohen Berg über dem Meer.

Weit schweift der Blick über die Bucht bis Opatija und die Insel Cres. Die Bucht ist heute von Industrieanlagen geprägt, dennoch lassen es sich viele nicht nehmen, hier ihren Badeurlaub zu verbringen. Vielleicht deswegen, weil Omišalj noch einer der wenigen ruhigen und gemütlichen Orte der Insel ist. Schmale Gassen führen an Natursteinmauern und Häusern mit gepflegten Gärten entlang – eine Oase der

Omišalj 171

Omišalj – das römische Fulvinium übersteht auch die heutige Zeit

Ruhe. Rund um Omišalj wurden schöne Rad- und Wanderwege angelegt, hinzu kommen die alten Uferpromenaden zum Flanieren.

Die schöne Aussicht, die früher im Wortsinn ungetrübt war, lockte schon vor Jahrhunderten Menschen nach Omišalj. Im Mittelalter gehörte Omišalj zu den vier frankopanischen Städten. 1420 sicherten die Inselfürsten die Stadt durch ein Kastell, das erst im 20. Jh. niedergerissen wurde.

Information Touristinformation (TZO), Prikeste 20, (Fußgängerzone). 51513 Omišalj, Juli/Aug. Mo–Sa 8–21, So 8–12/18–21 Uhr; Mai/Juni, Sept. Mo–Fr 8–14, Sa 8–13 Uhr. ☏ 051/841-042. Außerhalb der Saison über Njivice, www.tz-njivice-omisalj.hr.

Agentur Su-Mo Tours, Medermunice 1 (Kreisverkehr vor der Altstadt), ☏ 051/842-230, www.sumotours.hr. Zimmervermittlung und gute Infos.

Verbindungen Bus: Regelmäßige Busverbindung mit Rijeka, Zagreb und über die Insel. **Flug**: Flughafen Rijeka/Krk (→ „Wichtiges auf einen Blick").

Taxi: Von Omišalj zum Flughafen 12 €/2 Pers. (relativ teuer für die wenigen Kilometer).

Autovermietung Europcar und **Mystik Tours**, Hamec 1 (Flughafen), ☏ 051/841-300

Gesundheit Ambulanz, Prikešte 15, ☏ 051/842-086. **Apotheke**, Kovačnica 11, ☏ 051/842-127.

Veranstaltungen Am 15. Aug. wird der Kirchenpatron Mariä Himmelfahrt gefeiert, zudem **Stomorina**, das „Fest der ersten Früchte". Das Fest dauert 2 Tage, Musikapelle und Folkloreaufführung auf dem großen Kirchenvorplatz. Im Sommer viele Veranstaltungen, u. a. das **Ethnofestival**.

Übernachten Privatunterkünfte je nach Kategorie ab 30 € für das DZ. **Appartements** für 2 Pers. ab 43 €, für 4 Pers. ab 65 €. Frühstück ab 6 €/Pers.

** Hotel Adriatic, schöne Lage an der grünen Bucht, aber ohne Flair, große Reisegesellschaften machen hier Station. Badestrand mit Fels- und Betonliegeflächen. Einfache Zimmerausstattung. Ruhiger wohnt es sich in den Dependancen. DZ/F 80 €. ☏ 051/842-126, www.hoteli-omisalj.hr.

**** Villa Isabella, kleines, familiär geführtes Hotel mit Restaurant, unterhalb obigen Hotels und direkt am Meer mit schöner Terrasse. Gut ausgestattet. DZ/F mit Balkon 60–70 €. Zagradi 39, ☏ 051/841-002, www.villa-isabella.com.

*** **Guesthouse Delfin,** nettes kleines Hotel mit Restaurant, am Meer und an der Einbahnstraße gelegen – beste Wahl in Omišalj. Zum Abendessen geht man am besten zu Fuß in 15 Min. hinauf in die Stadt, per Auto muss man komplett außen herumfahren. Freundlicher Service. DZ/F 80 € (TS 88 €). Mali Kijec 11, ✆ 051/867-780, www.hotel-delfin.hr.

Camping * Camping **Pušća,** der 8-ha-Platz ca. 4 km nördlich von Omišalj hat eine eigene Bucht. Wenig Bäume in der Steinwüste. Blick auf die Skyline Rijekas und die fast futuristische Anlage der Ölraffinerie gegenüber. Bescheidene WC-Anlage, Standduschen, Kühltruhe bei der Rezeption, Getränkebar, Paddelbootverleih. Flach ins Wasser abfallender Kiesstrand. Geöffnet April–Sept. ✆ 051/841-440.

Essen/Übernachten »> Mein Tipp: Restaurant-Pension **Barbi Gerga,** guter Service und gutes Essen in nettem Ambiente. Man speist im gemütlichen Innern, im Hinterhof unter ausladenden Feigenbäumen oder vor dem Haus. Es gibt Fisch-, Fleisch-, Nudel- und Reisgerichte. Ganzjährig geöffnet. ✆ 051/842-255. «<

Konoba Ulikva, beschaulich und nett unter einem Olivenbaum beim Kirchplatz. Von hausgemachter Pasta bis hin zu Fisch ist alles schmackhaft. ✆ 051/841-004.

Restaurant Kaštel, beim Parkplatz, mit Terrasse. Spezialität sind Fleischgerichte und Pizza, guter Service. Ganzjährig geöffnet. ✆ 051/841-039.

Konoba-Pension Riva, direkt am Hafen bei der Pesja-Bucht. Fisch- und Fleischgerichte. Hier werden auch Zimmer vermietet. ✆ 051/841-777.

Baden/Wandern Fels-, Kies- und Sandabebuchten. Uferweg zum alten Fischerhafen Uvala Pesja, in dem Jachten ankern. Von hier unten führt ein steiler Fußweg hoch zur Altstadt. Ein weiterer Weg führt unten am Meer entlang in Richtung Landzunge Tenka Punta.

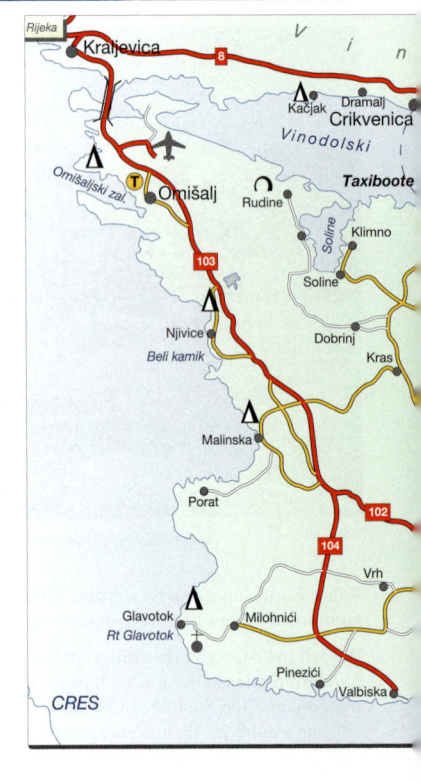

Wassersport Kleiner **Jachthafen** und Restaurant; **Hafenamt,** ✆ 051/842-053.

Sehenswertes

Eine Fußgängerzone führt in den alten Ortskern und zur *Marienpfarrkirche*, einer dreischiffigen romanischen Basilika aus dem Jahr 1213. Die große Fensterrosette von 1405 schuf Meister Sinoge. Der Glockenturm wie auch die an den Turm anschließende Loggia wurden im 16. Jh., die Kuppel im 17. Jh. erbaut. Das Eingangsportal der Kirche ziert ein Flechtwerkornament aus dem 9. Jh., im Innern sind glagolitische Inschriften und die Grabplatte des letzten Benediktinerabts aus dem Jahr 1471, ebenfalls mit glagolitischer Inschrift, zu sehen. Kleine verwinkelte Gassen führen durch den Ort, dessen Harmonie nur die gelben Straßenkugelleuchten stören. Am Ortsende, wo sich das romanische *Kirchlein Hl. Anton* mit offener, säulengetragener Vorhalle duckt und der einstige Wasserturm steht, *kann man nach Rije-*

ka hinübersehen, das nachts als Lichtermeer herüberstrahlt. Hinab zum Meer gelangt man durch die grüne Oase *Park Dubec* über Stufen und Wege.

In der *Bucht von Sepno* prallen Gegenwart und Vergangenheit krass aufeinander. Einst stand hier das römische *Fulvinium,* in dem eine Pilgergemeinschaft lebte. Man sieht auf dem großen Gelände, bewachsen mit Zypressen und Oliven, Ruinen der frühchristlichen *Basilika Mira* aus dem 5. Jh. und der mittelalterlichen Benediktinerabtei *Sv. Nikola* – und eben Raffinerie, Pipeline und Tankerhafen und ruhige Badestellen.

Njivice

Auf der *Krčka Magistrale* weiter landeinwärts zeigt sich, dass die „Mondinsel" recht grüne Seiten hat: erst Buschwerk, dann Bäume und ein Süßwassersee. Von der *Krčka Magistrale* führt eine Abzweigung nach *Njivice*.

Der am Hang liegende 1500-Einwohner-Ort und einstige Landbesitz der Frankopanen zieht sich mit vielen in Grün gehüllten Privat- und Ferienhäusern hinab zum Meer und ist fest in den Händen des Tourismus, vom einstigen Fischerdörfchen ist fast nichts geblieben. Leicht verliert man die Orientierung, nimmt man nicht den richtigen Abzweig zum kleinen Zentrum auf der Halbinsel am Meer. Nördlich des Zentrums liegen die Hotels, der Campingplatz und ein Sportzentrum. Gebadet wird rund um Njivice.

Insel Krk

Information Tourismusverband (TZO), Ribarska obala 10, 51512 Njivice, ✆ 051/846-243, www.tz-njivice-omisalj.hr. Juli/Aug. 8–21, So 8–12 Uhr; Juni u. Sept. Mo–Fr 8–15, Sa 8–13 Uhr; sonst Mo–Fr 8–15 Uhr.

Aleta-Tours, Primorska 10, an der Kreuzung zum Zentrum, ✆ 051/847-333, www.ait.hr. Ganzjährig geöffnet, HS tägl. 7–22 Uhr, sonst 9–15/19–21 Uhr. Zimmervermittlung, Ausflüge.

Verbindungen Regelmäßiger Busverkehr zu allen Inselorten. **Touristenbus** 2-mal wöchentl. nach Omišalj und zur Biserujka-Höhle.

Gesundheit Ambulanz, im Hotel Jadran, ✆ 051/846-846; **Apotheke**, Ribarska obala 10, ✆ 051/847-030.

Übernachten Privatunterkünfte kosten je nach Kategorie ab 34 €/DZ.

Die Hotels reihen sich am Strand entlang.

*** **Hotel Beli Kamik I und II**, im Betonstil auf Bögen, am Meer. Tanzterrasse, Sportmöglichkeiten (Tennis, Minigolf etc.). Fels- und Betonliegeflächen. DZ/F 67–75 € (TS 82–92 €). ✆ 051/846-720, www.hoteli-njivice.hr.

** **Bungalows Flora**, die Anlage liegt hübsch am Hang im üppigen Grün, die Ausstattung ist allerdings sehr einfach. 50 € (TS 55 €) für 2 Pers. ✆ 051/661-444, www.hoteli-njivice.hr.

*** **Hotel Jadran**, im Reihenhausstil gebaut, innen rosa und freundlich. Nachtclub, Tennisplätze. Fels- und Betonliegeplätze. DZ/F 84 € (TS 102 €). ✆ 051/661-444, www.hoteli-njivice.hr.

*** **Pension-Restaurant Miramare**, liegt direkt an der Uferpromenade, schöne Zimmer und gutes Restaurant. DZ/F 80 € (TS 96–118 €). Ribarska obala 4, ✆ 051/867-740, www.miramarenjivice.hr.

Camping ** **Autocamp Njivice**, 10-ha-Platz, Supermarkt im Holzhaus, Stellflächen im Laubwald, Felsbucht mit betonierten Liegeflächen, abseits FKK. Geöffnet 1.5.–30.9. Ca. 6 €/Pers., Auto 3 €, Zelt 3–4 €. ✆ 051/846-168, www.hoteli-njivice.hr.

Essen & Trinken Restaurant Rivica, traditionsreich und gut seit 1934. Hübsche Gartenterrasse unter schattigen Palmen und Kastanien, mit Blick auf den Hafen; innen sehr gediegen. Fisch- und Fleischgerichte, leckere Hausweine. Ribarska obala 15, ✆ 051/846-101.

Entlang der Hafenpromenade **Konoba Uijan** und **Restaurant Miramare**.

Café-Bar Sunset Beach, strohgedeckt, karibisch anmutend, nächtlicher Treff an der gleichnamigen Kiesbucht.

Sport Die Hotels verleihen Surfbretter, Paddelboote, Wasserski, Fahrräder; außerdem Minigolf, Tischtennis und Surfschule im Hotel Beli Kamik und bei beiden Hotels Tennisplätze. An der Uferpromenade Wassersportzentrum mit Tauchclub. Fahrradverleih am Sunset-Beach und hinter Sunset-Beach Tauchclub Ronilački centar Nijivice, ✆ 091/2701-950 (mobil).

Baden: Außerhalb des Ortes Fels- und Kiesbadebuchten; z. B. schöner Feinkiesstrand am Sunset-Beach im Süden. Nördlich des Campingplatzes gelangt man über einen Fußweg zu schönen FKK-Buchten, z. B. *Uvala Dražica* und *Uvala Dumboka*. Von den Buchten aus sieht man bei klarem Wetter auf Cres und das Festland. Nach *Malinska* folgt der *„Paradiesweg"* dem Küstenverlauf, das Landspitzchen Čuf abschneidend – immer wieder finden sich gute Bademöglichkeiten.

Malinska

Das 2000-Einwohner-Dorf an einer weiten, bewaldeten Bucht mit kleinem Hafen ist heute ein Seebad mit einigem Rummel im Sommer. Auch Jugendliche kommen gern in den Ort, denn hier gibt es eine der wenigen Diskotheken der Insel. An der mit Palmen und schattigen Bäumen bestandenen Strandpromenade reihen sich Lokale, Souvenirläden und viele Cafés. Im 19. Jh. war Malinska der Verschiffungshafen für das mit Flaumeichen bestandene Hinterland. Die verkehrsarme Umgebung lädt zu Erkundungen und zum Mountainbiken ein. Altertümer finden sich u. a. im Weiler Porat.

Malinskas schöne Hafenpromenade

Information/Diverses

Touristinformation TIC, Obala 46, 51511 Malinska, ℅ 051/859-207, ℅ 051/858-254, www.tz.malinska.hr. Juni–Mitte Sept. 8–20 Uhr, Mai u. Okt. Mo–Fr 9–13/17–20 Uhr; danach nur morgens.

Agentur Apolinar, Dubašljanska 71, ℅ 051/869-011, www.apolinar.hr.

Agentur El Pi Tours, am Ortseingang nach der Straßenkreuzung links, ℅ 051/859-770, www.elpi-tours.com.

Verbindungen Regelmäßiger **Bus**verkehr nach Krk und Rijeka.

Gesundheit Apotheke, Lina Bolmarčića 33, ℅ 051/859-387. **Ambulanz**, Lina Bolmarčića b. b., ℅ 051/859-194 und 859-917.

Auto Großer **Parkplatz** beim Einkaufszentrum. **Tankstelle** an der Durchgangsstraße, kurz nach dem Einkaufszentrum. **Werkstatt**, Novo naselje 17, ℅ 051/859-491.

Veranstaltungen Musik- und Folkloreveranstaltungen, Ausstellungen im Juli und Aug.

Nachtleben Diskothek Crossroad, neben Touristagentur El Pi am Ortseingang, nur Juni–Aug. mit Livebands und angesagten DJs. Geöffnet 23–5 Uhr. www.crossroad-discotheque.com.

Club Boa, Disco und Bar, neben Bushaltestelle; in der Saison tägl., sonst nur am Wochenende.

Sport Paddelboot-, Wasserski-, Ruderbootverleih, Surfschule an der Uferpromenade.

Nördlich, in Richtung Kap Čuf, Fels- und Kiesbadebuchten, auch in südlicher Richtung, jedoch überall sehr überlaufen. Fahrradverleih am großen Parkplatz beim Einkaufszentrum.

Tauchen Correct Diving (→ Glavotok).

Übernachten/Camping/Essen

Übernachten Privatzimmer, je nach Nähe zum Meer ca. 40 € fürs DZ; Appartements für 2 Pers. ab 40 €.

*** **Hotel Adria**, kleines 39-Zimmer-Hotel mit gutem Restaurant und hübscher Terrasse an der Uferpromenade, wenige Meter zum Strand. DZ/F mit/ohne Balkon 88–94 € (TS

99–114 €). Obala 40, ☎ 051/859-170, -131, www.hotel-adria.com.hr.

**** **Hotel Malin**, ganz im Süden, mit kleinem Wellnessangebot und großer Tanzterrasse, d. h. im Sommer laut! Dazu passend das Strandbad, gesäumt von der Türenflucht der Umkleidekabinen. Betonierte Liegeflächen, etwas Kies, kleiner Hafen. Geöffnet April–Mitte Okt. DZ/F ca. 128 € (TS 150 €). K. Tomislava 23, ☎ 051/850-234, www.hotelmalin.com.

**** **Villa Rova**, Familienbetrieb in Alleinlage auf schönem Gelände nahe dem Meer, kurz vor Porat im Ortsteil Vantačiči. 15 komfortable DZ/F 130–160 €. Rova b. b., ☎ 051/866-100, www.croatia-krk.eu.

**** **Hotel Pinia**, (→ Umgebung).

Camping Es gibt etliche kleine * **Privatcamps**, der Rasen vor den Häusern dient als Stellfläche. Hier die größten:

Camp Draga, geöffnet Mai–Sept. 7 €/Pers., Zelt 3 €, Auto 2 €. Palih boraca 4, ☎ 051/859-905.

Camp Bogović Ivan, geöffnet April–Sept. Preise etwas höher als Draga. Portić 4 (nahe dem Meer im Weiler Portić), ☎ 051/859-306.

Essen & Trinken Restaurant-Pizzeria **Matteo**, Joakima Tončića 7 (nördl. des Hafenbeckens und der Promenade). Tipp von Einheimischen.

Für Fischgerichte geht man in die **Konoba Bracera**, Kvarnerska 1, ☎ 051/858-700. Empfohlen wird auch **Konoba Intrada**, Obala 50, ☎ 051/859-222.

Ribarška Konoba, in Richtung Hotel Malin. **Lovačka Konoba-Pension**, im Ortsteil Sv. Vid, oberhalb von Malinska.

Umgebung

Porat: Ruhiger kleiner Ort mit Fischerhafen südlich von Malinska. Im 19. Jh. war hier der Zollhafen für Holztransporte nach Venedig. Unweit des Dorfkerns steht ein *Franziskanerkloster* aus dem 15. Jh. mit einem Altarbild der Meister Girolamo und Francesco da Santacroce. Neben einer Olivenpresse von 1850 gibt es ein kleines Museum mit Bibliothek und einem Lapidarium, das Kopien von den ältesten glagolitischen Inschriften zeigt.

Übernachten »> Mein Tipp: **** **Hotel Pinia**, moderner Rundbau mit Glasfronten und Balkonen, einem Restaurant und großer Terrasse. Das Familienhotel liegt direkt am Meer, mit eigener Badebucht und Liegeflächen. Komfortable, mit Internetzugang ausgestattete Zimmer, von den oberen Stockwerken herrlicher Weitblick in Richtung Insel Cres. Es gibt Zimmer, Suiten und Familienzimmer (mit/ohne Meerblick) und auch noch die preiswertere Dependance Marica. HP/Pers. 88–108 € (TS 97–117 €). März–Okt. Porat b.b., ☎ 051/866-333, www.hotel-pinia.hr. «

Essen & Trinken Am Hafen einige Restaurants, u. a. **Konoba Porat**, serviert Fischgerichte, ☎ 051/867-046. Gegenüber **Konoba Sidro**, ☎ 051/867-060.

Baden Fußwege führen zu ruhigen **Badebuchten** mit Fels- und feinen Kiesstränden um die südliche Landzunge sowie in Richtung Malinska.

Über Glavotok nach Krk

Auf staubiger Landstraße geht es weiter nach *Glavotok*. Im Landesinneren sind die Dörfer steingrau und urwüchsig, das Buschwerk ist dicht. Es wachsen viele Flaumeichen, Steinmäuerchen durchziehen die Landschaft, ab und zu an der Straße ein Wasserloch und vereinzelt Weingärten.

Glavotok: Nur ein paar Häuschen, ein *Kiosk*, ein *Restaurant* (Fisch und Omeletts) mit *Pension* und der nahe *Campingplatz*. Unten am Meer ein kleines Hafenbecken voll bunter Boote und ein *Franziskanerkloster* mit Friedhof und Zypressen. 1468 schenkte der Inselfürst *Ivan Frankopan* das Grundstück den glagolitischen Mönchen, die darauf 1507 das Kloster und die Kirche Sv. Marija bauten. Die Klosterbibliothek birgt eine Sammlung von Büchern und Handschriften in glagolitischer Schrift.

Über Glavotok nach Krk

Camping ≫ **Mein Tipp:** *** Autocamp Glavotok**, vor der Ortschaft rechts an einer kleinen Bucht, gegenüber die Berge von Cres. Gostiona mit Terrasse, Minimarkt, Obst- und Gemüsestand; Bootsanlegestelle und Liegeplätze, Slipanlage. Moderne Sanitäranlagen, WLAN, Mobilhausvermietung. Der Platz liegt unter schattigen großen Föhren, davor das Meer mit weißem Klippenstrand. Nördlich davon eine Kiesbucht mit Bootsanlegestelle, Tauchclub (s. u.). Sehr schön zum Baden. Geöffnet April–Anf. Okt. Nach Glavotok kann man die Bucht entlang laufen. 9,60 €/Pers., Stellplatz 12–18 €. Glavotok 4, ✆ 051/867-880, www.kamp-glavotok.hr. ≪

Essen & Trinken Konoba Tri Maruna, im Weiler Poljica, 6 km östlich von Glavotok, kurz vor Nedadići. Hier gibt es leckere Hausmannskost.

Einkaufen Im 3 km entfernten Milohnići gibt es einen kleinen **Supermarkt**.

Tauchen Correct Diving (Hr. Branko Gašpar), Brzac 33, ✆ 051/869-289, 091/7964-656 (mobil), www.correct-diving.com. Die Tauchbasis ist am Campingplatz Glavotok, bietet Tauchausflüge, Nachttauchen und Tauchkurse. Auch Unterkünfte werden organisiert. Wer nicht in die Tiefe mag, kann auch Kajak fahren, Bogen schießen etc.

Von Glavotok schlängelt sich eine kleine Asphaltstraße Richtung Krk. Auf halbem Weg zum nächsten Ort, **Milohnići**, duckt sich das renovierte Kirchlein Sv. Krševan aus dem 9. Jh. Auf einer Anhöhe das alte Städtchen **Vrh**. Von hier aus schöner Blick hinunter nach Krk und Punat, die sich an der weiten Bucht gegenüberliegen, dahinter die Höhenzüge um den *Berg Obzova* mit weiß schimmernden, kahlen Kämmen.

Westlich von Milohnići kreuzen wir die breite Zubringerstraße, die zum südlich liegenden **Fährhafen Valbiska** führt. Hier legen die Fähren nach Merag (Insel Cres) und Lopar (Insel Rab) ab. Es gibt eine Pizzeria, die durchgehend geöffnet hat, und eine Tankstelle; ansonsten herrscht, wenn nicht gerade eine Fähre kommt, absolute Ruhe auf dem von dichter Macchia umgebenen großen Parkplatz.

Vor Krk Weinstöcke, Äcker und Neubauten, dann die Kirchtürme unten am Meer, ein Kloster und wieder Neubauten. In einem weiten Bogen gelangt man hinunter zur Altstadt.

Glavotok – Hafenidyll mit Klostermauern und Inselblick Cres

Krk – Blick auf das Bollwerk der Krker Fürsten

Krk

Hinter wuchtigen Bastionen und Stadttürmen versteckt sich die bereits in der Antike strategisch bedeutsame Seestadt. Schon seit der Römerzeit ist Krk die Hauptstadt der Insel, heute mit 3500 Einwohnern und einem Vielfachen an Besuchern im Sommer. Eine schöne Uferpromenade führt vom Altstadtkern entlang der buchtenreichen Küste.

Von den Römern mit einem Wall umgeben, zierte die *splendidissima civitas Curictarum* bereits antike Landkarten. Hier fand ein halbes Jahrhundert v. Chr. die Seeschlacht zwischen Pompejus und Cäsar statt. Insel und Stadt nahmen am Handel der antiken Welt lebhaft teil. Eine Menge gesunkener Schiffe, voll mit Amphoren, liegt hier am Meeresboden. Gegen Ende des 6. Jh. unterstand der Bischof von Krk dem Patriarchen von Aquileia. Im Mittelalter hatten die Frankopan-Fürsten hier ihren Herrschaftssitz. Heute ist Krk politisches und administratives Zentrum der Insel. Mountainbike- und Wanderfreunde finden auch um Krk ein schönes markiertes Wegenetz (→ „Wandern").

Information/Verbindungen/Diverses (→ Karte S. 180/181)

Tourismusverband Stadt Krk (TZG), Vela placa 1, 51500 Krk, ☎ 051/221-414, www.tz-krk-hr.

Tourismusverband Insel Krk, Trg Sv. Kvirina 1, ☎ 051/221-359, www.krk.hr.

TIC, Strossmayera b. b. (Uferpromenade Altstadt), ☎ 051/220-226. Beste Infostelle der Stadt. Ab Ostern bis Okt. tägl. 8–20 Uhr, danach 8–14 Uhr.

Touristagentur Aurea, Ortszufahrt/Kreuzung links, Vršanska 26 L, ☎ 051/222-277, www.aurea-krk.com. Zimmervermittlung, Ausflüge, Infos, Auto- und Fahrradvermietung.

Agentur Krk Info, Slavka Nikolića 34 (Zufahrtsstraße zur Altstadt), ✆ 051/222-222, www.infokrk.com. Zimmervermittlung.

Touristagentur Gaber, links gegenüber Aurea, ✆ 051/221-570. Zimmervermittlung etc.

Autotrans, am Busbahnhof (Altstadteingang am Hafen), ✆ 060/300-101. 8–21 Uhr. Infos, Reservierungen, Privatzimmer, Fahrradvermietung.

Verbindungen Bus: Busbahnhof am Hafen vor der Altstadt. Infos bei Autotrans. Regelmäßig Busse nach Punat, Baška, Omišalj, Vrbnik, nach Rijeka (8 €, 1:30 Std.) und Zagreb (4-mal tägl. Juni–Ende Aug., ca. 27 €). Zur Klosterinsel **Košljun** nur Taxiboot von Punat. Von Krk nur per Ausflugsschiff.

Post Bodulska ul. (westl. vom Altstadteingang Vela Placa); Mo–Sa 7–21, So 9–12 Uhr.

Autovermietung Auto Krk, Zagrebačka b. b., ✆ 051/222-565, 098/241-200 (mobil), www.rentacarkrk.com.

Tankstelle stadtauswärts Richtung Punat, Juli/Aug. durchgehend, sonst 6–22 Uhr. Kleine Tankstelle vor der Altstadt.

Parken Beim Busbahnhof und nördlich der Altstadt.

Gesundheit Apotheke (Ljekarna) u. a. Jelka, Vela Placa 3, ✆ 051/221-133. Ambulanz, Vinogradska cesta, ✆ 051/221-224.

Einkaufen Galerie Stanić, Vela Placa 8, Bilderrahmen und Gemälde.

Schiffsbau Leut, Sammlung von Schiffsmodellen und Anfertigung, neben Sv. Kvirin; www.leut-krk.hr.

Olivenöl (→ Konoba Nono).

Veranstaltungen Fest von Krk mit Konzerten, Tanz und Essen vom 8.–10. Aug. **Sv. Quirin-Fest** (Schutzheilige), 3-Tages-Fest um den 4. Juli; am Trg Kampin und in der Kathedrale. **Krker Sommerfestspiele** im Juli/Aug., Konzerte, Ausstellungen und Folkloredarbietungen. Veranstaltungskalender in Touristinformation.

Nachtleben Disco Jungle **6** an der Stadtmauer, neben Vela Placa. Juli/Aug. tägl., sonst nur Fr/Sa.

»» Mein Tipp: Café-Cocktailbar Volsonis & Galerie Stanić **7**, (→ „Sehenswertes"), Eingang zur Galerie über die Vela Placa Nr. 8 oder zum Café mit lauschigem Innenhof von der Außenseite der Stadtmauer. Im Untergeschoss Bar, gute Musik und Videoclips über großen Flatscreen. Tägl. 8–24, Fr/Sa bis 2 Uhr (außerhalb der Saison nur Fr/Sa offen). www.volsonis.hr. **««**

Übernachten/Camping/Essen
(→ Karte S. 180/181)

Übernachten Privatzimmer kosten je nach Kategorie ab 30 € fürs DZ. **Appartements** für 2 Pers. ab 53 €, für 4 Pers. ab 67 € (TS 81 €). Westlich der Altstadt nette Privatzimmer in Einfamilienhäusern mit Gärtchen; ebenfalls schön und ruhig ist der Altstadtstrand von Krk. Wer ruhig und preiswert wohnen möchte, sucht am besten in den Krk umgebenden Weilern, u. a. in Vrh (Westen) und Komić (Osten).

**** Appartements Štetić 9, Neubau westlich des Zentrums, etwas oberhalb. Komfortable Zimmer ca. 50 € (ohne Frühstück), Frühstück oder HP möglich; es gibt auch Appartements. Slavka Nikolića br 3, ✆ 051/221-907.

Appartements Nono 4, oberhalb des Strandbads und bei der gleichnamigen Konoba. 40 €/2 Pers. Krčkih iseljenika 8, ✆ 051/222-979, www.nono-krk.com.

Appartements Nada und Branko Mandić 8, ruhige und geräumige, nette Appartements nahe Hotel Koralj. Vlade Tomašića 33, ✆ 051/221-744.

»» Mein Tipp: **** Hotel Marina 11, direkt an der Hafenpromenade in der Altstadt. Erstklassig und modern renoviert, die Zen-Einrichtung mit guten Materialien schafft eine entspannte Atmosphäre. Große, gemütliche Terrasse zum Frühstücken oder abends zum Chillen. Sehr gut ausgestattete Zimmer. DZ/F ab 160 €. ✆ 051/221-357, 655-755, www.hotelikrk.hr. **««**

*** Hotel Dražica 14, mit Dependancen (Lovorka und Tamaris), an der gleichnamigen Bucht östlich des Zentrums (ca. 10 Min. Fußweg entlang der schönen Uferpromenade). Touristische Würfelblocks mit insg. 237 Zimmern im Kiefernwald, Sportanlagen (Tennis, Volleyball etc.), großer Kinderspielplatz, Tanzbühne im Freien, Verleih von Motorbooten, Surfbrettern, Ruder- und Tretbooten; großer Pool und kleiner für Kinder. Felsküste mit betonierten Liegeflächen und kleinen Kies-Sand-Buchten. Ruhiger und preiswerter ist es in der abgelegenen Dependance Lovorka. Am schönsten und direkt an der Strandpromenade liegt das

180 Insel Krk

Hotel Tamaris, mit netter Terrasse. DZ/F meerseitig in Dražica und Tamaris ab 96 € (TS 122 €), Lovorka 100 € (TS 118 €). Šet. Dražica b. b., ✆ 051/655-755, www.hotelikrk.hr.

*** **Hotel Bor** 15, kleines nettes und preiswertes Familienhotel mit 22 Zimmern, direkt an der Uferpromenade (vor Hotel Dražica) und umgeben, wie der Name besagt, von Pinien. DZ/F mit Meerblick 98 € (TS 128 €). Šet. Dražica b.b., ✆ 051/220-200, www.hotelbor.com.

**** **Hotel Koralj** 12, das gepflegte 173-Zimmer-Romantic-Hotel steht eine Bucht weiter östlich oberhalb der lauschigen Uferpromenade im Kiefernwald. Fitness- u. Beautybereich; Swimmingpool, betonierte Liegeflächen und Kieselbuchten, mit seichten, für Kinder gut geeigneten Naturplanschbecken. DZ/F 158–350 €. Vlade Tomašića b.b., ✆ 051/655-405, 465-000, www.valamar.com.

Camping *** **Autocamp Bor** 16, vor dem Kreisverkehr rechts nach oben. Liegt auf 1,3 ha oberhalb des Meeres, ein bisschen steinbrucharig, mit Blick aufs Neubaugebiet. Geöffnet 1.4.–31.10. 5,30 (TS 7 €)/Pers., Zelt und Auto je 3,80 (TS 4,20 €). Crikvenička 10, ✆ 051/221-581, www.camp-bor.hr.

*** **Autocamp Ježevac** 17, vom Kreisverkehr aus zu erreichen. Großer, terrassenförmiger, mit Steinmäuerchen unterteilter 11-ha-Platz am Hang zum Meer; Blick auf die ganze Bucht. Wiesen und Kiefernwald, Felsstrand. In der Saison hoffnungslos überfüllt. Neue Sanitäranlagen, Kühlboxen, Laden, Restaurant, Obstverkäufer. Sportangebote: Tennisplatz, Minigolf, Surf- und Bootsverleih, Motor- und Ruderboote. W-LAN an der Rezeption und Restaurant. Geöffnet 1.5.–15.10. 6,30 € (TS 7,50 €)/Pers., Auto/Zelt/Strom 14,80 € (TS 17,90 €). Mobilheimvermietung 108–148 € (TS 112–177 €). ✆ 051/221-081, www.valamar.com.

》》 Mein Tipp: *** **FKK-Autocamp Politin** 2, außerhalb, Richtung Punat. 5,6-ha-FKK-Platz am Meer mit Kiesstrand. Blick auf Plavnik und Cres. Nur teilweise schattig. Sehr gute Sanitärausstattung, Restaurant, Laden. Geöffnet Mitte April–Sept. 6,40 € (TS 7,50 €)/Pers., Auto/Zelt/Strom 14,80 € (TS 17,90 €). ✆ 051/221-351, www.valamar.com. 《《

Essen & Trinken Restaurants und Cafés entlang der Stadtmauer, z. B. **Café-Bar Kula** 10, am Stadtturm; daneben **Cafébar Volonisos** (s. u.).

Neben dem Stadttor die immerzu gut besuchte **Konoba Šime** 13 mit gemütlichem Inneren und Terrasse an der Uferpromenade. ✆ 051/220-042.

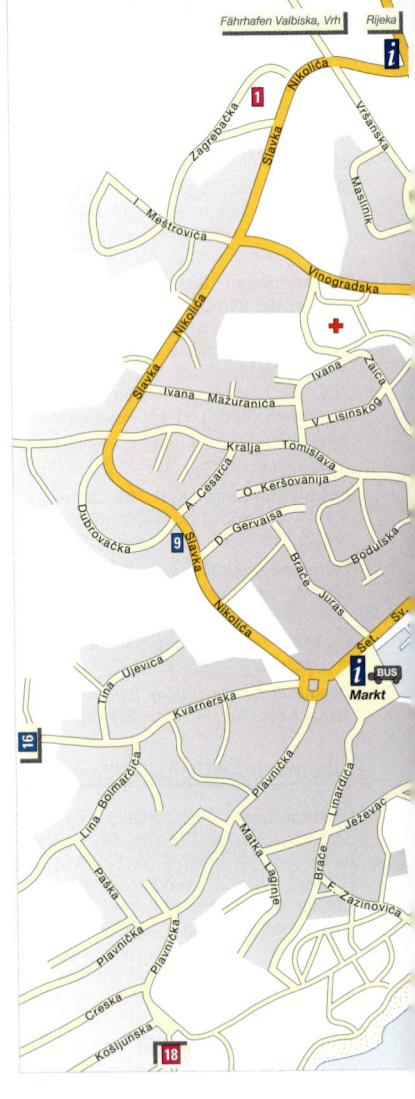

Konoba-Pizzeria Galija 3, im Norden der Altstadt. Mehrere große Räume mit Kamin im Innern; leider nichts zum Draußen sitzen, lediglich die große Glasfront kann geöffnet werden. Die Küche bietet eine große Auswahl an Hausmannskost und flinken, guten Service. Ganzjährig geöffnet. Frankopanska 38, ✆ 051/221-250.

Übernachten
- 2 FKK-Autocamp Politin
- 4 Appartements Nono
- 8 Pension Nada und Branko Mandić
- 9 Appartements Štetić
- 11 Hotel Marina
- 12 Hotel Koralj
- 14 Hotel Dražica
- 15 Hotel Bor
- 16 Autocamp Bor
- 17 Autocamp Ježevac

Cafés
- 7 Café-Cocktailbar Volsonis & Galerie Stanić
- 10 Café-Bar Kula

Nachtleben
- 6 Disco Jungle
- 7 Cocktailbar Volsonis
- 10 Café-Bar Kula

Essen & Trinken
- 1 Rest. Torkul
- 3 Konoba-Pizzeria Galija
- 4 Konoba Nono
- 5 Konoba Mali Nono
- 13 Konoba Šime
- 18 Restaurant Karaka

Krk

100 m

》》 Mein Tipp: Konoba Nono 4, östlich der Altstadt und oberhalb des Stadtstrandes. Großer hoher Innenraum mit der dominierenden Olivenpresse, aus der das hauseigene prämierte Öl gewonnen wird (auch Verkauf), zudem ein großer Pizzaofen, weitere Produkte wie Pršut und Knoblauch hängen griffbereit von der Decke. Sitzmöglichkeiten auch auf der schönen Terrasse. Frische Küche, serviert von einem engagierten Team; es gibt u. a. Pizzen, Risottos, Pasta, Škampi, Fisch. Zudem nette Appartements. Ostern–Anf. Okt. 11–23 Uhr. Krčkih iseljenika 8, ✆ 051/222-221, www.nono-krk.com. 《《

Konoba Mali Nono 5, die neue Zweigstelle in der Altstadt mit kleinem Innenhof bietet v. a. Fischspezialitäten. Geöffnet Ostern–Mitte Okt. J. J Strossmayera 39, ✆ 051/221-995.

Restaurant Torkul 1, im Norden und außerhalb der Altstadt, der Weg lohnt – hier isst man bestens Fischgerichte. Ganzjährig geöffnet. Zagrebacka b. b.

Restaurant Karaka 🔢, südwestlich der Altstadt beim Strand Plav (südl. Camp Ježevac) direkt am Meer. Im schönen Wintergarten speist man bei jedem Wetter vorzüglich, Spezialität sind Fischgerichte. Senjska ul. 8, ✆ 051/845-480.

Sport

Baden An der Promenade mit Fels- und Kiesbuchten – je weiter östlich gen Landzunge, desto ruhiger! FKK ist an der Bucht Tomaževo möglich.

Sportmöglichkeiten Tennisplätze, Motorboot-, Tretboot-, Ruderboot-, Surfbrettverleih beim Hotel Dražica und am Campingplatz Ježevac.

Mountainbiken/Wandern Rund um Krk bieten sich wunderbare Wege für Mountainbike- und Wandertouren an; es wurden auch Themenwege angelegt, u. a. durch Olivenhaine.

Mountainbikeverleih und Karte (auch TIC) u. a. Hotel Dražica, TA Aurea, bei Autotrans am Busbahnhof.

Wassersport Jachthafen **Marina Krk** gegenüber der Altstadt, 30 Liegeplätze, mit Slipanlage und Werft. Zudem Bootsvermietung. ✆ 051/221-316.

Hafenamt, Trg bana Jelačića 1, ✆ 051/221-380.

Tauchen Fun-Diving Krk, Brače Juras 3 (kurz vor Altstadt), ✆ 051/222-563, www.fundivingkrk.de. Unterkunftsvermittlung, Füllstation, Equipment, Tauchkurse, Tauchausflüge, Wrackfahrten, Speedboote etc. Geöffnet Ostern–Anf. Nov.

Divesport Krk, Dunat b. b., ✆ 051/222-390, 091/2222-390 (mobil), www.divesport.de. Ganzjährig geöffnet, auch Unterkunftsvermittlung.

Wakeboarden 》》 Mein Tipp: **Wakeboard Center Cable Krk**, nahe der Kirche Sv. Dunat, ca. 3 km östl. In Richtung Punat, befindet sich das Wakeboard-Zentrum mit Café, Restaurant und Board-Shop. Von der erhöht liegenden Terrasse hat man einen herrlichen Blick auf die Anlage mit ihren Jumpern. Man kann sich Boards, auch Skier etc. ausleihen, es gibt kompetente Lehrer wie Varna Laco oder Patrick. Hier werden jährlich im Sept. internationale Meisterschaften ausgetragen. Für Nichtboarder gibt's einen netten Strand. ✆ 091/2627-302 (mobil), www.wakeboarder.hr. 《《

Stadtbummel

Eine schattige Zürgelbaumallee und die Uferpromenade führen zum autofreien Altstadtkern. Jachten schaukeln in der Meeresbucht, Fischer flicken ungeachtet des Trubels ihre Netze. Die Hafenpromenade führt an Cafés und Restaurants vorbei und endet vor dem **Kastell**, das mächtig den Weg versperrt: ein vor 800 Jahren von den Krker Fürsten zum Schutz des Hafens erbautes Bollwerk aus mehreren Gebäuden, dessen dicke Mauern sich aus dem meerwasserumspülten Fels erheben. Der älteste, viereckige *Kastellturm* trägt eine Inschrift aus dem Jahr seines Baus, 1191. Den Innenhof zieren ein *Brunnen* und Ausgrabungsfunde wie die älteste Steintafel in lateinischer Schrift, zudem gibt es eine kleine Frankopanen-Ausstellung. Meerseitig ragt mit sechszackigem Stern der *Sechseckturm* (1407) in die Höhe, in den ein römisches Grabrelief eingefügt ist. Die venezianischen Dogen steuerten den dicken runden Turm bei. Ein Teil der Wehrmauer wie auch der Turm können bestiegen werden – es bietet sich ein schöner Altstadtblick. Geöffnet Juni–Aug. 9.30–13/17–20 Uhr, danach nur morgens. Eintritt 1,50 €.

An das Kastell angebaut ist der Bischofspalast, der wertvolle Gemälde italienischer Meister aus dem 16. und 17. Jh. und u. a. das Polyptychon St. Lucia von Paolo Veneziano aus der ersten Hälfte des 14. Jh. aufbewahrt (leider nicht zu besichtigen).

Gegenüber erhebt sich auf den Überresten der alten *römischen Thermen* die **Marienkathedrale**, die als Basilika im 5./6. Jh. erbaut wurde. Im 12. und 13. Jh. wurde sie vergrößert und nur ein Mauerdurchbruch, hier ist auch der Eingang, trennt sie von der nebenan stehenden Basilika Sv. Kvirin. Im Innern der Kathedrale zwei romanische Säulenreihen, Lesepulte aus der Renaissance, eine holzgeschnitzte Kanzel aus dem 17. Jh., der Bischofsthron und viele Seitenkapellen und Altäre. Ein Altar ist mit einer vergoldeten Silberreliefarbeit aus dem Jahr 1477 geschmückt, ein Werk von P. Koler. In einem Seitentrakt der Kirche ist ein *Sakralmuseum* (Ostern–Sept. tägl. außer So 9–13.30 Uhr) untergebracht.

Neben dem Kathedraleneingang hat die *Galerie der Boote* mit Modellen von Skomeršić Željko ihre Pforten geöffnet (→ „Einkaufen").

Einen sehr ungewöhnlichen Kirchengrundriss und einen ebenso ungewöhnlichen Kirchenzugang besitzt die **Quirinuskirche** (Sv. Kvirin), die sich direkt an die Marienkathedrale anlehnt. Sie wurde im 10./11 Jh. im romanischen Stil zweistöckig erbaut, das dritte Seitenschiff ist heute der Straßendurchgang (s. o.). Über den Glockenturm aus dem 16–18. Jh. kann die Kirche betreten werden.

Sv. Kvirin und Sv. Marija

Die Hauptgeschäftsstraße mit zahlreich abzweigenden Souvenirgässchen führt zum Platz *Vela Placa*. Das Turmgebäude war einst *Haupttor* und Rathaus zugleich, seine große Uhr verkündet die Zeit auf einem 24-Stunden-Zifferblatt. Durch das Haupttor kommt man wieder zurück zur Zürgelbaumallee.

Vom Galeriebesitzer zum Kulturverwalter

Eigentlich wollte der Galerist Goran Stanić seinen Ausstellungsraum nur um einen Kellerraum für seine Bilderrahmen erweitern. Dass daraus ein Lebenswerk würde, war ihm erstmal nicht bewusst – bei seinem Aushub stieß er auf unermessliche Schätze aus dem Altertum, die er nach und nach mit eigenen Händen (und aus eigener Kasse) ausbuddelte. Das gesamte Gelände umfasst nun ca. 1000 m², geht in die Tiefe, verschachtelt sich in Nebenräumen mit Bars und einem hübschen großen Garten mit Olivenbäumen und Feigen. Sämtliche steinerne Sitzmöglichkeiten und Funde gehen bis auf das 3. Jh. v. Chr. zurück. Wertvollster Fund ist das ausgestellte Taufbecken (Volsonis); man geht davon aus, dass hier ein Privathaus (ca. 100 v. Chr.), stand. Heute tummeln sich in der **Galerie Stanić & Cafébar Volsonis** zwischen Glas, Altertum, Bars und großem Flatscreen mit Videoclips von Madonna und Rapidolen vor allem Jugendliche. Ein gelungener, guter Kontrast.

Östlich von Krk stößt eine Landzunge ins Meer, die eine tiefe Bucht abgrenzt. Der Landzunge gegenüber liegt Punat. In der Mitte der Bucht befindet sich die kleine **Klosterinsel Košljun**, fast am Ende, am Wegesrand, die geduckte, vorromanische Kirche **Sv. Dunat**, im 9. Jh. erbaut.

Klosterinsel Košljun

Das mit Steineichen bewachsene, 6,5 ha große Stück Land war schon vor den Römern besiedelt. Im 13. Jh. gründeten die Benediktiner hier eine Abtei, die im 15. Jh. Franziskaner übernahmen. In der Marienkirche fällt das mehrteilige Hochaltar-Gemälde mit Madonna und Heiligen auf. „St. Quirin", der Schutzpatron von Krk, hält die Stadt in Händen – es ist die älteste Ansicht des Inselhauptortes. Noch immer leben und arbeiten hier einige Mönche. Einer von ihnen, *Fra Ivo Peran* (1920–2003), zählte zu Kroatiens bekanntesten Komponisten – er schrieb Messen, Oratorien und eine Oper. Das Klostermuseum zeigt neben archäologischen Fundstücken eine reichhaltige Volkskunstsammlung, in der Klosterbibliothek werden glagolitische Handschriften und frühe Drucke aufbewahrt. Die Klosterinsel Košljun ist nur von Punat aus per Taxiboot zu erreichen. Eintritt 15 KN, Bootstransfer 20 KN; tägl. 9–18, So nur 9.30–12 Uhr.

Punat

Der Mastenwald des großen Jachthafens und der Marina verstellt den Blick aus der Bucht auf die Klosterinsel Košljun. Punat ist ein Paradies für Segler und ein Touristenzentrum, das schon im Frühjahr seine Tore öffnet. Auch die Wakeboarder haben sich die ruhige Bucht als Standort ausgesucht, um hier ihre internationalen Wettkämpfe auszutragen.

Der quirlige 1800-Einwohner-Ort mit kleinen beschaulichen Gassen beherbergt schon über 100 Jahre Touristen. Er liegt an einer großen geschützten Meeresbucht, die mit dem offenen Meer nur durch die schmale Meerenge Usta verbunden ist. Diesem großen Naturhafen verdankt Punat seine aus einer langen Tradition erwachsene Entwicklung zum Nautikzentrum. Der Name Punat leitet sich von dem italienischen Wort „ponte" (= Brücke) her, der Ort selber wurde erstmals 1480 als *Villa di Ponte* erwähnt. Eine Besiedelung geht aber bis ins 6. Jh. zurück. Zeitzeugen sind die Kirche Sv. Donat und kleine Kapellen hinter dem Hotel Kanjat. Punats

Bewohner lebten jahrhundertelang neben Feigen- und Weinanbau vor allem vom Verkauf ihrer Oliven. Auch heute noch ist Punat Zentrum der Ölverarbeitung. Im Hotel Kanjat finden Oliventage und Öldegustationen, zudem Seminare zur Verfeinerung und Einsetzung neuester Technologien zur Ölgewinnung statt. An frühere Zeiten erinnert z. B. die alte Ölmühle der Familie Klačića von 1868; heute residiert darin die modern gestaltete *Galerie Toš* (Ul. Klančić; geöffnet Mai–Okt. 9–12/19.30–22.30 Uhr), ihren Mittelpunkt bilden die alten großen Mühlsteine.

Die Pfarrkirche *Sv. Trojice*, 1777 erbaut, birgt ein 30 Jahre älteres hölzernes Polyptychon. Ein Gässchengewirr durchzieht den Ort, am Hang stehen noch immer kleine Gehöfte mit steilen Steintreppchen und Weinreben über der Haustür. Noch höher zieht sich der Kreuzweg zu den *Tri križi* (Drei Kreuzen), von dem sich ein herrlicher Blick über Punat bis hinüber zur Stadt Krk bietet.

Wer die Lust am Wandern und den herrlichen Weitblicken auf die Inselwelt entdeckt hat, geht noch weiter, z. B. zum *Berg Obzova*, 568 m (→ „Wandern").

Information/Verbindungen/Diverses

Touristinformation (TIC und TZO), Pod topol 2 (am südl. Ende der Strandpromenade u. Busstation), 51521 Punat, ℅ 051/854-860, www.tzpunat.hr. Juni–Mitte Sept. tägl. 8–20 Uhr, sonst Mo–Fr 8–16 Uhr. Gute Informationen.

Touristagentur Punat Tours, Obala 94, ℅ 051/854-024, www.hoteli-punat.hr. Zimmervermittlung. Juni–Anf. Sept. 9–22 Uhr.

Touristagentur Marina Tours, Obala 81 (nahe Post), ℅ 051/854-375, www.marina-tours.hr. Zimmer und Bustickets.

Verbindungen Regelmäßig **Busse** nach Krk, Baška und Rijeka (im 2-Std.-Takt), 2-mal tägl. nach Zagreb. **Taxiboote** (20 KN, ca. 2,80 €) zur Klosterinsel Košljun (Eintrittskarte 15 KN); das Schiff pendelt von 9 bis 18 Uhr im 1:30-Std.-Takt. **Stadteisenbahn** (15 KN) stündl. zwischen Promenade und Marina von Ende Juni bis Sept.

Einkaufen 》》》 Mein Tipp: Fast in jedem Haus werden Olivenöl *(ulje)* und Wein *(vino)* in kleinen Mengen hergestellt – Schilder weisen auf Verkauf hin. 《《《

Übernachten/Camping/Essen

Übernachten Privatzimmer je nach Kategorie 27–32 €/Zimmer. Appartements für 2 Pers. ab 49 €.

**** Hotel Kanjat, gegenüber Jachthafen. Mit gutem Restaurant, Tennisplätzen, Segelschule. 21 komfortable Zimmer mit Internetanschluss. DZ/F 105–135 € (TS 127–145 €). Kanjat 5, ℅ 051/654-340, www.kanjat.hr.

*** Hotel Omorika, modernisiertes 73-Zimmer-Hotel mit Restaurant gegenüber dem Strand. DZ/F 86 € (TS 106–126 €). Frankopanska b.b., ℅ 051/654-500, www.omorika-punat.com.

*** Villa Sunce, freundlicher Familienbetrieb oberhalb des Ortes mit Zimmern, auch Familienzimmer (2+2) und Appartements und Olivengarten. DZ/F 50–60 €. Stare brajde 40, ℅ 051/855-727, www.villa-sun.eu.

Jugendherberge – Hostel Halugica, 90 Betten (1- bis 4- Bettzimmer) im Zentrum. Restaurant und Innenhof. Geöffnet Mai–Sept. 1-Bettzimmer inkl. FR 20 €, 2-Bettzimmer inkl. FR 35 €. Novi Put 8, ℅ 051/854-037, www.nazor.hr.

Camping ** Camping Maslinik, oberhalb im Ort. Platz für 100 Pers., Wiesengelände. Geöffnet Mai–Okt. 5,50 €/Pers., Zelt 3,40 €, Auto 3,40 €. Nicola Tesle 1, ℅ 091/1654-445 (mobil).

》》》 Mein Tipp: *** Camping Pila, riesiger, gut ausgestatteter Platz, der zu Kroatiens Besten zählt; ca. 500 m südlich des Zentrums in einem Kiefernhain auf 8,5 ha am Meer. Moderne Sanitäranlagen mit Waschküche, Bootsanlegeplätzen, Cafés und Restaurant und Sportangebot. Geöffnet Ende April–Mitte Okt. Ca. 7 €/Pers., Parzelle mit Auto/Zelt ab 15 €. Šetalište Ivana Brusića 2, ℅ 051/854-122, www.hoteli-punat.hr. 《《《

Insel Krk

** FKK-Camping Konobe, 3 km südl. von Punat, in einer majestätisch-kahlen Bucht gelegen. Ebenso kahl auch der Platz für Caravans, der von Buschwerk begrenzt wird. Darin Schattenplätzchen für die Zelte. Von Felsen durchzogene Kiesbucht. Modernisierte Sanitäranlagen. Geschäft, Café und Restaurant. Großes Sportprogramm, Bootsankerplätze und Slipanlage. Bootsverbindung nach Punat. Preisgleich wie Pila. Geöffnet Ende April–Sept. Obala 94, ✆ 051/854-049, www.hoteli-punat.com.

Essen & Trinken Hotel-Restaurant Kanajt, Restaurant, Pension, Jachtclub gegenüber der Marina. Auf der schattigen Terrasse treffen sich die Jachtler. Es gibt Fisch- und Fleischgerichte. ✆ 051/654-342.

Restaurant Marina, im Jachtclub mit schönem Blick auf Boote und Bucht. Gute Fischgerichte, Meeresfrüchte, leckeres Gulasch, guter Service. ✆ 051/854-132.

Konoba Ribice, oberhalb in der Altstadt. Man sitzt unter Feigenbäumen, umringt von Katzen: Es gibt nur Fisch, z. B. gebackene Sardinen oder Scampi, Salat und Brot, dazu offenen weißen Žlathina oder roten Pelješac. Als Nachspeise unbedingt den Feigenkuchen probieren. 17. Travnja 95.

Fischlokal K'Ribaru, an der Hauptstraße in Richtung Stara Baška. Neben ausgezeichnet zubereitetem Fisch auch Fleisch. Frühzeitig kommen oder reservieren. Starobaščanska 22, ✆ 051/854-554.

Sport/Sonstiges

Sport Tennis Punat, Tennisanlagen neben Restaurant Kanajt. **Minigolf** Richtung Autocamp Pila. **Fahrradverleih** in Hotel Omorika.

Tauchen Divingcenter Magic (der Tauchertreff), österr. Leitung, Erwin Krupp. Pasjak 1, ✆ 051/855-120, www.magic-dive.at. **Octopussy Diving Center** (ungar. Ltg.), ✆ 051/855-707, www.octopussy.hu.

Tauchgebiete u. a. nahe Mali Plavnik bei der Selzine – eine Steilwand, übersät mit blauen Gorgonien – oder beim Indianerfels mit Steilwand und traumhaft bewachsenen Grotten.

Wakeboarden (→ Krk)

Jachthafen Marina Punat, sie zählt zu den ältesten Marinas Kroatiens, ist seit ca. 1964 in Betrieb (einer der ersten Gäste war ein Deutscher aus Friedrichshafen). Heute modern ausgebaut, 800 Liegeplätze im Meer, 300 Stellplätze an Land, 30-t-Kran. Reparaturservice, Motoren-Ersatzteillager, WLAN. Gute Sanitäranlagen. Tennisanlage, Minigolf. Großer Motor- u Segelbootverleih. Puntica 7, ✆ 051/654-111, www.marina-punat.com.

Wandern Von Punat aus bieten sich herrliche Wandertouren an, z. B. zum Berg Veli

Punat und Kroatiens älteste Marina – den Blick versperren Segelmasten

vrh, einfache Wegstrecke ca. 3:15 Std., Obzova 3:20 Std., nach Stara Baška 5:30 Std. oder Baška 7 Std. Unbedingt an gutes Schuhwerk, sowie an reichlich Wasser und Essen denken! Keine Versorgung unterwegs und teils schattenloses Gelände! Gute Kondition für längere Touren durch Anstiege Vorraussetzung!

Sonstiges Mountainbikeverleih u. a. im Hotel Omorika und Park.

Punat/Umgebung

Nach *Stara Baška:* Die Teerstraße führt in südlicher Richtung weiter durch hohe Berge. Karstig-kahl ist die Landschaft, übersät mit messerspitzen Steinen und stechendem Kraut. Hier hält die Insel, was sie anfangs verspricht. Unten leuchtet eine kleine türkisfarbene *Bucht,* darin ein Mini-Eiland mit Leuchtturm, dahinter Cres und Plavnik und weitere vorgelagerte Inseln.

** Campingplatz Škrila, großer Kiesstrand, fast kein Schatten, dafür herrliche Alleinlage; Warmwasserduschen, Restaurant, Laden, Strandbar. Geöffnet 15.04–15.10. 5,15 €/Pers., Zelt 4,15 €, Auto 4,15 €. ℡ 051/844-678, www.skrila.hr.

Stara Baška ist ein altes Fischer- und Schafhirtendörfchen. Das Gebirge im Rücken, drängen sich die Häuser an das schmale Sträßchen, das in einer Bucht endet. Ein paar Boote, ein paar Badende, *Fels- und Kiesstrand.* Oberhalb thronen klotzig ein paar Restaurants mit Pensionen und die zahlreichen Neubauten, die in der einst idyllische Bucht stören. Ein Bergwanderweg führt hinüber ins Tal von Baška, Gehzeit 2–3 Std. (→ Baška/„Wandern").

Information 51521 Stara Baška. Touristinfo über Punat.

Touristagentur Zala, Stara Baška 80 (im Ortskern). Mai–Sept. 9–12/18–20 Uhr. ℡ 051/844-605, www.zala.hr. Zimmervermittlung; gute Infos auch zu Wandertouren.

Verbindungen Keine Busse nach Punat.

Übernachten/Essen Zahlreiche Appartements und Zimmer, auch mit HP oder VP. DZ ab 25 €, HP ca. 21 €/Pers. Appartements ab 40 €/2 Pers., z. B. **Pension Stanka** (℡ 051/844-654) direkt an der Straße, oder **Pension Mariana** unten an der Bucht (℡ 051/844-661).

》》》 Mein Tipp: *** Restaurant-Appartements Besca Veccia, freundlicher und gut geführter Familienbetrieb mit gutem Restaurant und Appartementvermietung im Natursteinhaus und herrlichem Weitblick auf die unten liegende Bucht. Geöffnet Mai–Sept. ab 17 Uhr. 65–70 €/2 Pers. Stara b. b. (bei Kirche), ℡ 098/9159-545 (mobil), www.besca-veccia.com.

Pension-Restaurant Nadia, 30 m vom Tauchcenter entfernt. Hier übernachten gerne die Taucher. Geöffnet Ostern–Okt. 16–36 €/Pers. je nach Ausstattung und Lage der Zimmer. Stara Baška 253, ℡ 051/844-663, www.nadia.hr.

Einkaufen Im Ortskern ein Minimarkt.

Tauchen Tauchcenter Blue Dive, (Inhaber der Allgäuer Kroate Dragan Obucina & Stephanie Moritz); ganzjährig geöffnet. Verschiedenste Tauchkurse (CMAS und PADI), Tauchausflüge zu Steilwänden und Wracks in der nahen Umgebung. Um Übernachtungsmöglichkeiten im Ort wird sich gekümmert, es gibt Tauchpakete. Stara Baška 253, ℡ 051/844-629, 099/2186-786 (mobil), www.bluedive-krk.com. Tauchgebiet (→ Punat).

Badebuchten um Stara Baška

Vrbnik

Ein verwinkeltes, geschichtsreiches Städtchen auf einem Fels an der Ostküste, der hier steil ins Meer abfällt. Vrbnik ist die Heimat des gelben Žlahtina-Weines und lohnt wegen seiner Denkmäler und Kunstsammlungen einen Besuch.

Schon in vorgeschichtlicher und römischer Zeit war der Ort besiedelt. 1100 wurde Vrbnik erstmals erwähnt und erhielt 1388 ein in glagolitischer Schrift abgefasstes Statut. Danach war es ein Bollwerk der Fürsten von Krk und die Hochburg der „Glagolismus"-Bewegung, die den slawischen Widerstand gegen die von Byzanz und Rom kontrollierte Geistlichkeit organisierte. Heute ist Vrbnik Zentrum des Žlahtina-Weinbaus mit sieben Winzern.

Information Tourismusverband, Placa Vrbničkog statuta 4, 51516 Vrbnik, ✆ 051/857-479, www.vrbnik.hr. Ganzjährig Mo–Fr 8–15 Uhr, Juni–Mitte Sept. auch Sa 8–13 Uhr. Infos, Anmeldung für Stadtführungen.

Agentur Mare, Pojana 4 (Altstadtbeginn bei Parkplätzen), ✆ 051/604-400, www.mare-vrbnik.com.

Verbindungen Bus, nur Mo–Fr 6.30 Uhr nach Punat und 12.15 Uhr nach Krk (bis Kreuzung Sv. Donat).

Einkaufen Viele Einheimische verkaufen vor ihrer Haustür ein paar Flaschen ihres Žlahtina-Weines, Feigen-, Trauben- und Kräuterschnäpse. **Winzer**, u. a. Vinothek Nadia (s. u.), Ivan Katunar, B. Trinajstić 3, ✆ 051/857-157.

Übernachten Es gibt viele Privathäuser, die Zimmer und Appartements vermieten; am besten über die Agentur.

Essen & Trinken Restaurant Gospoja, nördl. und oberhalb des Strandbads gelegen. Gute Küche. ✆ 051/857-142.

Vinothek Nada, hinter dem Restaurant im Felsenkeller, hier befindet sich das hauseigene Wein- und Grappasortiment, von der Decke hängt der luftgetrocknete Schinken; gegenüber auf der kleinen Terrasse hoch über dem Meer kann man die Leckereien verkosten.

Am Hauptplatz laden für eine Pause zwei Lokale ein: **Konoba Placa** und **Primorec**. Serviert werden Käse, Schinken, Fisch- und Fleischgerichte, dazu der kräftige offene Hauswein Žlahtina. **Konoba Luce** am Ortsbeginn bietet Hausmannskost, u. a. Šurlice mit Gulasch oder Lammgerichte.

Blick über Vrbnik auf das Vinodol-Küstengebirge

»» Mein Tipp: Restaurant **Nada**, an der Altstadtnordseite, mit großer Dachterrasse und Weitblick aufs Festland. Die Speisekarte ist vielfältig und saisonbedingt, was frische Ware garantiert. Hausgemachten Käse und Schinken gibt es ganzjährig. Spezialität ist Fisch, z. B. Wolfsbarsch in Salzkruste, aber auch Lammfleisch; dazu gibt es den hauseigenen süffigen Žlahtina-Wein oder auch Schaumwein. Vinothek (s. u.). Glavača 22, ✆ 051/857-065. Mitte März–Ende Okt. tägl. 12–15/17–23 Uhr. «««

Einen Besuch wert sind **Weinkeller und Restaurant Katunar**, Sv. Nedija b.b., ✆ 051/857-393.

Sehenswertes

Die Häuser stehen dicht gedrängt, ab und zu zwängt ein Weinbauer seinen Dreiradkarren durch die engen Gassen – das Auto muss man vor dem Ort parken. Gegenüber vom Parkplatz duckt sich die Kapelle *Sv. Ivana* aus dem frühen 14. Jh. Stadteinwärts gelangt man zu einem kleinen Platz mit zwei Lokalen, die zu einer Rast zwischen der Besichtigung von Bibliothek und Kirche einladen. An der Ostseite des Platzes ist die rund 150 Bände zählende Bibliothek des Dinko Vitezić Vrbničanin untergebracht. Zu ihren Schätzen gehört neben glagolitischen Handschriften aus dem 14.–15. Jh. der „Atlas Scholasticus et Itinerarius" von G. D. Kochler, der 1748 in Nürnberg gedruckt wurde. Weiter nördlich die gotische *Kirche* aus dem 15. Jh. Im Innenraum müssen sich die Augen erst an das Dunkel gewöhnen, und man erkennt allmählich eine Holzkassettendecke mit Deckenmalereien, in der Apsis ein reich verzierter Altar mit Holzschnitzereien und alten Gemälden.

Im abseits stehenden Kirchturm kann man eine *Ausstellung* zum Thema „Wie sehen Künstler Vribnik" (Muzej Ilkovnog, Identiteta Vrbnika) mit einfallsreichen Exponaten besuchen (15. Juli–15. Sept. 10–19 Uhr).

Am Hang unterhalb der Kirche befindet sich eine Aussichtsplattform, von der aus Bucht, Ausläufer der Insel und das gegenüberliegende Festland schön zu überblicken sind. Am östlichen Ortsende die Kapelle *Sv. Marije* aus dem Jahr 1505. Ein Stückchen weiter schweift der Blick tief hinunter auf die einladende Kiesbucht, den Strand von Vrbnik.

Baden/Wandern: Östlich von Vrbnik liegt das Strandbad *Zgribnica* mit Kiosk an einer Kiesbucht; oberhalb verläuft der Fußweg durch Kiefernwald in südlicher Richtung, wo man nach ca. 0:15 Std. die Kiesbucht *Kozica* erreicht; weitere einsamere Kies-Felsenbuchten folgen. Rund 2 Std. läuft man zur nördlichen Sandbucht am Kap Sv. Marak (→ S. 190).

Auch um Vrbnik wurden viele schöne markierte Wanderwege angelegt, Wanderkarten sind beim Tourismusverband erhältlich.

Süffiger Žlahtina

Wer durch die Gassen Vrbniks flaniert, wird oft angesprochen, ob er den Selbstgekelterten probieren will. Wir wollen – und treten durch ein Tor in den Hof, wo steile Steintreppchen zur Haustür hinaufführen. Im Kellergewölbe liegen zwei, drei Fässer. Säuerlicher Geruch steigt auf, eine Funzel erhellt ein Bänkchen. Hier machen wir's uns bequem und bekommen ein erstes Gläschen Žlahtina eingeschenkt. Wir probieren zwei Sorten, erst den trockenen, leichteren, dann den schweren. Der tiefe Schluck von letzterem hat's uns angetan, und wir laufen fortan beschwingt durchs Städtchen.

Kap Sv. Marak mit Ruine und Sandstrand (→ S.189)

Dobrinj

Auf einer 200 m aufragenden Anhöhe im Landesinnern, umgeben von einem fruchtbaren Tal, leben die 200 Einwohner von Dobrinj. Von den Fassaden der stattlichen Häuser bröckelt der Glanz der Vergangenheit.

Dobrinj war, neben Omišalj, Vrbnik und Starigrad (Alt-Baška), der vierte *Außenkastellort* der Frankopan-Fürsten auf Krk, die im nahen Soline ihre Salzgärten besaßen. Stadtmauern gab es in Dobrinj nie – die dicht aneinander gedrängten Häuser mussten für den Schutz sorgen.

An der Treppe zum Marktplatz ein verwitterter *steinerner Pferdekopf,* der die Zehntmaße zeigt, mit denen Naturalabgaben gemessen wurden. Hinter dem Platz die *Pfarrkirche,* die 1100 erstmals in einem glagolitischen Dokument erwähnt wird; bunte Bilder ziehen sich als Deckenleiste um den Chorraum. Daneben ein kleines Sakral- und Ethnographisches Museum (9–12/18–21 Uhr). Weiter oben am Marktplatz der *Glockenturm.* Von hier sieht man weit ins Land hinab, das terrassenartig zur Soline-Bucht abfällt.

Information Tourismusverband, 51514 Dobrinj-Šilo, ℅ 051/852-107, www.tzo-dobrinj.hr. Geöffnet Juni–Mitte Sept. 8–15 Uhr.

Einkaufen Supermarkt.

Übernachten Privatzimmer ab 15 €/Pers.

Essen & Trinken Konoba Zora, bei den Einheimischen sehr beliebt; es gibt Šurlice, eine Art Pasta, mit Gulasch.

Dobrinj/Umgebung

Šilo: Durch üppig-grüne Weindörfer schlängelt sich die Straße nach Šilo. Viel los ist hier nicht – Touristagentur, Post, Bank, einige Lokale und Cafés an der Promenade am Hafenbecken und eine neu erbaute kleine Marina nur für kleine Motorjachten; etwas weiter, auf der anderen Seite der Landzunge, das *Autocamp Tiha* mit Fels- und Kiesküste – für Kinder ein guter Platz zum Planschen.

Information 51515 Šilo. Touristinfo (→ Dobrinj).

Šilo-Turist, Na Vodice 2, ✆ 051/860-171, 098/211-630 (mobil), www.siloturist.hr.

Verbindungen Taxiboote in 4 Min. 6-mal tägl. (7.15, 9.15, 11.15, 13.15, 16.15 und 19.15 Uhr) nach Crikvenica.

Übernachten/Essen Privatzimmer ab 15 €/Pers. werden über die Touristagentur vermietet.

* **Autocamp Tiha**, 4-ha-Platz südl. des Ortes in schöner Alleinlage am Meer. Mit Restaurant und kleinem Sportangebot und Slipanlage für Boote, gute Sanitäranlagen. Wohnwagen- und Appartementvermietung. Geöffnet 1.4.–30.9. 5,50 €/Pers., Zelt 3,40 €, Auto 3,10 €. Konjska b.b., ✆ 051/852-120, 850-234, www.campsilo.com.

Zum Essen geht man am besten in das **Restaurant-Pension Zeba**.

Soline und **Čižići** liegen gegenüber der großen, seichten und durch einen Landvorsprung gut geschützten Soline-Bucht, in der sich im Mittelalter die *Salzgärten* Dobrinjs befanden. Heute kann man den Heilschlamm für Privatkuren nutzen. Zwischen den beiden Dörfern erstreckt sich ein *Sandstrand,* vor der Bucht liegt eine kleine Insel. Hier gibt es Privatzimmer.

Klimno liegt etwas nördlich von Čižići an der Soline-Bucht und ist bekannt für sein traditionsreiches *Bootsbauerhandwerk* und seine wohlschmeckenden Austern. Namensgeber des Ortes ist die Kirche *Sv. Klement* aus dem 14. Jh. Am Hafenbecken mit Jachten die *Marina Klimno* (✆ 051/853-137, 853-149), einige Restaurants und ein kleiner Campingplatz.

Camping: *** **Camping Slamni**, das kleine, knapp 1 ha große Camp wurde 2011 neu eröffnet und liegt direkt am netten Kiesstrand; es gibt parzellierte Standplätze und Mobilheime, auch WiFi-Internet; zudem Beachbar, Pizzeria, Supermarkt in der Nähe. Klimno 8a, ✆ 051/853-169, www.kampslamni.com.hr.

Bei **Rudine** liegt die relativ kleine, unspektakuläre **Biserujka-Höhle** am Straßenende mitten in der Macchia. Mit Führung kann man die Stalagmiten und Stalaktiten der nur 12 m unter der Erde gelegenen und 110 m langen Höhle bewundern. Inschriften bezeugen eine erste Höhlenbegehung vor über 100 Jahren, und es soll hier sogar ein Schatz versteckt sein. Sicherlich aber haben die Piraten ihre Schätze, die Biser-Perlen, in der Umgebung vergraben. Zu entdecken gibt es auf jeden Fall den endemischen Krebs Alpioniscus christiani.

Biserujka-Höhle (www.spilja-biserujka. com.hr): Juli/Aug. 9–18, Juni 9–17, Sept. 10–17 Uhr; April/Mai u. Okt. 10–15 Uhr. Eintritt: ca. 3 €. **Achtung:** Wer die ausgeschilderte Anfahrt ab Inselhauptstraße (kurz nach Flughafenzufahrt) nimmt, sollte auf Straßenschilder achten, Linksabbiegen ist hier verboten!! (Polizeikontrollen).

Dobrinj – Blick auf die Soline-Bucht

Nach Baška

Auf der *Krčka Magistrale* geht es vorbei an Krk und Punat und Richtung **Baška** wieder hoch in die Berge – hier ein ganz ungewohntes Bild: Die felswüstigen Ausläufer des **Obzovas** bleiben rechter Hand liegen, die Straße schlängelt sich durch ausgedehnte Kiefernwäldchen hügelan. Abwärts dann schroffe Felsabstürze und ein Weitblick auf Baška und die Insel Privić, den man nun auf dem neu geschaffenen Parkplatz und dem glagolitischen Willkommensgruß ungeniert genießen kann – der aus Stein gemeißelte Monolith symbolisiert den ersten Buchstaben des Alphabets „A" (→ „Auf den Spuren der Glagoliza", Baška). Weiter bergab Akazien, Steineichen, Feigen, efeuumrankte Baumgerippe, eine Brücke. Nun weitet sich das Bachtal. Hier liegt, inmitten von Wein- und Gemüsefeldern, **Draga Bašćanska**, ein kleiner Ort mit Konoba, Post und Touristagentur Igen (→ Baška).

Von Draga Bašćanska zweigt die Straße ab zum alten Dorf **Batomalji**. Hier beginnt der Wanderweg zur *Wallfahrtskirche Sv. Majke Božje Goričke* (Unserer lieben Frau auf dem Berg), im 15. Jh. erbaut und mit Altarbildern von Celestin Medović geschmückt. In rund 2:30–3 Std. kann man auch hinüber nach *Stara Baška* wandern.

In **Jurandvor** steht das frühromanische Kirchlein *Sv. Lucija*. Es wurde um 1100 auf den Überresten einer „villa rustica" und einer altchristlichen Kirche aus dem 6. Jh. erbaut. Im Boden entdeckte man eines der ältesten kroatischen Schriftdenkmäler, die aus dem frühen 12. Jh. stammende, 1851 entdeckte *Tafel von Baška*. Die in glagolitischer Schrift verfasste Tafel ist eine Schenkungsurkunde des Königs Dmitar Zvonimir, der dem Abt Držiha Land schenkte, auf dem Abt Dobrovit mit seinen Klosterbrüdern die Kirche errichtete. Das Original der Tafel von Baška befindet sich in der Zagreber Akademie der Wissenschaften und Künste, in der Kirche ist eine Kopie zu sehen. Außerdem finden hier gelegentlich Konzerte statt, Festtag ist der 13. Dezember mit Messe. Geöffnet Juni–Aug. 10–21 Uhr, sonst 10–17 Uhr.

Touristagentur vermittelt Zimmer und Appartements. Es gibt einen Laden und die **Restaurants** Volta (℡ 051/856-149) und **Malin** servieren Hausmannskost.

Baška

Wie Bauklötzchen reihen sich die Häuser des 1500-Einwohner-Städtchens in weitem Bogen an den Kies- und Sandstrand, auf dem sich die Sonnenhungrigen scharen. Weiße Karstberge umrahmen das Stadtbild. Darüber, am Fuß der kahlen Bergkette, befinden sich die Reste von Alt-Baška. Attraktion des Ortes sind neben dem guten und vielfältigen Übernachtungsangebot und den schönen Bademöglichkeiten die zahlreichen Wander- und Mountainbikewege in malerischer Landschaft.

Wenn im Spätsommer der Touristenrummel abnimmt, macht sich Beschaulichkeit in Baška breit, und die kilometerlange Promenade mit Palmen, immergrünen Bäumen und Badestrand lockt zum gemütlichen Flanieren. Im Hochsommer fährt die Bimmelbahn die Strecke stündlich ab, dann stauen sich hier die Menschen vor Eisdielen, Restaurants, Snackbars und Souvenirbuden und Boote drängeln sich im Hafenbecken. Im Durchschnitt sind es 100.000 Gäste pro Jahr, die Baška besuchen. Seit 2008 geht der Fährbetrieb von der Insel Rab an Baška vorbei, nach Valbiska. Das Hafenbecken hätte für große Schiffe ausgebaut werden müssen, auch die schmale, steile Stichstraße hinab zum Hafen war für die heutige Masse an Autos und Wohnmobilen nicht mehr gerüstet. Die Stadtväter trauerten dem Negativ-Beschluss nach, aus touristischer Sicht brachte diese Entscheidung allerdings mehr Ruhe und beste Wasserqualität.

Im Ortskern steht die **Pfarrkirche Sv. Trojice** (1773) mit gedrungenem Turm und vielen sehenswerten Gemälden, darunter Giacomo Palmas „Letztes Abendmahl" oder die „Jungfrau mit den Heiligen und Engeln" von Marko Marciala. Nebenan steht das **Heimatmuseum** (Juli/Aug. 17–22 Uhr). Meeresgetier kann man im **Aquarium** bestaunen, leider in teils viel zu kleinen Becken (Juli/Aug. 9–21/22 Uhr, sonst nur bis 17 Uhr; Eintritt 4 €, Kinder 5–12 J. 2,70 €).

Die Gassen werden schmaler, man gelangt zwischen alten, grauen Häusern auf den Altstadtplatz mit Zypresse, Brunnen und weinumrankten Gebäuden, zwischen denen enge Treppchen hinab zum Kai führen.

Baškas erste Siedler waren Illyrer, dann ließen sich die Römer in Meeresnähe nieder, Mauerreste datiert man aufs 2. Jh. v. Chr. Zeugnis jener Zeit ist auch

Der Anfangsbuchstabe „A"

die Kirche **Sv. Marko** (nahe Hotel Atrium Residenz; Juni–Sept. geöffnet), die 1514 auf den Grundmauern einer Basilika aus dem 5. Jh. errichtet wurde. Sie birgt ein antikes Mosaik und ein frühchristliches Taufbecken. 1232 erwähnte man das *Kastell Besca* oberhalb von Baška (Stari Baška), welches die Venezianer allerdings um 1380 schleiften. Erhalten blieben aus jener Zeit die frühromanische Kirche **Sv. Ivan Krstitelj**, deren gelber Glockenturm sich markant vom tiefblauen Himmel abhebt, und Hausruinen hinter dem *Friedhof*. Ein schmales Sträßchen führt in Serpentinen hinauf, das Auto sollte man besser unten parken. Ein herrlicher Panoramablick auf Baška, die Küste, die vorgelagerten Inseln und Rab belohnt den Aufstieg.

Neben Illyrern und Römern herrschte um Baška Byzanz, das kroatische Königreich, im Mittelalter war Baška Sitz der Frankopanen, dann kamen Venezianer, Habsburger und Napoleon – viele Überreste schlummern noch im Gestein.

Das einstige Siedlungsgebiet um die beiden Buchten Mala und Vela Luka (→ „Baden/Wandern") nannten die Einheimischen auch *Bosar*. Oberhalb von Vela Luka stehen die Mauerreste der einstigen byzantinischen **Festung Corinthia**, unter Kaiser Justinian (527–565) errichtet; unten an der Bucht Mala Luka blickt man auf die Überreste der Kirche *Sv. Nikola* (ca. 11. Jh.). Der Rundumblick auf das Küstengebirge und die vorgelagerte Inselwelt ist phantastisch.

Auf den Spuren der Glagoliza

Baška hat sich mit 34 Steinskulpturen, das glagolitische Alphabet symbolisierend, seinem wichtigen Kulturerbe verschrieben. Zeitgemäße Kulturpflege, Stadtverschönerung und den zahlreichen internationalen Gästen einen Zugang zum alten Kulturgut zu liefern, waren die Aufgaben, denen sich etliche Künstler unter Leitung des bekannten Bildhauers *Ljubo de Karina* stellten. Auch wurde der Verein Sinjali (= Zeichen) gegründet. Für die großen Werke wurde der gut zu verarbeitende weiße Kalkstein aus Istrien verwendet, für die kleineren das Gestein aus der Umgebung. Die formvollendeten Skulpturen stehen nun an wichtigen historischen wie auch schönen Plätzen in der Stadt, die man erkunden kann. Die Begrüßung, der große Monolith, der das „A" symbolisiert, steht am Talbeginn, ca. 5 km vor Baška (→ Foto S. 193) Am Strandende (westlich des Hotels Tamaris) findet man das „Z", welches in der Glagoliza allerdings nicht den letzten Buchstaben, sondern den neunten verkörpert.

Information/Verbindungen/Diverses

Tourismusverband (TIC), Kralja Zvonimira 114 (kurz vor Altstadtbeginn/Fußgängerzone), 51523 Baška, ℅ 051/856-817, www.tz-baska.hr. Juli/Aug. tägl. 8–21, So 8–13 Uhr; Mitte Juni–Mitte Sept. Mo–Sa 8–20 Uhr; sonst Mo–Fr 8–15 Uhr. Gute Informationen, auch Vermittlung von Bergführern.

Agentur Splendido, Kralja Zvonimira 148 (Zufahrtsstraße, Ortseingang), ℅ 051/856-116, 856-616, www.splendido.hr. Ganzjährig geöffnet. Zimmervermittlung, Fahrradverleih etc.

Agentur Primaturist, Kralja Zvonimira 98, ℅ 051/856-132, 856-971, www.primaturist.hr. Ganzjährig geöffnet.

Šiloturist (Baška), S. Radića 26, ℅ 051/864-105, www.siloturist.hr. Zimmervermittlung. Auch neben Aquarium und im Ortsteil Zarok (nahe Hotel Tamaris).

Agentur Igen, Draga Bašćanska 1b (→ Draga Bašćanska), ℅ 051/844-095, www.igen.hr. Auto-, Fahrrad- und Scooterverleih.

Verbindungen Regelmäßiger **Busverkehr** bis zu 8-mal tägl. (Wochenende weniger) über Punat, Krk, Malinska, Njivice, Omišalj, Kraljevica nach Rijeka (80 KN, ca. 11 €); 1-mal tägl. 8.45 Uhr direkt nach Zagreb. Wer zur Fähre nach Cres/Rab möchte, fährt per Bus bis Malinska, dort Umstieg nach Valbiska.

Taxiboote, verkehren bei gutem Wetter zu den Inseln Prvić (wie Vela Luka) und Grugur, nach Rab, Lopar und Senj und zur Badebucht Vela Luka (Retourticket 100 KN, einfach 50 KN). U. a. Taxi, ℅ 091/542-5142 (mobil, Hr. Dario Babić) oder ℅ 095/9109-911 u. 098/203-665 (mobil, Hr. Marin).

Baška 195

Gesundheit Apotheke, Kralja Zvonimira 112 (neben Erste banka), ✆ 051/856-900. **Ambulanz**, K. Zvonimira/K. Tomislava (kurz nach Kreuzung in Fußgängerzone), ✆ 051/856-825, -826.

Internet Die gesamte lange Uferpromenade ist Wifi-Gebiet.

Nachtleben Cafébar-Nightclub Port, am Strand (nahe Hotel Atrium Residenz).

Veranstaltungen Kirchenfest Sv. Ivan am 24. Juni. **Corinthia-Cup** (Laser u. Optimist) der Jugendlichen, 2. Maiwochenende. **Fischertag** (Ribarska dan), 1. Wochenende im Aug. Im Sommer finden verschiedene Konzerte statt, Info über TIC.

Übernachten/Camping/Essen

Übernachten Privatzimmer 36 €; Frühstück ab 6 €. **Appartements** für 2 Pers. 46–n70 €. Das Angebot an Privathäuser ist riesig. Schön wohnt es sich oberhalb der Uferpromenade in Richtung FKK-Camp Bunculuka. U. a. **Apartmani Katarina Kraljić**, Zimmer/Appartements 20–70 qm zu 60–150 €; Terrasse, gut ausgestattete Küche, Grill, Internet. Krcin 14, ✆ 051/860-048, 098/368-912 (mobil).

Pension Burin (Fa. Dekanić), netter Familienbetrieb im Westen, in Zarok, Creska 9, ✆ 051/856-697. Oder auch bei **Fam. Topalušić**, neben Restaurant Lučia, Primorska 20 (Zarok), ✆ 051/856-707. Am Ortsbeginn, ****** Pension Bernarda**, ca. 10-Zimmer-Haus, Ende der Ul. Peščivica, ✆ 051/856-520.

–** Hoteli Baška, riesiger Komplex mit Hotels, Dependancen und Villen im Westen der Stadt, gegenüber dem Badestrand. Im Hauptgebäude der neue großzügige Beauty- und Wellnessbereich; zudem großer Pool und Sportangebote wie Tennis, Minigolf, Tauchen. Hübsch an der Uferpromenade mit Meerblick wohnt es sich im Hotel Zvonimir, preiswerter dagegen in Corinthia I (Hauptgebäude, meerseitig) und v. a. II (zweite Reihe zum Meer); ebenfalls an der Uferpromenade mit netten Studios Villa Corinthia, richtig teuer ist das exklusive Hotel Atrium Residenz. Im ****** Hotel Zvonimir** DZ/F mit Balkon ca. 150 € (TS ca. 200 €); Studios Villa Corinthia (2+2) 118 € (TS 170 €). Emila Geistlicha 39, ✆ 051/656-801, -111, www.hotelibaska.hr.

*** Hotel Tamaris, nettes Familienhotel im Ortsteil Zarog (südlich vom Camping Zablaće) mit Zimmern/Appartements. Im mediterranen Stil mit gutem Restaurant, lauschiger Terrasse und Blick zum Meer. DZ/F ab 108 €, mit Balkon 128 € (TS 122 € bzw. 148 €). Emilia Geistlicha b.b., ✆ 051/864-200, www.baska-tamaris.com.

Camping **** Camping Zablaće**, beim Hotelkomplex am Meer, auf der Mündungswiese des Baches. Wegen des viel gepriesenen Strands überfüllt; in der Hochsaison auch sanitärmäßig überlastet und zum Teil sehr laut. Wenig Bäume, Kaltduschen, Restaurant, Kiosk, Internetcafé, Minigolf und Tennis. Geöffnet ca. 15.4.–15.10. 7,40 €/Pers., Stellplatz Zelt/Auto/Strom ab 13,40 €, auch Mobilheimvermietung; in der TS 10 % mehr. ✆ 051/856-909, www.campzablace.info.

Camping Mali Baška, kleinerer Platz hinter Zablaće, mit 22 Parzellen. Mobilheim- (50 €) und Wohnwagenvermietung (28 €). Pers. 7 €, Zelt 3 €, Auto 5 € (außerhalb der Saison starke Vergünstigung). E. Geistlicha b.b., ✆ 051/864-164, www.kamp-mali.hr.

**** FKK Camping Bunculuka, im Osten des Städtchens, an eigener Bucht mit Sand- und Kiesstrand. Schönes großes 5-ha-Gelände unter Bäumen in einem Kessel, am Hang durch Büsche und Steinmäuerchen unterteilt. Gute, modernisierte Sanitäranlagen; kleiner Supermarkt, neues schön gestaltetes Restaurant mit Terrasse, Internetcafé, Bootsverleih, Kinderanimation. Preis: etwas teurer als Zablaće. Geöffnet 15.4.–15.10. ✆ 051/856-806, www.bunculuka.info.

Essen & Trinken Rund ums Hafenbecken entlang der Promenade viele Cafés und Restaurants mit durchschnittlicher Küche.

Restaurant Cicibela, das beste Lokal der Stadt, an der Strandpromenade mit großer Terrasse und Wintergarten, immer rappelvoll. Ausgewählte fangfrische Fische, Krustentiere, große Weinauswahl. Geöffnet April–Sept. Emila Geistlicha 22A, ✆ 051/856-013.

Konoba-Pizzeria Mare, gemütlich sitzt man an der Uferpromenade bei gutem Service und leckerem Essen. Sonntags gibt es Lamm mit hausgemachten Šurlice, ansonsten gute Fischgerichte. Zum Nachtisch

Palatschinken mit hausgemachter Marmelade oder geeister Mandelkuchen mit Rosmarin-Sauce. Emila Geistlicha 3, ℡ 051/221-951.

》》》 Mein Tipp: Trattoria Franica, unter einer lauschigen, von wildem Wein bewachsenen Laube und mit Blick aufs Meer kann man sich die kreative Hausmannskost schmecken lassen. Die Speisekarte ist auch in Glagoliza geschrieben und bietet u. a. Oktopus-Carpacchio, gegrilltes Lamm, Stockfisch in Weißwein, Gulasch mit Šurlice. Ribarska 39, ℡ 051/860-023. 《《《

Am früheren Trajekthafen ist es nun ruhiger; hier gibt es auch einige nette kleine Lokale wie z. B. **Konoba Mol**.

Empfohlen werden noch **Restaurant Forza**, Zvonimirova 98 (Fußgängerzone), das einzige Lokal, das ganzjährig arbeitet.

Sport

Tauchen Rare Bird (siehe Windsurfing-Center)

Squatina Diving, Tauchkurse, Spezialkurse, Nachttauchen, Wracktauchen etc. März–Okt. Zarok 88a (westlichen Strandende), ℡ 051/856-034, www.squatinadiving.com.

Windsurfing-Center Rare Bird, am FKK-Camp Bunculuka. Neben Windsurfen auch Tauchclub. ℡ 051/856-536, www.rare-bird.org.

Baden: Rund um die Bucht ein kilometerlanger Sand-Kies-Strand, der seicht ins Meer abfällt und für Kinder gut geeignet ist, zudem weht hier die „Blaue Flagge" – in der Saison allerdings überfüllt. Östlich vom Campingplatz locken Bunculuka kleinere Kiesbuchten, der Durchgang am Camp muss leider bezahlt werden, alternativ geht man oberhalb der Rezeption entlang dem Wanderpfad. Dahinter die zwei größeren Strandbuchten *Vela Luka* und *Mala Luka* – zu Fuß allerdings ca. 2:30–3 Std. entfernt. In der Saison fahren ab der Mole (beim Restaurant Ribar) Taxiboote. An der Vela-Luka-Bucht gibt es ein Restaurant.

Auch die schönen Buchten *Bracol, Trstenova, Njivica* auf der gegenüberliegenden Insel *Prvić* sind mit dem Taxiboot oder gemieteten Boot gut erreichbar. Auf Prvić

Vela Luka – die herrliche Badebucht kann man auf einer schönen Wanderung erreichen

nisten – passend zur kahlen, gespenstischen Mondlandschaft der Inselberge – riesige Gänsegeier, Schafe weiden und es wächst viel Salbei.

🥾 Wandern

Baška ist idealer Ausgangspunkt für herrliche Wanderungen jeder Länge und mit eindrucksvollen Rundumblicken. Ein über 100 km langes Wegenetz mit 19 ausgewiesenen Touren wurde angelegt, eine Herausforderung für sportliche Naturen – viele Höhenmeter in gleißender Sonne müssen überwunden werden, traumhafte Ausblicke sind der Lohn. Aber es gibt auch familienfreundliche Wege. Der Tourismusverband bietet Wanderbroschüren, Auskünfte und Informationen über geführte Wanderungen.

Wanderinfos vorab: Man sollte seine Kondition nie überschätzen! Hitze und schattenloses Gelände erschweren das Wandern erheblich. Für sehr viel Flüssigkeit und Proviant sorgen, Kopfbedeckung tragen. In dieser Bergwelt gibt es keine Unterkunfts- und Versorgungshütten. Wegmarkierungen sind zwar angebracht, aber durch Unwetter vielleicht auch unkenntlich, d. h. immer genügend Zeit einkalkulieren. Gute Wanderschuhe, also Schuhe mit rutschfestem Profil tragen! Schwierige Touren nur für Geübte! Nie alleine, am besten in der Gruppe gehen oder geführte Wanderungen buchen. Bei schlechten Wetterverhältnissen Wanderungen schon vorab unterlassen. Bei plötzlich aufkommenden Nebelfeldern am besten stehen bleiben und abwarten. Mobiltelefonmitnahme von Vorteil (**Bergrettung** ✆ 112). Bei längeren Touren im Hotel oder in der Pension Bescheid geben und Weg- und Streckenbeschreibungen zu Beginn erst einmal aufmerksam durchlesen. Ebenfalls auf die giftige Hornotter (vipera ammodytes) achten (s. a. Allgemein/Fauna).

Baška–Pass Vratudih–Stara Baška (grüner und roter Pfeil): Eindrucksvolle Strecke über das kahle Gestein des Bergrückens. Sehr gute Kondition ist nötig, leider in einem Tag hin und zurück nur auf gleichem Weg und nur im Frühsommer bei langer Helligkeit möglich! Gehzeit einfache Strecke ca. 3:30–4 Std. Gutes Schuhwerk erforderlich, Proviant und Wasser nicht vergessen!

Der markierte Weg beginnt hinter dem Sportzentrum des *Autocamps Zablaće* und führt nordwärts Richtung *Batomalj*. Dann müssen wir uns südwestlich halten. Der Weg wird steiler und erklimmt den Pass Vratudih (360 m). Von oben herrlicher Blick auf die Inseln Rab und Cres. Ab hier gehen wir auf dem roten Pfeil hinab, ein Trittsicherheit erfordernder Abstieg über Jasenova nach Stara Baška.

Baška–Šetnica (lila Pfeil): Diese Strecke zeigt uns das südöstliche Panorama. Leichte bis mittelschwere Route, leider hin und zurück auf gleichem Weg; Gehzeit einfache Strecke ca. 2 Std.

Auf schmalem Asphaltsträßchen zur *Kapelle Sv. Ivan* laufen, dort herrlicher Blick auf Baška. Weiter durch ein Föhrenwäldchen bis auf die kahle Hochebene. Der Aufstieg auf 380 m wird auch „Weg zum Mond" genannt. Von oben herrlicher Blick auf das Küstengebirge, Senj, die vorgelagerten Inseln Prvić, Grgur und Rab.

Baška–Kap Skuljica, Bracol-Bucht–Batomalj, Batomalj–Baška (roter, gelber und grüner Pfeil): Ein herrlicher Rundweg, der

Blick auf Mala Luka

Kondition und gutes Schuhwerk erfordert; Gesamtgehzeit ca. 7:30 Std. Führer empfehlenswert. Für ausreichend Wasser und Proviant sorgen!

Wir starten mit roter Markierung beim *Autocamp Zablaće*. Ein Küstenweg führt oberhalb des Meeres nach Süden über den 185 m hohen *Bag* weiter zum *Kap Škuljica*. Weiter Blick auf die Inseln Privić, Grgur, Rab und in der Ferne Cres. Bis dahin benötigen wir ca. 2 Std. Wir gehen zurück bis zum Berg Bag und zweigen nach Südwesten auf den Weg mit gelber Markierung ab, ca. 1:30 Std. später sehen wir unten die *Bracol-Bucht* liegen. Nun wendet sich der Weg landeinwärts in nördlicher Richtung über die kahlen Berge. Nach rund 2 Std. Laufzeit stoßen wir auf die grüne Markierung und folgen ihr 1 Std. lang westwärts über Batomalj wieder nach Baška hinab.

Die Inseln Privić, Sv. Grgur und Goli

Die Inseln liegen zwischen Krk und Rab und erscheinen von weitem kahl, sind aber im Innern von Garigue, Büschen und kleinen Wäldchen überzogen. Die **Insel Privić** liegt der Insel Krk südlich zu Füßen und birgt herrliche Badebuchten. Nur die Meerenge *Senjska Vrata* trennt Privić von Krk, gefürchtet bei Bootsbesitzern, wenn die Bora hier orkanartig bläst und kein Durchkommen zulässt. Dann heißt es, sich einen Ankerplatz an der borasicheren Westseite suchen und bei den Gänsegeiern, die hier ihre Nistplätze haben, und bei den Schafen, die begierig die Kräuter fressen, nächtigen.

Sv. Grgur ist der Insel Rab vorgelagert und zeigt sich nur zur Südseite busch- und waldreich, es gibt Damwild. Sv. Grgur war bis 1988 eine Gefängnisinsel. Das Straflager und die Fabrikhallen, in denen Möbel, Maschinenteile und Keramikfliesen hergestellt wurden, stehen an der Uvala Sv. Grgur, sind aber mit Müll verdreckt, also keinen Besuch wert. Auch hier gibt es schöne Badebuchten und Tauchgründe; zudem hat im Sommer eine Konoba geöffnet. Wer Glück hat, sieht Delphine springen.

Südöstlich von Sv. Grgur versteckt sich **Goli**, die „nackte" Insel: Auch sie war bis 1989 eine Gefängnisinsel, ihren weißen Kalkstein bauten die Strafgefangenen des früher hier angesiedelten Lagers ab. Auf der Südseite hat auch hier in der Saison eine Konoba geöffnet. All diese Inseln sind beliebt bei Bootsbesitzern und werden auch von Ausflugs- und Taxibooten angelaufen.

Baška – Blick durch die Dächer auf die Insel Privić

Der Hauptort Rab – an der Uferpromenade lässt es sich gut Baden und Flanieren

Insel Rab

Rab ist die grünste und eine der dichtest besiedelten Inseln der Kvarner Inselgruppe mit mildem Klima und üppiger Pflanzenwelt. Hauptanziehungspunkte sind aber sicherlich der schmucke mittelalterliche Kurort Rab und vor allem die kilometerlangen Badestrände, die hier mit dem für Kroatien seltenen Sand gesegnet sind.

Rab ist die touristenreichste der Kvarner-Inseln mit nur 94 km² Inselfläche, auf denen aber vor allem um den gleichnamigen Hauptort 8500 Menschen leben. Während sich ihre Bewohner früher ausschließlich von Ackerbau, Weinbau, Viehzucht, Fischfang und Handel ernährten, leben sie heute fast allesamt gut vom Tourismus. Auch wenn der Rummel im Hochsommer um Lopar und um Rab sehr groß ist, wird mit wachsamem Auge seitens der Stadtväter das Kultur- und Naturerbe gepflegt und gehütet – nicht umsonst erhielt Rab als einzige kroatische Insel im Europäischen Wettbewerb den Bronze-Award 2010 für nachhaltigen Tourismus (www.qualitycoast.info). Altes Brauchtum wird auf Mittelaltermärkten und -festivals (Rabska fjera) anschaulich und sehr aufwändig gezeigt. Ein altes Handwerk hat bis heute Tradition, das des Schiffsbaus – 7 Familien sind noch als Bootsbauer tätig, zudem widmen sich auch wieder einige Familien der Olivenöl- und Weinproduktion (→ Barbat und Banjol).

Mountainbikefreunde können auf einem 180 km langen Wegenetz, Wanderer auf rund 150 km die Insel, ihre Hügel und zahlreiche stille Buchten erkunden. Besonders schön ist u. a. die waldreiche und autofreie Halbinsel, der Naturpark Kalifront. Ein Genuss ist es sicherlich auch, per Seekajak um die Insel zu paddeln (→ Banjol).

Geologisch interessant ist die Insel vor allem wegen des verschiedenen Gesteins und des Sandes, der ansonsten im kroatischen Küstenraum sehr rar ist. *Geologische Pfade* wurde angelegt (→ Lopar) und weisen auf die Besonderheiten hin.

Rab zählt zu den sonnenreichsten Orten Europas. Die Bergkette des *Kamenjak*, die im Nordosten bis auf 408 m ansteigt, schützt die Insel etwas vor der Bora, dem trocken-kalten Wind, der im Frühjahr und im Winter vom Küstengebirge fällt. Im Herbst weht der feuchtwarme Südwind Jugo, dem schwere Wolken und Regen folgen. Im Sommer mildert von Westen der kühle Maestral die Hitze, und die Segler freuen sich.

Die Pflanzenwelt der Insel ist dementsprechend: spärlich im Nordosten, die Berge macchiabewachsen, kleinere Wäldchen in der Inselmitte. Es wachsen Tannen und Eichen, Oliven, Weinreben, Mandeln, Feigen und viel Obst und Gemüse in den fruchtbaren Tälern. Im Westen, auf der Halbinsel *Kalifront*, liegt das größte Waldgebiet Rabs mit Steineichen, Erdbeerbäumen und Tamarisken. Insgesamt sind 40 Prozent der Insel bewaldet – mehr Wälder hat nur noch die süddalmatinische Insel Mljet.

Ziegen und Schafe sind die Raber Haustiere, zudem gibt es Rotwild und Mufflons und Adler und Gänsegeier kommen vom Küstengebirge zu Besuch. Im Meer findet man Seeigel, Seesterne, Seeschwämme, selten noch rote Korallen. In tieferen Gewässer leben Hummer und Scampi, Tintenfische, Delphine und Kraken und kleinere Haie.

Wer gutes Essen liebt, findet auf der Insel Rab eine Reihe von ausgezeichneten Restaurants, die fangfrischen Fisch, Hummer und die leckeren Peka-Gerichte bieten. An Süßem seien die *Rabska torta* (aus Mandeln, Zitronat) und die absolut leckeren *Muštaćoni*, schmackhafte Plätzchen aus Mandeln, Zitronat, Kakao und Zimt empfohlen.

Wichtiges auf einen Blick

Telefonvorwahl: 051

Fährverbindungen: *Trajekt Mišnjak–Jablanac*, die wichtigste Verbindung mit dem Festland im Südosten mit der Fährgesellschaft Rapska plovidba (℡ 051/724-122, www.rapska-plovidba.hr). Im Sommer fast ununterbrochen von 5.30–24 Uhr (Juli/Aug. ab 4.30 Uhr); Fahrtzeit 15 Min., 2,20 €/Pers., Auto 12,60 €.

Trajekt Lopar–Valbiska (Insel Krk), ganzjährig; Juni–Sept. 4-mal tägl. (6, 9.45, 14 u. 20.30 Uhr), sonst 2-mal tägl. (6 u. 15.30, So 13 u. 17.15 Uhr). 5 €/Pers., Auto 30 €. Infos über LNP, www.lnp.hr und ℡ 051/775-532.

Katamaran (www.jadrolinija.hr), 1-mal tägl. ganzjährig von Rab (Stadt) um 6.45 Uhr (So 9.45 Uhr) nach Rijeka; nach Novalja (Insel Pag) um 18.45 Uhr (ab Schulbeginn Anfang Sept. um 16.15 Uhr).

Personenschiff Rab–Lun (Schiff Maslina), ganzjährig Sa–Mo um 12 Uhr (Anf. Juni–Mitte Sept. tägl., zudem Di, Do u. Fr auch 17 Uhr, ab Juli zusätzl. auch um 9 u. 12 Uhr). Info: Rapska plovidba ℡ 051/724-122, www.rapska-plovidba.hr. 4,20 €/Pers.

Taxiboote: → Lopar und Rab.

Busverbindungen: In der Saison 4-mal tägl. nach Rijeka (ca. 12 €), 1-mal tägl. nach Zagreb (18 €). Inselbusse befahren drei Hauptstrecken: Rab–Supetarska Draga, Lopar–Rab–Banjol–Barbat, Rab–Suha Punta–Kampor.

Geldwechsel: Banken in Rab und Lopar, zudem viele Bankomaten. Postämter auch in kleinen Orten.

Tankstelle: In Rab und Banjol.

Flughafen: Nächstliegende sind Krk und Zadar.

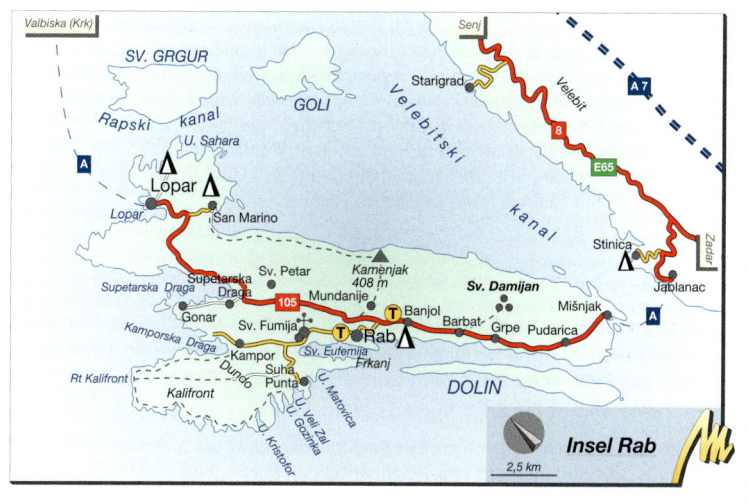

Geschichte

Rab wird erstmals im 4. Jh. v. Chr. von dem griechischen Geografen *Mertorides* erwähnt. Später hieß Rab *Arbe*. In dieser Zeit kam es zu heftigen Kämpfen zwischen den ansässigen Liburnern und den vordringenden Griechen, die siegreich waren und z. B. in der Bucht Kampor und in Lopar Kolonien errichteten. Im 3. Jh. v. Chr. gründeten die Liburner einen neuen Staat. Die Griechen, die sich auf Sizilien verausgabt hatten, verließen die Insel, vergruben vorher ihre Schätze und hofften wiederzukommen. Aber es kamen die Römer, und Rab wurde eine römische Stadt, ein *Munizipium*. Zur Zeit der Völkerwanderung überrannten die von den Hunnen aufgescheuchten Goten das bereits labile weströmische Reich und auch die Stadt Rab, die das gleiche Schicksal ein weiteres Mal unter den Slawen erlitt. 750 wurde die Stadt unter der Herrschaft des byzantinischen Dalmatiens wieder aufgebaut.

Dann wollte *Karl der Große* Dalmatien erobern, bekam aber die Inseln nicht. Durch den Aachener Frieden von 812 fiel Rab wie andere Städte zurück an Byzanz. Erst später erstarkten die fränkischen Vasallen im kroatischen Landesinnern. *Tomislav* ernannte sich 925 zum König Kroatiens, und Byzanz schenkte ihm die römischen Städte Krk und Rab, um ihn gnädig zu stimmen. Der Kirchenwind wehte jetzt nicht mehr aus Byzanz, sondern aus dem Vatikan – eine neue Kraft, die ihre Stärke letztlich Karl dem Großen zu verdanken hatte. Rab aber blieb Byzanz treu und erhielt als Geschenk für seine Botmäßigkeit die Gebeine des Hl. Christophorus.

Später rief man wegen Thronfolgekämpfen Venedig zu Hilfe. Venedig zögerte erst, schließlich besetzte es Osor, Zadar, Rab und andere Städte. So zu neuer Einigkeit gezwungen, gelangte Rab im 11. Jh. nach blutigen Kriegen wieder unter kroatische Herrschaft.

1107 stellte der ungarische König *Koloman* alle dalmatinischen Städte unter seinen Schutz. Dies missfiel Rab, es ließ sich lieber wieder von Venedig beschützen, lief 1403 zu Neapel über, wurde von Neapel wieder an Venedig verkauft – und blieb letztlich bis 1797 unter venezianischer Herrschaft.

1805 wurde Dalmatien und somit auch Rab in Napoleons Königreich Italien einverleibt. 1815 befürwortete der Wiener Kongress die Besetzung der Insel Rab und ganz Dalmatiens durch Österreich-Ungarn. Das bis dahin eigenständige Raber Bistum wurde mit dem von Krk zusammengelegt, Rab wurde bedeutungslos. Die wechselvolle Geschichte ab dem Ersten Weltkrieg, die italienische und deutsche Besatzung und die Partisanenkämpfe im Zweiten Weltkrieg teilt Rab mit allen anderen Kvarner-Inseln. Seit 1889 schon beherbergt Rab Urlaubsgäste, heute werden über eine Million Übernachtungen jährlich verzeichnet.

Lopar

Zahlreiche große und kleine Badebuchten und der inzwischen weitbekannte eineinhalb Kilometer lange „Paradiesstrand" machen den Fährort im Nordwesten der Insel für viele Urlauber attraktiv. Mit 1100 Einwohnern ist Lopar die zweitgrößte Siedlung auf der quellreichen, grünen Halbinsel.

Der Ort ist umgeben von zwei großen Buchten: der *Bucht von Lopar* im Westen mit Fährhafen, Restaurants und Pensionen sowie der *Bucht Crnika* im Südosten, mit der Hotelsiedlung San Marino, zahlreichen Restaurants, Pensionen, Campingplatz und großem Sportcenter – hier entlang zieht sich auch der *Paradiesstrand* (Rajska plaža) und es weht die „Blaue Flagge". Alles in allem ist Lopar inzwischen ziemlich zersiedelt, und ein Paradies dürfte der Strand im Hochsommer eher für Leute sein, die Trubel und Menschenmassen suchen. Die Autos parken kreuz und quer, bei Platzmangel wird auch vor Privatgärten nicht Halt gemacht, und man braucht Nerven, um das Gewühl und die Rücksichtslosigkeit der Touristen auszuhalten. Hat man jedoch ein Fahrrad, besser noch ein Boot oder zieht man auf Schusters Rappen los, locken weiter entfernt ruhigere, kleine Badebuchten, 22 sollen es sein.

Auf dem *Kap Zidine* antike Ruinen, wahrscheinlich aus griechischer Zeit. Beim Anlegeplatz befindet sich eine Kirche aus dem 14. Jh., neben der der Einsiedler *Dominik* lebte. Ein anderer prominenter Eremit, der Steinmetz *Marinus*, wurde nach der Legende hier geboren; er gründete die Republik San Marino in Italien.

Lopar – viel Getümmel am Paradiesstrand

Marinus, der Eremit

Marinus ging im 3. Jh. nach Rimini (Italien), um bei der Erneuerung der Festung mitzuarbeiten. Während der Christenverfolgung unter Diokletian versteckte er sich in einer Höhle auf dem Berg Monte Titano. Ihm folgten Gleichgesinnte, die eine Kirche bauten und ein Kloster gründeten. Damit legten sie den Grundstein für ein neues Städtchen: den Stadtstaat San Marino.

Information Touristeninformation, Ortsbeginn und Straßengabelung, 51281 Lopar, ✆ 051/775-508, www.lopar.com.

Agentur Sahara, ✆ 051/775-633, www.sahara-tours.hr. Gute Infos, Zimmer; Scooter- u. Bootsverleih.

Agentur Uno, ✆ 051/775-073; hier auch Fahrradvermietung.

Verbindungen Fährverbindungen (→ „Wichtiges auf einen Blick"). Busse verkehren ca. 15-mal tägl. ab Marktplatz (Ritić) nach Rab, nur in HS bis Trajekthafen Lopar.

Ambulanz Neben Autocamp. ✆ 051/775-165.

Veranstaltungen Mala-Gospa-Fest, am 8. Sept., mit großem Markt und Musik entlang der Straße in Richtung Fährhafen; zudem mehrmals in der Saison Fischerfeste.

Übernachten Privatzimmer in den vielen Pensionen, je nach Kategorie ab 30 € im DZ, Frühstück ab 4 €/Pers. Appartements ab 35 € für 2 Pers.

*** **Hotel Epario**, ca. 200 m vor der Paradiesbucht. 28 nette DZ/F für 82 €. Lopar 456a, ✆ 051/777-500, www.epario.net.

》》》 Mein Tipp: *** Pension-Restaurant **Dragica**, familiäre Atmosphäre, Garten, Restaurant mit schöner Terrasse, Kinderspielplatz, Internetcafé, gut ausgestattete Zimmer/Appartements. Die Küche bietet Produkte aus eigenem Anbau und selbst gefangene frische Fische. DZ mit HP 50 €/Pers. Lopar 562, ✆ 051/775-420, www.dragica-lopar.com. **《《《**

-* **Hotelkomplex San Marino**, hinter dem Paradiesstrand. Von den Dependancen ist das neue, erst 2012 eröffnete Familienhotel Lopar ***+ zu empfehlen, das Suiten und Familienzimmer bietet. ✆ 051/724-522, www.imperial.hr.

*** **Pension-Restaurant Bellevue**, Neubau oberhalb des Zentrums. 18 gut ausgestattete Zimmer/Appartements mit Balkon. Kinderspielplatz, gutes Restaurant mit überdachten Plätzen. DZ mit HP 40 €/Pers. Lopar 574, ✆ 051/775-613, www.bellevue.hr.

*** **Pension-Restaurant Lavanda**, auf der Ostseite am Hügel im lavendelblauen modernen Gebäude mit schönem Weitblick aufs Meer und Küstengebirge; bestens ausgestattete Zimmer und Appartements mit Balkon oder Terrasse, Tennisplätze, Garten; zudem das gute Restaurant Lavanda. Ganzjährig geöffnet. DZ/F ca. 60–70 €. Lopar b. b., ✆ 051/775-399, www.pension-lavanda.com.

Camping *** Autocamp San Marino, großer Platz unter Pappeln und Kiefern am Paradiesstrand, in der HS meist überfüllt. Neue Sanitäranlagen. 7 €/Pers., Stellplatz (Auto/Caravan, Zelt) 7,90 € (mit Strom 11,80 €), Parzelle (Auto/Caravan, Zelt, Strom) ab 15,30 €. Mobilheime (4+2 Pers.) 120 €. Geöffnet 1.4.–30.9. Lopar b.b., ✆ 051/775-133, www.rab-camping.com.

Robinsoncamp Zidine, kleiner Platz mitten im Kiefernwald, oberhalb der gleichnamigen Bucht. Abzweig nahe Fährhafen gen Norden, erst Asphalt, dann Makadam.

Essen & Trinken Restaurant Feral, am Hafen mit Terrasse unter Weinlaube. Hier gibt es fangfrischen Fisch, gute Fleischgerichte und Gemüse aus dem eigenen Garten. ✆ 051/755-288.

Pizzeria Creshendo, nahe Hotel Plaža, hier gibt es die besten Pizzen. Mai–Sept. geöffnet. ✆ 051/775-122.

》》》 Mein Tipp: Restaurant-Pension **Lavanda**, oberhalb vom Hotelkomplex, bietet ganzjährig besten Service. Spezialitäten sind fangfrischer Fisch und hauseigenes Gemüse (→ „Übernachten"). **《《《**

Restaurant Fortuna, oberhalb vom Hotelkomplex, bietet Fischspezialitäten. Geöffnet Mai–Sept. ✆ 051/775-387.

Restaurant Laguna, nahe Paradiesstrand an der Bushaltestelle. Fleisch- und Fischgerichte und v. a. ganzjährig geöffnet. ✆ 051/775-177.

Insel Rab

Nachtleben Am Sportzentrum (beim Campingplatz) **Nightclub-Disko Tropical** und **Millenium**; zudem die **Cocktailbar Bamboocho**; Mai–Sept. geöffnet.

Baden: am 1,5 km langen Sandstrand, dem *Paradiesstrand* an der Crnika-Bucht, der so langsam ins Meer kriecht, dass man nach 100 m immer noch keine nassen Hosen bekommt – also bestens geeignet für kleine Kinder, jedoch in der Saison überlaufen.

Nördlich davon liegt der Bootshafen Lučica, es folgen die *Buchten Livačina* und *Kaštelina*, eingerahmt von Felsen und dem Inselchen *Lukovac* in Sichtweite. Ein kleiner Föhrenwald bietet Schatten, wenn man es in der Gluthitze der fast windstillen Bucht nicht mehr aushält. Das Wasser ist hier ebenfalls ganz seicht und für Kinder optimal. Nach Norden erstreckt sich die stark gegliederte Küste mit vielen großen und kleinen Buchten, wo man sich seinen Lieblingsstrand zu Fuß oder per Mountainbike suchen kann, u. a. Stolac, Podpećina, Saramić, Podšilo, teils mit Fels, teils mit Sand, wo auch FKK möglich ist. Es gibt übrigens auch viele ausgewiesene Hundestrände!

Ab Hafen Lučica fahren Taxiboote zu den vorgelagerten Inseln.

Wandern: Um Lopar wurden geologische und archäologische Lehrpfade angelegt, die per Fahrrad oder zu Fuß erkundet werden können. Jeden Donnerstag gibt es eine 3- bis 4-stündige geführte Gratiswanderung (Infos bei TIC). Sehr schön und informativ ist auch der südlich und oberhalb der Bucht Crnika gelegene *Geopark Fruga*. Oben auf dem Bergrücken genießt man herrliche Aussichten auf Sv. Grgur, Goli und das Küstengebirge. Kap für Kap fingert sich die Insel hier ins Meer.

Wassersport/Sport Sportcenter-Paradiesstrand (beim Autocamp): Tennisplätze, Minigolf, Fußballplatz; zudem Beachvolleyball – in Lopar gibt es insg. 10 Plätze. Beim Autocamp Wassersportverleih und Tauchclub. **Fahrradverleih** bei Agentur Uno.

An der Mole beim Jachthafen **Lučica Wasserski-Zentrum** mit Wasserskischule, Flaschenfüllung, Parasailing, Banane, Jetski, Motor- und Tretbootverleih, Kajaks.

Tauchen Diving Center Moby Dick (Ltg. Mladen Skapul), Tauchkurse, Tauchgänge, Verleihausrüstungen, Flaschenfüllen, Schnupperkurse, auch Unterkunft. Lopar 493, ℡ 051/775-577, 91/5201-643 (mobil), www.mobydick-diving.com.

Nautik Marina Lučica, 150 Liegeplätze für kleinere Boote, Kran und Slipanlage, Infos im Hotel San Marino.

Hafenkapitän: ℡ 051/775-286.

Supetarska Draga

Der Ort zieht sich mit vielen Neubauten und einer Marina an der tiefen, gleichnamigen Bucht entlang und über den Hügel bis zur anderen Meerseite. Hier auf der *Halbinsel Gonar* liegen auch die Siedlungen *Dumići*, *Donja Draga* und *Gonar* mit Badeplätzen und in die Bucht gestreuten Inselchen.

Einst hatte Supetarska Draga ein Kloster, das 1059 gegründet und im 16. Jh. wieder aufgegeben wurde. Der Ortsname leitet sich vom Kloster Sanctus Petrus in valle ab. Heute ist nur noch die romanische Kirche zu sehen – sie ist die älteste Kirche der Insel. Am Meer befinden sich die Überreste der letzten erhaltenen Wassermühle, die einst die Insel mit dem wertvollen Nass versorgten.

Information Touristagentur Arbia, Supetarska Draga 263, 51280 Supetarska Draga, ℡ 051/776-122.

Übernachten Viele Privatzimmer werden angeboten – am Hang die **Pension Pivac**. Ebenso in Gonar und Dumići. DZ ab 25 €.

Essen & Trinken Restaurant Galeb, liegt an der Inselhauptstraße schräg gegenüber des Jachthafens. Gute und günstige Grillgerichte und Schalentiere, dazu süffiger Wein.

》》》 Mein Tipp: Restaurant-Pension Belveder, auch der Stiegelwirt genannt, gegenüber des Jachthafens (südwestl. Buchtseite) mit erhöht liegender schöner Terrasse und Bootsanleger. Spezialität ist neben Fischgerichten der Grillteller. Es werden auch Zimmer/Appartements vermietet. Supetarska Draga 223, ℡ 051/776-162, www.belveder.net. **《《《**

Außerhalb von Supetarska Draga (Richtung Lopar): **Restaurant-Pension Bili As**, mit Sitzgelegenheiten direkt am Meer, Hummeraquarium, Bootsanleger am Restaurant. Appartement und Zimmervermietung. Supetarska Draga 217, ✆ 051/776-226.

Ortsteil Gonar: **Konoba Gonar**, liegt oberhalb vom Meer und bietet Spezialitäten aus der Peka (Lamm, Oktopus etc.). Supetarska Draga, Gonar 328, ✆ 051/776-638.

Restaurant-Pension More, liegt direkt am Meer mit schöner Terrasse. Hier gibt es Hummer aus dem Becken und fangfrischen Fisch. Übernachtung ca. 20 €/Pers. Supetarska Draga, Gonar 321, ✆ 051/776-457, 776-202.

Badeplätze gibt es rund um die Halbinsel. Viele kleine Sand- und Kiesbuchten mit Blick auf die vorgelagerten Inseln *Maman, Srednjak, Sailovac*. Man muss aber etwas laufen, um sein Lieblingsplätzchen zu finden, mit eigenem Boot ist es einfacher.

Wassersport Tauchclub Aqua Sport, in Gonar, Supetarska Draga 331, ✆ 051/776-145, www.aquasport.hr. Auch Bootsvermietung, Wasserski und Jetski. Getaucht wird u. a. zu dem vor ein paar Jahren entdeckten antiken Schiffswrack, das zahlreiche Amphoren enthält. Alles ist natürlich streng mit Käfigen abgesichert.

Jachthafen ACI-Marina Supetarska Draga, ganzjährig geöffnet. 285 Liegeplätze, 150 Bootsplätze an Land, Werkstatt, 10-t-Kran, Slip; Sanitäranlagen, Supermarkt, Restaurant. ✆ 051/776-268, www.aci-club.hr.

Rab

Auf einer kielförmigen Landspitze gelegen, überstand die stark befestigte Stadt die Jahrhunderte relativ unbeschadet. Heute drängen sich die Touristen mit Kameras bewaffnet durch die Gassen zwischen Kirchen und Patrizierhäusern, um die Schönheiten des Altertums einzufangen. Seit 1889 ist Rab ein europaweit bekannter Kurort, 1936 wurde der erste FKK-Strand Kroatiens hier eröffnet. Die Stadt tut viel, um ihr gutes Image zu pflegen.

Wechselnde Machtverhältnisse im Mittelalter brachten es mit sich, dass sich viele Fürsten um Rab stritten, und weil die Stadt ihr Fähnlein meist in den richtigen Wind hängte, gelangte sie zu Reichtum.

Im 2. Jh. v. Chr. war Rab eine römische Befestigung, später eine römische Stadt mit Foren, Badehäusern, Aquädukten, einem Theater und Tempeln. Von 530 bis 1828 war sie Bischofssitz und wichtiger Flottenstützpunkt im Levantehandel. Wahrscheinlich siedelten sich die Slawen in der unsicheren Zeit der Völkerwanderung auch auf der Insel an und verwüsteten bei dieser Gelegenheit

Die Ruinen des Klosters Sv. Ivan Evanđelista

die Stadt. Ein zweites Mal wurde Rab im 15. Jh. zerstört – von ihren eigenen Bewohnern. Als die Pest umging, mauerte man die Häuser der Pestkranken zu und verbrannte sie mitsamt den Angehörigen. In den letzten rund 120 Jahren, seit Rab Kurort ist, hat man aber vieles getan, um das Städtchen, in dem heute 800 Menschen leben, wieder herauszuputzen. Unzählige schöne Cafés und Restaurants laden zum Verweilen ein, für die Nacht gibt es nette Cocktailbars. In dem charmanten mittelalterlichen Kleinod werden zahlreiche Veranstaltungen geboten, und an altem Kulturgut gibt es reichlich zu besichtigen. Die nahen Strände und Freizeitmöglichkeiten machen einen längeren Aufenthalt in der Stadt sehr reizvoll.

Information/Verbindung/Diverses

Tourismusverband TIC-Rab, Trg Municipium Arba 8, 51280 Rab, ℡ 051/771-111, www.tzg-rab.hr. Mai–Sept. tägl. 7–21 Uhr (Juli/Aug. bis 21 Uhr), sonst tägl. 8–15 Uhr. Gute Infos, Kartenmaterial.

TIC-Palit, vor der Altstadt im Einkaufszentrum Mali Palit. Nur Ende Mai–Mitte Sept., Öffnungszeiten wie oben.

Agentur Katurbo, im Einkaufszentrum Mali Palit (vor der Altstadt), ℡ 051/724-495. Fahrräder.

Agentur Kristofor in Mali Palit, ℡ 051/725-543, www.kristofor.hr. Zimmer, Ausflüge.

Agentur Numero uno, Obala M. Dominisa 5 (Uferpromenadenbeginn), ℡ 051/724-688. In der HS 8–1 Uhr. Zimmer, Fahrräder.

Verbindungen Busse: (→ „Wichtiges auf einen Blick"). Busbahnhof (℡ 051/724-189) vor der Altstadt in Mali Palit; ca. 15-mal nach Lopar. Achtung: Keine Busverbindung zum Fährort Mišnjak, nur tägl. Expressbusse Rab–Rijeka u. Rab–Zagreb.

Taxiboote: Ab dem Altstadt-Leuchtturm (30 KN) zwischen Rab–Liebesinsel–FKK-Strand Suha Punta, Rab–Banjol–Barbat und Dolin. Schnellboote (8 Min). Auch nach Padova.

Schiffsverbindung: (→ „Wichtiges auf einen Blick").

Autos Gebührenpflichtige Parkplätze am Hafenbecken (7–10 KN/Std.); großer Parkplatz nach dem Busbahnhof. Tankstelle am Kai (nach dem Jachthafen).

Gesundheit Ambulanz in Banjol, ℡ 051/724-094. Ärztehaus Mali Palit: internistische Ambulanz, ℡ 051/724-342. Tierarzt, ℡ 051/724-153. Apotheke: Načeta, Srednja ulica, ℡ 051/724-121; in Mali Palit, Kušen, ℡ 051/725-401.

Einkaufen Einkaufszentrum Mali Palit, mit Sportgeschäften, Boutiquen, Restaurants, Cafés. Einkaufscenter Petra, stadtauswärts Richtung Banjol. Die **Hauptgeschäftsstraße** Srednja ulica bietet viele Souvenirgeschäfte und Galerien (im HS Mo–Sa 6–22, So 12–17 Uhr).

🌿 **Natura Rab**, u. a. Wein, Olivenöl, Honig, Kräuter – alles, was auf Rab ökologisch produziert wird, ist hier erhältlich. Mai–Okt. 10–23 Uhr. Trg Municipium Arba (Hauptstelle in Barbat), www.natura-rab.hr. ■

Internet Hotspot in Mali Palit, für Gäste gratis.

Essen & Trinken
1 Rest.-Pension Rio
2 Rest.-Pension Nada
3 Rest.-Pension Ana
7 Restaurant Palma
8 Konoba Sanpijer
13 Café-Vinothek Paradiso
14 Gostiona Labirint
15 Kod Kineza
16 Konoba Rab
17 Restaurant Santa Maria

Cafés
9 Café Revelin
10 Café Velum
11 San Antonio Club

Übernachten
1 Rest.-Pension Rio
2 Rest.-Pension Nada
3 Rest.-Pension Ana
4 Hotel Imperial
5 Hotel Istra
6 Hotel International
12 Hotel Arbiana
18 Pension Stojnšek
19 Pension Pende

Nachtleben
6 Loungebar Escape

Veranstaltungen Fast ganzjährig reichhaltiges Programm, in der NS auch Wander-, Fahrradtouren, Kajakregatten, Ökowoche etc. U. a. **Ostern**, 7 Tages-Fest mit klassischen Konzerten und Sport.

Nautic Passion (Rapskih Kaića), letztes Wochenende im April, Bootsshow der einheimischen Bootsbauer.

Ritterspiele-Armbrustschützen, am 9.5., 25.6., 27.7., 15.8. Riesiges Spektakel mit historischen Kostümen, historischem Essen; Umzüge mit Fahnen durch die Altstadt und große Veranstaltung mit Armbrustschießen auf dem Trg. Sv. Kristofora.

》》 Mein Tipp: **Raber Festtage und Mittelalterfestival** (Rapska Fjera), am 25./26./27. Juli werden die Stadttheiligen Sv. Jakov, Sv. Ana und Sv. Krištofor gefeiert. Ebenfalls ein historisches Fest mit historischen Kostümen, mittelalterlichem Essen, Buden und Demonstration alter Handwerkerkünste. Die Plätze sind mit Fackeln ausgeleuchtet, es gibt mittelalterliche Musik und Tanz. 《《

Raber Sommer, im Juni, Juli und Aug. finden wöchentl. Folkloreaufführungen, Musikabende und Konzerte statt; darunter 10 Konzerte mit Klappas und Blechmusik.

Raber Musikabende, 1-mal wöchentl., meist Do, Mitte Juni–Ende Sept. mit klassischen Konzerten nationaler und internationaler Musiker in der Kirche Sv. Križ oder Sv. Ivan.

Nachtleben Café-Cocktailbars (→ „Cafés").

Loungebar Escape 6, auf der Dachterrasse des Hotel International. Gute Cocktails und herrlicher Blick auf den Jachthafen. Juni–Mitte Sept.

Diskothek Santos in Pudarica (2 km östl. von Barbat); Bus ab TIC nach Pudarica 22–6 Uhr jede volle Stunde; auch Taxiboote.

Übernachten/Essen & Trinken (→ Karte S. 206/207)

Übernachten In der HS ist es teils schwierig, ein Zimmer zu bekommen, PKW-Lenker haben evtl. Parkplatzprobleme; Ausweichmöglichkeiten in den Bade- und Hotelbuchten Suha Punta (5 km von Rab) oder Banjol (→ Suha Punta, Banjol und Barbat).

In der Altstadt gibt es inzwischen einige nette Privatunterkünfte (ab 20 €/Pers.); u.a. **Fam. Sonja Pende** 19, Ivana Rabljanina 2, ✆ 051/724-210, mit schönem Balkon zum Meer. **Fam. Stojnšek** 18, Gornja ul. 27, ✆ 051/771-472, 724-781, mit schöner Aussichtsterrasse auf die Dächer von Rab.

»› Mein Tipp: ****** Hotel Arbiana** 12, renovierter Prachtbau von 1924 mit 28 Zimmern, am stillen Ende der Uferpromenade. Restaurant und Aperitif-Bar, Internet. Komfortable DZ/F 130–190 €, Suiten 250 €. Obala kralja Petra Krešimira IV b. b., ✆ 051/775-900, www.arbianahotel.com. ‹‹‹

*** Hotel Istra 5, preisgünstiges kleines Hotel in stilvollem Gebäude mit Café, beim Hafenbecken und am Park. April–Okt. DZ/F 88 € (TS 106 €). M. Dominisa b. b., ✆ 051/724-134, www.hotel-istra.hr.

*** Hotel International (ex-Rab) 6, stilvoll renoviertes 138-Zimmer-Hotel in schöner Lage am Hafenbecken, in der Altstadt. Restaurant, kleiner Pool und Indoor-Schwimmbad, Spa-Bereich; zudem Loungebar Escape. Gut ausgestattete Zimmer. DZ/F mit Meerblick 102 € (TS 126 €). Obala Krešimira 4, ✆ 051/602-000, www.hotelrab.com.

*** Hotel Imperial 4, im Ortsteil Palit. 134 Zimmer, neu renoviert, sehr ruhig auf einer Anhöhe im Komrcar-Park gelegen, ca. 10 Min. bis zur Altstadt. Tennisplätze und -schule. DZ/F Meerseite und Balkon ab 110 € (TS ab 130 €). Palit b.b., ✆ 051/724-522, www.imperial.hr.

Essen & Trinken In der Altstadt gibt es viele Restaurants und Konobas. Eine Auswahl:

»› Mein Tipp: **Restaurant Santa Maria** 17, stilvolles Fischlokal am östlichen Ende der Hauptgasse. Man sitzt wie in einer Schiffskajüte, in den Bullaugen hängen Bilder von Segelschiffen und Holzschiffsmodelle. Verschiedenartige, lecker zubereitete Fischsorten und Gemüse, große Weinkarte. Tägl. 10–14/17–23 Uhr. Ul. Dinka Dokule, ✆ 051/725-695. ‹‹‹

Gostiona Labirint 14, überdachter, aber uftiger und mehrstöckiger Innenhof. Man speist vorzüglich Fischspezialitäten und

In Dab gibt es einige lauschige Cafés hier am Trg Municipium Arba …

Meeresfrüchte. Freundlicher und flinker Service. März–Okt. tägl. 11–15/18–24 Uhr. Srednja ulica 9, ℡ 051/771-145.

Konoba Rab 16, uriges Lokal mit Holzbälk, Galerie und Kamin, in dem die Peka schmort. Es gibt Fisch, Fleisch (Spezialität Rabska grota – Fleisch, gefüllt mit Käse und Schinken, mit Gemüsesauce), verschiedene Peka-Gerichte (Lamm, Huhn, Kalbshaxe) nach Vorbestellung. Tägl. 10–14/17–23 Uhr (ab Okt. erst ab 17 Uhr). Kneza Branimira 3, ℡ 051/725-666.

Kod Kineza 15, kleines Lokal mit offenem Kamin. Vorspeisen wie Oliven, Käse und Schinken sowie Beefsteak, dazu Wein und Schnaps. Svetog Marina.

Konoba Sanpijer 8, typische Konoba, es gibt nur Wein, Oliven, Käse und kleine gesalzene Fische (Sardellen), zum draußen Sitzen 2 rustikale Bänke. Östlich an der Hafenpromenade.

Restaurant Palma 7, hinter Hotel Imperial mit großer Terrasse. Hier speisen die Einheimischen gern, es gibt preiswerte Reis-, Nudel-, Fisch- und Fleischgerichte.

Essen/Übernachten außerhalb der Altstadt Restaurant-Pension Nada 2, lecker und preiswert; es gibt Fisch und Fleischgerichte. Gegenüber werden einfache, saubere Zimmer vermietet, im schönen Garten wird gefrühstückt. Fam. Faflja, Monte Stipe, Palit 217, ℡ 051/724-871.

»› Mein Tipp: Restaurant-Pension Rio 1, ungewöhnlich der Name, aber Topadresse für fangfrischen Fisch, serviert auf netter Terrasse, bei freundlichem Service. Zudem nette Zimmer/Appartements. DZ/F 40 €. März–Mitte Nov. tägl. 11–23 Uhr. Fam. Perkić, Palit 57, ℡ 051/725-645. **«‹**

Restaurant-Pizzeria Ana 3, ebenfalls in Palit. Hier isst man preiswert und gut Pizzen, aber auch Fisch in Salzlage oder Oktopus aus der Peka. Tägl. 11–15/18–23 Uhr. Palit 80, ℡ 051/724-376.

Restaurant-Pension Kamenjak (→ Banjol).

Cafés Schöne Cafés, auch für die Abende (bis 3 Uhr geöffnet), liegen auf dem großen Trg Municipium Arba, mit Blick aufs Meer, eingerahmt von stattlichen Palmen: **San Antonio-Club** 11 ist *der* Treffpunkt am Abend, innen barmäßig eingerichtet; man spielt die neuesten Charts. Daneben die Cafébars Velum 10 und Revelin 9.

Café-Vinothek Paradiso 13, im Gebäude der Stadtloggia nettes Café und Vinothek mit Ausstellungen, ab und zu finden auch Konzerte statt. Sredna ul./S. Radića.

... und hübsche Galerien

Stadtbummel

Das Auto lässt man am *Parkplatz* vor der Altstadt oder am Hafenbecken. Hier ankern oftmals prächtige Windjammer. Ostwärts erreicht man den großen Platz *Trg Municipium Arba* mit einladenden Cafés, eingerahmt von stattlichen Palmen und dem **Fürstenpalast Knežev dvor** (jetzt Galerie; 10–13/19–22 Uhr) mit romanischen, gotischen und Renaissancefenstern sowie kunstvollen Reliefs zwischen den Steinquadern. Löwenköpfe mit weit aufgerissenem, halboffenem und geschlossenem Rachen stützten einst den Kundgebungsbalkon. Im Atrium werden Ausgrabungsfunde gezeigt.

Man spaziert am Kai entlang, vorbei am einstigen Hotel Riva, das majestätisch im Klosterpark liegt, hinauf zum

Altstadtkern Kaldanac. Oberhalb des Parks das **Kloster Sv. Antun-Opat,** das eine vor den Türken geflohene Fürstin Ende des 15. Jh. in ein Frauenkloster umwandelte.

Nur wenige Meter westlich die **Domkirche Sv. Marija,** 1177 aus weißen und rosaroten Steinquadern errichtet und vom Papst persönlich geweiht. Die Säulen der dreischiffigen Basilika stammen aus antiken Bauten. Über dem Altar ein Baldachin, rechts und links davon geschnitztes, schwarzes Chorgestühl. Ein Stück weiter steht an der Gasse der riesige romanische **Glockenturm** (10–13/19.30–21/22 Uhr, Eintritt 10 KN). Die Zahl der Fensterbögen steigt mit der Zahl der Stockwerke. Das letzte – vierte – Stockwerk hat eine Balustrade, obenauf eine achtseitige Pyramide aus dem 15. Jh. Ein Kreuz mit fünf Äpfeln steht auf ihrer Spitze, im obersten Apfel werden Heiligenreliquien verwahrt. Weiter westlich lehnt an der steil zum Meer abfallenden Felswand das **Kloster** und die **Kirche Sv. Andrije** aus dem 11. Jh. Heute leben hier noch sechs Schwestern des Benediktinerordens. Am Seitenaltar der Klosterkirche sind das Polyptychon von Vivarini (1485) und ein großes Gemälde mit den Kreuzwegstationen kollagenhaft vereint.

Dann stoßen wir auf den *Trg slobode,* an dem der alte Stadtteil Kaldanac endet. Der neuere Stadtteil ist im Festungsstil gebaut, die Straße längs der Mauer wurde während der venezianischen Besatzung im 15. Jh. Errichtet. Neben dem Trg slobode die **Kirche Sv. Justina** mit einem Altargemälde aus der Tizianschule und einem Steinzwiebelturm. Die Kirche dient heute als Museum für sakrale Kunst.

In der Gasse Gornja ulica weiter westlich befindet sich das Kirchlein **Sv. Križ,** in dem wöchentlich klassische Konzerte stattfinden. Der Legende zufolge hat Jesus am Kreuz des Altarbildes die Einwohner der Stadt beweint: Sie blieben hochmütig, und so kam die Pest über sie.

Nur wenige Meter westlich von Sv. Križ, auf erhöhtem Gelände, der Kirchturm der einstigen **Basilika Sv. Ivan Evanđelista** aus dem 7. Jh. Die Basilika war einst ein

Rab mit seinen vier Türme

Schmuckstück mit fünf Altären, Kapitellen aus verschiedensten Epochen, schön ist immer noch das Fußbodenmosaik mit Flechtwerkornamentik. Neben der Basilika die Ruinen des Klosters. Vom 11. Jh. Bis Ende des 13. Jh. War hier ein Benediktinerinnenkloster, danach wurde es bis 1783 von den Franziskanern übernommen, anschließend war es Residenz der Bischöfe – nicht zuletzt wegen seiner Baufälligkeit wurde es 1833 aufgegeben. Heute ragen neben dem noch gut erhaltenen Kirchturm Säulenreste auf und Steinfragmente laden zum Ausruhen neben duftenden Wachholderbäumen ein.

Am Ende der Gornja ulica steht die Kirche **Sv. Krištofor** mit kleinem Lapidarium (10–13/18–21 Uhr). Dann die Ruinen der **Burg Sv. Krištofor** aus dem 15. Jh. Über die Steintreppen am Tor gelangt man zum bekannten Postkartenmotiv: „Rab mit vier Türmen, wie ein Dächerschiff ins Meeresblau gekielt." Geht man das Gässchen und die Stufen wieder hinab Richtung Hafenbecken, stößt man auf den großen, schön gestalteten *Trg Svetog Kristofora* mit Brunnen. Dieser Platz, der heute für Veranstaltungen genutzt wird, war früher der einzige Zugang zur Altstadt.

Durch ein mächtiges Tor betritt man den *Stadtpark Komrčar* – ein großer Park mit stattlichen Bäumen – eine Oase der Ruhe. Hier befindet sich auch die Festung **Galjarda** (15. Jh), davor zwei Brunnen und Steinbänke. Über eine Treppe gelangt man zurück zum *Marktplatz* mit Obst- und Gemüseständen.

Überquert man die Hauptgasse *Srednja ulica*, sieht man zu Beginn der Donja ulica das hübsch gemeißelte *Portal Nimira* (15. Jh.), zudem noch ein paar Grundmauern, die vom einstigen Palast erhalten sind.

Läuft man die Hauptgeschäftsgasse *Srednja ulica* östlich, kommt man an einem Renaissance-Palast vorbei, an dessen Fassade noch Teile des Doppelkopfs des römischen Gottes Janus zu erkennen sind. Etwas weiter eine Palast-Ruine, dann die Stadtloggia mit Café und Vinothek, nebenan die städtische Turmuhr.

Geht man an der Stadtloggia rechts hoch, vorbei am prächtigen Portal und den Überresten des **Cernota-Palastes**, steht man oben wieder am Platz Trg slobode und kann die Aussicht aufs Meer genießen. Von dort gelangt man hinunter zur agavengesäumten *Uferpromenade:* Hier brechen sich türkisfarben die Wellen an den Felsen und formen sie meisterlich wie ein Bildhauer. Läuft man hier unten entlang, erreicht man das *Seebad Jadran* und in einer knappen Stunde das **Franziskanerkloster Sv. Eufemija** (10–12/16–18 Uhr, Eintritt 10 KN).

Portal Nimira (15. Jh.)

Rab ist nicht nur für seine Baudenkmäler, sondern auch für seine **Künstler** und **Galerien** bekannt: z. B. *Gašpar Bolković Pik*, der 1929 in Rab geboren wurde. Der zeitkritische Künstler arbeitet in Aquarell und Tempera. Im Erdgeschoss des Fürstenpalastes die *Galerie Knežev dvor* (10–13/19–22 Uhr); in der Musikschule die *Galerie Banova villa* (durchgehend geöffnet). Regelmäßige Kunstausstellungen gibt es zudem in der Kirche *Sv. Nikola*.

Baden in und um Rab

Bademöglichkeiten an der Uferpromenade beim *Komrčar-Park* und im *Strandbad Škver*.

Zur „Liebesinsel" *Frkanj* fährt vom Strandbad ein Taxiboot. Ein betonierter schmaler Fußweg führt rund um die Halbinsel durch üppigen Kiefernwald. Es gibt Kies-, Sand- und Felsbuchten mit Blick auf die Bergkulisse und die Insel Dolin; z. B. die *Bucht Eufemija* im Norden oder südlich davon den FKK-Badestrand *Kandarola* mit kleinem Restaurant. Dieser 1,5 km lange Strand hat seine eigene Geschichte ...

> An der Kandarola uvala, heute besser bekannt unter **Englische Bucht**, wurde der erste FKK-Strand Kroatiens eröffnet. Hier ließ der britische König Eduard VIII. im Jahr 1936 als einer der ersten Sonnenfreunde seine Hüllen fallen.

Weitere Strandbuchten (auch FKK möglich) bei *Suha Punta*. Die Strände haben keine Autozufahrt, Camping ist nicht erlaubt. Außerdem viele kleine Buchten auf der Halbinsel *Kalifront*, im Vorort *Banjol* und auf der Insel *Dolin*. Sehr gut erreichbar für alle, die mit eigenem Boot unterwegs sind.

Sport Tennis, Minigolf etc. beim Hotel Imperial. Fahrrad- und Scooterverleih bei Numero Uno und Katurbo.

Wassersport Wasserskischule und Surfbrettverleih in Suha Punta; im Autocamp außerdem Verleih von Kajaks, Paddel- und Tretbooten. Motorbootverleih im Hafen Rab (Rapska plovidba).

Tauchen Diving Center Mirko (→ Barbat), Tauchzentrum Aqua (→ Supetarska Draga) und **Kron Diving Center** (→ Kampor).

Nautik ACI-Marina Rab, gegenüber der Altstadt, verfügt über 142 Liegeplätze. Reparaturservice, Ersatzteillager, Gas- und Benzintankstelle, Supermarkt, geöffnet April–Okt.; Sanitäranlagen mit Duschen, Restaurant. ✆ 051/724-023, www.aci-club.hr.

Hafenamt, Šet. Kapetana Ivana Dominisa (gegenüber ACI), ✆ 051/724-103.

Ausflüge um Rab

Wandern: Zum *Kamenjak* mit dem Berg *Straža* (408 m), dem höchsten Gipfel der Insel, gelangt man von Rab aus auf einem Wanderweg (auch Straße) in 2 Std. Von hier aus weite Sicht über die Insel und in die Kvarner-Bucht. Zudem ist oben ein aussichtsreiches Restaurant (→ Banjol).

Wer nicht so hoch hinaus will, geht in entgegengesetzter Richtung zur *Sv. Ilij Kapelle* auf dem 90 m hohen *Vrsi* und kann auf Rab hinunterschauen.

Zwischen den beiden Bergen verstreut liegt die Siedlung *Mundanije*; viel Ackerbau, kein Fleckchen bleibt ungenutzt.

Franziskanerkloster Sveta Eufemija: Am Ende der Bucht Eufemija. Zu erreichen auf der Straße Richtung Kampor oder in knapp einstündigem Fußmarsch entlang der Uferpromenade (→ Kampor).

Dundowald: Südlich des Ortes Kampor, auf der Kalifronthalbinsel. Dundowald ist ein kleines, unter Naturschutz stehendes Waldgebiet mit mächtigen Kiefern, Pinien, Zypressen und Korkeichen mit oft üppigem Untergestrüpp, das zu den schönsten des Mittelmeerraumes zählt. Zu Fuß (ca. 2 Std.) oder noch besser per Mountainbike entlang der Bucht Eufemija zu erreichen.

Sv. Eufemija – ein nettes und nahes Ausflugsziel von Rab

Kampor

Mit Gehöften, Neubauten und ein paar alten Gebäuden erstreckt sich das Dorf zwischen der Kampor-Bucht und dem Strand Mel im Nordwesten und der Eufemija-Bucht mit dem Franziskanerkloster im Südosten.

Das heutige Zentrum von Kampor liegt an der gleichnamigen Bucht. Anziehungspunkt ist der breite Sandstrand Mel, der ganz flach ins Meer abfällt. Ideal für Kleinkinder und zum Sandburgenbauen, die besonders gut haltbar durch das Sand-/Tongemisch sind. In der Nähe finden sich die ältesten Spuren der Siedlung: Auf dem *Kap Kaštelina*, an der Bucht Miral im Norden, ragen die Ruinen einer griechischen Akropolis gen Himmel. Den Süden schließt die bewaldete Halbinsel Kalifront ab, zu der man herrliche Mountainbiketouren unternehmen kann.

Information Agentur Matovica, ✆ 051/604-199, www.matovica.hr. Zimmer, Fahrräder und Taxi.

Übernachten Die Agenturen vermitteln Privatzimmer ab 14 €/Pers., Appartements ab 30 €/2 Pers.

Camping 》》 Mein Tipp: Autocamp Planka, kleiner, einfacher und preiswerter Platz nahe dem Sandstrand Mel, auch Appartementvermietung. Das Camp-Restaurant bietet leckere Fischgerichte. Kampor 326, ✆ 051/772-477. 《《

Essen & Trinken Hier sind einige Restaurants wie **Skipper** (✆ 051/776-432) oder **Eufemija** (✆ 051/724-334). Empfohlen wird **Restaurant Planka**, am Sandstrand.

Baden Am Strand Mel, allerdings schattenlos (Sonnenschirm!). Zufahrt per Auto möglich, Cafébar am Strand.

Tauchen Kron Diving Center (Ltg. Andreas Kron), Kampor 413 a, ✆ 051/776-620, www.kron-diving.com. Ganzjährig geöffnet, sehr gut geführt. Es stehen auch Unterkünfte in Zimmern/Appartements zur Verfügung.

Im Tal von Kampor finden sich noch die Überreste des *Konzentrationslagers* der italienischen Faschisten, in dem einige tausend Menschen ihr Leben ließen. Im Januar 1943 wurde eine Befreiungsfront im Lager gegründet, die politische und kulturelle Arbeit leistete. Als die Kapitulation Italiens bekannt wurde, entwaffnete man 2200 Soldaten und verhaftete den Kommandanten. Auf dem freien Feld, wo man die vielen Toten begrub, steht heute ein Grabmal. Im Innern befinden sich ein Obelisk und ein Wandmosaik, das an die Opfer des Zweiten Weltkriegs und den antifaschistischen Widerstand erinnert.

Franziskanerkloster Sveta Eufemija

Das Kloster auf einer Anhöhe am Ende der gleichnamigen Bucht ist benannt nach der kleinen Kirche *Sv. Eufemija* aus dem 13. Jh. Die Klosterbrüder bauten hier zwei Jahrhunderte später eine weitere Kirche, *St. Bernadin*. Über dem Hauptaltar ein Polyptychon der Brüder *Vivarini* aus dem Jahr 1485, in der Seitenkapelle links eine Ikone der Jungfrau Maria. Im kleinen Innenhof ein Brunnen und der Sarkophag der Fürstin *Mande Budrišić*, die in Rab das Frauenkloster gründete. Im Kloster befindet sich heute ein sakrales und volkskundliches Museum, dazu eine Bibliothek mit Inkunabeln aus dem 15. Jh.

Öffnungszeiten Museum: Tägl. 10–12/16–18 Uhr. Eintritt 10 KN. ✆ 051/724-951. Per Fahrzeug Straße Richtung Kampor; zu Fuß ca. 1 Std. entlang der Uferpromenade ab Rab.

Bruder Ambroz Testen

Einer der letzten Mönche des Klosters, der Künstler und Autodidakt Wieter Ambroz Testen (1897–1984), war ein großer Maler, der seine Bilder – expressionistische Gemälde mit religiöser Thematik – anfangs meist verschenkte. Die schönen Reproduktionen seiner Werke auf Kunstpostkarten kann man käuflich erwerben.

Suha Punta

Südwestlich von Rab liegen im nadeligen Mittelmeerwald nahe dem Meer eine moderne Touristensiedlung mit Hotels, Bungalows und Pavillons und die Badebuchten *Suha Punta*, *Veli žal*, *Pod vrtal* und *Matovica*. Von hier aus kann man herrliche Fahrradtouren auf ausgeschilderten Wegen über die *Halbinsel Kalifront* zu vielen Buchten unternehmen.

Suha Punta – lauschige Anker- und Badebuchten

Information In den Hotels.

Übernachten/Essen Privatzimmer/Appartements z. B. an der Bucht Gožinka. U. a. bei **Villa Sonja**, geräumige, voll ausgestattete Appartements, ruhige Lage, für 3 Pers. 70 €. Kampor 98, ✆ 051/725-426.

**** **Pension Villa Anka**, kurz vor der Hauptbucht und den Hotels gelegen. Komfortable DZ/F für ca. 90 € (TS 110 €) und gutes Restaurant (auch HP möglich). Suha Punta Nr. 90, ✆ 051/724-775, www.suha-punta.com.

*** **Pension Fam. Kurelić**, netter Neubau, oberhalb vom Meer mit Zimmern/Appartements. Nebenan das Restaurant. Kampor 102, ✆ 051/772-469, www.rab-gozinka.com.

》》 Mein Tipp: *** **Pension-Restaurant Gožinka**, riesige schattige Terrasse mit Blick auf die gleichnamige Bucht, mit Mole. Spezialitäten sind der geräucherte und luftgetrocknete Schinken. Aus dem Bassin kann man seinen Fisch wählen. Im Nebenhaus nette DZ für ca. 40 €. Kampor 100, ✆ 051/725-940. 《《

–* **Hotelsiedlung Suha**, oberhalb der Bucht Matovica liegt im Kiefernwald die Hotelsiedlung. Empfehlenswert ist das gut ausgestattete *** **Hotel Carolina** auf der Landzunge direkt am Meer, mit Schwimmbad, Bootsanlegplatz und Tennisplätzen. Alle Zimmer mit Balkon/Meeresblick. DZ/F 110 € (TS 130 €). ✆ 051/669-100, www.imperial.hr.

Sportmöglichkeiten Tennisplätze, Minigolf, Wasserskischule. Surfbrett- und Wasserskiverleih, kleiner Bootshafen.

Baden: Schmale Pfade und Fußwege führen rund um Suha Punta zu schönen Buchten – auch mit FKK-Möglichkeiten. Nach Osten geht es zur bewaldeten Landzunge *Punta Gavranić* und zur Badebucht *Kandarola.* In Richtung Westen folgen die Buchten *Gožinka* (mit Felsbadestränden) und *Čifnata,* die so genannte Paradiesbucht mit dunklem Sand.

Banjol

Banjol zieht sich südöstlich der Stadt Rab an den Abhängen des Berges Kamenjak mit Ferienhäusern und mit Sand- und Kiesstränden an drei Buchten entlang. Eine ganze Reihe von Pensionen, der einzige Campingplatz auf dieser Inselseite und die Nähe zur Stadt Rab locken viele Touristen an. Zum *Kamenjak* führt ein schöner Wanderweg.

Ruinen Sv. Damijan

Information 51280 Banjol. Für Unterkünfte geht man am besten zur **Agentur DER** (✆ 051/721-500, www.der.hr) oder **Agentur Eho** (✆ 051/724-032).

Ausflug/Seekajak Sea Kayak Adventure, Banjol 341, ✆ 095/901-0109 (mobil), www.seakayak.hr. Das Team bietet Kajaktouren rund um Rab, aber auch zu den Kornaten und um Cres an.

Einkaufen Olivenöl: U. a. Fam. Ribarić, Banjol 43, ✆ 051/724-205; trad. Ölverarbeitung. Fam. Matić, Banjol 737 u. 738, ✆ 051/721-510; High-Tech-Öl. ■

Wein: u. a. Domaće Vino (Fam. Krstaš), Mundanije 119, ✆ 051/724-649.

Übernachten Die Agenturen vermitteln **Privatzimmer** ab 13 €/Pers. **Appartements** ab 35 €.

*** **Hotel Padova**, riesiger Bau gegenüber der Altstadt von Rab an der Meereseinbuchtung. Restaurant, Café, Nightclub. Hallenbad und Pools, Spa-Bereich. Von den Balkonen kann man das viertürmige Rab bei Sonnenuntergang bewundern. Ca. 10 Min. in die Altstadt oder per Taxiboot. DZ/F Meerseite ca. 120 €; Appartements ab 130 €. Banjol b.b., ✆ 051/724-544, www.imperial.hr.

Pension-Restaurant Pio, Familienbetrieb gegenüber der Altstadt. Gutes Restaurant mit Terrasse. Zudem 12 nette Zimmer/Appartements. DZ/F 60 € (TS 72 €). Banjol 37, ✆ 051/725-640, www.pio-rab.com.

》》》 Mein Tipp: **** **Hotel Villa Petrac**, das hübsche mehrstöckige Gebäude steht auf der gleichnamigen Landzunge gegenüber dem Campingplatz, umgeben von einem großen Park, bietet gut ausgestattete Studios/Appartements und ein gutes Restaurant mit Wintergarten und Terrasse. Banjol 590/c, ✆ 051/771-088, www.villapetrac.com. 《《《

Essen/Übernachten Hier gibt es zahlreiche Restaurants und Pizzerias; gute Hausmannskost bieten: **Gostionica Mila**, kurz vor Autocamp (oberhalb der Straße) und **Restaurant Perla** (östlich vom Camp).

Restaurant-Appartements Marko Polo, mit sehr guter Slow-Food-Küche; bester Service, zudem Gemüse aus eigenem Anbau, fangfrischer Fisch und gut sortierte Weine. Bestens ausgestattet auch die **** Appartements. April–Mitte Okt. 12–14/17–24 Uhr. Banjol 486, ✆ 051/725-846, www.markopolo-rab.com.

》》》 Mein Tipp: **Restaurant-Pension Kamenjak**, auf einem schönen Wanderpfad kann man den Berg erklimmen; zur Belohnung wartet das aussichtsreiche gute Restaurant im geschmackvollen Natursteinhaus, das auch 4 nagelneue Zimmer (HP 50 €/Pers.) bietet. Ende April–Sept. 10–14/17–20/24 Uhr. Banjol 286/A, ✆ 098/9733-170 (mobil), www.kamenjak.com.hr. Anfahrt auch mit PKW möglich (Straße in Richtung Lopar, Abzweig hoch in Mundanije). 《《《

Camping ** **Autocamp Padova III**, Platz für 1500 Gäste, zwischen Meer und Straße in der gleichnamigen Bucht unter Kiefern und Laubbäumen. Fels- und Kiesstrand; Restaurant, Supermarkt, Surfbrett- und Paddelbootverleih. In der HS zu voll und zu wenig gepflegt. Zur Altstadt geht es Taxiboote, zu Fuß 25 Min. Geöffnet 1.4.–15.10. 7 €/Pers., Stellplätze ab 7,90 € (mit Strom 11,80 €), Parzelle (Auto/Caravan, Zelt, Strom) zu 15,30 €. Auch Mobilhausvermietung. Banjol b.b., ✆ 051/724-355, www.rab-camping.com.

Barbat

Das Dorf unterhalb des Berges Kamenjak ist mit Banjol zusammengewachsen und bietet Sonnenhungrigen einen Kiesstrand, viele kleine Molen und etwas mehr Ruhe als Banjol: Die Ferienhäuser, umrahmt von Gärten, liegen näher am Meer, ab und zu vereinzelte Fischerhütten. Gegenüber erstreckt sich die vorgelagerte Insel Dolin. Eslocken einige gute Restaurants und man kann schöne Spaziergänge hinauf zum Kamenjak, u. a. auch zur Ruine *Sv. Damijan* (s. u.) unternehmen. Am Strand die kleine Kirche *Sv. Stjepan*; hier stand im 14. Jh. Ein Kloster, von dem aber nichts mehr geblieben ist. Neben der Kirche liegt ein Sarkophag aus dem 6. Jh.

Information 51280 Barbat.

Agentur Eho, ✆ 051/721-009, www.eho.hr. **Agentur Rab Info**, ✆ 051/721-547. Infos und Zimmer.

Übernachten/Essen Privatzimmer in Einfamilienhäusern ab 13 €/Pers.; schön nächtigt man an der Uferstraße mit Blick aufs Meer und die Insel Dolin.

》》》 Mein Tipp: **** **Hotel-Restaurant Barbat**, das Hotel mit seinen Natursteinmauern nahe der Kirche Sv. Stjepan und dem Meer ist umgeben von einem üppig wuchernden Garten und Terrassen und zählt zu den Top 100 Kroatiens. Es gibt auch ein Schinkenmuseum. Perfekter Service, sehr gute Zimmerausstattung und leckere, saisonale und auch typische Raber Küche ist garantiert – HP ist hier empfehlenswert. U. a. „Štufad", Raber Lammfleisch mit Salbeihonig und Mandeln, oder „Gajeta", Adriamuscheln und Kvarner-Scampi in piwieter Kräuter-Sauce; zum Dessert gibt es viele Köstlichkeiten, u. a. auch eigenes Eis. Wer sich nicht entschließen kann, nimmt ein 7-Gänge-Menue. Geöffnet Ostern–Mitte Okt. DZ/HP für 2 Pers. 150 €. Barbat b. b., ✆ 051/721-858, www.hotel-barbat.com. 《《《

Café-Cocktailbar und Pizzeria Glücksrad, gehört zu obigem, hier gibt es Snacks und Pizzen und die Kinder können auf der Freifläche toben.

》》 Mein Tipp: Restaurant Leut, der Familienbetrieb von Biserka und Ljubo Jureša bietet saisonale leckere Gerichte, den süffigen Wein und Grappa gibt es vom hauseigenen Weinberg, der Stolz des Bruders Franjo Jureša. März–Okt. Ab 9 Uhr. Barbat 421, ℡ 051/721-074, www.leut-rab.com. 《《

Restaurant-Pension Aco, bekanntes Fischrestaurant mit schöner Terrasse und Meerblick. Hier gibt's neben Fisch frischen Hummer aus dem Bassin; zudem Zimmervermietung. ℡ 051/721-527, www.aco-rab.hr.

Einkaufen Natura Rab (Hauptstelle), „zurück zur Natur" war die Devise des einstigen IT-Unternehmers Dušan Kaštelan, der nun ökologisch angebaute Produkte produziert; Olivenöle, Honig, Wein, Grappa, etc. Ganzjährig 8–22 Uhr. ℡ 051/721-927, www.natura-rab.hr. ■

Tauchen Diving Center Mirko, Barbat 710, ℡ 051/721-154, www.mirkodivingcenter.com. Ganzjährig geöffnet.

Nachtleben Beachclub Santo, in Pudarica, 2 km östlich von Barbat. Am Ende der Insel und am Meer trifft sich in der Saison die junge Partyszene. Verbindungen ab Rab (→ Rab).

Wandern

Zur Ruine Sv. Damijan: Auf der Anhöhe des Berges Kamenjak nördlich von Barbat stehen die Ruinen des Kirchleins *Sv. Damijan* und einer griechischen Militärkolonie aus dem 4. Jh. V. Chr.

Kurz nach der Tankstelle zweigt eine Straße nördlich ab, dann den markierten Wanderpfad nehmen. Steil steigt der schmale Pfad auf Steinplatten an (gutes Schuhwerk!). Westlich ein kahler, kegelförmiger Berg, von Mäuerchen unterteilt. Unten liegt Rab, der Blick reicht bis Kampor und zur Halbinsel Kalifront. Hohe Steinmauern grenzen das Gelände ein. Innen ein Gewirr von Ruinen, überwuchert von Zypressen, Wacholder, Salbei und Disteln – Ton in Ton die Farben der Steine und Pflanzen. Mittendrin das Halbrund der Kirchenkuppel mit einer kleinen Heiligenfigur auf einem Steinsims. Von hier überblickt man Dolin und das karge Ostende der Insel.

> ### Die Ruinen von Sv. Damijan
>
> Der Sage nach sollen im 4. Jh. V. Chr. Die Griechen hier eine Militärkolonie unterhalten haben. Der Volksmund erzählt noch heute, dass bei einer Schlacht um die Festung Blut und Wein bis ins Meer geflossen seien. Eine andere Legende berichtet, es handele sich um die Überreste der antiken Stadt Ptolemeus Colentum. Am Fuß des Berges, bei der Siedlung Perčinići (zwischen Banjol und Barbat), sind bei Ebbe Mauern im Meer zu erkennen, die zu einer antiken Stadt gehörten. Man nimmt an, dass der ganze Festungskomplex als Zufluchtsort vor den Hunnen diente.

Zum Fährhafen Mišnjak

Hinter Barbat wird das Land immer karger. Der Kanal zwischen Rab und *Dolin* hat hier nur noch Flussbreite. Bei **Pudarica**, unten am Meer, ein Bootsanlegeplatz mit Kran, Beachclub und Diskothek Santo (s. o.) und viele *Sandbuchten*. Auch für Kinder gut geeignet, weil es seicht ins Wasser hineingeht. Allerdings befahren zahlreiche Motorboote und Surfer den Kanal. Zum Fährhafen Mišnjak hin wird die Landschaft immer kahler; büschelweise verleihen ihr vereinzelte Gewächse gelbe, grüne oder rötlichgraue Farbtupfer. So nimmt man von Rab einen ähnlichen Eindruck mit wie von Krk, nur ist die Insel hier nicht so bizarr, sondern wiecher geformt. Am Festland liegt der Fährhafen *Jablanac* (→ S.225).

Blick von der Burg Nehaj auf Senj und auf die Riviera Crikvenica

Senj

Das uralte Seefahrer- und Handelsstädtchen birgt eine fast 2500-jährige Geschichte. Mittelalterliches Gassengewirr und das Wahrzeichen der Stadt, die trutzige Festung Nehaj mit weitem Blick über die vorgelagerten Inseln, lohnen einen Stopp.

Senj ist eine der ältesten Städte Kroatiens, ihre Ursprünge reichen bis zu den Kelten zurück. Rund 5500 Einwohner leben heute in dem historischen Städtchen mit seinen wuchtigen Mauern der als Fünfeck angelegten Altstadt. Die einst prächtigen Baudenkmäler müssten dringend saniert werden, aber es fehlt am nötigen Geld. Senj ist auch die Stadt der Bora – wenn sie bläst, fliegt alles durch die Luft, was nicht festgezurrt ist. Im Spätherbst verschanzt sich das Städtchen hinter frisch gehackten, nach Harz duftenden Holzhaufen, um dem herben Winter zu trotzen, denn auch die kalten Kontinentalwinde können hier ungehindert über die niedrigen Gebirgspässe auf Senj herabfegen.

Die Stadt liegt zwischen kahlem Fels an einer Hafenbucht, an der sich die Jadranska-Magistrale vorbeizwängt und die Straße zum nur 698 m hohen Vratnik-Pass ins Binnenland und zu den *Plitvicer Seen* (Plitvička jezera) hochschlängelt (→ S. 222). Die gute Lage am Meer und die kürzeste Verbindung zum Vinodol-Hinterland begründeten die besondere Bedeutung der Stadt.

Geschichte

Senj wurde 432 v. Chr. Von den Kelten gegründet. Im 2. Jh. *Senia* genannt, diente sie den Römern als wichtiger Umschlagplatz und strategisches Tor zum Hinterland. Im 7. Jh. Wurde Senj von Awaren und Slawen völlig zerstört. Die günstige Lage der Stadt sorgte jedoch für einen schnellen Wiederaufbau.

Die Kroaten übernahmen im 9. Jh. die Herrschaft über Senj und gründeten im 12. Jh. ein Bistum. Danach fiel die Macht an die Herren von Krk, die Frankopanen, die der Stadt besondere Rechte verliehen. Dies leitete die Blütezeit von Senj ein. Die Stadt profitierte vom Fernhandel, ihre Bürger lebten im Wohlstand, der kulturelle und politische Austausch mit fremdländischen Kaufleuten entwickelte sich. Die Türken rückten zwar immer näher an Senj heran, doch die Frankopanen trugen Familienzwiste aus, statt sich um Senj zu kümmern. Im 15. Jh. entriss der ungarische König *Matthias Corvinus* den Frankopanen die Herrschaft über Senj und machte sie zu einer Königsstadt. Dann kamen die Habsburger und ein slawisches Bauernvolk – die Uskoken. Ende des 17. Jh. wurden die Türken zurückgedrängt, das Hinterland wurde befreit. Man begann mit dem Bau der *Josephinenstraße* (nach *Kaiser Joseph II.* benannt), die hier in Senj am *Großen Tor* endete. Die Stadt, ohnehin ein kulturelles Zentrum Kroatiens, setzte ihren Aufschwung zu Land und zu Wasser fort.

Die Uskoken

Die Uskoken, die „Flüchtlinge", sind ein serbisches und kroatisches Bauernvolk, das aus den türkisch besetzten Gebieten vertrieben wurde und sich in Senj ansiedelte. Es baute eine starke Flotte mit wendigen Booten und nahm den Widerstand gegen die Türken auf. Die Großmacht Venedig aber suchte ein friedliches Zusammenleben, denn sie versprach sich mehr vom Warenhandel und schloss 1540 mit dem Halbmond Frieden. Die Uskoken, inzwischen gefürchtete Seeräuber und Piraten, fühlten sich verraten, kämpften allein gegen die Türken weiter und störten durch Plünderungen und Überfälle den venezianischen Handel. Nach und nach provozierten diese Aktionen einen Krieg zwischen Venedig und Österreich, der durch den Pariser Frieden 1617 beendet wurde. In dem Vertrag verpflichtete sich Österreich, die Uskoken wieder ins Binnenland zu verbannen.

Uskokenturm in Senj

Information Tourismusverband und TIC, Stara cesta 2 (Ortsbeginn u. Abzweig nach Plitvice), 51280 Rab. Juni–Mitte Sept. tägl. 8–21 Uhr; sonst Mo–Fr 8–15, Sa bis 13 Uhr. ✆ 053/881-068, www.tz-senj.hr.

Nationalparkverwaltung Velebit, Nord-Velebit (Sjeverni Velebit), Obala kralja Zvonimira 6, ✆ 053/884-552, www.np-sjeverni-velebit.hr. 7–15 Uhr. Kartenmaterial, Auskunft.

Agentur Senia, am Hafen. Juli/Aug. 8–22 Uhr, sonst 8–12/17–21 Uhr. ✆ 053/882-114, www.seniatours.com.

Verbindungen Busse fahren vom Busbahnhof am Hafen 7- bis 8-mal tägl. nach Rijeka und Zadar. Keine Direktverbindung zu den Plitvicer Seen, nur mit Taxi oder Ausflug. Einzige Möglichkeit per Bus um 7.20 nach Otočac, dann Umstieg nach Plitvice. **Autotrans**, ✆ 053/881-235.

Ausflüge Zu den Plitvicer Seen oder in das Velebit-Gebirge mit Botanischem Garten, auch mit eigenem Fahrzeug möglich.

Veranstaltungen Uskokentage, Fr–So am 2. Wochenende im Juli. **Sommer-**

karneval, Anf.–Mitte Aug. Smotra-Klapa-Fest, im Juli.

Tauchen (→ Sv. Juraj)

Übernachten Privatzimmer ab 14 €/Pers. Appartements für 2 Pers. ab 35 €.

**** Hotel Libra, liegt mit 39 modernisierten, ansprechenden Zimmern und 3 Appartements, gutem Restaurant und netter Terrasse mit Blick aufs Meer; zudem kleines Spa-Center. DZ/F 120 €. Obala Dr. Franje Tudmana 8, ✆ 053/881-051, www.hotel-libra.hr.

Pension-Restaurant Hazienda (→ Sv. Juraj).

Camping *** Autocamp Škver II**, direkt in Senj am Meer, leider fehlt etwas Schatten. Ankerplatz, neue Sanitäreinrichtung. 5 €/Pers., Zelt 3 €, Auto 2,50 €. ✆ 053/885-250.

Weitere kleine Campingplätze finden sich rund um Senj:

Autocamp Bunica V (✆ 053/616-718) und **Bunica I** (✆ 053/616-716), 5 km nördlich von Senj und kurz hintereinander; die Betreiber sind Brüder. Die erste, steile Abfahrt verpasst man leicht (nicht schlimm, gleich dahinter ist ja der andere Bruder); das Gelände am besten zu Fuß erkunden, da die Straße vor der Schranke am Platzeingang endet. Ca. 5 €/Pers., Zelt 3 €, Auto 2,50 €. Zum Essen geht man 200 m weiter über die Straße ins **Restaurant Bunica**.

Autocamp Ujča (✆ 053/882-193) 4 km südl. in Senj und **** Autocamp Rača Euro** (✆ 053/883-209) 10 km südl. in Sv. Juraj.

Essen & Trinken Konoba Lavlji Dvor, im Löwenhof aus dem 16. Jh., überdachter Innenhof und kleine Terrasse vor der Tür. Traditionelle Fisch- und Fleischgerichte. P. Preradovića 2, ✆ 053/881-738.

Empfehlenswert auch **Restaurant Leut** (P. Preradovića 6, ✆ 053/881-972) und **Konoba Val** (✆ 053/881-960), 1,5 km in Richtung Rijeka, mit schöner Terrasse direkt oberhalb vom Meer.

Baden Südlich vom Leuchtturm kleine Kiesstrände oder beim Strandbad.

Sehenswertes

Ohne ihre massiven **Mauern** und **Bollwerke** hätte sich Senj der ständigen Angriffe wohl kaum erwehren können. Die Stadt war bereits unter den Römern befestigt, die wenigen Türme und Mauern, die heute noch beeindrucken, stammen aus dem 13. bis 15. Jh. Einst umgaben Senj 13 Türme, verbunden durch Mauern, die zugleich als Rundgang dienten – über 1 km maß das städtische Befestigungssystem. Am besten erhalten blieb der so genannte *Leo-Turm* im Nordosten der Stadt, den Papst *Leo X.* Anfang des 15. Jh. errichten ließ. Weiter östlich der *Lipica-Turm*, ein Rundturm, der durch das Erdbeben 1913 Schäden erlitt; ein Stück weiter der *Salpan-Turm*. Im Süden, dem Meer zugewandt, steht der *Šabac-Turm*, der 1955 restauriert wurde, und östlich gegenüber der *Nasa-Turm*.

Der größte Platz Senjs ist der barocke *Cilnica-Platz* mit Brunnen und dem Stadttor (Großes Tor) am einstigen Ende der Josephinenstraße. Daneben das *Frankopan-Kastell* aus dem Jahr 1340. Hier ragt auch der Turm der 1943 zerbombten Franziskanerkirche empor, auf deren Grabplatten die Namen einer Frankopan-Fürstin und tapferer Uskoken verewigt sind (heute im Stadtmuseum zu sehen). Unweit davon steht das

Altstadtmauer und altes Kanalsystem

älteste Kulturdenkmal der Stadt, der **Mariendom** aus dem 11. Jh., ein dreischiffiges, romanisches Bauwerk, das im 18. und 20. Jh. restauriert wurde. Zu den Kunstschätzen der Kirche zählen das Wandgrab des Senjer Bischofs *Ivan Cardinalibus* sowie das Wappen der Familie *Petrović* von 1491 – eines der ältesten kroatischen Staatswappen. Der Dom gilt als Geburtsort der glagolitischen Schrift, die von hier in andere slawische Länder verbreitet wurde. Bereits 1248 erkämpfte sich der damalige Bischof vom Papst die Erlaubnis, in dieser Schrift zu schreiben. *Method,* dem Bruder *Kyrills,* wurde zu Ehren seines 1100. Todestages vor der Kirche ein Denkmal gesetzt.

Westlich vom Domplatz befindet sich das **Stadtmuseum** (Juli/Aug. tägl. 7–15/18–20, Sa 10–12/18–20, So nur 7–15 Uhr; sonst Mo–Fr 7–15, So 10–12 Uhr; Eintritt 15 KN) im noch gotisch beeinflussten Renaissancepalais *Vukasović* aus dem 15. Jh. Es zeigt eine archäologische und ethnographische Sammlung sowie die Entwicklung der Glagoliza und ihrer Buchdruckkunst. Südlich vom Domplatz das **Sakralmuseum** (tägl. 10–12/18–20 Uhr, So nur vormittags).

Im Stadtteil Gorica im Osten der Stadt ist eine *Druckerei* aus der frühen Neuzeit interessant, deren glagolitische Inschrift über der Eingangstür auf das Jahr 1477 hinweist. Hier wurden einige der ersten kroatischen Bücher und glagolitische Messbücher gedruckt. Erlernt haben die Senjer Domherren die Buchdruckerkunst in Venedig bei Meister *Andreo Torresani* (1451–1529), der als Erster Werke von Plato und Aristoteles druckte.

Im Süden der Stadt, oberhalb des Meers, ein kleiner Park, in dem Senjer Dichter, wie *Silvije Strahimir Kranječević* (1865–1931), mit ihren in Stein gemeißelten Versen die Stadt verewigt haben.

Auf einem Hügel oberhalb der Stadt ragt trutzig das Wahrzeichen Senjs empor, die Uskokenfestung **Nehaj** (Nehaj = „Fürchte nichts"). Sie wurde 1558 unter General *Ivan Lenković* errichtet und zeigt heute auf drei Stockwerken glagolitische Inschriften und historische Dokumente. Ein Spaziergang auf das mit Ecktürmchen geschmückte Bollwerk lohnt sich: Der Blick reicht weit über die Stadt und die vorgelagerten Inseln.
Burg Nehaj: Tägl. Mai, Juni, Sept. 10–18 Uhr, Juli/Aug. 10–21 Uhr; es gibt auch ein Restaurant, das im Hochsommer bis 24 Uhr geöffnet hat. Eintritt 15 KN, Kinder 7 KN.

> **Verse an die Stadt von Senj**
>
> Wie Stahl – Dein Charakter, Du edler Drache / Muss man schwarze Scharen jagen / Du standhafter Löwe auf der Wache / Beharren wirst Du, Hüne der Kroaten / Mit klarer Stirn, kühn und verwegen / Von Widerstandskämpfern erweckt zum Leben. / Durch Jahrhunderte, alte und neue / Der Freiheit galt stets Dein Schwur der Treue!
>
> *Silvije Strahimir Kranječević*

Senj/Umgebung

Südlich von Senj erstreckt sich über 120 km entlang der Küste das gewaltige, bis zu 1757 m hohe Bergmassiv des **Naturparks Velebit.** Im Norden befindet sich der *Nationalpark Nord-Velebit* mit dem Botanischen Garten, im Süden bei Starigrad Paklenica der bei Winnetou-Fans und Freeclimbern bekannte **Nationalpark Paklenica** mit seinen zwei beeindruckenden Schluchten. Zwei kleine, aber bedeutsame Fährhäfen liegen noch auf der Strecke, **Jablanac** und **Prizna** (→ S. 225).

Schöne Holzwege erschließen die Seenlandschaft

Ausflug zum Nationalpark Plitvicer Seen

Die Plitvicer Seen im gleichnamigen Nationalpark sind ein Erlebnis! Die Karstgebieten eigenen Prozesse lassen immer neue Kaskaden, Wasserfälle und Staubarrieren entstehen – immer neue Formen bildet die Naturgewalt des Wassers. Die Seen und der Nationalpark sind seit 1949 geschützt und stehen seit 1979 auf der UNESCO-Liste des Weltnaturerbes der Menschheit.

Das Gebiet der Plitvicer Seen hat eine Fläche von 29.482 ha, zwei Drittel davon sind Wald und nur 2 % sind für die Gäste zugänglich. Funde bezeugen eine Besiedlung bereits in vorchristlicher Zeit, die Gegend blieb aber ohne größere wirtschaftliche Bedeutung. 1896 baute die „Gesellschaft zur Gestaltung und Verschönerung der Plitvicer Seen" das erste Hotel.

Nur einer strengen Reglementierung ist es zu verdanken, dass trotz Touristenlawinen (ca. 900.000 Gäste im Jahr 2011) die Unberührtheit der Landschaft erhalten blieb. Das war nicht immer so. Mitte der 1970er Jahre war das ökologische Gleichgewicht ernsthaft bedroht. Daraufhin verbannte man die schweren Busse und Pkws, die die empfindlichen Kalkbarrieren erschütterten, aus dem Park, legte außerhalb riesige Parkplätze an und sorgte dafür, dass sich der Besucherstrom nur auf den eigens angelegten Pfaden und Stegen bewegte. Leichte Panoramabusse bringen heute die Touristen zu weiter entfernten Punkten, und ein Elektroboot befährt den Kozjak-See. Trotz des vielen Wassers, *Baden* ist strengstens untersagt!!

Hauptsehenswürdigkeit des nur 100 km von der Küste entfernten Parks sind die sechzehn Seen, deren Wasser sich über Stufen und Barrieren in großen Wasserfällen und Kaskaden von einem See in den nächsten ergießt, um schließlich nach 8 km und einem letzten Wasserfall in den Fluss Korana abzufließen. Umgeben von dicht bewaldeten, bis auf 1200 m ansteigenden Berghöhen, zeigt sich das absolut klare Wasser meist in leuchtendem Türkis; auf dem Grund sind versteinerte Bäume und Pflanzen deutlich zu erkennen. In den urwaldartigen Wäldern leben Rehe, Bären, Wildschweine, Wildkatzen und Wölfe. Die Luft ist erfüllt vom Duft der üppigen Vegetation, die sich hier ungestört nach ihren Regeln entfalten kann und für eine Vielzahl von farbenprächtigen Schmetterlingen einen idealen Lebensraum abgibt.

Ausflug zu den Plitvicer Seen

Das einzigartige Naturschauspiel entsteht durch ein typisches Karstphänomen, das hier, unbeeinflusst vom Menschen, noch immer so ablaufen kann wie vor Tausenden von Jahren. Das ist auch der Grund für das wissenschaftliche Interesse an den Plitvicer Seen, denn bis heute ist das exakte Zusammenwirken der komplexen Prozesse nicht restlos aufgeklärt. Das in der Luft vorhandene Kohlendioxid wird in einem chemischen Prozess im Wasser zu Kalk umgebaut. Pflanzen und Kleinstlebewesen beschleunigen den Vorgang. Es bilden sich Kalkablagerungen, die zusammen mit Pflanzen und Moosen immer höhere Barrieren bilden, das so genannte Travertin. Jährlich wachsen die als natürliche Staustufen wirkenden Hindernisse um ein bis drei Zentimeter, der Wasserspiegel in den Seen steigt, und das Wasser muss sich seinen Weg über Kaskaden und Wasserfälle bahnen – die Durchströmungsstellen verändern sich dabei ständig. Das heutige Barrierensystem ist vor rund 4000 Jahren entstanden und damit geologisch sehr jung. Das hat vermutlich klimatische Gründe, denn in der Eiszeit stagnierte dieser für Karstgebiete typische Prozess. Heute zeigt die Natur mit immer neuen Grotten, Barrieren, Wasserfällen und Seen ihre gewaltige Gestaltungs- und Veränderungskraft.

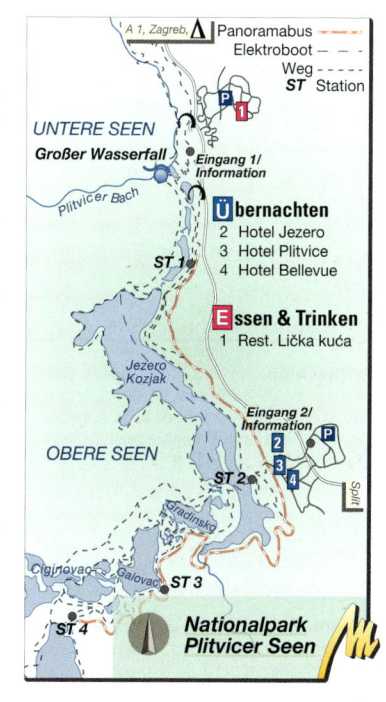

> Mehr zu den **Plitvicer Seen** finden Sie in unserem Reisehandbuch **Nordkroatien** von Lore Marr-Bieger (5. Auflage, 2012).

Nationalpark/Information

Nationalpark Plitvice Nationalparkverwaltung, 53231 Plitvička jezera, ✆ 053/751-015, 751-014, www.np-plitvicka-jezera.hr. Geöffnet 8–16 Uhr.

Öffnungszeiten: *Eingang 1* ist ganzjährig geöffnet; Juli/Aug. 7–20 Uhr, Mai/Juni u. Sept./Okt. 8–18 Uhr, Winter 9–16 Uhr. *Eingang 2* ist nur von Ostern bis Okt. geöffnet.

Eintritt: Jan.–März u. Nov./Dez. Erwachsene 10,70 € (80 KN), Kinder unter 7 J. frei, Kinder 7–18 J. 5,35 € (40 KN), Studenten 8 € (60 KN); April–Okt. Erwachsene 14,70 € (110 KN), Kinder 7–18 J. 7,35 € (55 KN), Studenten 10,70 € (80 KN).

2-Tages-Karten kosten in der Saison 24 € (180 KN), in der NS 17,40 € (130 KN); Kinder bezahlen 60 bzw. 90 KN.

Das Elektroboot und der Panoramazug sind im Eintrittspreis enthalten (s. u.).

Parken: Es gibt Parkplätze beim Eingang 1 und beim Eingang 2, bei Letzterem läuft man länger. Parkplatzgebühren müssen nun extra berappt werden PKW 0,95 €/Std. (7 KN), bzw. 9,50 €/Tag.

Ausflug zu den Plitvicer Seen

Verbindungen: Auf dem Kozjak-See verkehrt das Elektroboot. Die Panoramabusse verbinden die beiden Eingänge und auch die beiden Seen. Boot (längstens 8–16 Uhr von P1–P2) und Busse (längstens 8.30–16 Uhr, St 1–St 2) fahren von den jeweiligen Stationen (St 1–4) und Anlegeplätzen (P1–P3) unterschiedlich lang. Fahrplan besorgen!

Information Touristeninformation und Bankomat an den Eingängen 1 und 2; geöffnet wie Nationalpark. Alle Plitvicer-Seen-Infos sowie Hotelbuchung unter ✆ 053/751-014, -015, www.np-plitvicka-jezera.hr.

Anfahrt Mit dem Flugzeug über die Flughäfen von Zadar und Zagreb und von dort mit öffentlichen Bussen; mit dem Pkw von der Küste kommend am besten von Senj, Karlobag oder Zadar; aus dem Landesinneren am besten über Karlovac. Kein Direktbus von Plitvice nach Senj, man muss in Otočac umsteigen (Verbindung nur 1-mal tägl.).

Tanken: Nächste Tankstelle ca. 10 km nördlich in Grubovac (Richtung Karlovac) oder ca. 18 km südlich bei Korenica (Richtung Zadar).

Übernachten/Camping/Essen (→ Karte S. 223)

Übernachten Privatzimmer sucht man selbst, z. B. im 2 km südl. entfernt liegenden Ort Mukinje. Hier gibt es viele hübsche ruhige *** **Pensionen**. Weitere auch in Richtung Karlovac.

Im Nationalpark bei Eingang 2 liegen alle Hotels, idyllisch und ruhig inmitten von üppigem Mischwald oberhalb der Seen.

Die Hotels können direkt oder über die N. P.-Zentrale gebucht werden (s. o.).

》》 Mein Tipp: *** **Hotel Jezero** 2, oberhalb vom Kozjak-See. Best ausgestattetes 210-Zimmer-Hotel mit 7 Suiten, zudem 5 behindertengerechte Zimmer; Restaurants und Bar; Internet, Kin der spielzimmer; zudem Whirlpool, Spa-Center, Sport- und Tennisplatz. Komfortable Zimmer mit gutem Frühstücksbuffet. DZ/F 118 €. ✆ 053/751-400, www.np-plitvicka-jezera.hr. **《《**

–* **Hotel Plitvice** 3, 51-Zimmer-Hotel mit Restaurant. Drei Kategorien werden geboten. DZ/F je nach Lage und Ausstattung 96, 106 oder 116 €. ✆ 053/751-100, www.np-plitvicka-jezera.hr.

** **Garni Hotel Bellevue** 4, das preisgünstigste Hotel. 60 einfach ausgestattete Zimmer. DZ/F 73 €. ✆ 053/751-700, www.np-plitvicka-jezera.hr.

*** **Motel Grabovac**, ca. 12 km vom Nationalpark in Richtung Zagreb (nach Campingplatz Korana). Günstige Übernachtungsmöglichkeit und Restaurant. DZ/F 69 €. ✆ 053/751-999, www.np-plitvicka-jezera.hr.

Turist Grabovac – Camping, am Rande des Ortes. Schöne Anlage mit Restaurant auf 40.000 m² im Wald, mit Holzhäuschen und ebenfalls aus Holz erbautem Gästehaus Jelena. Man kann auch zelten. Geöffnet Ende April–1. Okt. DZ/F ab 60 €. Grabovac 102, ✆ 047/784-192, www.kamp-turist.hr.

*** **Motel Macola**, in Korenica, 15 km südl. Richtung Zadar. Nette Zimmer mit Balkon. Restaurant, Sauna, Fitness. DZ/F 72 €. Trg sv. Jurja, ✆ 035-776-228, www.macola.hr.

Camping *** **Autocamp Korana**, schöner, schattiger 35-ha-Platz abseits der Straße Richtung Karlovac–Zagreb, ca. 10 km zum N.P.-Eingang. Im nahen Korana-Fluss kann gebadet werden; 50 km Wander-/Mountainbikewege auch zum N.P. sind von hier aus ausgeschildert. Mit Restaurant, Café, Supermarkt. Geöffnet Mai–Sept. Per Bus zum N. P. um 9 Uhr, Rückfahrt um 17 Uhr. 9 €/Pers., Auto 2 €, Zelt 3 €. Auch einfache Holzhütten (ohne Bad/WC) werden vermietet, 34 €/2 Pers., mit Frühstück 42 €. ✆ 053/751-888.

*** **Autocamp Borje**, 6,5-ha-Gelände im Wald, mit gleichnamigem Restaurant in Korenica, 15 km in Richtung Zadar. Geöffnet Mai–Sept. 9 €/Pers., Auto 2 €, Zelt 3 €. ✆ 053/751-789, -790.

Essen & Trinken Rund um den See und an den N. P.-Eingängen bieten Bauern ihre Spezialitäten an. Am Eingang 1 Kiosk mit leckeren Strudeln; gegenüber am Parkplatz das gute **Restaurant Lička kuća** 1 mit offenem Kamin, das traditionelle Lika-Küche bietet, u. a. leckere frische Käsesorten aus dem Velebit, zudem Grillspezialitäten, Peka-Gerichte und frische Forellen. ✆ 053/751-024.

Restaurant Degenija, vom Eingang 1 ca. 8 km in Richtung Karlovac, mit kleiner überdachter Terrasse.

Ansonsten gibt es bei Eingang 2 das **Restaurant Poljana** (✆ 053/751-092); in **Korenica** (15 km in Richtung Zadar) **Restaurant Borje**, ✆ 053/751-777, mit Autocamp (s. o.).

Sport Baden: strengstens verboten!!
Mountainbike: Verleih bei Punkt 4 von Juni–Mitte Sept. Innerhalb des Seengebietes ist allerdings Fahrradverbot. Gefahren werden kann oben entlang der Straßen und weiter Richtung Campingplatz. Im Ort Rakovica (Richtung Karlovac) sind im Touristbüro (✆ 047/784-450) Infos und Karten erhältlich.
Marathon Plitvička: jährlich Ende Mai, wer mag kann 42,195 km um die Seen joggen.

Jablanac

Der kleine Fischerort ca. 45 km südlich von Senj ist Fährhafen für die Insel Rab (→ S. 217) und Ausgangspunkt für Ausflüge in den Nationalpark Nord-Velebit. In Jablanac stand die mittelalterliche Ansiedlung *Ablana*, 1179 wurde der Ort erstmals erwähnt, im 16. Jh. wurde er von den Türken niedergebrannt, die Einwohner flüchteten auf die gegenüberliegende Insel Rab. Seit dem 17. Jh. ist Jablanac wieder besiedelt. Heute dominiert der wehrhaft wirkende Neubau des Hotels Ablana das Dorfbild, altertümlich, fast idyllisch der Hafen mit seiner Kirche. 1 km südlich züngelt die 1 km lange, unter Naturschutz stehende fjordartige *Bucht Zavratnica* ins Land. Auf einem Fußpfad entlang dem Meer erreicht man von Jablanac aus in ca. 0:20 Std. die türkis leuchtende Bucht und kann herrlich baden.

Verbindungen Trajekt *Jablanac–Misnjak* (Insel Rab,) mit Linie Rapska plovidba (✆ 051/724-122, www.rapska-plovidba.hr). Im Sommer fast nonstop von 5.30–24 Uhr (Juli/Aug. ab 4.30 Uhr); Fahrtzeit 15 Min., 2,20 €/-Pers., Auto 12,60 €. **Bus**: 2- bis 3-mal tägl. Busverbindung nach Senj; die Busse der Linie Split–Rijeka halten oben an der Küstenstraße (ca. 0:20 Std. bergan zu laufen!).

Übernachten/Essen *** Hotel Ablana, dominantes 50-Betten-Gebäude oberhalb des Ortes. Restaurant/Bar, Zimmer/Appartements mit Balkon und Blick auf Rab. DZ/F ca. 90 €. Obala Bana S. Šubica 1, ✆ 053/887-216.

Restaurant-Pension Lux, netter Familienbetrieb (Hr. Anto Anić) nahe der Anlegestelle am Hafen mit großer schattiger Terrasse. Zudem große, nette Zimmer. DZ/F 75 €. Ganzjährig geöffnet. ✆ 091/7280-641, www.lux-jablanac.hr.

Konoba Stina, südlich der Bucht Zavratnica, nur vom Meer aus zugänglich. Herrlicher Blick von der erhöht liegenden überdachten Terrasse, umgeben von Olivenbäumen, aufs Meer und auf die Landzunge Lun der Insel Pag. Vorzügliche Fischgerichte. 10–22 Uhr. Maslenica b. b., ✆ 053/887-924.

Südlich von Jablanac windet sich die Küstenstraße in ca. 25 km nach **Prizna**, dem Fährhafen für die Insel Pag. Abgesehen von ein paar Kiosken, die Getränke und Sandwichs verkaufen, besteht der Fährort nur aus der Anlegestelle.

Jablanac – Fährhafen zur Insel Rab, ansonsten ein Ort im Dornröschenschlaf

Dalmatien

Murter - die Latinsko idro-Regatta, jährliches Highlight am Sv. Mihovil-Fest

Region Norddalmatien

Dalmatinische Inseln und	
Küstenstädte – Einleitung	→ S. 228
Insel Pag	→ S. 239
Nin	→ S. 262
Insel Vir	→ S. 268
Zadar	→ S. 271
Archipel vor Zadar	→ S. 284
Insel Ugljan	→ S. 302
Insel Pašman	→ S. 311
Biograd na moru	→ S. 318
Insel Dugi Otok	→ S. 323
Nationalpark Kornaten	→ S. 337
Insel Murter	→ S. 348
Vodice	→ S. 360
Šibenik	→ S. 367
Archipel vor Šibenik	→ S. 382
Primošten	→ S. 393

Grandioser Blick über die Meeresbucht Telašćica bis hin zu den Kornaten

Dalmatinische Inseln und Küstenstädte

Zwischen Zadar und Cavtat liegen die unzähligen, sagenumwobenen Inseln und Riffe. Die Inseln sind reich an architektonisch sehenswerten Städten und besitzen eine vielfältige Flora und Fauna. Ihre Küsten mit endlosen Badebuchten sind stark zerklüftet – ein Paradies für Wasserratten, Schnorchler und Bootsbesitzer. Die Dalmatinischen Inseln gehören wie auch die Kvarner-Inseln zur Republik Kroatien und sind die Fortsetzung des dinarischen Gebirges, das sich auf dem Festland erstreckt.

Nördlich vor Zadar liegen die auch schon zu Dalmatien zählenden Inseln *Pag* und *Vir*, zwischen Zadar und Šibenik die Inseln *Ugljan*, *Pašman* und *Dugi Otok* mit ihrem *Naturpark Telašćica*, einer riesigen Mereseinbuchtung umgeben von steil abfallenden Klippen. Rund um diese großen Norddalmatinischen Inseln liegen viele kleine, autofreie Inselchen, die sich ebenfalls auf Tourismus eingestellt haben. Mit zu den schönsten, fast unbewohnten Inseln zählt der Archipel der *Kornaten*, ein Nationalpark, der besonders für Bootsbesitzer seinen Reiz hat. Südlich von Split liegen die großen Inseln *Brač*, *Hvar*, *Korčula*, *Mljet* mit seinem Nationalpark und die Halbinsel *Pelješac*. Vor Dubrovnik lagern die kleinen autofreien *Elaphiten*, auf denen es subtropisch wuchert. Weiter draußen in der Adria liegen die einst für Ausländer gesperrten Inseln *Vis* und *Biševo* und das vom Tourismus fast unberührte *Lastovo* mit seinem Archipel. An Festlandsstädten, von denen aus man auf die vorgelagerten Inseln gelangt, werden *Nin* (keine Hafenstadt), *Zadar, Biograd, Vodice, Šibenik, Primošten* (keine Hafenstadt), *Trogir, Split, Omiš* (keine Hafenstadt), *Makarska, Dubrovnik* und das Schlusslicht *Cavtat* mit ihren sehenswerten Altstädten beschrieben, zudem noch ein

Norddalmatien

Ausflug von Zadar oder Nin zum *Nationalpark Paklenika* im Velebitgebirge und von Šibenik zum sehenswerten *Nationalpark Krka-Wasserfälle*.

Die großen Inseln besitzen gut ausgebaute Straßen, gute Verkehrsverbindungen und viele Hotels und Pensionen. Mit Campingplätzen sieht es allerdings schlechter aus als auf den Kvarner-Inseln: nur noch wenige große Plätze, dafür sehr viele kleine Privatcamps, die jedoch manchmal in ihren Sanitäranlagen zu wünschen übrig lassen.

Die Entfernung von Zadar bis Dubrovnik zeigt sich klimatisch wie auch vegetationsmäßig. Im Norden ähneln die Dalmatinischen Inseln den Kvarner-Inseln, während es ab Split zunehmend heißer und subtropisch wird. Deutlich zeigt sich dieses Klima bei den Kulturpflanzen – Palmenalleen, Mandarinen und Zitronen, Agaven, der Feigenkaktus, der mit seinen roten Früchten zum sorglosen Zulangen lockt, Rhizinus, Jasmin, der an allen Ecken duftet, und die bougainvilleaberankten Fassaden werden immer üppiger. Es treten immer mehr Pinien, Akazien-, Lorbeer- und Johannisbrotbäume und verschiedene Zypressenarten auf. Ebenso wird die Macchia vielfältiger. Zu ihr gruppieren sich u. a. der Erdbeerbaum, Granatapfel, Rosmarin und Lavendel.

Die Mentalität der Menschen empfanden wir auch südländischer, und was die Kommunikation betrifft, kommt man hier mit der deutschen Sprache kaum mehr weiter – die Weltsprache Englisch oder auch Italienisch ist angesagt. Aufgrund der zahlreichen französischen, spanischen und auch russischen Gästen stellt man sich in Dalmatien zumindest bei Speisekarten auch auf deren Landessprache ein – Polyglotte werden sich hier sicherlich wohl fühlen.

Auch die Küche wandelt sich etwas – wie auch die Luft werden die Speisen etwas würziger. Die leckeren Schalentiere und Fischgerichte und vor allem die saftigen Muscheln aus Ston sind die Favoriten der dalmatinischen Speisekarte, ebenso das geschmorte Rindfleisch mit Pflaumen *(pašticada)*. Als Nachspeise gesellen sich zum österreichischen Palatschinken in süßem Honig schwimmende Naschwerke. Zum Essen werden die gehaltvollen, von der Sonne verwöhnten Weine serviert, die auf fast allen Inseln mit ihrem ureigenen Charakter produziert werden. Hervorzuheben wären die prämierten Rotweine der Insel Pelješac, vor allem der Dingač, oder der nach Honig duftende Vugava von der Insel Vis.

Die Winde sind im Norden und Süden gleich: die eiskalten *Boraböen*, die vor allem im Winter mit bis zu 180 Stundenkilometern vom dinarischen Gebirge herabfegen; der warme, regnerische *Jugo*, ein Südwind, der den Himmel trübt und das Meer beunruhigt; der *Maestral*, ein kühles Sommerlüftchen, das die Segelboote über das Meer bläst, beständiges Wetter bringt und von vormittags bis zum Spätnachmittag weht.

Die Fauna wird vielfältiger und lebendiger. Überall schwirren einem die *Riesenheuschrecken* entgegen, und die oft bis zu einem Meter langen *Smaragdeidechsen* mit ihrem leuchtenden Grün liegen faul auf den warmen Steinen in der Sonne. Auf der Insel Mljet lebt der *Mungo*, der aus Indien eingeführt wurde, um die Schlangen zu fressen. Das tat er auch, nur heute frisst er Hühner und ähnliches Getier, weil es keine Schlangen mehr gibt. *Mufflons* kann man auf dem Sv. Ilija auf der Halbinsel Pelješac sehen. Um Šibenik und Lastovo tauchte man einst nach *Schwämmen* und *Korallen*. Die meisten *Fische* fängt man um den Archipel der Kornaten und bei den Inseln Vis und Lastovo. *Delfine* springen munter um die Elaphiten, Vis und Lastovo, und die fast ausgestorbene *Mönchsrobbe* hat man vor der Küste der Insel Mljet und Brusnik gesichtet.

Vom *Gestein* her muss man die Insel Brač erwähnen, auf der ihr weltberühmtes „weißes Gold" abgebaut wird: ein marmorähnlicher Kalkstein, der gut seine weiße Farbe behält und von Steinmetzen wegen seiner Verarbeitungsqualitäten gelobt wird. Einzigartig im ostadriatischen Raum sind die beiden Eruptivinseln Brusnik und Jabuka mit ihrer dunklen vulkanischen Erde.

Geschichte

Der Landschaftsname *Dalmatien* kommt vom illyrischen Stamm *Delmatae*, der die Römer vernichtend schlug. Zutiefst von der Kriegsführung ihrer Gegner beeindruckt, benannten die Römer das ganze Gebiet bis hinunter nach Montenegro nach ihnen. Schon in der Altsteinzeit, also vor 12.000 Jahren, lebten Menschen hier. Entsprechende Funde machte man in Karsthöhlen, z. B. bei Zadar oder auf Hvar. Aus der Jungsteinzeit entdeckte man dunkelfarbige Keramik mit geometrischen Motiven auf der Insel Pelješac. Jünger ist die Kultur von Hvar; auch auf Korčula, Pelješac und Lastovo fand man glatte, bemalte Keramik. Die Bronzezeit hinterließ auf Hvar und Pelješac schwarzpolierte Keramik der Ambosskultur. Die Illyrer erbauten während der Eisenzeit ihre Burgen und Rundhäuser. Griechische Kolonien entstanden im 4.–2. Jh. v. Chr. auf Hvar und Vis. Stützpunkte an der Küste waren Trogir und Salona. Zu Beginn unserer Zeitrechnung wurde Dalmatien römische Provinz. Dazu gehörten damals auch die Kvarner-Inseln und Albanien, die Kaiser *Diokletian* dann Byzanz angliederte. In ganz Dalmatien entstanden römische Städte mit Tempeln, Theatern, Thermen und Palästen. Römische Götter, Kultur und Sprache wurden eingeführt. Die Kulte und Götter der Einheimischen wurden jedoch geduldet. In der Spätantike verbreitete sich das Christentum und wurde im Jahre 313 als staatliche Religion anerkannt. Dann fielen Goten und Hunnen ein und verwüsteten im 4. Jh. das Land. Im 6. Jh. taten Awaren und Slawen das Nämliche. Um das byzantinische Dalmatien besser schützen zu können, lud im Jahre 626 der byzantinische Kaiser *Heraklios* die Kroaten ein, sich anzusiedeln. Zusammen stark geworden, besiegten sie die Awaren. Zwischen den Kroaten und den Einwohnern Dalmatiens entwickelten sich gute Beziehungen, natürlich auch durch den beiderseitigen Nutzen. Im Aachener Frieden von 812 wurde der Begriff Dalmatien neu geprägt. In dieser Zeit entflammte des öfteren ein Kirchenstreit zwischen Rom und Byzanz; unter anderem ging es auch um die Religionsautonomie der kroatischen Bischöfe, Glagoljaši, die damals herrschten (→ S. 263). Seit der Küstenbesiedlung durch die Kroaten hatten die Venezianer auf ihren Handelswegen keine Ruhe mehr. Oftmals wurde ihre wertvolle Fracht geplündert, oder sie mussten für freie Fahrt Tribute entrichten. Dies war dem immer mächtiger werdenden Venedig ein Dorn im Auge, und so versuchte es wiederholt, die Herrschaft über die dalmatinische Küste zu erlangen. Es gelang ihm auch mehrmals, aber genauso schnell musste es die besetzten Städte wieder abtreten. So auch Anfang des 11. Jh., als der venezianische Doge *Petar II Orseolo* Dalmatien eroberte und sich Doge Dalmatiens nannte. Mit dem Aussterben der kroatischen Volksdynastie wechselten die obersten Herren Dalmatiens häufig. Der letzte, *Ladislav Napuljski* (von Neapel), sah sich den Anforderungen nicht mehr gewachsen und verkaufte 1409 kurzerhand für 100.000 Dukaten Städte und Inseln an Venedig. Städte wie Trogir, Šibenik, Split wurden von diesem Verkauf nicht erfasst. So wurden sie von Venedig erobert, oder aber sie stellten sich selbst unter dessen Schutz, aus Furcht vor dem Feudaladel aus dem kroatischen Hinterland, der ihre Rechte noch mehr einschränken wollte.

Der Bauboom setzte im 11. Jh. ein – die Benediktiner taten sich besonders hervor. Im 11.–13. Jh., im Zeitalter der Romanik, entstanden die wichtigsten Bauten in Zadar, Dubrovnik, Split, die Kathedrale in Trogir, Glockentürme in Zadar und Split, das Kloster Sv. Marija auf der Insel Mljet. Im 15. Jh. wurden als bedeutendste sakrale Bauwerke der Gotik die Kathedralen in Korčula und Šibenik erbaut.

Ab der zweiten Hälfte des 15. Jh. kamen die Türken ins Land, inzwischen zu einer Großmacht herangewachsen, und zerstörten wieder viele Bauwerke. 1499 fiel das ganze Küstenland von Makarska unter türkische Herrschaft. Ständige Kriegshandlungen, darunter z. B. der Kretische Krieg mit Venedig (1645–1699), schwächten die Großmacht Türkei, und sie musste sich langsam wieder zurückziehen. Baulich breitete sich bis zum 16. Jh. der Renaissancestil aus. Zur Zeit des Barock ließ die Baulust merklich nach, es wurden lediglich die Kathedrale in Hvar und einige Bauten in Dubrovnik errichtet.

Dubrovnik manövrierte sich mit viel Diplomatie durch alle unruhigen Zeiten und arrangierte sich selbst mit den Türken. Ende des 18. Jh. war sowohl die Herrschaft Venedigs wie auch die der Türkei zu Ende. Die neuen Herrscher über Dalmatien waren die Franzosen, die das Gebiet jedoch 1818 an Österreich abtreten mussten. Unter den Österreichern wollten der Franziskaner *Dorotić* und seine Anhänger Dalmatien mit Kroatien vereinigen, was der Österreichisch-Ungarischen Monarchie ein Dorn im Auge war. Nach dem Ersten Weltkrieg war es dann soweit: Dalmatien gehörte zum Königreich von Serben, Slowenen und Kroaten, das 1929 den Namen Königreich Jugoslawien annahm, Italien bekam Zadar und die Inseln Lastovo und Palagruža. 1944 fiel das befreite Dalmatien zur Republik Kroatien in der neuen Förderativen Volksrepublik Jugoslawien.

Politische Diskrepanzen, Wirtschaftskrisen und lang verborgener Nationalismus nahmen nach *Titos* Tod – er verstarb im Mai 1980 – immer mehr zu. 1991 verkündeten Kroatien wie auch Slowenien ihre staatliche Souveränität. Die Selbständigkeit Kroatiens wurde mit einem erbarmungslosen Krieg zwischen 1991 und 1995 bezahlt, unter dem auch Dalmatien sehr stark litt. Das norddalmatinische Hinterland, das Gebiet um Knin – die *Krajina*, wurde von den Serben besetzt und zur „Serbischen Republik Krajina" ausgerufen. Politische Lösungen wie weitgehende Autonomie wurden seitens der Serben nicht akzeptiert. Sie drangen bis kurz vor Zadar, und Stadt und Region mussten einen 3-jährigen Dauerbeschuss aushalten. Es gab unzählige Tote und Verwundete, von den Menschen, die in Kellern überlebten, sind viele gesundheitlich wie psychisch angeschlagen. Ältere meinten, dieser Krieg sei das Schlimmste, was sie je erlebt hätten, und damit wurde sogar der Zweite Weltkrieg übertroffen. Zahlreiche historische Bauwerke wurden zerstört, die teils während der Kriegszeit wieder renoviert wurden. Die Region um Šibenik war ebenfalls stark betroffen. Hier dauerte das Bombardement ca. ein Jahr. Es wurden außer der sehenswerten Altstadt die Industrieanlagen beschädigt, und lange fehlte das Geld zu Renovierungen. Im Süden wurden noch die Stadt sowie die Region Dubrovnik von den bosnischen Serben attackiert. Mehrere Monate waren die Bewohner diesem Inferno ausgeliefert. Im Sommer 1995 wurden die besetzten Gebiete größtenteils (bis auf Ostslawonien) von der kroatischen Armee wieder zurückerobert. Zunächst wurden Ifor-Truppen (sämtliche Nationalitäten), ab 1997 Sfor-Truppen an der Küste zwischen Šibenik und Split und im Hinterland stationiert, um im einst heiß umkämpften Gebiet um Mostar und Sarajevo (Bosnien-Herzegowina) für Ruhe und Ordnung zu sorgen. Nach langjährigen kostenintensiven Instandsetzungsmaßnahmen und Renovierungen erstrahlt die Küstenregion heute wieder im vollen Glanz, neue touristische Projekte wurden gefördert und errichtet.

Dalmatien, insbesondere Dubrovni, wurde weltweit zu den begehrtesten Destinationen gewählt und gilt wie ganz Kroatien als eines der sichersten Reiseziele.

Starigrad Paklenica

Der nahe Paklenica-Nationalpark mit seinen bizarren Schluchten, die schon in Winnetou-Filmen als Kulisse dienten, lockt die Gäste an. Heute hört man keine Pferdehufe mehr dröhnen, sondern das Rasseln der Sicherungsketten und Steigeisen der Kletterer, die sich an den Schluchtwänden in Schwindel erregende Höhen hocharbeiten.

Bereits von weitem ist das Hotel Alan, das einzige Hochhaus des Straßendorfs, zu erkennen. Ein Blick hinüber in die mächtige Berglandschaft entschädigt jedoch für manche Bausünde. Der Eingang zum Paklenica-Nationalpark ist am südlichen Ortsende. Die Touristen sind meist junge, drahtige Kletterfans, und viele von ihnen nächtigen auf den zahlreichen kleinen Campingplätzen rund um den Ort. Da das Klettern in den letzten Jahren immer populärer wurde, ist es kein Wunder, dass immer mehr Gäste kommen. Hier gibt es Klettersteige in allen Schwierigkeitsgraden und, nicht zu vergessen, das nahe Meer mit seinen herrlichen Badebuchten, wo man nachmittags ausspannen kann. Auch immer mehr Wander- und Mountainbikefreunde kommen, erforschen auf den angelegten Pfaden die imposante, unberührte Bergwelt, erfrischen sich dabei ab und an im glasklaren Wasser des Baches Velika Paklenica. Allein 150 km Wegstrecke kann man im Nationalpark Paklenica mit seinen beiden Schluchten zurücklegen, zudem warten Ökotrails zu altem Brauchtum (→ Mirila), endlose Gebirgspfade und Makadamwege durch die herrliche Landschaft des südlichen Velebit. Und wo sonst kommt man in den Genuss, morgens in der Kletterwand zu hängen oder eine Bergtour zu machen und nachmittags seinen müden Körper an den Strand zu betten und dabei vom Indianerhäuptling Winnetou und seinem weißen Blutsbruder Old Shatterhand zu träumen!

Starigrads Geschichte beginnt in der Römerzeit mit der Siedlung *Argyruntum*. Ihren Namenszusatz legte sich die Stadt zu, als der südliche Ausläufer des Vele-bit zum Nationalpark erklärt wurde. Wahrzeichen von Starigrad ist die Ruine eines Wehrturmes der Večka-Burg aus türkischer Zeit, den Rest hat sich das Meer genommen.

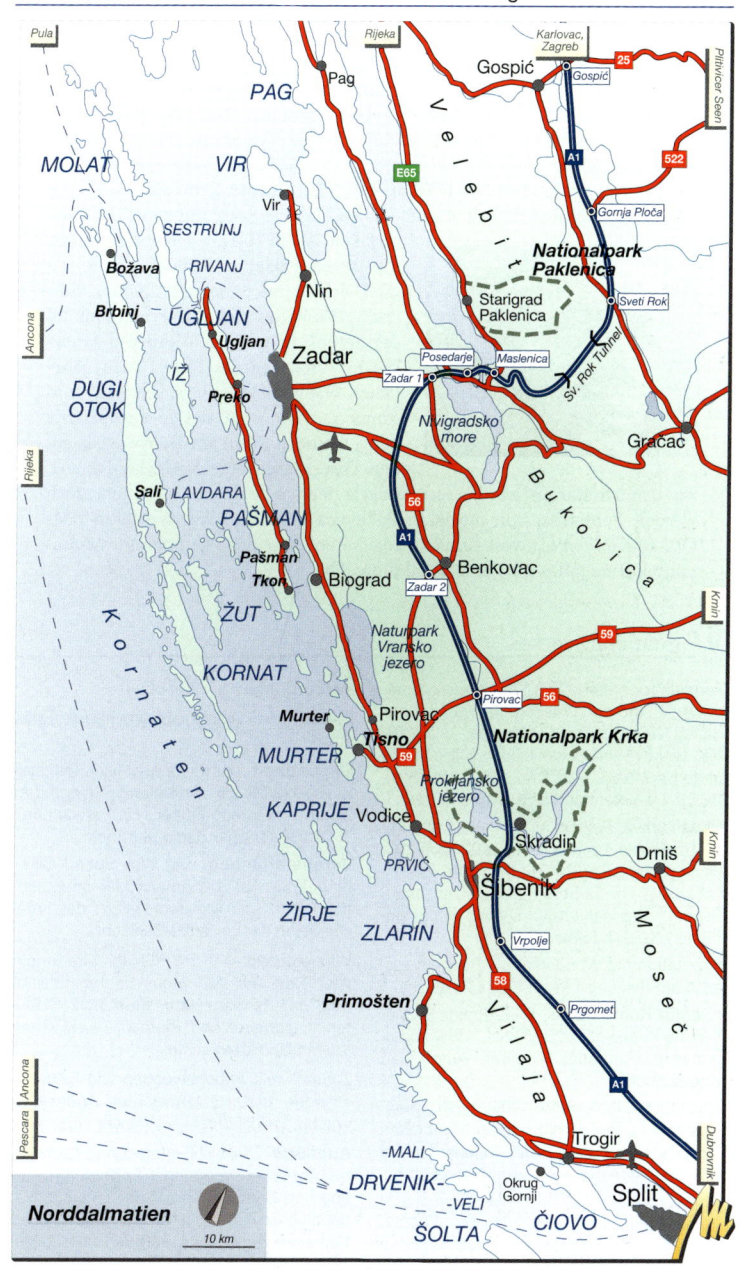

Starigrad Paklenica 233

Norddalmatien

Auf Winnetous Spuren

Winnetoufans können in und um Starigrad Paklenica auf den Spuren von Winnetou und Old Shatterhand wandeln. Zwischen 1962 und 1968 wurde hier der größte Teil der Karl-May-Filme mit Lex Barker und Pierre Brice gedreht. Zahlreiche Drehorte waren u. a. in der Schlucht Velika Paklenica, auf dem Tulove grede (hier starb Winnetou), am Canyon Zrmanja (Río Pecos oder Colorado) und natürlich auch an den Plitvicer Seen und den Krka Wasserfällen. Allein 10 Filmschauplätze bietet die Velika-Paklenica-Schlucht, u. a. zu „Der Schatz im Silbersee", „Unter Geiern", „Winnetou und Shatterhand im Tal der Toten". Es gibt ein Winnetou-Museum im alten Teil des Hotels Alan, jährliche Winnetou-Festivals, Events und Kongresse und eine riesige europäische Fangemeinde – oben am Tulove grede auf den Geierwiesen eine Karl-May-Fanbox. Zu den Drehorten werden organisierte Jeep-Safaris unternommen, auch werden Bootstrips von Starigrad Paklenica und auch von Novigrad oder Obrovac in den Canyon Zrmanja angeboten. Sportliche nehmen ihr Mountainbike und gutes Kartenmaterial (über TIC).

Information/Diverses

Touristinformation (TIC), Trg Tome Marasovića 1 (nördl. Ortsbeginn, gegenüber Hafen), 23244 Starigrad Paklenica, ℅ 023/369-255, www.rivijera-paklenica.hr. Mitte Juni–Ende Sept. tägl. 8–21 Uhr, sonst Mo–Fr 8–15 Uhr. Unterkunftsbroschüre und Karten.

Nationalpark Paklenica (N. P.-Verwaltung), Ul. Dr. Franje Tuđmana 14a, ℅ 023/369-202, www.paklenica.hr. Mo–Fr 8–15 Uhr, zusätzlich in der HS Sa/So 8–12/18–21 Uhr. Infos, Bücher, Wanderkarten, DVDs; auch geführte Touren buchbar.

Infostation mit Wanderkarten, Büchern etc. auch am Eingang 1 (N. P.-Velika Paklenica).

Agentur Koma Maras, F. Tuđmana 14 (neben Apotheke), ℅ 023/359-206, www.komamaras.hr. Fahrräder, Scooter, Autos und Exkursionen.

Agentur Rajna, ℅ 098/272-878 (mobil), www.hotel-rajna.com. Exkursionen, Fotosafari (ab 2 Pers.) per Jeep in den Velebit; zudem Wanderungen, Seekajak und Unterkunft.

Agentur Avanturist, Dr. Franje Tuđmana 14 (neben Tankstelle), ℅ 023/369-032, 098/9327-725 (mobil), www.paklenica-avanturist.com. Zimmer; v. a. werden Kletterkurse und Wandertouren angeboten.

Verbindungen (→ Karlobag).

Einkaufen Outdoor-Shop, neben Tankstelle.

Gesundheit Apotheke, kurz nach Tankstelle, ℅ 023/369-258. Ambulanz, Starigradski Zidari (Straße gegenüber N.P.-Verwaltung), ℅ 023/369-238, ganztägig geöffnet.

Veranstaltungen Big Wall Speed Climbing, Ende April bis Anfang Mai, internationaler Treff und Meisterschaften der Freeclimber in der Paklenica-Schlucht.

Winnetoufest, jährl. im Frühjahr wird für ein paar Tage auf Winnetous Spuren gewandelt, mit Schauspielern, Stuntmen, Statisten, Lagerfeuer und Pferden. www.winnetou-filmland-kroatien.de.

Zudem viele **Aktionswochen** wie Fahrrad-, Wander- und Höhlenwochen, Abenteuerwoche, Trekkingfest (→ Website TIC).

Ausflüge Zahlreiche interessante Ausflugsmöglichkeiten in geringer Entfernung: Rafting und Bootstouren auf der Zrmanja; Nationalparks Plitvice, Krka (bei Šibenik) und Kornaten; organisierte Berg- und Mountainbiketouren sowie Kletterkurse. Highlights sind Jeepsafaris zu Winnetou-Drehorten.

Übernachten/Camping/Essen

Übernachten Privatzimmer je nach Ausstattung im DZ 30–40 €. **Appartements** für 2 Pers. 35–50 €. Z. B. **Appartements Sanja** (über Avanturist) → „Essen/Übernachten im N. P. Paklenica".

*** **Hotel Vicko**, an der Durchgangsstraße am nördl. Ortseingang. Der Neubau hat einige Terrassen und wirkt wie eine kleine Burg, vielleicht auch deshalb, weil Familie Katić bereits um 1500 als Adelige erwähnt wurden. Das Restaurant der Traditionsherberge legt Wert auf gesunde, ursprüngliche Kost und errang schon etliche Auszeichnungen. 24 nette Zimmer. DZ/F ab 80 € (TS 110 €). Jose Dokoze 20, ✆ 023/369-304, www.hotel-vicko.hr.

**** **Villa Vicko**, der komfortable Neubau steht unterhalb von obigem Hotel direkt am Meer und bietet 16 Zimmer und Appartements (etwas teurer wie das Hotel) mit Balkon und Garten. Reservierung s. o.

*** **Hotel Alan**, 9-stöckiges 200-Zimmer-Hochhaus in Meernähe, kurz vor N. P.-Zufahrt. Von den obersten Etagen herrlicher Weitblick, ansonsten ist das Gebäude in dieser Landschaft fehl platziert. Es gibt: Restaurant, Café, Pool, Spa-Center, Kajaks, Tauchschule (s. u.), Fahrradverleih, zudem ein kleines Winnetou-Museum; angeschlossen ein Campingplatz (s. u.). Nichts für Ruhebedürftige, da hellhörige Zimmer, zudem in der NS viele Reisegesellschaften. Juni bis Anf. Sept. nur All-incl. möglich, ab 108 €/Pers. im DZ; sonst auch DZ/F. ✆ 023/369-236, www.bluesunhotels.com.

** **Pension Roli**, kleines, preiswertes 22-Zimmer-Haus, zentral am Hafen. Restaurant und Terrasse mit Blick aufs Meer. Einfache Zimmer mit Balkon. DZ/F 60 €. Stipe Bušljete 1, ✆ 023/369-018, www.gdjenamore.com.

»» Mein Tipp: Kuća Varoš, ca. 600 m oberhalb von Starigrad Paklenica in Dadići-Škiljići. Der wunderschöne renovierte und denkmalgeschützte Hof mit 2 Nebengebäuden von 1850 liegt am Ökotrail mitten in der Natur. Infos über Hotel Rajna. Auf 200 m² können bis zu 12 Pers. wohnen, pro Tag 260 € (TS 310 €). **«««**

** **Hotel-Restaurant Rajna**, kurz nach der N. P.-Zufahrt. Sehr gutes, bekanntes Restaurant mit Terrasse. Die Wirtsleute Marin Marasović und seine Frau sind sehr bemüht, beherbergten schon viele begnadete Bergsteiger und Kletterer, sind Winnetoufans, organisieren Ausflüge in den Velebit (→ Agentur) und verleihen Fahrräder. Saubere nette Zimmer/Appartements mit TV, AC für ca. 48 €/2 Pers. Es werden auch Häuser vermietet (s. u.). Fr. Tuđmana 105, ✆ 023/369-121, www.hotel-rajna.com.

Kuća Pojdata, ein weiteres kleineres Natursteinhäuschen für 2+2 Pers. liegt im Weiler Marasovići, Zufahrt zum N.P.-Eingang Velika Paklenica. Tagesmiete 82 € (TS 85 €). Infos über Hotel Rajna.

*** **Pension-Restaurant Croatia**, nach der Zufahrt zum N. P. im Ortsteil Seline. Neubau mit großer überdachter Terrasse direkt am Meer. Komfortable DZ/F ca. 60 €. Put jaza b. b., ✆ 023/369-190, www.pansion-croatia.com.

*** **Pension-Restaurant Kiko**, ein Stückchen südlicher, nach Pension Croatia, im Ortsteil Seline, auch am Meer gelegen. Die Küche hat einen guten Ruf. ✆ 023/369-784, www.pansion-kiko.com.

*** **Pension Anđelko**, gut geführtes Haus direkt am Meer (nördl. vom Hafen) mit 17 Zimmern und 2 Appartements mit Balkon. S. Bušljete 3, ✆ 023/369-307, www.pansion-andjelko.com.

Camping Im Ort gibt es fast 20 Campingplätze; hier sind nur die größten beschrieben. Viele kleine Plätze liegen nahe der Zufahrtsstraße zum Nationalpark.

* **Camping-Pension Plantaža**, am nördl. Ortseingang im schattigen Wäldchen und direkt am Strand. Betonierte Molen, auf denen man gut liegen kann, ragen ins Wasser, sonst Kiesstrand mit Strandduschen; wenig Sanitäranlagen. Ca. 100 Stellplätze. 5,30 €/Pers., je Größe ab 3,50 €/Zelt, 3,70 €/Auto; Zimmer- und Appartementvermietung (***). Put Plantaže 2, ✆ 023/369-131, www.plantaza.com.

* **Camping-Pension Michael**, kleiner, netter, gut geführter Platz für 30 Zelte neben Camp Plantaza, ebenfalls direkt am Meer und unter Föhren. Im Haupthaus Zimmer-/Appartementvermietung (***). Put Plantaže b. b., ✆ 023/369-137.

Mirila – Totenraststeine

Entlang der Gebirgswege im Velebit findet man Mirilas, die sog. Totenraststeine – eine einzigartige Begräbniskultur, die vom 17. Jh. bis 1957 ausgeübt wurde. Um ihre Toten von den abgelegenen Höfen im Velebit-Gebirge zur nächsten Dorfkirche und zum Friedhof zu transportieren, mussten die Angehörigen oft sehr weite Strecken bewältigen. Es wurde ihnen erlaubt eine Rast zu machen, damit der Tote seinen letzten Gruß an die Sonne senden und seine Seele Frieden finden konnte. Diese Ruheplätze wurden sorgfältig ausgesucht und befinden sich meist in schöner Lage. Der Tote wurde mit Platten nach seiner Größe vermessen, am Kopfende wurde ein Sockelstein angebracht. Die Sockelsteine wurden verziert, früher nur mit Symbolen, später mit dem Namen und Todestag des Verstorbenen. Danach wurde der Tote zum Friedhof getragen und beerdigt. Die Mirilas wurden von den Angehörigen häufiger besucht und mehr verehrt als das Grab selbst. Zwei markierte Lehrpfade (Poučna Staza) bringen uns diesen Brauch näher. Einer befindet sich oberhalb von Starigrad Paklenica (3 km, 1:30 Std. Wegzeit), ein weiterer um das Dorf Lubotić (10 km in Richtung Trbanj-Kruščica, dann Abzweig und weitere 3,5 km). Gutes Schuhwerk (unebener, felsiger Weg) und Wasser erforderlich. Herrliche unberührte Landschaft garantiert. Bei TIC ist eine kleine Wanderkarte erhältlich.

》》》 **Mein Tipp:** ** Autocamp Nationalpark**, schöner Platz im Föhrenwäldchen am Meer hinter der N.P.-Verwaltung. Kleine Kiesbuchten und Fels, Sanitäreinrichtungen für die Hochsaison etwas knapp bemessen. Kleiner Supermarkt am Eingang und Café-Snackbar. Geöffnet 15.3.–15.11. 5,50 €/Pers., Parzelle ab 8,20 €. ✆ 023/369-202. 《《《

** **Bluesun Autocamp Paklenica**, auf einer 2,5 ha großen Wiese neben Hotel Alan, dessen Einrichtungen benutzt werden können. Kinderspielplatz, Boot- und Paddelbootverleih; Grill-Pizzeria am Strand, Minimarkt. Tennis, Basket- und Handball, Minigolf. Geöffnet 15.3.–1.11. Preise höher wie Camp Nationalpark. ✆ 023/209-062, www.hotel-alan.hr.

Autocamp Pisak, kleiner Platz, idyllisch und ruhig am Meer auf der gleichnamigen Halbinsel im Ortsteil Seline gelegen. Sanitäranlagen in Ordnung. Geöffnet 1.4.–1.11. 4,50 €/Pers., Parzelle ab 5,50 €. Put bunarića b. b., ✆ 023/656-129.

Essen & Trinken Restaurant **Vičko**, wird sehr gelobt, erhielt viele Auszeichnungen – Spezialität sind Fischgerichte (→ Hotel Vičko). ✆ 023/369-304.

Zudem empfehlenswert Restaurant **Paklenica**, an der Zufahrtstraße zum Nationalpark; in Marasovići die gute Konoba im **Ethno-Haus** (Mai–Okt. 14–18 Uhr); gute Fischgerichte gibt es auch im Restaurant **Dalmatia** am Meer. Empfehlenswert auch die Restaurants **Croatia** und **Kiko** im Ortsteil Seline; im Ortsteil Tribanj-Kruščica wird das **Restaurant Karlo** am Meer gelobt.

»› Mein Tipp: Restaurant **Rajna**, mit Terrasse. Hier wird leckere, preiswerte Hausmannskost serviert; Spezialitäten sind u. a. Fischplatte mit Kalamaris, Rochen und Wolfsfisch, auf Bestellung gibt es Fischbrodetto in Tomatensauce mit Polenta (→ Hotel Rajna). ✆ 023/369-130. **«**

Nationalpark Paklenica

Der 1949 zum Naturschutzgebiet erklärte Nationalpark umfasst zwei wilde Karstschluchten des Velebit-Gebirges – das mit 150 km Länge größte kroatische Gebirgsmassiv. Der Zugang zur größeren Schlucht, der *Velika Paklenica*, beginnt am Ortsende von Starigrad und führt zuerst über eine schmale Asphaltstraße am Weiler Marasovići mit Natursteinhäusern und Stallungen vorbei – hier besteht die erste Möglichkeit zu parken; nach weiteren 2 km endet das Sträßchen an einem relativ kleinen Parkplatz beim Nationalparkhaus (Haupteingang/Eingang 1), der meist schon frühmorgens belegt ist. Ab hier heißt es laufen. Je tiefer man in die Schlucht eindringt, desto enger wird sie. Die Wände türmen sich immer steiler, bis sie fast senkrecht aufragen, an manchen Stellen bis zu 400 m hoch. In dieser rauen, urwüchsigen, faszinierenden Landschaft wirken die verbissenen Mountainbikefahrer und die Kletterer und Freeclimber, die mit minimaler, doch hoch spezialisierter Ausrüstung im Fels hängen, wie Eindringlinge

Durchwandert man die Schlucht, wandelt sich das in Küstennähe mediterrane Klima in kontinentales; die gerodete Landschaft in Küstennähe weicht reicher Flora und großen Wäldern. Buchen-, Eichen- und Kiefernwälder bedecken fast die Hälfte des Nationalparks – gute Lebensbedingungen für die vielfältige Tierwelt. Die *Velika-Paklenica*-Schlucht ist 10 km lang, der Höhenunterschied beträgt 1600 m. Man sollte sich deshalb nicht ganz unvorbereitet auf den Weg machen, gerade wenn man übernachten will.

Beide Täler – das kleinere der *Mala Paklenica* (Eingang 2) erreicht man über den Ort Seline – sind im Lauf der Jahrtausende durch Verwitterung und Erosion entstanden. Damals flossen hier die Bäche noch oberirdisch. Von der ungebändigten Kraft des Wassers, das auch heute bei Regenfällen sturzbachartig durch den Canyon schießt, zeugen die für Karstgebiete typischen Grotten und Höhlen. Die größte Tropfsteinhöhle ist die 175 m lange *Manita peć*, die über Velika Paklenica in etwa 2 Std. zu erreichen ist (Wanderrouten s. u.).

Blick auf die Velika-Paklenica-Schlucht

Anfahrt Da nur kleine Parkplatzflächen zur Verfügung stehen, verkehren, wenn der hintere Parkplatz voll ist, von 9–15 Uhr Pendelbusse.

Information/Öffnungszeiten Rezeption **Nationalpark Velika Paklenica** (Haupteingang/ Eingang 1), ✆ 023/369-803. Ganzjährig geöffnet. Kiosk, Souvenir-Shop mit Kartenmaterial etc.

Rezeption **N. P. Mala Paklenica** (Eingang 2), bei Seline. Geöffnet Mai–Okt.

Grotte Manita peć, Juli–Sept. tägl. 10–13 Uhr; Juni u. Okt. nur Mo, Mi, Sa 10–13 Uhr; im Mai nur Mi u. Sa, im April nur Sa jeweils 10–13 Uhr.

Nationalpark Paklenica

Eintritt Mai–Sept. 50 KN (6,70 €)/Erwachsene (restl. Monate 45,40 KN), 30 KN (4 €) bzw. 20 KN/Kinder 7–18 J., unter 7 J. gratis. Zudem vergünstigte 3- u. 5-Tageskarten.

Die Grotte Manita peć kostet extra: 20 KN/2,80 € (Erwachsene), 10 KN/1,40 € (Kinder 7–18 J.).

Essen/Übernachten Ethno-Haus in Marasovići (Zufahrt), kleines Museum und Konoba. Mai–Okt. 14–20 Uhr. **Lugarnica (Forsthaus)**, Mai–Okt. tägl. 10–17 Uhr; nur Getränke. **Dom Paklenica**, schöne Lage, aber wenig Service, Übernachtungsmöglichkeiten in Schlaflagern; geöffnet Juni–Mitte Sept., danach nur am Wochenende; ☎ 023/301-636.

»› Mein Tipp: Ramića Dvori – Kod Marija, nördl., ca. 5–10 Min. vom Dom Paklenica entfernt. Idyllisch liegt das Geburtshaus des Eigentümers Marijo Ramić, ein wunderschönes Natursteinhaus. Es bietet 5 Zimmer für insg. 19 Pers. (u. Dusche) und leckeres Essen (Lamm, Gemüse, Suppen), gekocht von seiner Frau Marija; der Esel draußen ist das Haustier. Geöffnet ca. Mai–Okt. ☎ 023/231-756, 091/5898-617 (mobil), www.ramica-dvori.com. **‹‹‹**

Ivančev Dom, dieses nette Naturstein-Berghaus ist ebenfalls ein gutes Basislager für Wanderungen; schräg gegenüber obigem. Es gibt 4 Zimmer mit 4 Betten, 2 Duschen. Lebensmittel müssen mitgebracht werden. Anmeldung erforderlich. ☎ 095/8017-785 u. 098/9378-577 (mobil), www.paklenica.net.

Sport

Baden: Schöne Feinkiesbuchten und Schatten spendende kleine Bäume rund um die Ruine des Wehrturms Većka (südlich Hotel Alan); ebenfalls schöne Buchten gibt es auf der Halbinsel Pišak im Ortsteil Seline.

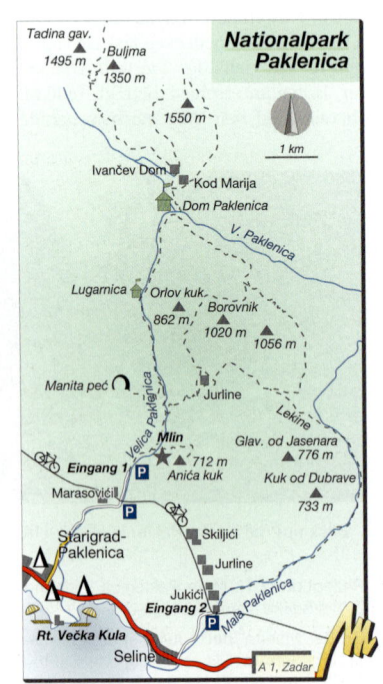

Klettern/Freeclimbing Dies dürften hier die beliebtesten Hauptsportarten sein – es gibt über 300 Touren in allen Schwierigkeitsgraden. Eine Kletterschule befindet sich im Nationalpark (→ Agenturen), eine Klettererlaubnis muss eingeholt werden. Infos, Kartenmaterial, Literatur und Kletterführer bei der N. P.-Verwaltung (→ „Wissenswertes von A bis Z/Literaturtipps").

Mountainbike Touren im Velebit sind sehr beliebt; in den Schluchten verboten. Organisierte Touren und Radverleih (→ Agenturen).

Tauchen Pan Dive, Tauchbasis beim Hotel Alan, ☎ 098/9234-724 (mobil), www.pandive.com.

Wandern Auf markierten Pfaden in die Schluchten oder hoch ins Velebit-Gebirge. Organisierte Touren gibt es über die N. P.-Verwaltung; Proviant, Schlafsack etc. muss man mitbringen und selbst hochtragen. Es gibt in diesem Gebiet neben Kod Marija (s. o.) ca. 12 einfach ausgestattete Berghütten, die von Mai bis Sept./Okt. geöffnet sind. Man kann natürlich auch nur Tagestouren unternehmen. Die Ranger der N. P.-Verwaltung kennen sich gut aus und geben gern nützliche Tipps, zudem ist in einigen Hütten eine Anmeldung erforderlich.

Blick auf die Pager Bucht und den alten Thunfisch-Beobachtungsturm

Insel Pag

Faszinierend, gleichzeitig unwirklich und erschreckend wirkt diese Insel: wie eine Mondlandschaft mit endlosen, von Mäuerchen durchzogenen Steinwüsten. Sengende Sonne auf dem gleißend weißen Geröll, das sich vom tiefblauen Meer scharf abhebt. Im Frühsommer bildet das Gelb der Disteln auf den Geröllhalden einen leuchtenden Kontrast. Entlang der Inselflanken ziehen sich zahllose Badebuchten, die man oft ganz für sich alleine genießen kann.

Die Insel Pag zählt schon zum norddalmatinischen Inselraum. Durch die Brücke zum Festland im Südosten rückt Pag in Zadars Nähe. Pag ist 60 km lang, im Südosten bis zu 10 km breit, an der Nordwestspitze nur 2 km. Auf 285 km² leben hier 8450 Menschen, die sich ihren Lebensunterhalt mit Fischerei, Weinbau, Tourismus und in den Salzgärten beim Inselhauptort Pag verdienen. Auch die traditionelle Schafzucht hat durch die Ökowelle großen Aufschwung erlebt, der Pager Käse ist eine Spezialität, und so grasen hinter vielen Steinmauern die Biokäseproduzenten.

Mit der Stadt *Pag* und vor allem *Novalja* hat die Insel zwei Zentren, und trotz all seiner Reize ist das von tiefen Buchten zerklüftete Pag bis auf die Pager Bucht bei Novalja noch nicht zu sehr von Touristen überlaufen. Rund um die Insel gibt es zahllose Badebuchten an Sand- und Kiesstränden und meist weht auch die „Blaue Flagge". Für Mountainbikefans hat man ein breites Netz an ausgewiesenen Radwegen angelegt.

Wichtiges auf einen Blick

Telefonvorwahl: 053 (Gebiet Novalja), 023 (ab Kolan bis Inselende).

Anreise: Über die Brücke im Südosten, wenn man bei Posedarje die Autobahn oder die Magistrale verlässt, oder per Fähre.

Fährverbindungen: *Trajekt Prizna–Žigljen (Halbinsel Pag)*, in der Saison nonstop fast stünd. ab 4.30–0.30 Uhr. 2,30 €/Pers., Auto 12,80 €.

Katamaran Rijeka–Rab–Novalja, ganzjährig 1-mal tägl. von Novaljia um 6 Uhr (So 9 Uhr) nach Rijeka und nach Novalja (Insel Pag); Abfahrt Rijeka 17 Uhr (ab Schulbeginn, Anfang Sept., um 15 Uhr).

Personenschiff Lun–Rab (Schiff Maslina), Lun ganzjährig Mo, Sa u. So 7.30 Uhr; Juni–Mitte Sept. auch tägl.; zudem Di, Do u. Fr ab Juli auch noch um 10 u. 16 Uhr. In der HS auch Stopps in Jakišnica. Info: Rapska plovidba (www.rabska-plovidba.hr), ✆ 051/724-122. 4,20 €/Pers.

Busverbindungen: Regelmäßig zu allen Orten der Insel; zudem von Novalja und Pag nach Rijeka, Zadar, Split und Zagreb (Preise etc. → Novalja).

Tankstellen: Novalja (Busbahnhof u. Stadt) und Pag; Juni–Sept. durchgehend geöffnet.

Geldwechsel: Banken in Novalja und Pag, zudem viele Bankomaten. Post auch in kleinen Orten.

Der venezianische Gelehrte und Priester *Abbé Fortis* beschrieb ihre Bewohner als wild und ungehobelt. Es sei, „als hausten sie in der Wildnis ohne Umgang mit höflichen Menschen. Die Bessergestellten, die glauben, bessere Manieren zu haben als das Volk, sind in Kleidung, Benehmen und anmaßendem Auftreten erst recht groteske Figuren. Die Unwissenheit der Geistlichen ist kaum vorstellbar", berichtet Fortis um 1770. Abgesehen davon, dass ihm die Pager zu unmanierlich waren, fand er wohl auch keine angemessene Unterhaltung: „Sie waren alle so mit der Salzgewinnung beschäftigt, dass sie keinen anderen Gesprächsstoff kannten."

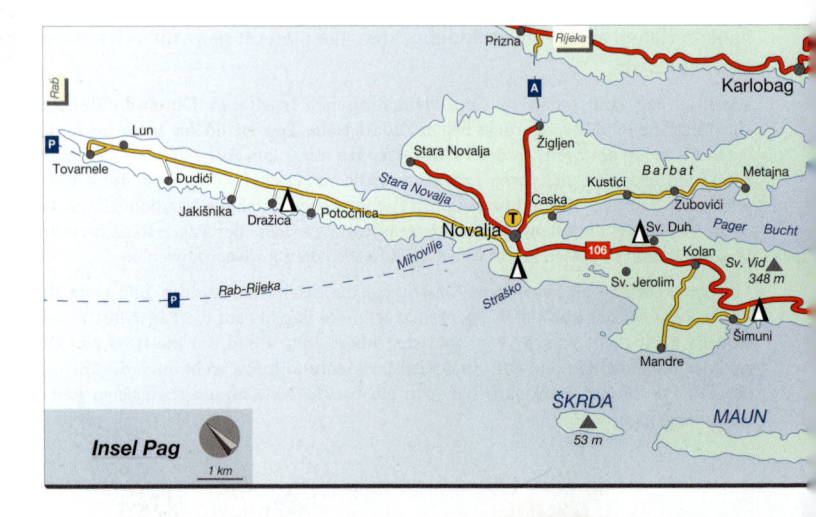

Karstig und kahl ist Pag. Kräuter und Sträucher sind in die Geometrie der Steinmäuerchen eingezwängt, und die 20.000 Schafe fressen begierig die letzten Reste des mageren Weidelands. Die Folgen menschlichen Raubbaus an der Natur sind auf der Insel deutlich zu sehen. Es waren Venezianer, die die Wälder für den Schiffsbau abholzten. Durch die starken vom Festland über die Insel peitschenden Fallwinde hatten neue Bäume und Sträucher kaum mehr eine Chance, die Bodenerosion nahm zu. In die unbewachsenen Flächen konnte der Regen ungehindert eindringen, und mit seiner Kohlensäure zersetzte er langsam das Kalk- und Dolomitgestein. Selbst die Bemühungen der Einwohner, die fleißig Stein für Stein zu Mäuerchen zusammentrugen, um das Land vor den Winden zu schützen, zeigen wenig Erfolg, ein Wiederaufforsten scheint fast unmöglich.

Die *Pager Bucht* ist eine fruchtbare, größtenteils jedoch überflutete Talwanne. Bei Novalja und Pag ist die Insel am grünsten. Hier gibt es Gärten und Felder und bei Novalja den *Wald Straško* mit Steineichen, Aleppokiefern und Zypressen. Ab und zu eine Pinie. An geschützten Stellen gedeihen die immergrünen Hartlaubgewächse, ansonsten nur Garigue mit Salbei, Thymian, Immortelle und vielen Disteln. Der Karstsee *Velo Blato* im Süden ist von Schilfgras umstanden und Brutstätte für viele Wasservögel; seine unterirdischen Quellen dienen auch der Trinkwasserversorgung. Sumpfschildkröte und griechische Landschildkröte, Zikaden, Eidechsen, Nattern und Sandvipern sind auf der Insel Pag heimisch – Fasane und Rebhühner wurden ausgesetzt, damit ihnen die Jagdurlauber den Garaus machen können; und vom Velebit, dem Küstengebirge, schaut manchmal ein Gänsegeier vorbei. Berge durchziehen die Insel der Länge nach und ragen in der Mitte bis zur höchsten Erhebung, dem *Sveti Vid*, 348 m auf. Die Berge sind zur Küste hin steil, fallen aber in ihren buchtenreichen Ausläufern sanft zur offenen See ab, wo vorgelagert die Inseln *Skrda* und *Maun* liegen. Letztere hat ein paar Hirtenkaten und Badebuchten im Südwesten. Ansonsten gibt es *Kies-Sand-Strände* in der Pager Bucht und an der Südwestseite der Insel.

Auf Pag wird es im Sommer durch die kühlen Maestral-Winde nicht zu heiß; der Winter ist mild und regenreich durch den Südwind Jugo, der das Meer zu Dreimeterwellen auftürmt. An der Nordostseite tobt die trockenkalte Bora, die sich durch die von den Bergen her wehende Tramuntana, den Nordwind, ankündigt und mit ihren Böen die Salzgischt peitscht, das Land ausbleicht und zum Glitzern bringt.

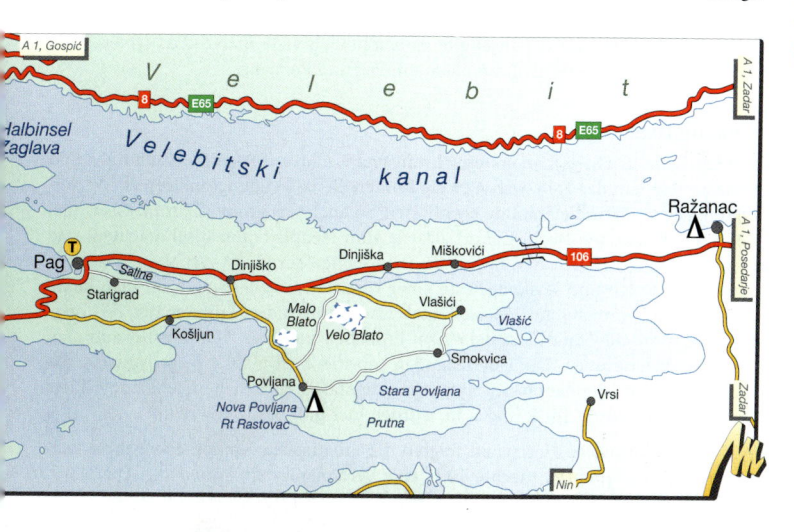

Die Pager Tracht

Im Herbst stürmt der Grbin mit Regen von Südwesten.

Rheumakranken seien die Schlammbäder bei den *Pager Salinen* empfohlen. Der Heilschlamm mit seinem hohen Schwefelanteil, auf den Körper gepackt und an der Sonne getrocknet, lindert die Beschwerden.

Eine weitere Besonderheit der Insel sind die geklöppelten *Pager Spitzen*, *Čipka* genannt. Allerdings sitzen heute nur noch wenige Frauen in den Gassen von Pag vor ihren Häusern und arbeiten an den bizarren Deckchen.

Inselspezialitäten sind der bekannte Pager Schafskäse *Paški sir*, eine Art Parmesan, der durch die salzigen Weiden seinen besonderen Geschmack erhält; inzwischen gibt es auch eine Reihe guter Käsereien v. a. um Kolan und in Pag. Zudem gibt es wohlmundende *Weine*, wie der kraftvolle Dessertwein *Prošek*, der goldgelbe *Žutica* und der weiße *Paški gegić* und – nicht zu vergessen – die in der Gegend um Lun gedörrten leckeren *Feigen*, die Frauen zum Kauf anbieten.

Für nächtliche Vergnügungen sorgen die zahlreichen Open-Air-Bars und Diskotheken an der Pager Bucht; die angesagtesten europäischen DJs werden im Sommer eingeflogen und internationales junges Publikum tanzt und fühlt sich prächtig.

Sportliche Naturen können *Tauchen*, *Surfen*, *Wakeboarden*, *Wandern*, *Klettern* oder auf dem 150 km langen angelegten Fahrradnetz die gesamte Insel per *Mountainbike* erkunden. Auf der Insel gibt es erstaunlich viele *Bike-&-Bed-Unterkünfte* (www.mojbicikl.hr/bed-bike), vor allem um Pag und Povljana.

Geschichte

Die Liburner errichteten im ersten Jahrtausend v. Chr. auf Pag ihre Wallburgen und Grabstätten. Um das 1. Jh. waren es die Römer, die Befestigungsanlagen zur Verteidigung gegen illyrische Stämme errichteten, so auch das große *Castrum Cissa* (bei der heute bekannten Bucht Caska), das sie zum Hauptsitz der Insel machten, und kleinere, wie das Hafencastrum Navalia (heute ungefähre Lage von Novalja), weitere bei Pag, Kolan und Košljun. Reste einer römischen Seefestung sieht man heute z. B. noch in Svetojanj am Velebit-Kanal. Etwa dreihundert Jahre später, 361, versank die römische Stadt Cissa bei einem Erdbeben im Meer, Mauerreste kann man noch im Meer finden. Die Überlebenden retteten sich ins *Castrum Navalia*, das nun zur neuen Inselhauptstadt aufstieg, eine starke christliche Gemeinde bildete und Pilgerziel wurde. Im 4. und 5. Jh. wurden hier drei Basiliken erbaut.

Auf die byzantinische Herrschaft folgten die kroatischen Könige. Einer ihrer letzten, König *Krešimir IV.*, machte 1071 eine verhängnisvolle *Schenkung*. Die Nordhälfte von Pag gab er der byzantinisch-dalmatinischen Stadt Rab, die Südhälfte schenkte er Zadar, das damals ebenfalls noch dem Oströmischen Reich unterstand (siehe Geschichte Insel Rab). Dann kämpften die ungarisch-kroatischen Könige mit den venezianischen Dogen um Dalmatien; Bistum Rab stritt mit Bistum Zadar um den Rest von Pag mit den Gewinn bringenden Salinen. Zadar machte die zu Rab gehörende Stadt *Navalia*, die zeitweilig Kesa hieß, 1203 dem Erdboden gleich. Nun verlagerten sich die bischöflichen Zwiste in die Inselmitte, nach Pag. Die Stadt Pag kämpfte um ihre Selbständigkeit: Zwar hatte sie durch die Salzgewinnung an Bedeutung gewonnen, und auf eben dieses Salz hatte Zadar ein Auge geworfen. Dem Streit machte 1376 der Kroatenkönig *Ludwig der Große* ein Ende, als er Pag zur freien Stadtgemeinde erklärte. Nach seinem Tod verkaufte *Ladislaus* seine Rechte auf Dalmatien – dies betraf Zadar und Pag – an Venedig. Rab fürchtete um seine Pager Ländereien und erkannte vorsichtshalber die Oberhoheit des Dogen an. Die Einwohner der Stadt Pag siedelten sich am Meer an, das mittelalterliche Pag hieß fortan *Stari Grad*. Kirchlich blieb die Insel Zadar untertan, Venedig behielt sich das Salzmonopol vor. Unter Österreich erwachte das kroatische Nationalbewusstsein, Pag wurde wieder eine administrative Einheit. Man baute Straßen, und Dampfschiffe liefen die Häfen an. Der heutige Name der Insel und ihres größten Ortes geht auf das lateinische Wort *pagus* (Dorf) zurück. Bis 1983 gehörte die Nordwestspitze, die Halbinsel Lun, zur Gemeinde Rab, dann mal wieder zu Zadar, heute untersteht sie verwaltungsmäßig der Lika-Senj-Region.

Nach Novalja

Žigljen: Fähranlegestelle im Norden der Insel, gegenüber dem Festland. Die Straße windet sich den kahlen Steinhügel hinauf, bald wird der Blick frei auf die Pager Bucht, danach Abzweig Richtung Nordwesten.

Stara Novalja: Die alte Fähranlegestelle im Nordwesten ist heute beliebter Ferienort bei Tauchern – die Bucht ist auf ganzer Länge mit neuen Häusern zugebaut, trotzdem herrscht geruhsame Stimmung. Zu den Anwesen gehört meist ein kleiner Strand, und das Meer ist sehr sauber. Am Buchtende die *Sandbucht Trinćel* mit Bootsanlegestelle und einige Cafébars.

Information Tourismusverband, Kaštel b. b., 53291 Stara Novalja, ✆ 053/651-077, www.tzstaranovalja.hr. 8–15 Uhr. Agentur Sv. Marija, ✆ 053/662-250.

Übernachten Großes Angebot an Unterkünften, Vermittlung über die Agenturen. **Privatzimmer** 13–17 €/Pers., **Appartements** ab 40 €/2 Pers.

Kleines **Privatcamp** unter Pinien.

Essen/Übernachten Restaurant-Pension Arka, liegt direkt am Meer, bietet 7 Zimmer/Appartements (***); den Gaumen verwöhnt das sehr gute Restaurant (tägl. ab 12 Uhr) mit Produkten aus der eigenen Landwirtschaft (Lamm) und der Käserei, aber es gibt auch fangfrischen Fisch. Kaštel 159, ✆ 053/651-125, www.arka-pag.com.

Restaurant Porat, wird ebenfalls gelobt, hier werden auch Peka-Gerichte angeboten. Drljanda ✆ 053/651-348.

》》 Mein Tipp: Hotel Boškinac, am Ortsende und nordöstlich der Bucht Trinćel (ausgeschildert). Mitten im grünen Tal liegt der Natursteinbau mit eigener Kelterei im mediterranen Stil mit hübscher Terrasse und errang schon etliche Auszeichnungen. Gehobener Standard. Beste kreative Küche verwöhnt den Gaumen, zudem können in der Vinothek die hauseigenen, erlesenen Weine verkostet werden. Das müde Haupt schläft in komfortablen Zimmern/Appartements. DZ/F ab 130 € (TS 184). Novaljsko polje b. b., ✆ 053/663-500, www.boskinac.com. 《《

Tauchen Im kleinen Ort gibt's etliche Tauchclubs. Empfohlen werden:

Lagona Divers (dtsch. Team), Livići 85, ☏ 053/651-328, 098/1631-008 (mobil), zudem (49)09406/90550, www.lagona-divers-pag.com. Geöffnet März–Nov. Kurse von PAIDI und CMAS bis Tauchlehrer. Schöne Unterkünfte u. a. bei Pension Mama werden organisiert.

Ocean Pro (tschech. Team), Puntica 97, ☏ 098/1646-185 (mobil), www.oceanpro.cz. Wer mit Englisch kein Problem hat, ist hier bestens aufgehoben. Gut ausgerüstet, auch PS-starkes Speedboot.

Amfora Diving (Ltg. Dražen Peranić, intern. Team, auch Deutsche), Livić 9, ☏ 091/5049-934 (mobil). Es gibt hier in der Basis direkt am Meer auch ganzjährig Unterkünfte, das DZ/F für ca. 40 €. Der Besitzer fand übrigens das große Amphorenfeld im Meer (→ Novalja).

Novalja

Das einstige Fischerdorf liegt an einer weit geschwungenen Bucht mit breiter Promenade, ein Marktplatz ziert den alten Ortskern, zahlreiche Zeugen aus römischer Zeit warten auf Entdeckung. Novalja war zeitweise Hauptstadt der Insel und hat sich wegen der vielen Strände in der Umgebung zum Badeort und touristischen Zentrum gemausert – bei Nacht locken die Diskotheken zum Ausschwärmen.

Rund 2500 Einwohner leben in der Kleinstadt, dem Touristenzentrum der Insel, aber nach Pager Maßstäben: Es gibt zwei unauffällige Hotels, viele Pensionen, Lokale und den gut gelegenen Campingplatz mit Sportzentrum in der Nähe. Doch auch hier bleibt die Zeit nicht stehen, und Jahr für Jahr wird um das Städtchen herum kräftig gebaut, Neubauten mit Pensionen und Appartements fressen sich immer tiefer in unberührte Natur.

Den alten Ortskern mit seinen wenigen verwinkelten Gassen hat man jedoch schnell durchquert, sofern man nicht an irgendeiner Haustür beim Wein- oder Käse-

Novalja – frühmorgens wird am Hafenbecken um die Fische gefeilscht

Probieren hängen bleibt – von Obst bis Knoblauch wird feilgeboten, was der Garten hervorbringt. Die *Loža*, der Hafenplatz, und der angrenzende, vom Grün der Sophorabäume beschattete Marktplatz, sind die belebtesten Flecken im Ort. Von den Cafés rund um den Platz kann man den feilschenden Frauen an den Obst- und Gemüseständen zusehen. Dazwischen ein paar Stände mit Pager Spitzendeckchen – alte Frauen in Schwarz sitzen häkelnd dahinter. An der mit Palmen, Lorbeer, Oleander und Tamarisken bepflanzen Uferpromenade reihen sich Straßenkneipen, Eisdielen und die unvermeidlichen Souvenirbuden. Frühmorgens erwacht Novalja am Hafenbecken wieder zum einstigen Fischerdorf: Kähne, gefüllt mit bunten großen und kleinen Fischen, warten auf Abnehmer und Feilscher, die bald auch von allen Seiten angelaufen kommen. Novalja war übrigens früher bekannt für die Thunfischjagd, um die Pager Bucht standen etliche Thunfischbeobachtungstürme. Nur noch einer bei Caska blieb erhalten.

Als *Caska (Cissa)* versank, wurde Novalja zur neuen Inselhauptstadt. Das alte Weinbauerndorf Novalja gibt es noch heute – und in der archäologischen Sammlung *Stomorica* (neben der Pfarrkirche St. Katharina) die zu Stein erstarrte Geschichte einer glanzvollen Zeit: Gezeigt werden ein Inschriftenstein mit bischöflichem Taufspruch aus dem 4. Jh., Funde aus zwei frühchristlichen Kirchen des 5. und 6. Jh. und Reliquiare.

Von den Römern wurde eine *unterirdische Wasserleitung* gebaut, die von Polje (= Feldflur) bis zum Hafen durch den Fels verläuft, 44 m tief und 1402 m lang. Durch acht senkrechte Schächte gruben 16 Mann gleichzeitig im Stollen. Den Stolleneingang (→ Foto s. 245) gegenüber dem Rathaus *(Kralja Zvonimira)* hat man überbaut und darin das **Stadtmuseum** eingerichtet (Juli/Aug. 9–13/18–22 Uhr, sonst Mo–Sa 9–13 Uhr). Mit Führung kann man in den Schacht hinabsteigen und ca. 200 m weit an römischen Quadern entlanglaufen. Das Museum zeigt u. a. Amphoren aus der Mitte des 2. Jh. bis zum Ende des 1. Jh. v. Chr. (s. u.), eine Fotoausstellung von *Damir Fabianić* und wechselnde Ausstellungen. Für Taucher gibt es eine besondere Überraschung: Die restlichen fast 100 Amphoren, die 2004 von dem Taucher *Dražen Peranić* (→ Stara Novalja/„Tauchen") ca. 1 km östlich von Žigljen bei der Vlaška-Mala-Bucht gefunden wurden, können am Meeresgrund besichtigt werden, sind allerdings durch einen Stahlnetzkäfig gesichert. Etwas östlich vom Stadtmuseum das kleine nette **Archäologische Museum Stromorica** (Öffnungszeiten wie Stadtmuseum, Eintritt gilt für beide Museen).

Die Steinklötze an der Uferpromenade und am Marktplatz entstammen römischen Steinbrüchen; am Marktplatz stehen frühchristliche Sarkophage, daneben erhebt sich die **Kleine Kirche**, 1828 anstelle eines im 17. Jh. abgerissenen Vorgängerbaus errichtet. Im Innern ist ein ikonenhaftes Madonnenbild zu besichtigen, das seit 1534 als wundertätig gilt. Hinter der Kleinen Kirche stieß man 1974 bei Erdarbeiten auf die Grundmauern einer frühchristlichen Basilika, deren Apsis mit 13 m Durchmesser die größte der Region Römisch-Dalmatien ist. Zudem legte man Mosaike frei, die aus dem 4. oder 5. Jh. stammen. Der Mosaikboden ist in der Kirche unter einer Glasscheibe zu bewundern.

Die *Kirche* **Sv. Katarina** (18. Jh.) nördlich vom Marktplatz brannte nieder und wurde 1906 wieder aufgebaut; sehenswert ist der aus Carrara-Marmor gefertigte Hochaltar mit einem Relief von *Ivan Rendić*.

Insel Pag

Information/Verbindungen/Diverses

Tourismusverband (TZG) und TIC, Trg Brišićić 1 (kurz nach der Schranke an Uferpromenade), 53291 Novalja, ☏ 053/661-404, www.novalja.hr. Juni–Aug. tägl. 7.30–22.30 Uhr (15. Juli–15. Aug. bis 23 Uhr), Sept./Okt. tägl. 8–21 Uhr, Nov.–Mai Mo–Fr 8–15 Uhr.

Agentur Sunturist, Ul. Kranjčevićeva (am Ortseingang), ☏ 053/661-211, www.islandpag.com. Juli/Aug. 7–22 Uhr, sonst 8–20 Uhr.

Navalia Kompas, ☏ 053/661-102, www.navalija-kompas.hr. Zimmer, Ausflüge.

Agentur Aurora Travel, Slatinska 9, ☏ 053/663-493, www.aurora-travel.hr. Zimmer etc.

Jadrolinija, für Katamaran, Nordseite von Hotel Loža; Info-☏ 098/299-133 (mobil) für Trajekt (Žigljen).

Autotrans, ☏ 060/304-070, am Hafen.

Verbindungen Busse: Bushaltestelle für Lokalbusse west. der Mole. **Zentralbusbahnhof**, Špital, östl. vom Zentrum, gegenüber Tankstelle (Busverbindung zwischen beiden Haltestellen), Tickets 15 KN. Infos über Autotrans oder andere Agenturen (z. T. sind die Bustickets bei Autotrans am teuersten). Zu allen Fährabfahrts- und -ankunftszeiten Busverbindungen zwischen Pag und Novalja nach Žigljen. Vor dem Campingplatz hält der Bus ebenfalls. Im Juli/Aug. viele Direktbusse u. a. bis zu 10-mal tägl. nach Zagreb (Fahrzeit 5:20 Std., Fahrpreis 24 bzw. 31 € mit Autotrans), sonst nur 3-mal tägl. Nach Rijeka ganzjährig 2-mal tägl. (5.40, 12.15 Uhr, Fahrzeit 3 Std., Fahrpreis 23 €). Nach Zadar 5-mal tägl. (Fahrzeit 1:45 Std., Fahrpreis 9 bzw. 10 €). Nach Split 2-mal tägl. (4:15 Std.), 9 und 13.30 Uhr (bis Dubrovnik in 9 Std.!).

Bus zum Strand Zrće (Abfahrt bei Mole, Stopp auch Busbahnhof), 5.20 und 11 Uhr, danach stündl. bis 19 Uhr), im Hochsommer auch nachts.

Taxi: u. a. nach Lun, ca. 20 €.

Schiffsverbindungen (→ „Wichtiges auf einen Blick").

Gesundheit Ambulanz, Špital 1 (neben Busbahnhof), ☏ 053/661-367; **Apotheke**, Dalmatinska ul. 1, ☏ 053/661-370.

Ausflugsfahrten Vermitteln die Agenturen: nach Rab, Lošinj, Silba, zu den Kornaten und den Plitvicer Seen.

Tankstelle westlicher Altstadteingang; zudem am Ortsausgang und Kreuzung Richtung Fähre bzw. Pag. Juni–Sept. durchgehend

Einkaufen Mehrere gut sortierte Supermärkte, Obst- und Gemüsemarkt, internationaler Zeitungskiosk.

Galerie Galerija kunkera, nördl. der Kralja Zvonimira und westl. Von Sv. Katarina; meist 8–12/19–22 Uhr.

Internetcafé und Hotspots Im Altstadtzentrum, am Autocamp Straško und Zrće-Strand überall Wifi. Internetcafés u. a. **La Paloma**, (Trg bazilike 1), **Café Gaudinjo**, Ul. braće Radić.

Nachtleben Beste Adresse in der Stadt z. Zt. **Disco-Bar Cocomo-Club** (neben Moby Dick), man kann im Freien unter Palmwedelschirmen sitzen und an Cocktails nippen. Am Zrće-Strand tobt nachts der Bär: **Diskothek Zrće** (22–3 Uhr); **Disco-Club Kalypso** (22–3 Uhr); **Diskothek Aquarius** und **Papaya** – in der Saison werden die besten europäischen DJs eingeflogen. In allen Lokalitäten gibt es Snacks, Gegrilltes und Pizzen. Am **Caska**-Strand: **Cocktailbar Tri Sunca** und **Žal** (10–2 Uhr). (→ Pager Bucht).

Veranstaltungen Mariä Himmelfahrt, 15. Aug., Prozession von Novalja nach Pag. Patronatsfest **Sv. Anton**, 13. Juni. **Kultursommer Novalja**, Mitte Juni bis Mitte Sept.; viele Events, u. a. Ethno-Festival, Klassik- und Klappakonzerte.

Übernachten/Camping/Essen

Übernachten Privatzimmer je nach Kategorie ab 30 € ohne Frühstück. **Appartements** ab 40 €/2 Pers. Schöne Unterkünfte finden sich im Westen der Stadt.

** Hotel Liburnija, hinter Palmen am Meer, nur die Lage ist gut. Älteres, abgewohntes Hotel ohne AC und Balkon. Einfachste Ausstattung (TV, Minikühlschrank); abends Musik auf der Terrasse. DZ/F mit Meerblick 80 € (TS 102 €, zu teuer!). ☏ 053/663-381, www.turno.hr.

** Hotel Loža, am Kai und Hauptplatz. Abends Pianomusik auf überdachter Terrasse. DZ/F mit Meerblick ca. 100–130 €. Trg. Loža 1, ℡ 053/661-313, www.turno.hr.

Camping 》》 Mein Tipp: *** Autocamp Straško, zählt wegen der herrlichen Lage zu den Top 10 von Kroatien. 57 ha großes Areal an der Südwestküste 2 km östl. vor der Stadt mit kilometerlangem Kieselstrand (Blaue Flagge). Schatten spenden Steineichen, Strandkiefern, Zypressen und Olivenbäume. Weißer Fels- und Kiesstrand. 1/3 des Geländes ist den FKK-Freunden reserviert. Supermarkt, Restaurants, Pizzeria, Cafés, Tennisplätze, Beautycenter, Kletterinsel, Tauchclub und großes Sportprogramm, Verleih von Surfbrettern. Hotspot, Bankomat; Animation für Groß und Klein. Touristenzug pendelt in die Stadt. Geöffnet Anf. April–Mitte Okt. 9,50 €/Pers., Stellplatz ab 17,50 €, Parzelle ab 22 €; schöne Mobilhäuser ab 95 € (TS 118 €) und Wohnwagenvermietung. ℡ 053/661-226, www.turno.hr. 《《

Essen & Trinken Zahlreiche Restaurants und Cafébars von meist gleichem Niveau (→ Stara Novalja).

Restaurant Antonio, zählt zu den besten Restaurants in Novalja. Gute Fischgerichte, vielfältige italienische Küche. Obala Petra Krešimira IV b. b. (Ortsbeginn), ℡ 053/661-441.

Restaurant Starac i More, hier sitzt man hübsch unter Fischernetzen unter überdachter Terrasse oder im großen Garten. Spezialitäten: frische Fischsuppe und Fischgerichte, meist lange Wartezeiten. Braće Radić, ℡ 053/662-423.

Konoba Ankora, westl. des Marktplatzes. Überdachte Terrasse, weißer Oleander säumt den Eingang. Im Angebot z. B. Hummer, Froschschenkel und natürlich Gegrilltes. Ribarska 10, ℡ 053/661-363.

Restaurant Stari Mlin (Alte Mühle), Gerichte vom Holzkohlengrill. Obala Petra Krešimira IV, ℡ 053/662-275.

Restaurant Riva, am Beginn der westl. Uferpromenade. Gute Atmosphäre und beste Küche durch frische Zutaten. Spezialität sind Fisch- und Scampi-Gerichte. Obala K. Domagoja 4, ℡ 053/661-965.

Die römische Wasserleitung

Restaurant Laguna, ganz im Westen an der Strandpromenade. Gehobene Preise, dafür romantische Atmosphäre mit Kerzenlicht und Blick aufs Meer. Leckere Steaks oder Fische vom Holzofen. Primorska 26, ℡ 053/662-217.

Restaurant Basilika, kurz vor Laguna, bei der Mole. Edle Pinienmöbel und schickes Ambiente, kreative moderne Küche auf Basis alter Tradition. Spezialitäten sind Fisch- und Krustengerichte, u. a. Lobster aus der Peka. Gehobenes Preisniveau. Primorska 42, ℡ 053/661-969.

》》 **Mein Tipp: Konoba Antika**, klein und gemütlich mit offenem Kamin und Antikem, u. a. ein Piano von 1622 oder Mussolinis Trompete aus dem Jahr 1938. Zur Unterhaltung plaudert die Papageiendame Jagoda. Verfeinerte dalmatinische Küche, u. a. Scampi mit Pfirsich-Risotto. Ante Šonje 5 (östl. Trg Bazilike), ℡ 053/661-712. 《《

Restaurant-Pizzeria Moby Dick, an der Hauptstraße (Ortsmitte). Hier isst man gute Pizzen. ℡ 053/662-488.

Baden/Sport

Baden Gute Bademöglichkeiten am Kiesstrand in der großen Bucht von Novalja. Auch für Kinder bestens geeignet, da es seicht ins Wasser geht. Wem es hier zu überlaufen ist, der kann um das **Kap Gaj** herumlaufen zur **Babe-Bucht** mit felsigem

Strand und sandigem Grund. Ein paar Kilometer entfernt die Sandbucht Trinćel. Oder man fährt in die Pager Bucht zum Sand-Kies-Strand von Caska. Nebenan der Kiesstrand von Zrće (gebührenpflichtiger Parkplatz, Hotspot; sehr viel Rummel), allerdings weht die „Blaue Flagge". Frühmorgendliche Putzkolonnen säubern den Strand von den nächtlichen Gelagen. Östlich vom Autocamp Straško (ebenfalls Blaue Flagge) der Kiesstrand Braničevica (bei Gajac-Feriensiedlung). Mehr zu Baden (→ Pager Bucht).

Sonstiges Sportzentrum neben dem Campingplatz mit Tennisplätzen, Minigolf, Beachvolleyball, Boots- u. Surfbrettverleih.

Bootsverleih über die Agenturen, im Autocamp und an der Zrće-Bucht. Surfbrett- und Paddelbootverleih an der Zrće-Bucht.

Fahrradfahren Fahrradverleih bei der Busstation, beim Hotel Liburnija und im Autocamp Straško. Von Novalja aus kann man herrliche Touren Richtung Lun (Vorsicht auf der Hauptstraße) oder auf dem Uferweg nach Pag unternehmen.

Tauchen Tauchclub im Autocamp Straško (☏ 053/662-419). Zudem etliche in Stara Novalija.

Wakeboarden und Bungeejumping Die große Anlage ist südlich vom Zrće-Strand.

Halbinsel Lun

Wie eine Lanze stößt die Halbinsel von Novalja nordwestwärts ins Meer. Ihre Bewohner bauen Wein und Oliven an, züchten Vieh und schichten Steine zu Mäuerchen zum Schutz des verkarsteten Landes gegen den Wind.

Richtung Lun verläuft die Straße zwischen niedrigen Mauern: Karg und steinig ist das Land, nur Feigen- und Olivenbäume gedeihen hier. Auf der einen Seite das Küstengebirge, auf der anderen tiefblau das Meer. In der Ferne erheben sich die Inseln Lošinj, Silba und Olib. Oben an der Straße wirkt alles einsam und verlassen, nur ab und zu ein Esel, Schafe, die unter den knorrigen, ausladenden Olivenbäumen Schatten suchen. Schmale Asphaltwege zweigen zu Weilern auf der Südwestseite der Insel ab, die sich langsam dem Tourismus öffnet.

Potočnica: Fels- und Kiesbuchten umgeben den Ort, ein kurvenreiches Sträßchen führt hinab zur kleinen Siedlung. Am Hafenbecken wird Fisch gegrillt; es gibt Zimmervermietung.

Autocamp Škovrdara, ca. 10 km von Novalja entfernt, kleiner familiärer Platz unter ein paar Olivenbäumen direkt am Meer; einfache Duschen kalt/warm; Kerzenscheinromantik, da kein Strom. Trotz allem sehr schöner Platz. Getränkeverkauf. 4,50 €/Pers., Zelt u. Auto 6 €. Škopljanska 25, ☏ 091/886-369 (mobil), www.camp-skovrdara.com.

Dražica: Ein schmales Asphaltsträßchen, eingezwängt zwischen Buschwerk und Mäuerchen, schlängelt sich tief zum Meer hinab.

Camping »› Mein Tipp: Autocamp-Pension Dražica, schöner terrassierter Platz unter Olivenbäumen an einer stillen Bucht. Grillengezirpe ist in der Mittagshitze das einzige Geräusch. Unterhalb des Camps Kies-/Felsstrand und Pfade zu weiteren Buchten. In der gemütlichen Konoba Mul gibt es dalmatinische Gerichte. Caravans können ab Hauptstraße gezogen werden! Es werden auch Zimmer vermietet. Die netten Besitzer Jasna u. Mate Guščić sprechen Deutsch. Pers. 5,15 €, Stellplatz (Auto/Zelt) 8,30 €. Geöffnet 1.6.–31.9. Primorska 21A, ☏ 053/661-294, 098/416-759 (mobil, im Sommer), www.autocamp drazica.com. «

Jakišnica: Einfamilienhäuser zwischen Oliven- und Feigenbäumen ziehen sich hinab bis zum Meer und zum Hafenbecken. Rund um Jakišnica Kies- und Felsbuchten. Die Einheimischen braten sich ihren Fisch vor der Haustür. Der Ort wird oft

Tausendjährige Zeitzeugen unter Naturschutz – wilde Olivenbäume bei Lun

mit Ausflugsbooten von Rab „beglückt"; zudem hält hier in der Hochsaison auch das Boot Rab–Lun.

Übernachten/Essen Es gibt zahlreiche Privatzimmer/Appartementvermietungen rund um die Bucht, ab 14 €/Pers. Zum Einkaufen gibt's einen kleinen Laden.

Pension-Restaurant Palma, netter Neubau mit schönen *** Zimmern und gutem Restaurant an der Anlegestelle. Fam. Badurina, Jakišnica 261, ✆ 053/668-117.

Konoba-Pension Sidro, auch am Hafenbecken. Hier isst man ebenfalls gute Fischgerichte und es werden Zimmer vermietet. ✆ 053/668-093.

Bistro-Pension Toni, ebenfalls schöne Lage am Hafenbecken, nette Zimmer und gute Küche. ✆ 053/668-087.

**** Hotel Luna Island, komfortables Hotel, das beste der Insel, mit gutem Restaurant, Wellnesscenter, großem, gut gestalteten Außenpool oberhalb am Meer – alles bestens, nur zu modern und zu groß für diese ländliche Gegend. Fast ganzjährig geöffnet. DZ/HP 242 €. ✆ 053/654-700, www.lunahotel.hr, www.valamar.com.

Dudići: Kurz vor Lun führt eine Abzweigung zu dem Olivenweiler mit sehr gutem Fischrestaurant und Pension Crnika unter Schatten spendenden Bäumen direkt am Hafenbecken (✆ 053/665-105, 665-104). Rechts vom Ort führt ein Waldweg zu vielen kleinen *Kiesbuchten.*

Lun: Kleiner Ort an der Straße, versteckt hinter Steinmäuerchen und Gärten. In einer Kneipe mit schilfgedeckter Terrasse bekommt man Pager Käse, luftgetrockneten Schinken und Wein – ein Ort zum Ausspannen. Wenn einem hier jemand aufgeregt nachläuft, so nur, weil er ein paar frische Feigen verkaufen möchte, die übrigens sehr lecker sind. Beschaulich ist der unter Naturschutz stehende 23,6 ha große Olivenhain mit knorrigen bis zu 1000-jährigen wilden Olivenbäumen (olea oleaster).

Tovarnele: Am äußersten Zipfel im Nordwesten der Insel. Ein ruhiges, verschlafenes Örtchen mit einfachen Häusern, die sich bis zum Meer hinabziehen. Ab und zu kommen Ausflügler von Rab hierher, wo man in den Restaurants das Essen und die herrlichen Sonnenuntergänge genießen kann.

Information Tourismusverband, 53294 Lun, ☏ 053/665-087, nur Mitte Juni–Mitte Sept.

Verbindungen Regelmäßig Busse nach Novalja. Tägl. Bootsverbindung nach Rab (→ „Wichtiges auf einen Blick").

Einkaufen Laden und Zeitungskiosk.

Übernachten Privatzimmer kosten ab ca. 12 €/Pers.; auch Appartements.

Essen & Trinken Gostiona Jadran, oberhalb des kleinen Hafenbeckens. Hier isst man gut Fisch- und Grillgerichte.

Buffet Torvanele, gegenüber der Hafenbucht unter schattigen Bäumen.

Pager Bucht

Die weite, von weißen Bergen umschlossene Pager Bucht mit Sand- und Kiesstränden zeigt sich auf der Karte wie ein langer Schlauch, nur nach Osten öffnet sich die Meerenge zum Velebit-Kanal. Auf der Nordostseite verteilen sich ein paar Dörfer, am Ende der Bucht im Süden liegt der Hauptort Pag.

Zrće-Bucht: Von einem Kiefernwäldchen ist sie gesäumt, umrahmt von weißgrauer Bergkulisse; dazwischen spült das Meer feinen Kies aus, der im Wasser in Sand übergeht. Der Strand ist gepflegt und erhielt die „Blaue Flagge". Frühmorgens, nach den Zechgelagen, rücken die Putzkolonnen an. Leider wurde die Bucht sehr kommerzialisiert: Clubs, Snackbars, Cafés mit Hotspots, Wasserpark und Wakeboardanlage und ein großer Parkplatz (15 €/Tag!), auf dem die Blechlawinen rasten, beherrschen den einst idyllischen Platz. Im Hochsommer tobt hier der Bär, die besten europäischen DJs werden per Helikopter eingeflogen und gastieren zu gigantischen Stundenlöhnen. Es gibt neben Konzerten auf großen Bühnen Poolparties und sonstige Events, es wird getanzt und gefeiert. Der Strand zählt zu den beliebtesten Sommer-Partymeilen von ganz Kroatien und viele große Zagreber Clubs haben hier ihr Sommerquartier erfolgreich aufgeschlagen.

》》》 Mein Tipp: Essen/Unterhaltung Etliche Clubs (www.zrce.hr) residieren hier ab Mitte Juni bis Aug. mit großen Bühnen und großem Programm: **Diskothek-Club Aquarius** (www.aquarius.hr/novalja) und **Club Papaya** (www.papaya.com.hr); **Disco-Beach-Club Kalypso** (www.calypsoclub.hr); Letzterer etwas netter am Kiefernwäldchen und am nördlichen Rand. In allen Lokalitäten gibt es Bars, Pizza, Gegrilltes, Snacks. Abends ist Discobetrieb von 22–4 Uhr. Ein Bus verkehrt nach Novalja Juli/Aug. ist 5 Uhr morgens, sonst nur tagsüber. **《《《**

Sport Boots-, Surfbrett-, Sonnenschirmverleih, Wakeboard-Anlage, Bungeejumping, Jetski.

Caska-Bucht: Einige Neubauten mit Zimmer- bzw. Appartementvermietung zählt der gleichnamige Weiler, am türkisfarbenen Meer der 100-jährige Thunfischbeobachtungsturm und *Sand-Kies-Strand*, unter dem Meeresspiegel die Mauerreste des untergegangenen Cissa. Oberhalb der Bucht, auf einem Hügel, stehen die Ruinen der Kirche Sv. Juraj aus dem 11. Jh.

Essen/Unterhaltung Auch hier haben sich ein paar Bars angesiedelt: **Emko-Bar** (bis 23 Uhr), Strudel, Palatschinken und Pizza. **Cocktailbar Tri Sunca** und **Žal** (10–2 Uhr).

Richtung Metajna: Steinwüste begleitet die Strecke; die karg-grünen Flächen sind unterteilt von unzähligen Mäuerchen, die die Landschaft von weitem wie ein Labyrinth erscheinen lassen. Oberhalb das Felsgebirge. Die Straße führt an den Dörfern **Kustići** und **Zubovići** mit vielen Neubauten vorbei. Zwischen Zubovići und Metajna gibt es am Uferweg *Sand- und Kiesstrände*.

Übernachten In beiden Orten gibt es Appartements ab 32 € und **Privatzimmer** ab 10 €/Pers. (auch HP möglich).

Essen & Trinken Konoba Marina mit Terrasse.

Pager Bucht – Badespaß am Caska Strand

Metajna und **Halbinsel Zaglava:** Auch in Metajna gibt es Privatzimmer; an der Hafenbucht, an der auch die Straße endet, die Cafébar *Draga* und *Gostionica Riva*. Busverbindung nach Novalja und Taxischiffe nach Pag.

Die Halbinsel Zaglava ragt hornförmig ins Meer. In der Talsenke wachsen Schilf und die Reben für einen schweren Rotwein. Die Bucht *Ručica* auf der anderen Seite, von karstweißen, nackten Bergen eingezwängt, ist über den Fußweg zu erreichen, der das Horn schnurgerade durchschneidet. Der Kiesstrand bietet einen Blick auf die Stadt Pag, aber keinen Schatten. Oberhalb des Strandes eine *Konoba* mit Meeresblick, man sitzt luftig auf dem Holzbalkon. Oberhalb der Ručica-Bucht verläuft ein schmaler Pfad weiter durch das weiße Gestade zur *Slana-Bucht*. Freeclimber betätigen sich an den Felsen hinter dem Ort.

Information Tourismusverband, ☏ 053/667-188; geöffnet nur 15.6.–15.9.

Übernachten Es gibt etliche preiswerte Unterkünfte, ein paar Vermieter haben sich zusammengeschlossen: www.metajna.eu.

Pension Laguna, das Haus der gastfreundlichen Familie liegt am Meer mit Kiesstrand; schöne, gut ausgestattete Zimmer mit Meerblick. Es gibt Frühstücksbuffet und wer möchte, bekommt auch leckeres Abendessen (ca. 32 €/Pers./HP). Preiswert und sehr gut. Fam. Jure Datković, Metajna 104, ☏ 053/667-160.

Bucht Barkariž und **Sv. Duh:** Beide Buchten liegen an der Westseite der Pager Bucht; vor Kolan auf die alte Inselstraße abbiegen – sie windet sich ebenso kühn wie die Steinmäuerchen über die Hügel. Schilfrohrfelder bestimmen das Bild, ab und zu eine Schar Rebhühner. In den Buchten ist FKK möglich; der *Kiesstrand* mit seichtem Sandgrund ist für Kinder gut geeignet. Auch hier verlangt man inzwischen Eintritt (ca. 1,50 €).

Camping Campingplatz Sv. Duh, auf einer großen, durch Tamariskenbüsche unterteilten Wiese kann man in ruhiger Umgebung zelten. Sanitärmäßig leider eine Katastrophe – doch weiter westlich gibt es Süßwasserquellen. Neben dem Platz die Spirit-Bar mit Getränken und Gegrilltem. Ca. 4,50 €/Pers., Zelt 2 €, Auto 1,80 €. ☏ 098/295-756 (mobil).

Von der *Sv. Duh-Bucht* westwärts bis zur *Katarelac-Bucht* und ostwärts bis zur *Dubrava-Bucht* gibt es viele einsame Badestrände mit Kies und Sand; Zufahrten von der Straße aus teils wegen Schafherden verschlossen.

Kolan

Die Ortschaft unterhalb der Inselstraße ist die einzige Ansiedlung im Landesinneren und wurde zum Zentrum der Käseherstellung. An vielen Häusern prangen Verkaufsschilder nicht nur für Käse, sondern auch für Wein und Schinken. Von Kolan aus kann man die mit 348 m höchste Erhebung der Insel, den *Sv. Vid*, besteigen – oben wartet ein herrlicher Rundumblick auf die Insel und in die Ferne.

Information 23251 Kolan. **Tourismusverband**, ✆ 023/698-290. Geöffnet Mo–Fr 7–11 Uhr, Juli/Aug. 7–19 Uhr.

Einkaufen ››› Mein Tipp: Sirano Gligora, es ist die größte und modernste Käserei (errang mehrere Auszeichnungen), die nach Voranmeldung auch besichtigt werden kann. Mo–Sa gibt es Führungen mit Käseverkostung um 11 u. 13 Uhr, 60 KN. Zudem gibt es einen Käseladen (geöffnet in der Saison tägl. 7–20 Uhr), hier werden die verschiedenen Sorten Pager Käse angeboten (reiner Schafskäse oder auch halb Kuh- u. Schafskäse); zudem harter gereifter oder weicher Frischkäse, auch mit Kräutern oder Trüffeln); daneben Wein, Öl, Essig, Kapern – fast alles Bio-Ware. Figurica 20, ✆ 023/698-052, www.gligora.com. ‹‹‹

Neben obiger gibt es im Ort noch etliche kleine **Käsereien** (Sirano), die ebenfalls guten Käse herstellen: U. a. **Šmrika**; **Mih** (Stanić 29, ✆ 023/698-011, www.siranamih.hr), **Beledvir** (s. u.), **Figurica** (s. u.).

Übernachten **Privatzimmer** gibt es ab 15 €/Pers., **Appartements** ab 35 €/2 Pers.

Essen & Trinken Konoba-Pension **Beledvir**, nettes Lokal mit Terrasse; aus eigener Produktion und Zucht gibt es neben prämiertem Käse auch Lammspezialitäten, u. a. aus der Peka, sowie Fisch, Gemüse, Wein und Grappa. Auch Zimmervermietung. Šuprahini dvori 11, ✆ 023/698-078, www.konoba-beledvir.hr. ∎

Konoba-Pension **Figurica**, auch hier wird Käse produziert und das Schafsfleisch brutzelt im Ofen. Zimmervermietung. Figurica 11, ✆ 023/698-090, 098/429-193 (mobil).

Wandern: Bergtour zum Sv. Vid (348 m)

Etwa 300 m nach dem Ortsende von Kolan in Richtung Pag zweigt in der großen Rechtskurve ein Schotterweg (rote Kreismarkierung) links ab. In der Bergsenke wächst Wein, umgrenzt von niedrigen Mauern. Der Weg verengt sich und wird dornig. Ein Gatter versperrt den Pfad, und die Aufschrift bittet um das erneute Schließen des Tores (wegen der Schafe). Dahinter verändert sich die Landschaft schlagartig – es begrüßt uns Steinwüste mit nur noch kleinen Kräuterbüscheln zwischen den Steinhalden.

An der Weggabelung geht es links hoch (geradeaus weiter kämen wir in rund 2 Std. nach Pag und in einer halben Stunde nach Šimuni). Halbzeit! Nun geht's steil bergauf. Blaue und gelbe Disteln und Salbei bedecken die Steinwüste, kratziges Gebüsch gesellt sich dazu. Eine Ebene folgt – ein Wassertümpel, blökende Schafe und nur noch Steine. Von hier aus erblickt man ein altes Gemäuer auf der Bergspitze, auf das wir zusteuern. Es entpuppt sich als Kirchenruine; daneben das Gipfelkreuz. Ein herrlicher Rundblick belohnt den Aufstieg: Unten liegt Pag an den Salzfeldern, in der Ferne Rab, Cres, Lošinj und die Inseln bis nach Zadar mit dem Küstengebirge im Hintergrund. Freeclimber finden am Nordhang ein Aktionsfeld.

Für die gesamte Wegstrecke (hin und zurück) benötigt man ca. 3 Std. Der Pfad ist markiert (roter Kreis). Gutes Schuhwerk erforderlich! Das Auto am besten am Ortsende von Kolan parken.

Mandre

Ein ruhiges Fischerdorf an der Südküste der Insel, das alte Ortszentrum liegt am kleinen geschützten, von Kiefern umstandenen Hafen. Fischernetze sind ausgebreitet, Kähne schaukeln im Wasser. In den Neubauten am Rand von Mandre werden Appartements und Zimmer vermietet. Gegenüber liegen die Inseln Skrda und Maun und in der Ferne Olib.

Information Touristinformation am Hafenbecken, 23293 Kolan-Mandre, ☏ 023/682-203. 7–12 und 18–20 Uhr (nur Juli/Aug.).
Agentur Duza, Primorska 41, ☏ 023/697-694, 098/9178404 (mobil). Gut organisiert, Zimmervermittlung.
Verbindungen Regelmäßig Busse nach Pag und Novalja.
Einkaufen Obst-/Gemüsestand und Supermarkt.
Übernachten Restaurant-Pension „5 Ferala", 2-stöckiger Neubau direkt am Meer mit großer Terrasse. Fisch und Gegrilltes. DZ mit Frühstück 40 €; auch Appartements. ☏ 023/682-123.
Weitere **Pensionszimmer** z. B. im Haus Nr. 18 (direkt am Meer mit Terrasse und kleinem Strand) ab 15 €/Pers.
Essen & Trinken Gostiona Porat, Ortsmitte, mit Terrasse und leckeren Fischgerichten. **Gostiona/Grill Mandre**, am Ortseingang.
Tauchen Diving Club Mandre (Ltg. Kubou šek) ☏ 053/697-321, 095/8019-437 (mobil), www.kubousek.eu. Auch Unterkunftsvermittlung.

Baden: Am Uferweg zum Teil mit Kies aufgefüllte Badestellen. *Bademöglichkeiten* entlang der Bucht Richtung Šimuni, jedoch schlechter Zugang zum Meer wegen der Felsen und der großen Kieselsteine. Wer ein Boot hat, findet auf der *Insel Maun* sehr schöne Badeplätze.

Šimuni

Der Ort liegt an der Südküste an einer fjordartigen Bucht mit kiefernbewachsenen Hängen, die wenigen Häuser verstecken sich hinter dem Grün der Büsche und Bäume. Das große Hafenbecken bietet Jachten geschützte Ankerplätze und wurde zu einer ACI-Marina ausgebaut. In der Suha-Bucht liegt ein sehr guter Campingplatz.

Šimuni – auch hier gibt's einen geschützen Jachthafen

254 Insel Pag

Information Touristinformation, 23293 Kolan-Šimuni, ☎ 023/697-437. Nur Juli/Aug.

Verbindungen Busse nach Pag und Novalja. Busstopp an der Straße oberhalb des Campingplatzes.

Einkaufen Im Ort nur Wein- und Gemüseverkauf. Laden im Campingplatz.

Übernachten Privatzimmer ab 12 €/Pers.

*** Hotel-Pizzeria Olea, nettes 10-Zimmer-Hotel mit guter Pizzeria, ca. 50 m vom Strand. Geöffnet Mai–Sept. DZ/F ca. 60 €. Šimuni 101, ☎ 023/697-439, www.villaolea.hr.

Camping *** Autocamp Šimuni, 1 km nördl. von Šimuni, in der Bucht von Suha mit Blick auf die Insel Maun. Großer 48-ha-Platz in einem Pinienwäldchen, leichte Hanglage, steiniger Untergrund; Fels- und Kiesstrand. Minimarkt, Café, Restaurant, Windsurf- und Tauchschule Foka, Bootsanlegeplätze. Im Hochsommer wenig Freiraum, da zu kleine Parzellen. Mobilheim- (ab 110 €/4 Pers., TS 130 €) und Wohnwagenvermietung (9 €/Pers., TS 10,50 €), Stellplatz 10 € (TS 15 €), Parzelle ab 20 € (TS 25 €). Ganzjährig geöffnet. Šimuni b. b., ☎ 023/97-441, www.camping-simuni.hr.

Essen & Trinken Grill/Bistro Šimuni, im Ort, mit kleiner, schattiger Terrasse unter ausladendem Pinienbaum. Die Karte bietet Gegrilltes und Fisch.

Restaurant Marina Šobar, direkt am Hafenbecken, innerhalb der Marina. Fisch- und Fleischgerichte.

Jachthafen ACI-Marina Šimuni, 150 Liegeplätze im Meer, 30 an Land, Slip, 15-t-Kran. Die Liegeplätze verfügen über Wasser- und Stromanschluss, bewachten Parkplatz, sanitäre Anlagen, Wäscherei, Restaurant, Minimarkt. Ganzjährig geöffnet. ☎ 023/697-457, www.aci-club.hr.

Tauchen Tauchcenter Foka (Hr. Vedran Dorušić) am Campingplatz Šimuni, ☎ 091/5302-072 (mobil), www.foka.hr.

Weiter verläuft die Strecke an Macchiahängen und Steinwüsten entlang; unten im Meer sieht man dunkle, weißgesäumte kleine Inseln im Dunst: Vir, Molat, Ist, Olib, Maun und Skrda. Schließlich schlängelt sich die Straße bergab. **Pag** liegt an der Landbrücke zwischen Bucht und Saline. Oberhalb der Bucht ein Felsmassiv wie der Grand Canyon, dahinter das Küstengebirge, zartrosa in der Abendsonne, die die Salinengevierte in der Bucht rot-lila färbt.

Blick auf Pag und seine Salinen

Pag

Der Hauptort der Insel (2300 Einwohner) breitet sich am Ende der gleichnamigen Bucht aus, die sich nach der Landbrücke in den rechteckigen Formen der Salinen fortsetzt. Das Städtchen besitzt einen gut erhaltenen Altstadtkern.

Streng geometrisch wie die Salinen ist auch der Grundriss der Altstadt, den *Juraj Dalmatinac*, ein großer dalmatinischer Baumeister, entworfen hat. 1483 wurde mit dem Bau begonnen, 20 Jahre später stand die Stadt. Die nach Dalmatinac benannte Hauptstraße, zu der die Gässchen parallel verlaufen, kreuzt sich mit einer Querstraße am Hauptplatz, dem *Trg kralja Petra Krešimira IV*. Hier steht ein Denkmal für den Baumeister und die *Basilika* mit prachtvoller Fassade. Pag wirkt ruhig, es gibt wenig Unterhaltungsprogramm. In den schnurgeraden, engen Gassen, in die die geöffneten Fensterläden ragen, sitzen nur noch wenige schwarz gekleidete Frauen Spitzendeckchen häkelnd vor den Haustüren, äugen, plauschen und bewegen virtuos ihre Nadeln.

Die *Große Straße* (Vela ulica), die eigentlich auch nur eine Gasse ist, führt vom Hauptplatz gerade nach unten zur Uferpromenade. Nachts leuchten bunte Lämpchen zwischen den grauen Natursteinhäusern. Dazwischen Laubbäume, ein Marmorbrunnen, dessen Geplätscher das Geplauder der Gäste im Café untermalt. An der Uferpromenade Cafés und Restaurants und eine hübsche, für Boote durchlässige hohe Brücke, die zur Südstadtseite mit Museum führt.

Information/Verbindungen/Diverses

Information Tourismusverband (TIC), Vela ulica, 23290 Pag, ✆ 023/611-286, www.tzgpag.hr. Geöffnet Juli/Aug. tägl. 8–22 Uhr, Mai/Juni u. Sept. Mo–Fr 8–19, Sa/So 9–13/17–19 Uhr; sonst Mo–Fr 8–15 Uhr.

Agentur Meridijan 15, A. Starčevića 1 (neben Hotel Pagus), ✆ 023/612-162, www.meridijan15.hr. Zimmervermittlung etc.

Pag Tours, Zagrebačka (neben Supermarkt). Vermietung von Scootern, Fahrrädern und Autos. Nur Juli/Aug.

Agentur Perla, J. B. Jelačića 21, ✆ 023/600-003, www.perla-pag.hr. Zimmervermittlung.

Verbindungen Busse nach Novalja (3- bis 5-mal tägl., 2,80 €), Rijeka (2-mal tägl., 25 €), Zagreb, Zadar, Split. Busbahnhof am alten Fährhafen. (Verbindungen/Preise → Novalja).

Einkaufen Paška sirana, hier gibt es Käse, Wein, Schnaps etc. – alles Produkte von der Insel Pag. Vela ulica.

Tankstelle Östl. vom Zentrum (Zadarska ul.), hinter Kreuzung nach Novalja.

Veranstaltungen Stadtfest, 5. Aug. Mariä Himmelfahrt 15. Aug., große Prozession, Beginn 18 Uhr an der alten Kirche in Stari Grad. **Mala Gospa**, 8. Sept. (kleine Prozession → Kasten „Madonna von Stari Grad"), Beginn um 17 Uhr am Hauptplatz von Pag, 18.30 Messe in Stari Grad. **Spitzenfestival**, 5 Tage Mitte Juni. **Klassische Musik**, 1.–15. Aug. in der Kirche Sv. Frane. **Klappa-Konzerte** im Juli/Aug. **Sommerkarneval**, letztes Juliwochenende.

Gesundheit Hinter dem Campingplatz ein Bassin für **Schlammpackungen** (gut gegen Rheuma und Abnützungserscheinungen), aber ohne ärztliche Aufsicht.

Ambulanz, Prosika (südl. der Fußgängerbrücke), ✆ 023/611-006. **Apotheke**, Stjepana Radića (östl. der Fußgängerbrücke), ✆ 023/611-043.

Nachtleben Discothek Magazin No 5, Prosika (südl. der Fußgängerbrücke), große Tanzfläche im hohen Raum, Natursteinmauern; ab und zu Livemusik. Geöffnet Juli/Aug. tägl. 22–3 Uhr, Juni/Sept. nur Fr/Sa. **Vanga-Club**, Open-Air-Terrasse, direkt an der Fußgängerbrücke.

Nautik Anlegemöglichkeiten (mit Strom/Wasser) am Stadthafen, bis zu 15 Boote.

Hafenkapitän, ☏ 023/611-023. Bootsverleih.
Tauchen Tauchbasis neben Hotel Pagus. Tauchclub an der Fußgängerbrücke. ☏ 091/2430-163 (mobil). Zudem Scuba-Center Pag (Basis in Novalja, arbeiten aber auch hier), ☏ 098/209-144 (mobil).
Fahrrad Verleih: Hotel Belveder und Pag Tours. **Fahrradmarathon** 53 km, 1. Sa im Juli.

Reticella-Spitzen – Čipka

Schon im alten Venedig waren die Pager Reticella-Spitzen, schlicht Čipka genannt, berühmt und begehrt, und zu österreichischen Zeiten nähten Pagerinnen am Wiener Hof von Kaiser Franz-Joseph. Die Spitzen aus feinem Garn wurden später auch in Klöppeltechnik hergestellt, es gab im Ort auch eine Spitzenklöppelschule – sie wurde wieder eröffnet, um auch jungen Frauen die alte Handarbeitskunst innerhalb von neun Monaten zu vermitteln. Im kleinen Museum (Trg kralja Petra Krešimira IV, östlich der Basilika), sind filigrane Spitzendeckchen ausgestellt (in der Saison 9–13/19–22 Uhr).

Übernachten/Essen & Trinken

Übernachten Privatzimmer ab 15 €/Pers. Die schönsten liegen nördl. der Stadt, an der Bašaca-Bucht oder auch im Süden an der Pager Bucht. Appartements ab 35 €/2 Pers. Z. B. **Fam. Marija & Ivo Kauriot**, freundlicher Familienbetrieb, nette Zimmer/Appartements, große Gemeinschaftsküche und großes Gelände, auch gut zum Parken; nebenan vermietet die Schwägerin. DZ 42 €. Prosika 19, ☏ 023/611-183, www.apartmani-marija.com.

*** **Hotel Smokva**, altstadtnahes, nettes Hotel mit 20 ansprechenden Zimmern und Appartements (Eröffnung war 2011), dazu ein gutes Restaurant mit schöner baumbestandener Terrasse. DZ/F und Meerblick 102 € (TS 114 €). Geöffnet Mai–Okt. Golija b.b., ☏ 023/611-168, www.hotelsmokva.com.

*** **Aparthotel Belveder**, mehrstöckiges Haus nordwestl. der Altststadt nahe dem Meer, mit Restaurant, Pool, Sauna, Fitness. Zimmer und Appartements. Fahrradverleih. DZ/F 100 €. Veli Brig 20, ☏ 023/612-564, www.belveder-pag.com.

** **Hotel Tony**, kleines, einfaches und familiäres Hotel mit guter Küche, nördl. vom Hotel Pagus in ruhiger Lage, oberhalb schöner Badebucht. Internet. DZ/HP 80 € (TS 90 €). Dubrovačka ulica 39, ☏ 023/611-370, www.hotel-tony.com.

**** **Hotel-Restaurant Pagus**, nordwestl. der Stadt direkt am Feinkiesstrand. Komfortabel mit 117 Zimmern, schönes Spa-Center mit Meerblick, Innen- und Außenpools. Sehr gutes und schönes Restaurant mit großer Terrasse (Sonnenuntergänge!) und Lounge-Bar. DZ/F mit Balkon zum Meer 132 € (TS 150 €). Šet. A. Starčevića, ☏ 023/611-310, www.coning.hr.

**** **Hotel Plaža**, direkt am Meer in Richtung alte Straße nach Novalja. Komfortable Zimmer, großer Außenpool, Sauna, Fitness und Restaurant. DZ/F 130 € (HS nur HP). Ul. Marka Marulić 14, ☏ 023/600-855, www.plaza-croatia.com.

*** **Hotel-Restaurant Biser**, westl. von Hotel Plaža, nicht weit vom Meer, schön und ruhig gelegen, Kiesstrand. Ganzjährig geöffnet. DZ und Balkon 60 € (TS 78 €). A.G. Matroša 10, ☏ 023/611-333, www.hotel-biser.com.

Essen & Trinken Eine Vielzahl von Restaurants verwöhnt den Gaumen.

》》》 Mein Tipp: Restaurant **Na Tale**, wer üppige Portionen auf seinem Teller liebt, dazu von guter Qualität und von hilfsbereitem, charmanten Personal serviert, ist hier richtig. Die Küche ist vielfältig, mit frischen Produkten, lecker u. a. die Medaillons mit Pager Käse und Pršut gefüllt. Einziges Manko: nur ein kleiner Essbereich ist unter freiem Himmel. Die Besitzer leiten auch einen Tauchclub – d. h. frische Fische garantiert. Ganzjährig geöffnet. Stepana Radića 2, ☏ 023/611-194. **《《《**

Restaurant **Dubrava**, direkt an der Uferpromenade bei der Fußgängerbrücke liegt das alteingesessene Lokal. Auch hier gute Portionen, flinker, freundlicher Service und leckere Fischgerichte. Geöffnet April–Okt. Branimira obala, ✆ 023/611-317.

Konoba Barcarola, beim Hafen. Von der Terrasse unter der Laube Blick aufs Meer. Fisch- und Fleischgerichte. V. Nažora 12, ✆ 023/611-239.

Konoba Mišković, gegenüber vom Hotel Pagus mit gemütlicher, pflanzenumrankter Terrasse. Fisch- und Fleischgerichte. Šet. A. Starčevića 6, ✆ 023/611-363.

Restaurant Bodulo, gutes Restaurant außerhalb der nördl. Altstadtmauer. Geöffnet Mitte Juni–Sept. Van grada 19, ✆ 023/611-989.

》》 Mein Tipp: Konoba Bile, nördl. des Kirchplatzes. Typische Weinstube, gemütlich und rustikal im Innern, Sitzgelegenheiten auch vor der Tür. Treffpunkt Einheimischer. Guter hauseigener Zutica-Wein und Grappas, zudem Schinken und Käse. Ganzjährig 7–1 Uhr. Ul. Jurja Dalmatinca 35. **《《**

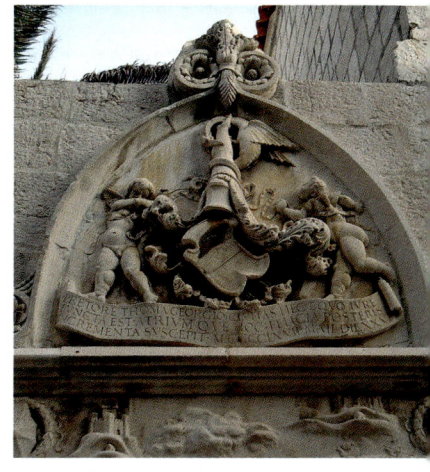

Fürstenpalast 15. Jh.

Baden: Rund um Pag gibt es Sand-Feinkies-Strände. Am Kiesstrand *Prosika* (Stadtstrand) weht die „Blaue Flagge" und man kann sich mit Peloid, dem heilsamen Schlamm einschmieren. Meist ist es hier aber sehr voll. Wer es ruhiger mag, geht zu den Buchten Richtung Novalja, in die *Bašaca-Bucht* im Norden oder umrundet die unbewohnte Landspitze mit einer Vielzahl an Buchten.

Sehenswertes

Das Mittelschiff der dreischiffigen **Basilika** am Hauptplatz Trg Kralja Pedra Krešimira IV. wird von acht sehenswerten Arkadenbögen getragen – von den Kapitellen gleicht keines dem anderen. Schön auch die filigrane große Rosette, die an Pager Spitzen erinnert; der Glockenturm aus dem Jahr 1562 wurde nie vollendet. Unvollendet blieb auch der *Bischofspalast*, der Plan dazu entsprang reinem Wunschdenken – Pag wurde nie Bischofssitz. Gegenüber der Basilika steht der **Fürstenpalast**, im dazugehörigen Uhrturm war früher das Stadtgefängnis. An der Uferstraße Reste der städtischen Befestigung, ein Stück weiter das **Benediktinerkloster,** das 1318 in Alt-Pag gegründet wurde und wertvolle Kunstschätze birgt.

Gegenüber der Altstadt, über die neu errichtete hohe Fußgängerbrücke zu erreichen, steht das große Magazin, hier ist das **Salzmuseum** untergebracht (in der Saison ganztägig, danach 10–13/17–21 Uhr).

Die Salzgärten: Sie erstrecken sich hinter Pag ostwärts. Schon 1215 wurden sie urkundlich erwähnt. Auch im Jugoslawischen Staat war Pag nach Ulicinj (Montenegro) das wichtigste Salinenwerk des Landes. Salinen (lat. *salinus* = „zum Salz gehörig") bestehen aus flachen, betonierten oder früher mit Ton ausgestampften Becken, in die man Meerwasser einleitet. Durch die Sonnenwärme verdunstet das Wasser und der hochwertige Rückstand, die Sole, wird in Sudpfannen gepumpt und durch Verdampfersysteme zur beschleunigten Kristallisation gebracht. Früher überließ man diesen Prozess ebenfalls der Sonne. Die Pager *Salzfabrik Solana* ist modernisiert und bringt mit 30.000 t die größte Jahresproduktion Kroatiens. Kleinere Betriebe sind in Nin und Ston.

> ### Von der Milch zum Pager Käse
>
> Die besondere Note des Pager Käses ergibt sich aus der würzigen Pager Schafsmilch. Die Schafe sind das ganze Jahr über im Freien und fressen die salzigen Kräuter, die im Sommer der sengenden Hitze ausgesetzt sind. Die Bauern liefern die Milch in Bottichen ab. Sie wird in Wannen gefüllt und erhitzt, fermentiert, in mit Leinentüchern ausgelegte Formen gefüllt und zwei bis drei Stunden ruhig stehen gelassen, danach gepresst, bis alles Wasser ausgetreten ist, und in Salzwasser gelegt. Dieser Vorgang wird zweimal wiederholt. Schließlich wird der Käse nochmals drei Tage in Salzwasser gelegt, herausgenommen, gepresst und getrocknet. Die Käselaibchen lagern dann mindestens drei Monate bei konstant kühlen 14 °C, sie werden jeden Tag kontrolliert und gedreht. Die Laibchen haben ein Gewicht von ca. 2 kg und kosten um die 25 €. Ein tolles Souvenir.

Die Pager Käserei: Hier wird der berühmte Pager Käse *(Paški sir)* produziert. Die Bauern beliefern die Käserei mit wertvoller Schafsmilch. Da sie dies aber nur sechs Monate im Jahr, von Februar bis September, tun können (die Kuhmilch wird vom Festland importiert), gibt es drei verschiedene Käsesorten: halb Kuh- und halb Schafskäse, reinen Schafskäse (sehr schmackhafter, würziger Parmesan) und reinen Kuhkäse.

> ### Die Madonna von Stari Grad
>
> Als im 15. Jh. die Pest wütete und die Pager sich nicht anders zu helfen wussten, holten sie die holzgeschnitzte gotische Madonna aus der Kirche von Alt-Pag (Stari Grad) in ihre Stadt – und die Epidemie klang ab. Zum Dank feiert die Bevölkerung das Ereignis alljährlich an Mariä Himmelfahrt (15. August) mit einer Prozession. Die Madonnenskulptur steht dann bis 8. September am Ort ihres wundersamen Wirkens, in der Basilika zu Pag. Bei der kleinen Prozession Mala Gospa wird sie wieder zurückgetragen, um ihren Platz für ein weiteres Jahr in Stari Grad einzunehmen.

Stari Grad: Stadtauswärts Richtung Novalja zweigt östlich ein Sträßchen ab und führt entlang der Saline nach Stari Grad. Breite Steinstufen ziehen sich den Hang hinauf. Auf dem Kirchplatz mit großen Schatten spendenden Bäumen die romanische Basilika aus dem 13. Jh., daneben die Ruinen eines Franziskanerklosters und der Stadtbefestigung, die sorgsam rekonstruiert wird. Bis auf die Kirche wurde Stari Grad im 15. Jh. für den Bau des heutigen Pag abgetragen. Seit der Pestepidemie (siehe Kasten) führt alljährlich eine Prozession aus Pag hierher. Dann werden die Kirchenpforten geöffnet und man kann den geschnitzten Madonnenaltar in Blau und Gold bestaunen.

Košljun

Der Ort liegt an der gleichnamigen Bucht und war einst Schiffsstation des österreichischen Lloyd. Aus dieser Zeit stammen der Leuchtturm und das Aleppokiefernwäldchen mit seiner sturmzerzausten Frisur. Steiniger Strand mit ein paar Bootsstegen, gegenüber die Insel Vir.

Übernachten/Essen Privatzimmer (ab 10 €/Pers.) und Appartements (ab 30 €) in den Häusern mit Gärten an der Uferstraße oder Ferienhäuschen in der neu erbauten Sommersiedlung.

Restaurant-Pension Renato, nahe am Meer mit großer Terrasse, sehr ruhig gelegen, Bootsanlegesteg. Es gibt Fisch- und Fleischgerichte. DZ/F 40 €.

Autocamp Košljun, schöner Platz, Sanitäranlagen in Ordnung. 5 €/Pers., Zelt 3,50 €, Auto 3 €.

Bei Košljun

Salzgärten und Schilfgras begleiten die Inselstraße; dazwischen am Wegesrand eine Salzfabrik, alte graue Häuser und von Schilf überwucherte Ruinen. Bei *Gorica* folgt die Abzweigung nach Povljana. Die schmale Straße ist von hölzernen Strommasten gesäumt und führt die *Bucht von Košljun* entlang, die sich fjordartig verengt. An der Einbuchtung *Minica* Bademöglichkeiten im flachen Wasser. Vorbei an Sumpfgebieten, Karstwüste und Natursteinhäuschen gelangt man zu einem fruchtbareren Landstrich.

Povljana

Der kleine Ort Povljana ist von Wein- und fruchtbaren Gemüsefeldern umgeben. Nach allen Seiten wachsen stetig Neubau-Feriensiedlungen. Für Badefreuden sorgen zahlreiche ruhige Buchten mit schönen Sand-, Kies- und Felsstränden und die flache Landschaft lädt zum gemütlichen Fahrradfahren ein.

Am kleinen Hauptplatz im Ortszentrum gibt es ein paar Läden, Obst- und Gemüsestände. Alte Frauen und Männer verkaufen mit breitem Lachen Produkte aus eigenem Anbau wie Öl, Essig und Wein, aber auch selbst gestrickte Wollsocken. Auf den Mauern liegen riesige Kürbisse und warten auf Käufer. Männer schaffen Schaffelle und Wolle auf Schubkarren herbei, die alten Frauen verspinnen das wollige Weiß. Vor allem nach Westen hat sich Povljana stark mit Neubauten erweitert. Diese Siedlung heißt nun Dubrovnik und erhielt auch einen schönen Feinkiesstrand und eine rundum verlaufende Uferpromenade.

Gegenüber die Insel Vir, nur durch den Kanal von Povljana getrennt. Einsam und verlassen steht eine alte kroatische Kapelle aus dem 11. Jh. am Meer. Sie wurde von Kroaten erbaut, die im Osten von Povljana, jenseits der Feldflur, an der Bucht Stara Povljana lebten.

Information Tourismusverband, Stjepana Radića 20 (westl. vom Hauptplatz), 23292 Povljana, ✆ 023/692-003, www.tz-povljana.hr. Mo–Sa 8–12/18–21, So 9–11 Uhr.

Agentur Porat Povljana, neben Tourismusverband; großes Angebot an Privatunterkünften. ✆ 023/692-003, www.povljana.eu.

Touristagentur P&M, weiter westl. ✆ 023/692-054.

Verbindungen Regelmäßig Busse nach Pag und Zadar.

Übernachten Privatzimmer ab 30 €; Appartements ab 35 €. Wer nur eine Nacht

Povljana – der gepflegte Strand „Plaža Dubrovnik"

bleiben möchte, hat Schwierigkeiten, ein Zimmer zu bekommen – und wenn, ist es teuer.

**** Villa Kaštel, netter Neubau am Strand Dubrovnik mit beheiztem Pool und Blick aufs Meer. Mit dem guten Restaurant Jardin. Es gibt 8 Zimmer und 3 Suiten. DZ/F ab 87 € (TS 104 €). Nur Juni–Sept. geöffnet. Kralja Tomislava b. b., ✆ 023/692-830, www.villa-kastel.hr.

Camping Mali Dubrovnik, westl. des Orts, an der Bootsanlegestelle. Geöffnet 1.5.–1.10. Pers. 4 €, Parken 5 €. Kralja Petra Svačića b. b., ✆ 023/692-331.

Camp Tomi, großer Platz mit Zelt-, Caravan- und Mobilheimverleih (58 €/4 Pers.). An der Rezeption erhält man gute Auskünfte, es werden auch Appartements vermittelt. Im Juli/Aug. Animation. Geöffnet Juni– Ende Sept. 5 €/Pers., Auto 4 €, Zelt 4 €. Stjepana Radića b. b., ✆ 023/692-114, www.campingtomi.com.

Essen & Trinken Restaurant Jardin, gehört zur Villa Kaštel (s. o.), schöne Terrasse und Meerblick oder Sonnenuntergang. Es gibt franz.-dalm. Küche, frischen Fisch, Lobster, Muscheln. ✆ 098/165-3636 (mobil).

Hier im Westen liegt auch **Restaurant-Pension Lanterna**, nahe dem Strand Dubrovnik. Kralja Tomislava b. b., ✆ 098/165-3636 (mobil).

Restaurant Nirvana, schöne Terrasse unter Pinien mit weitem Blick über die Bucht. Fisch- und Fleischgerichte. Stjepana Radića 43.

In Richtung Strand (südl. des Orts) **Pension Perilo** und **Konoba Sirena** mit Pizza; in beiden Häusern Zimmervermietung, meist mit HP.

Baden: Rund um den Ort gute Bademöglichkeiten und drei Mal weht an allen großen Buchten die „Blaue Flagge". Ganz im Westen gibt es Sandbuchten, u. a. die Plaža Dubrovnik mit Uferpromenade, Cafés und Restaurants. Fußwege führen ostwärts über die Stara Povljana zur Sandbucht Plaža Perila und weiter zur spitz ins Meer ragenden Halbinsel Prutna. Auch über die Halbinsel führen Fußwege zum Südzipfel – direkt gegenüberliegend die Insel Vir mit ihrer Landbrücke.

Nach Vlašići und Smokvica und von Dinjiška bis zum Inselende

Schwärme fliegender Ameisen, schwarz wie Windsäulen, begleiten die Fahrt. Im Schilf versteckt liegt der Süßwassersee *Velo Blato*, der im Winter auf das Fünffache seiner Fläche anschwillt – Lebensraum für viele verschiedene Wasservögel. Es wurde ein Hochstand zur Vogelbeobachtung errichtet.

Nach Vlašići und Smokvica und von Dinjiška bis zum Inselende

Vlašići: Schon in der Nachsaison schläft Vlašići den Schlaf der Gerechten – die Eisdiele verriegelt, das Touristenbüro geschlossen, ein paar Esel auf dem Fußballplatz.

Im Umkreis gedeihen die grünsten Wiesen auf Pag, dahinter ein paar Neubauten mit Zimmervermietung, ein Steilhang und die *Bucht von Vlašići* mit Feinkiesstrand, der seicht ins Meer geht – das Wasser ist allerdings nicht sehr klar.

Information Touristinformation, Vlašići-Smokvica, Ortsmitte, ☏ 023/616-002. Mitte Juni–Aug. tägl. 9–12/19–21 Uhr.

Übernachten Es gibt Privatzimmer ab 10 € und **Appartements**.

Essen & Trinken In der **Konoba-Bar** oberhalb des Strandes auf luftiger, schattiger Terrasse.

Smokvica: Vor Vlašići zweigt die Straße ab zu dem Örtchen am Ende der Stara Povljana-Bucht; Häuser gruppieren sich auf einem Plateau oberhalb des Meeres, von hier bietet sich ein herrliches Panorama: Gegenüber ragt die Halbinsel Prutna ins Meer, dahinter liegt das Festland mit dem uralten Städtchen Nin.

Auch in Smokvica gibt es Privatzimmer und Appartements; Wein- und Käse werden angeboten. Pfade führen zu Badebuchten hinab.

Das alte Salinendorf **Dinjiška** liegt an der gleichnamigen schlauchartigen Einbuchtung. Konobas, Privatzimmer, Camp und Feinkiesstrand liegen direkt an der Straße, die sich die Bucht entlang durch karges Grün schlängelt. Nach der Fischer- und Sommersiedlung **Miškovići** folgt Steinwüste; die Bucht weitet sich, darin verstreut ein paar Inselchen. Schon sieht man das Meer von der anderen Seite, im Hintergrund schiebt sich das Küstengebirge ins Blickfeld – Pags letzte Spitze im Südosten ist erreicht. Unten am Meer eine *Burgruine*, darüber schwingt sich die Brücke zum ebenso wild zerklüfteten Festland.

Die strategisch wichtige Burgruine bewachte die schmalste Stelle zum Festland

Nin

Kirchenbaukunst, illyrische Gräber und der mutige Bischof Grgur Ninski machen das Städtchen interessant. Der für Kroatiens Geschichte so bedeutsame Ort strahlt heute eine friedvolle Ruhe aus: schattige Bäume, blühende Gärten, wenig Tourismus.

Die geschichtsträchtige kleine Idylle mit ihren Denkmälern hat man schnell abgelaufen. Als Standquartier ist Nin hervorragend geeignet, um z. B. per Mountainbike die Halbinsel Ravni kotari oder die umliegenden Inseln auf vielen ausgewiesenen Fahrradrouten zu erkunden.

Im 14. Jh. buddelten die Niner aus Sicherheitsgründen einen Graben, mit dem sie die Halbinsel zur Insel machten. Zwei Brücken verbinden deshalb Nin mit dem Festland; die Stadttore und Teile der Befestigung sind noch erhalten. Ein romanischer Campanile überragt die kleinen Häuser des Lagunenstädtchens.

Geschichte

Nin wurde von den illyrischen Liburnern gegründet, Hunderte von Gräbern aus dieser Zeit wurden entdeckt – einer der reichhaltigsten illyrischen Funde Dalmatiens. Die Quellen belegen, dass Nin schon im 4. Jh. v. Chr. ein großes liburnisches Wirtschafts- und Kulturzentrum war. Ende des 1. Jh. kamen die Römer und befestigten *Aenona*. Die Stadt erhielt den Status eines Munizipiums, war bedeutende Hafenstadt und nannte Forum, Aquädukt, Amphitheater sowie einen der größten Tempel Kroatiens ihr Eigen.

Sv. Križ, die kleinste Kathedrale des Christentums (9. Jh.)

Nach der Zerstörung *Aenonas* durch die Awaren im 7. Jh. bauten kroatische Siedler den Ort unter dem slawischen Namen Nin neu auf, das als Königsstadt und erster kroatischer Bischofssitz zentrale Bedeutung für Kroatien erlangen sollte. Um 800 versuchten fränkische Missionare, die Einwohner zum Christentum zu bekehren. Ein bedeutender Fund aus dieser Zeit ist das *Višeslav-Taufbecken*. Bischof *Gregorius (Grgur Ninski*, 10. Jh.), als kroatischer Nationalheld bis heute verehrt, führte von hier den Kampf gegen den dalmatinischen Klerus von Split um die Beibehaltung der slawischen Sprache im Gottesdienst.

Nin stand seit 1328 unter der Herrschaft Venedigs und wurde im 15. und 16. Jh. vorsorglich zerstört, um den Türken keinen unversehrten Stützpunkt zu lassen. 1699 baute man Nin wieder auf, doch ihre frühere Bedeutung erlangte die Stadt nie mehr – Nin blieb im Vergleich zu Zadar unbedeutend.

Kroatiens Kampf um Unabhängigkeit

Bis ins 6. Jh. reicht die Geschichte Kroatiens zurück. Da wanderten Kroaten – wie Slowenen und Serben von slawischer Herkunft – in den Westbalkan bis vor Belgrad und besiedelten bald auch die Adriaküste von Istrien bis zur Bucht von Kotor. Später, unter fränkischer Herrschaft, wurden sie christianisiert und nahmen den katholischen Glauben an.

Mit dem Schwinden des byzantinischen Einflusses wuchs das Streben nach Unabhängigkeit – 925 wurde der Stammesführers *Tomislav* in Split zum König von Kroatien gewählt. Tomislavs Herrschaftsgebiet umfasste etwa das heutige Kroatien und erstreckte sich unter König *Zvonimir* (1076–1089) von Dalmatien im Süden bis nahe an die ungarische Donau im Norden. Damit war Kroatien stets im Blickfeld venezianischen und ungarischen Machtstrebens. König Zvonimir, der eine ungarische Prinzessin heiratete, war zunächst Lehensmann des Papstes; sein Gegenspieler, der Niner Bischof *Gregorius*, setzte sich für die slawische Volkssprache und die *Glagoliza*-Schrift ein und musste sich dafür auf den Konzilien in Split verantworten. Die Fronten waren klar: Auf der einen Seite der höhere dalmatinische Klerus und Rom, die für Latein als Kirchensprache eintraten und darin vom privilegierten Adel und den Städtern unterstützt wurden. Auf der anderen Seite die einfache Bevölkerung, die nach dem Verbot der slawischen Sprache revoltierte, sich aber nur auf Krk, dem eigentlichen Zentrum der Glagoliza, durchsetzen konnten.

Bischof Gregorias

Die Ermordung Zvonimirs – ob durch nationalkroatische Adelige oder aufrührerische Bauern ist ungeklärt – markiert das Ende der kroatischen Unabhängigkeit. Zvonimirs Schwager, König *Ladislaus* von Ungarn, setzte seine Ansprüche auf Kroatien gegen einen Gegenkönig durch. Trotz der Zusage seines Nachfolgers *Koloman* (1102), Kroatien werde selbständig bleiben, regierten für die nächsten 800 Jahre ungarische Könige das Land – daran änderte auch die Wahl des Habsburgers *Ferdinand I.* zum König (1527) nichts.

Nins einziger Industriezweig ist heute die Meersalzgewinnung in den seichten Lagunen. Wegen der Reinheit der Natur, des langen, seichten Meeresabschnitts und reichhaltiger Funde des Peloid-Meeresheilschlamms wird in Nin ein größeres Gesundheitszentrum geplant. Die Heilkraft des Meeres nutzten schon die Römer, wovon Überreste römischer Thermen zeugen.

Nin gehört neben Zadar zu den derzeit 123 europäischen Mitgliedern des 1990 gegründeten *Walled Towns Friendship Circle* (WTFC).

Information/Verbindungen/Diverses

Touristinformation (TZG), Trg Braće Radića 3 (vor Fußgängerbrücke), 23232 Nin, ✆ 023/264-280, www.nin.hr. Mai–Okt. Tägl. 8–20 Uhr (Juli/Aug. bis 21 Uhr), sonst Mo–Fr 8–15 Uhr.

Agentur Zaton Plus Travel, neben TZG. ✆ 023/265-548, www.zaton.hr. Zimmervermietung.

Agentur Lotos, gegenüber vom Trg Braće Radića, ✆ 023/265-555, www.lotos-nin.com. Zimmervermietung und Fahrradverleih.

Verbindungen Bushaltestelle bei der Post. **Bus** nach Zadar stündl. 5.10–20.50 Uhr. **Touristenzug Zaton–Nin**, Juni–Sept. 9–22 Uhr, halbstündl.

Veranstaltungen Sv. Marija-Prozession, am 1. Mo im Mai zur vorgelagerten Insel Zečevo (zudem am 5. Mai und 5. Aug.). Mit Booten wird hinübergeschippert, in der kleinen weißen Kapelle gibt es eine Messe. Im Sommer Veranstaltungen im **Kulturhaus** (gegenüber Sv. Križ) mit Galerie Višelav (Juli/Aug. 18–22 Uhr).

Gesundheit Apotheke Kremić, Kraljičin put 2, ✆ 023/264-491. Mo–Sa 8–20, So 8–12 Uhr.

Ärztehaus, Zadarska 25, ✆ 023/265-031 (Dr. Pekić-Jurišić) u. ✆ 023/264-550 (Dr. Georgijev). 8–20 Uhr, Sa/So Bereitschaft. Hier auch **Erste Hilfe** (Bereitschaft), ✆ 023/264-888 und ein **Zahnarzt**, ✆ 023/264-544 (Dr. Šarić).

Ninska laguna (→ „Baden"), kostenfrei kuriert man hier seine schmerzenden Gelenke und sonstigen Wehwehchen, d. h. sich einfach mit dem heilsamen schwarzen Peloid einschmieren – es stinkt zwar, aber es hilft – viele Gäste haben auch ohne gesundheitliche Probleme einfach ihren Spaß, sich in dem Morast zu wälzen.

Übernachten/Camping/Essen

Übernachten Privatzimmer kosten 20–30 €/DZ mit Dusche, einstöckige **Appartementhäuschen** mit Balkon und Terrasse für 2 Pers. 35–50 €, z. B. ****** Appartements Vila Vukić**, im Ortsteil Mulo (4 km außerhalb), 15 schöne Appartements mit Balkon, Klimaanlage, Minibar, Pizzeria, 30 m vom Meer entfernt; ✆ 023/360-321. **Pension Valentina Vidić**, Bana Jelačića 34, ✆ 023/265-002, Zimmer ab 35 €. **Appartements Dejanović**, Biogradska 9, ✆ 023/264-147, www.nin-dejanovic.com.

**** Villa Dalibor, im Ortsteil Ždrijac, nördl. der Salinen. Mit Garten und Pool, mehr für Kinder; wenige Minuten vom Strand entfernt. Appartements mit Terrasse. Studios ab 60 €. ✆ 023/264-502, www.vila-dalibor.com.

** Aparthotel Condura Croatica, herrliche Lage oberhalb des Sandstrands in Ninske Vodice (6 km nördl.). Von der Restaurantterrasse Blick aufs Küstengebirge. Appartements ab 65 €. Put Škrile 1, ✆ 023/272-330, www.condura-croatica.hr.

Camping Autocamp Dispet, nördlich der Salinen, gegenüber der Altstadt an der Lagune. Fast schattenloses Camp ohne Restaurant und Laden, aber preisgünstig. Ca. 8 €/2 Pers., Zelt, Auto. ✆ 098/1643-051 (mobil).

Autocamp Nick, hinter Dispet, schön gelegen beim Strand Žrijac, mit ähnlicher Ausstattung. Ul. Nikola i Stiven Burela, ✆ 023/264-048.

Schöne Lage im Norden der Altstadt haben auch **Autocamp Nin**, ✆ 023/264-031 und vor allem **Autocamp Ninska laguna**, ✆ 023/264-265, 265-574, www.ninskalaguna.hr. Es ist der größte Platz, gegenüber der Lagune, mit neuen Sanitäranlagen.

Camping Peroš, schon kurz vor Zaton mit Pool und Pizzeria.

Übernachten in Zaton (2 km südl. von Nin) Die Touristensiedlung **Holiday Village Zaton** mit Autocamp und Appartements entstand 1982 in einem Kiefernwäldchen und ist ca. 1,5 km vom Ort Zaton entfernt. Hier lebt es sich wie in einer eigenen Stadt: In punkto Unterhaltung und Sport ist nahezu alles geboten, es gibt Restaurant, Pizzeria, Supermarkt, Taverne, Konditorei, Internet. Bootsanlegestelle mit Slipanlage; Windsurf- und Wasserskischule, Tauchschule und Tauchclub, Reitstall; Paddel- und Ruderboote, Parasailing, Minigolf,

Tischtennis, Fahrradverleih und Animation; Tanzterrasse und Kroatiens größte **Diskothek Saturnus**. Runde, windgeschützte Bucht mit flachem Wasser und Sand-Kies-Strand, Kinderspielplatz, Wasserrutsche, Swimmingpool. ☏ 023/280-280, www.zaton.hr.

Appartements, verschiedene Kategorien (***/****), für 2–5 Pers.; z. B. Studio/2 Pers. ab 91 €/114 € (TS 106 €/132 €). Geöffnet Mai–Sept. ☏ 023/280-588, www.zaton.hr.

Camping in Zaton **** Autocamp Zaton, schön schattig unter Kiefern. Es gibt auch schöne Mobilhäuser (max. 6 Pers.) mit Terrassen ab 139 € (TS 161 €). 9,60 € (TS 11,10 €) Pers., Parzelle für Zelt/Auto ab 22,80 € (TS 25,50 €). Geöffnet Mai–Okt. ☏ 023/280-215, www.zaton.hr.

An der Rezeption werden auch **Privatunterkünfte** vermittelt. Regelmäßige **Busverbindung** von/nach Zadar.

Essen & Trinken Restaurant Sokol, gleich hinter dem Stadttor, in von Wein überwachsenem Innenhof. Es gibt Pizza, Fisch- und Fleischgerichte. ☏ 023/264-412. Des Weiteren in der Altstadt zu empfehlen **Konoba Stara kužina**, mit schönem Garten, und **Konoba Kalalarga**.

》》 Mein Tipp: Konoba Branimir, neben Kathedrale Sv. Križ. Das Natursteingebäude mit überdachter Terrasse wurde auf den Grundmauern eines königlichen Hauses aus dem 9.–11. Jh. Errichtet. Spezialitäten sind Cripnjagerichte (Gerichte aus der Peka) mit Oktopus, Lamm, Kalb, zudem Hummer, Fischgerichte und Fischcarpaccio – bester Platz in Nin. ☏ 023/264-866. **《《**

Konoba Burela, gegenüber von TIC, mit nettem Garten und Blick auf die Altstadt.

Fischrestaurant Aenona, unter Schatten spendenden Laubbäumen, befindet sich gegenüber von Sv. Križ. ☏ 023/264-052. Gut und gemütlich ist auch **Restaurant Perin Dvor**, ☏ 023/264-307.

Sehenswertes

Beispielhaftes Zeugnis für altkroatische Kirchenbaukunst ist die vollständig erhaltene Kirche **Sveti Križ** (Heiligkreuz) aus dem 9. Jh., die „kleinste Kathedrale des Christentums" (ganztägig geöffnet). Bauherr war der damalige Gespan (Stadtverwalter) Godežav; sein Name, eine der ältesten erhaltenen Inschriften der Zeit, ist über der Tür verewigt.

Lange rätselten die Forscher, warum bei einem derart vollkommenen Bau nicht darauf geachtet wurde, die Mauern gerade zu ziehen. Des Rätsels mögliche Lösung fand *Mladen Pejaković*, ein Maler aus Dubrovnik. Er ging davon aus, dass sich der Bauplan am einfallenden Sonnenlicht orientierte – das heißt, dass das Gebäude Kirche, Uhr und Kalender zugleich war und die Fenster- und Türöffnungen wie die gesamte Konstruktion genau nach dem Sonneneinfall angelegt wurden.

Neben der Kirche sieht man die Fundamente eines römischen Tempels, den einst die Statuen zahlreicher römischer Kaiser zierten. Die Tempelanlage zählt zu den größten ihrer Art in Kroatien. Sieben der Statuen, darunter die Bildnisse der Kaiser Tiberius und Augustus, sind heute im Archäologischen Museum von Zadar zu bewundern.

Die *Pfarrkirche* **Sv. Anzelmo** (St. Anselmus) an der Hauptstraße stammt in ichrer jetzigen Form aus dem 18. Jh. Und wurde anstelle einer romanisch-gotischen Kathedrale errichtet; erhalten sind nur noch die Seitenkapelle, die Reliefs und das Nordportal. Der romanische Glockenturm daneben stammt aus dem 12. bis 13. Jh. Anselmus, der Überlieferung nach einer der 70 Jünger Jesu, bekehrte in Gallien die Menschen zum Christentum, kam nach Nin und wurde dort der erste Bischof der Stadt. Sehenswert ist die *Schatzkammer* mit Gold- und Silberpretiosen aus Nin. An der Außenfassade prangen die vom Ursprungsbau erhaltenen Reliefs von Anselmus und Ambrosius, der beiden Schutzpatrone von Nin. Die kleine Kirche des *St. Ambrosious* aus dem 13. Jh. Steht im Norden der Stadt.

Auf dem Stadtplatz gegenüber der Kirche steht die **Bronzestatue des Bischofs Gregorius**. Dem kroatischen Bildhauer *Ivan Meštrović* gelang ein eindrucksvolles Standbild des Bischofs, der zürnend oder mahnend in Richtung Kirche einer imaginären Zuhörerschaft seine Worte entgegenzuschleudern scheint.

Einen Besuch wert ist auch das kleine **Archäologische Museum** der Stadt (Juli/Aug. 9–22 Uhr, sonst kürzer, Eintritt 10 KN). In drei kleinen, kühlen Räumen zeigt es unter anderem Bauteile und ein Modell der Tempelanlage. Leider werden zahlreiche Fundstücke aus Nin in den Museen von Zadar, Split und Zagreb verwahrt – so das *Taufbecken von Fürst Višeslav* aus der Zeit der Christianisierung um 800. Eine Kopie des Beckens, gefüllt mit Geldscheinen und kleinen Münzen, ist im Museum zu bewundern.

Die **Salzgärten** liegen im Südosten der Altstadt, sie sind schon seit Römerzeiten in Betrieb und können besichtigt werden. Es gibt auch einen kleinen Shop mit Salzprodukten (Juni–Mitte Sept. tägl. außer So 10–17 Uhr, sonst nach Anmeldung; ✆ 023/264-764; Eintritt 5 KN).

Etwas außerhalb, an der Straße nach Zadar, steht auf einem Hügel, geschützt von zwei Pinien, die kleine Wehrkirche **Sv. Nikola** aus dem Ende des 11. Jh. Sie hat einen dreiblättrigen Grundriss, bekam während der Türkenkämpfe einen Wachturm mit Zinnen auf die Kuppel gesetzt und ähnelt seitdem einer kleinen Festung.

In der Umgebung von Nin gibt es vorchristliche Hügelgräber mit Grabbeigaben und anderen Zeugnissen aus liburnischer Zeit.

Baden: Nördlich der Altstadt am *Sandstrand Ždrijac;* auf der Uferstraße vorbei an der Salzfabrik und den Campingplätzen Dišpet und Nick. Weiter östlich liegt der *Strand Zukve* mit gleichnamiger Siedlung. Nördlich von Nin an der Ninska laguna (ca. 3 km) ist ein herrlicher flach abfallender Sandstrand; hier kann man sich auch mit dem heilsamen Peloid einschmieren. Schön ist die Bademöglichkeit in Ninske Vodice (6 km nördlich Richtung Vir, kurz vor Privlaka rechts ab) am so genann-

Anselmus und Ambrosius, die Schutzpatrone von Nin (12.Jh.)

ten Königsstrand, *Kraljičina plaža;* auch mit dem Fahrrad gut erreichbar. Hier gibt es Sandstrand, allerdings einige Steine im Wasser, Beachbar, Windsurfzentrum (s. o.) etc. und einen wundervollen Blick auf das Küstengebirge Velebit. Genügend Bademöglichkeiten gibt's auch in Richtung *Vrsi* und in Richtung *Vir* an der Ostküste (langer Sandstrand).

Tauchen Scuba Adriatic, im Holiday Village Zaton, ℡ 023/280-350; 098/686-999 (mobil), www.scubaadriatic.com.

Windsurfen Surfmania, am Kraljičina plaža in Ninske Vodice, www.surfmania.net. Geöffnet 15. April–15. Nov. Surfbrettverleih und Schule, auch Kitesurfen. Ab nachmittags gute Surfwinde vom Velebit.

Reitzentrum Zaton Reitschule, Ausritte, Kutschfahrten, Ponys. ℡ 099/442-160 (mobil), www.horse-center-libertas.hr.

Mountainbike Die flache Halbinsel Ravni kotari eignet sich bestens für Touren verschiedener Längen, z. B. in die Metropole Zadar, 24 km entfernt. Fahrradverleih ist bisher nur in Zaton möglich. Fahrradkarten gibt es in der Touristeninformation.

Ninska Laguna – seichtes Meer und imposante Kulisse

Die Tränen der Madonna von Zečevo

Nördlich von Nin liegt in Sichtweite der Küste das Inselchen Zečevo. Einst besiedelten Eremiten die Insel und erbauten der Muttergottes zu Ehren eine Kirche. Als aber im Jahr 1500 die Bürger von Zadar und Nin einen Angriff der Türken heldenhaft abwehrten, fielen diese aus Rache über Zečevo her, brandschatzten Kirche und Kloster, ermordeten die Eremiten und raubten die Madonnenstatue.

Die Türken warfen die Statue achtlos ins Meer, doch diese, so weiß die Legende, schwamm schnurstracks wieder nach Zečevo zurück. Schon auf halbem Weg begannen die Glocken von selbst zu läuten, und die Bauern eilten von den Feldern herbei, sahen das Wunder und verehrten das heilige Bildnis umso mehr. Bald veranlasste der Bischof von Nin den Wiederaufbau der Kirche, und ein paar Jahre später, 1516, erschien der Witwe Jelena die Madonna von Zečevo ganz lebendig – aus der Statue kamen Tränen. Nach wiederholten Besuchen in der Kirche holte die Witwe am 5. Mai die Würdenträger herbei, damit auch diese die Erscheinung sehen könnten, und alle kamen und sahen die Tränen der Muttergottes. So weit die Überlieferung.

Seit diesem Tag führt jedes Jahr am 5. Mai eine Prozession nach Zečevo, die Gläubigen kommen mit ihren Booten, um der weinenden Madonna zu Ehren eine Messe zu feiern.

Vir – die neu gestaltete Flanir- und Bademeile

Insel Vir

Früher konzentrierte sich das Leben auf der kleinen, kargen Insel auf den gleichnamigen Hauptort – für die Bewohner des nahen Zadar ein beliebtes Ausflugsziel. Doch in den letzten Jahren hat die Ursprünglichkeit von Vir gelitten – durch den Bau von Ferienwohnungen wurde die Insel zersiedelt, ganze Küstenabschnitte verwandelten sich in Großbaustellen.

Über Nin und Privlaka geht es auf der 1979 erbauten Brücke über das tiefblaue Meer nach Vir. Bis auf ein paar Hügel mit den charakteristischen Steinmäuerchen ist die 22,5 km² große, von 600 Menschen bewohnte Insel karstig, kahl und flach. Von der Vegetation her ähnelt sie Pag – viele Steine und dazwischen ein paar Kräuter.

Neubausiedlungen ziehen sich die ganze *Sapavac-Bucht* in der Nähe von Vir entlang, im Norden breiten sie sich an der *Radnjača-Bucht* bei Lozice aus. Per Mountainbike oder zu Fuß kann man aber immer noch auf Makadam-Wegen die Landschaft erkunden, die sich über die sanften Hügel hinab zum Meer und zu kleinen, meist felsigen Badebuchten schwingen. Die Insel besuchen hauptsächlich kroatische Feriengäste, die hier Grundstücke besitzen. Ausländische Touristen findet man selten und wenn, bleiben sie nur ein paar Tage.

Die Insel war schon in vorgeschichtlicher Zeit besiedelt. Auf dem 112 m hohen *Bandira* finden sich Überreste einer illyrischen Burgruine und ein paar Quader der 700 Jahre alten Kapelle *Sv. Juraj.* 1069 wird Vir in der Schenkungsurkunde des kroatischen Königs *Krešimir IV.* erstmals erwähnt. Aus venezianischer Zeit erhalten sind die Grundmauern eines Kastells (s. u.).

Vir

Der Inselhauptort zieht sich an der weiten *Sapavac-Bucht* in die Länge – vom neueren Ortsteil Uvala Luka im Osten bis zur Ortsmitte mit dem alten Hafenbecken und gen Westen mit neu angelegter Hafenbucht und Strand – per Fahrrad entlang dem Meer lässt es sich prima erkunden. Das kleine Zentrum mit Marktständen ist durch Einbahnstraßen kaum zu finden. Am alten Hafen (Put mula), in der Mitte der Sapavac-Bucht, findet sich noch etwas ursprüngliches Inselleben, neben Fischerbooten stehen Holzfässer für den Fang parat. Sonnenhungrige tummeln sich am Fels- und

Kiesstrand entlang der breit angelegten neuen Uferpromenade. Westlich des Orts ragen die renovierten Grundmauern des Kastells empor, *Kaštelina* genannt, das Anfang des 17. Jh. Von den Venezianern zum Schutze gegen Piraten und der Türkengefahr errichtet wurde; an der Nordseite prangt noch der leider etwas beschädigte Löwe.

Die Ortskirche *Sv. Juraj* aus der Mitte des 19. Jh. Wurde auf den Fundamenten einer kleinen Kapelle erbaut. Daneben ragt der frei stehende Kirchturm ins wolkenlose Blau. Etwas außerhalb des Ortes, Richtung Torovi, steht seit dem 13. Jh. Die Friedhofskirche *Sv. Ivan*, die frühere Hauptkirche von Vir.

Information/Diverses

Touristinformation, Put mula (kurz vor dem Hafenbecken), 23234 Vir. Juni–Sept. Mo–Sa 7–20 Uhr. ☎ 023/362-196, www.otok-vir.info.

Verbindungen Regelmäßig Busse nach Nin und Zadar, stündl. 5.30–21.30 Uhr. Ticketverkauf neben Restaurant Katarina.

Post Ortsende Richtung Lozice.

Geldwechsel Post, Bankomaten und Touristinformation.

Gesundheit Ambulanz, kurz vor dem Hafenbecken, ☎ 023/362-769.

Veranstaltungen Patronatsfest, am 28. Aug. mit Prozession zu Ehren von Sv. Ivan, außerdem Folkloreveranstaltung mit Tanz und gutem Essen.

Übernachten/Camping/Essen

Übernachten Privatzimmer ab 15 €/DZ.

Pension Bašić, ruhig gelegen und gemütlich, mit großer Terrasse und Garten, auf Wunsch auch HP. Zimmer/Appartements ab ca. 40 €. Stari put 10, ☎ 091/2208-944 (mobil).

Appartements Liverić, netter Neubau mit gut ausgestatteten Appartements (4–6 Pers.) auf großem Grundstück mit Pinien, Oliven, nahe Strand Slatina. Ab 50 € (TS 60 €). Slatina 11, ☎ 051/283-140, www.otok-vir.hr.

Apartmani Melani, ebenfalls netter Familienbetrieb, nahe Strand Mala Slatina. Ganzjährig geöffnet. Slatinska 13, ☎ 098/494-462 (mobil).

》》》 **Mein Tipp:** **Villa Monica**, pinkfarbenes Gebäude am westl. Ortsrand und an der Uferpromenade; es werden Zimmer/Appartements vermietet, zudem gibt es ein gutes Restaurant, das neben guten Fischgerichten auch Pizzen bietet. Šetnica Jadro 26, ☎ 023/363-800. 《《

*** **Appartements Spavalice** (→ „Essen & Trinken"), 3 Pers. Ca. 50 €. Put Spavalice 1, ☎ 023/363-064, 362-033.

Camping Es gibt etliche, sehr einfache, komfortlose Campingplätze, u. a.: **Camping Sapavac**, an der gleichnamigen Bucht bei Vir, schattiger Platz. ☎ 091/207-2267 (mobil).

*** **Camping Matea**, an der Bucht Radovanjica, gute Ausstattung. ☎ 023/362-474.

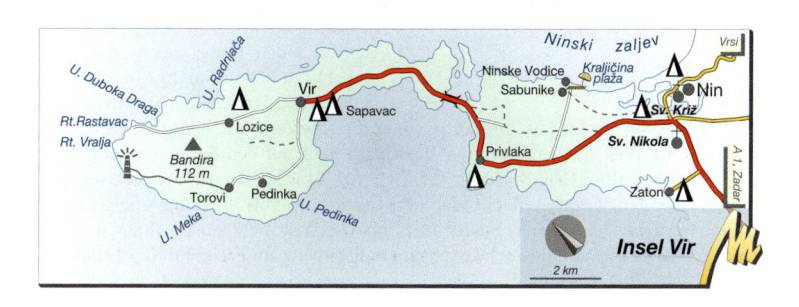

Insel Vir

Autocamp Slatina, nordöstlich von Vir, nahe dem Meer, mit betonierten Liegeflächen. Steiniger, ruhiger Platz unter Kiefern mit kleinem Restaurant; die Duschen sind in einer Nische im Freien.

Essen & Trinken Gostiona Viranka, Ortsmitte. Mit großer, teils überdachter Terrasse. Auch innen sitzt man recht gemütlich; gut, preiswert und flinker Service. Marova ul., ✆ 023/362-263.

》》》 Mein Tipp: Konoba Kod Spavalice (→ „Übernachten"), Natursteinhaus mit großem, gemütlichen Innenhof unter Fischernetzen, innen rustikal mit großem Kamin; Fischbecken. Fisch- und Fleischspezialitäten. Put Spavalice 1 (nähe Kirche), ✆ 023/362-033. **《《《**

Restaurant Bili Galeb, direkt am Meer, hübsche Terrasse, Bootsanlegeplätze. Fisch- und Fleischgerichte.

Weitere Inselorte

Lozice: Von Vir führt die Asphaltstraße an die Nordküste nach Lozice. Unterhalb die *Radnjača-Bucht,* deren westlicher Küstenabschnitt sich zu einer einzigen Baustelle entwickelt hat. Die Grundstücke am Meer sind fest in der Hand der Städter. Willkürlich stehen Einfamilienhäuser mitten in der Landschaft, umgeben von Baumaterial und Betonmischmaschinen. Die Straße weiter Richtung *Kap Rastavac* finden sich noch schöne Buchten, z. B. die von roten Sandsteinfelsen umgebene *Duboka Draga.*

Essen & Trinken Konoba Stipe, Sitzgelegenheit auf der von Bäumchen gesäumten Natursteinterrasse. Es gibt Fisch und Gegrilltes. Auch Minimarkt. ✆ 023/362-143.

Übernachten Privatzimmer ab 13 €/Pers.

Die roten Sandsteinfelsen von Duboka Draga

Vorbei am Friedhof von Vir führt die Teerstraße weiter Richtung **Torovi.** Neubauten, ein paar alte Steinhäuser, Hühnerställe, Weingärten, Steinmäuerchen, die die Hügel geometrisch unterteilen, würzig duftender Weg hinab zum Meer. Voraus im Dunst liegt die Inselkette mit Olib, Ist, Molat, Sestrunj, Ugljan. Noch weiter reicht die Sicht vom 112 m hohen *Bandira* (nach Torovi den Makadamweg hoch) – herrlicher Rundblick von Vir bis Nin und Zadar, über die Inselkette vor Zadar, im Osten auf Pag und das Velebit-Küstengebirge. Und beim Blick auf den Boden entdeckt man die 700 Jahre alten Grundmauern der *Sv. Juraj*-Kapelle, die rekonstruiert werden soll. Weiter gen Westen erreicht man den *Leuchtturm* von 1881, nur wenige Autofahrer verirren sich hierher. Besser auch, man schnallt sich den Rucksack um und macht sich zu Fuß auf die Suche nach einem Badeplatz am *Fels-* und *Kiesstrand.*

Den „Meeresorgeln" lauschen - zählt zu Zadars Touristenmagneten

Zadar

Gesäumt vom großen Fährhafen und von wuchtigen Mauern beschützt, liegt Zadars malerische Altstadt auf einer Landzunge. Die einstige Hauptstadt Dalmatiens ist eine Stadt der Baudenkmäler und Museen, eine Stadt zum Flanieren, Einkaufen sowie Sprungbrett zu vielen Inseln. Nicht zuletzt durch den Flughafen hat sich die 76.000-Einwohner-Metropole zu einem modernen Geschäfts- und Touristenzentrum entwickelt.

In den autofreien Gassen und auf den Plätzen drängen sich die Menschen über glatt poliertes Marmorpflaster durch die 2000-jährige Vergangenheit Zadars – ein buntes Gewirr verschiedenster Stilepochen und Baudenkmäler, die die Jahrhunderte überstanden und immer wieder restauriert wurden. Auch im Zweiten Weltkrieg und besonders im Krieg zwischen 1991 und 1994 hat die Altstadt sehr gelitten. Doch davon ist heute fast nichts mehr zu sehen; mit großem Aufwand wurde das historische Zentrum wiederhergestellt, alte Plätze wie z. B. der *Trg pet bunara* (5-Brunnen-Platz) oder die Landspitze mit den *Meeresorgeln* oder dem *Gruß an die Sonne* wurden neu gestaltet. Reges Treiben herrscht in den Einkaufsstraßen und am *Narodni trg* (Nationalplatz), am Markt mit vielen Obst-, Gemüse- und Souvenirständen. Beschaulich ist es dagegen abends bei einem Konzert auf dem römischen Forum. Wegen ihrer Kirchenschätze wird Zadar auch die Stadt von „Gold und Silber" genannt, der Besuch einiger Museen lohnt. In jedem Fall ist die Stadt ein paar Tage Aufenthalt wert – zudem ist sie ein guter Standort für schöne Ausflüge in die Umgebung. Auch an Mountainbikefans wurde gedacht – schöne ausgewiesene Fahrradstrecken führen von Zadar über die Halbinsel Ravni kotari oder einfach nur zum nächsten Badestrand. Für Sonnen- und Badehungrige sind die Strände nicht allzu weit, und im Stadtteil Borik liegt – direkt am Meer – ein riesiger Hotelkomplex mit Freizeitzentrum. Noch etwas weiter, im Vorort Diklo, finden sich ebenfalls schöne Strände und Unterkunftsmöglichkeiten.

Geschichte

Erstmals erwähnt wurde Zadar von den Griechen im 4. Jh. v. Chr. Unter den Römern hieß die Stadt *Jadera* und *Diadora*. Als das antike Salona bei Split von den Slawen und Awaren zerstört wurde, stieg Zadar 614 zur Hauptstadt des byzantinischen Dalmatiens auf. Häufig kam es zu Kämpfen mit den Venezianern. Zum Empfang von Papst *Alexander III.* sang das stolze Volk von Zadar nicht lateinische, sondern slawische Lieder. Doch 1409 verkaufte der letzte ungarisch-kroatische König, *Ladislav Napuljski* (Ladislav von Neapel), Zadar zusammen mit ganz Dalmatien für 100.000 Dukaten an Venedig. Die Türken besetzten im 16. Jh. das Hinterland der Stadt. Unter österreichischer und französischer Besatzung wurde Zadar erneut Hauptstadt Dalmatiens. Im Vertrag von Rapallo 1922 wurde die Stadt Italien zugesprochen, das damit einen wichtigen Seehafen erhielt. Zadar verlor jedoch an Bedeutung, da es vom Hinterland isoliert war. Nach der Kapitulation Italiens 1943 besetzten deutsche Truppen die Stadt. Am Ende des Zweiten Weltkriegs war sie fast völlig durch deutsche Bomben zerstört. 1947 wurde Zadar dem Staat Jugoslawien angegliedert. Man begann mit dem Wiederaufbau, restaurierte die Kunstdenkmäler, und Zadar entwickelte sich zu einem modernen Wirtschafts- und Fremdenverkehrszentrum. 1991 wurde dem Aufschwung eine jähes Ende gesetzt. In diesem Jahr, nach der Unabhängigkeitserklärung Kroatiens, besetzten Serben die Region um Knin (die Krajina), die Bemühungen um Autonomie scheiterten. Die serbische Armee sprengte die Maslenica-Brücke und rückte bis nahe an Zadars Tore heran. Vom Hinterland abgeschnitten, hielten die Bewohner in Kellern und Bunkern dem dreijährigen Beschuss stand oder verließen per Fähre das Land. Es gab viele Tote und Verwundete. Trotzdem begann man in der Altstadt bereits während des Krieges mit der Restaurierung. Das ist lange her. Heute erwartet den Besucher eine prachtvolle Stadt, in der man in noblen Geschäften von Benetton oder Calvin Klein shoppen oder sich den zahlreichen Kulturgütern widmen kann.

Stadtwachen-Relief

Information

Touristinformation TIC, Mihe Klaića 2 (am Narodni trg), 23000 Zadar, ☏ 023/316-166. Ganzjährig tägl. Mo–Fr 8–20, Sa/So 9–13 Uhr; Juni u. Sept. 8–22 Uhr; Juli/Aug. tägl. 8–24 Uhr (Sa/So ab 9 Uhr). Auskünfte, auch Privatzimmer-Info.

Infostelle-Jasenice (vor Maslenica-Brücke), Mai–Mitte Okt. tägl. 8–22 Uhr.

Tourismusverband Zadar (TZG), I. Smiljanica b. b., ☏ 023/212-412, www.tzzadar.hr. Kein Publikumsverkehr!

Verbindungen/Ausflüge 273

Tourismusverband der Region (TZŽ), Sv. Leopolda Bogdana Mandica 1, ✆ 023/315-107, 315-316, www.zadar.hr. Kein Publikumsverkehr!

Jadrolinija, Liburnska obala 7 (gegenüber Trajekthafen), ✆ 023/254-800, www.jadrolinija.hr. Tägl. 7–20 Uhr (Mo, Mi u. Fr bis 22 Uhr).

Miatours, Vrata Sv. Krševana (im Seetor), ✆ 023/254-300, www.miatours.hr. Tickets für Tragflügelboote nach Ancona, Božava. Zudem LNP-Vertretung.

Generalturist, Obala kneza Branimira 1, ✆ 023/318-997, www.generalturist.com. Mo–Fr 8–19, Sa bis 13 Uhr. Privatunterkünfte und Ausflüge.

Marlin Tours, R.K. Jeretova 3 (gegenüber Brücke), ✆ 023/305-920, www.marlin-tours.hr. Ausflüge und Zimmer.

Terra-Travel, Matije Gupca 2° (Diklo), ✆ 023/337-294, www.terratravel.hr. Ausflüge; Auto, Scooter, Fahrräder, Zimmer.

Zadar in your pocket, kostenlose Infobroschüre über Events, Nightlife, Restaurants, Sehenswürdigkeiten. Bei TIC erhältlich.

Verbindungen/Ausflüge

Verbindungen Ruderboot, überquert Bucht zwischen Fährhafen und Leuchtturm (in Saison frühmorgens bis Mitternacht, 5 KN) – eine jahrhundertealte Tradition.

Touristenzug: Borik–Zadar–Borik, 6-mal tägl. ca. 6 €/retour, Kinder 4–8 J. 2 €.

Busse: Haltestelle an der Liburnska obala (am Kai vor der Stadtmauer), Verbindung zum Busbahnhof. **Hauptbusbahnhof**, Ante Starčevića 1 (2 km südöstl. der Altstadt), Info-✆ 060/305-305. Verschiedene Busunternehmen wie Autotrans, Punta Mica Line und Contus (s. u.): 3-mal tägl. nach Zagreb (18 €, 2:30–3 Std. Fahrtzeit), mehrmals nach Rijeka und stündl. nach Split. Ticket 8 KN (im Bus), 13 KN/2 Fahrten (VVK am Kiosk). Nach Borik alle 15 Min. – stündl. startet auch ein Taxiboot vom Kai. **Flughafenbus**, Abfahrt ebenfalls Busstopp (Liburnska obala); 25 KN.

Für Fernfahrten Reservierung erforderlich! Ab Zadar auch Verbindung mit deutschen Großstädten. Eine gute und komfortable Buslinie nach Split, Zagreb und Deutschland ist Contus (Büro im Busbahnhof, ✆ 023/314-477, 314-202, www.contus.hr). Infos am Busbahnhof, bei Contus, Croatia-Express und Touring-GmbH Deutschland (www.touring.de).

Gepäckaufbewahrung (Garderoba), nahe Jadrolinija (Liburnska obala), geöffnet 6–22 Uhr, 2,20 KN/Std.

Züge: Bahnhof, Ante Starčevića 4 (2 km südöstlich der Altstadt beim Busbahnhof), **Zugauskunft** ✆ 060/333-444 (kroat. Info-Zentrale), www.hznethr oder über Croatia-Express. Um Zagreb, Split, Šibenik zu erreichen, muss man den Lokalzug nach Knin (100 km) nehmen und dort umsteigen (rund 2 Std.). Fahrpreis Zadar–Zagreb ca. 28 €, Fahrtzeit 6 Std. (schnellste Verbindung!) – besser per Bus in 3 Std.

Flüge: Flughafen (Zračna luka) Zadar, Zemunik Donji (9 km südöstlich von Zadar), Fluginfo-✆ 023/205-800, www.zadar-airport.hr. Flughafenbusse starten vor der Altstadt (s. o.), ca. 3 Std. vor Abflug, Ticket 25 KN; Flugverbindungen (→ „Anreise"). Croatia Airlines, nur am Flughafen, ✆ 023/250-101 oder Hotline-✆ 062/500-505, www.croatiaairlines.hr.

Schiffsverbindungen An der westlichen Landspitze legen die großen Italienfähren an; im Hafenbecken, gegenüber der Stadtmauer, die Trajekts nach Ugljan, Dugi Otok usw., zudem die Katamarane; Ticketverkauf im Jadrolinija-Gebäude gegenüber an der Stadtmauer, für Katamaran-LNP bei Miatour (im Seetor).

Trajekts: Linie 431 Zadar–Preko (Ugljan), 17-mal zwischen 5.30–23 Uhr, d. h. fast stündl.; zur HS auch noch um 23.59 Uhr. Fahrzeit 0:25 Std.

Linie 434 Zadar–Brbinj (Dugi Otok), 3- bis 4-mal tägl. Fahrzeit 1:20 Std.

Linie 435 Zadar–Bršanj (Iž), 2-mal tägl.

Linie 401 Zadar–Ist–Olib–Silba–Premuda–Mali Lošinj, Juni–Sept. 1-mal tägl. (in NS keine tägl. Verbindung); nach Ist nicht Di, Mi, So; nach Mali Lošinj nur Mo u. Do.

Linie 433 Zadar–Rivanj–Sestrunj–Zverinac–Molat–Ist, 5-mal wöchentl., Ist nur Di und Mi. Zudem Katamaran (s. u.).

Personenfähren und Katamaran:

Katamaran (LNP) *Zadar–Silba–Ilovik–Mali Lošinj–Unije–Pula* (4:45 Std.), ganzjährig 2-mal (Juli/Aug. 5-mal) wöchentl. Ilovik u. Unije werden auch im Juli/Aug. nur 2-mal wöchentl. angelaufen.

Katamaran (Linie 9406) Zadar–Sali–Zaglav (Dugi Otok), bis zu 3-mal tägl.

Personenfähre (Linie 405a) Zadar–Sali–Zaglav (Dugi Otok), 1-mal tägl. (10 Uhr).

Katamaran (Linie 9403) Zadar–Molat–Brgulje–Zapuntel–Ist, 1-mal tägl.

Personenfähre (Linie 405) Zadar–Mali Iž–Veli Iž–Mala Rava–Rava, 1-mal tägl.

Italienfähren (Reservierung im Voraus erforderlich): *Zadar–Ancona* (Jadrolinija), ganzjährig 4- bis 6-mal wöchentl.; Fahrtzeit 9 Std.

Katamaran (G & V-Line) Zadar–Božava, Info über Miatours (s. o.).

Katamaran Emilia Romagna Lines (www.emiliaromagnalines.it), 1-mal wöchentl. (Sa) im Aug. von Pesaro nach Zadar (Fahrtzeit 4:30 Std.). Preise (→ „Anreise").

Ausflüge Z. B. Raftingtouren auf der Zrmanja (→ Obrovac und Novigrad); zu den Nationalparks Krka-Wasserfälle, Plitvicer Seen, Paklenica oder Kornaten. Auskunft über Agenturen (s. o.).

Adressen/Diverses

Geldwechsel Überall Banken, zudem Bankomaten; u. a.: **Erste & Steiermarkische Bank**, gleich daneben die **OTP**, Ul. Široka 1. Alle Banken Mo–Fr ca. 8–18/20, Sa 8–12/13 Uhr.

Post Hauptpost, Kralja S. Držialava 1 (östl., vor der Altstadt), ☎ 023/316-841, hier auch Poste restante, Mo–Sa 7–20 Uhr. Zweigstellen: Ul. Šimuna Kožičića Benje (zw. Seetor u. Forum), Mo–Sa 7.30–21 Uhr (Sa bis 20 Uhr). Josipa Jurja Strossmayera (nördl. der Fußgängerbrücke), Mo–Fr 7–20, Sa 7–13 Uhr.

Taxi Beim Busbahnhof und Kai. Zentrale: ☎ 023/251-400. Ca. 20 KN für 5 km (im Juli/Aug. 40 KN!); zum Flughafen 100–150 KN. Preiswert fährt auch **Taxi Lulić**, ☎ 023/494-494, www.lulic.hr.

Parken Alle Parkplätze sind gebührenpflichtig, je nach Zone und Saison 4–12 KN/Std. Hinter der Altstadtmauer am Kai – aber aufpassen, hier stehen auch die Autos, die auf Fähren warten! Parkplätze entlang der Altstadtmauer (am teuersten), zudem nordwestlich vom Hafenbecken und der Fußgängerbrücke (Obala kneza Branimira). Großer Freiflächenparkplatz westl. vom Krankenhaus, Marka Marulića. Infos über TIC.

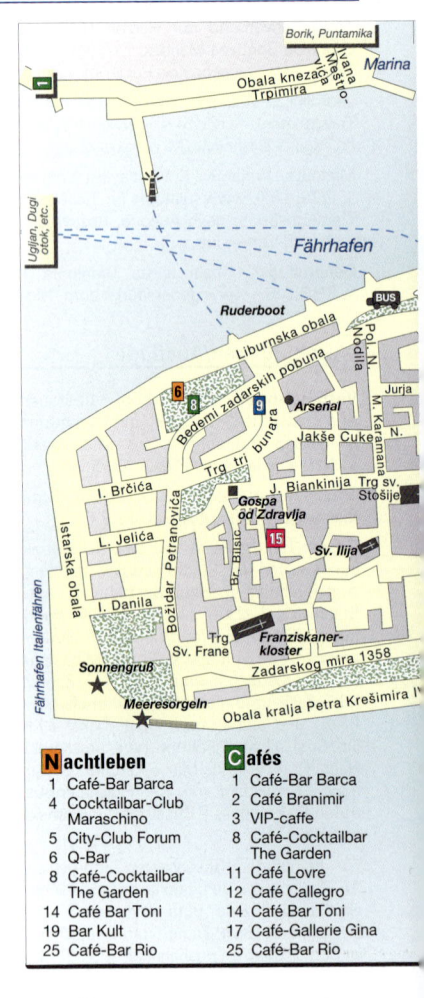

Nachtleben	**Cafés**
1 Café-Bar Barca	1 Café-Bar Barca
4 Cocktailbar-Club Maraschino	2 Café Branimir
5 City-Club Forum	3 VIP-caffe
6 Q-Bar	8 Café-Cocktailbar The Garden
8 Café-Cocktailbar The Garden	11 Café Lovre
	12 Café Callegro
14 Café Bar Toni	14 Café Bar Toni
19 Bar Kult	17 Café-Gallerie Gina
25 Café-Bar Rio	25 Café-Bar Rio

Langzeitparken Einzig bewachter Parkplatz: Marina Zadar, ☎ 023/204-850; ansonsten das Parkhaus gegenüber der Altstadt, Frane Tuđmana oder der große Parkplatz beim Krankenhaus.

Gesundheit Krankenhaus (bolnica), Bože Perčića 5 (nahe Hotel Kolovare), ☎ 023/505-505. **Ambulanz-Notfall**, 24 Std., Ivana Mažuranića 28 b (nahe Jachthafen), ☎ 023/239-811. **Apotheken** (ljekarna) mit Bereitschaft: **Centar**, Jurja Barakovića 2, ☎ 023/302-920; **Donat**, Braće Vranjanina 14, ☎ 023/251-342 u. 215-480. Mo–Fr 7–21, Sa 7.30-13.30 Uhr.

Adressen/Diverses 275

Essen & Trinken
9 Restaurant Kaštel
10 Rest. Pet bunara
13 Konoba Skoblar
15 Konoba Martinac
16 Konoba Na po ure
18 Rest. Dva ribara
20 Konoba Stomorica
21 Restaurant Foša
24 Selbstbedienungsrest. Barkakan

Übernachten
7 Apartmani Miriam
9 Hotel Bastion
17 Pension Gina
22 Hotel Kolovare
23 Hostel Drunken Monkey

Autovermietung Z. B. **Dollar & Thrifty**, Bože Perčića 14 (Hotel Kolovare), ☏ 023/315-733; am Flughafen, ☏ 098/424-891 (mobil).

H-Zadar, Bana Josipa Jelačića 1, ☏ 023/236-600. 8–20 Uhr.

Fahrradvermietung (→ „Sport")

Einkaufen Frisches **Obst** und **Gemüse** tägl. bis 18 Uhr am Markt. **Fischmarkt** tägl. 7–12 Uhr (hinter dem Tor beim Obstmarkt). Die Ulica Široka mit ihrer Verlängerung nach Westen ist die Hauptgeschäftsstraße: Buchhandlung, Textil-, Schuh- und Kosmetikläden aller namhaften Firmen. **Spezialität** von Zadar ist der Maraschino: ein klarer süßer Likör aus den Kernen der Weichselkirsche Maraska; zudem die Kräuterschnäpse Belinkovac und Vlachovac.

Internet Hotspots: u. a. im Arsenal (auch Multimediacenter), Trg tri bunara; Café-Bar The Garden, Marina Zadar. Internetcafés: u. a. **VIP-caffe** 3, beim Ruderclub (Bucht Jazine), Obala kneza Branimira; tägl. 8–24, Fr/Sa bis 3 Uhr.

Zadar

Nachtleben Zadars Nachtleben ist vielfältig – beliebter Szenetreff der Studenten ist um die Ul. Stomorica mit größerem Platz, wo es auch Livemusik gibt: viele kleine Bars, u. a. **Bar Kult** 19, gute Musik, im Sommer sitzt man im Freien.

»> Mein Tipp: Café-Cocktailbar The Garden 8, auf der Stadtmauer mit Blick auf den Fährhafen. Groß, unter schattigen Bäumen mit Sitzkissen auf der Mauer, Snacks, Cocktails, zum Chillen und Feiern sanfte Jazztöne, Latin, House oder Breaks. Hotspot zum Surfen, zudem Schach. – Auch tagsüber an heißen Tagen bester Platz der Stadt! 10.30–1.30 Uhr. Ul. Bedemi zadarskih pobuna. **«<**

Q-Bar 6, am Fährhafen mit erhöhter Terrasse. Tagsüber nettes Café, abends tobt der Sound, auch Livebands. 7–4 Uhr. Liburnska obala 6.

Arsenal, Infothek, Internet, Café-Loungebar, Vinothek, und Restaurant (Pizzen, Snacks, Salate), abends Szene-Treff an der langen Bar; riesiger Innenraum mit modernen Sofas, v. a. in der NS viele verschiedene Musik-Events, auch im Freien Sitzmöglichkeiten. 8–24, Fr/Sa bis 1 Uhr. Trg tri bunara, www.arsenalzadar.com.

Café-Bar-Restaurant & Club Maraschino 4, beim Ruderclub (Bucht Jazine), guter Platz bei Tag und Nacht – DJ's, Livebands, Cocktailbar. In der Saison 7–6 Uhr. Obala kneza Branimira 6a.

City-Club Forum 5, beliebt bei Jüngeren. Musikmix, House, 3 Bars. Fr/Sa 23–4 Uhr. Ul. Marka Marulića.

Yachting Bar, in der Marina Borik. Moderne Café-Bar, Cocktails, Livemusik. Geöffnet 7–4 Uhr. Majstora Radovana 7.

Diskothek Saturnus, in Zaton (20 km entfernt, kurz vor Nin), die größte Disco an der Küste. DJ-Partys, Shows, Livemusik. Geöffnet Do–So 23–4 Uhr. Zaton Holiday Resort, www.zaton.hr.

Weitere nette Café-Bars (8–1 Uhr), u. a. **Café-Bar Barca** 1, westl. vom Jachthafen und der Mole, lauschiger Platz am Meer; **Toni** 14, Mihe Klaića 6; **Rio** 25, nette Latino- und House-Musik, Putevac 5; **Gagica**, Matoša 8, Borik (hier 7–3 Uhr geöffnet).

Veranstaltungen In der Saison täglich Events, u. a.: **Klassische Konzerte**, mehrmals die Woche von Juli bis Mitte Aug. in der Kirche Sv. Donat. Tägl. **Musikabende** am Narodni trg. **Theatersommer**, Mitte Juli bis Mitte Aug. **Zadar snova** („Zadar der Träume"), neues internationales Theater, Mitte Aug. **Vollmondfest** im Juli, an der Uferpromenade liegen alte trad. Schiffe, es gibt Klappas und – ganz romantisch – Kerzenbeleuchtung! Ein besonderer Event! **Streetfestival Kalelarg-Art**, Široka ul., 3 Tages-Fest, Ende Juli; Musik, Performance. **Zadar More**, im Okt.; 1 Woche Vorträge und Ausstellungen zum Thema „Meer", zudem alte Schiffe und Workshops zum trad. Bootsbau.

Übernachten/Camping/Essen (→ Karte S. 274/275)

Übernachten Privatzimmer, ab 40 €/DZ. Vermittlung über Agenturen. Schöne Privatzimmer/Appartements an der Uferstraße in Richtung Diklo/Borik. U. a. **Hotel Villa Hrešč** (s. u.).

Villa Ivana, Appartements und Zimmer, DZ/F ca. 60 €. Obala kneza Domagoja 14 (Puntamika), ✆ 023/335-871.

*** Appartements Maria, Put Petrića 24 (Straße nach Richtung Borik), ✆ 023/334-244, www.pansionmaria.hr.

Appartements Basioli, in Diklo, moderne Ausstattung, Blick aufs Meer. Appartements 60–100 €. Krešimirova obala 116, ✆ 023/331-129.

Apartmani Miriam 7, 2 nette Zimmer mit Mini-Gemeinschaftsküche im Altstadtwohnhaus. Fam. Radak, Jurja Divini 1, ✆ 098/9915-103 (mobil).

Pension-Café-Galerie Gina 17, mitten in der Altstadt; Zimmer/Appartementvermietung (s. u. Café). Varoška 2, ✆ 023/314-774.

Innenstadthotels Momentan gibt es nur zwei Innenstadthotels, ein drittes, Hotel Art Kale Larga, soll 2012 eröffnen (nahe TIC).

»> Mein Tipp: **** Hotel Bastion 9, beste Lage am Trg 3 bunara mit stilsicherer Einrichtung. Die Gäste können auf den Grundmauern eines Kastells aus dem 13. Jh. schlummern. Gourmetfreunde verwöhnt das Restaurant **Kaštel**, mit zauberhafter Gartenterrasse, bei Regen geht man für einen Cocktail in die glitzernde Kristallbar. Relaxen kann man im Spa-Bereich. 28 komfortable Zimmer/Suiten mit Frühstück ab 190 €. Bedemi zadarskih pobuna 13, ☎ 023/494-950, www.hotel-bastion.hr. «««

**** Hotel **Kolovare** 22, 1 km östl. der Altstadt. Modernisiertes, gut geführtes 200-Zimmer-Hotel, ruhig hinter grünen Hecken, mit Swimmingpool, Tennisplatz, großer Terrasse, Restaurant, Vinothek. Zum Strand nur über die Uferstraße. Komfortable Zimmer mit Balkon. Parkplätze. DZ/F 180 €. Bože Perčića 14, ☎ 023/211-017, -203-200, www.hotel-kolovare.com.

Außerhalb der Altstadt in Richtung Borik

*** Hotel **Villa Hrešć**, an der Uferstraße altstadtauswärts. Schön renovierte Villa mit Zimmern, Appartements und großzügigen Balkonen, Restaurant und Garten mit herrlichen Pflanzen und Pool. Blick auf die Altstadt von Zadar. Parkplätze. DZ/F ab 140 €. Obala kneza Trpimira 28, ☎ 023/337-570, www.villa-hresc.hr.

*** Hotel-Restaurant **Mediteran**, modernes, gut geführtes 30-Zimmer-Hotel, 500 m vom Meer entfernt. Zimmer mit AC und Balkon; Garten, Pool, Wifi-Internet, Restaurant mit Terrasse und Blick auf die Insel Ugljan, große Auswahl an Fleischgerichten und frischem Fisch. Parkplätze. DZ/F 88 € (Suite 100 €). Matije Gupca 19, ☎ 023/337-500, www.hotelmediteran-zd.hr.

*** Hotel-Restaurant **Niko**, direkt am Meer, guter Service, gut ausgestattet. Sehr gutes Restaurant (s. u.). DZ/F 120–150 €. Obala kneza Domagoja 9, ☎ 023/337-880, www.hotel-niko.hr.

*** Hotel-Restaurant **Marinko**, nahe Jachthafen Borik, kleines familiäres 21-Betten-Hotel mit gutem Restaurant; Parkplätze. DZ/F 70 €. Poljski put 1, ☎ 023/337-800.

**** Hotel **Villa Ivana**, netter Familienbetrieb in Puntamika, schöner Neubau mit Garten gegenüber dem Meer (Liegestühle und Sonnenschirme vorhanden). DZ/F mit Meerblick 75 €, mit Balkon zu 90 bzw. 105 €. Obala kneza Domagoja 14, ☎ 023/335-871, www.villa-ivana.com.

*** Hotel-Restaurant **Tamaris**, modernes, kleines Hotel mit gutem Restaurant (s. u.); Parkplätze. DZ/F 60 €. Zagrebačka 5, ☎ 023/318-700, www.tamaris-zadar.com.hr.

Falkensteiner Hotels & Resort Borik

-** Hotelanlage (meist All-incl.), im Kiefernwald am Meer im gleichnamigen Stadtteil. In Händen der österreichischen Hotel-

Das Stadttor von Zadar

gruppe Falkenstein, komfortabel modernisiert. Riesiges Freizeit- und Sportangebot mit Animation, zudem Marina. Für die preiswerte NS sicherlich eine gute Alternative; in der HS zu voll und zu teuer. Falkensteiner Hotels & Resorts Borik, Majstora Radovana 7, ☎ 023/206-100, www.falkensteiner.com.

Z. B.:

- **** Hotel **Adriana**, ein sog. Lifestyle-Hotel mit 48 komfortablen Junior-Suiten im modernen Design, mit großen Balkonen. Wellness- u. Beautyoase, Pool, Gourmetküche; gedacht für Ruhe Suchende. Im DZ 90 € (TS 110 €)/Pers./HP. ☎ 023/206-636.

- **** Club **Funimation Borik**, All-incl.-Anlage für die Familie, Fun und Animation ist hier die Devise; im Mittelpunkt steht Aquapura Borik, eine große Wasserlandschaft mit Rutschen, zudem ein großes Sport- und Aktionsangebot. DZ mit Meerblick ab 116 €/Pers./All-incl. ☎ 023/206-100,

- *** Hotel **Donat**, All-incl.-Hotel mit Sport- und Freizeitanimation, Pool etc. DZ All-incl. 78 €/Pers. (TS 84 €). ☎ 023/206-500.

Jugendherbergen

Zadar Youth Hostel, 3 km nördl. des Zentrums im Stadtteil Puntamika, mit Bus Nr. 5 ab Busbahnhof erreichbar. 2011 renoviert und gut gestaltet mit Restaurant und Sportplatz, in ruhiger Lage. 2- bis 8-Pers.-Zimmer, 21 €/Pers. inkl. Frühstück. Obala K. Trpimira 76, ✆ 023/331-145, www.hfhs.hr.

Hostel Drunken Monkey [23] im Stadtteil Arbanasi, nahe Strand Kolovare. 38-Betten-Haus mit Mehrbett-, Doppel- u. Einzelzimmer; Bar und Küche. 25–66 €. Skenderbega 21, ✆ 023/314-406, www.drunkenmonkeyhostel.com.

Camping * Autocamp Borik, neben der Hotelanlage Falkensteiner, Mitbenutzung der Hotelangebote möglich. 9,5-ha-Gelände unter Föhren mit kleinem Kies-Sandstrand, Restaurant, Supermarkt; Wifi-Zone. Auch Mobilhausvermietung (www.campiente.com). Geöffnet 1.5.–30.9. Ca. 9 €/Pers., Auto/Wohnmobil ab 9 €. ✆ 023/332-074, www.camping.borik.com.

Essen & Trinken Alle erwähnten Restaurants haben tägl. und spätestens ab 11 Uhr geöffnet.

Restaurant Foša [21], hier zählt v. a. die malerische Lage am alten Hafen Foša. Terrasse direkt am Meer, umgeben von wuchtigen Mauern; Blick auf die Lichterkette von Ugljan und auf die Zitadelle gegenüber. Große Auswahl an Fisch-, Fleisch-, Reis- und Nudelspeisen. Ul. Kralja Dmitra Zvonimira 2, ✆ 023/314-421.

Restaurant/Pizzeria Dva ribara [18], modern im Innern; für den Freisitz gibt es etliche Terrassen. Freundlicher, guter Service. Gute Pizzen, Fisch- und Fleischgerichte, auch schmackhafte Antipasti. Ul. Blaža Jurjeva 1, ✆ 023/213-445.

Konoba Martinac [15], klein, stilvoll und gemütlich mit Terrasse im Innenhof. Dalmatinische Gerichte. A. Paravije 7.

Konoba Na po ure [16], eine typische kleine Konoba mit dalmatinischen Speisen wie gegrilltem Fisch, Pašticada. Auch für einen Imbiss zwischendurch bestens. Špire Brusine 8.

》》 Mein Tipp: Konoba Stomorica [20], in der gleichnamigen Gasse und auch gegenüber im Hinterhof. Es wird angestanden, um einen Platz zu erhaschen. Gute, preiswerte dalmatinische Hausmannskost, lecker u. a. das Schwarze Risotto oder Sardinen. Stomorica 12, ✆ 023/315-946. 《《

Konoba-Café Skoblar [13], beim lauschigen 5-Brunnen-Platz. Eines der ältesten Lokale der Stadt mit nettem Ambiente, guter Küche, u. a. Peka-Gerichte und Fisch. Ab 7 Uhr geöffnet. Trg Petra Zoranića. ✆ 023/213-236.

Restaurant Pet bunara [10], Olivenbäumchen begrenzen die schöne, ruhige Terrasse. Für Vegetarier gibt es leckere Salate und Gemüseplatten; zudem stehen auf der Speisekarte auch immer Saisonales aus ökologischem Anbau. Daneben etliche Speisen mit Feigen, auch hausgemachte Ravioli und Gnocchi, leckere Steaks und Lamm, fangfrischer Fisch – und wer's nicht lassen kann – Pizzen. Die Palette an Süßem ist groß, u. a. saftiger Schoko-, Orangen- oder Zitronenkuchen. Zum Verkauf u. a. Feigenmarmelade oder Rogač-Likör (Johannesbrotbaum). Trg. Pet bunara, ✆ 023/224-010. ■

Restaurant Ankora, Gourmetrestaurant etwas außerhalb (nördl. der Marina). Hübsche Terrasse und stilvolles Ambiente. Neben Hummer und Fischgerichten ist das Ankora für seine Steaks beliebt. Auch Pizza. Reservierung empfohlen. Oko Vrulja 10, ✆ 023/439-491.

》》 Mein Tipp: Fischrestaurant Niko, traditionsreiches Fischlokal mit großer, über-

Der Forumsplatz

dachter Terrasse gegenüber der Marina Borik an der Uferstraße. Sehr guter Service, frische Fischgerichte in allen Varianten und Krustentiere; als Nachspeise z. B. leckeres Tiramisú. Immer gut besuchtes Lokal, Reservierung sinnvoll. Auch Zimmervermietung. Obala kneza Domagoja 9, ℅ 023/337-888. «

Restaurant Lungo Mare, schön zum Sitzen auf schattiger Terrasse, gutes, landestypisches Essen, guter Service. Obala kneza Trpimira 23 (gegenüber der Altstadt), ℅ 023/331-533.

Restaurant Roko, gutes Fischlokal in Borik. Fangfrisch, was gerade im Netz war. Put Dikla 74, ℅ 023/331-000.

Restaurant Tamaris, modern, einem kleinen Hotel angeschlossen. Hierher gehen die Zadarer, um Lamm oder auch Pute zu speisen; große Weinkarte. Zagrebačka 5, ℅ 023/318-700.

»» Mein Tipp: Selbstbedienungsrestaurant Barbakan 24, die Mensa lehnt an der Altstadtmauer und ist bestens in der studienfreien Sommerzeit; hier gibt es preiswerten, leckeren Mittagstisch; auch Freisitz im Innenhof. Rudera Boškovića 5. «

Cafés Café Lovre 11, schön gelegen am Narodni trg; ein Blick lohnt auch das Innere – die Kapelle aus dem 11. Jh. Guter Kaffee, Kuchen, Eis etc. Tägl. ab 7 Uhr.

Café Callegro 12, gegenüber dem Forum. Hier gibt es bei gutem Service Kaffee und Kuchen. Tägl. ab 7.30 Uhr. Široka ul. 18.

Café-Galerie Gina 17, hier nehmen in ungezwungener Atmosphäre die Einheimischen ihren Espresso; gute Musik und Gemälde. Auch Zimmervermietung. Varoška 2, ℅ 023/314-774.

Café Branimir 2, gegenüber der Fußgängerbrücke. Viele Tische und Stühle im Freien, großes Kuchenangebot, Eis, guter Cappuccino, Blick auf die Altstadtkulisse und die Abendsonne.

Sport/Jachthafen

Sport Großes Angebot beim Hotelkomplex Borik. Kurse (Tennis, Wasserski, Surfen) und Sportgeräte-Verleih. → Falkensteiner Hotels & Resort Borik.

Rafting/Canyoning Knapp 40 km nordöstl. von Zadar und etwas östl. der Maslenica-Brücke mündet die Zrmanja. Etwas landeinwärts bei Obrovac bahnt sich die Zrmanja ihren Weg durch die Berge – hier ist es ideal zum Raften und Canyoning (→ Obravac, Agentur Flash Tour). **Bora Tours**, Majstora Radovana 7 (Borik, Falkensteiner Hotels), ℅ 023/337-760. 9–19 Uhr. Rafting-, Kajak- und Kanutouren (→ Agenturen).

Mountainbike Calimero, Ul. II zasjednja Zavnoha 1 (westl. vom Hafenbecken), ℅ 023/3110-010, www.calimero-sport.hr. Verleih und Service.

Zadar-Bike, Borelli 6 (mitten in der Altstadt), ℅ 023/316-613, www.zadar-bike.com. Verleih und Touren.

Zudem **Terra-Travel** (s. o.).

Ausgewiesene Fahrradstrecken rund um Zadar in Richtung Insel Pag und nach Süden in Richtung Vraner See und Biograd. Fahrradkarten in den Agenturen erhältlich.

Tauchen Diving Center Foka, Majstora Radovana 7 (in Pag und am Borik-Strand), ℅ 023/337-644. Kurse nach PADI, SSI. Für Kinder ab 8 Jahren steht spez. Tauchausrüstung zur Verfügung.

Zadar Sub, Dubrovačka 20a, ℅ 023/214-848, www.zadarsub.hr.

Jachthäfen Marina Zadar, 300 Liegeplätze zur See, 200 an Land. Über 50 % jedoch dauerbelegt. 6,5- und 15-t-Kran, 50-t-Slip. Reparaturwerkstatt (spez. Volvo) und Holzbauwerft. Gute Sanitäranlagen, Restaurant, Snackbar; Charterfirmen. Ul. Ivana Meštrovića 2, ℅ 023/204-700, -730, www.marina zadar.com.

Hafenkapitän, Liburnska obala 8, ℅ 023/254-888.

Marina Borik, mit 220 Liegeplätzen zur See, 50 an Land, Jachtservice, Slipanlage, 20-t-Lift, Restaurant und Café-Bar. Obala kneza Demagoja 1, ℅ 023/333-036, www.marinaborik.hr.

Die nächsten Marinas sind in Bibinje-Sukošan (groß und schön!) und auf der Insel Iž oder Insel Pag (Šimuni).

Jacht- und Motorbootcharter In der Marina mehrere Charterfirmen, u. a. **Asta-Yachting**, Matice dalmatinske 6, ℅ 023/435-370.

Rundgang durch die Stadt

Von der alten Stadtbefestigung sieht man noch die Turmmauern, und von den einst vier Stadttoren sind noch zwei erhalten. Das Befestigungssystem stammt aus dem 15. und 16. Jh., als Zadar sich gegen die Türken wappnen musste.

Vom Fährhafen gelangt man durch das **Seetor** ins Stadtinnere. Die Außenfront des Tores ziert der venezianische Löwe, die Innenseite trägt das Stadtwappen und eine Tafel, die den Sieg über die türkische Seeflotte 1571 bei Lepanto feiert. Wer mit dem Auto angereist ist und endlich einen Parkplatz gefunden hat, entspannt vielleicht erst einmal in einem der kleinen Straßencafés an der ehemaligen Hauptstraße, der Šimuna Kožičića Benje. Hier saßen schon die Römer, und ihre Sandalen polierten so manchen Pflasterstein. Oder man begibt sich gleich auf Besichtigungstour. Neben dem Seetor befindet sich das **Narodni muzej** (Stadtmuseum) mit einer kulturgeschichtlichen und einer naturwissenschaftlichen Abteilung, die Fauna, Flora und Fossilien Dalmatiens zeigt. Anhand von Modellen kann man sich einen Überblick über die Stadt verschaffen und die bauliche Entwicklung Zadars gut nachvollziehen.
April–Sept. Mo–Fr 9–12/18–21, Sa 9–13 Uhr; Okt.–März nur Mo–Fr 9–13/17–19 Uhr. Eintritt 15 KN, Kinder/Stud. 5 KN. Poljana pape Aleksandra III b. b.

In Richtung Osten fällt der Blick auf die Kirche **Sv. Krševan**. Die heutige Kirche wurde im 12. Jh. im romanischen Stil erbaut, die Außenfassade zieren beachtenswerte Blendarkaden und drei Apsiden. Die Arkadenwände im Kircheninneren werden von antiken Säulen mit korinthischen Kapitellen getragen. Sehenswert auch der Barockaltar mit Marmorstatuen der Schutzheiligen von Zadar (Sv. Stošija, Sv. Krševan, Sv. Šimun) von 1701 sowie ein wunderschön bemaltes Kruzifix, das wahrscheinlich *Jacopo di Bonomo* 1380 gestaltet hat. Die Kirche gehörte lange Zeit den Benediktinern – das Kloster wurde im Zweiten Weltkrieg zerstört.

Läuft man hinter der Kirche in östliche Richtung (Ul. Brne Kmarutica), gelangt man zum großen bunten **Markt** *(tržnica)* mit Obst, Gemüse und Souvenirständen. Gleich daneben, an der Stadtmauer, wird frühmorgens der **Fischmarkt** *(ribarnica)* abgehalten.

Hält man sich vom Marktplatz aus südöstlich, kommt man nach einigen Minuten zum *Narodni trg,* dem Stadtplatz, den heute die Porträtzeichner bevölkern. Bei einem Tässchen Kaffee kann man in Ruhe die angrenzenden Renaissancefassaden aus dem 15. Jh. genießen: die inzwischen verglaste städtische Loggia, die Stadtwache mit dem **Ethnographischen Museum** und dem Rathaus. Das Ethnographische Museum bietet einen Einblick in die Fischerei, die Wohnkultur und zeigt alte Trachten und Schmuck. Die **städtische Loggia** *(Gradska Loža)* zeigt Wanderausstellungen.
Öffnungszeiten Museum und Loggia: April–Sept. Mo–Sa 9–22, So 9–13 Uhr; Okt.–März Mo–Sa 8–20, So 9–13 Uhr.

In der Hauptgasse (E. Kotromanić) weiter östlich steht die Kirche **Sv. Šimun**. Sie wurde im 12. Jh. erbaut, vereint aber durch ständige Umbauten die verschiedensten Stilrichtungen. Im Inneren prunkt der eine Vierteltonne schwere, aus Zedernholz gefertigte *Sarkophag des Hl. Šimeon*. Der mit vergoldetem Silberblech ummantelte Schrein, verziert mit Reliefs und der Plastik des Heiligen, wurde um 1380 vom Mailänder Goldschmied *Francesco di Antonio da Sesto* geschaffen; er zählt zu den bedeutendsten Goldschmiedearbeiten Dalmatiens aus jener Zeit.

Ein kurzer Abstecher führt zu den nördlich liegenden Befestigungsmauern und einem prächtigen Palast, in dem das **Antike Glasmuseum** (*Muzej Antičkog Stakla*) residiert; neben antiken Glas-Fundstücken kann man bei der Glasbläserei sowie bei

Glasperlen-Herstellung für Schmuck zusehen; zudem wird Modernes (u. a. Schalen, Gläser) im Shop angeboten.
Mai–Sept. tägl. 9–21 Uhr; Okt.–April Mo–Sa 9–16 Uhr. Eintritt 30 KN, Kinder 10 KN. Poljana zemaljskog odbora 1, www.mas-zadar.hr.

Wer sich für moderne Kunst interessiert, sollte die **Moderne Galerie** (*Moderna galerija,* Ulica Medulićeva 2, südlich von Sv. Šimun) mit Werken dalmatinischer Maler und Bildhauer besuchen (tägl. 9–12/17–20, Sa 9–13 Uhr, So geschlossen).

Weiter östlich befinden sich Teile einer fünfeckigen mittelalterlichen Festung, die sich an die wuchtige Stadtmauer beim **Trg pet bunara** (Fünf-Brunnen-Platz) und dem **Kapitänsturm** anlehnt. Im Turm wohnten der Stadtfürst (Bürgermeister) und der Capetano, der von den Venezianern eingesetzte Verwalter. Die hintereinander stehenden Ziehbrunnen auf dem Platz dienten bei Belagerungen der Wasserversorgung. Unterhalb vom Trg pet bunara, am Trg P. Zoranića, stieß man jüngst bei Ausgrabungen ebenfalls auf Altertümer, das Gelände mitten auf dem idyllischen Platz ist eingezäunt. Oberhalb der wuchtigen Bastionen erstreckt sich ein schattiger Park, in dem es bis vor einigen Jahren noch üppig blühte. Er wurde 1829 von *Baron Franz Ludwig Welden,* einem Botaniker, angelegt. Gen Süden fällt der Blick auf den kleinen Hafen *Foša* im ehemaligen Wassergraben und auf das reich verzierte **Landtor** aus dem Jahr 1543. Das Tor mit seiner Zugbrücke war damals die einzige Verbindung Zadars zum Festland.

Umrundet man die Altstadtfestung an der Südostseite, passiert man die **Universität,** von Dominikaner-Mönchen 1396 gegründet – sie zählt zu Europas ältesten.

Entlang der Uferpromenade vorbei am Foto von *Alfred Hitchcock* (s. u.), gelangt man durch einen Park mit Palmen zum Ruinenfeld des **römischen Forums.** Es war 90 x 45 m groß und an drei Seiten von Säulenhallen und Statuen umgeben, daneben stand ein prachtvoller Tempel. Heute blickt man auf das geschichtsträchtige Pflaster, auf Säulenreste und Grabmäler, die als Sitzbänke und Turnplätze für Kinder herhalten.

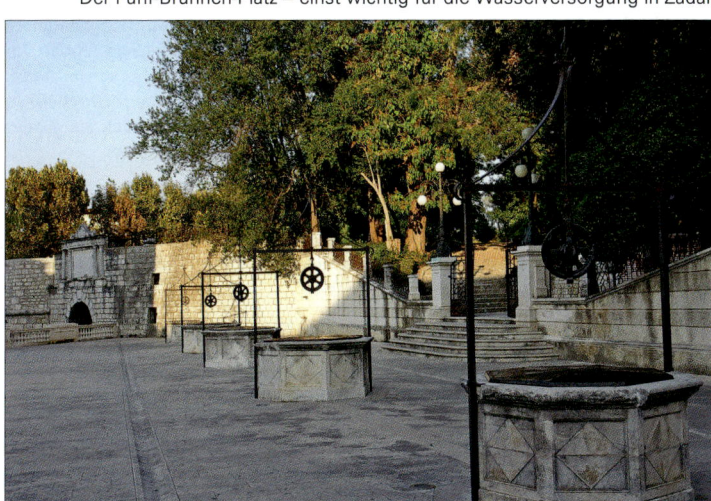

Der Fünf-Brunnen-Platz – einst wichtig für die Wasserversorgung in Zadar

Westlich ragt eine gut erhaltene, 14 m hohe korinthische Säule gen Himmel, die im Mittelalter als Schandpfahl diente. Die Kulisse des Platzes bildet die monumental wirkende, in schlichtem Halbrund erbaute Kirche **Sv. Donat** aus dem frühen 9. Jh. – eines der beliebtesten Fotomotive Zadars; mit 27 m Höhe ist sie eine der größten Kirchen des frühen Mittelalters. Als Baumaterial dienten Reste römischer Bauten. Bei Belagerungen wurde Sv. Donat immer wieder als Speicher benutzt, heute weiß man ihr Inneres wegen der hervorragenden Akustik zu schätzen und veranstaltet darin Konzerte, zudem finden auch interessante Ausstellungen mit Installationen statt.

Neben dem Forumsplatz erhebt sich mächtig der Glockenturm des Doms, der an die Kathedrale von Rab erinnert. Die dazugehörige Kirche, **Sv. Stošija**, wurde im 12. und 13. Jh. erbaut. Säulchen und Arkaden schmücken die dreischiffige Basilika, zwei Rosetten und prächtige Portale ihre Stirnseite.

Östlich vom Forumsplatz residiert das sehenswerte **Archäologische Museum**, 1832 gegründet, mit Funden aus den verschiedenen Epochen ab dem 1. Jh. v. Chr. Juni–Sept. Mo–Sa 9–21, So 9–13 Uhr; Okt.–Dez. u. April Mo–Sa 9–15 Uhr; Jan.–März Mo–Sa 9–14 Uhr. Eintritt 15 KN, Kinder/Studenten 10 KN. Trg opatice Čike 1, www.amzd.hr.

Daneben das Benediktinerkloster mit der dreischiffigen Kirche **Sv. Marija** von 1091, im 16 Jh. modernisiert. Die Adelige Cika aus Zadar soll das Kloster 1066 gegründet haben. Der schöne Glockenturm aus dem 12. Jh., den König *Koloman* errichtete, blieb unverändert. Das Kloster birgt das großflächige **Museum Gold und Silber**, das Kirchenschätze vom 8. bis zum 18 Jh. zeigt und eine der wertvollsten Sammlungen Kroatiens ist. (Geöffnet 10-13/18-20 Uhr, So 10-13 Uhr).

Westlich des Forums steht die mittelalterliche, im 18. Jh. barockisierte serbisch-orthodoxe Kirche **Sv. Ilija** mit einer wertvollen Ikonensammlung aus dem 16. bis 18. Jh. Die Kirche und das Ikonenmuseum waren 2011 geschlossen.

Südwestlich der Sv. Ilija-Kirche steht das **Franziskanerkloster** *(Trg Sv. Franje)* mit der Schatzkammer (Mo–Sa 9–18 Uhr). Kloster und Kirche wurden im 13. Jh. im Stil der Gotik errichtet, durch häufige Umbauten kamen weitere Stilelemente hinzu. Einst war *Trg Sv. Franje* das einzige Franziskanerkloster an der östlichen Adriaküste, und noch heute fungiert es als Ordenszentrum. Das weite Kircheninnere birgt mehrere Altäre und ein Chorgestühl im Stil der venezianischen Gotik. Daneben eine kleine Renaissance-Kapelle mit dem Altarbild des *hl. Franz von Assisi*. Den im selben Stil erbauten Kreuzgang zieren fein gearbeitete alte Steinreliefs. In der Sakristei befindet sich die Schatzkammer, deren kostbarstes Stück ein großes bemaltes Kruzifix aus dem Jahr 1180 ist. Es gilt als das älteste Kroatiens.

Gehen wir nordwärts durch die ruhige Ul. Br. Bilsić-Gasse, stoßen wir auf die barockisierte Renaissancekirche **Gospa od Zdravlja**. Etwas nördlich, beim *Trg tri bunara* (Drei-Brunnen-Platz), blickt man auf das große **Arsenal**, das 1752 als Hafenlager erbaut wurde. Heute ist es im Innern modernisiert und birgt Boutiquen, Infocenter, Internetraum, Bibliothek und Restaurant/Bar.

An der südlichen Altstadthalbinsel verläuft die Uferpromenade mit schattigen Sitzbänken unter Kiefern und einigen Besonderheiten, z. B. der **Alfred Hitchcock-Tafel:** Dieses Portraitfoto, das um die Welt ging, zeigt den bekannten Regisseur mit seiner ihm eigenen Mimik. Es wurde hier im Mai 1964 von dem Fotografen *Ante Brkan* geschossen, als Hitchcock Zadar besuchte und sagte: „Das ist der schönste Sonnenuntergang, den ich je sah". Ein Stückchen weiter entlang der Uferpromenade trifft man auf Stufen am Meer und auf staunende Touristen und ganz ungewöhnliche Klänge ...

Meeresorgeln (Morske orgulje)

Gehen wir meerwärts zur Südwestspitze der Altstadthalbinsel, hören wir schon von Ferne manchmal laute, manchmal ganz feine Töne, gleich einer Symphonie. Es sind die Meeresorgeln, die ertönen. Auf den breiten Stufen am Meer können wir uns niederlassen und ihrem Klang lauschen – sie sind „die" Attraktion Zadars und locken viele neugierige Besucher, die alle sehr erstaunt versuchen zu erkunden, woher diese Musik kommt. Besonders laut und klangvoll wird das Orchester, wenn ein Schiff vorbeifährt oder gar der Jugo bläst. Das Meer inspirierte den Architekten *Nikola Bašić* aus Murter schon in seiner Kindheit. Nun wurde sein Traum mithilfe des *Komponisten Ivica Stamać* aus Molat und einiger Hydraulikfachmänner in die Tat umgesetzt. Hierfür leitete man an der Kaimauer das Meerwasser durch 35 Röhren, an deren Enden Orgelpfeifen angebracht wurden. Bašić's Meeresorgeln wurden 2006 in Barcelona als bestes europäisches Projekt für urbane öffentliche Plätze prämiert. So bezaubernd das „Meereskonzert" für die Touristen sein mag, einige Anwohner finden es auf Dauer weniger unterhaltsam ...

Zadars Installation „Gruß an die Sonne" –
beliebter Treffpunkt und Spielplatz bei Sonnenuntergang

Gruß an die Sonne

Ein weiteres faszinierendes Werk von *Nikola Bašić* lässt die Besucher an der Landspitze staunen: Fast außerirdisch wirken die zu einem großen Kreis angeordneten mehrschichtigen Glasplättchen mit eingebauten Beleuchtungselementen, die den Sonnenuntergang beeindruckend einfangen und in seinem Farbenspektrum spiegeln. Auch das Sonnensystem mit Umlaufbahnen wird dargestellt. Als Vorlage dienten historische Pergamentzeichnungen aus dem Universitätsarchiv Zadar, der ältesten Universität des Landes, damals von den Dominikanern geleitet.

Berg Straža (Insel Ist) – herrlicher Weitblick über die Norddalmatinischen Inseln

Archipel vor Zadar

Die Inselkette nordwestlich von Zadar ist vom außerkroatischen Tourismus noch weitgehend unberührt – ein Tipp für Individualisten, die Abgeschiedenheit und Stille lieben und auf größeren Komfort gern verzichten.

Einheimische oder ausgewanderte Kroaten verbringen hier im Juli und August ihre Ferien. Meist werden die Inseln von Bootsbesitzern angelaufen, und nur wenige, wie *Silba*, haben sich auf Urlaubsgäste eingestellt. Es sind Inseln, die viel Ruhe und Abgeschiedenheit ohne großen Komfort bieten und zu Erkundungen auf Pfaden einladen, die mitunter in der undurchdringlichen Macchia enden. *Achtung*, in den Sommermonaten kann der kräftige Westwind *Newera* Bootsbesitzern sehr zu schaffen machen. Die Schiffsverbindungen vor allem nach Zadar wurden etwas verbessert, zudem verkehren auch Trajekts; ein Auto ist hier für den Urlauber allerdings unnötig, da es kaum Straßen gibt. Den Einheimischen dient der Pkw zum Transport oder in den Städten zur Fortbewegung.

Wichtiges auf einen Blick

Telefonvorwahl: 023

Verbindungen: Die meisten **Schiffe** kommen von Zadar, nur 1-mal tägl. von/nach Mali Lošinj (Insel Lošinj). Man sollte sich bestens über Hin- und Rückfahrt informieren, Änderungen möglich. Zwischen Mali Lošinj und Zadar verkehrt auch ein Trajekt, das aber nicht für den offiziellen Autotransport, sondern für den Transport von Baumaterialien für die Einheimischen vorgesehen ist. Einzig zur Insel Iž kann, wer mag, sein Auto mitnehmen, was sich aber wenig lohnt und nur der Umwelt schadet.

Geldwechsel: Keine Banken, nur Poststationen, die oft nur wenige Stunden geöffnet haben. Nur geringer Bargeldwechsel. Am besten vorab an Umtausch denken.

Informationen: Die Touristeninformationen vor Ort sind meist nur Juli/Aug. geöffnet. Informationen erhält man in Zadar oder auch unter www.zadar.hr.

Einkaufen: Nur kleine Läden.

Insel Olib

Von der Fähre aus wirkt die autofreie Insel wie ein mit Buschwald und Kiesbuchten verzierter einsamer Inselfladen. Um die schönen Badeplätze wussten bisher meist nur Bootsbesitzer oder junge Kroaten, die mit dem Vorgefundenen zufrieden waren und auf weiteres Amüsement keinen Wert legten.

Das flache, durch Steinmäuerchen unterteilte Olib ist 25,6 km2 groß und bis auf wenige bewirtschaftete Wein- und Olivenplantagen von Macchia überwuchert. Der gleichnamige Inselort liegt ziemlich zentral an der schmalsten Stelle nahe der Westküste – nur 1,4 km sind es zum östlichen Meeresufer. Der Ort Olib ist von Weinfeldern, Olivengärten und Schafweiden umgeben, je weiter entfernt, desto verwilderter und urtümlicher. Pfade führen zu Badebuchten im Osten und Süden. Im Osten sieht man die Insel *Plavnik*, in der Ferne *Pag* und das Küstengebirge und im Westen, zum Greifen nah, Silba. Olib war einst eine der dichtest besiedelten Inseln im Zadarer Archipel. Die heute noch verbliebenen 200 Menschen leben hauptsächlich vom Fischfang, daneben ein wenig vom Tourismus und der Landwirtschaft.

Geschichte

Schon zur Römerzeit war Olib besiedelt, ab 1409 gehörte es, wie alle Inseln des Archipels, zu Venedig. Die heutigen Siedler kamen vor über 500 Jahren von Vrlaka (bei Split) und waren Bauern. Ein Splitter Bischof versprach dem Völkchen auf der Flucht vor den Türken eine Insel namens *Ulbo,* wenn sie fleißig das Land bearbeiten würden. Unter ihrem Anführer, Pater *Juraj Cetinjanin,* siedelten sie sich 1476 auf der Insel an. Sie brachten ein Holzkreuz mit, das noch heute in der *Pfarrkirche Sv. Marije* steht. Die Insel war damals im Besitz der Adelsfamilie *Filipi*, der die neuen Siedler Abgaben zahlen mussten. Sie bauten hauptsächlich Wein und Oliven an, züchteten Schafe und verkauften ihre Erzeugnisse in die Städte und nach Italien. Um 1900 starb der Filipi-Clan aus, und ein geachteter Bischof schlug vor, das Land aufzukaufen und unter den Bauern aufzuteilen – ihre Freiheit und ihr Land erhielten die Oliber am 14. Mai 1900. Wirtschaftlich erwies es sich allerdings als unklug, das Land derart zu parzellieren. Als dann noch die Reblaus die Weinstöcke vernichtete, war die Existenzgrundlage dahin. Vor dem Ersten Weltkrieg begann die erste Emigrationswelle in die USA und nach Australien – bis dahin zählte Olib noch 2030 Bewohner. Nach dem Zweiten Weltkrieg setzte ein neuer Auswanderungsschub ein und viele suchten ihr Glück in New York und Kalifornien. Heute wohnen nur noch 150 alte Menschen hier, viele Häuser stehen leer. Im Juli und August besuchen jedoch viele Emigranten oder deren Nachkommen ihre alte Heimat, um Urlaub zu machen oder auch, um die alten Häuser zur renovieren – dann kehrt Leben ein in den Cafébars, man sieht viele Schirmmützen und hört breiten amerikanischem Slang.

Information Touristinformation am Hafen, 23296 Olib, ✆ 023/370-162; in der Saison Mo–Sa 16.30–20.30 Uhr.

Verbindungen *Trajekt (Linie 401):* Zadar–Olib (1-mal tägl.), Olib–Silba (1-mal tägl.), Olib–Premuda (1-mal tägl.), Olib–Ist (3-mal wöchentl.), Olib–Mali Lošinj (4-mal wöchentl.).

Einkaufen am Kirchplatz Laden und Metzgerei; am Hafen Minimarkt u. Obststand.

Veranstaltungen Fischfest am 2. Sa im Aug. Dann gibt es kostenlos Fisch für alle Gäste.

Übernachten/Essen Privatzimmer/Appartements ab 30 €.

Restaurant-Pension Amfora, nahe Hafen, Neubau mit großer pflanzenumrankter Terrasse, gutes Restaurant. Geöffnet Mitte Mai–Okt. DZ/F ca. 40 €. ✆ 023/376-010.

Gostionica Olib, große überdachte Terrasse. Einfache, deftige Küche mit Fleisch- und Fischgerichten.

Gostiona Amfora, in einer kleinen, mit Blumentöpfen geschmückten Laube. Treff der Jachtler. Preise wie auch Essen sind etwas anspruchsvoller. Es gibt Fisch- und Fleischgerichte.

Konoba Plavnik, am Hafenbecken mit Tischen und Stühlen unter Strohmattendach. Treff der Einheimischen zum Kartenspiel und Plausch. Es gibt nur Getränke.

Nett ist's auch bei Miki in der **Cafébar Grobak**, bei guter Musik und Cocktails.

Archipel vor Zadar

Sehenswertes

Das Ortsbild von Olib prägen bunt angemalte, stattliche Häuser mit fruchtbaren Gärten und Weinstöcken und der imposanten Velebit-Kulisse im Hintergrund. Aus dem Ort ragt der Kirchturm der Pfarrkirche *Sv. Marije* auf. An ihrer Rückseite steht eingemauert die ehemalige Kapelle, die 1786 zu dieser Kirche vergrößert wurde. Das geräumige Kircheninnere ist in hellen Farben ausgemalt und mit bunten Glasleuchtern geschmückt. Neben fünf Altären birgt sie das schlichte Holzkreuz, das die kroatischen Siedler 1476 aus ihrer alten Heimat mitbrachten. Es stand früher in der kleinen *Sv. Stošije*-Friedhofskapelle, in der auch ihr Anführer Pater *Juraj Cetinjanin* begraben liegt. Heute noch steht im Friedhof das geduckte Kirchlein von 1632 gegenüber der stattlichen neuen Kirche. Im Inselosten, nahe der Slatinica-Bucht, die Kapelle *Sv. Rok* von 1888, die nach einer Pestepidemie als Votivkirche diente. Die Kirche *Sv. Nikola* (1881) steht im Südwesten der Insel an der gleichnamigen Hafenbucht – und direkt neben der Kapelle aus dem 17. Jh., die in eine Sakristei umgewandelt wurde. Etwas weiter westlich stehen die Ruinen der Kirche und des *Klosters Sv. Ante Opata,* das ab 1934 eine Klosterschule beherbergte. Zwischen 1727 und 1948 lebte hier die Ordensgemeinschaft Peter und Paul, die die glagolitische Schrift pflegte (→ Insel Krk/ Einleitung „Glagoliza"), und es gab 179 Priester, die bis 1968 an dieser Schrift festhielten.

Südlich der Klosterruinen steht inmitten von Weinstöcken ein *Wehrturm* aus dem Ende des 17. Jh. Das 1934 erbaute *Monument* in Hafennähe erinnert an die Inselübergabe durch die Familie Filipi an die Oliber Bauern. Der Freikauf aus der Leibeigenschaft wurde seitdem am 15. Mai gefeiert. Später verlegte man das Fest auf Anfang August, wenn sich die Auswanderer aus dem Urlaub wieder auf ihrer Heimatinsel einfinden. Der Kontakt zu den Zurückgebliebenen ist immer noch sehr innig. Einige Emigranten unterstützen die Insel mit Spenden, und dem beginnenden Tourismus begegnen sie sehr kritisch: Probleme der Müllbeseitigung, die geringe Größe der Insel, die alten Häuser, die urwüchsige Natur – es ist sehr verständlich, dass sie ihre Heimat unberührt vorfinden möchten, aber welche Alternative haben die wenigen verbliebenen Bewohner?

Baden

In der großen Bucht beim Ort gibt es Kies- und betonierte Liegeflächen, Umkleidekabinen, Toiletten und Stranddusche. Weiter südlich davon Kiesbuchten. Ein Fußpfad führt in rund 20 Min. auf die Ostseite der Insel zur *Slatinica-Bucht*. Sehr seicht und sandig ist der Strand, man kann allerlei Krebsgetier beäugen und blickt auf das Velebit-Gebirge. Links und rechts der Bucht wird es grobkieselig und felsig. Nach Südwesten führt ein Pfad zur *Sv. Nikola-Bucht* mit der gleichnamigen Kapelle oberhalb des Ufers. Im Nordwesten liegt die *Draga-Bucht* mit Kies- und Felsstrand.

Insel Silba

Die Bewohner von Silba haben sich längst mit dem Tourismus angefreundet und gehen auf die Bedürfnisse der Gäste ein – doch noch ist die Insel ruhig und natürlich, ein kleines Idyll. Die Schönheiten von Silba entdeckt man auf den macchiagesäumten Wegen zu vielen Fels-, Sand- und Kiesbuchten.

300 Menschen leben auf der 15 km2 großen Insel, die, obwohl unweit der Insel Lošinj gelegen, noch zum Zadar-Archipel gehört. Die Insel ist flach, es wachsen vielerlei Macchiagehölze. Zu den Sand- und Kiesbuchten wurden Pfade angelegt. Alles wirkt etwas lieblicher und nicht so urwüchsig wie auf der Nachbarinsel Olib.

Silba soll eine griechische Kolonie namens *Selbo* gewesen sein, definitiv aber war es zu römischen Zeiten besiedelt. Das belegen Münzfunde mit Kaiser Antoninus Pius (138–161) und auch der jüngste Fund, ein Sarkophag, in der Bucht *Pocumarak*. Auch Porphyrogenet erwähnte im 10. Jh. die Insel Selbo und unter König Petar Krešimir ging die Insel 1073 an das Kloster Sv. Marija in Zadar. Seit 1409 gehörte Silba zu Venedig und nach dessen Fall 1797 zu Zadar. Die Blütezeit der Insel lag im 17. und 18. Jh., als Silba ein wichtiges Seefahrerzentrum war.

Die Bewohner von Silba lebten nicht von der Landwirtschaft, sie waren Seefahrer. Die Insel war reich – bis zum Ersten Weltkrieg gab es hier noch 190 Segelschiffe. Zwar verdrängten die Dampfschiffe bald die traditionellen Segler, doch die Menschen konnten sich nie so recht mit der Umstellung auf Schafzucht und Fischfang anfreunden. Wie Olib liegt auch der Inselhauptort Silba in Inselmitte, seine Häuser ziehen sich die wenigen hundert Meter von der Ostküste über einen Hügel zur Westküste hinüber.

Silba ist schon lange kein Geheimtipp mehr; es wurde fleißig gebaut und die Haupterwerbsquelle dürfte mittlerweile der Tourismus sein. Dennoch bemüht man sich wenig um Gäste – sie sind da oder auch nicht – es sind mehr die Einheimischen selbst, die sich hier in ihrem Idyll zurückziehen und ab und an ihre übrigen Zimmer vermieten. Das wichtigste Verkehrsmittel ist mittlerweile, anstelle des Esels, der Kleinbulldog – ein fahrbares Maschinchen mit Lenkstange, das man vor einen Anhänger spannt. Ebenso löste der elektrische Strom die Kerzenscheinromantik ab. Doch ab und zu wird man durch ein Gewitter zurück in alte Zeiten versetzt, dann werden wieder die Petroleumlampen hervorgeholt, und es wird noch beschaulicher. Trotz aller Neuerungen hat sich der Ort seine Ursprünglichkeit bewahrt, die meisten Neubauten fügen sich mit all ihrer Pflanzenpracht gut in die alte Bausubstanz ein.

Wer den Ort oder gar die Inselschönheit entdecken möchte, sollte gut zu Fuß sein!

Information Tourismusverband, Ortsmitte, gegenüber Kirche, 23295 Silba, ✆ 023/370-010, www.tz.silba.net. Mai–Okt. Mo–Fr 8–12 Uhr (Juli/Aug. auch 18–22 Uhr). Zimmervermittlung.

Mit oder auf den Liebsten warten …

Verbindungen Der **Fährhafen** liegt im Westen; nur wenn es stark stürmt, legt die Fähre im Osten an. Fährtickets im Kiosk am Fährhafen, kurz bevor die Fähre ablegt. Silba ist mit Zadar, Mali Lošinj (auch Premuda u. Olib) 1-mal tägl. verbunden (*Trajekt Linie 401*), 4-mal wöchentl. mit Ist; zudem stoppt *Katamaran (LNP)* in Richtung M. Lošinj und Pula.

Parken in Zadar Es gibt Familien aus Silba, die Parkgaragen in Zadar anbieten, u. a. ✆ 023/370-223 (ca. 5 €/Tag) oder auch unter 098/562-146 (mobil).

Post Gasse Richtung Liebesturm; Mo–Sa 7–21 Uhr; hier auch Geldwechsel.

Gesundheit Ambulanz, beim Liebesturm, geöffnet Mo u. Do 8–12 Uhr. ✆ 023/370-135.

Einkaufen mehrere Läden, Obst- u. Gemüsestand am Kirchplatz. Fischladen schräg gegenüber dem Liebesturm.

Übernachten Es gibt viele **Privatzimmer/ Appartements** ab 40/50 €. Schöne Pensionen liegen an der Westseite. Da viele Häuser nur 1 oder 2 Zimmer/Appartements vermieten, ist es schwierig, Empfehlungen zu geben. Man kann sich aber sein Objekt auf den Websites www.silba.net oder www.silba.org aussuchen. U. a.:

*** Pension-Restaurant Fregadon, netter Neubau mit mehreren Zimmern/Appartements oberhalb vom Fährhafen Žalić. ✆ 023/370-104, www.pansion-silba.com.

Apartmani Maslinski dvori, zwischen Fährhafen Žalić und der südlich gelegenen Pocukmarak-Bucht nahe dem Meer; eingehüllt in einen großen Garten mit Grill. Gut ausgestattete Appartements (Internetzugang). Fam. Smirčić, ✆ 023/370-264, 099/2908-985 (mobil), www.apartmani-maslinskidvori.com.

Essen & Trinken Es gibt einige Lokale, u. a.:

》》 Mein Tipp: Konoba Žalić, in der Hauptgasse zur westl. Hafenbucht; überdachte, mit Blumenkübeln umgebene Terrasse. Hier speist man gut Fisch und Fleisch, was gerade frisch ist. Geöffnet Ende April–Sept. ab 17 Uhr (Juli/Aug ab 12 Uhr). ✆ 098/1912-713 (mobil). 《《

Pizzeria/Restaurant Velebit, am Hauptplatz neben der Kirche. Hier sind auch Bäckerei und Cafés.

Konoba Mule, gemütliche Schenke kurz vor dem östl. Hafenbecken.

Restaurant Silba, am östlichen Hafenbecken.

Wassersport Jachthafen Silba, im Osten, 30 Liegeplätze mit Strom u. Wasser, zudem Slipanlage für kleinere Boote. Geschützter Hafen (bis auf Bora und Tramontana, dann zur Westseite ausweichen). In der Bucht Sv. Ante 30 Bojen.

Hafenamt, Ostseite, ✆ 023/370-410.

Sehenswertes

Der Ort Silba zieht sich vom Fährhafen im Westen (Luka Žalić) über einen Hügel bis zum Jachthafen im Osten (Luka Mul oder Silba); ein verzweigtes, betoniertes Wegenetz verbindet den Ort mit den Badebuchten. Die Hauptwege sind mit Bäumchen bepflanzt und beleuchtet – verlaufen kann man sich in dem Labyrinth von Gassen trotzdem leicht. Um die Buchten im Westen und Osten ziehen sich Uferpromenaden mit Sitzbänkchen zum Verweilen. Im Inselosten viele Jachten.

Am Hauptplatz ragt ein einsamer, großer Kirchturm empor, ein paar hundert Meter entfernt die dazugehörige *Pfarrkirche Vela Gospa Sv. Marija*, die 7 Altäre birgt. Beachtenswert die „Grablegung Christi" (1641) von *Rudolfino*, einem Schüler Tizians – dieses Gemälde zierte einst Sv. Marko (s. u.). In der Kirche Vela Gospa Sv. Marija wurde früher auch die silberne Krone aufbewahrt, die beim alljährlich am 25. Dezember stattfindenden *Königswahl*-Fest als Schmuck diente – den alten Brauch gibt es leider nicht mehr.

Die ehemalige Pfarrkirche des Ortes, *Sv. Marko*, 1637 erbaut, steht südlich des Ortes auf dem Friedhof. Es ist ein mittelalterlicher Bau mit wertvollem Holzaltar. Verstreut finden sich in der Macchia etliche, teils auch verfallene Kapellen, die zum Prozessionsweg gehören, u. a. die noch gut erhaltene Kapelle *Sv. Ante* (18. Jh.) an der gleichnamigen Bucht. Ihr Festtag ist im Juli mit Prozession ab der Hauptkirche. In der Ortsmitte biegt nördlich eine Gasse zum sechseckigen *Liebesturm* ab, um den sich eine Freitreppe windet. Ende des 18. Jh. ließ Kapitän *Petar Marinić* diesen Turm für seine „grande amore" errichten, auf dass sie immerzu Ausschau nach ihm halten konnte. Dem Weg nordwärts folgend, stößt man auf die halb verfallene Kirche *Gospa od Carmela*, die zu einem Klosterkomplex gehörte, der mindestens auf das 14. Jh. zurückgeht, um 1660 von den Minoriten übernommen und erweitert und 1804 aufgelöst wurde.

An der nächsten Weggabelung steht das älteste Gotteshaus der Insel, die geduckte *Kapelle Sv. Ivan* (ca. 16. Jh.), die momentan restauriert wird; sie wurde auf Grundmauern ihrer Vorgängerin aus dem 10. Jh. erbaut.

Die zahlreichen Kirchen zeugen vom einstigen Reichtum Silbas. Wie auch auf den anderen Inseln dieses Archipels wanderten viele Silbaner vor dem Ersten und Zweiten Weltkrieg aus, erst der Tourismus brachte wieder einen bescheidenen Aufschwung.

Silba – rund um die Insel gibt es viele versteckte Badebuchten

Wassersport/Baden

Taucher, aber auch Schwimmer, können das kleine **Unterwassermuseum** bei der *Pocumarak-Bucht* (südlich vom Hafen Žalić) in nur zwei bis drei Metern Tiefe bewundern; 2008 wurden hier der schöne Sarkophag (4.–6. Jh.) und Überreste eines weiteren gesichtet.

Für den schnellen Sprung ins Wasser eignet sich der Strand an der westlichen und östlichen Uferpromenade – teils Sand, Kies und Fels. Schöner, jedoch weiter entfernt die FKK-Buchten bei **Sv. Ante, Nozdre** und **Pernastica**.

Bucht Sv. Ante: Vom Hauptweg an der Kirche nach Süden abbiegen (ausgeschildert) und eine gute halbe Stunde laufen – meist unter schattigen Bäumen und durch üppiges Grün, das sich im Frühjahr als ein blühendes Meer von Ginster, Baumheide, Rosmarin, Zistrosen und Liliengewächsen zeigt und im Herbst im leuchtenden Rot des Mastix-Strauchs und im Gelborange des Erdbeerstrauchs. Die Vegetation reicht fast bis ans Meer. In der *Sv. Ante-Bucht* eine kleine Kapelle und Ankerplätze. Weiter südlich folgen die Kies- und Sandbuchten *Mavrova*, *Dobra Voda* und *Slatina*, die auch für Kinder bestens geeignet sind.

Bucht Nozdre: Am besten den Weg kurz vor dem Jachthafen nach Süden nehmen, auch dort rundum sehr schöne Badebuchten.

Bucht Pernastica: Vom Hauptweg im Ort nach Norden, vorbei am Liebesturm. Hier muss man gut zu Fuß sein (ca. 1 Std.). Doch schon vorher gibt's Bademöglichkeiten in der **Paprenica**-Bucht – ein Strand mit großen Kieseln und interessanter Unterwasserwelt. Danach führt der Weg über Anhöhen und durch Macchia und Wäldchen. In der Bucht von **Pernastica** gibt es Sand- und Kiesstrand, aber auch viel Seegras.

Insel Premuda

Auf dem kargen Inselchen steckt der Tourismus noch in den Kinderschuhen. Premudas Hauptanziehungspunkte sind das Tauchgebiet um die „Kathedrale" und die schönen türkisblauen Badestrände.

Premuda, die nordwestlichste Insel des Zadarer Archipels, ist 9 km² groß. Ihr vorgelagert sind kleine Inseln, *Masarine* genannt. Die meisten der 100 Inselbewohner leben im Ort Premuda. Der alte Ortskern liegt oberhalb des *Hafens Loža* im Nordosten und ist auf betoniertem Fußweg zu erreichen – von oben ein herrlicher Blick auf Silba und die umliegende Inselwelt. Auch im Ort Premuda entstehen rund um die alten Natursteinhäuser viele Neubauten. Ein Fußweg führt hinab zur Westseite zum Hafen Krijal (wird nur bei Bora angelaufen). Das Meer leuchtet in Türkistönen. Für Taucher gibt es hier ein sehr schönes Revier, die *Kathedrale*, mit einem Eingang in 30 m Tiefe und Ausgang in 10 m Tiefe. Auch bei Bootsbesitzern ist der *Hafen Krijal* mit seinen netten Restaurants sehr beliebt, nicht zuletzt deshalb, weil er vor der stürmischen Bora schützt. Etwas südlich noch die unbewohnte Bucht Premuda.

Information 23294 Premuda. Infos über das Restaurant.

Verbindungen *Trajekt (Linie 401)* Zadar–Premuda–Silba–Olib und nach Mali Lošinj, 1-mal tägl.; Premuda–Ist, 4-mal wöchentl.

Post Im Ortskern, vormittags geöffnet.

Einkaufen Zwei kleine Läden.

Gesundheit Ambulanz, nur Mi 8–9.30 Uhr. ✆ 023/370-135, 098/714-221 (mobil).

Übernachten Privatzimmer ab 30 €/DZ.

Essen & Trinken Restaurant Masarine, am Hafen Krijal, mit überdachter Terrasse. Bekannt für sehr gute Fischgerichte. ✆ 023/396-025.

Konoba Grmalj, ebenfalls am Hafen Krijal, mit Terrasse. Hier isst man vorzüglich Lamm u. Zicklein. 13–24 Uhr. ✆ 023/396-070.

Südöstlich von Premuda liegt die Insel **Škarda**, dann folgen **Ist** und **Molat** – alle auf einer Linie mit weiteren verstreuten Inselchen.

Insel Ist

Hauptsächlich Bootsbesitzer sind es bisher, die zum Übernachten und Essen im Hafen der autofreien Insel einlaufen – und Unterwasserbegeisterte, die mit dem hier ansässigen Tauchclub auf Entdeckungsreise gehen. Langsam hält auch auf Ist der Tourismus Einzug.

Von der Ortschaft sind es nur ein paar hundert Meter zur nördlichen und südlichen Bucht, noch kürzer ist es zur Nachbarinsel Molat. Die höchste Erhebung von Ist und der Inseln rundum ist der *Berg Straža* mit 174 m. Die 150 Bewohner des kargen, rund 10 km2 großen Eilands leben von etwas Schafzucht, Landwirtschaft und vor allem vom Fischfang. In letzter Zeit stellte man sich mehr auf den Tourismus ein. So eröffneten einige Restaurants, die vor allem von den abendlich ankommenden Bootsbesitzern besucht werden.

Um 1500 wurde die Insel unter dem Namen *Gistum* erstmals erwähnt. Ihre Bewohner lebten vom Fischfang, von der Seefahrt und besaßen eine eigene Flotte. Heute haben viele Ister auf französischen Schiffen angeheuert.

Archipel vor Zadar

Information Tourismusverband, am Hafen, 23207 Ist, ✆ 023/372-517. In der Saison 8–11/18–21 Uhr.

Ist-Tourist, Ortsmitte, ✆ 023/372-419; falls geschlossen, nebenan im Restaurant Maestro nachfragen.

Verbindung *Trajekt (Linie 401):* Zadar–Ist–Olib–Silba–Premuda–Mali Lošinj, 4-mal wöchentl. *Trajekt (Linie 433):* Zadar–Rivanj–Sestrunj–Zverinac–Molat–Ist, 5-mal wöchentl. *Katamaran (Linie 9403):* Zadar–Molat–Brgulje–Zapuntel–Ist, 1-mal tägl.

Post Nördl. des Hauptplatzes; Mo–Fr 8–12/18–21, Sa 8–15 Uhr.

Gesundheit Ambulanz, Ortsmitte; der Arzt pendelt zwischen Ist und Molat; ✆ 023/372-510.

Einkaufen Es gibt 3 Läden; in der Saison Obst- und Gemüsestand am Hafen.

Übernachten Im Ort gibt es einige einfache Privatzimmer ab 15 €/Pers.; Appartements ca. 15–20 €/Pers. Z. B. *** Pension Maestro, s. u. Diving Center, vermietet auch Zimmer/Appartements zu 45 €/3 Pers.; pro Pers. 5 € Frühstück oder 10 € Abendessen. Auch in der Pension **Caruba** nette Zimmer.

Essen/Übernachten Restaurant **Katy**, beste Adresse, ganz im Osten an der Uferpromenade, mit großer Terrasse und Blick auf die Bucht. Große Weinauswahl, sehr gute Fischgerichte und Gegrilltes.

Restaurant-Pension **Caruba**, an der Uferpromenade im Ort mit großer Terrasse. Hier speist man ebenfalls sehr gut Fisch – zu gehobenen Preisen.

Restaurant-Pension **Maestro**, leckere Fisch- und Fleischgerichte, zudem guter Service. Gegenüber von Carubo.

Tauchen Diving Center Ist, am Hafen. Taucherausrüstung- und Flaschenverleih, Kompressorstation, verschiedene Tauchkurse, Bootsausfahrten; Unterkünfte werden angeboten. Deutschsprachige Leitung. ✆ 023/372-419, ✆ 098/339-600 (mobil), www.ist-diving.com.

Jachthafen Marina Ist, 40 Liegeplätze, Strom, Wasser, Dusche, Toiletten. ✆ 023/372-638. Hafenamt, ✆ 023/372-449.

Der Ort Ist breitet sich von der *Široka-Bucht* im Südosten bis zur *Kosirača-Bucht* im Nordwesten aus. Wie ein kleines Labyrinth erscheint der Ortskern mit seinen Natursteinhäusern: viele Gassen, gesäumt von Mäuerchen, hinter denen es üppig wuchert. Im Ortszentrum ein kleiner Laden. Ehe dieser aufmacht, versammeln sich die Leute davor, sitzen auf der Bank und plaudern – vermutlich ein ebenso wichtiges Ereignis wie die Sonntagsmesse. Die Dorfkirche ist im Innern in rosa und meeresblauen Farbtönen gefasst. Die wenigen Touristen bedenkt der Pfarrer mit einem Gebet. An der Promenade blüht der Oleander, in der Hafenbucht ankern neben alten Fischerbooten stolze Jachten, im seichten, sandgrundigen Wasser planschen Kinder. Spätnachmittags laufen die Jachten ein und die Promenade mit ihren Restaurants füllt sich. Auf der Westseite wurde ebenfalls eine Hafenmole errichtet, hier ankern hauptsächlich die Einheimischen.

Dagegen ist es auf der anderen Küstenseite ruhig. Ein paar alte Fischerhütten und ein Anlegeplatz mit bunten Kähnen – nur Boote laufen ständig zum Fang aus.

Auf dem *Berg Straža* (174 m) oberhalb von Ist steht eine *Kapelle*, die man über einen Serpentinenweg in einer halben Stunde erreichen kann. Von oben ein herrlicher Ausblick über die Inselwelt ringsum: unten spielzeugähnlich der Ort, im Nordwesten Lošinj, im Osten das Küstengebirge und im Süden in der Ferne das lang gezogene Dugi Otok.

Baden: An der Promenade mit betonierten Liegeflächen. Bessere Bademöglichkeiten in der *Kosirača-Bucht;* Pfade führen durch Macchia zu Felsbadebuchten mit Blick auf vorgelagerte Inselchen.

Insel Molat

Die mit üppiger Macchia bewachsene Insel empfiehlt sich wie der Inselnachbar Ist nur für Individualisten und Bootsbesitzer. Wer Ruhe sucht, gerne wandert, gegen einfache Zimmer und meist felsige Badebuchten nichts einzuwenden hat, ist auf Molat richtig.

Wer möchte, kann inzwischen sogar sein Auto mit dem Trajekt auf die Insel bringen – leider. Meist sind es jedoch nur der Arzt und der Bäcker, die die schmale Inselstraße entlang düsen. Molat ist von vielen Buchten zerklüftet und reckt im Süden einen langen Arm ins Meer. 27 km2 ist die Insel groß, 200 Einwohner leben in den Ortschaften Molat, Brgulje und Zapuntel mit dem Fährort Porat, deren Ortskerne oberhalb des Meeres angelegt wurden – zum Schutz vor Piraten. Die Menschen hier lebten seit alters her vom Fischfang, und mit Makrelen und Blaufischen erzielten sie gute Fänge. Daneben verdienten sie ihren Unterhalt als Schafzüchter, machten schmackhaften Käse und bauten Wein an.

Wichtiges auf einen Blick

Touristinformation: 23292 Molat. ✆ 023/371-799; vormittags geöffnet.

Verbindungen: Molat hat drei Fährhäfen: Molat, Bruglje und Zapuntel, die aber nicht immer alle angefahren werden. *Katamaran (Linie 9403):* Zadar–Molat–Bruglje–Zapuntel–Ist, 1-mal tägl.

Trajekt (Linie 433): Zadar–Rivanj–Sestrunj–Zverinac–Molat, 1-mal tägl.

Post: Molat, 8–12/18–21 Uhr.

Übernachten: In Molat und Bruglje.

Essen & Trinken: In Molat und Bruglje.

Auch auf Molat sind die meisten Bewohner nach Nord- und Südamerika ausgewandert. Die Insel besitzt ein paar Erhebungen, die höchste, der *Knežak,* ragt 142 m hoch aus dem Meer. Ein schmales Asphaltsträßchen verbindet die Inselorte: im Südosten Molat, in der Mitte Brgulje, im Nordwesten Zapuntel mit dem Fährort Porat. Die Landschaft ist felsig und mit Erdbeerbäumen, Zistrosen, Wacholder, Baumheide und vielen Gewürzkräutern dicht bewachsen – in Meeresnähe wächst die gelb blühende Immortelle.

König Eduard VIII.

Der englische König Eduard VIII., anscheinend ein passionierter Inselfreund, machte 1936 mit Wallis Simpson nicht nur auf Rab, sondern auch auf dem abgeschiedenen Molat Station. Seine Hoheit verkosteten den Käse und geruhten zu bemerken, man habe nie zuvor einen besseren gegessen. Dazu schlürften die königlichen Lippen den köstlichen Wein, der den königlichen Gaumen mit vollendetem Genuss ergötzt haben soll. Die lustvollen Urlaubswochen in Kroatien hatten schwerwiegende Folgen: nur 8 Monate später verzichtete Eduard VIII. auf seine Krone und heiratete die geschiedene Wallis, seine große Liebe – welch Skandal!

Und auch einen Poeten besitzt Molat: *Fahrudin Nikšić*, 1929 in Mostar geboren, heiratete auf der Insel ein. Wer Kroatisch beherrscht, kann seine Gedichte über Molat lesen; Nikšićs Werke stehen in der großen Bibliothek im Rathaus.

Molat wurde in der zweiten Hälfte des 10. Jh. von den dalmatinischen Romanen besiedelt, die der Insel den Namen *Melata* gaben. Seit alters her ist Molat durch seine Fischerei bekannt. Schon 995 wird über den Verkauf der Fischereigewässer der Insel durch die Gemeinde Zadar an adlige Familien berichtet. Seit dem 11. Jh. gehörte die Insel dem Benediktinerkloster Sv. Krševan aus Zadar, ab 1409 herrschten auch auf Molat die Venezianer.

Molat

Der Inselhauptort zieht sich von der Anlegestelle an der *Lučina-Bucht*, an der ein rotweiß gedecktes Haus mit spitzturmigem Erker auffällt, den Hügel hinauf. Oben steht die Kirche *Sv. Marija* (1479) mit ihrem ockerfarbenen Kirchturm. Hinter Mäuerchen inmitten von wucherndem Wein und Gemüsegärten stehen Natursteinhäuser. Am Hauptplatz dominiert das frühere Rathaus, heute Sitz des Tourismusverbandes. Die Dorfatmosphäre ist sehr heimelig, jeder kennt jeden, auch die wenigen Urlaubsgäste sind schnell bekannt. Das bisher fehlende üppige Süßwasser ließ den Plan, die Insel zu einem Jagdrevier für Fasane zu machen, platzen. Es wurden zwar Fasane ausgesetzt, aber in Ermangelung des raren Wassers stürzten sich die Federtiere auf die wohl mundenden, ebenso raren Weintrauben.

Nördlich des Ortes Molat, auf dem Weg zur Jazine-Bucht, weisen drei Türme auf ein ehemaliges Konzentrationslager der Italiener hin.

Gesundheit Ambulanz (→ lst), Mo–Sa 7–13 Uhr, ✆ 023/372-510.

Einkaufen Kiosk am Hafen, im Juli/Aug. durchgehend geöffnet. **Laden** bei der Post, Mo–Sa 8–12/18–20, So 17–20 Uhr. **Bäckerei:** an der Jazine-Bucht und beim Gemeindehaus, es gibt Brot und leckeren *burek* (pizzaförmige Stücke aus einer Art Strudelteig mit Quark, Fleisch, aber auch süß, mit Äpfeln gefüllt).

Übernachten Privatzimmer kosten ab 10 €/Pers. Am Hafen werden **Appartements** vermietet.

Essen & Trinken Restaurant Mare, am Hafen mit großer Terrasse.

Baden Jazine-Bucht, an der Nordseite (in 10 Min. erreichbar). Die Bucht hat Süßwas-

Molat – nur die tägliche Fähre sorgt für Abwechslung

serquellen, einen Anlegeplatz und ist kiefernumstanden. Seicht und sandig ist der Meeresgrund, mit großen weißen Kieselsteinen. Ostwärts geht es durch Kiefernwald zu weiteren Buchten.

Bruglje

Das Asphaltsträßchen führt über den Bergkamm von Molat (eine halbe Stunde Fußmarsch) nach Bruglje, das in der Inselmitte liegt. In nördlicher Richtung fällt der Blick auf weiß gesäumte, vorgelagerte Inseln und auf das bei wolkigem Himmel wie Marmor wirkende Velebit-Gebirge. Am Wegesrand wachsen Stechginster, Myrte, Ölbaum, Erdbeerstrauch, Mastix, Wacholder und Baumheide – es riecht harzig-würzig.

Der Dorfplatz ist gesäumt von alten Natursteinhäusern, Ruinen und einer Zisterne, im Hintergrund ragt der Campanile empor. Tomaten und Kohl wachsen in den weinberankten Gärten.

Die Straße führt hinab zum Hafenbecken an der Südküste (Fußmarsch 15 Min.). Jachten ankern vor der Inselsilhouette. Gegenüber eine kleine, kieferngrüne Insel, im Hintergrund kegelförmig die zweithöchste Erhebung des Archipels. Neubauten und nummerierte Anlegeplätze reihen sich entlang der Bucht, die eine Landzunge schützend umschließt.

Einkaufen Kleiner **Laden** am Dorfplatz.

Übernachten Privatzimmer und **Appartements**; in den Restaurants nachfragen.

Essen & Trinken Grill **Papa**, westl. an der Promenade, Terrasse mit Blick aufs Meer. Die Fische, die man essen möchte, kann man sich auswählen.

》 Mein Tipp: Grill **Janko**, am Hafen, mit herrlichem Blick von der weinberankten Terrasse aufs Meer – die blauen Trauben wachsen einem in den Mund. Es gibt lecker zubereiteten Fisch – am besten soll er schmecken, wenn er in Weinstockreisig geräuchert wurde. **《**

Wassersport Jachthafen **Bruglje**, gut geschützt, mit Strom und Wasser; besser noch am Ende der großen Bucht von Bruglje, einer der bestgeschütztesten natürlichen Ankerplätze im Umkreis.

Baden An den betonierten Liegeflächen. Ganz im Westen grobkiesige Abschnitte. Zwischen Molat und Bruglje kleine Sandbuchten, die nur mit dem Boot zu erreichen sind.

Zapuntel

Die Straße führt von Bruglje weiter nach Zapuntel (0:45 Std. Fußmarsch). Der Ort mit seinen alten Häusern liegt 2 km vom Meer entfernt in einem Tal. Früher wurde hier auch Wein angebaut, inzwischen liegen die Felder brach. Bekannt war der Ort durch seine Kalkbrennerei. 1464 wird er erstmals als *Zampotel* schriftlich erwähnt. Die *Pfarrkirche Marijina* wurde 1579 erbaut und in letzter Zeit erneuert. Es gibt eine Kneipe und einen Laden. In Richtung Nordwesten führt die Straße zur Anlegestelle Porat mit *Gostiona* und gut geschützten *Liegeplätzen*. Gegenüber, zum Greifen nah, die Insel Ist.

Insel Zverinac

Die macchiaüberzogene, 4,5 km² große Insel liegt nordöstlich vor Dugi Otok. Der gleichnamige Ort mit 100 Einwohnern breitet sich oberhalb des Meeres aus. Ein paar Häuser, ein Restaurant – nach Zimmern muss man sich durchfragen. Die Insel wird meist von Bootsbesitzern als Zwischenstation oder von Bozava (Dugi Otok) aus für Badefahrten angelaufen. Die Anlegehäfen *Zverinac* und *Kablin* liegen an der Südwestseite. Ein Weg verläuft über die Insel an der höchsten Erhebung, dem *Klis* mit 117 m, vorbei. Am 31. Juli feiert man hier das *zverišku feštu* – das Inselfest.

Die Zverinacer sind tüchtige Bauern, die sich mit dem Anbau von Oliven, Wein und Feigen beschäftigten. Viele der Felder liegen jedoch wegen der vielen Auswanderer brach. Noch immer berühmt sind der Käse und der Wein aus Zverinac.

1421 tauchte der Name der Insel erstmals in Dokumenten auf. Im 16. Jh. gehörte sie adligen Familien aus Zadar. Bis 1746 existierte der Palast der Familie Fanfogna. Auch auf Zverinac fand man Spuren römischer Besiedlung.

Verbindungen: Trajekt (Linie 433): Zadar–Rivanj–Sestrunj–Zverinac–Molat, 5-mal wöchentl.; nach Ist nur 2-mal wöchentl. (Mo, Mi).

Inseln Sestrunj und Rivanj

Nur noch 150 Menschen leben auf **Sestrunj** und im gleichnamigen Ort, der hoch oben auf den Fels gebaut ist. 14 km² ist die mit Buschwerk dicht bewachsene Insel groß, höchste Erhebung ist der Berg *Obručar* mit 186 m. Pfade führen zu Buchten und durch die Bergwelt. An der Südostseite die kleinen Anlegestellen *Kablin* und *Dumbočica*. Touristisch ist Sestrunj so wenig erschlossen wie Zverinac. Nach Zimmern muss man sich durchfragen.

Die Bewohner leben von Fischfang, vom Olivenanbau und Wein. Sie orientieren sich an Božava (Dugi Otok). Im 10. Jh. erwähnte ein byzantinischer Schreiber die Insel als *Estiun*, auf deren Hügel Gračinica bereits die Illyrer lebten.

Im Osten die wesentlich kleinere und flache Insel **Rivanj** mit ein paar vorgelagerten Eilanden. Nur 60 Menschen leben noch auf Rivanj – die einzige Verbindung zur Außenwelt ist die Fähre.

Verbindungen: Wie Insel Zverinac (s. o.).

Veli Iž – der malerische Ort mit seiner Marina

Insel Iž

Die von Macchia überwucherte Insel ist ein beliebtes Ausflugsziel und inzwischen auch per Autofähre erreichbar. Die traditionsreiche Insel der Töpfer und Seefahrer lockt mit Jachthafen, Hotel, zahlreichen Badebuchten und Spazierwegen.

Das 17,6 km2 große Iž liegt zwischen Ugljan und Dugi Otok und ist von mehreren kleinen Inseln umgeben. Von Veli Iž kann man auf den 168 m hohen *Berg Korinjak* hinaufspazieren und dort die herrliche Aussicht genießen. Weniger als 600 Einwohner leben in den beiden 6 km voneinander entfernten, von Feigen- und Olivenhainen umgebenen Inselorten. Veli Iž, im Westteil der Insel, ist touristisch gut erschlossen Mali Iž im Südosten ist ein älteres Fischerdorf mit ein paar Siedlungen drum herum und dem Fährhafen Bršanj im Süden. Die Orte sind durch eine Asphaltstraße erschlossen, man kann auch das eigene Auto auf die Insel per Trajekt mitbringen, was aber wenig lohnenswert ist. Besser ist die Mitnahme eines Mountainbikes, um die Landschaft genussvoll zu erkunden.

Die Besonderheiten von Iž versinnbildlicht das Inselwappen: Auf dem Wappenkopf prangt ein Tontopf, der Veli Iž symbolisiert; das das Wappen einrahmende Fischernetz verkörpert Mali Iž, und mittendrin steht in glagolitischen Lettern „Iž" – ein Hinweis auf die starke Glagolismus-Tradition – erst 1975 starb hier der letzte glagolitische Priester. Eine Spezialität der Insel sind die Töpferwaren aus Veli Iž, die sich vom früheren Gebrauchsgegenstand mehr und mehr zum Souvenirgut gewandelt haben.

Geschichte

Die Insel ist seit prähistorischer Zeit besiedelt, wie Funde aus der Gegend um Mali Iž zeigen. Der byzantinische Kaiser *Porphyrogenet* erwähnte die Insel im 10. Jh. unter dem Namen *Ez*. Überreste von Trockenmauern und befestigten Beobachtungsposten auf den Hügeln *Veli Opačac* und *Košljun* bezeugen eine illyrische Besiedlung. Im 8. Jh. bewohnten Kroaten die Insel. Im Mittelalter gehörte die Insel Adligen und Bürgern aus Zadar. Die Menschen bauten Oliven und Wein an und züchteten Schafe. Im 17. und 18. Jh. starb das Feudalsystem langsam aus, und die Blütezeit der Seefahrt begann. Einige reiche Familien besaßen mehrere Segelschiffe und betrieben Handel im ganzen Adriaraum. Ende des 18. Jh. wurde die Ižer Werft gegründet. Und die Inselbevölkerung wuchs rapide: 1825 lebten auf Iž 620 Menschen, 1905 bereits 1614. Damals war jedes Stückchen Land terrassiert und wurde bearbeitet: Es gab Wein, Oliven (bis zu 100 Tonnen ernteten manche Familien!), Obst, Gemüse und Schafe. In der zweiten Hälfte des 19. Jh. gingen etliche Ižter als Gastarbeiter für ein paar Jahre nach Nord- und Südamerika. Nach 1890 heuerten viele Männer auf den Dampfschiffen der österreichisch-amerikanischen Schifffahrtsgesellschaft Lloyd an und befuhren die Weltmeere. Nach dem Zweiten Weltkrieg zogen viele Bewohner in die Städte oder wanderten nach Nord- und Südamerika oder Australien aus.

Wichtiges auf einen Blick

Telefonvorwahl: 023

Information: In Veli Iž, am Hafen (s. d.).

Fährverbindungen: *Trajekt (Linie 435):* Zadar–Iž (Bršanj), ganzjährig 2-mal tägl.; weiter nach Rava nur Di, Do u. Sa. 3,20 €/Pers., 23,30 €/PKW.

Trajekt (Linie 405): Zadar–Iž Mali–Iž–Veli–M. Rava–Rava, 1-mal tägl., So 2-mal tägl.

Katamaran m/s Paula (G&V Line, www.gv-line.hr): Zadar–Mali Iž–Veli Iž–Mala Rava–Rava, 1-mal tägl. außer So und Feiertag, ganzjährig.

Übernachten: In Veli Iž (Privatzimmer und Hotel) und Mali Iž und umgebenden Weilern (Privatzimmer).

Essen: Es gibt kleine Läden, zudem Restaurants in den Inselorten.

Geldwechsel: Keine Bank, nur Post! Bankomat in Veli Iž.

Tankstelle: Keine Tankstelle auf der Insel, auch nicht für Boote!

Veli Iž

Der Ort mit seinen 450 Einwohnern liegt an der Nordostküste. Zu den leer stehenden alten Häusern gesellen sich rund um den Hafen Neubauten und ein kleines Hotel, dazu der dominierende Neubau des Restaurant/Cafés der Marina. Vorgelagert ist die kleine Badeinsel *Rutnjak,* dahinter erstreckt sich Ugljan. Iž hat noch ein paar seiner historischen Handwerkskünste, Bräuche und Feste bewahrt. Das kleine Museum (nur Juli/Aug. geöffnet) und das hübsche Theater mit barockisierender Architektur aus dem Jahr 1927 wird mit Geldern von Emigranten instand gehalten.

Die *Töpferei* ist eine uralte Ižer Tradition. An der dalmatinischen Küste war Iž die einzige Insel, auf der dieses Handwerk ausgeübt wurde. Man verkaufte das braune, unlasierte Steingut an die umliegenden Inseln und an das Festland. Was nicht abgesetzt werden konnte, warf man ins Meer – denn es war für den Töpfer eine Schande, wenn er nicht alles verkauft hatte.

Heute arbeitet nur noch *Hr. Petrović,* Peppi genannt und Lehrer in Zagreb, während der Sommermonate nach dem traditionellen Ižer Verfahren und mit Ižer Ton – eine Masse aus 80 % Ton und 20 % Kalzit. Kalzit wird als Bindemittel verwendet, das den Ton beim Brennen nicht brüchig werden lässt; früher wurde er in den Bergen aus dem Gestein gebrochen, in einer Mühle gerieben und mit dem Hammer fein geklopft. Mit Wasser werden Ton und Kalzit zu einer homogenen Masse vermischt. Auf selbst gebauten, drehbaren Holzgestellen wird der Ton nun bearbeitet und mit der Hand zu Brotschalen, Käseglocken etc. aufgebaut; die Tonwürste werden dabei aufeinander gelegt und verschmiert. Nach dem Trocknen erfolgt das Brennen im Holzfeuer. Die Keramiken sind fast ohne Verzierung, und der weißliche Glanz ist kein Schmutz, sondern rührt vom Kalzit her.

Auf den Dorffesten oder in seinem kleinen Laden nördlich des Hafenbeckens kann man die traditionsreiche Ware erstehen.

Inselbräuche

Königswahl: Die *Iżki kralj* ist auf Iż wie auch auf einigen anderen Inseln eine uralte Tradition. Seit alters her wurde jedes Jahr am 26. Dezember unter den einflussreichsten Männern der König gewählt. 12 Tage lang, bis Heilige Drei Könige, dauerte das Fest, und der frisch Gewählte musste sein Volk bei Essen und Trinken freihalten. 1879 feierte man auf Iż die letzte Königswahl – die Oberhäupter hatten kein Geld mehr für das ausschweifende Gelage. Und übrigens auch nicht für die gewohnten Insignien: Auf Iż besaß der König, im Gegensatz zu Silba, nie eine Krone.

Heute findet das Fest der Königswahl als Touristenattraktion im Sommer statt. Dann gibt es auch eine Krone – aus Blech. Freies Essen und Trinken erhalten allerdings nur noch die engsten Begleiter des „Königs".

Weihnachtsfeuer: Bis 1915 pflegte man auf Iż auch die so genannte „Koleda", das Weihnachtsfeuer, das bis Heilige Drei Könige nicht ausgehen durfte. Der Legende nach kam einst in Mali Iż ein Drache an Land und vernichtete große Teile der Ernte. In ihrer Angst holten die Leute den Pfarrer zur Hilfe, dem es gelang, den Drachen zu vertreiben. Um zu verhindern, dass das Ungeheuer die Insel erneut heimsuchte, entzündeten die Iżer seitdem Jahr für Jahr ein Feuer. Die Koleda soll auf das 17. Jh. zurückgehen, andere Quellen vermuten einen noch früheren Zeitpunkt für den feurigen Brauch.

Das **Ethnographische Museum** ist im ehemaligen Haus der Familie Fanfogna untergebracht, in einer kleinen Gasse südlich des Hafens (Mo, Mi, Sa 18–20 Uhr oder bei TZO nachfragen).

Auf drei Etagen präsentiert das sehr gut gestaltete Museum traditionelle, auf der Insel gefertigte Gegenstände – Möbel und Hausrat aus Holz, Werkzeuge für Feldarbeit und Fischfang, alte Trachten. Fotos dokumentieren den Werdegang der Töpferei, zeigen Spindeln und einen Webstuhl: Auf der Insel wurde Schafwolle versponnen, und aus Leinen (Flachs wurde hier ebenfalls angebaut) webte man Tücher.

Die hübsche Pfarrkirche *Sveti Petar i Pavao* wurde im 12. Jh. erbaut und steht nordwestlich vom Hafenbecken. Ihr heutiges Erscheinungsbild erhielt sie durch Umbauten im 18. und 19. Jh.

Information TZO, am Hafen, 23284 Veli Iż, ✆ 023/277-021. 15. Juni–15. Sept. tägl. 8–16 Uhr. Information auch über TIC Zadar.

Post Beim Jachthafen. Mo–Fr 8–14, Sa 8–13 Uhr.

Einkaufen Bäckerei, Laden, Supermarkt (8–20 Uhr). Von Privat kann man Wein und Olivenöl kaufen. Fischmarkt frühmorgens am Hafen oder in der Fischfarm in der Bucht Soline (nordwestlich).

Töpferei Petrović, nördlich vom Hafenbecken. Verschiedenste Keramik (s. o.).

Gesundheit Ambulanz im Ort.

Veranstaltungen Iški kralj – die „Königswahl" – am letzten Wochenende im Juli, dazu Folkloreaufführungen, Konzerte, Sportveranstaltungen und Tanz. **Kirchenfest Sv. Petrovo**, am 29. Juni.

Übernachten Privatzimmer ab 15 €/Pers. Appartements ab 20 €/Pers.

–* Hotel Korinjak, an der Hafeneinfahrt im Kiefernwäldchen. Das Hotel steht unter dem Motto „Raus aus dem Alltagsstress" und bietet Yogakurse, Entspannungstraining etc. Das Restaurant serviert nur

Mali Iž – liegt sonnenverwöhnt am Hang mit Blick auf die Insel Ugljan

vegetarische Kost. Betonierter Strand, Boccia, Verleih von Fahrrädern, Paddel-, und Motorbooten, Kajaks; Tauchschule. Geöffnet Juni–Mitte Sept. Einfache DZ/F 90 €. ✆ 023/277-064, www.odmorzadusu.hr.

Camping Im Wäldchen beim Hotel kann man zelten. Infos über das Hotel.

Essen & Trinken Die meisten Lokale haben von Ostern–Okt. geöffnet; in der HS ganztägig, NS erst ab 17/18 Uhr.

》》 **Mein Tipp:** Restaurant Mandrać, schöner Innenhof und ein paar Tische in der Gasse. Es gibt gute Fischgerichte und Fleisch, z. B. 400 g schwere Steaks. ✆ 023/277-115. 《《

Konoba Lanterna, etwas versteckt in zweiter Reihe vom Hafenbecken. Gute Fischgerichte.

Gostiona Raijka, etwas oberhalb, von der Terrasse Blick aufs Meer und auf den Ort.

Hausmannskost.

Pizzeria, am Ende des großen Platzes, mit Tischen und Stühlen unter schattigen Bäumen. Innen barmäßige Einrichtung und Discomusik.

Am Hafen die **Gostiona Garma**; bei der Marina das **Restaurant Porat** und **Café**.

Sport (→ Hotel Korinjak)

Baden Beim Hotel mit betonierten Liegeflächen – sandig der flach abfallende Meeresgrund. Weiter nach Osten Grobkiesstrand. Mit dem Boot auf die Insel Rutnjak.

Wassersport Benjamin Marina – Iž Veli, 50 Liegeplätze im Meer, 150 an Land, alle mit Wasser und Strom; zudem Bojen. Automatische Helling mit Tragfähigkeit bis 50 t, 24-t-Travellift; Holzbau- und Kunststoffreparaturwerkstatt. Restaurant, Café, Sanitäranlagen (Duschen/WC). ✆ 023/277-006, www.tankerkomerc.hr.

Mali Iž

Der älteste Ort der Insel mit 120 Einwohnern und malerischen Natursteinhäusern ist 5 km von Veli Iž entfernt und besteht aus etlichen Weilern. Der Hafen von Mali Iž heißt *Komoševa*, von hier gelangt man nordwärts entlang der Uferpromenade in ca. 0:20 Std. zum Hafen Knež mit der vorgelagerten Insel Knežak. An der Hafenbucht Knež gibt es neben alten Gemäuern eine kleine ethnographische Sammlung in der alten Mühle zu sehen (nur Juli/Aug.).

Geht man von Komoševa südwärts, erreicht man in 0:15 Std. den Trajekthafen Bršanj. Vom Hafen Komoševa ziehen sich die bunt bemalten Häuser und Natursteingemäuer die Anhöhe hinauf zur Inselstraße und den Weilern *Porvač* und *Makovac* mit ihren dicht zusammenstehenden Häusern. Dazwischen duckt sich im Kiefernwald abseits der Inselstraße die sehenswerte altkroatische *Marienkirche* aus dem 10. Jh. Die große Pfarrkirche *St. Peter und Paul* mit Basilikacharakter wurde gegenüber auf den Grundmauern einer Kapelle aus dem 12. Jh. erbaut, ihr heutiges Aussehen stammt aus dem 19. Jh. Hinter der Kirche liegt der Friedhof. Die Reichen ließen sich unter schön verzierten Grabplatten in der Kirche begraben. Während der Herrschaft Napoleons wurden Bestattungen innerhalb der Kirche verboten. Das befestigte *Schloss* mit Wachtturm ließ die Familie *Begna* erbauen. Jahrhunderte lang war Mali Iž ein Zentrum der Glagoliza-Tradition (→ Insel Krk/Einleitung). Südlich von Makovac dominiert auf einem Hügel das hübsche *Mućel,* ebenfalls eng bebaut, mit herrlicher Aussicht auf die Insel, auf Rava und Dugi Otok.

Post 7–10 und 18.30–20 Uhr.

Übernachten/Essen Privatzimmer/Appartements ab 15 €/Pers.

》》 Mein Tipp: Restaurant-Pension Knež, oberhalb der Hafenbucht Knež. Der Familienbetrieb Martinović bietet ausgezeichnete Fischgerichte. Verschieden große, nette Appartements und Bootsvermietung. ℡ 023/278-111, 098/200-374 (mobil), www.otok-iz-apartmani-knez.hr. **《《**

Restaurant-Pension Baroni, am Hafen Knež. Hier gibt es Appartements in verschiedenen Größen mit tollem Meerblick. Fahrradvermietung, Bojen und leckeres Essen wie Peka-Gerichte. ℡ 023/278-052, www.baroniurlaub.de.

Restaurant Diža, im Dorfinnern von Komoševa. Die Küche wird sehr gelobt.

Baden An der Uferpromenade, in den Buchten Knežak und Vodnjak.

Insel Rava

Die 4 km² große, macchiabewachsene und zerklüftete Insel liegt zwischen Iž und Dugi Otok. Ravas höchste Erhebung ist der Berg *Babikovac* mit 98 m.

Zwei kleine Ortschaften gibt es auf Rava: *Vela Rava* mit 200 Einwohnern, umgeben von Olivenhainen in der Inselmitte, und im Norden *Mala Rava,* der ältere und kleinere Ort mit 70 Einwohnern. Die Leute lebten einst von Fischfang, Landwirtschaft und Olivenanbau und waren bekannt für ihre Korbflechterei. Nachdem viele Bewohner ausgewandert sind, liegen auch hier die Felder brach; die Insel wird heute vorwiegend von alten Menschen bewohnt – dem alten Ravaer Liedchen zum Trotz: „Wer Rava nicht gesehen hat, hat die Welt nicht gesehen, denn Rava ist die halbe Welt."

Verbindungen *Trajekt* Zadar–Bršanj–Rava: 1-mal wöchentl., Mi.

Trajekt Zadar–Mali Iž–Veli Iž–Mala Rava–Rava: Fr, So und Feiertag.

Katamaran m/s Paula (G&V Line, www.gv-line.hr), Zadar–Mali Iž–Veli Iž–Mala Rava–Rava: 1-mal tägl. außer So und Feiertag, ganzjährig.

Sonstiges Es gibt eine Post, einen Laden und Übernachtungsmöglichkeiten in Privatzimmern ab 15 €, zudem in Mala Rava eine gute **Konoba** mit hübschem Meerblick.

Baden An Fels- und Kiesbuchten.

Blick auf den Fährort Preko, die Klosterinsel Galevac und Zadar am Festland

Insel Ugljan

Ugljan, die Vielhügelige, ist grün, fruchtbar und dicht besiedelt. Zahlreiche Inselbewohner arbeiten in Zadar, die Städter nutzen ihrerseits das nahe Ugljan für Wochenendausflüge. Als Vorgarten der Großstadt ist die Insel mit einer fast stündlich verkehrenden Fähre eng mit dem Festland verbunden.

Auf 52 km² leben hier rund 7500 Menschen. Ugljans Hauptort *Preko* und alle anderen Orte liegen auf der Festlandseite. Im Südosten ist die Insel durch eine Brücke mit der Nachbarinsel Pašman verbunden.

Wichtiges auf einen Blick

Telefonvorwahl: 023

Internet: www.ugljan-pasman.com

Fährverbindungen: *Trajekt Zadar–Preko* (30 Min. Fahrtzeit): während der Hauptsaison bis zu 18-mal tägl. 5.30–24 Uhr; 2,50 €/Pers., Auto 13,70 €. Fährhafen ist Preko. 2-mal tägl. hält der Trajekt an der Insel Ošljak.

Da Ugljan mit der Insel Pašman durch eine Brücke verbunden ist, kann man auch über Biograd anreisen. *Trajekt Biograd–Tkon:* in der Hauptsaison bis zu 14-mal tägl. 6–22.30 Uhr; 1,90 €/Pers., Auto 10,70 €.

Busverbindungen: Busse fahren zu allen Inselorten, zur Nachbarinsel Pašman und über die Fähre nach Zadar.

Geldwechsel: Bank nur in Preko; zudem Bankomaten in Preko und Ugljan.

Post: in jedem Ort.

Tanken: In Preko am Hafen ist die einzige Tankstelle für beide Inseln!

Insel Ugljan

Ugljan, auch „Olive Island" genannt, ist eigentlich keine Touristeninsel – erste Ansätze zeigen sich bisher nur in Preko und *Kukljica* und ein wenig im Ort *Ugljan*. Unterkünfte finden sich, bis auf wenige kleine Hotels, vor allem in Privathäusern und auf zahlreichen kleinen Campingplätzen. Allerdings herrscht am Wochenende starker Bootsausflugsverkehr, überall stehen Wochenendhäuser. Ihre roten Dächer versinken im Grün der Laubbäume, Zypressen, Zedernwacholder, Feigen, Olivenbäume und Macchiagewächse. Dazwischen fruchtbares Ackerland, Wiesentäler und Badestrände. Im letzten Jahrzehnt eröffneten Marinas in Preko und Sutomišćica, Ugljan ist in Planung. Somit ist auch auf dieser Insel der Bootstourismus eingeläutet und eine damit verbundene Preissteigerung. Wer die Insel erkunden möchte, kann dies zu Fuß und auch per Mountainbike tun, viele Wege wurden angelegt und markiert (Übersichts-Wander-/Fahrradkarte beim Tourismusverband).

Ugljans Siedlungen an der Festlandseite schachteln sich fast alle hangabwärts bis zu den Buchten. Darüber, von Nordwest nach Südost, führt die einzige Straße, mit Ausblicken auf das Dächergewirr am Meer, auf Gärten und Felder. Oberhalb ziehen sich macchiabewachsen und karstig die Hügel wie ein Drachenrücken dahin. Auf einer der Erhebungen thront die Burgruine *Sv. Mihovil*. Der mit 288 m höchste Berg heißt *Veliki Brdo*. Kaum ein Weg führt ins Unbewohnte, auf die andere, von der Küste abgekehrte Seite – lediglich im Nordwesten, wo die Insel in ein paar Weilern und Badebuchten ausläuft. In Muline endet die Straße mit Blick auf die vorgelagerten Inseln Rivanj und Sestrunj. In der Ferne erstreckt sich Dugi Otok.

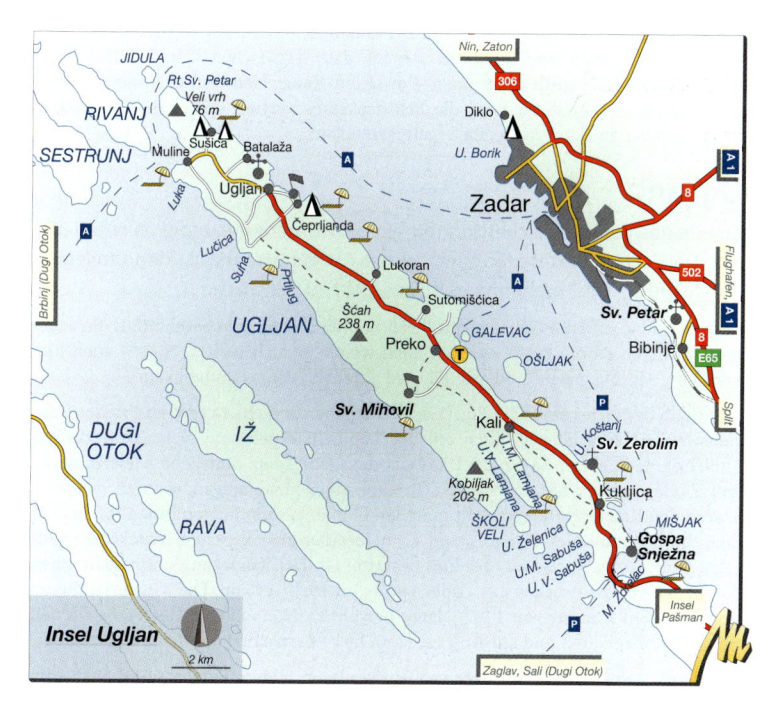

Ugljan – das Franziskanerkloster von 1430

Geschichte

Ugljan ist seit vorgeschichtlicher Zeit besiedelt. Von späteren Epochen zeugen illyrische Burgruinen und, vor allem in Muline, die Reste römischer Bauwerke. Die heutigen Siedlungen wurden im Mittelalter gegründet, der Name der Insel wurde 1325 erstmals erwähnt. Anfang des 16. Jh., als die Türken das gesamte Hinterland bis an die Stadtmauern Zadars besetzt hatten, diente die fruchtbare Insel der belagerten Stadt als eine Art Gemüsegarten. So orientierte sich Ugljan seit jeher an Zadar, im Gegensatz zur Nachbarinsel Pašman. Die Meerenge Ždrelac zwischen Ugljan und Pašman war früher so schmal, dass dazwischen kein Schiffsverkehr möglich war, 1883 grub man einen 4 m tiefen Kanal, den seit 1973 eine Brücke überspannt. Seit 2 Jahren wird die Schiffspassage vertieft und verbreitert, da es immer wieder zu abgebrochenen Segelmasten kam.

Ugljan

Ein kleines, ruhiges Fischerdorf mit ein paar Unterkunftsmöglichkeiten und für Schnorchel- und Badefreunde guter Ausgangspunkt zu den umliegenden Buchten – viel mehr gab es bisher nicht zu berichten.

Wie eh und je sind die Ugljaner mit ihren Booten und Netzen beschäftigt, die wenigen Touristen stören nicht, werden auch weiter nicht beachtet, aber – auch hier wird eine Marina gebaut und schnell wird die Idylle Vergangenheit sein.

Oberhalb des Ortes steht die Pfarrkirche, umgeben von einem großen Friedhof. Sehenswert ist auch das nördlich auf der Landzunge gelegene *Franziskanerkloster* (Juli/Aug. tägl. außer Sa 17–19 Uhr) aus dem Jahr 1430. Stattliche Kiefern, deren mit Zapfen schwer beladene Äste sich zum Meer hinabbeugen, säumen das Idyll. Durch den Klostergarten erreicht man den blumengeschmückten Innenhof, in dem sich die Grabtafel des Bischofs und Gründers der glagolitischen Druckerei in Rijeka, *Šime Kožičić*, befindet, der hier bestattet ist. Der Kreuzgang mit romanischen Kapitellen von Bauwerken aus Zadar wurde im 16. Jh. erbaut. Die Klosterkirche im gotischen Stil stammt von 1447. Heute bewohnen Nonnen das Kloster, es werden Seminare abgehalten und auf Anfrage kann hier übernachtet werden.

Zu Ugljan gehören auch die Dörfer Čeprljanda im Süden, Bataláža und Sušica im Norden und Muline an der Nordwestküste. Per Mountainbike kann man rundum die Gegend auf kleinen Wegen erkunden. Nordöstlich von Muline, auf der Landzunge, gibt es eine archäologische Fundstätte aus römischer Zeit mit Anlegestelle, villa rustica, Mausoleum und Mühlen, auf die der Name des Ortes zurückgeht. Auf einem Pfad gelangt man zu den Ruinen – die meisten liegen jedoch im Meer verborgen. Für Tauchfreunde ein spannendes Revier.

Information/Verbindungen

Tourismusverband, Šimuna Kožičića Benje 17, 23275 Ugljan, ✆ 023/288-011, tz-ugljan@zd.t-com.hr, www.ugljan.hr. Juni–Aug. Mo–Sa 8–21, So 8–12 Uhr; sonst Mo–Fr 8–14 Uhr. Gute Information, Unterkunftsverzeichnis.

Agentur Con Sole (s. a. Preko), im gleichen Gebäude. Zimmervermittlung; nur Juni–15. Sept.

Verbindungen Regelmäßige Busverbindung von Ugljan nach Muline, Preko, Kukljica und weiter nach Pašman. Mit dem Bus über die Fähre nach Zadar.

Übernachten/Camping/Essen

Übernachten Privatzimmer kosten ab 30 €, **Appartements** für 2 Pers. 30–50 €. In den umliegenden Weilern Čeprljanda, Batalaža, Sušica im Norden und Muline im Nordwesten werden **Appartements** vermietet: Die Gebäude stehen in üppigem Grün nahe am Meer. Das **Hotel Ugljan** ist aktuell nicht zu empfehlen.

Kloster Ugljan, hier werden spirituelle Wochen für Familien abgehalten, es gibt Schlafräume. ✆ 023/288-091, www.mariapropeto.hr. S. u. Camp Mostir.

Weitere Übernachtungsmöglichkeiten auch unter Essen & Trinken.

Villa Oleandar, Appartementhäuschen, nördl. des Hotels Ugljan am Meer. ✆ 023/288-025.

Villa Stari Dvor, nördl. der Kirche, im Ortsteil Bataleža. Neben dem Neubau duckt sich die alte Gaststätte, an der noch das schmiedeeiserne Schild Stari Dvor (alter Hof) prangt. Die Anlage mit großem Blumengarten, Bocciabahn und Tischtennisplatten ist sehr ruhig gelegen. Geräumige Zimmer mit Balkon. Guter Service. Ganzjährig geöffnet. DZ/F 88 € (TS 100 €). Bataleža 7, ✆ 023/288-688, www.staridvor.hr.

*** Appartements Štokov dvorac (Stocco Castle), im alten Landschlösschen im Weiler Ceprljanda. Es gibt verschieden große Appartements (max. 13 Pers.) und Studios. 85–110 €/6 Pers. oder Studio für 60 €. Ceprljandska 103, ✆ 095/9012-718 (mobil), www.apartmanihrvatska.hr.

Camping Um Ugljan 9 kleine, sehr einfache Privatcampingplätze; geöffnet meist Mai bis Mitte Sept./Okt.: 2 Pers. mit Auto und Zelt zahlen ca. 15 €.

Camp Mostir, innerhalb des Klosters, es versteht sich von selbst, dass Ruhe gewünscht wird! Nur Juli/Aug. geöffnet und nur auf Anfrage. ✆ 023/288-091.

》》》 Mein Tipp: Camp Mario (Inh. Hr. Bakota), in Ceprljanda an der Nordostseite. Schöner familiärer Platz direkt am Meer, geleitet von Miro und der Deutschen Tanja. Es gibt eine Feuerstelle und frischen Fisch für den, der mag. Nicht für große Wohnwagen etc. geeignet, da schmale, holprige Zufahrt. Geöffnet April–Nov. ✆ 023/288-172. **《《《**

Camp Stipanić, im Weiler Ceprljanda; gegenüber auch Zimmervermietung. Put Sv. Marije 36, ✆ 098/761-231 (mobil), www.autocampstipanic.com.

Einige größere Campingplätze in Sušica:

Autocamp Porat, Sušica, ✆ 023/288-318, www.megaone.com/campporat.

Autocamp Mekelenić, Sušica, ✆ 023/288-105, www.ugljan.hr.

Essen & Trinken Bistro Trapula, neben Touristinfo. Hier speist man lecker und preiswert; Spezialität u. a. Trapula-Steak (gefüllt mit Käse, Schinken u. Pilzen) mit hausgemachten Spinatnudeln. Mai–Okt. ab 12 Uhr. ✆ 092/2984-440 (mobil).

Konoba Kaleta, direkt am Meer, mit überdachter Terrasse und Blick auf Zadar. Guter Service, allerdings gehobenes Preisniveau. Es gibt schmackhafte Fischgerichte, leckere Nachspeisen wie Panna Cotta mit Schokocreme. Große Weinauswahl. Muringe zum Anlegen. Juni–Sept. geöffnet. ✆ 023/288-523. ■

Wer noch einen Café oder Cocktail trinken möchte, geht über den Damm zum **Café-bar-Nightclub Rita M** mit schönen Sitzgelegenheiten am Meer; ganzjährig geöffnet, im Sommer bis 3 Uhr morgens.

Im Weiler Muline: **Restaurant-Pension Stivon**, ruhige Lage nahe Meer. 11 nette Zimmer mit Balkon, sehr gutes Restaurant mit Hausmannskost und schöner Terrasse, hier lohnt sich Halbpension. DZ/F 60 € (HP 38 €/Pers.). ✆ 023/288-388.

Wassersport/Baden: Beim Franziskanerkloster gibt es einen kinderfreundlichen Sandstrand – ganz flach geht's ins Wasser; außerdem viele Bademöglichkeiten bei den Campingplätzen. Gut zum Baden ist auch die Bucht von *Muline* mit schmalen Sand- und Kiesstränden. An der Südwestküste befinden sich die ruhigen, fast unbebauten Buchten *Uvala Luka* (südlich von Muline), *Uvala Lučica* und *Uvala Suha*.

Tauchen Diving Center Ugljan, Uferpromenade zum Kloster; ✆ 023/288-261, -022, www.diving-ugljan.com. Tauchkurse auch für Instructor, Kindertauchen und Ausflüge, auch Appartementvermietung. Gutes Tauchrevier in der Bucht von Muline.

Jachthafen/Anleger In Ugljan gibt es einen kleinen Jachthafen, der zur Marina für ca. 80 Boote ausgebaut werden soll; Anlegeplätze in Muline, Bataľaža und Čeprljanda.

Fahrräder Verleih in Agentur Sole Porte, zudem am Tauchcenter; auch in Muline, gegenüber Damm.

Von Ugljan nach Preko

Lukoran besteht aus zwei Ortsteilen, Veli Lukoran und Mali Lukoran. *Veli Lukoran* im Westen der kleinen Halbinsel erstreckt sich um die fruchtbare Bucht, Neubauten stehen zwischen älteren Häusern – hier machen fast nur Kroaten Urlaub. Einsam und verlassen steht die Kirche oben am Straßenrand. Unterkunft in Privatzimmern, Appartements oder auf dem Autocamp Lukoran, zum Essen ist das Restaurant Frakalo empfehlenswert. Fels- und Kiesbuchten und Anlegeplätze für Boote.

Eine Handvoll Häuser im Osten an der Sutomiščica-Bucht – das ist *Mali Lukoran*. Ein Pfad am Meer entlang verbindet beide Ortsteile.

Sutomiščica, ein kleiner Weiler, liegt an der gleichnamigen Bucht mit großer Marina und am Hang. Zwischen Zypressen, die nur der spitze Kirchturm von Sv. Euphemia überragt, zieht sich der Ort die Landzunge entlang. In der Kirche von 1349, deren heutige Architektur auf das Jahr 1679 zurückgeht, ist am Altar das Barockgemälde eines unbekannten venezianischen Meisters sehenswert. Auffallend das im venezianischen Barock erbaute Sommerhaus der Zadarer Patrizierfamilie Lantana (1686) mit Kapelle und großem Park. Einst fanden hier die Einsetzungsfeierlichkeiten der Statthalter von Dalmatien statt. Bademöglichkeiten an der seicht abfallenden Bucht mit Grobkies und betonierten Liegeflächen.

Übernachten/Essen Restaurant Lantana, kurz vor oben genanntem Sommerhaus bzw. Castello, mit hübschem, von Pflanzen umwuchertem Garten und guter Küche, alles aus eigenem Anbau. ✆ 023/268-264.

Jachthafen Olive Island Marina, moderne Anlage in der Sutomiščica-Bucht. 215 Liegeplätze zu Wasser, 25 zu Land, 30-t-Travellift; Reparatur und Wartung; gute Sanitäranlagen, Wäscherei, schönes Restaurant und Bar, Swimmingpool für Kinder, WLAN-Internet, Supermarkt und Nautikshop, Servicewerkstätten, Fahrrad- und Scooterverleih; privater Fährdienst nach Zadar (ab 35 KN/Pers.); Tankstelle am Fährhafen in Preko. Plava Vala d.o.o., 23273 Sutomiścica, ✆ 023/335-809, www.oliveislandmarina.com.

Preko

Der lebendige Ort mit Mittelmeeratmosphäre ist das Zentrum von Ugljan. Preko liegt Zadar in Sichtweite gegenüber – wie auch der Name verrät: „preko" bedeutet gegenüber. Vorgelagert sind die beiden bewaldeten Inselchen Ošljak und Galevac, oberhalb thront die Festungsruine Sv. Mihovil.

Das Städtchen mit 1780 Einwohnern zieht sich vom Trajekthafen im Osten bis zum Jachthafen im Westen. Entlang der Strandpromenade beeindrucken alte, teilweise sehr stattliche, von Wein überrankte Häuser zwischen Palmen, Zypressen und Pinien. Hier, im Zentrum von Preko, schaukeln die Jachten in der Marina, daneben die bunten Fischerboote, Taxi- und Ausflugsboote legen an. An der Uferpromenade nette Cafébars und Restaurants. Dahinter führt ein Labyrinth enger Gassen, in dem man sich als Autofahrer leicht verliert, den Hang hinauf.

Zwischen Zeilen der kleinen alten Häuser ragen der rote Kirchturm der **Pfarrkirche** aus dem 17. Jh. und die romanische Kirche **Sv. Ivan** aus dem 12. Jh. empor. Auf dem Berg oberhalb von Preko die Ruine der ehemaligen Festung **Sv. Mihovil** aus dem 13. Jh. – von hier bietet sich ein herrlicher Blick auf den Ort und die umliegende Inselwelt, bei klarer Sicht sogar bis zur italienischen Küste.

Gegenüber von Preko liegt das Inselchen **Galevac** (bzw. **Školjić**, wie es die Einheimischen nennen) mit dem *Franziskanerkloster* der Glagoliter aus dem 15. Jh., halb verborgen hinter wucherndem, subtropischem Grün. Heute leben noch drei Franziskaner auf ihrer idyllischen Privatinsel, die mittlerweile auch gern zum Baden genutzt wird – ständig pendelt ein Taxiboot.

Weiter vorgelagert das bewohnte, etwas größere Inselchen **Ošljak** mit den Windmühlen-Ruinen.

Wer sich für Olivenöl interessiert, sollte den **Eko Garden Komorok** südöstlich der Stadt besuchen (→ „Einkaufen/Olivenöl").

Preko – hübsche Uferpromenade zum Chillen und Flanieren

Insel Ugljan

Information/Verbindungen/Diverses

Tourismusverband, Magazin 6 (westl. Uferpromenade, gegenüber Insel Galevac), 23273 Preko, ✆ 023/286-108, www.preko.hr. Juli/Aug. tägl. 8–21 Uhr, Juni u. Sept. Mo–Sa 8–13/18–20 Uhr; sonst Mo–Fr 8–15 Uhr. Gute Auskünfte und Material.

Agentur Con Sole Preko, Magazin 8 (neben Tourismusverband). Verschiedenste Ausflüge, Flughafentransfer, Internet, Scooter- u. Fahrradverleih. ✆ 023/647-284, www.island ugljan.com. Zweigstellen in Tkon u. Ugljan.

Verbindungen **Fähren** nach Zadar (→ Einleitung), Jadrolinija-Büro am Fährhafen.

Busse fahren regelmäßig zu allen Inselorten. **Taxiboote** zur Klosterinsel Galevac und nach Osljak, 5 KN Retour-Ticket; Juni–Sept. 7–19 Uhr, sonst am Wochenende. **Taxi:** u. a. Auto Ugljan, ✆ 098/1973-428 (mobil).

Geldwechsel Nova banka, am Fährhafen; mit Geldautomat.

Gesundheit Ambulanz und Apotheke im Ort.

Einkaufen Ölivenölfabrik, neben dem Tourismusverband, Mo–Fr 7–15 Uhr.

Eko Garden Komorok, auf dem Gelände südöstl. der Stadt stehen über 100-jährige Ölbäume. Im Juli/Aug. kann man das kleine Museum besuchen, zudem Olivenöl mit hausgemachtem Brot verkosten und kaufen. ✆ 023/286-892. ∎

Veranstaltungen Sommerfestspiele von Juli–Anf. Sept.

Tanken Einzige Tankstelle der Insel sowie der Nachbarinsel Pašman; am Fährhafen; Juni–Sept.7–24 Uhr, danach kürzer.

Jachthafen Marina Preko, 94 Liegeplätze, alle Stege mit Strom- und Wasseranschluss; Duschen, Wäscherei, WLAN-Internet, Tankstelle am Fährhafen. Vrulja 2, ✆ 023/286-230, www.marinapreko.com.

Übernachten/Essen & Trinken

Übernachten Großes Angebot an Privatzimmern ab 30 €/DZ. Appartements für 2 Pers. ab 40 €. U. a.:

*** **Villa Eden**, netter Familienbetrieb (Fam. Eugen Sorić) mit zwei Gebäuden an der Uvala Jaz im Westen der Stadt. Es gibt verschieden große Appartements und Studios. Ab 40 €/2 Pers. Jaz 18, ✆ 023/286-075, 098/9312-148 (mobil), www.eden.hr.

*** **Villa Maria**, nette Pension der Familie Lucin mit 3 Studios und Garten, oberhalb vom Meer und im Westen der Stadt. Preških bratovština 10, ✆ 023/286-816.

*** **Pansion Rušev**, in der Stadt liegt die gut geführte Pension der Fam. Rušev. Es werden etliche Zimmer/Appartements vermietet und es gibt gute Halbpension für die Gäste. DZ/F 51 €, Appartements (2 Zimmer) 70 €. Duga Mocira 12, ✆ 023/286-266, www.croadria-rusev.com.

Essen & Trinken Die Speisekarten sind ziemlich identisch, d. h. auswählen, was besser gefällt. Am Hafenbecken im Zentrum isst man lecker im **Restaurant Jardin** (Mai–Sept.) und gegenüber in der **Konoba Joso** (ganzjährig geöffnet). Gegenüber dem Jachthafen speist man hübsch, gut und etwas teurer in der **Konoba Vrulje**, für den Cocktail oder Sundowner geht man nach nebenan in die **Lounge-Bar Miramare**.

In schöner Lage direkt an der Uferpromenade in Richtung Fährhafen **Konoba Barbara** und kurz danach **Konoba Petrina**.

Restaurant/Pizzeria Plavi Jadran, sehr beliebt im Sommer, da direkt an der Uvala Jaz, im Westen der Stadt.

Baden/Sport

Baden Im Strandbad *JAZ* (hier weht die *Blaue Flagge*), mit Umkleidekabinen und flach abfallendem Sandstrand, bestens für Kinder geeignet. Oder man lässt sich mit dem Taxiboot für 5 KN zu den schattigen Fels- und Kiesstränden der Klosterinsel *Galevac* schippern. Auf der Südseite der Insel liegen schöne Buchten, zu denen man wandern kann, u. a. die Uvala Svitla, von deren Felsplatten Preko erbaut wurde oder zur schönen Kiesbucht Željina vela, die unterhalb der Festung Sv. Mihovil liegt.

Wandern/Mountainbiken Zur Festung Sv. Mihovil: Ca. 1 Std. Gehzeit benötigt man von der Inselstraße auf dem markierten Wanderweg (Beginn im Westen von Preko, gegenüber Bushaltestelle) oder man geht zu Fuß (oder per Mountainbike) den einfacheren Weg bergan auf dem schmalen Serpentinensträßchen (Put sv. Mihovil) – allerdings nur zur NS zu empfehlen (Abzweig an der Inselstraße gegenüber Straße zur Ortsmitte/Kirche). Die Festung selbst ist nicht betretbar (Satellitenstation), aber der Rundblick auf die Inseln und die Stadt ist herrlich. Ein Wanderweg führt unterhalb der Festung zur Südseite und den Badebuchten.

Klettern Unterhalb der Sv. Mihovil-Festung liegen auch die Kletterfelsen Željena, die 30 Routen bieten.

Kali

Die Touristenattraktion von Kali sind die turbulenten „Fischernächte". Für mehr Amüsement haben die Fischer keine Zeit. Im Hafen liegen riesige Kähne vor Anker – täglich läuft von hier eine der größten Fischereiflotten der Adria aus, die die Fischfabrik „Adria" in Zadar beliefert. Besonders gute Geschäfte werden mit Thunfischlieferungen nach Japan gemacht.

Eine schmale Gasse führt zum Hafen hinab, vorbei an sich eng aneinander schmiegenden Häusern. Auf den Mäuerchen dörren Feigen, alte Frauen sitzen in den Haustüren und äugen neugierig heraus. Im Ort die *Barockkirche* Sv. Lovro aus dem 18. Jh. und viele Neubauten, in denen Privatzimmer vermietet werden. Südlich von Kali, auf der Südseite der Insel, liegt die Bucht *Vela Lamjana* mit großer Werft, hier befinden sich auch viele Fischfarmen. Baden kann man in der Nachbarbucht *Mala Lamjana*. Ein Höhenweg, zu Fuß oder auch mit dem Mountainbike zu bewältigen, führt südlich der Inselstraße hinauf zur *Kapelle Sv. Pelegrin* aus dem 15. Jh. Wer mag, geht auf dem Höhenweg weiter (teils schlechter Makadamweg) entlang dem Nehaj und Straža gen Südosten und stößt dann bei Kukljica auf die Inselstraße.

Information Tourismusverband, an der Inselstraße, 23272 Kali, ✆ 023/282-406, www.kali.hr. Juli/Aug. 8–20, So 8–13/18–20 Uhr, im Juni u. Sept Mo–Sa 8–15 Uhr; sonst nur Mo–Fr 8–14 Uhr. Infos u. Zimmerauskünfte.

Essen/Übernachten Restaurant-Appartements Franov, ein weiteres gutes Restaurant im Zentrum von Kali, oberhalb vom Hafen mit herrlichem Blick. Hier gibt es neben fangfrischem Fisch die vom Besitzer selbst gefangenen Kozice (ähnlich den Shrimps). Zudem nette Appartements mit Meerblick. Studio 39 €, HP 35 €/Pers. ✆ 023/282-404, www.kali.hr/franov.

Srdelasnack, hier sitzt man unter Fischernetzen neben der Fischfabrik direkt an der Hafenmole mit Blick auf die großen Kutter und genießt dabei frisch zubereiteten oder rohen, eingelegten Fisch. Es gibt marinierte oder gesalzene Sardellen, Anchovis, Thunfisch, Makrelen vom Grill, dazu leckeren roten und weißen Bogdanuša (Insel Hvar) oder weißen Graševina. Geöffnet Mai–Okt. (evtl. auch länger), im Juli/Aug. von morgens bis 21 Uhr (oder auch länger). ■

Einkaufen ››› Mein Tipp: Fischcooperative Ribarska Sloga, neben Srdelasnack (s. o.); hier kann man alles Fischige erwerben, in Gläsern gibt's Anchovis oder Sardellen, zudem Thunfisch etc. Tägl. zu Arbeitszeiten geöffnet. Bataloža, ✆ 023/281-748. ‹‹‹

Veranstaltungen Ribarske noći (Fischernächte), um den Patronatstag von Sv. Lovro (10. 8.), bzw. zu Vollmond Anf. Aug.

Kukljica

Das alte Fischerdorf liegt an einer großen Bucht nahe dem südöstlichen Inselende. Die alten Männer sitzen wie immer auf ihren Bänken am Hafen, im Becken dümpeln bunte Kutter und Jachten, es wird geschweißt und gehämmert. Die Touristen werden weiter nicht beachtet, außer jemand ist gar zu auffällig gekleidet – dann wird geschmunzelt und gemunkelt. Gebadet wird rund um die von Kiefern umstandene Halbinsel der Ferienanlage Zelena Punta. Ruhige Badebuchten kann man gut per Mountainbike auf Fahrradwegen erkunden, so z. B. an der unbewohnten Südwestküste südlich von Kukljica – am Horizont zieht sich malerisch Dugi Otok entlang.

Erstmals erwähnt wurde der Ort 1345. In der Pfarrkirche *Sv. Pavao* (17. Jh.) sind alte glagolitische Inschriften zu sehen. Im Westen von Kukljica, kurz vor der Badebucht *Kostanj*, steht die *Kirche Sv. Jerolim* (15. Jh., restauriert im 18. Jh.), sie kann per Mountainbike erreicht werden, ebenso die *Kapelle Gospa Snježna* (16. Jh.) in schöner Lage an der Landspitze und Meerenge Mala Ždrelac. Am 5. August führt jährlich eine Bootsprozession hierher. Die Kapelle erhielt ihren Namen Maria Schnee aufgrund eines ungewöhnlichen Wintereinbruchs, es schneite am 5. August 1514 – ein Wunder!

Information Tourismusverband, am Hafen, 23271 Kukljica, ☎ 023/373-276, www.kukljica.hr. Juni–Sept. Mo–Sa 8–15 Uhr.

Veranstaltungen Fest Gospa Snježna, 5. Aug., Bootsprozession von Kukljika zur Kapelle.

Übernachten Privatzimmer ab 15 €/Pers. sowie **Appartements**.

*** Hotelanlage Zelena Punta**, im Kiefernwald auf der Halbinsel liegt die renovierte Ferienanlage. Hübsch wohnt es sich in den 100 komplett modernisierten Appartementhäuschen. Es gibt ein Restaurant, Bar, Kajakvermietung, Tauchclub (s. u.); gebadet wird am Kies- und Felsstrand, sowie an Betonmolen. Appartement (2+1) 92 € (TS 104 €). ☎ 023/492-050, www.zelenapunta.hr.

Essen & Trinken Rund ums Hafenbecken Lokale und Cafébars. Empfehlenswert **Konoba Stari Mlin** und **Barba Tome**.

Tauchen Divingcenter Kukljica (Inh. Werner Wehling), Basis in der Ferienanlage Zelena Punta, ☎ 023/646-678, 099/1922-258 (mobil), www.id-wehling.com.

Baden: Zur Bucht *Mala Sabuša* an der Südküste (von der Inselstraße aus beschildert) führt der zypressengesäumte Fuß- und gute Radweg am Friedhof vorbei auf die andere Inselseite. Betonierte Liegeflächen, seichtes, teils brackiges Wasser und Bootsanlegestelle. Östlich davon die unberührtere Bucht *Velika Sabuša*, westlich die Bucht *Jelenica* mit Felsstrand. Zudem weitere Buchten rundum. Im Nordwesten von Kukljica die schöne Badebucht *Kostanj*.

Kukljica bietet eine nett gestaltete Uferpromenade und gute Ankermöglichkeiten

Insel Pašman

Pašman ist vom Tourismus noch immer fast unberührt und damit ursprünglich geblieben, obwohl die Insel gute Verkehrsverbindungen, Sandstrände, Tauchreviere und viel duftendes Grün bietet.

Pašman ist mit 63 km² weit größer als die Nachbarinsel Ugljan, doch leben hier nur knapp 3000 Einwohner, darunter viele, die nach Zadar und Biograd pendeln. Wie auf Ugljan liegen die Ortschaften an der flacheren Festlandseite. Das Hinterland bilden Hügelketten mit Karsthöhen, die steil zur Südwestküste abfallen. Die Insel ist nicht so üppig bewachsen wie Ugljan – vor allem im Osten dominieren Macchia und Schafweiden. Dafür gibt es viele kleine bewaldete Inseln in Küstennähe.

Pašmans Dörfer sind Fischerdörfer geblieben – es gibt keine Bank, keine Tankstelle, kein größeres Hotel – auch Restaurants sind rar. Privatzimmer, Pensionen und Campingplätze bieten Übernachtungsmöglichkeiten. Geruhsame Ferien kann man auch in „Robinsonhäuschen" an der Südostküste bei Tkon verbringen, immer mehr dieser einstigen Fischerhäuser werden zum Vermieten hergerichtet. Die Insel wird am besten per Mountainbike erkundet – auch hier gibt es gutes Kartenmaterial.

Pašman ist eine Art Zwillingsinsel von Ugljan, mit dem Unterschied, dass sie sich an Biograd orientiert und nicht wie Ugljan an Zadar. Hinter der Verbindungsbrücke hoch über dem Kanal setzt sich der „Drachenrücken" von Ugljan mit seiner urwüchsigen Pflanzenwelt auf Pašman fort. Um die Ortschaften herum gibt es kaum Gärten und Felder, abgesehen von Weinstöcken, Oliven- und Feigenbäumen im Westen. Öfters liegen kleine Campingplätze am Meer, viele sind jedoch in der Nachsaison geschlossen – baden kann man dann ziemlich ungestört und ungeniert an den flach abfallenden Sandstränden – bestens geeignet für Familien mit Kleinkindern.

Wichtiges auf einen Blick

Telefonvorwahl: 023

Internet: www.ugljan-pasman.com

Fährverbindungen: *Trajekt Biograd–Tkon* (Fahrtzeit 10 Min.): in der Hauptsaison bis zu 14-mal tägl. 6–22.30 Uhr; 1,90 €/Pers., Auto 10,70 €.

Trajekt Zadar–Preko (Ugljan) (20 Min.): in der Hauptsaison bis zu 18-mal tägl. 5.30–24 Uhr; 2,50 €/Pers., Auto 13,70 €. 2-mal tägl. hält das Trajekt an der Insel Ošljak.

Busse: Regelmäßige Fahrten zu den Inselorten, nach Pašman und über die Fähre nach Zadar.

Tanken: Auf Pašman gibt es keine Tankstelle, man muss nach Ugljan (Preko)!

Geldwechsel: Es gibt keine Bank; nur auf Ugljan in Preko.

Post: in jedem Ort.

Geschichte

Eine illyrische Burgruine und Überreste aus römischer Zeit zeugen von der frühen Besiedlung Pašmans. Im Südwesten steht eine vorromanische Kirche am Meer. Sie war von 1050 an Eigentum des Bischofs von Biograd, 75 Jahre später ging sie in den Besitz des Erzbischofs von Zadar über. Wie Ugljan wurde auch Pašman nie von den Osmanen erobert. Während der Zerstörung Biograds durch die Venezianer und der Angriffe der Türken diente die Insel vielen als Unterschlupf. Bis 1883 war Pašman von Ugljan nur durch eine Furt getrennt. Später wurde ein Kanal gegraben und 1973 auf 4 m vertieft und überbrückt – heute tuckert hier die Autofähre hindurch.

Ždrelac

Der Ort zieht sich mit mehreren Weilern von der gleichnamigen großen Meereseinbuchtung und Meeresenge mit ein paar Häusern (meist Neubauten) über etliche Buchten bis zum kleinen Zentrum mit der *Kirche Sv. Luka* zur Orientierung. Am Hafenbecken ist es gemütlich. An der Meerespassage unterhalb der Brücke kann man ebenfalls gut sitzen und dem Schiffsverkehr zusehen. Vor allem sonntags ist viel los – ab und an krachte es auch an der Brücke, wenn Segler ihre über 16 m hohen Masten unterschätzten – aber das ist fast Vergangenheit, denn die Passage wird vertieft und verbreitert.

Übernachten Im Privatzimmer ab 13 €/Pers. und in **Appartements**.

Camping Autocamp Ruža, gepflegte kleine schattige Anlage am Ortseingang, von Fr. Ruža Pikunić. Saubere Sanitäreinrichtungen. Juni–Anf. Sept. ✆ 023/374-240.

Essen & Trinken Buffet Riva, im Ortszentrum am Hafen. Man sitzt gemütlich auf der Terrasse, der Service ist gut und das Essen preiswert. Es gibt Fisch- (z. B. Hummer) und Fleischgerichte. Uv. Sv. Luka.

Café-Bar & Pizzeria, neben der Brücke – von hier bester Blick auf die Schiffe.

Baden An der nördl. Buchtseite und an der Kablin-Bucht an der Südküste (ein Pfad führt dorthin). Fels- und Kiesstrände.

Banj

Ein paar Häuschen, verstreut um das Hafenbecken, Appartementvermietung in einem verschachtelten Neubau nahe dem Meer, Pizzeria, Baden an kleinen Kiesstränden – das bietet Banj. Von der erhöht gelegenen Terrasse der Pizzeria kann man die Abendsonne genießen und auf den Kanal von Pašman blicken.

*** **Camp Daleka Obala**, ca. 1,5 km südl. von Banj, direkt am Meer. Neu angelegter Platz für 20 Zelte, moderne Sanitäranlagen und Ankerplätze für Boote. Komplettpreis 25 €. ✆ 023/285-036 (über Agentur Con Sole Tkon).

Dobropoljana und Neviđane

Wenige Kilometer südlich von Banj wird **Dobropoljana** erreicht, ein Weiler, der sich von Weinlauben überwuchert zum Meer hinabzieht.

Dann folgt der ruhige Ort Neviđane mit schmalen Häusern, die Haustüren trennen nur ein paar Meter. Dazwischen weiden Schafe, meckern Ziegen, gackern die Hühner. Rund 630 Menschen bewirtschaften die fruchtbare Ebene. In Neviđane steht die einzige Schule der Insel, die bis zur 8. Klasse führt. Richtung Meer zieht sich der Ort mit neueren Bauten, dazwischen die von Zypressen umgebene Pfarrkirche aus dem 19. Jh. Auf dem Friedhof steht eine alte Kirche von 990, die im 15. Jh. wieder aufgebaut und 1650 im Barockstil umgestaltet wurde. Über der Tür eine gotische Inschrift aus dem 15. Jh. Südlich des Ortes die Ruinen einer Kapelle aus dem 10. Jh.

Der Ort wird 1067 erstmals als *Nevijana* erwähnt – nach dem Namen eines heute nicht mehr existierenden Klosters. Am Berg Binjak befand sich eine illyrische Siedlung.

Information In der Ortsmitte, geöffnet nur Juli/Aug. ✆ 023/269-239.

Übernachten Privatzimmer ab 12 €/Pers., Appartements ab 25 €/2 Pers.

In *Dobropoljana* gibt es 2 **Campingplätze**, allerdings nicht am Meer.

Essen & Trinken Einige Esslokale. Zu empfehlen: Fischlokal Zrinski, in Dobropoljane, ganzjährig geöffnet.

Restaurant Marinero, südl. von Neviđane in der nächsten Bucht (bei Mrljane) direkt am Meer; Anlegemöglichkeiten für Boote.

Baden Gute Plätze an kleinen Sand- und Kiesbuchten in Richtung Osten.

Pašman

Der Hauptort der Insel, ein kleiner Fischerort mit rund 450 Einwohnern, lebt bis heute vor allem von Fischerei und Landwirtschaft, weniger vom Tourismus – die vereinzelten Besucher werden neugierig beäugt.

Enge Gassen mit einfachen Häusern und umliegende Weinfelder bestimmen das Ortsbild. Eine Straße zieht sich am Kai entlang. Rundum Badebuchten – vorgelagert die von einer Familie bewohnte Leuchtturminsel Babac.

Der Ort ist seit illyrischer und römischer Zeit besiedelt. 1067 wird er unter dem Namen *Postimana* erstmals erwähnt. Die Pfarrkirche stammt aus dem frühen Mittelalter, wurde später vergrößert und erhielt 1750 ihren Turm. Ein spätgotisches Prozessionskreuz und das Altarbild von Meister *Medović* sind die wertvollsten Stücke. Entlang der Küste finden sich überall unterirdische Fundstätten aus der Römerzeit, Mauern, Mosaiken – wenn Geld vorhanden ist, sollen Ausgrabungen beginnen. Wer gut zu Fuß ist oder ein Mountainbike zur Verfügung hat, besucht die *Bucht Sv. Ante* auf der Südseite der Insel, umringt von ein paar Ferienhäusern, mit Anlegestelle für Boote und ruhigen Bademöglichkeiten. Hier steht auch der Namensgeber, die kleine vorromanische *Kapelle Sv. Ante*, vor der Kapelle die Statue des Sv. Ante von Padua, gefertigt vom heimischen Mönch und Bildhauer Jaki Gregov.

Information Tourismusverband, 23262 Pašman, ☏ 023/260-155, www.pasman.hr. Juni–Sept. Mo–Sa 8–12/17.30–20.30, So 8–11 Uhr; sonst Mo–Fr 8–14 Uhr.

Übernachten/Essen Die Touristeninformation vermittelt Privatzimmer ab 10 €/Pers.

Restaurant-Appartements Laterna, an der Strandstraße gelegen. 11 Appartements für 4–6 Pers., gutes Restaurant mit Blick aufs Meer. ☏ 023/260-179, www.lanterna.hr.

Camping ** Autocamp Kod Jakova, direkt am Meer und an der Mole – hier fühlen sich die Camper wohl. Es werden auch Zimmer vermietet. Geöffnet Mai–Sept. ☏ 023/260-331.

Camp Padre Kiriqin, westl. vom Kloster, ein weiteres gut geleitetes kleines Camp.

* Camping Lučina, an der gleichnamigen Bucht hinter Kod Jakova; Leser beschwerten sich allerdings über Lärmbelästigung! ☏ 023/260-173, -133, www.lucina.hr.

Baden In der *Lučine-Bucht* mit Kiesstrand sowie an der Halbinsel Bartul. An der Strandstraße betonierte Liegeflächen. Ins Wasser geht es sehr flach hinein, man kann fast bis zu den bewaldeten Inselchen durchwaten – für Kinder gut geeignet. Aufpassen: ab und zu Seeigel! Via Boot geht es zu den kleinen vorgelagerten Inseln. Auf der Südseite die schöne *Bucht Sv. Ante*, beliebt auch bei Bootsbesitzern.

Das hügelige, grüne Pašman – Blick auf Tkon und das Festland

Kraj

Ein paar Häuschen zwischen Oliven- und Weingärten. Am Meer neben einer Ruine, umgeben von blühendem Oleander, steht das **Franziskanerkloster Sv. Dujam** mit Museum. Das Kloster wurde Ende des 14. Jh. erbaut und später im Barockstil umgestaltet. Das *Museum* zeigt Funde aus der Illyrer- und Römerzeit, eine historische Waffensammlung, alte Münzen, Briefmarken und im ehemaligen großen Refektorium alte Gemälde (tägl. 17–19 Uhr, ab und an auch morgens; leider oft verschlossen).

Ab dem Kloster gibt es in Richtung Tkon schöne Bademöglichkeiten an Kiesbuchten mit teils sandigem Untergrund.

Ugrinić: Eine kleine Siedlung, die kurz nach Kraj folgt, mit vielen ruhigen und schön gelegenen Privatzimmern, Appartements sowie einem Campingplatz.

Essen/Übernachten in Kraj **** Villa Kruna, der zartrosa Bau mit Balkonen und Terrassen liegt kurz vor dem Meer. Kraj 122a, ☏ 023/285-410, www.vila-kruna.com.

**** Villa Palme, in unmittelbarer Nähe von Villa Kruna (gleiche Ltg.).

Essen/Übernachten in Ugrinić Restaurant-Pension **Tome**, unter österreichischer Leitung. Ankerplatz, wenige Meter vor dem Meer und ruhig gelegen. Verschiedene Wochenangebote inkl. 4-Gänge-Menüs. ✆ 023-285-006.

Camping Es gibt eine Reihe kleiner Camps für max. 50 Pers., u. a.:

Camping Torkul, am flachsandigen Meer bei Kraj mit kleinem Bistro. ✆ 023/285-190, www.campingtorkul.com.

Autocamp Brist, am Meer. ✆ 023/285-225.

Autocamp Olivia, in Ugrinić am Meer. ✆ 023/285-043.

Autocamp Kelly, ✆ 098/9697-056 (mobil).

Einkaufen Ölmühle in Kraj.

Tkon

Mit seinen 290 Einwohnern ist Tkon der lebendigste Flecken der Insel. Der Fährort bietet Booten gute und geschützte Anlegestellen. An der unbewohnten Südküste von Tkon kann man geruhsame Ferien in so genannten Robinsonhäuschen verbringen.

Tkons Ortsbild wird beherrscht von Fährschiffen, Fischkuttern und Jachten, die in der Hauptsaison manchmal Probleme bekommen, einen freien Platz zu ergattern. Die Bar am Hafen ist voll von Männern, die beim Wein plaudern und debattieren.

Westlich des Ortes steht auf dem Berg Ćakovac das romanische **Benediktinerkloster**. Nachdem Biograd zerstört worden war, ließen sich die Benediktiner hier nieder und bauten 1125 an der Stelle einer älteren Kirche das Kloster, das wegen seiner strategisch günstigen Lage zugleich als Festung diente. Bei einem Gefecht mit den Venezianern, mit Louis von Anjou als Anführer, wurde das Kloster 1358 vollständig zerstört. Nach dem Frieden von Zadar wurde es neu aufgebaut und entwickelte sich zum geheimen Zentrum der glagolitischen Schrift und Literatur. Die gotische Kirche mit herrlichem Portal der Muttergottes mit Kind stammt aus dieser Zeit. Heute leben drei alte Benediktinerbrüder im Kloster, das täglich von 16 bis 18 Uhr besichtigt werden kann (außer Sonntag). Das kleine Museum zeigt Klöppelkunst der Benediktinerinnen von der Insel Hvar und glagolitische Bücher. Auch die Außenanlagen und der beschauliche Platz unter Zypressen und Pinien, mit Blick auf Tkon und all die umliegenden Inseln, lohnen den Weg hierher.

Makadamwege führen von Tkon über den 184 m hohen *Preven* mit schöner Aussicht zur Südseite der Insel und Richtung Osten bis an das Inselende.

Tkon – Benediktiner-Kloster

Versunkene Schätze

1967 barg man aus 30 m Tiefe erstmals Teile der Fracht eines unbekannten Handelsschiffes vom Ende des 16. Jh. Die Herkunft des großen Frachters ist ungeklärt, man vermutet, dass er sich auf der Fahrt von der Nordadria Richtung Süden befand – ob er kenterte oder in einer Schlacht versenkt wurde, ist ebenso ungewiss. 1973 entdeckte man bei Tauchaktionen etliche kunstvoll verzierte Bronzekanonen aus venezianischen und französischen Gießerwerkstätten sowie große Anker. Bisher verzichtete man auf die Bergung dieser schweren Teile, die verdeutlichen, dass die damaligen Handelsschiffe für die Verteidigung gut gerüstet waren. Im Inneren des Wracks fand man eine beträchtliche Menge an Frachtgut: Gläser und Messingleuchter, aber auch Rohstoffe, die zur Weiterverarbeitung bestimmt waren – alles sorgsam verpackt in Fässern, Schachteln und Körben.

Die Verarbeitung und Qualität der Glasgegenstände deuten auf Murano als Herkunftsort hin – die Glasbläser der kleinen Insel bei Venedig waren in ganz Europa bekannt. Dieser Teil des Fundes besteht vorwiegend, empfindlich wie Glas eben ist, aus Bruch. Die Messingleuchter deuten auf Werkstätten in Nordeuropa, möglicherweise in Lübeck hin. Man barg Kronleuchter mit Doppeladler und Löwenkopf, die aufs 16. Jh. datiert wurden. Gut erhaltene Textilwaren holte man aus einer eisenbeschlagenen Kiste – z. B. einen Seidendamast in Originallänge, zusammengefaltet, eingehüllt in einen Sack, verplombt und versiegelt – die Qualität lässt auf Werkstätten in Florenz, Venedig oder Lucca schließen. Stark beschädigtes Keramikgeschirr, Kleinteile wie Fingerhüte und Nähnadeln und ganze Kisten voller Rasiermesser und Scheren wurden ebenso geborgen wie Kupfergeschirr, das zum Schiffsinventar gehörte.

Den wichtigsten und größten Teil der Schiffsfracht aber machten die Rohstoffe und Halbfabrikate aus: Gewalztes, in Bündeln zusammengelegtes Messingblech und Messingstangen. Zinnstangen mit dem Stempel der Republik Venedig – da es in Kroatien keine Zinnvorkommen gab, verbürgte sich Venedig für die Qualität der Ware. Außerdem fand man Zinnoberkugeln aus Spanien oder Slowenien, Bleiweiß, welches man in kleinen Kegeln transportierte und das in den Niederlanden oder auch in Venedig erzeugt worden war, sowie verzinntes, als rostfreies Material sehr geschätztes Stahlblech aus Böhmen und Sachsen.

Noch lange ist nicht alles entdeckt und geborgen. Die aufwändigen Bergungs- und Konservierungsverfahren erfordern viel Zeit und vor allem Geld, an dem es in Kroatien mangelt.

Information Tourismusverband, am Trajekthafen, 23212 Tkon, ☎ 023/285-213, www.tkon.hr. Juni–Sept. tägl. 7–21, So/Feiertage 7–12 Uhr.

Agentur Con Sole Tkon, ☎ 023/285-036, www.islandpasman.com. Appartements, Robinsonhäuser, Ausflüge, Scooter- u. Fahrradverleih etc. (Zweigstellen auch in Preko u. Ugljan auf der Insel Ugljan).

Verbindungen Fähre nach Biograd (→ „Wichtiges auf einen Blick"). Regelmäßige Busverbindungen zu allen Inselorten.

Einkaufen Markt, Supermarkt, Metzgerei, Bäcker.

Essen/Übernachten Restaurant-Pension Arkada, direkt am Hafen. Auf der Terrasse speist man gute Fisch- und Fleischgerichte. Übernachtungsmöglichkeiten in geräumigen Zimmern mit Balkon für 40 € inkl. Frühstück. ✆ 023-285-312.

Pension-Camp Maestral, hier zahlt man fürs DZ/F 40 €, wer lieber im Freien schläft, schlägt sein Zelt auf. ✆ 023-285-316.

*** **Pension Muscet**, mit Restaurant. ✆ 023-285-279, www.muscet.com.

Zu empfehlen: **Konoba Klamac** und **Restaurant Leut** sowie das direkt am Meer und Fährhafen gelegene **Restaurant Sovinje**.

Übernachten – „Robinsonhäuschen"

》》 Mein Tipp: an der Südküste (z. B. in Uvala Vitane) gibt es einfach ausgestattete Natursteinhäuser direkt am Meer für idyllisch-geruhsame Ferien zu mieten – z. B. über die Touristeninformationen oder Agenturen (u. a. Con Sole). Die Häuser sind sehr einfach, unterschiedlich groß und meist für 4–7 Pers. geeignet. Energieversorgung durch Solaranlage oder Gas. Transfer mit Taxiboot oder über den Makadam ist meist inbegriffen, die Versorgung erfolgt 2-tägig. 4-PS-Boote sind zu mieten. Für 4 Pers. (2 Zimmer) ab ca. 100 €. **《《**

Camping ** **Autocamp Adriana**, 500 m östl. vom Ort, direkt am Meer. Preise ähnlich Sovinje (s. u.). ✆ 023/285-017.

* **FKK-Camping Sovinje**, 2 km östl. von Tkon, schön und ruhig direkt am Meer und im Kiefernwald gelegen. Flachsandige, schattige Bucht, ideal für Familien mit Kleinkindern. Einfache Anlage auf knapp 3 ha, mit Bar, Essen kann bestellt werden. Geöffnet April–Anf. Okt. 6 €/Pers., Auto/Zelt 9 €. ✆ 023/285-541, 098/314-045 (mobil), www.fkksovinje.hr.

Baden Zwischen Tkon und Campingplatz gibt es flache Sandbuchten. Lange läuft man, bis das Wasser Kniehöhe erreicht, für Kinder gut geeignet. Im Sonnenlicht lodert der Feuerdorn, das Meer leuchtet beinahe schon kitschig in allen Blautönen.

Weitere Plätze in Richtung Kraj und an der Südküste.

Wassersport Gut geschützte Anlegeplätze am Hafen und für kleinere Boote am Wellenbrecher, ✆ 098/314-054 (mobil).

Bootsvermietung ✆ 098/908-3494 oder 098/838-196 (mobil).

Fahrradvermietung Mountainbikes ✆ 098/538-730 (mobil) oder über die Agentur (s. o.).

Insel Gnalić

Östlich von Pašman Richtung Vrgada wurden bei der kleinen Insel Gnalić in einem gesunkenen Handelsschiff bedeutende archäologische Funde gemacht. Über 350 Jahre lang lag der große Frachter samt Ladung am Meeresgrund, und nur ein verschwindend kleiner Teil der Schätze, u. a. Glas aus dem 15. Jh., wurde bis heute geborgen (→ Kasten „Versunkene Schätze").

Insel Vrgada

Das 3 km² große Eiland mit 300 Bewohnern liegt im Osten von Pašman auf halbem Weg nach Murter. Der gleichnamige Inselort zieht sich um eine tiefe Bucht und über den Hügel hinauf. Vom Kirchplatz hat man einen herrlichen Blick nach allen Seiten. Im Nordosten ist Vrgada bewaldet, zum Baden gibt's kleine Buchten, teils mit Sandstrand. Ankerplätze sind vorhanden – für Bootsbesitzer ist das Inselchen eine gute Zwischenstation. Auf Vrgada finden sich illyrische Spuren, im 17. Jh. hatte hier ein italienischer Baron seine Sommerresidenz. Wer kein eigenes Boot sein Eigen nennt, kann in Tkon nach einem Transfer fragen.

Essen/Übernachten Übernachten in Privatzimmern; Essen z. B. im **Restaurant Kod Zorana** auf weinbelaubter Terrasse mit Blick über die Bucht; ✆ 023/371-001.

Transfer Bootsverbindung: Vrgada–Biograd, ganzjährig 2-mal tägl. 2,50 €; nach Pakoštane je nach Saison 2- bis 7-mal tägl. 2,20 €.

Biograd – beliebtes Sprungbrett zu den Kornaten

Biograd na moru

Die „weiße Stadt am Meer" mit ihren beiden großen Jachthäfen ist für Bootsbesitzer das Sprungbrett zu den vorgelagerten Inseln und den Kornaten. Längst haben Jachten aller Größen die kleinen Fischerboote abgelöst.

Das 5000-Einwohner-Städtchen mit vielen Restaurants, Souvenirständen, buntem Obstmarkt und den beiden immer größer werdenden Jachthäfen liegt an der „Biogradska Riviera". In einem der zahlreichen Cafés an der großzügig angelegten Palmenpromenade kann man es sich gemütlich machen, oder man geht ins *Zavičajni musej* mit dem großen Anker am Eingang – das Museum zeigt Funde aus römischer und altkroatischer Zeit (Juli/Aug. tägl. außer So 9–12/18–23 Uhr; Juni u. Sept. Mo–Fr 7–15 Uhr; sonst Mo–Fr 7–14 Uhr).

Ruhig ist es in den verwinkelten Altstadtgassen und oben am grasüberwucherten Kirchplatz mit Blick über die Dächer von Biograd. Die Pfarrkirche *Sv. Stošija* wurde im 17. Jh. errichtet, eine ihrer Kostbarkeiten ist die Mondsichelmadonna, ein Weihegeschenk aus demselben Jahrhundert. Nordwestlich der Altstadt blickt man auf die freigelegten Grundmauern des **Benediktinerklosters Sv. Ivana** von 1059.

Geschichte: Römische Überreste und zwei frühchristliche Kirchenruinen zeugen von der langen Stadtgeschichte. Biograd wurde im 10. Jh. gegründet und war einst Sitz der kroatischen Könige, u. a. wurde hier 925 König Tomislav gekrönt und machte Biograd zu seiner Hauptstadt. Petar Krešimir IV. erhielt hier 1025 seine Königsweihe und gründete das bedeutsame Benediktinerkloster (s. o.). Koloman wurde hier 1102 König und schuf auch den langjährigen kroatisch-ungarischen Verbund. Die Venezianer zerstörten die Stadt 1125, bauten sie dann aber wieder auf; später zerstörten die Kroaten ihre Stadt selbst, um zu verhindern, dass sie den Türken in die Hände fiel. Als 1202 Kreuzritter Zadar besetzten, suchten viele Zadar-Bewohner in Biograd Zuflucht. Im 13. und 14. Jh. war Biograd unter der Herrschaft der mächtigen Cetiner Kačić-Familie sowie der von Šubić (→e Omiš). Ab 1409 bis 1797 gehörte es zu Venedig. Auch erlitt die Stadt während der ständigen venezianisch-türkischen Grenzkriege vom 16. bis 17. Jh. großen Schaden. Dann herrschte hier Habsburg, mit kurzer Unterbrechung durch die Franzosen bis 1918. Auch im letzten Heimatkrieg übernahm Biograd wieder eine wichtige Verteidigungsrolle.

Ein lohnenswerter Ausflug führt 8 km südlich zum fischreichen **Vransko jezero**, der größte See Kroatiens und zugleich Naturpark (✆ 023/383-181, www.vransko-jezero.hr). Eingebettet zwischen Bergen liegt der Vransko jezero idyllisch in einer Senke in einsamer Landschaft – nur knapp 1 km vom Meer entfernt. Durch eine Reihe unterirdischer Kanäle ist der See mit dem Meer verbunden. Er ist 3000 ha groß, 13,5 km lang, durchschnittlich 2 m tief und bietet Lebensraum für Schwärme von Meeräschen, Aalen, Welsen und vor allem Karpfen. Der nordwestliche, sumpfige Seeteil ist ein Vogelreservat, in dem zahlreiche Reiher leben. Am westlichen Seeufer gibt's einen Campingplatz, ein kleines Restaurant, Infostand und Bootshafen. Fahrradwege wurden angelegt, und die Seeumrundung oder Ausflüge ins Hinterland mit dem Fahrrad sind ein Erlebnis.

Information/Verbindungen/Diverses

Tourismusverband (TZG), Trg Hrvatskih velikana 12 (nahe Polizei), 23210 Biograd, ✆ 023/385-382, 383-123, www.tzg-biograd.hr. Juni–Sept. Mo–Sa 8–21, So 8–12 Uhr; sonst Mo–Fr 8–16 Uhr. Gute Infos.

Touristagentur Ilirija, Tina Ujevića 7 (gegenüber Hotel Ilirija), ✆ 023/383-121, www.touristbiro.com. Juni–Sept. 8–22 Uhr. Auskünfte, Zimmer, Camping, Fahrräder, Taxitransfer (s. u.), Marinas, Ausflüge.

Šangulin Tours, Obala Kralja P. Krešimira IV 10, ✆ 023/383-738, www.sangulin.hr. Kornatenausflüge mit großem Katamaran, Marina.

Škver Tours, Kornatska 2 (nördl. der Marina), ✆ 023/384-457, www.skver-tours.com. Privatzimmer, Exkursionen, Boots- und Fahrradvermietung.

Val-Tours, Trg Hrvatskih velikana 1, ✆ 023/386-479, www.val-tours.hr. Gutes Angebot an Privatzimmern, Robinsonhäusern, Ausflüge zum Vraner-See und Vogelbeobachtungen.

Verbindungen Trajekt Biograd–Tkon (Fahrtzeit 10 Min.), in der Hauptsaison bis zu 14-mal tägl. 6–22.30 Uhr; 1,90 €/Pers., Auto 10,70 €. Schiffsverbindung Biograd–Vragada, ganzjährig 2-mal tägl. 2,50 €.

Taxiboote zum FKK-Inselchen Sv. Katarina am Kai. **Busse** halbstündl. nach Zadar (30 km, 2,80 €), stündl. nach Split (9,50 €); Busbahnhof am Ortseingang; Infos bei Ilirija, ✆ 023/383-121. Die **Touristeneisenbahn** verkehrt von 17 bis 24 Uhr zwischen Hotel Kornati–Marina–Hotel Bolero. **Taxi** (Ilijria-Agentur), z. B. Flughafen Zadar 50 €, Split 120 €.

Geldwechsel mehrere im Zentrum; alle mit Geldautomat.

Post Tägl. außer So 7–21 Uhr; Zagrebačka 1.

Ausflüge Kornaten (35 €/Tagesfahrt), Krka-Wasserfälle (42 €), Plitvicer Seen (55 €).

Gesundheit Apotheken *Soline Farm*, Matije Ivanića 2, ✆ 023/385-444; *Pervan*, Matije Ivanića 4, ✆ 023/385-358 (beide neben Krankenhaus). **Krankenhaus** (Dom Zdravlja), Matije Ivanića 6, ✆ 023/385-014.

Veranstaltungen Biogradska fešta – Folklore- und Musikveranstaltungen jedes Jahr im Juli/Aug. U. a. **Biograd-Night**, 4. Aug.; großes Musikevent mit verschiedensten Stilrichtungen, zudem auch 10 Klappagruppen, Feuerwerk; für den Gaumen gibt es traditionelle Gerichte, Fisch und Wein.

Bootsmesse, 3. Oktoberwochenende, 4 Tage; die größte Kroatiens.

Gastro-Table, 1. Juniwochenende; osteuropäische Restaurants kreieren ihre besten Speisen, zudem auch Souvenirs; entlang der Uferpromenade.

320 Biograd na Moru

Nachtleben Disco Aquaa [13], am Dražica-Strand (südl. Der Tennisplätze). Bar Belvede (s. u.), 8–3 Uhr. Nett ist die **Konoba-Bar Carpymore** [20], tägl. Livemusik; 7–4 Uhr; Kralja Tvrtka 10.

Entlang der Uferpromenade ist zur Hauptsaison, aber auch danach abends einiges los, u. a. **Cafébar-Europa** [23] (auch gut zum Frühstücken; 11–24 Uhr).

Übernachten/Camping/Essen

Übernachten Privatzimmer ab 40 €/DZ, Appartements für 2 Pers. ab 50 €.

*** **Villa Maimare** [9], wenige Gehminuten vom Zentrum. Netter orangefarbener Neubau mit 15 Zimmern, alle mit Balkon; zudem Garten und Parkplätze. Marica Marulia 1, ☎ 023/384358, www.maimare.hr.

*** **Villa Ivana** [5], im grünen Stadtteil Soline. Nettes, freundliches und familiär geführtes Appartementhaus mit Garten. Fam. Ivana Ivić, Učka 9, ☎ 023/385-684.

Hotels An der Strandpromenade stehen folgenden Hotelblocks – gut für die NS: **** **Komati** [14] (ganzjährig offen) und **** **Ilirija** [18] (März–Okt.), mit Wellness- und Beautyoase Salvia und eigenem Bootshafen; am Rande *** **Adriatic** [19] (Mai–Sept.), mit großem Außenpool. Je nach Lage und Ausstattung DZ/F 136–150 €. ☎ 023/383-165, www.ilirijabiograd.com.

*** **Hotel Meduza** [3], 15-Zimmer-Hotel mit Appartements/Zimmern beim Tennisplatz, 500 m nördl. des Zentrums. Das Restaurant wird gelobt. DZ 54 € (TS 66 €). Augusta Šenoe 24, ☎ 023/383-331, www.hotelmeduza.com.

–* **Hotel Villa Donat und Dependance** [2], 3 km nördl. von Biograd in Sv. Filip i Jakov, nahe dem Meer. DZ/F 170 €, in den Dependancen DZ/F 120 €. ☎ 023/383-556, www.ilirijabiograd.com.

Camping *** **Autocamp Park Soline** [7], schöner 5 ha-Platz im Kiefernwald hinter der gleichnamigen Bucht. Fels- und Kiesstrand, moderne Sanitärblocks, gutes Sportangebot, u. a. auch Beachvolleyball, sowie Animation für Groß und Klein. Geöffnet 1.4.–15.10. Zudem Mobilhausvermietung (4–6 Pers. ab 75 €). Je Standplatz 5,60–6,80 €/Pers. (TS 6,20–8,70 €/Pers.), Parzelle je Lage inkl. Auto, Zelt, Strom etc. 10–16,30 € (TS 11,20–20 €). ☎ 023/383-351, www.campsoline.com.

》》 Mein Tipp: *** **Autocamp Diana & Josip** [6], kleine, gut gewartete 200-Personen-Anlage im Föhrenwäldchen, nördl. des Autocamps Soline und Strand. Es werden schöne Mobilheime und Appartementhäuschen vermietet. Ganzjährig geöffnet. 2 Pers./Auto/Zelt 25 € (TS 35 €). Put solina 55, ☎ 023/385-340, www.autocampdiana.com. 《《

*** **Autocamp Mia** [8], gleiche Leitung wie Camp Diana. Ebenfalls für 200 Pers., oberhalb Centralni Park und Dražica Strand. Preise und Info wie oben. Put solina 17, ☎ 023/385-339.

** **Autocamp Crkvine** [1], am Westufer des großen, fischreichen Vransko jezero, ca. 8 km südl. von Biograd. Der 6-ha-Platz liegt schattig unter Kiefern mit wunderschönem, weitem Blick über den See und auf die Berge; wer will, kann mit Schein angeln. Gutes

---

Ü bernachten
1 Autocamp Crkvine
2 Hotel Villa Donat und Dependance
3 Hotel Meduza
5 Villa Ivana
6 Autocamp Diana & Josip
7 Autocamp Park Soline
8 Autocamp Mia
9 Villa Maimare
14 Kornati
18 Ilirija
19 Adriatic

E ssen & Trinken
3 Rest. Meduza
4 Rest . Kornati
10 Rest. Guste
11 Pizzeria Šare
12 Rest.-Bar Belveder
15 Rest. Arkada
16 Pizzeria Casa Vecchia
17 Konoba Danilo
21 Konoba Barba
22 Rest. Vapor

N achtleben
13 Disco Aquaa
20 Konoba-Bar Carpymore
23 Cafébar Europa

Restaurant. Nebenan eine Pferderanch mit Schule. Geöffnet 1.4.–15.10. ✆ 023/636-193, -194, www.pakostane.hr.

Essen & Trinken Entlang der Promenade viele Cafébars, Eisdielen, Restaurants und Pizzerien. Nette Gostionas in den verwinkelten Altstadtgassen.

»› Mein Tipp: Restaurant Guste 10, an der Straße zum Fährhafen, inzwischen vergrößert und mit überdachter Terrasse. Die Küche bietet immer noch Schmackhaftes, v. a. gute Fischgerichte. Kralj Petra Svačića b. b. (Westseite), ✆ 023/383-025. ‹‹‹

Pizzeria Šare 11, die besten Pizzen der Stadt! Ganzjährig geöffnet. Trg Hrv. Velikana 1.

Restaurant Vapor 22, an der Strandpromenade mit herrlichem Blick. Gute Fischgerichte und guter Service. Mai–Sept. Obala kralja Petra Krešimira IV, ✆ 023/385-482.

Restaurant Arkada 15, an der Uferpromenade nahe der Agentur Ilirija, mit lauschigem Garten unter Schatten spendenden Bäumen. Hier speist man ganzjährig gut Fisch- und Fleischgerichte. Tina Ujevića 3, ✆ 023/385-303.

Restaurant Kornati 4, in der Marina, hier zählt das Ambiente und der schöne Blick auf die Masten und das Meer. Fisch- und Fleischgerichte. ✆ 023/384-505.

Restaurant Meduza 3, bei den Einheimischen beliebt, bietet gute Fisch- und Fleischgerichte und wird von Einheimischen empfohlen. Preis und Qualität gut.

Ganzjährig. Augusta Šenoe 24, ☏ 023/384-025.

🌿 **Konoba Danilo** 17, kurz vor dem Fährhafen an der Stadtwestseite. Das urige Lokal ist Treff der Einheimischen. Hier gibt es besten hauseigenen Rot-, Weißwein und Grappa; zudem auch Šibeniker-Käse, Pršut, Oliven, Sardellen. In der HS ganztägig, in der NS ab 17 Uhr. Kneža Borne 3. ■

Konoba Barba 21, leckere eingelegte Sardinen, Fisch vom Grill, zu moderaten Preisen, dazu netter freundlicher Service; ab u. an auch Klappa-Musik. Mai–Sept. durchgehend, danach ab 14 Uhr. Frankopanska 2, ☏ 023/384-451.

Restaurant-Bar Belveder 12, hier isst man gut Muscheln oder Langusten à la buzaru, aber auch Gulasch. Zu später Stunde sind Lokal und Bar Szene-Treff. Küche bis 24 Uhr, Lokal bis 2 Uhr. Tina Ujevića 17.

Pizzeria Casa Vecchia 16, lauschiges Lokal mit Garten, mitten im Altstadtzentrum neben der Kirche. Gute Holzofenpizzen, zudem Nudel-Gerichte. Ulica kralja Kolomana 30.

Sport

Tennis Im Sportzentrum hinter den Hotels im Kiefernwald. 14 beleuchtete Sand- und 6 Hartplätze, Tennisschule, Verleih.

Fahrradfahren Mountainbike-Verleih bei **Agentur Ilirija** oder **Škver Tours**. Von Biograd aus kann man auf ausgeschilderten Fahrradwegen zum Vransko jezero radeln und diesen umrunden; Gesamtstrecke ca. 40 km. Es gibt auch gute Fahrradkarten.

Tauchen Albamaris Diving Center, beim Hotel Albamaris, Basis beim Strandbad. ☏ 023/385-435.

Wassersport Bootsverleih – von einfachen Paddelbooten bis zu 7-m-Jachten. 20/50-PS-Motorboote zu 50/70 €. Auskünfte in den Touristenagenturen und in der Marina. Bootsverleih auch bei **Rent a boat**, Obala Kralja P. Krešimira IV br. 10, ☏ 023/383-883; oder **Ilirija Yachting**, ☏ 023/383-800, www.marinakornati.com.

Jachthafen Marina Kornati, großer Jachthafen mit 600 Liegeplätzen, 70 Landstellplätze, 50-t-Travellift, 10-t-Kran, Sanitäranlagen, Restaurant, Café, WLAN, Nautikshop. Tankstelle am Fährhafen. ☏ 023/383-800, www.marinakornati.com.

Marina Lućica, Hotelgäste der Ilirija-Kette können auch diese Marina im Stadtzentrum benutzen, mit Platz für ca. 200 kleinere Jachten. Infos bei Touristenagentur Ilirija und über die Hotels.

Marina Šangulin vor der Marina Kornati, an der Westseite der Altstadt. 112 Liegeplätze, 12-t-Kran; ebenfalls bestens ausgestattet. Tankstelle am Fährhafen. ☏ 023/385-020, www.sangulin.hr.

Hafenkapitän Obala Kralja Petra Krešimira IV b. b., ☏ 023/383-210.

Abendlicher Einlauf in die Marina

Baden: An der Strandpromenade am *Dražica plaža* mit Sand- und Kiesstrand, Stranddduschen, Schatten spendenden Kiefern und Bänken. Der Strand ist jedoch oft überfüllt. Alternativ kann man im vom Meer umgebenen, blau-weiß gekachelten Wasserballstadion schwimmen und danach im Restaurant speisen. Weitere Bademöglichkeiten auf dem FKK-Inselchen Sv. Katarina und an der Soline-Bucht, ca. 1,5 km in südlicher Richtung. Schöne Badebuchten auch bei der Bucht Crvena Luka, ca. 5 km südlich oder man schippert zur Insel Vrgada (→ Vragada).

Blick von der Inselstraße hinab auf Luka und seine Inseln

Insel Dugi Otok

Auf der üppig bewachsenen, bergigen Insel mit ihren kristallklaren Badebuchten findet man Einsamkeit und Ruhe – ein Paradies für Taucher. Attraktion von Dugi Otok ist der Telašćica-Naturpark mit dem Mir-Salzsee und imposanter Steilküste. Trotz zahlreicher Fährverbindungen beschränkt sich der Tourismus weitgehend auf Božava, Sali und Luka.

Dugi Otok, die „lange Insel", ist mit 52 km Länge und 124 km² Fläche nach der Insel Pag die zweitgrößte der norddalmatinischen Inseln. Die 1800 Bewohner leben von Fischfang, Landwirtschaft, in letzter Zeit auch etwas vom Tourismus; der größte Inselort ist Sali. Auf der Insel gibt es kein Süßwasser. In den Dörfern wird das Regenwasser in Gemeinschaftszisternen gesammelt, die Hotels bekommen Wasser per Tankschiff und Feuerwehrschlauch. Bis 1985 war Dugi Otok autofrei, inzwischen führt die Asphaltstraße quer über die Insel. In der Nachsaison ist bis auf wenige Lokalitäten in Božava und Sali alles geschlossen. Aufgrund der für die Einheimischen sehr unattraktiven ganzjährigen Schiffsverbindungen, vor allem in die beiden größeren Orte Božava und Sali, zeigen die meisten jungen Leute wenig Interesse, auf ihrer Heimatinsel zu bleiben.

Im Südosten klafft die Öffnung der *Telašćica-Bucht*, an ihrer Westseite liegt der mit Kiefern umstandene *Mir-Salzsee*. Karstig-steil ist dieser Küstenabschnitt. Der gesamte Südzipfel Dugi Otoks mit den umgebenden Inselchen wurde zum *Telašćica-Naturpark* ausgewiesen. Dieser sehenswerte Naturpark wird bei allen Kornatenexkursionen angefahren. In der Inselmitte erhebt sich der höchste Berg *Vela Straža* mit 338 m. Bei den Ortschaften an der nordöstlichen Inselseite wurden zwischen

Macchia Olivenhaine, Wein- und Gemüsefelder angelegt. Der Nordwesten ist kiefernbewaldet und manchmal nur 1,5 km schmal.

Auf Dugi Otok ist gut Tauchen – das Wasser ist klar, Pflanzen und Meeresgetier sind reichlich vorhanden. Außerdem kann man hier das internationale Küstenschifffahrtspatent erwerben – entsprechende Kurse werden angeboten.

Die Namensgebung „Dugi Otok" geht auf die Inselbewohner zurück. Sie selbst bezeichnen ihre Insel nur als Otok (Insel). Einer Legende zufolge schien ihnen das „Lang" (dugi = lang) nie zu gefallen, denn sie wollten aus dem Schlauch zwei Inseln machen, was sie wohl wegen des harten Gesteins nicht schafften. Dugi Otok wird im 10. Jh. vom byzantinischen Kaiser *Konstantin Porfirogenet* als *Pizuh* erwähnt. Danach wurde sie in Urkunden *Insula Tilagus* (griech. pelagos = Meer) und im 15. Jh. *Veli Otok* (große Insel) genannt. Reste illyrischer Burgruinen, römischer Villen und die kleinen Häuser und Kirchen aus frühkroatischer Zeit, als die Insel noch im Besitz der Klöster und einiger Bürger von Zadar war, zeugen von Dugi Otoks langer Geschichte. Mit den Türkeneinfällen auf dem Festland im 15. und 16. Jh. flüchteten viele Menschen hierher, um Schutz zu finden.

Wichtiges auf einen Blick

Telefonvorwahl: 023

Information: www.dugiotok.hr

Fährverbindungen: *Trajekt Zadar–Brbinj:* 3-mal tägl., Sa zusätzl. um 20 Uhr, 4 €/Pers., Auto 23,30 €. Fahrtzeit 80 Min.

Personenfähre (Jadrolinija) *Zadar–Sali–Zaglav:* 1-mal tägl. außer So um 10 Uhr; zurück 1-mal tägl. außer So Abfahrt Zaglav um 11.40 Uhr, kein Stopp in Sali.

Katamaran (Jadrolinija) *Zadar–Sali–Zaglav:* 4-mal tägl. ist nur 1-mal Stopp in Sali, 2-mal bis Zaglav). Fahrtzeit 55 Min.

Katamaran m/s Paula (G&V Line, www.gv-line.hr) *Zverinac–Božava–Sestrunj–Rivanj–Zadar:* ganzjährig 1-mal tägl., So 2-mal.

Busverbindungen: Nur zu den Fährhäfen und zu den Schiffsabfahrtszeiten.

Straßenverhältnisse: Die Inselstraßen sind durchgehend asphaltiert.

Geldwechsel: Keine Bank auf der Insel! Nur Bankomat in Sali und in der Post in Božava.

Einkaufen: Keine großen Läden, wenig Obst und Gemüse (in Zadar eindecken).

Tankstelle: Nur in Zaglav.

Božava

Božava liegt, umgeben von Kiefernwäldchen, Agaven, Tamarisken und Gärten, an einer Bucht. Neben Sali ist das Fischerdorf der einzige touristische Ort der Insel – mit sehr guten Bade- und Wassersportmöglichkeiten.

Nachts weist das angestrahlte Kirchlein den Weg durch die schmalen Gassen, der fürs Auto schließlich zu schmal wird. Die Stufen führen hinunter zur Hafenbucht – links Bars und Restaurants, rechts ein Hotelkomplex.

Gut befestigt waren die alten Haushöfe von Božava zum Schutz vor Piraten. Heute belagern Nacht für Nacht die Touristen das Dörfchen. Tagsüber aber gehört Božava wieder den Einheimischen. Dann ist die Post ein wichtiger Ort der Kommunikation.

Božava wird 1327 als *Bosan* erstmals erwähnt; zu sehen gibt es illyrische Burgruinen und römische Überreste. In der *Pfarrkirche*, angeblich aus dem 9. Jh., sind drei gotische Prozessionskreuze sehenswert. Die kleine Friedhofskapelle *Sv. Nikola* wird

Božava

ebenfalls auf das 9. bis 10. Jh. datiert. An der Pforte das Relief des hl. Nikolaus mit der eingemeißelten Jahreszahl 1469.

Information Touristinformation (TZ) im Zentrum, 23286 Božava, ☏ 023/377-607. Juli/Aug. 9–13/16–22, Sa 8–22, So 8–16 Uhr; Juni u. Sept. Mo–Fr 8–13/17–20 Uhr; sonst nur morgens.

Verbindungen Schiffsverbindungen (→ „Wichtiges auf einen Blick"). Keine Busverbindung nach Sali, nur zu den Fährhäfen. **Touristenzug:** Hotels–Bucht Sakarun, Juni–Sept. 6-mal tägl.

Post Mo–Sa 7–12/18–21 Uhr; Bankomat.

Gesundheit Ambulanz im Ort, ☏ 023/377-604.

Veranstaltungen Božavska noč, am 2. Wochenende im Aug.

Übernachten Es gibt viele schöne Privatunterkünfte: ca. 30–35 €/DZ. Appartements für 2 Pers. ab 40 €.

/* **Hoteli Božava**, im Kiefernwald am Meer mit verschiedenen Dependancen. Gutes Restaurant mit Terrasse über dem Meer, Fußballplatz, Tennisplatz, Tischtennis, Schwimmbad, Wellnesscenter. Baden an den Felsplatten, Jacht- und Bootsanlegestellen. Die Dependancen sind etwas preiswerter. Das **** **Maxim** (HP 78 €/Pers.; TS 88 €/Pers.) wurde renoviert und mit High-Tech ausgestattet, es gibt Zimmer und Appartements, großen Pool. Schön renoviert wurde auch *** **Lavanda** (HP 64 €/Pers., TS 78 €/Pers.), ebenfalls mit Swimmingpool. Im *** Appartement-Haus **Agava** und in *** **Mirta** einfachere Zimmer mit Balkon. ☏ 023/291-291, www.bozava.hotels.com.

Essen & Trinken Eine Cafébar und Restaurants am Hafenbecken, mit guter Auswahl. Z. B. Restaurant **Aphrodite**, ☏ 023/377-703; Restaurant **Boxavia**, ☏ 023/377-637; Restaurant **Veli Kamnik**, ☏ 023/377-614.

Rund um den Leuchtturm Veli Rat gibt es schöne Kieselbuchten

Sport

Baden: Gute Plätze auf der kleinen Halbinsel im Westen der Bucht. Nach der Promenade führt ein Weg durch das Kiefernwäldchen bis zum Leuchtturm. Rundherum kleine Buchten mit Felsplatten, teils Kiesel, seeigelfrei und FKK-geeignet.

Die beste Badebucht liegt im Süden Božavas in der *Sakarun-Bucht* mit Sandstrand. Schöne Buchten auch bei Soline und Veli Rat. Entweder läuft man auf der Straße oder kürzt über Pfade am Bergkamm entlang die Straße ab. Wegzeit ca. 1:30 Std.

Wandern: Nach *Dragove* (→ Dragove) in einer Stunde auf dem alten schmalen Uferweg an der schattigen Küste entlang; drei kleine Kieselbuchten locken zum Baden. Ein schöner Abendspaziergang ist der Weg über den Bergkamm von Božava nach Soline. Ebenfalls wunderschöner Blick vom *Berg Kapeliza* im Westen von Božava. Der Kapeliza ist in 25 Min. zu erreichen (vom Parkplatz in Richtung Friedhof und den Weg bergan).

Wassersport Bootsvermietung und Scooter bei den **Hotels Božava** oder von privat am Hafen.

Tauchen Tauchbasis Božava (deutsche Ltg. Hans-Georg Hassmann & Gabi) am Hafen. Füllstation und Ausrüstungsdepot. Tauchkurse (Basic + Open Water bzw. CMAS 1 Stern), u. a. internationale Brevetierung, Logbuch, Nachttauchen, Tauchausflüge etc. Geöffnet ab Ostern bis Ende Okt.

☏ 023/318-891, 099/5912264 (mobil, Gabi), www.bozava.de.

Jachthafen Sporthafen Mulić, gut geschützte Bucht für ca. 50 Boote, mit Strom- und Wasseranschluss. ☏ 023/377-230.

Hafenkapitän: ☏ 023/377-677.

Fahrradfahren Die Insel ist hervorragend per Fahrrad zu erkunden. Mountainbikes gibt es im Hotelkomplex.

Zur Nordwestseite Dugi Otoks

Hinter Božava zweigt die Straße rechts ab zur Nordwestseite der Insel und zu schönen *Badestränden*.

Soline, mit wenigen Häusern (nur eine Cafébar), liegt an der Spitze der tief eingeschnittenen Soliščica-Bucht, nach der der Ort seinen Namen erhielt. Soline ist einer der ältesten Orte Dugi Otoks und wird im 12. Jh. erstmals erwähnt. In der

Bucht wurde früher Salz gewonnen. Die Kirche *Sv. Jakov* stammt aus dem 15. Jh., wurde im 16. Jh. umgebaut und im 19. Jh. restauriert.

Die Straße führt weiter nach **Verunić,** das an der tiefen Einbuchtung *Žaljev Pantera* liegt. Viele Boote und Jachten ankern hier an den Molen oder Bojen der Restaurants. Die Barockkirche *Gospa od Karmena* stammt aus dem Jahre 1678. Gegenüber in Sichtweite Veli Rat mit Marina.

Übernachten/Essen In der Saison sind 2 gute Restaurants geöffnet, **Verona** und **DM** (✆ 023/435-230). Beide bieten fangfrischen Fisch; vor allem Letzteres wird wegen seiner Kochkreationen sehr gelobt.

Es gibt einige Zimmervermittler, u. a. **Appartements Gorgonia,** mit Fahrradverleih und kleinem Minimarkt. ✆ 023/378-153.

》》 Mein Tipp: Einkaufen Honigverarbeitung Api-Komerc, der Familienbetrieb produziert u. a. Salbei-, Rosmarin-, Akazien-, Lindenblüten- und Kastanienhonig, zudem gibt es Propolis, Gelee-Royal etc. zu kaufen. ✆ 023/322-936. 《《

Zurück auf der Hauptstraße geht es an der Südseite zur großen **Badebucht Sakarun:** Ankernde Segelschiffe, Badende, Kies, seichtes Wasser in leuchtendem Türkis und Sand – teils aber auch angeschwemmte Plastikteile und Teer. Man erreicht die Bucht auch von Božava aus auf dem alten Verbindungsweg in ca. 1:30 Std. Im Sommer hat auch ein Strandrestaurant geöffnet; zudem fährt der Touristenzug hierher (→ Božava).

Dann zweigt die Straße westwärts ab nach **Veli Rat,** das südlich von Verunić in der tiefen Pantera-Bucht liegt und über eine Marina verfügt. Der Ort ist umgeben von Kiefernwald und Badebuchten, es gibt Übernachtungsmöglichkeiten und das *Restaurant Lanterna.* Der Ort ist seit römischer Zeit besiedelt und wurde 1327 als *ad Punctas* erwähnt.

Fährt oder läuft man von Veli Rat weiter südwestwärts, gelangt man zum 41 m hohen *Leuchtturm.* Er wurde 1849 gebaut und zählt zu den höchsten in der Adria. Angeblich erhielt er seine gute Putzhaftung von dem Eiweiß von 100.000 Eiern. Nahe dem Leuchtturm die Kapelle *Sv. Nikole,* dem Schutzpatron der Segler und Schiffsreisenden geweiht.

》》 Mein Tipp: Übernachten Leuchtturm Veli Rat, wunderbar gelegen, Wiesengrundstück, mit dem Auto erreichbar. Zu mieten sind je ein Appartement **–*** für 3 und 4 Pers. Einfache Einrichtung mit Küche, pro Woche 1099 bzw. 1199 €. Auskünfte: www.lighthouses-croatia.com. 《《

Camping Kurz vor dem Leuchtturm wird ab 2012 ein kleiner, einfacher Campingplatz eröffnet sein.

Jachthafen Marina Nautica Veli Rat, ca. 110 Liegeplätze im Meer (mit Strom- u. Wasseranschluss), Sanitäranlagen, Wäscherei, Fahrradverleih. Ganzjährig geöffnet. In der Nähe Restaurant (nur in der Saison geöffnet) und Minimarkt. ✆ 023/378-072, www.cromarina.com.

Von Božava nach Savar

Es duftet wie in einer Gewürzkammer. Vielleicht unternimmt man lieber, statt mit dem Auto zu fahren, eine Inselwanderung mit Rucksack!

Dragove liegt nachts wie ein Lichterberg an der Straße, oberhalb des Meeres. Die Leute hier lebten einst von Fischfang und Landwirtschaft. Doch die vom Meer entfernte Lage und der steinige Boden machten das Leben hart. So wanderten viele Dragover nach Australien und in die USA aus. Die Pfarrkirche stammt aus dem

15. Jh. Der Ort ist nach einer Zadarer Familie benannt, die hier Land besaß. Unten am Meer ein kleiner geschützter Hafen.

Weiter südöstlich, in der nächsten Bucht, der **Fährort Brbinj**. Der alte Ortskern mit dickturmiger Kirche liegt an der Ostseite der Bucht. Ende des 12. Jh. wurde der Ort erstmals erwähnt. Im 16. Jh. stand hier ein Kastell der Familie Sope, heute nur noch ein Ruinenfeld. Im Hafen Jaz gibt es geschützte Ankerplätze, eine kleine Bootsbauerwerkstatt und einen Einkaufsladen.

Übernachten/Essen Es gibt Privatunterkünfte, u. a. **Restaurant-Pension Kaleb**, direkt im gelben Haus an der Anlegestelle. Neben Zimmern/Appartements auch leckere Fischspezialitäten. DZ/F 48 € (TS 58 €), ✆ 023/378-728, www.pansion-kaleb.hr.

Gostiona Sjor Bepo, etwas östl. des Fährhafens, bietet ebenfalls gute Fischgerichte. ✆ 023/378-674.

Baden Gute Bademöglichkeiten an der mit Kiefern umstandenen Bucht. Schön mit dem Mountainbike (12 km; steiler 140 Höhenmeter-Anstieg und -Abstieg) erreichbar, z. B. die Südküste mit der Badebucht **Brbišćica** – hier ist ein geologisch und paleontologischer Platz, d. h. es gibt viele Fossilien, auch ein Reptil-Fossil und Unterwasserhöhlen sind zu sehen.

Die Inselstraße verläuft nun weiter am Bergkamm, tief unten sind kleine runde Inseln ins Meer gestreut – in der Ferne zieht sich Ugljan entlang. Jede Kurve bringt neue Ausblicke. Es geht abwärts zur Ortschaft **Savar,** vorbei an Olivenhainen, Weingärten und Neubauten mit Zimmervermietung. Unten in der Bucht die Friedhofshalbinsel mit der *Sv. Pelegrin-Kirche* aus dem 13. Jh. – einer der bedeutendsten altkroatischen Sakralbauten. Das Kirchlein mit Glockenaufsatz und kugelrundem vorromanischen Choranbau steht geduckt vor einem Kiefernwäldchen. Das Taufbecken mit glagolitischer Inschrift ist heute in der Pfarrkirche aus dem 17. Jh. zu sehen. In Savar stand früher das Kloster des Eremiten Sv. Antun mit der Kirche *Sv. Andrija* – beide wurden im 16. Jh. aufgelöst. Nur noch wenige alte Menschen leben hier, viele der Bewohner wanderten auf die Sinai-Halbinsel in einen Kibbuz aus.

Dugi Otok wird Richtung Süden immer karstiger. Von der Inselstraße blickt man ein kurzes Stück auf die südliche Inselseite. Dann schlängelt sich die Straße wieder auf die nördliche Seite, und die Bucht von Luka rückt ins Blickfeld. Am Horizont Iž und Rava, dahinter Ugljan und Pašman.

Luka

Umgeben von Gemüsegärten, Wein- und Olivenplantagen, liegt Luka an einer tief eingeschnittenen Meeresbucht. Die Kirche *Sv. Stjepan* stammt aus dem 15. Jh. Im Hintergrund ragt der höchste Berg der Insel, der *Vela Straža*, 338 m auf. In westlicher Richtung gibt es drei *Grotten* – die bekannteste, die 30 m lange Tropfsteinhöhle *Straša peć*, diente im Zweiten Weltkrieg den Partisanen als Unterschlupf und kann besichtigt werden (ab 15. Juli bis ca. 20. Aug 20-Min.-Führung tägl. außer Do 9–19 Uhr, sonst nach Anfrage, ✆ 098/1757-923; ca. 2 km westl. von Luka Abzweig von der Inselstraße in Richtung Südküste; ausgeschildert).

Information Im Hotel Luka, 23281 Luka, ✆ 023/372-114.

Einkaufen Es gibt einen Laden.

Veranstaltungen Dorffest am 3. Aug.

Übernachten/Essen Privatzimmer ab 20 €/DZ.

Hotel Luka, mit Restaurant, ruhig inmitten von Grün mit Blick auf die vorgelagerten Inseln. 37 sehr einfache Zimmer. Nur Juni–Sept. geöffnet. ✆ 023/372-114, www.hotel luka.hr.

»› Mein Tipp: *** Restaurant-Pension **Alen**, netter Familienbetrieb direkt am Meer.

Idyllische Verabschiedung – die Friedhofshalbinsel von Savar

Hier speist man ganzjährig bestens. Hausspezialitäten sind Peka-Gerichte und Fisch vom Grill. Es gibt Zimmer/Appartements. DZ/F 53 €, auch HP möglich. Fam. Alen Škara, Luka 4, ✆ 023/372-218, www.lincarnica.com. «

Baden Schöne Badebuchten nördl. des Ortes um die Halbinsel Gubac.

Klettern Nahe der Höhle Straša peć gibt es schöne Kletterfelsen.

Žman

Das Dorf besteht aus ein paar Häuschen, die sich zur Žmanšćica-Bucht hinabziehen. Einige Fischkutter um das kleine Hafenbecken, Post, Gostiona, Einkaufsladen, Bar, Ambulanz (✆ 023/372-050). Die neugierigen Blicke der Bewohner folgen dem Besucher beim Spaziergang durch den Ort. Die Pfarrkirche *Sv. Ivana* aus dem 13. Jh. wurde umgebaut; im Innern ein Prozessionskreuz aus dem 14./15. Jh. Der Ort wurde im 13. Jh. erstmals als *Mežano* erwähnt, prähistorische und römische Gräber zeugen von noch früherer Besiedlung.

Im Herbst und Frühjahr bilden sich nach Regengüssen in der Nähe des Dorfes kleine Seen – fruchtbare Erde, auf der Gemüse und sehr guter Wein gedeihen. Bekannt ist Žman auch für sein Olivenöl. Ein großes *Dorffest* zu Ehren der Schutzpatronin gibt es am 29. August.

Öko-Bauernhof, bei der Fam. Žampera gibt es u. a. ökologisch zertifizierte, eigene Produkte wie Olivenöl, den Kräuterschnaps Travarica und Ziegenkäse. ✆ 023/372-071, 091/8920-750 (mobil); Ortsbeginn (ausgeschildert). Vermietung von Robinsonhäuschen auf der Insel Lavdara. ∎

Zaglav

Wein, Zypressen, alte Häuser – mal rot, mal türkis – und das Franziskanerkloster mit der Kirche *Sv. Mihovil* aus dem 15. Jh. sind pittoresk am Hang aufgereiht. Im

Kircheninneren ein gotisches Holzkruzifix. Der Ort wurde erstmals im 15. Jh. erwähnt. Anfang des 20. Jh. arbeiteten die Zaglaver in der Fischfabrik im benachbarten Sali. Heute leben bis auf wenige, meist alte Menschen die meisten früheren Bewohner im Ausland.

Vor dem alten Dorf führt eine Stichstraße zum *Fährhafen*. Seitdem Zaglav nur mehr von der Personenfähre angelaufen wird, herrscht im Ort und am Meer wieder idyllische Ruhe.

Diverses Restaurant-Pension Roko; Supermarkt, Tankstelle. Verbindungen (→ „Wichtiges auf einen Blick").

Tauchen Gleich zwei ähnlich klingende Website-Namen: **Tauchclub Dive Dugi Otok** (Ltg. Eric Šešelja), ✆ 023/377-167, 098/1093-107 (mobil), www.kornati-diver.com. Auch Appartementvermietung.

Kornati Diving Center (Ltg. David Špralja), ✆ 091/5060-102 (mobil), www.kornati-diving.com. Basis in der Bucht Tri Luke. Bedient auch Gäste in Sali. Auch hier werden Zimmer/Appartements vermietet.

Sali

Sali liegt an der tiefen und gut geschützten gleichnamigen Bucht im Südosten. Mit rund 730 Einwohnern ist Sali der größte Ort sowie wirtschaftliches Zentrum und Verwaltungssitz von Dugi Otok. Der Besucher spürt davon nichts – in Sali erwartet ihn Ursprünglichkeit und Gelassenheit.

Der Fischerort ist idealer Ausgangspunkt für Touren zu den Kornaten und zur nahen Telašćica-Bucht – nicht nur für Bootsbesitzer: Zu Fuß kann man von Sali aus herrliche Wanderungen z. B. ans Inselende unternehmen.

Der Fischfang begünstigte Salis Entwicklung, und das Erste, was von der Fähre aus zu sehen ist, sind die lang gestreckten Gebäude der *Fischfabrik* und eine Schiffsflotte.

Die Fischfabrik in Sali

1905 bauten sich die Salier eine moderne Fischfabrik. Denn die Fischer von Sali waren die Einzigen, die im Gebiet der Kornaten – ein damals überaus fischreiches Gewässer – auf Fang gehen durften. Heute schafft man die Fische zum Teil aus Japan und von Afrikas Küsten zum Eindosen heran, um die Fabrik in Gang zu halten. Andererseits mangelt es heute auch an Arbeitskräften – die Jüngeren sind meist nicht gewillt, sich ohne gute Verbindungen zur Außenwelt in der Einsamkeit Dugi Otoks niederzulassen.

Im Hafenbecken schaukeln Jachten und Fischerboote, am Kai spenden Tamarisken Schatten, in den einfachen Cafés wird geplauscht – alles wirkt ursprünglich und gemächlich. Alte Häuser – nur wenige Neubauten ziehen sich den Hang hinauf – entlang der engen Gassen, durch die kein Auto passt. An der Stelle der gotischen *Pfarrkirche* aus dem 15. Jh. und ihrem modernen Kirchturm stand einst ein vorromanisches Kirchlein. Die Überreste eines Flechtwerkreliefs wurden in den Seiteneingang der Pfarrkirche eingebaut. Im Inneren ein geschnitzter Altar, Renaissancekelche und Grabplatten mit glagolitischen Inschriften. Sehenswert ist der *Friedhof*,

Sali – der Fischerort ist ein beliebter Treff der Bootsszene

der eine sehr seltene, aber für diese Gegend typische Beisetzungsart zeigt: Für die Särge werden in den Fels Grüfte gesprengt, die man anschließend wieder mit Steinplatten verschließt. 1105 wurde Sali erstmals erwähnt. Seinen Namen erhielt der Ort von den einst hier angelegten Salinen. Doch seit mehr als 1000 Jahren ist die Fischerei Salis wichtigste Erwerbsquelle, wie alte Dokumente belegen.

Auf der nördlichen Seite der *Halbinsel Blud* liegt an der tiefen Sešćica-Bucht in ruhiger Alleinlage eine Hotelsiedlung. Im Osten von Sali vorgelagert die Insel *Lavdara*, zu der man von Sali aus hingeschippert wird. Hier können Robinsonhäuschen gemietet werden.

Information Touristinformation (TZ) am Kai, 23281 Sali, ✆ 023/377-094, www.sali-dugiotok.com (nur kroat.). Juli–Mitte Sept. tägl. 8–21 Uhr; Juni u. Mitte–Ende Sept. tägl. 8–15/17–21 Uhr; sonst nur Mo–Fr 8–16 Uhr. Sehr hilfsbereites Personal, gute Informationen.

Agentur Adamo Travel, beim Touristinfogebäude. Geöffnet Juli/Aug. 8.30–22 Uhr, Juni u. Sept. 9–12.30/16–20 Uhr. Zimmervermittlung (gute Website), Robinsonhäuschen, Internet, Kornati-Ausflüge. ✆ 023/377-208, www.adamo.hr.

Naturparkverwaltung (Park prirode) Telašćica, Put Danijela Grbina b. b. (hinter Restaurant Kornat), ✆ 023/377-096, www.telascica.hr.

Verbindungen (→ „Wichtiges auf einen Blick")

Geldwechsel Bankomat.

Post Am Kai, geöffnet wie TZ.

Gesundheit Ambulanz, ✆ 023/377-032.

Ausflüge Bootsausflüge in die Telašćica-Bucht und zu den Kornaten, ca. 39 €.

Einkaufen Supermarkt, Obststand, Bäckerei, Metzgerei.

Internet In der Bücherei am Hafen.

Veranstaltungen Am 1. Wochenende im Aug. findet das Fest **Saljske užanske** statt, mit Fischernacht, Eselsrennen, Musikgruppen und viel Wein. Zudem **Kulturprogramm** an Donnerstagen im Juli/Aug.

Jachthafen 80 Anlegestellen, Service, Reparaturwerkstatt, Strom- und Wasserversorgung und Duschen.

Bootsvermietung am Hafen, z. B. Hr. Tonći Grandov, ℅ 091/5042-568 (mobil). **Hafenkapitän** ℅ 023/377-021.

Übernachten Privatzimmer je nach Kategorie ab 20 €. Appartements für 2 Pers. ab 40 €. Z. B. das große, roséfarbene Gebäude am Hafenbecken, **Fam. Šoštarić**, ℅ 023/377-050. **Fam Sandra & Zdenko Burin**, ca. 100 m oberhalb vom Hafenbecken; der Besitzer arbeitet in der Fischfabrik, zudem hat er ein eigenes Boot und macht Ausflüge, auch zu den Kornaten. ℅ 098/379-343 (mobil).

*** **Hotel Sali**, auf der nördl. Seite der Landzunge (und nördl. des Ortes) in einem Kiefernwäldchen. Alle Zimmer mit Balkon und Blick aufs Meer. Tauchschule (→ Zaglav). Unterhalb Felsbuchten mit Platten, Betonliegeflächen und Bootsanlegstelle. Geöffnet Mai–Sept. DZ/F 68 € (TS 82 €). ℅ 023/377-049, www.hotel-sali.hr.

》》 **Mein Tipp:** **Robinsonhäuschen** Um die Telašćica-Bucht werden einfache Fischerhäuser vermietet (→ Telašćica-Naturpark). Auf der gegenüberliegenden Insel Lavadara werden ebenfalls viele Häuser vermietet, Transfer per Boot wird organisiert. Der Hauspreis beträgt für 4 Pers. ca. 150 €. Infos über Touristeninfo Sali. 《《

Essen & Trinken Restaurant **Tamaris**, an der Uferpromenade Richtung Fischfabrik direkt am Kai. Gute Fischgerichte und Service. ℅ 023/377-377.

Grill Toni, östl. vom Tamaris, auch mit Terrasse am Meer. Es gibt Pizzen und leckere Fisch- und Fleischgerichte.

Bistro Bočac, hier kann man gut Fisch und auch nach Vorbestellung Peka-Gerichte essen. ℅ 023/377-323.

Empfohlen wird noch die **Konoba Kod Stipe** in der Altstadt.

》》 **Mein Tipp:** Café-Cocktailbar **Maritimo**, direkt am Anlegerhafen. Treff der Bootsszene, gute Musik, nettes Ambiente, Frühstück ab 6 Uhr; in der Saison tobt hier nachts der Bär. 《《

Café Bruc, beliebter Einheimischen-Treffpunkt.

Weitere Restaurants (→ Telešćica-Naturpark).

Sardinen und Anchovis

In der tiefen Bucht von Sali liegen neben großen Schiffsflotten auch viele kleine bunte Fischerboote im Hafen, was darauf hinweist, dass sich viele Einwohner ihre Fische selbst fangen. Beliebt sind *Sardinen:* Hauptfangzeit sind Frühling und Herbst (Paarung ist im Winter), aber nur bei Vollmond! In Mutters Küche landen sie in der Pfanne oder werden in Salz eingelegt. Für die leckeren *Anchovis* müssen die Fischer im Juli und August weit hinaus aufs offene Meer fahren, ca. 30 Meilen in Richtung Italien. Zu Hause wird der Fang in Salz eingelegt oder mariniert.

Baden: Beim Hotel Sali mit Felsstrand und betonierten Liegeflächen oder weiter Richtung Süden entlang der Halbinsel Blud. In weiterer Entfernung, z. B. per Mountainbike erreichbar, am Südostzipfel die *Bucht Danovica*. Von Sali über das Asphaltsträßchen fahren, das dann in Makadam mündet, und weiter geradeaus Richtung Süden. Näher ist die schönere *Bucht Kruševica* an der Telašćica-Bucht (zweite Abzweigung links von der Asphaltstraße, dann weiter in südlicher Richtung über Makadam).

Tauchen (→ Zaglav)

Fahrradvermietung Im Hotel Sali und in der Touristinfo. Der Südzipfel von Dugi Otok und der Telašćica-Naturpark eignen sich bestens für Mountainbiketouren.

Wandern (→ Telašćica-Naturpark) Einen schönen Überblick über die Bucht kann man sich vom *Berg Berčastac* verschaffen; Aufstieg von Sali ca. 1 Std.

Die Telašćica-Bucht – eine Idylle für Bootsbesitzer

Naturpark Telašćica

Der Naturpark liegt am südlichsten Zipfel von Dugi Otok und umfasst die riesige Telašćica-Bucht mit ihrem Hinterland sowie die vorgelagerten Inseln. Die Fläche des Naturparks beträgt 26 km² zu Land und 45 km² zu Wasser. Beeindruckend sind die hohen, steil abfallenden Klippen zur Südseite, der Mir-Salzsee, die teils unberührte Natur mit seltenen Pflanzen und Tieren. Bei Wanderungen sind altkroatische Kirchen, liburnische Grabstätten oder römische Villenreste zu entdecken.

Kurze Ausblicke auf die riesige Telašćica-Bucht mit ihren Ausläufern und ihrem kegeligen Inselberg Donji Školj (63 m) und dem flacheren Gornji Školj nebenan hat man schon von der Hauptstraße aus. Die Bucht ist mit über 8 km Länge und 0,5 bis 2 km Breite der größte und am besten geschützte Naturhafen der adriatischen Inseln. In der Bucht ein Kliff und neben den beiden Školj-Inseln ein paar weitere Inselchen. Umgeben ist der Telašćica-Naturpark von weiteren 13 Inseln.

Auch hier finden sich Spuren von Fischersiedlungen aus illyrischer und römischer Zeit sowie Reste von vier vorromanischen Kirchen. Die Telašćica-Bucht war schon immer ein beliebter Ankerplatz für Schiffsflotten – bis zu 80 Kriegsschiffe der österreichisch-ungarischen Kriegsmarine lagen hier bei Flottenübungen vor Anker. An 15 Einbuchtungen gibt es Landstege für Boote. Im Sommer öffnen einige *Restaurants* für die Touristen, die mit Ausflugsbooten oder Jachten kommen. Einst war die Telašćica-Bucht bewaldet. Als man um 1930 die Weidewirtschaft aufgab, begann wieder Gebüsch zu wachsen. Heute erstreckt sich ein großer Aleppokiefernwald um den *Mir-See*. Der *Mir-See* im Südwesten ist eine Salzwasserellipse. Durch karstige Felsritzen tauscht er sich ganz langsam mit dem Meer aus. Wegen seiner geringen Tiefe ist der See im Sommer 6 °C wärmer als das Meer, im Winter entsprechend kälter. Im See kann man baden und sich eine „Fango-Kur" verabreichen. In 10 Min. erreicht man vom See aus den südlich gelegenen, 148 m hohen *Berg*

Muravjak mit herrlichem Ausblick. An der Südwestküste stürzen sich die Klippen, *Stene* genannt, 166 m senkrecht ins Meer, dann wird Dugi Otok flach. Gegenüber die Insel Kornat mit ihrer Inselkette. Geht man vom Restaurant an der Anlegestelle südlich bergauf, stößt man oberhalb der *Prisaka-Klippen* (→ S. 228/229) auf einen Pfad, der sich ein Stückchen an dieser beeindruckenden, 2 km langen Steilküste entlang windet (Vorsicht, wer mit Kindern unterwegs ist!). Auch vom 166 m hohen *Grpašćak* (nur über die Asphaltstraße zu erreichen) genießt man einen herrlichen Rundumblick. In den Gebäuden auf dem Berg ist heute eine Radarstation untergebracht.

Der Telašćica-Naturpark ist Lebensraum für eine üppige mediterrane Vegetation mit ca. 300 Spezies, darunter seltene Pflanzen wie z. B. allein acht Arten wilder Orchideen. Ebenso reichhaltig ist die Tierwelt. Sehr interessant ist auch die Flora der Klippen, die sich aus rund 40 Pflanzenarten zusammensetzt – hervorzuheben ist hier besonders die Flockenblume *(Centaurea ragusia)*. Die Vielfalt der Meereswelt präsentiert sich in mehr als 250 Pflanzen- und 300 Tierarten, darunter verschiedenste Schwämme (auch Fleisch fressende), rote Korallen, Fische, Seepferdchen, Algen, Schlangen, Meeresschnecken und bestimmte Möwenarten, die hier von einem Team kartiert wurden (→ „Literatur").

Ausflugsfahrten zur Telašćica-Bucht

Die Touristen kommen in Scharen – von den meisten Touristenorten aus werden Ausflüge in die Telašćica-Bucht und zu den Kornaten angeboten. Von „Naturpark" kann dann manchmal nicht mehr die Rede sein. Zu bestimmten Zeiten laufen die Besucher zuhauf in der großen Telašćica-Bucht ein. Dann geht's an Land: Schnell wird ein Menü oder Drink eingenommen, dann marsch, marsch im Gänseschritt auf dem betonierten Pfad zum See. Ein Sprung ins Wasser, ein paar Fotos auf die Schnelle – für kurze Zeit verwandelt sich der See in eine lärmende städtische Badeanstalt. Auch die Esel haben sich an den täglichen Rummel gewöhnt, und – sind begeistert, bekommen sie doch meist ein gutes Häppchen, und wenn nicht, kann man am Badeplatz auch mal auf Suche gehen. Für die Besucher heißt es bald hopp, hopp zurück zum Boot, wo König Alkohol wartet. Mit Tempo geht's dann zurück zu den Heimathäfen durch die herrliche, von der Abendsonne verzauberte Inselwelt, von der die lauten Touristenschwärme nichts mehr mitbekommen. Und es kehrt wieder Ruhe an der malerischen Telašćica-Bucht ein, in der nur noch Jachten schaukeln.

Neben der Telašćica-Bucht gehören zum Telašćica-Naturpark einige weitere Inseln: Im Südwesten **Gornje Aba** mit einem Olivenhain, darunter Buč Veli, daneben Buč Mali. In Schwimmnähe zu Dugi Otok und einst mit ihr verbunden, die bis zu 116 m aufragende **Insel Katina**, 1,85 km lang und 1,65 km breit. Die seichte Meerenge zwischen Dugi Otok und Katina heißt *Mala Proversa*. Hier sind die Reste einer römischen Villa zu sehen. Zu Römerzeiten ragte hier eine Landzunge 1 m aus dem Meer, die Römer bauten eine 90 m lange Landvilla darauf – ein sehr komfortables Haus mit Bädern und fließendem Wasser. Die geborgenen Reste des Wasserreservoirs befinden sich heute auf Dugi Otok. Wahrscheinlich gruben die Römer damals einen Bootskanal durch ihre Villenanlage und zogen mit der starken Meeresströmung Fische an, die sie sich in Fischteichen bis zum Verzehr frisch hielten. Auf der südlichen Inselseite von Katina die Meerenge zu Kornat, *Vela Proversa*. Leuchtend türkis schimmert das Wasser, das hier nicht breiter ist als ein Fluss.

Die große Telešćica-Bucht bietet Booten besten Windschutz in malerischer Natur

Direkt am Kanal (auf Kornat) das *Restaurant Aquarius*. Weiter südlich auf der Insel Katina, in der geschützten Bucht, das gute *Fischlokal Kod Mare*. Ansonsten gibt es auf Katina lediglich ein paar Bäume, ein paar Häuser, Zisternen, Windschutz und Ankerplätze für Boote.

Weiter im Süden gehören zum Telašćica-Naturpark auch die **Insel Abica** und die **Insel Sestrica Veli** mit dem 1876 erbauten 27 m hohen Leuchtturm, der von weitem wie das Minarett einer Moschee anmutet. Das aus Stein von der Insel Aba erbaute Leuchtturmhaus ist heute Sitz einer meteorologischen Station. Nebenan noch die kleine **Insel Sestrica Mali**.

Vorgelagerte Inselchen

Dugi Otok vorgelagert, ragt das **Riff Taljurić** aus dem Meer. Bei Sturm schäumt das Meer über den nackten Stein. Westlich die durch das Kap Vidilica vor starken Nordwinden geschützten Eilande **Gamernjak Veli** und **Gamernjak Mali**. Vom Boot aus genießt man einen fantastischen Blick auf die im Nordosten senkrecht aufragenden Klippen.

Wandern: Schön ist die ca. einstündige Wanderung auf den 199 m hohen *Berg Berčastac* (von Sali aus), mit bestem Weitblick über die Bucht und all die Inselchen des Kornatenarchipels.

Von Sali führen auch Wege zur Telašćica-Bucht. Diese Wanderung bedeutet jedoch ein paar Stunden mühsames Laufen. Mit dem Auto kann man ein Stück des Weges fahren. Abzweig ist vor Sali (gegenüber Sportplatz), von Zaglav kommend, Hinweisschild *Narodni Park*. Am Straßenende (auf der Südseite der Bucht, ausgeschildert mit Mir-See) parken, dann noch ca. 0:45 Std. zu Fuß bis zum See. Kurz bevor die Asphaltstraße endet und in den Schotterweg bis zum Parkplatz übergeht, steht die kleine Kirchenruine *Sv. Ivan* aus dem 11. Jh.

Zur Südspitze von Dugi Otok kann man ebenfalls mit dem Auto den Weg etwas abkürzen. Kurz bevor die Hauptstraße nach unten zum Hafen bzw. zur Fischfabrik führt, zweigt nach links ein Schotterweg ab. Ca. 2 km bei den weißen Mauern links, dann parkt man das Auto am besten bei dem kleinen Haus. In der Nähe sind illyrische Gräber. Ein Pfad führt in 30 Min. südostwärts an einigen Olivenhainen vorbei zur Südspitze und den Resten einer Villa rustica. Von dort bietet sich ein traumhafter Blick auf die Meerenge *Mala Proversa*, gegenüber in Schwimmweite die Insel Katina. Baden kann man auch in den drei nördlich nebeneinander liegenden Buchten *Uvala Čušćica*, *Uvala Veli Dajnica* und *Mali Dajnica*.

Information/Diverses

Naturparkverwaltung (Park prirode) Telašćica, Sali, Put Danijela Grbina b. b., ✆ 023/377-096, www.telascica.hr.

Für Bootsbesitzer ist die **Naturparkbasis Telašćica** beim Restaurant Mir Anlauf- und Informationsstelle. ✆ 098/467-988 (mobil), 023/467-989. Geöffnet ca. April–Okt. An beiden Adressen sind Lizenzen und Eintrittskarten erhältlich.

Eintritt Zu Land ist der Naturpark-Eingang an der Straßenzufahrt kurz vor Sali. 25 KN/Pers., Bootsbesitzer zahlen 60 KN/Pers., Kinder unter 12 J. freier Eintritt.

Sport Wassersportaktivitäten im Naturpark unterliegen besonderen Vorschriften. Individuelles Tauchen ist verboten, nur organisierte Tauchgänge mit Tauchclubs, die eine spezielle Lizenz benötigen, sind möglich. Tauchgebühr 40 KN/Tag (mit Tauchclub). Nationalparkwärter kontrollieren die Einhaltung der Regeln. Wer dagegen verstößt und erwischt wird, zahlt z. B. für das Fische-Harpunieren 400 KN Strafe und wird des Parks verwiesen.

Einkaufen In der Telašćica-Bucht fährt noch **Toni's-Boots-Supermarkt** – Sohn Sebastian verkauft Obst, Gemüse und Brot.

Essen/Übernachten

Essen/Telašćica Die meisten Restaurants sind Mai–Okt. geöffnet.

》》》 Mein Tipp: Restaurant Goro, am nördl. Buchtbeginn von Telašćica. Von wildem Wein eingehüllte Terrasse. Das Markenzeichen des Hauses ist das im Mauerwerk eingelassene Fischmosaik aus Muranoglas. Goran Ciska Jakov bewirtet internationale Persönlichkeiten, die seine delikate Küche und Diskretion schätzen; Spezialitäten sind natürlich frischer Fisch, aber auch Peka-Gerichte (Lamm, Oktopus). Anlegemöglichkeiten. ✆ 098/853-434 (mobil). **《《《**

An der Mir-Bucht, an der die Ausflugsboote ankern, liegen das große **Restaurant Mir**, ein Café und Obststände. Gute Anlegemöglichkeiten.

Essen/Insel Kantina Restaurant Aquarius, direkt an der Meerenge Mala Proversa, gegenüber der Villa rustica. Ein wunderbarer Platz auf der pflanzenumwucherten, schattigen Gartenterrasse, die Gischt spritzt fast bis auf den Teller – von hier kann man in aller Ruhe den Bootsverkehr betrachten. Gute Fischgerichte und Verkauf von eigenem Olivenöl. Anlegemöglichkeit im kleinen Hafenbecken. ✆ 023/7888-818, 098/9288-201 (mobil).

》》》 Mein Tipp: Konoba Kod Mare, auf der Südseite der Insel Katina in der ruhigen Bucht Potkatina nahe der Meerenge Vela Proversa. Lauschiger Platz unter Olivenbäumen. Hummer- und Fischbecken, bekannt für leckere Scampi-Gerichte. Gute Anlegemöglichkeiten mit Strom. Das Lokal zählt zu den ältesten und besten im ganzen Gebiet. ✆ 099/472-656 (mobil). **《《《**

Daneben, ebenfalls direkt an der Mala Proversa, noch die beiden netten Lokale **Konoba Bagtela** (Fr. Blazenka Fabianović), ✆ 091/9432-043 (mobil) und **Konoba Sandra** (Hr. Damir Bozikov), ✆ 098/9235-033 (mobil); beide ebenfalls mit Bootsanlegmöglichkeiten.

Übernachten Um die Telašćica-Bucht stehen in üppigem Macchiagrün versteckt Fischerhäuser, die gemietet werden können, z. T. von der Straße aus oder per Boot erreichbar. Boote können gemietet werden. Die meisten Häuser haben 2–4 Zimmer, Küche, Bad, kleinen Garten, Strom gibt es per Solarmodul. Preis ca. 135 €/4 Pers. Auskünfte über die Touristeninformation in Sali.

Blick von Murter auf den sagenumwobenen Archipel der Kornaten

Nationalpark Kornaten

Der einsame Archipel zählt bei Naturfreunden und Bootsbesitzern zu den schönsten Gegenden der Adria. 89 Inseln und Riffe in vielfältigsten Formen und mit fantasievollen Namen dicht an dicht. Endlose Badebuchten mit kristallklarem Wasser und Bootsanlegestellen in einer eigentümlich kargen, ursprünglichen Landschaft.

Der über 220 km² verstreute Kornatenarchipel ist die größte Inselansammlung in der Adria. Gesäumt werden die Kornaten von den Inseln Dugi Otok mit dem Telaščica-Naturpark, Lavdara, Pašman, Vrgada, Murter, Kakan und Žirje. Die Inseln gruppieren sich um die Hauptinsel Kornat und die kleinere, nordöstlich gelegene Insel Žut. Zum Schutz der Pflanzen und Tiere wurden die Kornaten 1980 zum Nationalpark erklärt. Campen und Tauchen (nur organisiert, s. u.) ist nur an ganz wenigen Stellen und nur mit Erlaubnis gestattet – die Nationalparkwächter, die mit ihren Booten umherfahren, passen auf! Pro Person und Tag ist eine Gebühr zu entrichten (→ „Information").

Die Kornaten-Inseln, einst bewaldet, sind sehr karg und weisen die ärmste Flora aller Adriainseln auf. Mitte des 19. Jh. brannte Kornat 40 Tage lang, und die Hirten legten immer wieder Feuer, um frisches Weideland zu bekommen. Nur sehr wenige Pflanzen überstanden diese Radikalkur, wie z. B. *Brachipodium ramosum*, die Waldzwenke, ein hellgrünes Gras, das aufgrund seines tief gehenden Wurzelsystems überleben konnte. Es gibt nur Weideplätze und Fels, selten Macchia oder mal einen Olivenhain. Dafür wuchern im Meer seltene Pflanzen, und Tiere aus dem ganzen Adriaraum tummeln sich hier. Paradiesisch für Taucher.

Es gibt keine hohen Küstenberge vor den Kornaten, sodass die Bora kaum wüten kann; zudem liegen die Inseln weit draußen in der Adria und haben mildes Klima. Trotzdem sind sie so gut wie unbewohnt. Menschen lebten zeitweise verstreut in ein paar hundert kleinen, mit Zisternen versehenen Häuschen. Obwohl es kleine Kirchen und sogar einen Friedhof auf Kornat gab, entstand nie eine feste Siedlung. Die Hirten waren über einen großen Raum verstreut, und den Fischern war die Piratengefahr zu groß.

Die Fischer von Sali

Die Kornaten waren einst ein sehr reiches Fischfanggebiet. Die Fischer von Sali erwiesen sich dabei im Lauf der Zeit als die fleißigsten von allen und brachten den Adeligen in Zadar, die fast alle Fangrechte besaßen, die üppigsten Steuern ein. Fortan verlieh Zadar (und auch Venedig) den Fischern von Sali das alleinige Fangrecht. Im 17. Jh. besaß Salis reichster Fischer unter anderem 20 Häuser im Ort, sechs in Zadar, 23 Schiffe, fast 2000 Olivenbäume, 135.000 m² Weingärten, eine Menge Vieh und ebenso viele Schuldner. 1905 bauten sich die Fischer von Sali eine Fischkonservenfabrik, die noch heute produziert.

Entstehung

Das Festland der kroatischen Adria sinkt langsam ins Meer ab – in 1000 Jahren knapp 1 m. Somit konnte das Meer im Lauf der Zeit in all die Trockentäler eindringen. Kornat, Katina und Dugi Otok bildeten vor 2000 Jahren noch eine einzige Insel, doch heute liegen viele Gebäude aus der Römerzeit unter Wasser. Schauderhaft schön sind die Kliffe – bis zu 100 m hohe Felsen, die senkrecht ins Meer stürzen. Sie sind durch die Brandung und die spezielle Schichtlage der Gesteine entstanden. Die Strömung trägt alles nach Italien, den Sand, aber auch den Dreck. Deshalb ist die kroatische Küste steiler und steiniger, das Wasser aber relativ sauber.

Geschichte

Die Kornaten-Inseln dienten fremden Mächten immer wieder als Brückenkopf für Eroberungen auf dem Festland und auf anderen Inseln. Der Name Kornaten bedeutet „die zerstreuten Inseln". Weitere Bezeichnungen waren *die Gekrönte, Kroneninsel, Felseninsel, Insel der hl. Maria* – sie wurden aber vom Volk nicht übernommen. Lieber benannte die Bevölkerung manche Felsformation mit teils obszönen Namen wie *Große Hure* oder *Hintern der Alten*, die sich wohl die einsamen Fischer ausgedacht hatten.

Der Archipel ist seit der Jungsteinzeit bewohnt. Illyrische Zentren mit Festungen, Hügelgräbern und Häuschen aus Trockenmauern befanden sich bei zwei Karstfeldern auf Kornat sowie z. B. auf den Inseln *Žut* und *Lavsa*. In römischer Zeit wurden z. B. auf *Kornat* und *Lavsa* Landvillen und Urlaubsresidenzen gebaut. Zur Zeit der Völkerwanderung wurde es auf den Kornaten eng. Flüchtlinge, die den wilden Horden auf dem Festland entkommen waren, mussten sich mit den Hirten und Fischern das karge Land teilen; später bauten die neuen Siedler auf Kornat eine Basilika *(Gospe o Tarca)* und eine Festung. Als die Venezianer Zadar 16 Monate lang (von 1345 bis 1346) belagerten, verwüsteten sie auch die Inseln vor Zadar.

Erholsamer Urlaub in Robinsonhäuschen auf der Insel Kornat

1835 kauften die Bauern von Murter die Insel Žut, später auch viele der Kornaten-Inseln – ein paar andere erwarben die Bewohner von Dugi Otok.

Die neuen Inselbesitzer rodeten das Land, legten Olivenhaine und Weingärten an, pflanzten Feigenbäume und zogen Trockenmauern quer über die größeren Inseln, bauten Häuschen mit Zisternen und Bootsstegen. Im Zweiten Weltkrieg versuchten Italiener und Deutsche die Inseln wieder zu „säubern" – sie mochten die Kornaten nicht, denn sie waren ein hervorragendes Partisanenversteck mit aller militärischen Infrastruktur. Und weil sie ihre Standorte ständig wechselten, blieben die Partisanen meist unentdeckt. Die sterblichen Reste der gefallenen Partisanen aus der Region liegen im Beinhaus auf Piškera.

Information/Verbindungen/Diverses

Nationalpark Kornati (Verwaltung), Butina 2 (Hauptplatz), 22243 Murter, ✆ 022/435-740, www.kornati.hr. Mai–Okt. Tägl. 8–21 Uhr, sonst Mo–Fr 7–15 Uhr.

Besucherzentren: Uvala Vrulje (Insel Kornat), Hafen Žakan (Insel Ravni Zakan); hier ebenfalls N.P.-Eintrittskarten erhältlich.

Nationalparkgebühren/Eintritt Pro Tag sind Gebühren zu entrichten. Erhältlich sind die entsprechenden Tickets außerhalb des Nationalparks Kornati – zu günstigeren Preisen als innerhalb – in allen umliegenden Marinas, Touristeninformationen, Agenturen; innerhalb des Nationalparks in den Besucherzentren oder bei den Rangern (kommen mit Boot), dann wird es allerdings wesentlich teurer. Im organisierten Ausflugspaket sind meist die N.P.-Gebühren enthalten, wenn nicht, müssen 20 KN bezahlt werden; wer in Robinsonhäuschen wohnt, bezahlt 15 KN/Tag/Pers. (meist aber im Mietpreis enthalten).

Bootsbesitzern sei empfohlen, das Ticket schon außerhalb des Nationalparks (s. o.) zu erwerben, da ist es billiger. Boote bis 11 m 150 KN außerhalb des N.P. (innerhalb 250 KN), 11–18 m 250 KN (400 KN),18–25 m 450 KN (750 KN) und über 25 m 800 KN (1500 KN).

Verbindungen Organisierte **Tagesausflüge** z. B. von Zadar, Biograd, Murter, Sali, Iž Veli, Božava, Ugljan und Pašman, je nach

Nationalpark Kornaten

Paket und Länge ab ca. 35 €. Wer länger bleiben möchte, kann sich auch mit **Taxibooten** von Murter, Biograd und Dugi Otok hinbringen lassen. Preis und Rückholtermin zuvor vereinbaren!

Anlegegebühren Bei vielen Restaurants ist das Anlegen an Muringen im Essenspreis enthalten; Wasser gibt es meist nur morgens bis ca. 10 Uhr, für ca. 100 KN, Strom meist ebenfalls gratis. Bei preiswerten kleinen Konobas wird eine Anlegegebühr von 7–13,50 €/Tag verlangt.

Veranstaltungen Insel Kornat, 1. So im Juli **Prozession** zur Kirche Sv. Gospe o Tarca mit anschließender Messe. Die ganze Bucht ist voll mit kleinen und großen Booten, es gibt Essen und Trinken.

Essen/Übernachten/Camping

Essen/Übersicht Inzwischen gibt es auf den Kornaten unzählige Restaurants, nahezu in jeder gut zu ankernden Bucht können Bootsbesitzer vorzüglich speisen. Fast überall gibt es frische Langusten, Hummer (ca. 80–100 €/kg) und natürlich Fisch (55–75 €/kg); Spezialitäten sind z. B. Spaghetti mit Hummer, Kornatski brodet, ein Fischeintopf, aber auch leckere Fleischspeisen vom Lamm.

Auf der **Insel Kornat** in folgenden Buchten: Uvala Stiniva, Uvala Lupeska, Uvala Suha Punta.

Uvala Šipnata: Konoba Solana Šipnate, 098/435-433 (mobil).

Uvala Strižnja: Restaurant Quatro, 091/7549-420 (mobil); Restaurant Darko Strižnja, 099/563-278 (mobil). Beide Besitzer sind Fischer!

Uvala Vrulje: Konoba Vrulje (auch nur Ante genannt), 098/237-665 (mobil) – das älteste Lokal führt nun ebenfalls gut der Sohn von Ante, Jure Jerat.

Uvala Gujak: Konoba Beban, 098/5531-588, 098/9475-930 (mobil) – gutes Lammfleisch.

Uvala Opat: Konoba Opat, 091/473-2550 (mobil); nebenan Opat II.

Insel Velika Panitula: In der ACI-Marina Piškera, Restaurant Klif, 098/337-496 (mobil).

Insel Lavsa: in der gleichnamigen Bucht Konoba Idro, 099/438-726 (mobil).

Insel Levrnaka: in der gleichnamigen Bucht die gute Konoba Levrnaka, 091/8919-934

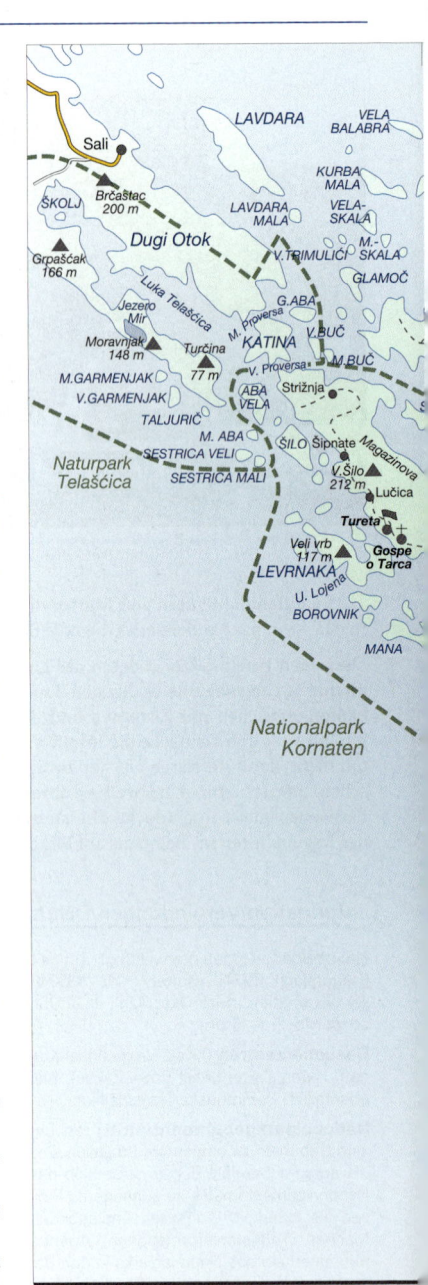

Essen/Übernachten/Camping 341

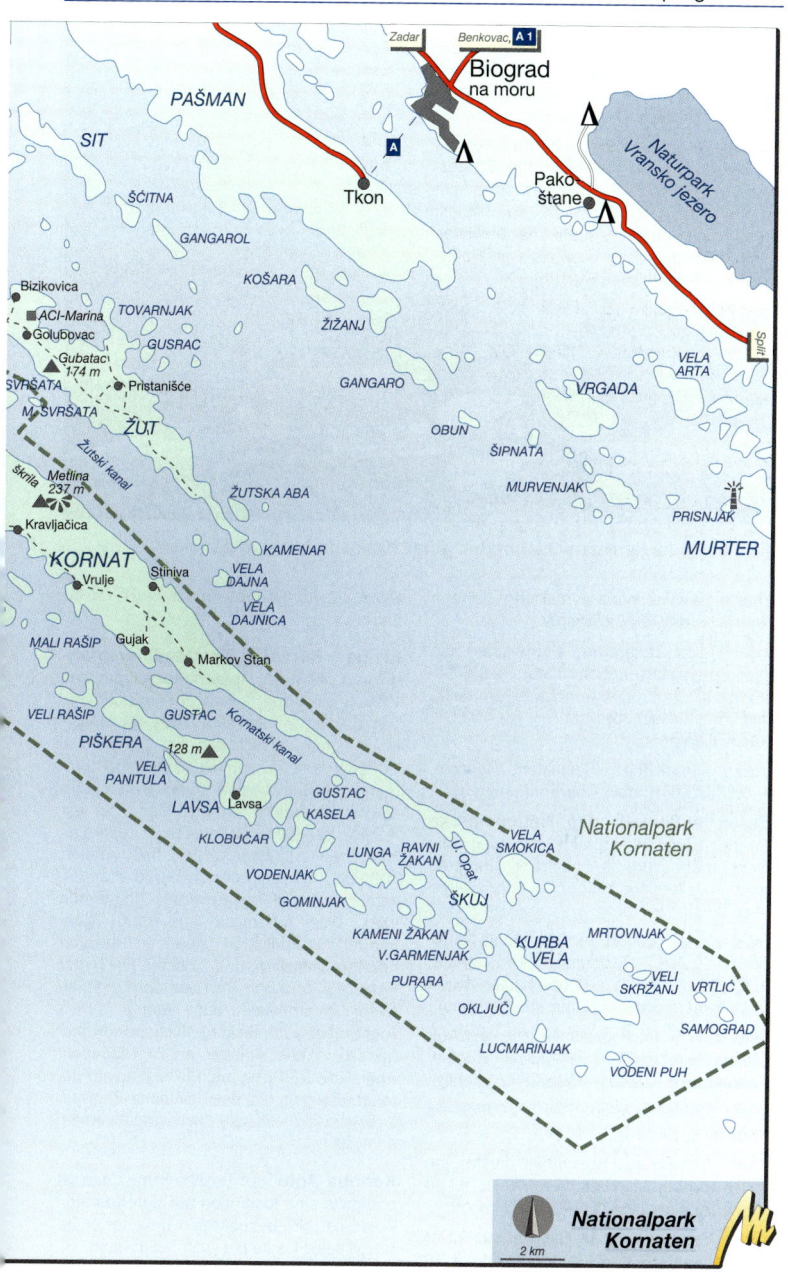

Fast auf jeder Kornaten-Insel warten gute Lokale mit Ankerplätzen

(mobil), www.konoba-levrnaka.hr; Konoba Andrija, ℅ 098/1861-930 (mobil).

Insel Ravni Žakan: im Nordwesten die kleine preiswerte Konoba Larus, ℅ 098/230-383 (mobil); im Süden Konoba Žakan, riesig und mit Besuchszentrum, ℅ 022/7260-579, 091/377-6015 (mobil).

Velika Smokvica: Restaurant Piccolo, ℅ 098/1832-286 (mobil) – bekannt und gut.

Essen außerhalb des Nationalparks
Es gibt einige Restaurants auf Inseln, die nicht mehr zum Nationalpark Kornaten gehören, allerdings bei der An- oder Weiterreise tangiert werden:

Insel Katina (gehört zum Telašćica-Naturpark): gutes Restaurant Kod Mare, ℅ 098/273-873, 098/332-697 (mobil); www.restaurant-mare.com (→ Naturpark Telašćica).

Insel Žut: In der Podražanj-Bucht, das ACI-Marina-Restaurant, ℅ 091/473-511 (mobil); Konoba Jukić Bianco, ℅ 099/8322-938 (mobil).

Uvala Strunac: Konoba Bain, ℅ 098/294-125 (mobil).

Uvala Golubovac: Restaurant Fešta, ca. 300 m von der Marina entfernt, zählt mit zu den besten Lokalen, ℅ 098/425-229 (mobil).

Uvala Papeša: Konoba Sandra, südl. Der Marina, ℅ 098/9235-033 (mobil); Konoba Vison, Dragišina, ℅ 098/266-376 (mobil).

Uvala Sabuni: Konoba Žmara, ℅ 098/757-165 (mobil).

Einige Kornaten-Restaurantempfehlungen » Mein Tipp: **Konoba Opat**, seit 1987 existiert das Lokal in der gleichnamigen Bucht ganz am südl. Ende der langen Insel Kornat. Inzwischen hat Sohn Ante Božikov, kurz Dupin, das Lokal übernommen (im Nebenhaus ist Bruder Matteo) und etliche Medaillen erkocht. Man sitzt gemütlich oberhalb des Meeres im rustikalen Häuschen auf überdachter, halb offener Terrasse; mit schönem Ofen und altem Inventar liebevoll ausgestattet. Angeboten wird, was fangfrisch aus dem Meer kommt: Spezialitäten sind mit feinsten Kräutern versehen, u. a. Lobster, Fisch und Fischcarpaccio und Brot aus dem eigenen Ofen; Lammfleisch aus eigener Schafzucht, aber auch leckere Nachspeisen stehen zur Wahl. Anleger an 50 Muringen. April–Nov. 9–21 Uhr, auch Silvester wird gefeiert. Es gibt ein paar einfache Zimmer. ℅ 091/473-2550 (mobil), www.opat-kornati.com. **«**

Konoba Ante, der Besitzer Ante Jerat ist ebenfalls eine Institution auf den Kornaten – seit ca. 1986 bekocht und bewirtet er liebevoll seine Gäste bis spät in die Nacht. Frischer leckerer Fisch, gut gewürzt, dazu gu-

Baden/Sport 343

ter Wein und gemütliches Sitzen am Meer im Weiler Vrulje in der gleichnamigen Bucht. ✆ 091/5199-246 (mobil).

Konoba Žakan, im Süden der Insel Ravni Žakan. Zählt zu den größten und modernsten Restaurants auf den Kornaten, auch großer LED-TV, WLAN und kleiner Laden. Dem Eigentümer gehört auch die Marina Hramina; hier ist auch ein Besucherzentrum (d. h. Infos, N.P.-Tickets). Versorgung und Anlegemöglichkeiten an 30 Muringen. Spezialitäten des Hauses sind Peka-Gerichte (u. a. Oktopus), Lamm von der Insel, Lobster mit Spaghetti. ✆ 091/3776-015 (mobil), im Aug. Reservierung nötig.

Konoba Beban, in der Bucht Gujak auf der Insel Kornat, gehört ebenfalls zu den beliebten und guten Lokalen. Spezialitäten sind neben Fisch Lammgerichte (aus der Peka) aus eigener Schafzucht. Man sitzt gemütlich, offene Küche und Terrasse; wer möchte, kann die Kappensammlung mit seiner eigenen bereichern. Zum Anlegen u. a. 20 Muringe. Inhaber Filip Mudonja lebt hier ganzjährig. ✆ 098/5531-588, 098/9475-930 (mobil).

Konoba Levrnaka, an der Ostseite in der Uvala Prisliga mit herrlichem Blick. Spezialitäten sind Lobster mit Spaghetti, Seeteufel-Brodetto oder Lamm am Spieß (eigene Schafzucht). Für Boote zwei Pontonbrücken (24 m, 2,5 m Tiefe), 16 Anlegemöglichkeiten mit Strom. Geöffnet Mitte April–Mitte Okt. Mladenko & Daniel Ježina, ✆ 091/4353-777 (mobil), www.konoba-levrnaka.hr.

Restaurant Piccolo, auf der Insel Velika Smokvica, zählt ebenfalls zu den Kornaten-Besten. ✆ 098/1832-286 (mobil).

Restaurant Fešta, auf der Insel Žut, südöstl. der ACI-Marina mit netter Terrasse am Meer. Das 50 Jahre alte Lokal wird nun bestens in der 3. Generation von Krešimir Mudronja in alter Tradition, aber mit modernsten Grundlagen und ökologisch ausgerichtet geführt, u. a. Solarenergie, Salzwasser- und Trinkwasseraufbereitungsanlage. Es gibt fangfrischen Fisch, eigenes Olivenöl, hausgemachtes Brot und Nudeln, aus dem Garten Gemüse und Kräuter. Geöffnet Ostern–Nov. 9–23 Uhr. ✆ 022/7860-410, 099/3473-519 (mobil). ∎

Übernachten Auf Žut, Lavsa, Sit, Ščitina, Svršata und **Kornat** kann man sich Fischerhäuschen (2–6 Pers.) mieten – mit Bootssteg an einer kleinen Bucht und komplett eingerichtet: 2–4 Betten, Kühlschrank, kein Strom – alles wird mit Gas bzw. Solarenergie betrieben. Ein Lebensmittel-Schiff kommt jeden 2. Tag. Die Häuschen werden meist wochenweise vermietet und kosten für 2 Pers. ca. 90 €/Tag zzgl. Transfer von ca. 100 €. Boote können gemietet werden. Preise variieren je nach Anbieter. Auskünfte und Vermietung über alle Agenturen in Murter, Betina und Jezera.

Camping Auf **Piščerina** kleiner Platz.

Insel Levrnaka: Camp Lojena, oberhalb der Bucht Lojena, kleiner einfacher Zeltplatz. Die türkis leuchtende Meeresbucht ist fantastisch zum Baden. Fürs leibliche Wohl wird in der Konoba Andrija gesorgt. Edi Jezlina, ✆ 099/480-677 (mobil).

Baden/Sport

Baden Überall finden sich stille Buchten, auch für Nudisten – meist Felsstrände. Das „Strandbad" der Kornaten ist die Bucht Lojena auf der Insel **Levrnaka**; ein wenig Sand gibt es auch auf **Piškera**.

Wassersport Die **Schifffahrt** durch den Archipel ist wegen der vielen Unterseekliffe ziemlich gefährlich. Empfehlenswert sind die neuen Seekarten, die es u. a. in der N.P.-Verwaltung gibt.

Tauchen Im Nationalpark darf nur mit registrierten Tauchschulen getaucht werden, d. h. individuelles Tauchen ist verboten! Die Tauchschulen müssen zudem ein N.P.-Permit bezahlen. Die Tauchgebühr beträgt zusätzlich für den Taucher 150 KN/Tag. Viele gut organisierte Tauchschulen u. a. in Murter, Biograd etc. fahren zum Archipel der Kornaten und zu den speziellen, zum Tauchen frei gegebenen Gebieten. Auskünfte und Genehmigungen erteilt der Nationalpark Kornati. Unterwasserfotografie ist erlaubt, aber nur mit Genehmigung.

Fischfanggenehmigung Die Lizenz für Fischfang erhält man nur in Verbindung mit der Eintrittskarte – zusammen kostet das 150 KN außerhalb des N.P. (300 KN innerhalb des N.P.). Zudem werden staatliche und internationale **Fischfangwettbewerbe** durchgeführt. Auskunft und Erlaubnisscheine in Murter, Zadar, Biograd und Sali in den Fischfangvereinen.

Marinas Herrlich gelegene Jachthäfen, geöffnet April–Ende Okt.: ACI Piškera, zwischen den Inseln Piškera und Panitula vela. 120 Liegeplätze, Wasser- und Stromversorgung zeitl. begrenzt; Sanitäranlagen, Minishop und Restaurant. Nächste Tankstelle im Hafen Zaglav (Dugi Otok). 091/470-0091, -0092 (mobil), www.aci-club.hr.

ACI Žut, auf der gleichnamigen Insel in der Bucht Podražanj. 113 Liegeplätze, Strom- und Wasseranschluss zeitl. begrenzt, Restaurant, Sanitäreinrichtung, Minimarket. Nächste Tankstelle s. o. 022/7860-278, www.aci-club.hr.

Anlegestellen: Kornat (ca. 11 Möglichkeiten), Levrnaka, Piškera, Lavsa, Ravni Žakan, Smokvica Vela und Žut.

Wandern Auf der **Insel Kornat** lohnt der ausgeschilderte Weg von der Bucht Kravjačica auf den höchsten Berg, den 237 m hohen Metlina. Weiter geht es nordwärts auf die andere Inselseite am Kanal von Žut zum Magazinova škrila (s. u. Kornat).

Die Inseln des Archipels

Nähert man sich den Kornaten-Inseln von Ugljan im Morgendunst, erscheinen sie wie Wellenberge auf hoher See: Zuerst **Lavdara** im Westen vor Dugi Otok, die noch nicht zu den Kornaten zählt. Als nördlichste des Inselarchipels **Balabra** und im Osten **Kurba Mali** („Kleine Hure"), dahinter **Sit**. Auf Sit gibt es vier kleine Bootsanlegestellen mit Häuschen und Zisternen. Im Westen die Karsthügel von Dugi Otok, im Osten ist eine kreisrunde Insel zum Greifen nah, dahinter das nur 160 m lange und 4 m hohe Inselchen **Trstikovacm** – hier lebten einst Menschen mit ansteckenden Krankheiten in Quarantäne. Im Meer die Überreste von Landungsstegen aus der Römerzeit. Auf der Insel wächst – in der Region ziemlich selten – Schilfrohr. Nach Trstikovacm folgt **Glavoč**, dahinter **Žut.**

Insel Levrnaka – die Lojena-Bucht, beliebt zum Baden

Die Kornaten-Inseln sind Bilderbuchinseln, wie wir sie von Karikaturen kennen – kahle runde Hügel mit einem Bäumchen, umgeben vom weiten Meer. Wäre man auf eine dieser Inseln verbannt, könnte man sie morgens, mittags und abends in einem Viertelstündchen umlaufen, beäugt von der einzigen Möwe mitten drauf.

Žut

Žut ist mit fast 12 km Länge und 15 km² Fläche die nach Kornat größte Insel des Archipels, mit Weideplätzen, Obst- und Olivenbaumpflanzungen. Die illyrischen Ureinwohner lebten wegen der Piratengefahr ein gutes Stück vom Meer entfernt. Reste ihrer Häuschen und eine Grabstätte haben die Zeiten überdauert. Venedig tauschte Žut gegen ein Haus in Zadar. Die Einwohner von Murter bauten auf der Insel 84 Häuschen mit 52 Zisternen. Žuts Haupthäfen sind: *Pinizelić* mit einem vorgelagerten Mini-Eiland, das einst mit Žut verbunden war; ein groß gewachsener Mensch kann hinüberwaten. Außerdem *Bizikovica* im Norden und *Žutska uvala* – die „Žuter Bucht" mit mehreren Anlegestellen – sowie *Uvala Hiljača* mit *Pristanišće*, der zweitgrößten Siedlung der Kornaten mit 25 Häuschen, acht Zisternen und den Mauern einer kleinen Kirche, die nie fertig gebaut wurde.

Kornat

Berge wie Pyramiden im Meer, dann die Einfahrt in die schmale Meerenge von *Vela Proversa*, die Kornat von Katina trennt. An der Durchfahrt das *Restaurant Aquarius*. Steingrau reihen sich die Inselhügel – schnurgerade von Trockenmauern unterteilt, ab und zu ein Fleckchen Grün. Ein paar Häuser für Ausflügler liegen bei der Anlegestelle *Suha Punta*, weitere Häuschen mit Zisternen in den südöstlichen Bootsbuchten *Šipnata*, *Lučica* und *Kravljačica* mit Weingärten. Oberhalb des Karstfeldes Tarac sieht man schon von weitem den Turm der Festung *Tureta*. Er wurde im 6. Jh. in die illyrische Festung gebaut, wo sich vor 2000 bis 3000 Jahren das Zentrum der Insel befand – eine Siedlung und Hügelgräber am Rand des fruchtbaren Tarac-Feldes. Am Bergfuß steht eine kleine Kirche, dahinter Chorraumreste einer älteren und größeren Basilika aus dem 6. Jh. – die Zeit der Völkerwanderung. Die heutige kleine *Kirche Gospe o Tarca* wurde Ende des Mittelalters erbaut, für die Mitglieder der damaligen Bruderschaft wurde ein Friedhof angelegt. Heute feiert der Pfarrer von Murter hier jedes Jahr am ersten Juli-Sonntag eine Messe, ein beeindruckendes Bild, wenn die Gläubigen mit ihren Booten in der Kravjačica-Bucht einlaufen. Diese Prozession ist das Ereignis des Jahres – und eines der schönsten Kroatiens.

Von hier führt auch ein markierter Wanderweg auf die höchste Erhebung, den 237 m hohen *Metlina* mit wunderbarer Rundumsicht. Läuft man weiter nordwestwärts Richtung Meer, stößt man auf eine geologische Besonderheit – die *Magazinova škrila*. Kalksteinschichten über Kalksteinschichten schwingen sich in Rillenform hinab zum Meer. Geologen vermuten, dass sich die übereinander lappenden Schichten bei einem Erdbeben gebildet haben.

In der *Vrulje-Bucht* steht die größte Häuseransammlung der Kornaten: Die 45 Häuschen mit 28 Zisternen und Anlegeplatz für 30 Boote wirken wie eine Siedlung, wenn im Frühjahr und Sommer Leben einkehrt. Hier gibt es auch ein Besucherzentrum (N.P.-Eintritt, Infos etc). Weitere Häuschen auf dem Trtuša-Karstfeld, Zisternen stehen neben den Weingärten. Hier finden sich auch Reste von Hügelgräbern, illyrischen Häusern und einer Festung. Im Zweiten Weltkrieg hatten die Partisanen eine Hellinganlage in Vrulje.

Kornat vorgelagerte Inseln

Dazu zählen u. a. die Inseln **Levrnaka** und **Mana.** Levrnaka ist die viertgrößte der Kornaten-Inseln: ca. 3,5 km lang, ca. 1 km breit und 117 m hoch. Auf der Kornat zugewandten Seite eine große Bucht, die einer Reuse gleicht – die Fische können durch den engen, seichten Ausgang kaum wieder hinausschwimmen. 1922 wurden hier an einem Tag 22 t der „Schlanken" (Pikarell) gefangen. Auf der anderen Inselseite die *Lojena-Bucht* mit zwei Häuschen, Zisternen und einer Anlegestelle. Hier ist auch das *Strandbad* der Kornaten – der Sandstrand zieht viele Ausflügler an, die in der Gegend herumschippern.

Gegenüber dem südöstlichen Rattenschwanz Kornats liegen u. a. die Inseln **Piškera** und **Lavasa.** Die 126 m hohe Piškera (in Karten auch als *Jadra* bezeichnet) ist mit 5,8 km Länge und 0,8 km Breite die drittgrößte der Kornaten. Auf der Südwestseite Piškeras stehen heute noch zwei kleine Häuser mit Zisternen und Bootsanlegeplatz. Die Kirche und eine Hirtenhütte sind die einzigen Reste einer größeren, aus römischer Zeit stammenden Siedlung, die später bis auf 60 Häuser anwuchs. Es waren einstöckige Häuser mit Magazin im Erdgeschoss für Fisch und Fässer, darüber Schlafraum für die Fischer und Aufbewahrungsort für Netze. Neben den Resten des großen Hauses am Meer befand sich bis 1653 ein dreistöckiger Turm. 1783 gab es hier sieben Landungsstege sowie einen auf dem Inselchen Panitula gegenüber. Über die dazwischen liegende, 5 m breite Durchfahrt hatte man eine Zugbrücke gebaut. Auf dem Berg vor der Siedlung thronte ein venezianisches Kastell, das die Fischer nach dem Untergang Venedigs vernichteten. Bis zum 16. Jh. residierte hier der venezianische Fischsteuereinnehmer. Im 17. Jh. überfielen die Uskoken aus Senj die venezianischen Kaufleute. Während des Zweiten Weltkriegs wurde die Kirche zum Partisanen-Lazarett umfunktioniert. Ein Denkmal südlich der Siedlung erinnert an diese Zeit.

Auf der Nachbarinsel *Lavasa,* mit über 2 km Länge und 1,6 km^2 Fläche die fünftgrößte der Kornaten, zerstörten im Zweiten Weltkrieg deutsche Bomber alle Häuser. Heute stehen wieder ein paar Häuschen mit Zisternen in der windgeschützten

Insel Mana – war Drehort für das „Tobende Meer"

großen Bucht, die mit dem daneben liegenden Karstfeld sehr schön anzusehen ist und die Touristenboote anlockt. Dass die Bucht schon viel früher die Menschen anzog, bezeugt ein illyrisches Hügelgrab. Später gewannen hier die Römer Meersalz für die Fischkonservierung. Im 20. Jh. kam die Insel den Partisanen gelegen – sie bauten eine Hellinganlage. Heute gibt es auf Lavasa ein *Fischlokal* und gegenüber die *Marina* mit *Restaurant*.

Weiter östlich **Ravni Žakan**; die einstige Fischabnahmestation wurde zu einem großzügigen modernen Restaurant ausgebaut, zudem ist hier ein Besucherzentrum (N.P.-Eintritt, Infos etc). Gegenüber die Insel **Smokvica** mit Häuschengruppe und Leuchtturm und schließlich das Inselchen **Kurba Vela** („Große Hure").

Fährt man um Kornat herum, findet man im Nordwesten nochmals eine kleine Insel mit Geschichte: **Vela Svršata**, knapp 1 km lang und bis zu 200 m breit. In der nordwestlichen Bucht verlaufen im Abstand von 30 m zwei parallele Mauern 30 m weit ins Meer hinaus; sie sind durch einen 3 m hohen und ca. 4 m breiten Damm verbunden, der wiederum 3 m unter der Wasseroberfläche liegt. Was das einmal war – niemand weiß es genau; vielleicht ein römischer Fischteich.

Tobendes Meer auf der Insel Mana

Auf Mana drehte 1961 ein Münchner Filmteam mit Maria Schell und Cameron Mitchell den Streifen „Tobendes Meer". Und das aus gutem Grund: An einem ebenso schrecklichen wie herrlichen Kliff jagt der Jugo die Brandung bis zu 40 m in die Höhe. Die griechische Fischersiedlung, die damals als Kulisse entstand, schaut heute beinahe echt und historisch aus.

Blick von Stari Murter auf Murter, seine Marina und das Festland

Insel Murter

Eine landschaftlich sehr reizvolle Insel mit hübschen Orten und einem traumhaften Blick auf Inselsilhouetten. Es locken etliche malerisch gelegene Campingplätze, zahlreiche Kiesel- und sandige Badestrände. Außerdem bietet sie eine unkomplizierte Anreise für Bootsbesitzer über die Drehbrücke vom Festland aus. Drei gut ausgestattete Jachthäfen sind ideales Sprungbrett für den nahen Kornaten-Archipel.

Die 19 km² große Insel, auf der heute über 5000 Menschen leben, zählt zum Šibeniker Inselarchipel und ist durch einen schmalen Kanal vom Festland getrennt. Ihre Küste ist stark zerklüftet und verliert sich in Inselchen im Meer. Doch die Kies- und Sandstrände in den seichten Buchten sind für Kinder zum Planschen ideal. Das Übernachtungsangebot umfasst etliche schöne Campingplätze und zahlreiche Pensionen, viele gute Restaurants sorgen für das leibliche Wohl. Wassersportfans können sich auf dem Surfbrett austoben oder die Tiefen des Meeres mit erfahrenen Tauchlehrern erkunden. Murter ist Tummelplatz für Bootsbesitzer – gut ausgestattete Jachthäfen gibt es in *Jezera*, *Murter* und *Betina*, zudem viele Ankermöglichkeiten an der Südwestküste. Bekannt ist Murter auch für seine guten Bootsbauer, die bis heute hölzerne Schiffe in hoher Qualität zimmern. Einmal im Jahr werden die traditionellen Segelschiffe, *Ladinsko idro* (sog. Lateinsegel, auch Gajeta genannt) für eine Regatta herausgeholt (→ Murter/Stadt S. 356). Ebenfalls einmal im Jahr, regelmäßig im August, erhält die Insel Besuch von einer Windhosendame (→ „Winde") – ihr sollte man lieber aus dem Weg gehen.

Das Inselinnere ist nicht nur mit Macchia überzogen – stellenweise ist die Insel sehr fruchtbar, es gedeihen Obst, Feigen und Oliven. Einst wuchsen auf Murter 170.000 Bäume. Zusätzlich besaßen die Einheimischen auf den Kornaten ihre Oli-

Insel Murter

venhaine, die sie mit Können und Liebe pflegten: 1912 gewann ihr Olivenöl in Aix den ersten Preis, und die gekrönten Häupter im kaiserlichen Wien tafelten mit dem guten Murter Öl.

Die Insel Murter ist auch bestens zum Mountainbiken, an weiteren Zielen locken das 30 km entfernte Vodice oder der Vraner-See.

Wie viele Inseln war auch Murter schon in der Illyrerzeit besiedelt, die Römer folgten später. Ptolemäus erwähnte die Insel erstmals als *Scardon*. Unter König Bela erhielt sie 1251 den Namen *Srimač*, seit 1740 heißt sie *Murter*. Die erste Inselsiedlung wurde im 1. Jh. n. Chr. auf dem Berg Gradina beim Ort Murter unter dem Namen *Colentum* gegründet. Im 13. Jh. gab es zwei Orte – *Jezera* und *Veliko Selo*, das heutige Murter. *Betina* und *Tisno* entstanden erst zur Zeit der Türkeneinfälle.

Wichtiges auf einen Blick

Telefonvorwahl: 022

Busverbindung: Regelmäßig Busse zu allen Inselorten, zudem nach Šibenik, Split, Rijeka und Zagreb. Mehr dazu → Murter/Verbindungen.

Bootsverkehr: Achtung Bootsbesitzer – die Brückendurchfahrt (s. u. Drehbrücke/Öffnungszeiten) bei Tisno ist nur 1,50 m hoch und 1,80 m tief!

Drehbrücke: Mai bis Mitte Sept. ist die Brücke von 9–9.30 und 17–17.30 Uhr geöffnet!

Tankstellen: In Tisno, Jezera, Murter.

Geldwechsel: Problemlos, es gibt Banken u. a. in Tisno, Murter; zudem auch Bankomaten.

Post: in allen Orten.

Einkaufen: Supermärkte, Bäckereien, teils auch Metzger.

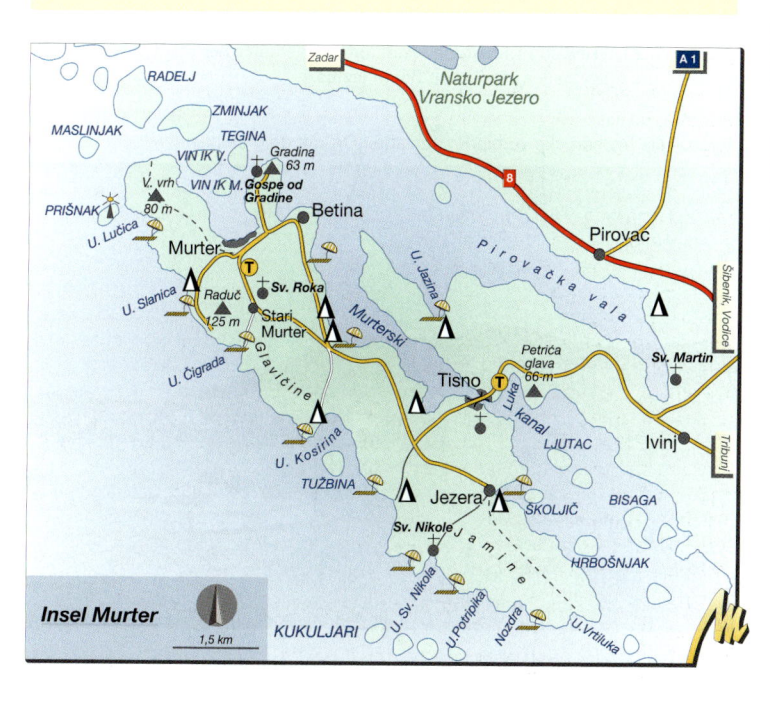

Tisno

Das 1500-Einwohner-Städtchen breitet sich vom Festland über die Brücke auf die Insel aus. Tisno ist ein ruhiger Ort mit ein paar Restaurants und Läden, nur der Schiffsverkehr und die Gäste des nahen Campingplatzes und der Hotels bringen etwas Geschäftigkeit in die Stille.

Der stämmige Kirchturm, die Pfarrkirche und die Natursteinhäuser mit ziegelsteinroten Dächern prägen das Ortsbild von Tisno. Tagsüber sind die Einheimischen an der Tamariskenallee unter sich. Erst abends füllt sich Tisno mit den Gästen der Campingplätze.

Der Ort wird 1474 erstmals als *Tisno* erwähnt und verdankt den Namen seiner geografischen Lage – *tisno* heißt eng. Besiedelt wurde Tisno zur Zeit der Türkeneinfälle vom Festland her. Die Venezianer bauten einen Wehrturm, der später niedergerissen wurde. Die Pfarrkirche *Sv. Duh* entstand 1548, wurde 1640 barockisiert und 1840 vergrößert. Der stattliche Turm von 1680 stammt von einem einheimischen Baumeister. Auf 214 Stufen oder per Auto auf sehr schmaler Straße erreicht man die große Prozessionskirche *Gospa od Karavaja* oberhalb von Tisno. Das älteste Kulturgut steht stadtauswärts in Richtung Magistrale beim Weiler Ivinj oberhalb der Meersbucht (gegenüber Abzweig nach Tribunj), die romanische Kirche *Sv. Martin* aus dem 13. Jh., auf Grundsteinen einer altchristlichen Basilika errichtet.

Anfang des 18. Jh. baute man eine erste Brücke, seit 1832 gibt es die Drehbrücke, die Tisno mit dem Festland verbindet.

Baden: Schöne Badeplätze finden sich entlang der Uferpromenade und dem Fußweg durch Kiefernwald in Richtung Jezera oder gegenüber der Stadt (am Festland) auf der Landzunge in der nördlichen Bucht Jazina.

Tisno – die Drehbrücke verbindet den alten Ort mit dem Festland

Gospa od Karavaja (Unsere Liebe Frau von Caravaggio)

Auf 214 Stufen erreicht man die Prozessionskirche Gospa od Karavaja. Die Marienverehrung hatte ihren Ursprung 1432 im italienischen Caravaggio bei Bergamo, als die Muttergottes der gläubigen Frau Ivanica erschien. Im 17. und 18. Jh. verließen viele italienische Familien ihre Heimat und zogen nach Tisno, u. a. auch 1720 die Familie Gelpi, die das um 1575 angefertigte Gemälde – die „Erscheinung der Muttergottes bei Ivanica" mitbrachte und am Hügel eine Kapelle erbauen ließ. Der Zustrom der Pilger ließ nicht lange auf sich warten und das Gebetshaus wurde bald zu klein und musste über die Jahrhunderte mehrmals vergrößert werden. Am 26. Mai ist Kirchenfesttag (Mariä-Geburt), dann strömen tausende Gläubige auf den großen, schattigen Prozessionsplatz, wo die Messe abgehalten wird.

Information Touristinformation (TZ), Istočna gomilica 1a (vor der Brücke), 22240 Tisno, ✆ 022/438-604, www.tz-tisno.hr. Tägl. 8–20/21 Uhr. Vermittelt Ausflugsfahrten zu den Kornaten.

Verbindungen Busse nach Murter 8-mal tägl.; über Vodice nach Šibenik 8-mal tägl. (Brückenöffnung siehe „Wichtiges auf einen Blick").

Gesundheit Ambulanz im Ort, ✆ 022/438-467, 438-427 (abends).

Übernachten/Essen Privatzimmer ab 30 €/DZ. Appartements für 2 Pers. ab 40 €. Schöne Unterkünfte finden sich auch Richtung Südosten gen Landzunge.

»> Mein Tipp: **** Hotel Tisno, stilvolles und komfortables 8-Zimmer-Boutique-Hotel mit Pool auf der Nordwestseite des Ortes; mit WLAN, Fahrradverleih. Fast ganzjährig geöffnet. Je nach Größe 100–140 € (TS 120–160 €), auch Familienzimmer. Zapadna Gomilica b. b., ✆ 022/438-182, www.hoteltisno.hr. **«**

*** Hotel Borovnik, gegenüber der Brücke. Kleines, geschmackvolles Hotel mit Pool und Rattanmöbeln im lauschigen Innenhof. Im Restaurant kann man sehr gut essen. Zimmer, Appartements. DZ/F 116 €. Trg Dr. Šime Vlašića 3, ✆ 022/439-700, www.hotelborovnik.com.

Restaurant-Pension Tomislav, nettes Haus mit gutem Restaurant, nahe Meer. DZ/F ca. 80 €. Put jazine 202, ✆ 022/438-534.

Restaurant-Pension Toni, an der Straße Richtung Jezera. Gute, vielfältige Küche. Vermietet werden Zimmer (DZ/F ab 60 €) und Appartements (ab 40 €/2 Pers.). Put Broscice 13, ✆ 022/439-203, www.apartmani-toni-tisno.hr.

Restaurant Broščica, an der Zufahrt zur Brücke mit großer überdachter Terrasse. Gelobt wird Pašticada, zudem gute Fischgerichte. Šut Broščice 12, ✆ 022/438-361.

Konoba Prova, direkt am Meer unter schattigen Bäumen und Schilfdach. Gute Fischgerichte und Fleisch aus der Peka. Put jazine 41, ✆ 022/438-883.

Weitere Essensempfehlungen mit direkter Meereslage: Restaurant Gina, Put jazine 9, ✆ 022/438-601, hier isst man gut Fisch. Restaurant Antonio, Put jazine 37, ✆ 022/438-254.

Camping ** Autocamp Jazina, schöner 6-ha-Platz oberhalb der gleichnamigen Bucht am Festland, 1 km nordwestlich von Tisno. Feigen- und Olivenbäume spenden Schatten. Restaurant, Supermarkt; betonierte Liegeflächen, Kies- und Felsstrand. Geöffnet 15.4.–15.10. 2 Pers./Auto/Strom ca. 25 €. ✆ 022/438-558.

Bootsvermietung Rent a boat Tisno, Put jazine (Beginn), ✆ 098/9004-412 (mobil). Pro Tag 50 €/5 PS (längere Anmietung günstiger).

Tauchen Fundiving, ✆ 091/1674-765 (mobil), www.murter.cz; ganzjährig Betrieb, Tauchkurse (Englisch), Füllung, Ausflüge, Kajakverleih. Vermittlung von Unterkünften.

Diving Center Tramonto, Basis Istočna gomilica (Hauptstr. vor der Brücke), ✆ 098/843-233 (mobil), www.divetramonto.com. Auch Unterkunftsvermittlung.

Jezera

Der Jachthafen und die Campingplätze locken Gäste in den Ort. Um das hufeisenförmige, gut geschützte Hafenbecken gruppieren sich etliche Cafés und gute Fischlokale.

In dem Fischerort leben 800 Menschen. Die Gärten gedeihen üppig – gelbe Quitten leuchten einem entgegen; doch weil die Erde um Jezera wenig fruchtbar ist, waren die Bewohner stets zum Meer hin orientiert. Jezera erhielt seinen Namen von den kleinen Wassertümpeln, die nach den Herbst- oder Frühjahrsregen entstehen. Die Dorfkirche aus dem 17. Jh. wurde an der Stelle einer älteren erbaut. Oberhalb der Bucht der *Berg Mortar*. Man vermutet, dass die Illyrer hier einen Wehrturm errichteten, von dem sie Feuersignale an die Schiffe senden konnten.

Nordostwärts entlang der Küste verläuft ein herrlicher Fußweg mit vielen Badestellen in Richtung Tisno.

Information Touristinformation (TZ), am Hafen (nordöstl.), 22242 Jezera, ☏ 022/439-120, www.summernet.hr/jezera. In der Saison 8.30–14 und 15–21 Uhr, So 8.30–12.30 und 19–21 Uhr.

Jezeratours, Trg Rudina 11, ☏ 022/439-803, www.jezeratours.hr. Zimmer, Ausflüge, Bootsvermietung.

Verbindungen Regelmäßig Busse zu den Inselorten.

Veranstaltungen U.a. Feigen-Fest, Mitte Aug.; Big-Game-Fishing, Ende Sept.

Essen & Trinken Restaurant Kandela, mit überdachter Terrasse und Blick zum Hafenbecken. Spezialitäten sind Tintenfische, Gerichte aus der Peka und Scampi Buzzara. Obala Sv. Ivana 15, ☏ 022/438-627.

》》 Mein Tipp: Restaurant Čarevi Dvori, am Hafenbecken mit Terrasse und Balkon zum Sitzen. Die Sitzgelegenheiten im Freien sind meist besetzt. Gehobene Preise, sehr gute Küche, z. B. Bosanski-Topf – verschiedene Fleisch- und Gemüsesorten im Sud gegart; oder Scampi im Steinguttopf mit viel Knoblauch; dazu gute Weine. Sv. Ivana 13, ☏ 022/439-068. **《《**

Bistro Makina, einfache, preiswerte Küche; es gibt Pizzen, Fisch, Muscheln und

Kosirina-Bucht – den Horizont begrenzt der Kornaten-Archipel

Fleisch. Obala Sv. Ivana 33, ✆ 022/438-215.

Restaurant Leut, in der Altstadtgasse kurz vor dem Hafen. Stilvolle, gemütliche kleine Taverne mit Innenhof – hier isst man sehr gut Fisch. Ganzjährig geöffnet. Ribarska 7, ✆ 022/438-346.

Übernachten Privatzimmer ab 20 €/DZ. Appartements für 2 Pers. ab 35 €.

Camping Autocamp More, kleiner, familiärer Platz am südöstl. Buchtende unter Bäumchen, oberhalb des Meeres. Die Familie Klarin vermietet auch einen Bungalow und Appartements. Ganzjährig geöffnet. 5 €/Pers., Zelt 2,50 €, Auto 2,50 €. Put Kučine 8, ✆ 022/439-001, 098/593-726 (mobil).

》》 Mein Tipp: *** Holiday Village Jezera-Lovišća, Campinganlage mit Appartement- und Zimmervermietung auf schönem baumbestandenen 6-ha-Platz am Kanal von Murter (Umweltpreis 2004). Gediegene Sanitäranlagen, Supermarkt, Friseur, Grillrestaurant, Café, Tanzterrasse, Tennisplätze, Minigolf, Tauchclub, Bootsverleih; betonierte Liegeflächen mit kleiner Sandkiesbucht und Bootsanlegestelle; Internet, Animation für Groß und Klein. Geöffnet ca. 1.5.–15.10. Camping 8 €/Pers., Auto und Zelt 12 €. Nette Zimmer und einstöckige Appartementhäuschen mit Balkon oder Terrasse für 2–6 Pers.: 2er-Appartement 74 € (TS83 €); DZ/F 84 €/Pers. (TS 94 €). ✆ 022/439-600, 022/439-076 (außerhalb der Saison), www.jezera-kornati.hr. 《《

Autocamp Stella Maris, südwestl. von Jezera (kurz nach Ortszufahrt Jezera in Richtung Murter links ab), über Makadam erreichbar; oberhalb des Meeres, schöne Lage, mit kleinem Restaurant. Uvala Podjasenovac, ✆ 095/9403-490, 091/5069-742 (mobil).

Jachthafen ACI Jezera im gut geschützten Hafen, umgeben von Bergen, die alle Winde abhalten. 230 Liegeplätze zu Wasser, 35 Plätze an Land, Werkstatt, 10-t-Kran, an jedem Platz Strom- und Wasseranschlüsse, Gas- und Benzintankstelle; gute Sanitäranlagen, Restaurant, Lebensmittelladen, Tauchschule. Ganzjährig geöffnet. ✆ 439-295, www.aci-club.hr.

Tauchen Diving Center Moana, Sv. Ivana b. b., ✆ 091/7869-184 (mobil), www.moana.pl. Ganzjährig Ausflüge, Kurse.

Richtung Murter

Die Hauptstraße schlängelt sich die Hänge hinauf, die immer steiniger werden und den Aleppokiefern und Olivenbäumen keinen Lebensraum mehr lassen. An der Südseite liegen Buchten, davor im in allen Blautönen schimmernden Meer ein rundes Inselchen. Ein kleiner Weg führt südwärts ab zum Campingplatz.

Camping FKK-Camping Kosirina, den Campern und Surfern gehört die ganze riesige Bucht an der Südwestseite von Murter, die von einer traumhaften Inselkulisse umgeben ist – Blick auf Kornat, Žut und die Šibeniker Inselgruppe. Überall kann man sich gleich am Meer hinter Steinmäuerchen und unter Feigen-, Olivenbäumen und Strandkiefern niederlassen. Felsküste mit Sand- und Kiesbuchten, für Boote mehrere kleine Anlegemöglichkeiten. Das Autocamp ist im Hochsommer etwas überlaufen und sanitärmäßig eher dürftig ausgestattet. Es gibt einige Stromanschlüsse und einen kleinen Kiosk, morgens kommt der Bäcker, zudem kommen Bauern und verkaufen Obst, Gemüse und die legendären Donuts. Einige Camper sind sehr dreist geworden und besetzen die schönsten Plätze mit leeren Zelten schon im Frühsommer (unbedingt an der Rezeption melden).

Im Herbst sind die Betreiber mit der Oliven- und Feigenernte beschäftigt. Der Platz ist leider keine reine FKK-Anlage mehr, zudem gibt es immer mehr „Spanner" – wer sich demonstrativ ein Badetuch umwickelt oder sich nicht scheut, etwas zu sagen, wird meist schnell einen davonlaufenden Mann erleben.

Geöffnet 1.5.–30.9. Ca. 5 €/Pers., Auto 3 €, Zelt 3,70 €. ✆ 022/435-268, (wie Camp Plitca Vala).

Der Abzweig zum **Autocamp Plitca Vala** kommt kurz nach Kosirina und führt zur anderen Meerseite, zum Kanal von Murter (→ Betina).

Auf der Hauptstraße geht es weiter nach **Stari Murter**. Den von Feigenplantagen umgebenen alten Ortsteil dominieren Natursteinhäuser mit bunten Fensterläden und teils üppigen Gärtchen davor. Der hübsch restaurierte Ortskern geht nahtlos in das neue Murter über. Oberhalb von Stari Murter, auf dem Vršina-Hügel, steht das Kirchlein *Sv. Roka* aus dem Jahr 1760. Von hier genießt man einen weiten Rundblick: unten der alte Ortsteil, im Norden Murter und Betina, dahinter die weiß gesäumte Bucht mit den vorgelagerten Inseln, die große Hafenbucht von Murter mit dem Mastenwald der Jachten, im Osten der Kanal von Murter und im Westen die Inselchen der Kornaten.

Westlich von Stari Murter findet man am Ortsbeginn den Abzweig nach Westen zur Bade- und Ankerbucht *Čigrada*; hier findet im Sommer auf einer Open-Air-Bühne ein *Blues- und Folkfestival* statt. Schön ist auch ein Spaziergang hinauf zum 130 m hohen *Berg Raduč* mit herrlichem Weitblick.

Übernachten Es gibt viele Privathäuser, die Zimmer vermieten. Nett und gut ist es ganz oben bei **Fr. Milenka Bučević**, Mitrova 2, ✆ 022/434-466; sie vermietet Appartements, lebt ganzjährig hier und spricht auch deutsch.

Essen & Trinken Fischrestaurant **Čigrada**, an der gleichnamigen Badebucht direkt am Meer. Zufahrt bei Ortsbeginn von Stari Murter. Sehr schönes Ambiente, gute Küche, vielfältiges Angebot und guter Service! Geöffnet 15.6.–15.9. tägl. 10–23 Uhr. ✆ 022/435-705.

Beachbar **Lantana**, gegenüber des Fischrestaurants an der Bucht. Gute Musik, Pizzen etc. Treff der Skipper. Mai–Sept. ab morgens geöffnet.

》》 Mein Tipp: Konoba **Pjero**, in der Ortsmitte von Stari Murter. Umgeben von altem Hausgemäuer sitzt man lauschig auf der Natursteinterrasse. Es gibt gute Fleisch- und Fischgerichte und selbst gebrannten Feigenschnaps. Geöffnet Mai–Sept. ab 18 Uhr (Juli/Aug. manchmal auch schon mittags, vorab anrufen). ✆ 098/746-861 (mobil). 《《

Slanica-Bucht

Die viel gerühmte Bucht kurz vor Murter ist inzwischen fast völlig verbaut. Direkt am Sandstrand der Hotelkomplex. Die Straße führt zu Füßen des Raduč-Berges (130 m) von der Slanica-Bucht bis kurz vor die Čigrada-Bucht, zum Wohnviertel Pod Raduć mit gediegenen Neubauten, in denen Appartements vermietet werden; unterhalb dieser Sackstraße gibt es kleine Fels- und Kiesbuchten. Hier, inmitten von Grün, kann man recht nett und ruhig nächtigen. Ein kieferngesäumter Fußweg führt weiter zur Čigrada-Bucht.

Übernachten Privatzimmer ab 30 €/DZ, Appartements für 2 Pers. ab 40 €. Z. B. **Appartements Da-Du**, im hübschen Haus von Fr. Dunja Matutinović mit Garten und Kornatenblick. Pod Raduć 3, ✆ 022/435-471.

*** Hotel **Colentum**, mehrstöckiges Gebäude in super Lage direkt am Strand; mit Restaurant, Tennis und Pool – leider nur teilweise renoviert! Mindestaufenthalt von Mitte Juni–Mitte Sept. 7 Tage. ✆ 022/431-100, www.hotel-colentum.hr.

** **Autocamp Slanica**, schönes 2-ha-Gelände (westl. vom Hotel Colentum) unter Olivenbäumen, Wacholder und Strandkiefern, entlang dem Meer und um die Landzunge. Fels- und Kiesbuchten, zudem beim Hotel die Sandbucht. Beachbar, Wassersportangebote, Muringe und Slip für Boote,

Minimarkt. Über den Hügel läuft man ca. 2 km nach Murter-Zentrum. Geöffnet 1.5.–1.10. 5 €/Pers., Auto 3,50 €, Zelt 4,50 €. ☎ 022/434-580, 7850-049 (Saison), www.murter-slanica.hr.

Baden Das Ende der Slancia-Bucht fällt flach und sandig ins Meer ab und eignet sich gut für Kinder zum Planschen. Rings um die Bucht Fels- und Kiesbadestrände. Oder man läuft zur Bucht Čigrada mit Fels und Kies sowie einer Anlegestelle.

Murter

Der Hauptort der Insel mit großem Jachthafen ist ein einfaches Fischerstädtchen mit schlichten Häusern im Ortskern. In den Gassen lagern Fässer für den selbst gekelterten Wein und Fische. Doch Murter wächst – viele Neubauten haben inzwischen den Ort verändert.

Das 2500-Einwohner-Städtchen liegt am Fuß des Raduč-Hügels und zieht sich um die große Hramina-Bucht. Im Ortsteil Hramina, an der gleichnamigen Bucht, liegt der riesige Jachthafen, im Westen ein kleinerer.

Das neuere Murter ist mit dem alten Ortskern Stari Murter längst zusammengewachsen, und auch Betina schließt sich übergangslos an. Cafés, Souvenirstände und Obstmarkt prägen den neu gestalteten Trg Rudina, den kleinen Hauptplatz. Grüppchen alter Männer sitzen auf den Bänken und plaudern, die Frauen kommen bepackt aus dem Supermarkt.

Vor dem Ortskern, am Ende einer Zypressenallee, die mittelalterliche, frisch renovierte *Sv. Mihovil*-Kirche mit gotischer Madonna. Oberhalb des Jachthafens, auf dem Berg Gradina, die mittelalterliche Kirche *Sv. Marija* mit weitem Rundumblick. Hier stand einst die illyrische, später römische Siedlung *Colentum* – die erste Siedlung der Insel, von der interessante archäologische Funde zeugen. Seit Jahrhunderten leben Murters Bewohner vom Feigen-, Oliven- und Gemüseanbau, von Fischerei und Schafzucht. Die Herden ließen sie auf den Kornaten weiden oder auf eigenen Feldern am Festland; die Oliven gediehen am Vransko-See, im Gebiet von Modrava und auf den Kornaten. Die Inseln hatten sie zusammen mit dem Nachbarort Betina von Patrizierfamilien aus Zadar erworben. Bis heute sind die Leute von Murter als gute Fischer, Seeleute und Bootsbauer bekannt. Einmal im Jahr, am Festtag des Sv. Mihovil, findet eine Regatta mit den traditionellen kleinen Segelschiffen statt (s.a. S. 226/227).

Information Touristinformation (TZO), Rudina b. b. (Hauptplatz), 22243 Murter, ☎ 022/434-995, www.tzo-murter.hr. Juni–Sept. tägl. 8–22 Uhr, Mai/Okt. Mo–Fr 8–20, Sa 8–13 Uhr; sonst Mo–Fr 8–15 Uhr.

Nationalparkverwaltung Kornati, Butina 2, ☎ 022/435-740, www.kornati.hr. Verwaltung ganzjährig Mo–Fr 8–15 Uhr.

Rezeptionshäuschen am Platz: Ostern bis Ende Sept. 8–22 Uhr. Infos, N.P.-Eintritt.

Agentur Coronata, Trg Rudina, ☎ 022/435-447, www.coronata.hr. Exkursionen und Robinsonhäuschen.

Atlas Murter, Ul. Hrvatskih vladara 8, ☎ 434-999, www.atlassibenik.com. Ausflüge.

Agentur Kornatturist, Hrvatskih vladara 2, ☎ 022/435-855, www.kornatturist.hr. Zimmer, Ausflüge etc.

Vermietung von Robinsonhäusern Murter-Kornati, Kornatska 13, ☎ 022/435-287, www.murter-kornati.com.

Adriagent, Žutska 21, ☎ 098/331-421 (mobil), www.heartofdalmatia.com.

Aquarius, Hrvatskih vladara 21, ☎ 022/434-151, www.aquarius-adriatica.com.

Verbindungen Regelmäßig Busse über die Insel. Murter–Šibenik ca. 8-mal tägl. (20 KN), zudem Weiterfahrt nach Split; nach Zagreb 4-mal tägl. (ca. 120–160 KN), zudem 1-mal tägl. um 6.25 Uhr Murter–Zadar–Rijeka–Zagreb (Ankunft 17 Uhr).

Post 7–21 Uhr.

356 Insel Murter

Gesundheit Apotheke, ✆ 022/434-129; **Ambulanz**, ✆ 022/435-262 u. 091/2275-039 (mobil). Beide in Ul. Hrvatskih vladara 47 (stadtauswärts Richtung Jezera).

Ausflüge Z. B. über **Atlas** (s. o.) zu den Kornaten, Tagesausflug mit Essen 300 KN (Kinder 3–12 J. 150 KN); zudem Krka-Wasserfälle (250 KN), Raftingtouren auf den Flüssen Zrmanja und Cetina.

Einkaufen Vom Supermarkt über die Boutique bis zum Fotogeschäft ist in Murter alles geboten. An der Straße Richtung Westen riesiges Shoppingcenter.

Veranstaltungen Mala Gospa-Fest, 8. Sept.; Folkloreaufführungen, Tanz, Musik. **Murter Fest**, 2. Sa im Aug. **Kornati Cup**, Segelregatta im Mai (Auskünfte über Marinas).

Fest Sv. Mihovil, 29. Sept.; gefeiert wird am jeweiligen Wochenende Fr–So; mit Messe, Feierlichkeiten; zudem Segelregatta (am So) mit den alten traditionellen Segelschiffen (Latinsko idro), www.latinskoidro.hr.

Schiffsprozession, 1. So im Juli; zur Kapelle Gospe o Tarca auf der Insel Kornat; zuerst Messe, dann Fest.

Übernachten In Murter werden über die Agenturen **Privatzimmer** ab 30 €/DZ je nach Kategorie und **Appartements** für 2 Pers. ab 40 € vermietet. Schöne Häuser stehen auch an der Slanica-Bucht.

*** **Pension Vera**, südwestl. vom Supermarket. Nett und gut. Jurja Dalmatinca 13, ✆ 022/435-241, 099/5957-054 (mobil).

*** **Pansion Stones**, oberhalb der Altstadt (in Richtung Slanica-Bucht), bietet etliche ordentliche Zimmer, kleinen Garten und wer mag, kann auch gute HP genießen. Put Goričine 38, ✆ 022/435-277, 091/9053-463 (mobil).

»» Mein Tipp: Robinsonurlaub, wer um Murter oder auf den Kornaten in einfachen Fischerhäuschen nächtigen möchte, wende sich an oben erwähnte Agenturen. 2 Pers. ab ca. 60 € (TS 80 €), hinzu kommt Transfer für ca. 100 €. **«««**

Hotel Stomorin, in der Marina Hramina mit 10 Zimmern, wie in einer Kajüte mit herrlichem Blick auf die Masten. Wifi-Internet, TV und AC. Für Bootsleute gedacht. DZ ca. 120 €. ✆ 022/434-411, www.marina-hramina.hr.

Leuchtturm Prišnjak, auf der gleichnamigen Insel, der sonnigen Westseite Murters vorgelagert. Der Leuchtturm wurde 1886 erbaut und bietet eine Wohnung mit zwei 2-Bett-Zimmern, Küche, Bad/WC. Hinter dem Leuchtturm befinden sich ein paar schattige Kiefern. Geschwommen wird an der glasklaren Felsküste, es gibt Einstiegsleitern. Zum Tauchen ein herrlicher Standort. Transfer und Versorgung von Murter. 1099 €/Woche. Infos bei Agentur Plovput

Zum Sv. Mihovil-Fest kommen die Latinsko idros, die alten Lateinsegel zum Einsatz

Murter

(→ „Übernachten/Leuchttürme"), www.lighthouses-croatia.com.

Essen & Trinken Eisdielen und Cafés um den Hauptplatz Trg Rudina, weitere Einkehrmöglichkeiten und Restaurants westlich (Ul. Luke) und östlich (Ul. Butina) des Hauptplatzes.

>>> Mein Tipp: Restaurant Tic-Tac, zählt auch landesweit zu den besten Lokalen. Es liegt gut geschützt gegen kalte Winde in einer Gasse mit Blick aufs Meer. Hier lässt nun der Sohn Luka Plesić nach seinen Rezepten Vorzügliches zubereiten, auch fürs Auge ein Schmaus. Seine Küchenraffinesse basiert auf der Kombination einheimischer Kochkunst mit der anderer mediterraner Länder. U. a. Thunfisch- oder Seeigelcarpaccio oder Scampi auf Rogen mit Gnocchi oder Spaghetti mit Seeigelsauce oder mit Drachenkopffilets. Gehobenes Preisniveau. Hrokenšina 5 (westl. vom Hafenplatz), ✆ 022/435-230. **<<<**

Restaurant-Pension Fabro, neben Tic-Tac. Naturstein kombiniert mit edler weißer Ausstattung. Sitzgelegenheiten direkt am Kai oder im verglasten Innenbereich. Natürlich steht auch hier Meeresgetier an erster Stelle auf dem Speiseplan. Wer romantisch am Meer sitzen möchte, ist hier richtig. Gehobenes Preisniveau. Muringe und Anlegemöglichkeiten für Boote vorhanden. Zimmer werden ebenfalls vermietet (ca. 50 €/Pers.). Žabićeva 8b, ✆ 022/434-561, 095/9111-333 (mobil).

Restaurant Rebac, gegenüber der Marina Hramina. Der pflanzenumwucherte Wintergarten ist immer gut gefüllt, auch die Straßenmusiker kehren hier gerne auf ein Ständchen bei den meist spendablen Bootsgästen ein. Gute Küche und nette, gesellige Atmosphäre. Put gradine 32, ✆ 091/7951-576 (mobil).

Restaurant Račić, leckere Fisch- und Fleischgerichte zu akzeptablen Preisen. Leider durch grelles Licht nicht so heimelig. Wen das nicht stört, wird mit sehr guter Küche und gutem Service belohnt. Fausta Vrančića (nahe östl. Ende des Parkplatzes und Tankstelle), ✆ 022/435-803, 098/341-642 (mobil).

Konoba Kantariol, ein gmütliches altes Lokal auch mit Freisitzen; im Innern dominiert der große Kamin, wo der leckere Fisch, Oktopus oder Fleisch grillt. Luke 19, ✆ 022/435-551.

Konoba Vratija se Šime (Šime ist zurück), hier gibt es gute Pizzen, Lasagne etc. Luke 57.

>>> Mein Tipp: Restaurant Boba, an der Hauptstraße kurz vor dem Abzweig zur Marina mit verglaster Veranda. Im Kamin lodert das Feuer für das Pizzabrot, das den ganzen Abend frisch zubereitet und zum Essen gereicht wird. Es gibt leckere Fischgerichte, ebenso auf Vorbestellung Gerichte aus der Peka (Lamm, Oktopus, Huhn) und vorzügliche Nachspeisen, u.a. Panna Cotta mit Wildfrüchten in Rotweinsoße. Familiäre, gemütliche Atmosphäre. Ganzjährig geöffnet. Butina 20, ✆ 098/9485-272 (mobil). **<<<**

Steakhouse-Pizzeria Kezo, an der Altstadtkreuzung. Wer gerne Steaks isst, ist hier richtig, zudem gibt es leckere Pizzen und Fisch bei gutem Service – leider nur Innenbetrieb. Butina 1, ✆ 022/435-640.

Pizzeria Tunga Re, in der kleinen Seitenstraße östl. vom Hauptplatz. Hier gibt es die besten Pizzen, leider nur Juni–Sept. Turčinova b. b.

Restaurant Runje, hier isst man preisgünstig und gut Fisch, u. a. Fischplatte – von Lesern ausprobiert! Luke 14, ✆ 022/435-635

Weitere Restaurants in Stari Murter (s. dort).

Essen außerhalb Restaurant Zminjak, auf der gleichnamigen vorgelagerten Insel. Besonders am Spätnachmittag ein beschaulicher Platz auf der überdachten Terrasse mit Blick auf die Inselkette. Spezialitäten sind auch hier Fischgerichte oder Gerichte aus der Peka (Lamm, Tintenfisch) nach Vorbestellung. Für Boote gibt es 14 Muringe. Geöffnet Mai–Ende Sept. 11–23 Uhr. Fam. Plesić (Ltg. Restaurant Tic-Tac), ✆ 091/8966-181, 091/7951-576 (mobil).

Nachtleben Café-Bar Sirena, beliebter Treff unter lauschiger Segelterrasse. Geöffnet bis 4 Uhr morgens. Luke 3.

Beliebt bei Jugendlichen ist auch **Café-Bar Gušter**, Pašićina 24; geöffnet 7–2 Uhr oder auch Café-Bar Krešimir, Majinova 5.

Sport

Baden: Am besten setzt man sich aufs Fahrrad und fährt vom Zentrum aus Richtung Westen oder man läuft zur Slanica-Bucht mit Sand und Kies. Weitere kleine Buchten schließen sich südlich und nördlich (nach Campingplatz) der Slanica-Bucht an.

Tauchen Diving Center Aquanaut, Jurja Dalmatinca 1 (im Westen, nahe Supermarkt), ☏ 022/434-988, 098/202-249 (mobil), www.divingmurter.com. CMAS-Kurse, Ausrüstung, Übernachtungspauschalen etc.

Najada Diving (finnische Ltg. Anna Nokela, auch deutschsprachiger Unterricht), Put Jrsan 17 (noch weiter im Westen), ☏ 022/436-020, 098/9592-415 (mobil), www.najada.com. Kurse nach PAIDI, verschiedenste Tauchmöglichkeiten (Wrack, Nacht etc.), auch Kindertauchen. Übernachtungspauschalen etc. Sehr beliebt. Geöffnet 15. März–1. Nov.

Jachthafen Marina Hramina, 400 Liegeplätze im Meer, 250 Stellplätze an Land. Die Hälfte ist jedoch dauerbesetzt. Alle Service- und Reparaturarbeiten, kleine Holzbootwerft, in der Nähe eine Tankstelle, Slip, 15-t-Kran, 70-t-Travellift, Bootszubehör-Geschäft, gute Sanitäranlagen, Wäscherei, Internetcorner, Restaurant und Hotel Stomorin. Wifi-Zugang am ganzen Gelände. Ganzjährig geöffnet. ☏ 022/434-411, www.marina-hramina.hr.

Hafenkapitän: ☏ 022/435-190

Vermietung von Scootern, Fahrrädern
Per Mountainbike die Insel Murter und das nahe Festland auf kleinen Wegen zu erkunden, ist wunderbar. Verleih bei Eseker und Moto-Sport (s. u.), zudem Hauptplatz.

Bootsverleih Yacht Servis Jarušica, Marina Hramina, ☏ 022/434-776, www.jarusica.hr. Im Angebot: Jachtcharter, Charter von Motor- oder Segelbooten; Segelschule, Bootsführerschein; zudem Bootsausflüge, Wintersegeln und Tauchexkursionen.

Moto-Sport, Butina b. b. (nahe Parkplatz), ☏ 022/434-430. Motorboote bis 6 PS, Fahrräder und Vespas.

Agentur Eseker, Majnova b. b. (östl. Trg Rudina), ☏ 022/435-665, -685, 098/480-950 (mobil), www.esekertours.hr. Boots-, Scooter- und Fahrradvermietung.

Betina

Von der roten Kirchturmzwiebel überragt, gruppieren sich die alten Häuser von Betina um das Hafenbecken am Ende einer kleinen Bucht. Der 700-Einwohner-Ort hat eine lange Schiffsbautradition.

Murter und Betina sind durch die vielen Neubausiedlungen längst zusammengewachsen. Der alte Ortskern mit engen Gässchen und Häusern in Rosa, Gelb und Naturstein strahlt eine gemütliche Atmosphäre aus. Die Pfarrkirche des *hl. Franziskus* aus dem 17. Jh. wurde etliche Male erweitert. Der Kirchturm aus dem Jahr 1736 ist ein Werk des Šibeniker Baumeisters *Ivan Skok*. Um den autofreien Hafenplatz reihen sich ein paar Lokale. Am nördlichen Ortsrand steht die mehr als 250 Jahre alte Werft für Sport- und Fischerboote und eine hübsch gestaltete Marina mit Reparaturwerkstatt.

Flüchtlinge aus Vrana gründeten Betina im 16. Jh., als die Türken kamen. Der Ortsname geht auf das keltische Wort *bet* (= Mund) zurück – Betinas Hafen gleicht einem Mund. Die Einwohner bebauten das umliegende fruchtbare Land mit Oliven, Gemüse und Wein, zudem besaßen sie Ländereien im Modrava-Gebiet und auf der Insel Žut. Weitere Erwerbszweige waren die Fischerei und seit dem 18. Jh. der Schiffsbau. 1848 gründeten die Bürger von Betina eine Schiffswerft für Holzboote und bauten ihre bis heute bekannten *gajetas*.

Information Touristagentur BTP (Ortseingang), 22244 Betina, ☏ 022/435-231. 8–22 Uhr (meist nur 8–13/18–21 Uhr).

Agentur Lori, Zdrače 2, ☏ 098/347-411 (mobil), www.touristagency-lori.hr. Mai–Sept. 8–21 Uhr. Zimmer und Robinsonhäuschen.

Veranstaltungen Am 1. So im Aug. Brganja-fešta (Muschelfest) mit Musik, Folklore, viel Wein und Muscheln.

Übernachten/Camping Privatzimmer je nach Kategorie ab 25 €, Appartements ab 35 €. Die schönsten liegen außerhalb, Richtung Campingplatz am Meer.

** **Autocamp Plitka Vala**, ca. 2,5 km südl. von Betina, lauschiger Platz direkt am Kanal von Murter, mit Blick auf Betina. Feigen-,

Olivenbäume und Strandkiefern spenden Schatten. Wechselstube und Buffet; Sanitäranlagen mit Warmwasserduschen; Bootsanlegestelle; schmale Kies- und Sandstreifen. Geöffnet 1.5.–30.9. 5 €/Pers., Zelt 3,70 €, Auto 3 €. ✆ 022/435-268.

*** **Autocamp Matija**, gepflegter 10-ha-Platz unter Olivenbäumen, hinter Plitka Vala. Es gibt ein kleines Restaurant, Hafenbecken für kleine Boote, Tennisplatz, Kühlschränke, Waschmaschinen und ausreichend Sanitäranlagen sowie gratis WLAN-Zugang, zudem ein Internetcafé. 6,50 €/Pers., Zelt und Auto 9,60 €. ✆ 022/434-795, 098/768-726 (mobil), www.kroatienautocamp.com.

Die schmale Straße, die entlang dem Meer und dem Campingplatz Plitka Vala führt, verläuft nordwärts direkt nach Betina, südwärts umrundet sie etliche Buchten, bis sie vor dem Campingplatz Lovišća endet (keine Durchfahrt möglich!) – bestens für Fahrradfahrer.

Essen & Trinken Im Kanal von Murter werden **Muscheln** gezüchtet.

Restaurant-Pizzeria Trabakul, verschiedene überdachte Terrassen direkt am Meer, innen lodert das Feuer für Grill- und Pekagerichte. Große Essensauswahl. Anlegemöglichkeiten für Boote. Varoš b. b., ✆ 022/434-080.

Hübsch sitzt man auf der Terrasse des **Restaurants Kalafat**, in der Marina. Schöne Terrasse, nettes Ambiente und gehobene Preise. ✆ 022/434-840.

Restaurant Marinero, schöne Terrasse mit Blick aufs Meer, gute Fischgerichte und guter Service. Richtung Autocamp.

Restaurant Sage, stadtauswärts Richtung Murter, beim Buchtende vom Kanal von Murter. Hier speist man gut Lammgerichte. Zdraća 41, ✆ 022/435-288.

Empfehlung von Campinggästen: **Restaurant Treva** und **Konoba Stara Mlin**.

Baden: Beste Möglichkeiten um den Campingplatz. Weitere Plätze entlang der grünen Küste bis zum Lovišća-Autocamp, wo auch die Straße endet; türkisklares Wasser, jedoch sehr felsig, mit Seeigeln. An der Bucht gegenüber der Marina Fels- und auch Kiesbadestrände.

Jachthafen Marina Betina, 200-jährige Tradition am gut geschützten Hafen, 230 Liegeplätze mit Strom- und Wasseranschluss, 60 Landstellplätze, 260-t- und 20-t-Travellift. Die Werft hat sich auf Holzboote spezialisiert. Reparaturwerkstatt, Restaurant. Ganzjährig geöffnet. ✆ 022/434-497, www.marina-betina.hr.

Betina – malerischer alter Schiffsbauort mit Festlandsküstenblick

Vodice – eine quirlige Stadt für Alt und Jung mit Kulturgütern, Clubs und Marina

Vodice

Das quirlige Fährstädtchen liegt abseits der Magistrale nordwestlich von Šibenik an der gleichnamigen Bucht mit Marina, Hotels und großem touristischen Angebot. Das einstige Fischer- und Bauerndorf ist Ausgangspunkt zum Šibeniker Archipel.

Hauptmagnete in dem sehr touristischen 67.000-Einwohner-Städtchen sind das große Veranstaltungsprogramm, die Sportangebote, die nahen, vorgelagerten Inseln mit guten Bademöglichkeiten und natürlich der große Jachthafen. Familien mit Teenagern sind in Vodice gut bedient, denn für Jugendliche gibt es neben sportlicher Aktivität Clubs und Open-Air-Discos, die heiße Nächte zum Abtanzen versprechen.

An der kilometerlangen Hafenpromenade (ein Touristenzug pendelt) schieben sich abends Menschentrauben entlang, dahinter Restaurants und Eisdielen für die Müden und Hungrigen. Hier befindet sich auch das Marina- und Einkaufszentrum mit Restaurants, Shops und Blick auf den riesigen Jachthafen. Eine *Galerie* im Park (neben Hotel Punta) bietet ständig wechselnde Ausstellungen kroatischer Künstler. Im Sommer gibt es im Rahmen eines Kinderfestes auf dem Platz davor Malaktionen und mehr.

Wer die Unterwasserwelt liebt, sollte ins *Maritime Museum – Aquarium* am Hafen gehen. Gezeigt werden in 17 Aquarien hier heimische Fische und Krustentiere, daneben Muscheln und Schnecken, zudem Schiffsmodelle und Frachtgut aus Schiffswracks, u. a. Amphoren.

Obala Matice hrvatske, ✆ 098/214-634 (mobil). Juni–Aug. 9–13/17–23 Uhr. Eintritt 15 KN, Kinder ab 12 J. 10 KN, bis 12 J. gratis.

Wer es beschaulicher mag, läuft durch die engen Altstadtgassen mit Natursteinhäusern und Weinkellern oder flüchtet gleich mit dem nächsten Personenschiff zu den in Sichtweite vorgelagerten Inselchen (→ „Archipel vor Šibenik"). Für Sportliche gibt es 60 km ausgewiesene Fahrradwege, auf denen man die landschaftlich herrliche Umgebung erkunden und nebenbei auch einige Baudenkmäler besichtigen kann.

Kulturgüter und Geschichte

Vodice war schon zur Römerzeit besiedelt und hieß damals *Araus* oder *Arausa Antonina*, heute Arauzona (Ausgrabungsstätte). 1402, als man die Kirche Sv. Križ baute, wurde die Stadt erstmals erwähnt. Sv. Križ steht westlich der Stadt auf dem alten Friedhof auf der Halbinsel Punta. Die Barockkirche im Stadtzentrum, die ebenfalls Sv. Križ heißt, wurde 1746 an Stelle einer älteren Kirche erbaut. 1664 wappnete sich die Stadt gegen die Türken mit Mauern, Türmen und zwei Festlandsbrücken. Ein Relikt aus dieser Zeit ist der Čorić-Turm. Am Trg hrvatskih mučenika (gegenüber Hafen) und nordwärts Richtung Kirche erblickt man Vodices einstige Wasserversorgung, die Brunnen. Die beiden oberen nahe der Kirche dienten als Trinkwasser, der Brunnen nahe dem Meer, heute unter Glas, war der Waschplatz.

Südlich, stadtauswärts in Prižba, stehen die Grundmauern einer *Doppelbasilika*, die auf das 6. oder 7. Jh. zurückgeht.

Auf dem Berg Okit, rund 2 km nördlich von Vodice und der Magistrale, steht die 1660 errichtete Kapelle *Gospa od Karmela*, die der Schutzpatronin der Stadt gewidmet ist. Nach weiteren 2 km (in Richtung N 27 nach Knin) erreicht man *Gradina*, die alte Siedlung von Vodice. Rund 1 km östlich der Straße ist eine römische Zisterne zu sehen und nördlich davon, beim 142 m hohen Berg *Mrdakovica*, die Ausgrabungsstätte *Arauzona*, die man auf das 3. bis 2. Jh. v. Chr. datiert. Nur rund 30 % der unterirdischen Altertümer konnten bisher zutage gebracht werden.

In früheren Jahrhunderten war Vodice reich an Trinkwasser und die Bewohner lebten von den Erträgen des fruchtbaren Landes. Noch bis zum Mittelalter versorgte Vodice auch umliegende Orte mit Wasser. So erhielt die Stadt ihren Namen: Vodice = Wässerchen.

Information/Verbindungen/Diverses

Touristeninformation (TZG), Obala Vladimira Nazora b. b. (Uferpromenade, westl. vom Hafen), 22211 Vodice, ✆ 022/443-888, www.vodice.hr. 15.5.–15.9. Mo–Sa 8–22, So 9–18 Uhr; Okt./April Mo–Sa 8–20, So 9–13 Uhr; sonst Mo–Fr 8–15 Uhr. Außerhalb dieser Zeiten hilft noch ein Info-Touch-Screen vor dem Büro. Beste Informationen und Kartenmaterial.

Agentur Visit Vodice, Ćirila i Metoda 1a, ✆ 022/442-101, www.visitvodice.com. Zimmer, Internet, Auto- u. Fahrradvermietung, Ausflüge und Fährtickets (für Italien).

Gea-Tours, Nikole Tesle 18, ✆ 022/442-988, www.gea-tours.hr. Zimmer, Ausflüge.

Agentur Lenox, Ul. Ante Kabalera 21, ✆ 022/440-222. Zimmervermittlung, Ausflüge.

Agentur Nik, Artina 1a, ✆ 022/441-730. Zimmervermittlung.

Agentur Homberger, Trg kneza Branimira 34, ✆ 022/444-109. Fahrrad- und Autoverleih.

Mk turizam, Lasan Ante Kabalera 3, ✆ 022/444-480, www.mkturizam.com. Fahrräder u. Zimmer.

Adria Kayaking, Juričev Ive Cota 21a, ✆ 095/6789-092, www.adriakayaking.hr. Von Vodice u. a. zur Insel Privić.

Verbindungen Busse: Beste Verbindungen in alle Richtungen. Halbstündl. nach Šibenik; stündl. nach Zadar, Split und mehr-

Vodice

mals nach Murter. Nach Zagreb 6-mal tägl., 1-mal Direktverbindung (Abfahrt 16 Uhr, Ankunft 20 Uhr, 150 KN, retour 220 KN). Information ✆ 022/443-627.

Personenfähre zu den vorgelagerten Inseln: Vodice–Šepurine–Privić Luka–Zlarin–Šibenik: 4- bis 5-mal tägl. zu den Inseln und nach Šibenik.

Touristenzug: pendelt vom Zentrum (nahe TIC) zum Hotel Imperial (5 km) bis Mitternacht.

Taxiboote nach Privić: Abfahrtsmole Hafen und Marina; ca. 30 €.

Post An der Uferpromenade beim Einkaufszentrum. Tägl. außer So 7–22 Uhr.

Bank Überall Bankomaten und Banken.

Auto Großangelegte gebührenpflichtige Parkplätze vor TIC und an der Uferpromenade. Wer zu den Inseln möchte, sollte stadtauswärts u. a. in Richtung Hote Olympia parken.

Entfernungen: nach Zadar 65 km, Šibenik 12 km, Split 100 km.

Ausflüge Zu den Kornaten und Krka-Wasserfällen.

Gesundheit Ambulanz, Ante Poljička (Kreuzung, gegenüber dem Hafen), ✆ 022/443-169. Apotheke, Roca Pave 6 (hinter der Ambulanz), ✆ 022/443-168.

Veranstaltungen Ein kleiner Ausschnitt aus dem großen Event-Kalender: **Vodice-Fest**, am 4. Aug. mit Folkloreaufführungen, Theater- und Musikgruppen.

Ostern: Wird groß gefeiert, von Gründonnerstag bis Samstag wird in Trachten die Passion Christi aufgeführt. Am Ostermontag festliches Osterfrühstück und Klappa für Einheimische und Gäste.

Picknickausflug nach Gradina am 1. Mai.

Fest Sv. Karmela, 16. Juli, abends Prozession von der Stadt zur 2 km entfernten Kirche, anschließend Messe und Kirchenmusik.

Segelregatten: Osterregatta, Dauer 3–4 Tage.

Segelregatta zur Insel Jabuka, Mitte Nov.

Jazzfestival, 3 Tage, Ende Juli im Amphitheater.

Kinderfest, 10 Tage ab Ende Juni; Malaktionen, Spiele etc.

Dalmatinisches Klappa-Festival, 13. Aug., ca. 10 verschiedene Musikgruppen treten im Amphitheater auf.

Nachtleben Ein riesiges Angebot für Nachtschwärmer; oft 7–2 Uhr geöffnet, d. h. auch gut für einen morgendlichen Café. Hier eine kleine Auswahl (s. auch „Cafés"):

Am Jachthafen die Clubs: **Opium** 🔟 mit Diskothek und Bar; etwas nördl. **Exit** 5 mit tägl. Livemusik; Herfordska b. b. Geöffnet 15. Juni bis 15. Sept. tägl. 23–5 Uhr, danach nur noch am Wochenende.

Disco Hacienda 2, riesige Open-Air-Disco stadtauswärts an der Magistrale Richtung Šibenik, bietet 3000 Personen Platz, jedoch nur im Juli/Aug. geöffnet; mit Snackbar, Pizzeria etc.

Cocktail- & Cafébar Virada 23, Obala V. Nazora 22. DJ's (80er-Jahre-Musik) und Livemusik.

Cocktail- & Cafébar Sunčani sat 19, Trg hrvatskih mučenika 10 (bei Kirche). Mehr Rockmusik, auch Livegruppen.

Café-Bar Center 15, Trg kneza Branimira. Ganztägig geöffnet – stadtbester Espresso.

Hooka Bar 26, am Strand vom Hotel Olympia. Schönes Ambiente mit Sofas hinter weißen Tüchern. Afterbeach-Partys und gute Cocktails.

Übernachten/Essen & Trinken (→ Karte S. 364/365)

Übernachten In und um die Stadt reichhaltiges Angebot an Privatzimmern – 9000 Betten in allen Kategorien! – am besten über die Agenturen. Privatzimmer ab 15 €/Pers. im DZ. Frühstück ca. 4–5 €. Appartements für 2 Pers. 25–40 €. Schön wohnt es sich stadtauswärts Richtung Westen (Tribunj) oder südwärts im Stadtteil Srima.

**** Hotel Punta 32, am Westrand auf der Halbinsel Punta. Zehnstöckiger Bau, der die ganze Stadt übrragt, gute Aussicht ist garantiert. 132 komfortable Zimmer (WLAN), daneben noch kleinere preiswertere Nebengebäude am Meer. Spa-Center, betonierte Liegeflächen, ca. 100 m entfernt Sandstrand. Tennis, Fahrrad- und Wassersportverleih, Tauchzentrum. Ganzjährig geöffnet. DZ/F ab 174 €, in den Dependancen ab 144 €. ✆ 022/451-451, www.hotelivodice.hr.

**** Hotel Olympia 18, bestens modernisiert und gut geführt. Schöne, ruhige Lage im Kiefernwald und am Strand. Zimmer/Appartements mit Blick aufs Meer und die Stadt. Restaurants, Cocktailbar, Vinothek,

Vodice 363

Vodice – viele lauschige Lokale warten auf Ihren Besuch

Wellnesscenter; Beachvolleyball, Animation, Wassersport- und Fahrradverleih. Geöffnet Mitte März–Anf. Nov. DZ/F 160 € (TS 178 €). ℡ 022/452-452, www.olympiavodice.hr.

*** **Hotel Imperial** 31, hinter dem Hotel Olympia. Schöne ruhige Lage im Kiefernwald. Meerwasser-Hallenbad, Wellnesscenter, Tennisplätze; einfache Zimmerausstattung. Etwas entfernt die preiswerteren Dependancen. DZ/F 130 €, mit AC 146 € (TS 154 bzw. 170 €). ℡ 022/454-454, www.rivijera.hr.

Appartements Ville Matilde 10, noch vor Hotel Imperial und Sportzentrum. Gute Lage nahe Strand, zwei Pools und Restaurant. Gepflegte, gut ausgestattete Appartements (2–4 Pers.) 120 €/2 Pers. (TS 135 €). Ljudevita Gaja b. b., ℡ 022/444-950, www.villematilde.com.

*** **Hotel Nikola** 13, nettes ansprechendes Hotel mit Innenpool. DZ/F ca. 86 € (TS 100 €). Diese Agentur (s. o.) hat auch weitere Unterkünfte. Ante Lasan Kabalera 51 (nördl. von Hotel Imperial), ℡ 022/440-222, www.lenox-vodice.hr.

Camping In Vodice gibt es an die 30 kleine Campingplätze, mehr als ein Stück Rasen ist allerdings oft nicht zu erwarten. Preise für Privatcamps: ca. 3,20 €/Pers., 2,70 €/Auto, 4 €/Zelt.

** **Autocamp Imperial** 28, neben Hotel Imperial; mit über 400 Plätzen größtes Camp der Stadt. Pappeln spenden Schatten, der Strand ist steinig und sehr schmal. Geöffnet 1.5.–30.9. 8 €/Pers., Parzelle (inkl. Strom) ab 13 €. ℡ 022/454-412, www.rivijera.hr.

*** **Camp-Appartements Ivona** 3, seit über 30 Jahren gibt es dieses etwas größere, gut geführte Privatcamp mit netter Atmosphäre. Zudem werden auch preisgünstige Zimmer/Appartements vermietet und es gibt eine Bocciabahn. 3,60 €/Pers., Auto/Zelt 6,50 €; 2 Pers.-Appart. 35 €, Zimmer 15 €. Vlaho Venca ulica 14a (nordöstl. der Marina), ℡ 022/442-558, www.autocamp-ivona.com.

Camping Jeriko Srdarev 27, klein, aber gute ruhige Lage im Westen, nördl. von Plava plaža. Blata 26, ℡ 022/440-636.

Im Stadtteil Srima (südl. der Altstadt) etliche winzige **Privatcamps** an der Uferstraße Srima III und Srima IV.

Essen & Trinken Es gibt über 100 Restaurants und viele Cafébars entlang der Promenade und in den Altstadtgassen. Die Spezialität von Vodice ist der bekannte Dessertwein *Maraština*. Eine Auswahl an Lokalen:

»› Mein Tipp: Restaurant **Rico** 24, gespeist wird auf der Terrasse hinter Olivenbäumchen. Es gibt fangfrischen Fisch, auch Thun- und Schwertfisch, Muscheln, dazu saisonales Gemüse; Naschkatzen könnten hier durchaus bei saisonellen

Crèmes und Törtchen auf das Hauptgericht verzichten. Hauseigenes Olivenöl sowie hausgebrannten Sherry, Honig- oder Walnuss-Likör und Travarica. Obala Vladimira Nazora 17, ✆ 022/440-808. «

Konoba Cesarica 21, hier speist man in der alten Ölmühle mit Mühlstein und kleiner Abfüllvorrichtung für das hauseigene Olivenöl. Es gibt Schinken und Käse, Peka-Gerichte (Kalb, Oktopus, Lamm) und Fisch und den Blick von der Terrasse aufs Meer. Obala Matice hrvatske b. b., ✆ 022/441-158.

Konoba Biseri Dalmatie 12, im kleinen Weinkeller und Innhof gibt es Bio-Produkte von den Bauern aus der Umgebung wie Käse, Schinken, marinierte Sardellen und Oktopus, Oliven; dazu hauseigenen Wein und Grappa. Kleine Gasse nördl. der Kirche. ■

Restaurant Arausa 17, die Dekoration ist wie in einer Puppenstube. Hier speist man sehr gut Fischgerichte und v. a. Fischsuppe. Trg dr. Franje Tudmana 17, ✆ 022/440-303.

Restaurant Burin 18, direkt am Meer, schöner Blick, gute Fisch- und Fleischgerichte. Obala Matice hrvatske, ✆ 091/5191-584 (mobil).

Konoba Draži 20, vorzügliches Lamm aus der Peka, zudem gibt es Spanferkel und dalmatinische Vorspeisen. Sitzgelegenheiten im

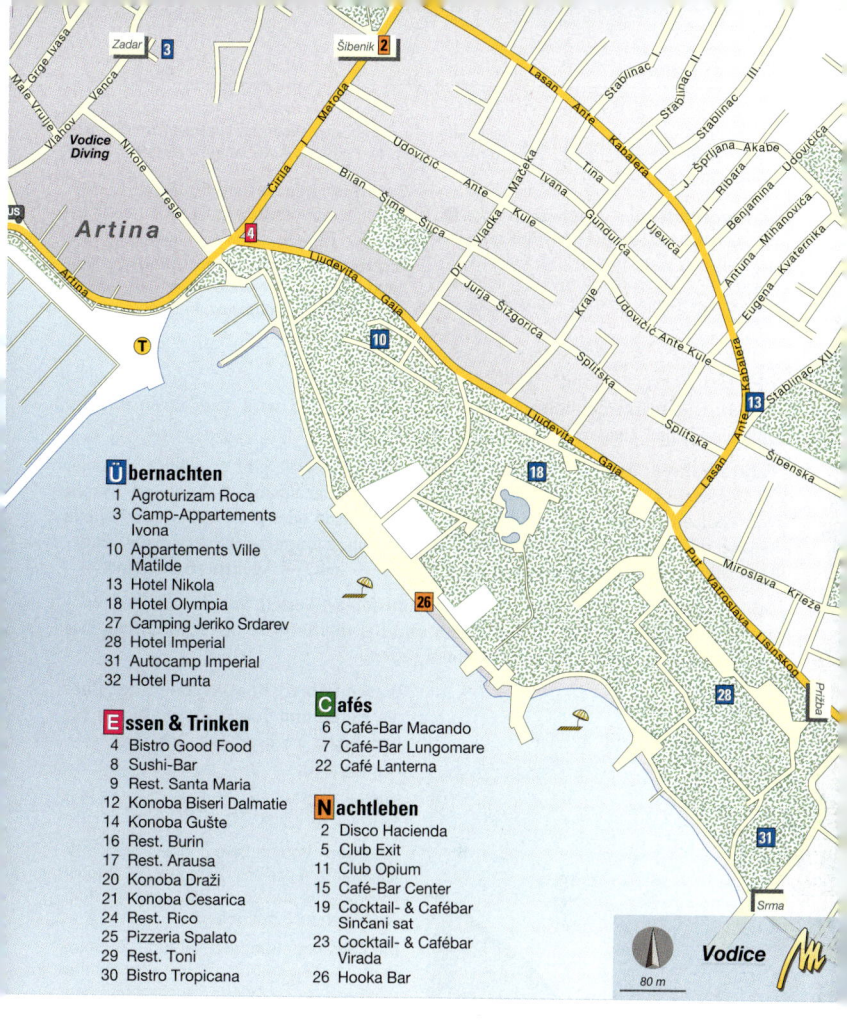

Übernachten
1. Agroturizam Roca
3. Camp-Appartements Ivona
10. Appartements Ville Matilde
13. Hotel Nikola
18. Hotel Olympia
27. Camping Jeriko Srdarev
28. Hotel Imperial
31. Autocamp Imperial
32. Hotel Punta

Essen & Trinken
4. Bistro Good Food
8. Sushi-Bar
9. Rest. Santa Maria
12. Konoba Biseri Dalmatie
14. Konoba Gušte
16. Rest. Burin
17. Rest. Arausa
20. Konoba Draži
21. Konoba Cesarica
24. Rest. Rico
25. Pizzeria Spalato
29. Rest. Toni
30. Bistro Tropicana

Cafés
6. Café-Bar Macando
7. Café-Bar Lungomare
22. Café Lanterna

Nachtleben
2. Disco Hacienda
5. Club Exit
11. Club Opium
15. Café-Bar Center
19. Cocktail- & Cafébar Sinčani sat
23. Cocktail- & Cafébar Virada
26. Hooka Bar

Gewölbekeller auf Fässern oder auf der Terrasse. Grgurev Tonča 2, ☏ 098/336-050 (mobil).

Konoba Gušte 14, uriges dalmatinisches Lokal seit 40 Jahren, innen gleicht es einem kleinen Museum. Mit Sitzgelegenheiten im Freien. Leckere Vorspeisen und Fleischgerichte vom Grill. Mirka Zore b. b., ☏ 098/336-023 und 091/2017-593 (mobil).

Restaurant Santa Maria 9, ein kunterbuntes Lokal, einem Modell des Kolumbusschiffes nachempfunden. Es gleicht einem Trödelladen – angefüllt mit Kunst und Nippes – auf Hahn, Papagei und Erdnüsse muss inzwischen verzichtet werden. Es gibt u. a. Paella, Chili con Carne, Tacos, Steaks und Fisch. Kamila Pamukovića 9 (Zufahrtsstraße von Norden zur Altstadt), ☏ 022/443-319.

Sushi-Bar 8, gegenüber von Santa Maria, mit Terrasse – Spezialitäten sind natürlich rohe Meeresfrüchte. Kamila Pamukovića 7.

》》 Mein Tipp: Bistro Good Food 4, am Jachthafen-Beginn (Straßenkreuzung Hotelzufahrt) – alles frisch vom Bauern – für einen Snack tagsüber die beste Wahl: es gib Salate, Sandwiches, Sardellen, Anchovis, gegrilltes Gemüse. Artina. 《《

Pizzeria Spalato 25, für Familien – hier gibt es gute Pizzen, Spaghetti, Salat. Obala V. Naora 14, ☏ 022/441-414.

Am Strand – Plaža: **Restaurant Toni** 29, gut und schnell wird u. a. gegrillter Fisch serviert. **Bistro Tropicana** 30, hier gibt es Pizzen oder Spaghetti-Gerichte.

🌿 **Agrotourismus** Agroturizam Roca 1, hübsch sitzt man im Innenhof des renovierten Natursteln-Bauernhofes mit kleinem ethnologischen Museumszimmer. Es gibt hausgemachten Schinken und Würste aus eigener Schweinezucht sowie hauseigenes Olivenöl und Wein. Im Weiler Velim, Stankovci (in Richtung Autobahn), ✆ 095/5469-911. ■

Café/Eis Café Lantema 22, leckere Kuchen und eigene Eisherstellung. Obala V. Nazora 13.

An der Uferpromenade (Jachthafen) mit Jachtblick die einladenden **Café-Bars Macando** 6, ganz in weiß; kurz daneben in mediterraner Gemütlichkeit **Lungomare** 7.

Sport

Baden: Die Wasserqualität um Vodice ist sehr gut und wird seit Jahren mit der „Blauen Flagge" ausgezeichnet.

Fahrradfahren: Rund 60 km ausgeschilderte Fahrradwege gibt es allein im Gebiet Vodice, viele Kilometer mehr in Richtung Murter oder Šibenik. Schön sind Touren von Vodice in Richtung Tribunj und weiter nach Tisno oder gen Norden zur Kapelle Gospe od Karmela, nach Gradina oder zur Ausgrabungsstätte Arauzona. Fahrradkarten in der Touristeninformation. Fahrradverleih (→ Agenturen und Hotels).

Sportzentrum: Fußballplatz, Minigolf, Tennisplätze, Verleih von Fahrrädern, Motorbooten und Surfbrettern. Restaurant und Bar mit Terrasse direkt am Meer. Das Sportzentrum verfügt über einen kleinen Hafen.

Das alte Zetrum von Vodice

Wassersport: Bootsvermietung über die Hotels und Touristenagenturen; Bananaboat, Parasailing, Seekajaks (→ Agenturen).

Surfen ACI-Windsurfschule, 3- und 6-tägige Kurse. ✆ 022/443-086.

Tauchen Vodice Dive (Inh. Hr. Stipica Birin), Vlaho Venca 15, ✆ 098/9196-233 (mobil), www.vodice-dive.com. Mit Tauchschule, Ausflügen etc.; gut geführt.

Mediterraneo Sub (Ex-Neptun), Poluotok Punta, ✆ 098/5394-007 (mobil), www.mediterraneosub.com. Keine Tauchschule, nur Tauchausflüge.

Jachthafen Marina-ACI Vodice, bestens ausgestattet mit 415 Liegeplätzen zu Wasser, 90 Bootsplätzen an Land, Werkstatt, 10-t-Kran, 40-t-Travellift, Tankstelle. Gute Sanitäranlagen, Wäscherei, WLAN auf gesamtem Gelände. Restaurant mit Terrasse am Kai; Pizzeria, Bars und Einkaufsläden im Einkaufszentrum dahinter. Ganzjährig geöffnet. ✆ 022/443-086, www.aci-club.hr.

Bootsvermietung U. a. **Rudy** (Ltg. Boris Latin), ✆ 098/291-493 (mobil). Oder bei TIC nachfragen.

Hafenamt Gegenüber der Ambulanz an der Uferpromenade. ✆ 022/443-055.

Šibenik – die Festung Sv. Mihovil thront über der Altstadt

Šibenik

Die mittelalterliche Altstadt mit ihren verwinkelten Gassen und Treppen, die darüber thronende Mihovil-Festung und der Dom mit seiner meisterhaften Architektur, an dem im nächtlichen Scheinwerferlicht die in Stein verewigten Vorfahren der Stadt lebendig werden, lohnen einen längeren Besuch. Zudem ist Šibenik Ausgangspunkt für den Nationalpark Krka-Wasserfälle und den vorgelagerten Archipel. Seit November 2000 steht Šibenik unter dem Schutz der UNESCO.

Die ca. 50.000-Einwohner-Stadt liegt an der Mündung des Krka-Flusses, jedoch nicht am offenen Meer. Ein Kanal, schmaler als der Fluss am Unterlauf, schneidet sich durch das Land und bildet eine weitere Bucht. Dem Kanal gegenüber ist die Stadt in Terrassen an einen Hügel gebaut, von dem man über das Meer und ins Landesinnere blicken kann. Diesen strategisch wichtigen Überblick schätzten schon die Römer und Venezianer und bauten hier ihre noch heute existierenden Festungen. Neben dem Dom sind die unzähligen Gässchen und kleinen Plätze lohnenswert für einen Bummel, interessant für die ganze Familie ist das neu eröffnete multimediale Zentrum, das in die Geschichte der Stadt einweiht.

Nach dem Zweiten Weltkrieg hat sich um die Stadt sehr viel Industrie angesiedelt. Damit erhielt auch der Hafen Auftrieb, von dem Holz und Bauxit exportiert werden. Im Jugoslawienkrieg wurden sehr viele Anlagen zerstört, es gab weder Wasser noch Strom. Auch die Stadt selbst wurde schwer beschädigt, unter anderem wurde die Kuppel des Doms zerstört. Sie wurde vor einigen Jahren aufwändig rekonstruiert, die Kirchenfassade saniert und auch die meisten Altstadthäuser wurden wieder instand gesetzt, alte Stadtplätze neu und hübsch gestaltet, und an der Uferpromenade ankern wieder viele Jachten und Segelschiffe.

Geschichte

Šibenik ist eine junge Stadt, die erst unter den Kroaten als Bollwerk gegen das byzantinische Dalmatien gegründet wurde. 1066 anlässlich eines Besuchs des kroatischen Königs Petar Krešimir IV. wird die Stadt erstmals als *Castum Sebenici* erwähnt. Bis 1102 gehörte sie zu Kroatien, ehe ein Bündnis mit Ungarn Šibenik zur kroatisch-ungarischen Stadt machte. 1167 erhielt Šibenik Stadtrecht, 1298 wurde sie Bistum und erlebte damit einen wirtschaftlichen und kulturellen Aufschwung. Kurze Zeit, von 1116 bis 1124, unterstand Šibenik der byzantinischen Herrschaft, ehe die Venezianer auch hier das Zepter an sich rissen. Sie bauten die Stadt aus, befestigten sie mit Stadtmauern und machten sie für einige Zeit zur größten Stadt Dalmatiens. Šibenik erkannte die Herrschaft der Venezianer an, denn sie bot ihnen Schutz vor den Türken, die im 16. Jh. vergeblich versuchten, die Stadt zu erobern. Die weitere Stadtgeschichte gleicht der der anderen dalmatinischen Städte. Šibeniks wichtigste Bauwerke entstanden gegen Ende des Mittelalters, und bedeutende Kroaten wurden hier geboren, u. a. *Auntun Vrančić* (1504–1573), *Faust Vrančić* (1551–1617), der Schriftsteller *Nikola Tommaseo* (1532–1583) und der Grafiker *Martin Kolunić-Rota* (1532–1583). Bedeutsam war *Hr. Šupuk*, der mit einem Ingenieur 1895 die erste Hydrozentrale Osteuropas an den Krka-Wasserfällen erbaute (→ Krka-Wasserfälle). Junge Šibeniker und Spezialisten ihres Faches sind u. a. der 1964 geborene Basketballspieler *Dražen Petrović*, der noch jüngere Schauspieler *Goran Višnjić* und der weltweit unter Vertrag stehende Pianist *Maksim Mrvica*. Ein weiterer hartgesottener Mann kommt von der nahen Insel Krpanj (s. dort).

Das Franziskanerkloster

Information/Verbindungen/Diverses

Touristeninformation (TIC), Obala dr. Franje Tuđmana 5, 22000 Šibenik, ✆ 022/214-411, -448. Juli/Aug. tägl. 8–22 Uhr; Mai/Juni u. Sept./Okt. tägl. 8–20 Uhr (Sept./Okt. So nur bis 14 Uhr); Nov.–April Mo–Fr 8–15 Uhr. Sämtliche Auskünfte.

Tourismusverband Šibenik (TZG), Ulica Fausta Vrančića 18 (beim Trg palith šibenskih boraca, Fußgängerzone Kralja Tomislava), ✆ 022/212-075, www.sibenik-tourism.hr. Ganzjährig Mo–Fr 8–15 Uhr. Sämtliche Auskünfte.

Tourismusverband der Region (TZŽ – Šibensko-Kninske), N. Ružića b. b. (Eingang um die Ecke), ✆ 022/219-072, www.sibenikregion.com. Ganzjährig Mo–Fr 7.30–15.30 Uhr.

Atlas Šibenik, Trglvana Gorana Kvačića 14, ✆ 022/330-232, -233. Informationen, Robinson-Urlaub auf den Kornaten, Ausflüge.

Agentur Magtours, Draga 2 (neben Busstation), ✆ 022/201-150, -155, www.magtours.com.

Jadrolinija, Obala dr. F. Tuđmana 8 (Uferpromenade), ✆ 022/213-468, www.jadrolinija.hr.

Krka Nationalpark (Nacionalni Park Krka), Trg Ivana Pavla II. br. 5, ✆ 022/201-777, www.npkrka.hr.

Information/Verbindungen/Diverses 369

Verbindungen Busse: Busbahnhof in der Draga b. b. (südl. Ende des Kais, oberhalb der Obala hrv. Mornarice). Mehrmals tägl. nach Split (alle 1–2 Std.; 60 KN), Dubrovnik sowie Zadar, Rijeka und Zagreb. Bushalt für Stadtteil Šubićevac (Hotel Vijur), gegenüber Jadranska banka, (Ante Starčevića). Auskünfte über ✆ 022/212-087, 216-066.

Züge: Bahnhof für Šibenik, 15 km südöstl. in Perković (bis dorthin per Bus). Hier verläuft die Hauptstrecke Zagreb–Knin–Split; tägl. mind. ein Expresszug nach Zagreb und 2-mal (morgens und abends) nach Split. Auskunft über ✆ 022/336-696.

Personenfähren (ganzjährig): *Šibenik–Zlarin–Kaprije–Žirje:* 3-mal tägl. (Zlarin nur 1-mal tägl.), Abfahrt an der südöstl. Hafenmole (südl. Busterminal).

Šibenik–Zlarin–Privić Luka–Šepurine–Vodice: ebenfalls nun südöstl. an der Mole.

Taxiboote: U. a. von Zoran Mikulandra (✆ 098/668-500, mobil) an der Uferpromenade; je mehr Personen, desto billiger wird die Fahrt. Z. B. nach Zlarin ca. 15 €/Pers.

Geldwechsel In der Altstadt gibt es viele Banken und Bankomaten; u. a. **Jadranska banka**, Ante Starčevića 4, mit Bankomat, 7.30–20, Sa 7–13 Uhr. Privredna banka, Vladimira Nazora 1, 8–20, Sa 8–12 Uhr.

Post Hauptpost, Zadarska ul. 7 (an der Hauptstraße Ecke Ul. Kralja Zvonimir), Mo–Sa 7–21 Uhr.

Gesundheit Apotheken, Ljekarna Centrala, Stjepana Radića b. b., ✆ 022/213-539, geöffnet Mo–Fr 7–20, Sa 7.30–15 Uhr; Ljekarna Varoš, Kralja Zvonimira 2, ✆ 022/212-249; Ljekarna Baldekin, Stjepana Radića 56a, ✆ 022/332-068. **Krankenhaus**, Stjepana Radića 9, ✆ 022/641-641.

Ausflüge Über die Agenturen; zu den beiden Nationalparks, zu den Kornaten (Tagesausflug ab 35 € inkl. Eintrittskarte N.P.) und den Krka-Wasserfällen (Tagesausflug mit Boot und Eintrittskarte ca. 30 €); zudem Rafting-Touren.

Autovermietung U. a. Rent a car Euro-San, Ivana Meštrovića 5, ✆ 022/200-290, www.rentacar-croatia.net. Imeko, Poljana maršala Tita 2, ✆ 022/331-555, 091/7266-535 (mobil).

Fahrrad Kein Fahrradverleih, man muss dazu nach Vodice oder Hotelanlage Solaris.

Auto Tankstelle stadtauswärts Richtung Zadar, Kralja Zvonimira b. b. sowie in Richtung Primošten.

Parken: Überall gebührenpflichtig! Ausgewiesene Parkflächen. Am preiswertesten im Norden an der Zufahrt zur Stadt (Parking TEF, 20 KN/Tag; 15 Min. Fußweg in die Altstadt); beim Hafen und Busbahnhof östl. der Altstadt (Parking Žk und Draga, 6 KN/Std.); am teuersten an der Uferpromenade (Parking Obala, 10 KN/Std.). Infos, auch für Langzeitparken, unter Gradski parking, ✆ 022/200-770 oder bei TIC.

Einkaufen Riesige Shoppingcenter an der Hauptstraße stadtauswärts Richtung Primošten. Obst- und Gemüsemarkt südl. der Altstadt an der Ante Starčevica.

Veranstaltungen Jährlich vom vorletzten Sa im Juni bis Anfang Juli findet das 2-wöchige **Kinderfestival** mit Theater- und Ballettaufführungen am Domplatz statt.

Chansons of Dalmatia – Chansonabende in der 3. Augustwoche.

Jazz im Café No 4 (→ „Nachtleben").

Mittelalterliches Fest zu Ehren des Schutzpatrons Sv. Mihovil, am 3. Wochenende im Sept.; Ritterspiele, mittelalterliche Musik und Kostüme, Markt mit Kunsthandwerk und Essen.

Nachtleben Im Stadtteil Dolac, ca. 500 m in der nördl. Verlängerung der Uferpromenade Obala palih omladinaca, reihen sich Café- und Cocktailbars aneinander, in denen sich die jüngere Szene Šibeniks bis frühmorgens trifft.

Art Café 12, in der Altstadt, oberhalb des Trg Rep. Hrvatske und des Domes, von wo aus man von der steinernen Sitzecke, besonders am Abend, einen unvergesslichen Blick hat. Beliebter Treffpunkt der Künstler.

》》》 **Mein Tipp:** Café No 4 6, schön zum Sitzen in der Gasse – im Sommer steigen hier Jazzevents; Snacks, Kuchen und Fleischgerichte. 8–1 Uhr (Winter bis 23 Uhr). Trg Dinka Zavorovića 4. 《《

Café Park 15, neben Café und Wein gibt es abends bis 23 Uhr fast tägl. Livemusik.

Pub Highlander 8, Musik- und Bierbar. Nördl. Trg palih šibenskih boraca.

Café-Bar-Restaurant Peškarija 11, im Stadtteil Dolac, hier gibt's den neuesten Techno und Chillout-Musik; schöne Terrasse. Geöffnet bis gegen 3 Uhr.

Diskothek & Cafébar Inside, im Stadtteil Bioci; Straße Richtung Solaris, Kreuzung Šibenik Süd. 8–1 Uhr, Discobetrieb 23–4 Uhr.

Weitere Diskotheken: **Disco Hacienda** in Vodice, **Disco Aurora** in Primošten (20 km südl.).

Übernachten/Camping/Essen & Trinken

Übernachten Privatzimmer ca. 40 €/DZ, Appartements ca. 55 €. Weitere Übernachtungsmöglichkeiten (→ Skradin). U. a.:

Fam. Ivo Krečak 10, ca. 15 Min. Fußweg entlang Stadtviertel Dolac am Meer. Netter roséfarbener Neubau mit Appartements/ Zimmern mit Blick aufs Meer und Gratis-Internet, Parkplatz; nahe dem Schwimmbad von Šibenik. Drniških žrtava 12a (nördl. der Altstadt und dem Meer und nördl. von Schiffsbau Brodoservice), ℡ 022/212-783, 098/ 1959-754 (mobil).

Fam. Ivan Matić 3, Appartements/Zimmer u. Parkplatz. Nördl. der Zufahrtsstraße zur Altstadt, Kralja Zvonimira, kurz vor Sv. Mihovil-Festung links hoch. Stara cesta 1, ℡ 022/ 212-574, 091/5711-494 (mobil).

Fam. Karđole Vjera 2, hübsches Natursteinhaus, ebenfalls mitten in der Stadt. Nördl. Seitenstr. der Kralja Zvonimira (gegenüber Sv. Mihovil-Festung). Ul. Petra Grubišića 13, ℡ 022/330-421, 098/714-493 (mobil).

Apartman Romantica 4, Fam. Katja Ivec, mitten im Zentrum. Kein Parkplatz vor dem Haus. Grugura Ninskog 13, ℡ 098/347-430 (mobil), www.apartman-romantica.com.

*** Hotel Jadran 17, 57-Zimmer-Hotel in schöner Lage an der Uferstraße – das einzige Hotel in der Altstadt. Einfache, aber nette Zimmer, schöne Restaurant-Terrasse mit Blick aufs Meer; eigene Parkplätze. DZ/F 116 €. Obala dr. F. Tuđmana 52, ℡ 022/242-000, www.rivijera.hr.

*** Hotel Panorama 1, in exponierter Lage an der Krka-Brücke, für einen Stopp auf jeden Fall zu empfehlen. 20 gut ausgestattete Zimmer (auch 3-Bett-Zimmer), Restaurant mit herrlicher Terrasse und großer Parkplatz. Schöner Blick auf die Krka, Šibenik und die Bungee-Jumper. DZ/F 84 € (TS 104 €). Šibenski most 1, ℡ 022/213-397, www.hotel-panorama.hr.

Solaris Holiday Resort ****–*** Solaris Holiday Resort, 6 km südl. von Šibenik auf einer Halbinsel, in einem Kiefernwäldchen. Zum Baden 5 schöne Sand-Kies- und Felsbadebuchten, an denen die „Blaue Flagge" weht; sehr großes Sportangebot, Animation für Groß und Klein, Tauchclub, Jachthafen. Die Anlage ist komfortabel ausgestattet, nur Hotel Jakov hat Kat. ***; zudem gibt es auch die schönen Villen Cornati. Restaurants, Nightclubs und Discos; 7 Swimmingpools, Meerwasserhallenbad (Hotel Ivan), Gesundheits- und Beauty-Bereich, Thalassotherapie und nachgebautes Ethnodorf mit Mühle, Bäckerei, Kräuter- und Olivengarten, Fischhaus und typische Konoba, wo man bestens Essen kann. Für Bootsfreunde gibt es eine eigene Marina und Charterverleih. Zimmerbuchungen sind nur mit Frühstück, Halbpension oder auch All-inclusive (Hotel Andrija und Jakov) möglich. Geöffnet Ostern– Ende Okt. Buchung unter ℡ 022/361-001, - 007, www.solaris.hr.

Bei eingehender Betrachtung wird jeder „seine" Unterkunft in dieser Anlage finden: Es gibt die hochwertig ausgestatteten **Hotels **** Ivan**, das Haupthaus, am teuersten (DZ/F 140 €, TS 166 €); **Andrija** und **Jure**, etwas preiswerter (DZ/F ca. 155 €); **Niko**, ca. 3 € preiswerter als Letzterer; *** **Jakov**, preiswertestes, Dependance (DZ/F ca.120 €.). Etwas abseits die **** **Villas Kornati**, eine

Nachtleben
8 Pub Highlander
11 Café-Bar-Restaurant Peškarija
12 Art Café

Übernachten
1 Hotel Panorama
2 Fam. Karđole Vjera
3 Fam. Ivan Matić
4 Apartman Romantica
10 Fam. Ivo Krečak
17 Hotel Jadran

Übernachten/Camping/Essen & Trinken

hübsche Appartementanlage von 2+2 bis 4+3 Pers. (mit Stellbetten).

Camping *** **Autocamp Solaris**, der 15 ha-Platz unter Laubbäumen gehört zum Solaris Holiday Resort. Strand auch mit FKK-Abteilung. Supermarkt, Restaurants und verschiedene Bars; eigener Bootshafen und 305 Anlegeplätze, Hebekran, Bootsservice. Gäste können die Sportangebote des Hotels mitbenutzen. Geöffnet April–Okt. 8 €/Pers. (TS 9,50 €), Parzelle je Lage, Strom etc. 13–30 € (dann direkt am Meer). ✆ 022/361-001, www.solaris.hr.

** **Camping Zablaće**, ganz in der Nähe, ebenfalls am Meer, etwas weniger komfortabel, ebenfalls zum Solaris Holiday Resort gehörend; Gäste können alle Einrichtungen der Anlage mitbenutzen. Geöffnet 15.3.–31.10. Etwas preiswerter. www.solaris.hr.

Weitere Campingplätze (→ Škradin oder Vodice).

Essen & Trinken An der Uferpromenade und in der Fußgängerzone reihen sich Café an Café. In den Restaurants kann man sehr gut Muscheln essen, z. B. Jakobsmuscheln, die im Krka-Gebiet gezüchtet werden. An Weinen sind der rote Babić, der weiße Debit oder Skradin sowie der Rosé-wein Opol zu empfehlen.

Sehr schön sitzt man auf dem Domplatz in der Loggia des Rathauses im **Restaurant Vjećnica** 14, stilvolle Atmosphäre, gelegentlich Pianokonzerte. Leichte, moderne Küche, große Auswahl an Vorspeisen, Fisch- und Fleischgerichten; vegetarische Küche. ✆ 022/213-605.

》》 **Mein Tipp: Konoba und Vinothek Pelegrin** 13, romantische Sitzplätze oberhalb des Domplatzes und im Innenhof des großen Brunnenplatzes. Schmackhafte, aber leichte und kreative dalmatinische Küche mit frischen Zutaten aus der Umgebung, auch Trüffelgerichte, zudem beste Weine. Wer möchte, kann hier zwischen 8 und 12 Uhr auch Frühstücken! Jurja Dalmatinca 1, ✆ 022/213-701. 《《

Restaurant Tinel 7, gegenüber der Kirche Sv. Krševan, mit Terrasse, innen gleicht es einem Wohnzimmer. Hier isst man regionaltypische Gerichte wie Pašticada, Fleisch nach Šibeniker Art, Brodet, Kalbfleisch mit

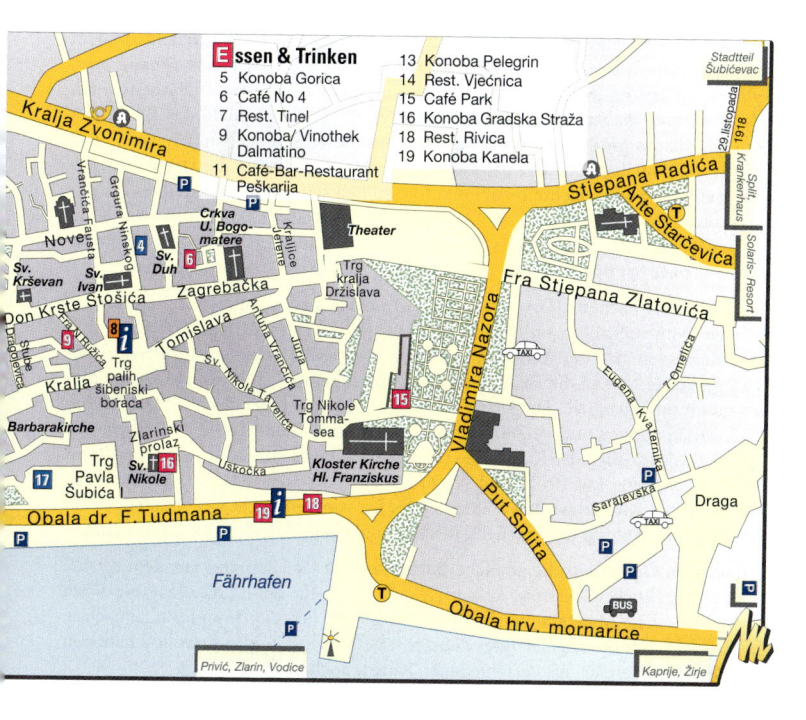

Essen & Trinken
- 5 Konoba Gorica
- 6 Café No 4
- 7 Rest. Tinel
- 9 Konoba/ Vinothek Dalmatino
- 11 Café-Bar-Restaurant Peškarija
- 13 Konoba Pelegrin
- 14 Rest. Vjećnica
- 15 Café Park
- 16 Konoba Gradska Straža
- 18 Rest. Rivica
- 19 Konoba Kanela

Gemüse etc.; zur Nachspeise hausgemachten Kuchen. ℡ 022/331-815.

Konoba Gorica 5, am alten Stadtplatz Trg pučkih kapetana. Mit Springbrunnen, lauschige Atmosphäre. Es gibt Fisch, Sardellen, Käse, Schinken etc.

An der Uferpromenade speist man sehr gut in der **Konoba Kanela** 19, wo im Kamin das Feuer für die Peka knistert. Spezialitäten sind Peka-Gerichte wie Oktopus, Kalamares, Kalbshaxe oder -braten. ℡ 022/214-986.

Ein paar Meter weiter an der Uferpromenade das **Restaurant Rivica** 18, gediegene Atmosphäre, hübsch eingerichtet, guter Koch. Fleisch- und Fischgerichte. ℡ 022/212-691.

》》 Mein Tipp: Konoba-Vinothek Dalmatino 9, ein einladendes, schön gestaltetes Delikatessengeschäft, in dem man Weine testen und dazu Schinken, Käse und Sardellen kosten kann, zudem tägl. 1–2 warme Gerichte wie Pasticada oder gefüllte Paprika. Nur Juni–Mitte Okt. Frane N. Ružića. 《《

Restaurant-Cafébar Peškarija 11, im Stadtteil Dolac. Schöne erhöht liegende Terrasse mit Blick auf die Bucht von Šibenik. Fleisch- und Fischgerichte. ℡ 022/212-691.

Konoba Gradska Straža 16, neben der Sv. Nikola-Kirche. Hier gibt es gute, preiswerte und frische Gerichte. Zlarinsk prolaz.

Außerhalb der Stadt Restaurant Barun, im Stadtteil Podsolarsko (zwischen Šibenik und Brodarica). Sehr gutes Lokal mit Fisch- und Fleischspezialitäten; schöner Blick über das Meer, die Insel Zlarin und die Hotelanlage Solaris. Podsolarsko 24, ℡ 022/350-666.

Weitere gute Lokale in Brodarica.

Stadtbummel

Von der Hafenpromenade in den Stadtkern gelangt man an den beiden Kanonen vorbei durchs Meerestor, die Stufen hoch zum Trg Republike Hrvatske, dem Hauptplatz mit dem **Sv. Jakov Dom:** Ein prächtiges Löwenportal, Putten und Apsiden mit 74 steinernen Porträts mit z. T. erschreckenden Gesichtern zieren das architektonische Meisterwerk. Die Porträts stellen einen Querschnitt der Einwohner Šibeniks zur Mitte des 15. Jh. dar. Ob die Abgebildeten wohl den Kirchenbau nicht mitfinanzieren wollten? Über 100 Jahre (1431–1555) wurde am Dom gebaut. *Juraj Dalmatinac* begann im venezianisch-gotischen Stil. Nach seinem Tod arbeitete *Nikola Firentinac* im Stil der Frührenaissance weiter und vollendete das Werk. Der Dom gilt als das größte und schönste Bauwerk dieser Stilepochen. Ungewöhnlich und für die damalige Zeit ebenfalls ein echtes Meisterwerk ist die Dachkonstruktion. Ineinander verschachtelte Steinplatten wölben sich ohne Stützen über Hauptschiff, beide Seitenschiffe, die Apsiden und den Kuppelbau. Die Kuppel wurde im Jugoslawienkrieg zerstört und inzwischen aufwändig restauriert. Der große Bildhauer *Ivan Meštrović* hat dem Baumeister vor der Kathedrale ein *Denkmal* geschaffen.

Gegenüber das **Rathaus** (Gradska vijećnica) im Renaissancestil – die Zeit, zu der auch der Dom vollendet wurde – mit neunbogiger, zweigeschossiger Vorhalle. Durch einen Bombenangriff der Alliierten wurde der Bau vollkommen zerstört. Nach dem Krieg restaurierte man die Fassade originalgetreu, heute ist hier ein stilvolles Café-Restaurant untergebracht. Die kleine Renaissance-**Loggia** gegenüber war Ort für Gerichtsverhandlungen und Versteigerungen, die mittlere Säule diente als Pranger. Im **Rektorenpalast** neben der Kathedrale befindet sich heute das sehenswerte *Stadtmuseum* (täglich außer Mo 10–13 und 17–20 Uhr). An der Südseite des Doms steht der **Bischofspalast** aus der zweiten Hälfte des 15. Jh., von dem nicht viel erhalten ist: im Innenhof eine Skulptur des Erzengels Michael und einige Arkaden vom Säulengang.

Östlich vom Dom steht die gotische **Barbarakirche** (Sv. Barbare) aus dem 15. Jh., heute ein *kirchliches Museum*. An der Fassade die Statue des hl. Nikolaus, ein Werk des italienischen Meisters *Bonino da Milano*. An der Nordwand ein gotisches, ebenfalls von Bonino angefertigtes Fenster. Das Museum birgt wertvolle Malereien und Holzschnitzereien aus verschiedenen Kunstepochen.

Über Treppchen und durch ruhige Gassen gelangen wir vom Domplatz nördlich zu **Kirche und Kloster Sv. Lovre** aus dem 15. Jh. Außerhalb des Klosters gibt es eine kleine Grotte mit Madonna von Lourdes, im Innern wurde ein schöner *Klostergarten* mit duftenden Rosen und Kräutern angelegt, zudem ein Café, das zur Pause einlädt (Sommer 8–23, Winter 9–16 Uhr, Eintritt 15 KN; Ecke Andrija Kačića/Strme stube).

Nordöstlich des Domplatzes, in der Ul. Don Krste Stošica, steht das Kirchlein **Sv. Krševan** aus dem 12. Jh. mit einer Vorhalle aus dem 15. Jh. Sv. Krševan wurde im Zweiten Weltkrieg schwer beschädigt, heute stellt hier eine Galerie aus. Den Eingang ziert eine mächtige Kirchenglocke von 1266; sie ist die älteste Kroatiens und wurde am Meeresgrund bei der Insel Silba von Schwammtauchern geborgen.

Etwas weiter östlich ist die im 15. Jh. erbaute sehenswerte **Sv. Ivan Kirche,** ein Werk der Gotik und Renaissance. Den Treppenaufgang zum Chor an der Südseite der Kirche und den verzierten Türsturz schuf der Šibeniker Baumeister *Ivan Pribislavić*. Die Balustrade, das große Fenster unterhalb des Glockenturms sowie der geflügelte Engel und

Die prachtvolle Kathedrale

das Lamm Gottes an der Südwand des Turms stammen von *Nikola Firentinac*. Den Glockenturm ziert seit 1648 ein steinernes Zifferblatt – es ist die erste mechanische Uhr Šibeniks, auch „türkische Uhr" genannt, weil sie nach dem Abzug der Türken aus Drniš hierher gebracht wurde.

Ein paar Meter weiter die nach Entwürfen des Šibeniker Meisters *Antun Nogulović* im Stil der Spätrenaissance erbaute Kirche **Sv. Duh**.

Kurz vor dem Theaterplatz steht die orthodoxe Kirche **Mariä Himmelfahrt** (Crkva uspenie Bogomatere) mit Schatzkammer. 1808 gründete Napoleon in Šibenik ein Bistum für die orthodoxe Bevölkerung von Istrien und Dalmatien. Die Kirche wurde im Barockstil erbaut, an Stelle eines Vorgängerbaus der Templer aus dem 12. Jh. Der Glockenturm wurde von Baumeister Ivan Skoko entworfen und zählt zu den schönsten an der Adria. Das Kircheninnere ziert eine farbenfrohe Ikonostase. In der Schatzkammer u. a. Ikonen, eine Silbersammlung und zwei schöne Kandelaber aus Venedig (1766).

An der Hauptstraße liegt der große *Theaterplatz*. Außen herum ein paar Kioske, wo man auch noch spät nachts Zeitungen und Zigaretten kaufen kann.

Durch einen hübschen, im mediterranen Stil angelegten Park kommt man wieder zurück zur Hafenpromenade, vorbei am **Kloster mit Kirche des hl. Franziskus** (Sv.

Frane). Die einschiffige Kirche wurde im 14. Jh. im gotischen Stil errichtet und seitdem mehrfach umgestaltet. Ihr Inneres zieren wertvolle Altargemälde und eine Kassettendecke aus Lärchenholz mit Bildern von *Marko Capogrosso* (1674). Eine Rarität birgt die Kapelle: die Orgel von Meister *Petar Nakić* aus dem Jahr 1762. Sie ist die älteste Orgel Dalmatiens und wird noch mit dem traditionellen Blasebalg bedient. Das angeschlossene Kloster besitzt ein *Sakralmuseum,* das die reichhaltige Schatzkammer und eine Bibliothek mit wertvollen Handschriften zeigt, u. a. das *Šibeniker Gebet* aus dem 14. Jh., das älteste Zeugnis kroatischer Sprache in lateinischer Schrift.

Die **Festung Sv. Mihovil** thront mächtig über der Stadt. Sie ist Šibeniks ältestes Bollwerk, wie römische Funde bei jüngsten Ausgrabungen belegten (Juni–Aug. 8–20 Uhr; sonst 8–18 Uhr; Eintritt 20 KN). **Sv. Ivan** im Nordwesten ist dagegen die am höchsten gelegene Stadtfestung. Im Osten steht die dritte Festung Šibeniks, die **Šubićevac**, an der Kanaleinfahrt schließlich die **Festung Sv. Nikola**. Sie alle dienten der Türkenabwehr und wurden in venezianischer Zeit erbaut. Unterhalb von Sv. Mihovil liegen die Kirche *Sv. Ana* und der alte *Friedhof,* auf dem in steinernen „Schubladen" die Toten terrassenförmig aufgereiht sind. Von hier aus herrlicher *Rundblick* auf Neu- und Altstadt: die tonnenförmige Kuppel der Kathedrale, die zahlreichen Kirchen, Patrizierhäuser und das Gewirr der Gassen und Treppen.

Im Klostergarten von Sv. Lovro

Sport

Baden: Šibeniks Strand *Jadrija* liegt am Kanal, gegenüber der Festung Sv. Nikola; im Sommer fahren Taxiboote ab dem Kai an der Altstadt. Ansonsten im *Solaris Holiday Resort* auf der Landspitze südlich von Šibenik, am Šibeniker Kanal mit Feinkies – hier wehen zwei „Blaue Flaggen". Anfahrt über den südlichen Stadtteil Mandalina, dann nach Südwesten Richtung Solaris, insgesamt ca. 6 km. Gute BadeJajstellen finden sich auch auf den vorgelagerten Inseln Zlarin, Kaprije, Žirje und Prvić, die mit der Personenfähre erreicht werden können (→ Archipel vor Šibenik).

Bungee Jumping Von der Šibeniker Brücke geht's 40 m in die Tiefe, für ca. 260 KN. Nur Juli bis Anf. Sept. tägl. 10–20, Fr/Sa 10–14 Uhr. ✆ 099/6770-631 (mobil), www.bungee.com.hr.

Tauchen Tauchcenter Vertigo, www.vertigo.hr. Basis am Autocamp Solaris.

Weitere (→ Šibenik/Umgebung unter Brodarica und Krpanj).

Jachthafen Yacht Marina Solaris, im Solaris Holiday Resort südl. von Šibenik. Kreisrunde Hafenanlage, mittendrin die Insel mit Cafébar, gut geschützt, da nur durch schmalen Kanal zum Meer geöffnet. 320 Liegeplätze im Wasser, 200 Stellplätze an

Land, Strom- und Wasseranschluss, 5-t-Kran, max. Wassertiefgang 2 m; Restaurant, Sanitäranlagen, Waschanlagen mit Waschmaschinen, Wäscherei, Geschirrspüler und Waschraum für Haustiere; Supermarkt; Hoteleinrichtungen (Pools, Wassersportgeräte etc.) können mitbenutzt werden. Ganzjährig geöffnet. Solaris b. b., ✆ 022/361-024, www.solaris.hr.

Marina Mandalina, schöne Lage südl. der Altstadt im gleichnamigen Stadtteil entlang der Uvala Sv. Petar. Ist dem Segelzentrum Prgin angeschlossen. Umgebaute alte Werftanlage, d. h. Platz für Service und Reparaturen auch für Megajachten, 900-t-Synchronlift, zudem 15-t-Travellift und 1,5-t-Kran. Restaurant Blue Frog und Bar, Internetcafé, WLAN, gute Sanitäranlagen, Wäscherei, Minimarkt, Bootscharter und auf Wunsch Transfer in die Altstadt. Tankstelle 0,1 sm. Obala Jerka Šižgorića, ✆ 022/312-977, www.ncp.hr.

Die nächstgelegenen Marinas sind: **ACI Skradin** (→ Skradin), und **ACI Vodice** (→ Vodice).

Šibenik/Umgebung

Rund 6 km südlich von Šibenik in Richtung Split liegt das Örtchen **Brodarica** mit der gegenüberliegenden Schwammfischerinsel Krapanj (→ Krapanj). Am Wochenende kommen die Šibeniker hierher, um zu baden, zu tauchen oder in einem der guten Restaurants zu speisen.

Essen/Übernachten *** **Restaurant-Pension Zlatna Ribica**, die Eigentümer lassen kaum Wünsche offen. Das große Restaurant liegt mit schöner überdachter Veranda am Meer, Meeresgetier und Fisch sind die Spezialitäten. Zudem werden Zimmer/Appartements vermietet. Anleger für Boote gibt es ebenfalls, Boote, Surfbretter und Kajaks können gemietet werden. Krpanjskih Spužara 46, 22010 Brodarica, ✆ 022/350-300, -695, www.zlatna-ribica.hr.

Wer sich für Falken interessiert, für den lohnt ein Abstecher zum **Falkenzentrum** von Emilija Mendušića ins 7 km entfernte Dubrava. Vögel und Falkner demonstrieren dort regelmäßig ihr Können, auch eine einwöchige Ausbildung ist möglich.
Orlov krug, ✆ 022/330-116 oder 091/5067-610 (mobil). 9–17 Uhr. Anfahrt: Die Straße nach Drniš nehmen, kurz danach Abzweig nach Dubrava, in Ort Dubrava nach Južni Škugori abbiegen.

Nationalpark Krka

Ein besonderes Naturschauspiel bietet der Krka-Fluss mit seinen imposanten Wasserfällen und Kaskaden. Das ganze Gebiet des Flusslaufes steht unter Naturschutz, der untere Lauf der Krka mit einer Fläche von 111 km^2 ist seit 1985 Nationalpark.

Auf dem 72,5 km langen Weg, den die Wassermengen des Karstflusses von seiner Hauptquelle bei *Knin* bis zum Städtchen *Skradin* zurücklegen, stürzen sie über zehn Wasserfälle unterschiedlicher Höhe hinab, bilden unterwegs den *Visovac-See*, in dessen Mitte das gleichnamige *Franziskanerkloster* auf einem Inselchen steht, überwinden die schönsten Fälle *Roški slap* und *Skradinski buk* und erweitern sich bei Skradin zum *Prukljan-See*, um schließlich über die Bucht von Šibenik ins Meer zu strömen. Die Krka wird gespeist von etlichen Zuflüssen, einst bewacht von 14 mittelalterlichen Festungen, die zu malerischen Ruinen verfielen, sie wurde von den Mönchen der ansässigen Klöster in Gebete aufgenommen und schuf sich als Canyon ihren Weg zum Meer durch die dinarische Gebirgsplatte. Wer tiefer in die Schönheit dieser Landschaft eintauchen und sich nicht nur auf die Höhepunkte des Nationalparks beschränken möchte, sollte sich hier ein paar Nächte einquartieren.

Viele Filmemacher nutzten die Schönheit der Krka für ihre Kulisse, auch Szenen für *Winnetoufilme* (Winnetou im Tal der Toten und Winnetou 1) wurden hier gedreht (→ N.P. Plitvicer Seen und N.P. Paklenica). Einen fantastischen Blick kann man bereits bei der Anreise vom Autobahnrastplatz Skradin genießen – tief unterhalb der gewaltigen Autobahnbrücke liegen die Krka und das Städtchen Skradin.

Hr. Šupuk und das Pflänzchen Buhać

Hr. Šupuk hatte im Gebiet der Krka-Wasserfälle, wo einst rund 200 Mühlen arbeiteten, sechs Mühlen gepachtet und mahlte hier das Pflänzchen Buhać (→ S. 26). Buhać (Flohkraut, Pyrethrum cineratiaefolium), ähnlich einer Kamille, wurde als natürliches Pestizid eingesetzt. Hr. Šupuk, immer an Neuem interessiert, reich geworden durch die Buhać-Pflanze und Tüftler, entwickelte und vollendete hier am Skradinski buk mit einem Ingenieur 1895 die erste Hydrozentrale Osteuropas – nur wenige Tage nach der Eröffnung der Hydrozentrale an den Niagara-Fällen ...

Der Besuch der Krka-Fälle lohnt sich wegen ihrer Küstennähe in jedem Fall, auch als Tagesausflug. Die nur 15 km lange Fahrt von Šibenik führt durch eine wilde Macchia-Landschaft Richtung Skradin, wo am oberen Ende des Prukljan-Sees eine Brücke über die Krka führt. Wer nicht nach Skradin will, nimmt hinter Tomilja bereits den Abzweig nach Lozovac zum „Eingang 2" des Naturparks.

Die Wasserfälle der Krka, die sich in verschiedenen Kaskaden und Ausprägungen zeigen, sind typische Phänomene eines Karstgebiets, wenngleich ihre geomorphologische Entstehung bisher nicht eindeutig geklärt ist. Fest steht, dass Ablagerungen aus Holz, Moosen, Gewächsen und kleinen Schalentieren zur Entstehung von Bassins führen, von denen das Wasser über unterschiedlich hohe und breite Fälle herabstürzt. So sind etwa die Barrieren bei *Roški slap* 400 m lang, die Barriere bei *Skradinski buk* ist 500 m lang und 200 m breit. Hier fließt die Krka in 17 Travertinstufen abwechselnd über Fälle und kleine seenähnliche Bassins und überwindet einen Höhenunterschied von 46 m. Am Lauf der Krka finden sich eine ganze Reihe mediterraner und kontinentaler Gewächse und Pflanzenarten. Der Wasserstand der Krka wird heute wesentlich von drei Wasserkraftwerken bestimmt. Mehrmals am Tag glaubt man, der Wasserstrom versiege, doch plötzlich fließt er wieder mit ursprünglicher Macht zu Tal.

N.P. Krka – Klosterinsel Visovac

Nationalpark Krka/Besuch im Park 377

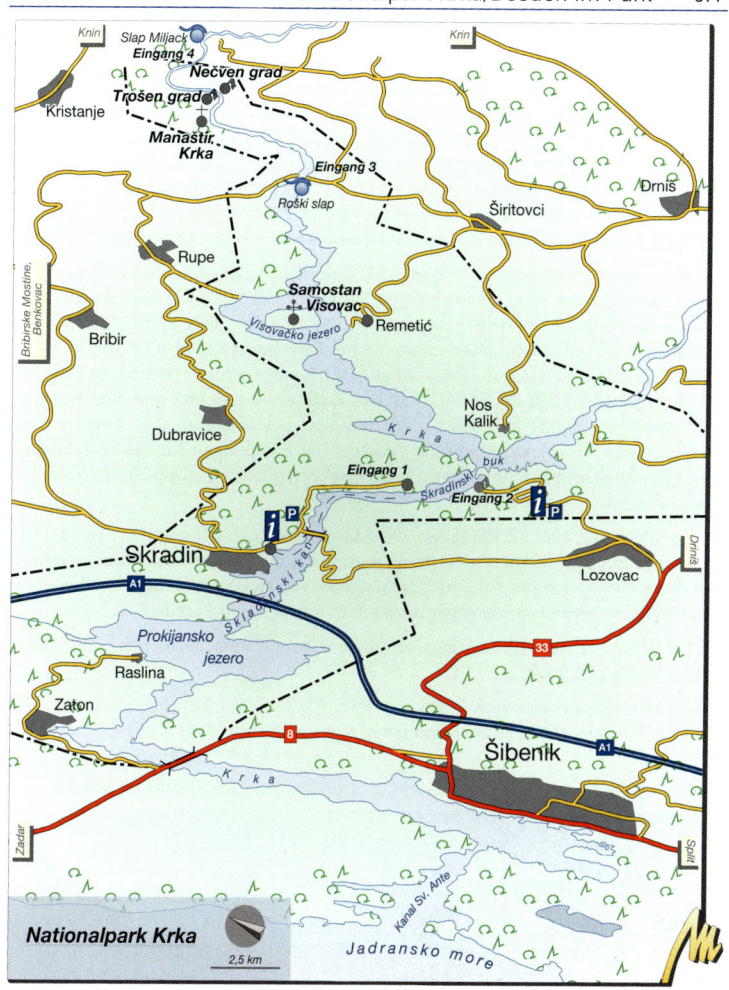

Besuch im Park

Am einfachsten und geruhsamsten besucht man den Nationalpark vom nahe gelegenen Städtchen *Skradin* aus. Vom Info-Center Skradin (Ticketverkauf) erreicht man ihn ganz beschaulich mit dem Boot, das von der Mole von Skradin in ca. 20 Min. die Krka aufwärts fährt. Von dort führt ein angelegter Weg vorbei an Restaurants zum *Skradinski buk*. Das Toben und Tosen der Wassermassen, hier und an den oberen Fällen, ist ungeheuer. Baden ist wegen der starken Strömung nur im dafür ausgewiesenen Bereich möglich, was von vielen Menschen auch genutzt wird. Aber es ist sicherlich auch schön, nur die Füße am Rand des Beckens in das erfrischende Wasser zu halten und das Naturschauspiel etwas aus der Ferne zu betrachten. Über die Fußgängerbrücke läuft man hoch, mit wunderschönem Blick auf die unteren Wasserfälle vom *Skradinski buk*, vorbei an den Ständen Einheimischer, die Feigen, Nüsse, Waldbrombeeren, selbst gekelterten Wein, Käse, Schinken und mehr anbieten. Oberhalb vom Skradinski buk gibt es ein Restaurant, ein kleines angeschlossenes Ethnographisches Museum und danach den *Eingang 2* von Lozovac kommend. Wer möchte, kann von hier auf dem Rundweg über die andere Flussseite zurück zum Eingang 1 gehen, wiederum über hübsch angelegte Holzbrückchen, die über kleine Wasserbecken mit zahlreichen kleinen Fischen führen, und mit wunderschönen Ausblicken auf die Wasserfälle (die Boote fahren im Stundentakt zurück).

Beim *Eingang 2* (oberhalb vom Skradinski buk) kann man seinen Ausflug per Boot fortsetzen. Auf der etwa zweistündigen Fahrt über den *Visovac-See* besucht man die gleichnamige *Klosterinsel* und die *Roški-Wasserfälle*. Das Franziskanerkloster wurde im Jahr 1400 erstmals erwähnt, die Kirche stammt aus dem 16. Jh. Die grüne Insel war Zufluchtsort vor den Türken. Das heutige Kloster wurde Anfang des 20. Jh. unter Einbeziehung der historischen Relikte neu errichtet und birgt in seiner Bibliothek eine Reihe kulturhistorisch interessanter Schriften und Gegenstände. Acht Mönche bewohnen heute das Kloster. Die Boote legen für die Besichtigung von Bibliothek und Kirche an der Klosterinsel einen kurzen Stopp ein (auch individuell erreichbar, → Anfahrt).

Der *Visovac-See*, eine 3,5 km lange und 1 km breite Ausbuchtung der Krka, bildete sich aufgrund des weicheren Gesteins und durch die Barriere des Skradinski buk, die das Wasser aufstaut. Im einst fischreichen See, in dem sich auch Krebse tummelten, leben heute fast nur noch ausgesetzte Karpfen und Forellen.

Der *Roški-Wasserfall* (Roški slap) verdankt seinen Namen angeblich einer längst verschwundenen Stadt.

Der Bootsausflug kann vom Roški slap zum *Kloster Krka* fortgesetzt werden. Das Kloster, erstmals 1402 erwähnt und lange Zeit mehr unter dem Namen Sv. Arahan-

Nationalpark Krka – Baden ist nur am unteren Teil des Skradinski buk erlaubt.

Nationalpark Krka/Besuch im Park

del (nach dem Hl. Erzengel) bekannt, wurde bis zum 18. Jh. häufig umgebaut und ist geistiges Zentrum der orthodoxen-dalmatinischen Diözese mit Sitz in Šibenik. Weiter geht die Fahrt noch bis zu den sich gegenüber stehenden Burgruinen *Trošen grad* und *Nečven grad*. Am *Eingang 3* an der Wassermühle sind eine Konoba (Getränke, Schinken, Käse) und ein Ethnographisches Museum.

Information Nationalpark Krka (Nacionalni Park Krka), Trg Ivana Pavla II. br. 5, 22000 Šibenik, ✆ 022/201-777, www.npkrka.hr.

N.P.-Eingänge/Anreise Wer mit dem eigenen Auto anreist, hat die Wahl zwischen 3 Eingängen. Die meisten Ausflugsbusse parken am Eingang 2.

Eingang 2 (bei Lozovac): inzwischen der Hauptzugang zum Skradinski buk, mit Ticketschalter, riesigen Parkplätzen, Busshuttle zwischen Parkplatz und Eingang; Hotel, Restaurants.

Eingang 1 (nahe Skradinski buk): Hier kein Ticketverkauf (nur vorzeigen!). Tickets beim **Infocenter Skradin**, im Ort nahe Krka-Ufer. Parkplatz nordöstl. vom Städtchen. Bootsabfahrt an der Mole beim Ort, die Krka aufwärts zum Eingang 1 (hier auch kein Parkplatz mehr!).

Eingang 3 (beim Roški slap): Dieser Eingang lohnt für den ruhigen nördlichen Teil des Nationalparks. Mit dem Auto über Širitovci oder Drniš zu erreichen.

Zum Kloster Visovac: Das Kloster kann man als Ausflug mit eigener Anreise bis Stinice besichtigen (s. u. Ausflugstouren Stinice/Remetić).

In der Nebensaison ist auch eine individuelle Besichtigung möglich: Man fährt von Skradin über Dubravice (s. u. Remetić), Uzdah Kula zum Seeufer oder nimmt von der Ostseite die Zufahrt von Širtovci aus nach Miljevci und Remetić. Machen Sie sich per Rufen oder Hupe bemerkbar, Sie werden dann mit dem Schiffchen abgeholt.

Zum Kloster Krka: Anfahrt per Auto von Šibenik über Skradin, Bribirske, Mostine nach Kistanje.

N.P.-Eintritt Preise inkl. Bootsanfahrt von Skradin/Skrandinski buk oder Busshuttle: Juni–Sept. 95 KN (13 €), Kinder 7–14 J. 70 KN (9,60 €), März–Mai und Okt. 80 KN, Kinder 7–14 J. 60 KN. Jan./Feb. und Nov./Dez. 30 KN, Kinder 7–14 J. 20 KN.

Ausflugstouren Die nachfolgenden Ausflugstouren (per Schiff) sind nur nach vorheriger Anmeldung möglich (hinzu kommt N.P.-Eintritt): Skradinski buk–Visovac–Skradinski buk (nur März–Okt., 2-Std.-Tour), 100 KN (13,70 €), Kinder 4–14 J. 70 KN (9,60 €).

Skradinski buk–Visovac–Roški slap–Skradinski buk (nur März–Okt., 3:30-Std.-Tour), 130 KN (17,80 €), Kinder 4–14 J. 90 KN (12,30 €).

Roški slap–Kloster Krka–Festungen Trošenj und Nečven–Roški slap (nur April–Okt., 2:30-Std.-Tour), 100 KN (13,70 €), Kinder 4–14 J. 70 KN (9,60 €).

Stinice–Visovac–Remetić (nur Juli–Okt.), 50 KN (6,80 €), Kinder 4–14 J. 35 KN (4,80 €). Eigene Autoanreise bis Stinice oder Remetić (linke oder rechte Uferseite), dann offizieller Bootstransfer nach Visovac (s. o. Anreise zum Kloster Visovac).

Bootsshuttle Die Boote pendeln von Juni bis Sept. von Skradin bis Skradinski buk stündl. von ca. 8 bis 17 Uhr, Nebensaison 9–16 Uhr; zurück stündl. 8.30–18.30 Uhr, Nebensaison 9.30–16.30 Uhr.

Verbindungen Busse fahren 8-mal tägl. zwischen Šibenik und Skradin. Von Skradin pendelt ein **Ausflugsboot** (stündl. 9–17 Uhr), das beim Eingang 1 anlegt.

Baden Ist nur am Skradinski buk erlaubt.

Essen & Trinken Restaurants am Eingang 1 (unter mächtigen Bäumen, Biergartenatmosphäre) und 2 (unter überdachten Terrassen), Konoba bei Eingang 3. Im Hochsommer eher eine Massenabfertigung. Die idyllisch an der Wassermühle gelegene **Konoba Kalikuša** (nur Getränke, Schinken und Käse) befindet sich am Eingang 2; dazwischen verkaufen Einheimische je nach Jahreszeit Feigen, selbstgebackenen Strudel, Weintrauben etc.

Übernachten/Camping Innerhalb des Parks keine Übernachtungsmöglichkeit! Nur oberhalb vom Eingang 2 an den Parkplätzen ein Hotel (s. u.). Zudem Campingplätze kurz vor dem Straßenabzweig nach Lozovac und im Städtchen Skradin (→ Skradin).

》》Mein Tipp: *** **Hotel Vrata Krke**, beim Eingang 2. Erst 2008 eröffnet, 50 moderne Zimmer mit Balkonen, Restaurant und Cafébar. DZ/F 96 € (TS 124 €). Lozovac b. b., ✆ 022-778-091, www.vrata-krke.hr. 《《

Nationalpark Krka – Blick auf Skradin und seinen beliebten Jachthafen

Skradin

Umgeben von bewaldeten Bergen und nahe dem Wasserfall, liegt der Fischerort mit seinen alten Häusern und Gassen ruhig und malerisch an einem tiefen Fjord mit Jachthafen.

Skradin hat eine bewegte Vergangenheit. Ursprünglich von Illyrern besiedelt, war *Scardona* in römischer Zeit eine bedeutende Stadt der Provinz Illyricum, ehe sie Anfang des 7. Jh. von den Slawen zerstört wurde. Im Mittelalter erlebte Skradin als Bischofssitz seine Blütezeit, bevor es unter türkischer Besetzung verödete. Unter venezianischer Herrschaft wurden in Skradin Menschen aus dem Hinterland angesiedelt. Heute orientiert sich der Ort mehr zur Küste und nach Šibenik, für dessen Bewohner Skradin ein beliebtes Ausflugsziel ist. Im Sommer ist die Marina voll mit Jachten und großen Segelschiffen, die, vom Meer kommend, die Krka bis hierher befahren können. Entlang der schilfgesäumten Krka wird geangelt, es gibt auch einige Badebuchten.

Die teils zerfallene Festung Turina im Zentrum von Skradin wird renoviert. Die archäologische Stätte *Bribirksa Glavica* nördlich von Skradin, reich an illyrischen, römischen und kroatischen Funden, soll für die Öffentlichkeit zugänglich gemacht werden.

Information Touristinformation, gegenüber der Mole, 22222 Skradin, ✆ 022/771-306, www.skradin.hr. Hauptsaison 9–21, sonst bis 15 Uhr. Hier auch Ticketverkauf für Nationalpark (für Reservierung ✆ 022/201-777).

Verbindungen Busse 8-mal tägl. nach Šibenik; Bushalt vor dem Ort. **Bootsverbindungen** zum Skradinski buk von der Mole (→ Nationalpark).

Geldwechsel Bank bei der Kirche.

Gesundheit Ambulanz (✆ 022/771-099) und Apotheke (✆ 022/771-099) im Ort.

Übernachten Privatzimmer und Appartements ab 15 €/Pers.

Appartements Kod Luje, preiswerte und

Skradin

saubere Zimmer mit neuem Bad, hinter ACI-Marina. Fam. Ivan Formenti, Zagrade 19, ☏ 022/771-229.

Pension Zlatka, Grugura Ninskog 2, ☏ 022/771-391.

*** Hotel Skradinski buk, 70 Betten (Appartements/Zimmer), große Restaurantterrasse und gemütliche Atmosphäre, im Zentrum von Skradin. Ganzjährig geöffnet. DZ/F 93 €. Burinovac b. b., ☏ 022/771-771, www.skradinskibuk.hr.

Bistro Pini (mit Pension Marija), ruhig in der Ortsmitte gelegen. Im lauschigen Innenhof gutes Restaurant; Spezialitäten sind Pekagerichte (z. B. Kalb oder Oktopus), Lamm am Spieß (nur nach Vorbestellung) und Pizza vom Holzofen. Einfache Zimmer und Frühstück ca. 35–40 €. Ul. Dr. Franje Tuđmana 2, ☏ 022/771-110, www.pini.hr.

Jugendherberge Loda, Ul. Dr. Franje Tuđmana 32, ☏ 022/771-058.

Außerhalb Touristischer Bauernhof Familie Kalpić, im Landgasthof kann man nächtigen und selbstgemachten Schinken, Wein usw. probieren. Radonić (15 km in Richtung Drniš, im Ort Krnići Abzweig nach Kalapići), ☏ 022/217-526, 091/545-8711 (mobil). ■

*** Hotel Park, einfaches Hotel in Drniš, für einen Stopp in Ordnung. 15 km zum Roški slap. Stubište 1, ☏ 022-888-636, www.hotelpark.hr.

Camping Einige einfache Campingplätze an der Hauptstraße in Richtung Nationalpark, die um die Gunst der Gäste werben:

Camp Krka, an der Straße bei Koverjade (Richtung Drniš) und wenige Kilometer vor dem Abzweig zum Nationalpark Krka (Eingang 2); Platz unter Kiefern, ohne Restaurant. Skočići 21, ☏ 022/778-495.

Camp-Appartements Marina, liegt hinter Camp Krka, ebenfalls nett unter Kiefern. Es gibt ein kleines Restaurant und preiswerte Zimmervermietung (2 Pers. 22 €), Caravan u. 2 Pers. inkl. Strom 11 €. Skočići 6, ☏ 022/778-503, www.camp-marina.hr.

Camp-Appartements Cikada, beim Abzweig zum Nationalpark bei Tomilja. Unterteilt in Parzellen, mit Strom. Es werden auch Appartements vermietet. Konjevodići 63, ☏ 022/778-007, 098/445-913 (mobil), www.cikada.eu.

Camp Europa, nahe Roški Slap. Laškovica, ☏ 022/766-120.

Essen & Trinken Skradins Spezialitäten sind natürlich Flussfische, Flussaale, Muscheln oder kleine Tintenfische. Gern gegessen wird Lamm am Spieß oder das Skradinski rižot (Reis mit Huhn und Kalbfleisch, gekocht in Hühnerbrühe), nur nach Vorbestellung und ab 6 Pers. Nicht zu verachten sind auch die Weine und Liköre (aus Blüten oder Nüssen) der Gegend und die Süßspeise Skradiner Torte. Eheleute sollen sie vor ihrer Hochzeitsnacht essen (welche aphrodisischen Mittelchen werden da wohl hineingemengt).

》》 Mein Tipp: Konoba Bonaca, vorzüglich kann man die breite Palette der Skradiner Spezialitäten bei Ivo Bulat genießen, ob auf der Terrasse oder im rustikalen Innern. Alles fangfrisch oder aus eigenen Gemüseanbau. Hier können Sie auch die kalorienreiche Skradiner Torte mit Walnüssen, Honig und Waldfrüchten probieren. Rokovača 5, ☏ 022/771-444. 《《

Restaurant Zlatne školjke, sehr schönes Ambiente und große Auswahl an hiesigen Spezialitäten. Tägl. ab 12 Uhr. Grugura Ninskog 1, ☏ 022/771-022.

Restaurant Vidrovača, südwestl. von Skradin, unterhalb der Autobahnbrücke am Prokijansko jezero, nur per Boot zu erreichen. Malerisch am Ufer gelegen, serviert werden Forellen, Seefische, Fleischgerichte und Gerichte aus der Peka (u. a. Kalb, Oktopus) nach Vorbestellung. Geöffnet Mai–Okt. ab 12 Uhr. ☏ 098/757-281 (mobil).

Im **Weinkeller Bedrica** (Fußgängerzone) kann man sich mit Wein, Likören und Schnaps eindecken. Ul. Frau Luje Maruna.

》》 Mein Tipp: Winzer Bibić, nördl. von Skradin, im Weiler Plastovo. Er zählt zu den besten in der Gegend. ☏ 091/2111-231 (mobil). 《《

Veranstaltungen Am 5. Aug. feiern die Mönche auf der **Klosterinsel Visovac** die Velika Gospa. Aus beiden Richtungen Bootstransfer, es gibt Essen und Musik.

Jachthafen ACI-Marina Skradin, wunderschön gelegen, 160 Liegeplätze im Wasser (Süßwasser!), kein Kran, Strom- und Wasseranschluss, WLAN, Sanitäranlagen, Restaurant, Tankstelle in Šibenik, 8 sm. Ganzjährig geöffnet. ☏ 022/771-365, www.aci-club.hr.

Insel Privić – der nette Inselort Šepurine

Archipel vor Šibenik

Zahlreich sind die Inseln des Archipels ins Meer gestreut. Die größten – Privić, Zlarin, Kaprije und Žirje – sind mit der häufig verkehrenden Personenfähre von Vodice oder Šibenik aus gut erreichbar. Sie bieten Unterkunft, Essensmöglichkeiten, ruhige Badeplätze und reichlich Gelegenheit für ausgedehnte Spaziergänge.

Von Vodice wie von Šibenik aus sind die Inseln ein lohnendes Ziel für Tagesausflüge. Wer hier gleich ein paar geruhsame Tage verbringen möchte, hat keine Probleme, eine Pension zu finden; auf Zlarin und Privić gibt es sogar kleine Hotels. Restaurants, kleine Lebensmittelgeschäfte und Post sind ebenso vorhanden.

Insel Privić

Das fruchtbare Inselchen Privić mit seinen beiden ruhigen Orten liegt in Sichtweite zum Festland und eignet sich gut für ein paar erholsame Tage.

Privić ist der Stadt Vodice vorgelagert und damit die dem Festland nächstgelegene Insel des Archipels. Auf 2,3 km² leben hier nur noch 80 Menschen. Die beiden Inselorte – Šepurine im Nordwesten und Prvić luka im Südosten – sind durch einen 1 km langen Fußweg miteinander verbunden.

Privić war schon im frühen Mittelalter besiedelt. Infolge der Besetzung des Festlands durch die Türken im 15. Jh. flohen viele Menschen auf die kleinen, noch spärlich besiedelten Inseln. Das Land gehörte Patrizierfamilien aus Šibenik. Die Bewohner lebten vom Fischfang, waren Seeleute und Viehzüchter. Die Tiere weideten auf den benachbarten Inseln Tijat und Zmajan. Daneben widmeten sich die Privićer dem Weinanbau und -handel, bis die Reblaus alles vernichtete. So wanderten viele am Anfang des 20. Jh. aus. Heute leben viele Privićer vom Tourismus. Der Name „Privić" leitet sich von der geografischen Lage der Insel ab – *prvi* ist „der Erste". Im

Gegensatz zu all den anderen Inseln des Archipels besteht Prvić nicht aus Kalkstein, sondern aus Dolomit.

Šepurine

Der 400-Einwohner-Ort an der Draga-Bucht im Nordwesten der Insel ist seit dem 15. Jh. besiedelt. Šepurines hübsch restaurierte Natursteinhäuser gruppieren sich um das Hafenbecken, überragt vom Kirchturm der 1479 erbauten und 1878 restaurierten *Kirche Mariä Himmelfahrt*. Am Kirchplatz steht eine antike *Säule* mit Kapitell, angeblich stammt sie aus dem römischen Salona. Entfernt am Ufer die *Sv. Roko-Kirche* von 1620 mit wertvollem Holzaltar. In der herrschaftlichen Sommervilla leben bis heute die Nachkommen der alten Patrizierfamilie *Vrančić* (→ Prvić luka). Im Haus ein Porträt von Faust Vrančić und das Familienwappen.

Faust Vrančic

Er wurde 1551 geboren, war Sprachwissenschaftler, Historiker, Mathematiker, Physiker und Ingenieur in einer Person – ein wissenschaftliches Multitalent. Sein *Wörterbuch der fünf edelsten europäischen Sprachen* umfasste Italienisch, Latein, Deutsch, Ungarisch und – als erstes kroatisches Wörterbuch – auch Dalmatinisch. Bekannt wurde er durch sein wissenschaftliches Hauptwerk *Machinae novae*, 1615 veröffentlicht, in dem er seine 56 Erfindungen vorstellte: u. a. 18 verschiedenartige Mühlen, eine mit Luft betriebene Turbine, verschiedenste Brückenkonzepte (runder Steinbrückenbau, Hängebrücken und auch Eisbrecher für Brücken), Kabinenbahn mit Seilzugbetrieb, Wasserraddampfer, Schwimmanzug, Stoßdämpfer. Auch Uhren gehören zu seinem Erfindungssortiment: Sonnenuhr mit Kompass, Wasseruhr. Des Weiteren Olivenöl- und Weinpresse, Sand- und Wasserförderung mit sog. Schaufeln (Wasserräder). Zudem versuchte er Konstruktionen um aus der Kraft von Ebbe und Flut Antriebsenergie zu gewinnen. Attraktion zur damaligen Zeit war sein Fallschirm. Vrančić nahm das Design des Flugobjektes von Leonardo da Vinci und entwickelte es weiter. 1608 beeindruckte er mit seinem Fallschirmtestflug vom Kirchturm der Markuskirche hinab auf den Markusplatz (Venedig). 1617 starb er in Venedig und wurde auf seinen Wunsch in der Pfarrkirche von Prvić luka beigesetzt.

Dem Besucher bietet Šepurine Postamt, Laden, Restaurants, Badestrände und Bootsanlegeplätze.

Fährverbindung (Personenfähre)
Mehrmals tägl. Šepurine–Šibenik und Šepurine–Vodice.

Post/Supermarkt Im Neubau.

Essen & Trinken Restaurant Ribarski Dvor, an der Promenade; schöne Lage und sehr gute Fisch- und Fleischgerichte. Cafébar am Hafenbecken.

Übernachten Privatzimmer ab 30 €/DZ.

Baden Schöne Kiesbuchten beim Ort.

Privić luka

Der älteste Ort der Insel (200 Einwohner) erstreckt sich entlang der tiefen, geschützten Luka-Bucht im Südosten. Auch hier wird viel renoviert – liebevoll versucht man, die zweistöckigen Natursteinhäuser mit Erkern und bunten Fensterläden zu erhalten oder mit Naturstein zu erneuern. Eines davon ist die *Galerie Mirina* (ganztägig geöffnet) – in dem hübschen Natursteinhaus wird gezeigt, wie die Menschen früher hier lebten.

1461 siedelten sich Franziskaner in Privić luka an und errichteten ein *Kloster*, das 1884 nach einem verheerenden Brand wieder aufgebaut wurde. Das Kloster galt als Zentrum der Glagoliter im Šibeniker Raum. In der *Pfarrkirche* das Grab von *Faust Vrančic* (→ Kasten „Faust Vrančič"). Es gibt auch ein kleines, leider noch nicht ausgebautes *Museum* zu Ehren des Erfinders Vrančić, das einen Bruchteil seiner Erfindungen, u. a. in Form von hübschen Holzmodellen, und seine Plankonstruktionen zeigt (15. Juni bis 1. Sept. 19–22 Uhr, Hauptgasse, gegenüber Minimarket). Seit Jahren geplant, aber mangels Geld noch nicht realisiert, ist der *Vrančic-Park* am Hafenbecken.

Verbindungen (→ Šepurine), Abfahrt mit 10 Min. Zeitunterschied – Richtung Vodice früher, Richtung Šibenik später.

Einkaufen Minimarket.

Übernachten/Essen Es gibt einige sehr nette **Privatzimmer** ab 30 € für das DZ. Rechtzeitig über die Agenturen in Vodice buchen.

»› Mein Tipp: Hotel Maestral, am Hafen im hübschen Natursteinbau. Auch die 12 Zimmer und 1 Appartement wurden mit Naturmaterialien im mediterranen Stil ausgestattet und bieten Wohnlichkeit. Angeschlossen das gemütliche Restaurant Val mit Terrasse am Meer. Ganzjährig geöffnet. DZ/F 118 €, mit Meerblick 124 €. ☎ 022/448-300, www.hotelmaestral.com.

»› Mein Tipp: Restaurant Stara Makina, ist in einer über 150 Jahre alten umgebauten Olivenölfabrik untergebracht, direkt am Meer mit hübscher Terrasse. Spezialitäten sind hausgemachter Ziegenkäse von der eigenen Herde, fangfrischer Fisch und nach Voranmeldung Pekagerichte von Ziege oder Huhn (mind. 2 Std., Min. 2 Pers. bestellen). Fam. Delač, ☎ 095/6543-210 (mobil). ‹‹‹

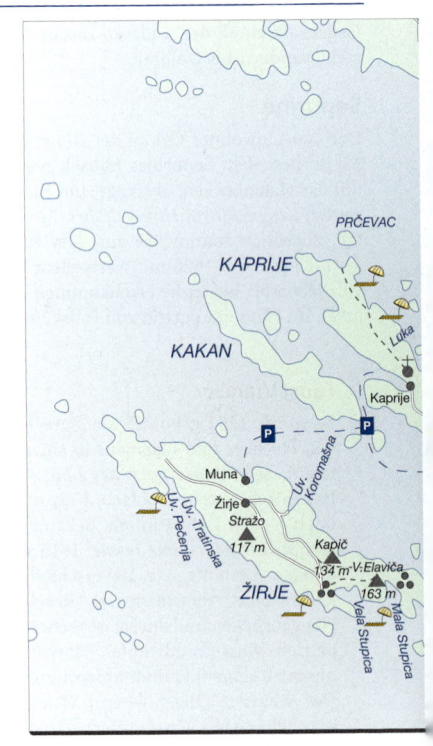

Insel Zlarin 385

Konoba Mareta, am Hafenplatz, ebenfalls beliebt und gut v. a. für Fischgerichte. Im Sommer ganztägig, im Winter (Mitte Dez.–Ende März geschlossen) ab 17 Uhr. ✆ 022/448-712.

Baden Östl. des Ortes an Fels- und Kiesbuchten; gegenüber dem Ort an der mit Kiefern umstandenen Landzunge.

Insel Zlarin

Wegen ihrer landschaftlichen Schönheit und der Korallen ist Zlarin, die *insula auri* (goldene Insel), seit alters her bekannt. Die Touristen des 21. Jh. schätzen Zlarin als Badeinselchen, und auch Bootsbesitzer legen hier gern einen Stopp ein.

Die 8 km² große Koralleninsel ist ein beliebtes Ausflugsziel der Bewohner des nahen Šibenik. Die spätvenezianischen Häuser des Inselorts Zlarin gruppieren sich um das tief eingeschnittene Hafenbecken mit vielen kleinen und großen Molen.

Dickbauchige Palmen und Tamarisken zieren die Promenade, aus den mit bunten Fensterläden geschmückten Natursteinhäusern ragen Erkerchen, in den Gärten wuchern Wein, Oleander, Palmen, Obstbäume, Granatäpfel und Feigen.

Zlarin ist die einzige Insel an der kroatischen Adria mit Korallenvorkommen. Jahrhunderte lang fischte man danach ebenso wie nach Schwämmen, für die besonders die kleine Nachbarinsel Krapanj bekannt ist. Doch das Korallenfischen ist Vergangenheit; inzwischen müsste man 100 m tief hinabtauchen, um die herrlich verzweigten Äste zu finden, und dazu fehlt die Ausrüstung. Einen alten Meister, angeblich den letzten Europas, gibt es noch im Ort, der eigene Korallenvorräte besitzt und diese in kunstvoller Handwerksarbeit für die Schmuckherstellung vorbereitet.

Oberhalb vom Hauptplatz steht ein kleines **Museum** (Mitte Juni bis Mitte Sept. 9–13/16–21 Uhr), das Amphoren, Korallen und eine kleine ethnographische Sammlung präsentiert, darunter alte Fotografien mit Szenen des 1938 hier mit *Luis Trenker* gedrehten Films *Korallenprinzessin*. Korallenschmuck gibt es im Souvenirshop zu kaufen. Die *Pfarrkirche Mariä Himmelfahrt* wurde um 1740 auf den Grundmauern einer älteren Kirche errichtet. Die gotische Kirche der *Muttergottes von Rašelj* aus dem 15. Jh. birgt zahlreiche Votivbilder von Schifffahrern.

Um das Wohl der Inselwelt kümmert sich Hr. Ante Meglić, besser bekannt als weltweit führender Taschenlampenfabrikant „Mag-Lite", ein Kroate, der sein Geld in den USA machte und sich hier in einem prachtvollen Sommerhaus Ruhe gönnt und Projekte wie Aufforstung und Denkmalschutz fördert.

Die rund 150 Inselbewohner, die immer noch gerne ihre alten Trachten tragen, leben von Weinbau und Fischfang oder pendeln in die nahe Großstadt. Ein paar Kuna lassen sich mit dem Tourismus dazu verdienen – täglich wird der Ort im Sommer von Ausflugsbooten angelaufen. Von 1298 bis 1843 gehörte Zlarin zum Bistum von Šibenik. 1386 wird die Insel erstmals schriftlich erwähnt. Doch Funde aus dem Neolithikum und der Römerzeit belegen eine weit frühere Besiedlung.

Information Touristinformation, 22232 Zlarin, ☏ 022/553-557. Nur Juli und Aug. Für den Rest des Jahres Auskünfte in Šibenik.

Fährverbindung (Personenfähre) Zlarin–Šibenik und Zlarin–Vodice mehrmals tägl.

Post 7–11/19–21 Uhr, Sa 7–11 Uhr.

Einkaufen Supermarkt (7–12/16–20 Uhr), Metzgerei.

Veranstaltungen Zlariner Fest mit Folklore, Musik und Tanz Mitte Aug.

Übernachten/Essen Im Ort werden Privatzimmer vermietet; zudem gibt es das einfache **Hotel Four Lions**, (www.4lions zlarin.com) mit Restaurant.

》》 Mein Tipp: Kod Vunenog, gegenüber dem Museum. Wer Hunger hat, sollte dieses urige Lokal aufsuchen – hier trifft sich die Skipperszene. Um das leibliche Wohl kümmert sich bis spät in die Nacht Hr. Kocac (Spitzname), der seinen Namen aufgrund seiner lockigen Mähne, gleich einem Wollmilchschaf, erhielt. 《《

Baden: Beim Ort mit Kies- und Felsstrand, betonierten Liegeflächen und Strandduschen. Oder am Südostzipfel in kleinen Buchten mit Fels und Kies.

Schöner Schmuck aus heimischen Korallen

Insel Krapanj

Die Insel der Schwammfischer ist die kleinste und zugleich am dichtesten besiedelte Insel im Šibeniker Archipel. Krapanj überragt den Meeresspiegel um gerade mal 1,5 m und ist damit ein idealer Lebensraum für Schwämme – was sich die Bewohner auch zunutze machen.

Das 0,35 km² kleine Eiland mit kleiner Häuserburg, aus deren Mitte der Kirchturm hervorlugt, ist nur 300 m vom gegenüberliegenden Festlandsort Brodarica entfernt. Krapanj hat die Form eines sich nach Süden öffnenden Hufeisens – die große Ausbuchtung bietet Ankerplätze für Schiffe und Badeplätze. Die Festlandseite und Ostseite der Insel sind eng mit Natursteinhäusern zugebaut, die meisten stehen unter Denkmalschutz. Auf der Westseite des „Hufeisens" wächst dichter Kiefernwald.

Eine Šibeniker Patrizierfamilie erwarb die unbewohnte Insel 1435 von der Kirche und schenkte sie Franziskanern aus Bosnien, die hier ein Kloster mit Kirche und Zisterne errichteten. Im 15./16. Jh., als die Türken das Festland besetzt hatten, siedelten sich Flüchtlinge auf Krapanj an. 1646 gelang es den Türken kurzzeitig, hier Fuß zu fassen, sie zogen sich aufgrund der massiven Gegenwehr von Bewohnern und Franziskanern aber bald wieder zurück.

Die *Pfarrkirche* wurde 1937 in das Mauergerippe einer im 15. Jh. errichteten Kirche gebaut. Das *Franziskanerkloster* liegt im Inselwesten im Kiefernwald. Die Klosterkirche birgt kostbare Gemälde wie „Das letzte Abendmahl" von *Francesco da Santacroce* aus dem 16. Jh., in der Bibliothek werden Inkunabeln aufbewahrt, darunter eine Bibel von 1474. Das *Klostermuseum* zeigt Flora und Fauna aus den Meerestiefen, darunter natürlich prachtvolle Exemplare von Schwämmen und Korallen. Geöffnet in der Saison 9–12 Uhr.

Die Schwammfischerei nahm erst Mitte des 18. Jh. größere Ausmaße an, bis dahin hatten sich die Bewohner damit nur nebenbei beschäftigt. Das Schwammtauchen mit dem Fischerhaken erlernten sie vom Franziskanerbruder *Anton dem Griechen* – die Griechen waren zu dieser Zeit sehr geübte Schwammfischer. Bald beherrschten auch die Krapanjer das harte Geschäft, mit dem gute Gewinne zu erzielen waren. 1893 setzten sie neue Tauchapparate ein und gründeten eine Genossenschaft. Das Verfahren wurde weiterentwickelt, heute arbeitet man mit modernsten Methoden. Seit 1968 gibt es auf der Insel eine Schwammverarbeitungsindustrie. Die Krapanjer Schwämme sind wegen ihrer Qualität hoch geschätzt und werden unter dem Namen *Fina dalmata* exportiert.

Ein hartgesottener Insulaner ist Kristian Curavić (Spitzname Kike), der jahrelang in Norwegen lebte. Im April 2005 tauchte er ohne Sauerstoffgerät in der Nähe des Nordpols 51,2 m tief und stellte dabei den neuen Weltrekord im Freitauchen unter Eis auf.

Information Touristinformation, 22231 Krapanj, ☎ 022/350-035, oder über Šibenik.

Verbindungen Zwischen Brodarica und Krapanj verkehrt ein **Taxiboot**, man muss am Hafen danach fragen; zudem Hotel-Taxiboot; mehrmals tägl. auch **Bus**verbindung Brodarica–Šibenik.

Einkaufen In einer kleinen Seitengasse ein netter **Souvenirshop** mit schönen Schwämmen. Mitte Juni bis Sept. 10–13/16.30–20 Uhr.

Essen/Übernachten Im Ort gibt es einige Lokale, z. B. **Konoba Kapelica**, gemütlich sitzt man im weinumrankten Innenhof mit Natursteinwänden. Es gibt u. a. Pršut, Spaghetti, Fisch. Geöffnet Juni–Okt. ab 11 Uhr. ☎ 098/870-093 (mobil).

Konoba Ronilac, kleines Lokal an der Hafenpromenade. Frischer Fisch, hauseigene Weine. Tägl. 10–1 Uhr. ✆ 099/563-273 (mobil).

》》 Mein Tipp: ******** Hotel Spongiola, auch hier alles im Zeichen der Schwämme und Taucher: modernes 18-Zimmer-Hotel mit 5 Suiten direkt am Hafen. Restaurant, Tauchschule, Galerie, Souvenirshop mit Schwämmen; ein kleines Museum zeigt Taucher mit ihren Instrumenten. Im kleinen Wellnessbereich Sauna, Jacuzzi und ein Schwimmbad der Tauchschule mit extra Tauchbecken und Sichtglas. Stilvolle große Zimmer. DZ/F 140 € (TS 170 €). Obala I. br. 58, ✆ 022/348-900, www.spongiola.com. 《《

Tauchen Diving Center Spongiola, vom Hotel aus geführt. Kurse nach CMAS, SSI, ADRIA. Geboten werden Einsteigerkurse im hauseigenen Schwimmbad speziell für Taucher (→ Hotel Spongiola), Nachttauchen, Wracktauchen und Fahrten in den Nationalpark Kornaten. Es gibt kombinierte Tauch-Übernachtungspakete. ✆ 022/348-900, www.spongiola.com. 《《

Alte Tauchausrüstung von Krpanj

Insel Kaprije

Kaprije ist hügelig, fruchtbar und bietet zahlreiche gute Bademöglichkeiten. Urlauber finden Privat- und Pensionszimmer, Lokale, Laden und einen gut geschützten Jachthafen.

Das 9,7 km² große Kaprije liegt in der Mitte der Šibeniker Inselgruppe, umgeben von den unbewohnten Inseln Zmajan und Obonjan im Osten sowie Kakan im Westen. Die Insel ist mit Macchiahügeln durchsetzt und hat viele kleine Badebuchten mit Kies und Felsplatten am kristallklaren Meer. Kaprijes höchste Erhebung ist der 132 m hohe *Velika Glavica* mit herrlicher Rundsicht über den Archipel. Das Fischerdorf Kaprije mit 100 Einwohnern liegt an der großen, tiefen Meereseinbuchtung im Westen – die schmalste Stelle der Insel – mit gut geschütztem Hafenbecken.

Quirliges Dorfleben herrscht leider nicht mehr in Kaprije. Der Tourismus ging stark zurück. Unten am Hafenbecken Neubauten und eine Bocciabahn – die Männer sitzen auf den Pollern und verfolgen neugierig den Spielverlauf. Der ältere Teil des Dorfs mit verwinkelten Natursteinhäusern liegt etwas oberhalb. In den Gärten gedeihen Pfirsiche, Mandeln, Feigen, Gemüse, Wein, an jeder Ecke steht ein blühender Oleander. Alte, schwarz gekleidete Frauen mit Kopftüchern sitzen in Grüppchen zusammen, sortieren Steckzwiebeln und verbreiten die neuesten Nachrichten.

Kaprijes *Pfarrkirche* stammt aus dem 16. Jh. und wurde 1801 erweitert. Der Weg zur Uvala Nosdra, an der Ostseite der Insel mit Badebuchten, führt in 0:20 Std. über den Hügel hinüber.

Der Name Kaprije stammt vom Kapernstrauch, dessen eingelegte Knospen das beliebte Gewürz liefern. Im 14. und 15. Jh. gehörte die Insel Patrizierfamilien aus Šibenik. Im 15. Jh. siedelten sich Flüchtlinge vom Festland an. Kaprijes Bewohner leben traditionell von Fischfang, Oliven und Weinanbau, für einige ist der Tourismus eine zusätzliche Erwerbsquelle geworden.

Information Erteilt die Touristinformation in Šibenik, ✆ 022/214-411.

Fährverbindungen (Personenfähre) Kaprije–Šibenik mehrmals am Tag; zudem morgens um 6.20 Uhr ein Schnellboot (0:30 Std.) nach Šibenik.

Einkaufen Kleiner Supermarkt; vormittags verkauft eine Frau Obst und Gemüse.

Essen/Übernachten Es gibt einige Privatzimmer und Restaurants auf der Insel, u. a.: **Restaurant Lula Mačkova**, gegenüber dem Kai mit Terrasse, sehr beliebt und immer gut besucht. Geöffnet April–Nov. ab ca. 12/13 Uhr. ✆ 022/449-841. **Konoba Toni**, am Hafenbecken.

Gostiona Bilo Jaje, nördl. des Hafenbeckens zwischen den Häusern.

》》 Mein Tipp: Restaurant-Pension Sampjer, gut und preiswert am Buchtbeginn. Es werden auch Zimmer vermietet. Stocna obala 10, ✆ 098/9072-440 (mobil). **《《**

Restaurant-Pension Gulin, in der Mitte der Bucht mit guter Küche und hübschem Blick aufs Meer. Zapadna obala 97, ✆ 091/525-8744 und 098/750-589 (mobil).

Konoba Matteo, der einstige Kornatenwirt führt sein Lokal nun in der Mala-Nozdra-Bucht. Beliebt und gut auch hier die Fischgerichte. ✆ 098/336-335 (mobil).

Baden/Wandern: An der Ostseite der Insel Kiesbuchten und Felsplatten mit Blick auf Murter und Vodice. Anlegeplätze für Boote.

Von Kaprije führt in südliche Richtung ein Pfad zur höchsten Erhebung, zum 132 m hohen **Velika Glavica** – herrlicher Rundblick auf die Inseln.

Von der Ortsmitte am Friedhof vorbei nordwärts gelangt man zur zweithöchsten Erhebung, dem Berg **Uljenak** (124 m). Der Pfad führt am Kamm entlang, eingezwängt zwischen Steinmäuerchen und teilweise fast zugewachsen – Blick aufs Festland und auf die Kornaten.

Nordseite von Kaprije – stille Winkel entdecken

Inseln Zmajan, Obonjan und Kakan

Im Osten, Kaprije vorgelagert, die unbewohnte und karge Insel **Zmajan**, auf der Schafe weiden. Daneben die kleine, kiefernbewachsene Insel **Obonjan**. Am Hafen ein nettes Café und ein Amphitheater, in dem es abends Discomusik oder Musikveranstaltungen gibt. Im dichten Wald entdeckt man Zelte und Appartements – Obonjan ist die „Insel der Jugend". Kinder und Jugendliche verbringen hier ihre Ferien an geschützten Badebuchten. Organisierte Jugendgruppen aus dem Ausland finden sich ebenfalls ein und sind willkommen.

Die 9,5 km² große Insel **Kakan** im Südwesten von Kaprije ist die „Insel der Kinder der Welt". Kinder aus aller Welt organisieren hier ihr Ferienleben und ihre Stadt, die sie selbst ausbauen und die den Namen „Der 7. Kontinent" trägt. Genaue Informationen über die Stadt Šibenik.

Insel Žirje

Die größte Insel im Šibeniker Archipel hat sich dem Tourismus bislang kaum geöffnet. Auf Žirje gibt es einige Anlegestellen und gute Bademöglichkeiten, und wer in Abgeschiedenheit wandern oder mountainbiken möchte, ist hier richtig.

Žirje ist mit 15,5 km² die größte und von der Küste am weitesten entfernte Insel. In Ost-West-Richtung verlaufen zwei Bergkämme: der 131 m hohe Berg *Kapić* im Nordosten, im Westen der Berg *Straža* (117 m) und im Südosten die höchste Inselerhebung, der *Velika Glavica* mit 163 m Höhe. In der Mitte ein fruchtbares Tal, in dem Wein, Oliven, Obst und Gemüse gedeihen. Der Südosten ist von Macchia überwuchert. Hier befinden sich auch die schönsten Badeplätze.

Auf der touristisch am wenigsten erschlossenen Insel des Archipels leben etwa 70 Menschen. Die Fähranlegestelle ist *Muna* im Norden. Hier soll ein Jachthafen entstehen. Am Hafen kann man sich Fahrräder mieten (war zumindest so gedacht) und die Insel auf den Eco-Fahrradwegen erkunden. Ein Fahrweg führt hinauf zum Hauptort Žirje. Mit seinen bunten alten Häusern, deren Putz von den Fassaden abblättert, wirkt er fast wie ausgestorben – viele Häuser sind verlassen.

Ein Fahrweg führt weiter durch das Tal oder den Bergkamm entlang – mit herrlicher Aussicht auf die vorgelagerte Inselwelt; in einer halben Stunde Fußmarsch ist der Südosten mit der Badebucht *Velika Stupica* erreicht. Wer das Laufen abkürzen will, wird mit etwas Glück von einem der wenigen Autos mitgenommen. Es sind alte, ausgediente Vehikel ohne Nummernschilder, die auf der Schotterpiste ihre letzten Kilometer abrattern. Bleiben sie stehen, stehen sie für immer, und langsam überdeckt die Pflanzenwelt die Wracks.

Auch nach Westen hinauf zum Berg Štraza kann man gehen oder fahren und auf dem Rückweg in den schönen Buchten *Uvala Pečenja* und *Tratinska* (mit dem Restaurant Julia) baden; hier ankern auch viele Jachten. Auf der gegenüberliegenden Inselseite im Nordosten befindet sich die *Bucht Uvala Koromašna*, ebenfalls mit gutem Restaurant.

Wegen seiner exponierten geografischen Lage spielte Žirje immer eine wichtige strategische Rolle. Aus dem 6. Jh. stammen die Überreste einer spätantiken Festung auf dem Berg *Gradina* oberhalb des Hafens *Velika Stupica*. Zwei Zinnen bewachen

Die spätantike Festung auf dem Berg Gradina

noch immer die Bucht, und von hier genießt man einen weiten Blick über die Insel. Die Reste einer weiteren *Festung* auf dem Berg *Velika Glavica* oberhalb der Bucht *Mala Stupica* stammen aus der gleichen Zeit. Weitere Ruinen auf der Südseite der Insel bezeugen die starke Befestigung der Insel in früheren Jahrhunderten. Und Archäologen legen auf dem Berg Gradina immer wieder Neues frei: Bad, Küche, Reste 1500 Jahre alter Deckenverzierungen ...

1059 schenkte der kroatische König *Petar Krešimir IV.* die Insel den Benediktinern. Unter den Fürsten von *Bribir* gehörte sie zu Zadar. 1323 fiel Žirje an Šibenik zurück. Unter venezianischer Herrschaft besaßen Adlige aus Šibenik auf der Insel Landhäuser. Für die Venezianer war die Vela-Stupica-Bucht ein wichtiger Hafen. Aufgrund ihrer Rolle als strategischer Vorposten durchlebte Žirje stürmische Zeiten. Im Zyprischen Krieg verwüsteten die Türken 1572 die Insel, wovon sich Žirje nie mehr richtig erholte. Die Bewohner lebten von Landwirtschaft und Fischfang und fuhren zur See. Und auch Korallen gab es um Žirje. Die Zlariner, die die dafür nötigen Werkzeuge hatten, kamen hierher, um die kostbaren Ästchen abzutragen.

Information Touristinformation in Šibenik, ✆ 022/214-411.

Fährverbindungen (Personenfähre) Žirje–Šibenik mehrmals tägl.; morgens um 6 Uhr ein Schnellboot.

Einkaufen Am Fährhafen nur ein kleiner Laden, d. h. sich in Šibenik eindecken.

Übernachten/Essen Am besten erkundigen Sie sich vorab nach Privatzimmern in Šibenik.

Privatzimmer in Muna, u. a.:

*** **Appartements Skorić**, gegenüber der Anlegestelle. Mit Studios, großem Appartement und Grillstelle. Die Wirtsleute sind bei allem behilflich. Muna 7, ✆ 022/334-152 und 098/5612-560 (mobil).

In der *Bucht Koromašna* (Nordosten) **Restaurant am Meer**. Hier auch die **Appartements Bomi**, Uv. Koromašna 25, ✆ 022/219-292.

Im Westen in der *Bucht Pećenja* das **Restaurant Julia**. In der tiefen *Bucht Vela Stupica* ist ebenfalls ein einfaches Lokal, aber in sehr schöner Lage.

Baden Rund um die Insel viele Badebuchten, u. a. in der Vela-Stupica-Bucht mit etlichen kleineren Einbuchtungen. Viele Jachten ankern hier. Im Süden, unterhalb des Gradina-Bergs, Sand und große Kiesel.

Insel Žirje – Stille Bade- und Ankerbuchten mit Kornatensilhouette (hier Kurba Vela)

Primošten – die malerische Altstadt auf ihrer Halbinsel lockt viele Touristen

Primošten

Das malerische Städtchen wurde auf einem Inselhügel erbaut und ist heute über einen Damm mit dem Festland verbunden – es zählt mit zu den beliebtesten Fotomotiven Kroatiens. Lange Zeit war Primošten Zentrum interkontinentaler Begegnungen. Gute Bade- und Sportmöglichkeiten, ausreichend Unterkünfte und ein breites Angebot an nächtlichen Vergnügungen machen einen Aufenthalt abwechslungsreich. Die umgebenden Inselchen und nahe, sehenswerte Städte bieten eine Fülle an Ausflugsmöglichkeiten.

1750 Einwohner leben in der pittoresken Kleinstadt mit eng aneinander gebauten Natursteinhäusern aus dem Mittelalter, in Sichtweite 7 Inselchen, zu denen man hinüberschippern kann. Kleine natursteingepflasterte Gassen und Plätze und die rund um die Altstadt verlaufende Uferpromenade laden zum Bummeln und zu einem Stopp in einem der vielen Cafés ein.

Ein beliebter Werbeträger verkündet Primoštens Stolz und Schönheit: „Als Gott die Welt erschuf, beschloss er, am siebten Tag vom getanen Werk auszuruhen und wählte dafür als Ruheort Primošten aus, welches er sich zu diesem Zweck geschaffen hatte". Seemänner bezeichnen Primošten gerne als „das trockene Kap", wegen der oft lange anhaltenden Dürreperioden – Sonnenhungrigen und Badenixen wird das trockene Klima sicherlich gefallen. Auch dem Wein Babić, der an den Südlagen um die Bucht Kremik gedeiht, gefällt es hier gut, und die mühsam im Felsgelände angelegten Terrassen fanden sogar den Weg auf die UNESCO-Liste.

Von der einstigen Befestigung und den Wachtürmen aus dem 17. Jh. blieb so gut wie nichts erhalten. Am höchsten Punkt, über viele Stufen erreichbar, ragt die

Kirche *Sv. Juraj* gen Himmel. Sie wurde im 15. Jh. erbaut, 1760 renoviert und birgt den Sarkophag des Šibeniker Bischofs *Arnerić*, der von vielen Gläubigen verehrt wird. Auf dem Plateau ist auch der Friedhof, ein herrlicher Platz mit Weitblick. Die Friedhofskirche Sv. Marija wird seit dem Jahr 1553 erwähnt. Ein weiteres Kirchlein, Sv. Rok aus dem Jahr 1680, duckt sich im Park vor der Altstadthalbinsel.

Innerhalb der Altstadt und entlang der Promenade gibt es sehr viele Restaurants und Cafés. Jugendliche und jung Gebliebene finden hier eine Fülle schöner Cafébars und Weinschenken für die lauen Nächte, zudem ist in Stadtnähe Dalmatiens größte Diskothek.

Die Lage Primoštens macht die Stadt zum idealen Urlaubsstandort für Ausflüge. Die Busverbindungen sind hervorragend - rund 30 km sind es bis nach Šibenik, ca. 30 km bis Trogir oder 60 km bis Split. Ausflüge zu den ebenfalls nahen Nationalparks Krka (50 km) und Kornaten (30 km) werden täglich angeboten. Wer sich aufs Mountainbike schwingt, kann die alten Orte mit ihren geduckten Natursteinhäusern im Hinterland besichtigen, u. a. Burnji und Južni. Hier werden wie eh und je Land- und Viehwirtschaft betrieben, es gedeihen neben Wein Oliven und Feigen.

Sehenswert ist vielleicht noch das 8 km entfernte Ökodorf *Jurlinovi Dvori* in Draga, mit Ethnomuseum, Kapelle und sehr guter Konoba (→ „Essen &Trinken").

Geschichte

Archäologische Ausgrabungen und Funde bei Kunara belegen eine Besiedlung bereits um das 7. Jh. Vor den Türken fliehende Familien aus Bosnien-Herzegowina siedelten ab 1386 im Hinterland von Primošten um die Dörfer Prhovo, Kruševo und Široke. Die Ausdehnung des osmanischen Reiches veranlasste die Siedler erneut umzuziehen. Gegen Ende des 15. Jh. suchten sie Schutz auf der Felseninsel namens Gola Glava, auch Caput Cista genannt. Die Lage zwischen den Handelswegen war schon damals gut. Seit dem Jahr 1564 ist diese Siedlung als Primosten bekannt, die von Wehrmauern umgeben und zum Festland hin per Zugbrücke verbunden war. Daher erhielt das Städtchen auch seinen Namen, „preko mosta" oder auch „pri mostu" - über oder bei der Brücke. Nach Beendigung der Türkengefahr Ende des 17. Jh. verließen viele Einwohner die Insel, um sich auf dem Festland wieder der Landwirtschaft zu widmen. Die Stadt entwickelte sich trotz allem im 19. Jh. zum wirtschaftlichen und gesellschaftlichen Mittelpunkt der Region Bosoljina. Im 19. Jh. wurde die Zugbrücke durch einen Damm ersetzt, um einen einfacheren Zugang zu ermöglichen.

Bereits in den frühen 1950er Jahren begann der Tourismus: Anführer waren Esperantisten und eine internationale Vereinigung, welche die Intention hatten, Integration und eine positive Lebenseinstellung unter den Menschen zu schaffen, egal welcher Rasse, Hautfarbe oder Herkunft. Primošten wurde zur interkontinentalen Begegnungsstätte. So wurde z. B. auf der Halbinsel ein internationaler Garten mit Erde aus allen Kontinenten und vielen Ländern angelegt. 1956 eröffnete das Restaurant Kremik (nicht mehr in Betrieb) und die Einwohner vermieteten ihre Zimmer an Gäste. 1962 eröffneten die Esperantisten einen Campingplatz auf der Halbinsel Raduča und Hotelblocks mit den Gestirnen wie Mars, Jupiter, Saturn und Venus, die ihre Gesinnung noch untermauern sollten. Ab 1970 boomte der Tourismus: es wurden etliche Hotels, Pensionen und Restaurants eröffnet, 1983 bereits in der südlich gelegenen gut geschützten Bucht die Marina

Übernachten/Camping/Essen 395

Kremik. Heute verzeichnet das bei Urlaubern beliebte Städtchen täglich rund 6200 Übernachtungen und über 8000 Tagesbesucher.

Information/Verbindungen/Diverses (→ Karte S. 396/397)

TIC, Trg J. Arnerića 2 (Altstadtbeginn), 22202 Primošten, ☏ 022/571-111, www.tz-primosten.hr. Mai–Okt. tägl. 8–22 Uhr, sonst Mo–Fr 8–14 Uhr. Gute Informationen, mehrere PCs mit **Internetnutzung**.

Agentur Daltours, Dalmatinska 7, ☏ 022/571-572, www.daltours.com. Zimmervermietung, Fahrrad- und Scooterverleih.

Agentur Dalmatinka, Zagrebačka 8, ☏ 022/570-323, www.dalmatinka.hr. Zimmervermittlung, Fahrrad- und Scooterverleih.

Verbindungen Busbahnhof, am Trg. Stjepana Radića. Halbstündl. nach Šibenik (25 KN) und Split (40 KN).

Post Trg. Stjepana Radića, Mo–Sa 7–21 Uhr.

Geldwechsel U. a. Jadranska banka, Trg. Stjepana Radića, Mo–Sa 8–20 Uhr. Zudem viele Bankomaten.

Gesundheit Ambulanz, Trg. Stjepana Radića 8, ☏ 022/570-033; Bereitschaft 0–24 Uhr. Apotheke, Ul. Grgura Ninskog 22, ☏ 022/570-305; Mo–Sa 7.30–20 Uhr.

Einkaufen Viele kleine Supermärkte und Obst- und Gemüsestände. Spezielles in den großen Shoppingcentern kurz vor Šibenik. **Vinoteka Lungomare**, an der Strandpromenade, südl. der Altstadt; gute Auswahl an Weinen, u. a. den regionalen Rotwein Babić, Öl und Honig. Bana J. Jalačića 33.

Auto Parken, alle Parkplätze sind gebührenpflichtig, am stadtnähesten am Beginn der Halbinsel (Hotel Zora) oder im Norden der Stadt, unterhalb der Magistrale.

Veranstaltungen Über den Sommer finden zahlreiche Kulturveranstaltungen und Konzerte statt. Besonders gefeiert werden die Marienfeste der Madonna von Loreto und der Hafenmadonna:

Stadtfest Gospa od Loreta, am 10 Mai; großes Fest, das schon am 9. Mai um 20.25 Uhr (Sonnenuntergang!) in allen Kirchen und Kapellen in Primošten mit Messen und Feierlichkeiten beginnt; am Haupttag gibt es eine große Prozession durch die Altstadt mit anschließender Messe in der Kirche Sv. Juraj, gehalten vom Bischof aus Šibenik.

Hafenfest Gospa od Porat, 27. Juli; in einer Prozession wird das Marienbild von der Hafenkapelle Porat zur Kapelle Sv. Rok beim Park getragen und verbleibt dort bis zum letzten So vor dem 15. Aug.; an Mariä Himmelfahrt wird die Madonna wieder zum Hafen gebracht.

Festa i uzance, das Primoštener Volksfest, in der ersten Augustwoche; am 1. Sa auch in den kleinen umliegenden Gemeinden.

Klappa-Fest, im Aug.; Treff von einigen Gesangsgruppen.

Nachtleben In der Stadt, vor allem an der Westseite der Altstadt, einige Cafébars oder das **Irish Pub 5** (neben Fischmarkt). Schön sitzt man bei der Konoba Kod Bepice (auch Jošipa genannt) auf Fässern und Holzbänken, wo der Rotwein Babić und auch Debitweine weiß und rosé fließen; Put briga 1 (Altstadtbeginn).

Diskothek Aurora 4 (www.auroraclub.hr), 2 km östl. von Primošten in Richtung Vadalj. Riesiges, bis zu 3000 Pers. fassendes Gelände auf 2 Stockwerken, 3 Tanzhallen, eine davon im Freien; zudem Billard, Pizzeria, Grillrestaurant und Swimmingpool. Die besten europäischen DJs mischen den Plattenteller, außerdem Konzerte und Events. Geöffnet 22–6 Uhr, Juni–Aug. tägl., danach nur noch am Wochenende. Eintrittspreis je nach Veranstaltung

Übernachten/Camping/Essen (→ Karte S. 396/397)

Übernachten Privatzimmer ab 30 €/DZ. In der Altstadt selbst gibt es nur wenige Privatzimmer, die meisten liegen hoch in Richtung Küstenstraße. Empfehlenswerte Lage an der Uferpromenade Richtung Hafen. Zu mieten über die Agenturen oder Internet: www.primostenapartements.com.

*** Villa Koša 11, mehrstöckiges Haus mit Balkonen kurz vor dem Hafen in ruhiger Lage auf kleiner Landzunge mit Strand.

Primošten

Zimmer (ab 46 €) und Appartements/Studios (ab 56 €); auch Frühstücksraum. Bana J. Jelačića 4, ℡ 022/570-365, www.villa-kosa.htnet.hr.

*** **Motel Primo** 3, an der Küstenstraße. Für einen Stopp auf jeden Fall gut. Splitska 21, ℡ 022/570-345, www.motel-primo.de.

–* **Hotel Zora** 2, großer, ansprechend modernisierter Komplex mit 367 Zimmern und Suiten auf der kiefernbewaldeten Halbinsel gegenüber der Altstadt. Gebadet wird an der Felsküste mit Kiesbuchten; Wellnesscenter, Hallenbad mit beweglicher Glaskuppel, Fitnessraum, Tennisanlage und großes Sport- und Freizeitprogramm (auch mit Animation für Kinder) sowie Tauchclub Pongo. DZ/F ab 142 € (Mindestaufenthalt 3 Nächte). Raduća 11, ℡ 022/570-048, www.hotelzora-adriatiq.com.

Camping ** **Autocamp Adriatiq** 1, 2 km nördl. von Primošten. 14 ha großes, mit Kiefern bewachsenes, naturbelassenes Gelände mit Kies- und Felsbadestrand; Tennisplatz, Supermarkt, Restaurant, Internetcafé, Sport- und Freizeitprogramm, Verleih von Tretbooten, Kajaks etc. Teilweise parzelliert mit Strom- und Wasseranschluss, auch Wohnwagenvermietung. Pers. 8,50 €, Zelt 7,80 €, Auto 5,90 €; Parzellen ab 22 €. ℡ 022/571-223, www.autocamp-adriatiq.com.

In Richtung Šibenik drei weitere kleine Campingplätze.

Essen & Trinken Restaurant Kamenar 6, am Altstadteingangsplatz speist man bestens Fisch und Fleisch wie Steak mit Scampi-Sauce oder Thunfisch mit Pfeffersauce, hausgemachten Schokokuchen, hauseigenen Mandellikör oder Babić-Wein. Geöffnet April–Okt. Trg Rudinde Arnerića, ℡ 022/570-889.

»› Mein Tipp: Restaurant Dalmacija 10, am Altstadtbeginn. Sitzmöglichkeiten vor der Tür und im schönen Innenhof. Spezialitäten sind Langusten- oder Hummer-Brodetto nach Primoštener Art (Weißwein-Tomatensauce, Zwiebeln, Petersilie, serviert mit hausgemachten grünen Nudeln) oder Pašticada (Rindfleisch geschmort an Rotwein-Tomatensauce, Karotten, Sellerie, Zwiebeln und Pflaumen, serviert mit Gnocchi). Put murve 15, ℡ 022/570-009. «‹

Restaurant Babilon 12, ebenfalls in der Altstadt. Ein beliebtes und immerzu gut besuchtes Lokal mit schöner großer Terrasse; gute Fisch- und Fleischgerichte. Težačka 15, ℡ 022/570-769.

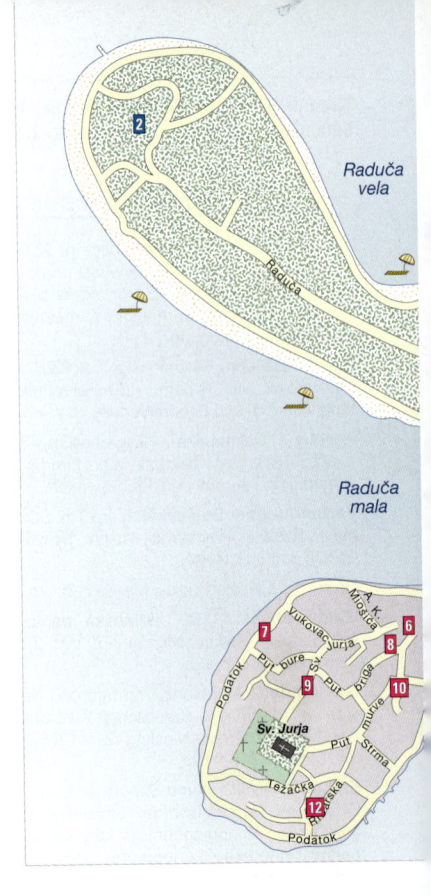

Konoba Kod Papec 7, an der Westseite der Altstadt, oberhalb vom Meer. Uriges kleines Lokal; man sitzt auf Baumstämmen bei Kerzenlicht rund ums Haus. Es gibt Käse, Schinken, Oliven und Wein, alles aus ökologischem Anbau.

Konoba Garbin 9, schönes uriges Lokal mit Innenhof. Auch hier genießt man auf Holzbänken die traditionelle Kost: Sardinen, Tintenfisch, Käse, Pršut mit Brot und süffigem Babić. Ul. Sv. Juraj (Hauptaltstadtgasse).

Konoba Kod Bepice 8, „der Treffpunkt" (→ „Nachtleben").

Ökodorf Jurlinovi Dvori, in Draga (Burnji, 8 km östl. von Primošten) mit Museum, Konoba und Kapelle – heiraten kann

Übernachten

1 Autocamp Adriatiq
2 Hotel Zora
3 Motel Primo
11 Villa Koša

Essen & Trinken

6 Rest. Kamenar
7 Konoba Kod Papec
8 Konoba Kod Bepice
9 Konoba Garbin
10 Rest. Dalmacija
12 Rest. Babilon

Nachtleben

4 Diskothek Aurora
5 Irish Pub

man hier also auch. Nach Anmeldung gibt es u. a. Pekagerichte; Käse, Schinken und natürlich Wein gibt es immer. Draga b. b., Burnji, ☏ 022/574-106, www.jurlinovidvori.com. ■

Bačulov dvor, ein weiterer hübscher Bauernhof, der seine Erzeugnisse wie Olivenöl, Marmeladen, Feigen etc. anbietet: Draga 66, ☏ 022/571-320, 091/1504-989 (mobil), www.baculov-dvor.com. ■

Sport/Wassersport

Baden Tizi Entlang der Uferpromenade Richtung Hotelhalbinsel ist der Hauptstrand mit Feinkies-Sand und Cafébars im Hintergrund. Weiter Richtung Norden viele schöne und ruhigere Badebuchten; ebenfalls schöne Kiesbuchten Richtung Süden, unterhalb der einstigen und dem Verfall preisgegebenen Nobelherberge Marina Lučica. Zum FKK-Strand auf der Insel Smokvica fahren Taxiboote.

Tauchen Pongo Diving Center, ☏ 091/6799-022 (mobil), www.pongo.hr. Basis beim Hotel Zora.

Jachthafen Marina Kremnik, eine der best geschützten Marinas an eigener Bucht, mit 395 Liegeplätzen im Wasser (alle mit Strom- und Wasseranschluss), zudem 150 Landstellplätze. Restaurant, Supermarkt, Internetcafé und WLAN, Nautikfachgeschäft, Sanitäranlagen, Servicewerkstatt, 5-t-Kran, 80-t-Travellift, 50-t-Slipanlage. Tankstelle 9 sm entfernt in Šibenik. Splitska 22–24, ☏ 022/570-068, www.marina-kremik.hr.

Dalmatien

Die malerische Südküste um Bol (Insel Brač)

Region Mitteldalmatien

Trogir	→ S. 400	Insel Brač	→ S. 449
Insel Čiovo	→ S. 410	Makarska	→ S. 484
Inseln Drvenik	→ S. 415	Insel Hvar	→ S. 491
Split	→ S. 418	Insel Vis	→ S. 530
Omiš	→ S. 437	Inseln westlich von Vis	→ S. 543
Insel Šolta	→ S. 443	Von Drvenik nach Ploče	→ S. 546

Trogir – das mittelalterliche Juwel zieht viele Touristen in ihren Bann

Trogir

Trogirs mittelalterliche Altstadt liegt auf einer künstlich angelegten Insel, die durch eine Steinbrücke mit dem Festland und durch eine Zugbrücke mit der Insel Čiovo verbunden ist. Von der Stadt sagt man, jedes ihrer alten Häuser verberge ein Drama, jede Kapelle eine Legende – und jeder Balkon sei ein Katafalk der Liebe und Hoffnung. Heute lebt Trogir ganz unsentimental, ja fast schon ungeniert vom Tourismus. Aufgrund der einzigartigen Baudenkmäler wurde Trogirs Altstadt unter den Schutz der UNESCO gestellt.

8500 Einwohner zählt das Museumsstädtchen, durch dessen schmale Tore kein Auto passt. Neben Dubrovnik ist Trogir die einzige Stadt Dalmatiens, die ihr mittelalterliches Stadtbild bewahrt hat. Ihr bedeutendstes Bauwerk ist das beeindruckende Hauptportal der Kathedrale, das der kroatische Meister *Radovan* schuf. Viele verwinkelte Gässchen mit Torbögen enden an Plätzen mit Kirchen, Palästen und Cafés.

Leider sind inzwischen fast alle lauschigen Ecken mit Tischen und Sonnenschirmen der Lokale verstellt, die manchmal das zauberhafte mittelalterliche Flair und den Blick auf die Baudenkmäler nehmen. In den Gassen reihen sich zahllose Schmuckläden, Boutiquen und Galerien aneinander, und entlang der palmengesäumten Uferpromenade in Richtung Kastell ankern prächtige Mega-Jachten, beliebte Fotomotive bei den Touristen. Die Parkplätze sind belegt, Parkplatzsuchende meist genervt und der Verkehr hinüber zur Insel Čiovo kommt oft zum Erliegen – ein Brückenbau östlich der Altstadt soll dem Verkehrsgewühl irgendwann ein Ende bereiten. Fast nahtlos ist Trogir im Westen mit den Stadtteilen Seget Donji und Vranjica zusammengewachsen.

Mitteldalmatien

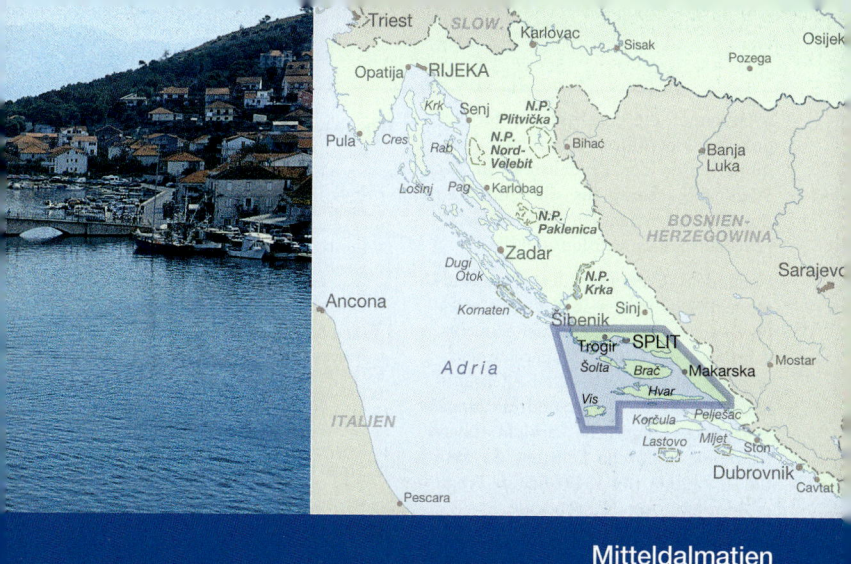

Geschichte

Trogir wurde im 3. Jh. v. Chr. von Griechen aus Siracusa, die sich auf Issa (dem heutigen Vis) niedergelassen hatten, unter dem Namen *Tragurion* – Ziegeninsel – gegründet. Sie trennten die Stadt, die damals noch auf einer Halbinsel lag, durch einen Kanal vom Festland ab. Die Römer bauten Trogir unter dem Namen *Tragurium* zum Handelshafen aus. Bekannt und begehrt war der vorzügliche Marmor aus den nahe gelegenen Steinbrüchen.

Doch bald verlegten die Römer ihren Stützpunkt in das nicht weit entfernte, schnell wachsende *Salona*. Seit dem Niedergang des Weströmischen Reichs wurde Trogir vom Exarchen in Ravenna als byzantinische Provinz regiert. Slawen und Awaren zerstörten Salona Anfang des 7. Jh. Der byzantinische Kaiser *Heraklios* rief die Kroaten zu Hilfe, die sich in Trogir niederließen und später zerstritten – was die venezianischen Galeeren ungemein anlockte. 1123 plünderten und brandschatzten die Sarazenen die Stadt. 1242 standen die Mongolen vor den Toren: Sie forderten die Auslieferung von König Bela, dem die Stadt Unterschlupf gewährt hatte. Das war die Zeit der kroatisch-ungarischen Könige, als Trogir vom Bischof und den reichsten Adligen regiert wurde. Die Bürger begehrten dagegen auf, es kam zu blutigen Aufständen.

1420 wurde ganz Dalmatien an den venezianischen Dogen verkauft. Trogir, von dem Verkauf nicht betroffen, wurde von den Venezianern nach längerer Belagerung erobert, und die Adligen lernten Italienisch. Die Stadt wurde ausgebeutet, die Bürger geknechtet, es gab keine kroatischen Schulen. Das gemeine Volk – Seeleute, Handwerker, Bauern – war vom kulturellen Leben ausgeschlossen, es beschränkte sich auf den Kreis der reichen Adligen, die den Großteil des Handels abwickelten. Venedig baute protzige Paläste und Festungen gegen die Türken, und im 17. Jh. war Trogir ausgeblutet. 1797, im Jahr des Untergangs der venezianischen Republik, kam es zu blutigen Aufständen, da sich die Adligen mit den neuen demokratischen Ideen nicht anfreunden konnten.

1806 kamen die Franzosen. Unter Napoleons Heerführer Marschall Marmont wurde der Feudalismus in der Stadt abgeschafft, für die einfachen Bürger wurden Schulen eröffnet, die alten Stadtmauern wurden abgerissen.

Nach dem Untergang des Napoleonischen Reichs kamen 1814 die Österreicher, versprachen viel und hielten nichts. Am Rande der k.-u.-k.-Monarchie siechte die Stadt dahin. Die alten Adelsfamilien verloren an Macht, und die junge, engagierte bürgerliche Schicht übernahm die politische Führung. So fand die Revolution von 1848 auch in Trogir einen fruchtbaren Nährboden.

Information/Verbindung/Diverses

TIC, Trg Ivana Pavla II, 21220 Trogir, ℡ 021/885-628, www.tztrogir.hr. Juni–Sept. tägl. 8–20, So nur bis 13 Uhr; ab Ostern und bis Ende Okt. Mo–Fr 8–18, Sa 9–13 Uhr; Winter Mo–Fr 8–15 Uhr.

Ćipiko Agency, Gradska ulica 41 (im Ćipiko Palast), ℡ 021/881-554. 8–21 Uhr. Privatzimmer.

Dalmatia Aurea, Kneza Trpimira 39, ℡ 021/885-856, www.da-travel.com.

Aventur Agency, Put brodograditeja 1, ℡ 021/882-388, www.aventur-agency.com. Zimmer.

Agentur Portal, Obala B. Berislavića 3 (neben Loggia), ℡ 021/885-016, www.portal-trogir.com. Zimmer, Ausflüge und Touren (Rafting, Canyoning; Vermietung von Fahrrädern, Scootern, Autos, Booten, Kajaks; Internet.

Atlas, auf der Halbinsel Čiovo, gleich nach der Brücke, Obala K. Zvonimira 10, ℡ 021/881-374, www.atlas-trogir.hr. Zimmer, Citytouren.

Verbindungen Busbahnhof vor der Stadt am Kanal. Halbstündl. Verbindung mit Bus Nr. 37 nach Split (25 KN) und zum Flughafen (15 Min., 12 KN); ebenso nach Šibenik (50 KN); zudem zu den Orten auf Čiovo alle 2 Std.

Personenfähren: *Trogir–Seget Donji–Drvenik Mali–Drvenik Veli*: ca. 2- bis 3-mal tägl. außer Fr. Achtung, manchmal, z. B. bei Festen, Abfahrt nur in Seget Donji (unbedingt vorab fragen). **Abfahrtshafen Seget Donji**: 2 km in Richtung Šibenik, an der ersten Rechtskurve geradeaus fahren, am Friedhof vorbei, durch das Fabriktor und danach links auf den großen Parkplatz des verlassenen Fabrikgeländes. Jadrolinija, ℡ 021/338-333 (Split).

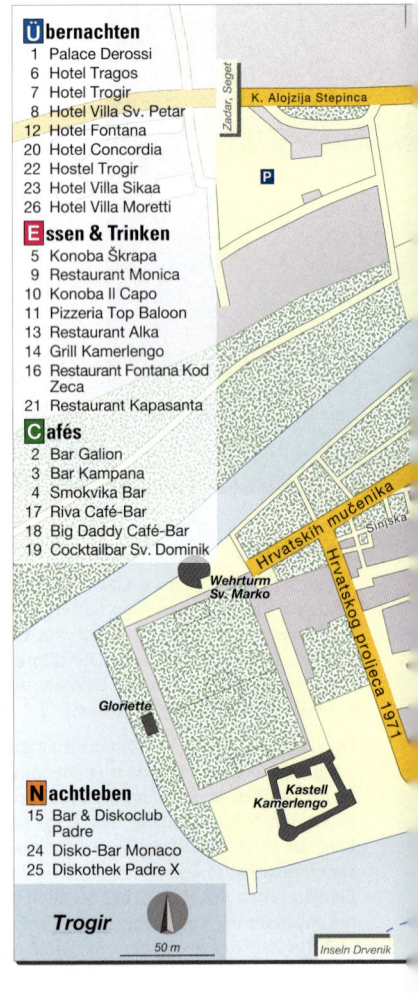

Badeboote und **Schiffslinien**: Trogir–Okrug (M/B Paula und Sirena): in der Saison (bei gutem Wetter) tägl. und stündl. 9–23 Uhr, zurück stündl. 8.30–23.30 Uhr. Ticket 10 KN. ℡ 091/1111-156 (mobil).

Übernachten
1 Palace Derossi
6 Hotel Tragos
7 Hotel Trogir
8 Hotel Villa Sv. Petar
12 Hotel Fontana
20 Hotel Concordia
22 Hostel Trogir
23 Hotel Villa Sikaa
26 Hotel Villa Moretti

Essen & Trinken
5 Konoba Škrapa
9 Restaurant Monica
10 Konoba Il Capo
11 Pizzeria Top Baloon
13 Restaurant Alka
14 Grill Kamerlengo
16 Restaurant Fontana Kod Zeca
21 Restaurant Kapasanta

Cafés
2 Bar Galion
3 Bar Kampana
4 Smokvika Bar
17 Riva Café-Bar
18 Big Daddy Café-Bar
19 Cocktailbar Sv. Dominik

Nachtleben
15 Bar & Diskoclub Padre
24 Disko-Bar Monaco
25 Diskothek Padre X

Information/Verbindung/Diverses 403

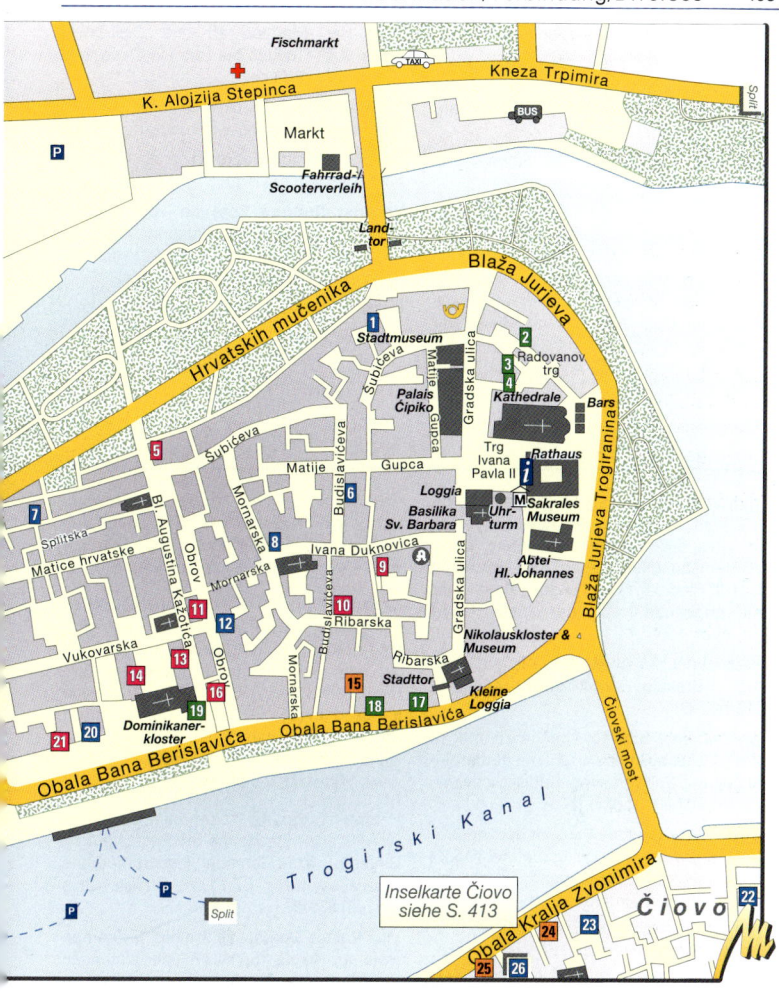

Trogir–Slatine–Split (M/B Sestrice): Ende Mai–Ende Sept. 4-mal tägl. 6, 11.15, 14.30 und 18.30 Uhr (von Slatine Abfahrt 30 Min. später), Sa/So/Feiert. Abfahrt nicht um 6 sondern um 7.30 Uhr (Abfahrt Slatine statt 6.30 um 8 Uhr). Ticket 20 KN. ✆ 091/7271-244 (mobil).

Trogir–Medena–Vranjica (Flips Marina), in der Saison 10-mal tägl.

Flughafen Split (Zračna luka Split): ca. 16 km in Richtung Split; ✆ 021/203-506, -507, www.split-airport.hr. Bus Nr. 37 (15 Min., 12 KN) hält dort. Per Taxi ca. 300 KN.

Taxi: Kneza Trpimira b.b., ✆ 021/881-177; Taxi Bašić, ✆ 098/1733-872 (mobil).

Gesundheit Ambulanz, K. Alojzija Stepinca 16 (Hauptstraße, gegenüber Brücke), ✆ 021/882-461. Hier sind auch die **Apotheke Svalina** (✆ 021/884-247) und **Ärztehaus** (Dom zdravlja), Gradska 25, ✆ 021/881-535.

Einkaufen Kaufhaus am Ortseingang; Obst- und Gemüsemarkt vor der Altstadtbrücke; nördlich gegenüber der Hauptdurchgangsstraße der Fischmarkt; verschiedene Boutiquen etc.

Autoverleih Am Flughafen bei Budget, Hertz, ITR, Uni Rent und Atlas.

Fahrräder/Scooter Neben Atlas, bei Villa Sikaa und Agentur Portal; zudem am großen Parkplatz.

Ausflüge Z. B. nach Split, Šibenik, Dubrovnik oder zu den Krka-Wasserfällen.

Nachtleben Die Café-Bars (u. a. Riva [17], Big Daddy [18] an der Uferpromenade liegen dicht an dicht und sind abends „der" Treff, es gibt DJs, und jedes Lokal versucht die beste Musik zu spielen, um die Jugendlichen anzulocken. Nightlife mit Musik und Karaoke ist in den Café-Bars Kampana [3], Galion [2], Smokvika [4] nördlich der Kathedrale angesagt.

Disko-Bar Monaco [24] und Diskothek Padre X [25] (Techno bis Latin) in Čiovo, gegenüber der Brücke.

Cocktailbar Sv. Dominik [19], nettes Ambiente beim Kloster, gute Drinks, gute Musik.

Bar & Diskoclub Padre [15], in einer Ruine, nur bei schönem Wetter.

Veranstaltungen Fest von Trogir mit Folklore und Musikveranstaltungen Mitte Juli bis Mitte Aug. U. a. auch ein internationaler Wettbewerb junger Tenöre im Kastell.

Patronatsfest Gospa od Carmela, 16. Juli.

Fischpartys auf der Halbinsel Čiovo (→ „Slatine" und „Gornji Okrug").

Übernachten/Camping (→ Karte S. 402/403)

Privatzimmer DZ ab 40 €, Appartements für 2 Pers. ab 45 €. In der Altstadt gibt es nur wenige Privatzimmer. Schöne Übernachtungsquartiere finden sich stadtauswärts in Richtung Seget entlang dem Meer und gegenüber auf der Insel Čiovo (→ Čiovo).

Privatzimmer innerhalb der Altstadt u. a. **Fam. Brekalo**, Mornarska ul. 10, ℡ 021/882-993.

Appartements Stafileo, schöne Zimmer in einem Palast aus dem 15. Jh. mit nettem Innenhof, mit Grill versehen. Budislavićeva ul. 6, ℡ 091/7317-606 (mobil).

Pension Sisko, nettes Haus an der Uferpromenade zwischen Trogir und Hotel Medena, eigener kleiner Badestrand. Es gibt Appartements und Zimmer ab ca. 40 €. Seget Donji, Setnica 22, ℡ 021/880-575 (ab 12 Uhr), 021/882-829 (bis 12 Uhr).

Mlinice Pantan (→ „Essen & Trinken").

Hotels In Trogirs Altstadt eröffneten in den letzten Jahren einige kleine Hotels, die einen Aufenthalt sehr angenehm machen; bei Barzahlung gibt es bei den meisten Hotels einen Rabatt von 10 %.

*** **Hotel Concordia** [20], kleines, familiär geführtes Stadthotel vor dem Kastell, hübsche Frühstücksterrasse und Blick aufs Meer. Gute Zimmer mit Sat-TV, AC, mit Meerblick 100 €. Obala Bana Berislavića 22, ℡ 021/885-400, www.concordia-hotel.net.

*** **Hotel Fontana** [12], komfortables Stadthotel in ruhiger Seitengasse mit sehr gutem Restaurant. Zimmer mit Minibar, Telefon, Sat-TV inkl. Frühstück ca. 100 €. Teurer sind die Zimmer mit Whirlpool. Obrov 19, ℡ 021/885-744, www.fontana-commerce.htnet.hr.

»» Mein Tipp: *** **Villa Sv. Petar** [8], neben der Kirche Sv. Petar steht das nette Altstadthotel. In dem Gebäude aus dem 13. Jh. kann man in 4 gut ausgestatteten Zimmern (mit LCD-TV, AC) und 2 Appartements im geschmackvollen mediterran-rustikalen Stil angenehm nächtigen. DZ/F ab 91 €. Ivana Duknovića 14, ℡ 021/884-359, www.villa-svpetar.com. **«««**

*** **Hotel Tragos** [6], 12-Zimmer-Hotel inmitten des alten Stadtkerns mit Restaurant im Hinterhof. Altes Gemäuer, jedoch moderne Innenausstattung. DZ/F 90 €. Budislavićeva 3, ℡ 021/884-729.

Villa Palace Derossi [1], kleines 12-Zimmer-Hotel am Altstadtbeginn mit Stilrichtungen aus der Renaissance bis hin zum Klassizismus. Die Innenausstattung reicht von einfach bis hin zu stilvollem Mobiliar. DZ/F 90 € (Standard). Hrvatski mučenika 1, ℡ 021/881-241, www.palace-derossi.com.

*** **Hotel Trogir** [7], Altstadthotel in renoviertem 200-jährigen Gebäude. 7 Zimmer, auch Appartements (AC, Internet, Sat.-TV) und Restaurant. DZ/F 110 €. Sinjska 8, ℡ 021/884-756, www.trogirhotel.com.

Außerhalb *** **Hotel Bavaria**, kleines Familienhotel in Seget Donji oberhalb vom Meer. Nette Zimmer, ganzjährig geöffnet. DZ/F mit oder ohne Balkon 126–150 € (TS

Essen & Trinken 405

164–180 €). Hrvatskih Zrtava 133, ☎ 021/880-601, www.hotel-bavaria.hr.

*** **Villa Luciana**, in Seget Donji, gut geführter Familienbetrieb oberhalb vom Meer mit kleinem Pool. Appartements 70–80 €. Put Grgica 56, ☎ 091/5420-168 (mobil), www.villa-luciana.com.

*** **Appartementanlage Medena**, neben dem Hotel Medena. Anlage (nur teilweise renoviert) mit kleinen versetzten Häuschen mit Terrasse und Balkon; je nach Typ 1–2 Schlafzimmer, Wohnraum und Kochnische; eigenes Sportzentrum, Restaurant, Disko Fleki und Supermarkt. Renovierte Studios (2 Pers. und Zusatzbett) z. B. 90 € (TS 120 €). Hrvatskih žrtava 187, ☎ 021/880-567, 880-017, www.apartmani-medena.hr.

Hostel Konoba Croatia, in Seget Vranjica, 6 km westl. von Trogir. Doppelzimmer mit Balkon; nette Terrasse zum Speisen – Frühstück 5 €, Dinner 8 €. Pro Pers. ab 16 €. Seget Vranjica, Put Kralja Tomislava 150, ☎ 021/894-022, www.hostel-trogir.com.

Camping * **Camping Seget**, 1,5-ha-Wiesengelände in Seget Donji (2 km von Trogir entfernt Richtung Zadar) am Meer, nur durch Uferpromenade getrennt; nett in der Nebensaison. Geöffnet 15.4.–31.10. 4,50 €/Pers., Parzelle je nach Lage 12–16 €; es gibt auch Zimmer zu mieten. ☎ 021/880-394, www.kamp-seget.hr.

** **Autocamp-Appartements Vranjica-Belvedere**, 5,5 km von Trogir in Richtung Zadar. Gut ausgestatteter 7-ha-Platz mit Fels- und etwas Kiesstrand, Restaurant, großes Sportangebot (Kajak, Banana, Beachvolleyball); Tauchschule 1 km entfernt. Schöner Blick auf die vorgelagerten Eilande. 1.5.–15.10. 5,30 €/Pers., Parzelle mit Strom etc. 13–18 €. ☎ 021/894-141, www.vranjica-belvedere.hr.

** **Camp Ante Juras**, kleiner privater Campingplatz nicht weit vom Flughafen Trogir/Split. Put Resnika b. b. Kaštel Štafilić, ☎ 021/234-408, 234-743.

Essen & Trinken (→ Karte S. 402/403)

In der Altstadt an jedem Platz Cafés, Eisdielen, Pizzerias und Restaurants.

Restaurant Fontana Kod Zeca 16, mit großer Terrasse und Blick aufs Meer; ein marmorner Springbrunnen, Gemälde und Spiegeldecke zieren den Speiseraum. Fleisch- und Fischgerichte. Ul. Obrov, ☎ 021/884-811.

Restaurant Alka 13, Trogirs bestes Restaurant. Gediegene Atmosphäre, gehobene Preise, große Weinauswahl; Fisch- und Fleischgerichte. Sitzmöglichkeit auch im Freien. Ul. Augustina Kažotića 15, ☎ 021/881-886.

Restaurant Monica 9, hinter der Apotheke. Hübscher, pflanzenumwucherter Innenhof. Große Auswahl an Salaten, Fisch- und Fleischgerichten (auch Lamm), große Weinauswahl. Leider ist der Service in der Hochsaison manchmal sehr überfordert. Budislavićeva 12, ☎ 021/884-808.

Konoba Il Capo 10, im Innenhof einer efeuberankten Hausruine. Auch ein Holzboot dient als Tisch. Dalmatinische Küche und hauseigene Weine. Ribarska 11.

Grill Kamerlengo 14, bei der Kirche Sv. Dominik. Hübscher Innenhof, gute Fleischgerichte und große Weinauswahl. Vukovarska 2, ☎ 021/884-772.

Pizzeria Top Baloon 11, am kleinen Platz Obrov. Man sitzt sehr gemütlich, umgeben von Pflanzkübeln. Pizza und Nudelgerichte. Ul. Obrov 7.

Konoba Škrapa 5, abseits des Trubels. Gute Küche, netter Service. Fleisch- und Fischgerichte.

Restaurant Kapasanta 21, kurz vor dem Kastell Karmelengo an der Uferpromenade. Spezialitäten sind u. a. die Vorspeise Kapasanta (schwarze Nudeln, Garnelen und Scampi) oder Fischplatte; zur Nachspeise Pannacotta und zur Verdauung Haselnussschnaps Orahovac. Obala bana Berislavića 23, ☎ 021/882-830.

Außerhalb Restaurant Barba, in Seget Donji (stadtauswärts an der rechten Straßenseite und ersten Rechtskurve). Traditionelles großes Fischlokal mit Wintergarten. Hrvatskih žrtava 42, ☎ 021/884-880.

》》Mein Tipp: Mlinice Pantan (Konoba-Pension), 3 km außerhalb von Trogir in Richtung Split. In der aufwändig renovierten Mühle aus dem 15.–16. Jh. mit schöner Terrasse und Innenraum kann man sehr gut traditionelle Gerichte speisen, u. a. Pašticada mit Gnocchi, Oktopus, Fischpastete, Brot mit hauseigenem gemahlenem Mehl, Ravioli (mit Mandeln). Angebot an Exkursionen etc. Übernachtung in 2 Appartements, 74 €/2 Pers. mit Frühstück (ab 3 Tage 60 €). Ganzjährig geöffnet. Kneza Domagoja 32, ✆ 021/895-095, 095/9056-890, www.pantan.net (→ „Sehenswertes"). «

Restaurant Frankie, Toplage am Meer im alten hübschen Ortskern von Seget. Auch Service und Qualität sind top. Gespeist wird auf der Dachterrasse oder im netten hellen Inneren; u. a. leckerer fangfrischer Fisch, Meeresfrüchte-Topf oder Fischteller für 2 Pers. Ostern–Okt. tägl. ab 11 Uhr. Seget Donji, Riva, ✆ 021/880-562.

Agroturizmo – Konoba Donja Banda, rund 4 km nördlich von Vranjica, nahe dem Weiler Vrsine, liegt dieser Bauernhof, der in seinem hübschen Natursteinhaus mit Terrasse Hofprodukte wie Wein und Lamm aus der Peka bietet. Guter Stopp bei einer Fahrradtour. Vrsine (ausgeschildert), ✆ 021/890-705, 091/2524-108 (mobil). ∎

Baden/Sport/Wassersport

Baden Für den Sprung ins Wasser gibt es zwei Strandbäder (Wasserqualität durch Werft u. Hafeneinfahrt etwas beeinträchtigt): *Batarija* liegt auf der Westseite der Altstadtinsel (bei Festung Kamerlengo); *Lokvice* liegt östlich der Brücke. Zudem auf einer kleinen Sandbank, Brigi, mit Beachbar, nach dem Mlinskikanal (auf der Hauptstraße Richtung Split, nach Restaurant Ankora rechts ab). Oder an den Kiesstränden in Čiovo.

Fahrrad-/Scooterverleih Beim Parkplatz an der Brücke und bei Villa Sikaa (Čiovo).

Tauchen/Surfen Motorbootverleih, Surf- u. Segelkurse, Tauchschule im Hotel Medena.

Trogir Diving Center Medena, Hotel Medena, Hr. Ivo Miše, ✆ 021/886-299, 091/1125-111 (mobil), www.trogirdivingcenter.de oder www.trogirdivingcenter.com.

Eine weitere Tauchbasis ist auf Čiovo in Gornji Okrug (s. dort).

Jachthafen ACI-Marina Trogir (→ Insel Čiovo).

Marina Jachtclub Seget, 2009 eröffnet und ganzjährig geöffnet, zudem im Ausbau Restaurant und Pool, Nautikshop und Appartements. 150 Liegeplätze zu Wasser und 100 zu Land. Seget Donji, Don Petra Špike 4, ✆ 021/880-791.

Hafenkapitän Trogir, ✆ 021/881-508. Das Anlegen am Kai von Trogir muss mindestens einen Tag im Voraus angemeldet werden.

Sehenswertes

Über die steinerne Brücke gelangt man auf die Altstadtinsel zum **Landtor**. Umrundet man Trogir auf der Uferpromenade der Festlandseite in westlicher Richtung, stößt man auf den runden Wehrturm **Sv. Marko** aus dem 15. Jh.

Ein Stück entfernt stößt man auf eine **Gloriette**, die zu Ehren von Marschall Marmont, Napoleons Heerführer, errichtet wurde. Auf der Čiovo zugewandten Seite steht das dickturmige **Kastell**. Der neuneckige Turm wurde im 14. Jh. von den Genuesen erbaut. Die Venezianer fügten das **Kastell Kamerlengo** hinzu. 1941 wurden dort Kämpfer des Volksbefreiungskriegs von den italienischen Faschisten erschossen. Heute finden im Innern der Festung Konzerte und Freilichtaufführungen statt. Das Kastell kann besichtigt werden (tägl. 9–20 Uhr), von oben bietet sich ein schöner Blick auf die Altstadt.

Auf der Palmenpromenade in östlicher Richtung gelangt man zum **Dominikanerkloster** mit gotischer Kirche aus dem 14. Jh. und einer Kunstsammlung. Danach folgen das südliche **Stadttor** und die **kleine Loggia**, die seit dem 16. Jh. Reisenden Unterkunft bot, wenn die Stadttore schon geschlossen waren. Heute dient die kleine Loggia als Café.

Dahinter liegt das **Nikolauskloster** mit **Museum** (10–12 und 14–20 Uhr), Kirche und weiteren Gebäuden. Es wurde im 11. Jh. als Benediktinerkloster gegründet und ist heute ein Nonnenkloster. Im blumengeschmückten Innenhof findet man eine griechische Inschrift aus der Zeit der Stadtgründung. Das wertvollste Exponat des Museums ist ein Marmorrelief mit einer *Kairos*-Darstellung: Der griechische „Gott des glücklichen Augenblicks" war ein Symbol der Olympischen Spiele. Der Fund erstaunte die Gelehrten, denn Kairos wurde im 1. Jh. v. Chr. nach dem Vorbild des Lysippos von einem unbekannten Künstler angefertigt. Das Relief wurde 1928 entdeckt und gilt als wichtigstes hellenistisches Kunstwerk Dalmatiens. Weitere sehenswerte Exponate sind ein hölzernes, reliefartiges Polyptychon aus der ersten Hälfte des 15. Jh. aus einheimischer Schule, ein bemaltes Kreuz von Paolo Veneziano aus dem 14. Jh., ein Gemälde von Nikola Grassi sowie zahlreiche liturgische Geräte, Messgewänder und Notenbücher.

König Belas Kapuze

In der Schatzkammer der Kathedrale wird eine besondere königliche Reliquie aufbewahrt: die Kapuze von König Bela, den die Stadt im Jahr 242 auf seiner Flucht vor den Tartaren mit allen Ehren aufgenommen hatte. Nachdem er nach Čiovo in sein Versteck gebracht worden war, vermachte er Trogir zum Dank neben einigen Besitztümern der Stadt Split auch seine Kapuze. Einige Historiker verweisen die Geschichte mit der königlichen Kapuze in den Bereich der Legende, doch die Schenkung der Splitter Besitztümer ist geschichtlich bezeugt, ebenso wie der lange Krieg, den es deshalb zwischen den beiden Städten gab.

Weiter nördlich am Ostufer steht die **Abtei des hl. Johannes** des Täufers mit Lapidarium und Kirchenkunstsammlung. Das romanische Bauwerk aus dem 13. Jh. ist ein Relikt des einstigen großen Benediktinerklosters.

Zwischen den Gebäuden fällt der Blick auf die Rückseite der Kathedrale, in der sich auch der Eingang zur *Schatzkammer* mit vielen Kostbarkeiten befindet. Doch berühmt ist Trogir in erster Linie für seine bedeutende **Kathedrale** (Mo–Sa 9–17, So 12–18, im Winter nur Mo–Fr 9–12 Uhr). Sie ist als Dom dem *hl. Laurentius* (Sv. Lovro) geweiht, wird aber von den Leuten Dom des *hl. Johannes* (Sv. Ivan) genannt, nach dem Schutzpatron Trogirs. Der Bau wurde 1123 begonnen und 1610, fast 400 Jahre später, beendet – die Stilfolge der Stockwerke reicht von der Romanik über venezianische Gotik bis zur Renaissance. Das beeindruckendste Werk ist das *Westportal* des kroatischen Meister-Bildhauers *Radovan* mit dem schamhaften Paar Adam und Eva und zwei Löwen (1240). Als die Venezianer 180 Jahre später die Stadt eroberten, zerschlugen ihre steinernen Kanonenkugeln den ersten Stock des Glockenturms, der noch in Bau war. Den Turm kann man besteigen und die Aussicht genießen.

Der venezianische Löwe

Der Löwe war über Jahrhunderte das Sinnbild der italienischen Fremdherrschaft. Als in Italien die Faschisten an die Macht kamen und ihre Parolen ertönten – „Wo der Steinlöwe ist, ist auch Italien" – drückten die Bürger von Trogir ihren Protest am 1. Januar 1932 auf drastische Weise aus: alle Steinlöwen in der Stadt wurden beseitigt. Sogar der Völkerbund in Genf, Vorgänger der Vereinten Nationen, beschäftigte sich mit der Affäre.

Auf dem Platz neben der Kathedrale erblickt man das **Rathaus**, im 14./15. Jh. Sitz des venezianischen Statthalters. Es wurde im 13. Jh. errichtet und im 19. Jh. nach Vorbildern aus dem 16. Jh. fast originalgetreu restauriert. Im Hof sitzt als Brunnenfigur ein geflügelter venezianischer Löwe Modell.

Gegenüber vom Rathaus befinden sich das **Sakrale Museum**, der städtische **Uhrturm** und die **Loggia**. Letztere wurde bereits im 14. Jh. erwähnt und diente als Gerichtshalle und Pranger – bis heute hängen an ihrer Außenfront die Ketten, in denen die Verurteilten dem Spott des Volkes ausgesetzt waren. Die Reliefs über dem Gerichtstisch meißelte Nikola Firentinac im 15. Jh. Hinter der Loggia duckt sich das älteste Kirchlein Trogirs unter ein Gewölbe: die vorromanische, altkroatische **Basilika St. Barbara** aus dem 9. Jh. Den Abschluss des Volksplatzes bildet das **Palais Ćipiko**, das aus dem alten (kleineren) und dem neuen Palast besteht – einst verbunden, trennt sie nun eine Gasse. Heute residiert in den Palastmauern eine Touristenagentur.

Löwen bewachen die Kathedrale

Ein paar Meter nördlich davon steht der Palast der Familie Garagnin Fanfogna, in dem heute das **Stadtmuseum** (Juni–Sept. Mo–Sa 9–19 Uhr, Okt.–Mai Mo–Fr 9–14 Uhr) untergebracht ist. Es zeigt Sarkophage, Wappen, Reliefs, Keramik und mehr. Vor dem Besuch sollte man die kleine Museumsbroschüre kaufen, da die Exponate nur kroatisch beschriftet sind.

Außerhalb von Trogir, ca. 3 km in Richtung Split, lohnt die **Mlinice Pantan** (→ „Essen & Trinken") einen Besuch. Inmitten von 50 ha Sumpfland steht an der Pantanmündung die aus dem Jahr 1520 stammende, aufwändig restaurierte Mühle. Bereits zur Zeit der Römer und im 13. Jh. fand die Mühle Erwähnung. Stein für Stein wurde sie originalgetreu nach der Zerstörung 1992 wieder aufgebaut, auch die alten Mühlsteine sind zu sehen, und durch einen Glasboden blickt man auf den rauschenden Bach. Von hier aus kann man Ausflüge in alten Holzbooten unternehmen oder Vögel beobachten und natürlich dem Restaurant einen Besuch abstatten. Das Gebiet ist u. a. Lebensraum für 186 verschiedene Vogelarten, darunter zahlreiche Zugvögel, und für 36 Fischarten. Information unter Dr. Mladen Pavić, ✆ 021/895-095.

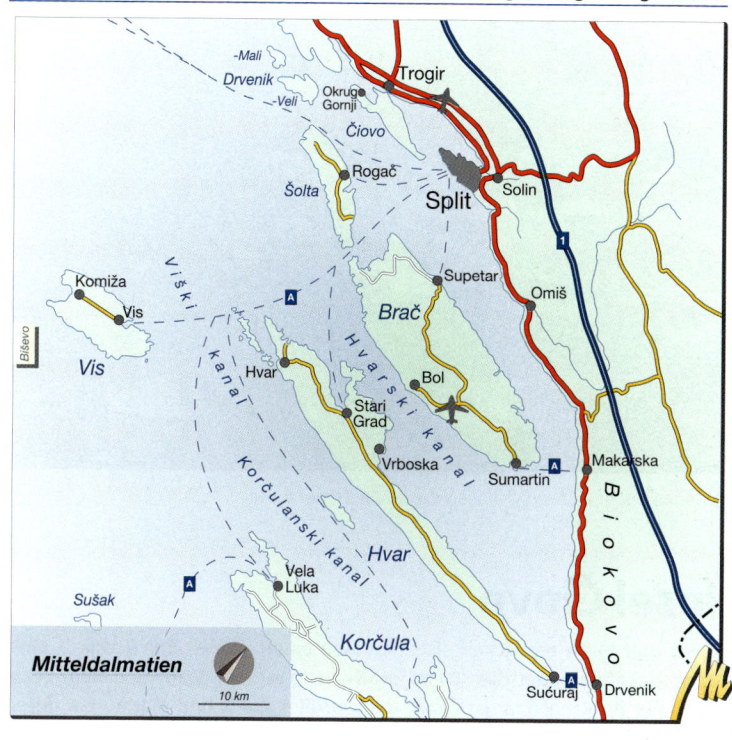

Trogir/Umgebung

Seget: Der kleine Ort im Nordwesten von Trogir ist seit der Illyrerzeit bewohnt und heute mit der Stadt fast nahtlos zusammengewachsen, der alte Ortskern ist idyllisch. Auf dem *Berg Sutilja,* der sich hinter Seget erhebt, steht auf den Ruinen einer vorgeschichtlichen Fluchtburg die mittelalterliche Kapelle *Sv. Ilija.* In rund 30 Min. ist man vom Ortskern hinaufgelaufen. Ebenfalls landeinwärts, bei **Gornji Seget**, lohnt das romanische Kirchlein *Sv. Vid* einen Besuch; im Umkreis von Gornji Seget finden sich *Bogomolien,* große verzierte mittelalterliche Grabplatten. Schöne Fahrradtouren kann man durchs weinreiche Landesinnere über **Vrsine** nach Marina unternehmen. (Übernachten/Essen → „Trogir/Außerhalb").

Duboka-Bucht – stille Winkel an der Südseite der Insel

Insel Čiovo

Mehr und mehr entwickelt sich Čiovo zu einem Vorort von Trogir – eine Zugbrücke verbindet die 30 km² große Insel mit der Stadt und dem Festland. Für Bootsbesitzer ist Čiovo dank großer Werft und Marina ein guter Ausgangsort für Ausflüge in die Inselwelt.

Der nördliche Inselteil ist inzwischen stark zersiedelt, und der Ferienhaus-Bauboom nimmt kein Ende. Rund 3000 Bewohner leben heute auf Čiovo im gleichnamigen Hauptort und in fünf weiteren Dörfern: Arbanija mit dem *Kloster Sv. Križ*, Zedno, Slatine, Gornji und Donji Okrug. Die steil abfallende Südküste ist relativ unbewohnt. Der 212 m hohe *Rudine* ist Čiovos höchste Erhebung. Seine macchiabewachsenen Hänge sind terrassenförmig von Steinmäuerchen unterteilt, Oliven, Wein, Gemüse gedeihen. Die Bade- und Partyzone ist an den Buchten um Gornji Okrug. Abseits gelegene Badeplätze findet man an der Südwestflanke der Insel.

Besonders am Wochenende spätnachmittags herrscht starker Rückfahrverkehr in Richtung Trogir, d. h. es gibt lange Staus – empfehlenswert ist es deshalb, das Boot nach Gornji Okrug zu nehmen. Östlich der Altstadt Trogir soll eine weitere Brücke dem Verkehrschaos Abhilfe schaffen, finanziell aber derzeit nicht realisierbar.

Wichtiges auf einen Blick

Telefonvorwahl: 021

Bootsverbindung: Badeboote/Schiffslinie Okrug–Trogir (M/B Paula und Sirena), → „Gornji Okrug"; zudem Trogir–Slatine–Split (M/B Sestrice), → „Slatine".

Busverbindung: mehrmals nach Trogir; ab Trogir stündlich nach Split und Šibenik.

Tankstelle: nur Trogir.

Bank: nur Bankomaten in Gornji Okrug.

Geschichte

Čiovo wird schriftlich erstmals als *Bua* oder *Boa* erwähnt, da man annahm, dass es hier große, Rinder fressende Schlangen gab. Später hieß Čiovo *Vulciha*, benannt nach dem Vornamen eines Besitzers der Insel, danach *Vulcohovo* und *Cihovo*. Reste von Fluchtburgen bezeugen, dass die Insel schon in vorgeschichtlicher Zeit besiedelt war. Unter den Römern diente Čiovo der Unterbringung von Verbannten. Ab dem 5. Jh. suchten Eremiten hier Unterschlupf und bauten sich ein Kloster und Kapellen. Im Mittelalter diente die Insel als Quarantänestation für Leprakranke. Als im 15. Jh. die Türken vordrangen, brachte sich das Volk auf der Insel in Sicherheit. Das milde Klima und die üppige Pflanzenwelt halfen, sich mit der neuen Heimat anzufreunden. Die Bewohner lebten von Landwirtschaft, Fischerei und Schiffsbau. Im 19. Jh. gab es auf Čiovo mehrere kleinere Werften.

Bekannt wurde Čiovo für seine Heil- und Aromapflanzen. Im 19. Jh. begann man mit dem Sammeln der Kräuter, die auf der Insel üppig wuchsen. Besonders der Trogirer Botaniker und Apotheker *Andrija Andric* tat sich dabei hervor und fertigte Heilmittel für seine Apotheke. Seine Kenntnisse erwarb Andric an der Universität von Padua, und nach seiner Rückkehr erfasste er 905 Pflanzenarten. Seit man 1830 damit begann, Pflanzen und ihre Wirkstoffe in Extrakten und Alkaloiden zu lösen, setzte ein intensives Sammeln von Heil- und Aromapflanzen ein, die in bearbeiteter oder getrockneter Form exportiert wurden. Heute leben die Bewohner vor allem vom Tourismus. Als Spaziergänger kann man den würzigen Kräuterduft in den Bergen heute noch genießen.

Von Čiovo nach Gornji Okrug

Čiovo, Trogirs Vorstadt, liegt auf der südlichen Seite der großen Kanalbrücke, mit ein paar alten Marmorhäusern zwischen all den Neubauten. Auf der Landzunge liegen die Marina und die große Werft. Danach folgen kilometerweit Neubauten mit Zimmervermietung – Čiovo ist fast nahtlos mit Gornji Okrug an der Saldun-Bucht zusammengewachsen.

An den Sieg nach dem langjährigen Krieg zwischen Trogir und Split erinnert die Kirche *Gospe Kraj Mora*. König Bela IV. beschenkte die Stadt zum Dank, dass sie ihm Schutz vor den Angriffen der Tartaren geboten hatte. Die Trogirer hatten den König erst auf Čiovo versteckt, später auf einem Inselchen, das seitdem den Namen Kraljevac trägt. Das *Kloster vom hl. Lazar* und die Kirche *Sv. Maria* wurden im 16. Jh. erbaut. An dieser Stelle gab es 1372 eine Leprastation, später eine Quarantänestation. Seit 1796 waren im Kloster ein Gymnasium und eine öffentliche Schule untergebracht.

Auf dem Berg Drid oberhalb von Čiovo steht in einem Kiefernwald das gotische *Franziskanerkloster Sv. Ante* mit Kirche. Es wurde im 15. Jh. erbaut und birgt wertvolle Gemälde von Palme Mladeg.

Gornji Okrug: Der Ort erstreckt sich von der Saldun-Bucht über den Berg zur Movarštica-Bucht. Die lange *Saldun-Bucht* ist beliebter Treff der Jugendlichen für Beachpartys in den Strandbars (auch Schiffsverbindung mit Trogir). In der Ortsmitte stehen noch ein paar ältere, farblose Häuser, ansonsten Neubau an Neubau – beide Buchten sind ringsum zugebaut. Oberhalb der Movarštica-Bucht liegen die Überreste der mittelalterlichen *Kirche Sv. Mavar*. Der Namenspatron schützt vor rheumatischen Erkrankungen – und vielleicht auch die Region, die seit langem für ihr mildes Klima bekannt ist.

Insel Čiovo

Information/Verbindungen/Übernachten (→ Karte S. 402/403)

Touristinformation, Toć b.b. (an der Hauptstraße u. am südlichen Buchtende oberhalb des Hafens), 21223 Gornji Okrug, ✆ 021/887-311, www.tzo-okrug.hr.

Atlas, Čiovo, ✆ 021/881-374, www.atlas-trogir.hr.

Verbindungen Regelmäßig **Busse** nach Donji Okrug, Slatine und Trogir.

Badeboote und Schiffslinie: Okrug–Trogir (M/B Paula und Sirena): in der Saison und bei gutem Wetter tägl. und stündl. von 8.30–23.30 Uhr; Ticket 10 KN. Infos ✆ 091/1111-156 (mobil).

Veranstaltungen Am Strand von Gornji Okrug und auch in Slatine finden **Fischpartys** statt. Es gibt Livebands u. gratis Fisch, der süffige Wein muss natürlich bezahlt werden. Zudem Beachpartys am Saldun-Strand.

Übernachten Die Agenturen vermitteln Privatzimmer ab 40 €/DZ; Appartements für 2 Pers. ab 45 €.

**** Hotel Villa Sikaa 23, an der Uferstraße gegenüber von Trogir in Čiovo mit schönem Blick auf die Altstadt. Internetcafé, Scooter- und Fahrradverleih. Komfortable DZ/F mit AC je nach Lage 102–133 €. Obala Kralja Zvonimira 13, ✆ 021/881-223, www.vila-sikaa-r.com.

》》 Mein Tipp: **** Villa Moretti 26, westlich der Brücke in Čiovo. Hier nächtigt man im Familienpalast der Schiffseigner Moretti aus dem 17. Jh. Der Blick aus den Fenstern der 4 netten Zimmer bietet teils Sicht auf die Marina. DZ/F 90 €. Čiovo, Lucica 1, ✆ 021/885-326, www.villamoretti.com. 《《

*** Hotel Villa Fani, in Gornji Okrug, geräumige, nette Zimmer mit Balkon, Sat.-TV, Telefon. Appartements 50 €/2 Pers., Frühstück 6 €. Gornji Okrug, Spira Puovica 10, ✆ 021/806-205, www.villa-fani.com.

*** Villa Paula, am südlichen Ende der Saldun-Bucht. 25 Zimmer, kleiner Pool, Restaurant. DZ/F 119 €. Ante Stračevića, ✆ 091/9565-158 (mobil), comwww.villa-paula.com.

Hostel Trogir 22, 2009 eröffnet, östlich der Brücke, 4 Mehrbettzimmer mit Duschen, Gratis-Internet. Ab 14 €/Pers. Marin Roži, ✆ 091/579-2190 (mobil), www.hosteltrogir.com.

Camping ** Kamp Rožac, auf der kleinen Landzunge, den Strand Saldun abschneidend. Netter Platz am Meer unter schattigen Bäumen; wer Stadtnähe und Party sucht, ist hier richtig. Es gibt auch neue Mobilheime. Geöffnet April bis Ende Okt. 5,70 €/Pers., ab 4,50 €/Zelt, 5,50 €/Auto. ✆ 021/806-105, www.camp-rozac.hr.

Camp Duga, auf der Südseite von Gornij Okrug an der Uvala Duboka am Kap (s. u.).

Essen & Trinken An der Saldun-Bucht die Café-Bars **Café del Mar** und **Aquarius**, warmes Essen; hier werden Beachpartys gefeiert.

Restaurant Leonardo, oberhalb des Hafens (Uvala Toć) am Buchtende von Gornji Okrug. Gute Fisch- und Fleischgerichte. Radićeva 34, ✆ 021/886-539.

Nachtleben Beachpartys am Strand von Saldun, zudem Diskothek/Nightclub Padre X, Čiovo, Obala Kralja Zvonimira; alles von Techno bis Latinmusik.

Baden/Sport/Wassersport

Baden An der Saldun-Bucht, schmaler Streifen Kiesstrand an der Straße, kein Schatten. An der Movarštica-Bucht am östlichen Ortsende gibt es einen kleinen Kiesstrand; die westliche Seite der Bucht ist felsig mit betonierten Liegeflächen und Treppchen ins Wasser – im Hintergrund Neubauten.

Tauchen Trogir Diving Center (Ltg. Jožo, Miki und Miše), ausgestattet mit dem neuesten Equipment; 2 Kompressoren, eigene Anlegestelle vor der Tauchbasis, geöffnet Ostern–Okt.; Übernachten in Appartements neben der Tauchbasis möglich. Gornji Okrug, Pod Luku 1, ✆ 021/886-299, 098/321-396 (mobil), www.trogirdivingcenter.de oder www.trogirdivingcenter.com.

Jachthafen ACI-Marina Trogir, super Lage gegenüber Trogirs Altstadt. Liegeplätze für 174 Boote zu Wasser sowie 35 Stellplätze an Land, alle mit Strom- und Wasseranschluss; Reparaturwerkstatt, 10-t-Kran, Sanitäranlagen, Supermarkt, Bootsverleih, Tankstelle, Restaurant, WLAN. Ganzjährig geöffnet. ✆ 021/881-544, www.aci-club.hr.

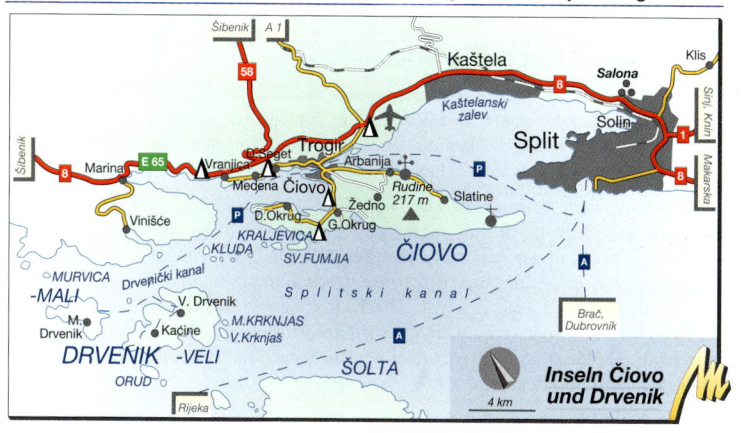

Von Gornji nach Donji Okrug

Am Ortsende von Gornji Okrug führt von der Hauptstraße ein Fahrweg wieder auf die Südseite der Insel zum Ortsteil Bušinci und zur *Uvala Mavarčica*, die umgeben ist von vielen Ferienhäusern. Nach Westen wird die Küste einsamer. Ein kleiner Pfad schlängelt sich durch Macchia oberhalb am Meer entlang, es folgt die *Bucht Tatinja*.

Von der Hauptstraße zwischen Gornji Okrug und Donji Okrug führt noch einmal ein Abzweig (ausgeschildert) auf die Südseite zur *Bucht Duboka* mit Campingplatz und endet noch ein Stückchen weiter westlich an der Bucht Duga. Ginster, Kiefern und Steinmäuerchen prägen das Bild und eine nette Konoba lädt zu einer Pause ein. Vorgelagert sind drei Inseln: gegenüber, fast in Schwimmweite, *Sv. Fumija* mit Überresten eines frühchristlichen Kirchleins aus dem 5. Jh., nördlich davon *Kraljevac*, das einst König Bela Unterschlupf bot und seither diesen Namen trägt, und das kleine Eiland *Zaporinovac*. Weiter draußen schimmern in der Sonne die Inseln Šolta und Brač. Weitere schöne Badebuchten befinden sich nördlich: Uvala Sv. Fumija und Uvala Široka.

Camping Camping Labadusa, terrassenförmig unter Kiefernbäumchen zur Bucht Duboka hin gelegen; angenehmer, freundlicher kleiner Platz mit Kiesstrand und netter Konoba. Geöffnet Mai–Sept. ✆ 091/5655-666 (mobil).

Essen & Trinken Konoba Duga, am Ende des Makadams, oberhalb des Meeres in Sichtweite zur Insel Sv. Fumija. Gemütlich unter Olivenbäumen und Fischernetzen, mit offener Küche. Es gibt Fisch, Scampi, Calamares, Fleisch. ✆ 091/8990-214 (mobil).

Weiter entlang der Hauptstraße, kurz vor Donji Okrug, folgt die fjordartige Bucht Recetinovac mit vielen Badestellen und Jachten.

Donji Okrug: Die Straße endet am Meer. Eine Bootsbucht wird umringt von der Skyline der Ferienhäuser. Dahinter liegt terrassiertes Land, vorgelagert Inseln, weiter draußen Veli und Mali Drvenik.

Ein Weg führt an der Felsküste nach Norden ums Kap herum, hier befinden sich etwas abgelegene Badestellen mit kleinen *Kiesbuchten*. Schöne Buchten gibt es auch im Süden mit den vorgelagerten Inseln (s. o.): *Uvala Pirčina* und *Uvala Široka*.

Von Čiovo nach Slatine

Fährt man nach der Brücke ostwärts, vorbei an zahlreichen Neubauten, biegt ein Sträßlein ins Landesinnere ab nach **Žedno**: Ein kleiner, ruhiger, alter Ort hoch oben, mit weiter Aussicht über die Insel, dominiert von dem von Zypressen und Kiefern umringten mittelalterlichen Kirchlein *Sv. Mauro*.

Arbanija mit dem *Dominikanerkloster Sv. Križ* liegt direkt am Meer. Das gotische Gebäude aus dem 15. Jh. mit massivem Glockenturm birgt ein berühmtes, aus Olivenholz geschnitztes Kreuz aus gleicher Zeit. Das Chorgestühl wurde ebenfalls im 15. Jh. von einheimischen Künstlern geschaffen. Den Innenhof des Klosters zieren Arkaden und eine Zisterne. Die Klosterkapelle wurde 1566 vom Trogirer Meister *Ivan Lucic* dazugebaut. Heute wird das Kloster von einem Mönch bewohnt und kann besichtigt werden. Vor dem Kloster laden eine *Badebucht* und schattige Plätzchen zum Ausruhen ein.

Slatine: Der Ort liegt ein Stück über dem Meer. Erst sieht man Neubauten, dann alte Marmorhäuser – Cafébars, Kirche und schon wieder Neubauten bis zum Meer hinab, unten in der Hafenbucht eine Bar und eine *Konoba*, in der die alten Fischer sitzen, dann folgt Steinküste. Ein Fußweg führt weiter nach Osten zu vielen schönen, einsamen Felsbadebuchten mit Kiesabschnitten, u. a. der Kava-Bucht.

An der Steilküste im Südosten ist eine **Eremitage** waghalsig in den Fels gebaut. Oberhalb davon liegt die Kapelle *Gospa Prizidnica*. Man kann von Slatine aus hinübergehen und vielleicht auch dort übernachten, aber man sollte sich vorher erkundigen.

Gornji Okrug – beliebter Badeort für die Städter aus Trogir und Split

Verbindungen Badeboot/Schiffslinie *Slatine–Split* (M/B Sestrice): Ende Mai–Ende Sept. 4-mal tägl., 6.30, 11.45, 15 und 19 Uhr (Sa/So/Feiert. Abfahrt nicht um 6.30 sondern um 8 Uhr). *Slatine–Trogir*: tägl. und immer um 10.20, 13.35, 16.35 und 20.35 Uhr. Ticket 20 KN. Infos 091/7271-244 (mobil).

Regelmäßig **Busse** nach Trogir.

Übernachten/Essen ** **Hotel Sv. Križ**, kleines Hotel in schöner Lage am Meer kurz vor dem Dominikanerkloster. Es gibt Restaurant, Beachbar, Pool und gut ausgestattete, modernisierte Zimmer. DZ/F ab 90 €. 021/888-118, www.hotel-svetikriz.hr.

*** **Hotel Villa Tina**, kleines Hotel an der Uferstraße in Arbanija. Restaurant mit großer Terrasse und Blick aufs Meer; ganzjährig geöffnet. Die komfortablen Zimmer mit Sat-TV und Telefon kosten mit Frühstück ab 75 € (Balkon/Lage). 21224 Arbanija, 021/888-001, www.vila-tina.hr.

** **Maća-Appartements**, ebenfalls an der Uferstraße, gut ausgestattet und Bootsvermietung möglich. 2 Pers. 70 €, 4 Pers. 90 €. Arbanija, Ul. K. Tomislava 5, 098/497-020 (mobil), www.maca-apartements.com.

Veli Drvenik – ein Ort für geruhsamen Badeurlaub

Inseln Drvenik

Mali und Veli Drvenik sind zwei kleine Inseln südwestlich von Čiovo. Touristisch sind sie noch kaum erschlossen, doch bieten sie Ruhe und Wandermöglichkeiten. Für Bootsbesitzer, die von den nahen Inseln Čiovo und Šolta kommen und hier schnell mal vor Anker gehen wollen, gut geeignet.

Mali Drvenik ist 3 km² groß, ihre höchste Stelle misst 80 m. Die Insel wirkt wie eine Platte und erhielt daher einst den Namen *Plancha*. Das viermal größere *Veli Drvenik* befindet sich 1,5 km weiter östlich, seine höchste Erhebung ist der 177 m hohe Berg *Buhaj*.

Die Inseln dienten im 15. Jh. den Menschen als Zufluchtsort vor den Türkenüberfällen, die Besiedlung begann auf Mali Drvenik. Veli Drvenik wird erstmals unter dem Namen *Zirona* schriftlich erwähnt – er ist illyrischen Ursprungs und bedeutet Wald, von ihm abgeleitet ist die spätere kroatische Bezeichnung Drvenik. Einst waren die Inseln reich an Wäldern, doch schon zur Zeit der ersten Besiedlung wurden sie für den Schiffsbau großteils abgeholzt. Die Siedler forsteten die Flächen mit mediterranen Pflanzen wie Oliven-, Feigen-, Johannisbrotbäumen auf und bauten Wein an. Sie lebten von Landwirtschaft, Fischfang und Seefahrt. Wegen der kargen Lebensbedingungen wanderten viele zwischen den beiden Weltkriegen aus. Im Zweiten Weltkrieg schlossen sich die Bewohner dem Volksaufstand an und unterstützten die Partisanen, als die umliegenden Inseln besetzt waren und die Schifffahrt wegen Minensperren zum Erliegen kam. Sie entwendeten Waffen und Munition und entschärften die Unterwasserminen. Heute leben auf beiden Inseln nur noch ein paar hundert Menschen. Für den Tourismus ist Veli Drvenik besser erschlossen.

Insel Veli Drvenik

Die Häuser des gleichnamigen und einzigen Ortes der Insel Veli Drvenik ziehen sich um eine tiefe Meereseinbuchtung den Hang hinauf, nach oben hin die älteren Fassaden. Die Kirchturmspitze von *Sv. Juraj* ragt etwas abseits zwischen ausladenden Pinien empor. Die Kirche wurde im 15. Jh. errichtet, später an den Seiten erweitert und im 17. Jh. mit einem Glockenturm versehen. Der Erweiterungsbau mit dem rosettengeschmückten großen Eingangsportal aus dem 18. Jh. wurde nie überdacht – im Innenhof grünt eine Wiese, Vögel zwitschern. Agaven, Granatäpfel, Palmen, Zitronen, Orangen, Feigen, Mandeln gedeihen zwischen den Häusern. Das zeugt von einem geschützten, milden Klima, und so nannte man Veli Drvenik auch „isola d'oro", „Goldene Insel". Im Osten und Süden der Insel gibt es schöne Sand, Fels- und Kiesbuchten. Zwischen Steinmäuerchen verlaufen viele kleine Pfade Richtung Meer, überall wächst Rosmarin, der heilsamen Duft verströmt, und die Granatäpfel am Strauch leuchten wie Christbaumkugeln.

Veli Drvenik – die Bucht Krknjaši ...

Information 21225 Veli Drvenik. Keine Touristinformation, Auskünfte über Trogir.

Verbindungen Personenfähre Veli Drvenik–Trogir (Stopp teils auch in Seget Donji): tägl. 2- bis 3-mal. Veli Drvenik–Split: nur 1-mal wöchentl. am Fr um 11.25 Uhr. Abfahrt von Split ebenfalls nur 1-mal wöchentl. am Fr um 15.30 Uhr.

Einkaufen Kleiner Supermarkt (8–12/16–20 Uhr).

Übernachten/Essen Es gibt einige Privatzimmer auf der Insel. Treffpunkt und gute Infostation ist Bistro Jere an der nördlichen Uferpromenade, ganztägig geöffnet für Café und Snacks.

Hotel Mia, an der Hafeneinfahrt am Hang mit Restaurant und schöner Terrasse. ✆ 021/893-038, www.mia-drvenik.com.

🌿 Atelier/Restaurant-Pension Tramontana, hier oberhalb vom Hafen wird von Heljä und Marinko hauptsächlich Kunst produziert und ausgestellt, aber es werden u. a. auch hausgemachte Marmeladen (Kakteenmarmelade!), Kräuterschnäpse, Grappas und Öl aus ökologischem Anbau angeboten. Wer möchte, kann im hübschen pflanzenumwucherten Haus mit Terrasse am steilen Hang und mit Blick aufs Meer auch nächtigen und sich verkosten lassen. Wer hier essen möchte, muss vorher anrufen. Geöffnet ab 1. Mai bis 15. Okt. (Urlaub ca. die ersten 10 Julitage). 30 €/Pers. mit Frühstück, 55 €/Pers. mit HP. ✆ 021/893-031, www.ateljetramontana.com. ∎

Restaurant Ljubo, hat meist nur im Sommer geöffnet. Südseite des Hafens.

Konoba Krknjaši, an der gleichnamigen Bucht im Osten der Insel (ca. 1 Std. zu Fuß oder schneller per Mountainbike). Hier kocht Ivica Spika mit fangfrischem Fisch, frischem Gemüse und Wein aus der familieneigenen Landwirtschaft (bei Seget Donji) sowie Produkten aus dem Hausgarten, wo neben Oliven- und Zitronenbäumen auch Zwiebeln, Bohnen und Kräuter gedeihen. Auch auf der kleinen Restaurantterrasse mit wundervollem Ausblick auf die vorgelagerten Krknjaši-Inselchen sprießt es üppig und bunt aus den Blumenkübeln. Spezialitäten des Hauses sind Scampi buzzara, Muscheln, leckere Fische und als Nachspeise ab und an Fritule. Anleger für Boote (2 m Wassertiefe). Geöffnet Mai–Ende Okt. tägl. 10–22 Uhr. Krknjaši-Bucht, ✆ 091/5750-925 (mobil).

... und die beschauliche Hafenbucht des alten, einzigen gleichnamigen Inselortes

Baden: Zu den Buchten im Osten führen viele Pfade durch üppige Macchia. Am schnellsten erreicht man vom Ortskern aus die *Kokošinje-Bucht* (ca. 20–25 Min.) mit schönem Kiesstrand, kleinem Fischerhafen und -haus und umgeben von weißen Kalksteinfelsen, auf denen man ins Wasser laufen kann. Vom Ort den Makadamweg Richtung Süden gehen, an der Gabelung nicht nach links (hier geht es zur *Krknjaši-Bucht),* sondern geradeaus weiter. An einer kleinen Kapelle verengt sich der Weg und führt nur noch als Pfad zwischen Trockenmauern hinab zum Meer.

Zur *Krknjasi-Bucht* läuft man gut 1 Std. auf breitem Makadamweg unterhalb des Berges Buhaj; wer ein Mountainbike besitzt, ist hier im Vorteil. Ehe der Weg hinab zur Bucht führt, bietet sich ein schöner Weitblick auf die zahlreich ankernden Boote und die vorgelagerten Inselchen. Unten, abseits der Konoba Krknjaši, laden ebenfalls kleine, schöne Buchten zum Baden ein.

Die *Solinska-Bucht* ist eine große Meereseinbuchtung mit Sand und Kies, umgeben von weißen Kalksteinfelsen. Man geht vom Ort südwestlich den Berg auf schmaler Asphaltstraße bergan, die dann zum Makadam wird, nach ca. 25 Min. Abzweig zur Solinska-Bucht. Läuft man auf dem breiten Makadam weiter, gelangt man in weiteren 20–25 Min. zur *Bucht Pernatica* mit Fels- und Kiesstrand und Fischerhäusern.

Wer die Insel per Mountainbike auf den breiten Wegen abfährt und dann noch kurz auf schmalen Pfaden zur Küste läuft, wird viele schöne ruhige Badebuchten finden.

Insel Mali Drvenik

Das gleichnamige Dorf auf der Miniinsel bietet ein paar Privatquartiere und Lokale. Gute Bademöglichkeiten an den Sandbuchten *Vela Rina* und *Kaljuza* im Süden sowie in den Buchten *Garbina* und *Borak* im Osten, mit Sand und Kies.

Die Personenfähre hält von Trogir kommend zuerst in Mali Drvenik. Mali Drvenik–Seget Donji–Trogir 2-mal tägl. bis auf Fr (nur nach Split, Abfahrt um 11 Uhr), So nur 1-mal nach Trogir.

Split – Kaiser Diokletian einstiges Reich ist heute in Touristenhand

Split

Die 1700 Jahre alte Stadt gleicht einem großen Freilichtmuseum, die Altstadt mit dem berühmten Diokletianspalast steht als Weltkulturerbe seit 1979 unter dem Schutz der UNESCO. Zwischen den alten prachtvollen Bauten kann man tagelang umherschlendern und sich in zahlreichen Museen auf eine Reise in die Vergangenheit begeben. Mit 210.000 Einwohnern ist Split das wirtschaftliche, politische und kulturelle Zentrum Mitteldalmatiens und Ausgangspunkt in die mittel- und süddalmatinische Inselwelt.

Split liegt auf einer Halbinsel. Im Westen erhebt sich der Bergzipfel *Marjan* mit viel Aleppokiefernwald. Von dort sind die Stadt, das Gebirge im Hintergrund und die Inseln Čiovo, Šolta und Brač gut zu überblicken. Die Altstadt Splits breitet sich um den Hafen aus, und ihr Kern, der *Diokletianspalast*, zählt zu den besterhaltenen antiken Bauwerken, das bis heute voller Leben ist. Der große Hafen ist Ausgangspunkt für die Inseln, in die nördliche Adria sowie nach Italien und zudem ein wichtiger Umschlagplatz für den Frachtverkehr, da Split mit dem Hinterland auf dem Luftweg, per Schiene und Straße gut erschlossen ist. Dadurch haben sich natürlich auch einige Industriezweige rund um Split angesiedelt, neben der bedeutenden Schiffsbauindustrie auch Kunststoffwerke. Zudem gilt Split als die kroatische Sportmetropole, hervorzuheben ist vor allem der nautische Bereich, der jährlich Zuwächse zu verbuchen hat. In Split findet jährlich Anfang April die international beachtete „Kroatische Nautikmesse" statt, dann liegen im Hafen die edelsten und exklusivsten Segel- und Motorjachten. Aber auch über das Jahr verteilt gibt es unzählige Segelregatten für alle Klassen. Bedeutsam ist auch die Leichtathletik, das

Rudern und Handball und natürlich König Fußball - wer hat nicht den kroatischen Nationaltrainer *Slaven Bilić*, ein gebürtiger Spliter, erlebt, als er bei der Weltmeisterschaft mit seinem gut trainierten Team um die Entscheidungsspiele zitterte. Auch kulturell ist Split bedeutend. Weit bekannt ist das Kroatische Nationaltheater mit sehenswertem Opern-, Theater- und Ballettrepertoire und Theaterfestivals im Sommer. Daneben gibt es in der Stadt viele kleinere, ebenso gut besuchte Bühnen. Sehenswert sind auch die vielen Galerien und Museen, in denen man Tage verbringen könnte. Außerhalb von Split (in Richtung Trogir) lohnen die *Ruinen von Salona* einen Besuch, einst eine mächtige Festung und Geburtsort Kaiser Diokletians, sowie die *Festung Klis* mit weitem Blick über Split und die vorgelagerte Inselwelt.

Geschichte

An der Flussmündung des Jadro lagen einst eine illyrische Siedlung und ein Handelshafen. Die alten Griechen, die aus Vis, der damaligen Kolonie Issa, kamen, hatten sich hier niedergelassen und trieben Handel mit den Illyrern. 74 v. Chr. eroberten die Römer die Stadt und nannten sie *Salona* (das heutige Solin). Salona wurde Hauptstadt der Provinz Dalmatien und zählte um die Zeitenwende 60.000 Einwohner. Kaiser Diokletian, um 240 n. Chr. in Salona geboren, ließ in seiner Regierungszeit (284–305) in nur 10 Jahren einen 30.000 m^2 großen, viereckigen Palast mit 16 Türmen, prachtvoller Südfassade und vier Tempeln als Altersruhesitz mit „Kurzentrum" aus der Erde stampfen; es gab hier nahe dem heutigen Markt Schwefelquellen, die genutzt wurden. Im 7. Jh. wurde Salona zerstört, und ein Teil seiner Einwohner flüchtete sich in den Palast Diokletians und baute ihn um, so dass er den Bedürfnissen einer frühmittelalterlichen Stadt entsprach: Das *Peristyl*, der von Säulen umgebene Innenhof zu den Kultgebäuden, wurde Stadtplatz und das große *Mausoleum* eine Kathedrale. Weitere Häuser baute man im Westen an.

Der altkroatische Staat, der im 9. Jh. entstand, wurde zeitweise von den Franken, zeitweise von Byzanz verwaltet. In ungarisch-kroatischer Zeit war Split politisch autonom und prägte sein eigenes Münzgeld. Im 14. Jh. wurde die Siedlung im Westen der Stadt ummauert und Neustadt genannt. Unter Venedig verlor Split seine Autonomie, und die Venezianer bauten gleich einen Turm, um sich innerer und äußerer Widersacher erwehren zu können. In dieser Zeit errichtete *Juraj Dalmatinac* seine gotischen Meisterstücke, im 16. Jh. wurde die Stadtbefestigung verstärkt. Split war eine Handelsstadt geworden, die das Interesse der herannahenden Türken weckte. Trotz Kriegszeiten wurden im 17. Jh. und später etliche Barockpaläste gebaut. Unter österreichischer Herrschaft begann die Industrialisierung, der Hafen wurde vergrößert, und nach dem Ersten Weltkrieg wurde Split Verwaltungszentrum im jugoslawischen Königreich. Der Bildhauer *Ivan Meštrović* lebte und arbeitete zu dieser Zeit in Split. Im Zweiten Weltkrieg bombardierten die Italiener die Stadt und auch im letzten Jugoslawienkrieg zwischen 1991 und 1995 wurde Split von Bomben nicht verschont. Heute ist Split eine moderne und wichtige Universitäts- und Sportstadt und zudem eine beliebte Touristenmetropole.

Information

Touristinformation TIC Peristyl, Sv. Roka (Peristyl), 21000 Split, ✆ 021/345-606. Mo–Sa 8–21, So 8–13 Uhr. Alle Auskünfte. Hier beginnt ein Geschichtsparcours mit Infotafeln, der durch die Stadt führt.

Tourismusverband – Stadt Split (TZG), ✆ 021/348-600, www.visitsplit.com.

Tourismusverband – Region Mitteldalmatien (TZŽ), ✆ 021/490-033, www.dalmatia.hr.

Stadtführungen: Individuelle Führungen mit sog. Touristguides, zu buchen über TIC.
Organisierte Stadtbesichtigungen (ca. 9 €, Familienticket ca. 18 €).
Bus- & Walking-Tour (mit Doppeldeckerbus und Audioguide), bei schönem Wetter ein super Erlebnis! 1:30 Std./8 €. 9 verschiedene Touren stehen zur Auswahl, gefahren wird tägl. von Mitte Mai bis Ende Sept. In der Hauptsaison 9.30–18.30 alle 90 Min. (Abfahrt am Taxistand vor Beginn des Trajekthafens), Infos auch über TIC.

Croatia Airlines, Obala hrvatskoga narodnoga preporoda 9, ✆ 021/362-997; Reservierung 062/777-777, www.croatiaairlines.hr.

Lufthansa, Stadtbüro bei Generalturist (s. u.).

Atlas, Nepotova 4, ✆ 021/343-055, www.atlas-croatia.com. Ausflüge.

Split Tours, Gat Sv. Duje b. b. und Obala Lazareta 3, ✆ 021/332-600, 338-310, www.splittours.hr. Tickets für LNP, Blueferry und Zimmervermittlung.

Adriatic Travel, Jadranska 6, ✆ 021/346-846, www.adriatic-travel.hr. Ausflüge.

Turistbiro (Turistički Biro), Obala Hrvatskog narodnog preporoda 12, ✆ 021/347-100, www.turistbiro-split.hr. Günstige Privatzimmer, Fahrräder.

Generalturist, Obala Lazareta 3, ✆ 021/345-183, www.generalturist.com. Auch Lufthansa-Vertretung.

Guliver, Trg Franje Tudmana 3, ✆ 021/317-224, www.guliver.hr. Zimmer, Fahrräder, Ausflüge.

Jadrolinija, Gat Svetog Duje 4, ✆ 021/338-333, www.jadrolinija.hr. Innerkroatische Schiffslinien, zudem nach Ancona und Bari.

LNP, über Split Tours (s. o.), ✆ 021/338-310, www.lnp.hr.

SNAV, Gat. Svetog Duje b.b., ✆ 021/322-252, www.snav.it. Italienfähre (Ancona und Pescara).

Telefonvorwahl 021

Splitcard
Sie ist 72 Std. gültig und kostet 5 € pro Pers. Ab einem Aufenthalt von 3 Tagen ist sie kostenlos erhältlich. Sie berechtigt zu kostenlosem oder vergünstigtem Eintritt in Museen, Galerien und Theater, zudem bei Stadtführungen; Ermäßigung gibt es auch bei Autovermietungen, Restaurants und Hotels. Erhältlich ist die Splitcard in TIC (Peristyl), Touristeninformationen und Hotels.

Verbindungen

Busse Überland-Busse ab Busbahnhof am Hafen, Ulica kneza Domagoja 12, ✆ 021/329-180; Info/Reservierung ✆ 060/327-327, www.ak-split.hr. Gepäckaufbewahrung 6–22 Uhr. Nach Dubrovnik 15-mal tägl. (4 Std., ca. 18 €), nach Rijeka 20-mal tägl. (6 Std., ca. 20 €), Expressbusse nach Zagreb (je nach Bus 4–5 Std.).

Regional-Busse ab Busbahnhof Prigradski Autobusni Kolodvor, Ul. Sukošanska (Nähe Domovinskog Rata), 2 km nördlich der Altstadt. U. a. nach Trogir und Flughafen (Nr. 37, 20 KN) alle 20 Min., nach Klis (Nr. 15, 35, 22). Ab Regional-Busbahnhof Bus Nr. 3 in die Altstadt (Pazar).

Stadtbusse, Trg Gaje Bulata (gegenüber Staatstheater), nordwestl. der Altstadt. Ab hier zur Halbinsel Marjan (Nr. 12, 7, 8), nach Poljud (Nr. 17, 3) und nach Salona über Solin (Nr. 1). Zudem Bushaltestelle an der Zagrebačka, östlich des Diokletianspalastes (genannt Pazar) für die Ostseite der Altstadt; hier Abfahrt für Joker-Center (Nr. 3). Innerhalb der Stadt 15 KN, nach Salona 20 KN.

Züge Kleiner Bahnhof am Kai, Domagojeva alea 10 (hinter Busbahnhof), ✆ 021/338-525. Info/Reservierung ✆ 060/333-444.

Verbindung zum Hauptbahnhof in der Put Supavla/Ul. Hercegovačka, Richtung Solin.

Verbindungen 421

Gepäckaufbewahrung 6–23 Uhr. Hauptrichtung Zagreb 5-mal tägl. (Juni–Mitte Sept., am schnellsten mit ICN in 5:30 Std., ca. 25 €); im Sommer fährt 1-mal wöchentl. am Fr der Partyzug mit heißen Rhythmen auf der Schiene, Abfahrt Split Fr 22.22 Uhr (Ankunft Zagreb 6.31 Uhr). Ab Split verkehren nur noch Busse in den Süden!

Fähren Es gibt mehrere Häfen in Split! Der **Fährhafen** (Trajekt) ist südl. der Altstadt. Achtung, es gibt hier sogenannte Bahnsteige (Gat) für die Fähren. Am Fährhafengelände ist alles Wichtige zu finden: Bank, Post, Autovermietung, Restaurants, Cafés, Supermarkt. Die unten genannten Zeiten gelten für die Hochsaison, vor- und nachher fahren die Schiffe weniger oft. Man sollte sich mindestens 30 Min. vor Abfahrt der Schiffe an den Gates einfinden, an Wochenenden, bei Ferienbeginn und -ende bis zu 2 Std. vorher. Auskünfte über den Fähr-Terminal ✆ 021/338-333, 338-304, 338-305; Reservierung unter ✆ 051/666-125 oder über die Fähragenturen (s. o.).

Achtung: Jährlich gibt es neue oder veränderte Linien, daher besser vor Ort nachfragen!

Trajekts (fast alle mit Jadrolinija):

Nach Brač (Supetar) bis zu 14-mal tägl. 5.15–23.59 Uhr; 4,50 €/Pers., Auto 21,70 €.

Nach Šolta (Rogač) bis zu 6-mal tägl. 6.45–21.15 Uhr; 4,50 €/Pers., Auto 21,70 €.

Nach Hvar (Starigrad) bis zu 7-mal tägl. 1.30–20.30 Uhr; 6,40 €/Pers., Auto 43 €.

Nach Korčula (Vela Luka) 2-mal tägl. 10.15 u. 17.30 Uhr; 8,20 €/Pers., Auto 71,80 €.

Nach Lastovo (Ubli) 2-mal tägl. (10.15 und 17.30 Uhr); 9,20 €/Pers., Auto 71,80 €.

Nach Vis (Vis) 2- bis 3-mal tägl.; 7,35 €/Pers., Auto 50,15 €.

Personenfähren: Nach Drvenik Veli und Mali, nur Fr 15.30 Uhr.

Katamaran (M/B Adriana, Jadrolinija), Split–Brač (Bol)–Hvar (Jelsa), tägl. 16 Uhr (Fr Abfahrt Split 16.30 Uhr).

Katamaran (LNP) Split–Brač (Milna)–Hvar (Stadt), nur Di 11.30 Uhr.

Katamaran (LNP) Split–Hvar (Stadt), tägl. 11.30 Uhr.

Katamaran (LNP) Split–Milna, ganzjährig 1- bis 2-mal tägl. außer Sa.

Katamaran (LNP) Split–Rogač, ganzjährig tägl. 2-mal.

Katamaran (LNP) Split–Stomorska, ganzjährig nur Fr u. Sa.

Katamaran (Jadrolinija) Split–Hvar (Stadt)–Vis (Stadt), Achtung sehr kompliziert, da wechselnde Uhrzeiten in verschied. Monaten, unbedingt Fährplan nachsehen! Nur 1-mal tägl. (Stopp in Hvar nur 1-mal wöchentl. am Di).

Katamaran (Jadrolinija) Split–Hvar (Stadt)–Korčula (Vela Luka)–Lastovo (Ubli), 1-mal tägl. 15 Uhr.

Katamaran (Jadrolinija), 3-mal wöchentl. Split–Hvar und Split–Vis.

Katamaran Krilo (www.krilo.hr), ganzjährig Split–Hvar–Prigradica (nur Juni–Sept.)–Korčula. Abfahrt Split 1-mal tägl. 16 Uhr.

Küstenlinie (Jadrolinija): Rijeka–Split–Stari Grad–Korčula–Sobra–Dubrovnik, 2-mal wöchentl. Juni–Sept.: Abfahrt Split–Rijeka Do und So 19.30 Uhr. Abfahrt Split–Dubrovnik Di und Sa 7.30 Uhr. Preisbeispiel: Split–Rijeka Deckpassage 25 €/Pers., 2-Bett-Außenkabine (Innen) 76,50 €/Pers. (60 €), Auto 67 €.

Italienfähren Verschiedene Fähragenturen (→ „Anreise/Fähre von Italien nach Kroatien", S. 39).

Flüge Flughafen Split, ✆ 021/203-506, -507, www.split-airport.hr. Der Flughafen liegt 25 km entfernt Richtung Trogir. Flughafenbus ab Obala Lazareta 3, Nähe Busbahnhof. Auskünfte u. a. über Croatia Airlines (s. o.).

Nach Zagreb (45 Min.) mit Croatia Airlines mehrmals tägl., ab 40 € (retour ab 86 €). (→ „Anreise/Mit dem Flugzeug").

Auto Parken am besten noch vor dem Fährhafen oder außerhalb des Altstadtkerns. Es werden überall Parkgebühren verlangt. Achtung, am Fährhafen kann nicht geparkt werden!

Autovermietung: ITR, Obala Lazareta 2, ✆ 021/343-264. **Budget**, Obala kneza Branimira 8, ✆ 021/399-214, www.budget.hr. **Dollar Thrifty**, wie Budget, ✆ 021/399-000. **Avis – Sub Rosa**, Ante Trambica 1, ✆ 021/390-000, www.subrosa.hr.

Taxi ✆ 970 (24 Std.), u. a. Altstadtbeginn, Busbahnhof. Preis: Split–Trogir 250 KN.

Bootstaxi u. a. vom Jachthafen Zenta zur Innenstadt beim Trg F. Tudmana.

Diverses

Geldwechsel Es gibt überall Banken und Bankomaten, auch am Fährterminal. Meist Mo–Fr 7.30/8–20 Uhr (manchmal mit Mittagspause). U. a. **Splitska banka**, Obala hrv. narodnoga preporoda 10.

Post Hauptpost, Ul. Kralja Tomislava 9 (nördl. der Palastmauern), Mo–Sa 7–20 Uhr; hier Poste restante. Außerdem Post am Fährhafen, Obala kneza Domagoja 3.

Einkaufen Obst-/Gemüsemarkt östl. der Palastmauern; hier auch der sog. **Pazar** mit preiswerter Kleidung, Schuhen, Taschen. **Supermarkt** am Fährhafen. **Kaufhaus Prima**, Trg Gaje Bulata 5. **Fischmarkt** etc. Ul. Marmontova (östl. Trg Republike). **Joker Center**, im Norden der Altstadt, größtes Shoppingcenter in Dalmatien auf 52.000 m², hier gibt es alles, auch Designershops, Kino, Restaurants etc. Mo–Sa 9–22 Uhr. Put Brodarice 6 (Ecke Hrvatske mornarice/Domovinskog), ✆ 021/396-911. Bus Nr. 3, ab Pazar.

Olivenölshop (Uje), Mihovilova širina. **Weinladen**, mit Verkostung; in Bačive.

Boutiquen, Marmontova ulica (beim Markt) nach Norden. **Croata**, hier gibt es feinste Krawatten. Mihovilova širina 7 (Nahe Voćni trg).

Gesundheit Krankenhaus, Spinčićeva 1, ✆ 021/556-111. **Ambulanz** Lučac-Manuš, Zagrebačka 17, ✆ 021/583-837. **Apotheken** (durchgehend geöffnet): Ljekarna Dobri, Gundulićeva 52, ✆ 021/348-074. Ljekarna Lučac, Pupačićeva 4, ✆ 021/533-188, 542-363.

Veranstaltungen Nautikmesse – Croatia Boat Show, ca. 1. Aprilwoche. Zählt zu den größten Bootsmessen. Motor- und Segeljachten, Kajaks etc. liegen im und am Stadthafen. Zahlreiche Bootsbauer benutzen diese Messe zu Ausstellungszwecken.

Spliter Sommer, jedes Jahr Mitte Juli bis Mitte Aug. mit großem Kulturprogramm, u. a. Theateraufführungen, Ballett, zum Teil im Peristyl.

Fest zu Ehren **Sv. Duje**, 7. Mai.

Blumenfest, 3.–7. Mai, mit Blumenkorso.

Internationale Segelwoche, 1. Oktoberwoche, mit Regatta zur Insel Brač.

Internationales Filmfestival, letzte Septemberwoche, Kurzfilme.

Übernachten
- 6 Hostel Split
- 8 Hotel Bellevue
- 10 Hostel Golly & Bossy
- 14 Pension Jupiter
- 15 Hotel Peristil
- 17 Hostel Cecilija
- 18 Hotel Vestibul Palace

Essen & Trinken
- 1 Pizzeria Galija
- 3 Pizzeria Spalatin
- 4 Restaurant Nostromo

Cafés
- 2 Internetcafé Mriza
- 5 Café Teak
- 7 Slastičarnica Tradicia
- 9 Café-Bar Gelerija
- 11 Café-Bar Element
- 12 Internetcafé NefCom
- 13 Café Luxor
- 16 Café Ghetto

Nachtleben
- 11 Café-Bar Element

Split Altstadt 50 m

Diverses 423

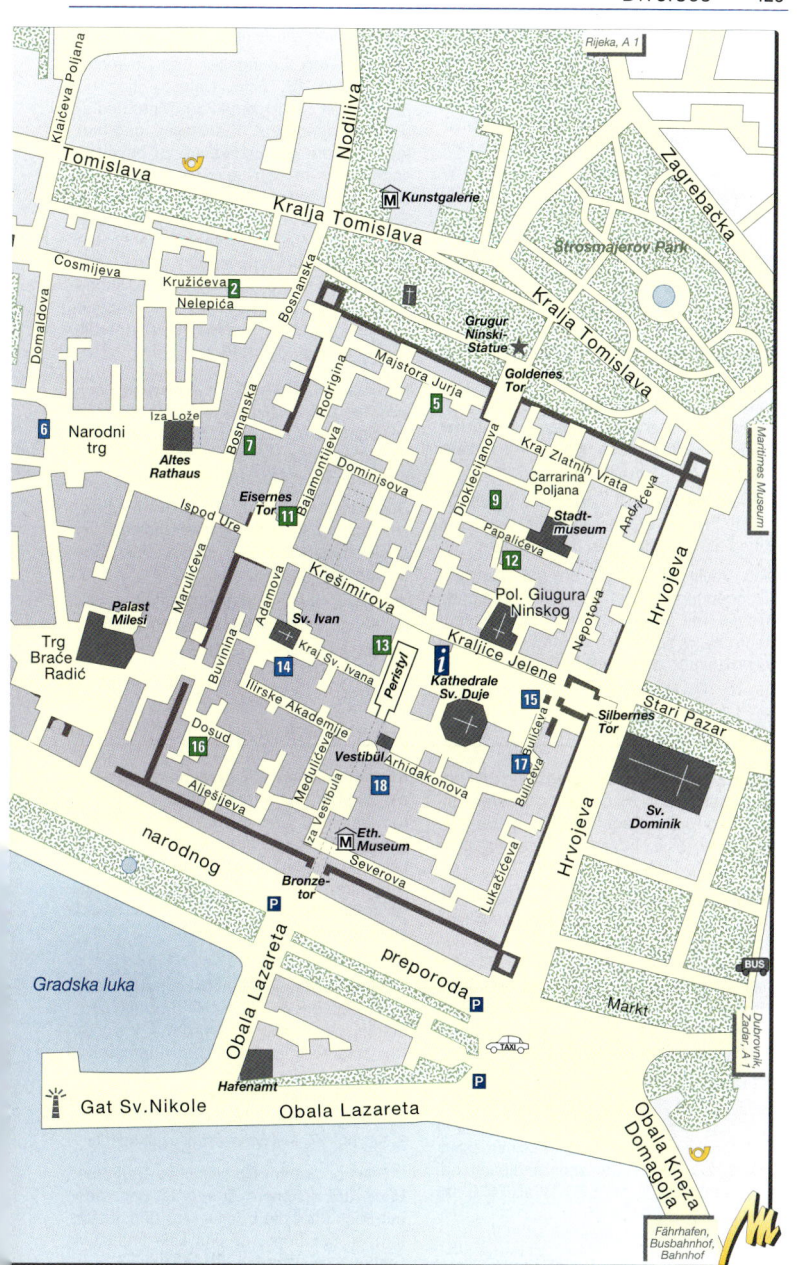

Nachtleben Jugendliche und Partygänger treffen sich an der Partymeile direkt am Meer, an der Badebucht Bačvice (im Osten). Hier reihen sich die Bars und Discos, es gibt auch Konzerte. Discobetrieb vor allem Fr/Sa, z. B. **Tropic Club 41**. Nicht selten gehen die Letzten morgens um 6 Uhr und nehmen erst einmal ein ernüchterndes Bad – gottlob ein flach abfallender Strand. Hier, oberhalb vom Bačvice-Strand, ist auch die nette, ganzjährig und ab morgens geöffnete **Café-Bar Šbirac 42** mit Wintergarten.

Café Ghetto 16, inmitten der Altstadt, umgeben von altem Gemäuer, sitzt man auf Sofas im indischen Dekor – eine ruhige Oase zum Abhängen.

Café Gelerija 9, für tags und abends, nett zu Sitzen in der Altstadtgasse bei guter Musik. Vaskoviceva ulica (östl. vom Stadtmuseum).

Café-Bar Element 11, nettes und gutes Café mit Freisitz an der Altstadtmauer, am Abend häufig Livemusik. Bajamontijeva.

Club Vanilla 21, beliebt bei gut gestylten Discogängern; riesig, bis zu 1000 Personen fassend mit Freisitzen und Bars; zudem mehrmals wöchentlich Livemusik. Bazeni poljud (hinter dem Poljud-Stadion); ✆ 021/381-283, www.vanilla.hr.

》Mein Tipp: Loungebar und Diskoclub Hemingway 19, beim Hafen Poljud (im Norden der Stadt), direkt am Meer und an einem Badestrand. Ganztägig geöffnet, tagsüber um die Badegäste zu bewirten, nachts um in dem großen Inneren (bis 2000 Pers.!) oder in den bequemen weißen Sofas und VIP-Lounges abzuhängen oder bei bester Musik zu shaken – auch hier keine Strandkleidung erwünscht! Es gibt zahlreiche Events und am Fr/Sa Discobetrieb mit den angesagtesten DJs. Mediteranskih igara 5, ✆ 099/2119-993 (mobil), www.hemingway.hr. **《《**

Musikclub O'Hara 44, in Alleinlage direkt am Meer, nahe Jachthafen Zenta im Osten der Stadt. Tägl. bis auf Mo verschiedenstes Musikprogramm, Mi gibt es Trash, Do meist Konzerte, Fr/Sa Discobetrieb. Cvjetna 1.

Bar Renato 48 (oberhalb von Velo Misto), am Jachthafen Zenta. Netter Überblick von der Korbstuhlterrasse, gut für einen Sundowner oder auch länger.

Theater (Gradsko Kazalište Mladih), Trg Republike 1, ✆ 021/344-979; **Staatstheater** (Hrv. Narodno Kazalište), Trg Gaje Bulata 1, ✆ 021/344-999.

Übernachten/Camping (→ Karte S. 422/423 und Umschlagrückseite)

Privatzimmer/Appartements In und um die Altstadt kann man günstig wohnen, Infos über Touristenagenturen (u. a. Turistbiro). DZ ab 50 €, EZ ab 26 € und Appartements ab 50 € ohne Frühstück.

Altstadthotels In Split haben innerhalb der Palastmauern des Diokletianspalastes etliche schmucke kleine Hotels (in der Saison unbedingt vorab reservieren) eröffnet – man schläft also ganz kaiserlich und träumt von … Biska (Diokletians Lebensgefährtin, der er angeblich treu blieb). Das Auto muss allerdings außerhalb geparkt werden.

**** Hotel Vestibul Palace 18, neben dem Vestibül und auf dem gleichnamigen kleinen Platz. Das Innere vereint das Alte und die Moderne und wirkt durch seinen asiatischen reduzierten Stil sehr entspannend. Komfortable DZ/F mit LCD-TV ab 246 €. Iza Vestibula 4, ✆ 021/329-329, www.vestibulpalace.com.

*** Hotel Peristil 15, das 25-Zimmer-Hotel wurde am Silbernen Tor und an den Palastmauern errichtet. Die bestens ausgestatteten Zimmer (mit Internetzugang) zeigen offen gelegtes Mauerwerk. Angeschlossen das gute Restaurant Tifany mit Sitzmöglichkeiten im Freien; den Innenraum zieren alte Amphoren, chinesische Vasen und Gemälde kroatischer Künstler. DZ/F 162 €. Poljana kraljice Jelene 5, ✆ 021/329-070, www.hotelperistil.com.

*** Hotel Bellevue 8, hübscher alter Palast vom Ende des 19. Jh. mit 47 Zimmern und 3 Suiten, westl. des Altstadtkerns. Im guten Restaurant Noštromo kann man stilvoll speisen, auf der netten Frühstücksterrasse gemächlich den Tag beginnen. Ganzjährig geöffnet. DZ/F 128 €. Bana Jelačića 2, ✆ 021/345-644, www.hotel-bellevue-split.hr.

** Pension Jupiter 14, einfaches 12-Zimmer-Haus, das schönste Zimmer ist ganz oben mit Blick über die Dächer und den Jupitertempel. 34 €/Pers.; es gibt kein Frühstück. Grabovčeva širina 1, ✆ 021/344-801, www.hotel-jupiter.info.

Design Hostel Golly & Bossy 10, das 2010 eröffnet Hostel ist wie aus dem Ei gepellt – weiß-gelb dominiert auch das Innere. Für jeden Geldbeutel gibt es Zimmer, schönes und gutes Restaurant und Bar; dazu freundlicher Service. DZ/F 90–135 €; in Mehrbettzimmern 29 €/Pers. Morpurgova Poljana 2, ℡ 021/510-999,
www.gollybossy.com.

Zentrumsnahe Hotels **** Hotel President 26, wenige Gehminuten nördl. des Altstadtkerns nahe dem Theater. Stilvolle und komfortable Zimmer und Suiten mit Internet, Restaurant. Parkplätze vorhanden. Ganzjährig geöffnet. DZ/F ab 167 €. Starčevićeva 1, ℡ 021/305-222,
www.hotelpresident.hr.

》》 Mein Tipp: **** Hotel Park 37, altstadtnah und oberhalb des Strandbads steht seit 1926 der prächtige Natursteinbau mit Gourmet-Restaurant, exzellentem Frühstücksbuffet und großer palmenbestandener Terrasse. 54 stilvolle, komfortable Zimmer und 3 Suiten lassen Behaglichkeit aufkommen. Es gibt Wellnesscenter, Sauna und Parkplätze. DZ/F 188–198 €. Hatzeov perivoj 3, ℡ 021/406-403, www.hotelpark-split.hr. 《《

**** Hotel Radisson Blu Resort Split 38, ca. 4 km östl. der Altstadt in ruhiger Lage am schönen Strand Žnjan. Das Ex-Hotel Split wurde mit seinen 246 Zimmern komplett und komfortabel mit viel Glas modernisiert. Wer ansprechend nächtigen mag, ein großes Sport- und Wellnessangebot mit Innen- und Außenpools liebt, ist hier goldrichtig. Parkplätze in allen Größen. DZ/F 191–231 €. Put Trstenika 19, ℡ 021/303-030,
www.radissonblu.com.

》》 Mein Tipp: *** Hotel Jadran 43, kleines 30-Betten-Hotel an der Uvala Zvončac (westl. der ACI-Marina) in absolut ruhiger Lage und fast zentrumsnah. Hier trainieren u. a. kroatische Sportmannschaften, d. h. Freischwimmbecken von olympischen Ausmaßen, Hallenbad; Gesundheits- und Schönheitszentrum (Fitnessgeräte, Sauna, Massage, verschiedene therapeutische Anwendungen), Tauchschule, eigener Strand. Für Sportfans beste Wahl in Split. Parkplätze. DZ/F 115 €. Sustipanski put 23, ℡ 021/398-622, www.hoteljadran.hr. 《《

**** Hotel Globo 25, ca. 800 m nördl. der Altstadt. Ca. 25 stilvoll ausgestattete Zimmer mit LCD-TV, WLAN-Interet. Sehr gutes Restaurant, viele Geschäftsreisende. Fahrrad-

Stadttor zum Trg B. Radić (o.);
Silbernes Tor (u.)

und Autovermietung. Ganzjährig geöffnet. Komfortable DZ/F 152 €. Lovretska 18, ☎ 021/481-111, www.hotelgloboo.com.

*** **Hotel Consul** 23, ca. 1 km nordöstl. der Altstadt. Komfortables, nettes 37-Betten-Hotel (DZ und Appartements mit AC und ISDN-Anschluss, Sat.-TV) mit Restaurant und schöner Terrasse im Grünen. DZ/F 129 €. Tršćanska ul. 34, ☎ 021/340-130, www.hotel-consul.net.

*** **Villa Ana** 35, östl. des Bus- und Zugbahnhofs im Natursteinhaus. 5 nette Zimmer, angeschlossen eine Konoba. Parkplätze. DZ/F 102 €. Vrh Lučac 16, ☎ 021/482-715, www.villaana-split.hr.

*** **Villa Matejuška** 31, zentrumsnah, westl. oberhalb des Hafens. Schönes dalmatinisches Natursteinhaus mit Appartements; Parkplatz, WLAN, TV und gleichnamige Konoba. Ab 109 €/2 Pers. mit reichhaltigem Frühstück. Tomića stine 3, ☎ 021/321-086, www.villamatejuska.hr.

Preiswerte Unterkünfte Villa Kameni Cvit 29, schöne ruhige Lage oberhalb vom Park und der Kunstgalerie. Nette Appartements mit Balkon oder grüner Terrasse. Fahrradverleih, Parkplatz. Ab 70 €. Kruševića gumno 13, ☎ 099/5926-263 (mobil), www.kamenicvit.com.

*** **Villa Varoš** 32, nettes Natursteinhaus im Stadtteil Veli Varoš, also fast im Altstadtzentrum, angeschlossen die nette kleine Konoba Leut. DZ 80 €, Suiten 121 €. Miljenka Smoje 1, ☎ 021/483-469, www.villavaros.hr.

*** **Villa Marjela** 24, modernes Haus im Stadtteil Poljud mit 8 Zimmern. DZ/F 80 €. Jobova 5, ☎ 021/384-623, www.villamarjela.hr.

** **Hotel und Hostel Dujam** 22, relativ preiswertes, gut geführtes 33-Zimmer-Hotel, auch mit billigen Zimmern, in Laufweite (15 Min.) nordöstl. zur Altstadt. DZ/F 90 €; die einfachen Zimmer 17 €/Pers./Bett. Velebitska 27, ☎ 021/538-027, www.hoteldujam.com.

Guesthouse Žuvan 27, nahe Stadion Poljud, ca. 400 m zum Altstadtzentrum. Es gibt 2- bis 4-Bettzimmer, netten Garten und Grill; Fahrradverleih. DZ 40 €. Fam. Branimir Žuvan, A. G. Matosa 39/41, ☎ 098/585-494 (mobil).

Hostel Cecilija 17, wird sehr gelobt. Sehr sauber mit tollem Bad und neuen Betten. Es gibt 2- bis 4-Bettzimmer. Pro Pers. 15–20 €. Buliceva 4, ☎ 091/5099-220 (mobil), www.hostelworld.com.

Hostel Split 6, zentrale Lage. 6- bis 10-Bettzimmer, WLAN. 25 €/Pers. Narodni trg 8, ☎ 021/342-787, www.splithostel.com.

Camping Camping Stobreč-Split, ca. 6 km südl. in Richtung Omiš am Meer (→ Stobreč). Weitere Campingplätze liegen 20 km nördl. bei Trogir in Kaštela (s. d.).

Essen & Trinken (→ Karte S. 422/423 und Umschlagrückseite)

Konoba Varoš 30, traditionsreiches, gut geführtes Lokal westl. Trg Republike. Fischspezialitäten, verschiedenste Fleischgerichte und große Weinauswahl. Ban Mladenova 7, ☎ 021/396-138.

»> Mein Tipp: Konoba Šperun 33, westl. des Trg F. Tudmana liegt das lauschige Familienlokal, das mit viel Liebe zum Detail eingerichtet wurde – es gleicht fast einem Puppenhaus. Sitzmöglichkeiten laden auch vor berankter Fassade ein. Das dalmatinische Essen, ob Fisch- oder Fleischgericht, ist vielfältig, frisch und gut gewürzt, und auch der Vorspeisentisch ist immer nett arrangiert. Ein Platz, um nach einer Besichtigungstour in Ruhe zu genießen und zu entspannen. Šperun 3, ☎ 021/346-999. «<

Restaurant Nostromo 4, am Markt. Hier isst man bestens fangfrischen Fisch. Sitzgelegenheiten nur im Innern. Kraj sv. Marije 10, ☎ 091/4056-666 (mobil).

Restaurant Adriatic Grašo 45, am ACI-Jachthafen. Gediegenes Lokal (Slow-Food-Mitglied) mit großer Terrasse und Weitblick über die Jachten. Hier trifft sich neben der Boot- auch die kroat. Musikszene – Petar Grašo, bekannter kroatischer Popstar, ist der Sohn des Inhabers. Leckere Fischspezialitäten und große Auswahl an Vorspeisen (leckere Carpaccio-Varianten), fantasiereich dekorierte Slow-Food-Gerichte. Spezialitäten sind Meeresfrüchte, vor allem Hummer; gehobene Preise. Uvala Baluni b.b., ☎ 021/398-5608.

Restaurant/Pizzeria Spalatin 8, wer nett sitzen möchte, ist hier richtig. Küche wird empfohlen. Trg. Republike.

Pizzeria Galija 1, westl. der Altstadtmauern, oberhalb Trg Republike. Tončićeva 12, ☎ 021/347-932.

Konoba Kod Joze 🔢, 200 m nördl. der Altstadt, mit Terrasse. Sredmanuška 4, ☎ 021/347-397.

Buffet Fife 🔢, alteingesessenes Fischerlokal nahe dem kleinen Stadthafen. Einfache, preiswerte Hausmannskost, u. a. Sardellen, Makrelen, „kleine" Edelfische (die großen Fische wurden verkauft …) wie Seeaale, Drachenköpfe, Calamares etc., dazu Kartoffeln und Mangold, oder auch Tintenfischrisotto und Kutteln; im Herbst kommen die guten Eintöpfe und auch Gulasch auf den Tisch, sonntags traditionell Pašticada oder Kalbsbraten. 6–24 Uhr. Trumbičeva obala 11, ☎ 021/345-223.

Buffet Kibela, mitten im Diokletianspalast, ein lauschiges preiswertes Plätzchen, um seinen kleinen Hunger evtl. auch schon vormittags zu stillen. Man sitzt rustikal im Innern oder gegenüber im kleinen Hof zwischen zwei Häusern auf der Sommerterrasse. Es gibt Kutteln, gebratene Schweinsrippchen, Bohneneintopf, Lamm, aber auch Fischgerichte. Die Küche ist im Sommer von 7 bis 23 und außerhalb der Saison bis 16 Uhr geöffnet (Ausschank bis 23 Uhr). So geschlossen. Kraj Sv. Ivana, ☎ 021/346-205.

»› Mein Tipp: Restaurant Boban 🔢, südöstl. der Altstadt im Stadtteil Firule. Bekannt für Fischspezialitäten, mit Terrasse; sehr gute Küche, bester Service. Hektorovićeva 49, ☎ 021/510-142. **‹‹**

Restaurant Šumica 🔢, auf der kleinen bewaldeten Landzunge mit Badestrand und schattiger, großer Terrasse liegt das traditionsreiche Lokal, beliebt als Familien-Ausgeh-Lokal gerade am Wochenende – für Kinder ideal zum Herumtollen. Spezialitäten sind Fischgerichte. Put Firula 6, ☎ 021/389-897.

Oštarija u Vidakovi 🔢, oberhalb vom Strandbad Bačvice liegt der alteingesessene Familienbetrieb; gespeist wird im typischen Konoba-Keller oder gegenüber im netten schattigen Biergarten. Fleisch-, Fisch- und Pastagerichte. Geöffnet ab 11 Uhr. Prilaz braće Kaliterne 8, ☎ 021/489-106.

Restaurant/Pizzeria Velo Misto 🔢, direkt am Jachthafen Zenta mit modernem Ambiente. Hier gibt es immer etwas zu gucken; gepflegte, nette Atmosphäre, guter Service, gute Gerichte, ob Fisch, Fleisch oder Jumbo-Pizzen.

Stari Mornar 🔢, ebenfalls am Meer beim Hafen Poljud. Fischgerichte, sehr guter Service, schönes Ambiente. Mediteranskih igara 9, ☎ 021/381-306.

Pizzeria Bakra 🔢, hinter der Busstation. Preiswert und gut. Radovanova 2, ☎ 512-724.

Cafés (→ „Nachtleben"). An der Uferpromenade reihen sich die Cafés mit Blick aufs Meer.

Café Ghetto 🔢, Szenetreff, sehr nett. Dosud ul.

Café Element 🔢, sehr guter Café, nette Atmosphäre. Bajamontijeva (→ „Nachtleben").

Café Luxor 🔢, am schönen Peristyl-Platz. Stilvoll im Innern, draußen Sitzkissen auf den historischen Steinstufen. Ab 19.30 Uhr innen Livemusik. Es gibt leckere Kuchen, Torten und Snacks.

Café Teak 🔢, ebenfalls sehr beliebt. Majstora Jurja.

»› Mein Tipp: Slastičarnica Tradicija 🔢, hier gibt es für Naschkatzen leckerste Teilchen und Törtchen, Plätzchen, Strudel – handgefertigt im Familienbetrieb und aus besten Zutaten. Im Sommer Mo–Sa 8–22 Uhr. Bosanska ul. 2 (östl. vom Narodni trg). **‹‹**

Cyper-Cafés Es gibt viele in der Stadt, u. a. **Café NefCom** 🔢, Polj. Grgura Ninskoga; **Cyper Club Mriža** 🔢, Ul. Kružićeva 3.

Sport/Wassersport

Split ist eine Metropole des Sports. Neben dem berühmten Fußballclub Hajduk Split ist die Stadt Austragungsort nationaler und internationaler Meisterschaften, darunter Tennis- und Basketballturniere, Schwimmwettbewerbe, Leichtathletik, Handball, Rudern, Rugby und natürlich ganzjährig die verschiedensten Segelregatten. Veranstaltungskalender über die Touristeninformationen.

Baden Die Wasserqualität bei Split ist wegen des Schiffsverkehrs natürlich nicht mit dem glasklaren Wasser bei den Inseln zu vergleichen. Dennoch, wer Abkühlung sucht, findet einige nette Strände: *Strandbad Bačvice*, östl. der Altstadt (flacher Strand, Duschen, Liegeflächen, Cafébars), hier weht die „Blaue Flagge"; frühmorgendliche Putztrupps säubern den Strand von nächtlichen Gelagen um die Partymeile. Ab hier gen Osten reihen sich einige Strände, u. a. *Firule*, dann folgen *Trstenik* und *Žnjan*. Westl. der Altstadt, rund um die *Marjan-Halbinsel* (3 km), gibt es sehr schöne Badebuchten. Nördl. der Altstadt, beim Jachthafen Poljud, ebenfalls ein Strand.

Hafenkapitän Deklarieren ganzjährig beim **Hafenamt** möglich. Obala Lazareta 1, ☎ 021/345-500; zudem 24-Std.-Service unter ☎ 021/362-436.

Jachthäfen ACI-Marina Split, an der Südwestspitze des Stadthafens, gut geschützt durch langen Wellenbrecher: 330 Liegeplätze im Wasser, 40 Stellplätze an Land, Wasser- und Stromanschlüsse, WLAN, Werkstätten, Sanitäranlagen, 10-t-Kran, 35-t-Slip, Tankstelle nördl. beim Hotel Marjan, Restaurant. Uvala Baluni b.b., ☎ 021/398-548, 398-599, www.aci-club.hr.

In den nachfolgenden Marinas muss man sich erkundigen, ob Platz ist, da diese oft von Einheimischen belegt sind:

Marina Zenta, östl. des Stadtkerns im Stadtteil Firule. Gemütlich und gute Lage, Taxibootverbindung in die Altstadt zum Trg F. Tudmana. Cjetna 1, ☎ 021/389-277, psd-zenta@t-com.hr.

Marina Špinut, im Norden der Halbinsel Marjan, Lučica 7, ☎ 021/386-760.

Marina Mornar, VIII Mediteranskih igara 5, ☎ 021/384-311. Hier ist auch der Hemigway-Club.

Marina Split, gleich neben Špinut, Lučica 4, ☎ 021/386-763.

Jacht- und Segelbootcharter, Segelschule Jede Menge in Split, u. a. bei ACI-Marina Split (www.pbz-leasing.hr), auf dem gleichen Gelände **Nautika Centar Nava** (www.navaboats.com) und **Yachting Pivatus** (www.pivatus.hr). Am Jachthafen Zenta u. a. **Gringo Nautica** (www.tel.hr/gringonautica). In der Altstadt **Matejuška**, Martinski prolaz 2 (www.matejuska.hr); er wird sehr empfohlen.

Tauchen Aivatorij, Hr. Goran Ergović, Put Supavla 21, ☎ 021/459-545, 091/3132-120 (mobil), www.akvatorij.hr.

Fußball ≫ Mein Tipp: Fußballfans können sich im 50.000 Menschen fassenden Stadion bei den Heimspielen der kroatischen Nationalmannschaft und des Traditionsvereins Hajduk Split in Stimmung bringen. Architektonisch interessant ist die Dachkonstruktion in Form zweier geöffneter Muscheln, entworfen von B. Magaš. Stadtteil Poljud (nördl. der Altstadt), Poljudsko šetalište b. b., ☎ 021/355-444. ≪

Schwimmen Die große Schwimmhalle und das große Freischwimmbecken sind ebenfalls auf Meisterschaften ausgerichtet – mit ebenso interessanter Architektur von I. Antić. Nördl. des Stadions. Poljud, Sustipanski put 23.

Organisierter Aktivurlaub Dalmatia Rafting & Investigator Tours, Mazuranićevo set. 8a, ☎ 021/321-698, 098/1697-749 (mobil), www.dalmatiarafting.com. Angeboten werden Rafting, Kanufahren, Kajaking, Canyoning und Klettern. Zudem Seekajak, auch mehrtägige Ausflüge nach Brač, Hvar und Vis, ebenso nach Süddalmatien, wie Lastovo, Elaphiten. Reit- und Mountainbikeausflüge.

Stadtbummel

Vom Fährhafen blickt man auf die Südmauer der Anlage des **Diokletianspalastes** mit der palmenbewachsenen Uferpromenade davor, der Obala hrvatskoga narodnoga preporoda, die 2007 neu gestaltet wurde. Diese Erneuerung erregte den Volkszorn, nicht einmal Marmor hatte man übrig, nein, es gab nur Techno-Beton zur Pflasterung und überhaupt gefiel es nicht. Inzwischen ist Ruhe eingekehrt und die schön gestalteten Blumenrabatten und Ruhebänke, daneben die Cafés laden auf je-

---

Öffnungszeiten/Adressen zu Museen, Sehenswertem etc.
(→ „Museen und Galerien").
Interessant sind auch geführte **Stadttouren**, buchbar im TIC.

den Fall zum Verweilen ein – auch Kinder tollen hier sehr gerne. Im Südosten ein Wehrturm, dann ein Tor – das **Bronzetor** –, das zu den Anlegeplätzen der Schiffe führt. Einstmals reichte das Meer bis an den Palast. An seiner Fassade wurde im 18. Jh. eine niedrige Häuserzeile angebaut.

Am westlichen Ende der Stadtmauer, kurz nach der Uferpromenade, erreicht man den *Trg Braće Radić* und einen achteckigen **Wehrturm**. Er wurde im 15. Jh. zu Beginn der venezianischen Herrschaft gebaut und gehört zum Stadtkastell. Auf dem Platz davor steht die Bronzestatue des ersten großen kroatischen Poeten *Marko Marulić* (1450–1524), geschaffen vom Bildhauer *Ivan Meštrović*. Gegenüber der **Renaissancepalast Milesi**.

An der Westmauer entlang gelangt man zum *Narodni-Platz* mit Renaissancepalästen, dem Verwaltungszentrum Splits im Mittelalter. Hier steht auch das alte Rathaus (das Ethnologische Museum ist umgezogen), ein Gebäude mit gotischen Spitzbögen aus dem 14. Jh. und neugotischem Überbau aus dem 19. Jh. Neben dem Westtor des Palastes ein romanisches Turmhaus mit später aufgesetzter Stadtuhr und der spätromanische *Palast Ciprianis* eines Fürsten aus Korčula.

Fähnchengeschmückte Gassen führen rechts in das Palastzentrum durchs sogenannte **Eiserne Tor**, das im Mittelalter die alte mit der neuen Stadt verband. Dieses Tor gleicht dem Osttor, ist aber besser erhalten. An seiner Innenseite stand eine Kirche, von der nur noch die Kuppeln und der Glockenturm aus dem 11. Jh. (der älteste weit und breit) erhalten sind.

Über die Längsgasse (Ul. Krešmirova) – im Mittelalter die wichtigste der Stadt – kommt man vom Westtor zum Peristyl mit zahlreichen Souvenirständen und der *Touristinformation* in der *Sv. Rok Kapelle*. Rechts das **Peristyl**, ein drei Stufen tiefer gelegener Platz, umgeben

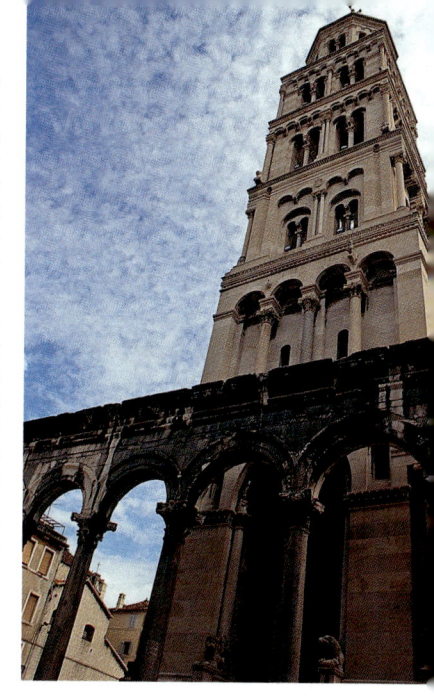

Am (o.) oder im (u.) hochaufragenden Glockenturm der Kathedrale Sv. Duje

von Säulenreihen und Eingängen zu den ehemals kaiserlichen Gemächern. Der Platz eignet sich bestens zum Ausruhen. Das einst platzfüllende *Café Luxor* wurde in seine Innenräume verwiesen.

Beim Peristyl standen drei kleine Tempel und andere wertvolle Bauwerke. Der Grundriss des *Venus-Tempels* war sechseckig. Heute sieht man nur noch Teile der hexagonalen Basis mit der Krypta im Boden des Café Luxor angezeigt (Eingang Kraj Sv. Ivana). Vom Erdgeschoss des Peristyls sind noch die Bögen und Säulen der romanischen Loge des alten Rathauses erhalten. Im 14. Jh. arbeitete *Juraj Dalmatinac* das Südportal im Stil der „Blüten-Gotik" aus. Ende des 14. Jh. wurde das obere Stockwerk im Stil der Renaissance angebaut. Der *Tempel der Cybele* hat einen runden Grundriss. Der rechteckige *Jupiter-Tempel* liegt weiter in Richtung Westmauer. Sein westlicher Giebel ist heute noch in recht gutem Zustand und das Deckengewölbe im Innern ist vollständig erhalten; hier steht eine 1945 geschaffene Bronzestatue, *Ivan Meštrović'* letztes Werk. Im oberen Teil befindet sich das Baptisterium mit Taufbecken aus dem 12. Jh. mit Flechtornamenten und dem Bildnis eines kroatischen Königs auf dem Thron.

Die Stirnseite des Jupiter-Tempels ziert eine ägyptische *Sphinx*, ihre Artgenossin sitzt vor dem Baptisterium – einst waren es zwölf an der Zahl, die man im Palast fand. Sie wurden auf Beutezügen ergattert, wie auch die korinthischen Säulen.

An der Stirnseite des Peristyls, also zwischen den Tempeln und dem Mausoleum, steht das *Vestibül*, die Vorhalle; der einstige Eingangssaal zu den kaiserlichen Gemächern ist außen viereckig und innen rund. Davor der *Prothyron*, eine Säulenfassade mit Ehrenloge für den Kaiser. Dahinter die kaiserlichen Säle im Süden des Palastes, von denen nur die ebenerdigen Gewölbe erhalten sind; sie werden als Kellerräume bezeichnet und waren bis 1956 bis obenhin mit Schutt angefüllt. Erst im 19. Jh. wurden sie gesäubert. Heute kann man durch 25 neu restaurierte Säle spazieren, hier finden Ausstellungen statt, und dann beim Südtor den Palast wieder verlassen. Die Kellerräume verwandeln sich beim Blumenfest Anfang Mai in blühende Oasen.

Natürlich kann man auch gleich durch das Südtor, die Säle und das Vestibül auf das Peristyl zugehen und steht dann vor dem *Mausoleum,* der außen achteckigen, innen runden und von einem offenen Säulengang umgebenen **Kathedrale** (Sv. Duje). Sie ist dem Märtyrer Domnius geweiht, einem Bischof aus Salona. Durch die reich geschnitzten Tore aus dem Jahr 1214, gefertigt von *Andrija Buvina*, gelangt man ins Innere der Marmorkirche mit romanischer Steinkanzel und spätgotischen Altären – einen davon schuf *Juraj Dalmatinac*. In der Sakristei befindet sich heute die *Schatzkammer* (8–20, So 9.30–12 Uhr; außer bei Hochzeiten etc.).

Die schönste Aussicht über die Häuserlandschaft auf den römischen Überresten hat man vom *Glockenturm* aus dem 13. Jh. Von oben fällt der Blick auf das Dach des Mausoleums, das teilweise noch mit römischen Dachziegeln gedeckt ist. Auch das Vestibül mit seinem runden Kuppelloch ist von hier oben gut zu sehen.

Kommt man vom Peristyl und überquert die Längsgasse, läuft man auf einem römischen Bürgersteig zum Nordtor, dem **Goldenen Tor**. Es heißt so, weil es den Splitern schon immer am besten gefiel, nach Renovierung strahlt es wieder. Ein paar Meter außerhalb des Tores steht die große *Grgur-Ninski-Bronzeskulputur*, 1929 geschaffen von Meister Ivan Meštrović in der Zagreber Akademie der Künste. Sie stand zum Gedenken an die 1000-jährige Kirchenversammlung in Split zuerst im

Peristyl, seit 1954 steht sie an ihrem heutigen Platz. Die schon sehr abgewetzte Zehe wird oft geküsst, das soll Glück und Segen bringen.

Vor dem Goldenen Tor sieht man noch die Überreste der einstigen frühromanischen Basilika mit Benediktinerkloster vor der Nordseite der Palastmauern. *Juraj Dalmatinac* baute 1444 an die Südseite dieser Kirche die **Kapelle Sv. Arnir** mit dem berühmten *Relief der Steinigung*, das sich heute in der Kirche in Kaštel Lukšić (s. dort) befindet.

Im Nordwesten und Nordosten steht jeweils ein Wehrturm, im Nordosten außerdem der von Juraj Dalmatinac erbaute **Papalić-Palast** mit prachtvollem Eingangstor, dort ist heute das *Stadtmuseum* untergebracht.

Geht man jedoch die Längsgasse weiter, vorbei an Ständen, Gemälden und Porträtisten, findet man am Ende zwischen Säulenresten eine Terrasse mit Korbsesseln, die zu einer Snackbar gehört. Durch das östliche Tor, das **Silberne Tor**, verlässt man die Palastanlage und steht am Markt, Pazar genannt. Die Ostmauern sind am besten erhalten.

Außerhalb der Stadtmauern, ca. 300 m östlich des Silbernen Tors und über die Kneza Mislava Ulica erreichbar, ist das **Maritime Museum** sehenswert, gegenüber dem Busbahnhof liegt das **Naturwissenschaftliche Museum**. Nur wenige Meter nordwestlich des Goldenen Tores, neben dem hübschen **Štosmajerov Park**, einer wunderbaren Oase, wurde die **Kunstgalerie** untergebracht.

Nach einem ca. 10-minütigen Spaziergang Richtung Norden erreicht man in der Frankopanska ulica das **Archäologische Museum**, das man unbedingt gesehen haben sollte. Allein die Vielfalt an kunstvoll gestalteten, alten Grabmälern im schönen Kreuzgang und Park beeindruckt.

Im Norden Splits, nahe der Bucht und des Hafens Poljud, steht das **Franziskanerkloster Sv. Ante** aus dem 15. Jh. mit Marienkirche und Museum von Poljud. Im Kloster beeindrucken ein Renaissancegemälde und ein Polyptichon mit St. Domnius, dem Schutzheiligen von Split, der die Stadt in seiner Linken hält. Im kleinen Museum steht u. a. ein Porträt des Humanisten Thomas Niger, 1527 geschaffen von *Lorenzo Lotto;* im Kreuzgang Porträts und Grabmäler von Adeligen, den Innenhof ziert ein Brunnen.

Fußballfans finden etwas südlich des Franziskanerklosters das 50.000 Zuschauer fassende **Stadion** des hier beheimateten Fußballvereins Hajduk.

Westlich der Altstadt liegt die Erholungsoase der Stadt: Die kegelförmige Halbinsel **Marjan** mit Grünflächen und Museen wurde Anfang des 20. Jh. als großzügiger Park angelegt. Die höchste Erhebung ist der 178 m hohe Telegrin, der eine schöne Aussicht über die Stadt und die vorgelagerten Inseln bietet. Östlich davon führt durch den etwas niedrigeren Berg Vrh Marjana ein Tunnel, durch den man auf kürzestem Weg von der Altstadt zur Halbinsel gelangt. An der Südseite der Halbinsel Marjan kann man sich stadtnah in den Strandbädern und an kleinen Buchten ins kühle Nass stürzen, um sich dann ausgeruht den sehenswerten Museen zuzuwenden: *Galerie Meštrović* mit schönem Skulpturenpark; schräg gegenüber der Straße am Meer das *Kastell Meštrović;* etwas weiter östlich das *Museum Kroatischer Archäologischer Denkmäler*. Oberhalb, am bewaldeten Hügelzug, liegt der sehr verwaiste *Zoologischer Garten*. Auf angelegten Spazierwegen kann man Joggen und die Aussicht genießen. Vorbei geht's an zwei Kapellen, Sv. Nikola und Sv. Jure, zur westlichen Landspitze der Halbinsel Marjan und zum *Ozeanographischen Institut*. Von hier fährt der Bus Nr. 12 zurück in die Stadt.

Ivan Meštrović – Bildhauer, Architekt und Mystiker

Es gibt wohl kaum eine kroatische Stadt, die sich nicht mit einer Arbeit des großen kroatischen Bildhauers schmückt. Geboren wurde Ivan Meštrović am 15. August 1883 in Vrpolje, einem Städtchen im Nordosten Kroatiens. Seine Kindheit verbrachte er in Otavice, einem Dorf östlich von Drniš. Schon als kleiner Junge schnitzte und meißelte er auf dem Feld kleine Figuren aus Holz und Stein. Seine sehr gläubigen, aber nicht eben mit Geld gesegneten Eltern ließen den Jungen bald ziehen. Nach der Steinmetzlehre in Split ging der 17-Jährige nach Wien und studierte dort von 1901 bis 1906 an der Akademie der Schönen Künste. Von 1903 bis 1910 war er Mitglied der Wiener Sezession, einer Vereinigung von Künstlern des Jugendstils.

Besonders der österreichische Architekt Otto Wagner und der französische Bildhauer Auguste Rodin inspirierten den jungen Künstler. Die geistige Basis seines Schaffens fand Meštrović in der Religion, im Humanismus, in der Mythologie und der Liebe zu seiner Heimat, nicht aber im kroatischen Patriotismus. Schon 1911 – er arbeitete gerade am Tempel von Kosovo – begeisterten seine Skulpturen auf der Weltausstellung in Rom. Ein beeindruckendes Werk gelang ihm mit der *Statue von Bischof Gregorius* (Variationen des Werks stehen in Split und Nin); zwei seiner *Pferdeskulpturen* zieren den Park von Chicago – eine Hommage an die indianischen Ureinwohner Nordamerikas.

In der Galerie-Park Meštrović

Meštrovićs Plastiken und Reliefs aus Marmor, Holz und Bronze fesseln nicht allein durch Ausdruckskraft, sie spiegeln die Psyche der Dargestellten, ihr Leid, ihre Sehnsucht in jedem Körperdetail, in der Mimik, in Händen und Füßen.

Meštrovićs künstlerisches Wirken reichte über die Bildhauerei weit hinaus – seit seiner Wiener Zeit faszinierte ihn die Kombination von bildender Kunst und Architektur. Beispiele für seine architektonischen Werke sind das *Kastell Meštrović* und die *Galerie Meštrović*, beide in Split, seine *Galerie* in Zagreb sowie die *Mausoleen* in Cavtat und Otavice.

1947 emigrierte Ivan Meštrović in die USA. In den letzten Lebensjahren widmete er seine Arbeit ausschließlich religiösen und spirituellen Themen. Am 16. Januar 1962 starb Meštrović in South Bend, USA. Beigesetzt wurde er in dem von ihm entworfenen Familiengrab in Otavice. Mit Ivan Meštrović starb „das beeindruckendste Phänomen unter den Bildhauern unserer Zeit", so Auguste Rodin über den wohl größten bildenden Künstler Kroatiens im 20. Jh.

Römisches Aquädukt: Auf der Straße stadtauswärts Richtung Klis (kurz nach Abzweig Solin) findet sich rechter Hand das im 4. Jh. erbaute Wasserleitungssystem, das von der Quelle des Jadro-Flusses auf einer Strecke von 9 km bis nach Split fließt – bis heute wird Splits Altstadt mit diesem Wasser gespeist! Gut erhalten ist auch das 180 m lange Aquädukt mit seinen Pfeilern und großen behauenen Steinquadern.

Museen und Galerien

Archäologisches Museum (Arheološki muzej): Das 1820 gegründete und damit älteste Museum Kroatiens zeigt zahlreiche Funde aus prähistorischer, griechischer und römischer Zeit sowie aus dem Mittelalter: Funde der Ausgrabungsstätte Salona; eine Sammlung griechischer Kulturdenkmäler von Hvar, Vis und Salona; aus römischer Zeit Glas, Schmuck, Gebrauchsgegenstände und Skulpturen römischer Gottheiten. Besonders sehenswert ist die bedeutende Sammlung von Grabplastiken.
Zrinjsko Frankopanska ulica 25, ✆ 021/318-721, 329-340, www.armus.hr. Mit Bus Nr. 3, 17 ab Trg Gajeta Bulata. Juni–Sept. Mo–Sa 9–14/16–20 Uhr; Okt.–Mai Mo–Fr 9–14/16–20, Sa 9–14 Uhr; So/Feiertage geschlossen. Eintritt Erwachsene 20 KN, erm. 10 KN.

> **Öffnungszeiten**: Leider gibt es bei den Museen jährlich Änderungen bei den Öffnungszeiten. Deshalb ist es zu empfehlen, sich vorab bei der TIC zu erkundigen.

Ethnographisches Museum (Etnografski muzej): Das 1910 gegründete Museum hat neue moderne Räumlichkeiten an der Südmauer des Diokletianspalastes erhalten. Es zeigt eine große Sammlung von Trachten, Stickereien, Gebrauchsgegenständen, Schmuck und Musikinstrumenten aus Dalmatien.
Severova 1, ✆ 021/343-108, 360-171, www.etnografski-muzej-split.hr. 15. Mai–Sept. Mo–Fr 9–16, Sa 9–13 Uhr; Juni Mo–Fr 9–18, Sa 9–13 Uhr; Okt.–14. Mai Mo–Fr 10–17, Sa 10–13 Uhr; Feiertage geschlossen. Eintritt Erwachsene 10 KN, erm. etc. 5 KN.

Stadtmuseum (Muzej grada Splita): Das Museum im Papalić-Palast aus dem 15. Jh. dokumentiert die Stadtgeschichte.
Papalićeva 1, ✆ 021/360-171, www.mgst.hr. Juni–Sept. Di–Fr 9–21, Sa–Mo 9–16 Uhr, Feiertage geschlossen; Okt.–Mai Di–Fr 9–16, Sa/So 10–13 Uhr, Mo/Feiertage geschlossen. Eintritt Erwachsene 10 KN, erm. 5 KN.

Maritimes Museum (Hrvatski Pomorski muzej): Erreichbar vom Silbernen Tor über die Kneza Mislava ulica. Das Museum ist in einem Gebäudetrakt der imposanten, von dicken Wehrmauern umgebenen Festung Gripe untergebracht, seit 1997 wieder geöffnet, aber bis heute noch nicht komplett fertig gestellt. Ein

Im Archäologischem Museum

Teil der Ausstellungsräume ist dem Thema „Schiffe, Waffen, Krieg" gewidmet und zeigt Schiffsgemälde, Schiffsmodelle, Seekarten sowie den ältesten Torpedo der Welt, der in Rijeka gebaut wurde. Den großen Innenhof bestücken weitere Schiffe und Torpedos; lohnenswert vor allem der Blick von der Festungsmauer über Split.

Glagoljaška 18, ℅ 021/347-346, www.hpms.hr. Juni–Sept. Mo–Fr 9–17, Sa 9–13 Uhr; Okt.–Mai Mo–Fr 9–14.30/17.30–21, Sa 9–14.30 Uhr; So geschlossen. Eintritt Erwachsene 20 KN, erm. 10 KN.

Naturwissenschaftliches Museum (Prirodoslovni muzej): Einst auf der Halbinsel Marjan, nun zentral gelegen. Das Museum präsentiert umfangreiche mineralogische, botanische, paläontologische und zoologische Sammlungen aus Dalmatien. Für Familien mit Kindern interessant.

Stadtmuseumsportal

Poljana kneza Trpimira 3, ℅ 021/322-988. Juni–Sept. Mo–Fr 10–14 und 17–20, Sa 9–13 Uhr; Okt.–Mai Mo–Fr 10–17, Sa 9–13 Uhr; So geschlossen. Eintritt Erwachsene 10 KN, erm. 5 KN.

Kunstgalerie (Galerija umjetnina): Gezeigt werden in den neu gestalteten Räumlichkeiten Skulpturen und Gemälde vom 14. Jh. bis zur Gegenwart – z. B. von *Paolo Veneziano* (14. Jh.), dalmatinische und venezianische Meister des 15.–18. Jh. wie *Andrija Medulić, Jacobello del Fuiore, Matej Ponzoni-Pončun, Celestin Medović, Juraj Plančić* und *Emanuel Vidović*. Außerdem eine Ikonensammlung und Skulpturen u. a. von *Ivan Rendić, Branislav Dešković, Frano Kršinič, Ivan Meštrović* sowie von zeitgenössischen kroatischen Künstlern. Zudem gibt es hier ein lauschiges Café.

Trg Tomislava 15, ℅ 021/350-112, www.galum.hr. Juni–Sept. Di–Sa 10–13/18–21, Mo 18–21 Uhr; Okt.–Mai Di–Sa 10–13/17–20, Mo 17–20 Uhr; So geschlossen. Eintritt Erwachsene 10 KN, erm. 5 KN.

Museum Kroatischer Archäologischer Denkmäler (Muzej hrvatskih arheoloških spomenika): Das 1893 in Knin gegründete Museum zog nach dem Zweiten Weltkrieg nach Split um. Das wunderbare Haus und die Lage sind ein Genuss. Das Museum zeigt Gegenstände aus frühester kroatischer Geschichte, aus dem 7.–12. Jh. Skulpturen, Münzen, Schmuck, Keramik und Waffen aus ganz Dalmatien. Bedeutend sind u. a. das Višeslav-Taufbecken aus Nin, prachtvolle antike Grabdenkmäler, Grabplatten und Grabbeigaben.

Šetalište Ivana Meštrovića 18, ℅ 021/358-420, www.mhas-split.hr. Mit Bus Nr. 12, 7 und 8 erreichbar. Juni–Sept. Mo–Fr 10–13/17–20, Sa 10–13 Uhr; Okt.–Mai Mo–Fr 9–16, Sa 10–13 Uhr; So geschlossen. Eintritt Erwachsene 20 KN, erm. 10 KN.

Galerie Meštrović (Galerija Meštrović): Das langgezogene Gebäude mit säulenbestandener Vorhalle und breiter Freitreppe hinab in den Eingangsbereich mit Park wurde zwischen 1931 und 1939 nach den Plänen des Bildhauers Ivan Meštrović gebaut. Es zeigt die größte Sammlung seiner Arbeiten, u. a. Skulpturen und Reliefs aus Bronze, Holz und Marmor. Im schönen Park sind, wohl platziert, große Mar-

Altstadtblick vom kleinen Stadthafen, der ausschließlich den Fischern dient

morskulpturen zu bewundern. Meštrović schenkte die Galerie 1952 den Bürgern der Stadt. Auch hier gibt es im Pavillon und Park mit Blick aufs Meer ein nettes Café (Juni–Sept. 9–24 Uhr, danach nur bis 16 Uhr).

Šetalište Ivana Meštrovića 46, ✆ 021/340-800, www.mestrovic.hr. Mit Bus Nr. 12, 7 und 8 erreichbar. Mai–Sept. tägl. außer Mo 9–19 Uhr; Okt.–April Di–Sa 9–16, So 10–15 Uhr; Mo geschlossen. Eintritt Erwachsene 30 KN, erm. 15 KN.

Kastell Meštrović (Kaštelet Meštrović): Die ehemalige Sommerresidenz von Meštrović, zu der auch eine Kapelle gehört, befindet sich unterhalb der Galerie am Meer. In der Kirche sehenswerte Holzreliefs. Ein wunderbarer Platz zum Relaxen.

Šetalište Ivana Meštrovića 39, ✆ 021/358-185. Öffnungszeiten wie Galerie Meštrović. Die in der Galerie Meštrović erworbene Eintrittskarte ist auch hier gültig.

Franziskanerkloster Sv. Ante mit Marienkirche und Museum von Poljud: Im Norden von Split im Stadtteil Poljud, nahe dem gleichnamigen Hafen und Bucht. Das Kloster wurde im 15. Jh. erbaut. Sehenswert sind der Kreuzgang und u. a. das Portrait des Humanisten Thomas Niger, von Lorenzo Lotto 1527 angefertigt.

Poljudsko šetalište 4, ✆ 021/381-377. Das Museumskloster ist auf Anfrage zu besichtigen. Mit Bus Nr. 17 und 3 erreichbar.

Sehenswertes außerhalb von Split

Römisches Aquädukt: Auf der Straße stadtauswärts Richtung Klis (kurz nach Abzweig Solin) findet sich rechter Hand das im 4. Jh. erbaute Wasserleitungssystem, das von der Quelle des Jadro-Flusses auf einer Strecke von 9 km bis nach Split fließt – bis heute wird Splits Altstadt mit diesem Wasser gespeist! Gut erhalten ist auch das 180 m lange Aquädukt mit seinen Pfeilern und großen behauenen Steinquadern.

Das antike Salona – Tusculum: 6 km nördlich von Split, oberhalb von Solin, liegt, von Zypressen und Kiefern umgeben, das Ruinenfeld von Salona, der ehemaligen Hauptstadt der römischen Provinz Dalmatien. Salona wurde 74 v. Chr. von den

Römern gegründet und im 7. Jh. von den Awaren und Slawen zerstört. Zur Zeit des Kaisers Augustus lebten hier über 60.000 Menschen, 240 n. Chr. wurde Kaiser Diokletian hier geboren, und vom 4. bis 6. Jh. war Salona ein wichtiges christliches Zentrum. Das Ruinenfeld ist das größte und bedeutendste römische Areal in Kroatien, und es ist beeindruckend, einen Spaziergang durch die 2000 Jahre alten Mauer- und Säulenreste zu machen. Sehr gut erhalten sind die einst die Stadt umgebenden Mauern und Türme sowie die Überreste der Basilika aus dem 5. Jh. Hier wurden die ersten Christen und viele Bischöfe begraben, u. a. auch der Schutzpatron der Stadt Split, *Bischof Domnius*, einer der beiden Märtyrer aus der Zeit der Christenverfolgung Diokletians. Zu sehen sind Überreste der Therme und einer Wasserleitung, das große Amphitheater, das damals 12.000 Zuschauern Platz bot. Dazwischen zahlreiche Säulen und Sarkophage. Zudem gibt es ein kleines Museum (✆ 355-088). Die bedeutendsten Funde befinden sich allerdings im Archäologischen Museum in Split. Beim *Café Salona* sorgt ein Übersichtsplan des Ruinenfeldes für Orientierung.

Mai–Okt. Mo–Sa 7–19, So 9–13 Uhr; Nov.–April Mo–Fr 9–15, Sa 9–14 Uhr, So geschlossen. Eintritt 2 €, Kinder 1 €. ✆ 021/355-088, www.solin-info.com. Ab Split mit Direktbus Nr. 1 (hält gegenüber Eingang). Ab Trogir mit Nr. 37 und in Solin in Nr. 1 umsteigen.

Die **Festung Klis**, 10 km nördlich von Split (in Richtung Knin) oberhalb des gleichnamigen Ortes, steht auf dem 340 m hohen Pass zwischen den Gebirgszügen Kozjak und Mosor. Hier verlief auch die wichtige Handelsstraße zwischen dem slawischen Hinterland und der Küste. Die Archäologen sind sich sicher, dass hier bereits Römer lebten, auch wenn Klis erst 852 von Fürst Trpimir urkundlich erwähnt wird. Unter den Venezianern wurde die Festung wohnlich, aber auch als gewaltiges Bollwerk mit drei Mauerringen und Wehrtürmen ausgebaut. Die türkische Grenze verlief unmittelbar hinter Klis. 1537 schafften es die Türken trotzdem, die Festung einzunehmen und blieben bis 1648. Die als Moschee erbaute Kuppelkirche aus dem 16. Jh. erinnert an diese Zeit. Klis wurde in den letzten Jahren renoviert. Der Blick über Split, die Inseln und die Küste ist von hier aus fantastisch!

Juni–Sept. 9–19 Uhr, Mai u. Okt. 9–17 Uhr, Nov.–April 10–16 Uhr. Eintritt 1,50 €, Kinder die Hälfte. ✆ 021/240-578. Von Split mit Bus Nr. 35, 22 ab Regional-Busbahnhof. Wer von Klis nach Trogir möchte, muss in Solin in Bus Nr. 37 umsteigen. Information ✆ 240-578.

Das 2000-jährige Salona bei Split – ein malerisches, geschichtsträchtiges Areal

Omiš

Malerisch liegt das einstige Zentrum der dalmatinischen Seeräuber an der Mündung der Cetina, die sich hier durch den Fels der Mala Dinara, einem Ausläufer des Mosor-Gebirges, ihren Weg bahnt. Über die Jahrhunderte schützten die senkrecht ansteigenden Felsen den Ort, dem heutigen 5000-Einwohner-Städtchen aber bieten sie kaum Platz, sich auszudehnen. Omiš hat sich heute einen Namen als Aktivsportstadt gemacht, besonders beliebt sind Kajak- und Raftingtouren auf der Cetina.

Den hübschen mittelalterlichen Stadtkern überragen die Ruinen der *Peovića*-Festung. Für die Bewohner von Omiš bot das Cetina-Tal Reichtum und Segen, war es doch in diesem Gebiet der einzige Zugang zum Hinterland. Heute lassen sich auf dem Fluss wunderbare Rafting- oder Kajaktouren unternehmen, die Felsen sind beste Kletter- und Canyoninggebiete und in die umliegenden Bergdörfer oder entlang der Omiš-Riviera bieten sich schöne Ausflüge per Mountainbike oder zu Fuß an.

Neben dem Fremdenverkehr ist für Omiš das Wasserkraftwerk, das größte Kroatiens, von wirtschaftlicher Bedeutung. Arbeit finden die Einwohner, mit Umgebung über 18.000 Menschen, zudem in der Textil-, Aluminium-, Folien- und Nudelherstellung. Gastronomisch hat die Stadt viel zu bieten: Spezialitäten aus dem Meer, aus der Cetina und aus den Bergen stehen auf der Speisekarte.

Geschichte: Die Gegend war in der Vorgeschichte von den illyrischen Stämmen der Bulini und Nerestini besiedelt. Im 2. Jh. v. Chr. kamen die Delmaten, die dem Ort den Namen *Almissa* gaben. Doch erst im Mittelalter machte Omiš unter dem römischen Namen *Oneum* von sich reden – die Zeit der Piraterie hatte begonnen. Fette Beute für die dalmatinischen Piraten waren u. a. die heimkehrenden Kreuzfahrerschiffe. Auf der Jagd nach lukrativem Fang trieb es die Seeräuber immer weiter auf das Meer hinaus, manchmal bis nach Süditalien – ständig mussten die Schiffe mit Überfällen rechnen. Um ihre Handelsflotte sicher durch die Adria navigieren zu können, zahlten die Venezianer lieber Tribut (→ Einleitungsteil: „Geschichte", S. 30). Ab dem 11./12. Jh. beherrschte die mächtige Familie Kačić, Nachkommen des Stammes der Neretljani, die Region. Die geschickten Husaren waren nicht nur eine Gefahr für die venezianischen Schiffe, sondern auch für Städte wie Split, Šibenik, Trogir. Auf die Kačićs folgte Ende des 13. Jh. der kroatische Vizekönig Pavao Šubić, dessen Bemühungen um ein Ende der Seeräuberei scheiterten. 1358 erkannte Omiš die Herrschaft des kroatisch-ungarischen Königs Ludwig an, Ende des 14. Jh. den bosnischen König

Die Heldin von Poljica hält Wache

Stjepan Tvrtko, im 15. Jh. folgten die Feudalherren Hrvoje Vukčić Hrvatinić und Ivaniš Nelipić. 1444 bis 1797 fiel Omiš an Venedig und teilte im 19. und 20. Jh. dasselbe historische Schicksal wie ganz Dalmatien.

Sehenswertes

Oberhalb des alten Stadtkerns, kühn auf den Fels des steilen Babnjača erbaut, stehen die Ruinen und der Turm der einstigen Stadtfestung **Peovića** (auch Mirabella genannt). Die im 13. Jh. errichtete Festung zählt zu den ältesten Dalmatiens.

Die Pfarrkirche **Sv. Mihovil** von 1629 zeigt ein schön verziertes Außenportal, den Innenraum schmücken Gemälde von Jakopo Palma d. J. (1544–1628). Neben der Kirche führen Stufen hoch zur Festung Peovića.

Etwas südlich der Pfarrkirche steht das im 16. Jh. erbaute *Haus des glücklichen Menschen* (Kuća sretnog čovjeka), ein Denkmal für das humanistische Bewusstsein der Stadtbevölkerung, ganz in der Nähe die Kirchen **Sv. Rok** (17. Jh.) und **Sv. Duh** (16. Jh.) sowie der städtische Uhrturm. Das **Stadtmuseum** (Gradskji Musej) zeigt das Statut der Republik Poljica, Skulpturen, Reliefs und Bilder – u. a. den „Kopf der Flora", angeblich die Geliebte von Dionysos (1. Jh.), sowie das Familienwappen der Familie Radmanove, geschaffen von *Juraj Dalmatinac*.
Juni–Sept. tägl. 8–20 Uhr, sonst tägl. außer So 8–14 Uhr. Poljički trg (Altstadt).

Das **Franziskanerkloster** aus dem Jahr 1716 liegt stadtauswärts, Richtung Makarska. Angeschlossen ist ein kleines *Museum* (tägl. 8–20 Uhr).

Gegenüber der Altstadt, im Stadtteil Priko, steht oberhalb auf der Westseite der Cetina das Kirchlein **Sv. Petar** aus dem 11. Jh. Es ist ein unscheinbares einschiffiges Kirchlein mit Apsis und Kuppel – und das bedeutendste Bauwerk der Stadt sowie die älteste Kirche Mitteldalmatiens.

In *Baučići*, dem alten Teil von Omiš auf der Hochebene, steht die **Festung Fortica**. Sie wurde im 16./17. Jh. von den Venezianern zur Abwehr gegen die Türken erbaut, die in diesem Gebiet allerdings nie Fuß fassen konnten. Von der Festung hat man einen phantastischen Blick über die Stadt, die vorgelagerten Inseln und das Hinterland. Baučići ist am Südende der Stadt über die bergan führende Straße Put Borka erreichbar.

Flora – Geliebte des Dionysos?

Information/Verbindungen/Diverses

TZG, Trg kneza Miroslava b.b., 21310 Omiš, ✆ 021/861-350, www.tz-omis.hr. Juni–Sept. tägl. 8–20 Uhr (Mo nur bis 12 Uhr), sonst Mo–Fr 8–15 Uhr.

Touristinformationen für die Gemeinden (→ „Übernachten").

Agentur Slap, Altstadtbeginn (Richtung Radmanova mlince), Poljički trg b.b., ✆ 021/

757-226, 871-108, www.hrslap.hr. Die älteste Agentur in der Stadt. Raftingausflüge, Freeclimbing, Fahrradvermietung, Seekajak, Zimmervermittlung.

Active Holidays, Knezova Kačića b. b., ✆ 021/863-015, 861-829, www.activeholidays-croatia.com. Zimmervermittlung, Rafting-, Freeclimbing-, Surf- und Tauchausflüge; auch mit Unterricht.

Agentur Adriaturist, Trg kralja Tomislava 4, ✆ 021/862-550, www.adriaturist.hr. Zimmervermittlung, Flugtickets (Inland), Raftingtouren.

Agentur Radmanove mlinice, Poljički trg, ✆ 021/862-238, www.radmanove-mlinice.hr. Zur Agentur gehört das gleichnamige Restaurant (→ Omiš/Umgebung). Zimmervermittlung, Raftingausflüge, Canyoning.

Verbindungen Busse alle 30 Min. nach Split und Makarska; Busse oft voll, d. h. teils längere Wartezeiten (keine Reservierung möglich). Auskunft ✆ 021/862-400.

Auto Großer gebührenpflichtiger **Parkplatz** vor der Brücke in Richtung Split.

Ausflüge Taxiboote vom Hafen zur Insel Brač (nach Postira, Bol); zudem Ausflüge nach Makarska und Raftingausflüge (→ „Sport" u. Agenturen).

Veranstaltungen Raftingmeisterschaften im Mai. **Klappa-Konzerte**, jedes Wochenende im Juli. **Stadtfest Sv. Mihovil** am 16. Mai in der Altstadt. **Marathon-Schwimmen**, letzter Sa im Juli; Distanzen: 10 und 2 km; Auskunft über die Touristeninformation. **Cro Challenge**, Extremsportveranstaltung über 80 km Distanz; 2-tägiger Wettkampf am ersten Aprilwochenende (→ Kasten).

Cro Challenge – Herausforderung für Extremsportler mit Teamgeist

Insgesamt 80 km sind während der 2-tägigen Veranstaltung am ersten Aprilwochenende in den verschiedensten Disziplinen zu bezwingen. Maximal 12 Gruppen können teilnehmen, jedes Team besteht aus 4 Personen, darunter mindestens 1 Frau. Anfahrt, Ausrüstung etc. wird organisiert und gestellt – eigene Ausrüstung darf nicht mitgebracht werden. Übernachtet wird in Zadvarje, die Teilnahme ist kostenlos. Infos beim Tourismusverband (TZG Omiš).

Die Disziplinen:

See-Kajak: von Split bis Podstrana

Mountainbike: von Podstrana nach Dolac (in den Bergen von Omiš)

Kanu: von Dolac (Čikotina Lada) bis Zadvarje

Canyoning und Schwimmen: von Zadvarje nach Slime, zuerst 90 m abseilen, dann 5 km durch den Fluss schwimmen.

Rafting: von Slime nach Radmanove mlince

Mountainbike: von Radmanove mlince ins Biokovo-Gebirge

Joggen: vom Biokovo-Gebirge nach Brela

See-Kajak: von Brela nach Makarska

Essen & Trinken/Übernachten

Essen & Trinken Die Speisekarte der Region ist sehr abwechslungsreich: Aus der Cetina kommen Forellen, Krebse, Frösche; aus dem Meer Fische, Schalentiere und Muscheln, und aus den umliegenden Bergen kommen Lamm, Schafskäse, Schinken auf den Tisch (→ Omiš/Umgebung: „Essen & Trinken").

Konoba Marin, am Beginn der Altstadtgasse; weiter südl. **Konoba Milo** (hier kann man auch im Freien sitzen); beides gute Lokale, die die oben genannten Spezialitäten bieten, zudem Peka-Gerichte, Fisch-Brodetto oder die Papaline (kleine frittierte Fische). Nett und gut ist auch **Kod Jože**.

440 Omiš

Café-Bar Turijun, an der Hauptstraße links, stadtauswärts im alten Turm; moderner Innenraum; schön zum Sitzen.

Übernachten Über die Agenturen werden Privatzimmer, Appartements und Landhäuser vermietet. Weitere Übernachtungsmöglichkeiten (→ Omiš/Umgebung).

》》 Mein Tipp: *** **Hotel Villa Dvor**, burgähnliches Natursteinhaus in exponierter Lage, nordöstlich und oberhalb der Cetina auf einem Fels mit phantastischem Blick auf Stadt, Land, Fluss … Sehr gutes Restaurant mit Panoramaterrassen. 23 komfortable Zimmer mit guter Ausstattung, auch Internet. DZ/F 111–133 € (je Lage). Mosorska 13, ✆ 021/863-444, www.hotel-villadvor.hr. 《《

**** **Hotel Plaža**, 3-stöckiger, ansprechend modernisierter Bau auf der Landzunge und dem Strand Punta. Mit Restaurant, schöner Terrasse und großer schöner Wellnessanlage. DZ/F ab 130 €. Trg kralja Tomislava 6, ✆ 021/755-260, www.hotelplaza.hr.

*** **Hotel Bizet**, im Stadtteil Bruet (1 km südl.), lang gezogener Bau in schöner Lage am Kiesstrand und umgeben von Pinien. DZ/F mit Balkon 115 €. ✆ 021/756-880, www.ruzmarin.hr.

Camping *** **Campingplatz Galeb**, am Ortsbeginn. Direkt am Meer großer Platz unter schattenspendenden Pappeln für bis zu 3000 Pers., zudem direkt in Strandlage Mobilhausvermietung und Bungalows. Kiesstrand, Bootsverleih, Market, Restaurant

Romantischer Bootstrip auf der Cetina

und Café. Geöffnet 1.5.–15. 10. Pers. 7 €, Parzelle ab 13 €. ✆ 021/864-430, www.kamp.galeb.hr.

** **Campingplatz Lisičina**, im gleichnamigen Ortsteil oberhalb und nördl. der Cetina, netter kleiner Platz. Lisčina 1, ✆ 021/862-536.

Weitere **Campingplätze** (→ Omiš/Umgebung und Duće).

Sport

Baden An der *Punta*, dem 800 m langen Stadtstrand auf der Halbinsel mit Feinkies und hellem Sand; hier gibt es auch einen Behindertenlift fürs Wasser. Kieselstrände in Duće (6 km nördl.) und gen Süden an der Omiš-Riviera, u. a. in Stanići (6 km südl.) und Ruskamen (8 km südl.).

Rafting Raftingtouren auf der Cetina sind sicherlich das Highlight der regionalen Freizeitangebote. Sie können bei allen Agenturen gebucht werden. Es gibt verschiedene Streckenvarianten – hier die längste: mit dem Auto bis Radmanov mlinice, ab dort mit dem Bus der Agentur bis Slime (8 km). Diese Raftingtour dauert ca. 3–4 Std. und kostet ab 22 €.

Windsurfen am Strand von Ruskamen, 9 km südl. von Omiš.

Tauchen Wenige Kilometer südl. von Omiš liegt ein gesunkenes, inzwischen von Pflanzen und Muscheln überwuchertes Zementschiff, das Fischen Unterschlupf bietet.

Calypso Scuba Diving, Vangrad b.b., ✆ 021/757-526, 098/526-204 (mobil), www.calypsodiving.hr. Wracktauchen zu Riffen etc.; Tauchschule nach SSI. Basis am Hafen. Ganzjährig geöffnet.

Diving Center Ruskamen, im Hotel Sagitta. Tauchschule nach SSI. ✆ 091/518-5400 (mobil), www.sagitta.hr. Nur Juli/Aug.

Omiš – am Meer und an der Flussmündung Cetina

》 Mein Tipp: Freeclimbing Direkt oberhalb der Altstadt ist ein Klettersteig; stadtnah gibt es die Babnjača-Felsen – stadtauswärts Richtung Radmanov mlinice, vor dem Tunnel beim großen Parkplatz. Ein weiterer Klettersteig beginnt gegenüber der Altstadt an den Priko-Bergen. Auskünfte und Betreuung über die Agenturen. 《

Sportgeräteverleih Scooter bei **Agentur Emsa Tours**, Stanići, ✆ 021/879-047. Boote/Fahrräder bei **Agentur Slap** (s. o.).

Wandern/Mountainbike Wanderfreunde finden in der Umgebung von Omiš viele schöne Wege, oftmals mit wunderschöner Aussicht:

1. Einstündige Wanderung von der Stadt bis zur **Festung Fortica**.

2. Wanderung nach **Baučići** und in die Berge (auch mit Mountainbike/Auto möglich).

3. Von Omiš Fußweg über Naklice nach **Tugare**. Wegzeit ca. 0:40 Std.

4. Nach Gata mit dem Auto, ab dort in ca. 1:30 Std. zum **Berg Sv. Jure** mit herrlicher Aussicht.

5. Schöne **Tageswanderung**: Mit dem Bus bis Lokva, von dort in ca. 2 Std. hinauf in die Berge zur Kapelle Sv. Vid mit phantastischer Aussicht auf die Inseln Brač und Split. Von dort über Svinišće hinab ins Cetina-Tal und nach Radmanove mlinice in weiteren 2 Std. Wegzeit. Dort erwartet den Wanderer der schattige Biergarten Radmanove mlinice. Der Bus fährt, von Kučiće kommend, stündlich zurück nach Omiš.

Omiš/Umgebung

Ob zum Spazierengehen oder für Rafting- oder Kajaktouren – beeindruckend ist eine Fahrt ins **Cetina-Tal** allemal.

In Richtung Gata (von Omiš 6 km) schlängelt sich die schmale Straße vom Cetina-Tal in die Berge, es bieten sich schöne Blicke auf die Stadt, das Kraftwerk und das Tal. Ca. 2 km vor Gata steht kurz vor dem Tunnel auf einem Fels die Statue Mili

Gojsalića, geschaffen von *Ivan Meštrović* zur Erinnerung an die Heldin von Poljica, die 1570 während des Kampfes mit den Türken genau an dieser Stelle ein Magazin der Türken mit Schießpulver in die Luft jagte und dabei selbst zu Tode kam.

Gata, ein kleiner Ort ca. 7 km oberhalb von Omiš bietet das *Poljica Museum* mit interessanter ethnographischer Abteilung. Die Republik Poljica galt im 15. Jh. als bedeutendes Gemeinwesen mit für diese Zeit geradezu revolutionären demokratischen Strukturen (Kasten „Demokratie im Mittelalter").
Juni–Sept. tägl. 8–12/17–21 Uhr. ✆ 021/868-210.

Wanderfreunde können von Gata über den Ort Dubrava in ca. 4 Std. zum 1318 m hohen Sv. Jure, dem Gipfel des Mosor-Gebirges, gelangen.

Demokratie im Mittelalter – die Republik Poljica

Wir schreiben das 14. Jh. Fast überall im Europa der Handelsstädte, Fürstentümer und Kleinstaaten herrscht Feudalismus, eine Ständegesellschaft, in der König, Adel und hoher Klerus alle Rechte kontrollieren, während Bürger, Handwerker, Bauern – rund 95 % des Volkes – von der politischen Macht fast gänzlich ausgeschlossen sind. Nicht so in der dalmatinischen Republik Poljica.

Zwar hatte auch in Poljica der Fürst die oberste Gewalt inne, doch wurden er und die hohen Regierungsvertreter alljährlich von der Versammlung der Schultheißen, einer Art Regierungsrat, gewählt. Bei den Regierungsgeschäften standen ihm drei hohe Staatsbeamte, drei Richter, ein Feldherr und ein Notar zur Seite. Zusätzlich bedurften alle wichtigen Angelegenheiten der Republik der Zustimmung der großen Volksversammlung, der alle erwachsenen Poljicer angehörten – ausgenommen die (nach wie vor) rechtlosen Fronbauern.

Geregelt war das politische Leben in Poljica in einem verfassungsähnlichen Statut, das im 15. Jh. in Bosančica, einer Variante der kyrillischen Schrift, aufgezeichnet wurde.

Die Republik Poljica umfasste das Gebiet zwischen dem Žrnovnica-Fluss im Westen (nördlich von Stobreč) bis zum Mosor-Gebirge im Osten. Die obere Grenze markierte bis Bisko der Flusslauf der Cetina.

Da das Gebiet für die mächtige Stadtrepublik Venedig als Pufferzone zum Osmanischen Reich von Interesse war, erkannte Poljica 1444 die Oberherrschaft Venedigs an, das der Republik im Gegenzug die volle Autonomie zusicherte. Und als Anfang des 16. Jh. die Türken immer weiter an die Grenzen vorrückten, gelang es Poljica, seine politische Ausnahmestellung durch Tributzahlungen abzusichern. So existierte das für seine Zeit revolutionäre politische Modell noch mehr als 200 Jahre – erst 1807 wurde die Republik von den napoleonischen Truppen aufgelöst.

Historiker vermuten, dass sich der englische Humanist und Staatsmann Thomas Morus (1478–1535) in seinem Werk *Utopia*, in dem er 1516 seine Vision vom idealen Staat beschreibt, auch von der Republik Poljica inspirieren ließ.

Insel Šolta – die verzweigte Šešula-Bucht, idyllisch zum Baden und Ankern

Insel Šolta

Die Insel südlich von Split ist bis auf die Orte Nečujam und Maslinica vom Tourismus weitgehend unberührt. Architektonische Leckerbissen sind die uralten, aus Natursteinen erbauten Dörfer. Ein paar erholungsbedürftige Großstädter haben sich hier in Ferienwohnungen niedergelassen, genießen die einsamen Felsbadebuchten oder angeln. Bootsbesitzer finden rund um Šolta gute Ankerplätze.

Auf der 52 km2 großen Insel leben rund 1600 Menschen. Šoltas Hügellandschaft erhebt sich bis zu 208 m aus dem Meer und ist recht fruchtbar. Neben ummauerten Äckern gibt es Olivenhaine, Weinfelder, Feigen- und Johannisbrotbäume. Lavendel und Rosmarin, Macchia und Kiefernwald gedeihen. Inselspezialitäten sind Olivenöl, Bienenhonig und ein sehr dunkler Rotwein, die autochthone Sorte Dobričić (→ Halbinsel Pelješac, Kästen bei Potomje und Trstenik). Die produzierenden Familien der Insel haben sich im Verband Šoltanski Trudi zusammengeschlossen und bieten ihre Waren auf dem Markt in Grohote und Maslinica an.

Wichtiges auf einen Blick

Telefonvorwahl: 021

Fährverbindungen: *Trajekt Split–Rogač*: 4- bis 6-mal tägl. (1 Std.), in der Saison 6.45–20 bzw. 21.15 Uhr. 4,50 €/Pers., Auto 21,70 €.

Katamaran Rogač–Split (LNP, www.lnp.hr): ganzjährig tägl. 1- bis 2-mal. Katamaran Stomorska–Split (LNP): ganzjährig, nur Sa/So.

Busverbindungen: 3- bis 5-mal tägl. (abhängig von der Fähre) Busse zu allen Inselorten.

Tankstelle: nur in Rogač (Fährhafen).

Banken: keine Bank, nur Bankomaten in Rogač, Grohote und Stomorska.

Post: fast in jedem Ort (nur bis Mittag geöffnet).

Lebensmittel: in allen Orten Minimärkte, am besten in Grohote, Maslinica und Stomorska.

Insel Šolta

Šolta ist eines der Ausflugsziele für die Bewohner von Split, die sich hier Wochenendhäuschen gebaut haben, sonst spielt der Tourismus auf Šolta keine große Rolle – ein paar Sportfischer, ein Hotel, Pensionen und nur ein kleiner privater Campingplatz. Eine schmale Asphaltstraße verbindet die Inselorte, die Südseite der Insel ist unbewohnt.

Šolta ist eine sonnenverwöhnte Insel, nur selten fällt Regen – zum Leidwesen der Inselbewohner. Der Name der Insel wird erstmals im 4. Jh. v. Chr. erwähnt, Šolta war schon von Griechen und Römern bewohnt. Nachdem Salona 614 zerstört war, siedelte sich ein Teil der Flüchtlinge hier an. Ab dem 7. Jh. gehörte Šolta zur Kommune Split, die sich mit Kalk (noch heute!), Holz und landwirtschaftlichen Produkten von der Insel versorgte. Immer wieder musste die Insel den Angriffen der Venezianer und den Überfällen von Seeräubern standhalten. Im Mittelalter wurden Anhänger des Glagolitentums nach Šolta verbannt.

Rogač

Rogač zieht sich um den neu angelegten hübschen Fährhafen mit Supermarkt, Restaurants, Tankstelle, Privatzimmern und Liegeplätzen für Boote. Ein Asphaltsträßchen führt hoch nach Grohote.

Information TIC, Podkuća 8 (Fährhafen), 21430 Rogač-Grohote. 15. April–15. Okt. tägl. 8–21 Uhr, sonst nur in Grohote. ✆ 021/654-151, www.solta.hr.

Agentur M-Travel, am Fährhafen (zudem in Stomorska), nur Juni–Sept. Zimmer, Jachtcharter, Fahrräder. ✆ 021/654-232, 099/6972-835 (mobil), www.m-tts.com.

Übernachten/Essen Privatzimmer 30–40 €; u. a. **Fam. Fani Sinovčić**, oberhalb vom Hafen (noch vor Cafébar). Großes, nettes Appartementhaus mit großen Terrassen. Glavica 1, ✆ 091/5900-621 (mobil).

Konoba-Pension Villa Šolta, versteckt am Hang (Richtung Grohote, in der Kurve), hier gibt es neben Essen auch in der NS Zimmer mit Frühstück. Ul. Dolac, ✆ 021/654-540, 091/5204-437 (mobil), www.villa-solta.com.

Restaurant-Pizzeria Pasarela, südöstlich vom Hafen, an der Banje-Bucht. Hübsches terrassiertes Gelände direkt am Meer. Fisch- u. Fleischgerichte und gute Pizzen. Mai–Okt. tägl. ab 8 Uhr. ✆ 091/5494-986 (mobil).

Bootshafen Platz für 30 Boote mit Strom und Wasserversorgung.

Hafenamt: ✆ 021/654-139, 091/546-374 (mobil).

Grohote

Zwar ist Grohote der Hauptort von Šolta, doch im Grunde kaum mehr als eine Anhäufung alter, steingrauer, kubischer Häuser – kaum ein Neubau stört das ursprüngliche Bild – ein Augenschmaus.

Grohote ist umgeben von Weingärten, Äckern und Feigenbäumen. Aus dem 600-Einwohner-Ort ragt der Glockenturm der Pfarrkirche empor. In der Apsis leuchten Mosaikfenster; der Marmoraltar und die Gemälde auf dem weißen, einfachen Stein sind in lichten Farben gehalten. Auch Überreste römischer Landhäuser mit Mosaikböden gibt es in Grohote zu sehen. Am Hauptplatz an der Straßenkreuzung herrscht emsiger Betrieb, vor allem zu Marktzeiten. Ein Spaziergang durch den Ort lohnt.

In Grohote lebte und arbeitete der Naivmaler *Eugen Buktenica* (1904–1997), bekannt unter seinem Spitznamen *Djenko*, der zu den bekannten zeitgenössischen europäischen Künstlern zählt und entgegen aller Trends die typische kroatische Naivmalerei erhalten hat. In seinem ehemaligen Wohnhaus hat nun sein Neffe *Vicko Buktenica*, ebenfalls Maler, eine kleine *Galerie* eingerichtet (www.vickobuktenica.com; von Rogač kommend bei der Kirche rechts abbiegen; am besten im Info-Büro nachfragen).

Information Touristinformation, in der Gemeindeverwaltung (Komunalno Basilija), Seitengasse westl. gegenüber Kirche, 21430 Grohote. Mo–Fr 7–15 Uhr. ✆ 021/654-151.

Gesundheit Ambulanz, auch mit Zahnarzt, ortsauswärts Richtung Maslinica. Mo–Fr 8–20 Uhr, zudem 24-Std.-Bereitschaft; ✆ 021/654-493, 099/7089-296; schwere Fälle werden per Hubschrauber nach Split transportiert. **Apotheke**, am Hauptplatz, Mo–Fr 8–12.30/18–20.30, Sa 8–13 Uhr.

Essen/Übernachten/Einkaufen Konoba Momčin Dvor, etwas versteckt hinter dem Markt. Hier gibt es ganzjährig ab 16 Uhr in familiärer Atmosphäre dalmatinische Gerichte, zudem nach Vorbestellung u. a. Kalb, Lamm, Oktopus aus der Peka. ✆ 091/8923-688 (mobil).

Konoba Jorja, an der gleichnamigen Bucht an der Südküste (5 km südöstl. von Grohote), nur über Makadam oder per Boot zu erreichen. Sehr gutes Essen wie Brodetto, Lobster, Fisch, Gemüse aus der Umgebung. Freundlicher Service. Mai–Okt. ✆ 092/2053-460 (mobil).

Grohotte – ein Natursteinidyll

»» Mein Tipp: Tvrdić-Honig & Pension, im Nordwesten des Ortes am Hang. Im Familienbetrieb (dtsch.-sprechend) gibt es neben Bienenprodukten zwei sehr schön eingerichtete, großzügige Appartements (2–4 Pers.) mit großer Terrasse, 55 €. Put Krajna 66, ✆ 091/5437-786 (mobil), www.tvrdichoney.com. **«««**

Šoltanski trudi (Produkte aus Šolta), Markt hinter dem Rathaus am Hauptplatz. Juni–Sept. Di u. Mi 19–22 Uhr. Der Bauernverband präsentiert hier seine Produkte, u. a. Wein, Olivenöl, Grappa, Honig, Souvenirs und Gemälde. ■

In der Ortsmitte Supermarkt, großer Obst- u. Gemüsestand, Fischverkauf, Bäckerei.

Feste Ausstellungen und Konzerte im Innenhof des Djenko-Hauses.

Grohote/Umgebung

Westlich von Grohote stehen aufgereiht am Hang die Häuser von **Donje Selo**, alle geschmückt mit türkisfarbenen Fensterläden; ansonsten herrscht ein unbekümmertes Durcheinander von Naturstein- und Hohlblockmauern wie überall auf der Insel. Ein steiniger Fußweg führt vom Ort hinab zur Nordseite der Insel, zum kleinen Hafen **Donja Krušica**. Fischernetze liegen verstreut am Kai, im Wasser schaukeln ein paar alte Kähne. Im Süden von Grohote locken einige nette Buchten, u. a. die *Jorja-Bucht* mit gutem Restaurant (→ Grohote). Zudem führen viele Wander- und Mountainbikepfade von der Inselstraße gen Süden.

Kurz vor Maslinica fällt der Blick auf das buchtenreiche Inselende – insgesamt sieben grüne unbewohnte Inselchen werden sichtbar.

Maslinica

Das Fischerdorf mit 400 Einwohnern liegt in einer föhrenbestandenen Bucht. Um das Hafenbecken stehen Palmen, Zypressen, die Ruinen eines Wachturms, von dem man nach Seeräubern Ausschau hielt, sowie das befestigte *Barockschloss Avlija* (jetzt *Martinis Marchi*), im 18. Jh. ein Adelssitz, heute zu einem exklusiven Hotel mit Restaurant ausgebaut.

Information Touristinformation am Kai, 21430 Maslinica. Mai–Sept. ☎ 021/659-220.

Marenda im Fischerort Maslinica

Übernachten/Essen Privatzimmer über die Touristinformation ab 15 €/Pers., u. a.:
** Appartements Oliva, Put Šešule 10, ☎ 021/547-793, 091/763-443 (mobil).

*** Appartements Fam. Burić, schöne Lage an der Nordspitze der Hafenbucht und nahe Strand. Eigenes Olivenöl. Dom. Rata 77, ☎ 021/659-202.

Hotel Martinis Marchi, im Schloss, mit riesigem Pool im Innenhof und 5 Luxus-Appartements. Das Restaurant ist bezahlbar und gut, schön speist man auf der Terrasse mit Blick aufs Meer und die Zinnen. Bootsbesitzer können an der neu erbauten hoteleigenen Marina ankern. Mai–Okt. geöffnet. Appartements ca. 1000 €/Tag. ☎ 021/718-838, www.martinis-marchi.com.

Pizzeria Gajeta und **Restaurant Saskinja** liegen schön an der Hafenbucht und bieten gute Gerichte.

🌿 **Einkaufen** Šoltanski trudi, immer Do abends von Juni–Sept. (→ Grohote). ■

Essen & Trinken außerhalb Konoba Šešula, schöne Meereslage und lauschig unter schattigen Kiefern, oberhalb der gleichnamigen Bucht. Hier speist man bestens Fischgerichte. Mit Bootsanleger. Zufahrt per Auto über Makadam, entweder vor Maslinica oben am Berg links ab oder in der scharfen Linkskurve kurz vor Ortsbeginn nach links in den Uferweg Uz more Nr. 87. Geöffnet Mai–Anfang Okt. ℅ 091/5575-927 (mobil).

》》 Mein Tipp: Konoba-Bar Šišmis, etwas östlich von Sešula, Anfahrt (s. o. vom Berg aus); wunderschöne Meereslage fast am verzweigten Buchtende mit Bootsanleger. Leckere Fisch- und Lammgerichte, gute Cocktails und Musik – ein toller Platz zum Genießen. Mitte April–Mitte Okt. ab 14 Uhr. ℅ 095/9045-536 (mobil). Nebenan Tauchbasis (s. u.). 《《 .

Baden: Zu beiden Seiten des Ortes gibt es viele einsame Felsbadestellen; zudem Fußweg „Uz more" zur südöstlich gelegenen fjordartigen *Sešula-Bucht*. Oder man lässt sich auf eine der vorgelagerten FKK-Inseln bringen; auf **Stipanska** stehen Reste eines mittelalterlichen Klosters.

Tauchen Tauchcenter Soldat, Basis neben Konoba Šišmis (s. o.), ℅ 099/5097-135 (mobil).

Wassersport 20 Anlegeplätze, Strom- und Wasseranschluss. Boote können von Privatleuten gemietet werden. Gut geschützte Ankermöglichkeit, auch in der südlichen Sešula-Bucht.

Nečujam

Weit draußen an einem Buchtausläufer liegt die frühere „Touristenhochburg", die sich heute als eine verschachtelte Appartementsiedlung zeigt.

Leider ist die einstige hübsch erbaute Hotel-Appartementanlage Nečujam Centar veraltet. Zudem wurde der gesamte Hang zur Bucht hinab mit Appartementhäusern zugebaut – auch erlitt das üppige Grün starke Einbußen. Im Geburtshaus des kroatischen Dichters *Marko Marulić* (1450–1524), das zur Bungalowsiedlung gehört, residiert nun im Sommer das Info-Büro. Gegenüber der Sand-Kiesbucht, am Hang verstreut, ein paar Dutzend Häuschen – dort leben die 100 Einwohner von Nečujam. Fjordähnliche Einbuchtungen gibt es an der Nordwestseite der gleichnamigen Bucht.

Information Touristinformation, nur Juli/Aug. ℅ 021/650-121.

Übernachten Ein Teil der neu erbauten, gut ausgestatteten Appartementhäuser wird über **Agentur M-Travel** (→ Rogač) angeboten.

Essen & Trinken Es gibt einige Lokale; nett sitzt man im **Restaurant Punta** an der westlichen Landspitze.

Baden: An der Kiesbucht – sie ist jedoch ziemlich überlaufen. Besser geht man ein Stück nordwärts zu den Felsbadestellen. Ringsum gibt es gut geschützte *Ankerplätze*.

Nach Stomorska

Links und rechts der Inselstraße ziehen sich Steinmäuerchen und üppige Vegetation – Johannisbrotbäume, Pinien, Oliven, Feigen und Lavendel. Ab und zu führen kleine Pfade an die Südküste zu *Badeplätzen*, die zu Fuß gut zu erreichen sind. Vor den Buchten liegt Vis dunstig fern im Süden, mehr Richtung Südosten und zum Greifen nah Ausläufer von Hvar und Brač.

Dann folgt **Gornje Selo**: Ein paar alte Häuser hinter Mäuerchen scharen sich um die Kirche mit bunt ausgestaltetem Innenraum. Unten am Meer ist links die Insel Čiovo und rechts die Insel Brač zu sehen.

Essen/Einkaufen Konoba Štandarac, hier isst man bestens Hausmannskost, nach Bestellung auch Peka-Gerichte. ℅ 098/754-641 (mobil).

》》 Mein Tipp: Olynthia Natura d.o.o., feinstes Olivenöl, auch mit Kräutern versehen, gibt es hier. Gornje Selo, ℅ 098/9836-160 (mobil), www.olynthia.hr 《《

Agrotourismus Kaštelanac, bereits mehrfach wurden Produkte des traditionsreichen Familienbetriebs ausgezeichnet: der leckere autochthone Rotwein Dobričić, das Olivenöl oder die schwarze oder grüne Olivenpaste; des Weiteren gibt es verschiedenste leckere Liköre, Olivenölseife und Brot – natürlich alles hausgemacht und aus ökologischem Anbau. Duga gomila 7, ℡ 098/1848-316 (mobil). ■

Übernachten Villa Delfin, netter, gut geführter Familienbetrieb (kroat.-dtsch. Ltg.). Das moderne große Haus liegt ortsauswärts Richtung Stomorska. Mehrere Zimmer mit Gemeinschaftsküche. Fam. Kalebić, Put Križica 31, ℡ 021/658-093, 098/1807-812 (mobil).

Stomorska

Der alte 300-Einwohner-Ort an einer Bucht ist von Palmen, Zypressen und blühendem Buschwerk umgeben. Jachten, Fischer- und Ausflugsboote schaukeln im Wasser, Badebuchten gibt es an der Felsküste.

Am Berg oberhalb des Ortes geht es bei der Kapelle links ab zum Friedhof, wo Reste eines römischen Sarkophags zu finden sind. Östlich von Stomorska finden sich schöne einsame Badebuchten.

Information Touristinformation, Juni–Sept. ℡ 021/658-404. Agentur M-Travel (→ Rogač).

Camping Camp Mido, oberhalb der Hafenbucht in großem, mit Bäumen bestandenen Garten. Warmwasserduschen. Man bekommt zu essen und zu trinken, dazu gibt's Musik von Mido. Auch Vermietung von Zimmern/Appartements. Der Campingplatz ist für Caravans nicht geeignet (Zufahrt!). Auch in der Nebensaison gut besucht. Put krušice 3, ℡ 021/658-011.

Essen & Trinken Rund um die Hafenbucht gibt es etliche nette Lokale, die ganzjährig geöffnet sind. Gute Gerichte bieten u. a. **Konoba Turanj**, an der Westseite der Bucht; sehr gute dalmatinische Küche und leckere Pizzen aus dem Holzofen. Ebenso gut sind nebenan **Restaurant-Pizzeria Olala** sowie **Restaurant Komin** auf der Ostseite.

Tauchen/Übernachten Leomar Tauchcenter (dtsch-kroat. Ltg. Marie Korten, Leo Novaković), Riva Pelegrin 47, ℡ 091/1412-577 (mobil), www.leomar-divingcenter.de. Tauchkurse (CMAS), Tauchausflüge mit Schnellboot. Hier werden auch nette Appartements/Zimmer direkt am Meer vermietet.

Stomorska verspricht ruhige Urlaubstage

Insel Brač – phantastischer Weitblick vom Vidova Gora auf die Insel Hvar

Insel Brač

Die Insel von „Sonne, Stein und Meer" ist wegen ihres kalksteinweißen Marmors berühmt, aus dem weltbekannte Prachtbauten errichtet wurden. Hohe Berge und ursprüngliche Dörfer prägen das Innere von Brač. Doch am Zlatni rat bei Bol, dem 300 m langen „Goldenen Horn", drängeln sich im Sommer die Touristen. Die Insel ist über ein Netz von asphaltierten Straßen, Fahrrad-, Mountainbike- und Wanderwegen bestens erschlossen.

Brač ist die größte Insel Dalmatiens und mit 395 km² die drittgrößte aller Adriainseln. Rund 14.000 Menschen leben hier, zwei Drittel davon an der Küste. Die Klimaschwankungen zwischen Küste und Landesinnerem sind beträchtlich – an der Küste ist es wärmer und trockener. Im Sommer mildern tagsüber der Maestral und nachts der Burin die Hitze. Im Spätherbst brausen Schirokko und Jugo, im Winter die Bora.

Brač besteht aus weißem Kalkstein und Dolomit, Süßwasserquellen gibt es nur zwischen Bol und Sumartin; seit 1973 wird die Insel vom Festland durch eine Pipeline unter dem Meer mit Wasser aus dem Cetina-Fluss versorgt. Die Insel ist sehr hügelig, hat steile Felsabhänge und der *Vidova Gora* ist mit 778 m der höchste Inselberg. Aleppokiefern und Schwarzkiefern wachsen auf den Hochflächen und viel Macchia, die zum Meer hin in Garigue und Felsentrift übergeht. Es gedeihen Laubbäume wie Eiche, Buche, Esche, Ahorn – ein Drittel der Insel ist bewaldet, weniger als ein Zehntel ist kultiviert, hauptsächlich mit Oliven- und Weingärten. Hasen, Edelmarder, Wildkatzen, Igel sowie viele Schafe gibt es hier. Außer von Viehzucht und Landwirtschaft – neuerdings werden Kiwis und Maraska-Kirschen angebaut – leben die Leute vom Marmorabbau und natürlich vom Fischfang. Aus dem marmorähnlichen Kalkstein der Insel wurden bedeutende Bauten wie der Diokletians-

Insel Brač

palast in Split, teilweise auch der Berliner Reichstag und das Weiße Haus in Washington errichtet. Der Bračer Kalkstein behält seine weiße Farbe und wird von Steinmetzen wegen seiner Verarbeitungsqualitäten gelobt. Es gibt hier aber auch Marmor mit roséfarbenen Einschlüssen – dies ist der Stein für Kardinäle ... Übrigens befindet sich in Pučišća (s. d.) Kroatiens einzige Steinmetzschule und so ist es nicht verwunderlich, dass jeder Ort mit kreativen Marmorskulpturen geschmückt ist.

Bedeutsam für die Insel ist der Tourismus. Zentrum ist *Bol* mit seinem berühmten Goldenen Horn, einem goldfarbenen Feinkiesstrand, der sich wie eine Zunge ins Meer streckt. Größere Hotelkomplexe gibt es nur in Supetar und Bol. Bračer Schafskäse, Lammbraten vom Holzkohlengrill und verschiedene Weinsorten sind die Inselspezialitäten. Doch nicht nur Gaumengenüsse hat die Insel hervorgebracht. Auf Brač wurde *Ivan Rendić*, der Bildhauer und Begründer der modernen kroatischen Skulptur, geboren. *Vladimir Nazor*, einer der größten kroatischen Dichter des 20. Jh., verlebte hier seine Kindheit und schrieb über seine Heimat etliche Prosawerke.

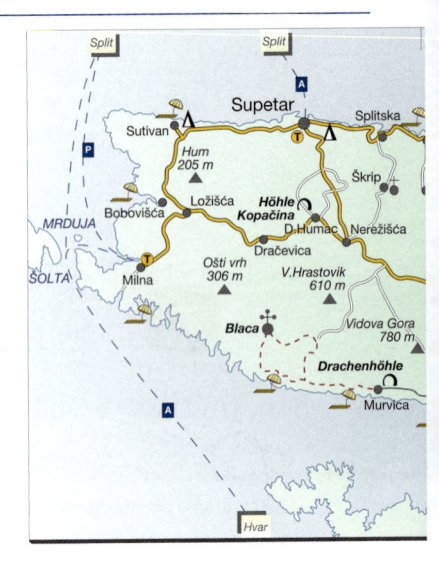

Über die gesamte Insel wurden Fahrradwege in verschiedenen Schwierigkeitsgraden durch herrlichste Landschaft angelegt. Zudem gibt es Wanderwege, die vor allem um und auf den Vidova Gora führen. Zum jährlichen Frühjahrsmatch trifft sich in Bol der weibliche kroatische Nachwuchs der Tennisliga zum „Bol Ladies Open".

Wichtiges auf einen Blick

Telefonvorwahl: 021

Fährverbindungen: Trajekt Split–Supetar (Jadrolinija): in der Hauptsaison bis zu 14-mal tägl. (30 Min.), 5.15–1.30 Uhr. 4,50 €/Pers., Auto 21,70 €.

Trajekt Makarska–Sumartin: in der Hauptsaison 5-mal tägl. (1 Std.), 7.30–20 Uhr, Nebensaison nur noch 9, 12.30 und 18.30 Uhr. 4,50 €/Pers., Auto 21,70 €.

Katamaran Split (11.30 Uhr)–Hvar (Jadrolinija); ganzjährig 1-mal tägl. (Milna nur am Di.)

Katamaran Milna–Split (LNP): ganzjährig, 1- bis 2-mal tägl. außer Sa.

Busverbindungen: Beste Verbindungen, zwischen 4- bis 8-mal tägl. (außer So/Feiertage) sind alle Inselorte durch Buslinien mit Supetar verbunden; zudem Direktverbindungen nach Zagreb.

Flughafen: Bei Bol, ☏ 021/559-701, www.airport-brac.hr. Direktflüge u. a. nach München, Zagreb. Flugtickets nur im Croatia-Airlines-Büro in Split erhältlich oder über Zentral-Reservierung ☏ 062/777-777.

Tankstellen: in Supetar, Milna, Bol und Sumartin.

Banken: mehrere in Supetar und Bol; des Weiteren in Milna, Pučišća, Nerežišća und Selca; zudem viele Bankomaten.

Post: in fast allen Orten.

Information: www.otok-brac.info.

Geschichte

Die Höhlen von Brač waren schon zur Jungsteinzeit bewohnt. Während der Bronze- und Eisenzeit lebten die Menschen auf den Hochflächen und züchteten Vieh. Der Inselname geht wahrscheinlich auf das illyrische Wort für Hirsch zurück. Die Griechen trieben Handel mit den Illyrern, später rissen die Römer die Kontrolle an sich, bis das Weströmische Reich zerfiel. Der kroatische Stamm der Neretljani verdrängte nun die romanische Bevölkerung, die Franken christianisierten das Land, dann kamen die Venezianer. Vom 11. bis zum 15. Jh. herrschte ein ständiges Hin und Her: hier Kroatien, später in Allianz mit Ungarn, dort Venedig und dazwischen die Piraten von Omiš. Als Ende des 18. Jh. Venedigs Stern unterging, brachen Bauernaufstände aus, denen Österreich ein Ende setzte. Die Franzosen führten Reformen ein, es folgten die russische Besetzung und der Angriff der Engländer Anfang des 19. Jh. Dann die österreichische Entkroatisierung durch Einführung der italienischen Sprache und, wiederum gegenläufig, die National- und Arbeiterbewegung in der zweiten Hälfte des 19. Jh. 1932 wuchs der Einfluss der Kommunistischen Partei. Zur Zeit der italienischen Besetzung formierten sich 1941 Volksbefreiungsausschüsse und eine Partisanenkompanie. 1944 kurzer Terrorauftritt der Deutschen. 1951 wurde den Widerstandskämpfern in Bol, einem ihrer Zentren, ein Denkmal errichtet. Viele Bračer wanderten nach dem Zweiten Weltkrieg aufs Festland nach Slawonien aus.

Supetar

Supetar ist Fährstadt und Touristenzentrum des Inselnordens. Schon vom Schiff aus fallen der Hotelkomplex auf der parkähnlichen Halbinsel, ein Badestrand und das auf vielen Postkarten abgebildete Mausoleum ins Auge. Altösterreichische Bauten unter Palmen reihen sich rund ums Hafenbecken.

Die Natursteinhäuser und weiß gekalkten Dächer der autofreien Altstadt ziehen sich um das von Booten bedeckte Hafenbecken. Rundum verläuft auch die palmengesäumte Uferpromenade mit vielen gemütlichen Cafés und Restaurants. Für die Sprösslinge wurde an der Westseite des Hafenbeckens eine große Spieloase geschaffen, an der sich auch die Eltern gerne niederlassen.

Schon zur Römerzeit und bis in die frühchristliche Epoche hinein war Supetar besiedelt. Keimzelle war die kleine Halbinsel, auf der sich heute der Friedhof erstreckt. Für Jahrhunderte wurde Supetar dann zum weißen Fleck auf der Landkarte – erst im Spätmittelalter ließen sich erneut Menschen oberhalb des Meeres nieder. Später siedelten sich die Bewohner um die kleine Bucht mit der *Kirche des hl. Petrus* an, nach dem der Ort seinen Namen erhielt. Hier lag einst der Hafen von Nerežišća, der damaligen Inselhauptstadt. Unter den Venezianern wurden in Hafennähe stolze Häuser gebaut – und Kastelle aus Angst vor den Türken. Später, unter österreichischer Herrschaft, verschwand die alte Mittelmeerarchitektur. Ursprünglich lebten die Bewohner von Landwirtschaft, später auch von Handel und Seefahrt. Im 19. Jh. wurde Supetar Verwaltungszentrum der Insel, Anfang des 20. Jh. hielt der Tourismus Einzug. Heute hat Supetar rund 3500 Einwohner, einige leben vom Tourismus, viele pendeln aber auch zur Arbeit in die nahe Großstadt Split.

Informationen/Verbindungen/Diverses

TIC, Porat 1 (am Hafen), 21400 Supetar, ℡ 021/630-551, www.supetar.hr. Juni–Sept. tägl. 8–22 Uhr, April/Mai u. Okt./Nov. tägl. außer Mo 8–15.30 Uhr; sonst Mo–Fr 8–15.30 Uhr. Beste Informationen und Fahrradkarten.

Atlas Supetar, Porat 10 (am Hafenbecken), ℡ 021/631-105, www.atlas-supetar.com. Ausflüge, Autoverleih.

Agentur Maestral, Ulica Ivana Gordana Kovačića 3 (südl. vom Hotelresort), ℡ 021/470-944, 456-554, www.travel.maestral.hr. Zimmervermittlung.

Agentur Radeško, Hrvatskih velikana b. b., ℡ 021/756-696, www.radesko.com. Zimmervermittlung.

Agentur ACF, Bana Josipa Jelačića, ℡ 021/631-014.

Verbindungen Busse von Supetar zu allen Inselorten (Bol 10-mal). Auskünfte über TIC und ℡ 021/631-122, www.autotrans.brac.

Autos/Scooter/Boote Gebührenpflichtig Parken östlich vom Trajekthafen.

Motorino, am Hafenbecken, ℡ 099//8561-694 (mobil); Quads, Scooter. **Villa Midea**, Stjepana Radića 2, ℡ 098/1752-249 (mobil), www.midea.hr; Scooter, Autos, Boote.

Fahrräder (→ „Sport").

Ausflüge Über Atlas u. a. nach Blaca; zu den Inseln Šolta, Hvar, Vis (mit Blauer Grotte auf Biševo), nach Dubrovnik und Omiš (Rafting-Tour auf der Cetina) – in der NS weniger Angebote.

Veranstaltungen Ganzjährig ist einiges geboten, u. a.: Int. Kulinarikfestival (Pearl of the sea), 2. Aprilwoche Do–So. **Patronatsfest Sv. Petar**, 29. Juni. **Sommerkarneval**, letzter Julisamstag. **Voica**, Elektronikmusikfestival, 11.–14. Aug. **Inselfest**, u. a. mit 16 Klappagruppen von anderen Inseln, Mitte Sept.

Übernachten/Essen & Trinken

Übernachten Schöne Unterkünfte in Richtung Westen; **Privatzimmer** 20 €/DZ ohne Frühstück. **Appartements** für 2 Pers. ab 40 €.

** Pension Palute, in ruhiger Seitenstraße (südl. der Hotelkomplexe). Netter Familienbetrieb, das reichhaltige Frühstück mit selbst gemachten Marmeladen serviert Lucija auf der kiwiberankten Terrasse. Oberhalb von Supetar befindet sich das Sommerhaus mit schönem Innenraum und Terrasse; hier gibt es nach Vorbestellung Buffet mit Gemüse aus eigenem Anbau, Fleisch von Tieren von der eigenen Ranč; die Gerichte sind vielfältig, von Antipasti über Kaninchen oder Fisch bis hin zu leckerem Palatschinken. Ganzjährig geöffnet. DZ/F 52 €. Put Pašika 16, ☏ 021/631-541, 098/9489-463 (mobil, Lucija).

*** **Pension Villa Opačak**, ebenfalls ruhig in der Seitenstraße südl. der Hotelanlage Iberostar. Dem Besitzer gehört Brač Tours. l. Nette DZ/F für 46 €. Svibnja 15, ☏ 021/630-018.

*** **Pension Villa Supetar**, hinter dem Busbahnhof. Einfache DZ/F ca. 45 €, Appartements für 2 Pers. 55 €. Bračka 2, ☏ 021/630-894, 630-886.

** **Hotel Mandić**, hübscher Naturbau im Zentrum oberhalb des Hafenbeckens, mit Restaurant und Terrasse. Nette DZ/F 65 €. Vladimira Nazora 9, ☏ 021/630-966.

** **Hotel Villa Britanida**, südöstlich des Fährhafens, mit Restaurant und hübscher Terrasse, 50 m vom Strand entfernt (durch die Straße getrennt). Ganzjährig geöffnet. Komfortable DZ/F 68 €. Hrvatskih velikana 26, ☏ 021/630-017.

*** **Hotel Villa Adriatica**, beim Hotelkomplex, neben den Tennisplätzen. Gut ausgestattet. DZ/F 148 € (TS 168 €). Šet. Put Vela luke 31, ☏ 021/755-011, www.villaadriatica.com.

**** **Agroresort Bračka Perla**, am ruhigen westlichen Ortsende, mediterranes Flair im Innen- und Außenbereich, umgeben von einem Olivenhain. 11 Zimmer und Suiten, gutes Restaurant, Wellnessbereich und schöner gepflegter Strand. Man kann bei der Olivenöl-, Wein- und Käseproduktion mitmachen. Suite ab 315 € (HS). Vele Luke 53, ☏ 021/755-530, www.brackaperla.com.

**** **Hotelkomplex Waterman Svpetrvs-Resort**, neben dem Haupthaus gibt es vor allem schön gestaltete verschiedenartige Häuser (Zimmer, Studios, Appartements) auf der Landzunge, im Föhrenwald zwischen Olivenbäumen und mediterranen Gewächsen. Der Komplex verfügt über Hallenbad, Pool, Badestrand mit Feinkies, Tennisplätze und -schule, bietet Surf- und Tauchkurse und eine große Auswahl an Wassersportgeräten wie Kajaks, Jet-Ski, Banana etc. an. Zudem Wellness- und Fitnesscenter. DZ/F ab 138 €; Studios/Appartements ab 115 €. Šet. Put Vela luke 4, ☏ 021/640-155, www.watermanresorts.com.

》》》 Mein Tipp: *** **Velaris Tourist Resort – Hotel Amor**, ganz am westl. Ende von Supetar steht der kleine Hotelkomplex. Hier ist man bestens im Hotel Amor mit mediterranem Flair und ansprechend modernisiert, untergebracht. Schöner Strand, kleines Wellnesscenter und Tauchclub. DZ/F ca. 140 € (TS 156 €). Put Vela luke 31/10, ☏ 021/755-011, www.velaris.hr. 《《《

Blick auf Supetar

Camping Autocamp Supetar, außerhalb Richtung Postira im Kiefernwald, mit Steinmäuerchen unterteilt. Alles sehr einfach, Felsstrand. Die Wasserqualität ist durch die Fähren etwas getrübt. Geöffnet 1.5.–30.9. 4 €/Pers., Zelt 3,50 €, Auto 3 €. ☏ 021/630-139.

Essen & Trinken Um das Hafenbecken Cafébars, Eisdielen, Pizzerien und Restaurants.

》》》 Mein Tipp: **Konoba Vinotoka**, oberhalb des Hafens im Zentrum. Alter Gewölbekeller mit Holzfass, zudem Sitzgelegenheiten gegenüber der Gasse im lichtdurchfluteten Wintergarten. Dalmatinische Küche wie Fischpastete, Scampi vom Rost, Tintenfisch- oder Fischragout mit Polenta; zudem Gerichte aus der Peka (Oktopus und Lamm). Süffige Weine auch aus eigener Kelterei, zum Finale einen selbst gebrannten Schnaps, lecker der Walnusslikör (Orahovica). Geöffnet Mai–Sept. Jobova 6, ☏ 021/631-341. 《《《

Bistro Palute, am Hafenbecken, Sitzgelegenheiten direkt am Kai. Sehr gute Küche, vor allem leckere Fischspezialitäten wie Seeteufel, Scampi etc. Ganzjährig geöffnet. (Ltg. Pension Palute). ✆ 021/631-730.

Konoba Lukin, hübsch sitzt man am Hafenbecken und genießt Fisch oder Lamm. Geöffnet Mai–Sept. Porat 32 (Westseite), ✆ 021/630-683.

Konoba Gušti Mora, oberhalb in der Altstadt hinter Natursteingemäuer mit lauschigem Innenhof. Fisch- und Fleischgerichte. Appartementvermietung. Geöffnet Mai–Okt. Ive Vojnovića 16, ✆ 021/631-056.

Restaurant Vrilo, oberhalb des Vrilo-Strands. Spezialitäten sind Lamm am Spieß und Fischgerichte. Nur in der Hochsaison geöffnet. ✆ 021/637-065.

Cafés/Cypercafé/Nachtleben Sunshine-Café, netter Platz auch zum Frühstücken, Put Vela luke (gegenüber Hotels). Internetpoint Scantech, Put Vela luke (Beginn). Danach folgen nahe dem Strand und gegenüber ein paar Lokale für Nachtschwärmer: Disco-Blub Maximus, Benny's Bar und Havana-Club; zudem gibt es in der Saison am Strand Beach-Partys.

Stadtbummel

Vom Hafenbecken führen breite Stufen hoch zur *Barockkirche Sv. Petar,* innen mit zwei Säulenreihen und Seitenaltären – die Augen erfreuen sich am bunten Glasperlenleuchter und den Pastelltönen der Stuckdecke. Die Kirche wurde 1604 an der Stelle einer frühchristlichen dreischiffigen Basilika aus dem 6. Jh. errichtet, brannte danach nieder und wurde 1733 wieder aufgebaut. Es gibt Altarbilder, Grabplatten mit kroatischen Inschriften und ein Weihwasserbecken aus zwei gegeneinander gesetzten gotischen Kapitellen zu sehen. An der linken Außenseite der Kirche prangt eine Sonnenuhr, davor ein Sarkophag mit Wappen und Inschrift aus dem Jahr 1744. Neben der Kirche ist das einzige Überbleibsel der frühchristlichen Basilika, ein kleiner Rest Mosaikboden, zu sehen.

Ivan Rendić und der Mausoleumsbau

Ivan Rendić (1849–1932), seinerzeit als Künstler verkannt, heutzutage hochgeschätzt als einer der Mitbegründer der modernen kroatischen Bildhauerei, wurde in Supetar geboren. Ständig lebte er in finanzieller Not und musste sich mit mittelmäßigen Aufträgen zufrieden geben oder sein Schaffen dem jeweiligen Geschmack des Auftraggebers anpassen. Arm und vereinsamt starb er und wurde in einer fremden Gruft begraben, auf dem Friedhof, den einige seiner bildhauerischen Werke zieren (s. u.). Besonders tief traf ihn die Entscheidung der Familie Petrinović, den ihm versprochenen Auftrag für den Bau des Mausoleums (s. u.) zurückzuziehen. Wahrscheinlich liebäugelten sie mit Meister *Ivan Meštrović,* der, als er erfuhr, dass er seinem Kollegen vorgezogen wurde, den Auftrag aus Freundschaft ablehnte. So übernahm *Toma Rosandić* den Bau und erschuf diesen byzantinisch-orientalischen Fremdkörper.

Nördlich der Kirche wurde ein kleines *Sakralmuseum* eingerichtet (in der Saison 10–12 und 20–23 Uhr).

Das *Rathaus mit Stadtturm* steht gleich daneben auf dem Platz. In den Altstadtgassen erwartet den Besucher ein Gewirr von uralten, ineinander verschachtelten Häusern mit Erkerchen.

Geht man vom Hafenbecken die Ul. Ignjata Joba in südliche Richtung, gelangt man zur Bücherei und der im 1. Stock untergebrachten sehenswerten *Ivan-Rendić-Galerie*, erkennbar an der vor dem Haus stehenden bronzenen Frauenfigur, Aleqorija (Di, Do 8.30–13.30 Uhr, Mo, Mi und Fr 14.30–19.30 Uhr; Juli/Aug. Di und Do auch nachmittags geöffnet).

Wendet man sich am Hafenbecken westwärts, folgt die *Vlačica-Bucht* mit kleinem Vergnügungszentrum – hier ist gut was los! Am Straßenrand steht eine stämmige dalmatinische Frau aus Stein, gefertigt von *Paško Čule*. Weiter in dieser Richtung folgt die wie abgezirkelt wirkende *Banj-Feinkiesbucht* mit dem Hotelkomplex im Hintergrund.

Etwas nördlich davon, am *Kap Sv. Nikolaus*, überrascht eine ganz andere Welt: das **Mausoleum** mit Grabmälern, Grüften und Kapellen der Familie *Petrinović*, gefertigt von *Toma Rosandić* (1878–1958), zeugt vom einstigen Reichtum der Bürger dieser Stadt. Stilecht ist nur die Friedhofskirche *Sv. Nikola* mit zwei altchristlichen Sarkophagen davor und die Grabreliefs von *Ivan Rendić* (1849–1932). Das Mausoleum selbst ist herrlich kitschig! Alle Kunstrichtungen scheinen hier vereint. Steht man kurz vor Sonnenuntergang davor, kann man sich kaum den eigenartigen Gefühlen entziehen, die das Bauwerk weckt. Was war das wohl für ein Künstler, der dieses Stilkonglomerat 1914 errichtete?

Das Mausoleum am Strand

Sport/Wassersport

Baden: An der Hotelbucht, mit Feinkies. Die von Tamarisken umgebene Bucht wirkt wie abgezirkelt. Schattige asphaltierte Wege führen um die Hotelkomplexe in westliche Richtung; an der Felsküste gibt es immer wieder Kiesbuchten und Anlegemöglichkeiten für Boote. Westlich der Hotelsiedlungen beginnt Felsküste, hier ist FKK möglich.

Fahrräder/Scooter/Boote Über die ganze Insel wurden Fahrradwege durch herrlichste Landschaft angelegt, verschiedene Routen und Schwierigkeitsgrade. Fahrradkarten gibt es in den Infostellen. Mountainbikes werden in vielen Agenturen im Ort vermietet. Scooter, Fahrräder und Boote u. a. bei **Ville Midea**, Stjpana Radića 2, www.midea.hr; bei **Bike Centar ACF**, Bana Josipa Jelačića 14, ℡ 021/631-014.

Wassersport/Sport Vor den Hotelkomplexen Verleih von Kajaks, etc. Windsurfschule **Zoo Station** (℡ 098/379-590, mobil) am Kap Bili Rat.

Zudem gibt es das **Waterman Tennis Center**, www.watermanresorts.com.

Tauchen **Sundive-Club**, im Hotelkomplex Waterman Svpetrvs, ℡ 021/631-133, www.sundiveclub.hr.

Amber Dive Center, im Hotel Amor (Velaris-Resort), ℡ 098/9227-512 (mobil), www.amber-divecenter.com.

Die Dive-Center sind von Mai–Okt. geöffnet.

Mirca

Die kleine Ortschaft, deren Kirchturmspitze am Blau des Himmels kratzt, liegt auf einer Anhöhe oberhalb des Meeres, umgeben von Olivenhainen und Mandelbäumen. Mirca strahlt Ruhe aus, und so bringt man den Ortsnamen auch mit *mir* (Friede) in Verbindung. Die massiven Natursteinhäuser mit Kaminen und Erkerchen scharen sich um die Kirche. Unterhalb des Kirchplatzes spenden die ausladenden, knorrigen Äste des großen Maulbeerbaums den Sitzenden Schatten. Weit reicht der Blick übers Meer bis hinüber nach Split.

An der Meeresseite hat sich das neue Mirca angesiedelt. Es gibt Pensionen, Ferienwohnungen, einen felsigen FKK-Strand. Doch das Schönste hier ist die Kulisse der Küstenberge.

Ein beliebtes Lokal im alten Ortskern ist **Konoba Mate**, ℡ 095/8272-134 (mobil).

Sutivan

Ein kleiner, lebendiger Ort, pflanzen- und palmenüberwuchert, mit buntem Treiben am Hafenbecken. Die Straße führt den Hang hinab zum Meer. Zwei Türme prägen die Silhouette, der eine, zwiebelförmig und mit offenen Bogenfenstern, gehört zur Pfarrkirche, der andere, spitzhaubig und mit Ziegeln gedeckt, liegt am Berg.

Das einstige Bauern- und Fischerdorf mit seinen Adelspalästen und bougainvilleaüberrankten Fassaden richtet sich allmählich auf den Tourismus ein, Vogelgezwitscher tönt aus den üppig blühenden Gärten entlang der prachtvollen Palmenallee.

Der Ort entstand im 15. Jh. um die altchristliche *Kirche Sv. Ivan.* 1934 entdeckte man deren Fundamente. Der Grundriss mit drei Apsiden geht auf das 6. Jh. zurück. Im 11. Jh. wurde die Kirche umgebaut, später abgerissen und 1579 durch eine neue ersetzt, die man 100 Jahre später restaurierte. Aus dem Jahr 1505 stammt das befestigte Haus der Familie *Natalis-Božičević*, aus dem 17. Jh. das Kastell der Familie *Marijanović* beim Hafen. Die *Pfarrkirche* wurde 1579 im Renaissancestil erbaut und später barockisiert, wovon heute nur noch der Zwiebelturm zeugt. Die Friedhofskirche *Sv. Rok* mit Holzfigur des hl. Rochus wurde 1635 erbaut. Ende des 16. Jh. entstand das barocke Sommerhaus mit Parkanlage des Dichters *Kavanjin*.

Umgebung: *Zoo vrt* – ein Privatzoo; ca. 2 km südlich von Sutivan, Abzweig (beschildert) von der Hauptstraße und nochmals 1 km Makadam. Auf dem großen, mit Kiefern und Oliven bewachsenen Gelände werden in verschiedensten Gehegen die heimische Tierwelt wie Esel, Mufflon, Ziege etc., aber auch Exoten wie Papagei, Strauß u. a. gezeigt. Es gibt einen großen Kinderspielplatz mit Sand, Beachvolleyball, Basketball und Bistro. Die Einheimischen besuchen den Platz gerne am Wochenende mit ihren Kleinen. Info unter ℡ 098/1337-345 (mobil).

Sutivan – im Hintergrund das Küstengebirge und die Insel Čiovo

Information Touristinformation, Juni–Sept. Mo–Sa 8–20 (Juli/Aug. bis 22 Uhr), So nur bis 13 Uhr; sonst Mo–Fr 8–11 und 16–20 Uhr. ✆ 021/638-357, www.sutivan.hr.

Verbindungen Regelmäßig Busse nach Supetar (7-mal tägl.) und Milna (7-mal tägl.).

Übernachten Nette **Privatzimmer** östl. vom Zentrum.

Essen & Trinken Fürs leibliche Wohl sorgen am Hafenbecken der **Marine-Club** und das **Restaurant Keko**, ✆ 021/638-400; oberhalb der Palmenallee **Restaurant Miki**, ✆ 021/638-299; gut ist auch die **Konoba Dalmatino**.

Camping Privatcamp am Ortseingang; durch Hohlblocksteine und Mäuerchen vom Meer abgegrenzt. Felsstrand mit ein wenig Kies. Kaltwasserduschen, Waschgelegenheiten im Freien, Kiosk und Cafébar.

Baden: Am westlichen Ortsende ein Kiesstrand und Duschen, danach Felsbadestrände.

Bobovišća na moru

Von der Hauptstraße zweigt die Straße nach Bobovišća na moru ab, das tief unten an der gleichnamigen Meereseinbuchtung liegt, an der Westseite von Brač. Um das Hafenbecken reihen sich alte Marmorhäuser und Neubauten. Von den Höhen dringt das Bimmeln der Schafe und Ziegen herunter. In diesem ruhigen, rundum von Kiefern, Zypressen und Olivenbäumen umgebenen Ort verbrachte der Dichter, Partisan und Staatsmann *Vladimir Nazor* (1876–1949) seine Kindheit. Am Ende der Bucht ist er, sitzend und schreibend, vom Bildhauer *M. Ostoja* verewigt; in Nazors Elternhaus errichtete man ein kleines Museum (in der Nachsaison geschlossen). Vladimir Nazor erbaute oberhalb seines Vaterhauses einen Gedenkturm. Ein Stück weiter buchtauswärts setzte er auf einen Fels drei friesgedeckte Säulen in Erinnerung an seinen Griechenlandaufenthalt. Von hier oben überblickt man die Bucht und den Hafen.

An der Südseite des Ortes, der früher als Weinlager für das Hinterland diente, erbaute im 18. Jh. die Familie *Gligo* ihre befestigte Sommerresidenz.

Zu den Felsbadeplätzen führt ein Fußweg. Kurz vor der Meeresöffnung liegt die nördliche, etwas verschlammte Einbuchtung *Vičja* mit ein paar Neubauten außen herum. Der Sage nach ist die *Vičja-Bucht* unterirdisch mit der *Viča-Höhle* unterhalb des Vidova Gora verbunden. Tatsache ist, dass man in diesem Tal Spuren von Illyrern fand.

Verbindungen Busse (7-mal tägl.) nach Supetar.

Übernachten Privatzimmer werden im Ort vermietet.

Essen & Trinken Frischen Fisch und selbst gekelterten Wein gibt es in der Pension am Ortseingang mit erhöht gelegener Terrasse. Zudem eine Gostiona an der Hafenpromenade.

Ložišća

Mit seinen alten steingrauen und bräunlichen Häusern liegt Ložišća am Hang, überragt vom kuppelförmigen Kirchturm, der säulenhaft, wie gedrechselt wirkt – ein Werk des Bračer Bildhauers *Ivan Rendić* aus der zweiten Hälfte des 19. Jh. Die dazugehörige Kirche wurde 1820 im neoromanischen Stil erbaut. Mit dalmatinischer Architektur hat dieser Glockenturm nichts mehr zu tun, ebenso wenig passt er zu den alten Bauernhäusern mit ihren bunten Fensterläden. Eher schon fügen sich die Trockenmauerreste aus illyrischer Zeit, die man in der Nähe fand, ins Bild ein. Obwohl der Ort von weitem wie verlassen und ausgestorben wirkt, herrscht in Ložišća reges Leben. Die Gärten sind liebevoll gepflegt, es blüht in allen Farben, Gemüse, Oliven und Wein werden angebaut.

Ložišća wurde im 17. Jh. als Siedlung von Einwohnern aus Bobovišća gegründet. In mühevoller Arbeit kämpften sie mit dem Karst, trugen Stein um Stein zu Mauern

Ložišća mit seinem gedrechselten Kirchturm

zusammen und nutzten die Talsenken für ihre Gärten. Die Häuser wurden mit der Kehrseite zur Sonne eng aneinander in den Hang gebaut. Als die Reblaus den Weinbauern die Existenz zerstörte, verließen viele Einwohner den Ort. Die wenigen Zurückgebliebenen leben wie seit alters her von der Landwirtschaft.

Privatzimmer werden im Ort vermietet.

Bobovišća

Der Ort in den Bergen im Inselinneren wirkt ausgestorben. Zusammengedrängt stehen die Natursteinhäuser an der sich durch das Dorf schlängelnden Straße. Mandelbäume überall. Der Ort entstand aus Behausungen von Hirten, die aus Nerežišća kamen und sich hier an den Wasserstellen ansiedelten. Bobovišća nannte man die Plätze, an denen man *bob* (dicke Bohnen) anbaute. Im 16. Jh. standen hier nur ein paar Häuser, um 1900 war Bobovišća ein stattliches Dorf geworden. Heute leben hier nur noch ein paar alte Leute, die Klöppelarbeiten aus dem 18. Jh. aufbewahren.

Die Pfarrkirche *Sv. Juraj* entstand Anfang des 20. Jh. auf den Fundamenten einer 1696 erbauten Kirche. Die vorromanische Kirche *Sv. Martin* steht in Richtung Milna auf einem Berg, ihr kleiner Glockenturm wurde wahrscheinlich im 14. Jh. aufgesetzt. Im 17. Jh. sollte Sv. Martin Pfarrkirche beider Orte werden, doch dazu kam es nie. So blickt sie nun etwas einsam und verlassen ins weite Land und auf die See.

Milna

Der kleine Fährort mit dem einzigen großen Jachthafen von Brač liegt an einer tief ins Land reichenden, zerlappten Meeresbucht und ist ganz in Händen von Bootsbesitzern. Das Fischer- und Weinbauernstädtchen war 1806 ein Jahr lang Residenz des russischen Zaren, weil seine Bewohner Russland gegen die Franzosen geholfen hatten.

Milna – einziger Jachthafen der Insel

Der spitzhaubige Kirchturm der Barockkirche, eine Palmenallee, türkisfarbene Fensterläden an Marmorfassaden, der Schlot einer Sardinenfabrik, Bootsbauer und stolze Jachten in zwei Häfen – das ist Milna.

Milna ist ein recht junger Ort. Das älteste Baudenkmal, das *Kastell Angliščina*, wurde im 16. Jh. von der Adelsfamilie *Cerinić* errichtet. Stufe um Stufe geht es von der Hafenpromenade hinauf zu dem kleinen, lauschigen Platz mit arkadenverzierter Loggia. Die in Nischen gebauten Steinbänke laden zum Verweilen ein, durch die Häuserfront sieht man hin und wieder hinunter aufs Meer. Ein paar Stufen führen weiter zum Kirchplatz mit der barocken *Pfarrkirche* von 1783. Das Altarbild „Mariä Verkündung" des venezianischen Meisters *Tizian* zählt zu den schönsten der Insel. In der Sakristei hängen weitere sehenswerte venezianische Gemälde. Die Skulpturen am Hauptaltar fertigte *Ivan Rendić*.

An der *Osibova-Badebucht* im Süden von Milna steht ein wieder aufgebautes gotisches Kirchlein sowie die Kapelle *Sv. Josip*, dem Schutzpatron der Fischer geweiht, mit einem venezianischen Altarbild.

Die Hirten aus Nerežišća trieben ihre Schafherden über die Hochflächen nach Milna und übernachteten in kleinen runden Steinhäusern. Die Besiedlung begann Ende des 16. Jh. durch Nerežišćaner, die auch mal Seeluft schnuppern wollten. Die Adelsfamilie *Cerinić* erbaute ein Kastell und die Kirche. 1806 kam es vor Milna zu einem Seegefecht zwischen einem russischen Aufklärungsboot und den Franzosen, die auf der Landzunge Zaglav eine Festung kontrollierten. Mit Hilfe der Bračer gelang es den Russen, die Franzosen zu bezwingen. Gemeinsam mit den Russen wurde in Milna eine Inselverwaltung gegründet, und ein Jahr lang stand der Ort als Inselhauptstadt unter dem Oberkommando des russischen Zaren. Überreste der Befestigung sind erhalten, und noch heute heißt dieses Gebiet *Baterija*. Mitte des 19. Jh. erlebte die Werft von Milna ihre Blütezeit. Riesige Schiffe liefen vom Stapel und einer der beliebtesten Holzboottypen wurde hier entwickelt. Heute leben viele Einwohner vom Tourismus, insbesondere von den Bootsbesitzern, die in der geschützten Bucht gut ankern können.

Information Touristinformation (TZ), an der Hafenpromenade, 21405 Milna. Juni tägl. 9–21 Uhr, Juli/Aug. tägl. 8–24 Uhr, danach Mo–Sa 8–13 und 15–21 Uhr; im Winter nur Mo–Fr 8–15 Uhr. ✆ 021/636-233, www.milna.hr (nicht aktuell).

Verbindungen Busse 7-mal tägl. nach Supetar. Katamaran *Milna–Split*, Di 13.45 Uhr. *Milna–Hvar*, Di 12 Uhr. Katamaran (LNP) *Milna–Split* Juni–Sept. Mo, Mi, Fr 9.15 u. 17.30, So 19.45 Uhr.

Gesundheit Ambulanz und Arzt, gegenüber Marina, ✆ 021/636-109, tägl. 7–15 Uhr.

Übernachten Viele Privatquartiere im Ort, je nach Geschmack oberhalb oder entlang der nördlichen Bucht.

*** Aparthotel Illyrian Resort, im Nordwesten, oberhalb der Uvala Vlašca. Groß angelegte Anlage mit Pool und Tauchclub; wird viel über Reiseveranstalter gebucht. Je nach Größe und Lage zwischen 94–125 €. Bijaka b.b., ✆ 021/636-566, www.illyrian-resort.hr.

*** **Appartementanlage Milna-Kuk**, vor dem Zentrum am Hang. Gut ausgestattete Zimmer mit Küchenzeile (Geschirrspüler etc.), Ess- und Wohnraum, Schlafzimmer, Sat-TV und Balkon. 2 Pers. ab 45 €. ✆ 021/636-069 und über Split 021/515-094.

Essen & Trinken Restaurant Fontana, im Zentrum direkt an der Bucht. Gemütlich, Fisch- und Fleischgerichte. Žalo b.b., ✆ 021/636-285.

Restaurant Palma, gegenüber der Marina. Von der weinberankten Terrasse Blick aufs Meer und die Jachten. Fisch- und Fleischgerichte. ✆ 021/636-141.

Konoba Dupini, hinter dem Supermarkt und gegenüber Marina in der kleinen Gasse.

An der Uvala Vlašca das nette **Restaurant Omo** mit hübscher Terrasse. Fischspezialitäten. ✆ 021/636-129.

Baden: Westlich von Milna liegen zwei Kiesbuchten, zu denen ein Fahrweg/Fußweg führt. Zur Südküste geht eine Straße am Ortseingang links hoch zum Friedhof und weiter zur *Kirche Sv. Josip* – Fels- und Kiesbucht, smaragdgrünes Wasser, umgeben von Kiefernwäldern. In dieser südlichen Ecke gibt es viele größere und kleinere Buchten mit Kies- und Felsbadestellen, auch FKK. Überall findet man gute Ankerplätze für kleine Boote.

Jachthafen ACI-Marina Milna, 155 Liegeplätze im Wasser, 50 Stellplätze an Land, alle mit Strom und Wasseranschluss; kleine Schiffswerft, spezialisiert auf Holzbootreparaturen. Tankstelle für Gas und Benzin, 10-t-Kran, Sanitäranlagen, Wäscherei, Restaurant, Snackbar. Ganzjährig geöffnet. ✆ 021/636-306, www.aci-club.hr.

Marina Vlašca, an der gleichnamigen Bucht und Hafeneinfahrt im Nordwesten, 90 Plätze. Hier auch Fahrradverleih. ✆ 021/636-247, www.marinavlaska.com.

Hafenkapitän: ✆ 021/636-205.

Sv. Josip-Bucht

Von Ložišća nach Nerežišća

Das kurvenreiche Sträßchen führt unter sengend heißer Sonne durch ausgedörrtes Land. Noch sind die Kiefern grün – bis ein Unachtsamer seine Zigarette aus dem Auto wirft.

Dračevica: Das einzig Bewegende in diesem von Aprikosenbäumen und Weinfeldern umgebenen Bergdorf ist der Wind. Oberhalb des Dorfs ragt eine Turmruine empor, ein Überbleibsel der größten Bračer Windmühle, von denen es einst viele auf der Insel gab.

Donji Humac: Das von fruchtbaren Feldern umgebene Bergdorf ist einer der ältesten Inselorte. Die erste Besiedlung fand im 11. Jh. unter dem Siedlungsnamen Gomilje statt. 1345 wird der Ort als *Humac* erwähnt. Weiter westlich, in einem 15-minütigen Fußmarsch zu erreichen, entdeckte man in der *Kopačina-Höhle* Spuren aus der Jungsteinzeit, aus der Bronzezeit und in der Nähe die Reste eines römischen Mausoleums. Nicht weit davon steht das uralte vorromanische Kirchlein *Sv. Ilija* aus dem 10. Jh. In die Kirche sind Ornamentsteine des Mausoleums eingebaut. Nördlich des Dorfs liegt das etwas jüngere, frühromanische Kirchlein *Sv. Luka*, an dessen Innenwand man ein eingeritztes Segelschiff freilegte – eine mittelalterliche Schiffszeichnung, die zu den ältesten in Dalmatien zählt. In der *Pfarrkirche* mit dem Zwiebelturm befindet sich ein Fresko aus dem 13. Jh. – das einzige aus dem Mittelalter erhaltene Bild. Die Kirche entstand auf Fundamenten einer im 10. Jh. erbauten, im 14. Jh. erweiterten und im 19. Jh. nochmals vergrößerten Kirche. Ansonsten gibt es im Dorf, aus dem viele Einwohner nach Übersee ausgewandert sind, einen Marmorsteinbruch, eine Konoba und die Künstler- und Steinmetzfamilie Jakšić, die in dieser Dorfidylle lebt und arbeitet und ihre kreativen Ideen auch aufs Festland trägt.

》》 Mein Tipp: Konoba Kopačina, mit gemütlichem Inneren und schöner Terrasse für die Sonnenuntergänge. Ivo Jugović' Küche zählt zu den besten Essensadressen der Insel – Spezialitäten sind Gerichte aus der Peka, die im Außenkamin garen, wie Thunfisch, Oktopus oder zartes Lamm; zur Nachspeise nascht man Kuchen, Palatschinken, Panna Cotta und zur Verdauung wird der samtig milde Maraschino-Likör serviert. Der gehaltvolle Wein ist aus eigenem Anbau, alle weiteren Produkte aus der Region. Im Innern hängt ein Bild mit Funden aus der Kopačina-Höhle. Im Nebenhaus aus Naturstein werden nette Appartements (2–8 Pers.) vermietet, 40 €/2 Pers. ✆ 021/647-707, www.konoba-kopacina.hr. 《《

Familie Jakšić in Donji Humac

Bildhauerei und Steinmetzarbeiten liegen der Familie Jakšić schon seit etlichen Generationen im Blut. In der heutigen Generation ist *Dražen Jakšić* Eigentümer der kleinen Marmorplattenfabrik. Als Steinmetz und Bildhauer arbeitet er zusammen mit hervorragenden Architekten auch an großen öffentlichen Projekten. Seine Frau *Ida Stipčić-Jakšić* ist Modedesignerin und in der kroatischen Kunst- und Künstlerszene mit ihrem Ideenreichtum sehr angesehen. Die Entwürfe sind z. T. ziemlich futuristisch, aber auch bodenständig – u. a. zeigte sie auf einer Modenschau in Bol ein mit Kieselsteinen bestücktes Kleid, zudem Kleider und Taschen aus Lavendel oder Ginster (leider nur für ein einmaliges Date verwendbar ...) und natürlich auch Kompositionen aus Stoff. Tochter *Dina* ist Malerin und lebt momentan in Italien, der Sohn *Lovre* ist Bildhauer. Das Natursteinhaus mit Anbauten ist als Atelier für Besucher geöffnet. Gezeigt werden Malerei, Bildhauerarbeiten, u. a. kleine Souvenirs und Schmuck. Das Haus liegt oberhalb der Konoba Kopačina. ✆ 021/647-710, www.drazen-jaksic.hr.

Der Bildhauer Pero Jakšić

Im Ort am Südhang lebt und arbeitet der bekannte Bildhauer *Pero Jakšić*, Jahrgang 1960 (Neffe von Dražen), der schon etliche Ausstellungen im Ausland hatte. Er ist Initiator eines internationalen *Skulpturen-Symposiums*. Informationen unter ✆ 021/647-833, www.croarte.com.

Nerežišća

Das einstige Verwaltungszentrum von Brač liegt in der Inselmitte an einem 382 m hohen Felshang. Der Ort mit seiner monumentalen Barockkirche liegt so hoch, dass man von hier bis zum Küstengebirge sieht. Rund 700 Menschen leben heute in dem flächenmäßig größten Inselort, zu dem ein langer Küstenstreifen gehört.

Natursteinmauerreste der Hügelbefestigungen und Rundhäuser zeugen davon, dass Nerežišća schon zur Eisenzeit bewohnt war. Auch etliche altchristliche Kapellen mit Steinreliefs sind erhalten. Auf einem ist Sv. Juraj im Kampf mit dem Drachen, als Beschützer von Brač, zu sehen. Nerežišća war 800 Jahre lang, bis zum Untergang des venezianischen Reichs, der Regierungssitz der Insel. Nur der *Fürstenhof* mit dem geflügelten Löwen ist aus dieser Zeit übrig geblieben. Außerdem ein gotisches Haus und die mächtige Spitzhaubenkirche *Sv. Marija* (13. Jh.) mit geschwungener Fassade und einem Altarbild des Venezianers *Carlo Ridolfi*; die Kirche wurde im

18. Jh. barockisiert. Am heutigen Hauptplatz steht die alte Kapelle *Sv. Petar* (Ende 14. Jh.), aus deren Rundung ein Kiefernbäumchen wächst; im Innern ein Relief des Bračer Bildhauers *Lazanić* aus dem Jahr 1578.

Einkaufen/Essen & Trinken: Läden, Supermarkt und Restaurant. Empfohlen werden die Pizzen von **Restaurant/Pizzeria Tinel**, geöffnet 14–22 Uhr.

Vidova Gora

Mit 778 m ist der Vidova Gora Bračs höchste Erhebung und auch höchster kroatischer Inselberg, denn der Sv. Ilija (Pelješac) mit seinen 961 m liegt auf einer Halbinsel. Vom Gipfel bietet sich ein herrlicher Fernblick über die Inselwelt und das Festland, bei guter Sicht sind sogar die Umrisse des Apennin in Italien zu erkennen.

Tanzten hier die Hexen oder stand hier eine slawische Kultstätte des Gottes Sventovit oder Svevid? Bis heute ist ungeklärt, ob der Vidova Gora ein verwunschener oder heiliger Platz war. Sagenumwoben ist der Berg zweifellos, und er lässt bei einem Rundgang phantasievollen Spekulationen genügend Raum.

In Straßennähe liegen die Karsthöhlen *Golubinka* und *Vića Jama*. Letztere ist der Sage nach mit der Vičja Luka-Bucht in Bobovišća verbunden. Vičja heißt so viel wie „Hexen" oder „Ort der Hexen und bösen Geister". Schwarzkiefern werden bald am Horizont sichtbar. Ab und zu ein paar grasende Schafe. Immer weiter führt die schmale Straße bis zu einer Radarstation. Dann muss man aufpassen, dass man nicht unfreiwillig zum Drachenflieger wird, denn der Wind bläst manchmal kräftig. Früher gaben sich hier die Drachenflieger ein Stelldichein.

Vom Bergplateau mit Antennen und der Berghütte (s. u.) blickt man gegenüber auf Hvar mit seinem Bergkamm, dahinter Korčula; Pelješac wirkt fast so hoch wie das Küstengebirge. Unten, türkisfarben vom Meer umspült, das *Goldene Horn* und die Stadt *Bol*. Zudem sieht man die Inseln Paklenica, Vis und Biševo. Ein Pfad führt westwärts zu den Steinmäuerchen mit Blick auf die Insel Šolta. Hier stößt man auf die Ruinen der altkroatischen Kapelle *Sv. Vid* und das nach allen Seiten sichtbare große weiße Kreuz. Bei klarer Sicht sind von hier auch die Umrisse des italienischen Apennin zu erkennen. Im Norden liegen Čiovo und das Küstengebirge.

Anfahrt 3 km hinter Nerežišća, Richtung Pražnica, biegt rechts eine Straße zum Vidova Gora ab. Die Straße führt durch sturmzerzauste Macchia. Bei der Gabelung links halten (rechts führt eine Piste nach Blaca) und dann immer geradeaus.

Essen & Trinken Berghütte Vladimir Nazor, mit Terrasse. Es gibt Käse, Pršut und Getränke. Geöffnet Juni bis Okt. ✆ 021/549-061.

Eremitenkloster Blaca

Die Eremitage aus dem 16. Jh., in der heute ein Museum untergebracht ist, liegt versteckt hinter Felsblöcken und gut getarnt in einem Tal im Inselinnern. Blaca ist von der Meeresseite wie von Nerežišća aus erreichbar.

Man fährt den gleichen Weg Richtung Vidova Gora bis zur oben erwähnten Gabelung und hält sich dann rechts. Nur ab und zu erlaubt die meterhohe Macchia einen Blick auf das Küstengebirge. Die Piste wird zusehends schlechter. Gut für jemanden, der seinen Geländewagen ausprobieren möchte. Ansonsten lässt man dort, wo die Felsplatten langsam Stufenhöhe erreichen, sein Auto stehen und läuft, bis ein markierter Fußweg links in die Schlucht hinabführt – im Schatten von Schwarzkiefern, Laub- und Olivenbäumen. Nach einer guten halben Stunde sieht man die Eremitenstätte am Felsen kleben, der über dem Kessel stehenden sengenden Sonne ausgesetzt. Wer mit dem Boot angereist ist – hier gibt es auch schöne Badebuchten – läuft das Tal ca. 30 Min. bergan.

Hier wächst der „schneeweiße Alant" (Inula Candida), leicht zu verwechseln mit Salbei, den man früher als Füllmaterial für Betten verwendete – er gilt auch als aphrodisisch! Ebenso findet man den kratzigen Christusdorn, aus dessen Früchten man Tee zubereitete, um Entzündungen der Harnwege zu heilen und Harnsteine zu verkleinern.

Geschichte: Der Name Blaca wird 1305 erstmals erwähnt. Im 16. Jh. entstand hier eine Gemeinschaft von Einsiedlern, altkirchenslawisch predigende Priester, die vor den Türken aus Poljica geflohen waren. 1588 errichteten sie eine Kirche, gründeten ein Kloster und lebten von Ackerbau, Viehzucht und Handel. Ein großer Brand im 18. Jh. schadete der blühenden Einöde weniger als die Misswirtschaft ihres Leiters. Erst später, im 19. Jh., ging es mit Blaca wieder bergauf. Don *Milićević der Ältere* baute ein ganz spezielles Bienenhaus, und Don *Milićević der Jüngere* besaß das größte Fernrohr weit und breit. Mit ihm endet die lange Reihe der altslawischen Priester, die für den Erhalt der kroatischen Kultur kämpften und sich lateinischen Einflüssen widersetzten. Die heutige Kirche aus dem 18. Jh. ist ein Barockbau, an sie lehnt sich das älteste Haus, und daran schachteln sich wiederum ein paar andere Gebäude wie zu einem steinernen Krähennest in der Wand.

Öffnungszeiten Mai–Okt. tägl. Di–So 9–18 Uhr. Information ☎ 091/5164-671 (mobil, Hr. Zoran Vraničić). Eintritt und Führung durch die Räumlichkeiten 4 €/Pers.

Essen & Trinken Es gibt nur Getränke. Im Vorhof unter Feigenbäumen steht noch die alte Weinpresse.

Eremitenkloster Blaca – klebt wie ein Krähennest am Fels

Rundgang durch die Eremitage

Der verschachtelte Gebäudekomplex teilt sich in zwei Reihen. Wo die Breite des Felsvorsprungs es erlaubt, sind die Häuser untereinander durch Brückchen über den Hof verbunden. Zu besichtigen gibt es eine Küche mit altem Kochgerät, Räucherkammer und Kamin – um ihn herum saß die fromme Gemeinschaft am Abend. Aber die Idylle täuscht. Alte Musketen zeugen von der Zeit der Piratenüberfälle. Im Flur sind Lettern für eine kleine Handdruckpresse zu sehen – mit ihrer Hilfe konnte man das Regelbuch und Gebetsbücher selbst drucken. Im 17. Jh. gab es um die Eremitage 1000 Schafe; die Sammlung zeigt Geräte für die Schafschur und, aus späterer Zeit, auch für die Bienenhaltung. Daneben Honigpackungen für den Export. Im nächsten Raum eine Bibliothek mit zigtausend Bänden, daneben das Zimmer des bekannten Astronomen Nikola Milićević mit seinen Instrumenten: eine kleine Sternwarte mit großem Teleskop. Es folgt ein Schulzimmer, in dem die Priester begabte Jungen unterrichteten und auf die Priesterweihe vorbereiteten. Die Kinder kamen von weit her zum Unterricht.

Ein luftiges Museum ist die Einöde heute, mit wehenden Vorhängen, Blick aufs Meer und Deckenverzierungen in heiteren Farben. Ebenso heiter wirkt das Innere der Kapelle mit ihrem abblätternden Himmelblau.

Von Pražnice nach Bol

Pražnice: Der mittelalterliche Ort im Inselinneren, der sich aus einer Hirtensiedlung entwickelte, wird erstmals im 12. Jh. erwähnt. Zur Friedhofskirche *Sv. Ciprijan* führt eine Zypressenallee, vielleicht zu Ehren des Heiligen angelegt. Die romanisch-gotische Kirche aus dem 12. Jh. birgt ein steinernes Renaissance-Relief aus der Werkstatt *Nikola Firentinacs* (1476). Auf dem Marktplatz steht die Kirche *Svi Sveti* von 1638 mit romanischen und gotischen Stilelementen. Die Pfarrkirche *Sv. Antun Opat* wurde 1461 erbaut. Am rechten Seitenaltar sieht man ein Renaissancerelief des hl. Hieronymus, am Hauptaltar das barocke Steinrelief eines einheimischen Meisters. Im Ortsteil Straževnik ist in der kleinen Renaissancekirche *Sv. Klement* das Relief von Papst *Klemens* aus dem Jahr 1535 sehenswert. Hier befand sich bis zum 15. Jh. die erste Ansiedlung von Pražnice. In der Nähe steht Pražnices ältestes Kulturdenkmal, die vorromanische Kirche *Sv. Jure* aus dem Jahr 1111. Ihr Glockenturm zählt in Dalmatien zu den ältesten seiner Art; im Innern befindet sich ein kostbares Relief aus dem 15. Jh.

Gornji Humac: Nach Gornji Humac fährt man nicht, um die mittelalterliche Friedhofskirche mit dem Relief aus der Werkstatt *Nikola Firentinacs* (15. Jh.) zu besichtigen, sondern eher zum Essen. Die einstige Hirtensiedlung ist bekannt für ihre Lamm- und Käsespezialitäten, die man in den Restaurants des Ortes genießen kann.

Rings um Gornji Humac sind illyrische Spuren zu entdecken, ebenso vorromanische Kirchen, die die Neretva-Kroaten ihrem Kult entsprechend meist auf Anhöhen errichteten.

Essen/Übernachten Konoba-Pension **Tomić**, mit Dachgarten und Weinlaube im 800 Jahre alten Natursteinhaus. Hier bekommt man leckeres zartes Lammfleisch vom Holzkohlengrill; als Vorspeise Oliven, Käse und Schinken, dazu einen Schoppen Wein, alles aus eigener Produktion. Daneben kann man alte Gerätschaften wie Wein- und Olivenölpresse besichtigen. Auch Übernachtungsmöglichkeiten. Nur Mitte Juni–Okt. geöffnet. ✆ 091/2251-199 (mobil), www.konobatomic.com.

Agroturism Konoba Nono Ban, kurz nach der Straßenkreuzung in Richtung Bol. Gemütlich sitzt man im Natursteinhaus oder auf der Terrasse, umgeben von Olivenbäumen und vielen weiteren mediterranen Gewächsen. Die Zutaten kommen aus eigener Herstellung und Zucht, ob als Vorspeise mit Schinken und Käse oder als Hauptgericht: Lammgerichte oder Gerichte aus der Peka (Lamm, Kalb), ebenso fangfrischer Fisch und natürlich auch Wein, zur Verdauung vielleicht noch den hauseigenen Kräuterschnaps (Travarica) probieren. Nette Atmosphäre und gute Gerichte. Es werden auch sehr nette Zimmer/Appartements vermietet, zudem gibt es einen Pool und Reitmöglichkeiten. Geöffnet in der Saison 14–22 Uhr. Gornji Humac, 021/647-233, 098/1698-904 (mobil), www.nonoban.com. ■

Bol

Das Touristenstädtchen hat die schroffen Felshänge des Vidova Gora im Rücken, gegenüber die Berge von Hvar. Zum Baden und Surfen lockt das Goldene Horn (Zlatni rat) mit goldgelbem Feinkies. Und einmal im Jahr ist Bol der Treffpunkt der jungen kroatischen Damen-Tenniselite.

Rund 1500 Einwohner zählt das Badestädtchen an der Südküste von Brač, das übers Jahr rund 500.000 Gäste aufnimmt. In der autofreien Hafenzone finden sich Restaurants, Läden, Souvenirstände sowie der *Obst- und Gemüsemarkt*. Immer wieder stößt man auf Skulpturen von Künstlern, u. a. von *Fran Krcinić* und *Valerije Michieli*. Bols Hotelkomplexe liegen westlich, kurz vor dem Goldenen Horn, in einem Kiefernwald - auf einer schön und mit vielen Kunstobjekten gestalteten Uferpromenade mit Cafés und Bars gelangt man in ca. 20 Min. dorthin. Eine Touristeneisenbahn dient – zur Freude der Kinder – als Transportmittel zwischen Goldenem Horn und Bol.

Über dem Hafenbecken thront, etwas nach hinten versetzt, die *Pfarrkirche* von 1668, 100 Jahre später im Barockstil fertig gestellt. Im Inneren beeindrucken die Natursteinwände, die Mosaikfenster in der Apsis und die Marmoraltäre – einer davon weiß mit schwarzen Säulen. In der *Branko-Dešković-Galerie* (geöffnet April–Okt. tägl. außer Mo 10–13/18–22 Uhr), ebenfalls am Hafenbecken, sind

Am Hafen

Werke zeitgenössischer Künstler zu sehen, u. a. Skulpturen des Namensgebers der Galerie, *Branko Dešković* (1883–1939), der in Pučišća geboren wurde. Berühmt sind seine Tierskulpturen. Zudem sind u. a. die Maler *Juraj Plančić* und *Ignjat Job* sowie u. a. die Bildhauer *Ivan Rendić*, *Ivan Meštrović* (mit der Eva-Skulptur), *Vakrije Michieli* (geb. 1922, war Prof. in Zagreb) und *Raul Goldoni* (geb. 1919, war Prof. in Zagreb) mit Arbeiten vertreten. Interessant ist noch in der Ortsmitte das „Haus im Haus" (→ Kasten), schlicht *Palace* genannt, heute eine verriegelte Ruine.

Am Ortsende liegt das *Dominikanerkloster* mit *Museum* (→ Kasten).

Die Episode vom „Haus im Haus" ...

Die Familie Marko Silac besaß in Bol Ende des 18. Jh. ein kleines Haus mit einem großen Garten. Was fehlte, war immerzu das liebe Geld. Immer wieder einmal verkauften sie, um über die Runden zu kommen, ein Stückchen Land an die reiche Familie Vuković, denen der Grund sehr gefiel. Die Familie Vuković und der Bürgermeister waren gut befreundet. Um den Schuldzahlungen nachkommen zu können, legte der Bürgermeister der Familie Silac nahe, das Haus zu verkaufen. Dies allerdings war nicht im Sinne der Familie, ganz im Gegenteil, sie waren über den Vorschlag des Bürgermeisters sehr erbost, ein Wort gab das andere und der Disput eskalierte. Der Bürgermeister hatte genug und drohte, „meinen Kugelschreiber hörst du weit", damit meinte er wohl seine Beziehungen ... Silac hingegen konterte, „und mein Gewehr hörst du noch weiter". Diese Beleidigung nahm der Bürgermeister zum Anlass, ihn und seine Familie des Landes zu verweisen.

Die Familie Vukovic ließ erst einmal eine Dekade verstreichen, ehe sie daran ging, auf ihrem Besitz, also rund um das kleine Haus, auf dem Land, das ihr gehörte, eine hohe Mauer zu ziehen, mit der Absicht natürlich, ein stattliches Haus zu bauen, denn die Silacs waren ja weg.

Um sich Ziegel und Holz für das Dach zu besorgen, fuhren sie mit ihrem Schiff nach Venedig, erlitten allerdings auf der Rückfahrt Schiffbruch in einem Sturm und ertranken ...

Für die Nachkommen der Familie Silac war die Luft damit wieder rein, sie kehrten in das Heimatdorf und ihr Häuschen zurück. Bis 1964 lebten darin die nachfolgenden Generationen, umgeben von einer hohen Mauer.

Das „Haus im Haus" steht heute unter Denkmalschutz, ist zu einer Ruine verwaist und von Schlingpflanzen überzogen. Keiner weiß so recht, was damit geschehen soll.

Geschichte

Bol war schon von Illyrern und Römern besiedelt. Unterhalb des Goldenen Horns fand man Reste eines römischen Wasserreservoirs. Oberhalb von Bol, auf einem Felsen, steht die alte Burgwallsiedlung *Koštilo,* die die Römer als Zufluchtsstätte ausbauten und befestigten. Im 7. Jh. kamen die Kroaten, und so flüchteten Bewohner aus anderen Orten in diese Gegend und bauten eine befestigte Siedlung in der Nähe des heutigen Podbarje. Im 9. Jh. plünderten die Sarazenen Bol. Die Bewohner flohen in die Berge und wagten sich lange nicht mehr in ihren Heimatort zurück. 1184 wird Bol erstmals schriftlich erwähnt. Sein heutiges Aussehen erhielt Bol ab dem 17. Jh. mit befestigten Palästen, um die auch die Fischer und Bauern ihre Häuser erbauten. Ins Auge fällt das am Kai stehende Kastell der Familie Vužić, heute ein hübsches Hotel. Nennenswert auch der Renaissancepalast, in der heute die Galerie Dešković residiert.

Das Dominikanerkloster

Das Kloster geht auf eine fürstliche Schenkung aus dem Jahr 1475 zurück. Neben der christlichen Mission lag den Mönchen die literarische und kulturelle Arbeit am Herzen. Heute leben hier noch drei Mönche; sie vermieten Zimmer und unterhalten das Museum.

Zu sehen sind Amphoren, glagolitische Messbücher, Tintoretto-Gemälde. Sehenswert in der Kirche ist ein modernes Altarbild aus dem Jahr 1974 von *Josip Botterie* sowie die Kassettendecke mit Kompositionen von *Tripo Kokolja* (1661–1713) – das wichtigste Werk der einheimischen Barockmalerei. (Mai–Sept. tägl. 10–12/17–20 Uhr).

Information/Verbindungen/Diverses

TIC, Porat bolskih pomoraca b.b. (ganz im Osten am Hafenbecken), 21420 Bol. Juli/Aug. tägl. 8.30–22 Uhr, Mai/Juni, Sept. Mo-Sa 8.30–14/16.30–21 Uhr; sonst Mo–Fr 8.30–14 Uhr. ℡ 021/635-638, www.bol.hr.

Adria Tours, Bračke ceste 10 (Zufahrtsstraße zum Hafenbecken). Hochsaison 8–21 Uhr, sonst 9–12/17–20 Uhr. ℡ 021/635-966, www.adria-bol.hr. Zimmervermittlung.

Boltours, Obala Vladimir Nazora 18 (gegenüber Tankstelle). Ganzjährig geöffnet, Hochsaison 8.30–22 Uhr. ℡ 021/635-693, www.boltours.com. Zimmer und Fahrräder.

Santo, Riva b.b. (neben Taverne Riva), ℡ 021/717-194, www.santo-bol-croatia.hr. Zimmervermittlung, auch für Übernachtungen im Kloster.

Verbindungen 5- bis 8-mal tägl. **Busse** nach Supetar und Sumartin (je nach Fähre), ℡ 021/631-122. **Katamarane** verkehren tägl.

zwischen Jelsa (Hvar), Bol und Split. Abfahrt Bol 6.35 Uhr (So 7.35 Uhr); Bol–Jelsa, tägl. Abfahrt 17.10 Uhr. Touristen-**Eisenbahn**, Juni–Aug. 7–21 oder 22 Uhr im 20-Min.-Takt zwischen Bol und dem Goldenen Horn (Preis 1,50 €).

Flughafen Brač (Zrčna luka Brač), Information unter ✆ 021/559-711, www.airport-brac.hr. Verbindungen z. B. mit Croatia Airlines u. a. nach Zagreb, Wien, in der Saison auch nach Deutschland. Tickets können unter ✆ 062/777-777 reserviert werden.

Taxi am Hafen; zudem Taxi Mia Bol (VW 8+1 Plätze), ✆ 021/635-241, 098/207-022 (mobil).

Gesundheit Apotheke Škoko, am Hafenbecken, ✆ 021/635-987. **Ambulanz**, gleich daneben, ✆ 021/635-112.

Auto Tankstelle am Hafenbecken, 7–20 Uhr. Parken: gebührenpflichtig am Hafenbecken. Ebenfalls am Zlatni Rat, ca. 4,50 €/Tag. Autovermietung über Bol Tours.

Nachtleben Cocktailbar Varadero, nette Terrasse mit Korbstühlen, strohgedeckte Schirme, gute Cocktails und dazu Latinorythmen.

An der Uferpromenade bei den Hotels u. a. **Bar Bolero**; **Nachtclub** und **Diskothek** im Hotel Elaphusa (nur Sa, April–Okt. ab 24 Uhr).

Veranstaltungen Tennisturniere der IV. Kateg. der Damen-Tennisnachwuchsliga; eine Woche vor Ostern. Infos unter www.bluesunhotels.com (Bol war ehemaliger und langjähriger Gastgeber der WTA-Ladies Open). Patronatsfest Gospa od Sniga, 5. Aug.; Messe, Musik und Essen. Bol-Sommer-Festival, Juni–Sept.; tägl. Konzerte, Theater etc.

Ausflüge Nach Blaca, Drachenhöhle, Hvar, Dubrovnik, Vis, Korčula. Information über Touristenagenturen.

Zur **Drachenhöhle** 2- bis 3-mal wöchentl. mit Zoran Kojdić. Er spricht sehr gut deutsch und ist geschichtlich sehr bewandert. Ca. 3 Std. Treffpunkt Murvica. Preis 8 €. Auskunft über Touristeninformation oder ✆ 091/514-9787.

Juli bis Mitte Sept. **Ausflugsboote** nach **Blaca** für 13,50 €/Pers. mit Eintritt (9–18 Uhr); im Filigrangeschäft am Hafen erkunden.

Taxiboote von Bol zum Goldenen Horn.

Übernachten/Camping/Essen

Privatzimmer und Appartements Privatzimmer je nach Kategorie ab 40 €/DZ. Appartements für 2 Pers. ab 50 €. Es gibt eine Privatzimmer-/Campingbroschüre von Bol.

*** **Villa Vallum**, moderne und geschmackvoll ausgestattete Appartements (2–4 Pera.), mit Spülmaschine, Internetzugang, Balkonen und Blick aufs Meer; familiär geführt und gute Infos durch das Lehrerehepaar Okmažić; zudem Verkauf von Honig, Olivenöl, Grappa und Wein aus eigenem Anbau. Die Familie hat auch noch ein Ferienhäuschen in Murvica. 64 €/2+2 Pers. (TS 83 €). David cesta 26, ✆ 021/635-171, 091/5607-760 (mobil), www.apartmannada.com.

Villa Giardino, hinter dem schmiedeeisernen Tor und der Gartenmauer verbirgt sich eine üppig begrünte Altstadtoase. Schöne Zimmer für 102 €. Novi put 2, ✆ 021/635-900, 635-286, www.dalmacja.net/bol/villagiardino.

Pension Vrsalovića dvori, ebenfalls oberhalb der Altstadt. Gut ausgestattete DZ ab 50 €. Ul. Vrsalovića 4, ✆ 021/635-129.

*** **Hotel Villa Daniela**, in Richtung Dominikanerkloster. Schöne Appartements/Zimmer auch mit Balkon; zudem ein Pool und das Restaurant Tomislav. 104–116 €. Dominvinskog cesta 54, ✆ 021/635-959, www.villadaniela.com.

*** **Apartements Santo**, nettes Naturstein-Appartement-Haus (4 Pers.) mit Spül- und Waschmaschine, WLAN und Balkon; direkt an der Uferpromenade. Frühstück ist für 7 € möglich. 120–135 €. Frane Radića 3, ✆ 021/717-195, www.villa-bol.com.

*** **Villa Nena**, in ruhiger Lage im Osten, oberhalb vom Dominikaner Kloster. Netter Familienbetrieb mit 2- bis 4-Pers.-Appartements; eigener Wein- u. Olivenanbau. 65–105 € (TS 70–115 €). Tina Ujevia 8, ✆ 021/635-257.

》》》 Mein Tipp: Dominikaner-Kloster, geruhsame Atmosphäre, hübsche, pflanzenumwucherte Terrassen unter mächtigen Bäumen im Klostergarten. Wer möchte, kann gegen Voranmeldung im Kloster nächtigen; allerdings ist sehr ruhiges Verhalten erwünscht. Auch Restaurant. Ca. 30 €/DZ. ✆ 021/778-000, 635-533. **《《《**

Insel Brač

Hotels in der Stadt *** **Hotel Ivan**, oberhalb von Bol mit verschieden großen Zimmern/Appartements, Pool und mediterraner Natursteinbauweise. Studio/F/2 Pers. 120 €. David cesta 11a, ℅ 021/640-888, 098/9088-686 (mobil), www.hotel-ivan.com.

》》 Mein Tipp: *** **Stadthotel Kaštil**, kleines, stilvoll modernisiertes Hotel (32 Zimmer mit Meerblick) in der Barockfestung der einstigen Adelsfamilie Vusio am Hafen. Angeschlossen das Gourmet-Restaurant Vusio mit lauschiger Terrasse. Zum Hotel gehören auch Pizzeria Topolino und Bar Varadero. Beste Wahl in der Stadt. Ganzjährig geöffnet. Komfortabel ausgestattete DZ/F 94 € (TS 112 €). Frane Radića 1, ℅ 021/635-995, www.kastil.hr. 《《

Hotels am Zlatni rat Die Hotels von Bluesun berechnen im Hochsommer bei nur 1 Übernachtung einen Aufschlag von 40 %. Infos Zentrale: ℅ 01/3844-044, www.bluesunhotels.com.

**** **Hotel Elaphusa**, ca. 300 m vor dem Goldenen Horn, moderner Bau mit Swimmingpool, großem Wellnesscenter, Sportgeräteverleih; Restaurants, 12 Tennisplätze. Fitness- und Beautycenter. Preisgünstiger sind die netten Appartements. Komfortable DZ/F ab 170 € (TS 200 €); Appartements 120 €/2+1 Pers. ℅ 021/635-210, www.bluesunhotels.com.

*** **Clubhotel Bonaca-Family All-incl.**, die Anlage befindet sich hinter dem Hotel Elaphusa. Geräumige Appartements für die ganze Familie; große Poollandschaft, sportliche Aktivitäten gratis. DZ-All-incl. ca. 186 €. ℅ 021/635-210, www.bluesunhotels.com.

**** **Hotel Borak**, ca. 500 m vom Goldenen Horn entfernt. Riesige Anlage mit Tauch- und Surfschule, Bootsverleih, eigenem Kiesstrand. Benutzung der Tennisplätze, Mountainbikes und sonstige sportliche Aktivitäten gratis. DZ/F ab 132 € (TS 153 €). ℅ 021/635-210, www.bluesunhotels.com.

**** **Hotel Bretanide – Sport & Wellnessresort (All-incl.)**, moderner neu gestalteter Bau mit mediterraner Architektur, kurz vor dem Goldenen Horn. Großes ansprechendes Wellnesscenter, Tennisplätze und -schule, Windsurfen, Segeln; Fahrrad-, Surfbrett-, Motor-, Tretbootverleih; mehrere Restaurants und Tavernen. Mindestaufenthalt 3 Tage! Geöffnet Mitte April–Anfang Okt. 2 Pers.-All.-incl. ab 157–284 € (TS ab 172 €). ℅ 021/740-140, www.bretanide.com.

Camping Große Auswahl an kleinen einfachen Privatcampingplätzen im Ort. Preise pro Pers. ca. 6–7 €, Zelt ca. 6–7 €, Auto ca. 5–6 €. Geöffnet meist Mai–Okt.

Oberhalb von Bol unter Feigen- und Mandelbäumen: ** **Camp Kito**, mit Taverne, Bračka cesta, ℅ 021/635-551.

Camp Mario, netter kleiner Familienbetrieb, ebenfalls oberhalb von Bol, mit schattigem Gelände. Uz gospojicu 2, ℅ 021/635-028.

Camp Samostan, liegt beim Kloster über dem Meer; unten am Kiesstrand, kleiner schattiger Hof, steinharter Boden – am Morgen toben die Glocken der Kirche. ℅ 021/778-000.

In Richtung Hotels:

Camp Tenis, schön terrassiertes, nettes Gelände mit Bistro, kurz vor den Hotels. Potočine b.b., ℅ 021/635-923.

Camp Kanun, netter Familienbetrieb und schöne Lage kurz vor den Hotels, inmitten eines Olivenhaines. Bračka cesta b. b., ℅ 021/635-293.

Camp Aloa, einziges Camp direkt am Meer, ca. 3 km vom Goldenen Horn in Richtung Murvice. Wer Ruhe sucht, ist hier richtig. ℅ 021/635-367, www.nautic-center-bol.com.

Essen & Trinken Konoba Gušt, in der Altstadtgasse mit Bänken vor der Tür. Innen alte Fotos, Werkzeug und gute Weine hübsch auf Fässern dekoriert. Dalmatinische Küche, z. B. Vorspeisenteller mit Sardellen, Fisch mit Polenta, Pašticada, frische Fische. Frane Radića 14, ℅ 021/635-911.

》》 Mein Tipp: **Taverna Riva**, oberhalb vom Hafenbecken. Innen stilvoll, außen mit großer Terrasse unter schattigen Bäumen mit Blick aufs Meer. Große Weinkarte und guter Service. Die leckere Küche bietet z. B. selbst gemachte Gnocchi, Pašticada, Boeuf Stroganoff, frische Fische, Scampi, Hummer „Rhapsodie". Unten an der Promenade das dazugehörige Café. Ganzjährig geöffnet. Frane Radića b. b., ℅ 021/635-236. 《《

Ribarska kućica, am östl. Ortsende von Bol, direkt am Meer, gegenüber dem Dominikanerkloster. Hierher kommt man wegen des schönen Ambientes. Der Besitzer von Konoba Gušt führt hier Regie. Speisekarte größtenteils wie Konoba Gušt, zudem Gerichte vom Holzofengrill. Mai–Sept. geöffnet. A. Starčevića, ℅ 021/635-348.

Konoba Jadranka, oberhalb des Hafenbeckens mit lauschigem Innenhof und Fischspezialitäten. Mai–Okt. Uz pjacu 9.

Konoba Mendula, hier gibt es gute Küche und auch ein großes Salatbuffet. Mai–Okt. Hrvatskih domobrana 7, ☎ 091/5158-593 (mobil).

Konoba Mlin, oberhalb der Uferpromenade (kurz vor Ribarska kućica), im Mühlenturm mit großen lauschigen Terrassen, Weinpresse, Blick aufs Meer. Fleisch- und Fischgerichte vom Holzofengrill. A. Rabadana 4, ☎ 021/635-376.

Gute Pizzen gibt es auch im Topolino, Riva 2 (beim Hotel Kaštel); immer gut besucht. ☎ 021/635-767.

Essen & Trinken außerhalb Sehr gut isst man in der **Konoba Mali Raj** beim Goldenen Horn (Anfahrt über Zufahrtsstraße, kurz vor der Schranke). Natursteinterrasse mit lauschigen Eckchen; Gerichte vom Holzkohlengrill, z. B. Lamm; auf Vorbestellung auch Gerichte von der Peka (Kalb) sowie Fischgerichte. Im Juli/Aug. finden hier auch Konzerte statt. Mai–Okt. 11–24 Uhr. ☎ 098/265-851 (mobil).

Hübsch sitzt man direkt am Meer im **Restaurant Plaža Borak** des gleichnamigen Hotels. Große Essensauswahl.

Zlatni rat: Paradies für Kiter, Surfer und Schwimmer

Zlatni rat – das Goldene Horn

Der berühmte, 1 km vom Ort entfernte Strand schwingt sich 500 m vom Land ins Meer. Durch die Meeresströmung zeigt seine Spitze mal nach Westen, mal nach Osten. Erst ab der zweiten Septemberhälfte ist mehr Sand als Fleisch zu sehen. Während der Saison ist das Goldene Horn aufgeteilt in Textil und FKK. Kleine Kiesbuchten zum Nacktbaden schließen sich an. Surfbrett-, Boots- und Sonnenschirmverleih. Auf der Leeseite des Kaps gute Surfbedingungen für Anfänger!

Sport

Baden: Bademöglichkeiten rund um Zlatni rat, das Goldene Horn. Weiter am Meer entlang Richtung Murvica viele kleine, einsame Kiesbuchten. Hinter dem Kloster, beim Camp, ein Feinkiesstrand mit Sonnenschirmverleih. Ein Stückchen weiter eine Kiesbucht mit Süßwasserquelle und FKK. Von hier aus schöner Blick aufs Kloster.

Sport/Wassersport Tennisplätze und Kurse bei den Hotels. **Big Blue Sport**, am Strand unterhalb des Hotels Borak. Mountainbikeverleih und geführte Touren, Surfbrettverleih und Surfschule; Seekajakvermietung, Tauchen, Sportshop. ☎ 098/212-419 (mobil, Hr. Tomaš), www.big-blue-sport.hr.

Nautic Center Bol, am Strand unterhalb des Hotels Bretanide. Hier ebenfalls Vermietung von Kajaks und Surfbrettern, Bananaboat, Wasserski, Parasailing und Tauchkurse; Taxiboote und Bootsverleih. ✆ 098/361-651 (mobil), www.nautic-center-bol.com.

Tauchen Big Blue Diving, Basis am Strand des Hotels Borak, bei Big Blue Sport. Komplette Ausrüstung einschl. Kompressor, Schnorchel, Tauchanzüge. Tauchkurse nach PADI und SSI, Tauchfahrten (Nachttauchen, Tieftauchen etc.); deutsch sprechendes Personal. Geöffnet 15.5.–15.10. ✆ 021/635-614, 306-222, 098/425-496 (mobil, Hr. Igor Glavičić), www.big-blue-sport.hr.

Diving Center Dolphin Bol, Tauchbasis beim Nautic Center Bol. Ebenfalls deutsch sprechendes Personal, Tauchfahrten, Tauchschule, Ausrüstungsverleih, Flaschenfüllung. ✆ 021/319-892, 091/1505-942 (mobil, Hr. Dragan Laković), www.diving-dolphin.com.

Windsurfkurse/Kiten Über Big Blue (s. o.) und Nautic Center; alle Schwierigkeitsgrade, auch Boardverleih. Zudem ZOO station Bol, ✆ 098/180-874, www.zoo-station.com; hier auch Kiten.

Skulpturen am Meer

Umgebung von Bol

Wanderung zum Vidova Gora: In 2 Std. kann man von Bol aus auf markiertem Wanderweg den 778 m hohen Vidova Gora, den höchsten Inselberg, erreichen. Der Wanderweg beginnt in der Ortsmitte und führt an den Ruinen von Podborje oberhalb Bols vorbei. Die Mauerreste und Ruinen erinnern an den Zweiten Weltkrieg. Der Weg führt weiter aufwärts durch Olivenplantagen und Weinberge. Das letzte Stückchen ist etwas anstrengend – es geht steil bergan durch Felsenwände. Doch die herrliche Fernsicht entschädigt für die Strapaze. Und man kann sich in der *Vladimir Nazor-Hütte* stärken und den wunderbaren Blick genießen (→ Vidova Gora). Gutes Schuhwerk erforderlich!

Murvica: 5 km westlich von Bol liegt der alte Weiler, den man über Makadam oder in ca. 2-stündigem Fußmarsch am Meer entlang erreicht. Hier siedelten vor den Kroaten schon die Römer. 1286 wird der Ort erstmals erwähnt. Im 15. Jh. gründeten Ordensbrüder und -schwestern der glagolitischen Tradition um Murvica etliche Klöster, die bis zum Zweiten Weltkrieg bewirtschaftet waren. Murvica war dabei eine Art Versorgungsstation für die umliegenden Einsiedeleien. Umgeben von Agaven und in würziger Luft liegt der Ort steil am Hang wie die Einsiedelei Blaca. Am Meer Badebuchten und ein kleiner Hafen.

Von Murvica aus erreicht man in 3 Std. die **Eremitage Blaca** (→ S. 463) und in einer knappen Stunde die oberhalb liegende **Drachenhöhle** mit dem Drachenrelief, ebenso eine Einsiedelei von Klosterbrüdern.

Essen & Trinken: Konoba Marija, schöne Terrasse zum Sitzen und gute Gerichte; Mai–Sept. ✆ 021/642-609. Konoba Raj, gleich nebenan, hier ist ganzjährig geöffnet. Konoba Ciccio, ca. auf halbem Weg am Meer zwischen Murvica und Blaca; Mai–Sept.

Drachenhöhle – das Drachenrelief

Wanderung zur Drachenhöhle: Ca. 1 Std. Wegzeit einfach, bergan; gutes Schuhwerk ist erforderlich, an Trinken denken! Wer das Innere der Höhle entdecken möchte, muss mit Führung gehen, da die Drachenhöhle inzwischen verschlossen wurde. Information in der Touristeninformation oder unter 091/5149787 (mobil; Hr. Zoran Kojdić; er ist geschichtlich sehr bewandert, spricht deutsch, englisch).

Der Wanderweg beginnt in Murvica und führt an alten, am Fels klebenden Häusern mit grünen Fensterläden vorbei. Der Weg zieht sich ostwärts durch nach Harz duftende Kiefernwäldchen und steigt leicht an. Unten sieht man ins Blau und Türkis des Meeres, gegenüber das zerklüftete Hvar. Westwärts und steil geht es dann nach oben zu den Überresten eines Klosters mit einer angebauten Kapelle – ein ruhiges, beschauliches Fleckchen. Über dem Eingang ist die Jahreszahl 1477 eingemeißelt; das Wappen zeigt einen von der Sonne umrahmten Kerzenleuchter. In der Ferne leuchtet das Goldene Horn aus dem Meer, gegenüber im Dunst Hvar mit seinen Ausläufern.

Etwa 5 Min. führt der Weg weiter bergan. Dann muss man Acht geben, um die Abzweigung nach oben nicht zu verpassen. Eine riesige Öffnung im Fels zeigt sich, von Pflanzen umrankt und inzwischen zur Hälfte zugemauert und verschlossen. Mit einem Führer gelangt man in die Höhle, die sich nach oben scheinbar endlos zuspitzt. Innen Trennwände mit Fenstern, Nischen. Man fühlt sich beobachtet – und entdeckt die Eingravierungen im Stein, die einen aus allen Ecken anstarren. Das Westrelief links neben dem Eingang ist das größte: Es zeigt einen Drachen, darüber einen Löwen und einen gruseligen Menschenkopf mit langen Ohren – vielleicht auch eine Teufelsfratze. Schräg gestellt ist ein Mondgesicht, dahinter ein Menschengesicht mit langen Haaren. Das beeindruckende Relief ist nicht nur leicht graviert, sondern tief aus dem Fels gemeißelt. An der Ostseite oben am Fels König und Königin, darunter umfassen Hände ein Weihegefäß. Geht man weiter ins Höhleninnere, verengt es sich mit Nischen und Stufen; überall kleine Reliefs, meist Köpfe, ob gruselig oder komisch, ist bald nicht mehr zu unterscheiden. Ursprünglich war die Höhle mit allem Lebensnotwendigen eingerichtet, vorne am Eingang die Kapelle mit Altar, weiter hinten an der Ostseite ein in den Fels gehauenes Wasserbecken. Es ginge noch tiefer hinein, wären da nicht die tierischen Höhlenbewohner, Schwärme von Fliegen, die das weitere Vordringen vereiteln.

Die 20 m lange Drachenhöhle wurde einst von den Ordensbrüdern des nahen Klosters bewohnt und als Zufluchtsort genutzt. Hier entstand auch das erste glagolitische Messbuch von 1483, das heute im Dominikanerkloster in Bol aufbewahrt wird. Die Gravierungen im Stein stammen von den Klosterbrüdern – ein einzigartiges Denkmal slawischer Mythen und Riten, eine Mischung aus heidnischem und christlichem Glauben. So steht die Gestalt des Drachens mit dem Mond für Welterneuerung. Das Westrelief soll Motive aus der Apokalypse enthalten: Der geflügelte (nur angedeutete) Drache mit weit aufgerissenem Maul ist einer im Halbmond stehenden Frauengestalt zugewandt. Oberhalb des Drachenkopfs ein Leopard mit Bärentatzen, der einen Menschenkopf in seinem Maul hält. (12. Kap. der Apokalypse).

Selca

Selca ist ein Ort der Steinmetzkunst, am Hang gelegen und von Palmen, Laubbäumen, Parks und sattgrünen Rasenflächen umgeben. Mittelpunkt des 1000-Einwohner-Orts ist die wuchtige *Marmorkirche* mit *Herz-Jesu-Statue* von *Ivan Meštrović* im Innern. Die Kirche wurde 1919 nach Entwürfen des österreichischen Architekten *Schlauf* errichtet, die Statue wurde aus Granathülsen gegossen, die nach dem Zweiten Weltkrieg überall verstreut herumlagen. Neben *Meštrović* haben sich viele andere Steinmetze in der Stadt verewigt, überall Marmor – Hausfassaden, Türschwellen, Plätze, Wasserrinnen, selbst Küchenspülen aus Kalksteinmarmor soll es geben. Selca, erstmals im 12. Jh. erwähnt, verdankt seinen Aufschwung der Steinmetzkunst. Um die slawische Volkszugehörigkeit zu betonen, stellte man 1911 ein *Tolstoi-Denkmal* auf – das erste der Welt; es steht im Park nordöstlich der Kirche. Östlich der Kirche in einem anderen kleinen Park die Büste von *Hans-Dietrich Genscher* sowie Statuen von Präsident *Tuđman, Alois Mog, Papst Johannes Paul II.* und *Stjepan Radić*. Selcas Bewohner leben seit alters her vom Wein-, Oliven- und Weichselanbau ringsum. Einige wenige arbeiten im Hafenort Radonja an der Bearbeitung der Stein- und Marmorblöcke.

Oberhalb von Selca steht das *Sv. Nikola-Kirchlein* aus dem 11./12. Jh. Weitere vorromanische Kirchen finden sich in Plantagen versteckt in der Umgebung.

Südlich von Selce, westlich von Sumartin, gibt es schöne Badebuchten und teils auch Appartementvermietung.

Information Touristinformation, am Hauptplatz (bei der Post), 21425 Selca. Nur 8–12 Uhr, ✆ 021/622-019, www.touristboard-selca.com.

Essen & Trinken Am Kirchplatz unter schattigen Laubbäumen das **Restaurant Ruzmarin**, ✆ 021/622-348. Empfehlenswert auch **Restaurant Bilin**, mit Innenhof, ✆ 021/622-625, sowie **Restaurant Petrovac** mit guten Fischgerichten und großer Weinkarte, 18–24 Uhr, ✆ 021/622-531.

Grill Hazienda, ca. 5 km Richtung Gornj Humac am Straßenrand, im illyrischen Baustil ohne Mörtel aufgeschichtet. Schattiger Innenhof mit Brunnen und von Wein- und Passionsblumen überranktem Grillhäuschen, verschachtelt und nachts hübsch beleuchtet. Nur Juli/Aug.

Übernachten In der Bucht Puntinak werden direkt am Meer preiswerte Appartements vermietet, z. B. **Appartements Jure**, ✆ 021/622-524 oder **Villa Albatros**, etwas oberhalb, ✆ 021/622-652.

Sumartin

Der kleine Fährort unterhalb von Selca wurde 1646 von Flüchtlingen gegründet, die vor den Türken vom Festland geflohen waren. Im 18. Jh. entstand das Franziskanerkloster, das heute Museum ist. Abends leuchten die Kirche und die Marmor-Häuser vor dem rot glühenden Küstengebirge. Die weißen Dächer, leider werden es immer weniger, sind mit Marmorstaub gekalkt, der wie Zuckerguss wirkt. Der Kalk war früher nicht nur Zierde, sondern diente der Reinigung des Regenwassers, das man in Bottichen auffing. Ein- bis zweimal im Jahr wurde das Dach gestrichen. Das erste Regenwasser, das man auffing, wurde meist als Brauchwasser verwendet, der zweite Schwall als Trinkwasser.

Heute blüht das Dorf wieder auf, rund um den Hafen sprießen Restaurants aus dem Boden, im Becken schaukeln Jachten und Fischkutter, am Kai eine Bootswerft und ein Hebekran. In der Nähe ein großer Park und eine uralte, vorromanische Kirche. In der Umgebung von Sumartin kann man gut fischen und auf Unterwasserjagd gehen.

Information Touristinformation, in der Saison geöffnet (gehört zur Gemeinde Selca, → Selca), 21426 Sumartin.

Verbindung Fähren (→ „Wichtiges auf einen Blick", S.450). Busverbindung nach Bol und Supetar.

Einkaufen Von Post über Lebensmittelladen bis Bäcker ist alles vorhanden.

Übernachten/Camping Privatzimmer ab 30 €/DZ. U. a.: **Villa Anita**, oberhalb vom Hafen mit Blick aufs Meer; ✆ 021/648-007. **Apartements Nada**, im Süden von Sumartin, kurz vor dem Kap am Meer; ✆ 021/648-005, www.apartmaninada.com.

Oberhalb und nördl. des Dorfs ein kleines, schön gelegenes **Autocamp** mit fantastischem Blick aufs Küstengebirge.

Essen & Trinken Schön sitzt man unter der Markise direkt an der Mole in der **Konoba Dalmatinac**. Fisch- und Fleischgerichte.

Am Hafenbecken ist die gute Konoba Bernardo.

Novo Selo

Der Ort kurz hinter Selca ist, wie der Name schon sagt, relativ jung. Am Straßenrand ein Steinklotz voller eingemeißelter Gesichter und viele andere Skulpturen – hier hat sich der Bildhauer *Frane Antonijevic* niedergelassen, der einen freundlich zu einem Glas Wein hereinwinkt und natürlich gerne auch seine Kunstobjekte verkauft. In Ortsnähe sind illyrische Trockenmauerreste und Reste eines römischen Wasserreservoirs erhalten.

Novo Selo – viele Künstler arbeiten auf der Insel Brač

Povlja

Im typischen Mittelmeerstil schachteln sich die Häuser am Osthang der gleichnamigen fjordartigen Bucht zur Kirche hinauf. Weiter westlich gibt es viele Fels- und Kiesbadebuchten – am schönsten ist die Luka-Bucht ganz am Ende des Meereinschnitts.

Schon den Römern hat es hier gut gefallen, und die Buchten dienten den römischen Schiffen als Häfen. Sehr früh wurde eine **Basilika** (6. Jh.) gebaut, mit Taufkapelle und Grabstätten. Die Größe des Bauwerks lässt auf ein altchristliches Religionszentrum schließen. Die Basilika bestand aus drei Längsschiffen, Apsis und Querschiff. Das noch erhaltene *Baptisterium* – die einzige erhaltene Taufkapelle in ganz Kroatien – ist 12 m hoch, hat eine Kuppel und ist heute ein Teil der Pfarrkirche; mit der Basilika war es durch einen Vorhof verbunden. In der Mitte der Taufkapelle befindet sich das kreuzförmige Taufbecken, das als Grab des hl. Johannes von Povlja verehrt wird.

Im 9. bis 10. Jh. errichteten die *Benediktiner* im Baptisterium der verlassenen Kirche einen Altarraum und über der Apsis der alten Kirche ihre Mönchszellen. Im Jahre 1145 zerstörten die Venezianer das Kloster, das 1184 von den Mönchen neu aufgebaut wurde. Zur gleichen Zeit verfasste man ein Verzeichnis von Besitztümern, die zum Kloster gehörten und in der berühmten *Urkunde von Povlja* festgehalten wurden. Sie gilt als das älteste kroatische Schriftdokument und wird im Pfarramt von Pučišća aufbewahrt. In die Türschwelle am Baptisterium meißelte Meister *Radonja* im Jahr 1184 einen kyrillischen Text über die Rückgabe der Ländereien an das Kloster ein. Die Inschrift zählt zu den ersten in slawischer Sprache geschriebenen Versen. Bis sie ins Museum nach Split gelangte, fand die Türschwelle Verwendung als Sitzbänkchen vor der Kirche und als Türpfosten in einer Schenke. In Povlja und im Heimatmuseum Skrip sind heute Kopien ausgestellt.

Blick auf Povlja und das Küstengebirge

Als die Benediktiner das Kloster im 15. Jh. verließen, wurde die Kirche zur *Pfarrkirche* umgebaut und erweitert. Ihr heutiges Aussehen geht auf etliche Umbauten in den letzten Jahrhunderten zurück. Der Hauptaltar steht über dem Taufbecken des alten Baptisteriums. Der Glockenturm entstand um 1860. Sehenswert sind das *Lapidarium* und das *Kirchenmuseum*. Neben der Kirche ragt ein Wehrturm empor, der im 16. Jh. zur Türkenabwehr errichtet wurde. Lange gab es um die Kirche keine Ansiedlung, erst im 17. Jh. ließen sich bosnische Flüchtlinge hier nieder.

Information 21413 Povlja. Auskünfte im Tourismusverband in Selca.

Übernachten Rund um die Bucht und oberhalb werden vermietet: Privatzimmer ab 30 €/DZ; Appartements mit 2 Betten 30–40 €. U. a. **Villa Arija**, ℡ 021/639-142 oder **Appartements Toni & Franka**, ℡ 021/639-221; beide östlich und oberhalb der Bucht.

Essen & Trinken Konoba Stara Uljara, direkt am Hafenbecken. Hier gibt es leckere Fischgerichte mit hauseigenem Olivenöl, Internetpoint und Auskünfte vom Wirt und Mathematiklehrer Hr. Adi. ℡ 021/639-250.

An der westlichen Seite der Hafenbucht bietet eine Weinstube Schinken und Käse an.

Konoba Da Pipo, westl. von Povlja in der Bucht Luka (→ Pučišća).

Baden/Wandern Gute Bademöglichkeiten an Kies- und Felsbadestränden, z. B. in der Luka-Bucht. Wanderwege führen die Küste entlang.

Tauchen Adria Diving Povlja (niederl. Ltg.), ℡ 091/9024-924 (mobil), www.adriadiving.com. Es werden auch Tauchpakete inkl. Übernachtung in Appartements in der Umgebung organisiert.

Pučišća

Die alte Stadt an der fjordähnlichen Bucht ist die Stadt der Steinmetze – und mit 1700 Einwohnern größter Ort der Insel. Baudenkmäler aus unterschiedlichsten Epochen, Kalksteinhäuser und Kalksteinbrüche prägen Pučišćas Stadtbild. Hier ist Europas einzige Steinmetzschule ansässig.

Der Marmorsteinbruch von Pučišća

Stattliche Gebäude, zwei Wehrtürme und die Pfarrkirche mit Zwiebelturm und Schatzkammer reihen sich um das mit Tamarisken bepflanzte Hafenbecken; darum herum eine gotische Kirche, Renaissancekastelle, Barockbauten, dazwischen kleine Natursteinhäuser, die sich die Hänge hinaufziehen.

Am Ende der langen Bucht befindet sich der größte *Marmorsteinbruch* der Insel. Der Bračer Marmor ist weltberühmt und kommt, neben der weißen und grauen Farbe, auch in roséfarbenen bis korallenroten Schattierungen vor. Dies ist der Stein der Kardinäle, sagt man, und deshalb wird er auch gerne in Kirchen verwendet. Papst Johannes Paul II. erhielt bei seinem dritten Besuch ein Steinkreuz aus korallenfarbenem Marmor.

Nach dem Zweiten Weltkrieg eröffneten die *Jadrankamenwerke* den Steinbruch. Es wird in zwei Schichten und mit modernsten italienischen Maschinen gearbeitet, die gleichzeitig horizontal wie vertikal schneiden können. Doch es kann gar nicht schnell genug produziert werden, um die Aufträge abzuarbeiten. Wartezeiten bis zu zwei Jahren sind üblich, und die Bestellungen kommen bis aus den USA, 70 % des Exports gehen nach Italien. Das meiste Geschäft wird mit Platten gemacht, meist für die Fassadenverkleidung – rund 400.000 m^3 Platten und 20.000 cm^3 Rohblöcke werden pro Jahr gebrochen und geschnitten. Fünf weitere Steinbrüche gibt es in der Umgebung.

Steinmetzschule (Klesarska Škola) in Pučišća

Ganz schön weiß und staubig ist das lichtdurchflutete Atelier der einzigen Steinmetzschule Europas. Rund 13 Professoren unterrichten 110 Studenten, die die Handbearbeitung des Steins, wie Oberflächenbehandlung, Ausarbeitung von Profilen und Ornamenten nach alter römischer Steinmetztechnik mit klassischen manuellen Werkzeugen in individuellen Unterrichtseinheiten erlernen. Natürlich gibt es auch Elektrowerkzeuge. Innerhalb von vier Jahren werden die Studenten hier zu Steinmetztechnikern ausgebildet, mit der Möglichkeit zur Weiterbildung an Hochschulen (u. a. Fakultät Architektur, Bergbau, Akademie für Bildende Künste) oder in drei Jahren zum Steinmetz oder Bildhauer. Natürlich besteht auch eine enge Zusammenarbeit mit der hier ansässigen Firma Jadrankamen, in der die Studenten ihr Sommerpraktikum mit modernster Technologie für maschinelle Steinbearbeitung absolvieren können. Für begabte Schüler ist sicherlich das Sommerpraktikum in Zagreb an der renommierten Akademie der Bildenden Künste ein Highlight.

Klesarska Škola, 21412 Pučišća, am Hafenbecken, 021/633-114, www.klesarska skola.hr. Besuchertag ist Do von 20 bis 22 Uhr

Geschichte

Das Jupiterdenkmal und ein römisches Grabmal zeugen von Pučišćas früher Besiedelung. Im 11. Jh. kamen die Benediktiner und gründeten ein Kloster, von dem nur noch die Kirche auf dem heutigen Friedhof geblieben ist. Einst reichte der Meeresspiegel bis zu den sieben *Wehrtürmen,* von denen noch zwei erhalten sind. Und von den einst 13 Kastellen stehen heute nur noch sieben. Pučišća hatte sich gegen die Türken gut verschanzt, unter den Venezianern galt es als *castrum* (Festung). Das erste Kastell erbaute *Ciprijan Žuvetić* 1467 am Hafen. Ebenso das Kastell *Aqvilin*, heute ein Restaurant, sowie das Kastell der Familie *Dešković* bei der Pfarrkirche. In dieser Zeit entwickelte sich Pučišća zum kulturellen Zentrum der Insel. 1516 wurde die erste Schule gegründet, und die Stadt brachte fähige Schriftsteller (*Jure Žuvetić*, 16. Jh.; *Sabo Mladinić*, 17. Jh.) und Bildhauer (*Branko Dešković*, 1883–1939) hervor. Doch die lang währende Türkengefahr verhinderte, dass sich Bildhauerkunst und Bautätigkeit weiter entwickeln konnten.

Sehenswertes

An Sehenswertem ist die im Pfarramt aufbewahrte *Urkunde von Povlja* aus dem Jahr 1184 hervorzuheben, die älteste Urkunde in kroatischer Sprache. Die Pfarrkirche *Sv. Jerolim* wurde 1566 errichtet und 1750 in barockem Stil vergrößert – himmelblaue Stuckdecke, Glasperlenleuchter im gleichen Farbton hängen herab. Das bunte Glasmosaikfenster taucht das großzügig gestaltete Kircheninnere in ein angenehmes Licht. Über dem Hauptaltar ist auf einem Holzrelief der Schutzpatron der Stadt, der hl. Hieronymus zu sehen, sowie der hl. Rochus, ein Werk von *Palma dem Jüngeren.* Die Renaissance-*Kirche auf Batak* wurde 1533 von dem Patrizier *Ciprijan Žuvetić* erbaut, der hier neben Bračer Steinmetzen und Baumeistern auch seine letzte Ruhestätte fand. Richtung Postira steht das altkroatische Kirchlein *Sv. Juraj* mit einem Relief des Patrons, es zeigt den hl. Georg im Kampf mit dem Drachen.

Information Touristinformation, am Hafen (Südseite), 21412 Pučišća. Mitte bis Ende Juni 8–12 Uhr, Juli–Sept. 8–12/17.30–20.30 Uhr. ☎ 021/633-555, www.pucisca.hr (nur kroatisch).

Agentur Grikula, neben zugehörigem Bistro Fontana, ganzjährig geöffnet. ☎ 021/633-515, www.apartmaji-grikula.net.

Übernachten Privatzimmer ab 30 €/DZ, Appartements z. B. für 2 Pers. ab 40 €. U. a. **Fam. Bauk Marija**, Ul. sv. Roka 1, ☎ 021/633-144. **Appartements Roberta**, gehört zu Agentur Grikula, 2–6 Pers. ab 50 €.

**** Hotel Palača Dešković, am Hafenbecken vor der Kirche liegt der stilvoll renovierte 500 Jahre alte Prachtbau mit einem der erhaltenen Wehrtürme, Innenterrasse und riesigem Garten auf der Südseite. Die 14 Zimmer sind mit antikem Mobiliar versehen, sehr gute Ausstattung insgesamt. Im großen Restaurantraum sind moderne Bilder der Eigentümerin und Künstlerin Ružica Dešković zu sehen. Gute Küche mit frischen Produkten. Anleger am Hafen, bei größeren Jachten vorherige Anmeldung erbeten. Mai–Sept. geöffnet. DZ/F 206–248 €. Trg sv. Jeronima 4, ☎ 021/778-240, www.palaca-deskovic.com.

Essen & Trinken Bistro Fontana, ganzjährig geöffnet, einfache Gerichte, auch Infos (→ Agentur Grikula).

Konoba Lado, am Hafenbecken, mit schöner Terrasse und guten Gerichten. Mai–Nov. 11–24 Uhr. ☎ 021/633-069.

Restaurant-Pension Lučica, am westlichen Buchtbeginn im Pinienwald mit Terrasse unter Kiefern. Spezialitäten sind Fischgerichte, u. a. Fischpastete oder Scampi buzzara, aber auch Lamm. Mai–Sept. ☎ 021/633-262.

Konoba-Pension Pipo, Natursteinhaus mit Gärtchen und Terrasse an der unbewohnten Bucht von Luka (im Osten von Pučišća). Es gibt Fisch und Lamm vom Grill, dazu Gemüse aus Eigenanbau. Kiesstrand vor dem Haus, für Boote (bis 4,5 m Tiefgang) Anleger. Zimmervermietung, 60 €/Pers. inkl. VP. ☎ 021/633-096, 098/256-315 (mobil).

Baden/Mountainbiken: Baden kann man an Fels- und Kiesbadeständen am westlichen Küstenabschnitt. Kurz vor dem Marmorsteinbruch liegt die *Lužica-Bucht* mit Kiesstrand. Im Sommer gibt es vom Hafen einen kostenlosen Bootstransfer dorthin. 5 km in Richtung Postira folgt die *Konopjikova-Bucht*, kurz danach die *Lovrečina-Bucht* (Basilika, → „Postira") mit Sand und Kies, auch Wohnmobile stehen hier gerne; auf beiden Parkplätzen werden im Sommer Gebühren (2,50 €) erhoben. Von hier kann man per Mountainbike auf einem schönen Makadamweg in 4 km am Meer entlang nach Postira gelangen. Östlich von Pučišća liegt in ca. 4 km Entfernung die zerlappte *Luka-Bucht* mit Kiesstränden. Zu erreichen ist sie am besten per Boot oder über Makadam. Hier liegt die Konoba-Pension von Pipo (s. o.).

Postira

Der kleine, lebendige 1000-Einwohner-Ort ist umgeben von Treibhausflächen, Zitrusplantagen, Laubbäumen, Palmen und blühendem Oleander. In den engen kopfsteingepflasterten Altstadtgassen steht eingezwängt die Pfarrkirche. Bei feindlichen Angriffen musste sie als Festung herhalten, wovon die Schießscharten in der Apsis zeugen – von ihrem Erscheinungsbild aus dem 16. Jh. ist sonst nichts mehr erhalten.

Um das Hafenbecken reihen sich Eisdielen und Restaurants. Das *Renaissancepalais* am Hafenbecken mit an der Südmauer eingravierten religiösen Zitaten ist das Geburtshaus des kroatischen Dichters, Partisanen und Politikers *Vladimir Nazor* (1876–1949). Ihm zu Ehren wurde ein Denkmal errichtet (→ Kasten S.483 und Bobovišća na moru). Auch der kroatische Dichter *I. Ivanišević* (1608–1665) und der Bildhauer *N. Lazanić* (16. Jh.) wurden in Postira geboren.

Um Postira herum zeugen Funde aus der Römerzeit von früher Besiedlung. 1347 wird Postira erstmals als *Postirna* erwähnt. Flüchtlinge vom Festland gründeten den heutigen Ort. Die Einwohner leben von Ackerbau und Fischfang – in jüngster Zeit kommt der Tourismus dazu. In der Lovrečina-Bucht, östlich von Postira, stehen die Ruinen einer altchristlichen, dreischiffigen Basilika aus dem 5. bis 6. Jh. Ab dem 11. Jh. lebten hier Benediktiner. Auch Reste eines römischen Wirtschaftsgebäudes und Spuren einer Deichanlage sind zu erkennen.

Schöne Makadamwege führen am Meer entlang (→ „Baden/Mountainbiken").

Information Touristinformation, Strančica 3 (kurz vor Hafenbecken), 21410 Postira. 9–11 Uhr. ℡ 021/632-966, www.postira.hr.

Agentur Virtus, beim Hotel Pastura, ganzjährig geöffnet. ℡ 099/2022-003 (mobil), www.discoverbrac.com. Zimmervermittlung; Fahrrad-, Roller- u. Autoverleih.

Übernachten Gute Website des Tourismusverbandes mit zahlreichen Angeboten und Ortsplan. Privatzimmer ca. 25 €/DZ, Appartements z. B. für 2 Pers. 30 €.

**** Hotel Vrilo, an der Ostseite des Hafenbeckens. Es gibt Restaurant und Wellnesscenter; kein eigener Strand. 15 Zimmer und Suiten mit kleinen Balkons und Blick aufs Meer. Geöffnet Mai–Okt. DZ/F ca. 120 €. Infos (gleiche Ltg.) s. Hotel Pastura, ℡ 021/740-000.

**** Hotel Pastura, direkt am Meer mit Restaurant und Café. Nettes, gut geführtes 43-Zimmer-Hotel, auch Appartements (4–6 Pers.), Wifi, schöner Außenpool, Sauna etc. Wird gerne in der Nebensaison von Radlergruppen besucht. DZ/F 132 € (TS 154 €). ℡ 021/740-000, 632-100, www.hotelpastura.hr.

**** Hotel Lipa, 2009 neu eröffnet am Hafenbecken. 28 modern ausgestattete Zimmer, Wellnesscenter und ein gutes Restaurant mit Café (ganzjährig); das Hotel ist von Ostern–Okt. geöffnet. DZ/F 132 € (TS 154 €). Infos s. Hotel Pastura, ℡ 021/632-100.

Essen & Trinken Restaurant-Café Lipa, große moderne Terrasse und helles großzügiges Inneres; Pizza und Grillgerichte. Ganzjährig.

Konoba Guštima, oberhalb vom Hafenbecken in Natursteingemäuer. Spezialitäten sind Lamm vom Grill oder aus der Peka. Kogola, ℡ 091/1636-494 (mobil).

Konoba Bracera, auf der Ostseite der Altstadthalbinsel, direkt am Meer. Hier isst man gute Fischgerichte. Geöffnet Mai–Okt. Zastivanja 6, ✆ 099/1913-760 (mobil).

Strandbar/Restaurant Lovrečina, 6 km östlich an gleichnamiger Bucht, Juni–Okt. 11–20 Uhr.

Baden/Mountainbiken: An der Nordspitze der Altstadt liegt der gepflegte Stadtstrand mit Feinkies, westlich des Orts die Sand- und Kiesbucht *Prvlja*. Weitere Badebuchten finden sich gen Osten in Richtung Splitska (3 km) und v. a. in Richtung Pućišća – schöne Makadamwege führen am Meer entlang, also bestens auch für das Mountainbike und zum Wandern; u. a. *Lovrečina-Bucht* (6 km östl.) in einem fruchtbaren Tal. Zypressen begrenzen die Sandbucht, dahinter liegen die Ruinen der frühchristlichen Basilika. *Motorbootverleih* am Hafen durch Privatpersonen. Landeinwärts geht's in rund 2 bis 3 km ins fruchtbare Tal nach Dol.

Abstecher nach Dol

In einem fruchtbaren Tal, von Postira landeinwärts, liegt der kleine, wehrhafte 200-Einwohner-Ort. Zusammengedrängt stehen die plattengedeckten Natursteinhäuser auf dem Fels. Am Ortseingang blickt man rundum auf Höhlen. Im Talbett klebt an einem vogelähnlichen Fels ein Haus. Am Dorfende, etwas erhöht, stößt man auf eine pinkfarbene Kapelle. Ein Makadam führt weiter ins Tal und in die Berge. Um den Ort ziehen sich kiefernbewachsene Hügel, Wein- und Olivenfelder, zudem lockt Dol inzwischen als Kuchenparadies (→ „Essen & Trinken"), absoluter Renner ist der mit Walnüssen gefüllte *Hrapoćuša*.

Am Ortseingang führt ein steinernes Brücklein über den Bach zur Pfarrkirche aus dem Jahr 1866. Sie ist in geschlossener Form erbaut, mit halbrundem Giebel und wehrhaftem, mit Schießscharten versehenem Glockenturm. Den Kirchplatz umgibt eine große Wiese mit Laubbäumen, es duftet nach Minze.

Dol wird 1137 erstmals erwähnt und liegt von allen Orten im Landesinneren dem Meer am nächsten – nur 2 km sind es von Dol nach Postira. In der Umgebung stehen etliche altkroatische Kirchen: *Sv. Mihovil* (9.–11. Jh.), deren Kirchentor aus einem Sarkophag gefertigt wurde, westlich von Dol *Sv. Vid* (11.–12. Jh.) mit Resten einer Altarschranke. Geht man den Talweg landeinwärts, stößt man auf den alten Weg zwischen Nerežišća und Pražnice und auf die Kirche *Sv. Barbara* (10. Jh.). Die Glocke der Friedhofskapelle *Sv. Petar* ist die älteste der Insel (14. bis 15. Jh.).

Übernachten/Essen Konoba Toni, im 300 Jahre alten Natursteinhaus in der Ortsmitte sitzt man hübsch unter der schattigen Weinlaube vor dem Haus. Es gibt Fisch, Lamm, Käse, hausgemachten Wein und Schnaps, eigenes Olivenöl und biologisch angebautes Gemüse und Obst; zudem natürlich Hrapaćuša. ✆ 021/632-602.

Konoba Stori Gušti, liegt versteckt am Ortsende von Dol. Das junge Ehepaar Katarina und Mario Dominis glänzt mit Torten und Kuchen (u. a. Windkuchen, Orangentorte), natürlich auch Hrapaćuša und Fritule. Es gibt auch Lamm am Spieß oder Hühnchen. Tägl. und ganztägig Ostern–Okt. geöffnet. ✆ 091/7876-969 (mobil). ■

Splitska

Ein kleiner Ort mit alten Häusern, Befestigungsturm und dem Kirchlein mit dem berühmten Muttergottes-Gemälde von Bassano. Zudem ist Splitska berühmt für seinen marmorartigen weißen Kalkstein.

Um das Hafenbecken des 200-Einwohner-Dorfs stehen gedrungene Palmen, Natursteinhäuser drängen sich, von wuchernden Gärten umgeben, am Hang, zwischen den Gassen lugt spitz der Kirchturm hervor. Die *Pfarrkirche* wurde auf Fundamenten einer im 13. Jh. erbauten Kirche errichtet und im 16. Jh. umgestaltet. Am hölzernen Renaissancealtar steht das Altarbild „Madonna mit Heiligen" von *L. Bassano* (1577–1622). An der Straßenkreuzung nach Škrip erhebt sich das Renaissance-Kastell der Familie *Cerinić* von 1577, bestehend aus drei Gebäuden, die um einen Wehrturm herum miteinander verbunden sind. Das Kastell birgt wertvolle Gemälde und zählt zu den schönsten Befestigungsanlagen von Brač. An der Straße Richtung Škrip stehen die Ruinen der altchristlichen *Kirche Sv. Jadro* (6.–7. Jh.).

Die Römer liebten offenbar den weißen, marmorartigen Bračer Stein, und nachdem sie die Insel erobert hatten, eröffneten sie in der Umgebung von Splitska und Skrip einige Steinbrüche und ließen ihre Sklaven darin schuften. Weltbekannte Bauwerke wurden mit dem begehrten Kalkstein errichtet: der Diokletianspalast in Split, die Kathedrale von Trogir, das Wiener Parlament, das Reichstagsgebäude in Berlin und das Weiße Haus in Washington. Splitska war auch Verladehafen für die in den Steinbrüchen vorgefertigten Quader. Heute gibt es noch drei Steinbrüche zwischen Splitska und Škrip.

Information Agentur Veritas, 21410 Splitska, ✆ 021/632-207.

Übernachten/Essen Die Agentur vermittelt Privatzimmer ab 30 € und Appartements. Die Pensionen liegen ruhig im Kiefernwald.

*** **Restaurant-Pension Panorama**, oberhalb des Ortes an der Inselstraße; von der Terrasse bietet sich ein herrlicher Blick auf die Hafenbucht und das Küstengebirge. Familiär und gut geführt, zudem leckere Küche und deutschsprachig. Studio 43–45 €, Frühstück 6 €/Pers. ✆ 021/717-209, www.pension-panorama-brac.com.

Konoba kod Tonči, bei der Kirche; Spezialitäten sind Lamm und Pašticada.

Baden: In der Umgebung von Splitska Badebuchten am Pinienwald.

Blick auf Splitska und das Küstengebirge Biokovo

Abstecher nach Škrip

Das älteste Dorf der Insel ist heute ein einziges Freilandmuseum, und zu Stoßzeiten wird man von Bildungshungrigen aller Nationen fast überrannt.

Bei Škrip bauten schon die Illyrer ihre Zyklopenmauern, die sie den Griechen abgeschaut hatten. Im nahen Steinbruch ist ein römisches Herkules-Relief gut erhalten. Im 7. Jh. trafen römische Flüchtlinge aus Salona ein, im 9. Jh. wurde Škrip von Kroaten aus Neretva erobert. Der Škriper Friedhof ist der größte Römerfriedhof der Insel. Die Friedhofskirche stammt aus romanischer Zeit.

In Škrip lebten die einfachen Leute in kleinen Bauernhäusern, aufgeschichtet aus Steinplatten und mit ebensolchen gedeckt. Auf dem Platz erhebt sich die im 18. Jh. erbaute *Barockkirche Sv. Jelena*, aus deren Turm ein Bäumchen sprießt, gegenüber die *Burg* und das *Schloss* aus der Zeit der Türkenkriege. Im *Museum* (tägl. 10–17 Uhr) sieht man Funde vor allem aus der Römerzeit: die Herkulesstatue, das Mausoleum, Sarkophage, daneben kroatische Volkskunst und das Wappen der Burgfamilie – ein Gockel auf einem Sockel, an dessen Stamm sich eine Schlange nach oben ringelt.
Konoba – Villa Škripa, hübsch renoviertes zweistöckiges Natursteinhaus (Zimmervermietung) mit großem schattigen Biergarten und Pool. Fleisch- und Fischgerichte vom Holzofen, auch Lamm vom Spieß. ☎ 021/646-315, 091/3434-554, 091/5764-728 (mobil).

Die Insel Brač – Gedanken von Vladimir Nazor

„In der Vergangenheit der Insel Brač gibt es keine Sensationen, keine dramatischen Momente, keine Begebenheiten für epische Gedichte und Tragödien, für romantische Erzählungen und Romane: Das menschliche Schicksal entwirrt sich viel langsam und fließt leise dahin und ist dennoch oft von langen und schweren Kämpfen erfüllt und dadurch unerbittlich und streng. Die Blutstropfen, einmal für immer vergossen, schreien zum Himmel, und jeder hört sie; die Ströme von Schweiß, der jahrhundertelang die Stirne herabfloss, hat lautlos die stumme Erde aufgesogen. Der Aufschrei des Zorns schallt weithin, und der Seufzer des Leidens erstirbt ohne Schall.

Wessen Geschichte ist schwerer zu durchschauen, zu erklären, zu beschreiben, zu enthüllen: die Geschichte des Schweißes oder die des Blutes; die Geschichte der zornigen Schreie oder die der Seufzer? Die Antwort ist einfach: Die Geschichte dessen, was nicht grell aufschreit, was alltäglich und immer gleich ist, der tiefe Grund und die noch tiefere Wurzel menschlichen Geschehens, das ist die Geschichte, wahre menschliche Geschichte. Aber sie ist schwerer zu schreiben als die andere."

Vladimir Nazor, 1940

Blick vom Biokovo-Gebirge auf Makarska, seine Riviera und die Inseln Brač und Hvar

Makarska

Am Fuß des hoch aufragenden Biokovo-Küstengebirges erstreckt sich Makarska mit seinen Prachtbauten und Gässchen. Die Stadt ist der touristische Mittelpunkt der Makarska-Riviera mit herrlichen Sandstränden.

Makarska liegt in der Mitte der 60 km langen *Makarska-Riviera*. Gut geschützt durch das Gebirge im Hinterland, ist dieser Küstenstrich üppig bewachsen, und seine Strände ziehen viele Touristen an. Die 13.000-Einwohner-Stadt mit sehenswerten Kirchen und dem weithin bekannten *Muschelmuseum* breitet sich um das Halbrund einer Hafenbucht aus, gesäumt von den Halbinseln Osejava und Sv. Petar und umgeben von Sandstränden und palmenbestandenen Strandwegen.

Makarska ist ein guter Ausgangspunkt für Wanderungen ins Biokovo-Gebirge mit seiner höchsten Erhebung, dem 1762 m hohen *Sv. Jure*. Mufflon, Gebirgsmaus und die Hornviper haben hier ihren Lebensraum. Pflanzenliebhaber können in Kotišina an den Hängen des Biokovo den *Botanischen Garten* besuchen. Und wem das Laufen zu anstrengend ist, der kann mit dem Auto die Panoramastraße über Tučepi zum Sv. Jure hochfahren.

Schon die Phönizier sollen in Makarska gelebt haben, zur Römerzeit hatte die Stadt bereits einen Hafen. Im 7. Jh. kamen die gegen Venedig kämpfenden Neretljani. 150 Jahre lang war Makarska türkisch, ab Mitte des 17. Jh. venezianisch, gefolgt von Franzosen und Österreichern im 19. Jh.

Information/Verbindung/Diverses (→ Karte S. 486/487)

Touristinformation (TZG), Obala kralja Tomislava 16, 21300 Makarska, ☏ 021/612-002, www.makarska.hr, www.makarska-info.hr (für die Region). Juni–Sept. tägl. 7–21 Uhr, sonst Mo–Fr 8–15 Uhr. Gute Infos, Wander- und Fahrradkarten.

Makarska

Es gibt über 20 Agenturen, die Ausflüge anbieten und Zimmer vermieten, viele an der Uferpromenada, u. a.

Kompas-Atlas, Obala Kralja Tomislava 17, ✆ 021/615-411. Ausflüge, Flug- und Boottickets.

Delfintours, Kačicev trg 16, ✆ 021/612-248, www.delfin-tours.hr. Privatzimmer.

Biokovo Active Holidays, Gundulićeva 4, ✆ 021/679-655, 098/225-852 (mobil), www.biokovo.net. Organisiert Mountainbike-/Wandertouren und Fotosafaris ins Biokovo-Gebirge.

TIP-extreme, ✆ 098/9105-528 (mobil), www.tipextreme.hr. Organisierte Wandertouren ins Biokovo-Gebirge, Gäste werden abgeholt.

Naturpark Biokovo (Park Prirode Biokovo), Mala obala – Marineta 16, ✆ 021/616-924, www.biokovo.com.

Bergrettung Stanica Makarska, A. G. Matoša 1, ✆ 021/690-017, 091/7210-011, 091/2123-013 (mobil), www.hgss-makarska.hr.

Verbindungen Busse, Busbahnhof Ante Starčevića 30 (Hauptstraße), ✆ 021/612-333, www.promet-makarska.hr. Nach Split alle 30 Min. (ca. 7,50 €), nach Dubrovnik (ca. 20 €, Fahrzeit ca. 2:30–3 Std.) 15-mal tägl. Daneben **Taxi-Stand**, ✆ 021/611-366.

Fähren, *Trajekt Makarska–Sumartin (Brač):* 5-mal tägl. 7.30–20 Uhr in der Hochsaison. 4,50 €/Pers., Auto 21,70 €.

Post Trg 4. svibnja 533 (an der Rückseite des Hotels Biokovo), Mo–Sa 7–21 Uhr.

Auto Das **Parken** an der Uferstraße ist gebührenpflichtig (1,30 KN/Std.); die Uferstraße ist stadtauswärts Einbahnstraße. Die Hotels verfügen über ausreichend Parkmöglichkeiten.

Autovermietung: u. a. **Croatiatours**, Obala kralja Tomislava 2 (im Hotel Meteor), ✆ 021/612-166, www.croatiatours-makarska.com.

Tankstelle vor Makarska (Richtung Split); ein paar Meter stadteinwärts Autowaschmöglichkeit.

Ausflüge Nach Medjugorje (Pilgerort, Erscheinung der Mutter Gottes!), Dubrovnik, Korčula, Hvar, Krka-Wasserfälle, Raftingausflüge auf der Cetina, Wandertouren.

Einkaufen Shoppingcenter **Merces** gegenüber Fährhafen, Shoppingcenter **Sv. Nikola** neben Busbahnhof, **Obst- und Gemüsemarkt** beim Stadtplatz.

Gesundheit Apotheke (Ljekarna), Kačicev Trg 10 (Hauptplatz), ✆ 021/611-890, sowie neben dem Krankenhaus, ✆ 021/612-288. **Krankenhaus** (Dom Zdravlja), Stjepana Iviceviča 2, ✆ 021/612-033, -319. **Tierarzt** (Veterinarske Stanice), u. a. A.G. Matoša 1, 021/690-345; Gradišćanskih Hrvata 4, ✆ 098/977-363 (mobil).

Veranstaltungen Makarska Kultursommer, Juni bis Okt. Theater-, Musik- und Tanzaufführungen. Überall in der Stadt und auch auf der Halbinsel Sv. Petar gibt es Folk- und Instrumentalmusik.

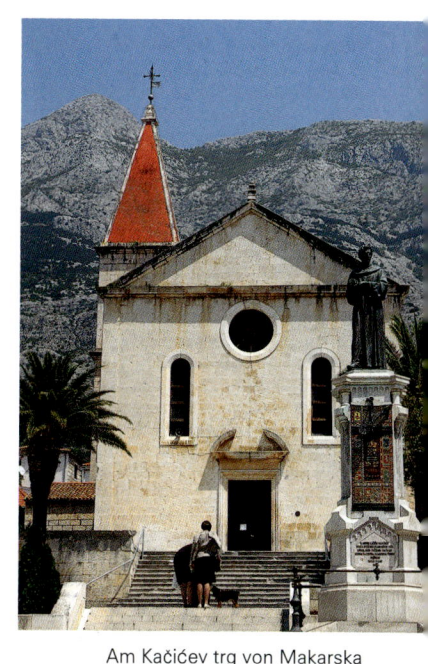

Am Kačićev trg von Makarska

Einen **Pilgerplatz** findet man in Vepric, ca. 1 km in Richtung Split. Gefeiert wird hier am 8. Sept. in einer Prozession das Heiligtum Sv. Majke Božje Lurdske.

Nachtleben Am Abend trifft sich die Szene in den Cafébars im Altstadtviertel Lištun, östtl. vom Trg Kačicev (um Ul. Dalmatin und Ibety) – aktuell ist momentan Bety. Beliebter Treffpunkt im Süden der Altstadt **Cafébar Marineta** 11. Ebenfalls in für Nightlife, Partys und auch für Konzerte ist die **Strandbar Buba** 12, Put Cvitačke (bei den Tennisplätzen im Westen).

Diskothek Plaža 21, Šet. Sv. Petar, im Westen der Halbinsel Sv. Petar; hier wird im Freien gechillt und getanzt. **Diskothek Deep Blue 20**, Šet. fra J. Radića 21 (nahe Hotel Osejava, Halbinsel Osejava), in einer Grotte; Juni–Sept. 21/22–5 Uhr. **Disko-Club Petar Pan 16**, nördlich von Hotel Osejava (bei den Tennisplätzen), sehr beliebt mit Konzerten und tägl. wechselnder Musikrichtung; geöffnet Juni–Sept., Juli/Aug. tägl.; www.petarpan-makarska.com.

Übernachten

Privatzimmer/Appartements Privatzimmer ca. 30 €/DZ, Frühstück 6–8 €/Pers. Appartements für 2 Pers. ab 35 €. U. a. **Villa Ante**, im nordöstlichen Neubauviertel am Hang, mit Blick übers Meer. Moderner Neubau mit verschieden großen Appartements, sehr gute Ausstattung. Put Požara 6a, ☎ 021/613-882. Schöne Privatzimmer oberhalb der Uferpromenade der Bucht Donja luka (zwischen Hotel Meteor und Hotel Biokovka).

Hotels im Zentrum *** **Hotel Biokovo 14**, 55-Zimmer-Hotel direkt im Zentrum an der Uferstraße, mit Terrasse unter Palmen. Internet. Italienische Küche, Fisch und Gegrilltes. Ganzjährig geöffnet. DZ/F je nachdem, ob mit Balkon/Terrasse und mit/ohne Meerblick 94–136 € (TS 116–154 €). ☎ 021/615-244, www.hotelbiokovo.hr.

》》》 Mein Tipp: **** **Aparthotel Park Osejava 19**, am Beginn der gleichnamigen Landzunge im Süden der Altstadt. Komfortable, moderne Designer-Appartements in verschiedenen Stilrichtungen und Größen (von Studios bis 2+2 App.). Von den Zimmern mit Loggia und Balkon bester Blick auf Hafen und Altstadt. Cafébar und einladendes Restaurant Štela mit hübscher Terrasse. Je nach Größe und Lage 80–220 € (TS 95–245 €). Šet. fra Jure Radića 21, ☎ 021/695-140, www.makarska-park-osejava.de. 《《

Hotel Porin 13, nach Besitzerwechsel ist das nette, kleine Altstadthotel im Kačić-Peko-Renaissancepalast an der Uferpromenade wieder geöffnet. Ruhebedürftige sollten die Zimmer nach Süden nehmen (im Norden das Kneipenviertel Lištum). Kleines Restaurant und Cafébar vorhanden. DZ/F ca. 100 €. Marineta 2, ☎ 021/613-744, www.hotel-porin.hr.

Übernachten
- 4 Hotel Meteor
- 5 Camp Jure
- 6 Hostel Makarska
- 8 Hotel Rivijera
- 10 Hotel Maritimo
- 13 Hotel Porin
- 14 Hotel Biokovo
- 19 Aparthotel Park Osejava

Essen & Trinken
- 1 Konoba Kalelarga
- 2 Restaurant Ivo
- 3 Gostiona Susvid
- 7 Restaurant Jež
- 9 Restaurant Porat
- 15 Restaurant Peškera
- 17 Gostiona Mondo
- 18 Restaurant Štela

Nachtleben
- 11 Café-Bar Marineta
- 12 Strandbar Buba
- 16 Disco-Club Petar Pan
- 20 Discothek Deep Blue
- 21 Diskothek Plaža

A Autofähre

Hotels altstadtauswärts Westlich der Halbinsel Sv. Petar liegen viele große Hotels direkt an der Strandpromenade.

**** **Hotel Meteor 4**, wer große Hotels mit allem drum und dran liebt, ist hier im terrassenförmigen Gebäude richtig. Komfortable Zimmer, z. T. mit großem Balkon oder Terrasse und Blick aufs Meer; Hallenbad und Pools im Freien, Sauna, Tennisplätze, Restaurant und Bar. DZ/F mit Balkon 122 € (TS 158 €). Kralja Petra Krešimira IV. b.b., ☎ 021/602-600, www.hoteli-makarska.hr.

*** **Hotel Maritimo 10**, nettes modernes, kleines Hotel mit hübscher Terrasse an der Uferpromenade. Es gibt Studios/Zimmer/Appartements. Je nach Lage (Meer-/Park-

Übernachten

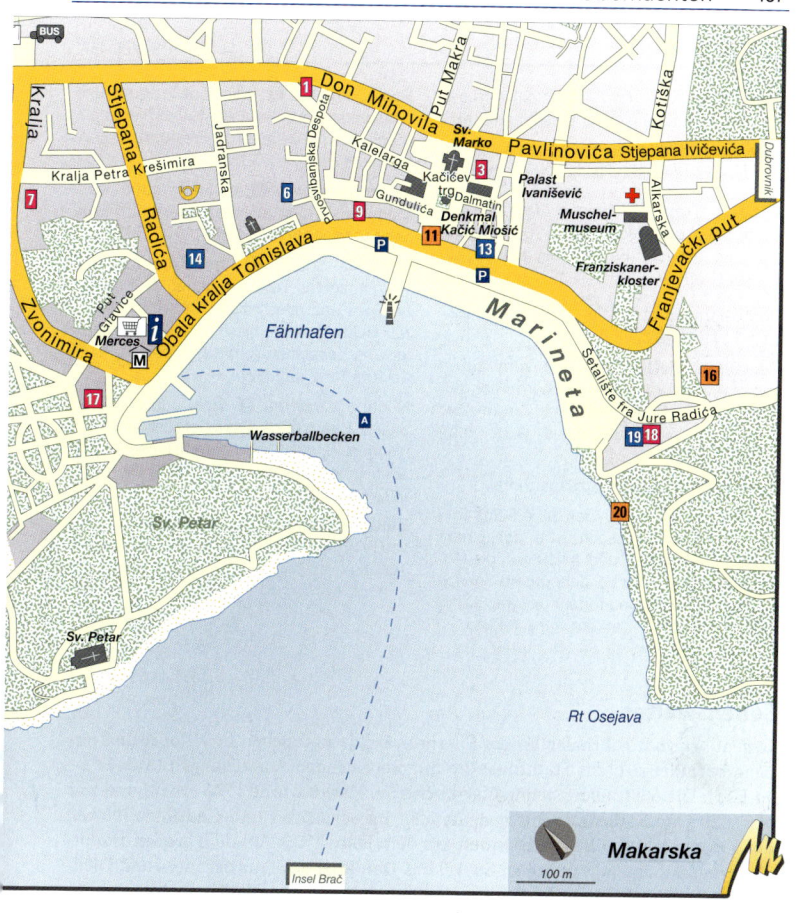

seite) 90–110 € (TS 110–132 €). ☎ 021/679-041, www.hotel-maritimo.hr.

** Hotel Rivijera 8, sehr einfaches Hotel in Strandlage bei den Tennisplätzen ganz im Norden der Stadt. DZ/F 78 € (TS 100 €). **K. Put C**vitačke b.b., ☎ 021/616-000, www.hoteli-makarska.hr.

Hostel Hostel Makarska 6, nettes, sauberes, 2009 eröffnetes Innenstadthostel im Bungalowstil mit Terrasse und Garten. Es gibt verschiedene Zimmerkategorien. Geöffnet Mai–Sept. Mo–Fr (Sa/So) pro Pers. im Zimmer mit Bad 35 € (38 €), ohne Bad 30 € (35 €), Mehrbettzimmer 13,50 € (15 €). Prvosvibanjska 15, ☎ 098/542-785 (mobil), www.hostelmakarska.com.

Leuchtturm Leuchtturm Sv. Petar, wer möchte, kann hier zentrumsnah auf der gleichnamigen Landzunge nächtigen. Agentur Plovput, Split. Obala Lazareta 1, ☎ 021/355-900, 314-043, www.adriatica.net, www.plovput.hr.

Camping Camp Jure 5, kleines Camp im Föhrenwald am nördlichen Ortsende oberhalb der Tennisplätze und ca. 400 m vom Strand. Für einen Kurzstopp zur Stadtbesichtigung oder Wanderung durchaus zu empfehlen, da preiswert. 5,30 €/Pers., 5,10 €/Zelt, 4,50 €/Auto. Ganzjährig geöffnet. Ivana Gorana Kovačića b. b., ☎ 021/7845-951, 098/8320-917 (mobil), www.kamp-jure.com.

Die nächsten Campingplätze liegen in **Zivogošce** und **Zaostrog** (Richtung Dubrovnik).

Essen & Trinken (→ Karte S. 486/487)

Viele Restaurants und Cafés entlang der Uferstraße (stadtauswärts Einbahnstraße!).

Sehr gute, gediegene Restaurants, in denen man gut frischen Fisch essen kann:

»› Mein Tipp: Restaurant Jež **7**, das beste Lokal der Stadt mit sehr guter Qualität und Service. Petra Krešimira IV 90, ✆ 021/611-741. **«**

Restaurant Porat **9**, Obala kralje Tomislava 2, ✆ 021/615-088.

Restaurant Peškera **15**, nett zum Sitzen zwischen Blumen und Sträuchern. Hier gibt es neben Fischgerichten auch Lamm oder Mućkalica. Šetalište Donja luka b.b., ✆ 021/613-028.

Restaurant Štela **18**, beim Aparthotel Osejava, benannt nach den alten Schiffen – und so sitzt man auch, wie auf einem Schiff, unter Segel und blickt auf die Altstadt. Geboten wird bei sehr gutem Service eine verfeinerte mediterrane Küche. Mitte März–Mitte Nov. Šet. fra Jure Radića 21, ✆ 021/695-151.

Restaurant Ivo **2**, traditionelle, gute und preiswerte Hausmannskost wird hier angeboten. Man kann auch im Freien sitzen. Ante Starčevića 41, ✆ 021/611-257.

Gostiona Mondo **17**, ebenfalls gute Hausmannskost, u. a. leckere Čevapčići. Obala kralje Tomislava 21, ✆ 021/611-033.

Gostiona Susvid **3**, am Hauptplatz mit weinberankter Terrasse. Innen fellbezogene Sitze und altes landwirtschaftliches Gerät. Guter Service, Fisch- und Grillgerichte, leckere Schalentiere und Vorspeisen. Kačićev trg, ✆ 021/612-732.

Konoba Kalelarga **1**, klein und nett zum Sitzen. Hier gibt es neben leckeren dalmatinischen Speisen wie fangfrischem Fisch auch gute Vorspeisen. Kalelarga 40, ✆ 098/9902-908 (mobil).

Essen & Trinken außerhalb Im Biokovo-Gebirge (→ Umgebung von Makarska u. Tučepi).

Sehenswertes

Gegenüber vom Fährhafen an der Uferpromenade und neben dem Tourismusverband befindet sich das **Stadtmuseum** mit wechselnden Ausstellungen (Mo–Fr 8–14 Uhr). Die Stadt überragende **Pfarrkirche Sv. Marko** wurde 1776 erbaut und war bis 1828 eine Kathedrale mit bedeutenden Barockaltären und Gemälden. Neben der Kirche steht der **Barockbrunnen** aus dem Jahre 1775. Auf dem großen Hauptplatz ragt auf einem 3 m hohen Sockel das **Denkmal** des Franziskaners und Dichters *Kačić Miošić* (1704–1760) empor, 1889 geschaffen vom Bildhauer *Ivan Rendić*. Ein Teppich aus Mosaiksteinchen, mit einem Wappen verziert, darauf eine Fiedel, Gebetbuch und Myrtenzweig, bedeckt den Sockel.

Östlich des Platzes steht der **Barockpalast** der Familie *Ivanišević*, westlich das **Barockhaus** der Familie *Tonolli*. An der Uferpromenade folgt die Barockkirche *Sv. Filip*, einst ein Kloster aus dem 18. Jh. Östlich des Hauptplatzes lädt das *Muschel- und Fischmuseum* zum Besuch ein, ein kleines **Privatmuseum**, in dem ein alter Mann seine Schätze zeigt: Der kleine Raum ist gefüllt mit ausgestopften Fischen und verschiedensten Gerätschaften (Ul. Lištun 3, ✆ 021/611-625; 9–12/17–22 Uhr; Eintritt 1,50 €).

Im südöstlichen Stadtteil befindet sich das **Franziskanerkloster** mit wertvoller Bibliothek und Gemäldesammlung; das Kloster wurde auf Fundamenten eines Klosters von 1400 errichtet. Bereits im 6. Jh. stand an der gleichen Stelle ein Benediktinerkloster, das von den Türken zerstört und danach wieder aufgebaut wurde. Die heutige Gebäudekomplex entstand 1614.

Angegliedert an das Kloster ist das einzigartige **Muschelmuseum** (Malakološki muzej) mit Muscheln aus allen Weltmeeren, einer kleinen Sammlung von Fossilien aus der Umgebung und Informationen über die vielfältigen Verwendungszwecke von Muscheln: Muscheln, aus denen man Purpurfarbe gewann; Muscheln, die bei Naturvölkern als Geld dienten. Interessant ist auch die „Meerseide": Aus den Fäden, an denen sich die Steckmuscheln am Meeresboden festhielten, stellte man früher feine Gewebe her.

Malakološki muzej, Franjevačli put 1. Mo–Sa 10–12 Uhr, Eintritt 2 €. Es gibt wegen Personalmangels Probleme mit den Öffnungszeiten – also am besten vorab informieren.

Auf der *Halbinsel Sv. Petar* befindet sich ein Park und die gleichnamige restaurierte Kirche. Bei Ausgrabungen stieß man hier auf frühzeitliche Funde.

Sport

Baden: Am langen Feinkiesstrand *Plaža* an der schattigen Uferpromenade, etwas nördlich bei den Tennisplätzen der Strand *Buba* mit Beachbars oder an der Halbinsel Sv. Petar mit Felsplatten; der FKK-Strand Nugal liegt im Süden.

Tauchen Tauchzentrum More Sub, Kralja P. Krešimira 43 (neben Hotel Dalmacija), ℘ 021/611-727, www.more-sub-makarska.hr.

Tennis große Tennisanlage im Stadtnorden, oberhalb der Fußgängerpromenade, nahe Hotel Biokovka. ℘ 021/617-041.

Geführtes Wandern/Mountainbiken
Geführte Mountainbike- und Wandertouren sind über die Agenturen Biokovo Active Holidays und TIP-extreme zu buchen – von der leichten 1- bis 2-stündigen Wanderung bis zu schweren Mehrtagestouren zum Sv. Jure (1762 m) und Vošac (1421 m).

Mountainbike-/Fahrradtouren Rund um Makarska kann man herrliche Touren auch auf eigene Faust unternehmen. Es gibt ausgewiesene Wege in allen Schwierigkeitsgraden. Kartenmaterial und Fahrradverleihinfo bei TIC.

Makarska mit dem Biokovo-Gebirge im Hintergrund

Das alte Dorf Kotišina ist ein guter Ausgangspunkt für Biokovo-Wanderungen

Umgebung von Makarska

Biokovo-Gebirge und **Sv. Jure**: Mit 1762 m bietet der *Sv. Jure*, der höchste Berg des Biokovo-Gebirges, eine herrliche Fernsicht. Den Namen erhielt der Berg von der gleichnamigen Kapelle, die bis 1964 auf dem Gipfel stand, wegen des Funkturms ihren Platz jedoch ein Stückchen weiter unten einnehmen musste. Wanderwege führen von den Orten Makar oder Veliko Brdo (oberhalb von Makarska) in 5 Std. zum Gipfel. Am 3. August findet hier jedes Jahr eine Wallfahrt statt.

Über die *Biokovo-Panorama-Straße* gelangt man mit dem Auto zum Gipfel. Die höchstgelegene Straße Kroatiens verbindet den Staza-Pass mit dem Sv. Jure; sie ist 12 km lang, schmal, kurvenreich (!) und mautpflichtig (40 KN/Pers.).

Das Biokovo-Gebirge, wegen seiner Naturschönheiten zum *Naturpark (Park Prirode)* erklärt, umfasst 196 km². Nicht nur die vielfältige Pflanzenwelt soll geschützt werden, sondern auch die Höhlen und tiefen Karstspalten, die teilweise das ganze Jahr über mit Eis bedeckt sind.

Essen & Trinken   In den Bergdörfern Richtung Biokovo-Gebirge gibt es etliche Einkehrmöglichkeiten: Bei Gornij Tučepi **Restaurant Jeny** und **Restaurant Veza** (→ Tučepi). **Konoba Vrata Biokova**, vor dem Ort Vošac; gute Hausmannskost. Evtl. auch Übernachtungsmöglichkeit – besser vorab bei TIC-Makarska erkundigen. ✆ 098/9064-096 (mobil).

Botanischer Garten: Das Gelände (geöffnet, aber nicht organisiert) liegt beim Gebirgsdorf Kotišina, ca. 4 km oberhalb von Makarska. Obwohl das Biokovo-Gebirge fast nackt scheint, birgt sein Mikroklima eine reiche, vielfältige Pflanzenwelt und verschiedene Gesteine – interessant für Botaniker und Geologen.
Stadtauswärts Richtung Dubrovnik, dann Straße Richtung Biokovo-Gebirge (vor der Tankstelle links in die Vrgorska ulica einbiegen), nach ca. 500 m links Richtung Kotišina.

Mehr zur „Makarska-Riviera" finden Sie in unserem Reisehandbuch **Mittel- und Süddalmatien** von Lore Marr-Bieger, 4. Auflage 2012.

Hvar – Blick von der Festung auf Pakleni otoki

Insel Hvar

Lavendelinsel wird Hvar genannt – zu Recht: Im Juni ist sie von einem lilafarbenen Blütenteppich bedeckt. Auch Rosmarin und Salbei sprießen im milden Klima der hügeligen Macchialandschaft. Sehenswert ist das alte Städtchen Hvar mit der Festung, pittoresk in die subtropische Vegetation eingebettet. Zum Baden locken die vielen Buchten entlang der meist noch unberührten und unverbauten Küste.

Zwar ist Hvar inzwischen teils überlaufen, nicht zuletzt wegen seiner hervorragenden Schiffsverbindungen, doch ihre landschaftlichen Reize hat sie bewahrt. Die Insel wegen ihres Klimas und der Vegetation mit dem Titel „Madeira der Adria" auszuzeichnen, ist jedoch etwas hoch gegriffen. Der Tourismus konzentriert sich auf *Hvar, Jelsa,* ein wenig auf *Stari Grad* und *Vrboska*. Im Osten der Insel rührt sich fast nichts – kleine, alte Siedlungen liegen an der Inselstraße.

Die 68 km lange, spindelförmige Insel ist nach Cres die zweitlängste und mit rund 300 km² die viertgrößte der Adriainseln. 84 km windet sich die schmale Inselstraße von West nach Ost. Im Südwesten erheben sich die höchsten Berge: *Sveti Nikola* (626 m) und *Hum* (603 m). Überall duften Lavendel, Rosmarin, Salbei und andere bekannte Gewürzkräuter wie Thymian und Bohnenkraut. Neben Weinstöcken und Olivenbäumen gedeihen Palmen, Zitronen, Orangen, Feigen, Johannisbrot und Zypressen. Hauptsächlich leben die 11.000 Inselbewohner von Weinanbau und Viehzucht – die Lämmer von Hvar sind eine Inselspezialität. Früchte der Landarbeit sind Olivenöl, Feigen und die aromatischen Pflanzen, besonders Lavendel, aus dem Öl gewonnen wird. Bedeutend ist auch der Fischfang – immer noch gibt es reiche Fanggründe um Hvar.

Region Mitteldalmatien → Karte S. 409

Die Touristen kommen aufgrund der guten Festlandsverbindung, der landschaftlichen Schönheit und vor allem auch, weil Hvar nach Dubrovnik das angenehmste und mildeste Klima an der dalmatinischen Küste hat. Manche kommen deshalb auch im Winter – und um das milde Klima noch mehr herauszustreichen, nahmen früher Hoteliers an einem Wintertag mit Schnee oder Temperaturen um den Nullpunkt keine Bezahlung. Für Besucher ist Hvar wegen der zahlreichen Badebuchten anziehend, aber auch wegen der Stadt Hvar, die neben Rab und Korčula zu den beliebtesten und schönsten Städtchen auf den Inseln zählt und deshalb oft überlaufen ist. Für Wanderer und Mountainbiker wurden reizvolle Wege über die ganze Insel angelegt, auf denen sich die Schönheiten der Insel geruhsam entdecken lassen. Besonders schön ist der Westen der Insel (im Osten leider nur die schmale Inselstraße), wo vor allem den Radlern ein breites Wegenetz zur Verfügung steht. Fahrradkarten sind in den Touristeninformationen erhältlich.

Wichtiges auf einen Blick

Telefonvorwahl: 021

Fährverbindungen: *Trajekt Split–Stari Grad:* bis zu 7-mal tägl. (2 Std. Fahrzeit) zwischen 1.30 und 20.30 Uhr; Pers. 6,40 €, Auto 43 €.

Trajekt Drvenik–Sućuraj: bis zu 11-mal tägl. (30 Min. Fahrzeit) zwischen 5.45 und 22.30 Uhr; Pers. 2,17 €, Auto 14,65 €.

Katamaran Split–Hvar–Vela Luka–Ubli: 1-mal tägl. (Abfahrt Split 15 Uhr).

Katamaran (Krilo) Korčula (6 Uhr) – Hvar (7.45 Uhr) – Split; zurück Hvar (18.15 Uhr) – Korčula.

Katamaran (Jadrolinija) Split–Milna (Insel Brač)–Hvar: 1-mal tägl. (1:15 Std.) von Juni–Sept., Abfahrt Split 11.30 Uhr. Nur Di Stopp in Milna.

Katamaran Split–Hvar–Vis: nur Di von Juni–Ende Sept. Abfahrt Split 18 Uhr (Juli/Aug. um 16 Uhr). Von Hvar: nach Korčula 1-mal tägl., Abfahrt 18.15 Uhr; nach Split 8.15 Uhr.

Katamaran Jelsa–Bol–Split: 1-mal tägl. Abfahrt Jelsa 6 Uhr (So 7 Uhr).

Küstenlinie (Liburnija) Rijeka–Split–Stari Grad–Korčula–Sobra–Dubrovnik: 2-mal wöchentl. Abfahrt Stari Grad–Rijeka So und Do 17 Uhr; nach Dubrovnik Di und Sa 9.45 Uhr. *Stari Grad–Ancona (mit Jadrolinija):* Juli/Aug. 2-mal wöchentl. (Fahrzeit 9:30 Std.).

Schnellboot SNAV Stari Grad–Pescara: (nur Personenbeförderung), Ende Juni–Anfang Sept. (4:30 Std.).

Flüge: Die Insel Hvar verfügt auch über einen Flugplatz bei Stari Grad (s. d.).

Busverbindungen: Busse fahren alle Inselorte mehrmals tägl. und zu Fährabfahrtszeiten an.

Banken: in Hvar, Stari Grad, Jelsa, Vrboska und Sućuraj, zudem in den Hauptorten etliche Bankomaten.

Achtung – jedoch nicht an der Südküste!

Post: in allen Orten, in den kleinen nur bis mittags geöffnet.

Tankstellen: in Hvar, Stari Grad, Vrboska und Jelsa.

Straßen: Auf Hvar sind die Straßen oft sehr schmal und nicht befestigt (vor allem die Strecke Jelsa–Sućuraj) – besonders nachts gefährlich! Die Lastwagenfahrer sind häufig rücksichtslos und fahren auf der schmalen Straße nicht äußerst rechts.

Information: www.hvarinfo.com, www.pakleniotoci.hr.

Inselspezialitäten sind die Öle aus Lavendel und Rosmarin. Fast jedes Dorf hat seine eigene Destillierwerkstatt; das Öl wird an die Industrie und in letzter Zeit auch an Touristen verkauft. Sehr gut und rein ist auch der Honig, besonders lecker natürlich der Rosmarinhonig.

Gute Weine wie der rote, trockene *Plavac* wachsen in der Ebene zwischen Stari Grad und Jelsa, der im Laden unter dem Namen *Faros* verkauft wird. In derselben

Region sowie an der Südküste reift der weiße *Bogdanuša*. Salzfische aus Vrboska und Jelsa, der aromatische *Prošek,* der mit verschiedenen Kräutern versetzte *Raki,* Feigen mit Mandeln und Lorbeerblättern sowie natürlich Schinken und Käse sind weitere Inselspezialitäten.

Lavendel und Rosmarin

Lavendel: Die Büsche wurden zwischen dem Ersten und Zweiten Weltkrieg auf Hvar angepflanzt und kultiviert. Blütezeit ist Juni und Juli. Im August wird der Lavendel geschnitten und aus den Blütenähren das Öl gewonnen. Eingesetzt wird es zur Herstellung von Parfüms, es wirkt aber auch krampflösend, magenstärkend und wird äußerlich zur Wundheilung angewendet. Bis heute dient Lavendel auch als Insektenschreck und hält zum Beispiel Motten auf Distanz; zudem gilt Lavendel als Duft für die Seele.

Rosmarin: Auch diese alte Gewürz- und Heilpflanze wird auf Hvar kultiviert. Ihr medizinischer Wert beruht auf dem hohen Gehalt an ätherischen Ölen. Rosmarin aktiviert den Kreislauf, stimuliert das Nervensystem und steht im Gewürzregal fast jeder Küche; äußerlich angewendet wirkt es krampflösend und lindernd bei Rheuma: Das berühmte „Aqua Reginae Hungariae", ein Gemisch aus Rosmarin, Lavendel und einer Minzensorte, befreite Königin **Isabella** von Ungarn von ihren Gelenkschmerzen.

Geschichte

Im 4. Jh. v. Chr. gründeten Griechen von der Insel Paros (Kykladen) eine Stadt beim heutigen Stari Grad. Die Stadt hieß Pharos – der Inselname Hvar ist davon abgeleitet. Nahe der heutigen Stadt Hvar entstand eine weitere griechische Siedlung. Im 3. Jh. eroberten die Römer die Insel, im 7. Jh. kamen die Neretljaner und nach den ungarisch-kroatischen Königen die Venezianer. Im 15. Jh. bildeten sich Bruderschaften, um die sich jeweils ganze Ortschaften entwickelten und die so etwas wie ein politisches Bewusstsein schufen. Ein Reeder aus Vrboska ermutigte die Leute zu einem Aufstand. Es ging um die Gleichstellung von Bürgern und Adel, die Anfang des 17. Jh. auch erreicht wurde. Dazwischen sorgten die Venezianer und die Türken für Blutvergießen. Mit kurzen Unterbrechungen durch die Franzosen gehörte Hvar von 1797–1918 zu Österreich. Danach kam die Insel zum jugoslawischen Königreich. Dampfschifffahrt und der Tourismus brachten der Insel schließlich einen neuen wirtschaftlichen Aufschwung.

Hvar

Das Bilderbuchstädtchen mit seinen 4000 Einwohnern liegt an einer geschützten Bucht an der Südwestküste der Insel. Überragt wird Hvar von seiner Festung, mit schönstem Blick über die Altstadt und die vorgelagerten Inseln Pakleni otoci.

Steht man im Frühjahr oder Herbst, wenn einem die Palmen milde Meeresluft zufächeln, am Kai dieses „Winterkurortes", kann man den auf- und abschaukelnden Fischerkähnen verträumt zusehen oder staunen auf die millionenschweren Jachten, die im Stadthafen ankern, blicken. In der Hochsaison wird es allerdings eng,

Insel Hvar

nicht nur bei den Ankermöglichkeiten, auch entlang der Promenade und am Hauptplatz, zwischen Souvenirständen, Porträtmalern und Lokalen, zählt das Städtchen doch zu den beliebtesten Touristenzielen in Kroatien. Rund 500.000 Übernachtungsgäste werden hier jährlich gezählt. Wer dann mehr Ruhe sucht, begibt sich auf Schusters Rappen oder mietet ein Boot, um die Gegend um Hvar oder die zahlreichen Inseln und Buchten zu erkunden, und wird in der herrlichen Landschaft mehr Stille finden.

Geschichte

Im Gegensatz zu Stari Grad war Hvar, einst eine griechische und römische Siedlung, über die Jahrhunderte unbedeutend. Erst 1278 wurde das Städtchen Sitz der Gemeinde und des Bistums der Insel. Bebaut war damals die Nordseite des großen Platzes unterhalb der einstigen illyrischen Festung. Von den Venezianern wurde sie erneuert, ebenso die Stadtbefestigung und das Arsenal. 1571 kam es bei einem Türkenangriff zu einer großen Pulverexplosion, und alles lag wieder in Trümmern.

Eine Besonderheit Hvars ist das Theater: Seit dem 14. Jh. führte man religiöse Theaterstücke vor der Kathedrale auf. Das Zeitalter des Humanismus brachte bekannte Dichter hervor wie *Petar Hektorović* in Stari Grad und *Hanibal Lucić*. 1612 wurde das von den Türken zerstörte Theater im wieder aufgebauten Arsenal neu eingerichtet – es war damit eines der ersten europäischen Gemeindetheater. Auch die Stadtbefestigung wurde erneuert, und die Franzosen bauten auf dem Berg östlich der Stadt die Festung Sv. Nikola. Bereits seit 1868 bemüht sich der touristische Verein um seine Gäste.

Information/Verbindungen/Diverses (→ Karte S. 496/497)

Touristinformation (TZG), Trg Svetog Stjepana (im Arsenal), 21450 Hvar, ℡ 021/742-977, 741-059, www.tzhvar.hr. Tägl. 9–14/16–19 Uhr, Juli/Aug. 8–14/15.30–22 Uhr.

Fontana Tours, Uferpromenade (neben Post), ℡ 021/742-133, www.happyhvar.com. Privatzimmer und Raftingtouren (Cetina).

Agentur Navigare, Trg Sv. Stjepana 1, ℡ 021/718-721, www.renthvar.com. Vermietung von Booten, Autos, Scootern, Fahrrädern; Zimmervermittlung.

Atlas, neben Hotel Adriana, ℡ 021/741-911. Ausflüge, Auto- u. Fahrradverleih, Zimmer.

Pelegrini Tours, vor Hotel Riva, ℡ 021/742-743, www.pelegrini-hvar.hr. Zimmer.

Hvar Adventure, Obala b.b., ℡ 021/717-813,

Hvar 495

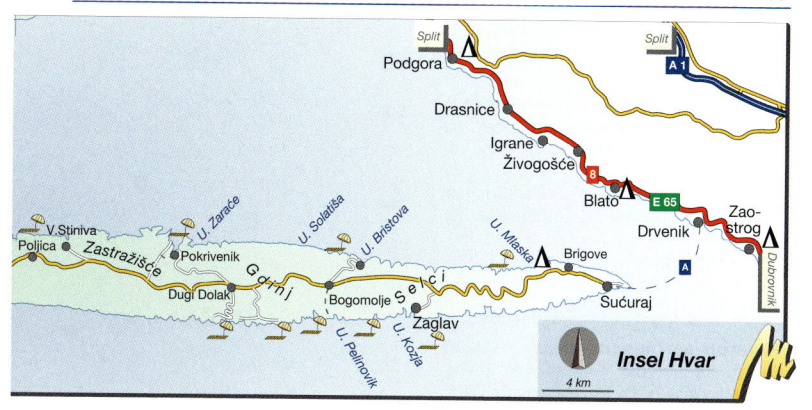

www.hvar-adventure.com. U. a. Segelausflüge u. -schule, Seekajaking, Trekking, Klettern.

Jadrolinija, südl. von Hotel Riva, ✆ 021/741-132. 7–13/14–21 Uhr. Fährtickets.

Verbindungen Mehrmals tägl. **Busse** nach Stari Grad, Jelsa, Vrboska, Sućuraj. Busbahnhof vor der Altstadt. **Taxi-Station** am Busbahnhof: Tihi, ✆ 098/338-824 (mobil); Mili, ✆ 099/488-101 (mobil). **Fährverbindungen** (→ „Wichtiges auf einen Blick", S. 492).

Ausflüge Pakleni-otoci-Rundfahrt, Inselrundfahrt, nach Bol auf die Insel Brač, Vis, Korčula, Dubrovnik, Raftingtouren auf der Cetina.

Ausflugsboote zu den Badebuchten, wie Palmižana, Jerolim, Stipanska, Ždrilca sowie nach Milna (s. „Baden").

Auto/Mofa/Fahrrad/Boot Parken vor der Altstadt, gebührenpflichtig. **Tankstelle** beim Hotel Bodul im Neubaugebiet im Süden (7–20 Uhr). **Werkstatt** am Ortseingang links. **Mofaverleih** am Ortseingang. **Motorbootverleih** bei Pelegrini Tours und am Hafen. **Autoverleih** über Atlas, Pelegrini Tours und Lukarent.

Fahrradfahren Rund um Hvar und über die gesamte Insel wurden schöne Fahrradwege ausgewiesen. Fahrradkarten gibt es in der Touristeninformation. Fahrradvermietung Lukarent, beim Busbahnhof, ✆ 021/741-440, www.lukarent.com. Weitere Agenturen s. o.

Einkaufen Obst- und Gemüsemarkt vor der Altstadt.

Gesundheit Apotheke am Hauptplatz, ✆ 021/741-002 (tägl. 8–20, Sa 8–12/17–20 Uhr).

Ambulanz am Hauptplatz, ✆ 021/743-103, 717-422. **Ambulanz mit Krankenstation** in der Nähe des Hotels Pharos, ✆ 021/741-300. Erste Hilfe, ✆ 021/742-122.

Veranstaltungen U. a. **Stadtfest Sv. Stjepan**, 2. Okt., mit großer Prozession, anschließender Messe (ca. 10 Uhr); abends wird dann am Hauptplatz mit Bands, Wein und Sardinen gefeiert. **Sv. Prošper-Stadtfest** (Märtyrer), 10. Mai, ein weiterer Schutzpatron wird ebenfalls groß gefeiert. **Prozession Hl. Kreuz**, 6. Febr.

Hvarer Sommer, klassische Konzerte mehrmals wöchentlich in der Kathedrale und im Franziskanerkloster sowie Theateraufführungen.

An Neujahr die traditionelle **Segelregatta**.

Nachtleben Es gibt inzwischen etliche nette Lounge- und Cafébars, die tagsüber, aber auch abends zum lauschigen Verweilen einladen. U. a. **Cafébar Fortica** 🟦, auf der Festung – bester Blick über die Stadt. **Nautica** 🟦, an der Nordseite der Uferpromenade, mit Barhockern am Kai, fetziger Musik und guten Cocktails. Um die Ecke in einer Seitenstraße die beliebte **Kiva-Bar** 🟦, bis frühmorgens ist hier Betrieb. Nett sitzt man im **BB-Club** 🟦 im Hotel Riva bei guten Cocktails.

Loungebar Carpe Diem 🟦, Südostseite der Uferpromenade: immer noch das „In-Lokal" der Stadt. Hier trifft sich die Szene zum *sundowner* – Sehen und Gesehen werden; aktueller Musikmix von besten DJs, gute Cocktails; Arkadenterrasse mit Sitzkissen, Korbstühlen, Hollywoodschaukeln. Zudem unter gleicher Ltg. der **Carpe**

Diem Beachclub auf der Insel Marinkovac, Transfer 8 €, geöffnet Juni–Sept., im Juli/Aug. tägl. Partys.

Loungebar Hula Hla 8, an der westlichen Uferpromenade und direkt am Meer mit Liegestühlen und Karibikfeeling. Kurz vor Hotel Croatia.

Club Veneranda 9, innerhalb der gleichnamigen Festungsruinen ist Discobetrieb für Jüngere.

Übernachten/Camping

Privatzimmer/Appartements Gutes Verzeichnis auf der Website des Tourismusverbandes (TZG). **Privatzimmer** ab 30 €. Frühstück 6–8 €. **Appartements** ab 40 €/2 Pers. Schöne und moderne Häuser auf der Ostseite der Altstadt (oberhalb vom Franziskanerkloster und Križna luke) und auch ganz im Süden auf der Halbinsel Križni rat. Gemütliche Zimmer z. B.:

Apartement Fa. Mihovilčević 15, hier gibt es 5 schöne, unterschiedlich große Appartements mit Blick auf die Bucht; Križna luka 6, ☎ 021/741-142. **Apartman Hruban** 14, Lučica 10, ☎ 021/741-143. **Apartmani Leo** 22, ruhig auf Križni rat gelegen; kleine Appartements mit Balkon und Kochnische für 60 €; ☎ 021/741-428. **Fam. Marija Bekavac** 2, Neubau mit Appartements am Berg in Richtung Fußweg zum Hotel Sirena mit grandiosem Blick über das Meer. Zastup b. b. (letzte Häuser), ☎ 021/741-959.

Hotels Es gibt inzwischen einige exklusive Hotels im Altstadtzentrum. Information und Buchung aller unten aufgeführten Hotels (außer Hotel Podstine, Hotel Croatia und Hotel Pharia) unter: ☎ 021/750-750, www.suncanihvar.com.

**** Hotel Adriana 28, an der westlichen Uferpromenade der Altstadt. Komfortabel gestaltet, Restaurant, Hallenbad und großer Spabereich mit den verschiedensten Anwendungen und große Terrasse mit Blick auf Hvar. Ganzjährig geöffnet. Ansprechende, moderne 52 Zimmer im asiatischen Stil, ab 254 € (TS 299 €), zudem 8 Spa-Suiten ab 334 €. ☎ 021/750-200.

*** Hotel Pharos 7, westl. der Uferpromenade, oberhalb am Berg inmitten des Föhrenwaldes mit 5 Dependancehäusern und Pool. 175 preiswerte DZ und 20 Familienzimmer. DZ/F ab 84 € (Meerseite ab 105 €). ☎ 021/741-028.

Essen & Trinken
- 11 Restaurant Gariful
- 13 Restaurant Dortoda Vartal
- 16 Konoba Galešnik
- 17 Konoba Menego
- 18 Restaurant Macondo
- 19 Konoba Lesina
- 20 Konoba Luna
- 21 Restaurant Gaxia
- 25 Kavana Pjaca
- 26 Pizzeria Alviž
- 27 Pizzeria Kogo
- 29 Restaurant Hannibal
- 30 Konoba Luviji
- 31 Konoba-Pension Muštaco
- 32 Restaurant Robinson
- 33 Gostionica 4 Palme
- 34 Bistro For
- 35 Kod Matkovica

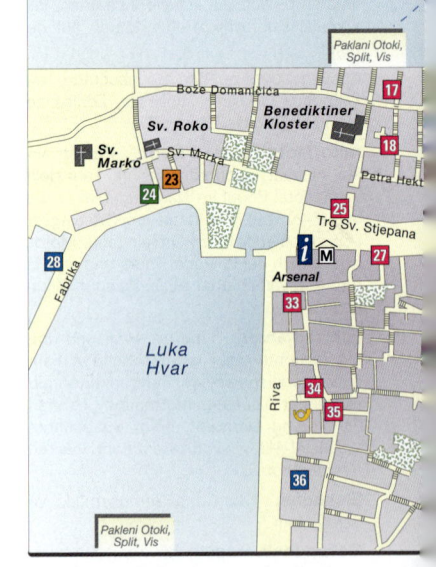

Übernachten
1. Hotel Podstine
2. Appartements Bekavac
4. Aparthotel Pharia
5. Hotel Croatia
6. Hotel Amfora
7. Hotel Pharos
12. Hotel Dalmacija
14. Appartements Hruban
15. Appartements Miholvilčevič
22. Appartements Leo
28. Hotel Adriana
31. Konoba-Pension Muštaco
36. Hotel Riva

Nachtleben
8. Loungebar Hula Hla
9. Club Veneranda
10. Loungebar Carpe Diem
23. Kiva Bar
36. BB-Club

Cafés
3. Café-Bar Fortica
8. Loungebar Hula Hla
24. Cafébar Nautica

Hvar

100 m

Region Mitteldalmatien → Karte S. 409

Insel Hvar

**** Hotel Riva 36, hübscher Prachtbau, postmodern und plakativ im Innern, mit 43 Zimmern und verschiedenen Suiten. Restaurant, BB-Club und schöne Terrasse hinter Palmen am Kai der östlichen Uferpromenade. Komfortable, moderne, meist in Rot gehaltene Zimmer, in einigen wacht Brigitte Bardot mit ihrem Schmollmund über den Betten. Schwimmbad etc. können vom Hotel Amfora mitbenutzt werden. DZ/F ab 227 € (TS ab 259 €). ✆ 021/750-100.

**** Hotel Amfora 6, in der nächsten westlichen Bucht (nach der Hafenbucht) oberhalb vom Meer, mit Innenpool und Spa und einem riesigen Außenpool mit Kaskaden, überdachten Pool-Séparées mit Liegestühlen; die hübsche Kies/Fels-Badebucht ist nur wenige Meter entfernt. Ganzjährig geöffnet. Komfortable, moderne 89 Zimmer mit unterschiedlichen Standards und Größen, eingerichtet im asiatischen Stil. DZ/F ab 200 €, TS 220 € (Meerseite 254 €, TS 282 €). ✆ 021/750-750.

*** Aparthotel Pharia 4, kleines 10-Zimmer-Hotel, ebenfalls oberhalb der Uvala Majerovic. Es werden auch Villen vermietet. Nette preiswerte DZ/F mit Meerblick 106 € (TS 120 €), Parkseite 92 € (TS 104 €). Majerovica b. b., ✆ 778-080, www.orvas-hotels.com.

**** Hotel Podstine 1, kleines privates Hotel oberhalb der gleichnamigen Bucht (dritte westliche Bucht vom Stadthafen), umgeben von üppiger mediterraner Pflanzenwelt. Mehrstöckig, 42 geschmackvoll ausgestattete Zimmer, meist mit Blick aufs Meer, schöne Restaurantterrasse, kleines Spa, Tennisplatz, Privatstrand. Am Meer kleiner Hafen und Tauchbasis Viking. DZ/F 174–283 € (je nach Lage und Ausstattung), TS 198–320 €. ✆ 021/740-400, www.podstine.com.

*** Hotel Croatia 5, alter Prachtbau von 1936, hübsch renoviert in wunderschöner ruhiger Lage, umgeben von einem riesigen Park mit Palmen, oberhalb der Uvala Majerovica. 22 nette Zimmer, meist mit Balkon; zudem Restaurant und Tauchclub. DZ/F 110 € (TS 150 €), mit Meerblick 130 € (TS 170 €). Majerovica b. b., ✆ 021/742-400, www.hotelcroatia.net.

Außerhalb Auf der **Insel Sv. Klement** zahlreiche gute Übernachtungsmöglichkeiten in Pensionen mit angeschlossenem Restaurant (→ „Essen & Trinken").

Sv. Klement – Palmižana: **》》 Mein Tipp: Pension Meneghello**, im dichten Föhrenwald, schöne Bungalows, Villen (3–8 Pers.) und Studios/Appartements (ab 100 €, TS 120 €), alle in traditioneller Natursteinbauweise (mit Strom und AC) und mit kleiner Galerie. Geöffnet Mai–Okt. In der HS wird teils nur wochenweise, in der NS auch tageweise vermietet. Z. B. Strandnähe 4 Pers. zu 300 € (TS 400 €). ✆ 021/717-270, www.palmizana.hr (→ „Essen & Trinken"). **《《**

Camping (→ Vira oder Milna).

Essen & Trinken

Viele Lokale rund um das Hafenbecken, in den kleinen Gässchen oberhalb und entlang der Palmenpromenade. Hvarer Spezialität ist *„Gregada"*, Weißfisch wird mit Kartoffeln, Zwiebeln, Knoblauch und Olivenöl in den Kochtopf geschichtet, dann mit Wasser, besser Weißwein, aufgegossen und gegart.

》》 Mein Tipp: Restaurant Gariful 11, Toplage an der Uferpromenade mit einladender Terrasse direkt am Meer. Wenn es kühl ist, sorgen Heizlampen für Gemütlichkeit. Bester Service, allerdings gehobenere Preise. Fangfrische Fische und Krustentiere, auch Fleischgerichte, alles bestens gewürzt und zubereitet. Riva, ✆ 021/742-999. **《《**

Restaurant Hannibal 29, mit großer Terrasse am Hauptplatz bei der Kathedrale. Das Innere betritt man wie über einen Schiffssteg, links und rechts davon die Kojen in Form von Nischen mit Schiffsmodellen. Sehr guter Service, sehr gute Fisch- und Fleischgerichte. Trg sv. Stjepana 12, ✆ 021/742-760.

Konoba Luna 20, hübsches Altstadtlokal mit Liebe zum Detail und bestem Service vom jungen Team. Hübsch sitzt man auf der Dachterrasse und genießt die Hvarer Gregada oder Spaghetti mit Hummer. Ul. P. Hektorovića 5, ✆ 021/741-400.

Restaurant Macondo 18, gemütliches Altstadtlokal mit gutem Service. Innen Aircondition, Sitzplätze auch in der Altstadtgasse. Große Weinkarte, ausgesuchte Fisch- und Fleischgerichte. Matija Ivanića, ✆ 021/742-850.

Millionenschwere Jachten ankern vor Hvars schmucker Altstadt

Gostionica 4 Palme 33, am Hafenbecken. Von der Terrasse schöner Blick aufs Meer; preiswerte Fisch- und Fleischgerichte. Riva 3.

Konoba Lesina 19, am Altstadtbeginn (Busbahnhof). Gute preiswerte Küche, auch Pizzen. Dolac b.b.

Restaurant Dordota Vartal 13 wenige Meter oberhalb der Bucht beim Franziskanerkloster. Luftig überdachte, pflanzenumrankte Terrasse mit Blick aufs Meer. Der Service leidet leider manchmal, dennoch netter Platz, um in Ruhe relativ preiswerte Fisch- und Fleischgerichte zu speisen. ✆ 021/742-740.

Konoba Menego 17, in der Altstadtgasse gegenüber dem Benediktinerkloster. Altes dalmatinisches Inventar, Bedienung in ebensolcher Tracht. Eine typische *Konoba*, in der Wein, Käse, Schinken, eingelegte Sardellen und frittiertes Gemüse serviert werden. Gemütlich und urig auch auf der erhöhten Terrasse. Groda b.b., ✆ 021/742-036.

》》》 Mein Tipp: Konoba Luviji 30, benannt nach dem Spitznamen der Familie Bracanović, in einer Seitengasse südlich der Kathedrale. Hier kann man Weiß- und Rotweine der Winzer zusammen mit Snacks (Oliven, Schinken, Käse, Brot) verkosten. Oben kleine Terrasse mit malerischem Blick auf Hausdächer und die Kathedrale. Beste Fischgerichte, z. B. gebackener Drachenkopf in leckerer Soße. 10–13 und 19–2 Uhr. Iza Katedrale, ✆ 091/5633-283 (mobil). 《《《

Restaurant Gaxiaa 21, im gotischen Palast untergebracht. Stilvolle, schöne Atmosphäre, aber auch gehobene Preise. Leichte Küche mit hausgemachten Pastagerichten, Fisch und Fleisch. Hektorovićeva b.b., ✆ 021/717-202.

Kod Matkovica 35, nördlich der Post. Seit 1953 werden hier gute dalmatinische Gerichte ohne Schnickschnack gekocht. Netter Hinterhof zum Sitzen. ✆ 021/741-854.

Bistro For 34, hinter der Post. Preiswerte und gute Gerichte wie Ćevapi, Risotto, Fisch und Fleisch. Burak b.b., ✆ 021/718-396.

Pizzeria Alviž 26, am Parkplatz vor der Stadt. Neben Pizza auch gutes Lamm und Fischgerichte.Gute Pizza gibt es auch in der **Pizzeria Kogo** 27, Trg Sv. Stjepana.

Kavana Pjaca 25, schönes Café mit vielen Sitzgelegenheiten im Freien neben der Turmuhr. Es gibt guten Kaffee und eine breite Palette an Kuchen, Snacks und Säften.

Außerhalb von Hvar-Stadt (→ Vira und Milna)

Konoba Galešnik 16, in Sichtweite von Hvar auf dem vorgelagerten Inselchen Galešnik, für Boote Anlegemöglichkeiten. Es gibt Wein, Käse, Pršut. Für Gruppen Bootstransfer von 8 bis 16 Uhr. Infos ✆ 021/717-630 (Nautic-Center).

Konoba-Pension Muštaco 31, ca. 2 km südöstlich von Hvar (über Uferstraße zu erreichen) an der schönen Kiesbucht Pokonji dol. Unter schattigen Plamen lässt man sich seinen Oktopus-Salat oder fangfrischen Fisch schmecken. Nette Zimmer mit Balkon und Blick aufs Meer für 40 €/2 Pers. Geöffnet April/Mai–Okt. 10–22 Uhr. ☏ 091/7685-456 (mobil), www.mustaco.com.

Restaurant Robinson 32, im Südosten von Hvar, über einen schönen Wald-/Uferweg mit vielen herrlichen Badebuchten ab Križna luka in ca. 1 Std. zu erreichen – herrliche Lage am Meer mit Liegestühlen an der Bucht. Es gibt Fisch- und Fleischgerichte. Taxibootverbindung möglich. Geöffnet Mai/Juni–Sept. ☏ 091/3835-160 (mobil).

Außerhalb – Pakleni otoci *Insel Marinkovac – Bucht Ždrilca:* Hier gibt es die netten **Strand-Konobas Antonio** (☏ 091/7861-235, mobil) und **Tri Grede** (☏ 091/3742-203, mobil) – in beiden Lokalen isst man bestens fangfrischen Fisch vom Grill; nur zur Badesaison geöffnet.

Insel Marinkovac – Bucht Stipanska: **Carpe Diem Beachclub** (→ „Nachtleben"), auf der Südseite der Insel.

Sv. Klement – Palmižana: ⟫ **Mein Tipp: Restaurant-Pension Meneghello**, lauschige Restaurantterrasse unter strohgedeckten Dächern, Palmen und mediterranen Pflanzen mit herrlichem Blick auf die Bucht Vinogradišće. Muscheln buzzara, Scampi. Anleger für Boote. 10–24 Uhr. ☏ 021/717-270, 099/478-311 (mobil) (→ „Übernachten"). ⟪

Sv. Klement – Vlaka: **Restaurant Dionis**, liegt im Süden ca. 200 m hinter der Soline-Bucht. Der Blick schweift von der überdachten Terrasse mit bequemen Sitzen und stilvoller Dekoration über die Felder zur Bucht und zur Insel Vis in der Ferne. Es gibt u. a. Gerichte aus dem Peka, Lammtopf, Auberginenarte, im Frühjahr Wildspargel und Weinbergschnecken und natürlich Fischgerichte. Zum Baden lädt im Osten die schöne Taršće-Bucht ein. 12–23 Uhr. ☏ 098/1671-016 (mobil, Hr. Pjerino Šimunović).

🌿 **Restaurant-Pension U Točijevu Dvoru**, an der Uvala Vlaka liegt dieses empfehlenswerte Restaurant. Was gerade geerntet oder frisch aus dem Meer gefangen wird, kommt auf den Tisch der kleinen lauschigen Terrasse; auch der gute Tropfen ist Eigengewächs. Es gibt Fischeintopf oder gegrillten Fisch; Vegetarier sollten nach der Artischockensuppe oder den gebackenen Auberginen fragen. Einfache, nette Zimmer laden zum Verweilen ein – familiäre Atmosphäre. Uvala Vlaka, Tonči Matijević. Transfer per Boot für Hausgäste möglich. ☏ 021/741-244, 742-480, 098/727-186 (mobil). ■

Stadtbummel

Beim Altstadteingang geht es nach dem *Gemüse-* und *Obstmarkt* rechts durch die zinnenbewehrte Stadtmauer, vorbei an den gotischen Palästen der Dichterfürsten *Hektorović* und *Lucić*, hoch zur **Zitadelle**. Sie wurde 1557 von den Venezianern gemeinsam mit spanischen Soldaten an Stelle einer mittelalterlichen Festung errichtet, daher wurde sie lange Zeit auch *Spanische Festung* (Tvrdava Španjola) genannt. Der Weg hinauf führt durch üppiges Grün von Palmen, Agaven, Oleandern, Kakteen, Zypressen und Johannisbrotbäumen. In der Festung ist ein *Amphorenmuseum* untergebracht, von der Terrasse weisen die Kanonen aufs Meer. Die Aussicht ist herrlich: unten das Städtchen um die Kathedrale, die Hafenbucht und in der Ferne die Pakleni-otoci-Inseln. Es gibt eine nette Loungebar
Juli/Aug. 8–1 Uhr; Mai/Juni, Sept. 8–22 Uhr; sonst 9–18 Uhr. Eintritt 3 €.

Gegenüber auf dem Nikolausberg, nordöstlich und etwas höher gelegen, die **Französische Festung** – auch **Napoleonsfestung** genannt, die 1811 von einem französischen Heer erbaut wurde. Sie ist gut erhalten, jedoch nicht zugänglich – Sternwarte und Erdbebenstation sind hier untergebracht.

Der Asphaltweg führt von der Festung über Treppchen wieder hinab zur Altstadt. Auf halbem Wege trifft man auf die auf der UNESCO-Liste stehende **Benediktinerinnenabtei** mit einer Ikonensammlung von Hanibal Lucić. Besonders beeindruckend sind die Spitzendeckchen der Benediktinerinnen, die aus getrockneten Aga-

venfäden hergestellt werden. Zu sehen sind alte Stickereien in dieser Technik mit phantasievollen feinen Mustern.
10–12 und 17–19 Uhr. Eintritt 2 €.

Weiter geht es durch enge, blumengeschmückte Gässchen mit kleinen Lokalen zum Hauptplatz **Trg Sv. Stjepana** hinab, dem größten in Dalmatien. Er ist mit weißen Marmorplatten gepflastert und, natürlich, von einem Brunnen geziert. Bis zum 15. Jh. gab es um den Platz Gartenanlagen – heute stehen dort die Tische und Stühle der Lokale.

Am Ende des Platzes erhebt sich die **Kathedrale Sv. Stjepan** mit angebautem Turm, ein Renaissancebau aus dem 16. Jh., an dessen Stelle früher eine Kirche und ein Benediktinerklosters standen. Die Kathedrale ist dreischiffig, ihr Mittelschiff enthält gotische Bauteile der einstigen Klosterkirche. Sehenswert sind die Barockaltäre aus dem 17. Jh. und der kostbare Altar der Familie Hektorović mit Madonna und Inschrift aus dem 13. Jh. Der Glockenturm gilt als einer der schönsten in Dalmatien, ebenso der Chorraum – die steinernen romanischen Kanzeln und die Barockaltäre versinken im höhlenhaften Dunkel. In der Hochsaison gibt es hier mehrmals die Woche Konzerte.
9–12 und 17–19 Uhr.

Prozession von der Kathedrale Sv. Stjepan

Daneben befindet sich der **Bischofspalast**, das einstige Benediktinerkloster, mit einer Inschrift aus dem Jahr 1249. Heute zeigt hier ein *Museum* sakrale Kunstgegenstände.
10–12 und 17–19 Uhr.

Das ehemalige *Gemeindemagazin* am Trg Sv. Stjepana diente über Jahrhunderte als Lebensmittellager – heute ist darin ein Supermarkt. Gleich daneben steht das **Arsenal**, erbaut zwischen 1579 und 1611, das in venezianischer Zeit als Lagerhaus für die Kriegsgaleeren diente. Im 17. Jh. wurde das Gebäude auf Initiative des Hvarer Fürsten Pietro Semitecolo aufgestockt, um als Theater genutzt zu werden – neben Vicenza und Parma war es zu dieser Zeit eines der ersten kommunalen Theater in Europa. Das Theater wurde mehrmals renoviert, die Logen stammen aus dem 18. Jh. Leider waren zur 400-Jahr-Feier 2011 die aufwändigen Renovierungsarbeiten noch nicht abgeschlossen.

Gegenüber dem Arsenal stellen in einer weiteren modernen Galerie, dem **Atelier Boras**, die Hvarer Geschwister Ivo und Juriša Boras aus, die im Elternhaus ihre Kunstwerkstatt haben. Daneben stellen auch noch weitere kroatische Künstler aus.
10–14 und 18–24 Uhr.

Die malerischen **Ruinen** etwas nördlich des Hauptplatzes sind die Überreste des Užižić-Palastes aus dem Jahr 1463. Ob er jemals renoviert wird, hängt vom jetzigen Eigentümer Hr. Vlahović ab.

Der **Fürstenpalast** aus dem 15. Jh. musste 400 Jahre später dem Hotel Palace weichen. Geblieben sind der Uhrturm und eine verglaste **Loggia**, über 100 Jahre Kaffeehaus und jetzt Festsaal des Hotels, sowie ein alter Türrahmen und zwei venezianische Löwen gegenüber dem Arsenal.

Auf dem Platz davor weht bis heute auf der **Štandarac** die Fahne. Früher wurden hier Beschlüsse verkündet und Übeltäter an den Pranger gestellt. Das Hafenbecken für die kleinen Boote wurde schon im 15. Jh. angelegt, das Stadtufer im 16. Jh. gepflastert, die heutige Hafeneinfassung mit den Barockpyramiden stammt aus dem 18. Jh. Heute zieht sich rund ums Hafenbecken die Palmenpromenade, Menschentrauben drängen sich zwischen den Ständen, sitzen vor den Lokalen und schieben sich bis in die Gassen hinein – der Pulsschlag unserer Zeit gibt den Takt an.

Am Hafenbecken, westlich und nach hinten versetzt, sieht man die Reste der Kirche **Sv. Marko** – bis auf Apsis und Rahmen eine Ruine, nur noch der Glockenturm steht. In der Apsis befinden sich die **Archäologische Sammlung** und das **Lapidarium Dr. Grga Novak**. Dem bedeutenden Archäologen und Historiker Novak (1888–1978) ist das stilvoll gestaltete Museum gewidmet (leider seit etlichen Jahren wegen Renovierung geschlossen). Der Garten mit Lapidarium, das Steinfragmente ab dem 15. Jh. birgt, kann besichtigt werden.

Auf der südlich der Altstadt folgenden Landzunge steht das **Franziskanerkloster** mit **Museum**, Mitte des 15. Jh. im Renaissancestil errichtet, mit wertvollen Gemälden und geschnitztem Chorgestühl. Sein Glockenturm ist der älteste der Stadt und wurde von Baumeistern aus Korčula geschaffen. In der Kirche vor dem Hochaltar ist der Dichter *Hanibal Lucić* begraben. Das Kirchenportal ziert das Relief „Muttergottes mit Kind" von *Nikola Firentinac*. Ein Polyptychon des Meisters *Francesco Rizzo da Santacroce* aus dem Jahr 1583 befindet sich auf dem Hauptaltar in der Klosterkirche. Von ihm stammen auch zwei weitere kleinere Polyptychen auf den Altären. Das Hauptschiff ziert das große Altarbild „Die Stigmatisierung des hl. Franziskus", ein Werk von *Palma d. J.*; das Gemälde „Christus am Kreuz" stammt von *Leandro Bassano*. Im Museum sind u. a. das Monumentalgemälde „Das letzte Mahl Christi mit seinen Jüngern" im Format 2,5 x 8 m zu bewundern, ein Werk von *Matteo Ingoli* (1585–1631) aus Ravenna. In der Bibliothek werden Kostbarkeiten wie ein ptolemäischer Atlas von 1524 und handschriftliche Antiphonarien von *Fran Bone Razmilo-*

Das Polyptychon im Franziskanerkloster (Ausschnitt)

vić aus dem 15. Jh. aufbewahrt. Im Klostergarten befinden sich neben einer 200-jährigen Zypresse kunstvolle Holzplastiken, vor dem Kloster die Statue vom Hl. Benedikt, gefertigt von dem *Franziskaner Joakim Gregov*. Die Franziskaner lebten hier früher ergiebig vom Handel mit Seeleuten; sie legten von ihrer Zisterne eine Leitung zur Kaimauer am Meer, verkauften Wein und Öl – mit den Geldern wurden dann das Arsenal, Kastell und Rathaus errichtet. Das Museum veranstaltet im Sommer 1- bis 4-mal wöchentlich Konzerte oder Theateraufführungen im Innenhof – herrliche Akkustik.

Mai–Okt. tägl. 10–12/17–19, So 10–13/16–17 Uhr; danach nach Voranmeldung. Eintritt 3 €.

Südlich, der Uferpromenade folgend, wird die von Tamarisken umstandene quirlige Hafenbucht *Križna luka* (mit Nautic-Center und Tankstelle) erreicht, früher war hier die Bebauungsgrenze. Heute ist auch die nächste Landzunge, die föhrenbestandene *Križna rat*, schon von etlichen Ferienhäusern besiedelt.

Pakleni otoci

Die Pakleni-Inseln, beliebte, von dichtem Föhrenwald überzogene Badeinseln, liegen in Sichtweite von Hvar. Ihr Name kommt vom Föhrenharz (paklina = Pech) – mit dem Harz wurden einst die Schiffe wasserdicht gemacht.

Auf **Sv. Klement**, der Hauptinsel der Pakleni otoci, finden sich Überreste illyrischer Grabhügel, römischer Siedlungen und eine Kapelle aus dem 14. Jh. mit Inschriften über die Schlacht bei Vis 1866. Das Meer vor Sv. Klement ist klar und fischreich, die Insel ist föhrenbestanden, im Unterholz wachsen Kakteen und Rosmarin, und in der beschaulichen Ruhe geben Grillen ihr Konzert.

Heute werden nach Sv. Klement Badetouristen übergesetzt. An der Südbucht, der *Uvala Vinogradišće* (früher gab es hier Weinanbau, daher der Name), ist ein Sand-, Kies- und Felsstrand, um die Bucht und oberhalb gibt es zwei Restaurants und Übernachtungsmöglichkeiten. Auf der Nordseite liegt die *Palmižana-Bucht* mit der ACI-Marina (Restaurant und nautisches Zentrum) und Ankerplätzen für 190 Jachten.

Eine weitere schöne Badebucht, *Uvala Vlaka* (mit Restaurant), verläuft weiter westlich, zu Fuß ca. 1 Std. Wegzeit. Um Sv. Klement gruppieren sich etwa 20 größere und kleinere Inseln; Badetouristen schippert man z. B. nach **Jerolim**, im 15. Jh. nach einem Franziskaner benannt. Heute gibt es dort neben Ruinen ein Restaurant, Laden und Duschen am FKK-Badeplatz. Auf der Insel **Marinkovac** liegt die *Ždrilca-Badebucht*, im Süden die *Stipanska-Bucht*.

Essen/Übernachten auf den *Pakleni otoci* (→ Hvar).

Sport

Baden Beim Franziskanerkloster befindet sich ein kleiner Kiesstrand, auch bei den Felsen kann gebadet werden; ebenso schöne Kies- und Felsbadebuchten Richtung Westen – je nach Jahreszeit muss man länger nach ruhigen Plätzen suchen. Von der Hafenbucht Križna luka gen Osten und in Richtung Milna finden sich schöne Badebuchten und Felsen.

Die **Halbinsel Pelegrin** ist Jagdgebiet und ist nicht zugänglich, auch steht hier ein Sender. Gut zum Baden sind die Buchten im Nordosten von Vira: u. a. die Buchten von *Jagodna*, *Lozna*, *Stiniva*, *Lučišće* und *Sv. Ante*.

Per **Ausflugsboot** vom Hafenbecken aus (Palminžana 6,50 €, Ždrilca 5 €): Abfahrt ab 9 Uhr bis nachmittags (in der Nebensaison wird nur bis ca. 11 Uhr abgefahren), Rückfahrt zwischen 16 und 18 Uhr. Touren zu den **Pakleni otoci** – z. B. zur **Insel Jerolim**, zur **Insel Marincovac** (beide 4 €) mit der Ždrilca-Bucht im Norden (Sand-, Kies- und Felsbadebuchten, mehrere Restaurants), zur Stipanska-Bucht im Süden (Kies- und Felsbadebuchten, Restaurant) sowie zur **Insel Sv. Klement** nach Palmižana (Kies-Sandstrand, etliche Restaurants und Pensionen). Schön ist auch *Uv. Vlaka* (Restaurants, von Palmižana ca. 1 Std. zu Fuß).

Taxiboote fahren auch zu den Buchten an der **Südküste von Hvar**: zum Badeort **Milna** (1,50 € einfach, 2,50 € retour).

Tauchen Diving Center Viking (kroat. Ltg. Vinko & Ksenija Petrinovic), gut geführt, auch deutschsprachige Kurse nach PADI, CMAS, Tauchbasis in der Bucht Podstine. ✆ 021/742-529, 091/5689-443 (mobil), www.viking-diving.com. Auch Appartementvermietung.

Tauchclub Marinesa, Križna luka b.b., ✆ 021/741-792, 091/5157-229 (mobil).

Segeln Segelschule und Segelbootverleih beim **Segelclub Zvir** in Križna luka. ✆ 021/741-415.

Jachthafen ACI-Marina Palmižana, in der gut geschützten Palmižana-Bucht auf der Insel Sv. Klement – gehört zu den Pakleni otoci. 219 Liegeplätze mit Wasser- und Stromanschluss, WLAN, Reparaturwerkstatt, Restaurant, Sanitäranlagen, kleiner Laden. Tankstelle in Hvar, in 2,5 sm. Geöffnet April–Okt. ✆ 021/744-995, www.aci-club.hr.

Hafen Hvar Das Anlegen an der Kaimauer ist gebührenpflichtig. Strom- und Wasseranschluss, Treibstoff gibt es in Križna luka. Hafenkapitän, ✆ 021/741-007; Nautikcenter, 021/717-630.

Bootswartung und -reparatur Boote können bei **Service Almar** gewartet und untergebracht werden. ✆ 021/741-003, 742-061, 742-854.

Wandern Von Hvar nach Milna entlang der Küste, durch Kiefernwälder und duftende Macchia in ca. 2:30 Std. Im Sommer pendeln Schiffe nach Milna.

Mountainbiken In den Agenturen (s. o.) gibt es Mountainbikevermietung und Fahrradkarten. Eine schöne Strecke führt entlang der alten Inselstraße über Brusje, Grablje und Milna. Verlängerung für Konditionsstarke in Richtung Stari Grad und über Dubovica nach Milna.

Umgebung von Hvar und alte Inselstraße nach Stari Grad

Die landschaftlich reizvolle **Halbinsel Pelegrin** ist leider nicht begehbar, da sie schon immer Privatgrund war. Nach seiner Scheidung von Ivana Trump erwarb nun der italienische Geschäftsmann Riccardo Mazzuchelli das High-Society-Resort Villa Florana inklusive Jagdkonzession (für 15.000 US-$/Woche soll sie exklusiv gemietet werden können!). Der Uferweg, bzw. dann die Straße führt nur bis zum Hotel Sirena. Folgt man der Inselstraße weiter bergan, genießt man herrliche Ausblicke, ehe man hinab nach Vira gelangt.

Vira: Der ehemalige Fährhafen der Insel, ein Fischerort mit ein paar Häuschen 4 km nördlich von Hvar-Stadt, war lange Zeit verwaist. Durch die Wiedereröffnung des *Campingplatzes* mit Tauchschule wurde Vira wieder etwas Leben eingehaucht. Zudem finden Bootsbesitzer gute Ankermöglichkeiten und gute Konobas. Wanderer und Mountainbiker erkunden die herrliche Landschaft mit weiten Ausblicken auf die *Pakleni otoci* (Inseln).

Camping **** Autocamp Vira, östlich von Vira auf einer Halbinsel. Sehr schönes großes, naturbelassenes, parzelliertes Terrassengelände oberhalb der Kiesbucht im Föhrenwald, mit neuen Sanitäranlagen, Supermarkt, Waschmaschinen, WiFi, Bar, Restaurant; Tauchschule, Boots- und Scooterverleih. Ca. 22 €/2 Pers. mit Zelt; auch Mobilhausvermietung. Vira b. b., ✆ 021/741-803, 718-063, www.campingvira.com.

Essen & Trinken Restaurant Panorama, ca. 2 km vor Vira auf einer Anhöhe, oberhalb der Inselstraße. Großes Natursteinegebäude mit Innenhof und offenem Kamin. Herrliches Panorama nach allen Seiten, vorzügliche Küche. Spezialität des Hauses sind die Gerichte aus der Peka, meist Wildschwein oder Lamm – nur auf Vorbestellung! Auch das Boeuf Stroganoff ist nicht zu verachten, schon beim Duft von Rotwein und Rosmarin läuft einem das Wasser im Mund zusammen. ✆ 021/742-515.

》》 Mein Tipp: Konoba Ringo, an der Bucht Pribinja (östl. vom Camingplatz) laden Jure und seine Frau auf ihre gemütliche und kreativ dekorierte überdachte Terrasse ein. Alles was frisch erhältlich ist, ob Fisch oder Fleisch, kommt auf den Tisch. Die Devise ist in gutem Deutsch: „Lassen Sie sich überraschen" – man wird nicht enttäuscht. Für Boote gibt es ein paar Bojen. Mai–Mitte Okt. ab 18 Uhr geöffnet. ✆ 091/5103-686 (mobil). **《《**

Auf der alten Inselstraße nach Stari Grad: Die Straße führt vorbei an Föhren, Wacholder, Oliven, Weinstöcken, kleinen Lavendelplantagen – eine Schlucht und kahle Berge schließen sie ein. Es handelt sich um einen etwa ein Meter erhöht liegenden Fahrdamm ohne Begrenzung – nachts nicht ungefährlich. Zypressen stehen als Wächter am Straßenrand.

Brusje: Das alte Dorf im Inselinneren an der Straße nach Stari Grad mit teilweise halb verfallenen Häusern ist eine ehemalige Hirtensiedlung aus dem 16. Jh. Brusjes Kirche wurde 1731 erbaut; auf dem Altarbild des zeitgenössischen Malers *Ivo Dulčić* aus Brusje sind die Inseln Brač und Šolta dargestellt. Wein, Honig, Lavendel- und Rosmarinöl werden verkauft. Kurz vor und nach Brusje gibt es Abzweigungen zu den Badebuchten *Jagodna, Lozna, Stiniva, Lučišće* und *Sv. Ante*.

Weiter an der alten Inselstraße entlang sieht man die Ruine der *Sommerresidenz Moncirovo* aus dem 16. Jh. über dem Meer liegen, dahinter die Gebirgsseite von Brač. Später taucht südlich, unterhalb der Inselstraße, das Dorf **Grablje** auf. Hier lebten einst zwei Patrizierfamilien. Weiter führt das Sträßchen von Velo Grablje zum verlassenen, in einer Schlucht gelegenen Malo Grablje und zur *Babina-Špilja-Höhle*. In

Malo Grablje lohnt die Einkehr in der *Konoba Stori Komin,* einem schön restaurierten alten Natursteinhaus. Gekocht wird, was gerade frisch ist oder was Berti Tudor, auch Jäger, gerade erlegt hat; nach Vorbestellung gibt es auch Wildschweingerichte. Romantisch sitzt man abends bei Kerzenlicht und lauscht den Geräuschen der Natur (✆ 091/5276-408, mobil; auch über Milna über Makadam erreichbar).

An der Hauptstraße bietet sich vom *Restaurant Vidokovac* ein Blick nach allen Seiten: links unten die Bucht von Stari Grad und Maslinica, gegenüber Brač mit dem Vidova Gora, dahinter das Küstengebirge. Illyrische Spuren finden sich in dieser Gegend, auch mal römische Reste und Landhäuser, das älteste aus dem 16. Jh. Der Dichter *Hektorović* hat diese Gegend literarisch verewigt.

Noch ein paar Kilometer weiter steht bei **Roskarsnica** am Straßenrand ein alter *Kalkofen* (japjenica) von 1914. Bis zum Ersten Weltkrieg wurde hier Branntkalk hergestellt, der zum Weißeln der Häuser verwendet wurde – ein damals wichtiger Wirtschaftszweig.

Von Hvar nach Stari Grad

Die Südküstenverbindung über die Trasse von Hvar über Milna nach Dubovica und weiter durch den 1,5 km langen Tunnel landeinwärts nach Stari Grad zum Trajekthafen wurde erst 1999 fertig gestellt. Damit ist es mit der einstigen Beschaulichkeit dieses Küstenabschnitts vorbei, denn die guten Badebuchten sind inzwischen fast alle mit dem Auto und nicht mehr nur per Boot oder nach langer Wanderung erreichbar.

Milna liegt südöstlich von Hvar an einer Bucht. Immer noch fahren viele Ausflugsboote von Hvar hierher; zum Baden gibt es schöne Kiesbuchten. Wer mehr Ruhe sucht, läuft in Richtung Osten zu weiteren Buchten. Das alte Dorf oberhalb ist verfallen, dort soll es noch die sonst so raren Vipern geben. Unten am Meer reihen sich dicht gedrängt Konobas und Neubauten mit Zimmervermietung. Im Herbst ist die kleine Uferpromenade vollgestellt mit großen Fässern, die *Gostionas* bieten Lamm am Spieß an und Schilder werben für frischen Wein und Honig, für Lavendel- und Rosmarinöl. Westlich des Ortes, an der Bucht Mala Milna, steht, wie häufig an der Südküste, ein barockes Sommerhaus – dieses gilt als das schönste Landhaus der Insel.

Übernachten/Essen Zimmer- und Appartementvermietung, rund um die Bucht in allen Kategorien. U. a. nette Appartements bei Monika (dtsch.) und Ante Tudor, 2 Pers./50 €, auf Wunsch Frühstück und leckeres Abendessen. ✆ 021/745-033, www.milna-apartments.de.

Autocamp Mala Milna, kleiner, beliebter Platz unter Föhren. Geöffnet Mai–Sept. ✆ 021/745-027.

Es gibt viele Lokale entlang der Uferpromenade, meist jedoch nur von Mai–Sept./Okt. geöffnet – jeder findet hier sein Lieblingslokal. **Konoba Mala Milna**, an der gleichnamigen östlichen Bucht, ✆ 021/745-043.

🍃 **Wein** Bili Potok, ein prämierter Weißwein aus ökologischem Anbau, Fam. Tudor (s. o.). ∎

Die Inselstraße führt oberhalb der Küste weiter. Es folgen die alten Weiler **Zaraće** am Hang, unten an der grünblau schimmernden Kiesbucht zwei *Konobas* und ein geschütztes Becken, das durch parallel ins Meer verlaufende Felsen gebildet wird. Kurz bevor die Straße von der Küste ins Inland abschwingt, liegen tief unten der Weiler und die Badebucht **Dubovica** mit ein paar Häusern und Restaurant rundum.

Stari Grad – die beschauliche Piazza Skor

Stari Grad

Der geschichtsreiche einstige Inselhauptort liegt von Wald umgeben am Ende einer sieben Kilometer tief ins Land reichenden Bucht. Einst war Stari Grad, das einstige Faros, ein Handels- und Schifffahrtszentrum und Heimat des Dichterfürsten Hektorović. Heute ist das Hafenstädtchen beliebter Künstler- und Skipper-Treffpunkt sowie Austragungsort für Marathonschwimm-Wettbewerbe. Die Altstadt und das Ager-Feld stehen auf der UNESCO-Weltkulturerbe-Liste.

Ein Labyrinth enger Gässchen durchzieht die 2000-Einwohner-Stadt mit ihren Renaissance- und Barockhäusern, pflanzenbewachsenen Innenhöfen und Plätzen. Am schönsten ist die *Piazza Skor* – nichts stört die Geschlossenheit des mittelalterlichen Platzes. Die Stadt wirkt ruhig, beschaulich, nur ein paar Palmen und Konobas um die Hafenbucht, von einigen staatlichen Häusern bröckelt der Putz, in den steinernen Schluchten der Altstadt spielen Kinder – wie lange noch, bis auch hier zahlungskräftige Investoren die Romantik vertreiben. Die Stadt ist beliebter Treffpunkt für Künstler und Ausstellungsort von bekannten und weniger bekannten Malern. Und sie ist bekannt bei der Schwimmelite: Jedes Jahr Ende August findet hier der *Faros Marathon,* der internationale Long-Distance-Schwimmwettbewerb, statt. Die tiefe Bucht lockt jährlich mehr Bootsbesitzer, um hier in der Stadt und trotzdem in aller Ruhe und Beschaulichkeit zu ankern. Gegenüber auf der bewaldeten Landzunge thronen, schon von weitem sichtbar, die teils veralteten Hotelkomplexe. Vor der Stadt im Westen, am Buchtbeginn, liegt der große Fährhafen. Das sog. Ager-Feld erstreckt sich zwischen Stari Grad und Vrboska. Hier gedeihen die leckeren Weine (→ Kasten S. 512). Per Fahrrad kann man die schöne Umgebung am besten erkunden.

Geschichte

Stari Grad ist die älteste Stadt von Hvar – und eine der ältesten Europas. Hier gründeten Griechen von der Insel Paros um 384 v. Chr. ihre Kolonie *Faros*. 219 v. Chr. zerstörten die Römer die Stadt. Einige wenige Reste der nördlichen Zyklopenmauer sind heute noch sichtbar, von den römischen Bauten ist nicht viel erhalten, wohl aber ein altchristliches Taufbecken aus dem 6./7. Jh. Seit 1147 war die Stadt Bischofssitz und bis 1278 auch Verwaltungszentrum der Insel, bis diese Funktionen Hvar übernahm. Aus dieser Zeit sind einige romanische und gotische Häuser erhalten, doch die meisten stammen aus dem 16. Jh., so auch das Wehrschloss des Dichterfürsten *Hektorović*.

Information/Verbindungen/Diverses

Touristinformation (TZG), am Buchtende (bei Hafen u. Markt), 21460 Stari Grad, ℡ 021/765-763, www.stari-grad-faros.hr. Juli/ Aug. tägl. 8–22 Uhr, Juni u. Sept. 8–14/15–22 Uhr, Mai u. Okt. 8–14/15–20 Uhr; in der NS Mo–Fr 8–14/16–20 Uhr. Sehr gute Infos und Fahrradkarten.

Hvar Touristik, Trg Jurja Škarpe (nahe Busbahnhof), ℡ 021/717-580, www.hvar.touristik. com. Zimmer, Ausflüge.

Trvdalj – das Wehrschloss des Dichters Hektorović

Verbindungen Fähren (→ „Wichtiges auf einen Blick", S.492). Fährhafen 2 km vor der Stadt. **Bus:** zu jeder Fähre und 3- bis 6-mal tägl. nach Hvar.

Panoramaflüge, kleiner Flugplatz etwas außerhalb. Flüge im Juli/Aug. 10–12/17–20 Uhr, ca. 50 €/30 Min. ℡ 098/363-000 (mobil, Hr. Josip Novak) und 099/2541-445 (Hr. Mravinac). Über Touristinformation.

Gesundheit Apotheke (Ljekarna), Obala hrv. Braniteija (nördl. Hafenbecken), ℡ 021/ 765-061; daneben die **Ambulanz**, ℡ 021/765-373.

Einkaufen Obst- und Gemüsemarkt, großer Supermarkt am Hafenbecken.

Veranstaltungen Auf der Piazza Škor im Sommer mehrmals die Woche **Konzerte** (20–21.30 Uhr). Oft ist zuvor eine Puppenbühne für Kinder aufgebaut.

Faros-Messe, mehrmals Juli–Mitte Aug.; einheimische Produkte und Klappa-Konzerte auf dem Trg Tvrdalj (vor dem Wehrschloss). ■

Faros Marathon, jährlich am letzten Sa im Aug. Internationaler Schwimmwettbewerb der langen Distanzen (International Long Distance Swimming); auch deutsche Teilnehmer stehen am Start.

Übernachten/Camping

Privatzimmer 15–20 €/DZ. **Appartements** für 2 Pers. 25–30 €. Gleich beim Hafenbecken (Buchtende) nette Einfamilienhäuser mit Zimmervermietung und oberhalb in Richtung Norden gen Rudine.

Hotelkomplex Helios, in schöner Lage auf der Landzunge gegenüber der Stadt. Leider veraltet, aber preiswert; nett sind die Bungalows Trim. Zentrale Information und Buchung: ℡ 021/765-866, www.hoteli-helios.hr.

Hotel Arkada, einfacher 268-Zimmer-Komplex mit Bogengängen. großem Swimmingpool, Tauchschule, Diskothek, Bar. Kajakvermietung. Naturstrände in der Nähe. DZ/F 58 € (TS 78 €). ℡ 021/306-306.

*** **Bungalows Trim**, hübsch gestaltet und bewachsen; gehört zum Hotelkomplex Arkada. Die 32 Natursteinhäuser (= trim) liegen ruhig am Föhrenwald oberhalb des Hotels. Alle Einrichtungen des Hotels Arkada stehen zur Verfügung. 2–4 Pers. 80 € (TS 98 €). ℡ 021/765-019.

Camping ** Autocamp Jurjevac, sehr einfacher Platz am Ortseingang unter Olivenbäumen, nicht am Meer gelegen; ca. 5 Min. zur Altstadt. Dahinter sind auch einfach ausgestattete Bungalows zu mieten. TS 4,50 €/Pers., Auto 4 €, Zelt 4,50 €; danach 1 € weniger. Predraga Bogdanića, ℡ 021/765-843.

Essen & Trinken

> **Paprenjac –**
> **Honigkuchen à la Stari Grad**
> Ein halbes Kilo Honig erhitzen. Beigemischt werden: 2 dl Prošek, 2 dl Speiseöl, trockener Safran (3 Messerspitzen), ein wenig geriebene Muskatnuss, nach Geschmack gemahlene Nelken und ein Esslöffel Soda Bikarbonat. Alles mit 1 kg Mehl vermengen, kneten und 15 Min. ruhen lassen. Danach den Teig modellieren oder mit Förmchen ausstechen und mit aufgelöstem Zucker verzieren (besser noch: Puderzucker mit heißem Wasser oder Zitronensaft verrühren). Im Backofen bei 250°C eine halbe Stunde backen (Mengenangaben für 10 Stück).

Konoba Stari Mlin, neben der Schule, östl. vom Buchtende und Hafenbecken. Schöne Terrasse und gemütliches Inneres. Damir Čavić (einst Jurim Podrum) ist bekannt für seine Kochkünste, inspiriert von Dichterfürst Hektorović: Traditionelle Küchenkunst, modern verfeinert, tritt hier in Dialog; als Grundthema fangfrischer bester Fisch und frisches Gemüse, lyrische Pointen setzen Rosmarin, Olivenöl, Schalotten, Lorbeer. Auch die Arbeiter lassen sich hier gerne nieder, sind keine Kostverächter und erhalten ihre ordentlich großen Portionen. Ganzjährig geöffnet, ca. 12–14.30 und 19–24 Uhr. ℡ 021/765-804.

»» Mein Tipp: Restaurant-Café/Cocktailbar **Antika** (dtsch.-kroat. Ltg., Inge & Boško Račić), im kleinen, verwinkelten, 400 Jahre alten Altstadthaus bei der Piazza Škor. Neben Pasta-, Fisch- und Fleischgerichten von gleich bleibend guter Qualität kann man auf der lauschigen, pflanzenumwucherten Dachterrasse Cocktails oder feinste Weine genießen. Nette Sitzgelegenheiten auch in der Gasse. Ostern–Okt. Duolnja kola, ℡ 021/765-479. ««

Restaurant Đardin, wie der Name besagt, mit einem idyllischen Gärtchen, wo Zitrusbäume gedeihen. Das junge Team erhielt Einweisung vom Chefkoch Ino Cezareo, der mit seiner Kochkunst schon viele Restaurants füllte. Produkte aus der Umgebung und fangfrischer Fisch kommen auf den Tisch. Ljudevita Gaja b.b. (4. westl. Gasse vom Trg S. Radića‚ ℡ 095/5579-732 (mobil).

Restaurant Kod barba Luke, nahe an der Uferpromenade und am Beginn des Trg Tvrdalj. Die von Palmen gesäumte Terrasse lädt ein, die frischen Fischgerichte zu kosten, dazu gibt es auserlesene Weine. Immer gut besucht. Ostern–Okt. 12–15/18–1 Uhr. Riva b.b., ℡ 021/765-206.

Restaurant Odisej, gleich daneben sitzt man ebenfalls hübsch unter Palmen, Segeltuch und Fischernetzen am Platz Tvrdalj. Leckere Salate, Gemüse und frischer Fisch.

Restaurant Eremitaž, kurz vor den Hotels oberhalb vom Meer, gegenüber dem Kirchlein Sv. Jerolim. Natursteingemäuer mit Terrasse unter Zypressen und Kiefern. Gute Fleisch- und Fischgerichte, u. a. Salzsardellen, Muscheln buzzara. ℡ 021/765-056.

Bistro-Café Il Teatrino, mit Galerie im Inneren und kreativ bemalten Sitzmöglichkeiten vor dem Haus mit Blick aufs Meer. Guter Platz für ein Frühstück, einen Kuchen oder leckere Pasta am Abend – alles hausgemacht. Geöffnet Ostern–Ende Okt. Riva 13, ℡ 021/765-420.

Baden/Mountainbiken: Die Uferpromenade von der Stadt in Richtung Fährhafen führt zu kleinen Kieselbuchten. Schön sind die Fels- und Kiesbuchten im Föhrenwald westlich des Hotels Arkada. Die zerlappte, nördlich gelegene *Halbinsel Kabal* ist auf Makadamwegen und bestens per Mountainbike zu erreichen – sie bietet jedem ein Badeplätzchen an Fels- und Kiesbuchten, die näheste ist die Bucht Zavala (Südseite).

Tauchen Diving Center Nautica (poln. Ltg.), beim Hotel Helios. Sehr gute Tauchschule mit besten Bewertungen; PADI Kurse für Anfänger/Fortgeschrittene auch in Deutsch, Wracktauchen etc. ✆ 021/743-038, www.nautica.pl.

Fahrradfahren Rund um Stari Grad und über die gesamte Insel wurden schöne Fahrradwege ausgewiesen. Fahrradkarten in der Touristinformation. Fahrräder kann man am Hafenbecken und bei Hvar Touristik mieten.

Sehenswertes

Stari Grads ältestes Kulturdenkmal sind die Reste der **Zyklopenmauer**, die einst das griechische Faros umgab. Einige Meter davon sind heute im Haus *Tadić-Gramotorovi* sowie an der Südfront der Kirche **Sv. Ivan** zu sehen. Die romanisch-gotische Kirche Sv. Ivan ist die älteste der Stadt und wahrscheinlich Stari Grads erster Bischofssitz. 1332 wird sie erstmals erwähnt, erbaut wurde sie an der Stelle eines Tempels. 1957 entdeckte man neben der Kirche ein Taufbecken aus dem 5./6. Jh. Hinter der Kirche befindet sich eine große Ausgrabungsstätte, über den Zaun kann man im Sommer den Archäologiestudenten bei der Arbeit zusehen.

Am palmengesäumten Tvrdalj-Platz vor seinem Schloss **Tvrdalj** steht das Denkmal für *Petar Hektorović*. Den massiven Renaissancebau, unter Anleitung des Dichters zwischen 1520 und 1569 erbaut, prägt der Geist der neretljanischen Architektur. Wie damals üblich, diente er den Vergnügungen der Renaissancegesellschaft ebenso wie der Verteidigung. Im Hof tummelt sich im Teich eine muntere Schar von Meeräschen, umgeben von einem berankten Säulengang. Daran schließen sich eine Laube und ein üppiger Garten mit Trompetenblumen, Zitronen, Bananen, Granatäpfeln, Palmen an. Der Dichter hat sich in seinem Palast literarisch verewigt – seine Verse in verschiedenen Sprachen zieren etliche Steine. Hinter dem Fischteich kann man durch ein Gitter eine kleine *ethnographische Sammlung* betrachten. Und in der Vorhalle gab es eine *Bedürfnisanstalt* mit der Aufschrift „si te gnosti cur superbis" („Wenn du dich kennst, warum bist du so eitel") – der Dichter war seiner Zeit einfach voraus (Öffnungszeiten des Schlosses Juli/Aug. 10–12 und 18–20 Uhr, sonst nur morgens; Eintritt 1,50 €).

Petar Hektorović

Petar Hektorović wurde 1487 in Stari Grad geboren. Seinen Ruhm begründete er mit dem Fischer-Epos „Fischfang und Fischergespräch" von 1556. Es schildert das einfache Fischerleben, enthält viele Naturbeschreibungen und zählt zu den ältesten Aufzeichnungen langzeiliger Heldenlieder, enthält aber auch deftige Trinksprüche. Hektorović starb 85-jährig im Jahr 1572.

Rund 200 m südlich vom Tvrdalj steht das turmbewehrte **Dominikanerkloster**. Es wurde 1482 gegründet, dann von den Türken niedergebrannt und im 16. Jh. neu aufgebaut und befestigt. In der alten Kirche befindet sich die letzte Ruhestätte von *Petar Hektorović*. Die neue, 1894 errichtete Kirche ist riesig, ihr Schmuckstück ist das *Tintoretto-Gemälde* „Grablegung". Im Kloster selbst ist ein *archäologisches* (z. B. kroatisches Steindenkmal mit Schriften von 385 v. Chr.) und ein *sakrales Museum* eingerichtet (Juli/Aug. 9–13/18–21 Uhr, Nebensaison 10.30–12.30 Uhr; Eintritt 1,50 €).

Südlich vom Dominikanerkloster an der Hauptstraße duckt sich das Kirchlein *Sv. Nikola* (14. Jh.) mit Werken des venezianischen Meisters *Antonio Porri* und Votivbildern von Seeleuten.

Der *Palast Biankini*, westlich vom Tvrdalj, beherbergt das sehenswerte **Stadtmuseum** (9–13/18–21 Uhr), das sog. *Faros Museum*, das die interessantesten archäologischen Fundstücke aus der Umgebung zeigt. Ein Film dokumentiert die Bergung eines Amphorenfeldes. Im 2. Stock sind eine *Maritime Sammlung* und die *Galerie* des bekannten kroatischen Malers *Juraj Plančić* untergebracht. J. Plančić wurde 1899 in Stari Grad geboren und starb 1930 in Paris. Neben seinen Werken zeigt die Galerie Werke von *Ivan Meštrović*, *Juraj Plančić* und von dem zeitgenössischen, ortsansässigen Maler *Bartol Petrić*.

Die *Kathedrale Sv. Stjepan* mit ihrer Barockfassade, ab 1605 erbaut, steht am großen Kirchplatz. Das Innere zieren ein Taufbecken von 1592 und ein Triptychon von *Francesco Rizzo da Santacroce*. Im frei stehenden, barocken Glockenturm von 1753 hat man das Relief eines antiken Schiffes eingemauert, das Fundament wurde mit Steinen der Zyklopenmauer errichtet. Neben der Kirche ist das antike Steinrelief „Eros" sehenswert.

Buchtauswärts an der südlichen Uferpromenade steht das *Kuppelhäuschen* eines Mausoleums. Hier liegt der Wissenschaftler *Ljubić* begraben. Gegenüber der Bucht steht das Kirchlein **Sv. Jerolim** im spätgotischen Stil, das einst zu einem Kloster der Glagoliter gehörte.

Galerien: *Galerie J. Plančić* im Stadtmuseum (s. o). Galerie gegenüber der *Kirche Sv. Jerolim* (s. o.). *Galerie Politeo* in der Altstadt mit Gemälden naiver Maler sowie Ölgemälden und Aquarellen anderer Stilrichtungen (10–13 und 19–24 Uhr). *Galerie Moira*, westlich der Piazza Škor, mit altem römischem Mosaik am Boden. Fantasiereiche, moderne Kunstwerke und Schmuck fertigt Zoran Tadić in seiner *Galerie Fantazam* (Ivana Gundulica 6, www.fantazam.com).

Umgebung von Stari Grad

Der 111 m hohe Hügel **Glavica** mit Kreuz und kleiner Kapelle erhebt sich nördlich der Stadt und ist in 20 Min. zu erreichen. Man nimmt die Straße bergan Richtung Hotels (Ul. Ivana Meštrovića), kurz nach der ersten Linkskurve zweigt der Wanderweg nach rechts hoch ab (markiert).

Rund 2 km nördlich von Stari Grad liegen zwischen üppiger Maccia, Oliven- und Weingärten, teils auch verwildert, die beiden alten Dörfer *Mala* und *Vela Rudine*. In *Mala Rudine* scheint die Zeit stehen geblieben und viele Gemäuer wurden von der Natur zurückerobert. Anders in *Vela Rudine* – rund um den Ort entstehen viele Ferienhäuschen. Gen Nordwesten geht es auf Makadam weiter zur zerlappten *Landzunge Kabal*, ein Naturschutzgebiet mit unzähligen Badebuchten, zu denen Wanderwege hinabführen.

Von Stari Grad bis Vrbanj und Vrboska erstreckt sich das **Ager-Feld**, eine fruchtbare und seit der Antike parzellierte Ebene mit Weingärten (→ Kasten) – sackweise werden Ende September rote und weiße Trauben abtransportiert. Am Straßenrand stehen dann Traktoren und die Autoschlangen wie bei uns, wenn es im Dorf ein Fußballspiel gibt.

Ager-Feld

Seit 2008 steht die 6 km lange Feldflur zwischen Stari Grad bis Vrboska und Vrbanj, die bis auf das griechische Faros (4. Jh.) zurückgeht, auf der UNESCO-Welterbe-Liste. Die hier erbauten Wege und Parzellierungen der Felder (= Hora, Ager) zählen zu den besterhaltenen weltweit. Ebenso sind die Felder noch von alten Trockenmauern begrenzt und überall stößt man auf griechische und illyrische Spuren sowie auf villae rusticae. Seit jeher dient diese fruchtbare Ebene als Hauptanbaugebiet für Wein – hier wachsen der kräftige rote **Plavac** und der weiße **Bogdanuša**. Neben Wein werden in dieser Gegend auch Obst und Gemüse angebaut.

Vrboska

Das 500-Einwohner-Städtchen ist ein ruhiger, von Föhrenwäldern gesäumter Badeort, der sich an zwei Küstenseiten um einen langen Meeresarm zieht. Vrboskas architektonisches Juwel ist die trutzige Festungskirche, in Sv. Lovro ist eine kostbare Gemäldesammlung zu bewundern.

Brücken führen über den schmalen Meeresarm, die roten Dächer der Barock- und Renaissancehäuser zu beiden Seiten spiegeln sich im tiefen Meeresblau. Mittendrin ein grünes Inselchen mit einem Denkmal zu Ehren der Kämpfer des Befreiungskriegs. Im 15. Jh. entstand Vrboska als Hafenort von Vrbanj und entwickelte sich zu einem Fischerort mit großer Fischfabrik. Eine alte Tradition, die sich bis heute erhalten hat, ist das Einsalzen der Fische. Früher verkauften die Fischer ihre Sardinen bis nach Venedig und Padua, sahen dort die venezianischen Meister bei der Arbeit und kamen mit wertvollen Gemälden in die Heimat zurück.

Vrboskas Festungskirche...

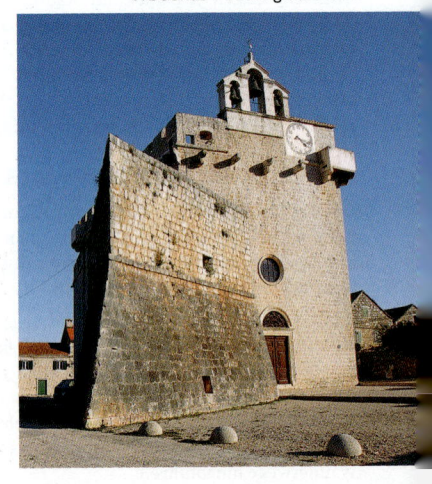

Der Volksführer und Reeder *Matija Ivanić* baute 1468 die Hafenanlage. Die gotischen Häuser aus dieser Zeit zeigen heute noch die Brandspuren des Volksaufstands von 1510 bis 1514. Auch der Seeangriff der Türken im Jahr 1571 hinterließ Schutt und Asche, Vrboska musste zum Teil neu aufgebaut werden. Zum Schutz wurde auch die **Festungskirche** errichtet; steingrau überragt der unversehrte Renaissancebau mit seinem Dreiglockenaufsatz die Stadt, trutzig und einzigartig an der ganzen Adria. Innen ist das Gotteshaus bis auf Grabtafeln ziemlich kahl – die wertvollen Bilder wurden wegen der Feuchtigkeit in der nahen Barockkirche Sv. Lovro untergebracht. Mit Führung kann man den Turm besteigen, von dort bietet sich ein weiter Blick über Palmen und den Jachthafen (tägl. 10–12 Uhr, Eintritt 1,50 €).

Die **Pfarrkirche Sv. Lovro**, im 15. Jh. erbaut, im 17. Jh. barockisiert, birgt die wertvollste Gemäldesammlung der Insel – z. T. Werke aus venezianischer Schule, die ursprünglich die Festungskirche schmückten. Am von *Ivan Rendić* geschaffenen Hauptaltar befindet sich das berühmte Triptychon mit Darstellungen aus dem Leben des hl. Lorenz, angeblich das Werk des venezianischen Meisters *Veronese* (1528–1588), anderen Quellen zufolge soll es von *Tizian* (1477–1567) stammen. Im Seitenschiff das Altarbild „Rosenkranz-Madonna" von *Jakob Bassano* (1510–1592) und drei Bilder von *Celestin Medović* (1859–1921) aus Dubrovnik. Daneben steht eine kleine Ikone aus dem 16. Jh. Die Sakristei birgt neben Votivbildern, alten Spitzen und Messgewändern ein silbernes Kreuz von *Tizian Aspetti* aus dem 16. Jh., wohl aus der Werkstatt von *Benvenuto Cellini* (1500–1572). Aus der Festungskirche stammen „Mariä Geburt" von *Antonio Sciuri* aus dem 17. Jh., die „Jungfrau von Carmel" von *Stefano Celesti* von 1659 sowie weitere Werke neueren Datums. Ein Besuch von Sv. Lovro wird wohl nicht nur den Augen gefallen, auch die 150 Jahre alte Orgel klingt sehr gut (Hauptmesse tägl. 10.30 Uhr).

Sehenswert ist auch das **Fischereimuseum** (9.30–12/18–21 Uhr, Mi nur vormittags; Eintritt 1,50 €). Es dokumentiert die Geschichte der Fischerei vom 18. bis zum 20. Jh. und zeigt Werkzeuge, Netze, Lampen, Fangkörbe, eine schnuckelige Fischerküche und mehr.

Am Meeresufer steht das Kirchlein **Sv. Petar**, eines der ältesten der Insel. 1331 wurde es als Grenzpunkt zwischen Pitve und Vrbanj erwähnt.

...und gut geschützte Hafenbucht

Insel Hvar

Kulinarische Genüsse hat Vrboska auch zu bieten: Die Stadt ist bekannt für gute, mit Rosmarin und Lorbeer gewürzte Fischmarinaden und für die seit alters her bekannten eingelegten Sardellen: schichtweise Sardellen, Lorbeer und weitere Gewürze dazwischen, das Ganze mit einem Stein beschwert und kühl gelagert – nach ein paar Monaten ist der Genuss gereift. Dazu ein Gläschen trockenen, weißen Bogdanuša oder einen roten Plavac.

Information/Verbindungen/Übernachten/Essen

Touristinformation, am Kanal über der Brücke, 21463 Vrboska, ☎ 021/774-137, www.tz-vrboska.hr. 8–13 und 18–21 Uhr, in der NS 8–13 Uhr.

Verbindungen Busse 5- bis 8-mal tägl. nach Jelsa.

Übernachten Es gibt nordöstlich vom Ort auf der Halbinsel das sehr einfache ** Hotel Adriatic, zwar in schöner Lage im Kiefernwald, aber veraltet.

Netter nächtigt man in Privatzimmern (ab 15 €/Pers.) oder in Appartements (ab 20 €/Pers.). Die schönsten Häuser liegen zwischen Vrboska und Jelsa, nördlich um die Bucht Basina im gleichnamigen Weiler (s. u. Essen & Trinken).

*** **Pension Darinka**, nördlich des Meeresarms, Neubau mit Terrasse und Blick auf Stadt und Meer. Essensstube mit Kamin, die Wirtin kocht dalmatinische Spezialitäten, z. B. Fischsuppe oder eingelegte Sardellen; dazu ein kräftiger weißer Bogdanuša. Eigene Anlegestelle für Boote, auch Bootsvermietung. ☎ 021/774-188.

*** **Villa Welcome**, nettes, familiär geführtes Haus mit Garten und Grill. 10 unterschiedlich große Zimmer/Studios (2–4 Pers.) mit Balkon, auf Wunsch mit Frühstück; Fahrradvermietung. DZ 28/38 € (Juli/Aug.), mit 3 Betten 33/45 €. Vrboska b.b. (nordwestlich vom Kanal), ☎ 021/774-110, 091/5340-538 (mobil), www.villawelcome.com.

*** **Vila Rosa**, im Weiler Basina, nördlich von Vrboska oberhalb vom Meer liegt das hübsche Natursteinhaus mit sehr gut ausgestatteten, modernen Appartements mit 1 bis 2 Schlafzimmern (2–6 Pers.), Küche, Balkon. Hinter dem Haus geht es hinab zur Badebucht mit Liegestühlen. 105–120 € (je Größe). Fam. Suzana Bandula-Kuznar, Rosohotnica Uvala, ☎ 098/476-797 oder 098/311-728 (mobil), www.vilarosahvar.com.

》》》 Mein Tipp: **** **Apartments Oleandri**, kleine, ruhige Appartementanlage oberhalb von Vrboska (Richtung Camp Nudist) im Pinienwäldchen. Appartement für 2 (+2) Pers. 100 € oder 4 (+2) Pers. 130 €. Wohn- und Schlafräume durch Innenhof mit Grill voneinander getrennt; voll ausgestattete Küche, AC etc. Zudem steht ein Boot zum Fischen zur Verfügung. Hr. Milivoj Stipisić, ☎ 021/774-038, 091/782-7386 (mobil), www.islandhvarapartments.com. 《《《

Camping ** **FKK-Camp Nudist**, an der Nordseite der Landzunge in einer eigenen Bucht. Föhren, Natursteinhäuschen; ringsum Meer, vorgelagerte Inselchen und herrlicher Blick auf die Insel Brač mit Bol und dem Vidova Gora. Felsplattenstrand und Kies. Sportmöglichkeiten: Kajaks, Surfbretter. Geöffnet 1.5.–30.9. Pro Pers. 8,30 € (TS 10,40 €); Familienpaket (2 Erw., 1 Kind), inkl. Standplatz etc. 23,50 € (TS 28,70 €). ☎ 021/774-034, www.nudistcamp-vrboska.hr.

Robinsoncamp-Appartements Mudri Dolac, im gleichnamigen Weiler nördlich von Basina. Familienbetrieb von Jurica und Antonela Lusić. Terrassiertes, kleines Gelände am Meer, die Zelte finden Platz unter Weinlauben, es gibt Duschen/WC und je nach Fang frischen Fisch. Im Haupthaus werden Zimmer/Appartements vermietet. Mai–Okt., ☎ 091/5018-924 (mobil).

Essen & Trinken Restaurant Škojić, kurz vor der Brücke, mit Innenhof und altem Gemäuer. Neben Fisch- und Fleischgerichten gibt es Pizza. ☎ 021/774-241.

Restaurant Trica Gardelin, Sitzgelegenheiten im Freien und Blick zum Meereskanal, gute Fischspezialitäten.

Restaurant **Gardelin**, beim Jachthafen mit großer Terrasse; höheres Preisniveau. ✆ 021/774-071.

›› Mein Tipp: Restaurant-Appartements **Ivelja** (Ltg. Sneška & Duško Pavičić-Ivelja), im Weiler Basina oberhalb vom Meer – der Weg lohnt! Es gibt fangfrischen Fisch, beste Fleischgerichte mit Gemüse aus dem eigenen Garten, zudem hauseigenen Wein. Es werden auch nette Appartements vermietet. ✆ 021/7845-555, 091/5290-076 (mobil), www.ivelja.hr. ‹‹

Wein Vinothek Pinjatino, östlich der Wehrkirche.

Zudem bei **Tonći Visković**, ✆ 021/778-141.

Sport/Wassersport

Baden Im Ort selbst keine Bademöglichkeit. Nordöstlich vom Ort gibt es die Sandbucht *Soline*. Buchten mit Fels und Kies auf der *Landzunge Glavica* an der Nordseite. Von dort schöner Blick auf die vorgelagerten Inseln Zećevo und Brač mit dem hoch aufragenden Vidova Gora. Beim Camp Nudist führt ein Weg zu einem *Kiesstrand* mit türkisfarbenen Holzbuden, einer Gostiona und Tischen und Bänken unter Pinien. Noch etwas weiter nördlich die *Basina-Bucht*. Taxiboote fahren vom Hafen zur Insel *Zećevo*. In einer halben Stunde läuft man entlang der Promenade und durch den Föhrenwald nach Jelsa.

Fahrradfahren Natürlich kann man auch von Vrboska bestens die Gegend erkunden, u. a. das Ager-Feld (→ „Stari Grad"), gen Norden Basina und gen Süden die Weiler um Jelsa und Vrbanj. Sehr gutes Kartenmaterial mit Routenvorschlägen bei TIC in Vrboska, auf jeden Fall aber in Jelsa und Stari Grad.

Jachthafen ACI-Marina Vrboska, 124 Liegeplätze im Wasser (alle mit Strom- und Wasseranschluss), 25 Stellplätze an Land. 5-t-Kran, Schiffswerft, Tankstelle, gute Sanitäranlagen, Wäscherei, WLAN, Tankstelle, Restaurant. Ganzjährig geöffnet. ✆ 021/774-018, www.aci-club.hr.

Anlegemöglichkeiten auch im Kanal, es gibt Strom und Wasser.

Vrbanj

Der 600-Einwohner-Ort im Inselinneren, flächenmäßig der größte von Hvar, ist eine Art „Verkehrsknotenpunkt" und bietet bescheidene Versorgungsmöglichkeiten für die Südküste.

Vrbanj breitet sich in einer fruchtbaren Ebene aus, die dem Ort seinen Namen gab – *vrba* heißt Weide. Der *Königshof*, eine Patrizierresidenz, stammt aus dem 14. Jh. Im 15. Jh. breitete sich von Vrbanj der Volksaufstand (1510–1514) über die Insel aus. Vrbanj ist die Heimat von *Matija Ivanić* (→ „Vrboska"), den man auch *Herzog Janko* nannte. Als Zeichen seiner Macht ließ er südwestlich von Vrbanj auf dem höchsten Gipfel der Insel (626 m), nahe Sv. Nedjelja, 1487 die Kapelle *Sv. Nikola* erbauen. Auf einem Wanderweg ist sie in ca. 4 Std. zu erreichen. Im 16. und 17. Jh. sorgten Piraten für Aufregung, deshalb baute man die Häuser wie steinerne Inseln eng zusammen, bewehrt mit Mauern und Schießscharten.

Heute zeigt sich der Ort mit Olivenbäumen, efeuumrankten Föhren, der *Pfarrkirche* aus dem 15. Jh. weniger abweisend.

Essen/Diverses Konoba-Pizzeria Bogo, gegenüber der Kirche mit schönem Garten und ausladendem schattigen Baum, Mühlsteine und Weinpresse; hier isst man neben Pizzen sehr gut Peka-Gerichte, Fisch und Lasagne. Auch immer gut besucht von den Arbeitern aus der Umgebung, d. Ganzjährig ab 17 Uhr, So/Feiertage ab 10 Uhr. ✆ 021/768-337, 091/5178-647 (mobil).

Zudem gibt es im Ort Post, Laden – alles, was die Alltagsversorgung sichert.

Kleine Siedlungen um Vrbanj

Dol: Der sich weitläufig erstreckende Weiler liegt westlich, etwas abseits der Hauptstraße in Richtung Vrbanj und war schon vor den Illyrern besiedelt. Oberhalb und westlich thront die imposante Kirche *Sv. Mihovile* mit einem Altar von *Ivan Rendić*, einem zeitgenössischen kroatischen Bildhauer. Die Kirche wird 1226 erstmals erwähnt.

Veranstaltung Pujada (Siebenschläferfest), Ende Aug. Ein ungewöhnliches Fest, das allerdings tausende Gäste in diesen kleinen Weiler lockt. Es gibt einen Parcours für die Tiere und ihre Trainer (schwieriges Unterfangen, da sich die Tiere schon kaum fangen lassen, geschweige denn trainieren ...), daneben steht natürlich auch Siebenschläferfleisch auf dem Speiseplan und üppigst fließt der Wein.

Essen/Übernachten Konoba Kokot, hier kommen die Produkte vom eigenen Hof, u. a. Lamm (hauseigene Zucht), das unter der Peka gegart herrlich schmeckt, dazu frischer Salat und guter, hauseigener Ziegenkäse. Es gibt auch Übernachtungsmöglichkeiten. Geöffnet Mitte Juni–Mitte Sept. ab 18 Uhr. Dol-Sv. Ana, ✆ 021/765-679, 091/5114-288 (mobil). ∎

»> Mein Tipp: Casa Oliva (kroat.-dtsch. Ltg., Željana & Hajo Beuschel-Roić), ein liebevoll restauriertes Bauernhaus mit 3 Wohneinheiten im absolut ruhigen Weiler Dopal-Sv. Ana. Im Haus fehlt es an nichts und falls doch, wird es gerne von den liebevollen Wirtsleuten besorgt; daneben gibt es hauseigenen Wein, Lavendelöl. Wohnungen 36–62 €, auch komplett für 9 Pers. mietbar. ✆ 021/765-339, www.olivatours.de. «<

Svirče liegt südwestlich an der kleinen Umgehungsstraße, mit neuer Kuppelkirche und Seitenschiff hinter Palmen; die Kuppel ist ebenso hoch wie der alte Kirchturm. Daneben liegt ein Friedhof mit Zypressen. An der Piazza steht ein Kirchlein auf den Fundamenten der einstigen Loggia.
Wein: Vina Plančić, ✆ 021/768-030 (Hr. Antun Plančić); neben Dessertweinen werden u. a. Bogdanuša, Opolo und Plavac angeboten.

Vrisnik thront, von der Zwiebelturmkirche überragt, auf einem Hügel vor dem Küstengebirge, die Häuser wie in einem Labyrinth angeordnet. Vorbei an efeuüberwucherten Steinmäuerchen schlängelt sich die Straße durch Weingärten, Olivenhaine und Lavendelfelder.
Essen: Konoba Vrisnik, das Lokal bietet traditionelle Küche (Fisch, Lamm) mit Gemüse aus eigenem Anbau, dazu süffigen Wein. Geöffnet Mai–Okt. ab 18 Uhr (sonst nach Anmeldung). ✆ 021/768-016, 091/5229-949 (mobil; Fam. A. Grgičević).

Pitve ist der nächste kleine Ort und liegt schon ein Stück in den Bergen. Es duftet betörend nach Lavendel. Danach geht es durch den 1400 m langen Tunnel an die Südküste. Pitves Wurzeln reichen zurück bis ins 3. Jh. v. Chr., die Siedlung Novo Pitve wurde im 15. Jh. von bosnischen Flüchtlingen gegründet. Am Abhang steht die *Kirche des hl. Jakob* an einem uralten Kultplatz mit Januskopf.

Pitves alte Natursteinhäuser

Essen/Übernachten »> **Mein Tipp:** Konoba Dvor Duboković, hübsches Natursteingemäuer. Aus dem lodernden Feuer des Kamins kommen leckere Peka-Gerichte mit Lamm und Oktopus. Geöffnet Mai–Okt. ab 18 Uhr. ✆ 021/761-523, 098/412-299 (mobil). «<

Es gibt im Ort auch Übernachtungsmöglichkeiten.

Die Südküste zwischen Zavala und Sv. Nedjelja

Die Straße führt durch einen dunklen, von Abgasen geschwängerten, 1400 m langen Tunnel, der durch den Fels gehauen wurde. Will man als Fußgänger nicht durch den gefährlichen Tunnel laufen, kann man den alten Weg durch die *Vratnik-Schlucht* nehmen, der auf 550 m ansteigt und an der kleinen Kapelle des hl. Antonius vorbeiführt. Danach hat man die kahle Südküste mit ihren vielen Badebuchten vor sich liegen, weiß gesäumt im Meer die **Insel Šćedro**, dahinter Korčula. Serpentinen führen hinunter nach Zavala. Von Zavala führt die Straße westwärts die Küste entlang und endet in Sv. Nedjelja. Landschaftliche Highlights bietet eine Mountainbiketour auf Makadam entlang dem Bergsattel (Abzweig nach dem Tunnel) über Humac, bis man bei Zastražišće wieder auf die Inselstraße stößt (→ Jelsa).

Zavala: ein von Badebuchten umgebener kleiner Ort mit zahlreichen Neubauten. Ein paar Fürstensitze mit Kapellen sind erhalten – der älteste aus dem Jahr 1630. An den Rebstöcken reift der weiße süffige Bogdanuša. Rund um den Ort gibt es Kiesstrände, zudem auch Taxiboote nach Šćedro.

Essen/Einkaufen Es gibt einige Lokale, wo man günstig und gut Fisch isst, zudem einen Laden – Brot muss vorbestellt werden.

Übernachten Pensionen im Neubauviertel unten am Meer, pro Pers. ab 20 € mit Frühstück. Appartements ab 20 €/Pers.; z. B.:

Restaurant-Pension Skalinada, es gibt dalmatinische Spezialitäten. Zimmer, Appartements; Bootsausflüge nach Šćedro. ✆ 021/767-019.

Appartements & Camp Petrovac Sibe, ✆ 021/761-918.

Gromin Dolac: Bei dem Weiler östlich von Zavala gibt es sehr schöne Strände, teils mit Feinkies, und befestigte Häuser aus der Piratenzeit. Attraktion ist

Zagon-Bucht – Kletter- und Badespaß

eine *Tropfsteinhöhle* mit großem Saal, von dem Gänge bis unter Poljica führen – ein Karstlabyrinth, in dem man leicht für immer bleibt, zusammen mit den Grottenolmen, bis zu 30 cm langen, mal weißen, mal rötlichen Schwanzlurchen. Leider hat die bisher öffentliche Zugänglichkeit der Höhle sehr geschadet, so dass man sie aus Angst vor weiterem Raubbau an den Stalagmiten schloss. Der schönste Feinkiesstrand liegt kurz hinter Zavala. Es ist die *Petarščica-Bucht* mit einer Grotte am Meer. Dahinter stehen leider etliche Neubauten, die allerdings auch schön zum Wohnen sind. Ein kleiner *Campingplatz* und ein *Restaurant* haben sich hier niedergelassen.

Ivan Dolac: Rundum stehen Neubauten (mit Zimmervermietung), die sich bis zum Meer hinabziehen, sowie ein *Campingplatz*. Die Orte oberhalb sind fast verwaist – in Blütenpracht versunkene Natursteinhausruinen. Entlang der zerklüfteten Felsküste mit einigen schönen Kiesbadebuchten führt ein betonierter Pfad.

Übernachten/Camping: Camping & Appartements Paklina, der kleine Familienbetriebliegt fast direkt am Meer. Es gibt eine nette Campingfläche, Grillmöglichkeiten und daneben im Haupthaus werden Zimmer- und Appartements vermietet. ☎ 021/767-092, 091/5180-203 (mobil). Schön sind auch die **Appartements Biankini**, ☎ 091/5127-042 (mobil).

Insel Šćedro

Das Klima auf der 900 ha großen Insel ist noch milder als auf Hvar. Früher baute man hier Getreide an. Seefahrern war die Insel wegen ihrer beiden tiefen Buchten schon immer ein Begriff. Illyrische Grabhügel und Ruinen eines Dominikanerklosters aus dem 15. Jh. zeugen von früher Besiedlung.
Man kann auf Šćedro baden und spazieren gehen, auch Bootsbesitzer laufen die Insel gern an.

Ein Aleppokiefernwald am Hang und Weinfelder ziehen sich ein paar hundert Meter hoch ins Gebirge. Hier gedeihen die besten Rebsorten für den roten Plavac-Wein. Nach ca. 2 km folgt der Ort **Jagodna** mit *Autocamp*.

Essen/Übernachten Restaurant Slavinka mit Appartementvermietung. ☎ 021/767-110, www.slavinka.net.

Camping »» **Mein Tipp:** Autocamp Lili, unterhalb von Jagodna an der gleichnamigen Bucht – das schönstgelegene Camp an der Südküste! Weitläufiges 20 ha-Gelände im Föhrenwald oberhalb der Steilküste. Die Wirtsleute Lina & Šime sind um ihre Gäste sehr bemüht, verkaufen besten Rotwein, Kapern, Brot, Käse, Olivenöl und Grappa; zudem kommen per Lieferwagen Obst und Gemüse. Das schöne Restaurant mit Grill ist von Juni bis Sept. in Betrieb, dann gibt es Fisch, Fleisch und Gerichte aus der Peka. Auch Kräuterwanderungen werden angeboten. Ein Pfad führt hinab zur geschützten Kiesbucht, weitere folgen. Es gibt einen kleinen Bootshafen, bestes Tauchrevier. 18 Appartements (für 2–4 Pers. ab 35 €/2 Pers.) werden vermietet, auch in schönen Natursteinhäuschen oberhalb vom Meer. Ganzjährig geöffnet. Pro Pers., Auto und Zelt 9 €, Strom 3 €. ☎ 021/745-775, -742 (Winter), 091/8982-546 (mobil), www.kamplili.hr. «««

Vor Sv. Nedjelja ziehen sich Pinienwäldchen bis ans Meer und schroffe Felsen vom Berg Hum. Kurz vor Sv. Nedjelja liegt die **Zagon-Bucht**: ein Felsendom *(Šuplja stina)* an einer Steilküste, ansonsten Agaven, kleine Palmen, Feinkiesstrand. Die Landschaft zu erkunden lohnt sich. In der Saison ist die Konoba geöffnet und an den Felsen kann geklettert werden (→ „Sv. Nedjelja/Klettern").

Die Südküste zwischen Zavala und Sv. Nedjelja

Sv. Nedjelja: Das kleine, verschachtelte Piratennest liegt auf einem Berg, umgeben von Weinfeldern – im Süden kann man die Umrisse der Insel Susak erkennen, bei super Sicht sogar Palagruža. Die Straße führt in Serpentinen hinab ans Meer zur Felsbadeküste und zu den Neubauten mit Appartementvermietung. Oberhalb des Dorfs, in der großen Höhle *Špilija Augustinaca*, befinden sich die Überreste eines Augustinerklosters aus dem 15. Jh. und die Kapelle *Gospa od Snježna* von 1706. Bis Mitte des 19. Jh. diente die Höhle dann als Friedhof. Laut Legende gelangt man von hier durch einen Tunnel bis Stari Grad.

Bisher endet in Sv. Nedjelja die Südküstenstraße. Doch irgendwann, so ist zu befürchten, wird sie nach Hvar weitergeführt, und es wird mit der Ruhe vorbei sein an diesem schönen Küstenstreifen, an dem sich bisher nur Selbstversorger und Bootsbesitzer erfreuen konnten.

Essen & Trinken ≫ Mein Tipp: Konoba-Vinothek **Zlatan**, der Natursteinbau ähnelt Weinbehältern und wurde direkt an Mole und Hafenbecken platziert – bei stürmischer See klopft die Gischt an die breiten Fensterfronten. Die Abendsonne kann man bei guten Fischgerichten und einem Gläschen feinsten Wein auf der Terrasse genießen. Auch das Innere ist einfallsreich mit Glasböden und einem Unterwasserweinkeller ausgestattet. Der Besitzer Zlatan Plenković ist bekannt für gute, selbst gekelterte Weine und seine speziellen Versuche – er gewann etliche Auszeichnungen. Mitte Mai–Okt. ✆ 021/745-725, www.zlatanotok.hr. ≪

Übernachten Pension Pilo Idro, an der Uferpromenade für bis zu 30 Pers. in Appartements/Zimmern mit Terrassen und Balkonen; Halbpension bei Zlatan möglich. Juni–Okt.

Villa Irming, an der Uferpromenade, ca. 6 nette unterschiedliche Zimmer/Appartements mit Balkon, Garten, Grill (ab 30 €, Frühstück 8 €/Pers.). ✆ 021/745-768, www.irming.hr.

Entlang der Uferpromenade gibt es weitere Zimmer und Appartements in netten Neubauten zu mieten. Im Ort kleiner Laden.

Klettern ≫ Mein Tipp: Hier, an einem der entlegensten Orte, hat die **Kletteragentur Adventure Guide** (www.cliffbase.com, ✆ 091/7648-182) ihren Sitz. Zu Fuß oder per Boot wird die Gegend erkundet, u. a. Touren zum Strand Zogon mit dem Kletterfelsen *Šuplja stina*. ≪

Veranstaltung Osterprozession am Karfreitag früh um 4 Uhr von Sv. Nedjelja hoch zur Kapelle Gospa od Snježna und weiter zum alten Ort Jagodna.

Sv. Nedjelja – Piratennest und Weinort am Steilhang

Jelsa

Quirliger Touristenort mit Hotels, Campingplätzen, Badestränden und netten Lokalen für den Abend. Umgeben von Wald und Bergen liegt das 1600-Einwohnern-Städtchen an einer Bucht mit vielen Quellen und Pappeln. Von hier aus lassen sich – bedingt durch die zentrale Insellage des Ortes – wunderbare Wander- und Mountainbiketouren in alle Richtungen unternehmen.

Jelsas Architektur wirkt großzügig und lässt auf eine junge Stadtgeschichte schließen. Doch das täuscht. Rund um das Hafenbecken stoßen wir auf Relikte vergangener Jahrhunderte, in der weiteren Umgebung auch auf Funde aus der Antike. Das einstige Schiffbauzentrum ist heute ein beliebter Badeort und bietet eine große Auswahl an Lokalen, die auch ihren selbst Gekelterten servieren. Palmen und Pappeln verschönern das Stadtbild, und die nahen Berge laden zu Wanderungen ein: dorthin, wo einst schon die alten Griechen saßen – zum Beobachtungsturm *Tor* oder zur alten Hirtensiedlung *Humac* mit nahe gelegener Höhle.

Geschichte

Die Gegend war bereits zur Zeit des Neolithikums besiedelt, wie man bei der Erforschung der *Grapčeva-špilja-Höhle* südöstlich von Jelsa entdeckte. Die Höhle kann besichtigt werden. Südlich von Jelsa hinterließen die Griechen den Beobachtungsturm *Tor*, der noch sehr gut erhalten ist. Ganz in der Nähe stolpert man über die Ruinen des befestigten Stadtkastells *Grad* aus der Spätantike; von hier aus sind der Kanal von Hvar und die Ebene von Jelsa gut zu überblicken. An römischen Bauwerken blieben einige Villen erhalten. Jelsa entstand im 14. Jh. als Hafenort von Pitve. Im 15. Jh. bildete sich eine Siedlung um die Kirche Sv. Ivan. Zur Zeit der Türkenkriege kamen Flüchtlinge vom Festland herüber. Mitte des 19. Jh. legte man die Sümpfe trocken, pflanzte Pappeln und baute den Hafen aus. Es entstand eine Schiffswerft, und der Ort stieg zum Schiffsbauzentrum der Insel auf.

Blick vom „Tor"-Beobachtungsturm über Jelsa und das Küstengebirge

Information/Verbindungen/Diverses

Touristinformation (TZ), Obala b. b. (nördl. am Hafenbecken), 21465 Jelsa, ✆ 021/761-918, 761-017, www.tzjelsa.hr oder www.jelsa-online.com. Juni–Sept. Mo–Sa 8–14.30/15.30–22, So 10.30–12.30/20–22 Uhr; April/Mai, Okt. tägl. außer So 8–14.30/15.30–20 Uhr; sonst Mo–Fr 8–14.30 Uhr. Gute Infos, zudem sehr gute Mountainbike- und Wanderkarte.

Atlas, Obala b. b., westl. der Touristeninfo. 8–12/17–20/22 Uhr, So 10–12/17–20 Uhr. ✆ 021/761-038.

OSS Tours, neben Atlas, ✆ 021/761-540. Fahrräder, Scooter.

T-Club, südliches Hafenbecken, ✆ 021/761-999, www.t-club.hr. Fahrräder, Scooter und Boote.

Agentur Island, südöstl. am Hafenbecken gelegen. Lucica b.b., ✆ 021/761-404, www.hvar-jelsa.net. Zimmervermittlung (App. Drinković).

Verbindungen Busse mit Stari Grad (10-mal), Vrboska (6-mal) und Hvar (4-mal, 2,80 €). Taxistand am Busbahnhof.

Fähren: *Katamaran Jelsa–Bol–Split:* tägl. 6 Uhr (So 7 Uhr), zurück ab Split 16 Uhr.

Die Maria-Himmelfahrts-Kirche

Auto, Motorrad, Fahrrad Tankstelle Ortsbeginn an Hauptstraße. Auto-, Motorrad- und Fahrradvermietung über OSS Tours oder T-Club.

Gesundheit Apotheke (Ljekarna), neben der Post, ✆ 021/761-108. **Ambulanz**, Ortsbeginn links, ✆ 021/583-538, -537.

Ausflüge Führung durch die **Hirtensiedlung Humac** und weiter zur Höhle – Mo, Mi und Sa (→ „Ausflüge").

Einkaufen/Wein Große Auswahl an Weingeschäften in der Stadt, u. a.:

Weinfabrik Tomić, Bastijana d.o.o., technologisch auf dem neuesten Stand, breites Weinsortiment aus Rot, Weiß und Rosé, 20 % aus eigenen Trauben, Rest von den Weinbauern der Umgebung. Im schönen Gewölbekeller mit Naturfelsen können 9 verschiedene Sorten verkostet werden, daneben auch Grappa und Prošek. Im Ortsteil Mina, im Osten, ✆ 021/768-160, www.bastijana.hr.

Vinothek Tomić, Altstadtgasse, nördl. der Kirche. Neben Weinverkostung werden zum Verzehr auch Käse, Schinken und Oliven angeboten. Juni–Mitte Sept. tägl. 10.30–12/19.30–24 Uhr.

Winzer Duboković d.o.o., verschiedenste gehaltvolle Weine auc auf hohem Niveau. Vrisna b. b., ✆ 098/410-110, www.dubokovic.hr.

Veranstaltungen In Jelsa beginnt am Gründonnerstag nachts die **Osterprozession** über den alten Weg zu den Kirchen in Pitve, Vrsnik, Svirce, Vrbanj, Vrboska. **Kirchenfest Sv. Marija**, am 15. Aug. **Weinfest** am letzten Wochenende im Aug. mit Folkloreaufführungen und Konzerten mit einheimischen Interpreten; dazu überall in den Restaurants Feststimmung mit Essen, Trinken und Tanzen.

Nachtleben **Cafébar Mojito**, gemütlich am Hafenbecken bei Touristinfo. **Cocktailbar-Disko Vertigo**, in der Altstadt; Juni–Sept. geöffnet. **Loungbar Chuara**, im Park am Hafenbecken. **Club Villa Verde**, Südostseite vom Hafenbecken (bei Mole), mit Garten; DJs heizen ein, es gibt Liveacts etc., nur Juli/Aug.

Übernachten/Camping

Privatzimmer/Appartements Privatzimmer ab 30 €/DZ. Appartements pro Pers. ab 40 €. Die schönsten und ruhigsten Übernachtungsquartiere liegen an der Küstenstraße nach Vrboska im Kiefernwald – etliche kleine Buchten mit Kies- und Felsbadestränden.

Residenz Drinković, Fam. Veljko Drinković, Zimmer/Appartements an der Südostseite vom Hafenbecken. ☏ 021/761-404, www.hvar-jelsa.net.

*** **Appartements Murvica**, kroat.-dtsch. Ltg. (Djorđan & Angelika Gurdulić), ruhige Altstadtlage mit Parkplätzen, gut ausgestattete Studios/Appartements. Angeschlossen ist ein gutes Restaurant (s. u.). In Humac wird auch ein Natursteinhaus vermietet (s. d.). 54 €/2 Pers. Östl. der Tankstelle, ☏ 021/761-405, www.murvica.net.

*****Appartements Tonko Barbić**, im nördlichen Stadtteil Burkovo (oberhalb vom Hafen, Zufahrt Richtung Resort Fontana), ☏ 021/761-229, 091/6032-383 (mobil).

Appartements/Zimmer Marija Lazeneo, gute Lage, 100 m südwestlich vom Hafen (Zufahrt bei Bank u. Supermarkt). Preiswerte einfache Zimmer bei netter Wirtin, Parkplatz. DZ 36–40 €. K. Br. 279, ☏ 021/761-110, 098/9520-617 (mobil).

Hotels Die Hotelgruppe Adriatiq (www.hotel-hvar.adriatiq.com) hat nun alle Hotels in Jelsa übernommen.

*** **Hotel Hvar** (= Ex-Mina), auf einer bewaldeten Anhöhe am Ortsrand auf der Südostseite, in der Nähe Fels- und Kiesstrand. Großer Pool, Fitness. Alle Zimmer wurden 2009 komplett modernisiert. DZ/F 124 € (TS 150 €). Mala Banda b. b., ☏ 021/761-024, www.adriatiq.com.

Resort Fontana, empfehlenswert in diesem Komplex mit Pool, Tennisplatz und Animation sind die Appartements Pinus. Sehr ruhige Lage an der Küste im Kiefernwald nördlich der Stadt:

**** **Appartements Pinus**, geräumige, komfortable und voll ausgestattete Wohnungen (2–6 Pers.) mit Balkon und Blick aufs Meer. Die Pools etc. des Resorts Fontana können benutzt werden. 90–205 € (TS 110–250 €). ☏ 021/761-810, www.resortfontana.adriatiq.com.

Camping Autocamp Mina, sehr einfaches 2 ha großes, terrassiertes Gelände unter Kiefern, stadtauswärts im Osten auf einer Halbinsel mit Kies- und Felsstrand gelegen. Es gibt Duschkabinen im Freien, teils mit Warmwasser. Kleiner Einkaufsmarkt und Bar. Fels-, Kies- und kleine Sandbucht. Geöffnet Mai–Okt. Pro Pers. 4 €, Auto 3 €, Zelt 3 €. ☏ 021/761-210.

*** **Camp Holidays**, knapp 1 km östlich der Stadt und der Camp Mina nachfolgenden Halbinsel; nettes 25 ha-Föhrengelände direkt am Meer, zudem parzelliert mit Stromversorgung; moderne Sanitäranlagen, Wäscherei, Grillplatz, Restaurant, Fahrradverleih. Geöffnet Juni–Sept. Pro Pers. 4,50 €, Zelt 3 €, Auto 3 €. ☏ 021/761-140, www.autocamp-holiday.com.

*** **Autocamp Grebišće**, ca. 1,5 km östlich des Ortes an einer Bucht, vom Meer durch eine Straße getrennt. 3 ha großes Terrassengelände unter Föhren und Mandarinenbäumen (Grebišće); Feinkiesstrand; gut geführtes Camp mit sauberen Sanitäranlagen. Wenige Plätze mit dem Auto zugänglich. Tägl. Verkauf von Brot, Obst und Gemüse. Verleih von Fahrrädern, Scootern und Booten (Anlegestelle). Geöffnet Mai–Sept. Pro Pers. 4,60 €, Stellplatz ab 8,60 €, Parzelle ab 12 €. Es werden auch Appartements (55 €) und Bungalows (90 €) vermietet. ☏ 021/761-191, www.grebisce.hr.

Essen/Cafés

Etliche kleine Restaurants in den Gassen, viele gute Konobas außerhalb der Stadt (→ Kleine Siedlungen um Vrbanj); Cafés rund um den Hauptplatz und die Hafenbucht.

»› Mein Tipp: Konoba Huljić, etwas versteckt in der Seitengasse der Ul. Brače Batoš, zählt zu den besten Lokalen der Stadt. Gute Fisch- und Fleischgerichte, teils aus hauseigener Produktion, wie auch der Wein. ☏ 091/1798-880 (mobil). ‹‹‹

Restaurant & Vinothek Me and Mrs. Jones, nun nördlich am Hafenbecken; das junge Team versucht neue dalmatinische Kochkreationen, dazu werden ausgezeichnete Weine von Hvar und Dalmatien angeboten. Ostern–Okt. ☏ 021/761-882.

Restaurant-Pension Murvica, auf der lauschigen Terrasse speist man bestens aus dem offenen Kamin Peka-Gerichte wie Lamm, Oktopus, Huhn, Kalb (nach Voranmeldung), daneben gibt es Pizzen, leckere Fisch-, Fleisch- und vegetarische Gerichte. Zudem eigenes Olivenöl, Wein, Grappa und Marmelade (s. a. Übernachten). ✆ 021/761-405.

Gostiona Turan (früher Dominke), ist umgezogen und liegt nun etwas nördlich der Altstadtgasse zur Hauptkirche. Gespeist wird auf der großen neuen Terrasse oder im hübschen Innern. Es gibt Lamm, Fisch und Gerichte aus der Peka. 18–24 Uhr.

Cafés Eisdiele Jelsa, am Hafenbecken; serviert die Cups seit 20 Jahren.

Schmankerln aus Jelsa und Umgebung

Nicht nur in Vrboska, auch in Jelsa weiß man mit Sardinen umzugehen, denn Salzfische sind hier seit alters her bekannt. Sie werden mit Oregano schichtweise eingelegt – die Mai-Sardinen sollen die besten sein. Dazu wird Mangold serviert. Beliebt sind auch **kapulica**, eingelegte Zwiebeln, die man zu Fisch und Fleisch genießt. Nicht zu vergessen die Lammsuppe oder **brodetto,** die schmackhafte Fischsuppe.

Zu Wein, Schnaps oder als Nachtisch werden Feigen gereicht – gepresst mit Lorbeerblättern und Rosmarin (diese Zubereitungsart ist in Bogomolje zu Hause) oder eingelegt in Mandeln.

Eine spezielle Zubereitung wurde für den Traubenschnaps Raki entwickelt. Je nach Geschmack wird Myrte in den Raki eingelegt, dann heißt er **martinovaća**. Oder man reichert ihn z. B. mit Salbei und Anis an, dann nennt man ihn **travarica**. Das alles ist natürlich äußerst gesund und lebensverlängernd, man sollte diese Medizin deshalb schon morgens einnehmen ...

Und als Naschwerk gibt es auch in Jelsa die leckeren **paprenjac** – Honigkuchen, natürlich nach Jelsa-Rezeptur.

Sehenswertes

Das Stadtbild von Jelsa mit seinen meist im 19. Jh. erbauten Häusern ist eher untypisch für die Mittelmeerregion. Auf einem kleinen Platz südlich vom Hafen und umringt von ein paar Renaissancebauten, steht das Kirchlein *Sv. Ivan*, im 15. Jh. erbaut, im 17. Jh. barockisiert. Südwestlich davon prunkt die große Pfarrkirche *Uznesenja Marija* (Maria-Himmelfahrts-Kirche) mit angebautem Turm. Sie wird 1331 erstmals erwähnt und 1535 zur Festung gegen die Türken ausgebaut. Vergrößert wurde sie nochmals durch vier angebaute Kapellen, die beiden großen erhielt sie im 17. Jh., die kleineren im 19. Jh., wie auch den Glockenturm. Die bunten Mosaikfenster lassen nur wenig Licht in den Innenraum, aber genug, um das beeindruckende Gemälde „Die hl. Jungfrau und das Martyrium von Fabina und Sebastian" des flämisch-venezianischen Meisters P. de Costera zu betrachten.

Auf dem alten Uferweg nach Osten, Richtung Autocamp Mina, erreicht man den *Friedhof* (14. Jh.) auf der Landzunge und auch den ältesten Teil von Jelsa, unter „Civitas Vetus Ielsae" schon im Statut von Hvar 1331 erwähnt. Früher war dieses Gebiet durch eine Festungsmauer von der Insel abgetrennt, nur noch Reste sind heute sichtbar. Auch vom Augustinerkloster, das 1605 hier gegründet wurde, blieb nur noch die Kirche erhalten. Oberhalb des Ortes, im Süden, steht am alten Prozessionsweg aus dem 14. Jh., zudem am heutigen Wanderweg zum „Tor", die 1535 erbaute Votivkirche *Gospa od zdravlja* (Maria-Heil-Kirche), die Schutzpatronin auch für die umliegenden Orte. Das schöne Altarbild soll Palma der Jüngere (1544–1628) gefertigt haben. Ein weiteres Schmuckstück ist die Ikone im Renaissancerahmen aus dem 16. Jh. Der Prozessionsweg verläuft von Jelsa nach Pitve, Vrsnik, Svirće, Vrbanj und endet in Vrboska. Am Gründonnerstag um 22 Uhr startet bei den Kirchen die Prozession der Gläubigen, die die ganze Nacht andauert.

Sport/Wassersport

Baden: Bademöglichkeiten an der **Grebišća-Bucht** mit Feinkiesstrand; weiter östlich an den Buchten von **Sv. Luka** und **Prapatna**, ebenfalls Strand aus feinem Kies.

Hafenamt 021/761-055.

Sportgeräteverleih am Hafen und in den Agenturen Verleih von Booten, Wasserskiern, Mopeds, Fahrrädern.

Fahrrad Es gibt ausgewiesene Radwege, Fahrrad- und Wanderkarte (mit Tourenvorschlägen etc.) in Touristinfo erhältlich.

Schön ist z. B. eine Tour von Jelsa nach Pitve und zum Tunnel Zavala, kurz nach dem Tunnel am Abzweig auf Makadam entlang dem Bergkamm in Richtung Humac und weiter bis Grudac bei Zastražišće. Herrliche Aussicht! Oder einfach nur in Richtung Stari Grad durchs Ager-Feld (→ Stari Grad).

Ausflüge von Jelsa

Tor und **Grad**: In rund einer Stunde führt ein Wanderweg durch Macchia südostwärts, vorbei an der Votivkirche, zum griechischen Beobachtungsposten *Tor* aus dem 3. bis 4. Jh. v. Chr. Riesige Quadersteine sind aufeinander gesetzt; an den Eckpunkten eine Nabe als Verzierung. Es bietet sich ein herrlicher Fernblick auf Jelsa, Vrboska, Stari Grad, Brač und Makarska. Ein Stückchen entfernt liegt *Grad*, das Festungswerk der Römer, von dem nur noch wenig erhalten ist.

Inselostblick vom röm. Grad

Humac und **Grabčeva špilja** (Höhle): Von Jelsa rund 10 km auf der Inselstraße ostwärts, Richtung Sućuraj, gelangt man zu einem Parkplatz mit Wegweiser nach Humac. Man kann auch von Jelsa den 4-stündigen Wanderweg nach Humac über Gormin Dolac nehmen. In Humac hat in der Saison eine Konoba geöffnet und es gibt ein Robinsonhaus zu mieten (s. u.).

Humac ist eine Hirtensiedlung, deren Geschichte bis ins 14. Jh. zurückreicht. Damals hatten die Steinbehausungen eine runde Form und einen winzigen Eingang. Mit der Zeit baute man sie zu größeren, rechteckigen Häusern um. Die heute zu sehende Hausform ist 200 bis 300 Jahre alt. Früher diente die Siedlung den Hirten und ihren Schafen als Unterkunft, heute nutzen sie die

Die Hirtensiedlung Humac – ein lohnendes Ausflugsziel

Weinbauern aus Vrsnik während der Erntezeit als Schlafplatz. Der ganze Ort steht unter Denkmalschutz und wird von den Anwohnern finanziell und tatkräftig instand gehalten und restauriert. Eine kleine Führung vermittelt Einblicke in das Leben der Hirten. Ihr Wohnraum war Feuerstelle, Küche und Schlafplatz in einem. Gezeigt werden alter Hausrat, ein alter Weinkeller und Gebrauchsgegenstände. Interessant auch die Verriegelung der Häuser mit einem Schlüssel, dessen Spitze durch ein Gelenk mit einem Nagel verbunden ist. Es funktioniert wie beim Tresor: Der Nagel wird in das Türschloss gedrückt, dann dreht man den Schlüssel herum, bis es klackt und die Tür aufspringt.

In weiteren 40 Min. gelangt man zur *Grabčeva-špilja-Höhle* (nur mit Führung) – ein bedeutendes vorgeschichtliches Kulturdenkmal. Archäologenteams unternahmen hier von 1912 bis 1952 Ausgrabungen, bei denen sie auf bis dahin völlig unbekannte Funde stießen, die auf die Zeit von 4500 bis 1000 v. Chr. zurückgehen. Daraus schloss man, dass Hvar bereits 2000 v. Chr. rege Handelsbeziehungen mit weiter entfernten Regionen pflegte. Man fand Scherben der so genannten Impressokeramik, die auf das vierte Jahrtausend v. Chr. zu datieren sind. Auch Stalagmiten und Stalaktiten sind in der Höhle zu bewundern – bzw. die Reste, die die Andenkenjäger übrig ließen.

Anfahrt/Information Eine Führung in Humac und weiter zur Höhle findet in der Saison Mo, Mi und Sa um 9 Uhr statt (Treffpunkt Konoba Humac). Infos bei TIC.

Essen & Trinken Konoba Humac, traditionell gebautes Natursteinhaus mit herrlicher Terrasse und Blick aufs Meer sowie die Insel Brač. Hier lässt es sich speisen: Es wird nur biologisch angebautes Gemüse verwendet, das Fleisch ist aus eigener Schlachtung, der köstliche Hauswein selbst gekeltert. Spezialitäten sind Gerichte aus der Peka (Lamm, Huhn, Oktopus) und Lammspieß. Juni–Mitte Okt. 9–22 Uhr, So Ruhetag. 091/523-9463 (mobil, Hr. Jakov Franičević). ∎

Übernachten ⟫ Mein Tipp: Robinsonhaus Humac, ganz idyllisch, v. a. in der Nebensaison, kann man im alten Natursteinhaus (bis zu 4 Pers.) mitten im alten Humac nächtigen und von der Terrasse aufs Meer blicken. 50–80 €/Tagesmiete. ⟪

Sv. Luka – beliebter Felsenbadestrand

Von Jelsa nach Sućuraj

Eine ziemlich einsame Gegend mit abwechslungsreicher Vegetation, hügelig und zypressenbewachsen – toskanahaft anmutend. An der Straße liegen nur ein paar kleine Orte, in denen man sogar Probleme hat, ein Essen zu bekommen. Zur Küste mit vielen einsamen Badestränden zweigen immer wieder Sträßchen und Wege ab. In verstreut liegenden Pensionen und Robinsonhäuschen gibt's dalmatinische Hausmannskost und selbst Gekelterten.

Hinter Jelsa am Meer liegt die uralte Kapelle *Sv. Luka* und Säulenreste einer römischen Villa. Die Straße führt hoch in die Berge, an Steinmauern entlang, vorbei an einem verlassenen Dorf. Unten, an der Nordküste, liegen die Bucht von *Prapatna* und Badestrände, die mit dem Boot von Jelsa aus zu erreichen sind.

Bei *Poljica* führt eine Straße nach Norden ans Meer, schlängelt sich weit und tief hinab. Glasklar ist das Wasser in den Buchten, Kies, Stille – aber mehr und mehr Ferienhäuschen sind am Entstehen.

Vor Zastražišće führt eine Straße nach *Vela Stiniva*, ebenfalls an der Nordküste gelegen: oben Felsschluchten, Oliven, Aleppokiefern – unten Weinfelder. Orgelpfeifenähnlich ragen die Felsen hinter den Häusern an der Bucht auf. Es gibt Pensionen, Kiesstrand, Fischkutter und ein barockes Patrizierhaus.

Zastražišće besteht aus verstreuten Ortsteilen. Hier gibt es Honig- und Lavendelverkauf, Ziegen und ein paar alte Bauernhäuser an der Durchgangsstraße. Eine dickturmige Kirche mit Glockenaufsatz steht von Zypressen bewacht am Hügel. Wege führen zu den Buchten hinunter. In der Nähe des Orts thront eine illyrische

Von Jelsa nach Sućuraj

Burgruine auf dem Hügel Vela Glava. Hier wurde über die Jahrhunderte Wache geschoben, unter anderem wegen der türkischen Piraten. Im letzten Ortsteil *Grudac* folgt die Abzweigung Richtung Norden, nach ca. 5 km sind **Pokrvenik** und die gleichnamige Bucht erreicht.

Verschiedenes Es gibt eine Post und eine Bäckerei (6.30–10.30 Uhr). An der Inselstraße laden Gostiona Apolo und Gostiona Karmelino zur Einkehr ein.

Übernachten In Pokrvenik gibt es an der gleichnamigen Bucht schöne Übernachtungsangebote, z. B. *** **Appartements Cico** (✆ 021/745-140), *** **Rubin** (✆ 021/775-005). Ebenso *****Hotel Timun**, 2-stöckiger Bau, ebenfalls direkt an der Bucht mit Restaurant. DZ/HP 72 €. ✆ 021/754-120, 091/4004-970 (mobil), www.hotel-timun.hr.

Vor **Gdinj**, ebenfalls aus mehreren Ortsteilen bestehend, führt kurz vor dem Ortsteil *Dugi Dolac* ein Abzweig zur *Zaraće-Bucht* an die Nordküste. Neubauten ziehen sich um die Bucht. Das Wasser ist klar, die Strände sind felsig und kiesig. Anlegestellen für Boote und FKK-Plätzchen finden sich. Wenn man nicht gerade in einer Pension wohnt, ist es trotz der vielen Häuser nicht einfach, etwas Essbares zu finden – außer Weintrauben.
Pension Ćurin Vicko und Pension Zaraće mit Appartement- und Zimmervermietung, ✆ 021/776-038.

Im einsamen Osten der Lavendelanbau

In *Dugi Dolac* gehen zur Erntezeit die Frauen mit Eseln aufs Feld hinaus, um die Feigen zu ernten. Zum Trocknen werden sie vor den Häusern ausgelegt. Außer Feigen gedeihen Lavendel und Wein.

Dugi Dolac, eine alte Hirtensiedlung aus dem 14. Jh., diente in der Bronzezeit wahrscheinlich als Beobachtungsposten. An der Straße stehen ein paar alte Häuser, bei der Kirche einige große Renaissance-Barockbauten; nach der verwitterten Schrift auf der Fassade zu schließen, war einer davon wohl ein Gasthaus.

Blick auf Korčula und Pelješac. Die Straße liegt oberhalb des Waldes, in dem Aleppokiefern, Zypressen, Oliven, Wacholder und Feigen wachsen.

In *Dugi Dolac* und im nächsten Ortsteil *N. Crkva* folgen Abzweigungen zur Südseite der Insel mit Fels- und Kiesbuchten, Zimmer- und Appartementvermietung und Konobas, die aber nur in der Hochsaison geöffnet haben.

Bogomolje mit seiner barocken Pfarrkirche (1605) besteht aus mehreren Weilern. Üppig ist die Vegetation – es wachsen Zypressen, Feigen, Lavendel, Oliven- und Mandelbäume.
Der Ort hat eine Post, eine kleine Gostiona und einen Laden. Brot allerdings gibt es erst 20 km weiter in Sućuraj.

Von Bogomolje führt eine Abzweigung zur *Bristova-Bucht* an der Nordküste. Auch diese Straße windet sich in Serpentinen hinab. Die gebirgige Küste rückt immer näher. Unten das übliche Bild: ein paar neue Häuser, Pension, Kiesbucht mit Fischerbooten, ein Kai. Zur Südküste mit schönen Badebuchten und Anlegestellen für Boote führt ebenfalls ein Asphaltsträßchen.

Oben, von der Inselstraße aus, blickt man wieder nur auf Steinmauern und Macchia. Ab hier führen nur Fußwege zu den geschützten Buchten und Kiesstränden an der Inselnordseite. Sie sind allerdings nichts für Leute, die schnell einmal baden wollen, denn es erweist sich als nicht einfach, einen Weg zu finden, der auch wirklich nach unten führt. Ansonsten muss man sich durchs Gestrüpp kämpfen und nach einer Bucht Ausschau halten – oder in einem der verstreut liegenden Häuser fragen.

Bei **Selca** führt in Richtung Inselsüdseite ein Fahrweg nach **Zaglav**, das mit ein paar Häuschen inmitten der Wildnis liegt. Ein Fußweg führt weiter zur *Kožija-Bucht* mit einem Wehrturm aus dem Jahr 1700. Hier, im Süden der Insel, herrscht Felsküste vor.

An der Inselstraße bei Selca die **Konoba Bolat**, ein steingedecktes Natursteinhaus, hübsch unter wildem Wein. Für eine Rast und Imbiss (Schinken, Käse, Wein) wunderbar.

Sućuraj

Der 400-Einwohner-Fährort an einer Bucht ganz im Osten von Hvar liegt dem Festland am nächsten. Obwohl imposant vor der Kulisse des Biokovo-Küstengebirges gelegen, ist Sućuraj nicht viel mehr als ein Durchgangsort.

Sućurajs Häuser weisen typische Verteidigungsbauweise auf: geschlossene Front zur Straßenseite, nach hinten offen und durch Bögen miteinander verbunden. Die Besiedlung ging von zwei Halbinseln aus, die durch den Hafen verbunden sind. An der Nordseite leben die alten Inselbewohner, an der Südseite die „neuen" Siedler.

Strategisch war der Ort durch seine Festlandsnähe schon immer bedeutend – bereits die Illyrer lebten hier. 1331 wird die Kirche *Sv. Juraj* erstmals erwähnt, von der Sućuraj seinen Namen erhielt. Ein paar Hirten siedelten sich um die Kirche an; ab dem 16. Jh., als Augustinermönche ein Kloster gründeten, vergrößerte sich die Siedlung. Von dem Kloster sind nur noch Mauerreste erhalten. Im 17. Jh. bildete Sućuraj die Dreiländergrenze zwischen dubrovniker, türkischen und venezianischen Landesherren. Die Venezianer bauten eine Festung, die, wie viele andere, im Zweiten Weltkrieg zerstört wurde.

Information Touristinformation (TZ), am Hafen, 21469 Sućuraj, ✆ 021/717-288. Juli–Mitte Sept. tägl. 8–13/17–20 Uhr; sonst Mo-Fr 8–15 Uhr. Ansprechende Website: www.sucuraj.com; hier findet man viele Privatunterkünfte.

Verbindungen *Trajekt Sućuraj–Drvenik*: 6-mal tägl. (30 Min.) in der Saison zwischen 7 und 19 Uhr. 1- bis 3-mal tägl. **Busse** nach Hvar.

Hafenamt ✆ 021/773-228.

Gesundheit Ambulanz, am Ortsbeginn.

Einkaufen kleine Supermärkte vorhanden.

Übernachten Privatzimmer ab 30 € fürs DZ. Appartements ab 55 € für 2 Pers. (s. o. über Website) – fast jedes Haus vermietet.

** **Hotel Trpimir**, kleines, einfaches Hotel, gut für einen Stopp. DZ/F mit Balkon 70 €. ✆ 021/773-224.

Camping ** **Autocamp Mlaska**, ca. 4 km vor Sućuraj an der Nordküste. Eine sehr steile, schmale Straße führt auf die Landzunge mit üppigem Piniengrün. Herrlicher Blick aufs Biokovo-Küstengebirge und die Stadt Igrane. Großer, gut gelegener Platz unter Ölbäumen, Baumheide, Steineichen und Pinien; Restaurant, Laden. Die Sanitäranlagen wurden modernisiert. Hunde sind erlaubt. 2 Buchten, FKK und Textil; Felsplatten-, Sand- und Kiesstrand; Anlegestelle für

Boote, Geöffnet 1.4.–31.10. Pers. 5 €, Zelt und Auto je 4,50 €. Auch sehr einfach ausgestattete Bungalows werden vermietet. 098/437-280, 091/5016-163 (mobil), www.mlaska.com.

Essen & Trinken Einfache Lokale mit Fisch- und Grillgerichten um das Hafenbecken.

Riblji Restaurant, Fischlokal mit Sitzmöglichkeiten direkt am Wasser oder im kleinen Innenhof. **Grill Gusarska Luka**, ebenfalls direkt am Hafenbecken.

Zu empfehlen ist **Restaurant Fortica**, nette Terrasse mit Meerblick oberhalb vom Hafen, leckere Gerichte, süffige Weine und bester Service.

Wenn keine Fähre mehr fährt

Sućuraj ist für viele Hvar-Besucher nur Durchgangsort. Doch passiert es ab und an, dass die Bora zum unfreiwilligen Aufenthalt zwingt. Bläst sie zu kräftig, legt keine Fähre mehr ab. So parkt man sein Auto in der langen Schlange, fährt ab und zu ein paar Meterchen vorwärts, wenn ein Ungeduldiger, des Wartens überdrüssig, den unwirtlichen Ort verlässt. Stunden sitzt man, vertritt sich ab und zu die Füße oder sucht sich gleich ein Zimmer, wenn die Meteorologen besseres Wetter für den nächsten Tag versprechen.

Bei solch einem Wetterhindernis lebt Sućuraj auf – die Zimmervermieter werden aktiv, in den Restaurants wird Feuer geschürt, in den Töpfen wird gerührt. Und beim Spaziergang durch die Gassen des kleinen Fischerorts stellt man vielleicht fest, dass er so unfreundlich gar nicht ist und einiges zu bieten hat: eine lauschige Hafenidylle, Bademöglichkeiten, das imposante Panorama von Pelješac und das Küstengebirge gegenüber.

Baden: Ein betonierter Fußweg führt zur Landspitze mit dem Leuchtturm. Weiter geht ein mit Heidekraut bedeckter Makadamweg durch niedrige Macchia. Imposant die beidseitige Bergkulisse. Bademöglichkeiten an Felsplattenstränden mit kleinen Kiesbuchten und beim Campingplatz.

Leuchtturm Sucuraj und Blick gen Biokovo

Blick auf die große, gut geschützte Bucht von Vis

Insel Vis

Ihrer exponierten strategischen Lage wegen war die Insel – sie ist am weitesten vom Festland entfernt – seit jeher von militärischem Interesse. Erst in den letzten Jahren hat sich Vis dem Tourismus geöffnet, und viele Besucher genießen seine beschauliche Ruhe. Es gibt Überreste der antiken Stadt Issa zu bewundern, schöne Strände und kleine vorgelagerte Inseln. In Sichtweite lockt die Insel Biševo mit der „Blauen Grotte".

Die 90 km² große Insel liegt südwestlich von Hvar, dem Vis jahrhundertelang administrativ angeschlossen war. Bis 1989 war Vis für Ausländer gesperrt und führte ein entsprechend isoliertes Dasein. Heute leben rund 3500 Einwohner in den beiden Hauptorten, dem Fährstädtchen *Vis* an der Ostseite und *Komiža* an der Westseite. Weitere 11 kleine Ortschaften gibt es verstreut im Inselinneren – wegen der Piratengefahr siedelte man sich früher lieber etwas abseits der Küste an. Kalksteinhügel und Karstfelder durchziehen die Insel. Ihre höchste Erhebung ist mit 585 m der *Berg Hum* im Westen. In seiner Nähe liegt die große *Tito-Höhle (Titova špilja)*. Eine weitere, die Höhle der *Königin Teuta (Kraljičina špilja)*, liegt im Norden beim Ort Oklucina. Quellwasser und Brunnen gibt es auf der Insel, allerdings fallen nur selten Niederschläge, zudem zählt Vis zu den wärmsten Inseln in der Region. Dementsprechend sieht die Vegetation aus: Macchiagestrüpp, Rosmarin, Lavendel, Oliven- und Johannisbrotbäume, vereinzelte Aleppokiefern. In den fruchtbaren Karstfeldern kultivieren die Viser Weinstöcke – der schwere Weißwein der Insel ist seit alters her begehrt. Daneben leben die Bewohner vom Fischfang und vom Tourismus. Die Gäste erwartet vor allem ein breites Angebot

Insel Vis

an organisierten Sportmöglichkeiten: Tauchen, Paragliden, Mountainbiken, und natürlich kann man ganz individuell geruhsam Wandern und über die Insel Radeln (Fahrradkarten bei den Agenturen).

Kulinarisch wird man auf dieser Insel bestens verwöhnt, eine Reihe guter Köche erfreuen den Gaumen. Neben den leckeren Weinen sollte man unbedingt *Viška Pogača*, auch *Pogača od slane ribe* genannt, probieren: Hefe- oder auch Blätterteig wird mit Sardellen, Kartoffeln und Zwiebeln gefüllt und gerollt.

Wichtiges auf einen Blick

Telefonvorwahl: 021

Fährverbindungen: *Split–Vis:* 2-mal tägl. (Juni–Sept. 3-mal tägl.), 2 Std. Fahrtzeit; Pers. 7,35 €, Auto 50,15 €.

Katamaran Split–Vis (Jadrolinija): 1-mal tägl., 1:30 Std. Fahrtzeit.

Busverbindungen: zwischen Vis und Komiža bis zu 7-mal tägl. zu Fährabfahrtszeiten. Zudem 1- bis 2-mal tägl. Bus über Rukavac.

Tankstelle: nur in Vis.

Bank: etliche in Vis und Komiža mit Bankomaten..

Post: in Vis und Komiža

Vis ist umgeben von zahlreichen kleinen Inseln, die größte und bekannteste ist *Biševo* mit der *Blauen Grotte* (Modra špilja) – sie liegt im Westen in Sichtweite vom Ort Komiža. Ebenfalls bekannt und von zahlreichen Ausflugsbooten angelaufen wird die kleine *Insel Ravnik* im Südosten mit der *Grünen Grotte* (Zelena špilja). Hier wie auch auf der Nachbarinsel *Budkovac* gibt es Konobas.

Die Weine von Vis

Bereits zu Beginn des 2. Jh. v. Chr. bemerkte der griechische Geograf und Historiker Agatharchid aus Knidos begeistert, es gäbe in der ganzen Welt keinen besseren Wein als den von Issa. Das Weinbaugebiet der Insel umfasst heute rund 650 Hektar, die bekanntesten Weine sind Vugava und Plavac, den auch die Biografen des Schriftstellers James Joyce lobten.

Der **Vugava** besitzt eine goldgelbe Farbe, Honigaroma, einen Alkoholgehalt von 12–15,5 % und 5–6 g/l Säure und wächst im Tal Plisko polje. Der **Plavac** hat eine rubinrote Farbe und kräftigen Geschmack. Er ist ein Lagerwein, der sein Aroma über die Jahre verfeinert. Je dunkler die Farbe, desto besser sein Geschmack. Die Reben gedeihen auf dem sandigem Boden, vor allem im Nordosten der Insel.

Geschichte

Vis zählt seit frühester Zeit zu den bekannten Inseln Dalmatiens. Bereits im Neolithikum lebten hier Menschen. Im 6. und 5. Jh. v. Chr. wurde die Insel von den Illyrern besiedelt, im 4. Jh. prägte man hier bereits eigene Münzen. Sie zeigen auf der Vorderseite Jonius, einen illyrischen Herrscher aus Issa, und auf der Rückseite einen Delfin, wohl ein Symbol für den Reichtum des Meeres.

397 v. Chr. gründeten die Griechen unter dem Feldherrn und Tyrannen von Syrakus, *Dionysios dem Älteren,* ihre erste Kolonie im ostadriatischen Raum und nannten

sie *Issa*. Syrakus war damals der mächtigste Staat im griechischen Territorium. *Dionysios der Jüngere*, sein Sohn, gründete weitere Kolonien: Tragurion (Trogir), Epetion (Stobreč bei Split), Salona (Solin bei Split) und Korkyra Melaina (das heutige Lumbarda auf der Insel Korčula). Allerdings zeigte er als Freund Platos mehr Interesse an Philosophie als an Politik. Als sich 229 v. Chr. die illyrische Piratenkönigin *Teuta* anschickte, Issa zu erobern, wurde Rom um Hilfe gebeten. Rom, im 1. Jh. v. Chr. ohnehin auf Expansionskurs, kam die Einladung gerade recht. Während eines Kriegs zwischen Pompejus und Caesar stellte sich Issa unglücklicherweise auf die Seite des späteren Verlierers Pompejus, verlor dadurch 46 v. Chr. seine politische Selbständigkeit, wurde ein *Oppidum civium Romanorum* und von Salona abhängig. Es war die Zeit der großen römischen Bautätigkeit: Thermen, Theater, Tempel und ein Forum entstanden.

Zur Zeit der Völkerwanderung, nach der Teilung des Römischen Reichs, unterstand Issa der Herrschaft von Byzanz. Salonas Aufstieg zum oströmischen Verwaltungszentrum zog Issas Abstieg nach sich – nur der gute Wein rettete die Insel vor dem gänzlichen Vergessen. Später wurde Issa dem Kroatischen Königreich angegliedert. Zwischen 997 und 998 eroberten kurzzeitig die Venezianer Stadt und Insel. Im 12./13. Jh. wurden die Venezianer durch die kroatisch-ungarischen Könige (Fürsten von Krk und Omiš) verdrängt, 1242 fiel die Insel an die Kommune Hvar. Venedig, das 1409 ganz Dalmatien für 100.000 Dukaten von König Ladislav gekauft hatte, bekam 1420 auch Vis, das nun *Lissa* hieß und immer noch zur Kommune Hvar gehörte. Ende des 18. Jh., nach dem Niedergang Venedigs, fiel die Insel an Österreich, dann an Frankreich. 1811 befestigten die Briten nach einer Seeschlacht mit den Franzosen die Insel. Von 1815 bis 1918 unterstand Vis Österreich, das hier seinen Kriegsflottenstützpunkt hatte. 1866 kam es zwischen der österreichischen Monarchie und Italien zu erbitterten Seekämpfen nahe Vis. Unter dem Kommando von *Admiral Wilhelm von Tegetthoff* wurde die wesentlich stärkere Flotte der Italiener geschlagen.

Zwischen 1918 und 1920 war Vis italienisch. Danach gehörte es zum Königreich der Serben, Slowenen und Kroaten. 1943 versuchten die Italiener nochmals eine Okkupation, jedoch ohne Erfolg. Vis wurde Hauptmarinebasis und Sitz des Marinestabs. 1944 baute man einen Militärflughafen, und von Juni 1944 bis zur Befreiung Belgrads am 22. 10. 1944 war Vis Sitz des Generalstabs des Volksbefreiungskampfes unter Leitung von *Marschall Tito* (er hatte in der nach ihm benannten Höhle sein Quartier). Nach dem Zweiten Weltkrieg kam die Insel zur Republik Kroatien in der Föderativen Volksrepublik Jugoslawien, der sie bis zur Erklärung der Unabhängigkeit 1990 angehörte. Bis 1989 war die Insel für ausländische Touristen gesperrt.

Vis

Die gleichnamige Hafenstadt der Insel und das antike Issa liegen im Nordosten an der tief eingeschnittenen, von Hügeln umrahmten Viški-zaljev-Bucht. Stattliche alte Häuser reihen sich an der Palmenpromenade, auf der kleinen Halbinsel steht ein Franziskanerkloster.

Zwei stattliche Leuchtturmhäuser, das östlich der Buchteinfahrt gelegene *Stončica* (1865) und das westlich auf dem Inselchen *Host* (1873) gelegene, weisen den Weg hinein in die große Bucht von Vis (Viška luka), an deren Ende sich rundum das Städtchen schmiegt. Zu den Fährabfahrtszeiten ist die Gegend um das Hafenbecken quirlig und voll von Menschen, Autos, Bussen und Taxen. Ansonsten geht es in den

Gassen ruhig und beschaulich zu, es gibt ein paar Geschäfte, Cafés und Restaurants. Die Stadt mit ihren 1500 Einwohnern besteht aus zwei Ortsteilen: *Luka* im Westen und *Kut* im Osten. Sie sind durch eine Uferpromenade verbunden, die sich, je weiter es nach Osten geht, verschmälert. Die Hausfassaden reichen fast bis ans Meer, davor ankern die hauseigenen Boote. Außer für Anlieger ist die gesamte Uferstraße für Autos gesperrt, und so sieht man, wie sonst auf keiner Insel, zahlreiche Fahrradfahrer, denn die Distanzen von einem Stadtwinkel zum anderen sind lang.

Das antike *Issa* lag nordwestlich der Hafenbucht, terrassenförmig am Hang, umgeben von Mauern, die teils noch erhalten sind. Südlich davon waren die Thermen, die man auf das 1. Jh. datiert. Es fanden sich Mauerreste und Mosaiken. Einzigartig für Kroatien ist *Martvilo,* ein hellenistischer Friedhof mit slawischem Namen. Er liegt mit seinen gut erhaltenen altgriechischen Grabstelen (4. bis 1. Jh. v. Chr.) westlich der alten Stadtmauern von Issa (westlich des Sportplatzes). Nur wenige Grabbeigaben konnten konserviert werden (Archäologisches Museum Split), da die meisten Gräber geplündert wurden.

Auf der kleinen *Halbinsel Prirovo,* der den Trajekthafen im Norden begrenzt, steht das schmucke *Franziskanerkloster* (16. Jh.) mit Kirchturm, das auf den Grundmauern eines altgriechischen Amphiteaters erbaut wurde, daher auch die halbrunde Bauform. Mauern aus jener Zeit sind teils noch zu sehen. Meerseitig steht die Klosterkirche *Sv. Jerolim,* Anfang des 16. Jh. von Minoriten erbaut, nebenan der hübsche Ortsfriedhof.

Am östlichen Ende des Stadtteils Luka steht wuchtig *Batarija,* die ehemalige österreichische Festung von 1830. Hier ist das sehr gut gestaltete *Archäologische Museum* untergebracht (Šetalište Viškiboj 12, Juni–Sept. Di–So 10–13/17–21 Uhr). Gezeigt wird der reichhaltige Schatz griechischer und römischer Funde, u. a. die berühmte griechische Bronzeskulptur „Artemis" aus dem 4. Jh. v. Chr., sowie eine große Amphorensammlung. Auch der unter Marschall Tito geführte Widerstand wird dokumentiert.

Aufgrund seiner strategisch wichtigen Lage erhielt die Stadt auch von vielen seiner Besatzer ein gut ausgebautes Befestigungssystem. Bereits an der Hafeneinfahrt erinnert das Fort St. Georg (ca. 1811) mit Turm, *Fortica* genannt, an die Engländer, die ihren Viser Hafen *Port St. George* nannten. Auf der gegenüberliegenden östlichen Landzunge (nördlich des Stadtteils Kut), steht das Kirchlein des Schutzpatrons von Vis *Sv. Juraj*, im gotischen Stil auf den Grundmauern einer antiken Villa errichtet.

Die stattlichen Häuser rund um die Bucht stammen teilweise noch aus dem 16. und 17. Jh., u. a. im Stadtteil Kut die Sommerresidenz des Hvarer Apothekers *Frane Gariboldi* von 1552, die heute die Villa Kaliopa beherbergt (→ Essen & Trinken). Ebenso stattlich ist das Haus von *Hanibal Lucić* (16. Jh.), das am Stadtplatz von Kut prunkt, heute befindet sich hier das Café Lambik. Im Stadtteil Luka fällt der prachtvolle pinkfarbene Palast *Hrvatski dom* mit Uhrturm ins Auge, Anfang des 20. Jh. errichtet, und die zeitgleich, etwas südlich erbauten Paläste von Luka Tramontana und der Familie Dojmi. Auch Dichterfürst Hektorović aus Hvar, wie überhaupt viele adelige Hvarer, ließ sich hier nieder, baute seine Villa und ließ sich mit frischem Gemüse verwöhnen, da Vis im Vergleich zu Hvar viel fruchtbares Land hat. Die vier erhaltenen Wehrtürme stammen ebenfalls aus dem 17. Jh. Im Stadtteil Luka steht die Kirche *Sv. Duh* (17. Jh.), kurz vor Batarija das Kirchlein *Gospa od Spilice* (16. Jh.) und in Kut erhebt sich aus dem Dächergewirr die Kirche *Sv. Ciprijan* (16. Jh.), die später barockisiert wurde.

Information/Diverses

Touristinformation (TZG), Šetalište stare Isse 5 (gegenüber dem Trajekthafen), 21480 Vis, ✆ 021/717-017, www.tz-vis.hr. Juni–Sept. tägl. 9–21 Uhr, sonst Mo–Fr 9–15 Uhr.

Agentur Navigator, gegenüber dem Trajekthafen, ✆ 021/717-786, www.navigator.hr. Mai–Sept. Zimmer, Autos, Scooter, Ausflüge etc.

Verbindungen Busse und Schiffe (→ „Wichtiges auf einen Blick").

Auto Tankstelle, nördlich vom Trajekthafen. Tägl. Juni–Sept. 6–22 Uhr, danach 7–12/17–20 Uhr.

Gesundheit Ambulanz, Poljana sv. Duha 10, ✆ 021/711-633, -117; hier auch **Apotheke**, ✆ 021/711-434.

Ausflüge Zur Blauen und Grünen Grotte (Modra i Zelena špilja); Tito-Höhle. Infos über Agenturen.

Übernachten
1. Hotel Issa
4. Pension Dionis
5. Hotel Tamaris
10. Villa San Giorgio

Cafés
6. Vinothek Lipanović

Essen & Trinken
2. Buffet Vis
3. Vinothek Paradajz Lost
7. Rest. Dionis
8. Konoba Vatrica
9. Konoba Kantun
11. Rest. Val
12. Rest. Pojoda
13. Konoba Stončica
14. Rest. Villa Kaliopa

Veranstaltungen Sv. Juraj, 23. April, durch die Stadt bis zur gleichnamigen Halbinsel im Nordosten Prozession; eine Woche lang finden auch Konzerte, Theateraufführungen etc. statt. **Viška noć**, letzter Sa im Juli; es gibt Pop-Musik, Klappa und Wein & Fisch gratis! Auch der **Karneval** hat hier Tradition und wird ausgiebig gefeiert.

Übernachten/Essen & Trinken

Übernachten Privatzimmer 30 €/DZ, Appartements ab 40 € für 2 Pers. Zimmer u. a.:

Pizzeria-Pension Dionis 4, nette Zimmer, teils mit kleinem Balkon und Blick aufs Meer oder die Altstadtdächer. Ganzjährig geöffnet. M. Gupca 1, ☎ 021/711-963, www.dionis.hr.

** Hotel Issa 1, nördlich des Hafens, hinter der Halbinsel Prirovo. Einfaches 125-Zimmer-Hotel mit Restaurant. Kiesstrand, Minigolf, Kinderspielplatz, Anlegestellen für Boote, Tretboot- und Fahrrad-Verleih. DZ/F 120 € (mit AC und Meerblick). Apolonija, Zanella 5, ☎ 021/711-124, www.hotelsvis.com.

** Hotel Tamaris 5, südlich des Hafens. Gediegener Altbau mit schöner Frühstücksterrasse zur Hafenpromenade. Ganzjährig geöffnet. 25 relativ einfache DZ/F 105 € (TS 120 €). Obala sv. Juraj 30, ☎ 021/711-350, www.hotelsvis.com.

Villa San Giorgio 10, im Stadtteil Kut im Osten der großen Bucht. Hübsche, komfortable Zimmer/Appartements und ein Restaurant mit lauschigem Innenhof gegenüber der Gasse. DZ/F 152-244 €. Petra Hektorivica 2, ℡ 021/711-362, www.hotelsangiorgiovis.com.

Essen & Trinken (→ „Übernachten"). Für Suppenliebhaber gibt es die Viser Spezialität *Fažol na brodet*, eine gehaltvolle Bohnensuppe.

Restaurant Dionis **7**, hier zählt die Lage am gemütlichen Altstadtplatz hinter der Uferstraße. Pizzen, Fisch- und Fleischgerichte sowie Frühstück.

Konoba Kantun **9**, am Kaiende von Luka mit Anlegemöglichkeiten für Boote. Nette Freisitzplätze vor dem Haus oder im gemütlichen großen Innenraum mit Kamin für Pekagerichte. Spezialitäten sind Lammgerichte, auch Lammsuppe, zudem Pašticada und Fisch. Zur Nachspeise ofenfrischer Kuchen. 18–24 Uhr. ℡ 021/711-306.

Buffet Vis **2**, gegenüber dem Fährhafen. Es ist das älteste Lokal der Stadt mit kleinem Innenraum und Sitzgelegenheiten vor dem Haus – fast alles ist wie vor 40 Jahren, auch die gute preiswerte Hausmannskost.

Essen – Stadtteil Kut Hier gibt es einige sehr gute Konobas: Restaurant Villa Kaliopa **14**, am Beginn des Stadtteiles Kut, in der ehemaligen Sommerresidenz von Frane Gariboldi aus dem 16. Jh., in einem lauschigen Park, eingebettet in dicke, schützende Mauern – das Lokal zählt sicherlich zu den schönsten der Stadt. Spezialitäten sind fangfrischer Fisch, Krustentiere und Muscheln, beste Zubereitung und Service. Gehobene Preiskategorie. April–Okt., in der NS erst ab 18 Uhr. Vladimir Nazora 34 (Beginn des Stadtteils Kut), ℡ 091/2711-755 (mobil).

Konoba Vatrica **8**, traditionsreiches Spitzenlokal. Auf der überdachten Laube mit Blick aufs Meer kann man schon zur Marenda (Mittag) feine Häppchen zu sich nehmen, u. a „Langusten brodetto nach Viser Art" oder lieber Makrelen vom Holzofengrill (eingelegt u. a. in Salz, Rosmarin, Thymian und 2–3 Tage luftgetrocknet). Zum Dinner ist dies natürlich auch ein hervorragender Platz. 15. Juni–15. Sept. 9–2 Uhr, sonst 17–23 Uhr. Obala kralja P. Krešimira 13, ℡ 091/5949-047 (mobil).

»» Mein Tipp: Fischrestaurant Pojoda **12** (Pojoda = u. a. Schiffe, die in einem Hafen vor Sturm Zuflucht suchen), ob in der verglasten Loggia oder auf der pflanzenumwucherten Terrasse im Garten, hier findet man sein Plätzchen! Voller Raffinesse ist die Gourmetküche und ein Jammer, dass man nur einen Magen hat! Die Wahl fällt schwer: marinierte Holzmakrelen oder Eintöpfe, bei denen auch jeder Suppenveräch-

Vis – entlang der Uferpromenade gibt es gute Ankerplätze

ter zugreifen wird (feinste Bohnensuppe, Kichererbsen mit Petersfischstückchen oder Krevettensüppchen). Daneben eingelegte Goldstriemen, Tintenfischstückchen, gekocht mit Kartoffeln oder „Grünel in Wein" – was das wohl ist? Aber nächstes Jahr kreiert er bestimmt andere Gerichte, sonst verliert Zoran Brajčić den Kochspaß. Ganzjährig geöffnet, April–Okt. tägl. 12–15/17–2 Uhr, sonst nur abends, aber besser vorab anrufen. Don C. Marasovića 8, ✆ 021/711-574. 《

Restaurant Val **11**, falls man in obigen Restaurants keinen Platz mehr findet, ist man hier ebenfalls gut aufgehoben: leckere Meeresfrüchte und Fisch; hübsche Sitzgelegenheiten unter Palmen und Blick aufs Meer. Don C. Marasovića 1, ✆ 021/711-763.

Wein Vinothek Lipanović **6**, östlich vom Hotel Tamaris (am Altstadtplatz), nur abends geöffnet.

Vinothek Paradajz Lost **3**, sehr guten Weiß- und Rotwein gibt es neben dem Wehrturm am Hafen. Man kann Wein probieren und kaufen und dazu Käse, Schinken und Oliven verzehren. Je nach Saison ganztägig oder nur morgens und abends geöffnet.

🌿 **Essen – außerhalb** Konoba Stončica **13**, an der gleichnamigen Bucht im Nordosten der Insel (ca. 5 km von Kut); bis Straßenende fahren, danach 5 Min. Fußweg hinab. Man sitzt unter Palmen, Schilf und schattigen Bäumen auf dem Rasengelände mit Blick auf die Bucht. Die Brüder Lincir (Winzer, Metzger, Landwirte und Fischer) betreiben den Familienbetrieb mit fruchtbarem Land taleinwärts und bieten beste frische Küche: vom Grill Zicklein aus eigener Zucht mit Grilltomaten oder Pašticada à la Nona (nach Großmutters Art) oder Kutteln von Zicklein und Lamm oder fangfrischen Fisch? Als Nachspeise eine feine Honigmelone vom Feld. Auf dem Beachvolleyballfeld kann man überflüssige Pfunde wieder abtrainieren und danach am Sandstrand baden gehen. Ankermöglichkeiten an Bojen. Ganzjährig geöffnet, 15. April–Ende Okt. nonstop, danach nach Absprache und was gerade im Topf brutzelt. Bucht Stončica, ✆ 021/711-952, 091/2512-262 (mobil). ■

Beste Essensadresse – Kut

Baden: Beim Hotel Issa am Kiesstrand (Sonnenschirmverleih). Weiter nördlich kleine Kiesbuchten, die auch zu Fuß erreichbar sind. Vom Stadtteil Kut kommt man nach ca. 5 km Fußmarsch über den Berg zum Weiler **Stončica** mit gleichnamiger Sandbadebucht und Konoba (→ „Essen & Trinken"); die Bucht ist bestens auch für Kinder geeignet. Weitere Bademöglichkeiten an der Südküste.

Wandern/Mountainbiken Es gibt 23 markierte Wanderwege, die teils auch zum Mountainbiken einladen (Karten bei Touristinfo).

Tauchen Rund um die Insel gibt es faszinierende Tauchreviere. Exkursionen, Schule etc.: **Anma Diving Center Vis**, Kamenita 12, ✆ 021/711-367, 091/5213-944 (mobil, Hr. Zvonko Nad), www.anma.hr.

Nautik Issa Adria Nautica, Trg 30. svibnja 1992 br.1, ✆ 021/718-746. Geöffnet 7–11/17–21 Uhr. 60 Muringe am Hafen; in Kut (im Osten) 30 Muringe.

Hafenkapitän ✆ 021/711-111.

Von Vis nach Komiža

Auf direktem Weg ist Komiža von Vis aus in ca. 30 Min. Fahrt durch das grüne, mit Wein bewachsene Karsttal erreichbar. Landschaftlich reizvoller ist allerdings die Straße, die die Insel südlich umrundet.

Die schmale Straße windet sich zuerst von Vis den Berg hinauf. Von oben bietet sich ein phantastischer Blick auf die Stadt und die große Bucht. Es geht vorbei an kleinen Weilern aus Natursteinhäusern. Ein Abzweig führt an die Südküste nach **Milna**, **Podstražje** und **Rukavac** (gute Konoba) mit Blick auf die vorgelagerten Inseln; eine davon ist *Ravnik* mit der *Zelena špilja*, der Grünen Grotte. Nach dem Abzweig zu den Dörfern führt die Straße in einem Hochtal durch Weinfelder, hier wächst der gute Vugava. Nach *Plisko Polje* (gute Konoba) gibt es einen weiteren Abzweig in Richtung Südküste. Wenn das Meer in Sichtweite kommt, stellt man das Auto ab und geht zu Fuß weiter. Nach einer schweißtreibenden Wanderung tief hinab (und natürlich auch wieder hoch) erreicht man die hübsche auf allen Werbeplakaten abgebildete *Stiniva-Bucht*. Große Felsen verengen die Meereseinbuchtung. Davor ankern die Jachten und Boote, die Felsen werden gerne als Sprungbrett benutzt. Leider ist die Bucht teils mit Teer verschmutzt. Etwas weiter östlich kann man ebenfalls von oben zur schönen *Mala-Travna*-Badebucht hinabsteigen. Einfacher geht's natürlich per Boot.

Auf der Hauptstraße geht es weiter nach Westen, bei **Podšpilje** stößt man auf den Abzweig zur *Tito-Höhle* (Titova špilja). Auf halber Höhe des Berges parken wir an der Parkbucht und laufen 100 Stufen hoch zu Titos ehemaligem Militärquartier (→ „Geschichte"), einer riesigen Höhle. Wer möchte, fährt weiter bergan auf den höchsten Gipfel der Insel, den Berg Hum (587 m) mit Kapelle Sv. Duh. Von hier schwingen

Die lauschige Stivina-Bucht

sich auch die Paraglider hinab und ziehen ihre Kreise entlang der malerischen Küsten. Bei guter Sicht blickt man bis Italien (→ dazu auch Komiža/Wandern). Wieder auf der Hauptstraße, folgt nun der schönste Teil der Route. Die Straße erreicht die Westküste der Insel, umrundet den *Berg Hum* mit schönem Blick auf das glitzernde Meer. Weinfelder ziehen sich in Terrassen hinab zum Wasser – dort locken herrliche Badebuchten. In Serpentinen führt die Straße abwärts, vorbei am Franziskanerkloster, nach Komiža.

Übernachten Zimmervermietung in den Orten Milna, Podstrazje und Rukavac.

»› Mein Tipp: Appartements Talež, in Alleinlage im gleichnamigen Weiler am Berghang. In gemütlichen und künstlerisch gestalteten Natursteinhäusern kann man sich einmieten, es gibt einen Swimmingpool oder man läuft hinab zu Badebuchten. Appartements für 4 Pers. 128 €/Tag (mind. 4 Tage Aufenthalt); auch Häuser zu mieten. Abzweig von Podšpilje, ✆ 091/5041-282 (mobil), www.vis-talez.com. «‹

Essen & Trinken Konoba-Pension Dalmatino, das auf Meeresgetier spezialisierte Restaurant liegt in Rukavac (direkt am Meer) und hat eine überdachte Terrasse. Es gibt auch Pizza und Fleischgerichte, dazu mundende Weine. Zimmervermietung. ✆ 021/714-194.

Konoba Roki's, bei Plisko Polje. Es gibt Vorspeisen wie Viška pogača oder Pršut und Käse, Gerichte von der Peka (Lamm, Ziege, Fisch), gegrilltes Fleisch oder Fisch, dazu selbst angebautes Gemüse; als Nachspeise Rožada mit Karamellsirup (aus frischem Orangensaft, Eiern), zu Trinken gibt es die guten Hausweine. Juni–Ende Sept. tägl. 8–12/17–22 Uhr; in der Nachsaison 17–20 Uhr. Nur nach Voranmeldung. ✆ 021/714-004, 098/303-483 (mobil).

»› Mein Tipp: Konoba Senko, auf der kleinen Terrasse vor dem Fischerhäuschen aus Naturstein sitzt man gemütlich und blickt auf die Bucht Molo Trovna, trinkt den hauseigenen Vugava oder Plavac und wartet, dass die Küchendüfte aus dem Häuschen wehen. Senko Karuza macht alles mit Bedacht, neben seinen Weinstöcken hat er selbst gezogene aromatische Tomaten; es gibt Brodetto mit verschiedenen Fischen, Schnecken und obenauf Langusten, übergossen wird alles mit dem kräutergewürzten Vugava. Vorab, damit wir nicht verhungern, erhalten wir Weißbrot mit Fischpastete. Beste traditionelle Küche. Uvala Molo Trovna, südlich von Plisko Polje (auch auf Makadam erreichbar). 10–24 Uhr. ✆ 091/333-299 (mobil). «‹

Konoba Pol Murvu, im Weiler Žena Glava unterm Maulbeerbaum und an den blumengeschmückten Tischen sitzt es sich bestens. Das 500 Jahre alte Bauernhaus, liebevoll zur Konoba ausgebaut, lädt zum gemütlichen Verweilen ein, vor allem, wenn im Holzofen das Feuer für die Peka lodert. Damir & Gordana zaubern traditionelle Gerichte: Es gibt Pogača od slane ribe, eine Hefeteigrolle mit Sardinen und Kartoffeln gefüllt; Lamm, Kalb oder Oktopus aus der Peka; Pašticada od tunjevine, Pašticada mit Thunfisch zubereitet; zum Nachtisch lockt Feigenkuchen oder Sorbet aus feinster Kokos-, Limonen- und Orangencreme. Alle Produkte, auch der Wein, hausgemacht und aus ökologischem Anbau. Geöffnet Mai–Okt. ab 12 Uhr (Juli/Aug. erst ab 15 Uhr). ✆ 021/715-002, 091/5671-990 (mobil). Abzweig in Podšpilje, an Kreuzung nicht zur Tito-Höhle, sondern nach rechts, nach Žena Glava. ■

Baden Bei **Milna**: die Uvala Milna, südlich davon Uvala Zaglav. Bei **Rukovac**: die Uvala Rukovac und im Westen Uvala Srebrena und Uvala Ruda. Südlich von **Marinje Zemlja** die unten liegenden Buchten (per Boot oder Fußmarsch erreichbar): Uvala Vela Trovna und Mola Trovna, westlich davon das beliebte Fotomotiv Uvala Stiniva.

Komiža

Das Städtchen an einer großen Bucht an der Westseite der Insel mit Blick auf die vorgelagerte Insel Biševo lädt mit gemütlichen Cafés und Restaurants am autofreien Hafenkai zum Verweilen ein.

Die Stadt zu Füßen des Berges Hum (587 m), an dessen sonnigen Abhängen die Trauben für die guten Inselweine wachsen, hat sich durch die schönen Strände und die Hotelanlage zu einem angenehmen Touristenort entwickelt.

Komiža wird erstmals im 12. Jh. erwähnt. Im 13. Jh. kamen Benediktiner von der Insel Biševo. Sie errichteten das Kastell, die Kirche kam im 15. bis 16. Jh. hinzu. Trutzig und gut erhalten steht bis heute das *Kloster* mit *Kirche Sv. Nicolas* am

Hang, umgeben vom Stadtweinberg. An der Palmenpromenade mit alten stattlichen Häusern erhebt sich mächtig das *Kastell* mit Uhrturm aus dem Jahre 1585. Im Kastell ist ein kleines Fischereimuseum (Mai–Okt. Mo–Fr 10–12 und 16–22 Uhr; danach nur morgens) untergebracht. Die große *Kirche Sv. Marija* entstand im 16. Jh. aus drei mittelalterlichen Kirchen. An der Inselstraße in Richtung Vis steht am höchsten Punkt, von dem man auch einen schönen Ausblick auf Komiža genießen kann, das romanische Kirchlein *Sv. Mihovil*, erstmals erwähnt im 12. Jh. Sein heutiges Aussehen erhielt es nach Modernisierungen im 14. und 16. Jh. Etwas weiter straßenabwärts fällt die kreisrunde und neu restaurierte *Kirche Gospa od Planice* ins Auge. Bereits im 11. Jh. erbaut, zählt sie zu den Inselältesten, ihr ungewöhnliches Aussehen ähnelt der Kirche Sv. Donat in Zadar.

Schöne Badeplätze um Komiža

Die Einwohner hatten über die Jahrhunderte mit Fischfang und Weinanbau ein gutes Auskommen, Anfang des 18. Jh. zählte der Ort über 5000 Menschen: Der Wein wurde nach Italien exportiert, es gab sieben Fischfabriken (heute alle geschlossen). Doch wie auf anderen Inseln wanderten viele Menschen nach dem Zweiten Weltkrieg aus, heute hat Komiža nur noch 1500 Einwohner.

Gajeta Falkuša

Die Fischer fuhren mit ihrem Holzsegelboot, einer *Gajeta Falkuša*, zur Insel Palagruža, 43 Seemeilen entfernt. Kein Weg war ihnen zu weit, auch nicht bei stürmisch hoher See, um ihre Familien zu ernähren, und das Meer um Palagruža bot die besten Fanggründe. Mit den Jahren entwickelte sich dabei ein schierer Überlebenskampf: Wenn in den Neumondnächten in der Sardinensaison der Startschuss ertönte – damals waren es Kanonen –, stiegen die Fischer schnell in ihre Boote, setzten die Segel, und los ging es. Jeder wollte der Erste sein, denn nur rund 30 Boote konnten bei Palagruža ankern, für mehr war kein Platz. Ein Tag des Fischfangs ging ins Geschichtsbuch ein: Am 20. Mai 1593 wurden 120.000 kg Sardinen gefangen. Bis ins 20. Jh. hielt diese Tradition an. Heutzutage wird solch ein Segelboot von Touristen für einen gemütlichen Ausflugstag genutzt.

Komiža – kastellbewehrtes Hafenidyll

Information/Diverses/Übernachten/Essen

Touristagencia (im Gebäude auch Touristverband), Riva Sv. Mikule 2, 21485 Komiža, ☏ 021/713-455, www.tz-komiza.hr. Juni–Sept. 9–21 Uhr, sonst Mo–Fr 9–16 Uhr.

Agentur Alternatura, Hrvatskih mučenika 2 (Ecke zur Riva), ☏ 021/717-239, www.alternatura.hr. Juni–Sept. tägl. 8–22 Uhr, danach tägl. 9–14 Uhr. Agrotourismus, Zimmervermittlung, organisiertes Sport- und Besichtigungsprogramm (→ „Ausflüge" und „Sport").

Agentur Darlić & Darlić, Hrvatskih mučenika (bei Post), ☏ 021/713-760, info@darlic-travel.hr. Zimmer-, Auto-, Fahrrad- und Scootervermietung; Ausflüge und Internet.

Nika Adventure Tours, neben Darlić & Darlić, ☏ 021/713-557, 098/373-868 (mobil), www.nika-adventure-tours.com. Ganzjährig geöffnet. Robinsonhäuschen und Segeltouren nach Biševo, Brusnik, Jabuka & Sv. Andrija und mit 1 Übernachtung nach Palagruza (ca. 125 €).

Verbindungen Busse nach Vis 5-mal tägl. (zu Fährabfahrtszeiten), 1-mal tägl. über Rukavac.

Ausflüge Ausflugsfahrten zu den Inseln Biševo, Svetac und Brusnik; Besichtigung der Stadt Vis und des antiken Issa. Organisierte Trekking- und Mountainbiketouren u. a. zur Königin-Höhle Teuta mit Abseilung oder Segelausflüge zu den vorgelagerten Inseln.

Veranstaltungen Sv.-Nikola-Fest am 6. Dez. mit Opferfeuer für den Schutzpatron von Komiža; alle ausgemusterten Boote werden angezündet und es wird gefeiert. **Fischernacht**, 1. Sa im Aug., mit Wein & Sardellen. **Carub-Fest** (Johannisbrotbaum-Fest), 2. Wochenende im Sept. am Fr/Sa. Aus den langen Schoten wird Grappa gemacht und angeboten, außerdem gibt es allerlei Gebäck.

Übernachten Privatzimmer ab 30 €. Appartements ab 50 € für 2 Pers. Schön wohnt es sich in alten, renovierten Häusern und Wohnungen in Komiža und auch auf Biševo (Auskünfte über die Agenturen). U. a.: **Villa Nonna**, hübsches Altstadthaus mit verschieden großen, sehr gut ausgestatteten Wohnungen, nach Heilpflanzen benannt, die vom Balkon einen fantastischen Blick über die Hausdächer und Schlote bieten. Ribarska 50, ℡ 021/713-500, www.villa-nonna.com.

** Hotel Biševo, am nördl. Ortsrand, eingebettet zwischen Föhren, direkt am Meer. Restaurant, Terrasse; Feinkiesstrand unter Schatten spendenden Tamarisken. Sonnenschirm-/Liegestuhlverleih. Sehr einfache Zimmer mit Balkon (Blick auf Biševo), auch Appartementvermietung. DZ/F 85 € (TS 105 €). Ribarska 72, ℡ 021/713-144, 713-279, www.hotel-bisevo.com.hr.

Insel Biševo, einfache Zimmer (ca. 15–20 €), aber auch Häuser (mit Zisternenwasser). Auskünfte über den Tourismusverband.

Essen & Trinken Um das Hafenbecken und kurz vor dem Hotel etliche Restaurants. Gut für den kleinen Hunger ist die Vorspeisenspezialität Komižka pogača, hier wird die Brotteigrolle (aus Hefeteig) mit Sardellen und Tomaten gefüllt.

Konoba Bako, kurz vor dem Hotel. Schön sitzt man auf der Terrasse erhöht über dem Meer, aber auch im Innenraum mit großem amphorenbestückten Bassin, in dem Langusten und Hummer schwimmen. Große Auswahl an Fisch- und Fleischgerichten, gut sortierte Weine, guter Service. Ganzjährig ab 16 (HS) bzw. 17 Uhr (NS) geöffnet. Gundulićeva 1, ℡ 021/713-742.

Restaurant Jastožera, in der ehemaligen Verlade- und Hummerstation von 1883. Man sitzt auf den Holzrampen, die zur Terrasse umfunktioniert wurden, oberhalb des Meeres. In den Meeresbecken schwimmen die Langusten, die man sich für den Verzehr auswählen kann. Neben Meeresgetier gibt es Fisch und auch Fleischgerichte. Gundulićeva 6 (hinter Rest. Bako), ℡ 021/713-859.

Restaurant Barba, gegenüber von Bako. Die Spezialitäten sind hier Peka-Gerichte, v. a. Lamm. April–Okt.

Sport/Wassersport

Baden Beim Hotel am Feinkiesstrand mit Süßwasserquellen weht die Blaue Flagge. Schöne Badebuchten auch weiter südlich hinter der Fischkonservenfabrik, mit Uvala Mlin, danach folgt Kamenica mit Beachbar Aquarius, anschließend gelangt man zur Uvala Nova Pošta und Templuš. Ausflugsboote fahren von Mai bis Ende Sept. 1-mal tägl. (Abfahrt 8 Uhr) zur **Insel Biševo**, zuerst meist zur Blauen Grotte, dann nach Porat und Salbunara an der Westseite mit Sandbuchten und Restaurants.

Wandern Eine 5- bis 6-stündige Wanderung führt auf markiertem Weg von Komiža über die Hochebene nach Vis. Auskünfte über Agenturen, die auch geführte Wanderungen anbieten.

Eine nette Tour ist auch die zum Weiler Okljucina im Norden von Komiža (mit einer Besichtigung der **Königin-Höhle Teuta**). Eine schöne 1:30-Std.-Tour führt zur Kapelle **Sv. Blaz** nördl. von Komiža – herrliche Aussicht auf die Bucht. Wer Lust und Kondition hat, kann zur Nordküste hinabsteigen, dort gibt es eine Reihe schöner Badebuchten.

Zum Berg Hum (558 m): Von Komiža in einem ca. 3:30- bis 4-Std.-Rundweg zur „Tito-Höhle"; zur Zeit des Befreiungskampfs hatte Marschall Tito hier sein Quartier bezogen. Weiter steigt man dann bergan bis zur Kapelle Sv. Duh auf ca. 570 m, etwas unterhalb des Berges Hum, der Sperrgebiet ist (s. o.) – von hier schöner Blick hinab auf Komiža.

Tauchen Die Tauchgründe um Komiža sind faszinierend. In Komiža bietet **ISSA Diving Center** (beim Hotel Biševo) Kurse nach CMAS und SSI an, ebenso Tauchausflüge, Nachttauchen, Tauchen in Schiffswracks etc. Ribarska 91, ℡ 021/713-651, 091/2012-731 (mobil), www.scubadiving.hr.

Tauchclub Manta, sehr gute Tauchschule, Pot Gospu b.b., ℡ 021/522-348, 098/265-923 (mobil), www.manta-diving.com.

Wassersport Jachthafen Komiža, mit Toiletten, Tankstelle und Wasser. ℡ 021/713-215.

Hafenamt, ℡ 021/713-085.

Sonstiges Paragliding-Club Komiža, Übungs- und Fluggelände ist der 587 m hohe Berg Hum. Zudem Mountainbike-Touren und Freeclimbing-Kurse u. a. an den Felsen Crvene Stijene. Auch in die Königin-Höhle Teuta kann man sich abseilen lassen. Auskünfte bei der Agentur Alternatura.

Komiža – Kloster Sv. Nikolas auf seinem Weinberg mit Blick auf Biševo

Inseln westlich von Vis

Insel Biševo

Die Insel ist bekannt durch die Modra špilja, die Blaue Grotte. Von allen umliegenden Inseln und großen Städten gibt es organisierte Tagesausflüge nach Biševo.

Gerade mal 5,8 km^2 groß ist die Insel in Sichtweite, etwa fünf Seemeilen südwestlich von Vis. Ihre höchste Erhebung ist der Hügel Straženica mit 240 m. Biševo ist fast vollständig von Macchia bedeckt, bis auf ein fruchtbares Tal, in dem Gemüse und die Trauben für einen sehr guten Wein wachsen. Und die Insel ist bekannt für ihre Grotten – die bekannteste ist die *Blaue Grotte* an der Ostseite. Täglich kommen die Touristen in Ausflugsbooten, um zur Mittagszeit die Grotte zu bewundern, die wegen der unter Wasser eindringenden Sonnenstrahlen ganz in Blau erstrahlt, und danach ein Bad im silbern glänzenden Meer zu nehmen. Die Grotte ist seit 1884 erschlossen und nur per Boot zu erreichen. Eine weitere Grotte, die *Medvidina špilja,* liegt südlich hinter dem Kap Biskup. Meist geht die Fahrt anschließend zur *Uvala Salbunara*-Badebucht mit Sandstrand bei *Porat,* wo das begehrte Fischpicknick auf die Ausflügler wartet. Südlich von Porat liegt der Inselhauptort Polje mit der *Kirche Sv. Silvestra* (11. Jh.) und etwas weiter südlich Potok. Die wenigen Bewohner leben vom Fischfang in den reichen Gewässern um Biševo oder ein wenig vom Tourismus.

Übernachten/Essen: In Porat gibt es zwei Konobas. Man kann Privatzimmer und auch Häuser mieten, auch in Uv. Salbunara gibt es einfache Unterkünfte (Infos über die Agenturen). Das Wasser kommt aus der Zisterne.

Blick vom Berg Hum auf Komiža und Insel Sv. Andrija

Insel Sveti Andrija (Svetac)

Diese kleine, unbewohnte Insel – sie wird auch oft *Svetac* genannt – liegt ca. 15 Seemeilen im Westen der Insel Vis, steht unter Naturschutz und ist seit dem 19. Jh. in Privatbesitz der Familie Zanki. Bei guter Sicht kann man Sv. Andrija von Komiža aus sehen. Sie ist 3,5 km lang und 1,5 km breit, die höchste Erhebung heißt *Kralijčino* (Königin), 311 m hoch. Auch hier hinterließ die illyrische Königin Teuta ihre Spuren. Neben wuchernder Macchia wächst auf der Insel Wein und es gibt eine kleine Häuseransiedlung in der Bucht Povlebuk. Per Taxiboot oder Ausflugsboot kann man das Inselchen erreichen und im kristallklarem Meer schwimmen.

Die Inseln Brusnik und Jabuka

Nordwestlich von Biševo und westlich von Vis liegen die beiden unbewohnten Vulkaninseln *Brusnik* mit 3 ha und *Jabuka* mit 2 ha Fläche, die sich wegen ihres geologischen Ursprungs von den anderen Inseln völlig unterscheiden und natürlich unter Naturschutz stehen. Das Gestein besteht hauptsächlich aus einer dunklen Eisen-Magnesium-Verbindung. Würde man hier einen Kompass zur Orientierung benötigen, wäre man aufgeschmissen – die Magnetnadel zeigt nicht nach Norden. Beide Inseln werden gerne von Jachten angelaufen, ansonsten sind sie auch per Taxi- oder Ausflugsboot erreichbar.

Das Meer um die relativ flache Insel *Brusnik* (12 Seemeilen von Komiža, 150 m hoch) ist fischreich, man kann noch die einst genutzten Hummer-Bassins sehen. Flora und Fauna sind streng geschützt – hier wächst das endemische Kräutlein Centaurea ragusina und hier lebt der Salamander Lacerta taurica melisellensis. Das Anlegen ist nur in der Westbucht möglich.

Der 97 m hohe Felskegel *Jabuka* liegt 26 Seemeilen von Komiža. Das Anlegen mit dem Schiff und auch das Ankern ist wegen der enormen Meerestiefe und einer fehlenden schützenden Bucht fast nicht machbar.

Naturreservat Palagruža

Mitten im Meer zwischen Kroatien und Italien, 43 Seemeilen südlich von Komiža (Split 68 Seemeilen), steht der einsame Fels in der Brandung, die Leuchtturminsel Palagruža, umgeben von *Mala Palagruža* und den *Kamik-Inseln* und einigen Riffen – der gesamte Archipel steht unter Naturschutz. *Vela Palagruža*, die Hauptinsel, gleicht einem steinernen Ungeheuer, dessen langer spitzer Rücken aus dem Meer ragt. Sie ist 1,4 km lang, 300 m breit und zieht sich auf 90 m hoch. Stufen führen hinauf und bieten einen grandiosen Blick aufs Meer. 1875 wurde der Leuchtturm erbaut, der zu den größten an der Adria zählt. Der untere Teil des Gebäudes wurde mit dem Stein der Insel erbaut, die oberen Etagen mit dem leichteren Gestein der Insel Brač. Seine Signallampe mit enormer Lichtreichweite (bis zu 26 Seemeilen) ist noch das Original, das der

Pariser Henry Epoulite 1873 anfertigte. Es gibt eine kleine Archäologische Sammlung zu sehen. Die Insel zählt zu den fischreichsten der gesamten Adria, vor allem Sardellen werden gefangen. Bis ins 20. Jh. kamen die Fischer von Komiža mit alten Holzsegelbooten (Gajeta Falcuša → Kasten S. 542) hierher, um die hiesigen Fanggründe auszubeuten. Wie viele Inseln erscheint auch Palagruža von der Ferne ohne Vegetation, doch das täuscht – viele Kräuter und Blumen wachsen, auch Oleander, Wolfsmilchgewächse und Kapernbüsche.

Zwei Fußwege führen zu wunderschönen Kiesbuchten: im Norden *Stara Vlaka* (sogar mit Sand), im Süden *Velo Žalo* – herrlich zum Schwimmen. Zum Tauchen lockt das 3 Seemeilen südlich gelegene *Riff Galijula* mit einem Dampfschiffwrack. Hier schwimmen u. a. Muränen, Drachenköpfe, Pfeilhechte (sog. Barakudas) ...

Palagruža wird auch Insel des griechischen Helden Diomedes genannt, der hier angeblich gegen die Illyrer kämpfte und auch hier begraben sein soll. Einer Legende zufolge soll Zeus die Seelen der Illyrer, die Diomedes getötet hatten, aus Rache in Vögel verwandelt haben, die noch heute das Grab des Kriegers bewachen. Tatsache ist, dass die Griechen im 6. Jh. Handelsbeziehungen mit den Illyrern unterhielten und Kolonien u. a. in Issa (Insel Vis) gründeten – auf Palagruža fand man u. a. Athener Keramik, zudem Funde aus der Kupfer- und der frühen Bronzezeit, und vieles liegt noch unerforscht am Meeresgrund. Auch die Römer ließen diesen guten Vorposten nicht ungenutzt und erbauten eine kleine Festung – vielleicht auf jener Grabstätte ... Auch ein Kirchlein stand hier einst, um den Fischern Hoffnung zu geben. Danach errichteten die Italiener ihren militärischen Stützpunkt auf dem heiligen wie geschichtsträchtigen Platz, der noch heute sichtbar ist. Heute besuchen die Insel Bootsbesitzer, zudem ruhebedürftige Menschen, die sich im Leuchtturm einquartieren und Abgeschiedenheit suchen.

Leuchtturm Palagruža, wer es unheimlich und einsam mag, ist hier richtig! Es gibt 2 Wohnungen (ca. 50 m², mit Küche, Dusche/WC für je 4 Pers.), Infos über Agentur Plovput (→ Einleitungsteil: „Übernachten/Leuchttürme"). Pro Pers. ca. 30 €. www.lighthouses-croatia.com.

Von Drvenik nach Ploče

Drvenik

Kleiner 500-Einwohner-Fährort, von dem man nach Sućuraj auf die Insel Hvar und nach Korčula übersetzen kann. Das Dorf liegt unterhalb der Jadranska-Magistrale am Fuß des Rilič-Gebirgszugs, der flacheren Fortsetzung des Biokovo-Gebirges und fast am Ende der Makarska-Riviera.

Drvenik umfasst die Ortsteile *Donja Vala* sowie das weiter südlich gelegene *Gornja Vala*. Donja Vala mit Fährhafen an der gleichnamigen Bucht bietet etliche Restaurants und Übernachtungsmöglichkeiten. Hinter der Palmenpromenade erstreckt sich ein langer Feinkiesstrand, der zum Baden oder nur zu einem kurzen Sprung ins Wasser lockt. Südlich, eine Bucht weiter und durch den Uferweg verbunden, setzt sich Drvenik im Ortsteil *Gornja Vala* fort – mit Bademöglichkeit an der schönen, von Aleppokiefern gesäumten *Uvala Delić*. Oberhalb, an den Abhängen des Rilič, liegt das alte Drvenik, *Gornje Drvenik*, in dem die Bewohner bis zum großen Erdbeben 1962 lebten.

Information Touristinformation (TZ), 21333 Drvenik, ℡ 021/628-200. Mai–Okt. Mo–Sa 8–14/16–20 Uhr (Juli/Aug. tägl.). Touristinformation Gradac (TZO), ganzjährig geöffnet. ℡ 021/697-511.

Bukara Tours, Ul. Nikša Ivičević, ℡ 021/628-076, www.bukara-tours.com. Zimmervermittlung.

Verbindungen Fähren: *Trajekt Drvenik–Sućuraj*: bis zu 11-mal tägl. (30 Min.); in der Saison zwischen 5.45 und 22.30 Uhr (Juli/Aug. letzte Fähre um 23 Uhr). Pro Pers. 2,17 €, Auto 14,65 €.

Trajekt Drvenik–Korčula (LNP-Line, www.lnp.hr): Mitte Juli–Ende Aug. tägl. 7.30, 13.30 und 19.15 Uhr; Mitte Juni–Mitte Juli und Ende Aug.–Mitte Sept 8.30 und 17.30 Uhr. Pro Pers. 5 €, Auto 27 €. Fahrtzeit 2:15 Std.

Busse nach Dubrovnik und Split mehrmals tägl. ℡ 021/612-333.

Baćinska-Seen – eine unberührte und malerische Wasserlandschaft

Ploče 547

Entfernungen: ca. 18 km nach Ploce, 35 km nach Makarska.

Veranstaltungen Kirchenfest Sv. Juraj am 23. April, großes Fest und Prozession.

Nachtleben Diskothek Nautilus.

Übernachten/Essen Viele nette Unterkünfte, v. a. im Ortsteil Gornja Vala. Private Vermietung ab 20–30 €/DZ. **Appartements** für 2 Pers. ab 35 €.

In Donja Vala **** Hotel Quercus, komplett modernisiert, 86 nette Zimmer, Restaurant, Cocktailbar, Pool und Miniclub. Gute Lage nahe Strand, wird von Gästen sehr gelobt. Donja Vala, ☏ 021/604-380, www.hotelquercus.com.hr.

Villa Mario, hübsches Gebäude, nette Zimmer und Appartements. Donja Vala 11, ☏ 021/628-067.

Villa Nada und Pizzeria, großes lachsfarbenes, 3-stöckiges Gebäude am Hafen, mit Cafébar und Pizzeria. Hier verpasst man keine Fähre. Donja Vala 189, ☏ 098/453-433.

Konoba Bukara, hier gibt es gute marinierte Fische, Fisch vom Holzofengrill, schwarzes Risotto oder den Spieß Bukara. Ganzjährig geöffnet. Donja Vala 52, ☏ 021/628-168.

In Gornja Vala *** Pension-Restaurant Sunce, Gornja Vala 8, ☏ 021/628-096.

*** Pension-Restaurant Adria, ca. 20 Zimmer, gutes Restaurant mit schöner Terrasse am Strand. Gornja Vala 6, ☏ 021/628-012.

Ploče

Die Hafenstadt nahe der Neretva-Mündung ist Fährhafen für Trpanj auf der Halbinsel Pelješac. Zudem ist Ploče Endstation der Eisenbahnlinie von Sarajevo, über die der Export von Erz, Holz und Bauxit läuft.

Ploče, eine historisch junge Stadt mit 11.000 Einwohnern, wurde im Krieg von 1991 stark beschädigt. Bis 1979 war sie auf den Landkarten unter dem Namen Ploče eingezeichnet, dann 10 Jahre unter Kardeljevo, dann wieder unter ihrem alten Namen. Über Ploces Skyline thront auf einem Berg die *Burg*, die Hafenbucht ist voll mit großen Frachtern. Es gibt eine Strandpromenade, Cafébars, Gostionas, Supermarkt, Kaufhaus und einige nette Veranstaltungen – doch trotz aller Angebote wirkt die Stadt leer. Wer übernachten oder einen Stopp einlegen möchte, findet an der Makarska-Riviera lauschigere Plätze. Die neu erbaute Autobahn wird in Zukunft wohl mehr Urlauber in diese Region bringen.

Information Tourismusverband (TZ), Vladimira Nazora 45 (gegenüber vom Hafen), 20340 Ploče, ☏ 020/679-510. Mo–Fr 8–14 Uhr. Gute Infos.

Jadrolinija, am Hafen, ☏ 020/679-321.

Verbindungen *Trajekt Ploče–Trpanj:* in der Saison bis zu 7-mal tägl. 5–20 Uhr; pro Pers. 4,30 €, Auto 18,70 €. **Züge** nach Mostar und Sarajevo. **Busse** nach Dubrovnik 8-mal tägl., nach Split 10-mal tägl.

Geldwechsel/Post Dubrovačka Banka, gegenüber vom Hafen (Innenhof). Post, südl. vom Hafen.

Veranstaltungen Lađa-Marathon, 2. Sa im Aug. (→ Metković). Trupijada, letzter Sa im Juli, Bootsrennen in Ploče mit trad. kleinen Booten; zudem Musik etc. Auch hier und in den umliegenden Orten werden im Sommer die **Fischernächte** mit Wein und Sardinen gefeiert.

Übernachten/Essen ** Hotel Bebić, kleines 40-Zimmer-Hotel am Bootshafen (gegenüber Fährhafen) und beim Sportplatz; Restaurant, Parkplätze. Gut und günstig und für einen Stopp o. k. Ganzjährig geöffnet. DZ/F 72 €. Kralja Petra Krešimira IV, ☏ 020/676-400, www.hotel-bebic.hr.

Restaurant Fulin, an der Hafenpromenade. Hier wird gute traditionelle dalmatinische Küche serviert. Vladimira Nazora 43.

Restaurant-Pension Pećina, ca. 1 km außerhalb der Stadt in Richtung Baćina. Hier speisen Sie wie die Piraten – in einer Höhle. Gelobt wird v. a. der Grillteller. Plinjanska 5, ☏ 020/679-665, -705.

Weitere Restaurants (→ Baćinska jezera oder Rogotin, Restaurant Teta Olga).

Region Mitteldalmatien → Karte S. 409

Dalmatien

Blick über die Weltkulturerbestadt Dubrovnik

Region Süddalmatien

Halbinsel Pelješac	→ S. 550	Insel Mljet	→ S. 616
Insel Korčula	→ S. 583	Die Elaphiten	→ S. 631
Naturpark Lastovo-Archipel	→ S. 610	Dubrovnik	→ S. 647
		Cavtat	→ S. 668

Insel Duba (HJ Pelješac vorgelagert)

Halbinsel Pelješac

Sie ist die Halbinsel der Berge und des Weins. Pelješac-Liebhaber stört es nicht, dass Touristenströme auf dem Weg nach Korčula die Insel streifen. Sie genießen tagsüber die Sandstrände und nachts auf einsamen Camps das schöne Schaudern, die letzten Schakale Europas in der Nähe zu wissen.

Pelješac schwingt sich im Südosten bei Ston vom Festland ab, im Westen grenzt sie fast an Korčula. Bei 70 km Länge ist die Halbinsel rund 350 km² groß. 8000 Menschen leben auf der nach Istrien zweitgrößten kroatischen Halbinsel. Pelješac soll durch eine Brücke vom Rt. Blace (nördlich von Brijesta) mit dem Festland bei Klek verbunden werden. Wie es aussieht, wird Kroatien dieses komplizierte Bauprojekt ab ca. 2012 starten, um die Gespannschaft Dubrovnik besser und einfacher an den Norden anzubinden, ohne auf Zollkontrollen und damit oft verbundene Schikanen zu stoßen.

Pelješac hat karstige Hänge und hohe Berge. Der höchste heißt *Sveti Ilija* und ist mit 961 m der höchste Berg der kroatischen Inselwelt – von seinem Gipfel kann man bis nach Italien sehen. Immer wieder hat die Halbinsel mit Großbränden zu kämpfen. Danach treten ihre wild zerklüfteten Felslandschaften noch markanter hervor, auch wenn das junge Grün bald wieder nachwächst. Im späten Frühjahr setzt der meterhohe Ginster gelbe Akzente, die Berge sind vor allem mit den üppig wachsenden Büschen vom lilafarbenen Salbei, und den rosé und weiß blühenden Zistrosen überzogen. In den zahlreichen Tälern wachsen Pinien, Aleppokiefern, Zypressen, Oliven- und Feigenbäumen, Eichen, Buchen, meterhohe Macchia und Wein. Hier werden die Trauben für gute Weine angebaut: für den berühmten, starken *Dingač*-Rotwein und für den trockeneren *Postup* und den *Kaštelet*, der als Rot- und Weißwein bekannt ist. Inzwischen gibt es viele gute Weingüter. Um Ston

Süddalmatien

herum gibt es Salinen, Austern- und Muschelzucht. Der Krieg zwischen 1991 und 1995 hinterließ auch hier tiefe Spuren, ebenso das Erdbeben von 1996: kaum ein Haus blieb unbeschädigt, ebenso historische Bauten.

Von Touristen überlaufen war Pelješac noch nie. Touristische Brennpunkte sind *Ston* mit seinem Befestigungssystem und die *Pelješac-Riviera* mit dem Hauptort *Orebić* – ansonsten gibt es viele ruhige Fischer- und Weinbauerndörfer. Die Insel bietet viele schöne Badebuchten und eignet sich bestens für ausgiebige Wander- und Mountainbiketouren und ist ein Surferparadies – am Kanal von Pelješac tummeln sich die Segel und die jungen Sportler. Auf Pelješac gibt es zahlreiche Unterkünfte, hauptsächlich Pensionen und zahlreiche schön gelegene Campingplätze.

Wichtiges auf einen Blick

Telefonvorwahl: 020

Autofähren: *Trajekt Ploče–Trpanj:* in der Saison bis zu 7-mal tägl. 4.30–20 Uhr (ca. 1:15 Std.); Pers. 4,30 €, Auto 18,70 €.

Trajekt Orebić–Dominče (Korčula): in der Saison bis zu 18-mal tägl. (20 Min.) zwischen 4 und 0.30 Uhr; Pers. 2,17 €, Auto 10,30 €.

Trajekt Prapratno–Sobra (Mljet): bis zu 6-mal tägl. 7–21 Uhr; Pers. 4,10 €, Auto 18,80 €.

Personenfähre: *Orebić–Korčula:* ganzjährig 8- bis 16-mal tägl. ab 5.20 Uhr.

Kućište–Viganj–Korčula/Stadt: 2- bis 3-mal tägl.

Busse: Einziges Manko sind auf Pelješac die schlechten Busverbindungen zu den einzelnen Orten; nach Dubrovnik nur früh und abends.

Tankstellen: Trpanj, Orebić, Potomje, Drače. In der Nebensaison nur kurze Öffnungszeiten, am besten dann auf dem Festland das Auto voll tanken!

Banken: Bankomaten in jedem größeren Ort; Banken nur in Orebić und Ston.

Post: in jedem Ort, teils nur bis 11/12 Uhr.

Lebensmittel: zumindest Minimärkte in jedem Ort.

Information: www.peljesac-dalmacija.com.

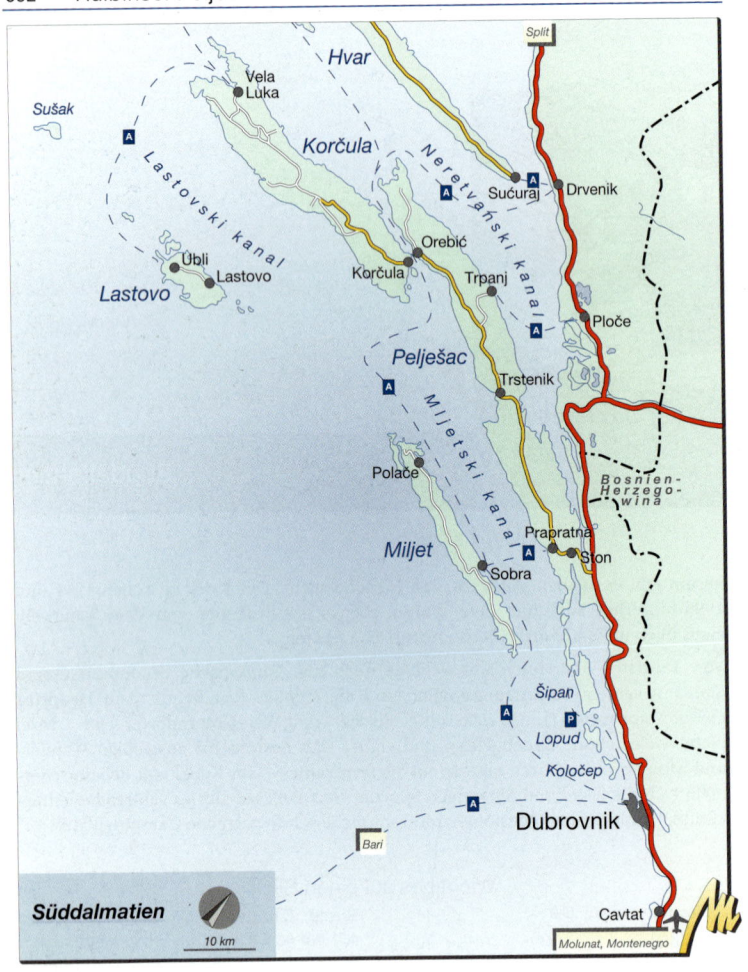

Geschichte

Die Halbinsel Pelješac hat „drei Geschichten". Da ist zum einen der äußerste Westteil, der schon immer zu Korčula gehörte und mit der Insel stets Freud und Leid teilte. Da ist der Südosten mit Ston, der durch seine Nähe zum Festland geprägt wurde. Und dann ist da der große Rest, dessen Wurzeln bis in illyrische Zeit und noch weiter zurückreichen, wovon Höhlenfunde zeugen. Auch Griechen und Römer hinterließen hier ihre Spuren. Nach dem Untergang des Weströmischen Reichs herrschten Byzanz, das Fürstentum Zahumlje und Dubrovnik, das 1333 aus dem Machtkampf als lachender Dritter hervorging – es kaufte Pelješac einfach auf. Nach dem Fall der Stadtrepublik Venedig 1808 kamen dann die bekannten Eroberer, zunächst die Franzosen, danach die Engländer und die Österreicher.

Trpanj – stiller Hafenort mit vielen Badebuchten

Trpanj

Einst war das Städtchen ein wichtiger Hafen, und eines der wichtigsten Exportgüter, die hier verladen wurden, war der Wein der Region. Trpanj hat heute nur noch 700 Einwohner und liegt, von Bergen umgeben, in einer kleinen Bucht mit Blick auf das Küstengebirge gegenüber.

Trpanjs Name kommt vom griechischen Wort für Sichel, wahrscheinlich wegen der Form der Hafenbucht mit ihren zackigen, Stalagmiten ähnelnden Felsen. Auf einem der Felsbrocken steht die Meeresmadonna, eine Stiftung der Österreicherin Rosemarie Wagner zum Dank für die Genesung ihres Sohnes, der an Leukämie erkrankt war. Von sieben zypressengespickten Hügeln mit Kirchen, Kapellen und Ruinen umrahmt, wird Trpanj scherzhaft das zweite Rom genannt. Der alte Ortskern zieht sich landeinwärts den Fluss entlang und ist umgeben von fruchtbaren Feldern, auf denen Orangen und Mandarinen gedeihen. Schön ist ein Spaziergang an der Uferpromenade mit Badebuchten und Blick auf die imposante Kulisse des Küstengebirges. Abgesehen vom Hotel und ein paar Restaurants gibt es wenig Amüsement, und so rauschen täglich Busse und Autos durch den Ort gen Südküste und Korčula.

Auf dem *Gradina-Hügel* über dem Hafen stehen mittelalterliche Burgruinen und römische Relikte – wuchtige Mauerreste, Ecktürme und Zisternen, weiter unten ein paar römische Landvillen. 1338 wird Trpanj in einer Dubrovniker Urkunde erstmals erwähnt. Später kam das Gebiet an die Adelsfamilie *Gundulić*. Die Werke des gleichnamigen Dichters werden hier bis heute eifrig gelesen. Sein Wappen ist am Altar der Kirche *Gospa od Karmena* aus dem Jahr 1645 angebracht. In der großen neoromanischen *Pfarrkirche* (1902–06) ist das Deckengemälde sehenswert – es ist eine Stadtansicht von Trpanj. Zur Kirche *Sv. Roko* aus dem Jahr 1640 führen 402 Stufen, auf denen die Namen der Helfer und Spender eingraviert sind; von oben bieten sich herrliche Blicke auf Trpanj und das Küstengebirge.

554 Halbinsel Pelješac

Anfang des 18. Jh. gab es in Trpanj eine Poststation – zweimal monatlich ruderte oder segelte man je nach Wind nach Rijeka und Ston. Der Hafen war wichtige Verladestation für den Wein aus der Gegend um Kuna, Postup und Dingač – auf Eseln wurde die wertvolle Fracht in Tierhäuten angeliefert.

Information   Touristinformation (TZO), am Hafen (Richtung Hotel), 20240 Trpanj, ✆ 020/743-433, www.tzo-trpanj.hr. Juni–Ende Sept. tägl. 8–20, sonst 8–12 Uhr.

Verbindungen   Busse 3-mal tägl. nach Orebić (außer So) und 1-mal tägl. (6.20 Uhr) Richtung Ston und Dubrovnik (ebenfalls über Orebić). Ein Problem ist die Rückfahrt: von Dubrovnik kommend fahren die Busse nur bis Orebić, ab dort nur Taxiverbindung für ca. 30 € bis Trpanj. Fähren (→ „Wichtiges auf einen Blick", S. 551).

Auto   Tankstelle am Hafen; Mitte Mai–Ende Sept. 7–10/16–19 Uhr; sonst Mo–Sa 7–12 Uhr, So geschlossen.

Taxi   ✆ 098/1720-807 (mobil, Hr. Darijo Rašić) über das Hotel; nach Orebić ca. 30 €.

Geldwechsel   Bankomat.

Post   Hauptstraße, 8–15/18–20, Sa 7–13 Uhr; außerhalb der Saison nur 8–15 Uhr.

Gesundheit   Ambulanz, kurz nach der Post (Hauptstraße, stadtauswärts), ✆ 020/743-404; bei Notfall über das Hotel. Apotheke (hinter Ambulanz), 8–14 Uhr, ✆ 020/743-435.

Übernachten   Viele Vermieter im Ort. Privatzimmer pro Pers. ab 12 €, Appartements für max. 4 Pers. 45–50 €.

*** Pension-Restaurant Antunović**, ruhig in einer Seitengasse hinter dem Hotel gelegen. Es gibt ca. 26 nette Zimmer. Pro Pers. ca. 24 € mit Frühstück, 35 € HP. ✆ 098/428-132 (mobil), www.vila-antunovic.hr.

Pension-Restaurant Dubrovnik, an der Hauptstraße (stadtauswärts) gelegen. Nette Zimmer und Appartements, teils mit Terrassen, ruhig nach hinten. Hilfsbereite Wirtsleute. Restaurant nur in der Saison geöffnet. K. Tomislava 18, ✆ 020/743-463, www.trpanj-dubrovnik.com.

*** Hotel Aurora**, klein und schön gelegen an der Uferpromenade, nette Zimmer. Žalo 11, ✆ 020/743-425.

**** Hotel Faraon – All-incl.**, an der ruhigen Westseite des Orts. Terrassenförmiger Bau mit Restaurant, Internet, Miniclub, Pool. 133 komfortable Zimmer mit Balkon. Feinkiesstrand gegenüber der vor dem Hotel endenden Straße; Verleih von Kajaks. 154 €/ Pers. Put Vila 1, ✆ 020/743-408, www.adriatiq.com.

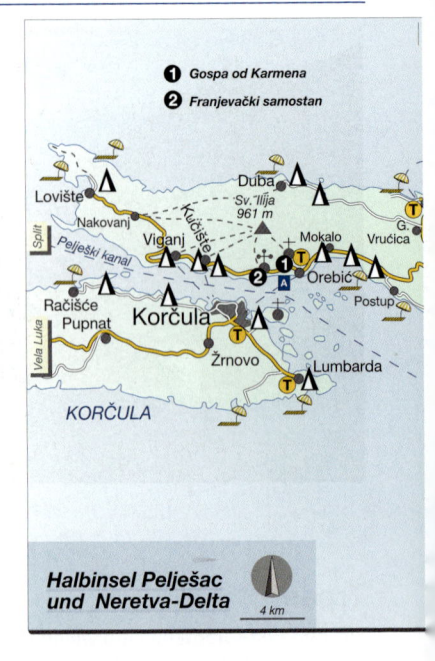

Camping   *** Autocamp Vrila**, stadtauswärts südöstlich von Trpanj, oberhalb der gleichnamigen Bucht. Sehr idyllisches Gelände unter Feigen, Oliven und Palmen, von Natursteinmauern unterteilt. Gute Sanitäranlagen mit Warmwasser. Geöffnet Ende Mai–Mitte Okt. Pers. 5 €, Zelt 3 €, Auto 3 €. ✆ 020/743-700, 098/225-675 (mobil).

Essen & Trinken   Ein paar Cafés und eine Pizzeria am Hafen. Gut isst man im **Restaurant Dubrovnik** (✆ 020/743-463) und in der **Konoba Trpanj** (✆ 020/743-897), beide an der Hauptstraße; zudem im **Restaurant Old Fisherman** (gegenüber Pension Antunović).

》》 Mein Tipp: Beachbar Plavi, kurz vor dem Hotel Faraon am Strand – sehr schön zum Sitzen und Essen. Künstlerisches Ambiente, z. B. selbst angefertigte Skulpturen aus Holz und Metall. Wein, Cocktails, Fisch und gute Musik. Dem Besitzer Jakov Begović gehört auch die Disko. **《《**

Wein Vinarija Jurišić, im Weiler Vrućica (erster Ort nach Abzweig Richtung Duba), ✆ 098/290-200 (mobil).

Nachtleben Disko Plavi, individuell mit schöner Bar im Ethno-Stil eingerichtet; lauschige, von mediterranem Gebüsch umwachsene Terrassen. Nur Juli/Aug. offen.

Veranstaltungen Festtag der Meeresmadonna am 15. Aug. Auf der Miniinsel wird eine Messe abgehalten. Am Abend wird in Trpanj mit Folklore- und Popgruppen gefeiert, es gibt eine Lotterie zugunsten der Kirchenrenovierung. Fischernächte, in Trpanj gibt es sie noch, mit Gratis-Fisch, Wein und Klappa-Musik. Auskunft bei der Touristinformation.

Fahrrad/Scooter/Auto Fahrrad- und Scooterverleih nur Juli/Aug. gegenüber Touristinformation. Zudem auch Autoverleih und Transfer unter ✆ 098/1720-807.

Auf dem Makadamweg, Abzweig in Richtung Campingplatz Vrila, erreicht man in 6 km Crkvice – eine nette Fahrradtour.

Baden: Langer, seichter Kiesstrand beim Hotel Faraon, doch wegen der Fähren ist das Wasser nicht ganz klar. Eine üppig bewachsene Uferpromenade führt im Nordosten um den Ort. Bademöglichkeiten an Felsen und an der *Dračevac-Kiesbucht*. Weiter östlich, beim Campingplatz, die große *Feinkiesbucht Luka*. Etwas nördlich davon nochmals eine Einbuchtung, *Uvala Mud* genannt, da es hier Heilschlamm (mud = Schlamm) gibt. Bootstransfer mit Fischerbooten im Sommer nach Divna.

Von Trpanj nach Duba

Etwa einen Kilometer hinter Trpanj geht es rechts ab Richtung Duba. Die neu ausgebaute Straße schlängelt sich an ein paar Dörfern, Weinfeldern, Zypressen und oft riesigen Kiefern vorbei – bis zum *Campingplatz* sind es 7 km. Dort steht die Villa des Dichters *Dinko Ranjina,* den diese malerische Gegend zum Schreiben inspirierte.

>>> **Mein Tipp:** *** **Autocamp Divna**, in einem Olivenhain mit kleinem Restaurant an der gleichnamigen Bucht. Kiesstrand und klares, tiefblau und türkis leuchtendes Wasser. Schroffe Berge ringsum und ein vorgelagertes Inselchen. Gegenüber sieht man nachts die Lichterkette der Küste, tagsüber die Gebirgszüge. Nur die Sonne scheint am frühen Morgen nicht – sie muss erst mal ganz schön klettern, bis sie in das Autocamp hineinschauen kann. ☎ 020/743-718. <<<

Weiter schlängelt sich die Straße an der Küste entlang; immer wieder folgt ein Kiesstrand, dann der Ort **Duba** und das Ende der Straße. In üppigem Grün, etwas landeinwärts, liegt dieser kleine, ruhige Ort mit alten, grau-rosa bemalten Hausfassaden und dem hoch aufragenden Sv.-Ilija-Berg im Hintergrund. Ein Stückchen entfernt sieht man ein Hafenbecken und eine alte Kapelle. Es gibt Pensionen und ein Camp, und es wird weiter gebaut. Kein Wunder – links und rechts findet man überall kleine Kiesbuchten, die zum Baden einladen.

Übernachten Pensionen am Hafenbecken.

Camping Camping Luka, in Duba (10 km von Trpanj), in einem Olivenhain kurz vorm Meer. Gute Sanitäranlagen, schöne Lage, pro Parzelle Stromanschluss. ☎ 020/743-724, 091/526-2865 (mobil).

Wandern Ein Fußweg (teils zugewachsen) führt auf den Sv. Ilija – der Aufstieg von der Nordseite ist der schwierigste und nur mit ortskundigem Führer machbar.

Von Trpanj nach Orebić

Hinter Trpanj liegen links und rechts der Straße Weinfelder – Säcke voller Trauben füllen die Ladeflächen der Autos. Dann folgen kahle Hänge, unten die große *Trstenica-Bucht* mit vielen kleinen Inseln, dem Sv.-Ilija-Berg und Korčula gegenüber. Ein großes Schild informiert: Hier ist die *Pelješacer Riviera*.

Abstecher nach Postup und Podubuče

Ein schmales Asphaltsträßchen, fast schon eine kleine Panoramastraße, biegt südostwärts ab Richtung Podubuče. Die Straße verläuft hoch über dem Meer, mit Blick auf Korčula und ihre vorgelagerten Inseln. Unterhalb liegen viele kleine Kiesstrände am türkis leuchtenden Meer.

Trpanj – die Meeresmadonna an der Hafeneinfahrt

Im Wein- und Fischerort Podubuče endet die Straße. Zusammengedrängt liegt am Hang der alte Ortskern mit Natursteingemäuern, umgeben von Weinterrassen, eingebettet in die Berglandschaft. Unten am Hafen lockt ein gepflegter Kiesstrand, die einstigen Magazine für Weinfässer und Netze wurden zu Wohnhäusern mit Zimmervermietung ausgebaut. Dennoch ist der Weiler immer noch ein Idyll mit langsamer Gangart und Beschaulichkeit. Das Auto parkt man am besten oben, ein schmaler, steiler Weg führt hinab.

Übernachten/Essen »> Mein Tipp: Villa Antonio, ein Weinbergschlösschen am Hang mit toller Weitsicht, exzellentem Restaurant und 16 komfortablen DZ/F für 88 € (mit Brunch). 2006 mit der Goldenen Plakette für Top-Gastgeber ausgezeichnet. Postup, ✆ 020/713-464, 098/230-607 (mobil), (+49) 0171/345-2019, www.villa-antonio.de. «

Camping Autocamp Paradiso, unterhalb von Postup. Die Zufahrt geht steil hinab – für Wohnmobile nicht geeignet. Kleiner Platz unter Pinien, der sich terrassenförmig zum Meer hinabschwingt. Unten schöne türkisfarbene Badebucht. ✆ 020/713-690, 098/9341-534 (mobil).

Baden Feinkiesstrand am kleinen Hafen; hinter dem Ort führt ein Pfad zu Felsklippen, danach folgen kleine Kiesbuchten. Bootsverbindung durch die Fischer zu weiteren Buchten.

Mühsame Weinlese

Ende September beginnt die Zeit der Traubenlese. In den kleinen Gebirgsorten ist sie besonders hart, da die Weinfelder verstreut hoch oben in den Bergen liegen. In mit Plastik ausgelegten Jutesäcken werden die Trauben auf Eseln abtransportiert – ein endloses Bergauf und Bergab, und vor allem für ältere Menschen eine äußerst beschwerliche Arbeit. Dabei kann es passieren, dass auch mal der Esel schlapp macht; dann heißt es hoffen und warten, bis sich der geländegängige Tier-Transporter wieder willig zeigt.

Mokalo

Der Ort liegt an der Inselstraße und ist terrassenförmig an den Hang gebaut, umgeben von Weingärten und üppigem Grün. Der Blick geht auf den Gebirgszug des Sv. Ilija und auf Korčula mit seinen Inseln. Fast jede Familie vermietet Zimmer und es gibt zahlreiche hübsche und gut ausgestattete Campingplätze.

Übernachten Sehr schön am Hang liegt Pension Ivanca.

Villa Antonio (→ „Postup").

Camping »> Mein Tipp: **** Autocamp-Pension Adriatic, schöner 2-ha-Platz unter Oliven am Hang mit Terrasse, der wenig Wünsche offen lässt. Großes, gutes Restaurant. Fußweg hinab zum Strand mit Strandbar. Auch Zimmer- und Appartementvermietung (ab 75 €/2 Pers./F, TS 95 €). Bootsvermietung, Tauchclub. Fam. Mikulić. Geöffnet 1.4.–31.10. Pers. 6,50 €, Zelt 5 €, Auto 5 €. ✆ 020/713-328, www.adriatic-mikulic.com. «

**** Autocamp Nevio (→ Orebić).

** Autocamp Vala und Appartements, gleich daneben am Hang. Preise etwas niedriger. ✆ 020/713-446.

**** Autocamp Ponta I u. II, zwei kleine, hübsche und gut geführte Campingplätze im Pinienwald oberhalb des Meeres und Strand. Gute und ausreichende Sanitäranlagen, schöne, ruhige Lage, zudem auch Appartements. Geöffnet Juni–Ende Sept. Pers. 5 €, Auto 2,80 €, Zelt 4,10 €. Hinter Adriatic, ✆ 020/713-104, www.orebic-kristicevic.com.

Tauchen Adriatic Diving Center, beim Autocamp Adriatic, ✆ 020/713-420, www.adriatic-mikulic.com.

Der Bergzug Sv. Ilija erhebt sich imposant über Orebić mit seinen prachtvollen ...

Orebić

Orebić, benannt nach einer hier ansässigen Kapitänsfamilie, ist das touristische Zentrum von Pelješac. Das Stadtbild ist geprägt vom mächtigen Sv.-Ilija-Gebirgszug und von den prachtvollen Villen pensionierter Adriakapitäne, in deren Gärten es subtropisch wuchert.

Das 2500-Einwohner-Städtchen zählt zu den wärmsten Orten des Mittelmeers. Durch den Gebirgszug und die Bucht ist es gut geschützt – Pinien, verschiedene Palmenarten, Zitronen, Orangen, Mandeln und viele exotische Setzlinge gedeihen, die die Seefahrer mit nach Hause brachten. In den Villengärten sprießt es üppig, und man gewinnt den Eindruck, dass sich die Kapitäne auf ihre alten Tage fleißig als Gärtner betätigten. Einige der halb versteckten barocken Prachtbauten sind noch angefüllt mit altem Mobiliar, Porzellan und Mitbringseln der Seefahrer – jedes Haus wirkt wie ein Museum. Der 1,5 km lange *Trstenica-Sandstrand*, in dessen Mitte eine Süßwasserquelle sprudelt, bildet den Meeressaum der Ortschaft.

Geschichte: In der Nähe von Orebić finden sich vorgeschichtliche Spuren und Überreste römischer Landvillen. Bis zum 16. Jh. hieß der Ort *Trstenica*, benannt nach der gleichnamigen Bucht. Seinen späteren Namen bekam er von der Familie *Orebić*, die 1516 ein Kastell errichtet hatte, in dessen Schutz nach und nach diese Siedlung entstand. Zwischen 1343 und 1806 befand sich Orebić unter Kontrolle der Republik Dubrovnik, heute gehört sie zum Gebiet der Kommune Korčula.

Im 18. und 19. Jh. erlebte die Orebićer Seefahrt ihre Blütezeit. 1865 wurde die Pelješac-Seefahrtsgesellschaft gegründet, die bald 33 mächtige Windjammer besaß. Waren wurden zwischen dem Osmanenreich und Häfen in ganz Westeuropa hin und her transportiert, einige Schiffe segelten bis nach Nordamerika. Die Orebićer Reederei, die nach einigen Jahren auch eine eigene Werft besaß, zählte zu dieser Zeit zu den größten im Mittelmeer. Damals stand Orebić auf dem Gipfel seines Ansehens: Prächtige Villen wurden gebaut, mit kostbaren Möbeln und Inventar ausgestattet, auch die Kleidung zeugte von Geschmack und Wohlstand.

Die Blütezeit Orebićs und seiner Nachbarorte Kučište und Viganj verging, als der Warentransport allmählich auf Dampfschiffe umgestellt wurde – 1891 musste die Reederei schließen. Trotzdem blieb der Seemannsberuf lange noch hoch angesehen, wie der überlieferte Ausspruch eines Kapitäns bezeugt: „Und wenn ich 77 Söhne hätte, wären alle Kapitäne."

... Kapitänsvillen

Information/Verbindungen/Diverses

Touristinformation TIC, Ul. J. B. Jelačić 53, 20250 Orebić, ✆ 020/714-070. Juli/Aug. Mo–Sa 8–20, So bis 14 Uhr; Juni und Sept. Mo–Sa 8–14 Uhr; sonst nur TZ geöffnet. Gute Infos und Karten.

Tourismusverband (TZ), Ecke Trg Mimbeli/Zrinsko Frankopanskih b.b., ✆ 020/713-718, www.tz-orebic.com. Juni–Sept. tägl. 8–20 Uhr (Juli/Aug. bis 22 Uhr); Mai und Okt. Mo–Sa 8–14 Uhr; sonst Mo–Fr 8–14 Uhr. Gute Infos und Website für Privatunterkünfte.

Orebić Tours, Ul. Bana J. Jelačića 84 (Hauptstr.), ✆ 020/713-367, www.orebic-tours.hr. 7–21 Uhr. Zimmer, Autoverleih.

Rent-a-car, Obala Pomoraca b. b., ✆ 020/713-129.

Dalmatino Tours, Obala pomoraca (in Villa Iva), ✆ 020/713-800, www.dalmatino-tours.eu. Tägl. 8–18 Uhr. Zimmer, Fahrradverleih und Fahrradkarten.

Verbindungen Fährverbindungen (→ „Wichtiges auf einen Blick"). Busse: bis zu 4-mal tägl. mit verschiedenen Busfirmen (Korčula-Bus und Libertas) nach Dubrovnik (3 Std., ca. 9 €). 3-mal tägl. außer So nach Trpanj. 2-mal tägl. 6.30 u. 18 Uhr über Korčula nach Vela Luka.

Geldwechsel OTP, Ul. Bana J. Jelačića 17 (Hauptstr. gegenüber TIC), Mo–Fr 8–14.30, Sa 7.30–13 Uhr, zudem Bankomat. Weitere Bankomaten u. a. am Beginn der Uferpromenade.

Post am Beginn der Uferpromenade (vom Hafen), Mo–Fr 8–12/19–21, Sa 8–12/18–19 Uhr.

Gesundheit Ambulanz, Kralja Tomislava 24, ✆ 020/713-694; 7–14 Uhr; 24-Std.-Notdienst. **Apotheke**, J. B. Jelačić/Ecke Ul. Fiskovićeva. Das nächste Krankenhaus ist in Korčula (→ Korčula).

Ausflüge Nach Korčula mit Museumsrundgang; Tour durch die vorgelagerte kleine Inselwelt, Insel Mljet, Dubrovnik. Auskunft über die Agenturen.

Auto Tankstelle, Ortsbeginn, in der Saison non-stop, danach tägl. 7–10/16–19 Uhr. **Autoverleih** bei Orebić Tours und Rent a Car.

Einkaufen Obst- und Gemüsemarkt, viele Supermärkte.

Halbinsel Pelješac

Wein: Darko Bogoević, mit eigenem Weinkeller, Ul. Od Blaca 4, ✆ 020/713-475. Vinothek Bartul, 10.30–24 Uhr, Prizdrina b.b., ✆ 020/742-346.

Veranstaltungen Pfingstmontag Prozession zum Franziskanerkloster. Im Sommer Folkloreveranstaltungen. **Segelregatta** am 1. Augustwochenende von Orebić nach Korčula–Mljet–Dubrovnik.

Nachtleben Disco Trstenica außerhalb in Richtung Mokalo am Strand. Mai–Okt. 24–4 Uhr.

Übernachten/Camping

Übernachten Privatzimmer ab 30 €; Frühstück 5 €. **Appartements** für 2 Pers. ab 40 €. Die schönsten Quartiere liegen an der Uferpromenade Richtung Trstenica-Bucht – teils auch Übernachtungsmöglichkeiten in den alten Villen. Privatzimmervermietung s. a. Website TZO-Orebić, zudem auch unter Essen & Trinken.

*** **Appartements Darko Bogoević**, schönes Haus oberhalb des Hafens, eigener Weinkeller. DZ/F ca. 45 €. Ul. Od Blaca 4, ✆ 020/713-475.

*** **Appartements Jerry**, im Osten, fast am Ende oberhalb der Uferpromenade, wenige Min. vor dem Strand Trstenica. Ruhige, schöne Lage und terrassiertes Gelände. ✆ 020/713-767.

*** **Villa Meridiana**, am Ortsrand Richtung Ston am Hang. Neubau mit Pool, Sauna. Österreichische Ltg. Komfortable DZ/F mit Balkon 24 €/Pers., Appartements für 2 Pers. 56 € (Topsaison 62 €). Put Podvlaštice, ✆ 020/714-302, 714-304, www.villameridiana.com.

*** **Villa Julija**, westl. des Hotels Bellevue im Westen der Stadt. 24 moderne Zimmer mit Balkon. DZ/F 82 €. Kralja Petra Krešimira IV 205, ✆ 020/714-500.

**** **Hotel Indijan**, schlichte Moderne lichtdurchflutet hinter Palmen, direkt am Kiesstrand. Für das leibliche Wohl sorgt Restaurant Korte mit Terrasse und herrlichem Ausblick und besten Weinen (→ „Essen & Trinken"). Spa-Bereich mit Innenpool und Glasdach, Bootssteg. 19 komfortable Zimmer mit Internetzugang. Geöffnet April–Okt. DZ/F mit Meerblick 161 € (185 € mit Balkon). Škvar 2, ✆ 020/714-555, www.hotelindijan.hr.

***** **Appartements Orebeach Club**, hübsches 30-Zimmer-Haus direkt am Meer mit eigenem Strand, komfortable 4-Pers.-Appartements, palmenbestückte, lauschige Terrassen, gutes Restaurant, Beachbar. Verleih von Booten, Surfbrettern, Fahrrädern und Scootern. Kralja P. Krešimira IV 141 (hinter Hotel Orsan), ✆ 020/713-985, www.orebeachclubhotel.com.

*** **Hotelappartements Bellevue**, neben Hotel Bellevue im Westen der Stadt – wird gern von Familien mit kleinen Kindern genutzt. Für 2–6 Pers., Schlaf-Wohn-Raum, Kochnische, Terrasse zur Meeresseite. Das Hotel bietet Disco, Miniclub, Tennisplätze, Fahrrad-, Liegestuhl-, Kanuverleih, Surfbrettverleih und -kurse. Pools und Feinkiesstrand. 56 €/2 Pers. Svetoga križa 104, ✆ 020/713-148, www.orebic-htp.hr.

**** **Grand Hotel Orebić**, am Meer gelegen, 1,5 km außerhalb Richtung Kućište. Von Pinien und Zypressen gesäumt. Bootsanlegestelle, Kies- und Felsstrand mit Grillbar, Wellnesscenter, großer Wassersportverleih. 2008 modernisiert. DZ/F ab 134 €. Šetalište Petra Krešimira IV 107, ✆ 020/798-000, www.grandhotelorebic.com.

*** **Hotelappartements Grand Hotel Orebić**, Schlaf-Wohn-Raum, Kochnische, Dusche/WC und Terrasse zur Meeresseite. Appartements für 2–4 Pers., Studio ab 60 €. Šetalište Petra Krešimira IV b. b., ✆ 020/713-022, www.orebic-htp.hr.

*** **Hotel Orsan**, etwas westl. von Grand Hotel, 94-Zimmer-Haus, von Grün umgeben, eigener Badestrand, Bootsanlegestelle, Terrassenrestaurant. DZ/F ca. 100 €. J. Bana Jelačića b. b., ✆ 020/713-026, www.orebic-htp.hr.

Camping In der Stadt ortsauswärts Richtung Mokalo gibt es zahlreiche Campingplätze, u. a.:

**** **Autocamp Trstenica**, 2-ha-Platz an der Hauptstraße, zum Meer über die Straße und zum gleichnamigen Strand. 2010 neu renoviert. Ganzjährig geöffnet. Pers. 4,50 €, Zelt 3 €, Auto 4 €. Šet. K. Domagoja 50, ✆ 021/713-348, www.kamp-trstenica.com.

** **Autocamp Glavna Plaža**, kleines 0,2-ha-Gelände kurz nach Camp Trstenica, ebenfalls an der Hauptstraße gelegen. Mit Tennisplatz, Fahrradvermietung. Über die Straße zum Meer, dort auch Bootsanlegestelle

Orebić

und Kran. Geöffnet Juni–Sept. Pers. 4,50 €, Zelt 3 €, Auto 4 €. Šet. K. Domagoja 49, ℡ 021/713-399, www.glavnaplaza.com.

** **Autocamp Orebić**, 1,5-ha-Platz an der Hauptstraße, zum Meer über die Straße. Geöffnet 1.6.–15.9. Preise ähnlich wie oben. ℡ 020/713-479.

》》》 **Mein Tipp:** **** **Autocamp Nevio**, am Ortsbeginn von Orebić; Abzweig gegenüber Tankstelle und Supermarkt (tägl. 7–21, So bis 20 Uhr). Oberhalb am Steilhang auf 30.000 m² unter schattigen Bäumchen liegen die schönen Parzellen und Mobilhäuser mit Balkon (ab 72 €/2 Pers.), tief unten eine eigene gepflegte Kiesbucht mit Liegestühlen und Bootsanlegeplatz. Weiter Blick auf den Archipel, nettes Restaurant (Mai–Mitte Okt.), Cafébar und Internet, saubere Sanitäranlagen, Pool, Supermarkt 100 m entfernt (s. o.). Sehr gute Leitung unter Fr. Duška Ortolio. Ganzjährig geöffnet. Pers. 5 €, Stellplatz 11–15 €. Dubravica b.b., ℡ 020/713-100, 714-465, www.nevio-camping.com. 《《《

Essen & Trinken

An der Hauptstraße und der Strandpromenade einige Restaurants und Eisdielen.

Restaurant Korte, im Hotel Indijan (s. o.) mit romantischer Terrasse. Feinstes Ambiente und Küche, große Weinauswahl aus eigener Kelterei Violić-Indijan (→ Potomje); gehobene Preise. Geöffnet April–Okt. ℡ 020/714-555.

Restaurant Amfora, an der Uferpromenade mit schöner Terrasse und Blick aufs Meer. Fischgerichte, Lamm, Pizza. Geöffnet April–Okt. Šet. kneza domagoja 6, ℡ 020/713-779.

》》》 **Mein Tipp: Konoba Karako**, das sog. „Alte Schiff" kurz vor dem Strand von Trstenica bietet nette Atmosphäre im Wintergarten. Spezialitäten sind u. a. Fischsuppe, Fischbrodet, Muscheln oder Pasticada mt Gnocchi. Darko & Ivana bemühen sich um ihre Gäste von Mitte Mai bis Mitte Okt. 14–1 Uhr. Šet. kneza Domagoja 32. 《《《

Restaurant Ponta, hier gibt es Pizzen und Fleischgerichte. Es ist eines der wenigen Lokale, die ganzjährig arbeiten. Ul. B. Josipa Jelačića 46 (schräg gegenüber Apotheke), ℡ 020/713-457.

Restaurant Orebeach Club, stadtauswärts hinter Hotel Orsan, direkt am Meer, schöne Terrasse. Fisch- und Fleischgerichte. Geöffnet Mai–Okt. ℡ 020/714-985.

Restaurant Babilon, nördl. der Kirche, mit Blumenkübeln geschmückte Terrasse. Gute Fisch- und Fleischgerichte. Gern von Einheimischen besucht. Geöffnet Mai–Okt. Divovičeva 2, ℡ 020/713-599.

Bistro-Pizzeria Jadran, bisher einziges Lokal im Zentrum direkt an der Strandpromenade und am Meer. Hier besticht nur die Lage. Trg Mimbelli b. b.

Essen außerhalb Konoba-Pension Victor, kurz vor dem Franziskanerkloster. Man sitzt unter überdachter Terrasse und genießt den Blick auf Orebić und das Meer. Die Wirtsleute sind sehr bemüht, serviert werden Bohnensuppe, Fisch und Fleisch und nach Vorbestellung gibt's Gerichte aus der Peka (Huhn, Lamm). Es werden auch Zimmer vermietet (10 €/Pers. oder 30 €/HP). Geöffnet Mai–Okt. ℡ 020/713-308, 098/680-783 (mobil).

Konoba Panorama, ca. 2 km westl. des Franziskanerklosters. Wie der Name schon besagt, mit herrlicher Aussicht. Nach einer Wandertour kann man sich hier auf leckere Gerichte freuen. Bilopolje, ℡ 020/714-170.

Konoba-Pension Hrid, im Weiler Gurića Selo (1 km oberhalb des Franziskanerklosters) in einem hübschen Natursteinhaus mit Weitblick auf Orebić. Hier gibt es neben gutem hauseigenen Wein, Ziegenkäse und Lamm aus der Peka. Geöffnet Juni–Sept. Ltg. Vanja & Boris, ℡ 098/9425-920.

Sport/Wassersport

Baden: Am 1,5 km langen *Trstenica-Stadtstrand* oder unterhalb der kleinen Straße nach Postup, ebenso auf den Inseln *Velika Stupa* (mit Restaurant), *Mala Stupa* und *Badija* (Bootsverbindung).

Tauchen Adriatic Diving Center (→ Mokalo).

Jachthafen Marina mit 200 Liegeplätzen. Hafenkapitän, ℡ 020/714-069, 098/812-673 (mobil).

Mountainbiken Verleih über die Agenturen (s. o.).

Eine schöne **Panoramastrecke** führt von Orebić auf schmaler Asphaltstraße hoch zum *Franziskanerkloster*, dann geradeaus weiter auf Makadam über die Weiler *Bilopolje*, *Žukovac* und etwas bergab zur Kapelle *Sv. Luka* (oberhalb von Kućište). Der Makadam führt weiter oberhalb des Meeres gen Westen nach *Dol* und *Podac* oberhalb von Viganj – hier stehen überall Natursteinruinen verlassener Siedlungen, darunter auch liebevoll renovierte Häuser, meist Sommerresidenzen oder Altersruhesitze, viele davon in Händen von Engländern. Danach führt der Weg auf die Straße nach Lovište. Ab hier kann man über die Uferstraße am Meer zurück nach Orebić fahren.

Insgesamt ca. 20 km, nur am Anfang Steigung auf 155 m, danach noch bis 174 m.

Sonstiges Verleih von Booten, Surfbrettern, Kanus etc. in den Hotels Bellevue und Rathaneum sowie am Trstenica-Strand.

Sehenswertes

Das **Schifffahrtsmuseum** am Kai zeigt alte Navigationsgeräte, Seekarten und Bilder (Juni–Sept. 9–12 und 17–20/21 Uhr, danach bei TIC nachfragen). In der seit 1865 bestehenden, gediegen eingerichteten Lesehalle im Erdgeschoss liegen Zeitungen aus; es gibt eine große Bibliothek und eine Gemäldesammlung mit Schiffsmotiven.

In der Nähe steht die **Kirche der Verkündung** (Crkva Navještenja) aus dem 17. Jh. mit einem altchristlichen Marmorrelief über dem Tor. Die **Pfarrkirche** im Ort stammt aus dem 19. Jh. und birgt kostbare Gemälde wie „Die heilige Kontemplation" von *Jacopo Palma d. J.* aus dem 16. Jh. oder „Die Beschneidung" von *Pietro Candelari* von 1679. Auf dem Marmoraltar sieht man ein Bild des hl. Nikolaus, des Schutzpatrons der Seefahrer, von *Enrico Pallastrini* aus dem Jahr 1845.

Herrlicher Weitblick vom Kloster aus

2 km nordwestlich des Ortes, hinter Zypressen und hoch über dem Meer, thront das **Franziskanerkloster** mit **Museum** (Juli/Aug. tägl. 9–12/15–20 Uhr; danach Info über TIC; Eintritt 2 €). Kloster und Kirche wurden zwischen 1470 und 1480 im gotischen Stil erbaut – aus strategischen Gründen wurde das Kloster an der Grenze der Republik Dubrovnik errichtet, um die Venezianer, die ihre Hand auf Korčula hatten, besser unter Kontrolle zu behalten. Das Innere der im 19. Jh. umgebauten *Klosterkirche* ist farbenfroh gestaltet: Die Wände zieren Gemälde, Votivbilder von Segelschiffen, silberne Votivtäfelchen, ein Holzkruzifix von Juraj Petrović, das aber wieder zurück zur Insel Badija kommen soll (→ Korčula/Badija), wertvolle Marmorreliefs aus dem 15. Jh. („Muttergottes mit Sohn" von Nikola Firentinac und „Madonna mit dem Sohn" von Tommaso Fiamberti.) Die *Schatzkammer* des Klosters birgt Gemälde und sakrale Kunstgegenstände verschiedener Stilepochen. Im pflanzen-

umwucherten *Klosterhof* mit Zisternen liegen die Gräber von Orebićer Familien aus dem 17. Jh. Die Außenfront des Klosters ziert ein Weihwasserbecken aus dem 15. Jh. mit großer Muschel. Neben dem Kloster liegt der *Friedhof* mit sehenswerten Grabmälern, u. a. das der Reederfamilie Mimbelli mit der Statue einer „Schlafenden Vestalin" und vergoldetem Zwiebeltürmchen obenauf, 1898 geschaffen von Ivan Rendić. Von der *Renaissanceloggia* aus dem 16. Jh. vor dem Kloster genießt man einen weiten Blick über Korčula und den Kanal von Pelješac.

Wanderung zum Sv. Ilija

Viele Wege führen auf den Sv. Ilija. Der meiner Meinung nach schönste, wenn auch weiteste, ist der folgende gut ausgeschilderte Rundweg.

Der Aufstieg beginnt oberhalb des Franziskanerklosters, der Weg führt bis zum nächsten kleinen Weiler *Bilopolje* (150 m) und dann stetig leicht aufwärts in westliche Richtung. Der Pflanzenwuchs wird spärlicher – nur noch Heidekraut und Kiefern gedeihen. Jetzt wirkt Korčula schon wie eine Spielzeugstadt, und wir können wie die alten Römer Ausschau halten über den Kanal und die Inseln. Der Weg führt ab hier steil bergauf und etwas ins Inselinnere. Kurz hintereinander treffen wir auf Pfade von unten, von Perna und Kučište kommend (von Kučište oder Viganj ist der Aufstieg ebenso möglich, auch von Gornij Nakovana – dieser Weg zieht sich langsam den Berg hinauf und an ihm entlang).

Nun wenden wir uns vom Meer ab und halten uns nordwärts. Schluchten und Erhebungen tun sich auf. Der Weg geht durch hohe Macchia und steigt nordostwärts an. Bald führt er durch Wald. In einem flachen Waldstück nicht durch mehrere Trampelpfade irritieren lassen! Weiter ost- und aufwärts halten. Nach

Lohnender Aufstieg auf den Sv. Ilija

einiger Zeit sehen wir das Steinhaus, die *Berghütte* mit Feuerstelle, Bank und Tisch. Hinter der Hütte geht es nordostwärts weiter über Felsbrocken nach oben zum Gipfelkreuz mit herrlichem Rundblick bei guter Sicht.

Zurück nach Orebić führt vom Gipfelkreuz ein Pfad (rot markiert) südöstlich nach unten. Wir sehen unten Orebić liegen und stoßen auf den Weiler *Urkunići*. Ab hier kann man direkt Richtung Süden in die Stadt wandern. Wer möchte, kann noch weiter nach *Karmen* mit der Gospa od Karmena-Kapelle und dann zum Franziskanerkloster hinab laufen.

Aus Zeitmangel nahmen wir den direkten (!) Weg über die südliche Talsenke und das Geröllfeld nach unten Richtung Kloster. Das ist jedoch nicht nachahmenswert. Zwar sahen wir in dem unwirtlichen Geröllfeld die lang ersehnten Mufflons, die uns mit vogelhaftem Gepiepse beschimpften, aber etwas gewagt war die Abkürzung doch, auch bei dem Gedanken an die züngelnde Tierwelt des Monte Vipera.

Ausrüstung Gutes Schuhwerk und Kondition sind erforderlich oder man wählt eine kürzere Tour; keine Verpflegungsmöglichkeit und Wasser unterwegs! Aufpassen auf Schlangen (siehe dazu Fauna)! Insgesamt braucht man für diese landschaftlich herrliche Rundtour mindestens 8 Std. Auskünfte in den Touristeninformationen in Orebić und Kućiste. Dort gibt es auch eine **Wanderkarte** für das Gebiet, die zumindest die Orientierung erleichtert. Über die Touristeninformationen können auch Wanderführer gebucht werden, was gerade hier sehr zu empfehlen ist.

Übernachten Vorab bei TIC über Hüttenschlüssel informieren! **Planinarska kućica** (Berghütte), 580 m, auf dem Weg von Gornje Nakovana zum Sv. Ilja, kurz vor der Gabelung des Wegs, der von Orebić kommt. Liegt an einer baumbestandenen, sonnigen Lichtung mit Feuerstelle, 5–6 Pers. finden einen Schlafplatz, evtl. Wasser aus der Pumpe (nicht zum Trinken!), je nach Jahreszeit und Regen.

Eine weitere namenlose, aus Stein gebaute **Planinarska kućica** liegt auf 800 m, 20 Min. unterhalb des Gipfels; es gibt Wasser und 8 Schlafplätze. Schöner Blick vor dem Haus.

Aufstieg auf den Sv. Ilja – Blick auf Korčula

Berg Sv. Ilija

Mit 961 m ist er der höchste Berg der Halbinsel. Sein italienischer Name ist Monte Vipera – wegen der vielen Sandvipern, die es hier gab. Heute sind sie rar geworden, nicht aber die Mungos, die hier zur Schlangenbekämpfung eingesetzt wurden und heute kaum mehr natürliche Feinde haben. Rar wurden auch die Schakale und Mufflons, von denen es nur noch rund 300 Exemplare gibt. Der Berg entwickelte sich mit der Zeit zu einem beliebten Jagdrevier, und die Tiere wurden fast ausgerottet.

In drei Stunden kann man über einen Fußweg von Orebić aus den Gipfel besteigen, mit herrlicher Aussicht nach allen Seiten – auf die umliegenden Inseln, bis zur Insel Palagruža in der Ferne, ins Neretva-Delta und bei sehr guter Sicht sogar bis nach Italien.

Kućište – Perna

Der 250-Einwohner-Ort mit dem südlichen Ortsteil Perna liegt am Fuß der Berge Pisćetel und Sv. Ilija und zieht sich am Pelješac-Kanal in Sichtweite von Korčula entlang. Im alten Ortskern stehen Marmorhäuser im Renaissance-Barockstil, umgeben von riesigen Pinien, Yuccapalmen, Zitronen, Zypressen und blühenden Mittelmeerpflanzen. Die einstigen Wohnsitze der Reeder und Kapitäne erinnern an den Wohlstand vergangener Tage, heute stehen sie – oftmals mit Inventar – leer. Prachtvollster Bau ist ein dreiteiliger, im Stil der Spätrenaissance erbauter Gebäudekomplex der Reederfamilie *Lazarović* aus dem 17. und 18. Jh. Die Barockkirche *Sv. Trojstvo* mit ihrem verzierten Portal stammt aus dem Jahr 1752.

Lohnenswert ist ein Spaziergang zum Friedhof und weiter zur gotischen *Kapelle Sv. Luka* am Berghang – herrlicher Ausblick! Die Kapelle mit der birnenförmigen Glocke von 1422 wird erstmals 1393 erwähnt. Ihr wertvollstes Stück ist ein aus Gold geschmiedeter Kelch aus der frühen Renaissance. Auf dem Friedhof ruhen die sterblichen Reste von Generationen von Reeder- und Kapitänsfamilien. Ein Stückchen entfernt, ebenfalls am Hang, trifft man auf eine *Votivkirche* aus dem 16. Jh., die 1884 erweitert wurde. Im Ortsteil *Žukovac* oberhalb steht die gotische *Sv.-Lovro*-Kirche von 1335, die im 18. Jh. erneuert wurde. Sehenswert am Altar sind neben Ölgemälden das spanische Lederantependium aus dem 17. Jh.

Funde zeugen von einer Besiedlung schon in prähistorischer Zeit. Der venezianische Kartograph *Vicenzo Maria Coronelli* zeichnete 1640 Kućište mit 30 Häusern in seine Karten ein. Vom 18. bis Anfang des 19. Jh. blühte der Ort durch die Segelschifffahrt. 1865 wurde die Seefahrts-AG in Orebić gegründet, die bereits 1891 wieder schließen musste. Danach wanderten viele Einwohner nach Amerika aus. Die landschaftlichen Reize Pelješacs ließen im ausgehenden 20. Jh. den Tourismus als neuen Erwerbszweig entstehen. Und der soll weiter wachsen: Geplant sind u. a. ein Jachthafen, eine Appartementsiedlung und eine Umgehungsstraße.

Information Touristinformation, Ortsmitte, 20267 Kućište, ℅ 020/719-123. Nur in der Saison 8–12 und 17.30–20.30 Uhr.

Post Mo–Fr 8–14, Sa bis 12 Uhr.

Verbindung Busse nach Orebić. Bootsverbindung in der Saison 4-mal tägl. nach Korčula-Stadt.

Einkaufen Etliche Läden.

Übernachten/Essen Privatzimmer ab 20 €/DZ. Appartements für 2 Pers. ab 30 €.

Pension-Restaurant Vrgorac, schöne Terrasse mit Meeresblick, leckere Fisch- und Fleischgerichte. Es werden nette Zimmer vermietet. Ganzjährig geöffnet. Perna 24, ℅ 020/719-152.

Pension-Restaurant Piccolo, neben Vrgorac, ebenfalls gutes Essen und nette Zimmer. Mai–Okt. geöffnet. ℅ 020/719-132.

Villa-Konoba Argosy, schräg gegenüber von Autocamp Perna. Hübsche erhöhte Terrasse am Meer, gute Fischgerichte und hauseigene Nudelgerichte. Internetpoint. ℅ 098/386-636 (mobil).

Camping ** Autocamp Perna, einziges Camp direkt am Meer. Riesiger 4-ha-Platz mit Mischwald, Grill, Supermarkt, Kiesstrand, Fahrradverleih, Bootsanlegestelle, Kran, FKK und Kitesurfeverleih. Geöffnet Mai–Okt. Pers. ca. 4,50 €, Zelt 4,50 €, Auto 4 €. ℅ 020/719-244, -286, www.club-adriatic.hr.

*** Autocamp Palme, kurz nach Perna, durch die Uferstraße vom Meer getrennt. Schöner 1,5-ha-Platz zwischen Palmen und Olivenbäumen. Fahrrad-, Boots- und Surfbrettverleih, Surfschule. Ganzjährig. Pers. ca. 5,50 €, Parzelle ca. 9 €. Kućište 45, ℅ 020/719-164.

Baden überall kleine Einbuchtungen mit Sand- und Kiesstränden.

Kite- und Windsurfen Kiten wird am Autocamp Perna angeboten, ℅ 098/395-807 (mobil), www.perna-surf.com. Surfen bei Autocamp Palme.

Wandern In Richtung oder auf den Sv.-Ilija-Gipfel (→ Kasten „Berg Sv. Ilija").

Viganj

Der 350-Einwohner-Ort ist die letzte größere Siedlung an diesem üppig bewachsenen Küstenstreifen am Kanal von Pelješac. Bedingt durch die ständige leichte Brise, ist der Ort ein beliebtes Surfer-Domizil mit Surf- und Slalomregatten.

Auch hier stehen die barocken Marmorhäuser der Seekapitäne aus dem 19. Jh. Der Ort wirkt noch friedlicher und ist noch üppiger als Kućište von Pflanzen und mächtigen Pinien umgeben. Die Inselstraße entfernt sich in Richtung Berge und führt über den Weiler *Nakovanj* nach *Lovište*.

Mitten im Ort steht das *Dominikanerkloster* von 1671 mit einer Kirche ohne Glocke. 1760 wurde die gotische *Kirche* erweitert, deren Inneres ein Holzrelief aus dem 15. Jh. schmückt. Heute kann man im Klosterhof mit Kreuzgang unter Orangenbäumchen gut speisen. Auf der Landzunge mit herrlichem Badestrand und guten Surfbedingungen steht eine Kapelle. Überall gibt es Kiesstreifen und Anlegestellen für Boote.

In all diesen Küstenorten, die jeweils aus mehreren Siedlungen bestehen, finden sich archäologische Spuren der Illyrer, Griechen, Römer und Slawen.

Information Touristinformation, 20269 Viganj, ℡ 020/719-059, www.viganj.net. Nur in der Saison 8–13/18–21 Uhr.

Verbindungen Regelmäßig **Busse** nach Orebić. Bootsverbindung in der Saison 4-mal tägl. nach Korčula-Stadt.

Einkaufen Supermarkt.

Veranstaltungen Surf- und Slalomregatta, Ende Juli bis Anfang Aug.

Übernachten Entlang der Uferstraße viele Privathausvermietungen, 15–20 € p. P., auch über Website von TZO Orebić. Z. B. **Pension Mirina**, ℡ 020/719-002.

Camping Etliche Camps, u. a.:

** **Camp Ponta**, gleich am Ortsbeginn. Nett unter Oliven und mit einem guten Restaurant. ℡ 020/719-060.

**** **Camp Antony Boy**, 5,5-ha-Platz unter

Blick von Viganj auf Korčula und auf das Kite-Revier Kućište

Viganj

schattigen Bäumen. Großes Sportangebot, Surfbrettverleih und -schule, Bootsvermietung, Tauchbasis, Beachvolleyball, Fahrradverleih. Camp ist durch Uferstraße vom Meer getrennt. Ganzjährig. Pro Pers. 5,50 €, Parzelle ca. 10–12 €. ✆ 020/719-077, www.antony-boy.com.

*** **Autocamp Maestral**, direkt gegenüber der Landzunge. Kleiner, sauberer Platz unter jungen Bäumchen mit Kalt- und Warmduschen. Pro Pers. 4,50 €, Zelt 4,50 €, Auto 3,50 €. ✆ 020/719-019, 098/618-932 (mobil), www.maestral-camping.hr.

** **Autocamp Liberan**, größerer Platz unter Schatten spendenden Bäumen. Windsurfcenter mit Verleih und Schule. Ganzjährig geöffnet. Pers. 4,30 €, Parzelle ca. 8–10 €. ✆ 020/719-330, www.liberan-camping.com.

Essen & Trinken Restaurant Kuvenat, im ehemaligen Kloster, unter Orangenbäumchen und mit Blick auf den Kreuzgang. Hier speist man sehr schön und sehr gut. Wenn es mal windet, bieten die Mauern des Innenhofs Schutz. Billardtische. Geöffnet 15. Juni–15. Sept. ab 16 Uhr. ✆ 020/719-353.

Im **Bistro Ponta** am Camp speist man gut. 10–1 Uhr.

Konoba-Beachbar Karmela, lädt zum Sundowner auf dem Holzsteg am Meer ein.

Baden Auf der Landzunge mit Feinkies. Nachmittags kommt Wind vom Kanal, gute Surfbedingungen. Kleine Strömungen am Ufer, man treibt immer ein wenig nach Süden! Ruhige und endlose Bademöglichkeiten westlich des Orts – kein Autolärm stört die Idylle an den Fels- und Kiesbadebuchten.

Kite- und Windsurfen Wind- und Kitesurfcenter am Strand beim Autocamp Liberan und Antony Boy (s. o). Zudem Johnnys Windy Way am Strand von Viganj, ✆ 091/2761-111 (mobil, Hr. Ivica Dolenc).

Tauchen Moreska d.oo, Viganj 191, ✆ 020/719-079.

Wandern Zum Sv.-Ilija-Gipfel (→ Kasten „Berg Sv. Ilija").

Weg vom Meer schlängelt sich die Straße nun die Berge hinauf. Unten liegt Korčula mit seinen rundlichen Ausläufern und zwei ganz runden Inselchen davor; das Meer dazwischen ist so breit wie ein Strom. Die Straße zieht sich an Karsthügeln entlang – in der Ferne ist eine Dorfruine zu sehen. Auf den Hügeln hausten bereits Steinzeitmenschen. Später kamen die Illyrer, dann die Slawen. Heute werden die alten Häuser in den Weilern von *Donij* und *Gornij Nakovanj* hübsch restauriert, es gibt Ziegenkäse und Rotwein.

Dominikanerkloster in Viganj

Gegenüber von Donij Nakovanj, an der Hauptstraße, kann man in 20 Min. zum 330 m hohen *Berg Grad* laufen und genießt, wie schon die Illyrer, einen wunderschönen Blick auf die Pelješac Riviera und Korčula. Oberhalb von *Gornij Nakovanj* gibt es eine *Grotte*, in der archäologische Funde gemacht wurden – die Grotte ist allerdings noch nicht zu besichtigen.

Die Straße windet sich weiter bergauf. Auf dem Bergrücken wird die Insel Hvar in ihrer ganzen Länge sichtbar: im Westen die Insel Šćedero, unten die grünen Ausläufer von Pelješac, gegenüber im Süden Korčula.

Lovište

Erst vor gut 100 Jahren wurde der kleine Küstenort mit seinen nun 600 Einwohnern an der gleichnamigen, tief ins Land reichenden großen Bucht von Siedlern aus Hvar (Bogomolje) gegründet. Sie kamen mit Holzkähnen, die fürs Erste auch als Behausung dienten – zum Schlafen wurde der Kahn einfach umgedreht. Heute ziehen sich einfache Bauten mit Gärten um die Bucht, es duftet nach Johannisbrot, im Hafenbecken schaukeln Fischkutter und Jachten, es gibt einige Kiesstrände. An der nördlichen Buchtseite liegt der Ortsteil *Mirce*.

Bis in die 80er-Jahre des letzten Jahrhunderts erreichte man Lovište nur auf dem Seeweg. Die Bewohner waren isoliert, lebten von Fischfang und Weinanbau, es gab eine intakte Dorfstruktur mit Bäcker, Metzger usw., die heute verschwunden ist. Die Genossenschaft „Parizanska Veza", eine kleine Fabrik für Feigen und Johannisbrot (Feigen werden getrocknet, verpackt und exportiert; das Johannisbrot wird zu Mehl verarbeitet und abgepackt) finanzierte den Straßenbau und die Wasserleitungen. Und die Dorfbewohner legten selbst Hand an – „Um hier etwas zu erreichen, müssen wir uns schon selbst helfen", meinte ein junger Mann. Heute genießen die Touristen den ruhigen Badeort. Ab und zu wird gefeiert, aber dann kräftig, wie zum Beispiel am 1. Mai: Rund um die Bucht werden kleine Feuer entzündet, und manche sehen sich den Zauber vom Meer aus an. Dazu wird gegrillt, getanzt und getrunken. Ärger gibt es momentan nur mit den Schakalen – bei Trockenheit kommen sie und schlagen sich die Bäuche voll mit süßen Weintrauben und Feigen.

Baden kann man am großen Feinkiesstrand an der Bucht (Familienstrand!). Wer es ruhiger mag, geht zu Fuß oder fährt mit dem Boot zu den Buchten *Križica*, *Česminova*, *Slatina* oder an die zwei nördlichen Buchten *Rasoha* und *Bezdija*.

Information Touristinformation, Ortseingang, 20269 Lovište, ℡ 020/718-051. Juni–Sept. 8–12/16–19 Uhr.

Verbindungen Bus nach Orebić.

Diverses Post und Supermarkt.

Übernachten Das Touristenbüro vermittelt **Privatzimmer** ab 20 €/DZ. **Appartements** ab 30 €.

Pension Gradina, Appartements und Zimmern am Ende der südl. Buchtseite, mit großer Terrasse und Sitzmöglichkeiten direkt am Meer – hier kann man in Ruhe den Sonnenuntergang genießen. Sehr nette Wirtsleute und gute Küche mit frischem Fisch. ℡ 020/718-017, www.icmore.de/gradina.

Pension Tamaris, ebenfalls o.k. ℡ 020/718-014.

Camping Autocamp Lupis Vinka, kleines Camp unter Feigenbäumen in Mirce, durch eine Straße vom Meer getrennt. Es gibt auch Pensionszimmer, alle mit Du/WC und sehr ruhig gelegen; Kiesstrand und Bootsanlegestelle. Der nette Wirt produziert heilsamen Raki mit Kräutern. ℡ 020/718-063.

Lovište – die leckeren Fischeier (Botarga) gibt es nur kurze Zeit im Jahr

Autocamp Denka, ebenfalls in Mirce, terrassiertes Gelände unter Olivenbäumen und Palmen, vom Meer nur durch die wenig befahrene Uferstraße getrennt. Gute Sanitäranlagen. Vlado, der Besitzer, ist stets hilfsbereit. ✆ 020/718-069, 321-160, autocamp.denka@hi.t-com.hr.

Essen & Trinken Fischlokal Trumbeta, neben obigem und ebenfalls unter einem Strohdach; gute Küche und preiswerter.

》》 Mein Tipp: Konoba Barsa, strohgedeckte, luftige Terrasse direkt am Meer. Treffpunkt von Bootsleuten. Raffiniert gewürzte Gerichte, ob aus dem Meer oder Fleisch, guter Service; Meeräschen und Botarga sind die Spezialitäten. ✆ 020/718-057. 《《

Konoba Mirce, in Mirce – hier isst man preiswert leckeren und fangfrischen Fisch.

Potomje

Der 250-Einwohner-Ort mit etlichen zugehörigen Weilern liegt inmitten von Weinfeldern und Mischwald an der Inselstraße von Orebić in Richtung Ston.

Wein: ein wichtiger Erwerbszweig

Dicht gedrängt stehen die Häuser, streng geometrisch angeordnet wie in Ston und mit der Auflage erbaut, dass kein Haus höher sein darf als in Dubrovnik. Seit Hunderten von Jahren wird in dieser Gegend Wein angebaut. Alte Abbildungen zeigen mit Trauben beladene Eselskarawanen, die über die Berge zu den Häfen von Trpanj und Crkvice ziehen. 550 Winzerfamilien gibt es, die umliegenden Orte eingeschlossen, seit 1937 eine Genossenschaft und inzwischen viele Weinkellereien, in denen die Plavac-Trauben zu edlen Weinen verarbeitet werden. „Es ist keine Herrlichkeit, wenn sie nicht mit Wein zelebriert wird" – sagt hier der Volksmund.

Weiterfahrt Wer nach Trstenik möchte, kann sich inzwischen auch entlang der Südküste auf Makadam tun. Durch das Dingač-Tunnel, dann links, am 2. Abzweig nochmals links. Auch per Mountainbike sicherlich eine reizvolle Strecke.

Post 7–11 Uhr.

Tankstelle Saison 6–22 Uhr; danach 6–19, Sa 6–14 Uhr.

Wein Winzergenossenschaft Dingač, Potomje 4, ✆ 020/742-010. Nur an Werktagen.

》》 Mein Tipp: Winzer Mato Matuško, seine Dingač-Weine reifen natürlich im Holzfass, des Weiteren gibt es die Rotweine Plavac und Postup, an Weißweinen Rugatac, Pošip und Chardonnay, zudem Dessertweine. Man kann hier das große Weinsortiment verkosten, auch Olivenöl ist im Angebot. März–Nov. tägl. 8–20 Uhr. Potomje 5a, ✆ 020/742-393. 《《

》》 Mein Tipp: Winzer Ivo Skaramuča zählt zu den besten Dingač-Produzenten Kroatiens, gekeltert werden hervorragende Weine (Dingač, Postup, Pelješac, Potomje). Er weiß auch, wo man Übernachtungsmöglichkeiten finden kann. 《《

Essen & Trinken Konoba Matuško, direkt am Meer unten in Dingač. Zu einem leckeren Fischgericht kann man sich ebenfalls die Weine munden lassen. Geöffnet Juni–Okt. ✆ 098/428-676 (mobil).

Übernachten In Dingač nur **Appartementvermietung**; z. B. für 2 Pers. ca. 30 € bei Ante Radović, ✆ 020/742-009.

Baden An der Südküste Fels- und Kiesbadestrände.

Dingač und Postup

1975 baute die Winzergenossenschaft einen Tunnel durch das Bergmassiv zur Südküste. Tief unten das Meer, kein Laut, sengende Sonne. Wein, Oliven, Kräuter – es duftet intensiv nach ätherischen Ölen. Hier, an diesem in Terrassen steil abfallenden Stückchen Land mit Erde aus einem Ton- und Sandgemisch, wächst der weltbekannte rote Dingač. Fast unzugänglich erscheinen die Weinberge mit 30 bis 70 % Bodenneigung – kaum vorstellbar, wie hier der Boden bearbeitet und die Ernte eingebracht wird. Für Mensch und Tier eine Knochenarbeit.

Seit Generationen wird dieses Fleckchen Erde mühsamst bearbeitet. Bis 1975 ging man mit Eseln über den 600 m hohen Hl.-Thomas-Berg. Bis heute ist man auf Esels Hilfe angewiesen, und man muss Steigeisen tragen, um nicht den Hang hinabzurutschen. Mit Sonne und etwas Wasser reifen die Trauben ohne die üblichen Pestizide – aufgrund der mangelnden Luftfeuchtigkeit gibt es keine Schädlinge. Um das Aroma des Dingač zu bekommen, bleibt die autochthone Klein-Plavac-Traube (Plavac mali, → Trstenik) blauschwarz und halbtrocken an den Stielen hängen, bis ein hoher Zuckergehalt erreicht ist. Dass die Ausbeute nicht gerade groß ist, kann man sich vorstellen, und dass der Dingač mundet, rühmte bereits Kaiser Diokletian. Der aus den Trauben gewonnene Saft kommt zur Fermentierung für ca. 6 Monate in Barriquefässer, um das ihm typische Eichenaroma zu erhalten. Gute Lagerbedingungen bieten Keller 280 m über dem Meer. Nach der Flaschenabfüllung reift der Dingač mindestens ein Jahr in den Kellern weiter, um seine Harmonisierung der Aromen zu erhalten. Der Dingač, der *Grand Cru* der Plavac-Traube, ist ein Lagerwein und sollte auf jeden Fall 3 bis 4 Jahre alte sein, ehe er ins Weinglas kommt – hier zeigt sich der edle Tropfen rubinrot bis dunkelviolett mit reichem Bouquet und einem Duft nach dalmatinischen Wildblumen und Brombeeren, sein Alkoholgehalt liegt zwischen 13,5 und 15,5 %, enthält 4,5 bis 6 g/l Säure und 34 g/l unvergorenen Zucker. Seit 1961 ist der Dingač der erste geschützte kroatische Prädikatswein mit kontrollierter Erzeugung. Aber schon 1910 errang er auf der Pariser Weinausstellung eine Goldmedaille.

Ein weiterer exzellenter Rotwein und zur Lagerung bestens geeignet ist der Postup. Auch dieser Wein beruht auf der Plavac-Traube und wächst in den nicht ganz so steilen Höhenlagen um Mokalo, Podubuče und Trstenik. Ähnlich dem Dingač erreicht auch er einen Alkoholgehalt von 13 bis 14 %. Die Qualität dieser Weine beruht auf ihrem ganz eigenen Geschmack und dem unvergorenen Zucker; durch entsprechende Lagerung (s. o.) werden sie noch gehaltvoller.

Weitere gute Weinsorten, die in der Ebene um Potomje wachsen und in der Winzerei mit dem bepackten Esels-Logo verarbeitet werden, sind der weiße und rote Pelješac (süß, süffig) und der Potomje (trocken). Die Flaschenabfüllung für diese Weine erfolgt in Dubrovnik.

Wer mehr über die Verarbeitung der Weine wissen will, kann sich, wenn es nicht gerade zur Erntezeit ist, ruhig bei der Winzergenossenschaft umsehen. Inzwischen gibt es in Potomje auch zahlreiche private Weinkellereien, wie z. B. Skaramuća, Matuško, Milićic oder Bartulović, aber auch in den umliegenden Orten haben sich namhafte Winzer angesiedelt, u. a. Grigić in Trstenik, bei denen man die Weine erwerben kann.

Die vor allem in den USA berühmte Rebsorte *Zinfandel* ist genetisch identisch mit der alten kroatischen Rebsorte *Crljenak* (→ Trstenik). Die heute in Kroatien verbreitete Rebsorte Plavac mali hat die genetischen Eltern Crljenak und Dobričić (autochthone Sorte von Šolta).

Nach Kuna

Als Alternative empfiehlt sich von Trapanj aus die weniger befahrene und landschaftlich reizvollere Strecke über **Oskorušno**, **Kuna** und dann Richtung Potomje oder Pijavičino (wieder auf der Hauptstraße). Schöne kleine Orte kleben am Berghang, umgeben von Weingärten, Feigen, Granatäpfeln, Eichen und vielen anderen Gewächsen. Vor der Pfarrkirche von Kuna steht eine Statue des zeitgenössischen Malers und Franziskanermönchs *Celestin Medović* (1857–1920), der aus dieser Gegend kam. Außerhalb des Orts liegt ein sehenswertes **Kloster** mit Kirche. Die Kirche wurde 1681 erbaut, 1708 ließen sich die Franziskaner hier nieder. Lange Zeit diente das Kloster als Schule, jetzt bewohnen es wenige Mönche. Der Klosterbau wurde nie vollendet, eigentlich sollte er die Form eines Dreiecks bekommen. Sehenswert sind die Gemälde von *Celestin Medović* und *Fra J. Testen*, der hier eine Zeit lang lebte; in der Pinakothek stehen zwei Statuen von *Meštrović*. An der Außenmauer der Kirche ist die legendenumwobene „Delorita" oder auch „Schwarze Madonna" eingemauert, die aus einer älteren Kirche stammt.

Der Maler Celestin Medović

Konoba Antunović, etwas versteckt in der Seitengasse und Ortsmitte von Kuna liegt die urige Kneipe. Von der Decke hängen Schinken, Würste und Knoblauchzöpfe, zahlreiche Flaschen und Fläschchen verweisen auf das reichhaltige Wein- und Grappasortiment aus eigener Kelterei. Es gibt auch Käse, Fleischgerichte (auch aus der Peka), alles aus eigener Herstellung. 9–12/17–22 Uhr, nur nach Voranmeldung. 020/742-035, 098/555-870 (mobil).

Delorita – die Schwarze Madonna

Einst kam ein venezianisches Schiff von Afrika, beladen mit Gold und einer kleinen schwarzen Madonna für die italienische Pilgerstadt Loreto. Piraten überfielen das Schiff und brachten all das Gold und die Statue hierher. Vom Papst exkommuniziert, konnten sich die Bösewichter vor den zu erwartenden Höllenqualen nur retten, indem sie eine Kirche stifteten. Das taten sie 1681. Die Madonna mauerte man etwas versteckt an der Rückfront ein, und die Kirche erhielt den Namen „Delorita".

Eine andere Legende erzählt diese Version: Die Statue der Muttergottes stand ursprünglich an einem ganz anderen Platz und lief ständig zur Kirche. Um dem Gerenne ein Ende zu machen, baute man sie schließlich in die Kirche ein.

Der Namenstag der Schwarzen Madonna wird am 10. Mai oder am darauf folgenden Sonntag gefeiert.

Hält man sich in der Ortsmitte von Kuna rechts, kann man einen Abstecher zur nördlichen Inselseite machen, allerdings auf Makadam. Es bietet sich ein weiter Blick übers Meer – Kardeljevo leuchtet weiß gegenüber, Buchten, Küste und die Neretva-Flussmündung erscheinen wie am Reißbrett entworfen. Passartig geht der Fahrweg in Serpentinen hinab – ein paar hundert Meter fast senkrechter Steilhang. Unten liegen macchiagrüne Küste, Felsbuchten und der Ort **Crkvice**, einst Verladestation für den Wein der Region. An der Küste gute Badeplätze.

> **Der Straßenbau von Crkvice nach Kuna**
>
> Ein österreichischer Oberst wollte einen großen Hafen in Velika Prapratna, westlich von Kuna, bauen. Er verliebte sich in ein Mädchen aus Kuna, das ihn überredete, einen Hafen in Crkvice zu bauen, da dies natürlich näher und für die Bewohner von Kuna besser war. Der Oberst, über beide Ohren verliebt, konnte ihr keinen Wunsch abschlagen und wollte das Mädchen heiraten – doch es zögerte. Um in seiner Nähe zu bleiben und es für sich zu gewinnen, baute er die Verbindungsstraße von Crkvice nach Kuna mit tausend Windungen. Doch als irgendwann die Straße fertig war, lehnte die Angebetete seinen Antrag ohne Umschweife ab, und traurig, mit blutendem Herz, fuhr der schmählich Verstoßene von dannen.

Trstenik

Das nette 100-Einwohner-Dorf war früher Fährort für die Insel Mljet (heute von Prapratno). Die Bucht entlang ziehen sich ein paar bougainvilleaumrankte große, alte Häuser, eine Tamariskenpromenade und ein langer Kiesstrand, der zum Baden und Ausspannen einlädt. 1393 wird der Ort erstmals erwähnt. Die meisten Bewohner leben wie schon früher vom Wein- und Olivenanbau und pressen Öl für den Verkauf. Einer von ihnen, Miljenko Grgić, wurde berühmt (→ Kasten S. 574).

Blickauf Trstenik und Mljet

Information Touristinformation, ✆ 020/748-058. Nur Mai–Sept. Mo–Fr 8–14 Uhr.

Verbindungen Regelmäßige Busverbindungen. Nach Dingač kann man auch die Makadamstraße entlang der Südküste nehmen oder aufs Mountainbike steigen.

Diverses U. a. Lebensmittelladen, Post.

»> Mein Tipp: Vinothek Grgić, hier gibt es eine Reihe prämierter Weine, ausgereift in Eichenfässern, u. a. Plavac mali und Pošip (Trauben von der Insel Korčula) von Miljenko Grgić. Für seine Premiumweine kommt der Rebsaft kaltfermentiert in Behältern von Kalifornien, um dann hier in Eichenfässern auszureifen. Tägl. 10–17 Uhr. An der Zufahrtsstraße (oberhalb vom Ort), Kraj 18, ✆ 020/748-090, 098/243-678 (mobil). **«<**

Übernachten Zimmer- u. Appartementvermietung, DZ ab 10 € pro Pers. u. a. in netter Lage am Meer: Appartements Anđelko Ivanović, ✆ 020/748-092; Zimmer vermietet Jadranka Milanović, ✆ 020/748-061.

Essen & Trinken Konoba Feral, am Hafen, nettes und sehr gutes Lokal.

Cafébar Stijena, Tony Matijas, lange wohnhaft in Wien, serviert köstliche Kaffeespezialitäten und schmackhafte Snacks in nettem modernen Ambiente.

Tauchen Freaky Diving Center, ✆ 098/564-878 (mobil), www.freaky-diving.com.

Von Trstenik nach Žuljana

Die Inselstraße ist gesäumt von Weinfeldern und Olivenbäumen – der alte schmucke Ort **Janjina** liegt in der Inselmitte am Hang: Buchten und Inseln, eine große Kirche, meist rote Häuserdächer. Wein und Schinken kann man hier kaufen, es gibt eine Gostiona, einen Laden und eine Tankstelle. Man fand Spuren der Illyrer; 1222 wird der Ort in alten Dokumenten erstmals erwähnt.

Eine asphaltierte Straße zweigt von der Inselstraße nach **Sreser** ab: ein kleiner, von Zypressen umgebener Fischerort an der Inselostseite, mit alter Pfarrkirche, alten Häusern, kleinem Hafenbecken und Austernzucht. Die vorgelagerten bewaldeten Inselchen scheinen zum Greifen nah. In der Ferne verliert sich das Meer in Buchten, weitere Inselchen schwimmen vor dem Küstengebirge.

Information Touristinformation (TZO), 20246 Janjina, ✆ 020/741-130.

Diverses Ambulanz (✆ 020/741-231), Post, Geldautomat, Tankstelle (in Drače).

Übernachten Privatzimmer ab 10 € pro Pers. Autocamp Plaža, kleiner Platz an der Tamariskenpromenade mit Kiesstrand.

✆ 020/741-305.

Essen & Trinken U. a. Konoba Domanoeta und Vinothek.

Wein Etliche Winzer gibt es hier: u. a. Vinarija Grgurević, ✆ 098/1852-590 (mobil); Gradina Milivoj Herceg, ✆ 098/1701-850 (mobil).

Drače: Kleiner Ferienort abseits der Hauptstraße Richtung Ston, an der großen Bucht gelegen. Wer ein Boot hat, kann all die vorgelagerten Inselchen anlaufen. Der Strand ist hier zum Baden ungeeignet: algenglatte Steine und die Straße daneben. Bessere Möglichkeiten gibt es auf den Inseln. Über eine schmale Straße ist im Osten *Brijesta* erreicht (s. dort).

Übernachten Es werden Privatzimmer und Appartements vermietet.

Essen & Trinken Restaurant Dalmatinška kuča direkt am Meer.

Pizzeria-Cafébar Živko, nette Terrasse am Meer und WiFi, ab und an Livemusik. Ab 8 Uhr morgens geöffnet. ✆ 020/741-127.

Školjka kuča, ortsauswärts direkt an der Bucht steht das Häuschen mit Sitzgelegenheiten. Hier erhält man frische Muscheln oder Austern, auch zum Mitnehmen. Juni–Sept. tägl. 8–20 Uhr.

Die Hauptstraße zieht sich hoch ins Landesinnere – nochmals hat man einen weiten Blick nach unten, dann geht es in Dubrava rechts ab Richtung Žuljana an die Südküste. An schroffen Felsen vorbei führt die Straße zum Ort hinab.

Vom Weinbauern zum Chardonnay-König und Zinfandels Gene

Miljenko Grgić (geb. 1. April 1923 in Desne, nördl. von Opuzen) stammt aus einer traditionsreichen Winzerfamilie und wuchs praktisch mit dem Rebensaft auf. Als Kleiner, sagt man, wurde er von der Muttermilch mit „gemišt" (halb Wasser, halb Wein) entwöhnt, mit seinen Kinderfüßen zerstampfte er bereits die Weintrauben. Der Sprössling wollte mehr – 1949 ging er nach Zagreb und studierte u. a. Chemie, Makrobiologie und Weinbau, um Winzer zu werden. 1954 floh er aus dem kommunistischen Jugoslawien nach Deutschland, emigrierte nach Kanada und 1958 schließlich in die USA. Hier fand Grgić, der sich nun *Mike Grgich* nannte, seinen Nährboden. Im kalifornischen Napa Valley arbeitete er bei verschiedenen namhaften Winzern, entwickelte die Weintechnologie und experimentierte mit seiner uralten Heimattraube *Crljenak*, heute besser bekannt unter Zinfandel.

Die Rebe Zinfandel wurde bereits 1850 in Kalifornien kultiviert, ab 1920 war sie eine durchaus bekannte Rebsorte und wurde zudem als Tafeltraube genutzt. Zinfandel eignet sich für die Herstellung unterschiedlichster Weine: Rotwein und Rosé (Blush Zinfandel) oder, wenn ohne Schale vergoren, als Weißwein (White Zinfandel, u. a. White Grenache). Erst um 1990 wurde Zinfandel zur Edelrebe erkoren und die meistangebaute und beliebteste Rotweinsorte in den USA, heute allerdings vom Cabernet Sauvignon abgelöst. Aber auch der Weißwein wurde in den 1980er-Jahren sehr populär. Wie und wann die vielseitig einsetzbaren Edelreiser in die USA gelangten, ist ungewiss. Eine nachweisliche Verschiffung von verschiedensten Rebsorten aus der Stiftsweinbauschule Neuburg, aus Niederösterreich (die damals über eine große Sortenauswahl aus ihrer k-&-k-Monarchie verfügten) hat um 1825 an die Rebschule George Gibbs in Long Island stattgefunden. In den Kisten waren auch Edelreiser von *Zierfandler*, aus dem vielleicht, weil unaussprechlich, Zinfandel wurde. Die Zinfandel-Rebe hat eine genetische Gemeinsamkeit mit der italienischen Rebe *Primitivo*, Ursprungsland bleibt aber Dalmatien. Die Genealogie von Crljenak alias Zinfandel ist übrigens erst seit 2002 wissenschaftlich geklärt, auf Anregung und mit großer Unterstützung von Mike Grgich. Man tourte durch Dalmatien, um den Nachweis zu finden, und stieß dabei auf die heute noch kultivierte Rebsorte *Crljenak kašteljanski* (von Kastella bei Split), die exakt der DNA-Probe entsprach. Plavac mali, der „Kleine Blaue", hat die Eltern *Crljenak* und *Dobričić*, eine autochthone Sorte von der mitteldalmatinischen Insel Šolta (→ Šolta).

Klein-Plavac am Rebstock

Zurück zu Mike Grgich, der im Napa Valley bei den besten Winzern im kalifornischen Wein-Eldorado arbeitete, das vor 1976 wenig Beachtung unter Weinkennern fand, und der sich durch seine Entwicklungsmethoden und Weinverfeinerungen als Chefönologe einen Namen machte: u. a. beim kalifornischen Weinpionier Lee Stewart; im Beaulieu Vineyard entwickelte er mit dem legendären Önologen André Tchelistcheff die Milchsäuregärung. Bereits 1969 kreierte er den besten kalifornischen Cabernet für seinen nächsten Arbeitgeber, das Weingut *Robert Mondavi*. 1972 ging Grgich zu *Chateau Montelena*, kreierte hier seinen vergoldeten Wein und machte ganz Kaliforniens Weinbranche stolz und populär: auf der Pariser Weinausstellung 1976 wurde seine kalifornische Chardonnay-Kreation prämiert und der Nimbus, nur ein französischer Wein kann gut sein, war dahin. Ein Jahr später konnte er endlich seinen Traum, einen Weinhügel mit Kelterei im Herzen des Napa Valleys sein eigen zu nennen, erfüllen; zuerst mit Unterstützung der Kaffeefamilie Austin Hills unter dem Label *Grgich Hills Celler*, aus dem dann das Weingut *Grgich Hills Estate* wurde. Bereits 1978 erzielte er seinen nächsten entscheidenden Erfolg beim großen „Chicago Showdown": er gewann unter 221 blind verkosteten Chardonnays mit „*Grgich Hills 1977*". Seine weiteren Auszeichnungen brachten ihm den Titel „Chardonnay-König" ein. Sein unruhiger Geist ließ ihn nicht ruhen, neben der bereits entwickelten Milchsäuregärung kamen die Kaltfermentierung und die Ausreifung der Weine in Eichenfässern und natürlich Experimente mit seiner Plavac-mali-Traube sowie die Forcierung der Untersuchungen zur alten *Crljenak-Rebe* hinzu.

Bester Rotweingenuss

1996 bekam Grgich Heimweh, vielleicht sah er auch die Zeit reif, Kroatien mit seinen neuesten Weintechnologien zu beglücken – etliche gute Winzer taten sich bereits im Land hervor. So eröffnete er die von Föhrenwald umgebene *Vinothek Grgić* im stattlichen Gebäude am Felshang oberhalb des Meeres und des Örtchens Trstenik, die heute von seinem Manager und Cousin Krešimir Vučković geleitet wird. Das Weingut Grgich Hills in Kalifornien wird von seiner Tochter Violet verwaltet, wo auch Grgich lebt, wenn er nicht im warmen La Quinta den Winter verbringt.

Seit 2003 produziert Grgich, nach einem Virusbefall seiner Weinstöcke, auch erfolgreich organisch und biodynamisch und mit eigenem Solarstrom, was ihm den Titel „Der grüne Winzer" einbrachte. Der große Kroate mit der Baskenmütze erhielt sehr viele Auszeichnungen, u. a. wurde der inzwischen 85-jährige 2008 für seine besonderen Verdienste in der Weinindustrie mit dem „Achievement Award" in Kalifornien ausgezeichnet.

„Es gibt keine wissenschaftliche Formel, um guten Wein zu erzeugen", sagt Miljenko Grgić, „du musst mit ihm kommunizieren und ihn erziehen". „Weine sind für mich wie meine Kinder, du solltest sie lieben und ihnen den Reichtum deines Geistes vermitteln".

Lauschige Badebuchten um Žuljana

Žuljana

Der kleine, ruhige Badeort erstreckt sich aus einem Tal mit Weinfeldern, Ruinen, Kirchen und Felsfingern Häuschen für Häuschen bis zur Bucht. Ringsum gibt es viele Sand- und Kiesbuchten, macchiagesäumte Wege und eine Reihe kleiner Privatcamps. Die abwechslungsreiche, malerische Landschaft kann man zu Fuß oder per Mountainbike auf Wegen und Pfaden erkunden. Rund 200 Einwohner hat Žuljana, das schon im 12. Jh. besiedelt war. Im Tal hinterließen Illyrer und Römer ihre Spuren. Der Ortsname ist römischen Ursprungs und geht auf die alte Kirche *Sanctus Julianus* zurück. Den Römern diente der Ort auf dem Weg von Narona über Mljet als Zwischenstation, um Süßwasser aufzufüllen. Im 15. Jh. wurde wegen der Pest alles niedergebrannt – erhalten blieb aber ein Gesetzbuch von 1415. Taleinwärts steht das Kirchlein *Sv. Roko* aus dem 12. Jh, erhöht auf dem Berg und mit herrlichem Meeresblick die 500 Jahre alte Kirche *Sv. Martin* mit Friedhof, nebenan *Sv. Nikola*. Vor der Sv.-Martin-Kirche kann man bei gutem Licht in der Steinspalte eines Grabes tief unten ein Skelett entdecken. Es ist das Skelett eines Mörders, der zur Strafe – zu jener Zeit wurde man üblicherweise noch in der Kirche beerdigt – außerhalb begraben wurde. Žuljanas vierte Kirche steht in der *Vučine-Bucht*, in der man zahlreiche antike Amphoren fand.

Information Touristinformation am Ortsende, 20247 Žuljana, ☎ 020/756-227, www.ston.hr. Nur Juli/Aug. tägl. 8–20 Uhr.

Diverses Supermarkt, Laden und Post.

Übernachten Privatzimmer ab 20 € fürs DZ, je nach Entfernung zum Meer. **Appartements** für 2 Pers. ab 30 €.

》》 Mein Tipp: *** Pension Family Magazin, netter Familienbetrieb mit gut ausgestatteten Zimmern/Appartements (2–8 Pers., auch Familienzimmer) mitten im Ort und nahe dem Meer; von Balkon und Terrasse schöner Meerblick. Bestens auch für Familien mit Kinder. Nach Bestellung wird gekocht, mit hauseigenen Produkten und fangfrischem Fisch, dazu süffige Weine aus Eigenanbau – das Essen wird sehr gelobt. Ganzjährig geöffnet. DZ/F 55 €, Studios 38 €, Appartments ab 100 €. ☎ 020/756-170, 098/9065-823 (mobil), www.familymagazin.com. 《《

Camping In Žuljana drei einfache Campingplätze: **Žuljana** (an der Bucht), ✆ 020/756-121; Sunce, ✆ 020/756-125 und daneben noch **Maslina**.

Camp **Vučine**, idyllischer Platz südlich des Ortes, hinter dem Hügel an der gleichnamigen Kiesbucht. Es werden auch Appartements vermietet. ✆ 020/756-143.

Alle Camps verfügen über Warmwasserduschen. Pers. 4 €, Zelt ca. 3 €, Auto 3 €.

Essen & Trinken Buffet **Ankora**, am Strand, mit großer, überdachter Terrasse. Fleisch- und Fischgerichte.

In der Nähe u. a. Konoba Mediteran, Pizzeria und Cafébar; auch Family Magazin.

Baden: Rund um den Ort Kies- und kleine Sandbuchten. Hinter den Privatcamps eine weitere, von Strandkiefern umstandene Feinkiesbucht mit zwei Inselchen in Schwimmnähe und Bergen rings um das leuchtend blaue Meer. Ideal für Kinder, da es ganz seicht ins Wasser geht.
Tauchcenter Žuljana, Hr. Dragan Lopin, ✆ 020/756-108, 098/1663-165, www.divingzuljana.com. Gut geführt; auch Zimmervermittlung.

Inselstraße Richtung Ston

Weiter auf der Hauptstraßefolgen ab und zu ein Dorf, ein Gebirgstal. Nach **Putniković** führt ein Abzweig über den Weiler *Duračić* durch Weinfelder zur Nordseite der Insel, nach **Brijesta**, einem kleinen Ort mit Zimmervermietung, Campingplatz und schönen Sand- und Kiesbadebuchten. Draußen im Meer laden Inselchen zum Entdecken ein. Bald wird die Idylle hier dahin sein, wenn die Brückenverbindung zum Festland gebaut wird.

Camping ** Autocamp Vrela, kleiner Platz an Sand-/Kiesbucht unter schattigen Föhren. Ganzjährig geöffnet. Person ca. 4 €, Auto 3 €, Zelt 3 €. Fam. A. Perić, Brijesta 10, ✆ 020/756-830, 098/344-204 (mobil).

*** Autocamp Zakono, der 1-ha-Platz liegt neben obigem und gehört der gleichen Familie. Fahrradverleih. Preise wie Vrela. Geöffnet April–Okt. ✆ 020/331-535, 098/344-204 (mobil), www.brijesta.com.

Zurück auf der Inselstraße wachsen zunächst noch Eichen, dann wird es immer karstiger – Macchia. Vor **Sparagović** sieht man wieder Wein- und Gemüsefelder, Olivenhaine, Feigen, Granatäpfel und Mandarinen. Mächtige Bäume prägen die Ortschaft. Dann folgen wieder Weinfelder und der Ort **Ponikve** mit etlichen Winzern. Wer sich bisher noch nicht mit Wein eingedeckt hat, findet hier eine gute Auswahl.
Winzer Frano Miloš, Boljenovići 15, ✆ 020/753-098, 098/1565-254 (mobil). Es gibt ausgezeichnete Rotweine, im Eichenfass gereift, die ebenfalls weltweit exportiert werden.

Dann wechselt karge Kahlheit mit üppigem Reichtum, auch wenn die Brände der letzten Jahre Spuren hinterließen. Im Süden liegen unten das Meer und die **Prapratna-Bucht** – fast die gesamte Bucht ist ein Campingplatz und Trajekthafen zur Insel Mljet (Sobra).

Fährverbindungen (→ „Wichtiges auf einen Blick", → S. 551).

Camping/Übernachten *** Autocamp Prapratno, ca. 3 km vor Ston. Von oben sieht es aus, als würde man auf das Modell eines Architekten blicken: flaches Gelände unter Oliven, Föhren, Zypressen – Wege schlängeln sich zu sauberen und reichlich vorhandenen Sanitäranlagen. Es gibt Kühlboxen und einen Laden. Park und Sportplätze davor, ein Zaun, Kiosk, Sandstrand, helltürkis das Meer. Eine breit ausgebaute Serpentinenstraße führt hinab. Geöffnet Mai–Sept. Pers. 5 €, Zelt 4 €, Auto 4 €. ✆ 020/754-000.

Vor dem Camp gibt es Pensionen in allen Preisklassen und Größen, z. B.: *** **Pension Maestral**, DZ/F ca. 30 €, ✆ 020/754-301. **Fam. Vugotić**, ✆ 020/754-303. **Fam. Levanat**, ✆ 020/754-247. **Fam. Levenic**, ✆ 020/753-043.

Veliki Ston – Blick auf die längste europäische Verteidigungsmauer

Ston

Den ganzen Berghang klettern sie kilometerlang hoch, die Mauern von Ston. Sie waren Teil eines mittelalterlichen Befestigungssystems, „der längsten Verteidigungsmauer Europas", wie ein Werbeslogan vollmundig behauptet. Auf den Mauern kann man entlangwandern, mit weitem Blick über die Stadt und die Salinen im Süden.

Das Städtchen **Veliki Ston** und das Wehrdorf **Mali Ston** mit uralten, in ein Blumenmeer eingebetteten Häusern liegen an der Landenge, von der sich die Halbinsel Pelješac ins Meer erstreckt. Beide Orte sind über den Berg hinweg von Mauern, Bastionen, runden und eckigen Türmen umgeben – ein fünfeinhalb Kilometer langes Befestigungssystem. 2200 Meter davon wurden begehbar gemacht, man kann gemütlich von Veliki nach Mali Ston laufen.

An kulinarischen Genüssen sind die Muscheln und Austern zu erwähnen, die hier seit langer Zeit gezüchtet und in den Lokalen schmackhaft zubereitet werden.

Geschichte

Schon in der Stein- und Eisenzeit war die Gegend um Ston bewohnt, und bereits zur Illyrerzeit gab es die Salinen. Die erste römische Siedlung befand sich am Starigrad-Berg und später, bis ins Mittelalter hinein, am Berg St. Michael. Überall im Stoner Gebiet liegen geschichtsträchtige Reste verstreut, die Ruinen vieler vorromanischer Kirchen stehen noch. Recht gut erhalten ist die restaurierte St. Michaelskirche auf dem Gipfel des gleichnamigen Berges. Das Gotteshaus ist eines der ältesten im Dubrovniker Raum. Einst soll hier ein Prinzenpalast des Fürstentums Zahumlje gestanden haben, in dem Ston eine der Hauptstädte war.

Ston

Mali Ston – die Koruna-Festung

Das heutige Ston wurde zu Dubrovniker Zeiten im 14. Jh. streng nach Plan angelegt, in Form eines Fünfecks, das die mächtigen Befestigungswälle bildeten. Diese schützten die Besitztümer der Stadtrepublik auf Pelješac, besonders die überaus wichtigen Salzvorkommen, die Ston zur zweitwichtigsten Stadt nach Dubrovnik machten. Mit dem Untergang der Stadtrepublik verfiel auch das Befestigungssystem. Seine Steinquader benutzte man zum Häuserbau. Die Mauern, die erst im früheren jugoslawischen Staat wieder aufgebaut wurden, müssen nun im kroatischen Staat abermals erneuert werden: Während des Kriegs zwischen 1991 und 1995 mussten sich die Bewohner starker Angriffe des serbischen Militärs erwehren; doch gemeinsam mit den Korčulanern stoppten sie das weitere Vordringen der Serben zu Land und zu Wasser.

Information Touristinformation (TZO), 2 Pelješki put 1 (Hauptstraße), 20230 Ston, ✆ 020/754-452, www.ston.hr. Juli/Aug. Mo–Sa 8–20, So 9–12/17–19 Uhr; Juni u. Sept. Mo–Sa 8–19 Uhr; Mai u. Okt. Mo–Sa 8–14/16–18 Uhr; sonst nur Mo–Fr 8–14 Uhr.

Verbindungen Tägl. **Busse** nach Trpanj und Orebić 1- bis 2-mal, Dubrovnik 4-mal (außer So) und Split 1- bis 2-mal (mit Reservierung!).

Geldwechsel/Post Dubrovačka banka, 7–12/18–20, Sa 8–12 Uhr; Bankomat. Post, 7–21 Uhr.

Gesundheit Ambulanz, ✆ 020/754-004; Apotheke, ✆ 020/754-034.

Auto Tankstelle 5 km hinter Ston in Zaton Doli (Richtung Dubrovnik), in der Saison rund um die Uhr geöffnet.

Einkaufen Obst- und Gemüsemarkt, Supermarkt, Bäckerei.

Vinothek Tirs, große Wein- und Spirituosenauswahl, zudem u. a. Olivenöl und Essig.

Anlegestelle Boote (Achtung, Tiefe beachten) können im Stonski-Kanal an der Kaimauer gebührenpflichtig anlegen (Boote unter 1,25 m gratis) – jedoch ohne Wasser und Strom.

Hafenkapitän: ✆ 020/754-026

Veranstaltungen Stonsko Ljeto (Stoner Sommer) von Mitte Juli bis Ende Aug.; Folkloreaufführungen und Konzerte in der Festung von Mali Ston.

Übernachten/Essen in Mali Ston Alle zu vermietenden Zimmer sind in Mali Ston, ebenso die Hotels. Zudem gibt es dort auch Gourmet-Restaurants. **Privatzimmer** ab 20 €/DZ.

》》 Mein Tipp: *** **Hotel Ostrea**, kleines, edles Hotel am Hafen, aus Natursteinen erbaut. Hübsche Terrasse, guter Service, sehr gutes Restaurant. Ganzjährig geöffnet. Komfortable DZ/F 160 €. ✆ 020/754-555, www.ostrea.hr. **《《**

*** **Restaurant-Villa Koruna**, familiärer Betrieb (Fam. Pejić) mit großem, verglastem Speiseraum direkt am Meer. In den Wasserbecken sprudelt und rauscht es, hier schwimmen Ljubin (Branzin), Meeresschildkröten und Scampi. Der Raum ist bestückt mit Gemälden jeglicher Art – sie stammen von dem jährlich hier stattfindenden Malerworkshop, die Künstler dürfen hier gratis nächtigen, dafür müssen sie ein Kunstwerk hier lassen. Das Essen ist bestens und vom Fachmann. Spezialitäten sind natürlich Muscheln, Austern und Fisch. Es gibt auch gut ausgestattete Zimmer/Appartements. DZ/F 90 €. ☏ 020/754-999, www.vila-koruna.hr.

Am Hafenplatz nebeneinander zwei Spitzenlokale: **Taverne Bota Šare**, guter Service, frische Muscheln und Austern, Fisch- und Fleischgerichte und lauschiges Ambiente. ☏ 020/754-482.

Der Wächter von Mali Ston

>>> **Mein Tipp:** Restaurant Kapetanova Kuća, zum Hotel Ostrea gehörend. Hier kocht Lydia Kralj, bekannt aus dem kroatischen Fernsehen, kreative, verfeinerte Küche. Austern und verschiedenste Muscheln aus eigener Zucht, Fisch, Risottos, auch Fleischgerichte. Nachspeise z. B. *Stonski Makaroni* – süßer Makkaroniauflauf mit Walnüssen und Zimt. Große Weinauswahl, bester Service, nettes Ambiente. ☏ 020/754-555, -264. <<<

Essen in Veliki Ston Konoba Bakus, kleines Familienlokal, stilvoll im Innern und gemütliches Sitzen in der Altstadtgasse. Spezialitäten sind leckere Sardellen, Muscheln und Austern und eine gute Auswahl an fangfrischem Fisch. Tägl. 8–24 Uhr. Radovnai ul. 5, ☏ 020/754-270.

Restaurant Sorgo, bietet ebenfalls gute Muschel- und Austerngerichte.

Rundgang durch beide Städtchen

Veliki Ston: Über den Dächern ragt der Kirchturm des *Franziskanerklosters* gen Himmel. Die spätromanische *St. Nikolauskirche* birgt wertvolle Kunstgegenstände, und der gotische Säulenhof erinnert an Süditalien. Der schönste Weg nach Ston führt über das geschwungene gotische Brückchen zum Feldtor: links die von einem 5 m dicken Bollwerk umgebene Festung *Veliki Kaštio* aus dem Jahr 1357 – ein viereckiges Gebäude mit drei Türmen. Noch ein paar Jahre älter ist die *St.-Blasius-Kathedrale* dahinter – die Fassade zieren Muster in hellem und ziegelrotem Marmor, das Innere schmucke kleine Marmoraltäre. Schon durch die Erdbeben von 1667 und 1850 wurde sie sehr in Mitleidenschaft gezogen und 1996 erneut stark beschädigt, sodass vom ursprünglichen Gebäude kaum mehr etwas übrig blieb. Der Platz davor, ja die ganze Stadt, ist eingebettet in wucherndes Grün und ein Blütenmeer – Orangen, bougainvilleaumrankte Hausfassaden, Palmen.

Einige Cafés gruppieren sich um den *Stadtplatz* mit der Standarte. Unter ihrer wehenden Fahne versammelten sich die Bürger der Stadt. Das schlichte, U-förmige Gebäude des *Rektorenpalasts* beherrscht den Platz. Etwas weiter westlich plätschert der *Renaissancebrunnen*. Dahinter der *Bischofspalast*, 1572 erbaut, nachdem Ston wieder Bischofssitz geworden war. Seit 1300 hatte sich Ston den Bischof mit Korču-

Veliki Ston und sein einstiges Kapital, die Salinen, das „weiße Gold"

la teilen müssen. Auch dieses Gebäude, ein Stilkonglomerat aus Gotik und Renaissance, wurde beim letzten Erdbeben zerstört – und inzwischen wieder aufgebaut. Sein Lapidarium birgt antike und mittelalterliche Bausubstanz.

Von der in den Hauptplatz mündenden Hauptgasse, der *Placa*, gehen alle Gassen im rechten Winkel ab. Am Ende jeder Gasse führen Treppen zu Gärten mit Zitruspflanzen. Darüber verläuft die *Befestigungsmauer* (Juni–Sept. 8–19 Uhr, sonst ca. 9–15 Uhr, Eintritt 4 €, Kinder 1,50 €). Sie ist auf 2200 m begehbar (Aufgang Veliki und Mali Ston), man kann hinunterschauen auf das streng geometrische Stadtbild und die Salinen.

Westlich, kurz vor Ston, steht die alte *Basilianer-Kirche* mit großen Weinbehältern davor: Im einstigen Kloster befinden sich heute Weinkeller.

Die einst wertvollen *Salinen* Solana Ston südlich der Altstadt kann man täglich von 10 bis 18 Uhr besichtigen (Eintritt 1 €), und wer möchte, kann natürlich gutes Meersalz erwerben.

Mali Ston: Das Wehrdorf liegt auf der anderen Bergseite und blieb vom Erdbeben 1996 fast verschont. Von Veliki Ston aus fährt man unterhalb der mit Türmen und Zinnen versehenen und sich über den Hang ziehenden Mauern nach Mali Ston. Die Mauern bilden ein Trapez um Mali Ston, und am Meer steht ein runder Turm mit einem Restaurant daneben. Tritt man durch das Tor, befindet man sich an einer Hafenbucht mit zwei Restaurants, mit Blick auf Boote und die Holzgestelle der Austernzucht. Am Feierabend sitzen die Alten grüppchenweise vor den Mauern des Dorfs.

1335 wurde beschlossen, eine Kirche, ein Pfarrhaus und drei Reihen von Häusern zu bauen – die uralten Baupläne werden heute in Dubrovnik aufbewahrt. Weil das Klima im Sommer in Mali Ston angenehmer ist als in Veliki Ston, verbrachten Bischöfe und Rektoren die heißen Monate hier.

Über den Häusern erhebt sich die *Koruna-Festung*, deren Ruine wie eine Krone aussieht. Hoch oben am Berg thront als dritte die *Podzvizdi-Festung*. Wer mag, kann hinauflaufen – von oben hat man einen herrlichen Blick über das Dorf und auf das Ende des Pelješacer Kanals. Auch hier ist ein Aufgang zur Befestigungsmauer, auf der man nach Veliki Ston hinüberlaufen kann. In den Gassen grünt ein Pflanzenmeer, Treppchen führen zu den alten, kleinen Häusern oder in die nächste Gasse. Eine kleine Kirche mit Glockenloggia steht bei der Koruna-Festung. Die Festung ist zu besichtigen, man kann über Stufen auf die dicken Mauern hinaufsteigen. Von oben sieht man in die Türme hinein, wie in die Zacken einer Krone, und hat einen weiten Blick über Mali Ston und das Meer bis ans Ende der Bucht und zum Küstengebirge.

Ab und an dienten die mächtigen Gemäuer von Mali Ston als Filmkulisse, 1988 für den Monumentalstreifen *La Ciocara* mit Sophia Loren als Witwe in der Hauptrolle.

Umgebung von Ston

Von der alten Straße aus, die von Ston nordwärts nach **Hodilje** führt, sieht man die Festung von Mali Ston recht gut zwischen den Zypressen. Hodilje ist ein kleiner, von Neubauten umgebener Badeort mit altem Dorfkern am Hafenbecken; auch hier gibt es Austernzuchtanlagen, zum Baden locken Inseln, Landzungen und Kiesstrände, manchmal mit Seeigeln. **Luka** ist ein altes Fischerdorf mit kleiner Hafenbucht. Am Ende der Straße liegt **Duba**, eine Siedlung mit vielen Neubauten und Sand-Feinkiesstrand.

Von Ston führt die Straße südlich, an den Salinen entlang, nach **Broce**. Erst sieht man ein paar Neubauten, dann ein altes Städtchen, von Grün und Blüten überwuchert, mit einer Gasse, durch die gerade ein Auto passt. Um die Kirche gruppieren sich stattliche Häuser mit Schießscharten, wuchtigen Weinkellern und dicken Mauern.

Kurz vor dem südlichen Ende des Stonski-Kanals, inmitten von Zypressen, liegt die **Kobaš-Bucht** mit halb verfallenem Kastell, Kirche und mit bei Bootsbesitzern bekannten guten Lokalen. Die Kobaš-Bucht ist in 6 km von Ston mit dem Auto erreicht – eine herrliche Idylle.

Achtung, Landminen!

Ca. 2 km östlich von Ston (Richtung Magistrale Neum–Dubrovnik) zweigt gen Süden bei Zamaslina ein Sträßchen in Richtung Landzunge und Ploča ab (dort könnte man wieder auf die Magistrale einbiegen). Links und rechts dieses Sträßchens weisen Warnbänder auf Minenfelder hin. Diese Information wurde von einem Leser erteilt, da in diesem Gebiet teils Warnhinweise fehlen. Am besten diese Straße meiden!

Übernachten/Essen Konoba Niko, mit großer, überdachter Terrasse, innen mit kleinem Museum. Es gibt leckere Vorspeisen und Fischgerichte. Anleger für etliche Boote. ✆ 020/754-774, 092/241-447 (mobil).

》》 Mein Tipp: Konoba Lukas, klein, mit schilfrohrgedeckter Terrasse; die Natursteinwand ist mit vielen kleinen Bildern geschmückt. Gemütliche Atmosphäre, gute Fischgerichte. Anleger für Boote. ✆ 020/754-771. 《《

Gastro Mare, bietet ebenfalls gute Fischgerichte und Anleger für Boote. Am Beginn der Bucht. ✆ 099/2617-171 (mobil).

Hübsch renoviertes Natursteinhaus am Ende der Bucht mit **Appartementvermietung**, für 2–5 Pers. ✆ 020/754-777, 754-788.

Die Westseite der Altstadt von Korčula

Insel Korčula

In der Beliebtheit vieler einheimischer und ausländischer Urlauber steht Korčula immer noch an vorderster Stelle. Schriftsteller haben die Insel in ichren Versen verewigt, Prominenz und Philosophen aus aller Welt verweilten hier. Das gleichnamige Städtchen ist ein Stück lebendiges Mittelalter, das sich, wie einst den Türken, auch seinem jüngsten Widersacher erfolgreich widersetzte – dem Betonzeitalter.

Im Gegensatz zu Pelješac mit seinem schroffen Gebirgszug liegt Korčula wie ein grüner Fladen mit runden Buchten und ein paar Hügeln da. 17.500 Menschen leben hier auf 276 km². Höchste Inselerhebung ist der Berg *Klupca* bei Pupnat mit 568 m. Hauptanziehungspunkt der Insel ist das mittelalterliche Städtchen *Korčula,* das sich von Frühjahr bis Herbst nicht zuletzt wegen der Kreuzfahrtschiffe füllt, die immer noch den alten Seeweg von Venedig über Korčula und Dubrovnik nach Griechenland nehmen und hier einen Zwischenstopp einlegen. Vom Tourismus berührt sind auch die vorgelagerten FKK-Inselchen, das Städtchen *Lumbarda* mit seinen Sandstränden und im Hinterland einige wenige Orte, in deren Nähe man gut baden kann: *Brna, Prižba, Vela Luka* und die türkis leuchtende Badebucht *Pupnatska luka,* die viele Postkarten ziert. Weltbekannt ist Korčula auch für seine Schwerttänze, die in der Saison überall auf der Insel gezeigt werden. Der bekannteste ist die *Moreška* aus Korčula, gefolgt von der *Moštra* aus Žrnovo und der *Kumpanija,* die aus Blato, Smokvica, Čara, Pupnat und Vela Luka stammt. Diese Tänze wurden früher im gesamten mediterranen Raum aufgeführt, heutzutage nur noch auf Korčula oder bei Gastspielen in ausländischen Großstädten.

Dass so viele Menschen Korčula lieben, hat schon seinen Grund: Die Insel ist gesegnet mit milden Wintern und sonnigen Sommern – der Regen fällt meist nachts, die Bora weht kaum, ebenso wenig der Jugo. Und der Maestral im Kanal von Pelješac fängt sich gut in den Segeln der Surfer. Seit der Zeit der alten Griechen ist die Insel nicht mehr bewaldet, dafür schön grün – und noch grüner wäre sie, wenn nicht Touristen den neu aufgeforsteten Kiefernwald durch Unachtsamkeit immer wieder einäschern würden. Es wachsen Aleppo- und Schwarzkiefern, Pinien und Zypressen, Letztere vor allem westlich der Stadt Korčula. Ansonsten wuchert, wo keine Weinberge, Feigen- und Olivenhaine angelegt sind, die Macchia. Im Januar blüht der Mandelbaum, im Mai der lila Salbei und der gelb lodernde Stechginster. Weiß- und roséfarbene Farbtupfer setzen die hohen Zistrosenbüsche im Juni, das milde Klima lässt Zitrusfrüchte, Granatäpfel und verschiedene Palmenarten gedeihen. Das Meerwasser im südlichen Bereich um Korčula ist noch klar, reich ist die Unterwasservegetation, und reich sind auch die Fischgründe.

An großen *Campingplätzen* gibt es nur einen in Korčula, sonst sind es kleine Privatcamps in Lumbarda, Vela Luka und bei Račišće.

Auf Wanderer und Mountainbiker warten viele reizvolle, auch markierte Wege und Hügel (Übersichtskarten bei TIC erhältlich).

Die Inselorte, die auf der Hauptroute von Korčula-Stadt nach Vela Luka liegen, sind über die breit ausgebaute Straße bestens zu erreichen.

Wichtiges auf einen Blick

Telefonvorwahl: 020

Fährverbindungen: Der Trajekthafen von Korčula (Dominče) liegt 5 km außerhalb Richtung Lumbarda, Busverbindung. Die *Küstenlinie* legt am Stadthafen (Ostseite) von Korčula an.

Trajekt Dominče–Orebić (Pelješac): in der Saison bis zu 18-mal tägl. (alle 20 Min.) 0–22 Uhr. Pro Pers. 2,20 €, Auto 10,30 €.

Trajekt Korčula–Drvenik (LNP-Line, www.lnp.hr): Mitte Juli–Ende Aug. tägl. 4.30, 10.30, 16.30 Uhr; Mitte Juni–Mitte Juli und Ende Aug.–Mitte Sept tägl. 5.15, 14.30 Uhr. Fahrtzeit 2:15 Std. Pro Pers. 5 €, Auto 27 €.

Personenfähre Korčula (Stadt)–Orebić (Pelješac): 8- bis 16-mal tägl. ab 5 Uhr. Pro Pers. ca. 1,60 €. Zudem *Korčula (Stadt)–Viganj-Kućište:* 1- bis 2-mal tägl. Abfahrt für beide Fährverbindungen ist Stadthafen (Westseite) vor Hotel Korčula!

Trajekt Korčula (Dominče)–Drvenik: Mitte Juli–Ende Aug. tägl. 4.30, 10.30, 16.30 Uhr; Mitte Juni–Mitte Juli und Ende Aug.–Mitte Sept. 5.15, 14.30 Uhr; Anfang Mai–Ende Juni und Mitte Sept.–Anfang Okt. 6 Uhr. Pers. 5,25 €, Auto 27 €. Fahrtzeit 2:15 Std.

Trajekt Vela Luka–Split: 2-mal tägl. Pro Pers. 8,20 €, Auto 71,80 €.

Trajekt Vela Luka–Ubli (Lastovo): 3-mal tägl.

Katamaran Vela Luka (5.30, 8 Uhr)–Hvar–Split und *Vela Luka(17 Uhr)–Ubli.*

Katamaran (Krilo Jet): Korčula (6 Uhr)–Prigradica (6.40 Uhr)–Hvar (7.45 Uhr)–Split (8.45 Uhr): Abfahrt in Split 17 Uhr (Okt.–Mai 16 Uhr); Di und Do auch Stopp in Prigradica; in der NS Abfahrt Korčula am So um 13 Uhr.

Katamaran (G&V-Line, www.gv-line.hr) *Korčula–Polače–Sobra–Dubrovnik:* Nur Juli/Aug. 4-mal wöchentl. Weiter nach Ubli (Insel Lastovo) 2-mal wöchentl.

Küstenlinie (Liburnija) Rijeka–Dubrovnik: stoppt in Korčula-Stadt 2-mal wöchentl.

Busse: Bis zu 7-mal tägl. nach Vela Luka (über Blato, Čara etc.); 9-mal tägl. nach Lumbarda; 6-mal tägl. (Sa nur 2-mal tägl., So nicht) nach Račišće; 8-mal tägl. Punat–Žrnovo (Sa und So seltener); Dubrovnik 1- bis 2-mal tägl. (ca. 13 €, mit Reservierung); Zagreb 1-mal tägl.

Tankstellen: Korčula (Trajekthafen), Vela Luka und Smokvica.

Geschichte

Schon vor 8000 Jahren waren Korčula und der Westzipfel von Pelješac, der heute verwaltungsmäßig zu Korčula gehört, bewohnt. Die Griechen trieben Handel mit den Illyrern, und die Stadt Korčula soll nach dem Fall Trojas von einem trojanischen Krieger gegründet worden sein. Die Römer rückten miichihrem Heer gegen Korčula, Pelješac, Mljet und Lastovo vor. Kaiser *Augustus* rottete Korčulas Bevölkerung fast vollständig aus. Als im 5. Jh. das Weströmische Reich unterging, kamen die kriegslustigen Goten unter *Theoderich* und beherrschten Korčula für kurze Zeit; danach fiel es an das byzantinische Kaiserreich. Die Völkerwanderung spülte Neretljaner nach Korčula und auf andere mitteldalmatinische Inseln. Venedig zahlte ihnen eine Zeit lang Tribut für freies Geleit, dann eroberte es die Inseln selbst.

Auf die ungarisch-kroatischen Könige folgte im 13. Jh. die Stadtrepublik Dubrovnik. 1298 lieferte sich Venedig mit Genua auf der See vor Korčula ein Gefecht. Bei dieser Schlacht wurde der in Korčula geborene und auf Venedigs Seite kämpfende Indienreisende *Marco Polo* gefangen genommen.

Marco Polo

Korčula ist stolz, die Wiege des großen Weltreisenden und Entdeckers zu sein. 1254 soll Marco Polo hier geboren sein, 1324 starb er in Venedig. Mit Vater Nicoló und Bruder Maffeo reiste er zwischen 1271 und 1275 über Tibet nach China, um Dominikaner-Missionare zu begleiten. Er gewann die Gunst des Mongolenherrschers Kubilai, der ihn zwischen 1275 und 1292 für verschiedene Erkundungsreisen engagierte. So bereiste Marco Polo das riesige asiatische Reich und lernte es kennen. 1295 kehrte er über Sumatra, Vorderindien, Persien und Armenien wieder nach Venedig zurück und nahm an dessen Eroberungszügen teil. Bei der großen Seeschlacht zwischen Genua und Venedig, die nahe Korčula am 7. September 1298 stattfand, wurde Marco Polo gefangen genommen und in Genua in den Kerker gesteckt. Erst gegen eine hohe Auslösesumme wurde er wieder freigelassen. In Gefangenschaft diktierte Marco Polo seinem Mitgefangenen Rustichello seine Reiseberichte über China. Diese Aufzeichnungen dienten im 14. und 15. Jh. als Grundlage für Landkarten von Asien und waren eine wichtige Informationsquelle für Forschungsreisen in diese Länder.

Da Marco Polos Familiensitz in Venedig einem Theaterbau weichen musste, ist das Geburtshaus in Korčula die einzige Erinnerung an die Familie.

Zur 700-Jahr-Gedenkfeier 1999 fand vor der Altstadt ein Seeschlachtspektakel statt, das an das historische Ereignis erinnern sollte. Die Aufführung mit nachgebauten alten Schiffen fand großen Anklang, so dass sie nun jedes Jahr Ende Mai abgehalten wird. Seit 1997 ist Korčula Sitz des internationalen *Marco Polo-Zentrums*, das sich mit der Pflege seines Kulturerbes beschäftigt. Ein *Marco-Polo-Museum* soll ebenfalls entstehen.

1483 schlug sich Korčula tapfer gegen Angriffe der neapolitanischen Flotte unter König Ferdinand I. von Aragon. 1571 griff eine türkische Flotte Korčula an, doch die Stadt blieb Sieger – der Moreška-Tanz erinnert an das für Korčula bedeutende Ereignis. Nach der Französischen Revolution stritten sich Russland und Frankreich um Korčula; zu guter Letzt tauchten die Engländer auf, während die Österreicher zur italienischen Minderheit hielten. Wirtschaftliche Katastrophen brachte den Korčulanern im 19. Jh. die Reblaus, die den gesamten Weinbau vernichtete, und auch mit der Steinmetzarbeit und dem Fischfang ging es bergab. Zwischen dem 14. und 19. Jh. waren korčulanische Steinmetzfamilien an einer Reihe bedeutender Baudenkmäler an der Adriaküste beteiligt. Einzig der Schiffsbau florierte noch auf Korčula und Pelješac, bis Ende des 19. Jh. die Dampfschifffahrt die traditionsreiche Segelschifffahrt ablöste. Wirtschaftliche Einbußen brachte Korčula auch der Krieg von 1991 bis 1995, unter dem die Stadt, vorher von Touristen stark frequentiert, zu leiden hatte. Ende 1991 wurde von Korčula aus die serbische Seeblockade im Dubrovniker Raum gebrochen und das serbische Militär bei Ston, auf der Halbinsel Pelješac, gestoppt; Zehntausenden von Flüchtlingen diente in diesen Jahren Korčula als Zuflucht.

Korčula

Für viele ist es das schönste Städtchen der kroatischen Inselwelt. Auf einer Halbinsel gelegen, zeigt sich Korčula von oben wie eine kindliche Bauklötzchen-Nachbildung mittelalterlicher Bauten, die Gassen fächerartig angeordnet, dahinter die hoch aufragenden Berge von Pelješac.

Wer den Hang nach Korčula hinunter fährt oder von Pelješac aus beim Franziskanerkloster über die Stadt sieht, hat den besten Überblick über Korčula, überragt vom Turm der prächtigen Kathedrale. Ihre Mittelachse zieht sich vom *Triumphbogen* am Altstadt-Eingang über die *Markus-Kathedrale* (Sv. Marko) bis zum *Zakrjan-Turm* an der Spitze der Landzunge hin. Kleine Gassen verlaufen parallel zu den Stadtmauern, von denen heute noch Reste sichtbar sind. Korčula ist reich an Kunst, Kultur und Kulinarischem: Es gibt sehenswerte Museen, herrliche Gemälde von venezianischen und kroatischen Meistern schmücken die Kirchen, in der Saison kann man den bekannten Säbeltanz Moreška bewundern – und sich danach in einem der Cafés oder guten Restaurants entspannen. Touristen überall: in der 3400-Einwohner-Stadt ist das ganze Jahr Saison.

Außerhalb des Altstadtkerns liegt im Westen das *Dominikanerkloster*, zu dem am Meer entlang ein schöner Spazierweg führt, im Süden der Altstadt, nur wenige Minuten entfernt, der neu gebaute Jachthafen und die Burgen der Moderne – die Hotels. Wer tagsüber Abkühlung sucht, lässt sich zum Baden am besten mit dem Boot auf die vorgelagerten Inselchen schippern.

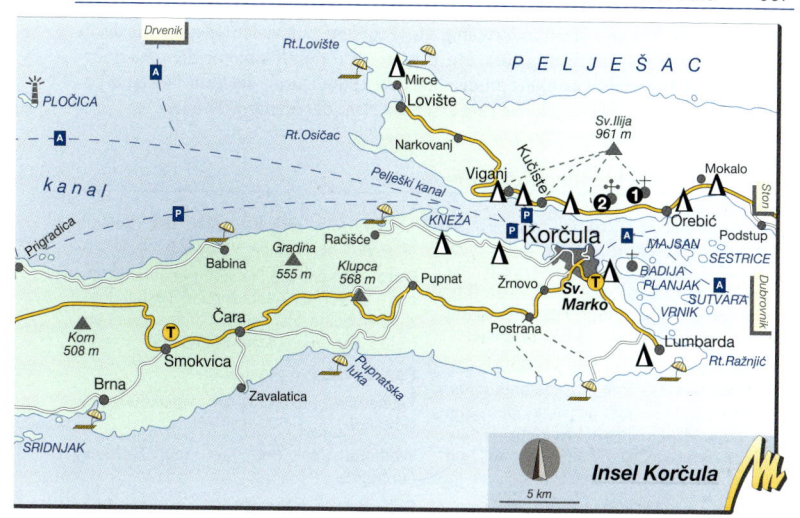

Geschichte

Wegen seiner exponierten Lage auf der kleinen Halbinsel und dem schmalen Landzugang blieb Korčula relativ sicher und konnte sich ungestört entwickeln. Die genaue Entstehungszeit der Stadt ist unbekannt. Legenden, mittelalterliche Handschriften und ein eingravierter Text am Stadttor berichten, der Begründer der Inselkolonie sei der Trojaner *Antenor* oder sogar Äneas selbst gewesen. Im 6. Jh. v. Chr. entstand hier die erste griechische Kolonie mit Namen *Korkyra Melaina*. Der Beiname (Melaina – dunkel, schwarz) sollte das bewaldete Korčula von Korfu unterscheiden, das damals ebenfalls Korkyra hieß. 229 kommt es als *Cocyra Nigra* unter die Herrschaft von Rom, das mit wechselndem Erfolg gegen die illyrischen Piraten in Dalmatien kämpfte. Mitte des 10. Jh. wird sie unter dem slawischen Namen *Krkar* vom byzantinischen Kaiser *Konstantin Porphyrogenet* erwähnt. Der ausgeklügelte Stadtplan, der den natürlichen Gegebenheiten angepasst wurde, entstand in der zweiten Hälfte des 13. Jh. unter dem Fürsten *Marsilije Zorzi*. Im Lauf der Jahrhunderte wurden die Befestigungen verstärkt, die Wehrtürme und Stadtmauern immer höher, aber auch die Häuser und Kirchen wurden immer komfortabler und prachtvoller ausgestattet. Die Blütezeit Korčulas war im 15. und 16. Jh., als ca. 6000 Menschen hinter den schützenden Mauern lebten und allen Angreifern trotzten. Lediglich das Dominikanerkloster im Westen und das Franziskanerkloster auf der Insel Badija waren ständigen Überfällen ausgesetzt. Mittelalterlichen Reiseberichten ist zu entnehmen, wie beeindruckend Korčula schon damals wirkte. Erst im 17. Jh. erlaubte man die Verlegung von Arbeitsplätzen (Werkstätten usw.) vor die Tore der Stadt, im 18. Jh. begann der Wohnungsbau im größeren Stil – die Zeiten wurden ruhiger, und man brauchte Platz. Im 19. Jh. entstanden die Stadtteile um das Dominikanerkloster und südlich der Altstadt. Die ersten Hotels an der Luka-Bucht wurden zwischen 1921 und 1941 errichtet. Ein regelrechter Bauboom setzte ab 1970 ein, wurde aber durch den Jugoslawienkrieg jäh gestoppt.

Die Trinkwasserfrage, jahrhundertelang ein Problem auf vielen Inseln, wurde in Korčula erst in jüngster Zeit gelöst. Ein Brunnen auf dem Platz vor dem Altstadteingang mit der Brücke erinnert an den 13. Juni 1986: Durch die zum Festland gelegten Leitungen floss endlich das lang ersehnte Nass des Neretva-Flusses.

Information/Verbindungen/Diverses

Touristinformation (TZG), Obala dr. Franje Tuđmana 4 (Westseite, in der Loggia), 20260 Korčula, ✆ 020/715-701, -867, www.visitkorcula.net. In der Saison tägl. 8–15/16–21 Uhr, sonst Mo–Fr 8–15 Uhr. Beste Auskünfte und Karten zum Wandern/Mountainbiken.

Kantun Tours, Plokata b. b., ✆ 020/715-622, www.kantun-tours.com. Kompetente Infos, Zimmer, organ. Ausflüge (u. a. Seesafari und Insel Mljet; zudem Wandern, Mountainbike, Seekajak, per Esel), Fahrrad- und Autoverleih.

Cro Rent, ✆ 020/711-908, www.korcula-rent.com. Auto-, Motorrad-, Scooter- und Bootsvermietung, Transfer etc.

Atlas-Büro, Trg 19. Travnja 1921, ✆ 020/711-231. Ausflüge, Transfer, Flugtickets. 8–22 Uhr, NS 8–14/17–19 Uhr.

Jadrolinija-Büro, Trg 19. Travnja 1921, ✆ 020/715-410. In der Saison 8–20 Uhr.

Hafenamt, neben TZG, ✆ 020/711-178.

Verbindungen Fähre/Bus (→ „Wichtiges auf einen Blick", → S. 584). Stadtbus zum Fährhafen Dominče. **Busbahnhof**, Obala Brodograditelja (vor dem Jachthafen), ✆ 020/711-216. **Privattransfer** mit Korčula Promet (s. u.) Korčula–Vela Luka, ca. 48 €.

Auto Parken: alle Flächen gebührenpflichtig; u. a. vor der Altstadt nahe Busbahnhof; zudem kleine Fläche (fast immer voll) am Hafen, Ost- wie auf der Westseite.

Rent-a-Car, s. o. Agenturen.

Tankstelle (7–22 Uhr) am Trajekthafen in Dominče.

Werkstatt an der Kreuzung Richtung Lumbarda.

Fahrrad, **Scooter etc.** s. o. Agenturen.

Taxi ✆ 711-785, 711-770; zudem Taxi Ilišković ✆ 091/5714-355 (mobil), Taxi Babinar ✆ 098/888-721 (mobil).

Veranstaltungen Volkstanz Moreška, von Ostern bis Ende Okt. neben dem Festlandtor, bei Regen oder Kälte im Kino (Beginn 21 Uhr in der Saison, sonst 20.30 Uhr; 14 €); Juli/Aug. Mo und Do, sonst nur Do. Es gibt einen speziellen Veranstaltungskalender für Schwerttanz, der auch über die anderen Aufführungsorte auf der Insel informiert.

Sommerkarneval, jährlich am 30. Juni. Großer Umzug am Abend.

Festtag von Sv. Todor (Stadtheiliger), 29. Juli. Prozession und große Moreška-Aufführung, Unterhaltungs- und Kulturprogramm.

„Assisisches Vergeben", 2. Aug. Prozession auf dem Meer zur Insel Badija.

Segelregatta am 1. Wochenende im Aug.: Orebić–Korčula–Mljet–Dubrovnik.

Marko-Polo-Fest, jährlich letzte Woche im Mai. Zur Erinnerung an Marco Polo und die große Seeschlacht um Korčula findet vor der Altstadt ein großes Spektakel mit nachgebauten alten Schiffen und historischen Kostümen statt; dazu Konzerte und Ausstellungen.

Nachtleben Diskothek Gaudi **9**, Ostseite der Altstadt, mit schöner Terrasse. **Café-bars** in der Altstadt, z. B. Cocktailbar Maximo (s. u.). Beim Busbahnhof die ganzjährig geöffneten Bars **Dos Locos** und **Deyavue**.

Korčula 589

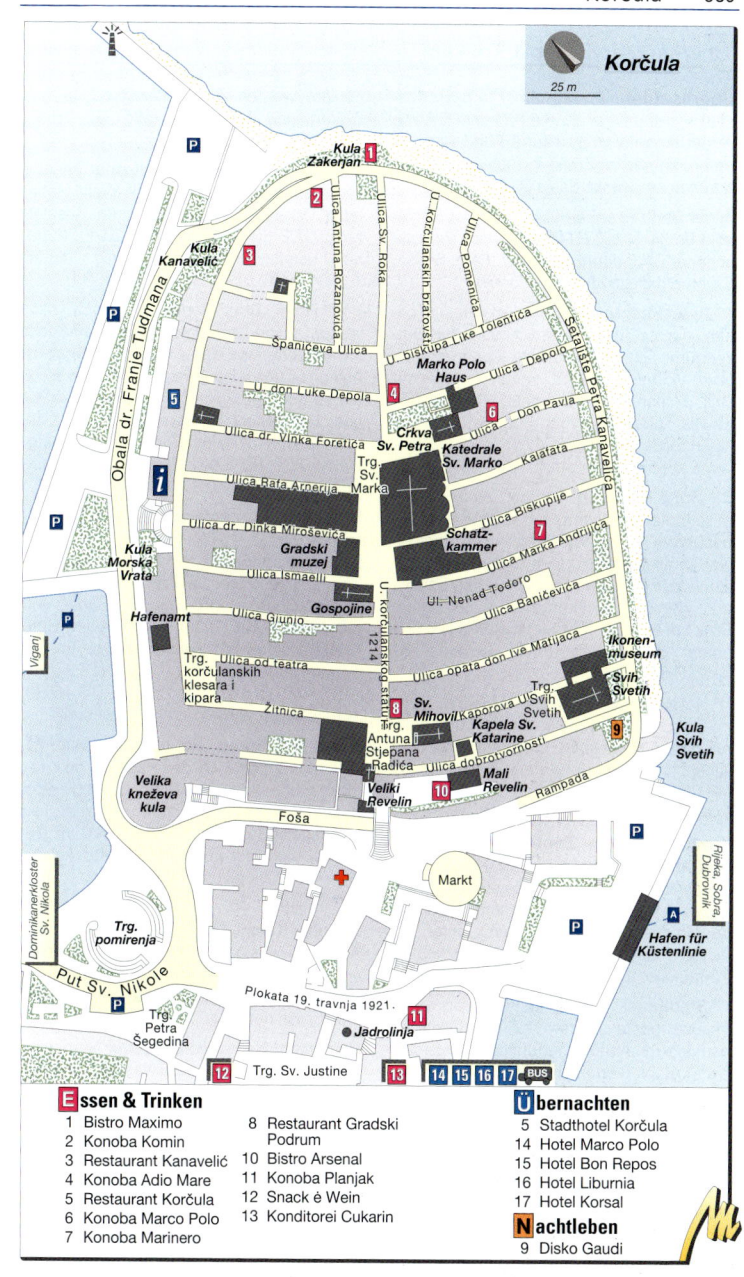

Essen & Trinken
1. Bistro Maximo
2. Konoba Komin
3. Restaurant Kanavelić
4. Konoba Adio Mare
5. Restaurant Korčula
6. Konoba Marco Polo
7. Konoba Marinero
8. Restaurant Gradski Podrum
10. Bistro Arsenal
11. Konoba Planjak
12. Snack é Wein
13. Konditorei Cukarin

Übernachten
5. Stadthotel Korčula
14. Hotel Marco Polo
15. Hotel Bon Repos
16. Hotel Liburnia
17. Hotel Korsal

Nachtleben
9. Disko Gaudi

Region Süddalmatien → Karte S.552

Übernachten/Essen & Trinken (→ Karte S. 589)

Übernachten Privatzimmer je nach Ausstattung und Lage ab 35 € (***) und 25 € (**). **Appartements** ab 40 € für 2 Pers. – schön und ruhig nächtigt man in Richtung Kloster und gen Žrnovoska Banja (s. d.).

In der Stadt u. a. **Fam. Marovic**, Put Sv. Nikole br. 38, ☎ 020/711-640; von der Terrasse schöner Blick auf die Altstadt. **Fam. Sessa**, Cvijetno naselje 24, ☎ 020/715-468.

*** **Apartements Ela & Roko** (Fam. Ojdanić), nur ca. 100 m westlich vom Altstadtzentrum. Gut ausgestattete Appartements (max. 4 Pers.), WLAN, netter Garten mit Grill. Hauseigene Taxiboote. Nedanova 1 (etwas oberhalb von Put Sv. Nikole), ☎ 091/5152-555 (mobil), www.korcula-roko.com.

**** **Hotel Korsal** 17, das neu eröffnete Familienhotel am Jachthafen wirkt von außen betrachtet eher unscheinbar. Den Gast erwarten allerdings im Innern eine nette, einladende Restaurantterrasse, guter Service und gemütliche Zimmer mit herrlichem Blick auf Altstadt und Meer. DZ/F 148 € (Superior 182 €). Šet. Frana Kršinića 80, ☎ 020/715-722.

*** **Hotel-Gostiona Hajduk**, familiäres Hotel im Ortsteil Kalac (Kreuzung nach Lumbarda) mit gutem Restaurant, preiswerten, gemütlichen 15 Zimmern und Pool. DZ/F 52 €, mit HP 76 €. Ulica 67 br. 6, ☎ 020/711-267, www.hajduk1963.com.

Korčula-Hotels – Zentrale Reservierungsstelle Marketing HTP Korčula d.d., ☎ 020/726-336, www.korcula-hotels.com. Bei einem 7-Tages-Aufenthalt während der HS oder in der VS 30 % Ermäßigung. Unten stehende Preise sind Individualpreis zur HS für Kurzaufenthalt; am besten nur DZ/F buchen.

*** **Stadthotel Korčula** 5, für einen Stadtbesuch bestens: der 24-Zimmer-Marmorbau liegt direkt am Stadthafen (Westseite), bietet gutes Restaurant mit schöner Terrasse. Ganzjährig geöffnet. DZ/F 115–120 €. Obala dr. Franje Tuđmana, ☎ 020/711-078.

*** **Hotel Liburna** 16, gegenüber der Altstadt, mit Felsbadestrand, Pool. Großes Sportangebot, Verleih von Kanus, Paddel-, Ruderbooten und Surfbrettern. Bootsverbindung nach Badija und Stupe ab Hotel. Appartements mit und ohne Küche. Kann in der HS durch Stadtnähe und Uferpromenade laut werden. 83 komfortable DZ/F mit Balkon und Meerblick 154 € (TS 160 €). ☎ 020/726-006.

**** **Hotel Marco Polo** 14, auf einer Anhöhe liegt das 94-Zimmer-Hotel mit Wellnessbereich. Strand, Bootsverleih, gute Ausstattung. DZ/F Standard 170 € (TS 200 €), Superior lohnen, sind nur wenig teurer. ☎ 020/726-100.

***–** **Hotel Bon Repos** 15, noch 2 km weiter, ruhige Lage an einer eigenen Bucht in mediterranem Grün. Allerdings veraltete Anlage und relativ preiswert – man sollte die höhere Kat. wählen. Tennisplätze, Minigolf, Tischtennis, Bootsverleih; Sand-, Kies- und Felsstrand; dahinter liegt der Campingplatz. DZ/F 100 bzw. 120 € (nach Ausstattung). ☎ 020/726-800.

Camping *** **Autocamp Kalac**, neben Hotel Bon Repos. 1,5-ha-Platz, jede Parzelle ist von Grün umgeben. Grills im Pinienwald. Sportanlagen, Tennisplätze, Minigolf, Tischtennis, Bootsverleih. Seichter Sand- und Kiesstrand – für Kinder gut geeignet. Gute Sanitäranlagen mit Sonnenkollektoren. Geöffnet 1.5.–1.10. Pro Pers. 4,50 € (TS 6,80 €), Zelt 3,70 € (TS 6,30 €), Auto 2,25 € (TS 4,50 €). ☎ 020/726-693, www.korcula-hotels.com.

Essen & Trinken Konoba Adio Mare 4, legendäres Lokal an der Hauptachse. Hier gibt's Korčulaner Spezialitäten: Fisch, Brodetto, Paštikada, gefüllten Hummer, als Nachspeise Rožada. Gespeist wird im Gewölbekeller oder oben im mit historischem Handwerkszeug verzierten Raum. ☎ 020/711-253.

Konoba Komin 2, an der Nordseite der Altstadt mit ein paar Tischen und Stühlen vor dem Haus. Im Innern lodert das Feuer für Fisch- und Fleischgerichte und leckeres Lamm aus der Peka. ☎ 020/711-642.

Restaurant Kanavelić 3, an der Nordseite, in den Gemäuern des Kastells. Nobles Speisen für Feinschmecker. Sitzgelegenheiten in gediegener Atmosphäre im Restaurant oder romantisch bei Kerzenschein auf der Terrasse. Das Restaurant hat sich auf Fisch spezialisiert. Juli–Okt. Ul. Sv. Barbare, ☎ 020/711-800.

Stadthotel Korčula 5, von der mit Korbstühlen bestückten Terrasse Blick auf den alten Hafen – besonders abends bei Sonnenuntergang zu empfehlen. Leckere Vorspeisen, Fisch- und Fleischgerichte. Obala dr. Franje Tuđmana, ✆ 020/711-078.

Gradski Podrum 8, in der Altstadt am zentralen Platz. Es gibt Fisch- und Fleischgerichte. Juni–Okt. Trg Antuna i Stjepana Radića, ✆ 020/711-222.

Bistro Arsenal 10, schön gelegen am Revelin-Turm. Gute Snacks für zwischendurch: u. a. große Auswahl an Nudelgerichten, auch mit Shrimps, daneben *Pogača Maslina* (wie Pizza mit Ziegenkäse) oder *Sočivo*, eine deftige Suppe aus Getreide, Reis und Bohnen. Geöffnet April–Okt. ✆ 099/8184-838 (mobil).

Konoba Marco Polo 6, kleines Lokal mit Sitzplätzen auch in der Altstadtgasse. Gute Fisch- und Fleischgerichte, netter Service. Ul. Don Pavla, ✆ 020/715-643.

Konoba Marinero 7, ebenfalls kleines Lokal in der Altstadtgasse, Fisch- und Fleischgerichte. Ul. Marka Andrijića, ✆ 020/711-710.

Konoba Planjak 11, im Zentrum, nahe Jadrolinija-Büro. Einfache, gute Hausmannskost und gute Weine. Juni–Okt. Trg Plokata 21, Travnja.

Bistro Maximo 1, Cocktail-Bar im Zakrjan-Turm ganz oben. Wer es hinauf schafft (der Andrang ist manchmal groß), genießt den Blick übers Meer und auf die Lichterkette von Pelješac. Snacks, Café und Cocktails. 19–2 Uhr.

Snack & Wein 12, gegenüber vom Jachthafen. Hier kann man Flaschenweine kaufen und kosten und in netter Atmosphäre Tapas genießen.

》》 Mein Tipp: Konditorei & Souvenirs Cukarin 13, Naschladen der besonderen Art: Es gibt Liköre (einige aus eigener Herstellung), Bonbons, Wein … Highlights sind die runden feinen Mürbteigteilchen, genannt *Klašun* (aus Walnuss), *Cukarin* (leichtes Mürbteiggebäck), *Amaret* (Rosenwasser, Mandeln) und die *Marko Polo bombica*, eine wahre Schokobombe (Schoko, Nüsse etc.) – sie zergeht auf der Zunge: danach reizt kein Esslokal mehr. Alles in liebevoller Handarbeit von Smiljana Matijaca zubereitet, nach traditonsreichen, geheimnisvollen Rezepten. 8.30–12/18–21 Uhr (Saison). In kleiner Gasse östl. Trg Sv. Justine. ✆ 020/711-055, -233. 《《

Sehenswertes

Über die Brücke (Punat), die wie eine ausladende Freitreppe wirkt, gelangen wir durch das Festlandtor mit dem **Veliki-revelin-Turm** zum Trg Braća Radić in der Altstadt. Die Innenseite des Turms wurde 1650 zu Ehren des venezianischen Heerführers Leonardo Foscolo zu einem Triumphbogen ausgebaut. Im Inneren des Turmes wurde ein modern gestaltetes *Museum* über den Moreška-Schwerttanz eröffnet – der Blick von oben über die Dächer Korčulas lohnt allemal den Eintritt.
Juli/Aug. 9.30–21 Uhr, sonst 9.30–13.30/16.30–19.30 Uhr. Eintritt 2 €.

Gleich dahinter steht das Kirchlein **Sv. Mihovil** aus dem 17. Jh. mit seiner Steuerrad-Rosette, gegenüber blickt man auf die Renaissancefassade des *Rathauses* (ehemaliger Fürstenpalast) aus dem 16. Jh. mit Loggia und dem venezianischen Löwen aus dem Jahr 1569.

> Museen/Stadtführungen: Generell sind die Museen Sa, So und an Feiertagen geschlossen. Eintritt 10 KN, ca. 1,40 €. Sinnvoll und überaus informativ sind Stadtführungen, buchbar über die Agenturen.

Am *Hauptplatz,* dem höchsten Plateau in der Stadt, steht die vierschiffige **Sv.-Marko-Kathedrale** mit üppigem Schmuck aus Gotik und Renaissance. 1329 wird Sv. Marko erstmals schriftlich erwähnt. *Steinmetzmeister Bonino* aus Mailand schuf das reich verzierte Portal und am Südtor ein Relief des hl. Jakob. Etliche einheimische und Dubrovniker Meister sowie *Jakov Correr* aus Apulien arbeiteten an der

Kathedrale. Der Korčulaner Steinmetz *Marko Andrijić* schuf 1481 die Rosette, den Kranz, die Glockenkuppel und sein Meisterwerk, das fast schon filigran wirkende Steinziborium (1486), ein von Säulen getragener Überbau über dem Altar. Das Altargemälde ist ein Werk des *Meisters Jacopo Robusti Tintoretto* (1518–1594) aus dem Jahr 1550. Das *Tintoretto*-Gemälde „Mariä Verkündung" findet sich weiter östlich. Den Dreifaltigkeitsaltar ziert ein Werk des Meisters *Leandro Bassano* (1557–1622). Eine zeitgenössische Bronzeskulptur „Der auferstandene Christus", 1968 von *Frano Kršinić* geschaffen, steht auf dem gotischen Taufbecken. *Ivan Meštrović* schuf für die Kathedrale 1915 eine „Pietà" und die Statue „Der heilige Blasius". Ein unbekannter Künstler (14./15. Jh.) schmückte die Tür zur Sakristei mit einem Relief des hl. Michael (Sv. Mihovil).

Neben der Kathedrale steht der ehemalige Bischofspalast, in dem die **Schatzkammer** untergebracht ist. In sieben Sälen finden sich sehenswerte Sammlungen – u. a. Ikonen, Münzen, Porzellan; Skizzen von Leonardo da Vinci, Tiepolo und Palma; Gemälde von Blaž Jurjev Trogiranin, Vittore Carpaccio, Federiko Benković, Magnasco und Matej Pončun sowie von zeitgenössischen kroatischen Künstlern (Mai–Okt. 9–14/17–20 Uhr).

Auf der gegenüber liegenden Seite des Platzes steht der *Palast der Familie Gabrielis* aus dem 16. Jh. mit verzierten Fenstern und Balkon. Heute ist darin das **Stadtmuseum** untergebracht; es zeigt eine archäologische Sammlung mit Funden aus den Bereichen Handwerkskunst und Schiffsbau. Daneben ein weiterer Palast: ein verfallenes Steinmetzhaus mit kunstvollen Balkonkonsolen und dicker Fahnensäule aus dem Jahr 1515.
 Juli–Sept. 10–21 Uhr; Juni 10–14/19–21 Uhr; April/Mai, Okt. 10–14 Uhr; sonst 10–13 Uhr.

Ein paar Meter weiter Richtung Osten liegt das üppig von Pflanzen umwucherte *Kastell*, das als **Geburtshaus Marco Polos** gilt. Zu sehen sind Schriften und Exponate, die an den Weltreisenden erinnern, hübsch ist auf jeden Fall die Aussicht vom Turm über die Dächer der Stadt (Mai–Okt. 9.30–21 Uhr).

Stadteingang durch den Turm
Veliki Revelin

Am Ende der Gasse, an der Spitze der Landzunge, erhebt sich das halbe Rund des **Zakerjan-Turms**.

Von der Landspitze ostwärts wird es stiller. An der Stadtmauer steht die Kirche **Sv. Sveti**. Ihr Inneres ziert ein Polyptichon von *Blaž Jurjev Trogiranin*, das zu seinen besten Werken zählt. Den Altar umrahmt ein ähnliches Ziborium wie das in der Sv.-Marko-Kathedrale. Die Pietà schuf der Bildhauer *Antonio Corradini*. Die Kirche war Korčulas erster Bischofssitz (1300) und Sitz der ältesten, 1301 gegründeten Korčulaner Bruderschaft. Durch zwei Brückchen ist sie mit dem Bruderschaftshaus verbunden, das heute das **Ikonenmuseum** beherbergt (Mai–Okt. 9–14/17–20 Uhr).

Die Säbel sind gezückt und klirren …

Der Säbeltanz Moreška

Die Moreška, ein Tanz mit Säbeln, der an die Zeit der Belagerung Korčulas durch die Türken im 16. Jh. erinnert und den Kampf zwischen Gut und Böse darstellt, darf heute in keinem der wöchentlich für die Touristen organisierten Folkloreprogramme fehlen. Sie ist ein Rittertanz in Rot und Schwarz, in prächtigen Kostümen, und besteht aus sieben Tanzfiguren – von denen eine heute nicht mehr aufgeführt wird, weil sie für die Tänzer lebensgefährlich ist.

Die (bösen) Schwarzen mit ihrem Anführer, dem Königssohn *Moro*, stellen die Türken dar. Sie haben die Braut des (guten) roten Königs *Osman* entführt, weil Moro sich in sie verliebt hat. Eine Schlacht soll über *Bula*, die Braut des roten Königs, entscheiden, und sie wird so heftig geführt, dass die Säbel Funken sprühen. In einem Zwischendialog bittet Bula um Frieden. Doch der Kampf tobt weiter. Am Ende erklärt der schwarze König seine Niederlage und gibt Bula ihrem verliebten roten König zurück.

Ansonsten findet man eine Kunstsammlung hier und einen Schmuckladen da in den Nebengässchen, von denen die östlichen einen Bogen beschreiben oder schräg verlaufen und die westlichen gerade zum Meer hin gehen. Dieser ausgeklügelte Grundriss bot einen möglichst lückenlosen Ausblick aufs Meer und damit beste Voraussetzungen für die Verteidigung – zudem wirkte er wie eine mittelalterliche Klimaanlage.

Geht man vom Zakrjan-Turm westwärts, gelangt man entlang der Stadtmauer zu einem Torbogen und zum **Bokar-Turm**, auch Kanavelić-Turm genannt (1485). Gegenüber steht das Geburtshaus des Dichters Kanavelić mit schöner Terrasse, in dem heute ein Restaurant untergebracht ist. Weiter südlich, vorbei am Haus der

Adelsfamilie Španić, stoßen wir geradewegs auf den *Trepoc*, den ältesten *Trinkwasserbrunnen* aus dem Jahr 1437. Dahinter erhebt sich der Turm des Meerestors mit der Legende über *Antenor*, den Trojaner, eingemeißelt unter dem Wappen seines Erneuerers im 16. Jh. Das Meerestor selbst und ein Teil der Stadtmauer wurden Anfang des 20. Jh. eingerissen; stattdessen erbaute man die schön zum Meer geschwungene Treppe mit dem Muschelbrunnen. Rechts daneben befindet sich die **Loggia** von 1548 (Sitz des Fremdenverkehrsvereins), lange Zeit das einzige Gebäude außerhalb der schützenden Stadtmauern; dahinter das **Hotel Korčula**, 1871 erbaut und schön gelegen an der Palmen gesäumten Uferpromenade. Südlich liegen der kleine Jachthafen, die alte Stadtzisterne und am Ende der **große** und der **kleine Fürstenturm** (*Veliki* und *Mala kneževa kula*), vom Fürstenhof in den Jahren 1483 bzw. 1130/1449 erbaut.

Die Kathedrale von Korčula

Die Palmenpromenade führt westwärts um die Bucht herum zu einem Landvorsprung, zur herrlichen Villa des kroatischen Malers *Maximilian Vanka* (1889–1963) und zum **Dominikanerkloster Sv. Nikola** aus dem 15. Jh. 1571 wurde es von den Türken während einer Belagerung kurz und klein geschlagen, aus Wut darüber, dass die Stadt nicht einnehmbar war. Hundert Jahre später wurde es befestigt wieder aufgebaut. Das Kloster liegt am Meer, hat einen Kuppelturm, zwei Kirchenschiffe sowie zwei Haupt- und drei Nebenaltäre mit sehenswerten Gemälden, u. a. eine Kopie der „Folterung des hl. Petrus" von *Tizian*, dessen Original nicht mehr existiert.

Oberhalb des Dominikanerklosters stößt man auf einen Turm – antennenbestückt – und Überreste einer Festung. Die *Forteca*, das Fort Wellington, wurde 1813 an der Stelle mehrerer Vorgänger erbaut. Heute dient das Fort als Funkturm, von hier oben genießt man einen herrlichen Rundblick.

Im südlichen *Stadtteil Sv. Antun* kann man im Schatten einer hundertjährigen Zypressenallee die 102 Stufen zur **Kirche Sv. Antun** erklimmen. Die Kirche wurde 1420 an der Stelle einer illyrischen Burgruine errichtet.

Sport

Die besten Bademöglichkeiten bieten sich bei den Hotels und am Campingplatz, oder man fährt per Taxiboot zur Insel Badija oder zur Insel Stupa.

Bootsvermietung über Agentur Cro Rent (s. o.), verschiedenste Kategorien an Motorbooten.

Tauchen Appartementanlage Bon Repos (Inh. Steve Colette).

Jachthafen ACI-Marina Korčula, sehr schön an der Ostseite der Altstadthalbinsel. 159 sichere Liegeplätze, 16 an Land. 10-t-Kran, Slip, Sanitäreinrichtungen, Wäscherei, großer Supermarkt, Restaurant, Nautikshop, WLAN, Aparthotel. Ganzjährig geöffnet. ✆ 020/711-661, www.aci-club.hr.

Weitere 50 Anlegeplätze im Stadthafen im Westen der Halbinsel und an der Luka-Bucht im Südosten. Werft im Hafen von Dominče.

Hafenamt Obala dr. Franje Tuđmana, ✆ 020/711-178.

Vrnik – heute eine nette Badeinsel

Die vorgelagerten Badeinselchen

Östlich vor Korčula liegen rund 20 Inseln, meist grünfleckig und weiß gesäumt im Adriablau. Taxiboote schippern von der Stadt (Ostseite) aus dorthin.

Die **Klosterinsel Badija** ist mit 1 km² die größte Insel dieses Archipels. Dichtes Macchiagestrüpp wuchert, doch es gibt auch Olivenhaine, Kiefern- und Zypressenwald, schöne Badebuchten und Schiffsanlegeplatz. Schon in vorgeschichtlicher Zeit war Badija bewohnt. Von den Römern ist ein Grabdenkmal übrig geblieben. 1368 wird eine Abtei (abbatia) mit St.-Peter-Kirche erwähnt. 1392 ließen sich hier Franziskaner aus Bosnien nieder und erbauten ab 1420 das Kloster und die einschiffige Kirche im spätgotischen Stil. Bis 1948 wohnten die Franziskaner hier, danach diente das Kloster als Gymnasium mit Internat, Marine-Unteroffiziersschule, Platz für Schwererziehbare, Trainingslager des kroatischen Sportverbands und nun endlich, seit 2005, ist es wieder in Händen der Franziskaner. Die Klosteranlage wird renoviert. Bald wird im gotischen Säulenhof und Kreuzgang wieder ein Süßwasserbrunnen sprudeln. Schmuckstück der Kirche mit ihrem Rosettenportal ist das Holzkruzifix von *Juraj Petrović*, bisher im Franziskanerkloster in Orebić aufbewahrt. Die Kirche und die Kapelle Sv. Križ nebenan sind nicht zu besichtigen. Die Kirche ist mit Marmoraltären geschmückt – der größte ist in herrlichem Lichtblau gehalten. Oberhalb am Berg stehen die Ruinen von Sv. Katarina aus dem 15. Jh.

Die **Insel Vrnik** mit ihren weißen Felsen ist nur 0,3 km² groß. Die Gewölbe und Grotten auf der Insel sind Steinbruchreste aus der Römerzeit. Aus diesem Stein wurden später auch der Dogenpalast in Venedig sowie die Hagia Sophia gebaut. Ein Kirchlein aus dem 17. Jh. und einige Steinhäuser sind noch erhalten. Wer möchte, kann den Bildhauer *Lujo Lozica* und seinen Skulpturenpark in der Bufalo-Bucht besuchen. Essens- und Übernachtungsmöglichkeiten gibt es bei Familien.

Die **Insel Majsan** war ebenfalls zur Römerzeit besiedelt. Schon damals wurde hier Wein angebaut. Es gibt Reste von Landvillen und Grabmäler des hl. Maxim. Die Turmruinen auf dem Hügel sollen vom venezianischen Dogen Orsolo II. stammen, der von hier aus im Jahr 1000 Korčula und Lastovo eroberte. Auch auf dieser Insel findet man gute Badebuchten.

Die **Inseln Stupe Velike** (mit Restaurant) und **Stupe Male** bieten schöne Felsplattenbadebuchten.

Lumbarda

Rings um den im Südosten an einer Bucht gelegenen 1100-Einwohner-Ort gedeiht der trockene, gelbliche Grk-Wein. Zwei bekannte Sandstrände an der nahen Landzunge ziehen Schwärme von Urlaubern an.

Lumbarda wirkt ziemlich verschlafen, obwohl die Touristen wegen der Sandstrände an der reich gegliederten Küste zahlreich kommen. Ein schöner Fußweg führt rund um den Ort. Inmitten von Hügeln und Weinfeldern, das herrliche Panorama des Pelješac-Gebirges und der vorgelagerten Inselchen im Blick, kann man hier eine Zeit lang verweilen – für Kulturhungrige ist Korčula in wenigen Autominuten erreichbar. Mountainbike- und Wanderfreunde finden etliche markierte Wege.

Der Ort wurde im 4. Jh. v. Chr. von den Griechen gegründet. Die ganze Gegend ist archäologisch sehr interessant, jedoch kaum erforscht. Auf der Landzunge *Kolud rt* hat man das älteste Schriftdokument Kroatiens gefunden, die in Stücke zerbrochene Steininschrift *Psephisma von Lumbarda* aus dem 3. Jh. v. Chr. – sie dokumentiert die Landverteilung und die Anzahl der griechisch-illyrischen Kolonisten. Das Original befindet sich im Archäologischen Museum in Zagreb, eine Kopie im Stadtmuseum in Korčula. Aus dem Mittelalter blieben Kastelle erhalten und an der Bucht Bilin žal Ruinen einer Villa rustica. In den Weingärten verstreut liegen die Überreste einiger alter Sommersitze. Einer der bedeutendsten kroatischen Bildhauer, *Frano Kršinić*, stammt aus Lumbarda; Kršinić machte sich durch seine Skulpturen nackter Frauenkörper einen Namen.

Information Touristinformation, an der Hauptstraße, 20263 Lumbarda, ℡ 020/712-005, www.lumbardanet.com.

Verbindungen Busse nach Korčula. Taxiboote nach Badija und Vrnik.

Einkaufen/Wein Agrotourismus Marinka (südl. Taverna Dušića) und Batistić-Zure, ℡ 020/712-008. Weitere s. u. Agrotourismus.

》》 Mein Tipp: Jahrhundertelange Weintradition bei: Bartul Cebalo, Mala Postrana, ℡ 020/712-099; v. a. guter Grk-Wein und Verkostung. 《《

Übernachten Privatzimmer ab 30 €/DZ. Appartements ab 40 €/2 Pers. U. a. **Haus Gore** (Fam. Ive Sestanović), Lumbarda-Koludrt, ℡ 020/712-082. **Fam. Ana Lozica**, ℡ 020/712-043, auch Bootsvermietung. **Fam. Maja & Branimir Cebalo**, Vela Glavica, ℡ 020/712-044. Nette neue Appartements auch bei **Bartul Cebalo** (s. o.).

🍃 Agrotourismus-Pension **Frano Milena (Marinka)**, vor der ersten Bucht in die Ul. Racišće abzweigen. Hier gibt es Wein, Likör, Schinken, Käse etc. Zimmervermietung. ℡ 020/712-007, 098/344-712 (mobil). ∎

Agrotourismus **Konoba & Pension Lovrić**, netter Familienbetrieb von Silvana & Frenzi. Blick auf den Ort und Bootshafen. Hauseigener Wein, Grappa, Lamm und Fisch. Ca. 35 €/Pers. mit HP. Kolodrt b.b., ℡ 020/712-052, www.lovric.info.

*** **Apartments Bebić**, mit großen Balkonen, oberhalb der Pržina-Bucht. Gutes Restaurant für die Hausgäste. Studio ab 48 €. Kolodrt 240 (Zufahrt nach Friedhof), ℡ 020/712-505, 712-183.

*** **Garni Hotel Lumbarda**, kleines 40-Zimmer-Haus, ruhige Lage hinter üppigem Grün am Hafen. Kleiner Pool und Tauchclub. DZ/F je nach Lage 84–100 €. I. žal b.b., ℡ 020/712-700, www.lumbardahotel.com.

*** **Hotel Borik**, 190-Betten-Hotel am Hafen, ruhig im Kiefernwäldchen gelegen. DZ/F 86 € (TS 110 €), in Dependance preiswerter. ℡ 020/712-188, www.hotelborik.hr.

*** **Appartements Lina**, nette Anlage nahe dem Strand, mit Terrasse und Gartenmöbeln. Angeschlossen ein gutes Restaurant. Studios ab 68 € (TS 76 €). Mala Glavica b.b., ℡ 020/712-346, www.lina.hr.

Camping Mehrere kleine **Privatcamps** im Ort und davor, hier eine Auswahl: **Mala Glavica**, ℡ 020/712-342; **Vela Postrana**, Lumbarda 142, ℡ 020/712-067; **Uvala Račišće**, Lumbarda 83, ℡ 020/712-106.

Essen & Trinken Fischtaverne More, schöne Sitzplätze direkt am Meer oder im Wintergarten. Sehr gute Küche. Ganzjährig geöffnet. Kurz vor Hafen an der Hauptstraße, ✆ 020/712-068.

🌿 **Konoba Maslina**, am Ortsende von Korčula an der Straße nach Lumbarda. Lokal mit ausgefallenen Korčulaner Gerichten. Olivenöl und Gemüse aus eigenem Anbau, Fisch und Fleisch von umliegenden Bauern, selbst gemachtes Brot und natürlich Schnäpse. Freundlicher Raum mit offener Küche und Kamin, außen schöne Terrasse. Der Weg lohnt! Neu: Maslina 2 in der Altstadt von Korčula. Lumbarajska cesta b.b., ✆ 020/711-720. ∎

Konoba Feral, weiter östlich, ✆ 020/712-090.

Konoba Dušića, hübsch am Meer gelegen (nach Friedhof). Gute Gerichte. Nur im Hochsommer geöffnet. ✆ 020/712-179.

Strandgrills Bili Žal, in einer Ruine an der nordöstlichen Bucht. Empfehlenswert sind die frischen Fische. Geöffnet je nach Jahreszeit 10–21 oder erst ab 17 Uhr.

Sport

Baden: Am Sandstrand hinter dem Hotel Lumbarda oder in den beiden Sandbuchten am Landzipfel östlich des Orts. Man fährt die Asphaltstraße weiter bis zur Kapelle, hier ist die Weggabelung zu den beiden Badebuchten: im Süden die *Pržina-Bucht* mit Agaven, Fels- und Sandstrand, Strandgrill, FKK; für Kinder sehr gut geeignet – man muss weit hineinlaufen, bis das Wasser tiefer wird. Leider ist der Strand durch vom Meer angeschwemmte Abfälle häufig verschmutzt. Die nordöstlich gelegene Bucht *Bilin Žal* ist von Steinmauern umgeben, die am Spätnachmittag Schatten werfen. Es gibt einen Strandgrill in einer Ruine – empfehlenswert die leckeren, frischen Fische. Vom Strand aus sieht man einen Teil der Ortschaft silhouettenhaft auf einem Hügel. Draußen im Meer breitet sich der Inselarchipel aus, Pelješac mit seinen schroffen Felsen liegt gegenüber. Weiter nördlich, vor dem *Kap* mit Leuchtturm, sehr gute Bademöglichkeiten an weißen Kalkfelsen.

Wassersport Am Hafen Verleih von Motorbooten, Kajaks und Surfbrettern; auch Fahrradverleih.

Tauchen Tauchclub MM-SUB, Inhaber Marukić Milenko, ✆ 020/712-288, 098/285-011 (mobil), www.mm-sub.hr.

Marina Vor dem Hotel **Bootshafen Lučica**, ✆ 020/712-730.

Von Korčula nach Račišće

Westlich von Korčula und dem Dominikanerkloster sind um die hübschen tiefen Buchten bei *Žrnovska Banja* (→ Žrnovo) und *Vrbovica* mit ihren windsicheren Häfen viele Neubauten entstanden. Bis Račišće, mit Ausnahme des kurz davor liegenden Örtchens Kneže und seinem gleichnamigen Inselchen, wird die Gegend dann einsamer. Die Weiler sind auf direktem Weg von Korčula stadtauswärts (Einbahnstraße bis kurz nach Kloster), entlang dem Meer zu erreichen (oder auch über Žrnovo, s. u.). Es wird aber wohl nicht mehr lange dauern, und die winzigen Orte werden sich mit Neubauten vergrößern und zusammenwachsen. Bisher gibt es neben netten Badebuchten Pensionszimmer, Appartements und kleine Campingplätze, die v. a. bei Windsurfern, die im Kanal von Pelješac optimale Windverhältnisse vorfinden, beliebt sind. Zudem ist diese Seite noch wesentlich ruhiger und ursprünglicher als gegenüber auf Pelješac und man genießt den schönen Anblick des Sv. Ilija. Hinauf in Richtung Brdo und auf den Sušnji vrh kann man schöne Wanderungen unternehmen. In wenigen Kilometern erreicht man am Uferweg entlang per Fahrrad die Altstadt von Korčula.

Übernachten/Essen Privatzimmer und Appartements, DZ ab 30 €.

»› Mein Tipp: Agrotourismus-Konoba Barić, an der schönen Bucht Žrnovska Banja gelegen. Es gibt 3 moderne Appartements, eine schöne große Terrasse, gutes Essen und Bootsanleger. ✆ 020/721-128, 091/5610-550 (mobil), www.agroturizambaric.com. «‹

Villa Castelo, nettes Haus mit Blick aufs Meer, mit Pool. Zudem hilfsbereite Besitzer. 2-Pers.-Appartement 45 € (TS 55 €) Žrnovska banja b. b. (Westseite der Halbinsel), ✆ 020/721-080.

Camping Autocamp Vrbovica, an der gleichnamigen Bucht, ca. 5 km von Korčula. Netter kleiner Platz. ✆ 020/721-257, 098/9638-174 (mobil), www.kamp-vrbovica.

Camping Tri Žala, ca. 6 km von Korčula. Kleiner Platz unter ein paar Bäumchen mit Blick auf Pelješac. Eigene Bucht mit Fels und Beton; einfache Sanitäranlagen. Beliebt bei Windsurfern. Uvala Tri žala 808, am Ortsende, ✆ 020/721-244.

Autocamp Oskorušica, in Vrbovica, ca. 9 km von Korčula. Kleiner Platz unter Weinlaube und Olivenbäumen. Beliebt bei Windsurfern. ✆ 020/710-897, 098/9503-068 (mobil).

Račišće ist ein kleiner Ort mit rund 450 Einwohnern, der im 17. und 18. Jh. von Flüchtlingen aus Makarska und der Herzegowina besiedelt wurde. Vom Ende des 19. Jh. bis nach dem Zweiten Weltkrieg besaßen die Račišćer Korčulas größte Flotte von kleinen Küstenfrachtsegelschiffen. Bis heute ist die Mehrzahl der Männer in der Seefahrt beschäftigt, und Račices Einwohnerschaft scheint hauptsächlich aus Frauen, Kindern und alten Leuten zu bestehen. Es gibt immergrüne Buchten und wenig Tourismus. Die Marmorhäuser, die Rosettenkirche und die Rosettenkapelle mit Loggia von 1682 zwängen sich um die Hafenbucht. Die kleine Uferpromenade ist gesäumt von Tamarisken, Palmen und Bänken. Alte Männer sitzen an einer Bocciabahn, die sich abends füllt. Zahlreich schaukeln die Fischerboote im Wasser – ein ruhiger Ort zum Faulenzen und zum Baden. Gebadet werden kann am schönen Kiesstrand direkt im Ort oder an den westlich gelegenen Buchten *Vaja* und *Samograd*, zu Fuß oder per Mountainbike über Makadam erreichbar.

Es gibt Post, Supermarkt, ein paar Lokale; zudem Zimmer-/Appartementvermietung.

Am Hafenbecken von Račišće

Von Korčula nach Žrnovo

Zypressenwald zieht sich in Terrassen hinauf, im Osten liegen der Archipel, die Werft, der runde Aussichtsturm und ein Dorf am Berg.

Žrnovo besteht aus einigen Weilern, insgesamt leben hier 1200 Menschen. Auf schmalem, aussichtsreichem Sträßchen gelangt man hinab zur tiefen Bucht *Žrnovska banja* (s. o.). Die Gegend war schon in illyrischer Zeit bewohnt. Abseits der Straße, versteckt hinter Zypressen, liegt die Pfarrkirche *Sv. Martin* aus dem 16. Jh., in der Nähe die Kirche *Sv. Roko* – beide sind Ausflugsziele für Spaziergänger aus der Stadt. Man kann unter uralten Bäumen sitzen und weit blicken. Am 15. August, dem Kirchenfest zu Ehren Sv. Rokos, aber auch zu anderen Gelegenheiten wird der alte *Moštra-Säbeltanz* aufgeführt (er ähnelt dem Säbeltanz Kumpanija). In Žrnovos Gärten reift die Rebsorte für einen schweren, trockenen Rotwein.

In *Kampuš* steht inmitten einer Kirchenruine eine Kapelle. Ein alter Kroate erzählt, dass die Kirche im Krieg ausbrannte, eine neue aber nicht gebaut werden durfte. Also errichteten die Dorfbewohner eine Kapelle im ausgebrannten Innenraum. Hinter Zypressen ruht ein Fels, der wie ein Frosch aussieht.

Konoba Belin, mitten im Ort auf idyllischer Natursteinterrasse. Hier gibt es gute Hausmannskost und eigene Weine. ✆ 091/5039-258 (mobil). In der Saison 10–23.30 Uhr.

Wieder ein Dorf, eine Kneipe, ein Kastell: Es ist **Postrana** mit dem Kastell von *Jakov Baničević*, eines Freundes von Erasmus von Rotterdam. Um Postrana gibt es viele markierte Wanderwege unterschiedlicher Länge.

Zu den **Badebuchten an der Südküste** führen meist nur Makadam-Wege, die man per Mountainbike gut erkunden kann. Man biegt am Ortsende von Postrana in der Kurve nach links ab. Man muss sich links halten und später rechts, um nicht wieder zum Ort zurückzufahren. Im Nordosten liegen das Küstengebirge von Pelješac und der Inselarchipel mit dem zerklüfteten Korčula. Der inzwischen asphaltierte Fahrweg führt durch Macchia hinab zur Uvala Rasohatica, links führt die Abzweigung nach Lumbarda (Makadam!). Unten an der Bucht gibt es ein paar Häuser mit Zimmervermietung, Boote, *Fels-* und *Kiesstrand*. Die weiteren Badebuchten im Westen sind, außer per Boot, nur schwer zu erreichen.

Pupnat

Auf der Straße nach Pupnat genießt man einen weiten Blick ins Land: Auf einem Hügel sieht man noch einmal die Kuppelturmkirche von Žrnovo, Zypressen, Steinwälle, Dörfer und das Meer; gegenüber Orebić und das Gebirgsmassiv des Sv. Ilija. Ihn sieht man im hügeligen Inselinneren nicht mehr; der mit 568 m höchste Hügel heißt *Klupca*, davor liegt Pupnat.

Das auf 400 m höchstgelegene Dorf Korčulas mit 460 Einwohnern liegt an der Inselstraße. In der Umgebung fand man illyrische Grabhügel. Die älteste Kirche im Dorf, Sv. Juraj, wird schon im 14. Jh. erwähnt. Die Pfarrkirche der Schneemadonna mit viereckigem Turm wurde im 17. Jh. erbaut. Im Ort gibt es eine Post und einen Supermarkt. Von Pupnat aus kann man zum Inselberg Klupca (568 m), nach Račišće im Norden oder auf einem alten Pfad nach Korčula herrliche Wanderungen unternehmen. Auch in Pupnat wird mehrmals in der Saison die *Kumpanija* aufgeführt. Auf etlichen für Mountainbiker anspruchsvollen Makadamwegen erreicht man die herrliche Südküste oder über die alte Inselstraße Pupnatska luka.

Essen & Trinken Agrotourismus-Pension Pagar, abgeschieden an der Südküste kann man nächtigen und sich mit frischem Fisch verköstigen lassen. Abzweig ca. 2 km vor Pupnat, dann 7 km auf schmalem Sträßchen gen Süden. ✆ 091/5699-959 (mobil).

Agrotourismus-Konoba Mate, im alten Ortskern. Auf lauschiger, schön dekorierter Terrasse kann man all die Kostbarkeiten der verfeinerten traditionellen Küche mit hauseigenen Produkten probieren: Ziegenkäse, Leberpastete, Wildspargelgerichte, Pašticada, Ravioli mit Ziegenkäse, Zicklein unter Peka, Schinken aus der Räucherkammer und – eine Spezialität im August – „Botarga" (Fischeier der Meeräsche). Dazu leckere Weine, Travarica oder auch Salbeisirup. Ende April–Mitte Okt.; Mittag- und Abendessen, NS ab 19 Uhr. ✆ 020/717-109. ∎

Die Bucht Pupnatska luka

Weißer Strand, türkisblaues Wasser, Fischerhütten – tief unten liegt sie, der Insel Lastovo gegenüber. Die Pupnatska-luka-Bucht ist auf vielen Werbeprospekten abgebildet, und sie ist wirklich die schönste ganz Korčulas, sogar fast unberührt. Ein schmales Asphaltsträßchen und ein Makadam (am Anfang und Ende der Bucht) führen steil hinab. Ansonsten bleibt der beschwerliche Fußweg – es sei denn, man steuert Pupnatska luka mit dem Boot an, was auch z. B. bei Fischpicknicks ab und zu geschieht. Hinter den paar Wochenendhäuschen liegen alte Fischerhütten, dahinter große Johannisbrotbäume, Feigen und verwilderter Wein.

Es gibt einige einfache Übernachtungsmöglichkeiten und zwei kleine Konobas, u. a. Konoba Mijo, mit bester Küche (April–Sept.).

Weiter führt die alte, aber neu ausgebaute, südlichere Inselstraße über *Pupnatska luka* nach Čara (in Pupnat links abbiegen). Die Straße verläuft passartig neben schroffen Felshängen, Höhlen, dichtem Buschwerk und Weinterrassen – in einer Kehre wird der Blick frei auf die Pupnatska-luka-Bucht.

Čara

Der 760-Einwohner-Ort im Inselinnern ist von Weinfeldern umgeben – hier gedeihen der trockene *Pošip*-Weißwein und der leichte *Rukatac*. Čara, dessen Name von Zauber (= čarolija) abgeleitet ist, ist einer der ältesten Inselorte, mit einem Kastell aus dem 17. Jh. – mit riesiger Scheinzypresse davor. Die Pfarrkirche *Sv. Petar* (16. Jh.) mit Stummelturm birgt ein Gemälde des Renaissancemalers *Bassano* im Kircheninnern.

Zu Čara gehört auch der *Hafen Zavalatica*, in dem früher der Wein verschifft wurde. Am 24. Juli, dem Tag des Schutzpatrons des hl. Jakov, wird im Ort der Säbeltanz Kumpanija aufgeführt.

Sonstiges Es gibt eine Post (nur vormittags geöffnet), Cafébar, Supermarkt (6.30–12/17–19 Uhr) und Kiosk.

Wein Bei den Familien Šain und Marelić gibt's sehr guten Pošip und Rakija. ✆ 020/834-001, 833-116.

Essen & Trinken Konoba Konopica, im Weiler Konopica, idyllisch mitten im Wald gelegen. Insel- und hauseigene Produkte, Spezialitäten sind gegrilltes Zicklein oder Lamm und Brot aus der Peka. Nur tagsüber geöffnet.

Čara/Umgebung

Eine Abzweigung führt zur Südküste nach **Zavalatica**, dem Hafenort von Čara: viele Neubauten, kein einziges altes Haus – bis auf das Kastell des Dichters *Petar Kanavelić*. Überall werden Zimmer vermietet, es gibt eine felsige Hafenbucht mit betonierten Liegeflächen und Booten.

Essen & Trinken Restaurant Zavalatica, mit Terrasse über dem Meer, in der Ferne schwebt Lastovo im Dunst. Freundliche Bedienung, leckere Grillgerichte. Kleiner Laden im Haus.

Wein Bei der traditionsreichen Weinbauernfamilie Krajančić gibt's sehr guten Pošip und Rakija. ✆ 020/834-148.

Smokvica

Der 1100-Einwohner-Ort mit alten, stattlichen Häusern am Hang liegt im Inselinneren an der Hauptstrecke. Ringsum Weinfelder, Oliven- und Obstbäume, bei guter Sicht geht der Blick bis Pelješac und Mljet. Im Ort findet man einen Heiligen auf einer Mauer und eine mächtige Pfarrkirche mit Loggia. Die Weinkellerei Jedinstvo, die größte auf der Insel, erzeugt Pošip, Rukatac, Moreška, Grk und diverse Schnäpse; in der kleinen Fabrik nebenan wird Olivenöl hergestellt. Viele Bewohner haben im Hafenort Brna ihre Wochenend- und Ferienhäuser. Auch in Smokvica gibt es Kumpanija-Aufführungen.

Sonstiges Es gibt eine Tankstelle, Ambulanz, Supermarkt, Post, Bankomat und eine Gostiona. Sehenswert ist die Galerija Krajančić.

Wein In der Weinkellerei **Jedinstvo**.

Winzer Paval Baničević, mit kleinem Ethnologischen Museum.

🍃 Winzer Toreta hat sehr gute Pošip- und Rukatac-Weine, Olivenöl und ebenfalls ein kleines Museum. ✆ 098/1782-645 (mobil). ■

Brna

Der kleine, von Pinienwäldern und Felsplattenbadestränden umgebene Touristenort und Hafen von Smokvica liegt an der Südküste in einer Bucht. Jachten ankern im geschützten Hafen, Bootsbauer gibt es auch – ein großer Holzkahn, noch ein Gerippe, ragt am Kai empor. Die Gegend eignet sich bestens für ausgiebige Mountainbiketouren entlang der Küste gen Blato und durchs hügelige Innere zurück.

Information Touristinformation, 20272 Smokvica-Brna, ✆ 020/832-255. Hotel Feral, ✆ 020/832-002.

Einkaufen Supermarkt, Metzgerei, Bäckerei.

Veranstaltungen Die Kumpanija (→ Kasten S. 604) aus Smokvica wird öfter aufgeführt.

Übernachten Privatzimmer-/Appartementvermietung.

**** Hotel Feral, ruhig am Meer gelegen, mit Balkonkästchen, Felsstrand und betonierten Liegeflächen. Restaurant. ✆ 020/832-002, www.hotel.feral.hr.

Essen & Trinken Grill Smokviška, mit Terrasse am Hafenbecken. Es gibt Fisch- und Fleischgerichte.

Gostiona Mali Jakov, ebenfalls am Hafenbecken.

Baden: Gute Badeplätze mit Fels- und Kiesstrand westlich des Orts, oder man setzt auf die kleinen vorgelagerten Inselchen über (Taxibootverbindung).

Prižba

Der Ort ein paar Kilometer westlich von Brna an der Südküste gehört zur Gemeinde Blato und ist deren Hafen. Prižba, umgeben von wucherndem Grün, Pinienwäldern und zahlreichen vorgelagerten grünen Inselchen, ist eine kleine, ruhige Feriensiedlung. Entlang der Küste stehen Villen und Ferienhäuser, am Ortsanfang eine Appartementanlage mit Tauchbasis und -schule. Auf der Landzunge gibt es noch ein paar alte Fischerhütten, bunte Kähne schaukeln im Meer. Gute Bademöglichkeiten bestehen ringsum an Fels- und Kiesstränden. Die Restaurants servieren leckeren frischen Hummer und Langusten.

Information Hotel Alfir, 20271 Blato-Prižba, 020/861-151; in der Appartementanlage Prišćapac, 020/851-700.

Verschiedenes Es gibt Post, Supermarkt.

Veranstaltungen Folkloretanz.

Übernachten Privatzimmer/Appartements ab 30 €/2 Pers.

** Appartementanlage Prišćapac, einfacher Komplex am Ortsende, v. a. beliebt bei Familien und Tauchfreunden. Ruhige Lage auf einer kleinen, von Kiefern umgebenen Halbinsel. Geräumige Appartements mit Küche, allem Inventar und kleiner Terrasse oder Balkon. Restaurant, Pizzeria, Supermarkt. Ein aufgeschütteter Sand-Kiesstrand verbindet die Siedlung mit einer kleinen, bewaldeten Halbinsel mit Kies- und Felsstrand. Boots-, Kajakverleih, Tauchzentrum (s. u.), Taxiboote zu weiteren vorgelagerten Inseln. 2 Pers. ab 70 €, 4 Pers. 114 €. 020/861-178, www.priscapac.com.

Camping Camp Ravno, kleiner Platz unter Oliven. 020/851-365.

Essen & Trinken Gut speist man im Restaurant Grill Čerin; pflanzenumwucherte Terrasse am Meer.

Restaurant Prižba, mit Terrasse, Blick aufs Meer und ebenfalls gutem Essen; vor der Abzweigung ins Inselinnere.

》》Mein Tipp: Restaurant-Pension Riva 1, im Ort direkt am Hafen. 5-Sterne-Koch Danny schwingt schon mittags die Kochlöffel und knetet den Teig für feinste Gerichte: Makkaroni mit leckeren Sößchen, Pašticada, Lobster und fangfrischen Fisch. Zudem 6 nette Zimmer (auch Appartements) mit Kühlschrank und Meerblick. DZ/F 45 €. 《《

Baden/Sport Bei der Appartementanlage. Baden an Fels-, Kies- und Sandstrand auf der Landzunge, Bootsverbindung zu den vorgelagerten Inseln; Sportzentrum Istruga mit Tennisplätzen etc. (→ Brna).

Mountainbiketouren: gen Gršića, dann nach Norden nach Blato. Zurück durch das hügelige Innere auf die Straße Smokvica–Brna und entlang der Küste zurück oder auch auf direktem Weg durchs Landesinnere zurück nach Prižba.

Tauchen Tauchzentrum Prišćapac (slowak.-ung. Ltg. József Zelenák), Basis in der Appartementanlage. Geöffnet April–Okt. 2 Schnellboote, VHF, GPS, Sonar, Sauerstoff und Gummiboote. Ausrüstungsverleih. Unterwasser-Videokamera und -Fotoapparat. Füllstation mit Kompressoren. Tauchen für jedes Niveau, mehrere Ausfahrten pro Tag, Nachttauchen. Kurse: SSI-Tauchkurse. Anmeldung in der Appartementanlage oder 099/6807-000 (mobil), www.priscapac.eu.

Gršćica: Das kleine Fischerdorf liegt westlich hinter Prižba, in einer Bucht mit hoch aufragender Palme, Anlegeplätzen und Bademöglichkeiten. Die Straße führt über Hügel ins Inselinnere nach Blato. Von dort blickt man bis nach Vela Luka.

Camping Mala Gršćica, kleiner Platz. 020/861-224.

Tauchen Neno's Dive Club, Gršćica 39, 020/861-045, 091/8813-823 (mobil, Hr. Neno Babić), www.nenodiving.com. Nett und gut, auch Kinderprogramm.

Blato

Korčulas einst größte Stadt mit heute noch 4000 Einwohnern liegt im Inselinneren, dennoch werden hier Schiffsbauteile gefertigt. Obwohl die Industrie die Atmosphäre der Stadt kaum beeinträchtigt, verweilen wenig Touristen hier. Dafür zieht Blatos Kultur in die Welt: Mit dem Kumpanija-Säbeltanz feiern die Tanzensembles der Stadt internationale Erfolge.

Blato zieht sich durch ein Längstal und über mehrere Hügel. Einer davon ist ganz bebaut, unter anderem mit einer Kapelle, der andere hat einen Waldschopf, in dem sich ebenfalls eine Kapelle versteckt. Insgesamt sollen es sieben Hügel sein. Die magische Zahl deutet auf eine Stadt antiken Ursprungs hin. In der Tat finden sich in der Umgebung von Blato die Ruinen eines römischen Guts und auch mittelalterlicher Kirchen. Zwischen dem Ersten und Zweiten Weltkrieg zählte die Stadt noch 10.000 Einwohner, doch die Reblaus vernichtete eine Haupterwerbsquelle, und so wanderten viele nach Amerika und Australien aus – allein in Sydney leben heute 6000 Menschen aus Blato.

Viele der verbliebenen Einwohner arbeiten in der Fabrik Radež, die Schiffsbauteile herstellt und vom Hafen Bristva nach Rijeka und Split verkauft. Eine weitere Verdienstquelle bietet die Konfektionsfabrik. Eine Weinkellerei gibt es natürlich auch – verarbeitet werden die Weißweine Cetinka, Kumpanija, Rukatac und Grk sowie Rotweine wie der Korčulansko crno und Plavac. Nicht nur als Medizin wird der mit Kräutern versehene Rakija geschluckt, den es in verschiedenen Varianten gibt: Anisette (Anis und Kräuter, grünliche Farbe), Travarica (Anis, gelblich) und Lozovaća (nur aus Trauben, weiße Farbe). Bekannt ist Blato auch für sein vorzügliches Olivenöl.

Außer dem bekannten Kumpanija-Säbeltanz gibt es in der Stadt mehrere Gruppen von Sängern und Sängerinnen, die mit ihren *klapas* (Volksliedern) das Publikum zum Träumen bringen.

Blato – Wirtschafts- und Kulturzentrum im Inselinnern

Information Touristinformation, Ulica 31 br. 2/4 (nahe Hotel Lipa), 20271 Blato, ☏ 020/851-850, www.blato-croatia.hr.

Verbindungen Regelmäßig Busse nach Vela Luka und Korčula.

Geldwechse/Post Zwei Banken mit Bankomaten und eine Post.

Veranstaltungen Die **Kumpanija**, der Säbeltanz, findet jährlich am 28. April (zum Tag der Sv. Vicenca) sowie im Aug. und Sept. statt. Im Park außerdem Folkloreaufführungen und Grillfeste.

Einkaufen/Auto Obst- und Gemüsemarkt, Supermarkt, Lebensmittelläden. Autoservice mit Waschanlage.

Wein/Öl Stadtauswärts Richtung Korčula, sehr gutes Olivenöl und Wein bei **Familie Žanetić**, ☏ 020/851-388.

Weinkellerei **Korculavino**, verschiedenste Sorten, u. a Korkyra. ☏ 020/851-989, 851-229, 851-777.

Übernachten **Hotel Lipa**, sehr einfach, mit Restaurant, im Zentrum an der Hauptdurchgangsstraße und Allee. Das Café ist Männertreff – Alt und Jung sitzt beisammen und diskutiert. ☏ 020/851-242.

Essen & Trinken Zahlreiche Cafébars und ein paar Gostionas. Zu empfehlen ist das **Fischlokal Zlinje**, mit eigenen Weinen. Richtung Kirchplatz, ☏ 020/851-323.

🌿 **Agrotourismus-Pension Giča**, 3 km oberhalb von Blato im gleichnamigen Weiler (Straße Richtung Griščica/Prižba). Gemütlich sitzt man unter Olivenbäumen und genießt nach Vorbestellung Lamm vom Spieß, aber auch Fisch, hauseigenes Gemüse etc. Bester Stopp bei einer Radtour oder man quartiert sich ein. Giča b. b., ☏ 091/5192-368 (mobil), ☏ 020/5192-368. ∎

Kumpanija – der Schwert- oder Säbeltanz

Die Kumpanija ist ein 700 Jahre alter, ritueller Säbeltanz mit 18 Tanzfiguren. 1927 wurde er erstmals wieder aufgeführt und gewann seitdem große Popularität; heute fehlt jedoch die früher übliche Stieropferung durch Enthauptung. Ensembles aus Blato führen die Kumpanija weltweit auf.

Die „Kumpanije" waren Landwehrverbände, denen die Inselverteidigung oblag. Der kriegerische Tanz wird im Innern der Insel Korčula – in Blato, Smokvica und Čara – von rot, weiß und schwarz gekleideten Tänzern gespielt. Wortgefechte wechseln sich mit Flötenspiel, Dudelsackklängen und Trommelschlägen ab.

Eine fremde Macht bedroht die Einheimischen, deren Führer, der *kapitan*, zum Widerstand aufruft und mit dem Kampfestanz, dem *Ples od boja*, beginnt. Der Träger *Alfir* schwenkt die Fahne, und die Kämpfer zücken die Säbel. Die Schlacht wird Seite an Seite geschlagen. Reich geschmückte Mädchen sind der Lohn, und die Kumpanija endet mit dem Paartanz *Tanac*.

Sehenswertes

Eine Allee aus Akazien und Linden führt in die quirlige Einkaufsstadt – fast zu klein ist das Sträßchen, durch das sich der Verkehr zwängt. Durch den Park und entlang der Palmenpromenade, vorbei an stattlichen, wehrhaften Häusern, gelangt man zur Kirche **Svi Sveti** mit abseits stehendem Kuppelturm, Loggia auf dem Kirchplatz und uralten Bäumen. Der erste Bauabschnitt der Pfarrkirche stammt aus dem 9. Jh., die wegen des starken Bevölkerungswachstums fünfmal erweitert wurde und alle Stilarten von der Romanik bis zum Barock vereint. Die mittelalterliche Loggia wurde um 1700 durch eine neue ersetzt. Ihr heutiges Aussehen erhielt die Kirche erst im 20. Jh. Im Innern beeindrucken ein Altargemälde von *Girolamo da Santacroce* (1540), ein wertvolles barockes Chorgestühl, ein geschnitzter Nebenaltar von *Franco Čučić* aus Blato (1580) und eine mit Messkelchen und Silberinventar reich gefüllte Schatzkammer.

Prigradica – auch heute noch ein heimeliger Fischerort

Ein *Ethnohaus* der Familie Barilo zeigt Einblicke in die frühere Lebensart (90. ulica br. 10, ☎ 020/851-623).

Blato/Umgebung

Prigradica: Den Ort an der Nordküste erreicht man von Blato aus über die Abzweigung im Zentrum. Eine schmale Straße führt durch Aleppokiefernwald und schlängelt sich tief hinab nach Prigradica. Der kleine, ruhige Hafenort war einst Verladestation für den Wein aus Blato. Um das Hafenbecken gruppieren sich alte Häuser, Palmen und Weinfässer, um die Bucht Neubauten, Felsküste und bergauf führende Treppchen. Nur wenige Touristen kommen nach Prigradica. „Das Wasser ist kalt hier im Norden, aber sauber", meint eine Einheimische und lacht.

Bristva: ein weiterer kleiner Weiler, von Prigradica aus gen Westen erreichbar – bestens zum Mountainbiken entlang der Nordküste und ins Inland.

Verbindungen Bus, nur wenige Verbindungen. Katamaran Krilo Jet, nur Juni–Sept., tägl. Prigradica (6.40 Uhr)–Hvar–Split (8.45 Uhr); Split (17 Uhr)–Prigradica (19.10 Uhr).

Übernachten/Essen Pension Prigradica, mit Restaurant. ☎ 020/851-221.

Gostionica Kraljević, am Hafen.

Pension Bačić, rund 2 km westl. von Bristva an der Bucht Črnja Luka. Nette Zimmer, auf der schönen Terrasse oberhalb vom Meer wird man bestens mit dalmatinischen Gerichten versorgt. Črnja Luka 7, ☎ 020/841-129, www.korcula-cluka.com.

》》 Mein Tipp: *** Leuchtturm Pločica, der 1887 erbaute Leuchtturm steht auf der gleichnamigen Insel weit draußen im Meer (zwischen Insel Korčula und Halbinsel Pelješac). Auf 165 m² Wohnfläche ist Platz für 14 Pers., was für Leuchtturmunterkünfte sehr groß ist. Im Innenhof gedeihen Tamarisken und Feigen. Zum Schwimmen eignet sich die Felseninsel auf der Nordseite – ganz seicht fällt die Küste ab und ist daher auch für Kinder geeignet. Die Unterwasserwelt ist fantastisch. Transfer ab Prigradica per Schnellboot in 15–20 Min. oder Normalboot (je nach Wetterlage) in 45 Min. Es gibt mehrere Wohnungen mit je drei 2-Bett-Zimmern und vier 2-Bett-Zimmern sowie jeweils eigener Küche und Dusche/WC. 6-Pers.-Appartement pro Woche 899 € (TS 1149 €), 8-Pers.-Appartement 1099 € (TS 1299 €). ☎ 021/390-609, www.lighthouses-croatia.com. **《《**

Vela Luka – Blick auf die tiefe Einbuchtung und die Insel Ošjak

Vela Luka

Mit 4500 Einwohnern ist Vela Luka heute die größte Stadt Korčulas, Fährhafen, Werft und Kurort zugleich. Im äußersten Westen liegt sie an einer weiten Bucht mit zwei vorgelagerten Badeinselchen.

Hier gefiel es schon den Römern, und vor ihnen lebten Höhlenmenschen in der Gegend. Zahlreich kamen die Siedler jedoch erst im 19. Jh. Heute zeigt sich Vela Luka auf den Postkarten von seiner modernen Seite – in der Werft „Greben" werden Plastikboote gefertigt. Daneben haben sich in der Stadt auch andere Produktionszweige, z. B. zur Fischkonservierung und Verarbeitung landwirtschaftlicher Produkte, etabliert, und man setzt in jüngerer Zeit auf den Fremdenverkehr. In der Bucht gegenüber liegt der Hotelkomplex Adria, eine Bucht weiter das Hotel Poseidon. Rings um Vela Luka gibt es Badebuchten, kleine FKK-Badeinselchen, das Rheumazentrum Kalos – die Heilkraft des Meerschlammes lindert Rheuma und Frauenleiden, und eine Mineralwasserquelle erfrischt die Lebensgeister.

Entlang der Palmenpromenade reihen sich Gostionas und Eisdielen. Eine Freitreppe führt zur Pfarrkirche **Sv. Josip** aus dem 19. Jh. mit abseits stehendem Turm. Gegenüber befindet sich das Kulturzentrum mit **Museum und Galerie**. Es zeigt u. a. Funde aus der Vela-Špilja-Grotte, Schiffsmodelle und zwei Skulpturen des Bildhauers Henry Moore.
Juni–Aug. 8.30–13/18–20 Uhr, So geschlossen; außerhalb der Saison nur Mo–Fr 8.30–13 Uhr.

Nordöstlich oberhalb von Vela Luka liegt die 1974 entdeckte, 1200 m² große **Vela-Špilja-Grotte** (etwa 53 m lang, teils 35 m breit und bis zu 20 m hoch) mit zahllosen Funden aus der Jüngeren Steinzeit: Knochen, Keramik, Feuersteingut; ein Archäo-

Vela Luka

logenteam buddelt sich geduldig durch die Jahrtausende. Die Funde, die im hiesigen Museum (s. o.) ausgestellt sind, belegen, dass die Gegend um Vela Luka schon vor rund 4000 Jahren besiedelt war. Seit einigen Jahren wird der Höhleneingang durch ein Tor gesichert.

Mitte Juli–Mitte Sept. 17–20 Uhr (bzw. 21 Uhr); im Aug. auch 9–12 Uhr.

Zahlreich sind die archäologischen Funde auch bei Potirna, Kovnica und Gradina; dort entdeckte man Mauern und Tumulusreste, die auf illyrische Zeit hinweisen. Forscher gehen davon aus, dass im 5.–6. Jh. bei Potirna eine griechisch-knidische Kolonie bestand; häufig sind römische Funde wie Ziegel, Geld, Gräber und Geschirr.

Im Mittelalter rührte sich anscheinend nicht mehr viel in Vela Luka. Erst im 15. und 16. Jh. wird der Ort wieder als Hafen erwähnt. Aus dieser Zeit stammen Kastelle und die *Kirche Sv. Ivan*, an deren Stelle früher ein Benediktinerkloster gestanden haben soll. Die kleine Kirche steht westlich des Hotels Adria auf der Halbinsel an der Gradina-Bucht. Das heutige Vela Luka wurde erst im 18. Jh. durch Familien aus Blato besiedelt.

Vela Luka ist auch berühmt für die beste dalmatinische *klapa* – Männerchöre singen sie in aller Welt.

Information Touristinformation (TZO), Obala 3 br 19c (Zufahrt Trajekt, gegenüber kleinem Park u. Tankstelle), 20270 Vela Luka, ℡ 020/813-619, www.tzvelaluka.hr. Juli/Aug. Mo-Sa 8–21.30, So 9–12/18–20.30 Uhr; Juni u. Sept. Mo–Fr 8–12/16–20 Uhr; Mai u. Okt. bis 14.30 u. ab 17 Uhr, Sa 9–14 Uhr; sonst Mo–Fr 8–15 Uhr.

Agentur Mediterano, Obala 3 (kurz vor Post), ℡ 020/813-832, www.mediterano.hr. Klein, aber sehr gute Zimmervermittlung auch noch nachts, wenn die Fähre ankommt.

Adria Travel, Ul. 56 br 10, ℡ 020/814-200, www.korcula.info.

Korkyra Tours, Ul. 66, br 3/1 (gegenüber vom Trajekthafen), ℡ 020/812-351, www.korkyratours.com.

Atlas, neben Touristinfo, ℡ 020/812-078, www.atlas-velaluka.com. Ganzjährig geöffnet. Zimmer, Ausflüge, Fahrräder, Scooter.

Verbindungen Regelmäßig Busse nach Korčula.

Fährverbindungen nach Split, Hvar, Vis, Lastovo, Ancona (→ „Wichtiges auf einen Blick", → S. 584). Vom Hafen Ausflugsboote zu FKK-Inseln Proizd und Ošjak.

Geldwechsel/Post Banken und Bankomaten vom Fährhafen stadteinwärts an der Uferpromenade; Post, nördlich Obala 3.

Auto Tankstelle am Kai vor dem Trajekthafen. Juni–Aug. tägl. 6–22 Uhr, sonst 7–19 und So 8–12 Uhr.

Einkaufen/Olivenöl Supermarkt und etliche Läden.

Uljara (Ölmühle) Zlokić, an der 1. Kreuzung von Vela Luka mit Ethn. Museum (Ölmühle etc.). Verkauf von verschiedenen Ölen und Besichtigung der Fabrikation. 1,40 € Eintritt (!). Geöffnet 10–12/18–20 Uhr. ℡ 098/9295-073 (mobil).

Ölmühle Lučica, an der Straßenkreuzung vor Vela Luka nach links, dann am Abzweig nach Potirna. Kleiner, freundlicher Betrieb.

Veranstaltungen Sv. Jošip Fest, 19. März. Sv. Ivan-Fest, 24. Juni, Bootsrennen mit Ruderbooten von der Gradina-Bucht in den Hafen. Kumpanija, Juli und Aug. wöchentl. am Do (21 Uhr) auf dem Kirchplatz. Luško Ijito, Vela-Luka-Sommer im Juli und Aug., Klapa-Chöre etc.

Gesundheit Therapiezentrum Kalos, Krankheiten des Bewegungsapparates, aber auch verschiedene Massagen, Shiatsu, Schlammpackungen. ℡ 020/755-434, www.kalos.hr.

Ambulanz/Hospital, in Richtung Hotel Posejdon (am Buchtende), ℡ 020/812-042.

Apotheke, Obala 3 (Uferstraße nahe Post), ℡ 020/812-032.

Essen & Trinken Gostionica Pod bore, an der Uferstraße. Sitzgelegenheiten unter großen, weißen Markisen. Es gibt eingelegte Sardellen, Fischsuppe, Risotto, Fisch- und Fleischgerichte. ✆ 020/813-069.

Konoba Feral, ebenfalls an der Uferstraße Richtung Hotels. Schöne, von wildem Wein überrankte Terrasse. Gute Fisch- und Fleischgerichte. Nur Juni–Sept. ✆ 020/813-045.

Restaurant Ribar, in der anderen Richtung, nahe beim Fährhafen. Gute Fischgerichte. Obala 4/5, ✆ 020/813-864.

Konoba Lučica, kleines familiäres und freundliches Lokal mit nettem Innenhof und guten, preiswerten Fisch- und Fleischgerichten vom Grill. Ul. 51/4 (links der Kreuzung zum Fährhafen in kl. Seitengasse), ✆ 020/813-673.

Restaurant Bata, oberhalb vom Park. Gute Fisch- und Fleischgerichte.

Übernachten   Privatzimmer 15 €/Pers., Appartements ab 35 € für 2 Pers. An der Nordseite der Hafenbucht in Richtung Westen sehr schöne private Unterkünfte, fast jedes Haus vermietet. U. a. **Pension Fam. Ivo Žuvela**, neu und modern. Ul. 1 Broj 58 (an Kreuzung mit Einbahnstr.), ✆ 020/020/813-469, 098/756-595.

》》》 Mein Tipp: **** Hotel Korkyra, 2010 eröffnetes kleines Wellness-Stadthotel gegenüber dem Hafen. Moderne, sehr gut ausgestattete Zimmer, gutes Restaurant, netter Pool und sehr guter Service – bestens für diejenigen, die per Fähre an- oder abreisen. Standard-DZ/F 140 € (TS 165 €). Obala 3 br 21, ✆ 020/601-000, www.hotel-korkyra.com. **《《《**

Appartements Jukića, große, gut ausgestattete Appartements (4–6 Pers.). Obala 2/22 (über dem Konsum), ✆ 020/813-846, www.apartments-jukica.com.

Appartements Vala, an der Landspitze vor der Bucht Plitvine. Modernes Appartementhaus in ruhiger Lage mit Restaurant und Barbecue direkt am Meer. Appartements 2+2 70 €, Frühstück 5 €/Pers. ✆ 020/814-300.

*** Hotel Posejdon – All-incl., ca. 2 km entfernt, gegenüber der Stadt an der Nordseite der Bucht. Von außen wenig einladend, innen komplett neu renoviert, gutes Preis-Leistungs-Verhältnis, v. a. für Tauchfreunde mit All-incl.-Ambitionen. Boots- und Fahrradverleih, Tauchclub, Hallenbad (Sommer geschl.). Bootstransfer zur FKK-Insel Proizd. Im DZ/Pers. ab 51 € (TS 67 €). ✆ 020/7812-064, www.humhotels.hr.

*** Hotel Adria – All-incl., 3 km westlich in Alleinlage in der Bucht Plitvine. Riesiger Komplex ... schön ist auf jeden Fall die Lage. Innen teils veraltet, teils o. k. Große Restaurantterrasse, Hallenbad, Pool, Fitness, Tennisplatz, Beachvolleyball und abendlich Animation. Bootstransfer 6-mal tägl. in die Stadt. Pro Pers. ab 55 € (TS 67 €) im DZ. ✆ 020/812-700, www.humhotels.hr.

Camping   *** Camping Mindel, 5 km nordwestlich von Vela Luka, oberhalb am Berg. Schöner, 1,5 ha großer Platz unter Olivenbäumen, unterteilt von Steinmäuerchen. Saubere Warmwasserduschen, kleines Restaurant; nebenan Tennisplatz und Bocciabahn. Es gibt keinen Laden mehr, aber ab und an kommt ein Obst- und Brotverkäufer. Unterhalb zwei Badebuchten: Tankaraca und Stracinzića. Mai–Sept. Pro Pers. 3,40 €, Zelt 3,40 €, Auto ab 3,40 €. Stani 192, ✆ 020/813-600, 098/1636-409 (mobil), www.mindel.hr.

Sport

Baden: Bei den Hotels. Draußen vor der Bucht liegen zwei Inselchen – **FKK-Insel Proizd** (30 Min. Fahrtzeit, Abfahrt Hafen bei der Tankstelle, 5 €), schön bewaldet mit Kies- und Felsbuchten und gutem Barbecue-Restaurant; die Badeinsel erhielt 2007 den *Beach-Award*. Im Dunst gegenüber die Insel Hvar; Bootstransfer auch von den Hotels. Näher liegt die waldige, unter Naturschutz stehende **Insel Ošjak** (15 Min. Fahrtzeit, 2 €) mit Fels- und Kiesbuchten.

Auf der Halbinsel nordwestlich von Vela Luka gibt es weitere zahllose Badebuchten, die schönsten sind nur zu Fuß oder per Fahrrad erreichbar, z. B. die Buchten *Tankaraca*, *Martina bok* und *Stracinzića*.

Gute Bademöglichkeiten findet man auch an der Südseite der Bucht mit Felsplatten und Kies. Von dem bei der Werft beginnenden Fahrweg führen immer wieder Wege zwischen Steinmäuerchen und Olivenplantagen zum Meer hinab, der

Blick geht auf die buchtenreiche Küste gegenüber. Fährt man den Fahrweg weiter, endet er kurz vor der *Kiesbucht Poplat*.

Tauchen Tauchbasis **Posejdon Croatia Divers**, bei Hotel Posejdon, ✆ 020/812-066, 098/345-620 (mobil), www.croatiadivers.com.

Fahrradfahren/Wandern Die Gegend um Vela Luka eignet sich sehr gut für Fahrradtouren mit Badestopps, da nur wenig Autoverkehr herrscht – z. B. zur nördlich gelegenen Halbinsel oder in Richtung Süden; es gibt 4 x 15 km ausgewiesene Fahrradstrecken und 3 Wanderrouten. Fahrradvermietung über die Agenturen.

Umgebung von Vela Luka

Ein Sträßchen führt von Vela Luka nach ca. 7 km zum **Berg Hum** (376 m). Die Abzweigung liegt zwischen der Straße nach Tri Luke und dem Fahrweg zur Werft. Vom Turm der Festung fällt der Blick auf die Buchten im Süden und auf Vela Luka im Norden.

An der Südküste liegen die Ortschaften **Tri Luke**, **Potirna** und **Karbuni**. Kleine Straßen verlaufen kreuz und quer dorthin durch Macchia, Weinfelder, Feigen- und Ölbaumplantagen. Die Orte sind Feriensiedlungen der Bewohner von Vela Luka, und die Bautätigkeit hält sich bislang in Grenzen. Wer also in Abgeschiedenheit Urlaub machen möchte, bekommt hier immer noch ein ruhiges Zimmer oder Appartement. In Potirna ist auch ein kleiner *Campingplatz*.

Es gibt Anlegeplätze mit Ankermöglichkeiten sowie unzählige schöne Pfade entlang der Küste und durch Macchiagestrüpp. Was es nicht gibt, sind Läden, Post und kaum Lokale – in der Nebensaison rührt sich hier nichts mehr. Die Bademöglichkeiten halten sich in Grenzen, es sei denn, man ist Felsplattenliebhaber. Schwimmen kann man an Kiesbuchten, meist in Häusernähe, oder um die Hafenbecken. Am schönsten ist es noch westlich von Tri Luke.

Blick auf die Fährstadt

Übernachten/Essen Apartmani Šarenko, netter Familienbetrieb am kleinen Fischerhafen mit verschieden großen Appartements; nebenan ist eine Tauchschule. Es gibt hauseigene Oliven, Wein, Gemüse und Früchte und sicherlich auch einen gebratenen Fisch auf Anfrage. Fam. Marinović, Tri Luke, ✆ 020/851-285, www.korcula-triporte.com.

Villa Šarenko, nicht zu verwechseln mit obiger. Dieser zweistöckige Bau mit gut ausgestatteten Appartements liegt im Weiler Karbuni, direkt am Meer mit einem fantastischen Blick von den Balkonen. ✆ 020/865-125, vila.sarenko@hotmail.com.

Restaurant Šaknja Rat, auf der Westseite von Tri Luke direkt am Meer. V. a. gute Fischgerichte. ✆ 099/2301-888 (mobil).

Camping Camp Potirna, kleiner Platz unter Olivenbäumen, ca. 300 m vom Meer entfernt. Ruhesuchende sind hier richtig. ✆ 020/852-056, 091/1688-186 (mobil).

Insel Lastovo – die gegen alle Winde geschützte Zaklopatica-Bucht

Naturpark Lastovo-Archipel

Die frühere Militärinsel südlich von Korčula gehört zum gleichnamigen Archipel und zur Region Dubrovnik. Lastovo ist reich an Fischgründen und auf Touristen nur wenig eingestellt. Bootsbesitzer finden hier zahlreiche gut geschützte Buchten und viele kleine Inseln zum Erkunden. 2005 wurden die Insel Lastovo und ihr Archipel zum Naturpark erklärt.

Die Hauptinsel Lastovo ist 46,89 km² groß und von Kalksteinhügeln und Karstfeldern, aber auch fruchtbaren Tälern durchzogen und mit Wald (meist der Aleppokiefer) bedeckt – Lastovo ist nach Mljet die waldreichste Insel. Es gibt viele Höhlen, die größte von ihnen ist die *Rača-Höhle* südlich von Skrivena luka. Zudem stehen 46 Kirchen und Kapellen auf Lastovo. Die magische Zahl 46 scheint bei Vielem vorhanden und die Einwohner lieben es, dies zu betonen. Die höchste Erhebung ist der 415 m hohe Berg *Hum* in der Inselmitte. Im Nordwesten verbindet ein Damm Lastovo mit der Insel Prežba. Wegen ihrer strategisch günstigen Lage war Lastovo bis 1989 Militärinsel und für Ausländer gesperrt.

Der *Hauptort Lastovo* liegt erhöht über dem Meer im Norden, der zweitgrößte Ort und Fährhafen *Ubli* an der geschützten Westseite. Zudem ist der kleine Touristenort *Pasadur* auf der Halbinsel Prežba zu erwähnen, und ganz im Süden die Ortschaft *Skrivena luka* an einer geschützten Bucht mit flacher, sandiger Küste. Alle Inselorte sind über eine Asphaltstraße erreichbar.

Die 900 Bewohner Lastovos leben von Landwirtschaft (Oliven und Obst), vom Weinbau (hier wachsen der goldgelbe, kräftige *Maraština*-Weißwein und die Roséweine *Opolo* und *Šarić*), vom Fischfang in den artenreichen Gewässern um Lastovo und mittlerweile auch ein wenig vom Tourismus.

Naturpark Lastovo-Archipel

Zum Archipel von Lastovo zählen 46 kleine, unbewohnte Inseln. Westlich liegt *Kopište* mit geschützten Buchten sowie *Mrčara,* in deren Gewässern viele Hummer leben. Im Osten reihen sich nordwärts ebenfalls kleine, unbewohnte Eilande und Riffe aneinander, und auf der Insel *Sapljun* kann man an einem herrlichen Sandstrand baden. Aufgrund der schützenswerten Natur wurde der Archipel von Lastovo 2005 zum Naturpark erklärt; die Naturparsgebühr beträgt 25 KN (e,40 €).

Lastovo bietet weder Amüsement noch edle Unterkünfte – es ist eine Insel für Individualreisende, Naturliebhaber, Wanderer und Mountainbiker. Es gibt sogar ausgewiesene Wege und eine sehr gute Inselkarte. Sie ist für Familien mit Kindern eher ungeeignet, da schöne Strände fehlen. Der Sprung ins herrlich glasklare Wasser geht bestens von den herrlichen Felsen. Bootsbesitzer finden schöne Ankerbuchten und es gibt einige gute Restaurants.

Wichtiges auf einen Blick

Telefonvorwahl: 020

Fährverbindungen: *Trajekt Split–Vela Luka* (Korčula)–*Ubli:* 3-mal tägl., Fahrtzeit 4:30 Std. Pro Pers. 8,50 €, Auto 67,40 €. Jadrolinija (Ubli), ✆ 020/805-175; nur zu Fährabfahrtszeiten geöffnet.

Katamaran Split–Hvar–Vela Luka–Ubli: 1-mal tägl., Abfahrt Split 15 Uhr, Fahrtzeit 2:45 Std.

Katamaran (www.gv-line.hr) *Ubli–Korčula–Polače–Sobra–Dubrovnik:* nur im Juli/Aug. Di u. Do, Abfahrt Dubrovnik 8 Uhr, Ubli 14.50 Uhr; 3:45 Std. Fahrtzeit.

Busse: Nur zu den Fährabfahrts- und Schulzeiten von Lastovo nach Ubli.

Tankstelle: in Ubli am Fährhafen.

Geldwechsel: Bank und Post in Lastovo.

Einkaufen: nur wenige kleine Läden, am besten sich bereits am Festland mit Lebensmitteln und frischem Obst eindecken.

Übernachten: Es gibt nur ein Hotel (Pasadur) und einen Minicampingplatz (Skrivena luka), ansonsten einfache Zimmer/Appartements (ersichtlich auch über die Website des TZO Lastovo).

Informationen: www.diving-paradise.net (nur hier Link zu lastovo.net), www.lastovo-tz-net.

Geschichte

Seit alters her war Lastovo als Vorposten der Inselwelt von großer strategischer Bedeutung. Erstmals wird die Insel unter Berufung auf Theotomp (4. Jh. v. Chr.) vom Lexikographen Stephanos von Byzanz als *Ladesta* und *Ladeston* erwähnt. Der Name ist illyrischen Ursprungs, und Zeugnisse einer früheren Besiedlung – Grabstätten, Befestigungsanlagen, Steinhaufen – lassen sich bis in die frühe Bronzezeit zurückdatieren. Die Römer nannten Lastovo *augusta insula,* „kaiserliche Insel". In den fruchtbaren Tälern errichteten sie ihre Wohnhäuser, und schon damals war Ubli Hafenort. Hier fand man Zeugnisse aus römischer Zeit und aus dem Mittelalter. Im 6. und 7. Jh. war die Insel dem Kroatischen Staat angegliedert, bewahrte sich allerdings weitgehende Autonomie. Als Venedigs Handelsbeziehungen zu Byzanz erstarkten, waren die den Warentransfer störenden kroatischen und neretljanischen Seeräuber der Stadtrepublik ein Dorn im Auge. Venedig versuchte den Seeweg zu sichern, indem es sich die adriatische Ostküste mit den vorgelagerten Inseln einverleibte, was bis auf Lastovo auch gelang. Aus dem Jahr 1000 gibt es Dokumente, in denen der venezianische Doge Pietro II. Orseolo die „dreisten Inselbewohner" attackiert, weil die „Wilden" immer wieder die Schiffsflotten angriffen und diese dann „nackt und ohne ihre Habe fliehen mussten". Lastovo konnte lange auf sein Kastell vertrauen, das im 6. Jh. an einem sicheren Platz erbaut worden war – hoch oben, mit einem weiten Rundblick über das Meer. Irgendwann aber schlug Orseolo gnadenlos zu und schleifte das schöne Kastell samt Stadt.

Dobrić Dobrićević

1454 wurde er in Lastovo geboren, 1528 starb er in Treviso. Der bedeutende Buchdrucker, der in Venedig, Brescia, Verona und Lyon arbeitete, war besser unter seinem romanisierten Namen *Boninus de Boninis* oder auch *Boninus de Ragusa* bekannt. Seine Arbeiten – Ausgaben der antiken Klassiker Catull, Properz, Tibull, Vergil, Plutarch, Äsop sowie Dantes „Göttlicher Komödie" mit ihren zahlreichen prächtigen Holzschnitten zählen zu den besten Werken der Buchdruckerkunst dieser Zeit.

Dies war wohl der Moment, dass man sich eines Besseren besann und auch die Seeräuberei anscheinend zu riskant oder unrentabel wurde: In Ruhe und Wohlstand leben war das neue Leitmotiv. So schlossen sie sich 1310 freiwillig der Dubrovniker Republik an, die ihnen Schutz bot und weitgehende Autonomie zusicherte. Der Freiheitsdrang der Lastover schien aber letztlich doch stärker als ihr Bedürfnis nach Sicherheit. Immer wieder gab es Konflikte, die sich 1602 im „Aufstand von Lastovo" entluden. Gemäß der Taktik, die sie von den Ragusern gelernt hatten, stellten sie sich kurzerhand unter Venedigs Schutz. Dubrovnik musste alle diplomatischen Künste aufbieten, um seinen strategisch wichtigen Vorposten 1606 zurückzugewinnen. Dieser Status währte, bis Napoleon aufmarschierte und 1813 von den Engländern abgelöst wurde. Nach dem Wiener Kongress 1815 fiel Lastovo, wie auch die Republik Dubrovnik, an die österreichische Monarchie und verblieb dort bis zu deren Ende 1918. Nach dem Ersten Weltkrieg stand Lastovo bis 1943 unter italienischer Oberhoheit, danach wurde die Insel Jugoslawien angegliedert.

Ubli

Der Fährort der Insel liegt an der großen Einbuchtung *Velo jezero* an der Westküste. Hier siedelten bereits die Römer. Seine Blütezeit erlebte Ubli im 1. Jh. n. Chr., sein Niedergang erfolgte im frühen Mittelalter, als die Venezianer die Insel kontrollierten. In der Bucht fand man Sarkophage und die Überreste einer im 5./6. Jh. erbauten altchristlichen Basilika.

Von Ubli nach Lastovo

Information (→ Lastovo).
Cro-Tour, ✆ 020/805-300, www.crotour.com.
Verbindungen Busverbindung nur zu Fähr- und Schulzeiten; besser mit Taxi.
Taxi: Lešić-Taxi, ✆ 098/9368-897 (mobil), Antičević-Taxi, ✆ 095/5172-004 (mobil).
Sonstiges Tankstelle am Fährhafen. Juni–Aug. ganztägig, sonst 8–12/17–20 Uhr.
Hafenamt, ✆ 020/805-006.
Ortsmitte **Post** und **Lebensmittelladen**.
Übernachten/Essen Lounge Lizard (Ramona & Wolfgang), am Trajekthafen. Treffpunkt der Segler, gute Info-Stelle, Internet und guter Kaffee. ✆ 020/801-412. Wenige Meter nordwärts eine **Pizzeria**.
Übernachten am besten in Pasadur.

Baden Westl. von Ubli schöne Felsbadebuchten im Kiefernwald. Nördlich bei Pasadur in der **Velo-jezero-Bucht** oder an den Kies- und Felsbadesträndern auf der **Insel Prežba**. Besser, man nimmt sich ein Boot und fährt zu den geschützten Buchten der **Insel Kopište** oder zum Sandstrand auf der **Insel Sapljun**.

Pasadur

Der Ort liegt nordwestlich vom Fährhafen Ubli auf der Halbinsel Prežba, die mit dem Festland durch einen Damm verbunden ist. In der tiefen, von Pinien umgebenen Bucht ankern viele Jachten. Der spärliche Tourismus konzentriert sich auf wenige Pensionen und eine kleine Hotelanlage. Gebadet wird an Felsbadesträndern oder man fährt mit dem Ausflugsboot zur Insel Sapljun mit Sandstrand.

Übernachten Privatzimmer ab 10 €/Pers. Appartements 20 €/Pers. mit Halbpension, u. a. bei Frenki (s. u.). Unter www.lastovotz.net gibt es eine Liste mit Privatzimmern.
*** **Hotel Solitudo**, nette Anlage (ukrainische Ltg.) mit zweistöckigen Gebäuden im Kiefernwald, an der Brücke zur Insel Prežba. Restaurant und gute Taverne mit schönen Terrassen; Tauchclub und Wassersportangebot, Fahrradverleih. Normalerweise ein ruhiges Plätzchen, außer es werden Misswahlen organisiert. ✆ 020/802-100.
Essen & Trinken Hoteltaverne, hier gibt es frischen Fisch, Langusten, Hummer, aus der Peka Ziege und Lamm und Pizzen – wird gerne von Jachtbesitzern angesteuert.
Wein kann man beim Winzer Šarić kaufen.
Mountainbike/Wandern Eine schöne Route führt von Pasadur gen Osten, an der Meereseinbuchtung hinter dem Hotel entlang. Am Ende, ausgeschildert, geht es rechts hoch und vorbei an Kručica. Dann stößt man auf die Inselstraße, fährt/geht hier links und nach wenigen Metern gleich wieder rechts, dann bergan Richtung Berg Hum (417 m) mit Kapelle Sv Juraj. Die Aussicht belohnt für den Anstieg. Auf Makadam, die dann in Asphalt mündet, geht es wieder hinab, entweder zurück über Ubli nach Pasadur, oder weiter südlich auf Makadam, dann gen Osten, bis man auch hier auf die Inselstraße hinab nach Skrivena luka stößt.
Tauchen Diving Center Paradise, beim Hotel Solitudo. Die Unterwasserwelt Lastovos ist faszinierend! ✆ 099/2265-519 (mobil, Boris) oder über Hotel, www.diving-paradise.net.
Hafen vor Hotel und Brücke stehen Bootsbesitzern 50 Anlegeplätze mit Strom u. Wasser zur Verfügung.
Hafenkapitän: ✆ 020/805-006.

Von Ubli nach Lastovo

Die 10 km lange Strecke bietet fantastische Ausblicke auf die zerklüftete Nordseite von Lastovo und ihre vorgelagerten Inselchen. Beeindruckend ist auch die tiefe Bucht von Zaklopatica. Hier locken schöne Felsbadestrände, die Badebucht Korita und gute Konobas und Pensionen.

Übernachten/Essen Restaurant-Pension Santor, ebenfalls netter Platz zum Relaxen mit guter Küche. ✆ 098/9321-715 (mobil).

Restaurant-Pension Augusta Insula, an der Zaklopatica-Bucht. Traditionelle Küche mit preisgekrönten Weinen der Winzerfamilie Jurica. Von der Terrasse schöner Blick aufs Meer. Nette Zimmer mit Balkon und Meerblick. Bootsanleger. ℡ 020/801-122-167, www.agustainsula.com.

》》 **Mein Tipp:** Konoba-Pension Triton, an der Zaklopatica-Bucht, ca. 3 km vor Lastovo, direkt am Meer; mit überdachter Veranda. Hierher kommt man nicht nur wegen der Gemütlichkeit, sondern wegen der ausgesprochen leckeren, unverfälschten Küche von Nada und Tonči Jurica. Spezialitäten sind u. a. Carpaccio von Gold- oder Zahnbrasse, Krebse, Hummer, Langusten, aber auch Zicklein oder Lamm; auch die Nachspeisen wie Cremeschnitte und Apfelstrudel sind köstlich. Es werden 4 Appartements vermietet. Anleger für Boote. ℡ 020/801-161. 《《

Lastovo

Die Stadt (450 Einwohner) auf einem 86 m hohen Hügel ist terrassenförmig angelegt, die Häuser blicken auf das weinreiche Hochtal. Eine Besonderheit Lastovos sind die originellen Schornsteine auf den Dächern der alten Natursteinhäuser. Die schönsten waren verziert und rund und gehörten den Adelsfamilien, die auch einen Sitz im „Kleinen Rat" hatten (s. u.). Noch heute sind einige aus dem 15./16. Jh. zu sehen. Vom Gipfel des Hügels, auf dem eine meteorologische Station steht, genießt man einen fantastischen Rundblick über die Insel und den Archipel.

Im 11. Jh. besiedelten die Venezianer den Ort. Lastovos ältestes Baudenkmal ist die romanische Kirche *Sv.-Ivana* Kristitelja von 1360 im Ortskern, mit alten Steinfragmenten vor der Kirche und einer ethnographischen Sammlung im Innern (u. a. die Karnevalspuppe). Unterhalb davon lugt aus üppigem Grün der prächtige *Rektorenpalast* von 1310, den die Familie Gabin 1900 restaurierte. Lastovo gehörte wie u. a. Mljet zu den Dubrovniker Fürstentümern (→ Dubrovnik) mit einem Rektor und einem Kleinen Rat. Am Ende der Straße, nach einem Abzweig, steht die Kirche *Sv.-Reka na Pjevoru* aus dem 12. Jh. Die Pfarrkirche *Sv. Kuzme i Damjana* aus dem 16. Jh. zeigt im Innern die Pietà eines unbekannten venezianischen Meisters aus dem Jahr 1545. Die Loggia gegenüber dem großen Kirchplatz, an dem immer gefeiert wird, stammt aus dem 15. Jh. Außerhalb sind die kleine vorromanische *Sv.-Luka-Kirche* aus dem 12. Jh. und am Friedhof die *Gospa-od-Polja-Kirche* (Maria auf dem Felde, 14. Jh.) sehenswert.

Information Touristischer Verein (TZO), Ortsmitte, 20290 Lastovo, ℡ 020/801-018. Mo–Fr 8–14 Uhr, www.lastovo-tz.net. Infos hier oder im Hotel; gute Wander- u. Mountainbikekarte 1:20.000.

Bank Splitska banka, Mo–Fr 8–13 Uhr.

Post Mo–Fr 8–13, Sa 8–12 Uhr.

Gesundheit Apotheke, ℡ 020/801-276 (Mo–Sa nur 13–13.30 Uhr!) und Ambulanz (ganztägig), ℡ 020/801-034.

Veranstaltungen Jazzette, Musikfestival (Jazz, Ethno): Letztes Augustwochenende (Fr–So). Organisiert vom bekannten kroatischen Jazzmusiker Boško Petrović (BP-Jazzclub in Zagreb).

》》 **Mein Tipp:** Lastovski Poklad, der Karneval von Lastovo ist weithin bekannt. Er beginnt am 6. Jan. und endet am Faschingsdienstag (→ Kasten S. 615). 《《

Patronatsfest von Sv. Kuzma i Damjan, 26. Sept.

Essen & Trinken Konoba Bačvara, unterhalb der Altstadt. Eine typische Konoba im Keller, es gibt Fisch- und Fleischgerichte. Geöffnet Juni–Sept. 17–23 Uhr.

Oben in der Altstadt Pizzeria, Cafébar, Supermarkt; nicht überwältigend, besser man fährt nach Skrivena luka oder Zaklopatica.

Übernachten Privatzimmer über Information (ab 10 €/Pers.). In Lučica und Skrivena luka werden auch **Appartements** vermietet, s. u.

Baden In der Lučica-Bucht mit Fels- und Kiesbadestränden.

Lastovo

Wandern Von Lastovo bieten sich herrliche Wander- und Fahrradtouren an. Ein Makadamweg führt ostwärts zum Inselende – weiter Blick über die vorgelagerten Inselchen und nach Mljet. Ein anderer Pfad geht südwärts nach Skrivena luka.

Lastovski Poklad – Fasching von Lastovo

Einer Überlieferung zufolge haben einst Seeräuber aus Katalonien die Nachbarinsel Korčula angegriffen. Die Katalanen schickten einen Boten nach Lastovo mit dem Hinweis, sich besser zu ergeben. Die Männer von Lastovo ballten die Fäuste und suchten ihre Gewehre zusammen, ihre Frauen und Kinder gingen zur Prozession und beteten beim heiligen Georg (Sv. Jure) um Beistand und Hilfe. Ein Sturm zog auf und alle Seeräuberschiffe sanken. Der Bote wurde gefangen genommen, zum Hohn auf einen Esel gesetzt, durch das Städtchen geführt und danach, sehr blutrünstig, verbrannt.

In Erinnerung an dieses Ereignis wird jährlich am Faschingsdienstag eine Strohpuppe, an deren Stiefel Feuerwerkskörper angebracht werden, ab 11 Uhr durch das Dorf von Haus zu Haus geführt, um dann um 15 Uhr vom 300 m hohen Gipfel Pokladarova Grza an einem Seil herabgelassen zu werden. Wenn das Herablassen der Strohpuppe gelingt (es darf 3-mal wiederholt werden), wird es für die Bewohner Lastovos ein gutes Jahr, sagt die Legende. Am Dolac-Platz wird gefeiert und getanzt, zum Schluss die Puppe ausgezogen, an einen hohen Pfahl gebunden und verbrannt.

Lastovo/Umgebung: Auf der Nordseite von Lastovo, unten am Meer, liegt das Fischerdorf **Lučica** an der gleichnamigen Bucht – schön ist der alte Fußpfad durch Laubbäume hinab. Unten gibt es Bademöglichkeiten. Westlich von Lučica liegt die *Bucht Sv. Mihovil* mit der kleinen gleichnamigen Kapelle. Im Sommer hat hier eine Konoba/Bar geöffnet. Die tiefe Bucht **Skrivena luka** mit der gleichnamigen Ansiedlung liegt 7 km südlich der Stadt und bietet nette Felsbadeplätze und Konobas.

Essen/Übernachten Es gibt einige Zimmeranbieter in Lučica, u. a. **Apartmani Meri Glumac**, nahe Meer, ✆ 020/805-068, 098/9222-576 (mobil). Auch gute Infos.

》》Mein Tipp: Konoba Porto Rosso, direkt am Meer, tiefe Meereseinbuchtung mit 18 Anlegerplätzen am Bootssteg (Toiletten mit Duschen). Fast schon romantisch zum Sitzen unter pflanzenumrankter Laube oder auf hübscher Terrasse mit Cocktailbar, um die Abendstimmung zu genießen. Spezialitäten sind gegrillte Ziege oder Lamm (ebenfalls aus der Peka mit Gemüse), Spaghetti mit Hummer, Drachenkopfragout mit Polenta. Skrivena Luka, ✆ 020/801-261. 《《

Appartements Klara, nettes Appartementhaus am Meer von Klara & Vinko Frlan für bis zu 5 Pers. Ab 58 €/2 Pers. Skrivena luka, Porotrus 80, ✆ 020/486-006, 098/891-407 (mobil).

Camping Autocamp Skriveni, am Ortsbeginn von Skrivena luka, oberhalb vom Meer auf naturbelassenem Gelände im Olivenhain. Zu Essen gibt's, was die Fam. Barbić gerade im Gemüsebeet erntet oder im Meer fängt; zudem eigener Wein, Brot, Obst. Ganzjährig geöffnet. ✆ 020/801-189, 091/1963-912 (mobil), www.camp-skriveni.com.

Leuchtturm Skrivena luka, auf der Halbinsel Struga, in schöner exponierter Lage, umgeben von Macchia. Verschiedene Appartements. ✆ 021/314-043, www.povput.hr oder www.adriatica.net.

Baden: Unten in der Lučica-Bucht mit Fels- und Kiesbadestränden. Um die Bucht Skrivena schöne Felsbadestrände, am Buchtende auch Sand, aber hier sehr flach.

Blick auf Prožura und das Dubrovniker Küstenland

Insel Mljet

Mit ihren dichten Kiefern-, Steineichenwäldern und Seen unterscheidet sich Mljet von den übrigen kroatischen Inseln: Mehr als zwei Drittel der Inselfläche sind bewaldet, knapp ein Drittel, das Seengebiet, ist Nationalpark – Mljet ist eine Insel für den, der in Ruhe und Abgeschiedenheit wandern, radeln und baden will.

Mljet ist die Insel der Mungos und der Legenden. Der Mungo, eine Schleichkatze, wurde zu Beginn des 20. Jh. aus Indien mitgebracht, um die Schlangen zu vertilgen. Heute gibt es hier keine Schlangen mehr, dafür raschelt überall der Mungo im Gebüsch und frisst, was er nicht fressen soll, z. B. die Vogeleier. Einst als Vogelparadies bekannt, zwitschern auf Mljet nur noch wenige Vogelarten. In den Legenden ist Mljet die Insel des *Odysseus*, auf der die Amazonen lebten und Homers Held sieben Jahre bei der Nymphe *Calypso* verbrachte. Zudem soll der Apostel *Paulus* vor Mljet Schiffbruch erlitten haben, nicht vor Malta.

Mljet ist auch eine Insel der Bienen, die Griechen nannten sie *melite nesos*, Honiginsel. Sie ist die grünste aller kroatischen Inseln – 70 % der 98 km² sind bewaldet. Es wachsen Aleppokiefern, Pinien und Steineichen, ansonsten zeigt sich Mljet als Karstlandschaft mit Höhlen, von wuchernder Macchia bedeckt. Die höchste Erhebung ist der Berg *Velji Grad* (514 m) bei Babino Polje in der Inselmitte. Im Süden gibt es Sandstrände, im Meer tummeln sich Fische, Krebse und Muscheln. Inzwischen wurden sogar Seebären gesichtet, und draußen im Meer springen die Delfine. Touristenattraktion sind die zwei untereinander und mit dem Meer verbundenen Seen – der *Veliko* und der *Malo jezero* (großer und kleiner See).

Die zahlreichen Schiffsverbindungen – Trajekt, Katamaran und Küstenlinie – bringen inzwischen auch mehr Urlauber auf die 48 km lange und bis zu 3 km breite Insel, über die eine gut ausgebaute Asphaltstraße führt. Trotzdem konzentriert sich der Tourismus bisher auf das Seengebiet mit den umliegenden kleinen Orten und spärlich auf *Babino Polje* und *Sobra* in der Inselmitte sowie auf *Saplunara* am Inselende. Das mag auch an den spärlichen Einkaufsmöglichkeiten liegen. Immerhin wird in den Pensionen richtig aufgekocht – das ist wichtig, weil es außerhalb des Nationalparks kaum Restaurants gibt. Die meisten Touristen kommen tagsüber mit gebuchten Ausflugstouren per Katamaran/Bus, um die Nationalpark-Seen zu besuchen, danach wird es still – lediglich in den Häfen klirren die Masten der Segelboote. Es ist zu hoffen, dass trotz der verbesserten Erreichbarkeit das ruhige, grüne Idyll der Insel erhalten bleibt.

Wichtiges auf einen Blick

Telefonvorwahl: 020

Fährverbindungen: *Trajekt Prapratno (Pelješac)–Sobra*: bis zu 6-mal tägl., 7–21 Uhr. Pers. 4,10 €, Auto 18,80 €; Fahrtzeit 35 Min, www.jadrolinija.hr.

Küstenlinie (Liburnija) stoppt 2-mal wöchentl. von Ende Mai bis Ende Sept. *Sobra–Dubrovnik*: Di u. Sa, Abfahrt um 16.30 Uhr; *Sobra–Korčula–Hvar*: Do u. So um 10.40 Uhr.

Katamaran (G&V-Line, www.gv-line.hr) *Sobra–Polače–Dubrovnik*: ganzjährig 1-mal tägl.; im Juli/Aug. wird Sobra 2-mal tägl. angefahren, 1-mal tägl. Stopp auch in Šipanska luka; zudem 4-mal wöchentl. Verbindung mit Korčula. 2-mal wöchentl. im Juli/Aug. auch nach Ubli (Lastovo).

Busse: Nur zu Fährabfahrts- und Ankunftszeiten zu den Inselorten.

Tankstelle: *Einzige* Tankstelle in Sobra am Fährhafen! Tägl. 8–20 Uhr (Juni–Sept.), sonst nur Mo–Sa 10–17 Uhr. ✆ 020/746-233.

Geldwechsel: Keine Bank! Bankomaten in Pomena (Hotel Odisej), in Polače (neben Info). Zudem auf Postämtern.

Gesundheit: Ambulanz (Babino Polje u. Govedjari), Apotheke nur in Babino Polje.

Einkaufen: Nur ein Supermarkt nördlich von Sobra, des Weiteren in den Orten kleine Läden. Wer mehr Auswahl möchte, sollte sich vorab mit Lebensmitteln eindecken!

Übernachten: Es gibt nur ein Hotel in Pomena, ansonsten aber flächendeckend Pensionen v. a. in *Pomena, Polače, Sobra* und *Saplunara*, zudem zwei kleine Campingplätze in *Ropa* und *Babino Polje*.

Nationalparkgebühr: Für das Seengebiet 90 KN/12,30 € (Hotelgäste 77 KN/10,50 €), Kinder 6–15 Jahre 40 KN/5,50 €, unter 6 Jahren gratis. Tickets sind auch für Bootstrip nach Sv. Marija gültig.

Information: www.mljet.hr.

Geschichte

Die kreisförmig aufgeschichteten Mauern der Illyrer sind heute noch zu sehen. Doch von den Griechen, sagt man, blieb nur der Inselname. Der römische Geschichtsschreiber *Appian* erwähnt im 2. Jh. n. Chr. die Insel als Piratenstützpunkt und berichtet, dass 35 v. Chr. die Römer auf Mljet und Korčula die Illyrer unterworfen und deren Stadt *Melitusa* zerstört hätten. Die Papyrusrolle *Odoakers* von 489, die Ernteerträge von Olivenhainen auflistet, belegt eine Besiedlung zu jener Zeit. Auf die Römer geht eine Ruine in *Polače* zurück, daneben gibt es Reste aus frühchristlicher Zeit. Auch Goten und Byzantiner hinterließen ihre Spuren, dann kamen die Slawen und Awaren. Im 10. Jh. beherrschten die Neretljaner Mljet. 1151 schenkte der Zahumer Fürst *Desa* die Insel den Benediktinern des Pulianerordens aus Italien, und die Inselbewohner mussten als Fronbauern für das Kloster arbeiten –

zu dieser Zeit gab es Siedlungen in Pro-žura, Žara und Korita. 1345 wurde Mljet der Stadtrepublik Dubrovnik angegliedert, allerdings unter venezianischer Oberhoheit. Damit begann die Ära gemeinsamer slawischer Geschichte. Ebenfalls 1345 schuf sich Mljet mit dem Statut eine eigene Gesetzesgrundlage (→ Kasten), die die Pflichten und Aufgaben der Einwohner regelte, aber auch das öffentliche und private Recht schützte.

1358, nach dem Sieg *König Ludwigs* über Venedig, erkannte Dubrovnik die österreichisch-ungarische Herrschaft an, hatte jedoch das Recht auf eine eigene Verwaltung mit eigenem *Rektor* – das goldene Zeitalter der Stadtrepublik begann. Dubrovnik teilte Mljet jedoch in zwei Hälften: Den westlichen Teil bekam das Kloster, den östlichen Teil die Bauern, die fortan selbst über das Land verfügen konnten.

1493 bekam Mljet einen eigenen Rektor, zu dieser Zeit entstanden die Siedlungen entlang der heutigen Inselstraße. Die Bewohner lebten hauptsächlich von Landwirtschaft und Viehzucht, manche auch von Seeräuberei. Bis 1808 blieb Mljet Bestandteil der Stadtrepublik Dubrovnik und teilte mit ihr Freud und Leid. Dann kamen die Franzosen, die Österreicher und die beiden Weltkriege, in denen auch deutsche Soldaten auf Mljet stationiert waren. Heute leben die 1200 Inselbewohner von Fischfang, Landwirtschaft und ein wenig vom Tourismus.

Die Gesetze von Mljet (1345)

Für Viehdiebstahl wurden Geldstrafen verhängt, Diebe konnte der Richter von der Insel verbannen. Auf Tötung stand, außer bei Notwehr, die Todesstrafe. Auch die Jungfrauen waren geschützt, keiner durfte sich ohne Heiratsabsichten an die Tochter des Hauses heranwagen. Geldbußen gab es damals schon für Richterbeleidigung, aber auch für Delikte wie diese: „Wenn jemand dem anderen die Nase abschneidet, hat er 50 Perperen zu entrichten und verliert selbst seine Nase." Etwas billiger und weniger schmerzhaft: „Wenn jemand einem anderen aus Zorn oder Missmut den Bart ausreißt, hat er 5 Perperen zu entrichten, muss am Schandpfahl harren und warten, bis ihn der Richter wieder erlöse."

1436 kam zum Mljeter Gesetzeswerk ein zusätzlicher Paragraph hinzu, der an moderne Umweltschutzregeln erinnert: Für unerlaubten Holzschlag und Zerstörung von Wäldern wurden Strafen verhängt. Doch mit dieser Vorschrift dürften Naturschützer heute schwer durchkommen: Jeder, der heiraten wollte, musste 10 Olivenbäume, 10 Feigenbäume und 10 Weinstöcke pflanzen. Obwohl – kein schlechter Einstieg in ein Leben zu zweit, oder?

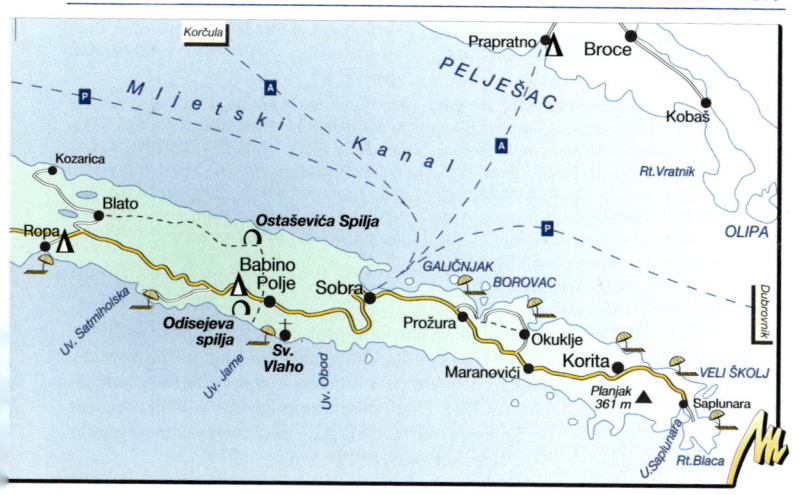

Pomena

Mljets Touristenzentrum im äußersten Nordwesten besteht aus nicht viel mehr als einem Hotelkomplex, ein paar Häusern und einem Jachthafen. Gerade dieses Idyll ist es, das die wenigen Touristen anlockt.

Rund um Pomena laden vorgelagerte Badeinseln und die nahen Salzseen *Veliko* und *Malo jezero* zum Baden ein. Herrliche Wanderungen kann man entlang den Seen und auf die Berge unternehmen, schöne Fahrradtouren machen oder einfach nur die Stille an einer kleinen Bucht genießen. Inzwischen gibt es auch in Pomena ein Tauchcenter, mit dessen Guides man die faszinierende Unterwasserwelt erkunden kann.

Information Hotel Odisej, 20226 Pomena, ℡ 020/362-111, www.hotelodisej.hr.

Geldwechsel und Telefon Im Hotel Odisej Bankomat und Internetzugang.

Einkaufen Gut sortierter Minimarkt, auch Obst und Gemüse. Ebenso Obst- und Gemüsestand mit Erzeugnissen je nach Jahreszeit. Kiosk.

Auto-, Scooter-, Boot- u. Fahrradvermietung Agentur Radulj, sehr guter Service, Material in gutem Zustand. Verleih in Pomena und im N.P. an der Mali most. 9–19 Uhr. ℡ 098/1767-048, 098/428-074 (mobil).

Ausflüge u. a. nach Dubrovnik, Korčula und zur Odysseus-Höhle.

Übernachten/Essen Privatzimmer ab 30 € für DZ/F. Appartements für 2 Pers. ab 45 €. Viele Pensionen bieten auch Halb- oder Vollpension, dann gibt es meist guten Fisch und selbst gekelterten Wein. HP ab ca. 35 € pro Pers. Ruhige, schöne Unterkünfte gibt es auch um die Seen (→ Govedari).

*** Hotel Odisej, versetzt gebautes Gebäude an der Bucht. Restaurant und Taverne, Internet in Lobby, Strandbar, Kinderpool, Kinderanimation ab 4 Jahren, Kinderfahrräder, -flossen, -masken. Kleines Wellnesscenter, Sportangebot u. a. Surfbrett- und Kajakverleih, Tauchcenter. Bootstransfer zur FKK-Insel Pomeštak. Leider ist das einzige Hotel auf der Insel in die Jahre gekommen, auch die Restaurantküche lässt auf Sparmaßnahmen schließen. DZ/F je nach Lage und Ausstattung ab 98 € (TS 120 €). 4-Pers.-Appartement 315 €/Tag (TS 342 €). ℡ 020/362-111, www.hotelodisej.hr.

Konoba-Pension Matana, an der Uferstraße mit überdachter, erhöhter Terrasse. Gute dalmatinische Gerichte: Oktopussalat, Fischsuppe, Fischragout Mljet-Style mit Polenta,

Rostbraten; nach Vorbestellung auch Lamm. Auch Zimmer-/Appartementvermietung. DZ/F 50 €. Pomena 10, ✆ 020/744-010.

Fischrestaurant-Pension Pomena, an der Uferstraße nach der Pizzeria. Schöner Blick von der mit Korbstühlen bestückten Veranda auf den Hafen. Gute Fisch-, aber auch Fleischgerichte. Auch Zimmervermietung. DZ/F ca. 40 €. ✆ 020/744-075.

Pension Antun Stražičić, hier werden auch Appartements vermietet. Uferstraße, ✆ 020/744-106.

Am Rund des Hafenbeckens liegen nebeneinander nette **Fischlokale: Nine**, ✆ 020/744-037; **Adio Mare**, ✆ 020/744-028; **Ana**, ✆ 020/744-034; **Galija**, ✆ 744-029. Meist mit Fisch- und Hummerbecken, Blumenkübeln auf der Terrasse, eigener Mole – und voll von Jachtbesitzern, dementsprechend die Preise.

Baden/Sport

Vom Hotel aus gibt es Bootsverbindung zur **FKK-Insel Pomeštak** und zu weiteren FKK-Stränden. Hinter dem Hotel bestehen Bademöglichkeiten an den Felsplateaus. Von Pomena führt ein Fußweg zu dem ein paar hundert Meter entfernten **Mali jezero** (kleiner Salzsee) mit felsigem Ufer. Der **Veliko jezero** (großer Salzsee) schließt sich an. Beide Seen sind im Sommer wärmer als das Meer! Nationalparkgebühr muss bezahlt werden (→ „Wichtiges auf einen Blick", S. 617).

Wassersport Gute Ankermöglichkeiten (20 Muringe mit Strom und Wasser) im Hafenbecken, das gegen alle Winde geschützt ist (weitere Anleger bei den Restaurants). Kajaks und Kanus werden vom Hotel vermietet. Am See (Mali most) Kajak- u. Kanuverleih.

Tauchen Tauchcenter Aquatica Mljet, Tauchbasis beim Hotel. Tauchausrüstung, Ausfahrten, Wrack- und Tiefseetauchen, Schnorcheltouren. ✆ 098/479-916 (mobil, Hr. Mario), www.aquatica-mljet.hr.

Mountainbike Vor dem Hotel und am See Mountainbikeverleih (13,50 €/Tag). Sportanimation, Windsurfen.

Goveđari

Das Dorf oberhalb des Veliko jezero versteckt sich mit seinen alten großen Häusern und bröckelnden Fassaden am Berghang. Rundum ziehen sich Olivenhaine, Weingärten und Gemüsefelder bis ins Tal. Bis zum 14. Jh. durfte dieses Land nicht besiedelt werden, da es zum klösterlichen Besitz gehörte und von Fronarbeitern bewirtschaftet wurde. Ab dem 14. Jh. mussten die Bauern eine jährliche Abgabe zahlen, hatten eigenen Boden und arbeiteten in die eigene Tasche – die ertragreichsten Böden blieben freilich im Besitz des Klosters, die Bauern hatten ihren Grund und Boden im Inselinneren. Mit der Zeit verwahrloste der Klosterbesitz und man sah sich gezwungen, eine Kolonisierung zuzulassen. Die Bauern bekamen Boden in dieser besseren Gegend mit der Auflage, dafür unentgeltlich für das Kloster zu arbeiten. Die ersten Siedler kamen 1793 nach Polače und hüteten auf dem Gebiet von Goveđari Rinder. Von dieser Erwerbsquelle ist der Ortsname abgeleitet: *govedo* = Rind.

Zum Goveđari-Gebiet gehören die Siedlungen Babine Kuće, Pristanište und Soline (am Soline-Kanal), die alle im Zusammenhang mit der Bewirtschaftung der Klostergüter entstanden.

Babine Kuće am Veliko jezero ist auf dem Uferweg zu erreichen. Die wenigen Häuser liegen im üppigen Grün, Pflanzkübel zieren die Eingänge, und nachts hört man nur noch die Mungos rascheln. Hier bekommt man leckeren, frisch zubereiteten Fisch und selbst gekelterten Wein. Es gibt eine Gostiona und Übernachtungsquartiere mit Voll- oder Halbpension.

Toller Rundumblick vom Monte kuc

Pristanište, am Ufer des Veliko jezero, ist mit der Straße verbunden. Hier befinden sich alle öffentlichen Einrichtungen des Goveđari-Bezirks, auch die Verwaltung des Nationalparks. Fährverbindung besteht zur Klosterinsel Sv. Marija.

Auf halbem Weg zwischen Pristanište und Soline zweigt bei der Kapelle (ausgeschildert) ein Wanderweg zum **Berg Monte kuc** (253 m) ab (30 Min. Laufzeit); von oben bietet sich eine herrliche Aussicht über die Seen, auf den Kanal, Soline und auf Pelješac. Der Weg führt weiter nach Polače oder gen Osten.

Soline liegt kurz vor dem Meereszugang am Soline-Kanal. Die wenigen von Gemüsegärten, Mandel- und Zitronenbäumen umgebenen Häuser stehen dicht beieinander, Fischernetze hängen zum Trocknen aus. Die Soliner züchten Austern und Muscheln und fangen allerlei anderes Meeresgetier. In den Häusern kann man Zimmer mieten und hausgemachte Spezialitäten probieren. Bademöglichkeiten gibt es an kleinen Sand-/Kiesbuchten.

Information Touristinformation, 20226 Goveđari-Pristanište, ✆ 020/744-186. Büro nur im Sommer 7–11 Uhr.

Nationalpark-Verwaltung, ✆ 020/744-041, www.np-mljet.hr. 8–16 Uhr. Am Parkplatz ebenfalls Auskünfte.

Verbindung Busverbindung mit den Inselorten. Stündl. Boottransfer von Pristanište zur Klosterinsel.

Post Pristanište, 8–12/18–21, Sa 7–14 Uhr.

Einkaufen Kleiner Laden in Pristanište.

Nationalpark/Parken Die Zufahrt zu den Seen ist für den Autoverkehr gesperrt – frei nur für Übernachtungsgäste. Großer bewachter Parkplatz vor dem Ort Pristanište.

Hier auch N.P.-Gebühr fällig (→ „Wichtiges auf einen Blick", S. 617).

Fahrräder/Kajaks/Kanus An der Mali Most (Brücke) zwischen Malo und Veliko jezero werden Fahrräder, Boote, Kanus und Kajaks vermietet.

Übernachten Pensionen in Soline und Babine Kuće, auch mit Halb-/Vollpension.

Z. B.: **Nikola Sršen**, Soline 7, ✆ 020/744-021.

Anka Sršen, Soline 4, ✆ 020/744-021.

Stjepo Vjvoda, Babine Kuće 7, ✆ 020/744-071.

Essen & Trinken In Babine Kuće **Gostiona-Pension Mali Raj**, mit Terrasse. Hier gibt's ganz leckeren frischen Fisch. ✆ 020/744-115. Oder in **Soline** am Inselende.

Nationalpark Mljet – Veliko und Mali jezero

Die beiden Salzseen sind mit dem Meer und untereinander durch einen Kanal verbunden. Veliko und Mali jezero sind jedoch nicht, wie man meinen könnte, Meereseinbuchtungen, sondern Karstphänomene. Von Pinien und üppiger Macchia gesäumt, laden sie zum Spazierengehen, Baden und Schnorcheln ein – oder zu einem Besuch des Klosterinselchens Sv. Marija.

Der *Mali jezero* hat eine Fläche von 24 ha und eine Tiefe von bis zu 29,5 m, der Veliko jezero ist 145 ha groß und bis zu 46 m tief. Beide Seen erwärmen sich im Sommer stärker als das Meer: Ist dieses im August um die 23 Grad warm, misst der große Salzsee 25, der kleine 26–30 Grad. Im Winter dagegen sinken die Temperaturen unter die des Meeres. Den 30 m langen, zum Meer offenen Soline-Kanal durchfließen starke Strömungen mit Ebbe und Flut. Deshalb stand hier einst eine Mühle, die zum Kloster gehörte.

Ein 12 km langer Fußweg führt um die Seen. Läuft man, vom Dorf *Govedari* kommend, ostwärts, finden sich überall Badestellen und Liegeflächen auf den Felsplatten. Diese und die algenglatten Steine können aber leicht zur unfreiwilligen Rutsche in die glasklare Tiefe werden. Ein paar Wegwindungen weiter liegt *Babine Kuće* mit seinen Natursteinhäusern an einer kleinen Bucht mit Palmenpromenade. Aleppokiefernwälder, Macchiagewächse, Farne und viele Alpenveilchen wachsen rings um den See. Die mit Zapfen beladenen Äste der Aleppokiefern hängen tief herunter. Den Verbindungskanal zwischen großem und kleinem Salzsee kann man leicht durchwaten oder über eine Brücke überqueren. Viele Angler sitzen hier, denn der Veliko jezero ist reich an Fischen: Seebarsche, Gold- und Meerbrassen, Meeraale, Muränen, aber auch Langusten. Der Weg verläuft weiter um den großen Salzsee, bis das *Klosterinselchen* zum Greifen nah ist. Hier bietet sich die Möglichkeit, in 10 Min. zum *Aussichtspunkt Zakamenica* hochzulaufen, um die Insel aus der Vogelperspektive zu betrachten.

Dem Ufer weiter folgend, zeigt sich auf der anderen Seite *Soline* mit ein paar Häusern am See. Hier sind sich die Ufer so nah, dass nur ein Bach die Verbindung zum offenen Meer bildet – doch der ist tief und reißend.

Am Veliko jezero

Veliko jezero – Klosterinsel Sv. Marija

Süße Verbannung auf Sv. Marija

Von der Schönheit der Insel Mljet erzählt eine Legende, der zufolge ein König seinen Sohn so verabscheute, dass er ihn nach Sv. Marija in die Verbannung schickte.

Der Sohn, tief gekränkt und auf das Schlimmste gefasst, fand sich auf Mljet wie im Paradies. Voller Entzücken über die Lieblichkeit und Üppigkeit der Insel schickte er seinem Vater in einer Muschel all die Früchte, die hier wuchsen. Der König, jetzt noch mehr erzürnt darüber, seinen Sohn nicht bestraft, sondern offenbar noch belohnt zu haben, sandte mit den besten Grüßen die Früchte zurück – die er zuvor vergiftet hatte.

Die Durchfahrt vom Meer zum Veliko jezero war einst seicht und schmal. Bereits die Benediktiner hoben sie aus, um mit Booten den Kanal passieren zu können. Die starke Strömung durch Ebbe und Flut nutzten die Mönche für eine Mühle und überbrückten den Kanal mit einer Steinbrücke. Beide Bauwerke sind heute zerstört. Um den Feriengästen eine ungehinderte Durchfahrt mit dem Segelboot zu ermöglichen, wurde das Brückchen entfernt – oder aber für Tito, der, bevor er sich für die Brioniinseln als Ferienquartier entschied, mit der Klosterinsel liebäugelte. Um 1960 wurde der Kanal auf 2,5 m vertieft und auf 10 m verbreitert; heute ist die Durchfahrt per Boot nicht mehr erlaubt.

Manchmal fährt ein Taxiboot vorbei, und wer Glück hat, kann nach Pristanište übersetzen. Ansonsten muss man denselben Weg wieder zurücklaufen – immerhin 9 km.

Klosterinsel Sv. Marija

Ein Inselchen, so klein, dass man es in ein paar Minuten durchschritten hat. Doch wer das mit offenen Augen tut, kann fast alle Pflanzen des Mittelmeerraums entdecken: Agaven, Zypressen, Pinien, verschiedene Palmenarten und zahlreiche Blumenarten. Steinbänke und lauschige Plätzchen laden zum Verweilen ein – Oasen der Ruhe.

Inmitten der Pflanzenpracht steht die mit Zinnen und Türmen bewehrte Klosterburg. Die Kirche ihrem offenen Glockenturm stammt aus dem 12. Jh., als die Insel den Benediktinern des Pulianerordens gehörte (→ „Geschichte", S. 618), erbaut ist sie im Stil der apulischen Romanik; im Innern findet man zwei Grabtafeln mit gotischer Inschrift.

Die Klosterburg wurde mehrfach umgebaut, zeigt sich heute im Renaissancestil und ist mit der Kirche durch ein Befestigungssystem verbunden. In der Säulenhalle am Ufer ging es oft ganz irdisch zu: Gelehrte, Dichter und Ordensbrüder trafen sich nicht nur zur Kontemplation, sondern auch zu Wein und Gesang. Bis vor einigen Jahren versammelten sich hier auch die Gäste des Hotels Melita, die in den ehemaligen Mönchszellen untergebracht waren, inzwischen ist nur noch ein Restaurant (℡ 020/744-145) geöffnet. Es gibt einen Bootstransfer hinüber, evtl. muss man sich durch Rufen bemerkbar machen.

Polače

Am Ende einer tiefen Mereseinbuchtung und an der Inselstraße liegt der kleine Fährhafen, heute nur noch für Katamarane. Die Bucht ist inzwischen ein beliebter Ankerplatz für Bootsbesitzer geworden, die von hier aus per Fahrrad die Seen und die Gegend erkunden und sich abends genüsslich in einem der zahlreichen Restaurants niederlassen.

Schon zwischen dem 1. und 11. Jh. zog der gegen alle Winde gut geschützte Hafen Siedler an. Seit dem 12. Jh. war hier durch den Gebietserwerb der Benediktiner keine Besiedlung mehr erlaubt, und erst Jahrhunderte später war Polače wieder bewohnt. Am Ortsausgang Richtung Sobra fährt man durch ein Tor, vorbei an den bis zu 15 m hohen Überresten eines *römischen Palastes* mit zwei achteckigen Türmen und einem großen Saal. Diesem Palast verdankt der Ort seinen Namen (Polače = Palast), der ursprünglich als Sommerresidenz (Villa rustica) errichtet wurde.

Polačes bedeutendstes Monument sind die Ruinen einer altchristlichen, dreischiffigen *Basilika* aus dem 5. Jh. mit halbrunder Apsis. In der Umgebung liegen verstreut die Überreste von römischen Grabstellen und Wohnungen.

Information Touristinformation, ℡ 020/744-186. Juni–Aug. 8–20 Uhr, sonst Mo–Sa 8–13 Uhr.

Verbindungen → „Wichtiges auf einen Blick", S. 617).

Einkaufen Minimarkt, Bäckerei.

Essen & Trinken Entlang dem Kai reihen sich die Restaurants, fast alle mit Anleger für Boote. Beliebt sind Fischgerichte.

Restaurant Palatium, Sitzplätze am Holzsteg am Meer, Anleger.

Restaurant Ankora, am Kai, Anleger (Strom und Wasser). ℡ 020/744-159.

Restaurant-Pension Stella Maris, erhöhte, überdachte Terrasse unter wildem Wein. ℡ 020/744-059.

Restaurant Ogigija, die Sitzplätze am Kai sind immer gut besucht; auch Anleger. ℡ 020/744-090.

Per Auto durch den Palast ...

Restaurant Antika, direkt neben Palastmauern und etwas versteckt; die Küche mit hauseigenen und regionalen Produkten wird sehr gelobt.

>>> **Mein Tipp:** Restaurant Dalmatinac, direkt an der Bucht Tatinica, ca. 2 km östlich von Polače. Per Boot (Anleger, Bojen u. Strom vorhanden) sowie über Makadam (Abzweig von Hauptstraße) erreichbar. Die hervorragende Küche von Toni Strazičić bietet fangfrischen Fisch, aber auch Hühnchen im Schinkenmantel, gefüllt mit Käse und Tomaten, oder nach Bestellung u. a. Lamm. Tatinica 1, ✆ 092/241-447 (mobil). <<<

Übernachten Ortsauswärts Richtung Sobra **Zimmer** ab 30 €/DZ und **Appartements** ab 45 € für 2 Pers. Von Lesern gelobt wurde **Fam. Nada & Niko Strazičić**, mit netten Zimmern, Küchenbenutzung und Garten zum Meer. Polače 46, 098/233-171 (mobil).

Blaženka Market, Polače 10, ✆ 020/744-047.

Dragica Radulj, Polače 3, ✆ 020/744-102.

Nikola Dabelić, Appartements. Polače 35, ✆ 020/744-080.

Wassersport Der Hafen ist gegen Winde gut geschützt.

Polačes Palast und seine Bewohner

Erbaut wurde der römische Palast nach der Überlieferung von Agesilaos aus dem kilikischen Anabarzos (östliches Kleinasien), den Kaiser Septimius Severus (reg. 193–211) nach Mljet verbannt hatte. Agesilaos und seinem Sohn Opian diente der Palast als neues Zuhause. Opian, zu dessen poetischen Werken die „Aleutika" zählt, schrieb in der Verbannung Gedichte über das Meer und den Fischfang, die dem nachfolgenden Kaiser Karakul zu Ohren kamen. Dieser war von Opians Versen so gerührt, dass er Vater und Sohn die Freiheit schenkte. Viel später, im 16. Jh., wurde die Geschichte von dem Florentiner Razzi Serafin in dem Epos „La Storia de Raugia" niedergeschrieben.

Von Polače nach Babino Polje

Hinter Polače steigt die Straße an, es geht ins bergige Inselinnere, wo Aleppokiefern und viel Macchia vorherrschen. Zwischen den Hügelkuppen ragt immer wieder das Gebirge von Pelješac heraus.

Eine Abzweigung führt nach **Ropa**, oberhalb der Südküste (10 km von Polače) gelegen: Es besteht aus kaum mehr als ein paar Häusern inmitten von Olivenbäumen und dem kleinen *Autocamp*, ebenfalls in einem Olivenhain. Einige Ferienhäuser versperren den Blick auf die schöne Bucht. Ein Fußweg führt tief hinab zum Meer. Es bietet sich ein herrlicher Blick auf die gewaltige Felsenküste.
Camp Marina, kleines einfaches Camp im Olivengarten, in idyllischer Lage. Geöffnet Juni–Sept. ✆ 020/745-075. **Appartements Popović**, Ropa, ✆ 020/745-075.

Eine weitere Abzweigung führt nach **Kozarica** an der Nordküste. Schon von der Straße aus sieht man unten **Blato** mit klotzigen alten Häusern am Hang liegen. Die Rechtecke der Wein- und Gemüsefelder gliedern das Tal; man blickt auf fischförmig angeordnete, quer und längs verlaufende Wassergräben – es ist der eingetrocknete, von Sumpf, Schilf und Macchiagrün umgebene *Blatina-See*. Im Frühjahr und Herbst nach Regengüssen überflutet er das Tal und hinterlässt fruchtbare Erde. Die Piste führt abwärts, vorbei an leeren Fensterhöhlen und Granatapfelbäumen, auf der anderen Talseite wieder bergauf. Dahinter leuchtet das Blau der Adria und in der Ferne karstbleich Pelješac. In weiten Windungen führt der Weg abwärts nach

Kozarica: Granatäpfel, Felder, ein Hafenbecken, ein paar Häuser mit Zimmervermietung, Kiesbuchten und Felsküste.

Eko-Pension Radulj, Gemüse, Fleisch und Fisch aus eigenem Anbau und Schlachtung; ☎ 020/745-069. ∎

Pension Hazdovac, frischer Fisch und selbst gekelterter Wein; ☎ 020/745-070.

Die Hauptstraße führt aus dem *Nationalpark* und weiter Richtung Osten. Aufgeforstete Aleppokiefern wogen auf den Hügeln, im Süden ist ab und zu das Meer zu sehen, dann folgen ein hoher Berggipfel, der *Velij Grad* (514 m), und am Hang *Babino Polje*.

Uvala Sutmiholjska: Kurz vor Babino Polje windet sich ein Sträßchen in vielen Windungen die Steilküste über 4 km hinab zur schönen Kiesbadebucht. Nicht für Autos mit Anhängern geeignet!. Das Campingplatzprojekt wurde erst einmal vertagt, d. h. man kann ungestört baden.

Babino Polje

Das 300-Einwohner-Dorf ist Mljets größter und ältester Ort und seit alters her das Verwaltungszentrum der Insel. Seine alten Häuser ziehen sich links und rechts der Ortsstraße am Fuß des Berges Velij Grad weit entlang. Eine neue, unterhalb verlaufende Umgehungsstraße entlastet die Einwohner und bringt wieder Ruhe in das Idyll.

Babino Polje wurde zum Schutz vor Piratenüberfällen hoch über dem Meer erbaut, umgeben von fruchtbaren Feldern, auf denen Gemüse, Wein und Oliven wachsen. Die Qualität des Öls wird gerühmt, und die Südhanglage lässt auch Feigen, Mandeln, Granatäpfel und Blumen prächtig gedeihen. Hühner rennen auf der Straße, in den Gassen sitzen Frauen in ihren Trachten beisammen und spinnen Wolle. Im Süden, zwischen den Hügeln, sieht man das Meer, ein paar Kilometer ostwärts liegt Sobra, der Hafenort von Babino Polje.

1222 wird der Ort erstmals schriftlich erwähnt. Einige Kirchen in der Umgebung datiert man auf das 10. und 11. Jh., was auf noch frühere Besiedlung hinweist. Wie Babino Polje seinen Namen erhielt, erzählt eine Legende:

Der König und Großmutters Feld

Vor langer Zeit regierten auf Mljet König Dešin und Fürst Remin, die verfeindet waren. Dešin war Herrscher von Grac, das in der Ebene lag, Remin herrschte über das auf einem Hügel thronende Bijed. Sieben Jahre lang kämpften die Soldaten Dešins erfolglos, um Bijed zu erobern. Eines Tages traf König Dešin ein Großmütterchen am Blatina-See und klagte ihr sein Leid. Die Großmutter, alt und weise, wusste Rat. „Schau, du musst nur das Wasser sperren, ohne Wasser können die Menschen nicht leben und müssen in das Feld hinab." Und sie zeigte dem König die Wasserstelle. Kaum hatte der König die Wasserzufuhr gesperrt, kam Fürst Remin mit seinem Gefolge dürstend herab. Nach einem harten Kampf siegte König Dešin, und zur Belohnung schenkte er Großmütterchen das fruchtbare Feld. Seitdem trägt die Gegend den Namen Babino Polje (Großmutters Feld).

Babino Polje

Der Blatina-See bei Blato – nur nach Regenzeit mit Wasser gefüllt

Information Touristinformation, nur am Autocamp oder in Sobra (Hafen), 20225 Babino Polje.

Sonstiges Post, neben der Kirche.

Ambulanz, ✆ 020/745-005; Apotheke, ✆ 020/745-158.

Einkaufen/Essen Kleiner **Laden** und eine **Bäckerei**, die die ganze Insel mit Brot beliefert. An der Straße gibt es u. a. Käse und Öl zu kaufen.

🍃 **Konoba Triton**, neben der Post. Im 300 Jahre alten Natursteinhaus mit kleinem Museum gibt es frische hausgemachte Gerichte – dazu einen schönen Blick von der Terrasse bis aufs Meer. Spezialitäten sind Makkaroni mit Ziegenkäse, Kichererbsensuppe, Kalamari und Fisch; aus der Peka Ziege und Lamm aus eigener Zucht (nach Vorbestellung) oder auch Oktopus. Zudem verführen leckere Nachspeisen wie Kuchen, Rožada – alles je nach Saison. Natürlich gibt es auch selbstgekelterten Wein und Grappa – alles aus dem eigenen Anbau. Geöffnet Juni–Sept. ca. 13–24 Uhr. ✆ 020/745-131, 091/2053-531 (mobil). ∎

Am Campingplatz **Restaurant Glogovac**.

Übernachten Privatzimmer über Touristinformation Sobra; Appartements auch am Campingplatz.

Camping Autocamp Mungos, beim Ortsbeginn, an der Inselstraße. Schöner Platz unter schattigen Bäumen. Restaurant, Minimarkt. Appartementvermietung. Fahrrad- und Scooterverleih. Geöffnet Mai–Sept. ✆ 020/745-300, 098/208-968 (mobil), www.mungos-mljet.com.

An Sehenswertem gibt es im Osten des Orts die gotisch-romanische *St. Andreaskirche*, erbaut zwischen dem 10. und 11. Jh. Auf den Grundmauern der früheren St. Pankratiuskirche steht heute die *St. Blasiuskirche* aus dem 12./13. Jh., die *St. Georgskirche* in der Nähe stammt aus derselben Zeit. Im Ort ist ein uraltes Gerichtsgebäude erhalten, 1388 bei einem Rechtsstreit erstmals erwähnt, sowie der *Renaissancehof* des ehemaligen Fürstenpalastes *Knežev Dvor* aus dem 15. Jh., als Mljet eines der zehn so genannten Fürstentümer der Stadtrepublik war.

Ein Wanderweg führt von der Ortsmitte bei der Kirche, ca. 150 m östlich der Post, in 1 Std. zum aussichtsreichen 514 m hohen **Velij Grad**, dem höchsten Berg der Insel. Hier gibt es einige Höhlen – die schönsten sind die 100 m lange *Movrica-Höhle* am Nordhang mit Tropfsteingebilden und die 400 m lange *Ostaševiće-Höhle*.

Unten am Meer liegt die legendäre *Odiseeva spilija* (Odysseus-Grotte); sie ist zu Fuß in ca. 25 Min. erreichbar. Startpunkt sind die Stufen beim Kiosk (gegenüber der Post), die vom Ortskern hinabführen, dann quert man die Umgehungsstraße und folgt dem ausgeschilderten Pfad nach unten. Man muss allerdings in die Höhle schwimmen, das Meer ist hier oft rauh; beste Lichtverhältnisse sind im Sommer gegen 13 Uhr. Ausflugsboote fahren im Sommer von Pomena hierher. Die *Uvala Jama* liegt östlich der Höhle. Noch weiter östlich vom Ort, in ca. 1 Std. Wegzeit erreichbar, liegt die schöne Badebucht *Uvala Obod*, im Westen des Ortes die *Bucht Duboka*.

Von Babino Polje bis Saplunara

Sobra liegt an einer tiefen geschützten Bucht und war jahrhundertelang der Hafen von Babino Polje und Haupt- und Fährhafen der ganzen Insel – seit Ende des 20. Jh. hat Sobra diese Funktion zurückerhalten. Der Fährhafen liegt in einer Bucht östlich von Sobra. Der 60-Einwohner-Ort, der erst Ende des 19. Jh. entstand, zieht sich um die meist felsige Bucht; in den zahlreichen Neubauten gibt es Pensionszimmer.

Information Touristinformation am Trajekthafen, ✆ 020/746-025. Juni–Ende Sept. 8.30–13.30/15–19 Uhr, sonst Mo–Sa 8–13 Uhr.

Verbindungen (→ „Wichtiges auf einen Blick", S. 617). Busse zu den Inselorten zu Fährabfahrtszeiten.

Einkaufen Minimarkt und großer Supermarkt ca. 2 km ortsauswärts in Richtung Babino Polje, Juni–Sept. Mo–Sa 7–18 (Juli/Aug. bis 21 Uhr), So bis 14 Uhr.

Boote Hafenamt, ✆ 020/745-040.

Auto/Scooter Agentur Mini Brum, vermietet werden z. B. Bugy Special, Fiat Scooter. Sobra 15, ✆ 020/745-260, -084, 098/285-566 (mobil), www.mljet.hr.

Tankstelle: In Sobra am Fährhafen, auch für Boote. Tägl. 8–20 Uhr (Juni–Ende Sept.), sonst Mo–Sa 10–17 Uhr. ✆ 020/746-233.

Essen/Übernachten Restaurant-Pension Villa Mungos, mehrstöckiges Natursteingebäude mit großer Terrasse an der Uferstraße direkt am Meer. Zur Marenda (Mittagstisch) werden preiswerte, täglich wechselnde Gerichte geboten (ca. 4 €). Es gibt frischen Fisch, Austern, Lamm vom Spieß oder aus der Peka, hauseigenen Käse, Öl, Weine und Schnäpse. 6 Muringe mit Wasser und Strom. Ganzjährig geöffnet. Zimmer- und Appartementvermietung (DZ/F 40 €). ✆ 020/745-060, -224, www.mungos-mljet.com.

Pension Dabelić, schöne Zimmer mit Blick aufs Meer; etwas oberhalb im Ort. ✆ 020/745-060.

Pension Maria Stražičić, oben am Hang, mit kleinem Restaurant für die Gäste. Hier kann man immer frischen Fisch kaufen. ✆ 020/745-082.

Pension-Apartments Anelić Pavica, mit kleinem Hafen. Auf Wunsch Halbpension. ✆ 020/745-134.

Konoba-Pension Laura, schön zum Sitzen an der Mole; Natursteinhaus. ✆ 020/745-101.

Gut ist auch die kleine Konoba Riva, hier gibt es Fisch, Fleisch und Pizzen aus dem Holzofen. ✆ 098/9490-458 (mobil). Ebenso Konoba Lanterna, für Fischgerichte und Pizzen.

Das nächste Dorf an der Inselstraße ist **Prožura**, eine der ältesten Ansiedlungen der Insel: verwitterte Häuser, ein Wehrturm, die Dreifaltigkeitskirche aus dem 15. Jh. mit kostbarem romanischen Kruzifix, die Ruine eines Klosters. Das schmale Sträßchen schlängelt sich tief hinab, dann heißt es parken und zu Fuß hinab zur Bucht mit ein paar Fischerhäusern und vorgelagerten Inselchen – zum Greifen nah. Es gibt mehrere Übernachtungsmöglichkeiten, Bademöglichkeiten am Fels- und Kiesstrand. Ein breiter Makadamweg (wird Asphalt) führt etwas oberhalb der Küste hinüber nach Okuklje.

Essen/Übernachten: U. a. Pension-Gostiona Marija Belin, ganz im Osten, mit Anlegestelle, ✆ 020/746-113. Pension Marija Divanović, nette Terrasse mit Pinien, östliche Seite, ✆ 020/746-106. Pension Frane Divanović, mit schöner Terrasse, in der Buchtmitte, ✆ 020/746-196. Zu empfehlen auch Konoba Barba.

Korita – malerischer Blick auf die Elaphiten und die Festlandsküste

Prožura wird 1345 erstmals erwähnt. Durch die strategisch günstige Lage konnte man von hier aus den Kanal beobachten und sicherlich auch Schiffe überfallen. Die Bewohner trieben Handel und orientierten sich an Dubrovnik. Die gute Lage zog auch die Benediktiner aus Lokrum an, die hier Ländereien erwarben und ein Kloster sowie die Kirche bauten.

Auf der Straße weiter Richtung Saplunara kommt kurz vor Maranovići der Straßenabzweig, der in 2 km hinab nach **Okuklje** führt – bis vor ein paar Jahren war der Ort nur über das Meer zu erreichen. Der Ort ist ein Platz mit tragischer Geschichte. Zur Blütezeit der Stadtrepublik Dubrovnik, als auf dem Meer weitgehend Ruhe und Ordnung herrschten, zog es etliche Bergbewohner an die Küste, so auch die Menschen von Vrhmljeće, die die Siedlung Okuklje ohne jegliche Befestigung errichteten. Sie pflanzten Wein- und Olivenbäume und lebten eine Zeit lang glücklich und zufrieden. Doch selbst im Frieden lauert Krieg: Piraten kamen und beraubten die Schutzlosen. Das sprach sich unter den Banditen schnell herum, und so häuften sich die Überfälle. Eine Piratenbande machte der Siedlung im Jahr 1669 den Garaus. Mit 800 Mann kamen sie, schlugen alles kurz und klein, nahmen die Bewohner gefangen und plünderten ihre Häuser. Die übrig Gebliebenen verließen mittellos ihren einst so friedvollen Platz und siedelten sich in Korita und Maranovići an. Oberhalb des Ortes sind noch Überreste der *St. Nikolauskirche* zu sehen.

Heute stehen um den Hafen Neubauten, es gibt Privatzimmer und Restaurants mit schönen Terrassen und mit Anlegeplätzen für Boote:

Übernachten/Essen: Das Restaurant Maran hat leider seit 2011 geschlossen.

Wenige Meter entfernt die gemütliche **Konoba Porto Camera**. Gegenüber in der Bucht **Restaurant Maestral**.

Die **Pension Bašica Vladimir** vermietet Appartements/Zimmer, ✆ 020/746-166. Zudem **Pension Mare Bašica**.

Die Inselstraße verläuft weiter oberhalb der Südküste. Berge ziehen sich tief hinab, bilden Buchten. Ein Kirchlein mit Glockenaufsatz und ein paar alte Häuser – das ist **Maranovići**. Der Ort, der seinen Namen einer geschäftstüchtigen Familie verdankt, entstand im 15. Jh. oberhalb des heutigen Orts um die Kirche *Gospa od Brda*. Spuren dieser Besiedlung sind noch zu sehen, darunter ein Grabstein mit Umrissen des Wappens der Familie *Maranović*. Die Maranovićier trieben Handel, waren begütert, besaßen Weinberge und Olivenplantagen, die sie nach dem Untergang Okukljes noch weiter ausdehnten. Nach einer Pestepidemie verließen sie das alte Gebiet und siedelten sich näher am Meer an.

Bis heute leben die Einheimischen vom Olivenanbau, es gibt eine kleine Olivenfabrik, bei der sich zur Erntezeit ganz Mljet einfindet.

Die Straße führt nun nach **Korita** bergab. Ein Kirchlein zeichnet sich vor dem Meer ab, das Rot der Dächer leuchtet zwischen dem Grün der Oliven und Zypressen. Erstmals erwähnt wird der Ort 1474. Durch die windgeschützte Lage, umgeben von Bergen und fruchtbaren Tälern, entwickelte sich Korita schnell zu einem Städtchen, in dem es auch wohlhabenden Dubrovnikern gefiel; sie bauten prächtige Häuser, kleine Renaissancepaläste, und, zum Schutz des Ganzen, eine Festung. So konnte auch die Mljeter Räuberbande, die bereits Okuklje auf dem Gewissen hatte, 1669 abgewehrt werden. Innerhalb eines Tages bezwangen die Bewohner die Banditen und lehrten sie das Laufen. Mit dem Niedergang Dubrovniks im 18. Jh. ging es jedoch auch in Korita abwärts.

Der *Wehrturm* entstand im 17. Jh. Die *St.-Veit-Kirche* wurde 1488 im Stil der Renaissance erbaut und im 20. Jh. renoviert. Die *Marienkirche* auf dem Berg, mit viereckiger Apsis und Tonnengewölbe, entstand Ende des 15. Jh. in einem renaissancebarocken Stilgemisch – beide Kirchen mit überdachter Vorhalle und offenem Glockenturm. Archäologen fanden um Korita Überreste von römischen Mauern, Inschriften und Münzen.

Von Korita führt das Sträßchen weiter zur **Sandbucht Saplunara**. Die Vegetation ist üppig – es wachsen Oliven, Eichen und riesige Pinien, im Unterholz Farn, Alpenveilchen, Fingerhut. Schließlich wird der Blick auf das Meer frei – in der Ferne sieht man die Elaphiten, im Vordergrund die große Sandbucht Saplunara, umgeben von ein paar Neubauten mit Zimmervermietung. Ihr Name ist abgeleitet vom lateinischen *sabulum* – Sand. Jahrhundertelang wurde hier Sand für den Hausbau abtransportiert. Inzwischen wird er gleich an Ort und Stelle verwendet, denn das ruhige Fleckchen am Rand der Insel wird Jahr für Jahr etwas touristischer. Ein Fuß-/Fahrweg führt um die Bucht zur *Halbinsel Blaca* und zur gleichnamigen seichten Sandbucht.

Sonstiges Einkaufen im Minimarket Franić (wenig Auswahl), er bietet auch Privatzimmer, ✆ 020/746-178.

Übernachten/Essen Es gibt 18 Familien, die **Privatzimmer** mit Halb- oder Vollpension vermieten, ab 15 €/pro Pers. Eine Auswahl:

Restaurant Organic Food, auf der Westseite der Bucht, wird gelobt. Auch Anleger.

Pension Franka Bašica, direkt am Meer, mit guter Küche. ✆ 020/746-177.

Pension Baldo Kralj, das erste Haus an der Bucht. ✆ 020/746-154.

*** **Appartements Mario Franić**, oberhalb der Blaca-Bucht. Netter Familienbetrieb mit 3 nagelneuen Appartements. Es gibt aus eigener Produktion Ziegenkäse, Raki und Wein. Saplunara 15, ✆ 098/9823-451 (mobil).

*** **Villa Mirosa**, mit Restaurant. ✆ 020/746-133, 098/804-819 (mobil).

》》 Mein Tipp: *** **Pension-Restaurant Obitelj Stermasi**, auf dem Hügel an der Ostseite der Landzunge. Um die idyllische Terrasse wächst es wie im botanischen Garten und man hat einen herrlichen Blick aufs Dubrovniker Küstenland. Anleger für Boote und Badebuchten. Fahrradverleih. Es gibt auch einen Eisstand. Ganzjährig geöffnet. Appartements und Studios ab 55 €. Saplunara 2, ✆ 020/746-179, 098/427-081 (mobil), www.stermasi.hr. 《《

Die Inselsilhouetten der Elaphiten, in der Ferne die Insel Mljet

Die Elaphiten

Dalmatiens südlichste Inselgruppe umfasst dreizehn größere und kleinere Inseln, mit Felsklippen und Riffen sind es annähernd dreißig. Die drei größten der Elaphiten – Šipan, Lopud und Koločep – sind von subtropischer Vegetation geprägt, sie sind bewohnt, bieten Unterkunft und schöne Badebuchten. Auch sind sie quasi autofrei, lediglich die Bewohner benutzen zum Einkaufen oder für Baumaterialien die Autofähre, die in Šipan und Lopud stoppt. Für Bootsbesitzer gibt es gut geschützte Anlegeplätze.

Die 13 Elaphiten-Inseln – *Daksa, Koločep, St. Andreas, Lopud, Ruda, Šipan, Mišnjak, Jakljan, Kosmeč, Goleč, Crkvicne, Tajan, Olipa* – liegen nordwestlich von Dubrovnik, sind der Küste vorgelagert und haben insgesamt 30 km² Landfläche, verstreut über 90 km² Meeresfläche. Die Insel Lokrum zählt nicht dazu – sie gehört zu Dubrovnik.

Heiße, trockene Sommer und milde, regnerische Winter bestimmen das Klima. Der Jugo fegt über Kliffe und unbewohnte, dem Meer zugewandte Inselseiten. Gefährlich kann der Nordweststurm Tramontana werden. Die bewohnten Ortschaften und touristischen Zentren sind alle in Richtung Maestral geöffnet, der die Sommerglut mildert. Von Karst ist auf den größeren Inseln nicht viel zu sehen, sie sind von immergrünen Wäldern bedeckt: Aleppokiefernwald, Flaumeichen, Lorbeerbäume und Erdbeersträucher, Kletterpflanzen und Macchiagestrüpp wuchern überall. Und in den Ortschaften wächst und blüht es subtropisch: Platanen, Stechpalmen, Orangen, Zitronen, Jasmin. Die Felder und Gärten sind gepflegt, die Vorgärten ein Blumenmeer. Die Wassertemperatur der südlichen Adria liegt nur im Winter höher als im Norden, im Herbst misst sie 19, im Winter 14 °C. Im Sommer ist es umgekehrt; die Temperatur beträgt dann zwischen 22 und 25 °C, also ein paar Grad weniger als z. B. im Gebiet der Kvarner-Inseln. Der steinige Meeresgrund ist reich an Tieren und Pflanzen: Hier leben grüne und rote Algen, Korallen, Barsche, Zahnbrassen, Kraken, Langusten und Hummer.

Die Elaphiten

Wichtiges auf einen Blick

Telefonvorwahl: 020

Fährverbindungen: *Personenfähre (Jadrolinija): Dubrovnik–Šipan (Suđurađ, Šipanska luka), Lopud* und *Koločep*. Die drei bewohnten Inseln werden 4-mal tägl., So nur 2- bis 4-mal tägl., angelaufen.; auf Šipan stoppt die Fähre zuerst im Osten in Suđurađ, 35 Min. später in Šipanska luka im Westen (allerdings nur 1-mal tägl.). Preis Gruž–Lopud 15 KN (ca. 2 €).

Autofähre Dubrovnik–Lopud–Suđurađ, 1-mal tägl.; Lopud nur 3-mal pro Woche. Nur für Einheimische zum Transport gedacht.

Katamaran (G & V-Line, www.gv-line.hr) *Dubrovnik–Šipanska luka–Sobra* (Insel Mljet) 1-mal tägl. Okt.–Juni auch weiter bis Polače (Insel Mljet).

Taxiboote: Vom Festland gibt es von Brsečine (nördlich Trsteno) Taxiboote nach Šipan; auch Parkplätze dort vorhanden.

Übernachten: es gibt 2 Hotels, daneben Pensionen.

Einkaufen: nur zwei ganzjährig geöffnete Minimärkte.

Geldwechsel: keine Banken! Nur Bankomaten auf Lopud, Šipan und Koločep oder in den Postämtern.

Geschichte

Schon *Plinius der Ältere* sprach im 1. Jh. N. Chr. Von den Elaphiten. Der Name, so sagen manche, geht auf das griechische *elaphos* – Hirsch – zurück. Daraus ist zu schließen, dass die Griechen die Inseln zu einer Zeit besiedelten, als dort noch Hirsche lebten. Eine andere Variante führt den Namen auf die griechischen Wörter *elaia* (Olive) und *fitos* (wachsen) zurück, was besagen soll, dass die Inseln mit Olivenbäumen bedeckt waren – sicherlich die wahrscheinlichere Namensdeutung. Auf Šipan stehen Reste römischer Landvillen. Wahrscheinlich schon im 11. Jh. Kamen die Elaphiten zu Dubrovnik, 1272 wurden die Rektoren von Koločep, Lopud und Šipan gewählt. Sein goldenes Zeitalter erlebte der Archipel im 15. und 16. Jh. Nach dem Fall Dubrovniks 1808 gerieten die Inseln mit reicher Seefahrertradition allmählich in Vergessenheit. Heute ernähren die wenigen fruchtbaren Felder, das Meer und vor allem der Tourismus die Bewohner der größeren Inseln. Durch den Krieg zwischen 1991 und 1995, der gegenüber auf dem Festland tobte, wurden auch nach Kriegsende die Inseln wenig besucht – viele Pensionen und Restaurants, besonders auf der Insel Lopud, mussten schließen. Inzwischen boomt der Tourismus vor den Toren Dubrovniks wieder.

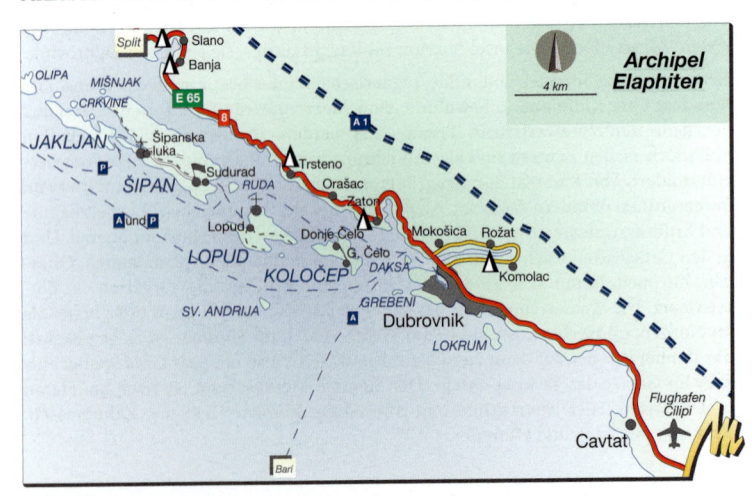

Sudurad – Wehrtürme bewachen die die Hafeneinfahrt des Fischerortes

Insel Šipan

Größenmäßig und auch geschichtlich ist Šipan die erste Insel der Elaphiten. Trotz grüner Wälder, fruchtbarer Täler und subtropischer Parks kommen nur wenige Touristen. Die Badebuchten waren noch nie überlaufen, in den beiden Fährorten herrscht beschauliche Ruhe.

Šipan ist mit 16,5 km² die größte Elaphiten-Insel, auf der ein paar hundert Einwohner in zwei Orten leben. Eine schmale Straße verbindet die beiden Inselorte. Sie führt durch ein 5 km langes, fruchtbares Tal, in dem vor allem Oliven, aber auch Weinreben, Feigen, Johannisbrot, Hagebutten und Mandeln wachsen, teils überwuchert von Rankpflanzen, da sich nur noch wenige Menschen um die Landwirtschaft kümmern. Die einstigen Fußwege zu den Orten existieren noch, sie führen durch üppige Macchia und Kiefernwälder, Zypressen- und Palmenparks. Die Insel ist hügelig, ihre höchste Erhebung ist der 243 m hohe Berg *Velji vrh*. Die buchtenreiche Küste ist von klarem Wasser umspült, in dem sich viele Fischarten tummeln. Steil ist die Küste vor allem im Süden.

Geschichte

Šipan ist seit Urzeiten bewohnt, auf dem Berg Sutulija in der Inselmitte sind Reste illyrischer Verteidigungsmauern erhalten, bei Šipanska luka fand man Ruinen einer Villa Rustica und römische Schrifttafeln. Römische Quellen berichten von einer Seeschlacht bei Tauris (zwischen Šipan und Jakljan), die sich im Jahr 47 im Bürgerkrieg zwischen *Cäsar* und *Pompejus* hier abspielte. Von 32 altkroatischen Kirchen, erbaut zwischen dem 7. und 11. Jh., stehen heute noch 15 über die Insel verstreut. Seit dem 13. Jh. Gehörte Šipan zur Stadtrepublik Dubrovnik und erlebte mit ihr Aufstieg und Niedergang, besonders was Handel und Seefahrt betrifft. Heute lebt man auf Šipan etwas von Landwirtschaft und Fischfang, in eingeschränktem Maß vom Tourismus oder die Bewohner pendeln zur Arbeit in die nahe Großstadt Dubrovnik.

Šipanska luka

Versteckt in einer tiefen, von viel Grün umgebenen Bucht im Nordwesten, liegt der Hauptort von Šipan. Die wenigen Touristen genießen Sonnenuntergänge, Fisch und Wein auf der Terrasse des Hotels oder in der Konoba.

Überreste einer Villa rustica zeugen von Šipanska lukas früher Besiedlung. Zur Zeit der Dubrovniker Herrschaft stand hier der *Rektorenpalast*, der bis heute erhalten ist. Vom *Renaissanceschloss* (heute in Privatbesitz) hoch über der Ortschaft bietet sich ein guter Blick über die Insel: Tief zieht sich die Bucht ins Land bis zum Hafen. Am Ufer liegt ein Park, in dem eine über hundert Jahre alte Platane steht, die Uferpromenade ist von Palmen gesäumt, dahinter, inmitten von Blumengärten, alte rosa getünchte Häuser. Die *Pfarrkirche Sv. Stjepan* steht auf einer Anhöhe über dem Ort. Sie stammt aus dem 12. Jh., aus dieser Zeit ist allerdings nicht viel erhalten, bis heute wurde die Kirche viermal umgebaut.

Weitgehend verfallene Landhäuser stehen in der Feldflur (Polje) zwischen Šipanska luka und Suđurađ – hier gedeihen neben Olivenbäumen noch Gemüse, ansonsten Aleppokiefern und Macchia. Im Nordwesten dieser Gegend sprudelt eine Quelle. Im 16. Jh. Gehörte den Erzbischöfen von Dubrovnik ein Sommerpalast auf der Insel, in dem auch Kardinal *Becadelli*, ein enger Freund *Michelangelos*, wohnte. Der Kardinal lud ihn nach Šipan ein, doch der bereits betagte Künstler konnte nicht mehr reisen. Michelangelo bedauerte dies in einem Sonett, in dem er die Schönheit Šipans rühmte. Oberhalb von Šipanska luka, auf dem Weg zum Velji vrh, steht das altkroatische Kirchlein Sv. Petar mit orientalischem Kuppelbau.

Information Touristinformation, 20223 Šipanska luka ☏ 020/758-084. Mitte Juni–Mitte Sept. 10–13 Uhr. Sonst Auskünfte im Hotel Šipan.

Post/Geld Mo–Fr 9.30–11.30 Uhr. Bankomat (Privredna banka).

Übernachten Entlang der Uferpromenade gibt es **Privatzimmer**. DZ ab 20 € u. a. bei **Fam. Boroje**, ☏ 098/325-511 (mobil); **Fam. Lukrecija**, ☏ 020/758-025.

*** Hotel Šipan, der hübsche Bau mitten an der Hafenbucht war einst eine Olivenfabrik; mit Restaurant Pjat, Cocktailbar und romantischer Terrasse unter Palmen. 84 nette, helle Zimmer mit komfortabler Ausstattung und Internetzugang, Spa, Tauchclub Elaphits. DZ/F 98 €/Standard, 140 €/Superior-Meerblick (TS 116–166 €). ☏ 020/754-900, www.sipanhotel.com.

Essen & Trinken An der Uferpromenade einige Gostionas und Cafébars.

· Mein Tipp: **Konoba kod Marka**, kleines, sehr gutes Lokal, besonders bei Bootsbesitzern beliebt. Terrasse direkt an der Mole, an der Südseite der Hafeneinfahrt. Raffinierte und doch traditionelle dalmatinische Küche – Fischrogen, Crevetten, Calamares mit Süßkartoffeln und Tomaten – oder doch vielleicht lieber das leckere Risotto mit Langusten und Schafskäse? ☏ 020/758-007. **«**

Sport Das Hotel verleiht Fahrräder und Tretboote.

Baden: Es gibt einen Kiesstrand an der Südseite der Hafeneinfahrt, im Sommer mit netter Bar. Auf der Buchtnordseite, ebenfalls über Fußwege zu erreichen, gibt es schöne kleine Buchten.

Suđurađ

Zwei wuchtige Wehrtürme bewachen den Ort an der südöstlichen Inselseite. Suđurađs Umgebung lockt mit Stränden und Plateaus zum Baden und zum Wandern.

Jachten und Ausflugsboote füllen im Sommer das kleine Hafenbecken, meist einfache Marmorhäuser prägen das beschauliche Ortsbild. Am Kai stehen zwei Kirchlein mit einer gemeinsamen Fassade: eine aus dem 13. Jh., die andere aus dem 16. Jh. Die Inschrift der Kirchenglocke tönt „Vive le roi de la France!" Aus dem 16. Jh. stammt die schöne *Sommerresidenz* des Stadthalters *Stjepović-Skočibuha,* deren Wehrtürme man schon von weitem sieht. Das Eingangstor schmückt das Familienwappen: eine nackte Frau auf einem Delfin – Zeichen der Herrschaft über das Meer. Seit rund 25 Jahren ist der hinter Mauern versteckte Prachtbau mit Kapelle im Besitz der Familie Marušic, die seine Pforten zur Besichtigung nach Anmeldung öffnet (✆ 020/758-046, www.sipan-marusic.hr).

Am Ortsausgang von Suđurađ steht die wuchtige Kirche *Sv. Duh,* eine frühere Festung, ähnlich der in Vrboska auf Hvar. Ihr Dach ist das größte an der östlichen Adriaküste, von oben genießt man einen Weitblick über die Feldflur. Folgt man dem Sträßchen nördlich bergan (erste Straße kurz rechts), ragen hinter den Kiefern auf einer Bergspitze die Kirche Sv. Duh und eine Burgruine empor. Hierher flüchteten sich die Leute von Suđurađ bei Piratenüberfällen. Noch weiter auf dem Sträßchen bergan genießt man einen schönen Weitblick und stößt auf den *Klosterkomplex Pakljena.* Er umfasst das Benediktinerkloster mit romanischen und gotischen Stilelementen aus dem 14. Jh., einen hohen, zinnengekrönten Wehrturm von 1563, die *Kapelle Sv. Mihael* (7. Jh.), die Pfarrkirche *Gospa od Milosrđa* (14. Jh.) mit Madonnenbild eines holländischen Meisters und das Priesterhaus.

Die hübsch renovierte Kirche *Sv. Ivan* mit Fresken aus dem 11. Jh., steht südlich vom Ortsausgang (über Feldweg nach Kreuzung zu erreichen).

Wer sich für Kunst interessiert, geht in die *Galerie Antikvardat* (Mai–Okt.), hier gibt es moderne Gemälde kroatischer Künstler zu bewundern.

Übernachten Pensionen, DZ ab 30 €. Schöne Unterkünfte u. a.: **Appartements Kate** (Fam. Goravica), ✆ 098/9945-619 (mobil). **Apartmani Stara Mlinica** (Fam. Lešević), ✆ 098/705-690 (mobil). **Pension Daničić**, ✆ 020/758-166.

›» Mein Tipp: ****** Hotel Božica**, nettes, familiär geführtes 26-Zimmer-Hotel (Fam. Kristić), nordöstl. Vom Ort, direkt am Meer. Komfortable Zimmer/Appartements, auch Internetzugang. Das sehr gute Restaurant mit schöner Terrasse serviert leckere Gerichte wie hausgemachte Tagliatelle mit Shrimps, Mönchsfischmedaillons mit Olivensauce oder zarte Lammkoteletts in Rosmarinsauce; für Naschkatzen warten u. a. hausgemachter Karottenkuchen oder Käsekuchen mit Erdbeersauce. Gebadet wird im Pool oder am Felsbadestrand; Fahrrad- und Kajakverleih; Transfer zu anderen Inseln oder Festland (Brsečina). DZ/F 135 € (185 € mit Meerblick). Suđurad 13, ✆ 020/325-400, www.hotel-bozica.hr. **«**

Essen & Trinken **Konoba Stara Mlinica**, am Hafen in einem gemütlichen Natursteinhaus, innen mit offenem Kamin, im Freien gemütliche Terrasse. Mai–Okt. ✆ 020/758-030.

Konoba Na Taraci, neben dem Schloss, im ehemaligen Wirtschaftsgebäude mit kleiner Terrasse. Das Innere ist wie ein kleines Museum. Spezialitäten sind Gerichte aus der Peka (Lamm, Oktopus, Kalb und Gemüse). Mai–Mitte Okt. 9–22/23 Uhr. ✆ 020/758-046.

Cafébar-Bistro Na Žalima, gemütlich sitzt man wenige Meter vom Hafen unter den schattigen Bäumen und genießt seinen Café oder Fisch und Fleisch. Tägl. 9–22 Uhr.

Gesundheit Ambulanz: Mo, Mi u. Fr 8–12, Di u. Do 14–18 Uhr. ✆ 020/758-120.

Diverses Fahrrad- u. Kajakverleih im Juli/Aug. vor Cafébar Na Žalima am Hafen. Zudem Markt mit einheimischen Produkten wie u. a. Olivenöl, Honig.

Insel Jakljan

Jakljan ist die drittgrößte Elaphiten-Insel, unbewohnt und westlich von Šipan vor der Hafeneinfahrt nach Šipanska luka. Früher war die Insel besiedelt – im Westen steht die Ruine einer Benediktinerkirche aus dem 15. Jh. Heute kommen Bauern aus Šipan nach Jakljan, die hier Wein- und Olivenfelder besitzen. Im Sommer schallt Kinderlärm über die immergrüne Insel: Bei der Wasserquelle im Norden steht ein Kindererholungsheim.

Jakljan hat einige stille Badeplätze. Nördlich vorgelagert sind etliche kleine Eilande sowie die Leuchtturminseln **Olipa** und **Tajan**.

Insel Ruda

Die karg mit Macchia bewachsene Insel zwischen Lopud und Šipan hat viele Buchten und eine Höhle, groß genug für ein stattliches Schiff. Im 16. Jh. Lebten hier für kurze Zeit Dominikaner, denen es wegen der Piraten aber bald zu gefährlich wurde. Reste ihres Hauses stehen noch. Ansonsten gibt es auf dem von Kaninchen kahl gefressenen Eiland nur Angler und Badetouristen.

Insel Lopud

Sandstrände, ein gut geschützter Jachthafen, Spazierwege über die Insel und das in ein subtropisches Pflanzenmeer gebettete gleichnamige Städtchen – die zweitgrößte Elaphiten-Insel ist ein beliebtes Urlaubsziel.

4,5 km² groß ist diese liebliche Insel, die schon früher zu den reichsten der Elaphiten zählte und deswegen „Klein-Dubrovnik" genannt wurde. Das milde Klima, üppige subtropische Vegetation durch Wasserquellen und die gut geschützte Bucht zogen den Dubrovniker Adel an, der prächtige Häuser und zahlreiche Kirchen baute. Der Jugo macht die Winter mild, und die Hitze des Sommers kühlt der Smorac, ein Maestral-Wind. Pinien, Zypressen, Palmen, Aloen und Kakteen bedecken die Insel, Orangen und Zitronen, Oliven und Wein gedeihen. Die höchste Erhebung ist der Berg *Polačice* mit 216 m. Auf Lopud gibt es zwei große Sandbuchten, die Šunj-Bucht im Südosten und die Lopud-Bucht im Nordwesten, an der auch der gleichnamige – und einzige – Inselort liegt. Die Insel lässt sich gut zu Fuß auf schönen von Macchia umwucherten Wegen erkunden.

Geschichte

Der Inselname geht auf das griechische *Delaphodia* zurück, daraus wurde das lateinische *Lafota*, dann das kroatische Lopud. Unter Römern und Dubrovnikern hieß Lopud *Insula Media*, was die Lage zwischen den Inseln Šipan und Koločep kennzeichnete. Die Griechen und Römer hinterließen auf Lopud kaum Spuren. Aus dem frühen Mittelalter sind vier kroatische Kapellen und ein Fischerdorf erhalten, Letzteres aber weit ab vom Meer, weil Lopud häufig von Piratenbanden aus Ulcinj, Mljet und der Türkei überfahllen wurde. Im 16. Jh. Erlebte die Insel als eines der acht so genannten Fürstentümern Dubrovniks (eigentlich Verwaltungsbezirke mit

Blick auf das Städtchen Lopud mit seinem Franziskanerkloster

Rektor) ihre Blüte. Die Nähe der Stadtrepublik und der gut geschützte Hafen machten Lopud zu einem Umschlagplatz. Wegen seiner Schönheit ließen sich Dubrovniker Adelige und Intellektuelle hier ihre Sommerresidenzen errichten.

Einst standen auf Lopud 32 Kirchen und Kapellen, zwei Klöster und fünf Konvente; ein Dominikanerkloster, das hauptsächlich dem Schulunterricht diente, und ein Franziskanerkloster, das man zur Festung ausbaute und das bei Angriffen Tausenden Zuflucht bot. Angeblich lebten hier einst 14.000 Menschen, was aber nachweislich nicht stimmt. Selbst wenn man pro Hausruine 10 Personen rechnete, würde diese Zahl nicht erreicht. Das große Erdbeben von 1667 forderte kaum Menschenleben und richtete auf Lopud nur geringen Schaden an, wie das erhaltene Franziskanerkloster zeigt. Gegen Ende des 17. Jh. Ging es, wie die Chronisten berichten, auch wirtschaftlich wieder bergab: Dubrovnik verlor durch die starke Konkurrenz der französischen, holländischen und englischen Handelsflotten die Vormachtstellung im Levantehandel. Lopud, bis dahin an Dubrovnik orientiert, hatte wegen seiner Insellage und des bergigen Ackerlandes wenig Alternativen – so wanderten viele von der Insel ab. Heute leben die 400 Inselbewohner hauptsächlich vom Fremdenverkehr, der in den Kriegsjahren zwischen 1991 und 1995 einen herben Rückschlag erlitt, fast alle Pensionen und Restaurants mussten wegen der eingebrochenen Nachfrage schließen. Seit Anfang des 21. Jh. Ist der Tourismus wieder in Gang und brachte die gewohnte Vitalität zurück.

Miho Pracat

Der 1528 in Lopud geborene Miho Pracat ist der Einzige, dem die Stadtrepublik Dubrovnik ein Denkmal errichtete – es steht im Atrium des Rektorenpalasts in Dubrovnik. Miho Pracats Leben war ein Aufstieg wie im Kitschroman. Er erbte das Vermögen seines Onkels und zog in die weite Welt, durch die Entdeckung Amerikas neugierig gemacht, natürlich auch dorthin. Von seinen Reisen kam er als reicher Mann zurück, besaß zehn Schiffe, große Häuser und Ländereien. Geschickt verstand er es, seinen Reichtum zu mehren und damit auch den der Stadtrepublik, der er sein ganzes Vermögen vermachte.

Lopud

Setzlinge aus fremden Ländern, die die Seekapitäne mitbrachten, und rege sakrale Bautätigkeit von Gönnern und Stiftern machen das einst reiche Inselstädtchen zum touristischen Freilichtmuseum mit Botanischem Garten.

Schon vom Schiff aus sieht man das bewehrte Franziskanerkloster mit dem markanten Turm, die stattlichen alten Villen und die Uferpromenade an der weiten Bucht von Lopud. Ruinen aus altkroatischer Zeit zeugen von früher Besiedlung. Unter Dubrovniks Herrschaft war Lopud ein Schiffbau- und Handelszentrum, heute leben hier nur noch etwa 400 Menschen. Im Hafenbecken sorgen Holzkähne, Jachten und Ausflugsboote für Farbtupfer. An der Palmenpromenade gibt es einige Lokale, stattliche Marmorhäuser – die Villen reicher Dubrovniker Familien – und einen kleinen Palmenpark mit hohen Südseepalmen. Er wurde Mitte des 20. Jh. gepflanzt, in der Anfangszeit des Tourismus auf Lopud. Darüber erhebt sich der zweite hohe Turm der Stadt, der Glockenturm der Kirche des hl. Nikolaus aus dem 15. Jh. Die deutsche Restauratorin und Kunstliebhaberin *Francesca von Habsburg* (Fam. Thyssen-Bornemisza) ließ hier ihren Kunstpavillon aufbauen und ist Förderin der Renovierungsarbeiten am Franziskanerkloster; ein paar Mal im Jahr kommt sie zu Kurzbesuchen in ihre Villa nach Lopud.

Information Touristinformation, Obala Iva Kuljevana 12, im Häuschen nahe der Anlegestelle, 20222 Lopud, ✆ 020/759-086. Mai–15. Okt. 8–15, Do 11–13, Sa 8–13 Uhr.

15. August – große Prozession

Post/Geld Post mit Geldwechsel oberhalb des Hafens. Mo–Fr 9–13 Uhr; Juli/Aug. 8–12/ 18–21 Uhr. Bankomat (Privredna banka).

Einkaufen kleiner Laden, Obst- und Gemüsestand.

Gesundheit Ambulanz, Obala I. Kuljevana 33 (Uferpromenade), ✆ 020/759-020; nur Mo/ Di, Do 8–12 Uhr.

Veranstaltungen Lopuder Nacht, 14. auf 15. Aug., mit einer Messe um 4 Uhr. An **Christi Himmelfahrt** Messe um 9 Uhr in der Kirche Šunj und anschließend Prozession entlang dem alten Weg zur Franziskanerkirche – die Bewohner schmücken die Wege mit Blüten und Blättern.

Fahrradverleih Juni–Ende Sept., am Hafenbecken.

Wassersport Im Hafen gute Ankermöglichkeiten und Hebekran.

Übernachten Privatzimmer ab 30 €/DZ. Appartements ab 35 € für 2 Pers. Die meisten Pensionen bieten Halb- oder Vollpension.

》》 Mein Tipp: ****** Hotel Villa Vilina**, oberhalb des Hafens liegt das familiär und gut geführte Hotel (40 Betten) mit einladender großer Terrasse, Pool und sehr gutem Restaurant. Innen schmücken Gemälde der Tochter das Haus. Komfortable DZ/F ab 165 € (mit Meerblick ab 185 €). ✆ 020/759-333, www.villa-vilina.hr. **《《**

Insel Lopud/Lopud

**** Hotel Lafodia, 196-Zimmer-Komplex am Ende der Bucht, nach kompletter Modernisierung Wiedereröffnung im Sommer 2011. Kies- und Sandstrand mit Liegestühlen, Sonnenschirmen. Surfbrett- und Kajakverleih. Feb.–Mitte Okt. Ansprechende, komfortable DZ/F mit Tee- u. Kaffeekocher ab 202 €. ✆ 020/450-300, www.lafodia.hr.

*** Hotel Glavović, das ehemalige Hotel Grand von 1927, direkt an der Uferpromenade, vermietet 12 schöne Zimmer (2 Appartements). DZ/F 120 €. ✆ 020/759-359, www.hotel-glavovic.hr.

*** La Villa, Natursteinhaus von 1862, liebevoll restauriert (Eigentümerin ist Francesca von Habsburg; Ltg. Dobrila und Mischel), ebenfalls sehr schöne Lage mit Garten an der Uferpromenade. 8 verschieden große nette Zimmer. DZ 100–179 €. Obala Iva Kuljevana 33, ✆ 091/3220-126, www.lavilla.com.hr.

*** Pension Lili, Natursteinhaus etwas oberhalb der Uferpromenade, vermietet werden Studios und Appartements; auch Transfer/Ausflüge mit eigenem Boot möglich. 60 € für 2 Pers. u. Zusatzbett. Od Šunja 5, ✆ 020/759-059, 091/2888-992 (mobil), www.lopud-apartments.com.

*** Pension Pavlović, gut geführter Familienbetrieb. Natursteinhaus in der Altstadtgasse. Vermietet werden moderne, gut ausgestattete Zimmer und Appartements (2–4 Pers.), eines auch mit Garten. Ein paar Häuser weiter das zugehörige empfehlenswerte Restaurant Peggy. Abholservice vom Flughafen und per Speedboot möglich. Mai–15. Okt. DZ 25 €, Appartement 70 €, Frühstück oben im Restaurant 7 €/Pers. Narikla 22, ✆ 020/331-290, 091/5864-728 (mobil).

»» Mein Tipp: *** Villa Birimiša, vermietet werden Appartements/Studios in den hübschen Natursteinhäusern der Villa Birimiša an der Uferpromenade und die komplette Villa Tete Mare mit 2 Zimmern, Küche und Garten. Villa Birimiša je nach Größe 62–82 €; Villa Tete Mare 180 €. Fam. Bogdanović, Obala Iva Kuljevana 49 u. Miha Pracata 3, ✆ 020/759-100, www.villabirimisa.com. **«**

–* Pension Antun Radić, oberhalb der Uferpromenade mit schönem Blick. Zimmer/Appartements; kleiner Garten und Terrasse. DZ/F ca. 50 €. Getina 5, ✆ 020/759-092.

Essen & Trinken Zu empfehlen ist das Restaurant **Villa Vilina** (→ „Übernachten"). Ebenso **Restaurant Peggy**, mit blumenumwucherter Terrasse gibt es leckere Hausmannskost wie Fisch, gefüllte Kalamaris und zum Nachtisch Priklice („Mäuse"), frische Hefeteigkrapfen (s. o. Pension Pavlović). Narikla 22.

Konoba Obala, an der Strandpromenade, mit großer Terrasse unter wildem Wein. Fisch- und Fleischgerichte, Pizza, Nudel- und Reisgerichte. ✆ 020/759-170.

Konoba Barbara, ein alt eingesessenes Lokal mit gutem Essen, auf dem Weg nach Šunj. Od Šunja 2, ✆ 020/759-087.

Sport

Baden Am sauberen Sand-/Feinkiesstrand mit Duschen an der Strandpromenade. Das Hotel verleiht Sonnenschirme, Liegestühle, Tretboote und Surfbretter. Die den Nudisten vorbehaltenen Felsbadestrände liegen an der Nordostseite.

Šunj-Bucht: Man geht am Palmenpark hinauf und nimmt den Weg über den niedrigsten Hügel zur Südostküste. Die Bucht hat Sandstrand, fällt langsam ab, daher ideal für Kinder. Es gibt zwei Restaurants, Tretboot-, Surfbrett-, Sonnenschirm- und Liegestuhlverleih.

Sportgeräteverleih Am Hafen werden Surfbretter und Mountainbikes angeboten.

Wandern Am Westzipfel von Lopud, am **Kap Benešin**, steht der kieferngesäumte *Pavillon*. Ein schöner Platz für herrliche Sonnenuntergänge mit weitem Blick bis Mljet und Šipan.

Spanische Festung (15. Jh.): Hoch oberhalb von Lopud stößt man auf die Grundmauern der 1511 erbauten Festung – in die Gasse beim Museum einbiegen, dann über Stufen und linker Hand auf einem kleinen Pfad hochlaufen. Von oben wunderschöner Blick über die Stadt, die Elaphiten und Mljet. Einfache Gehzeit ca. 0:40 Std.

Kap Poluge: Ein Fußweg führt zum östlichsten Punkt der Insel. Den Weg Richtung Šunj-Bucht nehmen, am Hügel jedoch nicht die Stufen hinab zum Sandstrand, sondern den Weg nach links, an der Kapelle Sv. Gospa od Šunja vorbei, weiterlaufen. Nach ca. 0:30 Std. ist die Šunj-Bucht und bei klarem Wetter Dubrovnik zu sehen.

Sehenswertes

Über dem Kai thront mit 30 m hohem Glockenturm das **Franziskanerkloster** von 1483. Im 16. Jh. baute man unmittelbar daneben eine Festung mit Wachtürmen und friedete den ganzen Komplex mit hohen Mauern ein, sodass er Tausenden von Menschen bei Piratenüberfällen Schutz bot. Es war die Zeit, als Lopud ständig mit Überfällen aus Ulcinj und den gefürchteten Banditen von Mljet rechnen musste. 1808 wurde das Kloster aufgegeben, die Kirche dient heute als Pfarrkirche. Der Säulengang des Innenhofs und auch die halb verfallenen, von Pflanzen überwucherten Befestigungsanlagen werden Schritt für Schritt restauriert. Nur die romanische *Kirche Sv. Marija od Špilice* ist noch gut erhalten. Ins Auge fallen das geschnitzte Nussbaum-Chorgestühl – jeder Mönch hatte hier seinen eigenen Sitz – und das ikonenhafte Altarbild, ein Polyptychon mit geschnitzter Madonnenstatue und acht weiteren Figuren aus der Murano-Schule. Oberhalb der Tür zur Sakristei befindet sich ein Holzaltarbild von 1513, geschaffen von *Nikola Božidarević*, einem der bedeutendsten Dubrovniker Maler.

Lopuds sehenswertestes Sakraldenkmal ist die **Kirche Gospa od Šunja** oberhalb der Sunj-Bucht im Osten der Insel. Nach der Überlieferung wurde die Kirche 1098/99 von dem Mailänder Patrizier und Kapitän *Ottone Visconti* erbaut. Auf der Rückkehr von den Kreuzzügen aus Palästina wurde sein Schiff von einem heftigen Sturm überrascht. Er fürchtete um sein Leben und schwor, auf dem Land, das er lebend erreichte, eine Kapelle zu errichten. Diese Überlieferung bezeugt sein Wappen, das er beim Bau der Votivkirche hinterließ. Es zeigt eine gekrönte Schlange, aus deren Schlund nur noch die Hälfte eines nackten Kindes herausblickt. Da Schlange auf Italienisch biscia oder biscione heißt, kam man über bišun auf *Šunj*. Die Kirche sowie die unterhalb liegende große Sandbucht wurden danach benannt, Viscontis Wappen fand auch als Stadtwappen für Lopud Verwendung. Das Original ist im Museum zu besichtigen.

Insel Lopud – Blick von der Spanischen Festung auf Lopud, Koločep und Šipan

Die ursprüngliche Votivkirche wurde etliche Male umgebaut. Ihr heutiges Aussehen in Form eines Kreuzes stammt aus dem 15. Jh. Im 17. Jh. wurde sie nochmals erweitert und in jüngster Zeit vollständig renoviert. Die Altarbilder stammen von *Palma dem Älteren, Natalino da Murano* und *Blasius Antonius Držić*. Die zwölf lebensgroßen Apostelfiguren des imposanten Holzaltars von *Miho Pracat* wurden laut Überlieferung in Westminster erworben – zur Zeit *Heinrichs VIII.,* der alle Altarbilder entfernen ließ. Interessant sind auch die Grabplatten mit Wappen und Verzierungen. Der Glockenturm vor der Kirche steht an der Stelle, wo sich früher das Beinhaus befand.

Hoch oberhalb von Lopud sind noch die Grundmauern der 1511 erbauten **Spanischen Festung** erhalten. Der Blick von hier oben über die Elaphiten und das zu Füßen liegende Lopud ist fantastisch.

Vor dem Museum stehen *zwei Brunnen:* Einer war für die Einheimischen, der andere für die Seeleute bestimmt – eine Vorsichtsmaßnahme, mit der sich die Bewohner vor ansteckenden Krankheiten aus fremden Ländern zu schützen versuchten. Gegen Überfälle hatte man auch die Wohnhäuser gewappnet: Es gab Schießscharten, durch Dachvorsprünge konnte man die Angreifer mit heißem Öl begießen und mit Steinen bewerfen. Auf dem Museumsplatz liegen mehrere Mühlräder, die zu Ölmühlen gehörten, in denen das Olivenöl gepresst wurde.

Kirche Šunj – Englischer Altar

Im Zentrum steht neben dem Haus des ehemaligen Bischofs Brautić die *Kapelle St. Hieronymus* aus dem 17. Jh. Kurz danach folgt die Villa der Patrizierfamilie Dordić, die das Anwesen später an Baron Maynery verkaufte, angrenzend ein Park mit einst reicher Pflanzenwelt, der heute etwas verwildert wirkt.

Von den Förderern Lopuds künden viele Wappen und Portale – meist waren es erfolgreiche Söhne der Stadt: reich gewordene Kaufleute, Kapitäne, Bischöfe. Vor allem stifteten sie Kirchen und Kapellen – 32 an der Zahl gab es auf der kleinen Insel!

Wer über die Insel läuft, findet zahlreiche verstreute Ruinen, für die man einen eigenen Führer bräuchte, um zu wissen, vor welcher man gerade steht. Von den **altkroatischen Kapellen** aus dem 9. bis 11. Jh. sind vier noch halbwegs erhalten: oberhalb des Hotels Lafodia die Ruinen der einschiffigen *St.-Elias-Kapelle* mit eingestürztem Gewölbe und Fensterrahmen mit Dreibandflechtwerk – typisch altkroatische Ornamente. Um St. Elias entstand die erste Besiedlung Lopuds.

Oberhalb des Orts findet man die gut erhaltene, einschiffige *St.-Johannes-Kapelle* mit Tonnengewölbe, kleiner Kuppel und Flechtornamenten im Innern; die Urnen an der Wandinnenseite wurden hier eingemauert, um die Akustik zu verbessern.

Oberhalb des Berges von Lopud, schon mehr an der Ostseite, stehen die Überreste der *St.-Petrus-Kapelle* – nur noch Mauern und Blendbögen.

Die *St.-Nikolaus-Kapelle* steht etwas weiter östlich am Fuß des Polačica-Berges; vom ursprünglichen Bau blieben nur die Grundmauern erhalten; ihr heutiges Aussehen verdankt sie einer Rundum-Restaurierung.

Neben den vier altkroatischen Kapellen gab es 24 weitere kleine Kirchen; z. B. *St. Rochus* auf der Inselnordseite, inmitten eines gut erhaltenen Wehrturms erbaut. Die *Kapelle St. Jungfrau Maria von Karmel*, etwas weiter südlich, ist noch recht gut erhalten. Etwas nordwestlich steht die *St.-Katharina-Kapelle* mit Wachturm und Resten eines Nonnenklosters aus dem 16. Jh.; von hier aus, wenige Meter zum Meer, erreicht man die *Votivkapelle* des Vice Bun, seinerzeit Emissär des spanischen Königs von Mexiko und des Vizekönigs von Neapel; neben der Kapelle sieht man die Ruinen eines Nonnenklosters von 1612.

In der Nähe stehen noch ein Franziskaner- und ein Dominikanerkloster, Letzteres wurde zuerst erbaut und steht seit 200 Jahren leer, sowie fünf weitere Klöster, in denen die Nonnen des Tertiarierordens St. Franziskus und St. Dominik lebten. Die Überreste dieser Bauten findet man an der Nordostseite Lopuds.

Ein Projekt ganz anderer Art ist der transportable **Kunstpavillon**, eine Holzkonstruktion (Ltg./Organ. Francesca von Habsburg). Der Innenraum ist durch die Anordnung der senkrecht montierten Hölzer nur spärlich lichtdurchlässig und gut geeignet für die Lichtinstallation „Your black horizon", die bereits auf der 51. Biennale in Venedig präsentiert wurde: Per Lichtinstallationen erlebt man einen Tagesablauf von der Morgendämmerung bis zum Sonnenuntergang – ein Projekt von Olafur Eliasson und David Adjaye. Der Pavillon ist von Mitte Juni bis Sept. von 10–19 Uhr zu besichtigen.

Kliff St. Andreas

Weit draußen in der Adria, im Süden von Lopud, liegt das Kliff mit einem 69 m hohen Leuchtturm. Oft peitschen Stürme die Gischt an den Felsen hoch. Die Fischwelt hier ist reich, und zahlreich sind die Korallenbänke im Norden. Fünf Jahrhunderte lang, bis zum Ende des 18. Jh., lebten hier die Benediktiner.

Das Waisenmädchen und der Adelssohn

Es war einmal vor vielen Jahren, da lebte in Lopud ein Waisenmädchen, in das sich ein Dubrovniker Adelssohn verliebt hatte. Sein Vater steckte ihn sogleich ins Kloster St. Andreas, auf dass die nicht standesgemäße Liebesglut verlösche. Der Jüngling aber entfachte Nacht für Nacht ein Leuchtfeuer, und eines Nachts schwamm das Mädchen von Lopud hinüber. Seine Brüder aber täuschten es mit einem Licht, das sie auf ihrem Boot entzündet hatten, und lockten es aufs offene Meer, bis das Mädchen ertrank. Sogleich aber erhob sich ein gewaltiger Sturm, ertränkte die feigen Brüder und trieb das tote Waisenmädchen noch in derselben Nacht in die Arme seines Geliebten.

Insel Koločep – der Hauptort Donje Čelo lockt mit feinsandigem Strand

Insel Koločep

Mit 2,4 km² ist sie die kleinste der bewohnten Elaphiten-Inseln, mit zwei der Küste zugewandten Siedlungen und einem fruchtbaren Tal dazwischen. Markierte Wege durch üppige Vegetation laden zum Entdecken ein.

Koločeps Südwestküste fällt senkrecht bis zu 40 m ab und ist stark zerklüftet. Im Norden und Osten zeigt sich die Landschaft terrassenförmig. Der höchste Inselberg ist der Čavalika Brdo (125 m) im Westen, der sich bis zur Südküste mit niedrigeren Erhebungen fortsetzt. Mit Ausnahme der Halbinsel Čavalika ist die Insel von Pflanzen überwuchert, obwohl es keine Quellen und Bäche gibt. Das Regenwasser wird in Zisternen gespeichert. Subtropisch ist die Vegetation, neben Wein und Oliven gedeihen Zitrusfrüchte, Feigen und Johannisbrot, zwischendrin Obst- und Gemüsegärten, duftende Kräuter und viele bunte Blumen. Spazierwege führen durch Aleppokiefernwälder, vorbei an Zypressen, Palmen, Aloen und Kakteenbeständen zu den Stränden und Buchten. Mancherorts gleicht die Landschaft einem Dschungel: Häuserruinen, jahrhundertealte Olivenbäume, verwilderte Obstbäume und Wein sind von verschiedensten Rankgewächsen umschlungen – die meisten Bewohner wanderten aus, und die wenigen Zurückgebliebenen haben andere Sorgen als die Landwirtschaft.

Auffallend auf Koločep sind die zahlreichen Vogelarten. Genauso zahlreich und bunt tummelt es sich im Wasser, außer Fischen werden Hummer, Muscheln und Krebse gefangen. Früher gab es auch hier die roten Korallen, die wegen ihrer Qualität sehr geschätzt wurden. Mit Silber wurden sie zu edlen Schmuckstücken verarbeitet. Zu besichtigen gibt es außer vier alten Kapellen nichts – Koločep ist eine Insel der Stille und lädt zu ausgedehnten Wanderungen auf markierten Wegen ein.

644 Die Elaphiten

> **Mačius und Čavalika**
>
> Die gegenüber liegenden Kaps erhielten nach der Legende ihre Namen vom Jüngling Mačius und dem Mädchen Čavalika. Die beiden verliebten sich schon als Kinder ineinander, später heirateten sie und lebten glücklich bis ans Ende ihrer Tage. Die Kaps erinnern an die Beständigkeit dieser Liebe.

Geschichte

Die dem Festland nahe Insel war schon von Illyrern bewohnt. Später kamen die Griechen und nannten sie *Kalamota* (kalos = schön), die Römer tauften sie *Calaphodia*. Mit altkroatischer Ornamentik umsäumte Giebelreste erinnern an die Ankunft slawischer Stämme im 6. und 7. Jh. Im 13. Jh. war Koločep schon fest in der Hand Dubrovniks und besaß einen eigenen Rektor – die Ruinen einer Sommerresidenz erinnern daran. Im 15. Jh. hatte die Insel mit einer Handelsflotte von 65 Schiffen und einer Werft in Gornje Čelo ihre Blütezeit. Zudem lebten die rund 2000 Menschen von Landwirtschaft, Fischfang und vom Korallenfischen. 100 Jahre später wurde Koločep durch die aufstrebenden Schifffahrtsflotten von Lopud und Šipan vom Meer verdrängt. Die Türken gaben der einst prachtvollen und reichen Insel durch Verwüstung den Rest. Unter den Franzosen wurde an der Südostseite eine Geschützstellung, die „Napoleonschanze", erbaut, die den Hafen Dubrovniks sichern sollte. Der Niedergang Dubrovniks machte sich auch in Koločep bemerkbar, zahlreiche Koločeper wanderten aus. Einer von ihnen, *Pasko Baburica*, wurde in Peru Millionär, kam zurück, baute sich eine Villa und ließ bei Donje Čelo einen Park anlegen. Nach dem Ersten Weltkrieg erbaute der Maler *Marcic* das Hotel Koločep und ließ die Spazierwege anlegen. Heute arbeiten die 150 Inselbewohner im nahen Dubrovnik oder sie leben vom Tourismus und bewirtschaften nebenher ein paar der zahlreichen Gemüse- und Obstgärten.

Donje Čelo

Der sog. Hauptort und das kleine touristisches Zentrum von Koločep (čelo = Stirn), liegt halb im Wald versteckt auf einer Anhöhe um eine tiefe Bucht an der Nordwestseite der Insel. Anziehungspunkte sind ein verwilderter Park mit subtropischen Gewächsen – Palmen, Kakteen, Oleander-, Zitronen- und Orangenbäume – sowie geschützte Sand- und Kiesstrände.

Auf den Terrassen über dem Meer steht die frühromanische *Kapelle des hl. Abtes Antonius* von 1371 mit einem Altarpolyptychon im Innern und die *Kapelle der hl. Dreifaltigkeit* von 1665. Die *Pfarrkirche* Donje Čelos aus dem 13. Jh., im 15. Jh. vergrößert, birgt einen Tabernakel aus dem 17. Jh. Am östlichen Ortsrand ragt ein viereckiger *Turm* aus dem 16. Jh. in die Höhe – hier lebte Don *Vlado Škadrović* und dichtete seine Romanzen (z. B. „Mačius i Čavalika" → Kasten). In der Ortschaft liegen die Ruinen eines Kastells. In Richtung Gornje Čelo steht beim Friedhof die vollständig wieder aufgebaute Kapelle *St. Michael* von 1317. Gegenüber führt ein Weg zur *Malerbucht*, in der während der Zeit der Kreuzzüge Schiffe vor Anker gingen.

Insel Koločep/Donje Čelo

Gornje Čelo – durchs üppige Grün blickt man auf Dubrovnik

Information 20221 Koločep. Auskünfte über das **Hotel**.

Post/Geld Mo–Fr 8–13.30 Uhr (Juli/Aug. länger). Bankomat (Privredna banka).

Einkaufen Kleiner Laden (7–12/18–20.30 Uhr).

Ambulanz/Apotheke Im Ort, nur Mi und Fr 12–15 Uhr.

Übernachten Privatzimmer ab 25 €/DZ, auch Halbpension möglich, z. B. bei Božo und Marina Mativić. Appartements bei Fr. Buderać.

*** **Hotel Villa Koločep**, an der Westseite an der Sandbucht, mit Restaurant und Tanzterrasse, Bar, Pool. 8 Reihenhäuser, versteckt im Grünen. Tennisplätze, Verleih von Tretbooten, Kajaks, Surfbrettern, Fahrrädern. DZ/F 130 €. ✆ 020/757-025, www.kolocep.com.

Essen & Trinken An der Anlegestelle die **Konoba Stara Miri**, dahinter eine **Cafébar**.

Restaurant Villa Lovor, große Terrasse unter schattigen Bäumen und zwei riesigen Palmen. Große Auswahl an Fleisch- und Fischgerichten, auch Paella; alles gut gewürzt. ✆ 020/757-034.

Schön sitzt man auch im Restaurant **Villa Ruža**, tagsüber meist von Ausflugsgästen besucht.

Baden: Beim Hotel am Sandstrand. Westlich der Villa Ruža Felsplateaus mit Kiesabschnitten für Nudisten. An der *Malerbucht* an Felsen und kleinen Kiesstränden mit Blick auf Dubrovnik.

Wassersport: Verleih von Kajaks, Kanus, Tretbooten, Surfbrettern beim Hotel. Gut geschützter Hafen und Anlegeplätze.

Wandern: Über die Insel führen außer dem betonierten Fußweg zwischen Donje und Gornje Čelo etliche markierte Wanderwege; z. B. *Kameno brdo* mit schönem Rundblick; der Weg bis zum *Leuchtturm* im Süden mit Blick auf Dubrovnik; oder der herrliche Weg oberhalb der *Steilküste*.

Gornje Čelo

Hier, an den Abhängen einer kleinen Bucht im Osten der Insel, wuchern die Blumen und Büsche noch üppiger als in Donje Čelo. Das seichte Meer ist zum Baden für Kinder gut geeignet und so warm, dass man hier fast das ganze Jahr baden kann.

Gornje Čelos vorromanische Kuppelkirche *St. Anton von Padua* wurde im 18. Jh. renoviert. Die Häuser rund um die mit Zypressen, Pinien und Pappeln bewachsene Felsbucht stammen meist aus dem 16. und 17. Jh. Im Ort gibt es Privatzimmer und die *Konoba Škerać*. In Ortsnähe stehen die Ruinen zweier Kirchen aus dem 9. Jh.

Baden: In der seichten Hafenbucht oder westlich unterhalb des Sportplatzes. Hunderte von Stufen führen die Steilküste hinab zu einem Kiesstrand.

Insel Daksa

Das üppig bewachsene Eiland liegt ganz im Osten vor Dubrovnik – Daksa ist die kleinste der Elaphiten-Inseln.

Einst lebten auf Daksa Franziskanermönche, und Gläubige aus ganz Europa trafen sich in ihrem Kloster, von dem heute nur noch Ruinen zeugen. Auch der Dichter *Ivan Gundulić* soll hier meditiert haben. Als die Franzosen kamen, errichteten sie eine Festung und verwüsteten das Kloster. Auch von der Festung stehen heute nur noch Fragmente. Der Fürst *Poninski* ließ Kiefern, Lorbeer- und Zitronenbäume, Myrten und Zypressen pflanzen und renovierte das Kloster. Heute ist Daksa unbewohnt, doch wegen seines Strandes und der reichen Fischgründe bei Bootsbesitzern und Fischern beliebt.

Daksa versteckt sich im Waldkleid

Weltkulturerbestadt und Touristenmetropole im Süden

Dubrovnik

Die von subtropischer Pracht umgebene „Perle der Adria" lockt durch ihre malerische Altstadt und das milde Klima das ganze Jahr über kultur- und sonnenhungrige Touristen aller Nationen an. Jedes Kreuzfahrtschiff macht hier Station, am einstigen Knotenpunkt des Handelsseewegs zwischen Venedig und dem östlichen Mittelmeer.

Am Fuß des *Srd-Berges* erhebt sie sich aus dem Meer: die einzigartige Altstadt mit ihren mächtigen Mauern und Bastionen, mit einer mittelalterlichen Prachtstraße – der *Placa* –, mit Plätzen und Gassen. An der Nordseite der Placa führen enge Gassen in Stufen den Hang hinauf; Stufe für Stufe kann man so die Stadt kennen lernen und entdecken. Dubrovnik, die große alte süddalmatinische Metropole, erhielt 1976 die Goldmedaille Europas für den Schutz der Kulturdenkmäler, die so zahlreich sind, wie die Stadt an Geschichte reich ist. Die gesamte Altstadt wurde 1979 nach dem Erdbeben unter den Schutz der UNESCO gestellt, was aber im Krieg von 1991 bis 1995 ein Bombardement nicht verhinderte. Auf Beschädigungen in der Altstadt weisen Infotafeln hin. Inzwischen blüht das Leben wieder, die Schäden sind längst behoben. Die Altstadt hat 1300 Einwohner, insgesamt sind es 47.000.

Heute ist Dubrovnik wieder die Stadt der Kongresse und Segelregatten, der Museen und Kulturdenkmäler. Um all die Schönheiten zu besichtigen, lohnt Dubrovnik auf jeden Fall einen mehrtägigen Besuch, zudem sind die vorgelagerten Badeinseln nicht weit.

Geschichte

Byzantinische Funde belegen inzwischen eine frühere Besiedlung Dubrovniks als bisher angenommen, so heißt es nun, dass auf der Felseninsel bereits zwischen dem 2. und dem 5. Jh. ein *Castrum* war. In der 1. Hälfte des 7. Jh. kamen Flüchtlinge aus der römischen Stadt Epidaurum, dem heutigen Cavtat (südlich von Dubrovnik), das von den Awaren und Slawen überfallen wurde, und ließen sich auf der Felseninsel nieder, die sie *Lausa* nannten. Gegenüber, unterhalb des Berges Srđ, wo Quellen sprudelten und mächtige Eichenwälder rauschten, siedelten sich Slawen an, die ihre neue Heimat *dubrava*, Eichenwald, nannten. Schon bald wurde Handel betrieben und die beiden Kulturen verschmolzen. So geht man davon aus, dass Dubrovnik, das bis 1918 *Ragusa* hieß, was auf den Inselnamen Lausa zurückgeht, den Ursprung in beiden Namen findet.

Durch den Slawisierungsprozess und unter der Oberherrschaft von Byzanz vergrößerte sich Dubrovnik. Abgaben an die slawischen Herrscher im Hinterland sicherten ihm Schutz, es konnte sich erweitern, wurde jedoch bald auch zur Zielscheibe feindlicher Angriffe. So belagerten im 9. Jh. die Araber Dubrovnik,

Kapitellchen am Rektorenpalast

im 10. Jh. wüteten die Mazedonier, schließlich kam Venedigs Doge Pietro II. Orseolo und kontrollierte die Stadt für kurze Zeit. Doch die Dubrovniker wollten ihre Umgebung selbst beherrschen, also sicherten sie die Stadt. Bald aber setzte sich die Erkenntnis durch, dass man mit geschickter Diplomatie mehr erreicht als mit Waffengewalt, will man seine Vision wahr machen: einen eigenen Staat zu gründen und die Politik selbst zu gestalten. Um besser expandieren zu können, schütteten die Dubrovniker den Graben zu, der die Insel Lausa vom Festland getrennt hatte – an seiner Stelle entstand die heutige Prachtstraße Placa, auch *Stradun* genannt. Das war Mitte des 12. Jh. Dann begann Dubrovnik, im 12. Jh. noch unter byzantinischer Oberherrschaft, mit Europa und dem slawischen Hinterland zu verhandeln und Geschäfte in die Wege zu leiten. Mit Erfolg. Bald rollten die Kaufmannskarawanen aus Dubrovnik über den Balkan, eine mächtige Handelsflotte entstand.

Dubrovniks Literaten

Die Literatur Dubrovniks ist so alt wie die Stadt. Mit Kunst und Wissenschaft vereinigte sie sich und war eine leitende Kraft für Dubrovnik, Sinn spendend und Perspektiven über das Hier und Jetzt hinaus entwickelnd. Während der Renaissance war Dubrovnik ein Zentrum für die großen Humanisten der Zeit. *Marin Držić* ist der bekannteste, ein genialer Meister der Komödie. *Ivan Gundulić* war ein berühmter Literat des 17. Jh. und *Ivo Vojnović*, ein Sohn des 20. Jh., ist der Dritte im Bund der großen Literaten Dubrovniks.

Venedig sah die neue Freiheit Dubrovniks nicht gern, doch konnten die Dubrovniker 1272 ein Stadtstatut verabschieden und eigene Münzen prägen. Geschickt sicherte die neue Stadtrepublik ihre Handelsfreiheit und das Salzmonopol durch Erpressung, Intrigen und Bestechung. Und um das wachsende Einflussgebiet besser kontrollieren zu können, teilte es Dubrovnik in Provinzen ein, so genannte Fürstentümer, die von einem *Rektor* oder *Comes,* der seit dem Frieden von Zadar 1358 aus einer Dubrovniker Patrizierfamilie stammen musste, verwaltet wurden. Die Fürstentümer waren Ston, Lastovo, Mljet, Šipan, Primorje, Dubrovniker Gau, Konavle und Lopud, mit Hafenverwaltungen in Trstenica, Janjinja und Cavtat.

Dubrovniks Republikkonzept

Gleich vorweg, so edel das Konzept der Dubrovniker Republik klingen mag, es war, wie anderswo auch, eine Oligarchie: Rechte und Einfluss hatte nur der Adel, die Bürger und Handwerker bekamen lediglich kleine Aufgaben zugeteilt und die Plebejer hatten absolut nichts zu sagen - Intrigen und Erpressungen waren an der Tagesordnung. Dieses oligarchische System kritisierten schon damals Literaten wie Gundulić und auch Držić, der nachweislich Briefe an die Medicis schrieb.

Bis zur alleinigen Verwaltungsübernahme Dubrovniks im Jahr 1358 wurde der Rektor von den Venezianern gestellt. Den Dubrovnikern war Venedigs Duce nicht geheuer – wie konnte ein Einzelner die Geschicke einer Republik leiten! So klügelten sie für ihre Verwaltung ein eigenes System aus, das bis heute noch Anklang (s. u.) findet: Der Rektor wurde nur für die Zeit von einem Monat gewählt. Erst nach einem Jahr konnte eine Wiederwahl stattfinden. Zur Abschirmung von Beeinflussungen wohnte er mit seiner Familie im Rektorenpalast und durfte ihn in dieser Zeit nicht verlassen. Für den Kirchenbesuch gab es eine hauseigene Kapelle.

Der Rektor war Mitglied des *Kleinen Rats,* der für ein Jahr gewählt wurde. Dieser Kleine Rat bestand aus elf Personen, sie bildeten die Exekutive. Daraus wurden fünf Personen zu Richtern gewählt. Der Kleine Rat bestand nur aus Adeligen, die der Stadt angenehm erschienen und mit besonderen Verdiensten aufwarteten. Des Weiteren gab es den *Großen Rat,* dem alle Adeligen angehörten. Aus diesem Kreis wurden 45 Mitglieder, die sog. Senatoren, auf ein Jahr ins Amt gewählt. Hier liefen die innen- und außenpolitischen Fäden zusammen.

Übrigens erhielt Ragusa vom Papst die Erlaubnis, „Handel mit den Ungläubigen" zu führen. Damit waren die damals guten und gewinnbringenden Handelsbeziehungen zum Osmanischen Reich gemeint. Um mit den Sultanen ins Geschäft zu kommen wurden Ansprechpartner entsandt, die eine Gewährleistung der Geschäfte garantierten. Ausgewählte Vertreter der Republik von Ragusa reisten in rund 24 Tagen nach Konstantinopel und mussten, bis ein Nachfolger kam, ein Jahr bleiben. Als Geschenke und Handelsware brachte man unter anderem Salz, Wein, Olivenöl und die noch heute beliebte Filigrankunst aus Gold und Silber ins Osmanische Reich. Zwischen dem 15. und 17. Jh. war die Blüte dieser Geschäftsbeziehung.

An vielen Hochschulen wird das Regierungskonzept der Dubrovniker unter den Aspekten „Diplomatische Arbeit" und „Regieren ohne Kriege" immer noch gerne diskutiert und als vorbildhaft genannt.

Der Sklavenhandel wurde in Dubrovnik ebenfalls schon 1418 abgeschafft, da dieser in keiner Weise dem Bild der Republik entsprach. Während der Türkenherrschaft im 15. Jh. unterhielt Dubrovnik diplomatische Beziehungen zum Land des Halbmonds und besaß das Vermittlungsmonopol zwischen Ost und West, was seine Handelsmacht immens steigerte.

Seit Ende des 16. Jh. aber begann der schleichende Niedergang Dubrovniks. Die französischen, englischen und niederländischen Handelsschiffe stiegen in das Seegeschäft ein. Sie hatten modernere, gut ausgerüstete Schiffe, die den langen Weg nach Übersee durchhielten. Dubrovnik verschlief diese Entwicklung, steckte kein Geld mehr in moderne Schiffe, sondern begann in Land und Immobilien zu investieren. Hinzu kam das große Erdbeben von 1667, das fast die ganze Stadt verwüstete. Erst ein Jahrhundert später hatte sich Dubrovnik davon wieder erholt und trotzte nun, nach dem Abgang Venedigs, den Franzosen. Napoleon machte dem aristokratischen Stadtstaat unter dem Berg Srđ Anfang des 19. Jh. schließlich den Garaus. Nach dem Wiener Kongress 1815 fiel Dubrovnik an Österreich, das aber Rijeka zu seinem Haupthafen wählte. So verlor die einst mächtige Handelsstadt einmal mehr an Bedeutung.

Bischof Blasius und sein Dubrovnik

Im Krieg von 1991–95 stand auch Dubrovnik unter starkem Beschuss der serbischen Armee. Ende 1991 musste die Bevölkerung drei Monate in Kellern ausharren, es gab keinen Strom, kein Wasser, die Stadt war zu Land und zur See umzingelt. Die 163. kroatische Brigade brachte Dubrovnik die Rettung. Es gab zahlreiche Tote, in der Altstadt waren 80 % der Dächer, Brunnen und die orthodoxe Kirche beschädigt. Die Behebung der Kriegsschäden kostete 2,7 Milliarden US-Dollar. Heute blüht der Tourismus mehr denn je, Dubrovnik zählt weltweit mit zu den beliebtesten Destinationen und konnte 2011 ca. 1,6 Mio. Übernachtungen verzeichnen.

Information

Dubrovnik Card: Tageskarte: 130 KN/17,40 €, beinhaltet Gratis-Bus-Transport und freien Eintritt in 8 Museen.

3-Tages-Karte: 180 KN/24,10 €, inkl. 10 gratis Busfahrten u. 8 Museen.

Wochenkarte: 220 KN/29,50 €, gewährt 20 Busfahrten u. ebenfalls 8 Museen-Besuche.

Kinder bis 12 Jahre sind kostenfrei.

Telefonvorwahl 020

Postleitzahl 20000 Dubrovnik

Information Die Touristinformation (**TIC**) des Tourismusverbands ist flächendeckend gut vertreten. www.tzdubrovnik.hr und www.dubrovnik-riviera.hr (für Umgebung):

TIC Pile, Braslje 5 (bei Busendhaltestelle), ✆ 020/312-011. Ganzjährig tägl. 8–20, So 8–16 Uhr.

Blick auf Rektorenpalast, Kathedrale und Kirche Sv. Vlaha

TIC Hafen Gruž, Obala S. Radića 32, ☏ 020/417-983. Tägl. 8–20, Sa 8–14 Uhr.

TIC Lapad, Šet. kralja Zvonimira 25, ☏ 020/437-460.

TIC Flughafen Dubrovnik, Čilipi.

Agentur Atlas, Vukovarska 19, ☏ 020/442-222, www.atlas-croatia.com. Ausflüge und Flughafenbus.

Agentur Gulliver, Obala S. Radića 25 (Hafen Gruž), ☏ 020/410-888, www.gulliver.hr. Zimmer-, Auto-, Scootervermietung.

Generalturist, Obala S. Radića 24, ☏ 020/432-974, www.generalturist.hr.

Elite Travel, Vukovarska 17, ☏ 020/358-200, www.elite.hr. U. a. Ausflüge mit einem alten großen Segelboot, z. B. Tour rund um Dubrovnik zum Sonnenuntergang oder „3-Inseln-Tour".

Jadrolinija, Obala S. Radića 40 (am Hafen Gruž), ☏ 020/418-000, www.jadrolinija.hr. Mo–Sa 8–16.30/19–20, So 8–9.30/17.30–18.30 Uhr; im Hochsommer länger geöffnet. Fährtickets.

G&V-Line, Vukovarska 34, ☏ 020/313-119, www.gv-line.hr. Fährtickets für Katamarane. Mo–Fr 8–16 Uhr. Ticketverkauf auch am Schiff (1 Std. vor Abfahrt).

Croatia Airlines, am Flughafen Dubrovnik in Čilipi, ☏ 020/773-232, www.croatiaairlines.hr. Tägl. 8–20 Uhr.

Verbindungen

Busse Hauptbusterminal (Autobusni kolodvor), am Hafen Gruž, Obala Pape Ivana Pavla II, 44a, ☏ 060/305-070, 020/313-275. Hier auch Gepäckaufbewahrung von 4.30–22 Uhr. Verbindung mit Ploče, Zagreb (6-mal tägl., die meisten abends, Fahrtzeit 10–12 Std., ca. 220 KN), Split (fast stündl. 5–22 Uhr, 4:30 Std., 100 KN), Rijeka (6-mal, 14 Std.). 2-mal wöchentl. (Fr und So) München–Stuttgart–Frankfurt. Zudem nach Cavtat (Nr. 10) und Ston (Nr. 15).

Stadtbusse (1a, 1b zur Altstadt) halten außen an der Straße.

Stadtbusse (www.libertasdubrovnik.hr), Busstation u. a. vor dem Pile-Tor: Verbindung zum Hauptbusbahnhof sowie zum *Fährhafen Gruž* (Busse Nr. 1a, 1b, 3, 7b, 8), nach *Lapad* (Nr. 4), *Babin Kuk* (Nr. 6), stündl. nach *Bosanka* (Nr. 17, Richtung Berg Srđ). Ticketpreis für Einzelfahrschein 12 KN (im Bus), 10 KN (am Kiosk), Tagespass 30 KN (24 Std.) oder 20-Fahrten-Ticket 150 KN.

Flughafenbus Čilipi (von Atlas-Bus), Stopps u. a. am Pile-Tor, Hauptbusbahnhof; ca. 1,5–2 Std. vor Abflug. Tickets 35 KN.

Dubrovnik

City-Sightseeingtour, Rundfahrt mit offenem Bus, aber mit Dach (nur bei schönem Wetter), vom Osten Dubrovniks über Altstadt, Halbinsel Lapad bis über Hafen Gruž und zurück. 11 Zusteigemöglichkeiten. 4-mal tägl., Fahrtzeit 2 Std., 90 KN (inkl. gratis Stadtbus für diesen Tag). ✆ 020/357-020, www.libertasdubrovnik.hr.

Ausflüge Touristenbus Dubrovnik–Cavtat Čilipi-Folklore (www.libertasdubrovnik.hr): jeden So, Abfahrt Valamar Club Dubrovnik (9 Uhr), Hotel Lero (9.10 Uhr), Hotel Argentina/Exelsior (9.20 Uhr), 40 KN.

Gondelbahn Berg Srđ (→ Umgebung von Dubrovnik)

Taxi An allen wichtigen Plätzen (Zentrale ✆ 0800-0970): u. a. **Pile**, **Hauptbusbahnhof**, **Hafen Gruž**. Startgebühr 25 KN, je Kilometer 8 KN, 2 KN/Gepäck; Stadtfahrt ca. 50 KN, nach Cavtat ca. 200 KN, zum Flughafen ca. 220 KN. Preiswerter fährt **Radio Taxi** (24 Std.), nur nach Anruf 970. Für Überlandfahrten auch **Pauk služba**, Dr. A. Starčevića, ✆ 020/331-016.

Flüge Flughafen Dubrovnik, ✆ 020/773-333, www.airport-dubrovnik.hr. Liegt in Čilipi, 22 km südlich von Dubrovnik; hier auch TIC und Flughafenbusse (s. o.). Direktflüge nach Deutschland und Zagreb (ab 30 €). Infos und Buchung bei **Croatia Airlines** (s. o).

Fähren Der Fährhafen Gruž liegt 2 km nördlich der Altstadt im gleichnamigen Vorort. Busse Nr. 1a, 1b, 3, 7b, 8 fahren in die Altstadt. Gepäckaufbewahrung am Hauptbusterminal. Infos und Buchung über Jadrolinija (s. o.).

Küstenlinie (Liburnija): *Dubrovnik–Rijeka* Ende Mai–Ende Sept. Do u. So 8.30 Uhr (in der Saison für Autos langfristige Vorbuchung nötig!).

Trajekt (Nr. 831): *Dubrovnik–Suđurađ–Sobra (Mljet)* 2-mal tägl.; pro Pers. 6,30 €, Auto 42,30 €. *Dubrovnik–Suđurađ* 3-mal tägl.

Katamaran (G&V-line, www.gv-line.hr): *Dubrovnik–Šipanska luka–Sobra (Mljet)* ganzjährig 2-mal tägl.; 1-mal tägl. auch Polače. Juli/Aug. 4-mal wöchentl. noch bis Korčula und 2-mal nach Lastovo (dann nicht Šipanska luka).

Italienfähren (Jadrolinija): *Dubrovnik–Bari* ganzjährig Juni–Sept. 6-mal wöchentl., sonst 4-mal wöchentlich.

Personenfähre (Jadrolinija): zu den *Elaphiten (nach Koločep, Lopud, Šipan)* 4-mal tägl.

Bootsverbindung: *Dubrovnik–Lokrum*, die Boote pendeln ganztägig halbstündl. bis stündl., Abfahrt Stadthafen; ca. 3 €.

Dubrovnik (Stadthafen)–Mlini-Plat–Cavtat 8- bis 11-mal tägl. (je nach Saison).

Übernachten
1. Hotel Berkeley
2. Hotel Petka
4. Hotel Lapad
5. Villa Gloria
6. Hotel Excelsior & Spa
7. Grand Villa Argentina
10. Appartements Panorama
11. Hotel Zagreb
12. Hotel Sumratin
13. Villa Sandra
14. Villa Micika
17. Hotel Kompas
18. Grand Hotel Park
19. Hotel Aquarius
20. Jugendherberge
22. Hotel Hilton Imperial
23. Hotel More

Diverses

Parken Gleich vorweg, um die Altstadt sind die ausgewiesenen Parkflächen (alle gebührenpflichtig!) schnell belegt; zudem in Zonen unterteilt, am teuersten um die Altstadt (15 KN/Std.), preiswerter z. B. am Hafen Gruž (5 KN/Std.), dann per Bus in die Altstadt.

Diverses

24 Hotel 'R'
26 Hotel Bellevue
28 Hotel Vis
30 Hotel Splendid

Cafés
21 Café-Loungebar Culto
29 Club King Richard

Essen & Trinken
3 Restaurant Orsan
9 Restaurant Komin
15 Restaurant Eden
16 Restaurant Maestoso
23 Restaurant More
27 Restaurant Mimoza

Nachtleben
8 Eastwest Beach Club
25 Latino Club Fuego
31 Club Orlandinjo

Dubrovnik
500 m

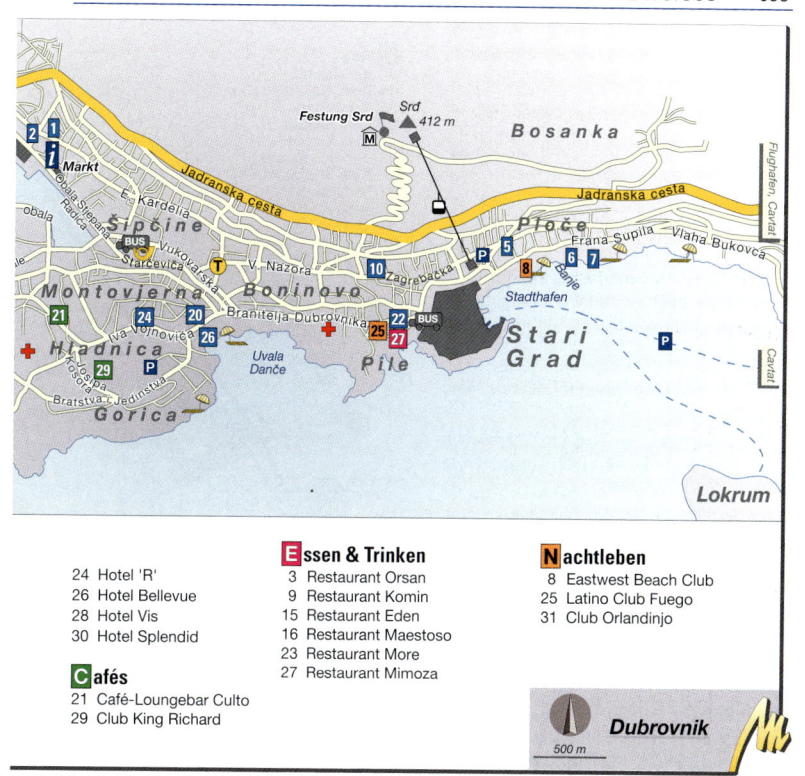

Autovermietung Zahlreiche Agenturen in der Stadt, u. a. **Hertz rent-a-car**, Frana Supila 9, ☏ 020/425-000, www.hertz.hr; auch am Flughafen. **Agentur Gulliver** (s. o. Information). **Avis**, Obala Ivana Pavla II, Nr. 1 (Hafen Gruž), ☏ 091/3143-010 (mobil), www.avis.hr. **Adria rent**, Masarykov put 9 (Lapad), ☏ 020/437-066. **Uni rent**, Flughafen Dubrovnik, ☏ 020/773-480.

Einkaufen Obst- und Gemüsemarkt hinter dem Domplatz, nur vormittags. **Lebensmittel- und Bekleidungsläden** südlich der Placa. **Buchhandlungen** an der Placa. Am Hafen Gruž findet man ebenfalls alles Notwendige: Markt, Läden, Kaufhäuser, Banken etc. **Krawattenshop Croata**, Pred dvorom 2 (Hotel Excelsior). Einige **Shoppingcenter** auf der Halbinsel Lapad (u. a. DOC, Kralja Tomislava 7).

Post Hauptpostamt, Vukovarska 16, ☏ 020/362-068; 7–20, Sa 8–15 Uhr.

Zollamt (falls ein Paket abzuholen ist!), Put Republike 32 (Eingang auch über Dr. A. Starčevića 2); Mo–Fr 7–20, Sa 8–15 Uhr.

Geldwechsel Überall in der Stadt Bankomaten und Banken. U. a. **OTP Banka**, Stradun, Mo–Fr 8–19, Sa 8–12 Uhr.

Gesundheit Apotheken, u. a. **Kod zvonika**, Placa 30 (Altstadt), ☏ 020/321-133 (Altstadt); Mo–Fr 7–20, Sa 7.30-15 Uhr. **Gruž**, Obala pape Ivana Pavla II 9, ☏ 020/418-900; 7–20, Sa 7.30-15 Uhr. Beide im Wechsel 24-Std.-Notdienst.

Krankenhaus: Opća Bolnica Dubrovnik (Hauptkrankenhaus), Roka Mišetića b.b. (Stadtteil Lapad), ☏ 020/431-777; 7–15 Uhr und 24-Std.-Notfallbereitschaftsdienst. Dom Zdravlja Dubrovnik (Ambulanz), Dr. A. Starčevića 45 (Stadtteil Boninovo), ☏ 020/416-866.

Veranstaltungen Monatlich ist viel geboten, am besten den Eventkalender besorgen

654 Dubrovnik

(auch im Internet ersichtlich); u. a. **Stadtfest Sv. Vlaha**, am 3. Febr.: Prozession, Trachten, großes Fest.

Klassische Konzerte, im Juli/Aug. tägl. an verschiedenen Orten, u. a. Kirchen, Dominikanerkloster; namhafte Ensembles und Solisten. Aber auch ganzjährig mind. 2-mal wöchentl. Programm.

Zudem im Sept. **Julian Rachlin & Friends** (www.raclinandfriends.com).

Dubrovniker Sommerfestspiele im Juli/Aug.: tägl. mehrere Veranstaltungen wie Konzerte, Theater, Folklore mit sehr guten nationalen und internationalen Interpreten.

Lindo-Tanz, Aufführungen Mai–Ende Sept. um 21.30 Uhr beim Lazarett-Gebäude, östl. vom Ploče-Tor.

Sommerkarneval, im Aug.: mit närrischen Maskeraden durch die Stadt! Genaues Datum an den Infostellen.

Segelregatta, erstes Wochenende im Aug. Route: Orebić–Korčula–Mljet–Dubrovnik.

Silvesterfeier, am Stradun, mit Musik und großem Feuerwerk.

Zudem jede Menge Sonderveranstaltungen. In den Touristeninformationen und Agenturen gibt es kostenlose Veranstaltungskalender.

Nachtleben Fast jedes Hotel hat Nachtclub/Bar (beliebt u. a. Hotel Dubrovnik Palace, s. u., oder im Radisson Blue Resort, Orašac) und auch in der Altstadt gibt es unzählige Möglichkeiten, sich nachts zu vergnügen. Generell ist in den Sommermonaten natürlich überall viel los, hingegen wird es ab Ende Sept. bis April ruhig, dann werden die Clubs nur am Wochenende besucht.

Latino Club Fuego 25, beliebter, gut besuchter Altstadtclub. Tägl. wechselnde Musikrichtung, u. a. Mainstream, Rock, Latino (zum Tanzen von 23–24 Uhr). Im Sommer tägl., danach Do–Sa 23–6 Uhr. Pile, Brsalje 11.

Cocktailbar & Nightclub Revelin 36, im gleichnamigen Turm gibt's gute Cocktails. Geöffnet im Sommer bis gegen 2 Uhr.

Eastwest Beach Club 8, am Strand der Bucht Banje mit Bar & Nightclub, Restaurant (12–24 Uhr), Café und Open-Air-Diskothek. Unterhalb vom Ploče-Tor, hier gehen vor allem im Sommer die Partys ab. 10–4 Uhr. Frana Supila 4, ✆ 098/9813-850 (mobil).

Gil's Cuisine & Pop Lounge 39, im Altstadtgemäuer mit Blick aufs Meer, schick und modern im japanischen, aber poppigen Stil, mit Blumenarrangements, Sitzkissen. Ein Augenschmaus schon beim Eintreten. Bar- und Restaurantbetrieb, im verglasten Innern oder auf der Terrasse. 11–1 Uhr. Svetog Dominik, ✆ 020/322-222.

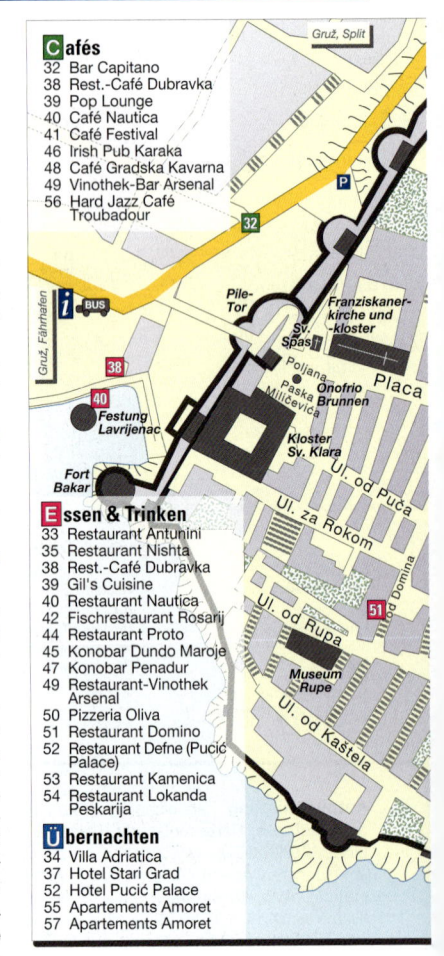

Vinothek-Bar Arsenal 49, im Gewölbe des ehemaligen Schiff-Arsenals mit großer Bar und Restaurant; auch Sitzgelegenheiten auf überdachter Terrasse mit Blick aufs Meer. Events mit Livebands und Diskothek (v. a. Okt.–Mai). 10–4 Uhr. Pred Dvorom 1, ✆ 020/321-065, www.mea-culpa.hr.

Cafés
- 32 Bar Capitano
- 38 Rest.-Café Dubravka
- 39 Pop Lounge
- 40 Café Nautica
- 41 Café Festival
- 46 Irish Pub Karaka
- 48 Café Gradska Kavarna
- 49 Vinothek-Bar Arsenal
- 56 Hard Jazz Café Troubadour

Essen & Trinken
- 33 Restaurant Antunini
- 35 Restaurant Nishta
- 38 Rest.-Café Dubravka
- 39 Gil's Cuisine
- 40 Restaurant Nautica
- 42 Fischrestaurant Rosarij
- 44 Restaurant Proto
- 45 Konobar Dundo Maroje
- 47 Konobar Penadur
- 49 Restaurant-Vinothek Arsenal
- 50 Pizzeria Oliva
- 51 Restaurant Domino
- 52 Restaurant Defne (Pucić Palace)
- 53 Restaurant Kamenica
- 54 Restaurant Lokanda Peskarija

Übernachten
- 34 Villa Adriatica
- 37 Hotel Stari Grad
- 52 Hotel Pucić Palace
- 55 Apartements Amoret
- 57 Apartements Amoret

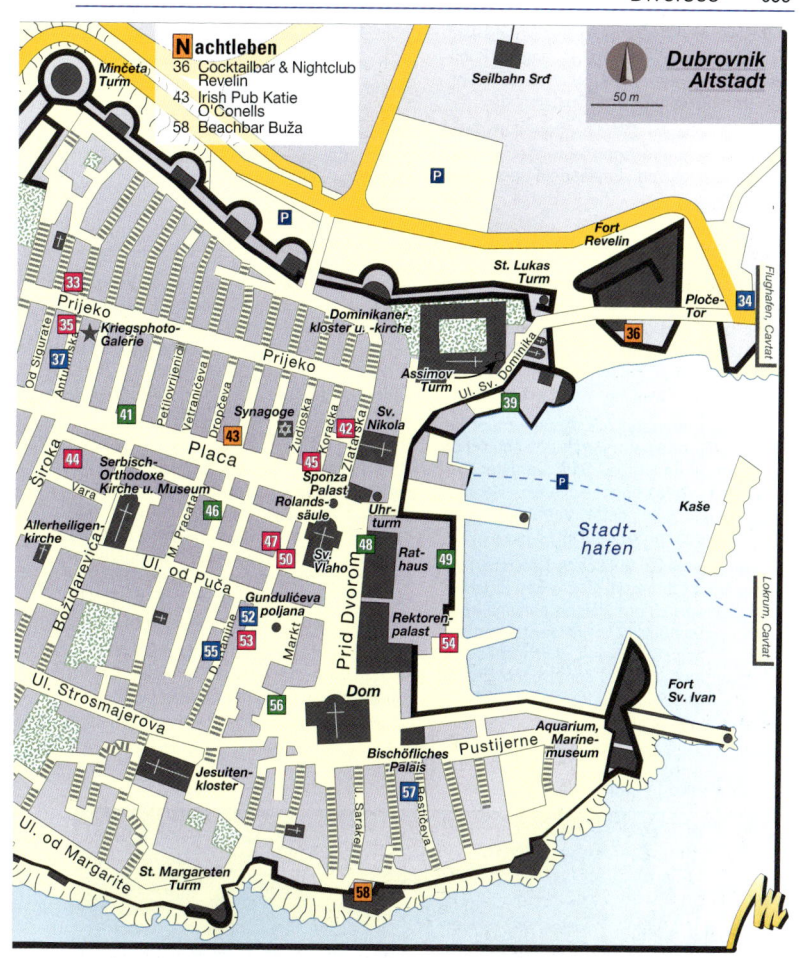

Diverses

Nachtleben
- 36 Cocktailbar & Nightclub Revelin
- 43 Irish Pub Katie O'Conells
- 58 Beachbar Buža

Dubrovnik Altstadt

>>> **Mein Tipp:** Beachbar Buža **58**, an den Felsen und Außenmauern der Stadtbefestigung (südl. der Ul. Saraka) – ganz romantisch und preiswert. Getränke nur in Flaschen. 8.30–3 Uhr (je nach Wetter). <<<

Club Orlandinjo 31, beliebte Location in Lapad. Nightclub und Events u. a. mit Jazzbands. Di–Sa 22–2 Uhr. Masarykov put 20 (Hotel Dubrovnik Palace).

Club King Richard 29, in Lapad, 2-stöckig mit Café-Loungebar, zudem Karaoke-Veranstaltungen. 9–4 Uhr, So Ruhetag. Josipa Kosora 40, ✆ 020/333-733.

Café & Loungebar Culto 21, in Lapad, mit Sitzkissen und Nischen in Dunkelviolett, Rosé oder Weiß-Braun. Zum Chillen sowie zum wach werden. 8–2 Uhr. Iva Vojnovića 39 a.

Hard Jazz Café Troubadour 56, im Sommer tägl. Livemusik im Freien, der man in bequemen Korbstühlen lauschen kann – ein netter Platz mit guten Musikern. 9–2 Uhr. Bunićeva poljana 5 (östl. vom Dom), ✆ 020/323-476.

Irish Pub Katie O'Conell's 43, im Kellergewölbe, nett und beliebt. 10–2 Uhr. Dropčeva ulica.

Bar Capitano 32, erst zu später Stunde wird es voll mit gestyltem, meist jungem Publikum. Auch Events mit Livebands. 20–4 Uhr. Pile, Između vrata 2 (nördl. Busbahnhof).

Irish Pub Karaka 46, die ältere Ausgabe, immerzu voll und sehr laute Rockmusik, hauptsächlich von Engländern gern besucht. 10–2 Uhr. Između polača 5.

Auch tagsüber sehr beliebt:

Café Festival 41, am Stradun. Rund um die Uhr hat man hier ein stilvolles Plätzchen, um zu sehen und gesehen zu werden. Snacks, hausgemachte Kuchen, Teeraum, Cocktailbar.

Übernachten

Privatzimmer/Appartements In und um die Altstadt, am Hafen Gruž und auf der Halbinsel Lapad gibt es zahlreiche Angebote an **Privatzimmern/Appartements** (ab 40 € DZ), auch über Infobüros oder Internet (www.dubrovnik-online.com) buchbar.

Privatappartements, z. B. Appartement Panorama 10, oberhalb von Pile. Sehr schön eingerichtet und groß, Blick von der Terrasse auf Vorfestung Lavrijenac. Deutsch sprechende, sehr nette Vermieter, Parkplatz. Zagrebačka 20, ✆ 020/411-372.

*** **Villa Micika** 14, hübsches Naturstein-Privathaus mit 7 Zimmern (2- u. 3-Bett-Zimmer), umgeben von einem kleinen parkähnlichen Garten. Frühstück kann im Restaurant Orsan (→ „Essen & Trinken", gleiche Besitzer) eingenommen werden. Zum Strand sind es 200 m. DZ 58 €. Mata Vodopica 10, ✆ 020/437-332, www.vilamicika.hr.

Villa Adriatica 34, neben Ploče-Tor. Von den mit Stilmöbeln eingerichteten Zimmern/Appartements und Terrassen schöner Blick auf Stadt und Meer. Gebührenpflichtige Parkplätze vor dem Haus. Ab 80 €/2 Pers. (unter 3 Tage 20 % Aufschlag). Ul. Frana Supila 4, ✆ 098/334-500 (mobil), www.villa-adriatica.net.

*** **Villa Sandra** 13, auf der Südseite der Halbinsel Lapad, oberhalb vom Hotel Kompas und unweit der Strände und vom Busstopp. Nettes, familiär geführtes Haus am Hang mit verschieden großen Zimmern/Appartements mit Terrassen. DZ ab 40 €, Studio ab 50 €. Kardinala Stepinca 15, ✆ 020/435-160, www.dubrovnik-villa-sandra.com.

*** **Villa Gloria** 5, oberhalb vom Strand Banje im Osten der Altstadt. Schönes Grundstück mit Garten und Pool, verschieden große Appartements. 60 €/2 Pers. bis 120 €/4-

Onofrio-Brunnen – die einstige Wasserversorgung Dubrovniks

Übernachten

Pers.-Appartement. Ul. Iva Račića 3, ☏ 020/428-962, www.villa-gloria.com.

Appartements Amoret 55/57, mitten in der Altstadt in renovierten Gemäuern aus dem 16. Jh. Stilvoll eingerichtet; verschieden große Appartements. Je nach Ausstattung 110–130 €/2-Pers.-Studio. Ulica Restićeva und Ulica D. Ranjine, ☏ 020/324-005, www.dubrovnik-amoret.com.

Hotels Dubrovnik ist als Urlaubsziel, aber auch ist als Tagungs- und Messestadt gefragt, d. h. in der Hauptsaison ist es mitunter schwierig und auch teuer, in Altstadtnähe ein Zimmer zu bekommen. Auch hier erhält man durch zeitige Vorausbuchung gute Preise.

Altstadthotels ***** Hotel Hilton Imperial 22, der alte Prachtbau mit 140 Zimmern und Suiten nahe dem Eingang zur Altstadt wurde großzügig und komfortabel im mediterranen Stil umgestaltet – kein Tourist kommt daran ohne Bewunderung vorbei. DZ/F ab 255 €, 3-Tages-Pakete mit Vorauszahlung pro Nacht ab 153 €/DZ/F. Marjana Blažića 2, ☏ 020/320-320, www.dubrovnik.hilton.com.

***** **Hotel Pucić Palace** 52, mitten in der Altstadt. Der Palast wurde zu einem edlen 19-Zimmer-Hotel umgebaut. Die Zimmer sind nach namhaften Dichtern der Stadt benannt und mit Stilmöbeln ausgestattet, auch Interieur aus dem Sponza-Palast wurde integriert. Zum Hotel gehören ein Gourmetrestaurant mit östlicher Mittelmeerküche, das Café Royal und eine Vinothek. Den Gästen steht eine Privatjacht zur Verfügung. Im Zimmer DVD-Player; Bibliothek etc. DZ/F ab 445 €, es gibt auch Appartements. Ul. od Puča 1, ☏ 020/326-200, www.thepucicpalace.com.

***** **Hotel Bellevue** 26, durch die Komplettrenovierung sehr teuer geworden. Super Lage oberhalb vom Meer mit Sand-Badebucht und nur 10 Min. Fußweg zur Altstadt. Schöner Blick über die Bucht und auf die Insel Lokrum. Zimmer nun modernst, komfortabelst und technisch bestens ausgestattet und alle mit Meerblick. Es gibt ständige Ausstellungen namhafter Künstler im Haus, schöner Spa-Bereich und Gourmetrestaurant Vapor mit Blick aufs Meer. DZ/F-Standard ab 248 €. Pera Ćingrije 7, ☏ 020/430-830, www.hotel-bellevue.hr.

*** **Hotel Stari Grad** 37, mitten in der Altstadt, östl. des Franziskanerklosters, steht das 5-stöckige Haus mit 8 hübschen Zimmern, das einst im Besitz der Adelsfamilie Drašković war. Von der Frühstücksterrasse oben herrlicher Blick auf die Altstadtkulisse. DZ/F 235 €. Od Sigurate 4, ☏ 020/322-244, www.hotelstarigrad.com.

Altstadtnah in Ploče ***** Hotel Excelsior & Spa 6, mehrstöckiges Gebäude mit 141 Zimmern und 16 Suiten. Beliebtes Tagungshotel; bestens ausgestattet, direkt am Meer und mit Blick auf die ca. 5 Gehmin. entfernte Altstadt. Großer Spa-Bereich, Sonnenterrasse und Einstiegsleitern ins Meer. DZ/F mit Meeresblick ab 266 €. Put Frana Supila 12, ☏ 020/353-353, www.alh.hr.

》》》 **Mein Tipp:** ***** Grand Villa Argentina 7, kurz nach Hotel Excelsior, ca. 10 Min. schöner Fußweg in die Altstadt. Das mehrstöckige 162-Zimmer-Gebäude ist eingepasst zwischen die stilvollen Villen von ca. 1930, u. a. Orsula, Dubrovnik, Glavić (und der separaten, abgeschirmten Villa Sheherazade – für die Prominenz), eingehüllt in üppige mediterrane Flora, oberhalb des Meeres. Spazierwege führen in Terrassen hinab zur von Felsen umgebenen betonierten Badebucht mit Pool, Einstiegsleitern und herrlichem Blick auf die Altstadt Dubrovniks (auch ein Lift überwindet die 5 Stockwerke). Es gibt Pianobar, Gourmetrestaurants (eigene für die Villen), herrliche Frühstücksterrasse, Wellnessoase, Parkhaus. DZ/F ab 198 € (mit Meerblick ab 243 €), in den Villen (außer Sheherazade) ähnliche Preise. Frana Supila 14, ☏ 020/440-555, www.gva.hr. 《《

Hafen Gruž *** Hotel Petka 2, direkt am Hafen, mit schönem Blick, seit 1867 Hotelbetrieb. 108 gut ausgestattete Zimmer. Schöne Terrasse, Internetecke, Sauna und Fitness; Parkplätze. Bestens, wenn man zur Fähre möchte. DZ/F ab 89 €. Obala S. Radića 38, ☏ 020/410-500, www.hotelpetka.hr.

**** **Hotel Berkeley** 1, gutes und modernes 24-Zimmer-Hotel in Hafennähe mit Pool. Zudem gibt's leckeres Frühstück. WLAN, Bootscharter, Transfer etc. DZ/F ab 145 €. Andrije Hebrange 116a, ☏ 020/494-160, www.berkeleyhotel.hr.

Auf der Halbinsel Lapad ***** Hotel More 23, schön gestaltetes modernes Hotel zum Wohlfühlen direkt am Fels am Meer zwischen Pinien. 35 komfortable Zimmer und sehr gutes Restaurant, Bar und Pool, kleines Spa-Center. Treppen führen zu betonierten Badebuchten zwischen den Felsen.

Dubrovnik

DZ/F ab 217 € (mit Meerblick ab 292 €). Kardinala Stepinca 33, ☏ 020/494-200, www.hotel-more.hr.

**** Grand Hotel Park [18], im Hochhaus oder den stilvolleren Villen. Komplett modernisierte 248 Zimmer; schöner großer Pool. Von den Zimmern in den oberen Stockwerken fantastischer Blick über die Bucht. 300 m zur Badebucht mit Sandstrand. Parkplätze. Gute preiswerte Hotelwahl. Komfortable DZ/F mit Balkon ab 145 € (mit Meerblick 158 €). Šetalište Kralja Zvonimira 39, ☏ 020/434-444, www.grandhotel-park.hr.

»» Mein Tipp: *** Hotel Aquarius [19], südlich von Hotel Park. Die Gäste fühlen sich sehr wohl in dem von Palmen und Gartenterrasse mit Springbrunnen umgebenen Haus. Restaurant, Internetbereich, 20 Zimmer und 4 Appartements, zum Meer mit Sandstrand nur 350 m. DZ/F ab 158 €. Mata Vodopića 8, ☏ 020/456-111, www.hotel-aquarius.net. **«««**

*** Hotel Lapad [4], gegenüber und mit Blick auf die Hafenbucht Gruž. In einem schönen viktorianischen, renovierten Bau, mit Swimmingpool und Bootstransfer zum Stadthafen. DZ/F ab 193 € (mit Meerblick und Balkon 219 €). Lapadska obala 37, ☏ 020/432-922, www.hotel-lapad.hr.

*** Hotel Kompas [17], ruhig an der Lapad-Bucht gelegen, Sandbadebucht gegenüber der Uferpromenade. Großer Innen- und Außenpool und 115 gut ausgestattete Zimmer; Fahrradverleih. DZ/F ab 128 € (Meerblick und Balkon 150 €). Šetalište Kralja Zvonimira 56, ☏ 020/352-000, www.hotel-kompas.hr.

*** Hotel Zagreb [11], rot-weiß strahlendes 44-Zimmer-Hotel mit AC mit üppigem Garten, Restaurant und Terrasse. Zum Stadtstrand wenige Gehmin.; Tennisplätze. DZ/F 130 € (mit Balkon 150 €). Šet. Kralja Zvonimira 27, ☏ 020/436-333, www.hotels-sumratin.com.

** Hotel Sumratin [12], wenige Meter südl. des Hotels Zagreb (gleicher Besitzer). Ebenfalls von Grün umgeben und mit Restaurant. Gute, preiswerte Wahl. DZ/F ab 105 € (mit Balkon 109 €). Šet. Kralja Zvonimira 31, ☏ 020/438-930, www.hotels-sumratin.com.

*** Hotel Vis [28], direkt am Kiesstrand, modernisiertes 152-Zimmer-Hotel, alle mit Balkon. DZ/F ab 108–162 € (je Ausstattung und Lage. Masarykov put 4, ☏ 020/433-555, www.hotelimaestral.com.

*** Hotel Splendid [30], kleines komfortables 59-Zimmer-Hotel südlich des Hotels Vis, direkt an der Felsbadebucht. Von Kiefern umgeben; Pool. Komfortable DZ/F 128–238 €. Masarykov put 10, ☏ 020/433-560, www.hotelimaestral.com.

Hotel „R" [24], 2001 erbautes 10-Zimmer-Haus mit 2- bis 3-Bettzimmern, ca. 200 m westl. der Uvala Dance; ca. 20 Min. Fußweg zur Altstadt oder per Bus. DZ/F 135 €. Alberta Hallera 2, ☏ 020/333-200, www.hotel-r.hr.

Jugendherberge (Omladinski hostel Dubrovnik) [20], 15 Min. Fußweg zur Altstadt. Insg. 82 Betten in sauberen 3- u. Mehrbett-Zimmern, Küche. Kleines Restaurant; nebenan Fahrrad- u. Scooterverleih. 17,40 €/Pers. (mit Frühstück 18,10 €), mit HP 24,30 €. Vinka Sagrestana 3, ☏ 020/423-241, www.hfhs.hr.

Camping ***** Autocamp Solitudo**, oberhalb der gleichnamigen Bucht auf der Halbinsel Lapad liegt der bei Campern beliebte Platz. Terrassiertes 3-ha-Gelände unter Kiefern und Oliven, zum Meer abfallend. Tennis, Tauchclub, Disco. Zur Badebucht ca. 200 m. Gute Sanitäranlagen, Restaurant, Supermarkt in der Nähe. 1.3.–31.10. Pers. 10,20 €, Parzelle ohne Strom 18,60 € (mit Strom 22,50 €). Vatroslava Lisinskog 17, ☏ 020/448-249, -686, www.valamar.com.

Autocamp in Zaton, 15 km in Richtung Split, an einer Meereseinbuchtung, liegt der nächste Campingplatz (s. d.). ☏ 020/891-299.

Essen & Trinken

Es gibt eine Vielzahl an Lokalen, die Wahl fällt nicht leicht.

Restaurant Domino [51], im Kellergewölbe bzw. im netten Innenhof speist man gediegen v. a. Steaks und dalmatinische Gerichte. Od Domina 6, ☏ 020/323-103.

Restaurant Antunini [33], ein traditionsreiches Lokal. Fisch- und Fleischgerichte. Prijeko 30, ☏ 020/321-199.

Restaurant Lokanda Peskarija [54], etwas südl. vom Arsenal (gleicher Besitzer), ebenfalls sehr schönes Ambiente direkt am Stadthafen, das Innere gediegen. Hier isst man bestens Fisch. 11–23 Uhr. Ribarnica b.b., ☏ 020/324-750.

Essen & Trinken 659

›› Mein Tipp: Restaurant-Vinothek Arsenal **49**, im restaurierten Arsenal mit schöner überdachter Terrasse und Blick auf den Stadthafen, im großen Innern zwischen Schiffbugs und Tauen. Beste Fisch- und Fleischgerichte, guter Service, gute Weinauswahl. Pred Dvorom 1, ✆ 098/9830-831 (mobil). **‹‹**

Gil's Cuisine **39**, ein Augenschmaus an Farben und Dekor – direkt am Meer zwischen Natursteinmauern und poppiger Moderne. Hier ist auch die Pop Lounge (→ „Nachtleben"). Die Küche ist französisch angehaucht, zudem isst man hier bestens Sushi und es gibt eine große Weinauswahl. 12–23 Uhr. Sv. Dominika b. b., ✆ 020/322-222.

Restaurant Mimoza **27**, schräg gegenüber des Hilton Hotels vor der Altstadt. Elegantes Interieur und romantische Terrasse, gute Küche mit einer Auswahl kreativer Speisen; Spezialität sind Fischgerichte, aber es gibt auch für Vegetarier Gerichte und für Jugendliche Pastavariationen und Pizzen. 11–24 Uhr. Branitelja Dubrovnika 9, ✆ 020/420-986.

Restaurant Proto **44**, stilvolles Lokal mit alten Fotografien an den Wänden. Im Obergeschoss überdachte Terrasse. Fisch- und Fleischgerichte. 11–23 Uhr. Široka ulica 1, ✆ 020/323-234.

Restaurant Defne – Pucić Palace **52**, wer ausgewählte Gourmetküche bevorzugt, ist hier richtig. Auf der mit weißen Segeln überspannten, erhöhten Terrasse wird östliche Mittelmeerküche serviert. Schon die Vorspeisen beeindrucken. Es gibt landestypische Gerichte aus Zypern, der Türkei, Griechenland, Malta, Libanon, Ägypten und natürlich aus Dalmatien. Dazu erlesene Weine. Ul. od Puča 1, ✆ 020/324-111.

Pizzeria Oliva **50**, kleines gemütliches Lokal mit Freisitzen in der Altstadtgasse. Leckere Pizzen, Pastagerichte und Salate, alles aus frischen Zutaten, dazu gute Weine. Ganzjährig geöffnet. Lucarica 5.

Restaurant Nishta **35**, hier werden sich Vegetarier wohl fühlen. Frisch zubereitete Gerichte mit asiatischer Note, u. a. Red Thai Curry, China-Style-Noodles, Tempehrito, Miso-Suppe. 12–15/18–22 Uhr, Mo nur abends, So Ruhetag. Prijeko 30, ✆ 098/1867-440 (mobil).

Konoba Dundo Maroje **45**, traditionsreiches kleines Lokal. Fisch- und Fleischgerichte. Kovačka b. b., ✆ 020/321-445.

Fischrestaurant Rosarij **42**, kleines Lokal mit ein paar Tischen vor dem Haus. Sehr gute Fisch- und Risottogerichte. Zlatarska 4.

Restaurant Kamenica **53**, gemütliches Sitzen auf dem Gundulićeva-Platz. Kleine Speisekarte, dafür gute und preiswerte Gerichte wie Muscheln, Scampi, Sardellen oder Spaghetti. Gundulićeva Poljana.

Konoba Penađur **47**, am kleinen Platz hinter der Basilika Sv. Vlaho. Kleines Lokal, netter, guter Service. Fleisch-, Fisch-, Spaghetti- und Risottogerichte. Das schöne Ambiente lässt sich der Wirt bezahlen, auch die Coperta (Gedeck, im Hochsommer).

Außerhalb der Stadtmauern Restaurant Nautica **40**, Pile, vor den Toren der Altstadt, gegenüber der Lavrijenac-Festung. Die Restaurantterrasse ist sicherlich der schönste Speiseplatz Dubrovniks, gegenüber von Bollwerk und Felsen, an denen sich die Wellen brechen, allerdings auch exklusive Preise. Barocke Einrichtung mit hübschen Gemälden. Nightclub, Café, Restaurant. 12–24 Uhr. ✆ 020/442-526.

Strand Banje – abends Partymeile

Dubrovnik

Auf der Halbinsel Lapad Restaurant Eden ⓯, gegenüber von Hotel Kompas. Kleines, pflanzen- und blumengeschmücktes stilvolles Lokal, sehr guter Service. Fisch, Meeresfrüchte, Fleisch. Kardinala Stepinca 54, ☏ 020/411-160.

》》 Mein Tipp: Restaurant Komin ⓽, bei der Endhaltestelle des Busses Nr. 6 nach Babin kuk. Mit herrlich großem Biergarten, im Winter lodert inmitten des Raumes der offene Kamin; dort werden die Hausspezialitäten zubereitet, Peka-Gerichte (u. a. Lamm, Kalb, Oktopus) oder auch Fisch und Fleisch. 12–23 Uhr. Iva Dulčića 136, ☏ 020/435-636. 《《

Restaurant Orsan ⓷, beim Jachtclub. Schöne Terrasse, auch schon gut zum Frühstücken, guter Service; gehobenes Preisniveau. Fisch- und Fleischgerichte. 8–24 Uhr. Ivana Zajca 2, ☏ 020/435-933.

Restaurant Maestoso ⓰, in Richtung Hotel Park; mit Terrasse. Guter Service, gute Küche. Fleisch- und Fischgerichte. 10–24 Uhr. Put Kralja Tomislava 1, ☏ 020/420-986.

Cafés Gradska Kavarna ㊽, hübsches Café zum Ausruhen, beim Rathaus.

Café-Restaurant Dubravka ㊳, vor der Altstadt, beim Busbahnhof, unter großen, schattigen Bäumen. Schön zum Entspannen. Guter Café und Kuchen; auch Loungebar, Internetpoint und Restaurant.

Weitere **Cafés**, die auch tagsüber geöffnet haben (→ „Nachtleben").

Sport

Baden Sehr schön ist der Sand-Feinkiesstrand **Banje**, östl. der Altstadt. Ein weiterer ist in der **Uvala Danće**, dann natürlich rund um die **Halbinsel Lapad** (Uvala Sumratin) und **Babin kuk** (Strand Copacabana). Zum Ausruhen oder für den kurzen Sprung ins Wasser bieten sich die Altstadtfelsen an der Südseite des **Fort Sv. Ivan** an, Stahlleitern führen ins Nass. Schön sind die Fels- und Kiesstrände auf der **Insel Lokrum** (hier auch FKK; Strandduschen) – Bootstransfer jede volle Stunde vom Hafen (ca. 3 €).

Wassersport Verleih von Booten, Surfbrettern (auch Sonnenschirme und Liegestühle) bei den meisten Hotels und am **Banje**- und **Copacabana-Strand**. Zudem das **Tauch- u. Wassersportcenter Abyss**, Iva Dulčića 35 (Hotel Dubvornik President), ☏ 098/244-349 (mobil).

Tauchen Diving Club Dubrovnik, Ivana Zajca 35, ☏ 020/435-737, www.du-diver.hr. Basis an der Bucht Solitudo.

Diving Club Blue Planet, Masarykov put 20 (Hotel Dubrovnik Palace), ☏ 091/8990-973 (mobil), www.blueplanet-diving.com.

Kayakausflüge etc. Adventure Dalmatia, ☏ 091/5263-813 (mobil), www.adventure dalmatia.com. Seekajak um Dubrovnik, Freeclimbing in Konavle.

Adriatic Kayak Tours, Zrinsko Frankopanska 6 (hinter Hilton Hotel), ☏ 020/312-770, 091/7220-413 (mobil), www.adriatickayaktours.com. Ausflüge per Fahrrad, per Kajak Inseln erkunden.

Jachthafen Marina Porat, im Hafen von Gruž, 35 Liegeplätze. ☏ 020/418-640.

Jachthafen ACI Dubrovnik-Miho Pracat, im Ortsteil Mokošica (6 km nördl. von Dubrovnik). Gegen Winde gut geschützt. 450 Wasserliegeplätze, 110 Plätze an Land. Tankstelle, 25-t-Travellift, Reparatur-/Motorwerkstätte, Holzboot- und Kunststoffreparaturservice. Überwinterungsmöglichkeit, Supermarkt, Tennisplätze, WLAN, Restaurant, Pizzeria, Bar, Swimmingpool, Tankstelle. Busverbindung zum Zentrum alle 20 Min. 20236 Dubrovnik-Mokošica, Komolac b.b., ☏ 020/455-020, www.aci-club.hr.

Hafenamt Obala Stjepana Radića 37, ☏ 020/418-988, 418-989 (24-Std.-Service).

Stadtbummel

Hoch über der Stadt und um sie herum verlaufen die mächtigen Wälle und Bastionen der **Stadtmauer**, auf der man wie auf der Chinesischen Mauer spazieren gehen kann – und das sollte man unbedingt tun! Auf zwei Kilometern, rund um den mittelalterlichen Stadtkern, ist die Mauer begehbar. Von der nördlichen Seite blickt man über die Dächer Dubrovniks und auf das Tiefblau des Meeres mit der Insel Lokrum. Zweiflügelig liegt die Altstadt da, durchzogen von der Prachtstraße, der

Placa, von den Einheimischen auch *Stradun* genannt. Im Osten befindet sich der alte Hafen, trutzig und von zwei Festungen bewacht. Der größte Teil der Stadt wurde Ende des 13. Jh. erbaut, auch die Stadtbefestigung stammt aus dieser Zeit. Die Mauern sind bis zu 6 m dick und bis zu 25 m hoch. Insgesamt türmen sich vier Festungen an den Ecken der Wälle.

> ### Informatives zu Stadtführungen und Museen
> Für einen Stadtüberblick lohnt der offene **Sightseeingbus** (Preise etc. → „Verbindungen"). Wer tiefer in die Stadt- und Kulturgeschichte einsteigen möchte, bucht **Stadtführungen** (in der Gruppe), erhältlich in verschiedenen Längen. Oder man bucht eine **private Stadtführung** (auch deutschsprachig, ca. 70 €/ 1:30 Std. für 2 Pers.). Interessant sind auch die **themenbezogenen Stadtführungen** (in der Gruppe): „Dubrovnik entdecken", „Geschichten zum Krieg" oder „Judenviertel". Wer sich eigenständig Sehenswürdigkeiten betrachten möchte, dazu noch mit Informationen, mietet sich einen **Audioguide**; 37 historische Sehenswürdigkeiten können abgerufen werden (Info unter ☎ 098/9802-833 (mobil), 24-Std.-Miete 15 €, nur Engl./Franz.).
> Wer bei Museumsbesuchen sparen möchte, kauft die Dubrovnik Card (→ „Information"). Auskünfte über die Touristeninformationen.

In der südöstlichen **Festung Sv. Ivan** ist oben ein *Schifffahrtsmuseum* eingerichtet, im unteren Teil das *Aquarium*. An der Ostseite der Festung bietet ein Steg mit Bänkchen einen schönen Blick auf die Insel Lokrum. Im Südwesten erhebt sich über dem Meer als erste Kasemattenfestung der Welt das **Fort Bokar**, und auf einem Fels ragt die **Vorfestung Lovrijenac** aus dem Meer, sie ist ebenfalls zu besichtigen und auch von ihr genießt man einen schönen Altstadtblick. Die runde **Festung Minčeta** an der nordwestlichen Ecke der Stadt ist die höchste der vier und wurde im 15. Jh. von *Juraj Dalmatinac* erbaut; die meerseitige Mauer im Süden wurde erst Mitte des 18. Jh. vollendet.

Fünf Tore besitzt die Stadt: zwei zum Land im Westen, zwei zum Stadthafen im Osten und eins im Norden, das nachträglich während der österreichisch-ungarischen Belagerung erbaut wurde. Kommt man von Westen, muss man erst die Vormauer passieren und über eine Steinbrücke gehen. Wie im Osten auch, ist diese durch eine hölzerne Zugbrücke mit dem Stadttor verbunden.

Durch das **Pile-Tor** (*Vrata od Pila*) gelangt man im Westen in die Innenstadt und steht dann vor dem Rund des **Großen Onofrio-Brunnens**. Ein Erdbeben im 17. Jh. hat ihn seines Schmucks beraubt, und so zeigt er sich ebenmäßig und schlicht. Der Brunnen, benannt nach seinem Baumeister, dem Neapolitaner *Onofrio della Cava*, ist sechzehneckig, jede Ecke ziert eine Säule, aus der Wasser sprudelt. Der Brunnen war das Ende der 12 km langen, im 15. Jh. erbauten Wasserleitung von der Rijeka-Dubrovačka-Bucht (Ombla-Bucht).

Südlich des Onofrio-Brunnens steht das einstige **Nonnenkloster Sv. Klara** (Samostan Sveta Klara), das Ende des 13. Jh. gegründet und nach dem Erdbeben von 1667 wieder aufgebaut wurde. 1432 wurde hier das erste Waisenhaus Europas eingerichtet, es gab eine Wasserleitung und Lazarett. Heute befindet sich im idyllischen Kreuzgang ein Café und es gibt ein kleines Infozentrum und Ausstellungsräume (Visia 5D Multimedia Museum Dubrovnik). Gegenüber des Brunnen-Platzes, neben dem *Hauptaufgang zur Stadtmauer*, steht die Erlöserkapelle **Sv. Spas**. 1520 nach einem Erdbeben als Votivkirche errichtet, blieb sie vom großen Beben 1667 vollständig verschont. Sie wurde einschiffig im Renaissancestil erbaut und gilt mit ihrer gotischen Fensterrosette bei den Einheimischen als die schönste Kirche Dubrovniks.

Nebenan steht das **Franziskanerkloster** aus dem 14. Jh. Die *Franziskanerkirche* ist mit ihren zahlreichen Marmoraltären ein Schmuckstück. Das Viereck des Kreuzgangs mit Kreuzrippengewölbe und sechseckigen Säulen, die spielerisch Licht und Schatten setzen, ist von subtropischen Pflanzen begrünt. Nebenan befindet sich eine Sammlung alter Kunstgegenstände. Wertvolle Handschriften werden in der *Bibliothek* aufbewahrt. Die *Franziskanerapotheke* ist die drittälteste Europas und seit 1317 in Betrieb. Wer jetzt noch Sorgen hat, geht an die Außenfassade der Kirche (Stradun-Seite), hier ist ein Kopf eingemauert, einer Eule nicht unähnlich, der alle Wünsche erfüllt ...

Östlich des Franziskanerklosters empfiehlt sich ein Besuch der **Galerie War Photo Limited**, die wechselnde Fotoausstellungen zu Kriegen weltweit zeigt.

Das historische Viertel im Süden ist Dubrovniks ältester Stadtteil. An den engen, gekrümmten Gassen stehen die historischen Bürgerhäuser. **Placa**, bei den Einheimischen **Stradun** genannt, heißt die quer durch die Stadt verlaufende Hauptgeschäfts- und Flanierstraße – ehemals ein Meeresarm, der ca. 1150 zugeschüttet wurde. Die Hausfassaden zu beiden Seiten, einst gotisch und im Stil der Renaissance, wurden nach dem Erdbeben 1667 in einem schlichten Barockstil erneuert. Laden an Laden reiht sich in dieser Prachtstraße, von der viele kleine, blumengeschmückte Gässchen abzweigen – nach Norden erklimmen sie mit Treppchen die Ausläufer des Berges Srđ. Dann erweitert sich die Placa wieder zu einem Platz, dem **Luža-Platz**, der gerne für Folkloreaufführungen genutzt wird

Rektorenpalast (oben)
Pile-Tor, Eingang zur Altstadt (unten)

und in dessen Mitte die **Rolandsäule** steht, 1418 als Wahrzeichen der freien Handelsstadt von *Bonino di Milano* und *Antun Dubrovčanin* errichtet. Die rechte Hand des Kriegers bis zum Ellenbogen maß eine Dubrovniker Elle.

Dahinter sprudelt der **Kleine Onofrio-Brunnen**, 1438 erbaut. Am Gebäude der Hauptwache ragt der **Stadtturm** aus dem 15. Jh. empor, der sich beim großen Erdbeben zur Seite neigte. Erst Anfang des 20. Jh. wurde er wieder zurechtgerückt. Geht man hier durch das **Ploče-Tor**, gelangt man zum alten Stadthafen. Hier legen die Schiffe zur Insel Lokrum und in Richtung Cavtat ab.

Gegenüber auf dem Luža-Platz wölbt sich der hohe Kuppelbau der **Blasiuskirche** (Sv. Vlaho), dem Schutzpatron Dubrovniks geweiht – das Dunkel im Innern durchdringt das farbige Licht der Mosaikfenster. Sv. Vlaho wurde im 18. Jh. an Stelle der alten, niedergebrannten Kirche gebaut. Die Silberstatue des hl. Blasius, der in der Hand ein wirklichkeitsgetreues Stadtmodell hält, und zwei Steinstatuen des Bildhauers *Lazanić* von der Insel Brač konnten aus den Flammen gerettet werden.

Schräg gegenüber in der *Žudioska ulica* (Judenstraße), einer kleinen nördlichen Seitenstraße der Placa, befindet sich das jüdische Ghetto; hier steht in einem Barockpalast aus dem 16. Jh. die nach Prag älteste **Synagoge (mit Museum)** Europas, die heute noch genutzt wird. Die ersten Juden siedelten sich 1324 in der Stadt an, die meisten kamen allerdings erst Ende des 16. Jh. nach ihrer Vertreibung aus Spanien und leisteten einen großen Beitrag zum wirtschaftlichen Aufstieg Dubrovniks.

Im Stil der Gotik und Renaissance prunkt nördlich des Luža-Platzes der **Sponza-Palast**, auch **Divona** genannt, mit Säulenvorhalle und Arkadenhof. Der Palast wurde zwischen 1506 und 1522 nach Entwürfen von *Pasko Miličević* erbaut, die Steinmetzarbeiten stammen von *Josip Andrijić* aus Korčula. Das Gebäude diente während der Republik als Münzprägeamt, die Kellerräume zeitweise als Gefängnis, ebenso waren hier Zollamt und Umschlagplatz für Warengüter – die fremden Kaufleute wurden kräftig zur Kasse gebeten. Eine lateinische Inschrift über der Loge erinnert: FALLERE NOSTRA VETANT ET FALLI PONDERA MEQUE / PONDERO DUM MERCES PONDERAT IPSE DEUS („Unsere Gewichte verhindern, dass wir betrügen oder betrogen werden / Und während ich die Waren wiege, wiegt mich Gott selbst."). Der Palast ist so solide gebaut, dass er dem Erdbeben von 1667 trotzte. Im schönen Arkadenhof trafen sich die Kaufleute und die Prominenz, Ende des 16. Jh. dienten die Räumlichkeiten auch als Kulturzentrum: Gebildete Dubrovniker und Literaten gründeten hier ihren „PEN-Club" und trafen sich regelmäßig. Heute ist hier das *Historische Archiv* untergebracht, zudem wurde eine Ausstellung zur Belagerung und Befreiung und zu Ehren der Gefallenen im Heimatkrieg eingerichtet.

Südlich vom Luža-Platz erhebt sich der vierflügelige gotische **Rektorenpalast** (Knežev dvor) mit **Stadtmuseum** (Dubrovački muzej). Der Palast wurde vom Baumeister *Onofrio della Cava* zwischen 1435 bis 1451 erbaut. Verschönerungsarbeiten im Stile der Renaissance nahmen 10 Jahre später der Baumeister *Juraj Dalmatinac* aus Zadar und der Florentiner Bildhauer und Architekt *Michelozzo Michelozzi* vor. Die Reparaturen nach dem Erdbeben von 1667 führte nach alten Plänen ein Baumeister aus Korčula originalgetreu aus. Hier wohnte der Rektor mit seiner Familie und hier waren der Sitz des Kleinen und Großen Rates (→ Kasten S. 649) und Gerichtssäle. Der Rektor wurde stets nur für einen Monat gewählt und durfte in dieser Zeit, als Prophylaxe gegen Bestechungsversuche, den Palast nicht verlassen. Seine Räumlichkeiten, u. a. sein knallrot ins Auge springende Arbeitszimmer, können besichtigt werden, ebenso weitere punkvolle Barock- und Rokokosäle. Im Obergeschoss residiert heute das Stadtmuseum, das einen Einblick in die Stadtgeschichte gewährt. Das schöne Atrium dient im Sommer als Konzertsaal.

In der Gasse weiter Richtung Hafen steht das **Dominikanerkloster** aus dem frühen 14. Jh. Im 16. Jh. schmückte es *L. Marović*, ein Steinmetz aus Korčula, mit seinen Arbeiten. Der Kreuzgang mit Triphoren und Rosetten ist heute noch schön anzusehen. In der Kirche, heute häufig Spielort für klassische Konzerte, hängt ein Altargemälde *Tizians*. Die einstige Klosterapotheke dient heute als *Museum.*

Gegenüber liegt der **Dom Velika Gospa** (Mariä Himmelfahrt). Die alte Kuppelkathedrale war eine Stiftung des sagenumwobenen englischen Königs *Richard Löwenherz*. Als er mit seinem Schiff 1192 auf dem Rückweg vom 3. Kreuzzug in einem Sturm in der Adria Schiffbruch erlitt, gelobte er der Jungfrau Maria, dort eine Kirche zu bauen, wo er heil an Land käme. Er landete zwar auf der Insel Lokrum vor Dubrovnik, doch ließ er sich überreden, seine Kirche in der Stadt zu errichten. Die Kathedrale wurde während des großen Erdbebens völlig zerstört, doch konnte man die Gemälde von *Raffael* und *Tizian* retten. Die heutige monumentale Barockkirche stammt aus dem 18. Jh. Die mit drei Schlössern verriegelte Schatzkammer, zu der drei Personen bzw. Einrichtungen je einen Schlüssel haben, birgt Reliquien und eine frühbyzantinische Ikone.

Etwas westlich des Doms trifft man auf den Platz **Gundulićeva poljana**, dessen Name an den Dubrovniker Dichter *Ivan Gundulić* erinnert. Sein bronzenes Standbild fertigte *Ivan Redić* 1892. Hier stehen vormittags die Stände des Obst- und Gemüsemarkts. Vom Domplatz führt eine barocke Treppe zur **Jesuitenkirche**, die die Dächer der Stadt weit überragt. Sie birgt Dubrovniks älteste Glocke, gegossen 1355.

Westlich davon beherbergt der frühere Getreidespeicher das auf mehreren Etagen schön und neu gestaltete **Ethnographische Museum Rupe**. Hier am Rupe (so hieß der Platz) lag Dubrovniks versteckter Reichtum und Getreidevorrat, den man sich vor allem in unsicheren Zeiten zulegte. 1590 meißelte man dafür 15 Silos mit einer Tiefe von bis zu 9 m in den Felsen, die europaweit mit zu den größten Vorratskam-

Linđo-Tänzer vor der Sv.-Vlaha-Kirche

mern zählten. Sie hatten Platz für 1200 t Getreide. Die oberen Stockwerke dienten zum Trocknen des Getreides, durch Kanäle wurde es dann weiter ins Erdgeschoss geleitet. Das Getreide stammte aus der Umgebung, u. a. aus Konavle, aber auch aus Süditalien oder Albanien. Getreide wurde aber auch für teures Geld exportiert, z. B. bei Ernteausfällen in Spanien – dann wurden die Dubrovniker zu „gut bezahlten Rettern in der Not". Verschifft wurde das Getreide natürlich mit den eigenen Dubrovniker Galeonen. Heute sind in Teiltrakten rund 5000 Exponate untergebracht, die das ländliche und städtische Leben von der Antike bis ins Mittelalter aufzeigen, u. a. Ölmühle, Weinverarbeitung, Trachten und eine archäologische Sammlung.

Museen und Galerien

Rundgang auf der Stadtmauer: Unbedingt lohnenswert ist ein Spaziergang auf der Stadtmauer, die die Altstadt von Dubrovnik auf einer Länge von 1940 m schützend umgibt. Die Stadtmauer hat diverse Aufgänge, Hauptzugang ist am westlichen Beginn der Placa bei der Sv.-Spas-Kirche, ein weiterer nördlich vom Ploče-Tor und einer bei der Festung Sv. Ivan.
Keine Beleuchtung, daher Öffnungszeiten mit Helligkeit. Mai–Aug. 8–19 Uhr, April u. Sept./Okt. 8–17 Uhr, Nov.–März 10–15 Uhr. Eintritt 70 KN, Kinder 30 KN.

Stadtmuseum Dubrovnik (Dubrovački muzej) – Rektorenpalast (Knežev dvor): Das Museum zeigt eine historische Sammlung von Dubrovnik, u. a. Münzen, Waffen, Gemälde. Im Atrium werden im Sommer Konzerte abgehalten.
Tägl. 9–18 Uhr, Nov.–März nur bis 16 Uhr. Eintritt 40 KN, Kinder 20 KN. Pred Dvorom 3.

Sponza-Palast: Einstiges Zollamt und Warenumschlagplatz. Heute ist darin das Historische Archiv mit Dokumenten aus dem 16. und 17. Jh. untergebracht. Zudem Ausstellungsraum und Gedenkstätte der Gefallenen im Heimatkrieg (1991–95) und Atrium.
Tägl. 9–22 Uhr, Nov.–April 10–15 Uhr. Eintritt gratis. Palača Sponza, Placa.

Dominikanerkloster und Museum: Das Museum zeigt eine sehenswerte Gemäldesammlung italienischer Meister (z. B. *Lorenco di Credi*, 16. Jh.), Dubrovniker Meister aus dem 15. und 16. Jh. (z. B. *Hamzić, Dobričević, Božidarević*) sowie alte Handschriften, Bücher und Goldschmiedearbeiten.
Tägl. 9–18 Uhr, Nov.–März nur bis 17 Uhr. Eintritt 20 KN. Sv. Dominika 4.

Kathedrale mit Schatzkammer: Kathedrale s. o. Die Schatzkammer zeigt wertvolle Arbeiten von Dubrovniker und italienischen Gold- und Silberschmieden, Gemälde, Reliquien und sakrale Gegenstände.
Tägl. 9–12/15–17, So 11–12 Uhr. Messe: 7.30 u. 18 Uhr, So zusätzlich 9 u. 10 Uhr. Eintritt 15 KN, Kinder 9 KN. Držićeva poljana.

Aquarium: Im Gewölbe des Sv.-Ivan-Forts sind etliche Schaubecken und 3 Bassins mit Meeresgetier untergebracht, die einen kleinen Einblick in die adriatische Unterwasserwelt geben.
Tägl. außer Mo 9–20 Uhr, Nov.–März 10–13 Uhr. Eintritt 40 KN, Kinder 15 KN. Sv.-Ivan-Festung, D. Jude 2.

Schifffahrtsmuseum: Es dokumentiert die Schifffahrtsgeschichte Dubrovniks mit alten Handschriften, Ölgemälden, Seekarten u. a. Auch für Kinder geeignet.
Tägl. 9–18 Uhr, Nov.–März bis 16 Uhr. Eintritt 40 KN, Kinder 20 KN. Sv.-Ivan-Festung.

Ethnographisches Museum Rupe: Das sehr ansprechende und gut gestaltete Museum im ehemaligen Getreidespeicher präsentiert u. a. eine reichhaltige ethnographische und archäologische Sammlung. Auch für Kinder unterhaltsam.
Tägl. außer Di 9–18 Uhr, Nov.–März bis 16 Uhr. Eintritt 40 KN, Kinder 20 KN. Od Rupa 3.

Franziskanerkloster mit Museum: Inventar aus der alten Stadtapotheke (frühes 14. Jh.), Bücher, Handschriften, Goldschmiedearbeiten, kostbare Gemälde.
Tägl. 9–18 Uhr, Nov.–März bis 17 Uhr. Eintritt 30 KN, Kinder 15 KN. Placa 2.

Marin Držić´s Haus: Ein 40-minütiger Film informiert über das Leben und Wirken des großen Dubrovniker Dichters, Komödianten, Geistlichen und Schreibers Marin Držić. Seine Komödien werden hier während des Sommerfestivals aufgeführt.
Tägl. außer Mo 10–17 Uhr, Nov.–April 10–15 Uhr. Eintritt 20 KN, Kinder 10 KN. Široka ulica 7.

Synagoge mit Museum: Sakrale Gegenstände; das Leben der Juden in Dubrovnik wird veranschaulicht.
Tägl. außer Sa/So 10–20 Uhr, Nov.–April 10–15 Uhr. Eintritt 15 KN, Kinder bis 14 Jahre frei. Žudioska ulica 5.

Festung Lovrijenac: Von ihrem Turm genießt man beste Aussicht auf die Altstadt.
Tägl. 9–18 Uhr, Nov.–April 10–16 Uhr. Eintritt 30 KN, Kinder 10 KN.

Museum der Serbisch-Orthodoxen Kirche: Es werden Ikonen, u. a. auch aus Griechenland und Russland gezeigt, zudem aus der byzantinischen Epoche.
Nur Mo–Fr 9–15 Uhr. Eintritt 10 KN, Kinder 5 KN. Od Puča 8.

Kunstgalerie (Umjetnička Galerija): Große Werks- und Gemälde-Sammlung einheimischer Künstler aus dem 19. und 20. Jh.; wechselnde Ausstellungen bedeutender in- und ausländischer Künstler.
Tägl. außer Mo 10–20 Uhr. Put F. Supila 23.

Visia 5D Multimedia Museum: im St.-Klara-Kloster kann man eine 35 minütige 5 D-Mulitmedia-Zeitreise durch die Geschichte Dubrovniks erleben.
Tägl. 9–21.30 Uhr, Samostan Sv. Klare.

Kriegsfoto-Galerie (War Photo Limited): Wechselnde Fotoausstellungen zum Thema Krieg; neben Kroatien auch Irak etc.
Tägl. 9–21 Uhr. Antuninska 6 (östl. des Franziskanerklosters), www.warphotoltd.com.

Blick von der Altstadtmauer auf die Insel Lokrum und ...

Galerie Sebastian: Ausstellungen zeitgenössischer kroatischer Künstler.
Tägl. außer So 9–19 Uhr (Sa nur bis 12 Uhr). Svetog. Dominika 5.

Galerie Naiver Kunst: Zeigt sehenswerte Gemälde u. a. von Josip Generalić.
Tägl. außer So 10–18 Uhr. Ulica Sv. Dominika 4.

Es gibt noch sehr viele weitere sehenswerte Galerien. Infos über TIC.

Umgebung von Dubrovnik

Berg Srđ: Auf Dubrovniks 412 m hohem Hausberg wacht eine Festung aus napoleonischer Zeit. Die Seilbahn, die lange Zeit außer Betrieb war, fährt wieder hoch. Zu den langwierigen Bauarbeiten gibt es oben eine Fotoausstellung; zudem gibt es ein Bistro und in der Festung eine Ausstellung zu den Kriegsjahren 1991–95. Der Ausblick auf die Stadt und die vorgelagerten Inseln ist herrlich. Wer mag, läuft von der Altstadt in ca. 1 Std. in Serpentinen hinauf.

Anfahrt Per Gondelbahn: die Station ist nördl. der Stadtmauer. Juni–Aug. im 30-Min.-Takt 9–24 Uhr; April u. Sept./Okt. 9–20 Uhr; Feb./März u. Nov. 9–17 Uhr; Dez./Jan. 9–16 Uhr. Tickets einfach (retour) 50 KN (80 KN), Kinder halber Preis, bzw. bis 4 Jahre gratis. ✆ 020/325-393, www.dubrovnikcablecar.com. **Auto/Bus**: Über den Stadtteil Bosanka kann man mit dem Auto hinauffahren, auch ein Bus (Nr. 17, stündl.) fährt hinauf.

Insel Lokrum: Das Inselchen liegt als grüne Oase vor der südöstlichen Festung und dem Dachgeflimmer Alt-Dubrovniks und ist Naturschutzgebiet. Zypressen spitzen aus Lokrums Waldkleid, das vom 1806 von den Franzosen errichteten *Fort Royal* überragt wird. Schon 1023 stand hier ein **Benediktinerkloster**, das 1798 aufgelöst wurde. 1858 kaufte Erzherzog Maximilian von Habsburg, der spätere Kaiser von Mexiko, die Insel. Er renovierte und baute sich das Kloster zu einem Schloss um und legte den Park an. Danach gehörte es eine Zeit lang dem österreichischen Thronfolger Rudolf. Heute gibt es inmitten der üppigen Vegetation des Klosterparks etliche Restaurants, Wege führen durch den grünen Tunnel des Naturparks, zu dem die Insel 1945 erklärt wurde. Im Schloss ist ein *Museum* eingerichtet, u. a. mit einer Sammlung von *Ruđer Bošković* (1711–1787), einem großen europäischen Mathematiker, Physiker und Philosophen, in Dubrovnik geboren. Im kleinen Salzsee *Totes Meer* kann man gut mit Kindern baden. Fels- und Kiesstrände mit Duschen gibt es rund um die Insel; links der Anlegestelle ist FKK-Gebiet.

… über die Dächer der Stadt

In der Saison pendeln verschiedene Schiffe – meist zur vollen Stunde (Juli/Aug. auch halbstündl.) – vom Stadthafen zur Insel. Pro Pers. 40 KN (bis 5 Jahre gratis). Letztes Schiff 19 Uhr (Hochsaison), sonst 18 Uhr oder früher. Boote, die ankern, müssen 15 KN Naturpark-Gebühr bezahlen.

Cavtat – Blick auf die Altstadtkulisse und auf Dubrovnik in der Ferne

Cavtat

Idyllisch spitzen Cavtats Dächer aus einem Meer von Zypressen und Aleppokiefern hervor. Oberhalb der Altstadt steht das von Ivan Mestrović geschaffene Mausoleum mit herrlichem Blick auf Dubrovnik und die Elaphiten.

Das 1000-Einwohner-Städtchen ist das südliche Schlusslicht der kroatischen Adriaküste. Durch den Flughafen ist Cavtat mit seinen außerhalb der Altstadt liegenden Hotels immer gut besucht, meist Pauschaltouristen – die wenigsten Urlauber legen den weiten Weg mit dem Auto zurück. Rund um Cavtat laden herrliche Kiesstrände zum Baden ein, das Hinterland von Konavle bietet sich für Fahrrad- und Mountainbiketouren an, und Velji Do und der Berg *Stražišće* lassen sich auf dem markierten Ronald-Brown-Wanderweg erkunden.

Die auf einer Halbinsel liegende Altstadt ist im Westen begrenzt durch die Hafenbucht und die Landzunge *Sustjepan* mit dem Hotel Croatia. Im Osten liegt die *Tiha-Bucht* mit den Hotels Albatros und Epidaurus. Die Uferpromenade an der Westseite der Altstadt lädt mit lauschigen Restaurants und Cafés zum Verweilen ein. Abends ankern hier die schmucken Jachten und Fischerboote tuckern auf das sich schwarzrot färbende Meer hinaus. Die Inselchen *Supetar* und *Šuperka* liegen in Sichtweite, weiter westlich im Meer begrenzen die Inseln *Bobara, Ražnjić, Mrkan* und *Mrkanac* die Župski-Zaljev-Bucht.

Geschichte: *Cavtat* leitet sich vom Lateinischen *civitas* (Gemeinde/Stadt) ab, sein antiker Name war *Epidaurum*. Cavtats erste Bewohner waren Illyrer, später kamen Griechen, Römer und Slawen. 47 v. Chr. wurde es von Kaiser Augustus belagert, 530 wurde es Bischofssitz und entwickelte sich zu einer reichen Handelsstadt. Zu Beginn des 7. Jh. flüchteten die Einwohner vor Awaren und Slawen und gründeten die Stadt Dubrovnik (→ „Dubrovnik/Geschichte"). Bis 1303 gehörte Cavtat zur Stadtrepublik, danach regierten slawische Herrscher, bis es 1427 wieder an Dubrov-

Cavtat

nik fiel. Wegen häufiger Überfälle befestigte man Cavtat mit Wehrmauern, die Ende des 19. Jh. fast vollständig eingerissen wurden. Im Krieg 1991 wurde die Stadt schwer beschädigt, ist inzwischen aber wieder hübsch restauriert.

Information/Verbindungen/Diverses

Information Touristinformation (TZO), Tiha 3 (vor der Altstadt rechts), 20210 Cavtat, ✆ 020/479-025, www.tzcavtat-konavle.hr. Juni–Sept. tägl. 8–20, So nur bis 12 Uhr; sonst Mo–Fr 8–16 Uhr.

Agentur Atlas, Trubićev put 2, Altstadteingang, ✆ 020/479-031. Ausflüge, Flugreservierung.

Agentur Teuta, Trumbićev put 3, ✆ 020/479-786. Zimmervermittlung, Fahrradverleih.

Entfernungen Čipili 9 km, Molunat 28 km, Dubrovnik 20 km.

Verbindungen Busse alle 60 Min. nach Dubrovnik; 3-mal tägl. über Čilipi nach Molunat (Nr. 31). **Touristenbus** Cavtat–Dubrovnik, Mo–Sa 9 u. 10.45, retour um 15 Uhr. Zur Čipili-Folklore, So um 9 Uhr.

Flughafen Čipili: ✆ 020/773-377, www.airport-dubrovnik.hr. 6 km südl., nur mit Taxi erreichbar (ca. 20 €).

Bootsverbindungen: Dubrovnik (Stadthafen)–Mlini–Plat–Cavtat 5- bis 10-mal tägl. Zudem Cavtat–Mlini–Lokrum.

Tankstelle: Beim Flughafen.

Post Ravnica (Altstadtbeginn).

Geldwechsel Etliche Banken und viele Bankomaten im Städtchen.

Gesundheit Ambulanz, Put od Cavtata (Stadtzufahrt), ✆ 020/478-001, -657. Mo–Fr 7–19, Sa 8–11 Uhr. Zudem im Hotel Iberostar Albatros. **Apotheke**, Trumbićev put 2, ✆ 020/478-261. Mo–Fr 7–20, Sa 7.30–15 Uhr.

Veranstaltungen Karneval wird 2-mal gefeiert: letztes Wochenende im Juli, sowie im Febr.; Cavtats Karnevaltradition geht bis ins 19. Jh. zurück, wie ein Gemälde von Vlaho Bukovac dokumentiert.

Sommer in Cavtat, klassische Konzerte in der Sv.-Nikola-Kirche, 2- bis 3-mal wöchentl. von Mitte Juni bis Mitte Sept. Zudem Folkloreaufführungen (s. u.).

Ephidaurus-Festival, Ende Aug. bis Ende Sept. mit klassischer Musik, Ausstellungen, Klappa-Konzerten.

Kirchenfest der Hl. Frau vom Schnee, 5. Aug., Prozession mit Kerzen und Blumen.

Jeden So findet von 9 bis 12 Uhr in Čipili (6 km südl.) auf dem Hauptplatz eine schöne Folklorevorführung statt.

Nachtleben Im Hotel Croatia **Nightclub** und Events. Nahe Hotel Iberostar Epidaurus am Strand: **Café-Bar Eve**. Zudem der im Sommer gut besuchte **Beach Club Cool**, mit Partys und Musikevents.

Übernachten/Essen & Trinken

Übernachten Oberhalb in der Stadt **Privatzimmer** (ab 40 € ohne Frühstück) und **Appartements** (60 € für 2–3 Pers.). U. a. von Lesern empfohlen: **Fam. Stjepo Miljanić**, verschieden große Appartements mit Balkon am Uferweg und nahe Strand, 200 m östl. der Altstadt. Put Tihe 22a, ✆ 020/478-797, 098/428-223 (mobil).

*** **Villa Kipre**, netter, hilfsbereiter Familienbetrieb, abseits der Zufahrtsstraße. Ruhige nette Lage, 10 Zimmer/Appartements mit Balkon ab 40 €/2 Pers. Iznad Tihe 18, ✆ 020/478-727, www.villa-kipre.com.

*** **Hotel Supetar**, schönes kleines 28-Zimmer-Altstadthotel (Hotelgruppe Croatia) am Ende der westlichen Uferpromenade und Halbinsel. Wenige Meter entfernt nette Kiesbuchten. Swimmingpool etc. vom Hotel Croatia kann benutzt werden. DZ/F 138 € (Meerblick 150 €). Obala Dr. A. Starčevića 27, ✆ 020/479-833, www.hoteli-croatia.hr/supetar.

**** **Hotel Villa Pattiera**, 12 komfortable ansprechende, moderne Zimmer. Restaurant Dalmacija. DZ/F ab 120 €. Trumbićev put 9, ✆ 020/478-800, www.villa-pattiera.hr.

–* **Hotel Iberostar Albatros**, 260-Zimmer-Hotel an der Tiha-Bucht, komfortabel mit Hallenbad, Pools, Fitnesscenter, Tennisplätzen, Wassersportverleih. DZ/F ab 164 €. ✆ 020/481-550, www.iberostar.com.

>>> **Mein Tipp:** ***** **Hotel Croatia**, Alleinlage auf dem Berg und der Landzunge Sustjepan, eingehüllt in Kiefernwald, umgeben von schönen Wanderwegen, die hinab ans Meer führen oder in 5 Min. zur Altstadt – traumhafte Weitblicke aus den Hotelfenstern. Zählt zu den besten Hotels Kroatiens, auch beliebt bei Kongressen und daher immer gut gebucht. 500 komfortable, große Zimmer mit Internetzugang, meist mit Balkon; Restaurants ebenfalls mit Terrassen und Ausblick auf die Altstadt. Nachtclub, große bestuhlte WLAN-Lobby, Innen- und Außen-Meerwasserpool mit modernem Wellnessbereich und Ausblick auf die Altstadt, Tennisplätze, Verleih von Wassersportgeräten, Tauchclub, eigener Strand; Animation für Jung und Alt. DZ/F ab 146 € (TS ab 225 €). Frankopanska 10, ✆ 020/475-555, www.hoteli-croatia.hr. «

*** **Hotel Iberostar Epidaurus**, freundliche 312-Zimmer-Anlage gegenüber der Altstadt. Schön eingerichtet, kein TV im Zimmer; schöner Kiesstrand, Tennisplätze, Wassersportverleih, Tauchclub und super günstige Angebote. DZ/F ab 84 €, Meerblick 88 € (das ist ein 44 % ermäßigter Spezialtarif); normal ab 140 €. Od žala 1, ✆ 020/481-530, www.iberostar.com.

Essen & Trinken Restaurant-Pension **Leut**, an der Westseite der Altstadthalbinsel mit schöner kiefernbestandener Terrasse am Meer. Gute Fisch- und Fleischgerichte, leckere **Weine**; gehobene Preise. Es gibt auch einige nette Zimmer zu mieten. Trumbićev put 11, ✆ 020/478-477.

Konoba Kolona, nahe Leut. Sehr gut zubereitete Gerichte, Fleisch- und Fisch und guter Service. Put Tihe 2, ✆ 020/478-787.

>>> **Mein Tipp:** Konoba **Galija**, auf der Altstadtlandzunge, am Fuß des Rochusberges. Sitzgelegenheiten im Natursteinhaus verziert mit Fischernetzen oder an lauen Sommerabenden auf der großen Terrasse unter Pinien mit Meerblick. Gehobenes nettes Ambiente. Hier isst man bestens frisch gefangenen Fisch oder Hummer (Besitzer ist Fischer!), alles kreativ mit verschiedensten Sößchen zubereitet – nicht umsonst gewann der Küchenchef Auszeichnungen. Ganzjährig Betrieb. Vulićevićeva 1, ✆ 020/478-556. «

Konoba Dalmatino, an der Altstadtzufahrt. Nett und gut, u. a. Fischplatte oder Peka-Gerichte.

Restaurant Domižana, hübsche Terrasse direkt am Meer, vor dem Hotel Epidaurus. Fisch- und Fleischgerichte. Žal 2, ✆ 020/471-344.

Konoba Rokotin, auf der nordöstl. Seite der Altstadthalbinsel. Gemütliches Lokal direkt am Meer.

In Velji Do Konoba Konavoski komin, das Natursteinhaus liegt im kleinen Weiler auf 570 m mit schöner Terrasse; Spezialitäten sind nach Vorbestellung Peka-Gerichte (u. a. Lamm, Oktopus), oder auch Lammkotelett, Rostbraten oder leckerer Apfelstrudel. Tägl. 11–2 Uhr. ✆ 020/479-607, 099/2479-607 (mobil). Velji Do ist über den Ronald-Brown-Weg (→ „Wandern") oder auch per Auto von Cavtat über Uskoplje in ca. 10 km zu erreichen.

Sehenswertes

Gleich zu Beginn der Altstadt stehen Cavtats wichtigste Gebäude – die Sv.-Nikola-Kirche und der Rektorenpalast mit Museum.

Die **Sv.-Nikola-Kirche** wurde 1732 barockisiert, sehenswert sind der schöne Marienaltar mit Altarbildern des Dubrovniker Malers *Vlaho Bukovac* (1855–1922) sowie weitere Gemälde alter Meister im Kircheninnern und in der Pinakothek.

Der **Rektorenpalast** (*Knežev dvor*, erbaut 1555–1559) wurde zu einem **Museum** mit der Sammlung des hier gebürtigen Völkerkundlers *Baltazar Bogišić* (1834–1908) umgebaut. Es zeigt eine große Bibliothek, eine vorgeschichtliche Sammlung, Lapidarium, Mobiliar aus dem 17.–19. Jh. und vor allem die 10.000 Zeichnungen umfassende *Graphiksammlung* mit Arbeiten von *Vlaho Bukovac, Lucas Cranach d. J., Anddrija Medulić*, italienischen Meistern und anderen.
April–Ende Okt. tägl. außer So 9.30–13 Uhr.

Ein Stückchen weiter nördlich der Uferpromenade (Obala dr. A. Strarčevića) zweigt links die Bukovceva-Gasse ab, dort residiert die **Galerie Vlaho Bukovac**, die Werke des Künstlers ausstellt.

Vorbei am kleinen Hotel Supetar steht am Ende der Uferpromenade das **Franziskanerkloster** im Stil der Gotik und Renaissance mit hübschem Arkadengang von 1483. Die Kirche birgt Werke von Dubrovniker Meistern aus dem 16. Jh., darunter das sehenswerte Polyptychon mit dem Hl. Michael von Lovrin Dobričević.

Zum **Rochusberg** auf der grünen Landzunge führen Gässchen hinauf. Oben liegt ein Friedhof mit prachtvollen Grabmälern, einem phantastischer Ausblick auf Dubrovnik und die Elaphiten und vor allem dem gewaltigen **Mausoleum** der Reederfamilie Račić. Von 1920 bis 1923 schuf *Ivan Meštrović* den achteckigen Kuppelbau mit weißem Kalkstein von der Insel Brač. Den Eingangsbereich tragen, Symbol für die Last des Lebens, zwei säulenförmige Frauen in Tracht. Den Altar und die Innenkuppel zieren musizierende Engel und unzählige Engelsköpfe. *Meštrović'* Prachtbau musste eine Kapelle aus dem 15. Jh. weichen. Das Mausoleum dient heute als Friedhofskirche – die Akustik im Innern ist phantastisch.

Mausoleum der Familie Račić – ein Meisterwerk der Akustik

April–Ende Okt. tägl. außer Mo 9–12 und 16–20 Uhr.

Wandern/Sport

Ronald-Brown-Weg: Die aussichtsreiche Wanderung (markiert; 4,5 km einfach; gemütliche Gehzeit ca. 1:30–2 Std.; rutschfestes Schuhwerk, Sonnenschutz und Wasser erforderlich!) führt östlich von Cavtat vom Hotel Epidaurus über den Weiler Obod (an der Magistrale) in Serpentinen bergan zum Bergkamm (570 m), immer das unter uns liegende Cavtat und die vorgelagerten Inseln im Blick. Wir erreichen in kurzer Zeit den Weiler *Velji Do* (mit Konoba). Der Weg ist nach dem US-Wirtschaftsminister Ronald Brown benannt, der hier 1996 bei einem Flugzeugabsturz den Tod fand. Auf dem Pfad sind zahlreiche einheimische Pflanzen und Tiere zu entdecken: neben Salbei, Zistrosen, Chrysanthemen, dem sog. Buhać (→ „Flora") auch viele Orchideen, Iris, Aronstab, Schachbrettblume, dalmatinische Hyazinthe, Eidechsen, Schildkröten und mehr. Der Weitblick vom

Bergkamm ist herrlich – auf Cavtat mit seinen Buchten und Inseln, gen Dubrovnik und die Elaphiten. Wer mag, kann ab Velji Do noch eine Rundtour (ca. 1:30–2 Std.) zum 701 m hohen Stražišće unternehmen – von dort bietet sich dann auch ein Blick ins Landesinnere.

Nach Čilipi: Ein weiterer Wanderweg führt in rund 1:30 Std. von Cavtat oberhalb entlang der Küste gen Süden über Močići nach Čilipi. Neben schönen Weitblicken kann man unterwegs Mithras-Steine (röm. Gottverehrung) aus dem 2.–4. Jh. u. a. in Močići sehen. Alternativ fährt man am Sonntag mit dem Ausflugsbus nach Čilipi und läuft dann den Weg zurück.

Mountainbiken: Wer mag, kann auch das Mountainbike oder den weniger sportlichen Weg mit dem Auto nehmen: Auf 14 km geht es über Zvekovica (Abzweig von der Magistrale gegenüber der Stadtzufahrt) und Uskoplje hoch nach Velji Do.

Baden Um die Altstadthalbinsel an Fels- und Kiesbuchten, ebenso an der Halbinsel Sustjepan (FKK möglich). Weitere Kiesbuchten an der Uvala Tiha und nördlich des Hotels Epidaurus. Oder man lässt sich vom Hafen zum FKK-Inselchen Supetar schippern.

Jachthafen Riva Cavtat, entlang der Uferpromenade gibt es 20 Liegeplätze mit Strom- und Wasserversorgung, Deklarierung und Zollabfertigung. **Hafenkapitän**, ✆ 020/478-065.

Tauchen Tauchclub Epidaurum, Basis beim Hotel Iberostar Epidauraus, ✆ 020/471-386, 098/427-550 (mobil, Hr. Boris Obradović), www.epidaurum-diving-cavtat.hr.

Ein weiterer Tauchclub im Hotel Croatia.

Reiten Gestüt Kojan Koral (→ „Čilipi").

Klettern Nördl. von Cavtat, beim Weiler Miljanići ebenfalls auf dem Makadamweg nochmals nördlich, gibt es zahlreiche Kletterfelsen. Infos über den Tourismusverband oder organisiert mit Agentur Adventure Dalmatia (www.adventuredalmatia.com).

Cavtat – einen herrlichem Weitblick genießt man vom Ronald-Brown-Weg

Abruzzen • Ägypten • Algarve • Allgäu • Allgäuer Alpen *MM-Wandern* • Altmühltal & Fränk. Seenland • Amsterdam *MM-City* • Andalusien • Andalusien *MM-Wandern* • Apulien • Athen & Attika • Australien – der Osten • Azoren • Bali & Lombok • Baltische Länder • Bamberg *MM-City* • Barcelona *MM-City* • Bayerischer Wald • Bayerischer Wald *MM-Wandern* • Berlin *MM-City* • Berlin & Umgebung • Bodensee • Bretagne • Brüssel *MM-City* • Budapest *MM-City* • Bulgarien – Schwarzmeerküste • Chalkidiki • Cilento • Cornwall & Devon • Dresden *MM-City* • Dublin *MM-City* • Comer See • Costa Brava • Costa de la Luz • Côte d'Azur • Cuba • Dolomiten – Südtirol Ost • Dominikanische Republik • Ecuador • Elba • Elsass • Elsass *MM-Wandern* • England • Fehmarn • Franken • Fränkische Schweiz • Fränkische Schweiz *MM-Wandern* • Friaul-Julisch Venetien • Gardasee • Gardasee *MM-Wandern* • Genferseeregion • Golf von Neapel • Gomera • Gomera *MM-Wandern* • Gran Canaria • Graubünden • Griechenland • Griechische Inseln • Hamburg *MM-City* • Harz • Haute-Provence • Havanna *MM-City* • Ibiza • Irland • Island • Istanbul *MM-City* • Istrien • Italien • Italienische Adriaküste • Kalabrien & Basilikata • Kanada – Atlantische Provinzen • Kanada – der Westen • Karpathos • Katalonien • Kefalonia & Ithaka • Köln *MM-City* • Kopenhagen *MM-City* • Korfu • Korsika • Korsika Fernwanderwege *MM-Wandern* • Korsika *MM-Wandern* • Kos • Krakau *MM-City* • Kreta • Kreta *MM-Wandern* • Kroatische Inseln & Küstenstädte • Kykladen • Lago Maggiore • La Palma • La Palma *MM-Wandern* • Languedoc-Roussillon • Lanzarote • Lesbos • Ligurien – Italienische Riviera, Genua, Cinque Terre • Ligurien & Cinque Terre *MM-Wandern* • Liparische Inseln • Lissabon & Umgebung • Lissabon *MM-City* • London *MM-City* • Lübeck *MM-City* • Madeira • Madeira *MM-Wandern* • Madrid *MM-City* • Mainfranken • Mallorca • Mallorca *MM-Wandern* • Malta, Gozo, Comino • Marken • Mecklenburgische Seenplatte • Mecklenburg-Vorpommern • Menorca • Mittel- und Süddalmatien • Mittelitalien • Montenegro • Moskau *MM-City* • München *MM-City* • Münchner Ausflugsberge *MM-Wandern* • Naxos • Neuseeland • New York *MM-City* • Niederlande • Niltal • Nord- u. Mittelgriechenland • Nordkroatien – Zagreb & Kvarner Bucht • Nördliche Sporaden – Skiathos, Skopelos, Alonnisos, Skyros • Nordportugal • Nordspanien • Normandie • Norwegen • Nürnberg, Fürth, Erlangen • Oberbayerische Seen • Oberitalien • Oberitalienische Seen • Odenwald • Ostfriesland & Ostfriesische Inseln • Ostseeküste – Mecklenburg-Vorpommern • Ostseeküste – von Lübeck bis Kiel • Östliche Allgäuer Alpen *MM-Wandern* • Paris *MM-City* • Peloponnes • Pfalz • Pfalz *MM-Wandern* • Piemont & Aostatal • Piemont *MM-Wandern* • Polnische Ostseeküste • Portugal • Prag *MM-City* • Provence & Côte d'Azur • Provence *MM-Wandern* • Rhodos • Rom & Latium • Rom *MM-City* • Rügen, Stralsund, Hiddensee • Rumänien • Rund um Meran *MM-Wandern* • Sächsische Schweiz *MM-Wandern* • Salzburg & Salzkammergut • Samos • Santorini • Sardinien • Sardinien *MM-Wandern* • Schleswig-Holstein – Nordseeküste • Schottland • Schwarzwald Mitte/Nord *MM-Wandern* • Schwäbische Alb • Shanghai *MM-City* • Sinai & Rotes Meer • Sizilien • Sizilien *MM-Wandern* • Slowakei • Slowenien • Spanien • Span. Jakobsweg *MM-Wandern* • St. Petersburg *MM-City* • Südböhmen • Südengland • Südfrankreich • Südmarokko • Südnorwegen • Südschwarzwald • Südschwarzwald *MM-Wandern* • Südschweden • Südtirol • Südtoscana • Südwestfrankreich • Sylt • Teneriffa • Teneriffa *MM-Wandern* • Thassos & Samothraki • Toscana • Toscana *MM-Wandern* • Tschechien • Tunesien • Türkei • Türkei – Lykische Küste • Türkei – Mittelmeerküste • Türkei – Südägäis • Türkische Riviera – Kappadokien • Umbrien • Usedom • Venedig *MM-City* • Venetien • Wachau, Wald- u. Weinviertel • Westböhmen & Bäderdreieck • Warschau *MM-City* • Westliche Allgäuer Alpen und Kleinwalsertal *MM-Wandern* • Westungarn, Budapest, Pécs, Plattensee • Wien *MM-City* • Zakynthos • Zentrale Allgäuer Alpen *MM-Wandern* • Zypern

Etwas Kroatisch

Aussprache

- **c** wird wie z ausgesprochen;
- **č** wie tsch;
- **ć** wie tsch und einem folgenden j;
- **h** wie in der deutschen Sprache, nach einem Vokal wie ch;
- **š** wie sch;
- **v** wie w;
- **z** wie s;
- **ž** wie stimmhaft sch;
- **dj** wie dž (also mit stimmhaftem sch) aber mit einem folgendem j;
- **e** wird breiter ausgesprochen, wie ä;
- **i** wird weicher ausgesprochen, wie ie;
- **aj** wie ai;
- **ej** wie äj;
- **oj** wie eu;
- **r** kann ein Vokal sein: Krk - kärk.

Zahlen

0	nula	12	dvanaest	60	šezdeset
1	jedan	13	trinaest	70	sedamdeset
2	dva	14	četrnaest	80	osamdeset
3	tri	15	petnaest	90	devedeset
4	četiri	16	šesnaest	100	sto
5	pet	17	sedamnaest	200	dvije stotine
6	šest	18	osamnaest	1000	jedna tisuća
7	sedam	19	devetnaest	5000	pet tisuća
8	osam	20	dvadeset	10.000	deset tisuća
9	devet	30	trideset	50.000	pedeset tisuća
10	deset	40	četrdeset	100.000	sto tisuća
11	jedanaest	50	pedeset	1.000.000	jedan milion

Gruß und Allgemeines

dobar dan	Guten Tag
dovidjenja	Auf Wiedersehen
dobro jutro	guten Morgen
dobra večer	guten Abend
danas/ sutra	heute/morgen
preko sutra	übermorgen
Kako ste?	Wie geht es Ihnen?
dobro/loše	gut/schlecht
hvala lijepa	vielen Dank
oprostite molim	entschuldigen Sie bitte
da/ne	ja/nein
molim	bitte
naravno	selbstverständlich
veliko/malo	groß/klein
jeftino/skupo	billig/teuer
staro/novo	alt/neu
Pošto je?	Wieviel kostet das?
ovo mi se svidja	das gefällt mir
ima	es gibt/
nema	es gibt nicht

Übernachten

imate li slobodnih soba?	*haben Sie Zimmer frei?*	ključ od sobe	*Zimmerschlüssel*
želio bih dvokrevetnu/jednokrevetnu sobu	*ich hätte gern ein Doppelzimmer/ Einzelzimmer*	voda	*Wasser*
		toplo/ hladno	*warm/kalt*
		ručnik	*Handtuch*
		prtljag	*Gepäck*
Koliko košta soba sa doručkom?	*Wieviel kostet das Zimmer mit Frühstück?*	račun	*Rechnung*
		boravišna taksa	*Kurtaxe*

Kalender, Richtung, Zeit

nedjelja	*Sonntag*	travanj	*April*
ponedjeljak	*Montag*	svibanj	*Mai*
utorak	*Dienstag*	lipanj	*Juni*
srijeda	*Mittwoch*	srpanj	*Juli*
četvrtak	*Donnerstag*	kolovoz	*August*
petak	*Freitag*	rujan	*September*
subota	*Samstag*	listopad	*Oktober*
praznik	*Feiertag*	studeni	*November*
proljeće	*Frühling*	prosinac	*Dezember*
ljeto	*Sommer*	zapad	*Westen*
jesen	*Herbst*	istok	*Osten*
zima	*Winter*	jug	*Süden*
siječanj	*Januar*	sjever	*Norden*
veljača	*Februar*	ujutro/sredinom dana	*morgens/mittags*
ožujak	*März*	navečer/tijekom noći	*nachmittags/abends*

Speisen

Je li ovaj stol slobodan?	*Ist dieser Tisch frei?*	maneštra	*Minestrone*
nije, rezerviran je	*nein, er ist reserviert*	riblja juha/brodet	*Fischsuppe*
jelovnik, molim	*die Speisekarte, bitte*		
dobar tek	*guten Appetit*	### Fleisch	
hladna predjela	*kalte Vorspeisen*	meso	*Fleisch*
topla predjela	*warme Vorspeisen*	svinjetina	*Schweinefleisch*
juhe	*dünne Suppe*	ovčetina	*Hammelfleisch*
		jetra	*Leber*

kobasice	*Würstchen*
govedina	*Rindfleisch*
teletina	*Kalbfleisch*
jagnjetina	*Lammfleisch*
faširane šnicle	*Frikadellen*

Fisch

ribe	*Fisch*
orada	*Goldbrasse*
zubatac	*Zahnbrasse*
arbun	*Rotbrasse*
oslić	*Seehecht*
list	*Seezunge*
skuša	*Makrele*
bakalar	*Stockfisch*
oštrige/kamenica	*Austern*
mušule	*Muscheln*
dagnje	*Miesmuscheln*
škamp	*Scampi*
jastog	*Hummer*
račići	*Garnelen*
marinirane sardele	*marinierte Sardellen*
lignja	*Kalamari*
tuna	*Thunfisch*
hobotnica na salatu	*Tintenfischsalat*

Gemüse/Obst

krumpir	*Kartoffeln*
riža	*Reis*
povrće	*Gemüse*
miješano povrće	*gemischtes Gemüse*
salata	*Salat*
masline	*Oliven*
bundeva	*Kürbis*
grožđje	*Weintrauben*
kruške	*Birnen*
mandarine	*Mandarinen*
smokve	*Feigen*
dinja	*Melone*

Beilagen/Gewürze

kruh	*Brot*
bijeli luk/češnjak	*Knoblauch*
maslinovo ulje	*Olivenöl*
sirče, ocat	*Essig*
papar	*Pfeffer*
sol	*Salz*
šećer	*Zucker*
maslac	*Butter*
sir	*Käse*
ovčji sir	*Schafskäse*
pršut	*Schinken*
senf	*Senf*
burek	*gefüllte Pasteten*

Im Café und in der Bar

kava	*Kaffee*
čaj	*Tee*
mlijeko	*Milch*
sladoled	*Eis*
kolač	*Kuchen*
kolači	*Gebäck*
čokolada	*Schokolade*
voćni sok	*Fruchtsaft*
sok od pomorandže	*Orangensaft*
sok od jabuka	*Apfelsaft*
mineralna voda	*Mineralwasser*
limunada	*Limonade*
pivo	*Bier*
bevanda / gemišt	*Weinschorle*
kajsijevača	*Aprikosenschnaps*
šljivovica	*Zwetschgenwasser*
vino	*Wein*
prošek	*Dessertwein*
kruškovac	*Birnenschnaps*
vinjak	*einheimischer Kognak*
na zdravlje!	*Zum Wohle!*
živeli!	*Prost!*

Unterwegs

Im Flugzeug

Zračna luka	*Flughafen*
aterirati spuštanje (spustati)	*landen*
uzletjeti	*starten*
dolazak / polazak	*Ankunft / Abflug*

Am Bahnhof

kolodvor, stanica	*Bahnhof*
odlazak / dolazak	*Abfahrt / Abfahrt*
vlak	*Zug*
peroni	*zu den Bahnsteigen*
ulaz / izlaz	*Eingang / Ausgang*
(ne-) pušači	*(Nicht-) Raucher*
pušenje zabranjeno	*Rauchen verboten*
vagon restoran	*Speisewagen*
spavaća kola	*Schlafwagen*

Im Bus

autobusna stanica	*Bushaltestelle*
svaki dan	*jeden Tag*
od ... do	*von ... bis*
radni dani	*werktags*

Im Auto

litara benzina	*Liter Benzin*
parkiranje zabranjeno	*Parken verboten*
nezgoda	*Unfall*
milicija	*Polizei*
automehaničar	*Werkstatt*
kola imaju kvar	*ich habe eine Panne*

In Stadt und Land

grad	*Stadt*
trg	*Platz*
ulica/cesta	*Straße*
lijevo	*links*
desno	*rechts*
pravac	*geradeaus*
jezero	*See*
polje	*Ebene*
dolina	*Tal*
rijeka/reka	*Fluss*
brdo/gora	*Berg*
planinarski dom	*Berghütte*

Am Hafen und am Meer

luka	*Hafen*
trajekt	*Autofähre*
gat	*Mole*
jedrilica	*Segelboot*
lađa/brod	*Schiff*
čamac	*Boot*
obala	*Uferstraße*
magistrala	*Küstenstraße*
Jadran	*Adria*
otok	*Insel*
poluotok	*Halbinsel*
rt	*Kap*
uvala/draga	*Bucht/Taleinschnitt*
roniti	*tauchen*
plivati	*schwimmen*
kupanje zabranjeno	*Baden verboten*
kampiranje zabranjeno	*Zelten verboten*
zabranjen prolaz	*Betreten verboten*

Sehenswertes

razglednica	*Ansichtskarte*
ulaz slobodan	*Eintritt frei*
crkva	*Kirche*
samostan/manastir	*Kloster*
tvrdjava	*Festung*
razvaline	*Ruinen*
galerija	*Galerie*
muzej	*Museum*
toranj	*Turm*
zvonik	*Kirchturm*

Register

Abica, Insel 335
Adriatic Dolphin Project
  Blue World 128
Agatharchid, Historiker 531
Ager-Feld 512
Agroturizam 57
*Alexander I. Karadjordjevi.,
  König* 32
Anchovis 332
Andric, Andrija 411
Andrijić, Josip 663
Andrijić, Marko 592
Anmeldepflicht 57
Anreise 42
Apotheke 75
Appartements 57
*Appian,
  Geschichtsschreiber* 617
Arausa Antonina
  (Vodice) 361
Arbanija 414
Arbe (Rab) 201
Artatore 118
Ärztliche Versorgung 74
Augustus, Kaiser 118, 585
Autofähren (Trajekts) 49

Babine Kuće 620
Baburica, Pasko 644
Baden 67
Badija, Klosterinsel 595
Balabra, Insel 344
Balkanpakt 34
Bandiera, Berg 270
Baničević, Jakov 599
Banj 313
Banjol 215
Banken 77
Bankkarte 77
Barbat 216
Bargeld 77
Baromedizin 71, 75
Bartul, Halbinsel 314
Bašić, Nikola 283
Baška 192
Bassano, Jakob 513
*Bassano,
  Leandro* 482, 502, 592
Batomalji 192
Becadelli, Kardinal 634
Belej 107
Beli 96
Berčastac, Berg 335

Bergtouren 72
Bernsteinstraße 91, 110
Betina 358
Bier 66
Bife (Büffet) 61
Biograd na moru 318
Biokovo, Gebirge 484, 490
Biserujka, Höhle 191
Biševo, Insel 543
Blaca, Eremitenstätte 463
Blato 603, 625
Bobovišća 459
Bobovišća na moru 457
Bogišić, Baltazar 670
Bogomolje 527
Bol 466
Bonino da Milano 372, 591
Boninus de Boninis 612
Bootstourismus 80
Bora (Wind) 21, 47
Bosančica,
  Bosanzkischrift 442
Bošković, Ruđer 667
Botterie, Josip 468
Božava 324
Božidarević, Nikola 640
Brač, Insel 449
Brbinj 328
Bribir 167
Bribirksa Glavica,
  Ausgrabungsstätte 380
Brijesta 577
Bristva 605
Brna 601
Broce 582
Brodarica 375
Bronzemann
  (Apoxyòmenos) 127
Broz, Josip (Tito) 33
Bruglje 295
Brusje 505
Brusnik, Insel 544
Budkovac, Insel 531
Budriić, Mande 214
Buhać (Pflanze) 26
Bukovac, Vlaho 670
Buktenica, Eugen 445

Camping 58
Candelari, Pietro 562
Canyoning 68
Čara 600
Castrum Cissa 242

Cava, Onofrio della 661, 663
Cavtat 668
Celesti, Stefano 513
Cellini, Benvenuto 513
Cerinić, Adelsfamilie 459
Cetina, Fluss 441
Čikat, Halbinsel 126
Čiovo (Insel) 410
Cissa 245
Čižići 191
Colentum, Siedlung 349
*Coronelli,
  Vicenzo Maria* 565
Corradini, Antonio 592
Correr, Jakov 591
Cres, Insel 92, 98
Crikvenica 163
Crikvenica / Umgebung 167
Crkvice 572
Crljenak, Weinsorte 570
Crocktail 66
Čunski 117
Curicum (Krk) 169

Daksa, Insel 646
Dalmatinac, Juraj 255, 372,
  419, 430, 438, 661, 663
Dalmatinische Inseln 228
Dešković, Branislav 434
Dešković, Branko 466, 479
Diadora (Zadar) 272
Dingač 570
Dinjiška 261
Diokletian, Kaiser 230, 570
Dionysios der Ältere 531
Dionysios der Jüngere 532
Diplomatische
  Vertretungen 75
Dobrićević, Dobrić 612
Dobrinj 190
Dobropoljana 313
Dol 481, 516
Ivan Dolac 518
Donja Draga 204
Donja Krušica 446
Donje Čelo 644
Donje Selo 446
Donji Humac 461
Donji Okrug 413
Dorotić, Franziskaner 231
Drače 573
Dračevica 461
Draga Bašćanska 192

Register

Dragove 327
Dražica 248
Drvenik, Inseln 415
Držić, Marin 648, 666
Duba 556
Duba (bei Ston) 582
Dubovica 506
Dubrovnik 647
Dudići 249
Dugi Otok, Insel 323
Dumići 204
Dundowald 212

Eco-centar Caput
 Insulae 96
Eduard VIII., König 212, 293
Elaphiten, Archipel 631
Erster Weltkrieg 31
Essen und Trinken 60
EU-Heimtierausweis 81
Europäische Kranken-
 versicherungskarte 74

Fähren in Kroatien 48
Fahrradfahren 68
Fahrradversand 42
Fährverbindungen,
 Italien/Kroatien 39, 49
Faros, griech. Kolonie 508
Fauna 26
Ferdinand I., König 263
*Ferdinand, Franz
 Erzherzog* 31
Feste 75
Fiamberti, Tommaso 562
Finanzen 77
Firentinac, Nikola 372, 373,
 408, 502, 562
Fischfang 68
Flora 23
Fortis, Abbé 240
Foscolo, Leonardo 591
*Francesco da
 Santacroce* 387
Frankopan, Ivan (Fürst)
 169, 176, 178
Frankopanische Städte 171
Free-Climbing 68
Friedensvertrag von
 Dayton 36
Fulvinium 173

Gänsegeier 94
Galevac, Insel 307
Galijula, Riff 545
Gamernjak Mali, Insel 335
Gamernjak Veli, Insel 335
Gata 442

Geldwechsel 77
Getränke 65
Glagoliza 91, 170, 194
Glavica, Berg 511
Glavotok 176
Gnalić, Insel 317
Goli, Insel 198
Gonar 204
Gornje Aba, Insel 334
Gornje Čelo 646
Gornje Drvenik 546
Gornje Selo 447
Gornji Humac 465
Gornji Okrug 411
Gornji Seget 409
Gostionica (Gaststätte) 61
Govedari 620
Grabčeva špilja, Höhle 524
Grablje 505
Grassi, Nikola 407
Gregorius, Bischof 263
Grgić, Miljenko 572, 574
Grgich Hills Estate,
 Weingut 575
Grižane 167
Grohote 445
Gromin Dolac 517
Gršćica 602
Gruß an die Sonne 283
Gundulić, Ivan 553, 646,
 648, 664

Haračić, Ambroz 126
Heilbäder und Kurorte 73
Hektorović, Petar 494, 500,
 506, 508, 510
Heraklios, Kaiser 230, 401
Hodilje 582
Höhlenlabyrinth,
 Slowenien 149
Hornotter 28
Hornviper 28
Hotels 58
*Hrvatinić,
 Hrvoje Vukčić* 438
Humac 524
Hvar 493
Hvar, Insel 491

Illyrer 29
Ilovik, Insel 133
Informationen 77
Ingoli, Matteo 502
Inselbräuche 299
Inselhopping &
 Fahrradtouren 80
Internet 78
Issa, antike Stadt 533

Ist, Insel 291
Ivanić, Matija 512, 515
Ivanišević, I. 480
Iž, Insel 297

Jablanac 217
Jabuka, Insel 544
*Jacopo Palma
 der Jüngere* 562
Jadera (Zadar) 272
Jadranka Kosor 36
Jagodna 518
Jakišnica 248
Jakljan, Insel 636
Jakšić (Familie) 462
Janjina 573
Jelsa 520
Jerolim, Insel 503
Jezera 352
Joggen 69
Josipović, Ivo 36
Jugendherbergen 58
Jugo (Wind) 22
Jurandvor 192

Kačić (Familie) 437
Kaffee 66
Kajak 69
Kakan, Insel 390
Kali 309
Kalvarija, Bergzug 127
Kamenjak, Berg 212
Kampor 213
Kanavelić, Petar 593, 601
Kanu 69
Kaprije, Insel 388
Karbuni 609
Karl der Große 30, 201
*Karl Stephan von Habsburg,
 Erzherzog* 129
Karten 78
Katina, Insel 334
Kavana (Café) 61
Kleidung 78
Klettern 68
Klima 21
Klis, Festung 436
Klović, Juraj Julije 167
Kobaš, Bucht 582
Kokolja, Tripo 468
Kolan 252
Koločep, Insel 643
Koloman, König 30, 201
Kolunić-Rota, Martin 368
Komiža 539
Konoba (Lokal) 61
Korčula 586
Korčula, Insel 583

Korita 630
Kornat, Insel 345
Kornaten, Archipel 337
Košljun 258
Košljun, Klosterinsel 184
Kozarica 625, 626
Kožičić, Šimun 161
Kožičić, Šime 304
Kraj 314
Krajina 231
Kraljevica 162
Kranječević, Silvije Strahimir 221
Krankenhaus 74
Krapanj 375
Krapanj, Insel 387
Krawatten 82
Krčina 103
Krešimir IV., König 242, 368
Kreditkarte 77
Krieg, kretischer 231
Krinić, Bildhauer 109
Krk 178
Krk, Insel 168
Krka, Kloster 378
Kroaten 30
Kršinić, Frano 592, 596
Kućište 565
Kukljica 309
Kumpanija, Schwerttanz 583, 604
Kuna 571
Kurba Mali, Insel 344
Kurba Vela, Insel 347
Kuril, Halbinsel 117
Kustići 250
Kvarner Inseln 86

Labadusa 413
Ladesta (Lastovo) 611
Ladeston (Lastovo) 611
Ladislaus, König 31, 243, 263
Ladislav, König 532
Landminen 79, 582
Lastovo, Insel 610
Lastovo, Stadt 614
Lastovski Poklad 615
Lavadara, Insel 332
Lavasa, Insel 346
Lavdara, Insel 344
Lavendel 493
Lazanić, Nikola 463, 480, 663
Levant (Wind) 22
Levrnaka, Insel 346
Literatur 78

Ljubo de Karina, Bildhauer 97
Lokale 61
Lokrum, Insel 667
Lopar 202
Lopud 638
Lopud, Insel 636
Lošinj, Insel 112
Lovište 568
Lozice 270
Ložišća 458
Loznati 102
Lubenice 105
Lucić, Hanibal 494, 500, 502
Lučica, Bucht 117
Ludwig der Große, König 243
Luka (auf Dugi Otok) 328
Luka (bei Ston) 582
Lukoran 306
Lumbarda 596
Lun, Halbinsel 248

Madonna von Zečevo 267
Maestral (Wind) 22
Magazinova škrila 346
Majsan, Insel 595
Makarska 484
Male Velike 595
Mali Drvenik 417
Mali Iž 300
Mali Lošinj 118
Mali Orjule, Insel 126
Mali Rudine 511
Mali Ston 581
Malinska 174
Malo jezero (Salzsee) 622
Mana, Insel 346
Mandre 253
Maranovići 629
Maraština, Dessertwein 363
Mare quaternarium 86
Marinkovac, Insel 503
Marinus, Heiliger 203
Marović, L. 664
Martinšćica 106
Marulić, Marko 429, 447
Maslinica 446
Maun, Insel 241
Medović, Celestin 313, 513, 571
Meeresorgeln (Morske orgulje) 283
Mehrwertsteuer-Rückerstattung 83
Merag, Fährhafen 98
Mertorides, Geograf 201

Mesić, Stipe 36
Meštrović, Ivan 109, 372, 419, 429, 430, 432, 434, 442, 474, 592, 671
Metajna 251
Method 221
Metrović, Bildhauer 109
Mietwagen 55
Mihailović, General 33
Mihičić, Andro Vid 97
Milićević der Ältere 464
Milićević der Jüngere 464
Milićević, Nikola 465
Milna (Pelješac) 459, 506, 538
Minenfelder 79
Miošić, Kačić 488
Mir, See 333
Mirca 456
Mirila,Totenraststeine 236
Miškovići 261
Mišnjak 217
Mokalo 557
Molat, Insel 293
Monto kuc, Berg 621
Moreška 593
Moreška, Schwerttanz 583, 593
Moštra, Schwerttanz 583
Mundanije 212
Murter 355
Murter, Insel 348
Murvica 472

Nachrichten 80
Nakovanj 567
Napuljski, Ladislav 231, 272
Nationalpark Krka 375
Nationalpark Paklenica 229
Nationalpark Kornaten 336
Nationalpark Mljet 200, 616
Nationalpark Nord-Velebit 221
Nationalpark Plitvicer Seen 222, 225
Nationalpark Risnjak 162
Naturpark Telašćica 333
Naturpark Biokovo 490
Naturpark Lastovo-Archipel 610
Naturpark Velebit 221
Naturpark Vransko jezero 319
Naturreservat Palagruža 545
Nazor, Vladimir 450, 457, 480
Nečujam 447
Nečven grad, Burg 379
Nelipić, Ivaniš 438
Nerezine 114

Nerežišća 462
Neviđane 313
Newera (Wind) 22
Niklić,Fahrudin 294
Nin 262, 268
Ninski, Grgur 262
Njivice 173
Nogulović, Antun 373
Novalja 244
Novi Vinodolski 167
Novo Selo 475
Nozdre 290

Obala 518
Obonjan, Insel 390
Obzova, Berg 168
Odisejeva spilija 628
Odoaker 617
Öffnungszeiten 80
Okuklje 629
Olib, Insel 285
Omiš 437
Omišalj 170
Omišalji-See 168
Opatija 139
Orebić 558
Orlec 102
Oskorušno 571
Ošljak, Insel 307
Osor 109
Ostoja, M., Bildhauer 457

Pag 255
Pag, Halbinsel 239
Pager Bucht 250
Pakleni otoci, Inseln 503
Paklenica, Nationalpark 237
Palma, Jakopo d. J. 438, 502, 479
Palme, Giacomo 193
Papiere 81
Paragliden 69
Pasadur 613
Pašman 313
Pašman, Insel 311
Pavelić, Ante 32
Pelegrin 505
Pelješac, Halbinsel 550
Perna 565
Pernastica 290
Personenfähren 50
Petar II. Orseolo, Doge 231
Petrić, Franjo 99
Petrinović, Familie 455
Petrović, Juraj 562
Pietro II. Orseolo, Doge 612, 648

Piraten 30
Piškera, Insel 346
Pitve 516
Plančić, Juraj 466, 511
Plinius der Ältere 632
Ploče 547
Podstražje 538
Podubuče 556
Pogana 108
Polače 624
Poljica (Republik) 442, 526
Polo, Marco 585, 592
Pomena 619
Pomeštak, Insel 620
Pompejus 532
Porat 176
Porfirogenet, Konstantin 297, 324, 587
Porozina 95
Porri, Antonio 511
Post 81
Postira 480
Postojna, Grotten 149
Postrana 599
Postup 556
Potirna 609
Potočnica 248
Potomje 569
Povlja 476
Povljana 259
Pracat, Miho 637
Prapratna-Bucht 577
Pražnice 465
Preko 307
Premuda, Insel 291
Pribislavić, Ivan 373
Prigradica 605
Primošten 228, 393
Princip, Gavrilo 31
Prisaka, Klippen 334
Pristanišće 345
Pristanište 621
Privatunterkünfte 57
Privić luka 384
Privić, Insel 198, 382
Privlaka 268
Prižba 361, 602
Prizna 225
Proizd, Insel 608
Prožura 628
Prvić, Insel 196
Pučišća 477
Pudarica 217
Pujada 516
Punat 184
Pupnat 599
Putniković 577

Rab 205
Rab, Insel 199
Račišće 598
Radonja, Meister 476
Radovan (Bildhauer) 400, 408
Raffael 664
Rafting 69
Ragusa (Dubrovnik) 648
Ranjina, Dinko 555
Rauchen 82
Rava, Insel 301
Ravni Žakan, Insel 347
Ravnik, Insel 531
Reisechecks 77
Reisezeit 20, 21
Reiten 69
Rendić, Ivan 434, 450, 454, 458, 460, 466, 488, 513, 516, 563
Restaurant 61
Reticella-Spitzen Čipka 256
Riblji restoran (Fischrestaurant) 61
Richard I. Löwenherz 664
Rijeka 150
Rilič-Gebirgzuges 546
Rivanj, Insel 296
Rizzo, da Santacroce Francesco 502, 511
Robinsonhäuschen 317
Rogač 444
Römisches Aquädukt 433, 435
Ronald-Brown-Weg 671
Ropa 625
Rosadrić, Bildhauer 109
Rosandić, Toma 455
Rosmarin 493
Ruda, Insel 636
Rudine 191
Rukavac 538

Sali 330
Salona Ausgrabungsstätte 435
Salona (Split) 419
Salzgärten (Pag) 257
Santacroce, Girolamo da 604
Saplunara, Sandbucht 630
Sardinen 332
Savar 328
Šćedro, Insel 517, 518
Scheltopusik 26
Schnorcheln 69

Schrift, glagolitische 91, 170
Seget 409
Selca 474
Semitecolo, Pietro 501
Senj 218
Sepno, Bucht 173
Septimius Severus, Kaiser 625
Šepurine 383
Sestrica Mali, Insel 335
Sestrica Veli, Insel 335
Sestrunj, Insel 296
Šibenik 367
Silba, Insel 287
Šilo 190
Šimuni 253
Sinoge, Steinmetzmeister 172
Šipan, Insel 633
Šipanska luka 634
Sit, Insel 344
Skradin 380
Skrda, Insel 241
Škrip 483
Slanica, Bucht 354
Slastičarna (Eisdiele) 61
Slatine 414
Smokvica 601
Smokvica (auf Pag) 261
Smokvica, Insel 347
Snacks 61
Sobra 628
Soline 191, 621
Šolta, Insel 443
Souvenirs 82
Sparagović 577
Špilija Augustinaca, Höhle 519
Spirituosen 66
Split 418
Splitska 481
Sport 67
Sportschiffahrt 69
Sreser 573
Stara Novalja 243
Stari Grad 258
Stari Grad, Umgebung 511
Stari Grad (auf Hvar) 507
Stari Grad, Madonna 258
Stari Murter 354
Starigrad Paklenica 232
Steinmetzschule 478
Stephanos von Byzanz 611
Stomorska 448
Ston 578
Stražišće, Berg 672
Stupe Velike, Insel 595
Šubić, Pavao 437
Sućuraj 528
Sudurad 635
Suha Punta 214
Süleyman der Prächtige, Sultan 31
Sumartin 475
Supetar 451
Supetarska Draga 204
Šupuk 368
Surfen/Kiten 70
Susak, Insel 137
Sutivan 456
Sutomišćica 306
Sv. Ante 290
Sv. Damijan, Ruinen 217
Sv. Grgur, Insel 198
Sv. Ilija, Berg 564
Sv. Jure (Mosor-Gebirge) 442
Sv. Jure, Berg 490
Sv. Klement, Insel 503
Sv. Marija, Klosterinsel 623
Sv. Nedjelja 519
Sv. Petar, Insel 134
Sveta Eufemija, Kloster 214
Sveti Andrija, Insel 544
Sveti Jakov 117
Sveti Vid, Berg 241
Svetojanj 242
Svirče 516

Tafel von Baška 192
Tauchen 70
Taxi 55
Tegetthoff, Wilhelm von, Admiral 532
Telašćica, Bucht 334

Register 683

Telefon 82
Televrin, Berg 116
Tennis 71
Testen, Ambroz 214
Teuta, Piratenkönigin 532
Theoderich 585
Thunfischwächter 162
Tierarzt 75
*Tintoretto,
 Jacopo Robusti* 511, 592
Tisno 350
*Tito (Josip Broz),
 Marschall* 33, 532
Tito-Höhle 538
Tizian 460, 513, 664
Tiziano 594
Tkon 315
Tomislav, Fürst 30
Tomislav, König 201, 263
Tommaseo, Nikola 368
Totenraststeine, Mirila 236
Torovi 270
Tourismusverbände 78
Tovarnele 249
Tramontana (Wind) 22
Tramuntana 95
Tri Luke 609
Trinkgeld 83
Trogir 400
Trogiranin, Blaž Jurjev 592
Trošen grad 379
Trpanj 553
Trstenik 572
Trstikovacm, Insel 344
Tuđman, Dr. Franjo 35
Tureta, Festung 345
Tusculum 435
Tvrtko, Stjepan 438

Ubli 612
Ugljan, Insel 302
Ugrinić 314
Unabhängigkeit 263
Unije, Insel 135
Urkunde von Povlja 476, 479
Urlaub
 auf dem Bauernhof 57
Uskoken 219
Ustaša 32

Ustrine 107
Uvala Sutmiholjska 626

Valbiska 177
Valle d' Augusto 118
Valun 103
Vanka, Maximilian 594
Vela Luka 606
Vela Proversa 345
Vela Svršata, Insel 347
Vele Orjule, Insel 126
Veli Drvenik 416
Veli Iž 298
Veli Lošinj 128
Veli Rat 327
Veli Rudine 511
Veliki Risnjak, Berg 162
Veliki Ston 580
Veliko jezero (Salzsee) 622
Velji Do 670
Velo Blato, See 241, 260
Veprinac 148
Veranstaltungen 75
Veronese, Paolo 513
Versunkene Schätze 316
Vertrag von Rapallo 32, 272
Vidocići 106
Vidova Gora, Berg 463
Viganj 566
Vinodol, Gebirgszug 167
Vinoteka 61
Vir, Insel 268
Vira 505
Vis 532
Vis, Insel 530
Visconti, Ottone 640
Vivarini 210, 214
Vlašići 261
Vodice 360
Vojnović, Ivo 648
Vorspeisen 61
V-Pay-Karten 77
Vrančic 383
Vrančić, Auntun 368
Vrančić, Faust 368, 383
Vraner See, Naturpark 106
Vransko jezero 319
Vrbanj 515
*Vrbničanin,
 Dinko Vitezić* 189

Vrbnik 188
Vrboska 512
Vrgada, Insel 317
Vrh 177
Vrisnik 516
Vrnik 595

Währung 77
Wakeboarden 73
Wandern 73
Wasserski 73
Wein 65
Wellness 71, 73
Wetterprognosen 80
Windhose 22
Winnetou 234

Zadar 271
Zaglav 329, 528
Zaglava, Halbinsel 251
Zajc, Ivan von 160
Zapuntel 295
Zaraće 506
Zastražišće 526
Zavala 517
Zavalatica 601
Zavratnica,Bucht 225
Ždrelac 312
Zečevo, die Tränen der
 Madonna 267
Žedno 414
Zelena špilja 538
Žigljen 243
Zinfandel, Weinsorte 570
Žirje, Insel 390
Žlahtina, Wein 189
Zlarin, Insel 385
Zmajan, Insel 390
Žman 329
Zoll 83
Zrmanja, Fluss 279
Žrnovo 599
Žrnovska Banja 597
Zubovići 250
Žuljana 576
Žut, Insel 342, 345
Žverinac, Insel 295
Zvonimir, König 30, 263
Zweiter Weltkrieg 33

🍃 Mit dem grünen Blatt haben unsere Autoren Betriebe hervorgehoben, die sich bemühen, regionalen und nachhaltig erzeugten Produkten den Vorzug zu geben.

Zeichenerklärung für die Karten und Pläne

Autobahn	Höhle	Information
Autobahn in Bau	Leuchtturm	Parkplatz/Parkhaus
Hauptstraße	Berggipfel	Post
Nebenstraße	Aussichtspunkt	Bushaltestelle
Kl. Asphaltstraße	Kirche/Kapelle	Taxistandplatz
Piste, Makadam	Kloster	Flughafen
Wanderweg	Schloss/Festung	Krankenhaus/Ambulanz
Bahnlinie	Ruine	Apotheke
Fähre (Personen)	Campingplatz	Tankstelle
Fähre (mit Autotransport)	Badestrand	Brücke
N.P. Nationalpark		) (Tunnel
N.T. Naturpark		

ISBN 978-3-89953-694-2
© Copyright Michael Müller Verlag GmbH, Erlangen 2000, 2003, 2006, 2009, 2012. Alle Rechte vorbehalten. Alle Angaben ohne Gewähr. Druck: Stürz GmbH, Würzburg.

Die in diesem Reisebuch enthaltenen Informationen wurden von der Autorin Lore Marr-Bieger nach bestem Wissen erstellt und von ihr und dem Verlag mit größtmöglicher Sorgfalt überprüft. Dennoch sind, wie wir im Sinne des Produkthaftungsrechts betonen müssen, inhaltliche Fehler nicht mit letzter Gewissheit auszuschließen. Daher erfolgen die Angaben ohne jegliche Verpflichtung oder Garantie der Autorin Lore Marr-Bieger bzw. des Verlags. Autorin und Verlag übernehmen keinerlei Verantwortung bzw. Haftung für mögliche Unstimmigkeiten. Wir bitten um Verständnis und sind jederzeit für Anregungen und Verbesserungsvorschläge dankbar.

Aktuelle Infos zu unseren Titeln, Hintergrundgeschichten zu unseren Reisezielen sowie brandneue Tipps erhalten Sie in unserem regelmäßig erscheinenden Newsletter, den Sie im Internet unter www.michael-mueller-verlag.de kostenlos abonnieren können.

Was haben Sie entdeckt? Vielleicht eine freundliche Konoba weitab vom Trubel, ein nettes Hotel mit Atmosphäre, einen schönen Wanderweg? Wenn Sie Ergänzungen, Verbesserungen oder neue Tipps zu diesem Buch haben, lassen Sie es uns bitte wissen! Wir freuen uns über jeden Brief und jeden Hinweis.

Schreiben Sie an: Lore Marr-Bieger, Stichwort „Nordkroatien" | c/o Michael Müller Verlag GmbH | Gerberei 19, D – 91054 Erlangen | lore.marr-bieger@michael-mueller-verlag.de

Vielen Dank an die große Hilfe der „Kroatischen Tourismusverbände" sowie an Oliver!